柔軟性の科学

マイケル J. オルター ［著］

山本利春 ［監訳］
Yamamoto Toshiharu

Michael J. Alter SCIENCE OF
FLEXIBILITY

［訳者］

伊藤マモル Ito Mamoru

岩本紗由美 Iwamoto Sayumi

笠原　政志 Kasahara Masashi

川上　泰雄 Kawakami Yasuo

小柳　好生 Koyanagi Yoshio

杉山ちなみ Sugiyama Chinami

佃　　文子 Tsukuda Fumiko

鶴池　柾叡 Tsuruike Masaaki

長畑　芳仁 Nagahata Yoshihito

藤井　　均 Fujii Hitoshi

町田　修一 Machida Shuichi

大修館書店

Science of Flexibility
Third Edition

by Michael J. Alter

Copyright © 2004, 1996, 1988 by Michael J. Alter
Japanese translation rights arranged
with Human Kinetics Publishers, Inc.
through Japan UNI Agency, Inc., Tokyo.

Taishukan Publishing Co., Ltd.
Tokyo, Japan, 2010

褒むべきかな主よ、
人間に智を与え、
人間の内に多くの口[1]と管[2]を造られた主、
我らが神、宇宙万物の王よ。
もしその一つでも、
開かれているべきときに閉ざされ、
閉ざされているべきときに開かれれば、
人間は一瞬たりとも存在しえないことを、
栄光の御座のもとに明らかにされた。
褒むべきかな主よ、
肉体のすべてを癒し、奇跡を行う主よ。

―― 伝統的なユダヤの朝の祈りの概訳

1）穴または開口部
2）空洞、暗渠あるいはトンネル

先見性のある

著作者であり

教育者である

レイナー・マートンへ

序

　エクササイズの「ビッグスリー」である，心臓血管系フィットネス，筋力トレーニング，柔軟性トレーニングのなかで，柔軟性トレーニングは，歴史的にみて，シンデレラの役割を常に引き受けてきている。長年の間，有酸素性体力への関心は，健康とクォリティ・オブ・ライフに関係するとして高まってきている。心臓血管系フィットネスと長寿，そしてクォリティ・オブ・ライフ間の関係についての情報の増加は，この領域のブームを促進してきた。筋力とパワーの魅力は，古代ギリシャ・ローマ時代から存在していた。筋力についての言及は，聖書（サムソン）や古代神話（ヘラクレス），そして現代の人気ある新聞や映画（アーノルド・シュワルツェネッガー）にもある。

　柔軟性とストレッチングに関する知識は，心臓血管系や筋力のシステムが最適な増進法や有益な機能について知られていることと比較すると，著しく不足している。しかし，柔軟性とストレッチングについての論題は，他の分野のような露出や周知，研究期間，研究資金を受けてきていないにもかかわらず，その知識は，実に爆発的に拡大してきている。さらに，現在の人々は加齢とともに，より多くの人がストレッチングの効果を認識し始めている。柔軟性とストレッチングは，加齢に伴う身体の硬さを緩和し，腰部の障害リスクを抑え，身体の姿勢や均整を改善し，リラクセーションを促進し，痛みを和らげ，身体の健康を改善し，日常生活での機能的な働きを最大にすることを可能にする手段として，奨められている。スポーツにおけるストレッチングの有益性の主張には，以下の点が含まれる。柔軟性の向上，筋力と競技パフォーマンスの向上，ランニング経済性の向上，傷害予防，重大な傷害の減少，遅発性筋肉痛のできるかぎりの減少，リハビリテーション中の治療促進などである。これらのいくつもの主張や他の論題は，本書の中の至る所で考察されている。

　多くの専門家が，柔軟性の限界と柔軟性を最大に発揮させる技術に関心を持っている。本書は，主としてそれらの専門家に，関節可動域や柔軟性の程度や質に影響する要素を含めた，最新で広範囲な調査や，柔軟性の知見に対する批判的な見方を提供するために書かれている。初版から15年の間に，研究者たちは，新しい研究方法，概念，技術によって，人体についての理解を大いに発展させてきている。例えば，ヒトゲノム解析計画とさまざまな画像形成装置のような，工業技術の大飛躍もまた，我々の知識の増大に貢献してきている。科学は確定ではないので，基礎・臨床科学における研究は，多くの理論や運動手順についていろいろの学問分野から，反証し，実証し，説明してきている。

　『柔軟性の科学』第3版は，以前の版と比べ，その対象範囲を広げている。内容は強化され，更新されている。第2版からの図の多くは描き直されるか写真と入れ替えられ，古いか，質の低いイラストや表は削除され，多くの新しい図が加えられている。

　私は，また，全体的な本文の内容を実際に増やしつつ，多くの章を再編成し，修正してきた。

とりわけ，第19章には，ゴルフ，ダイビング，ダンス，そして音楽を創作するときに必要とされる身体運動を付け加えた。その上，第3版には，付章やいくつかの新しい表や多くの特別な要素が加わっている。出典の数は，数百の古いものが削除されたにもかかわらず，前版の約1,400から約2,100に拡大している。

　本書は柔軟性についての大要なので，それゆえの限界がある。すべての書籍や雑誌論文は，この概観の中に見られるいくつかの個別の概念について深く追求しているからである。さらに，（科学は確定的なものではないと繰り返している）科学者たちは，身体の働きについての知識を広げ続けている。したがって，すべての専門家は，種々のソースからの新しい情報に遅れずついていかなければならない。

　私は，この『柔軟性の科学』第3版が，人体の潜在的な能力についての正しい認識に，そして柔軟性と身体の最適な発展との関係についての理解に寄与することを願っている。

謝　辞

　『柔軟性の科学』第3版は，執筆を勧めてくれたマイケル S．バーク博士（ヒューマンキネティクス社の科学・技術・医学部門アクイジションエディター）の尽力によって出版が可能になりました。前任者同様，彼は前の版をさらに良い内容にする有益な資料を加えてくれ，より最新のテキストの出版が容易になったのです。

　また，ディベロップメンタルエディターのアン・ロジャーズ氏も貢献してくれました。彼女は出版スケジュールについての調整・指示・管理を担当し，2003年4月の初信以来，励まし続けてくれ，大きな助力となりました。

　私の「外部評者」の方々にもお礼を申し上げます。とりわけ，マージョリー・ムーア博士に感謝の意を表したいと思います。彼女のいくつもの提案はこの新版に取り入れられ，結果として，進歩した「より良い」テキストとなりました。

　さらに，原稿を読みやすく明快にしてくれた，コピーエディターのオズィーヴェルト・オーエンズ氏にも感謝しています。

　最後に，次の方々の尽力に感謝を申し上げます。アシスタントエディターのサンドラ・メルツボット，制作部長ケーシー・ロードス，グラフィックアーティストのドーン・シルズ，イラストレーターのアーガシー，マイカ・グリーンバーク，ベス・ヤング，ジェニファー・デルモット，マイケル・リチャードソン，キース・ブロンバークの諸氏。そしてこの書を出版するにあたって大いに助けてくれた，ヒューマンキネティクス社のすべての方々に。

監訳者まえがき

　身体の柔軟性は，スポーツパフォーマンスの向上や傷害予防，あるいは健康づくりを目的として，身体をより好ましい状態に改善する働きかけをする際の不可欠な要素として取り上げられている。近年，柔軟性を改善するアプローチのひとつであるストレッチングに関する書物は数多く出版され，未だにその数は増え続けている。しかしながら，それらを適切に活用するためのベースとして最も重要な要素である柔軟性を，より専門的に，かつ多角的にとらえて解説した書物は極めて少ない。柔軟性は，筋力と同様に重要な体力要素とされながらも，その基礎科学的な研究や具体的な実践方法の臨床的な研究は，筋力のそれに比べると明らかに立ち遅れている。それゆえか，柔軟性という言葉は誰もが知っているキーワードでありながら，そのとらえかたは人によってまちまちである。

　柔軟性を改善するためには，筋力強化のアプローチと同様に，多くの研究成果の科学的な知見から得られた理論に基づき，ヒトの身体のしくみを理解した上で，目的に合った方法を選び，的確でより効果的な内容を処方することが必要である。

　これまで，特にストレッチングや関節可動域訓練の処方に関連して，身体の機能解剖的な視点から柔軟性に関する知識を整理する専門書や記述は多々あった。しかしながら，柔軟性を左右する要因は何か？　身体が柔軟になると何がどう変わるのか？　どのような柔軟性改善方法がどの程度効果があるのか？　について，筋生理，神経生理，関節構造，障害組織の特性，競技・運動方法の特性などの多角的側面から論考したものはなかった。

　本書『柔軟性の科学』は，柔軟性について，多くの研究者が多方面から取り組んできた成果を，膨大な論文の中から適切に選び出して整理し，紹介している。柔軟性を基礎科学的にも臨床的にも様々な視点から解明し，各部位ごとの構造や柔軟性獲得法，傷害への対処法など応用的な面も含め，理論とエビデンスを，豊富な図や写真と共に総合的にまとめている。

　何より本書に驚かされるのは，巻末に記載されている2,100にもわたる膨大な引用文献である。各章の本文には，その記述内容の根拠となる文献の著者名と発行年が各所に記載されており，内容の裏付けとなる理論や研究論文，関連書籍などを見つけることができる。本書の柔軟性に関する内容に興味を持ち，その根拠を記載した文献を読んで，さらに詳しく調べたい場合には大変役に立つ情報源である。柔軟性に関連する研究を行う科学研究者や大学院生には，うってつけの専門書である。

　したがって，本書は柔軟性に関する多くの知見を網羅しており，基礎から応用まで多くの文献に基づいて記載された，これまでにない書であると確信している。柔軟性に興味を持つ研究者，指導者，あるいは柔軟性改善のアプローチを職務とする理学療法士やトレーナーにとって，柔軟性に関するバイブルともいえる本書が翻訳出版される意義は大きいと

思われる。

　本書が上記の多くの人々に広く活用され，傷害予防，競技力向上，健康づくり，リハビリテーションなどの知識や技術を普及させる一助になることを期待したい。

　本書の出版にあたり，翻訳に関しては多くの専門家の方々にご協力を頂いた。特に編集作業では編集部の太田明夫氏，今井拠子氏の長期間にわたる多大なご尽力によって本書が刊行されることが可能となったといっても過言ではない。この場をお借りして心より感謝の意を表したい。

2009年12月

　　　　　　　　国際武道大学
　　　　　　　　　体育学部 スポーツトレーナー学科 教授

　　　　　　　　　　　　　　　　山 本 利 春

図・表 クレジット（英語）

Table 2.1 Reprinted by permission, from M.J. Alter, 1996, *Science of flexibility*, 2nd ed. (Champaign, IL: Human Kinetics), 15.

Figure 2.1 Reprinted by permission, from J.E. Donnelly, 1990, *Living anatomy*, 2nd ed. (Champaign, IL: Human Kinetics), 7-8.

Figure 3.1, 3.2a-c, and 3.4 Reprinted, by permission, from G.H. Pollack, 1990, *Muscles & molecules* (Seattle, Washington: Ebner & Sons), 81, 70, 71, 72, 152.

Figure 3.3 Reprinted, by permission, from L. Tskhovrebova and J. Trinick, 2000, *Elastic filaments of the cell*, edited by H.L. Granzier and G.H. Pollack (New York: Plenum), 171.

Figure 3.5 Reprinted, by permission, from A.M. Gordon, A.F. Huxley, and F.J. Julian, 1966, "The variation in isometric tension with sarcomere length in vertebrate muscle fibres," *Journal of Physiology (London)* 184(1), 185-186. Copyright Cambridge University Press.

Figure 3.6 Reprinted, by permission, from K. Wang, R. McCarter, J. Wright, J. Beverly, and R. Ramirez-Mitchell, 1993, "Viscoelasticity of the sarcomere matrix of skeletal muscles. The titin-myosin composite filament is a dual-stage molecular spring," *Biophysical Journal* 64(4), 1174.

Figure 3.7 Courtesy of Thomas K. Borg, PhD.

Figure 3.8 Reprinted, by permission, from A.J. McComas, 1996, *Skeletal muscle: Form and function* (Champaign, IL: Human Kinetics), 312.

Table 3.1 Adapted, by permission, from G.A. Jull and V. Janda, 1987, Muscles and motor control in low back pain: Assessment and management. In *Physical therapy of the low back*, edited by L.T. Twomey and J.R. Taylor (Edinburgh: Churchill Livingstone), 253.

Figure 4.1 Reprinted, by permission, from J. Kastelic, A. Galeski, and E. Baer, 1978, "The multicomposite structure of tendon," *Connective Tissue Research* 6(1), 21.

Figure 4.2 Reprinted, by permission, from S. Inoué and C.P. Leblond, 1986, "The microfibrils of connective tissue: I. Ultrastructure," *American Journal of Anatomy* 176(2), 136.

Figure 4.3 Reprinted, by permission, from E.R. Myers, C.G. Armstrong, and V.C. Mow, 1984, Swelling, pressure and collagen tension. In *Connective tissue matrix*, edited by D.W.L. Hukins (Deerfield Beach, FL: Verlag Chemie), 171.

Figure 4.4 Reprinted, by permission, from S. Mohan and E. Radha, 1981, "Age related changes in muscle connective tissue: Acid mucopolysaccharides and structural glycoprotein," *Experimental Gerontology* 16(5), 391.

Figure 4.5 Reprinted, by permission, from D.C. Taylor, J.D. Dalton, A.V. Seaber and W.E. Garrett, 1990, "Viscoelastic properties of muscle-tendon units: The biomechanical effects of stretching," *American Journal of Sports Medicine* 18(3), 300-309.

Figure 4.6 Reprinted, by permission, from National Strength and Conditioning Association, 2000, *Essentials of strength training and conditioning*, 2nd ed. edited by T.R. Baechle and R.W. Earle (Champaign, IL: Human Kinetics), 4.

Figure 4.7 Reprinted by permission, from W.H. Akeson, D. Amiel, and S. Woo, 1980. "Immobility effects on synovial joints: The pathomechanics of joint contracture," *Biorheology*, 17(1/2), 104.

Table 4.1 Reprinted, by permission, from M.J. Alter, 1988, *Science of stretching* (Champaign, IL: Human Kinetics), 24.

Table 4.2 Reprinted, by permission, from R.J. Johns and V. Wright, 1962, "Relative importance of various tissues in joint stiffness," *Journal of Applied Physiology* 17(5), 824-828.

Table 4.3 Reprinted, by permission, from D. Tinker and R.B. Rucker, 1985, "Role of selected nutrients in synthesis, accumulation, and chemical modification of connective tissue proteins," *Physiological Reviews* 65(3), 624.

Figures 5.1, 5.2, 5.3, and 5.4 Reprinted, by permission, from V. Wright and R.J. Johns, 1960, "Physical factors concerned with the stiffness of normal and diseased joints," *Bulletin of the Johns Hopkins Hospital* 106(4), 217.

Figure 5.5 Reprinted, by permission, from M.J. Alter, 1996, *Science of Flexibility*, Second Edition (Champaign, IL: Human Kinetics), 67.

Figure 5.6 Reprinted, by permission, from R.M. Alexander, 1988, *Elastic mechanisms in animal movement* (Cambridge: Cambridge University Press), 13.

Figures 5.7 and 5.8 Reprinted, by permission, from G.H. Pollack, 1990, *Muscles & molecules* (Seattle, Washington: Ebner & Sons), 68, 69.

Figure 5.9 Reprinted, by permission, from S. Sunderland, 1978, "Traumatized nerves, roots, and ganglia: Musculoskeletal factors and neuropathological consequences." In *The neurobiologic mechanism in manipulative therapy*, edited by T.M. Korr (New York: Plenum), 139.

Figure 5.10 Reprinted, by permission, from S. Sunderland, 1991, *Nerve injuries and their repair: A critical reappraisal*, 3rd ed. (Edinburgh: Churchill Livingstone), 66.

Figure 6.1 Reprinted, by permission, from J.H. Wilmore and D.L. Costill, 1999, *Physiology of sport and exercise*, 2nd ed. (Champaign, IL: Human Kinetics), 74.

Figures 6.2 and 6.3 Reprinted, by permission, from E.R. Kandel, J.H. Schwartz and T.M. Jessell, 1995, *Essentials of neural science and behavior* (Norwalk, CT: Appleton & Lange), 508, 511.

Figure 6.4 Reprinted, by permission, from J.R. Wolpaw, 1983, "Adaptive plasticity in the primate spinal stretch reflex: Reversal and redevelopment," *Brain Research* 278(1/2), 301.

Figure 6.5 Reprinted, by permission, from J.R. Wolpaw and J.S. Carp, 1990, "Memory traces in spinal cord," *Trends in Neuroscience* 13(4), 141.

Table 6.1 Reprinted, by permission, from B.D. Wyke, 1985, Articular neurology and manipulative therapy. In *Aspects of manipulative therapy*, edited by E.F. Glasgow, L.T. Twomey, E.R. Scull and A.M. Kleynhaw (London: Churchill Livingstone), 73.

Figure 7.1 Michel Louis. Reprinted with permission.

Figure 7.2 Reprinted with permission. Circus World Museum Library.

Figure 7.3 Reprinted by permission, M. Louis.

Figure 7.4 Reprinted by permission, M. Louis.

Figure 8.1 Reprinted by permission, from J.H. Wilmore and D.L. Costill, 2004, *Physiology of sport and exercise*, 3rd ed. (Champaign, IL: Human Kinetics), 246.

Figure 9.1 Reprinted, by permission, from J.H. Wilmore and D.L. Costill, 2004, *Physiology of sport and exercise*, 3rd ed. (Champaign, IL: Human Kinetics), 101.

Figure 9.2 Based on ideas presented in: D.L. Morgan, 1990, "New insights into the behavior of muscle during active lengthening," *Biophysical Journal* 57, 209-221. Reprinted, by permission, from R.L. Lieber, 2002, *Skeletal muscle structure, function, & plasticity*, 2nd ed. (Philadelphia: Lippincott Williams & Wilkins), 327.

Figure 9.3 Reprinted, by permission, from A.L. Vujnovich, 1995, "Neural plasticity, muscle spasm and tissue manipulation: A review of the literature," *Journal of Manual & Manipulative Therapy* 3(4), 153.

Figure 10.1 Reprinted, by permission, from W.W.K. Hoeger and D.R. Hopkins, 1992, "A comparison of the sit and reach and the modified sit and reach in the measurement of flexibility in women," *Research Quarterly for Exercise and Sport* 63(2), 191-195.

Figures 10.2 and 10.3; Table 10.1 Reprinted, by permission, from M.A. Adams, P. Dolan, and W.C. Hutton, 1987, "Diurnal variations in the stresses on the lumbar spine," *Spine* 12(2), 136.

Figure 11.1 Reprinted, by permission, from G. Batson, 1994, "Stretching technique: A somatic learning model. Part II: Training purposivity through Sweigard Ideokinesis," *Impulse* 2(1), 52, 53, 54, and 56.

Table 11.1 Reprinted, by permission, from P. Ley, 1988, *Communicating with patients: Improving communication, satisfaction, and compliance* (London: Croom Helm), 180.

Table 11.2 Modified from "Dimensions of compliance-gaining behavior: An empirical analysis" by G. Maxwell and D. Schmitt, 1967, *Sociometry* 30(4), 357-358.

Figure 12.1 Photo courtesy of J.V. Ciullo, MD.

Table 12.2 Reprinted, by permission, from S.J. Hartley-O'Brien, 1980, "Six mobilization exercises for active range of hip flexion," *Research Quarterly for Exercise and Sport* 51(4), 627.

Figure 13.1 Reprinted, by permission, from J.E. Zachazewski, 1990, Flexibility for sports. In *Sports physical therapy*, edited by B. Sanders (Norwalk, CT: Appleton & Lange), 234.

Figure 13.2 Reprinted, by permission, from M.J. Alter, 1988, *Science of stretching* (Champaign, IL: Human Kinetics), 88.

Figure 13.3 Reprinted, by permission, from R.E. McAtee and J. Charland, 1999, *Facilitated stretching*, 2nd ed. (Champaign, IL: Human Kinetics), 26.

Figure 13.4 Reprinted, by permission, from P.A. Houghlum, 2001, *Therapeutic exercise for athletic injuries* (Champaign, IL: Human Kinetics), 255.

Figure 13.5 Adapted, by permission, from M.J. Alter, 1988, *Science of stretching* (Champaign, IL: Human Kinetics), 92.

Figures 13.6 and 13.7 from "Some physical mechanisms and effects of spinal adjustments," by R.W. Sandoz, 1976, *Annals of the Swiss Chiropractors' Association*, 6, p. 92. Copyright 1976 by the Swiss Chiropractors' Association. Reprinted by permission.

Figure 13.8 Photo courtesy of Carson Hurley.

Figures 14.1, 14.2, and 14.3 Reprinted, by permission, from R. Cailliet and L. Gross, 1987, *The rejuvenation strategy* (Garden City, NJ: Doubleday), 34, 37, 35.

Figure 14.4 Reprinted, by permission, from M.J. Alter, 1990, *Sports stretch* (Champaign, IL: Human Kinetics), 118-119.

Figure 14.5 Reprinted, by permission, from S. Gracovetsky, M. Kary, I. Pitchen, S. Levy, and R.B. Said, 1989, "The importance of pelvic tilt in reducing compressive stress in the spine during flexion-extension exercises," *Spine* 14(4), 415.

Figures 14.6 and 14.7 Reprinted by permission, from M.J. Alter, 1990, *Sports stretch* (Champaign, IL: Human Kinetics), 108-110, 117-118, 128-130.

Table 15.1 Adapted from U.S. Census Bureau, National Population Projections—Summary Tables, January 13, 2000. www.census.gov/population/www/projections/natsum-T3.html.

Figure 16.1 Reprinted, by permission, from G.W. Warren, 1989, *Classical ballet technique* (Tampa, FL: University of South Florida Press), 11. Photo by Juri Barikin.

Figure 16.2 from *Living Anatomy* (p. 139) by J.E. Donnelly, 1982, Champaign, IL: Human Kinetics. Copyright 1982 by J.E. Donnelly. Reprinted by permission.

Figure 16.3 Reprinted, by permission, from P.I. Sallay, R.L. Friedman, P.G. Coogan, and W.E. Garrett, 1996, "Hamstring muscle injuries among water skiers: Functional outcome and prevention," *American Journal of Sports Medicine* 24(2), 131.

Figure 16.4 Reprinted, by permission, from P.A. Houglum, 2001, *Therapeutic exercise for athletic injuries* (Champaign, IL: Human Kinetics), 349.

Figure 16.5 Reprinted, by permission, from B. Calais-Germain, 1993, *Anatomy of movement* (Seattle, WA: Eastland Press), 185.

Figures 17.1 and 17.2 Reprinted, by permission, from I.A. Kapandji, 1978, *The physiology of the joints: Vol. 3. The trunk and the vertebral column* (Edinburgh: Churchill Livingstone), 29.

Figure 17.3 Reprinted, by permission, from J.W. Fisk and B.S. Rose, 1977, *A practical guide to management of the painful neck and back* (Springfield, IL: Charles C Thomas), 37.

Figure 17.4 Reprinted, by permission, from M.J. Alter, 1988, *Science of stretching* (Champaign, IL: Human Kinetics), 130.

Figure 17.5 Reprinted, by permission, from J.W. Fisk and B.S. Rose, 1977, *A practical guide to management of the painful neck and back* (Springfield, IL: Charles C Thomas), 37.

Figure 17.6 Adapted, by permission, from A.A. White and M.M. Panjabi, 1990, *Clinical biomechanics of the spine*, 2nd ed. (Philadelphia: Lippincott), 59.

Figures 17.7, 17.8, 17.9, 17.10, 17.11, and 17.12 Reprinted, by permission, from R. Cailliet, 1981, *Low back pain syndrome*, 3rd ed. (Philadelphia: F.A. Davis), 40, 44, 64, 65, 132, 133.

Table 17.1 Reprinted, by permission, from M.J. Alter, 1988, *Science of stretching* (Champaign, IL: Human Kinetics), 130.

Table 17.2 Reprinted by permission, from M.J. Alter, 1996, *Science of flexibility*, 2nd ed. (Champaign, IL: Human Kinetics), 276-277.

Figures 18.1, 18.2, and 18.3 Reprinted, by permission, from R. Cailliet, 1966, *Shoulder pain* (Philadelphia: F.A. Davis), 65.

Figure 19.1 from *Lower Extremity Injuries in Runners Induced by Upper Body Torque (UBT)* by B. Prichard, 1984, presented at the Biomechanics and Kinesiology in Sports U.S. Olympic Committee Sports Medicine Conference January 8-14, 1984, in Colorado Springs, CO. Copyright 1984 by Bob Prichard/SOMAX Posture & Sport. Marin Medical Center, 711 D Street #208, San Rafael, CA 94901. Reprinted by permission.

Figure 19.2 Reprinted, by permission, from D. Martin and P. Coe, 1997, *Better training for distance runners*, 2nd ed. (Champaign, IL: Human Kinetics), 27.

Figure 19.3 Reprinted, by permission, from D. Martin and P. Coe, 1997, *Better training for distance runners*, 2nd ed. (Champaign, IL: Human Kinetics), 14.

Figure 19.4 Reprinted, by permission, from G.S. Fleisig, J.R. Andrews, C.J. Dillman, and R.F. Escamilla, 1995, "Kinetics of baseball pitching with implications about injury mechanisms," *American Journal of Sports Medicine* 23(2), 238.

Figure 19.5 Reprinted, by permission, from M. Mysnyk, B. Davis, and B. Simpson, 1994, *Winning wrestling moves* (Champaign, IL: Human Kinetics), 151.

Figure 19.8 Reprinted, by permission, from G. Carr, 1997, *Mechanics of sport* (Champaign, IL: Human Kinetics), 136-137.

Figure 19.9 Reprinted, by permission, from W.T. Hardaker, L. Erickson, and M. Myers, 1984, The pathogenesis of dance injury. In *The dancer as athlete*, edited by C.G. Shell (Champaign, IL: Human Kinetics), 12-13.

Table 19.1 Reprinted, by permission, from G. Dintiman, R. Ward, and T. Tellez, 1988, *Sport speed* (Champaign, IL: Human Kinetics), p. 149.

目　次

- 序　　v
- 謝辞　　vii
- 監訳者まえがき　　viii
- 図・表クレジット（英語）　　x

第Ⅰ部　柔軟性の基礎科学　　1

第1章　柔軟性とストレッチングの現代的概観　　3

1. 柔軟性の定義-----3
2. 柔軟性，過可動性，関節弛緩性，関節不安定性の相違-----4
3. 柔軟性の本質-----5
4. 柔軟性トレーニングプログラム-----7
5. 柔軟性トレーニングプログラムの利点-----8
6. 要約-----23

第2章　骨学と関節学の一般的原則　　25

1. 分類学の研究-----25
2. 関節とそれらの動きについての分類-----26
3. 動きのタイプ-----26
4. 骨の成長と柔軟性の関係-----28
5. ヴォルフ(Wolff)の法則-----29
6. クローズパックドポジションと柔軟性の関係-----30
7. ルーズパックドポジションと柔軟性の関係-----30
8. 要約-----30

第3章　筋収縮に関わる構成要素：柔軟性を制限する因子　　31

1. 骨格筋の概要-----31
2. 筋原線維の組成と構成要素-----32
3. 筋節の領域-----32
4. 連結，あるいは結合フィラメント〜タイチンの超微細構造〜-----33
5. 筋節における構造的橋-----38
6. 収縮理論-----39
7. 筋弛緩の理論-----40
8. 筋伸長の理論的限界-----42
9. 滑走説の修正-----43
10. 可動域を制限する因子-----43
11. 固定の影響-----48
12. 筋原線維形成に対する受動ストレッチのメカニズム-----50
13. ストレッチングを介する遺伝子発現の制御の方法-----51
14. 要約-----54

第4章　結合組織：柔軟性を制限する因子　　55

1. コラーゲン（膠原）-----55
2. コラーゲンの超微細構造-----56
3. 弾性組織-----62
4. コラーゲン線維と弾性線維の関係-----65
5. 結合組織から成る構造体-----66
6. 結合組織における固定の影響-----74
7. 結合組織における代謝と栄養の影響-----75
8. 要約-----76

第5章　軟組織の機械的・動的特性　　77

1. 用語-----77
2. 軟組織-----85
3. 筋肉-----91
4. 血管組織-----94

5. 末梢神経-----98
6. 結合組織，骨格筋，神経の力学的特性の影響因子-----103
7. 今後の研究の必要性-----103
8. 要約-----104

第Ⅱ部　臨床的考察　　105

第6章　柔軟性の神経科学　　107

1. ストレッチングに関連した感覚受容器-----107
2. 反射と脊髄神経回路-----115
3. 共同活動／共同収縮-----116
4. 脊髄神経回路の可塑性-----117
5. 柔軟性トレーニングの神経学的そしてその他の要因-----121
6. 要約-----123

第7章　関節の過度可動性　　125

1. 用語-----126
2. 関節可動性の評価-----126
3. 過度可動因子の決定-----128
4. 過度可動性の影響-----129
5. 過度可動性の一般的な対処法-----130
6. 遺伝症候群-----132
7. 結合組織の遺伝的障害におけるリサーチの展望-----133
8. さらなる問題点-----134
9. 曲芸-----135
10. 要約-----138

第8章　リラクセーション　　139

1. リラクセーションの定義-----139
2. リラクセーションの測定-----140
3. 筋のリラクセーションを促進する方法論-----141
4. 要約-----156

第9章　筋の傷害と筋肉痛：原因と結果　　157

1. 損傷あるいは断裂した筋の仮説-----157
2. 損傷した結合組織の仮説-----160
3. 代謝の蓄積あるいは浸透圧と腫れの仮説-----160
4. 乳酸の蓄積仮説-----161
5. 局部化された運動単位の筋痙縮の仮説-----161
6. 遅発性筋肉痛の考えられる要因-----162
7. 筋と結合組織の外傷そしてオーバーロード障害-----166
8. 医学的な急性軟部組織損傷のマネジメント-----168
9. 瘢痕組織のコラーゲンの弾性と強さの力学的なストレス効果-----170
10. 要約-----171

第10章　柔軟性に関連する特殊な要素　　173

1. 子供と柔軟性の発達-----173
2. 柔軟性における男女差-----176
3. 体格と柔軟性-----179
4. 柔軟性における人種差-----182
5. 遺伝的特徴と柔軟性-----183
6. 一側優位性と柔軟性-----184
7. ウォーミングアップとクーリングダウン-----186
8. 筋力トレーニングと柔軟性-----189
9. 日内変動と柔軟性-----192
10. 要約-----197

第11章　柔軟性を高める上での社会的促進と心理状態　199

1. ストレッチングに与える観衆の影響-----199
2. メンタルトレーニングの理論的側面-----202
3. サイバネティック・ストレッチ-----202
4. イデオキネティック・イメージ-----203
5. 精神身体的要素-----204
6. 柔軟性トレーニング，外傷予防，リハビリテーション・プログラムにおけるコンプライアンスの心理-----205
7. 要約-----212

第Ⅲ部　ストレッチングの理論　213

第12章　ストレッチングの諸概念　215

1. ホメオスタシス-----215
2. オーバーストレッチングの原理-----216
3. 柔軟性トレーニングの方法-----216
4. 柔軟性の維持-----217
5. ストレッチングのために必要な知識-----220
6. 柔軟性（可動域）に影響する潜在的因子-----220
7. ストレッチング実施上の留意点-----221
8. 要約-----235

第13章　ストレッチングのタイプと種類　237

1. ストレッチングの伝統的な分類-----237
2. その他の分類-----243
3. 固有受容性神経筋促通法（PNF）-----250
4. その他のストレッチング-----262
5. モビライゼーション-----264
6. マニピュレーションと指圧療法補正-----264
7. 牽引-----268
8. 新しいタイプのストレッチング装置-----272
9. 要約-----275

第14章　ストレッチングについての議論とストレッチ論争　277

1. 優れた柔軟性-----278
2. さまざまなストレッチング-----285
3. 決定的な「禁止」がない-----307
4. 要約-----308

第15章　特定の集団に対するストレッチング　309

1. 高齢者の柔軟性-----309
2. 柔軟性と妊娠-----317
3. 柔軟性と身体に障害を持つ人々-----319
4. 要約-----320

第Ⅳ部　部位別に見た柔軟性の関連要素　321

第16章　下肢と骨盤帯の解剖学的構造と柔軟性　323

1. 足部と足趾-----323
2. 足関節-----325
3. 下腿-----327
4. 膝関節-----330
5. 大腿-----332
6. 骨盤帯-----340
7. 股関節-----341
8. 要約-----347

第17章　脊柱の解剖学的構造と柔軟性　349

1. 脊柱の体表解剖学-----349
2. 脊柱の機能-----350

3．椎骨-----351
4．椎間板-----352
5．脊柱靱帯-----355
6．胸腰部の可動域の限界-----356
7．腰，骨盤，ハムストリングスのストレッチングの相互関係-----358
8．頸椎-----362
9．頸部の動き-----362
10．要約-----365

第18章　上肢の解剖学的構造と柔軟性　367

1．肩関節-----367
2．肘関節と前腕部-----374
3．手関節-----376
4．要約-----377

第V部　特異的な適応　379

第19章　ストレッチングと柔軟性の機能的側面　381

1．スキルの芸術的側面-----381
2．スキルのバイオメカニクス的側面：関節可動域-----382
3．他の障害-----386
4．ジョギング，ランニング，短距離走-----386
5．水泳と水球-----391
6．投球と投射-----395
7．レスリング-----399
8．ウェイトリフティング，パワーリフティング，ボディビルディング-----400
9．肋骨壁の柔軟性とパフォーマンスおよび呼吸-----403
10．飛板飛込と高飛込-----404
11．ゴルフ-----406
12．バレエ，その他のダンス-----410
13．音楽家-----412
14．要約-----417

付章　ストレッチングエクササイズ　419

●参考文献（英語）-----438
●人名索引（英語）-----481
●語句索引-----487
●著者紹介-----495
●訳者紹介-----496

第Ⅰ部
柔軟性の基礎科学

第1章
柔軟性とストレッチングの現代的概観

　ある特定の生物学的，生体力学的原理に基づいて考えるとすれば，柔軟性プログラムの成果は今よりももっと予測可能となり，偶然性は少なくなるであろう。柔軟性を測定し，柔軟性トレーニングプログラムを処方する際，リハビリテーションやトレーニングが不適切に行われるならば，その柔軟性プログラムの効果は期待できず，また，機能障害やパフォーマンス低下[1]が起こる可能性もまた考えられるであろう。柔軟性向上と維持のためには，多くの人がかかわっている。つまりコーチ，インストラクター，トレーナー，セラピスト，医師，ダンサー，プロアスリートやレクリエーションアスリート，また，一般の人もそうである。彼らは皆，最適な柔軟性を開発するための機会を利用すべきである。最適な柔軟性向上ために，指導を受けることと，自己訓練の両方の過程が必要となる。

1. 柔軟性の定義

　柔軟性という言葉は，学問や研究分野の違いにより，定義が異なる。例えば，その用語は，生物にも無生物にも適用される。その言葉は，ラテン語のflectereまたはflexibilis（曲げる）に由来し，それは「曲げられる能力，曲げやすさ」として定義される。

　いわゆる，正常な柔軟性を1つに定義することは難しい。体育学，スポーツ医学，そして健康関連科学において，柔軟性の簡単な定義は，関節や関節集合体の有効に動く可動域（ROM：range of motion）である（de Vries, 1986; Hebbelinck, 1988; Hubley-Kozey,

1991; Liemohn, 1988; Stone and Kroll, 1991)。他の定義を以下に紹介する。

- 柔軟性は，動きの自由度を意味している（Goldthwait, 1941; Metheny, 1952）。
- 一定スピードで目的のある動作を身体の一部，または大部分に対して，広範囲に行うことが可能な能力（Galley and Forster, 1987）。
- 苦痛をともなわずに身体の動かしうる全可動域（Saal, 1998）。
- 能動的または受動的ストレッチングに反応する正常な関節や軟部組織の可動域（Halvorson, 1989）。
- 関節が完全に動く可動域で，関節をスムーズに動かすことのできる能力（Kent, 1998）。
- 痛みをともなわない可動域から，単関節や複合関節（一連の関節）をスムーズにそして簡単に動かすことのできる能力（Kisner and Colby, 2002）。
- 筋腱接合部に過度なストレスをかけずに，正常な可動域まで関節を動かすことのできる能力（Chandler et al.1990）。

さらに，ハルバーツマら（Halbertsma et al. 1996）によって提案された柔軟性の他の定義は，可動域よりもむしろ伸長性のあることに注目している。

研究者の多くは，骨格筋の柔軟性の指標として四肢の可動域か，あるいは四肢の最大可動域のどちらかを用いてきた（Halbertsma et al. 1996; Magnusson et al.1996b; McHugh et al. 1998）。しかしながら，これについては次のような疑問が生じる。すなわち，最大可動域は筋の柔軟性の適切な指標になるのか？　ということである。さらに，ガイドシック（Gajdosik, 2001）とハルバーツマら（1996）は，専門用語の使い方の混乱（同じ現象を説明するために異なった用語を使用）を懸念し，いくつかの代替の用語を彼らの理論的根拠に基づいて提案した。ハルバーツマら（1996）は，柔軟性は可動域よりもむしろ筋の伸長性で表した方がよいと提唱している。幾人かの研究者（Gajdosik, 1995, 2001; Gajdosik and Bohannon, 1987; Gajdosik et al. 1999）は，柔軟性は筋肉の力や回転モーメントの変化によって，長さの変化率や関節角度の変化率として定義するべきだと勧めている。それらの比率は，実際にはコンプライアンス[2]の測定である。しかしながら，クリヴィッカス（Krivickas, 1999）はこの概念に以下のような警告を与えている。「この定義は，動的柔軟性に対する静的柔軟性の概念を包括していないことになる。なぜなら，この概念は筋肉を活性化させずに伸長させるべきと述べているからである」（p.84）。このように柔軟性の定義が混乱しているので，特別な研究論文やテキストの中で，柔軟性という用語は，どのような意味で使われているかを注意深く読み，完璧に理解する必要性を繰り返し述べている。

2. 柔軟性，過可動性，関節弛緩性，関節不安定性の相違

「柔軟性」「過可動性」「関節弛緩性」「関節不安定性」の用語は同意語ではない。前述したように柔軟性は関節の可動域（ROM）を表し,「弛緩性」は関節の安定度を表す（Brody, 1999; Saal, 1998）。過度の関節弛緩性は，慢性的損傷やエーラス・ダンロス症候群（EDS）[3]のように先天的，あるいは遺伝的な疾患の影響であるともいえる。関節安定性の不足から生じる関節障害や機能障害は，関節不安定性と深く関連している。過可動性と関節不安定性という用語は，

しばしば交互に使われており，これらには標準的な定義はない。ピーターソンとバーグマン（Peterson and Bergmann, 2002）は，臨床上の過可動性と関節不安定性を単純に区別することを試みた。過可動性は可動域の増大や正常な並進運動率，連結運動と関連しているが，一方，関節不安定性は増大，もしくは正常な可動域，異常な並進運動や連結運動の増加率に特徴づけられる。他に適当な定義が見つからなければ，本書では「柔軟性」は，正常な可動程度，弛緩性はある特定関節の正常域を越えた異常な動きの程度，そして一般的に過可動性は，身体のほとんどの関節において正常な可動域を上回る動きや，組織の過度な引き伸ばしとする。

3. 柔軟性の本質

　角度測定は関節可動域（ROM）の測定値である。可動域は長さの単位（インチやセンチ）または角度単位（弧の角度）で計測される。その方法論と関係なく，データは明確，単純，かつ理解可能でなければならない。人の柔軟性の臨床研究は，最大の関節可動域を従属変数として用いている。このような従属変数を用いて評価することは，疑問が残る（Magnusson et al. 1996b; Siff, 1993a）。特にシフ（Siff, 1993a）は以下の3点を指摘している。(1) 静的システムの中で測定している関節可動域は，筋腱接合部の動きについて説明が不十分である，(2) 組織の機械的特徴はエクササイズ中ダイナミックに変化する，(3) 最大負荷，制動比，エネルギーの吸収や硬さなどの他の生物学的な変数が重要である。

　体力には，柔軟性や心肺持久力・筋力や筋持久力を含む総合的な発達が重要である。以前よりさまざまなバッテリーテスト[4]が体力を評価するために開発されてきた。柔軟性（一般的に身体の関節が非常に柔らかいか硬いかということ）は多かれ少なかれ一定であると考えられている。けれども，研究はこの点を実証していない（American College of Sports Medicine, 2000; Holland, 1968）。実際に，柔軟性は一般的特徴としてではなく，特定の関節や関節の動きを明確にしている（Bryant, 1984; Corbin and Noble, 1980; Harris, 1969a, 1969b; Holland, 1968; Merni et al. 1981; Munroe and Romance, 1975）。腰の最適な可動域が，最適な肩の可動域を決定するというわけではない。同様に，ある人の腰の可動域が十分であることが他の人の腰の可動域が十分な可動域となるとは限らない。すなわち，「ただ1つの柔軟性テストだけでは全身の柔軟性の基準にならない」（American College of Sports Medicine, 2000, p.86）。可動域の違いには遺伝的な変異と，個人の行動様式や結合組織にかかる特定の力学的な負担が反映されている。

　静的柔軟性は関節運動のスピードは考慮せず，関節可動域のみとかかわっている。代表的な2つの静的柔軟性の例は，ゆっくり床に触れるよう前屈する動作と，「座位開脚」の動作である。ニュードスン，マグヌスンとマクヒュー（Knudson, Magnusson and McHugh, 2000）たちは静的柔軟性の測定には，いくつかの複雑な問題があると警告している。なかでも明らかな問題点は，静的柔軟性の限界が被験者か験者のどちらかの主観によって決定されることである。そのため，このようなテストは実際に客観的であるとはいえないと述べている。

　弾性的柔軟性は，普通は上下運動，弾むこと，跳ね返ること，リズム運動などに関連している。

リズム運動にやや関連する他の用語に動的柔軟性がある。それは，通常のスピードや速いスピードで身体運動を行う際，その運動の中で関節を動かすことのできる範囲である（Corbin and Noble, 1980; Fleischman, 1964）。そのために，動的柔軟性は，必ずしも弾性的，または速い運動である必要はない。しかしながら，厳密には動的柔軟性の定義は国際的に認められていない（Hubley-Kozey, 1991）。論文の再調査（Knudson, Magnusson, and McHugh, 2000）によると，動的柔軟性は静的柔軟性の変化の約44～66％を説明しているにすぎない。しかしながら，再調査した研究者達は「静的柔軟性と動的柔軟性は同じ柔軟性の構成要素であるが，2つの異なる特徴をもち，2つの面があるかどうかを定めるためにはまだ研究は不十分である」と認めている（p.3）。他に「機能的柔軟性」という用語がある（Clippinger-Robertson, 1988）。機能的柔軟性の"ゆっくり"した動きの例は，バレエダンサーがゆっくり脚をあげ，60°の角度に保つ能力である。一方，開脚ジャンプは動的柔軟性の「速い」動きの例である。大半の競技種目は明らかに動的柔軟性を必要とする。ここでもまた，柔軟性の種類は一定の規律をもった動き（スピードと角度）に特徴があり，必ずしも可動域（ROM）との関係が必要というわけではない。シフとヴェルホヤンスキー（Siff and Verkhoshansky, 1999）は機能的ストレッチングを3つの要素に分析した。

①柔軟性－速度：高速で最大可動域を生み出す能力
②柔軟性－筋力：最大可動域（ROM）を超えて，効果的で力強く，静的（スタティック）・動的（ダイナミック）運動を生み出す能力
③柔軟性－持久力：静的（スタティック）・動的（ダイナミック）な状況下で効果的な最大可動域を繰り返し生み出す能力

受動的柔軟性は，被験者に能動的な筋収縮活動（自発的筋肉活動）をさせない状態での可動域の測定である。被験者の意志で筋収縮を行わないかわりに，パートナーや特定の装置が可動域を保つといったものである。手の親指を反対の手で引っ張ったり，床の上にすわって足の趾に手をつけようとしたり，胴体上部に重しをかけたり，身体の一部に別の部分の力を働かせると一人でも応用できる。トフトら（Toft et al. 1989）は，受動的柔軟性測定は，心理的要因がその測定結果に影響を与えないので，より客観的な可動域測定になると提案している（p.493）。しかしながら，ガイドシック（Gajdosik, 2001）は受動的柔軟性測定は，最大限に筋肉を伸ばした長さの終点を定めることにより測定値を決定しており，その方法では，被験者の不安や苦痛の認識をともなう心理的・生理的現象の影響があると指摘している。

受動的可動域は能動的可動域よりも測定が困難である（Gajdosik and Bohannon, 1987）。エイミスとミラー（Amis and Miller, 1982）が詳しく述べているように，「受動的動作は再現することが極端に困難である。なぜなら，運動の限界では軟部組織のストレッチングは，四肢にかけられる力に依存しているからである。したがってそれは，慎重にコントロールされなければならない」（p.576）。よって，ガイドシックとボハノン（Gajdosik and Bohannon, 1987）は，「受動的に加わる力の量を標準化し，誤差を減らすために，力量計の利用」を提案した（p.1869）。

柔軟性は，特定の関節，面，速さだけでなくスポーツにも特有である。さらに，スポーツの中でもその競技における柔軟性の特有パターンは，しばしば起こる関節の動きや特徴的な関節の動きと関係する。柔軟性を要するこれらの関節は，スポーツ特性において特徴的に分類される。例えば，多くのスポーツや芸術の訓練では，特異的な柔軟性パターンの向上を必要とする。バレエ（DiTullio et al. 1989; Hamilton et al. 1992）・野球（Fleisig et al. 1995; Gurry et al. 1985; Magnusson et al. 1994; Tippett, 1986）・ア

代償相対的柔軟性

"代償相対的柔軟性"は，サーマン（Sahrmann, 2002）によって強調された概念であり，特定の運動範囲に達するために身体は抵抗の最も少ない部位が動くという前提に基づいている。このポイントは柔軟性と最も関連する範囲である。漕ぎ手がキャッチ・ポジションで，ボートの底にいる状態を実例として示す（Mallac, 2003）。このポジションは，身体からオールへの力の伝達が不可欠となる推進力を生み出す。このとき，漕ぎ手の手（とオール）は脚を越えて前へ出なければならない。もし漕ぎ手が極端に殿部の柔軟性が低下して，前傾（股関節屈曲）ができないようならば，漕ぎ手は股関節の柔軟性不足を補うために身体の他の部位を動かさなければならない。漕ぎ手は腰部や胸部で代償した屈曲をする。背部は"相対的柔軟性"をもち，すべての運動範囲に貢献する。しかしながら，その背部の代償した動きは有害であり，結果として腰部や胸部の機能障害や痛みを誘発する可能性をともなう。

イスホッケー（Agre, Casal et al. 1988; Song, 1979），パワーリフティング（Chang et al. 1988），スイミング（Bloomfield et al. 1985; Oppliger et al. 1986）そしてテニス（Chandler et al. 1990）がこれらの分野に含まれる。よって，柔軟性のトレーニングはスポーツ特性に応じて規定されなければならない（Zernicke and Salem, 1996）。

4. 柔軟性トレーニングプログラム

運動競技において，トレーニングは一般に「スポーツ選手のレベルアップを促し，それを適切な状態に維持するために，集約された要因（手段，方法，状態）を使用する多面的過程」と定義づけられている（Matveyev, 1981, p.22）。トレーニングプログラムでは，ストレングストレーニング，パワートレーニング，有酸素性（持久力）トレーニング，無酸素性トレーニングなどが中心に行われる。それらの，トレーニングプログラムの根本的な要素に加え柔軟性トレーニングがあげられる。可動域（ROM）を高めるためのトレーニングプログラムから最大の効果を得るために，実施者はプログラムの目的を理解し，そのプログラムを適切に使い分けなければならない。

柔軟性トレーニングプログラムは，慎重に系統立てられ，計画されたエクササイズプログラムとして定義されている。そしてそれは，一定期間を超えて永続的に徐々に，関節または関節群の有用な可動域を増加させることができる（Aten and Knight, 1978）。柔軟性エクササイズという言葉は，しばしばストレッチングエクササイズと同義語のように使われる（Pezzullo and Irrgang, 2001）。しかし，キスナーとコルビー（Kisner and Colby, 2002）は以下のように強調している。

ストレッチングと柔軟性エクササイズは同義語ではないことを忘れないで欲しい。ストレッチングすることによって軟部組織構造は限界の長さを超え，結果的に可動域が増加される。柔軟性エクササイズは組織の伸長性の

限界内でとどまり，その結果，組織の有効な範囲内で可能な長さが維持される（p.187）。

エヴィエンスとハンバーグ（Evjenth and Hamberg, 1993）はストレッチングを2つのカテゴリーに分類した。それはセルフストレッチングと治療的筋肉ストレッチング（TMS：Therapeutic Muscle Stretching）である。セルフストレッチングはフィットネスエクササイズ，アスレティックトレーニングやダンスで多く利用される。それと関連しているが，特別に処方された，治療的筋肉ストレッチングは骨格筋システムの機能不全の患者のために治療者が施術したり，教えたり，指示したりする特定の筋肉ストレッチである（Mühlemann and Cimino, 1990）。治療を受ける人はアスリートであるかもしれないし，そうでない人もいるかもしれない。治療的筋肉ストレッチとセルフストレッチはお互いを補い合う関係である（Evjenth and Hamberg, 1993）。

ほとんどのエクササイズにおいて柔軟性要素を含んだウォームアップやクールダウンが一般的に行われている。それは，活動の直前や直後に行われ，パフォーマンスを向上させ，傷害の危険性を減少させる，目的をもって意図的に組み込まれたエクササイズである（クールダウンと言う用語はウォームダウンと同義語である）。柔軟性を用いたウォームアップ・クールダウンプログラム単独では，プログラムの実施後数週間，柔軟性の効果が持続するというわけではない（Aten and Knight, 1978; Corbin and Noble, 1980）。クールダウンと対照的にセルフストレッチングと治療的筋肉ストレッチは，実施後数週間，改善された柔軟性の効果は持続する（Zebas and Rivera, 1985）。

5. 柔軟性トレーニングプログラムの利点

柔軟性トレーニングプログラムの潜在的な利点は，無限大に広がる。柔軟性トレーニングプログラムの質の利点と量の利点は2つの要素により定められる。その目的は，参加者のゴールと目標である。その妥当性は生物学的，心理的，社会的，哲学的であり，そして目的に到達するために使われる方法，順序，技術である。もし，その目標を感情的もしくは心理的に設定するならば，生物学的または生理的な方法論とは一致せず，適用するストレッチングを特定できない。人々は柔軟性プログラムにより，どのような効果を期待することができるか。近年，その問題に対してのデータが激増したことから，この項ではその質問を検証することにする。

(1) 身体，心，精神の調和

身体，心，精神を概念化することは難しいが，柔軟性トレーニングプログラムを行うことで，身体，心，精神を統一する手助けをする。ヨガはたぶん柔軟性プログラムの中で最も知られたものである。ヨガという言葉は「結ぶ，結びつける，つなぐ」という意味であるサンスクリット語の「yuj（ユイ）」に由来している（Iyengar, 1979）。同様に，「支配するようになる」や「律する」という英語の句にもみられる。ヨガ行者は意志によって身体や心をコントロールし，人間の行動を明らかに律する（Ramacharaka, 1960）。同様にイエンガー（Iyengar, 1979）によると，「yuj（ユイ）」という言葉は「人の注意力を促し，また集中させる，すなわち使用し

たり，応用したりすること」としている（p.19）。それは調和や共有をも意味している。

　古代の書物『ヨガ経典』によると，ヨガは生理的な習慣やアンガス（angas）と呼ばれている精神的エクササイズのいくつかのカテゴリーを含む句，節から構成される。古典的ヨガは8つの句，節から成り立ち，その目的は自己の最終的な解放である。

1. ヤマ（Yama）：慎むこと
2. ニヤマ（Niyama）：順守
3. アーサナ（Asanas）：姿勢（ポーズ）
4. プラーナーヤーマ（Pranayama）：呼吸の調節
5. プラティヤハーラ（Pratyahara）：鎮静（五感の離脱）
6. ダハーラナー（Dharana）：集中
7. ディヤーナ（Dhyana）：瞑想
8. サマーディ（Samadhi）：超意識状態（深瞑想，集中の一致または統合状態）

　ヨガの姿勢（ポーズ）は，単に肉体のエクササイズまたは柔軟性と順応性を見せる姿勢でしかないと一般的に考えられていることは残念である。ヨガの姿勢（ポーズ）についての記述は古代インドの原典，教範，文書に多くみられる。ある古代の原典『ゲーランダ・サンヒター（Gheranda Samhita）』によると「シバ（Siva）により記述されているヨガの姿勢（ポーズ）は840万種類もあり，しかしながら32のヨガの姿勢（ポーズ）だけが現在のわれわれにとって有効に思われる」（Vasu, 1933, p.25）。

　要するに，ヨガに関してたくさんの情報源は，神秘的で超自然的，非常に理論的，合理的で次のような基礎原理を強調している。

・肉体は神の生気が住む聖堂である。
・肉体は達成感を生み出す手段である。
・ヨガ行者はヨガ姿勢（ポーズ）の実践によって肉体を支配する。
・ヨガ行者は肉体，心，精神の完全な調和を身につけるためにヨガ姿勢（ポーズ）を行う。
・肉体，心，精神は分離できない（一体である）。

推論として，イエンガー（1979）はヨガを以下のように説明している。

　　ヨガ行者にとって，肉体を使うことは達成感を生み出す最上の手段である。乗り物が故障すると旅行者は遠くへ行けない。健康を害したならば大望を抱いても達成できない。それはちょうど神経を介して心の機能が正常に働くように，身体の健康は精神の発展に重要だということである。病気になったり，神経が冒されたりすると心は休めなくなり，うまく機能せず不活発になる。そして集中と瞑想が不可能になる（p.24-25）。

　したがって人が心を高めたり，深瞑想に達しようという目的のためにヨガの姿勢を実践することにより，二次的な効果として柔軟性も高まる。

(2) ストレスと緊張の緩和

　ストレスは一般に「疲れと悲嘆（消耗）」ともいわれるように，人生において避けられない部分である。緊張を解放せずにストレスを高めることは問題となる。例えば，身体のストレスが誘発されると，静的収縮の間や，肉体的に負荷がかかっていない状態でも僧帽筋上部の筋電図の活動が増加する（Larrson et al. 1995; Lundberg et al. 1994）。文献によると，僧帽筋エクササイズを行うことがストレスを緩和するという十分な証拠がある（de Vries et al. 1981）。経験上からも，部位ごとに分けた柔軟性トレーニングプログラムは有益であることもはっきりしている。

(3) 筋肉のリラックス

柔軟性プログラムの最も重要な効果の1つにリラクゼーションを促進する可能性があげられる。生理的なリラクゼーションは筋肉が緊張していない状態である。筋肉の緊張度が高くなると，感覚が鈍くなったり血圧が上昇するなどのいくつかのネガティブな影響が生じる。それはまた，エネルギーの無駄にもなる。収縮している筋肉は，リラックスしている筋肉よりもエネルギーが必要となり，さらに，常に緊張している筋肉は，その部位の血液循環が悪くなる傾向になる。血液の循環が悪く，血液の供給が減少すると，その結果として酸素と根本的な栄養素の欠乏が起こり，細胞に有害な老廃物が蓄積することになる。この経過をたどることによって，人は疲労や痛み，さらには苦痛を感じやすくなる。モールトンとスペンス（Moulton and Spence, 1992）は筋肉の過度の緊張は，筋肉に影響を与え，ついには虚血を招き，痛み－緊張－痛みのサイクルを起こすと提唱している。ラーソンら（Larsson et al. 1999）は76人の労働者（長期に持続している一側性の首の痛みや，慢性的な僧帽筋筋痛症と診断された人）を被験者に用いて以下のような実験を行った。つまり，静的負荷を徐々に増加させ，継続的に疲労させる方法をとり，レーザードップラー流量計を用いて血流を，また，僧帽筋上で表面筋電図の2項目を計測した。そして，次のような結論を出した。痛む側の筋肉の緊張が増し（p＜.05），引き続いて筋肉の毛細血管が損傷する（p＜.05）。その結果として，侵害受容物質[5]が放出され，それによって痛み－緊張－痛みのサイクルが継続するのである。常識的にも，日々の経験から，リラックスした筋肉は，慢性疾患やその他多くの疾病にかかりにくいと報告されている。

筋肉は部分的に収縮し続けていると，拘縮（筋が静的短縮した状態）に発展する。筋肉の拘縮と慢性的な筋の緊張は，筋肉が短くなるばかりでなく，筋肉の柔軟性不足，強度不足となり，さまざまな動きの衝撃やストレスの緩和ができなくなる。その結果として，筋肉の過度な張力が筋肉の過度な緊張を生み出す。

サイモンズら（Simons et al. 1999）は発痛点にかかわる著書を多く出版した。彼らは発痛点を「ピンと張りつめた帯状の筋肉組織の小結節の中の，鋭敏で興奮性の高い局所的な点である」と定義した。その「小結節」は，発痛点そのものであり，しこりを形成する個々の筋線維の中にある収縮した筋節のかたまりである。そしてそのしこりの大きさは，ピンの頭からエンドウ豆の大きさまで広がることもある。大腿部のように大きな筋肉では，発痛点は親指ほどの大きさに感じることがある。発痛点を含む筋組織のピンと張った帯状のものは，ヒモやケーブルのようにも感じられ，しばしば腱と間違えられやすい。ピンと張った筋線維の帯は，筋肉の伸びる能力を制限し，硬くしたり，弱くしたりすることによって，関節可動域（ROM）を制限する傾向にある。

不調な筋肉に対する最適な治療は，筋肉をリラックスさせることであり，有効なストレッチングを直ちに行うことである。それについては，ド・フリースとアダムズ（de Vries and Adams, 1972）は筋肉の緊張を減少させる薬物療法よりストレッチングの方が効果のあることを見いだした。

(4) 自己訓練と自己認識

私たちはほとんど無意識的に生活を送っている。すなわち，私たちは無意識的な習慣によってしばしば左右されている。したがって，自己を律するための訓練をする必要がある。なぜならば，肉体は精神によってコントロールされているので，もし，肉体が支配できれば精神も支配できるからである。この章では，ヨガの姿勢

（ポーズ）の基本的な重要性を述べる。ヨガ行者は，ヨガの姿勢（ポーズ）の練習と自己訓練によって肉体を支配し，それによって，肉体と精神を統一させる。精神の鍛練が肉体を鍛練するという概念は，スポーツ選手，芸術家，そして一般の人にも当てはまる。人生のある一面が支配できれば，そのとき，他の面も支配できる。柔軟性トレーニングプログラムは，自己を達成しようとするための良い機会となる。ランナーがマラソンレースを走るのと同じように，ストレッチングをすることは，何かの目標に対して努力したり，闘ったりすることである。

また，ストレッチングを行うことは，思考したり，瞑想したり，自己評価したりするための静かな時間が得られ，精神的な成長をはかるすばらしい機会になっている。そのようなときに，今日では私たちがほとんど省みることのない，自分自身の肉体に耳を傾けたり，チェックしたりすることができる。さらにストレッチングのすばらしい点は，いつでもどこでも行うことができることである。

芸術公演やスポーツでは成功と失敗が誰の目にも明らかであり，客観的に評価される。バレエでの，下手なアラベスクやスプリットジャンプの失敗は隠しようがない。ストレッチングプログラム（または何らかの運動プログラム）をすることによって，私たちは自分自身の発展や能力を認識することができる。私たちはさまざまな能力と才能をもっているが，それらのいくつかに気づいていない。私たちは，ストレッチングすることによって，自分の可能性について学ぶことができ，生理的にも自分の可能性を向上させる機会を得ることができる。

(5) フィットネス，姿勢，均整

健康的で魅力的でありたいという願望はいつまでも変わらないものである。身体のサイズとプロポーションを改善するためには，適切な食事とエクササイズの組み合わせが最良の方法である。姿勢は身体の各々の部位の位置関係である。マギー（Magee, 2002）によると「正しい姿勢とは，各々の関節にかかる力が最小の位置である」と述べている（p.873）。人が均整のとれた身体や良い姿勢を身につけるためには，身体のある部位だけを極端に向上させる運動を行うよりも，むしろ全身的な運動を行うべきである。おそらく，個々の柔軟性プログラムを総合的なフィットネスプログラムに体系化することによって，人は健康になるだけでなく身体的容姿も改善することができる。

良い姿勢を奨励している人は，良い姿勢が機能障害（例えば腰痛など）の原因を潜在的に取り除き，そして，疲労と痛みを減らすことができると述べている。姿勢はその人を映す鏡であるといわれている。その結果，良い姿勢が個人の力を向上させる。良い姿勢は他人に対する強い自信を与え，結果として大きな尊敬を得ることになるからである。悪い姿勢の最も一般的な原因は，不健康な姿勢が習慣化することにある（Magee, 2002）。先天的異常や発育上の問題，外傷，疾患の結果である形態上の奇形は，姿勢の変化を引き起こすかもしれない。悪い姿勢の付加的な原因として，筋肉不足，痛み，肥満，妊娠，低品質のベッド，ストレス，不随意な筋肉緊張があげられる。姿勢を良くするための対策や方法には，エクササイズ，ストレッチング，マッサージその他の軟部組織に与える治療，例えばジオテルミー（透熱療法）や超音波などの物理療法，あるいは活動中の動きのパターンとポジションの再教育が含まれている。

姿勢と柔軟性の関係は理論と臨床の両方に基づいている。クロフォードとジャル（Crawford and Jull, 1993）は，老人被験者の脊柱後彎症（胸部領域での彎曲）の増加は腕をあげる範囲が狭くなることと関係していることを見いだした。コービンとノーブル（Corbin and Noble, 1980）は，ある筋肉群の筋肉の発達と柔軟性の不均衡

は悪い姿勢を作る要因の1つだと示唆した。例えば，丸まった肩は胸部筋肉が硬いことと，肩甲骨内転筋群（菱形筋と僧帽筋中部線維）の持久性が乏しいことに関係している。この状態は，縮まった結合組織と筋肉をストレッチングしたり，弱った筋肉を強くすることで緩和できる。

別の一般的な臨床上の概念によると，立位での，縮まったハムストリングスは，後部の骨盤を傾けさせ腰椎角の減少（フラットカーブ）を引き起こすとされている。しかしながら，トッペンバーグとブロック（Toppenberg and Bullock, 1986），ガイドシックら（Gajdosik et al. 1994）の臨床的研究では，ハムストリングスの筋長は骨盤角と明らかに関係があるわけではないという結論に至った。クレーら（Klee et al. 2002）は53人の被験者（40人は10週間トレーニング実験に自発的に参加を申し出た）の筋肉のバランスと，姿勢と骨盤の傾きの関係を調査した。この研究とウィーマンら（Wiemann et al. 1998）によるもう一つの研究は，筋肉のバランスはストレッチングではなくレジスタンスエクササイズで対処すべきであるという結論を導き出した（Klee et al. 2002, p.95）。筋肉のアンバランスな人々のよい姿勢と均整のために，最適な手順を決定するさらなる研究が必要とされる。

(6) 腰痛の解消

腰痛（LBP）は，近代社会で最も一般的な不定愁訴の1つである。毎年「さまざまな治療法」によって腰痛の解消を多くの人々が求めている。実際，たいていの人は一度ぐらい腰痛を経験している。「柔軟性，または柔軟性不足と腰痛との間にどのような関係があるのか」という問題がある。文献の再考は，多くの矛盾した調査結果を明解にするであろう。多くの研究者（Biering-Sørensen, 1984; Burton et al. 1989; Chiarello and Savidge, 1993; Elnagger et al. 1991; Marras and Wongsam, 1986; Mayer et al. 1994; Mayer et al. 1984; Mellin 1987; Waddell et al. 1992）は背部の傷害歴に関係する脊柱の可動性の全体的な減少，または不足を報告している。対照的に，ハウズとイズデイル（Howes and Isdale, 1971）は脊柱の可動性の増加が背部の傷害に関係していると報告した。しかし，ナードラーら（Nadler et al. 1998）は，257人の大学スポーツ選手の股関節屈筋群の硬さと腰痛の進行との間に関係がないことを示した。リーら（Li et al. 1996）による15人の被験者においての研究では，背部の痛みについての既往歴が脊柱の屈曲関節可動域に全く影響を及ぼさないことを示した。同様に，明らかな腰痛歴がある，またはない被験者の実験で，身体を前に曲げているときの腰部または殿部の動きの量において，2つのグループの間に違いはみられなかった（Esola et al. 1996）。しかも，平均44.6歳の2,747人の成人を用いた調査では，座って行う前屈とすでに申告された腰痛の間には何の関係もみられなかった（Jackson et al. 1998）。ランドバーグとガードル（Lundberg and Gerdle, 2000）は，在宅介護人として働いている607人の女性の調査を報告した。それは，末梢の関節の動き，脊柱の矢状方向姿勢，胸部の矢状方向の動きが疾病との相関関係は少ないということである。しかしながら，腰部の矢状方向の可動性低下は，疾病とより高い関係があることもわかった。

慢性的腰痛症の患者において，腰部の彎曲減少は，理論的なモデルに基づいている。殿部の伸筋の硬さは腰部椎骨の自然な脊柱前彎カーブを減少させ，また，それは骨盤の後部傾斜を激化させる可能性がある。この状態では腰部体節のショック吸収能力は低下し，腰部脊柱を圧迫する力が増加する。さらに，腰部彎曲の減少は，靭帯や筋肉組織の周りの緊張を増加させる。競技中に行われる弾性運動はこれらの力を大いに拡大させると考えられている（Ashmen et al.

1996)。

　胴体の側部の柔軟性が不足すると，これもまた腰痛の要因となりうる。アシュメン（Ashmen, 1996）は以下のように述べている。

　　側屈のコントロールを手助けする腹斜筋群は，体幹の安定の鍵であると信じられている。腹斜筋複合体の主要な役割は外側へ引っ張ることによって，脊柱起立筋の筋膜を強化することである。このように拡大され，強化された筋膜はさらに効果的な支えとなり，腰部椎骨のひずみを減らす。腹斜筋の柔軟性が片側のみ減少することは，結果的に腰部筋膜と骨盤帯に非対称的な力がかかる。（p.283）

　メリン（Mellin, 1987）は，胴体の外側の柔軟性が直接的に腰痛と相互関係があることを実証した。同様にアシュメンら（1996）は，適切な横方向への柔軟性を欠く被験者では，腰痛が拡大することを見いだした。しかし，アシュメンら（1996）は「これらの違いは利き手や，一側性のスポーツにのみ説明が可能かもしれない。さらに，腹斜筋がどの程度腰椎と慢性の腰痛症に影響するかは，今後検討の余地がある」と警告した（p.283）。

　腰痛の原因は論争中であるが，確固たる証拠としては，体幹の十分な可動性の必要性を立証している。ファーファン（Farfan, 1978）は，腰椎の柔軟性は機能と効率性にとって，機械的に効果があることを報告した。ドランとアダムズ（Dolan and Adams, 1993）は「腰椎と殿部の動きの不足が，身体の前屈や，物を持ち上げるときに椎骨にかかる曲げモーメントを増加させる。このとき，椎間板と靱帯に対して損傷の危険性を増加させるかもしれない」と結論づけた（p.191）。さらに，多数の文献と研究が，適切な柔軟性とストレッチングは，腰痛の危険性とつらさの減少に役立つ可能性を示唆している（American College of Sports Medicine, 2000; Cailliet, 1988; Deyo et al. 1990; Khalil et al. 1992; Locke, 1983; Rasch and Burke, 1989, Russell and Highland, 1990）。しかし，柔軟性と腰痛の関係については，さまざまな方面から疑問が上がっている。

　バティエら（Battié et al. 1990）は「脊柱の最適な柔軟性は腰の状態を向上させ，ケガの危険性を減少させることと関連がある」という一般的概念について指摘した（p.768）。彼らは，可動域の改善によって，亜急性や慢性的な腰部疾患患者の症状が除去されたことに関連性があるかもしれないと述べた（Mayer et al. 1985; Mayer et al. 1987; Mellin, 1985）。可動域と腰痛の関係について想定されるもう一つの例をマギル（McGill, 1997）は次のように述べている。

　　背部に傷害を負った人が仕事に復帰する際の判断は，彼らの体幹の可動域に基づいている。おそらく，背部に傷害を負った人は，可動域が減少し，その減少した可動域の回復を望んでいる。しかし，脊柱メカニズムの研究によると，すでに負傷している脊柱（の回復）は，最終可動域まで動かさせるかどうかではなく，最終可動域まで脊柱を動かすことに関連する色々な疾病（椎間板，靱帯と脊柱の構成要素のダメージのリスクが増えることを含む）に関係していると述べている（p.473）。

　しかし，背部を保護し，良い状態にするためには脊柱の可動域を維持したり，または増大させるエクササイズを取り入れることが効果的であるということを裏付ける証拠はほとんどない（Battié et al. 1987; Battié et al. 1990; Elnagger et al. 1991; McGill, 1999）。それにもかかわらず，バティエら（1990）は以下のことを強調した。

　　このような関連性の不足は，プログラム自体に効果がない…と結論づけることはできない。しかしながら，これらのデータの提示に

よると，矢状面そして前額面において柔軟性だけを増加させることで，腰背部痛の報告が少なくなるということはありえない (p.771)。

マギル (1998) は次のように述べている。

いく人かの人々によって述べられた概念があるにもかかわらず，背部の健康状態を向上させ，ケガの危険性を減少させるために柔軟性を強調したデータはほとんどない。可動域中に体幹に負荷を加えたいくつかのエクササイズプログラム（屈曲と伸展，側屈，または回旋）は成果に乏しく (Biering-Sørensen, 1984; Battié et al. 1990) そして，またいくつかのケースでみられた正常な動きでも腰の問題と関連があった (Biering-Sørensen, 1984; Burton, Tillotson and Troup, 1989)。さらに，脊柱の柔軟性は，腰の問題を予測する値をほとんど持たないことが示された (Biering-Sørensen, 1984; Battié et al. 1990, p.759)。

よって，マギル (1998, 1999) は以下のことを勧めている。

・特定の傷害において，最終可動域は禁忌にすべきである。
・体幹の柔軟性エクササイズは個人の安全面に配慮し，屈曲と伸展を除いて制限されるべきである。
・股関節と膝関節の十分な柔軟性があっても，日常生活でかかる過度の脊柱の動きは避けることはできない。
・股関節と膝関節の柔軟性は，ニュートラルな脊柱のエクササイズを通し，体幹の安定性を重要視するいくつかの動きによって得ることができる。
・脊柱の柔軟性は，脊柱が安定し，筋力や持久力のあるコンディションになるまで重要視されるべきではない（何人かはこの状態へ到達できないかもしれない）。

そのほかの要因は，筋の長さの差，持久力不足，腹部，脊柱起立筋，殿筋と股関節の伸筋の筋力不足，そして殿部のアンバランスがあげられ，傷害の原因もしくは予防と関連しているかもしれない (Ashmen et al. 1996; McGill, 1998; Nadler et al. 2001)。脊柱の可動性と腰背部痛の罹患率（現在や過去）の比較もまた不明瞭である。そのわけは，腰背部痛が靭帯の不安定さのため，さらに変動しやすいかもしれないからである (Dolan and Adams, 1993; Howes and Isdale, 1971; Lankhorst et al. 1985; Stokes et al. 1981)。他のプログラムに関連する要素もまた，最終的に影響を及ぼす。よって，「柔軟性の測定はたくさんの要素，例えば，痛み，恐れ，動機づけ，さらに解剖学的・生理学的限界によって影響されるかもしれない」(Battié et al. 1990, p.722)。解剖学的・生理学的でない可動域の限界の概念は，たくさんの研究者によって取り上げられてきた (Dolan and Adams, 1993; Marras and Wongsam, 1986; Pearcy et al. 1985; Seno, 1968; Stokes et al. 1981)。結果的には，傷害による柔軟性の変化は，痛みや炎症（恐れの回避），またはモーメント（支点から垂直距離へかける力）を減少させ，脊柱へかかる圧力を低下させる防御的行動の一形態である (Burton et al. 1989; Dolan and Adams, 1993; Mayer et al. 1984; Pearcy et al. 1985)。しかしながら，ツーバービーア (Zuberbier et al. 2001) は「腰椎の可動域の値と，脊柱疾患の機能との相関関係は明確な結論に達しない」という見解を出した (p.E-472)。彼らの結論は「腰椎の可動域の値は腰の病理学的原因分析の重要な項目として必ずしも適しているとはいえない」ということである (p.E-472)。しかも，3ヶ月間に及ぶ柔軟性を向上させるための治療上の運動プログラムに参加した，86名の慢性腰痛被験者の研究結果 (Kuukkanen and Mälkiä, 2000) では「慢性的な腰痛があり，

機能的障害にはそれほど制限のない被験者にとって，柔軟性はあまり重要な役目を果たしていない」と示唆している（p.46）。

パークスら（Parks et al. 2003）は，腰椎の可動域（LROM）は伝統的に代償作用と動作速度によって，障害を決定する基準となると指摘した。しかし，「腰痛と減少した可動域は身体の障害との関連が全く見つけられなかった」（p.380）。さらに，彼らの研究は「腰椎の可動域測定と機能的能力との関係は低いかあるいは存在しない」と結論づけた（p.380）。

腰痛に関連したもう一つの重要な要因は，体幹（腰椎）の運動速度である。マラスとウォンゲザム（Marras and Wongsam, 1986）は腰痛患者と健常者には角度と速度の両方の測定で明らかな違いを見いだした。彼らの調査報告では「体幹を動かす速度は腰部の不調の基準として使われており，そしてそれは腰痛のリハビリの経過観察を検討する手段として使われている」ことを提案している（p.213）。

結論として，2つの重要な問題は区別されなければならない。まず，脊柱の柔軟性を疾病前に評価した縦断的研究によって，脊柱の柔軟性と腰部の障害の関係を明確に定義する必要がある（Battié et al. 1987）。よって，20年以上前ジャクソンとブラウン（Jackson and Brown, 1983）が指摘したように，可動性の臨床的評価は定義されていないままということである。結果として，柔軟性が科学的に十分定義され，臨床的な手段が目的（可動域）を達成したとしても，可動性や柔軟性エクササイズが腰痛の危険性を減少させるという理論は明らかにされたとは言えないだろう。ハントら（Hunt et al. 2001）は，ジャクソンとブラウン（1983）の提示した問題に着目し，さらに検討した。彼らの意味深長な言葉は，次のように考えるべきだと思われる。

The AMAガイドにより奨励されている障害決定の最新システムは，医療モデルと可動域の分析評価のいずれかに基づいている。最新の論文と他の2つの論文の中は，可動域の限界に近づくことについて記述されている。それ以上に，われわれは身体的疾病測定のために，もっぱら用いられている臨床的アプローチの正確性について疑問をもった。疾病は多元的であるため，生物心理社会的アプローチと臨床モデルの比較では，生物心理社会的アプローチが新しい成果が多いという見解を膨大な文献の報告で得ている。われわれは，疾病に対するこの新しいアプローチの活動を奨励する。医学モデルから遠ざかることは，機能疾病を証明したり，身体的障害を決定するために生物測定学に限定して使う必要性を無視することになるだろう。しかし，可動域のようなモデルは，目標がシンプルかつ，明らかなので，将来の研究においては，疾病概念の焦点をより明確に設定するべきである。現在この分野では，長年の経験的研究が評価され，疾病を定量化するための正確な方法の研究を推し進めていく理想的局面である（p.2717）。

(7) 筋痙攣の除去

痛みをともなう骨格筋の不随意収縮は，一般的に痙攣といわれ（McGee, 1990），それについていくつかの種類が知られている。通常の痙攣は，神経の問題であり，筋肉の問題ではない。痙攣は筋肉がすでに最も短い状態になって不随意収縮するときに始まる（Norris et al. 1957; Weiner and Weiner, 1980）。この過程は，スイマー（水泳選手）が下腿のこむら返りになりやすいことで説明できる。つま先を伸ばしているすばらしいキックフォームは，腓腹筋（下腿）の筋肉が短く収縮していることを示している（Weiner and Weiner, 1980）。通常，痙攣は，それに関連した筋肉が受動的にストレッチされたとき（Bertolasi et al. 1993; Davison, 1984;

Graham, 1965; Weiner and Weiner, 1980), あるいは, その拮抗筋の能動的収縮で伸ばされたときに止まる (Fowler, 1973)。このような2つの手段は, 筋肉の電気的活動を軽減させることがわかっている (de Vries, 1966; Helin, 1985; Norris et al. 1957)。このテクニックによって, 痙攣が除去されるというメカニズムは確定的でない (McGee, 1990)。ストレッチングは急性の痙攣を軽減するとして, ストレッチングによって痙攣を予防することを提案している人が何人かいる (Daniell, 1979; Matvienko and Kartasheva, 1990; Sontag and Wanner, 1988)。ある研究者によって, 44名の患者のグループは一日3回行う簡単な下腿のストレッチを一週間行ったところ, 夜起こる痙攣が治ったと発表された (Daniell, 1979)。

一部の女性に起こる痙攣の原因は, 月経困難症または大変重い月経痛からである。この原因を説明するために, 正常なエストロゲン－プロゲステロン均衡バランスの崩れから, 不十分な姿勢にまで及んだ幅広いたくさんの理論が提出されている。理論上, 姿勢のズレは骨盤の後傾により, 子宮周囲の筋膜と靭帯結合組織が短くなっていることとかかわっている (Billig, 1943, 1951; Golub, 1987; Rasch and Burke, 1989)。姿勢のズレの理論は, 月経困難症のエクササイズ効果について多くの研究を導いた。

いくつかの調査研究によると, 月経困難症は通常の骨盤周囲のストレッチングによって予防できる可能性があり, 少なくとも軽減することができると指摘されている (Billig and Lowendahl, 1949; Golub, 1987; Golub and Christaldi, 1957; Golub et al. 1958, 1968)。筋膜と靭帯組織のストレッチングは神経の圧迫刺激を軽減し, そして症状の再発を予防する可能性がある (Billig, 1943, 1951)。

(8) 筋肉痛の除去

ゆっくりしたストレッチエクササイズは筋肉痛を軽減し, ときには取り除くであろう。2種類の痛みが筋肉のエクササイズに関連している。①エクササイズ中またはエクササイズ直後に起こる痛み, それは数時間持続するであろう。②エクササイズ後24〜48時間は起こらない通常遅れて起こる局所的な痛み（遅発性筋肉痛〔DOMS〕）。筋肉痛の生理学的根拠・原因と, ストレッチングと筋肉痛の軽減・緩和についての意見の相違は近年においても続いている。ここでは, 2つの疑問について探求する。ストレッチングは遅発性筋肉痛の緩和, もしくは予防に果たして効果的なのか。もしそうならば, ストレッチングはどのようにこれらの期待された結果を引きだすことができるのか。

一連の実験を通して, ド・フリース (de Vries, 1961a, 1961b, 1966) は筋電図検査（EMG）によって, ストレッチング後に痛みを緩和することができなかったことを証明した。どちらかというと, 筋電図はストレッチング後の筋肉活動レベルを減少させたことを証明し, それが被験者のうずき（痛み）の訴えを和らげることに関係していた。このような痛みの緩和についての説明は, 筋肉痛や筋痙攣が筋肉の高い筋活動電位に関連しているという概念に基づいている。このように, 筋肉の極度の緊張を緩和することによって, うずき（痛み）を軽減することができるのであろう (de Vries, 1966)。もしストレッチングが筋肉の高い筋活動電位を軽減するのであれば, 結果として筋肉痛は予防されるべきである。先行研究でも, 静的ストレッチングは, 筋肉痛の症状を緩和し, 筋肉の電気的活動を著しく減らすこと示している。ティグペンら (Thigpen et al. 1985) の研究では, 静的ストレッチングは統計的にH/M比[6]の明らかな軽減をもたらした。M波とH波は2つの別々の筋活動電位である。しかし, すべての研究がこ

れらの結果を支持したわけではない。

　筋肉痛へ対する静的ストレッチングの効果は，マグリンら（McGlynn et al. 1979b）とマグリンやロフリン（McGlynn and Laughlin, 1980）によって調査された。彼らは次のことを見いだした。静的ストレッチンググループの人たちが感じた痛みは，コントロール群の人たちが感じた痛みより著しく低下したわけではない。ブロカーとシュウェイン（Buroker and Schwane, 1989）は，筋肉のエキセントリック収縮により遅発性筋肉痛を誘発するエクササイズの後，長時間に渡っての整理運動の中で間欠的にストレッチングを行うことで筋肉痛が減じられるか，あるいは運動直後に行う1，2回の短いストレッチを繰り返すことによって筋肉痛が減じられるかどうか明らかではないことを見いだした。同様に，ハイら（High et al. 1989）はウォーミングアップを行う，行わないにかかわらず，準備運動にストレッチングプロトコルにしたがったボランティアと，いかなる準備運動も行わないで遅発性筋肉痛を誘発させる運動を行ったボランティアとの間に，痛みの明確な違いがないことを見いだした。ヴェッセルとワン（Wessel and Wan, 1994）は「エキセントリック・エクササイズの前もしくは後に行ったストレッチングプロトコルは，遅発性筋肉痛を軽減しない」と結論づけた（p.83）。しかし，ローデンバーグら（Rodenburg et al. 1994）は，ウォーミングアップ，ストレッチング，そして，マッサージを組み合わせることによって，エキセントリック・エクササイズで生じる筋肉痛の軽減に対するいくつかの否定的な結果を和らげると結論づけた。しかしそれらは，相反する結果であった。ランドら（Lund et al. 1998）はエキセントリック・エクササイズの後の，遅発性筋肉痛への受動的なストレッチングの効果について研究した。彼らは，「受動的なストレッチングは血漿CK[7]，筋肉の痛み，筋力，そして，PCr/P$_i$比率[8]の増大に明確な影響もなく，エキセントリック・エクササイズの後の受動的なストレッチングは，二次的病理学的変化を妨げることはできない」と結論づけた（p.216）。ヨハンソンら（Johansson et al. 1999）は「準備運動としての静的ストレッチングは，激しいエキセントリック・エクササイズによって起こる筋肉痛や柔軟性，筋力の低下に関する予防的効果はない」ことを提案した（p.219）。アーネスト（Ernest, 1998）はこの研究を批判した。なぜならば，この実験のプロトコルは準備運動としての軽運動，または整理運動としてのマッサージが，遅発性筋肉痛の軽減をもたらした可能性もあることを否定できないからである。アーネストはまた，他のいくつかの研究についても「深刻な方法論の欠陥」があるとして，それらを批判した（p.212）。結論として彼は，「たとえマッサージが遅発性筋肉痛の症状緩和にかかわりがあったとしても，その効果についてはまだ納得するまで論証されていない。よって，研究結果は最終的な結論は出ていない」と記述した（p.214）。ギューリックら（Gulick et al. 1996）は6つの異なる治療グループ（非ステロイド抗炎症剤，高速コンセントリック筋収縮，アイスマッサージ，10分間の静的ストレッチング，局部外用薬，そして，アルニカーモンタナという舌下小丸剤）とコントロール群を比較した。6つの治療グループと「遅発性筋肉痛の症状や徴候を緩和する治療を何も行わなかった」コントロール群との間には，何ら明確な違いはみられなかった（p.145）。ハーバートとゲイブリエル（Herbert and Gabriel, 2002）は最近の文献の組織的再考を試みた。彼らは，エクササイズ前と後のストレッチングは筋肉痛の予防にはならず，また，遅発性筋肉痛に対しても効果がなかったことを見いだした。

　昔から，ストレッチングがエクササイズにかかわる痛みを緩和するというメカニズム理論はたくさんあった。ボバートら（Bobbert et al. 1986）はエクササイズ後のストレッチングは，

筋損傷の結果として蓄積された過剰な分泌物を分散させ，この結果，痛みを軽くすると仮定した。しかし，クラークスンら（Clarkson et al. 1992）は，腫れのピークはエクササイズの5日後に起こることを証明した。結果として腫れのピークは痛みのピーク（2～3日後）と一致しない。アームストロング（Armstrong, 1984）は次のことを提案した。ストレッチングは，遅発性筋肉痛の感覚を変化させるグループIV線維を反応させるためには，十分機械的な刺激となる。さらなる研究で，さまざまなストレッチングプロトコルが，個人の痛みをいかに緩和するのか特定すべきである。

(9) 傷害の予防

　柔軟性を高めるために行うストレッチングエクササイズは，筋腱や関節の傷害発生率，傷害の程度，傷害の治癒期間を減らすことができるという基本的な考えに基づいている（Aten and Knight, 1978; Brown, 2002; Bryant, 1984; Corbin and Noble, 1980; Davis et al. 1965; Fredette, 2001; Garrett et al. 1989; Hilyer et al. 1990; Smith, 1994; Wiktorssohn-Möller et al. 1983）。この理論では，筋腱接合部傷害の危険性は，「硬い」筋肉はより損傷を受けやすいという概念に基づいている。この仮定は，状態の良い筋肉は最大限までさらに引き伸ばすことが可能となり，そして，ケガの影響を受けにくいということを示している（Garrett, 1993; Hunter and Spriggs, 2000; Safran et al. 1998）。その上，柔軟性を増すことは，エネルギーを緩和し，関節の動きをコントロールする筋肉の能力を増すと考えられている（Garrett, 1993）。この仮説は，ストレッチングが，筋腱移行部の傷害の危険を低下させるのに重要であるという，長い間信じられてきた考えから導びかれた（Fredette, 2001; Garrett, 1993; Hubley-Kozey and Stanish, 1990）。現在では，この考えに対する決定的，または実質的な支持はない（Comeau, 2002; Garrett, 1993; Gleim and McHugh, 1997, 1999; Herbert and Gabriel, 2002; Hunter and Spriggs, 2000; Knudson, 1999; Pope et al. 1998; Pope et al. 2000; Shrier, 1999, 2000, 2002; Shrier and Gossal, 2000; Watson, 2001）。ワトソン（Watson, 2001）は文献の再考によって，不十分な柔軟性は，フィールドゲームでの傷害を受けやすくなる要因があることを示す，唯一の研究（Ekstrand and Gillquist, 1983）結果を見いだした。

　トゥエラーら（Twellaar et al. 1997）の136名の体育学専攻の学生を対象にした4年間の研究には，16の柔軟性の指標と4つの人体計測学的特徴が含まれていた。その結果「柔軟性，または人体計測学的な変化は，傷害の全体数や特定されたいくつかの傷害（足関節の捻挫，筋断裂，脱臼，シンスプリント，腰痛）の発生数には，何ら影響を与えなかった」(p.66)。対照的に，ウィトフローら（Witvrouw et al. 2003），1999-2000年のベルギーサッカー大会の前に146名の男子プロサッカー選手を調査した。その結果「ハムストリングスまたは，大腿四頭筋における筋の硬さ（ROMの減少）の増大したサッカー選手は，骨格筋における損傷が起きる危険性が統計的に高くなる」ことを示した(p.41)。

　他の2つの研究（Jones et al. 1993; Knapik et al. 1992）では，柔軟性と傷害の関係は複峰性，またはU字カーブを示すと提示された。つまり，スポーツ選手において，股関節や腰部周囲の柔軟性が非常に低い，または非常に高いレベルをもつ場合，下肢のさまざまな傷害の発生率が高くなる可能性があるということである。しかし，他の研究ではこれらの結果を実証できなかった（Hennessy and Watson, 1993; Shambaugh et al. 1991; van Mechelen et al. 1993）。グライムとマクヒュー（Gleim and McHugh, 1999）は，次のように詳しく述べている。

柔軟性の低下は，スポーツでの傷害の危険性が増すことと関係があるという概念は，決定的に支持できる証拠が不足しているにもかかわらず固執されている。スポーツでの傷害の危険性は多因性であり，柔軟性はそれらと分離して研究される傾向があり，1つの内因的要素でしかない。せいぜい，柔軟性が極端（低いか高いか）になることは，傷害の危険性を増すかもしれないという結論を導き出しているにすぎない。しかし，柔軟性のパターンは，特定のスポーツにおいて特異的であり，そして，危険性もさまざまなスポーツによって異なる（p.63）。

アメリカンカレッジ・オブ・スポーツメディスン（The American College of Sports Medicine）の見解（1998）もまた，「予防のための柔軟性エクササイズや，骨格筋における傷害の治療効果を無作為にコントロールした臨床実験には欠陥がある」ことを認めた（p.984）。さらに，ザール（Saal, 1998）は「毎日の練習において，あらゆるレベルのスポーツ医学の介入が妥当であると認めても，最高の基準となる診断的テストで，傷害を明らかに定義することが不可能なために，最終結論を引きだすことは困難である」と述べた（p.86）。この問題に対する多くの結果は本書14章でより詳しく述べる。

柔軟性を高めると，傷害の危険性を減ずることができるという主張は，批評の余地があり，その理由は，筋腱接合部の傷害にはたくさんの原因があるからである（Gleim and McHugh, 1997; Hunter and Spriggs, 2000）。さらに，その主張は誤解を招く。なぜならば，数種類の柔軟性とストレッチングエクササイズ（静的・弾性的，能動的そして受動的）が行われたためである。それよりも，ハンターとスプリグズ（Hunter and Spriggs, 2000），クリヴィッカス（Krivickas, 1999）とウィルソンら（Wilson et al. 1991）は，筋肉の硬さの測定は柔軟性よりも確かな測定値の根拠になるかもしれないと提案した。

ウィルソン，ウッドとエリオット（Wilson, Wood and Elliott, 1991）は以下のように記述している。

筋腱接合部は骨格筋システムと筋肉構造の連結部にあたる。外部の力が骨格筋に加えられたとき，柔軟システムは，硬いシステムと比較してある程度伸び，さらに外部から力が加えられると，ますます伸び，長い時間その力は吸収されるであろう。このように柔軟システムの緩衝効果は，硬い筋腱接合部システムと対照させると筋線維の外傷を減らし，筋傷害の発生率を減少させる（p.407）。

マクヒューら（McHugh et al. 1999）は，柔軟性のない被験者はエキセントリック・エクササイズの後のハムストリングスの筋損傷が，柔軟性のある被験者と比較してより大きいという証拠を見いだした。また，マクヒューら（1999）は，硬い筋肉を能動的に伸ばすことによって課せられる緊張は，硬い腱－腱膜複合体から筋線維に伝えられ，その結果，筋原線維の損傷につながると述べた。柔軟な筋肉は腱－腱膜複合体が伸長することを緩和すると考えられ，それによって，筋原線維の損傷は制限される。さらにこれらの研究では，「現在の研究結果を理論的に解釈すると，活動的でない筋肉の硬さは，腱－腱膜の伸長性を反映している」と述べている（p.598）。したがって，彼らはその研究がまた「柔軟性のより高い人は，筋損傷を引き起こすエクササイズからの影響を受けにくい」という実験的証拠を得たと主張した（p.598）。

マクヒューら（1996）の研究は，可動域範囲内の筋肉の硬さはさまざまな柔軟性レベルにある各個人の最終可動域値と関連していることを証明した（$r = -.91$）。さらに，調査（Halbertsma and Göeken, 1994; Halbertsma et al. 1996; Magnusson et al. 1996a, 1996c）によって，可動

域の増加は活動的でない硬い筋肉の減少と必ずしも等しくなるわけではないと証明された。むしろ,可動域の促進は「ストレッチング持続性」を向上させることで可能になる。しかしながら,この仮説は,クラバック（Krabak, 2001）の新たな研究によって最近調査された。

関節鏡によって,片側の膝の手術を受ける予定の15人のボランティア（平均年齢31.7歳）は,①ブビバカインによる脊髄麻酔,②リドカインによる皮下麻酔,③一般麻酔か,④患側の腿のみに行う大腿部神経遮断,のどれかを受けた。研究者達は,もともとある可動域への制限因子としての神経学的貢献は,膝の手術中に用いられる麻酔によって無効になるという仮説を立てた。その研究で,可動域の増加は,痛みのないハムストリングスの神経学的貢献を反映しているという結果を得た。この結果は,可動域の増加と患者のストレッチ耐性,粘弾性の効果,またはその両方と関係しているという初期の研究と矛盾している（Magnusson, Simsonsen et al. 1995; Magnusson et al. 1996b, 1996d; Magnusson et al. 1997）。結果として,クラバック（2001）により,以下の通りの指摘があった。

　神経的システムの相対的な負担と,筋柔軟性に対する筋腱接合部の物理的性質の調査は続く。先行研究では,これらの筋柔軟性への影響が神経系あるいは大部分は粘弾性を合わせ持った,筋肉の効能のどちらかに分割しようとした。しかしながら,その分割は,内在するさまざま過程を単純化しすぎる傾向がある（p.244）。

傷害を軽減するためのストレッチング効果のもう一つの面は,運動連鎖の概念である。それと直接関係する疑問は,「ストレッチングしてもその効果が確認できないという研究内容は,傷害軽減のための運動連鎖のつながりを至る所で調べているか？　あるいは,その研究は,ただ局所的な効果と関連づけていないか？」ということである（Schur, 2001a, p.138）。たしかに,運動連鎖は正確に詳細に述べられなければならない。比較がなされ,根拠の確かな議論を続けるには「何が,いつ,どのくらいなされるかを正確に確認することは重要である」（Schur, 2001b, p.364）。

既存の資料に基づいた調査研究の妥当性もまた,ストレッチングの予防効果が想定される際の重要な要素になる。シュライアー（Shrier, 1999, 2000, 2001）による文献の再考は,エクササイズ直前のストレッチングは,一般的なストレッチングを行わないことよりも傷害を減少させるという臨床的証拠は非常に少ないことを指摘する。さらに,ほとんどの研究は,軽い心臓血管系エクササイズの後,ストレッチングを行うといった通常行われているゲーム前のウォーミングアップを条件にしている。その条件下で,ストレッチングが傷害に及ぼす結果を調べることによって混乱をもたらした。結果として,予防的効果は通常行われているウォーミングアップの心臓血管系のエクササイズ効果であるのか,ストレッチング効果であるのか明らかにされていない。よって決定的な結論に達する前に,さらなる調査が求められている。

あるスポーツや職業の中では,最小の関節伸長性が有利であるように思われている。しかしながら,柔軟性の増大がパフォーマンス向上に関係があるかどうかという点と,柔軟性を高めると,筋損傷と関節捻挫を防ぐことができるという問題は別のテーマである。おそらく,筋肉と関節が,過度に引き伸ばされるとき,関節可動範囲が,理想的または最適であると,うまく機能して傷害を予防することができるのであろう。しかしながら,これについては,最大の関節可動域が傷害を予防すると解釈をするべきではない。筋肉をストレッチングすることから,最高の可動域を獲得するかどうかは再検討されるべきである。この問題に対して,ハブリーコ

ージーとステイニッシュ（Hubley-Kozey and Stanish, 1990）は，体操選手のようなスポーツ選手は，周囲の組織を傷つけることなしに，極端な可動域に到達することができると指摘した。しかし，すべてのスポーツ選手は，必ずしも極端な可動域を必要とするわけではない。長距離選手は，体操選手ほどの極端に大きな可動域を必要としない。しかし，彼らの可動域は，軟部組織に過度の抵抗を与えることなく，走るために支障がないようするべきである。

不十分なデータでも，さまざまな運動活動に要求される可動域の平均値は評価する際に利用できる。正常可動域値は，健常者の（専門競技者でない）被験者のために決定された。スポーツ選手がどの程度までストレッチすべきかを提案するとき，医師，セラピスト，そしてトレーナーは臨床的経験と知識に頼らざるを得ない。このように，筋肉を過度にストレッチングした可動域は，いかなる効果を得られるのか。ハブリーコージーとステイニッシュ（1990）は，「多くのスポーツ選手はそれを必ずしも必要としないため，最大や過度の可動域に到達することを試みるべきではない」と結論づけた（p.22）。さらに，測定して得られた可動域のデータは，傷害予防に必要な最少柔軟性や柔軟性が不足しているかを知るものであり，人が受傷しやすいかどうかの証拠とはならない。

およそ25年前，コービンとノーブル（Corbin and Noble, 1980）は以下のような見解を提示している。筋肉の短縮や，結合組織の限度を超えた関節の動きによって，硬い筋肉や結合組織が傷害を受けやすくなる。彼らは豊富な経験的データをもっているが，「常識的に判断して，伸展すること（ストレッチすること）とストレッチングプログラム強化にこだわることは，プロやレクリエーションスポーツ選手にとっては賢明なことである」と結論づけている（p.59）。さらに，アメリカンカレッジ・オブ・スポーツメディスンの見解（1998）もまた，総合的なフィットネスプログラムに，柔軟性エクササイズを含めることを奨励した。その根本的原則は「柔軟性エクササイズは，多様な効果があるという証拠に基づいている」（p.984）。

(10) 睡眠の質の向上

他に考えられるストレッチングの効果は，睡眠の質の向上である。1つ目の理論的解釈は，ストレッチングがリラックスを促すことであり，そのために眠りの質に直接影響を及ぼす（Laughlin, 2002b）。この説明は興味をそそるが，非常に多くの欠陥をもっている。まず，この説明を支持する臨床研究がない。次にこの説明は大ざっぱすぎる。さらに，ストレッチングの時間や種類の特定が不足している。思うに，ゆっくり，やさしく，徐々に行うストレッチングは眠りを促進するのに最も効果がありそうである。

2つ目の理論的解釈は，睡眠中に起きる脚の痙攣を予防することである。この説明は，筋肉の伸長とほとんど関係がないので認められない。クーパー・フィットネス・センター（The Cooper Fitness Center, 2002）によると，筋痙攣は，筋肉の脱水と電解質の不均衡がほとんどの原因である。したがって，ストレッチングはその症状を緩和するかもしれないが，よりよい治療はその人の水分摂取を増加させ，高カリウム質を含んだ食餌療法に替えさせることである。

3つ目の理論的解釈は，睡眠姿勢と睡眠中の姿勢変換が睡眠の質に影響を及ぼすということである（de Koninch et al. 1992; Gordon et al. 2002; Jamieson et al. 1995）。十分な睡眠は睡眠中の動きとほとんど関係がない。ド・コニンクら（de Koninck et al. 1992）は，特に老人の場合，うつ伏せの姿勢で眠るより，右を向いて眠る姿勢が好まれるという結果を見いだした。それは，うつ伏せのポジションを特に回避したことに原因があり，その原因のほとんどが「脊髄神経の

柔軟性不足や，胸郭で呼吸するために要求された特別の活動」によるところが大きい (p.148)。ゴードンら (Gordon et al. 2002) は「頚椎の動く範囲の減少によって睡眠中に受ける姿勢ストレス，あるいは被験者の加齢ストレスなどから自らを保護するために，簡単に睡眠姿勢を調整している」と述べた (p.13)。ジェイミソンら (Jamieson et al. 1995) は，11人の強直性髄膜炎を患った被験者と11人のコントロール群，計22人の被験者について分析し，次のような結果を発見した。「夜ほとんど動かない睡眠状態は，腰部柔軟性の低下と関連している」(p.73)。今後さらに，臨床上の証拠を得るには，ストレッチングすることによって睡眠の質が向上するかどうか実証する必要がある。もしそうなら，特別な集団に対し，ストレッチングの供与量すなわち，ストレッチの時間，ストレッチのタイプ，ストレッチの持続時間，とストレッチの強度について特定しなければならない。

(11) 性

多くの本，通俗雑誌，そしてウェブサイトで，ストレッチングと柔軟性の向上がわれわれの性生活の質をいかに高めることができるのか議論されている。その理論的解釈は非常にダイレクトである。

- すばらしい柔軟性は，パートナー同志に，珍しく，活動的でさまざまな愛の体位を可能にする。例えば，古代原典である『カーマ・スートラ (Kama Sutra)』では，529の性的体位が紹介されている。
- 柔軟性不足は，疲労，疲れやすさ，消耗を引き起こし，性的感情を減少させる。したがって，最適なストレッチングをすることにより，筋力と柔軟性を向上させ，性的行為を高めることができる。
- ストレッチングと柔軟性の向上は，より性的な動きを可能にし，快感を高める。
- ストレッチングと可動域の増加は，性的興奮絶頂感の質を高める。

さらに，ストレッチング提唱者は，ストレッチングが人の身体を微調整する手助けをし，男女の性生活をスムーズにすると主張している。

(12) 楽しみと喜び

柔軟性トレーニングプログラムは，たとえ，楽しみや喜びを与えることが少ないとしても，身体と精神に有効な要因を多く与えることができる。ストレッチングは人をリフレッシュさせて，結果的にしばしば，わくわくさせ，温かい気持ちにさせてくれる。柔軟性トレーニングプログラムは，リラックスしたり活発にしたりする簡単な方法である。しかも，ある人にとって，柔軟性トレーニングプログラムは，自分自身のために何か良いことをしたという感覚や，また自分の設定した目標を到達したという誇りから個人的満足と楽しみを与えてくれる。

6. 要 約

　率直にいえば，柔軟性は，関節や関節群の有効な動きの範囲である。柔軟性は通常，弾性的，動的／機能的，静的ストレッチングに分類できる。研究では，柔軟性は，特定の関節や動きの方向に特異的であることを示した。さらに，研究により，柔軟性のパターンはスポーツグループや同一のスポーツグループに特異的であることも実証された。提案者たちは以下のように説明した。柔軟性トレーニングプログラムは，ストレスや緊張の緩和；筋肉のリラクゼーション；自己訓練；ボディーフィットネス；姿勢と調和の向上；筋痙攣の除去；筋肉痛の除去；腰背部の傷害や痛みの危険性の回避；睡眠の質の向上，そして性生活の向上に質的，量的に効果をもたらすことができる。特に，最適な柔軟性は効率の良い動きを増大させる。

【訳者注】
(1)「injury」は通常，「傷害」と訳しているが，ここでは機能障害。「impairment」は通常，「損傷」と訳しているが，ここではパフォーマンス低下。
(2) コンプライアンス＝外力を受けたときの物質の弾性，たわみ性。
(3) EDS＝結合組織疾患の一部で皮膚の過弾力性・関節の過可動性などの症状をきたす。
(4) バッテリーテスト＝知能・適性・能力などの総合テストのこと。
(5) 侵害受容物質＝痛みなどを感じる物質（例：ブラジキニン，ヒスタミンなど）。
(6) H/M比＝H波とM波の最大振幅の比。
(7) 血漿CK＝血漿中のクレアチンキナーゼ。
(8) PCr/P_i比率＝Cr：クレアチニン，P＝リン，PCr：クレアチンリン酸／P：リン。

第2章
骨学と関節学の一般的原則

　骨学は骨についての学問であり，関節学は主要な関節と，それぞれの関節がなし得る動きの分類についての学問である。

　柔軟性と深くかかわっている，これらの学問の主題となっている事柄は，柔軟性を理解するための基礎であるため熱心に学習しなければならない。（注意：ストレッチングの伝統的手順は，正常でない関節構造によって，動きの喪失が引き起こされる症例に関しては効果的でない。）

1. 分類学の研究

　実際，すべての骨は関節部分で動く（舌骨は例外であり，それは，舌の底部に位置し，他の骨のように関節を形成しない）。また，骨と関節の構造によって，ほとんどの関節の動く範囲は制限される。このように，関節学や骨運動学のような知識は重要である。関節運動学は，骨格関節の構造，機能，そして動きの研究である（Neumann, 2000）。この関節運動学（Arthrokinesiology）という用語は，身体運動学を意味する"kinesiology"とギリシャ語で関節を意味する接頭語"arthro"からきている。骨運動学は，骨の回転運動と骨の動いた軌跡を垂直軸に対して方向を定める軸回転について説明される。それと対照的に，関節運動学，または関節内運動学は，1つの関節面が他の関節に対する回転運動と並進運動の相関関係を説明するものである（Williams et al. 1995）。

2. 関節とそれらの動きについての分類

2つ，またはそれ以上の骨の接合部は関節結合部位であり，一般的に関節として知られている。関節は，可能な動きとそれらの構造的構成によって分類される。非常に簡単な分類法の1つは，動きの総計を基準にしたものである。この分類によれば，不動結合関節は関節の動きがなく，半関節はわずかな関節の動きが可能であり，そして，可動関節は自由に動かすことができる。

骨の結合による可動関節は色々な形がある。構造的構成分類法は基本的に以下，6つのタイプに分けられる。

● 球関節

このタイプの関節は，最も多くの関節可動域（ROM）をもち，三次元での動きが可能である。このタイプの関節は，一方の骨が丸い頭（球）の形状をしており，他方はカップ，または球状の窩（ソケット）のような形状をしている。股関節は球関節である。

● 顆状または楕円関節

このタイプの関節は，二次元の動きが可能である。つまり，「屈曲─伸展」と「外転─内転」が可能である。関節接合面は楕円形で，同じく，楕円形の関節窩と向かい合っている。手関節の橈骨と手根骨の間はこのタイプの関節である。

● 蝶番関節

このタイプの関節は，一平面上の動きしかできない。したがって，その運動は「屈曲─伸展」のみに制限され，それが，ドアの蝶番の動きと似ているためにこの名前がついた。足関節，肘関節，膝関節などは蝶番関節である。

● 車軸関節

この関節は，1つの軸に対して回転運動のみが可能である。環状のものが回旋軸の周りを動いたり，あるいは，回旋軸のようなものが骨とその結合組織でできた環状のものの中を回旋する。このタイプの関節は，第一，第二頚椎間（環椎と軸椎）で，首の上で頭の回転が起き，また，橈骨と尺骨で起きる前腕の回内，回外である。

● 平面または滑走関節

このタイプの関節は，滑る動きだけが可能である。例えば，脊椎間の椎骨や，手根骨間はこの関節である。このタイプの関節の関節面はほぼ平らに近く，1つの面はわずかに凸で，もう一つの面はわずかに凹である。

● 鞍関節

この関節は馬の背中の鞍の形に似ている。お互い向かい合うそれぞれの骨の表面が一方は凹であり，もう一方の垂直面が凸となっている。この関節は二次元の動き，「屈曲─伸展」と「内転─外転」が可能である。最も，典型的な例が母指の基部の手根中手間関節である。

3. 動きのタイプ

体節がスムーズに動くことのできる骨運動（随意的もしくは能動的）の，6つの基本的な動きと，それ以外の特殊な動きを以下に述べる。
・屈曲は，一般的に角度を狭めるような動き。

（図2.1a 参照）
・伸展は，伸ばしたりストレッチングをする動き。解剖学的肢位を超えて伸展することを過伸展という。（図2.1b 参照）

- 外転は，身体，もしくはそれが結合している部位が，体節の正中線から遠ざかる動き（すなわち，身体の正中線から遠ざける）。（図2.1c参照）
- 内転は，外転と反対の動き。身体，もしくはそれが結合している部位が体節の正中線に向かう動き。（図2.1d参照）
- 回旋は，軸回旋の動き，もしくは体節がその回旋軸を旋回する動き。（図2.1e参照）
- 分回し運動は，体節の先端が円を描くような動きで，屈曲，外転，伸展や内転を組み合わせることである。
- 回外は，前腕を外側に回旋すること。
- 回内は，前腕を内側に回旋すること。
- 内返しは，足底面を内側に回転すること。
- 外返しは，足底面を外側に回転すること。
- 背屈は，足関節を曲げて背側面が下腿の前面に近づくようにすること。
- 底屈は，足関節を真っ直ぐにし，またはつま先を伸ばすことで足背面が下腿から遠ざかる動き。
- 肩甲骨の外転は，肩，肩甲骨，そして鎖骨を引く，もしくは前方移動の動き。
- 肩甲骨の内転は，肩，肩甲骨，そして鎖骨を押す，もしくは後方移動の動き。

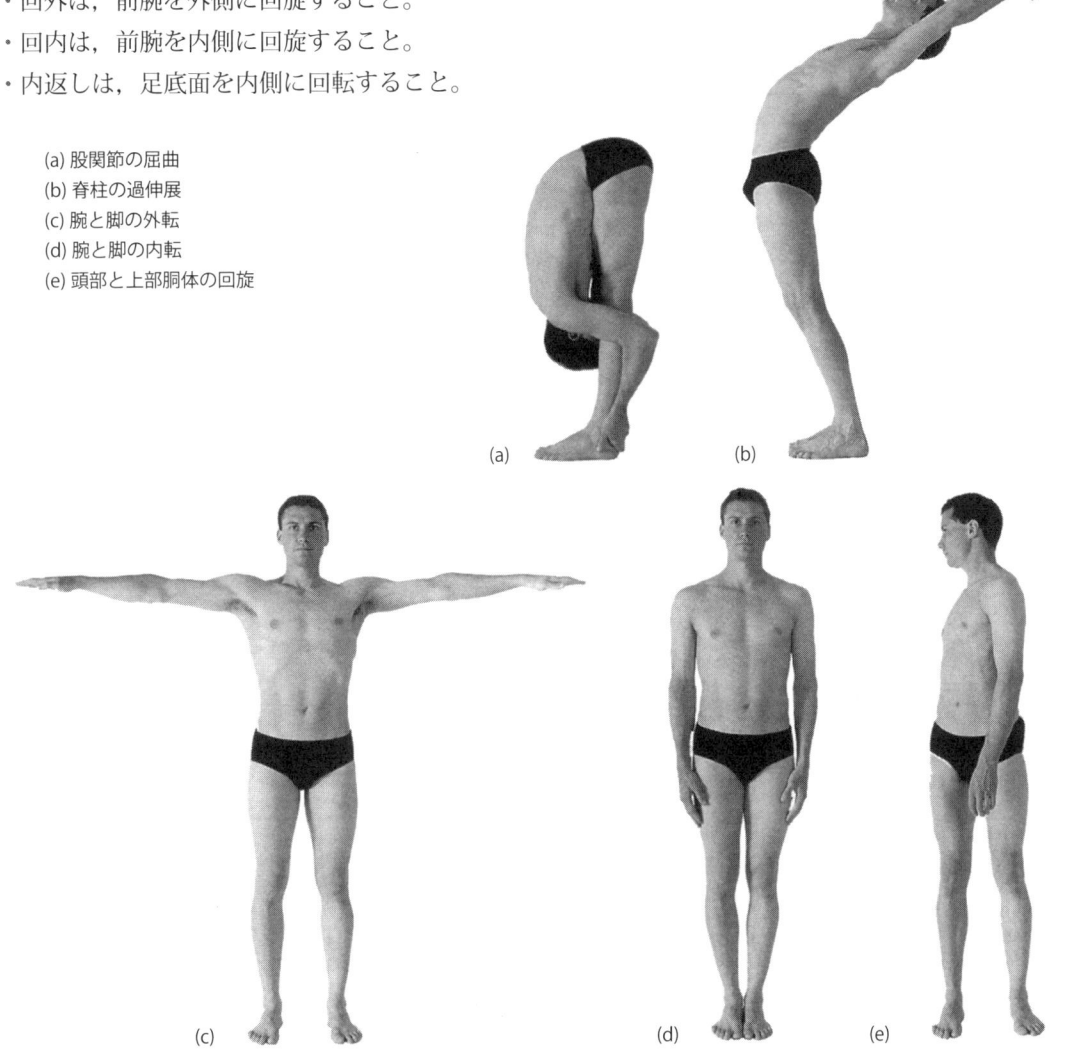

(a) 股関節の屈曲
(b) 脊柱の過伸展
(c) 腕と脚の外転
(d) 腕と脚の内転
(e) 頭部と上部胴体の回旋

図2.1　5つの基本的動きの例

4. 骨の成長と柔軟性の関係

スートロウ（Sutro, 1947）は，過可動性の発達について仮説を立て，次のように提案した。過可動性は，骨とそれに密着した靭帯形成の相関的比率の不均衡によるものである。つまり，靭帯の異常が過可動性につながる。スートロウ（1947）は以下のような脚注を報告した。

　骨格発達段階のある時点で，骨成長率は靭帯や関節包組織の成長率と並行していない場合がある。このことは，結果として相対的に靭帯の不安定さの度合いが，関節を構成する骨の緩みか硬さのどちらかを導くのではないか（p.74）。

翌年発表された，成長率が関節を構成する骨の硬さに関係があるという2つ目の仮説は，柔軟性の減少や拘縮の増加などの現象観察を解明するため，後に続く他の研究者たちによってさらに掘り下げられていった。関節での筋－腱拘縮の増加や柔軟性の減少は，骨格の形成が著しい成長期に起こると仮定されている。このような現象は，筋肉の成長や伸長よりもずっと早く骨が成長することによって引き起こされる（Bachrach, 1987; Howse, 1987; Kendall and Kendall, 1948; Leard, 1984; Micheli, 1983）。現在は，骨の縦方向の成長は，筋や腱などの軟部組織と共に起こることがわかっている。しかし骨の成長と軟部組織の成長にはバラツキがある。筋肉とその周辺の軟部組織の成長が遅れることから，より大きなストレス，拘縮，成長痛が結果として起こる。したがって，骨とその周辺の軟部組織の相関的成長の不均衡は，子供が成長する思春期にみられる筋や腱などの硬さの増加を説明する一部分として提案された。特別な関心は，腰部の緊張と硬さの増大である。腰部の筋膜は成長期の最も盛んなときに骨性の成長についていけない可能性があり，その結果限界を超え，二次的に過度な脊柱前彎を招くことになる（Bachrach, 1987; Micheli, 1983b; Poggini et al. 1999）。このことはバレエダンサーと深いかかわりがある。

結局，このような受動的緊張刺激の増大が，筋節（筋の機能的単位）への刺激も増大させ，結果的に拘縮が減少する。したがって，ミケーリ（Micheli, 1983b）は，柔軟性を保ち傷害を予防するため，子供達に一貫してストレッチングエクササイズを行うことを薦めている。バクスターとダルバーグ（Baxter and Dulberg, 1988）は，ストレッチングが5～14歳の子供たちの成長痛を減少させると発表した。ハウズ（Howse, 1987）は「これらの時期（成長スパートが終わり，軟部組織の成長が骨の成長に追いつき，以前の可動性を取り戻している時期）以前の成長期は筋肉が弱い状態なので，過度なストレッチングを行わせることは筋肉を傷めやすく，子供の活発さを妨げるという点で非常に重要である。」と述べている（p.110）。しかし，次のような疑問が残る。果たして一過性の柔軟性の減少は，思春期の急激な身長の伸びと関係があるのだろうか？

プラット（Pratt, 1989）は，84名の男子学生を横断的に研究したが証拠は確認できなかった。プラットはターナー段階（TS）評価を用いた。これは陰毛の発育とそのパターンを基本として性的成熟度をⅠ（未熟）～Ⅴ（成熟）段階で評価したものである。彼の仮説は，ターナー段階（TS）を用いた方が，暦年齢を用いて筋力や柔軟性を評価するよりも価値が大きいとしている。彼は，男子のターナー段階（TS）Ⅱとターナー段階（TS）Ⅲでは，明らかにターナー段階（TS）Ⅳ・ターナー段階（TS）Ⅴより柔軟性が低いということを見いだした。

ネイシュとアプリー（Naish and Apley, 1951）は，成長が成長痛を起こすという仮説の正当性を調べた。彼らは，最も成長痛が起こる年齢は8～12歳であり，一般的に10～14歳での思春期の成長スパートより早い時期であることを指摘した。このような結果から，彼らは，痛みと成長の関係を証明できないので，「成長痛」という用語は使用すべきではないと提唱した（p.138）。別のさらに，最も痛みが強い時期と最大成長期は一致していない。仮説で不足している点は，成長率は緩やかであるにもかかわらず（Feldman et al. 1999），幼児期から思春期までの時期は前屈の柔軟性が減少を示したということであった（Gurewitsch and O'Neill, 1944; Kendall and Kendall, 1948; Kraus and Hirschland, 1954）。

フェルドマンら（Feldman et al. 1999）は，思春期における成長は柔軟性の減少に関係があるかどうかの調査を試みた。13歳から14歳までの600人以上の学生を対象に，1年間で0ヶ月，6ヶ月，12ヶ月，と6ヶ月おきに記録をとり，以下のような結論に至った。「柔軟性の減少は，成長によって引き起こされたわけではなく，強いて言えば柔軟性に影響を与えただけである」（p.28）。しかし，ミケーリ（2000）は，フェルドマンら（1999）の研究結果に対していくつかの問題点を指摘した。1つ目は，「成長スパートの局面を捕えるため，測定は3ヶ月おきにするべきであったこと」。2つ目に，「女子と男子の思春期前の成長スパートは，95％の女子は11～13歳，男子は12～14歳の間で起こるが，フェルドマンらの被験者は，これよりいくらか年上だったため，研究時にはすでに成長スパートのピークを終えていたかもしれないこと」（p.76）。3つ目は，「暦年齢と骨年齢はどちらも成長ピークを正確に予想しているとはいえ，"本来の"成長から大きく逸脱するものである」。

5. ヴォルフ（Wolff）の法則

ヴォルフの法則によると，骨成長と骨修正（リモデリング）は機械的負荷がどれだけそこにかかっているかに依存されている。その法則は3つの原則に基づいている。すなわち，①生物力学的ストレスの減少は組織形成の低下をもたらす，②骨にストレスがかかればかかるほど，ストレスがかかったその骨は強くなる，③生物学的ストレスが増大すれば，骨密度の増加や骨のサイズが大きくなる可能性がある。骨は過度なストレスによって変化する可能性がある。例えば，足関節にかかる過度のストレスは，距骨の前後のふちに棘突起を形成し，その足関節前方に突き出した脛骨棘突起と衝突が起こるために足関節の可動域を減少させる。逆に，可動域（ROM）増大を促進している足根骨の構造的変化は，12歳以下（前）からトレーニングをしているバレエダンサーなどに起きる。

6. クローズパックドポジションと柔軟性の関係

クローズパックドポジションは,「関節面が完全に合致し,接触面が最も大きく,互いに強い圧力をかけ合う'スクリュードホーム'の状態として表される。また線維性の関節包や靭帯は,螺旋状態で最大に緊張し,どのような動きもできない」(Williams et al. 1995, p.483)。

クローズパックドの関節面は,2つの骨と骨が一時的に結びつけられて,あたかもそこには関節が存在しないかのような状態にある。そのように,関節の安定性はこの状態で最大となる(Magee, 2002)(表 2.1 参照)。

7. ルーズパックドポジションと柔軟性の関係

ルーズパックドポジション では関節面が合致しておらず,関節包も部分的に緩くなっている。この状態での関節包は最大容積となる。検者が関節の自由に動く範囲のテストを行うための重要な位置である。さらに,それは関節の可動性を回復させるための治療を行う際,最も一般的な位置でもある(Magee, 2002)(表 2.1 参照)。

表 2.1 クローズパックドポジション対ルーズパックドポジション

関節	クローズパックドポジション	ルーズパックドポジション
足関節	背屈	中間位
膝関節	最大伸展	軽度屈曲
股関節	伸展＋内旋	軽度屈曲
脊柱	過伸展	中間位
肩関節	外転＋外旋	軽度外転
手関節	過伸展	軽度屈曲

M. J. Alter, 1996, Science of flexibility, 2nd ed. (Champaign, IL; Human Kinetics),15. より許可を得て転載。

8. 要 約

関節運動学は,骨格関節の構造,機能,働きについて追求する学問である。専門分野用語法と関節分類法,またそれらの働きについての基礎知識は,関節の動きについての要素を精巧かつ,正確に述べている。すなわち,関節可動域は,骨と関節構造の両方によって制限されている。研究では,骨格成長の早い時期に起きる関節の筋－腱拘縮の増加や柔軟性の減少は,骨の成長が筋肉の成長や伸長されることよりも速いことが原因であるかどうかいまだ決定されていない。

第3章
筋収縮に関わる構成要素：柔軟性を制限する因子

　筋肉は骨格筋（横紋筋），平滑筋（非横紋筋），心筋の3種類に分類される。骨格筋は柔軟性に最も密接に関わる重要な因子である。第3章では，ストレッチングと柔軟性に関連した骨格筋の超微細構造に関する主要な研究について総説する。本章での情報は，後の章で記述する筋損傷や筋肉痛の論理的メカニズムの根拠となる。骨格筋の主要な構造に関する知識は，骨格筋の構成要素とそれぞれの機能の重要な役割を理解するためには必要である。

1. 骨格筋の概要

　骨格筋は形や大きさがさまざまである。筋全体の中央部分は筋腹（belly）と呼ばれる。筋腹は小さな筋束（fasciculi）が集まって構成される。各筋束は，1本の長さが1～40μm（マイクロメーター），直径10～100μmの太さの筋線維(muscle fibers)が100～150本集まって構成される。各筋線維は1個の筋細胞から形成されている。筋線維を顕微鏡で観察すると，明暗のバンドもしくは横紋構造をなしていることが分かる。このバンドパターンは，それぞれの筋原線維の超微細構造を反映している。骨格筋がどのように収縮，弛緩，伸長するかを理解するためには，筋原線維の構造を理解する必要がある。

2. 筋原線維の組成と構成要素

　各筋線維は多くの小さな筋原線維によって構成されている。筋原線維は直径 1〜2μm の太さである。筋線維は筋原線維の束により形成されている。個々の筋原線維は連続した細い線の筋節（サルコメア）によって構成されている。筋節は筋の機能単位である。筋節は約 2.3μm の長さで，筋原線維内を特異的な繰り返しパターンで存在している。各筋節の末端部は濃い境界である Z 線（Z-line）（その他に Z 帯〈Z-band〉や Z 板〈Z-disk〉として知られている）である。Z 線は，ドイツ語の zwischen（「間」という意味）からの由来である。Z 線から Z 線の間の部分は筋原線維の機能単位であることを表している。

　筋原線維は，筋フィラメントあるいは単にフィラメントと呼ばれる微細構造から構成されている（本書ではフィラメントを用いる）。当初，筋節には細いフィラメント（アクチン）と太いフィラメント（ミオシン）があると考えられていた。それを基にした当時の研究から，典型的な筋原線維は，筋節の中央部に約 450 の太いフィラメント（ミオシン）と末端部に約 900 の細いフィラメント（アクチン）を含有することが明らかとなった。この結果より，直径 10 nm（nm = nanometer〈ナノメーター〉, 10 億分の 1 m），長さ 1 cm の 1 本の筋線維は，約 8,000 本の筋原線維と 4,500 個の筋節より構成されると計算された。したがって，1 本の筋線維は 1,600 万本の太いフィラメント（ミオシン）と 6,400 万本の細いフィラメント（アクチン）から構成されている（Vander et al. 1975）。

　フィラメントの化学的組成を分子レベルで調べることができる。フィラメントはアミノ酸からなるタンパク質によって筋細胞（筋線維）内で製造される。アミノ酸の合成は筋細胞の核内にある染色体によって制御される。この染色体は，適切なアミノ酸の合成を筋肉に行わせるための遺伝子配列をもったデオキシリボ核酸（DNA）が 2 重らせん構造をして構成されている。ストレッチすることは，遺伝子の発現に影響を及ぼす（後述「固定の影響」参照，48 頁）。

3. 筋節の領域

　筋原線維を顕微鏡下で観察すると，明と暗の領域が交互になっている。筋節内には通常 5 つの帯もしくはゾーンが観察される。筋節の両端には濃い線の Z 線もしくは Z 板がある（すなわち，筋節の末端部）。高解像度の顕微鏡で Z 線を観察すると，ジグザクの形状をしているように見える。その主な理由は，Z 線の両サイドに付着している細いフィラメント（アクチン）がジグザグの各頂点に付着しているからである。Z 線はアクチンフィラメント（I 帯）を水平方向に 2 分している位置にある。この Z 線とアクチンフィラメントの配置によって，フィラメント間の距離（間隔）の増減による筋原線維の直径（太さ）の様々な変化に適応できる能力を有する。この構造的な適応性により，筋肉の柔軟性に貢献することができる。

　この構造的な適応性により，筋肉の柔軟性に貢献することができる。

　I 帯は Z 線に隣接し，横紋の密度の低い（明るく見える）部分である。筋節を偏光により観

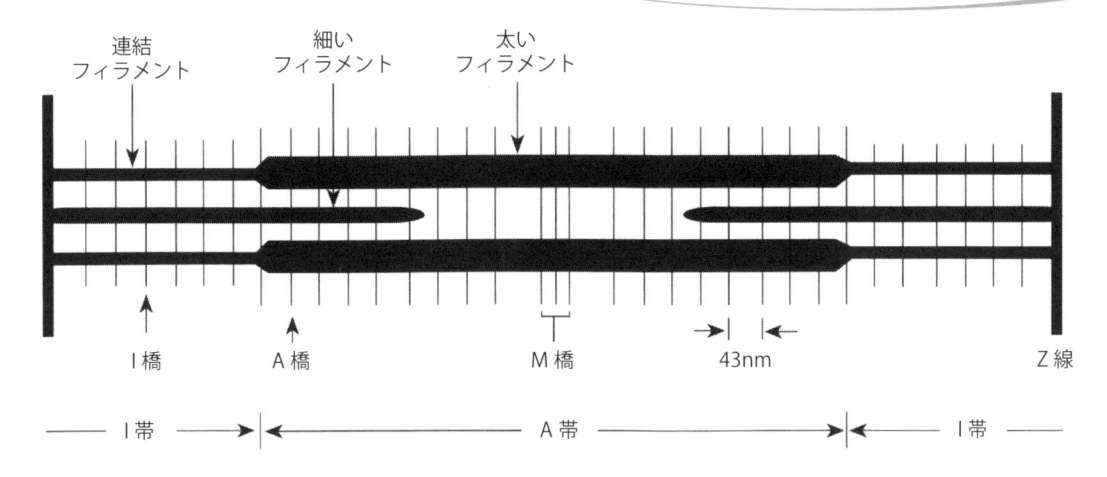

第3章 筋収縮に関わる構成要素：柔軟性を制限する因子

図3.1 筋節の主要な構造の模式図 （Pollack, 1990. より転載）

察すると，I帯は偏光を屈折させずに等方性である。I帯はアクチンフィラメント，タイチンフィラメント，I橋(I-bridges)から構成される（図3.1参照）。I帯は静止長では約 1.5 μm である。筋節を偏光により観察すると，偏光を異方性に屈折させるA帯という暗い部分がある。A帯は約 1.0 μm で，太いフィラメントの長さを反映している。A帯の中央で，細いフィラメントの先端の間（太いフィラメントだけの部分）で比較的に明るい部分はH帯である。H帯の長さは筋長もしくはフィラメントの重なり程度によって決まる。M線（M-line）は筋節の中央部で縦方向に位置し，M橋（M-bridges）と連係している。

4. 連結，あるいは結合フィラメント
～タイチンの超微細構造～

当初は，筋原線維内にあるのはアクチンとミオシンの2つのフィラメントだけだと考えられていた。しかし，その後の研究によって，第3のフィラメント，タイチン[1]が発見された（図3.2参照）。この重要性を以下に詳細に記載する。

(1) タイチンの構造

タイチンは巨大なタンパク質（約 3,000～4,000 キロダルトン；約 1 μm の長さ）で，Z板からM線まで，筋節の全長の半分を覆っており（Furst et al. 1988; Itoh et al. 1988; Wang et al. 1985; Whiting et al. 1989），筋原線維を構成しているタンパク質の約 10% を占めている（Trinick et al. 1984; Wang et al. 1984）。タイチンは主に免疫グロブリン（Ig）ドメインとファイブロネクチンタイプ III（FnIII）ドメインの2つのモチーフからなる約 300 単位（modules, モジュール：構成要素の単位）で構成されている[2]。タイチンファミリーは，現在知られているタンパク質の中で，最大のポリペプチド[3]である（Kurzban and Wang, 1988; Maruyama et al. 1984）。さらに，ヒトタイチンは 234 のエクソン（DNAの中で実際にタンパク質に翻訳される遺伝子〈塩基配列〉の部分）からなり，ヒト遺伝子の中では最も多くエクソンを含んでいる

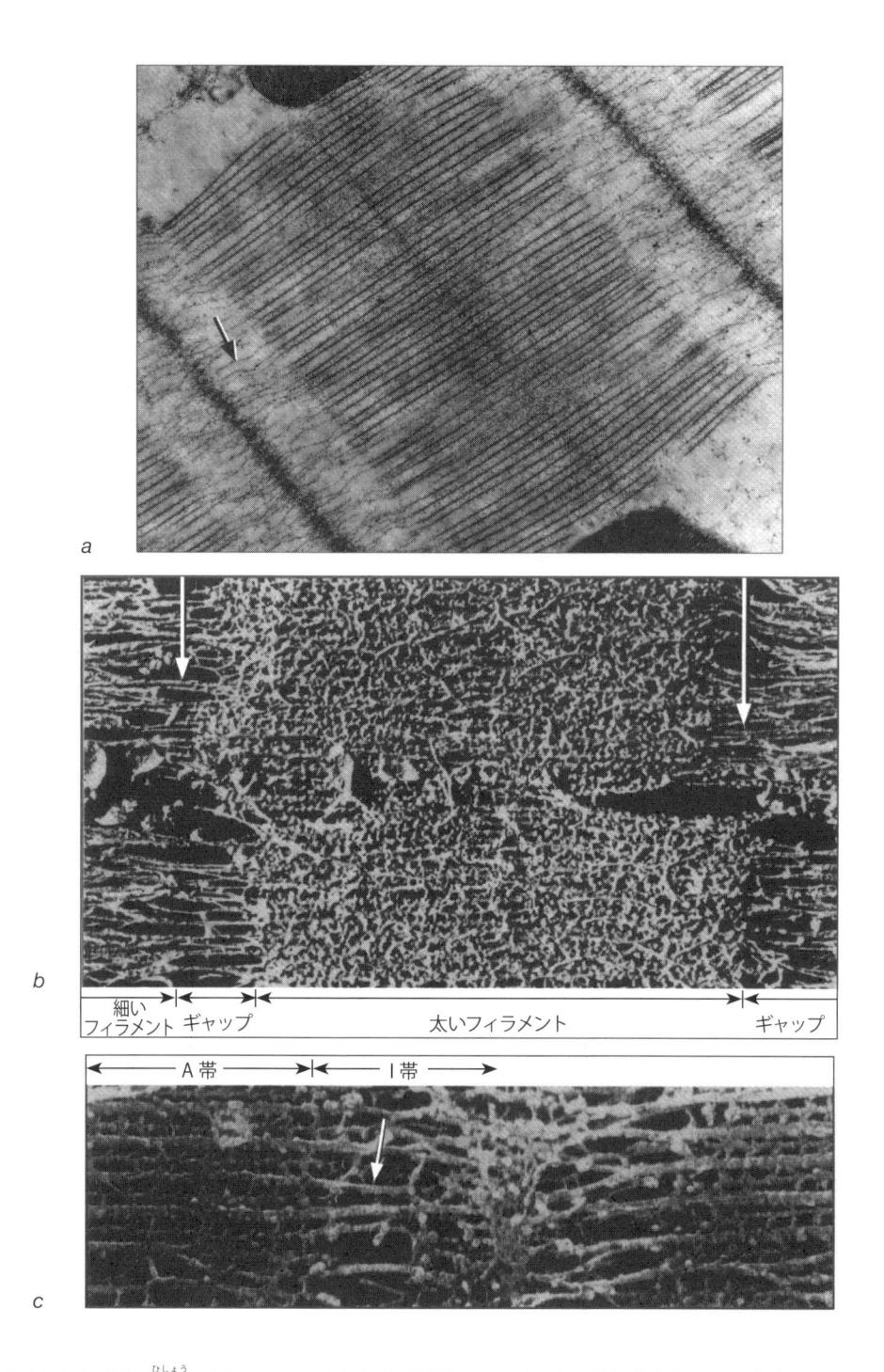

図 3.2 (a) ミツバチの飛翔筋 (flight muscle) における連結フィラメントの直接的な証拠　固定中に細いフィラメントは脱重合され，なくなっている。連結フィラメントは無傷で可視化することができる (矢印)。(写真 : Trombitás and Tigyi-Sebes)　(b) 連結フィラメント (タイチン) の例　凍結割断法による，過度にストレッチされたカエルの筋肉。太いフィラメント (中央) は末端をなしていない；細い連結フィラメント (矢印) が Z 線方向に向かって伸びている。図の端で見られる細いフィラメントの先端部は，太いフィラメントと重なっていない。(写真 : M. E. Cantino and G. H. Pollack)　(c) 硬直したミツバチの飛翔筋の凍結割断図　細いフィラメントは Z 線から離れている (矢印)。連結フィラメントは I 帯で認められる (矢印)。(Pollack, 1990. より転載)

(Wang, Forbes, and Jin 2001)。筋節中のI帯部分ではP（プロリン：proline），E（グルタミン：glutamate），V（バリン：valine），K（リジン：lysine）の4つのアミノ酸が70%を占めることから，ラベイトとコルメラー（Labeit and Kolmerer, 1995）はこのタイチンの部分をPEVKと名付けた。PEVK領域は受動張力（すなわち，弾性）発揮に直接関与し，ストレッチ時は伸長性のばねとしての役割をはたしている。

ツホヴレボーヴァとトリニック（Tskhovrebova and Trinick, 2001）は，I帯に存在しているタイチンの構成要素の違いによって3つの帯のしくみがあると示唆している。
① 太いフィラメントの先端の外側，長さ0.1μmのタイチンの部位は，いくつかの分子を含む束が並んで連係している。
② 太いフィラメント末端から約0.1μmとZ線の中央から約0.1μmとの間で，タイチンは二手に分かれている。
③ Z線の中央から約0.1μmでは，タイチンは細いフィラメントと結合している（図3.3参照）。

1) タイチンフィラメントの伸長性を生み出す要因とは何か？

タイチンの伸長性は，弾性が保持されている状態で4倍以上になる（Kellermayer and Granzier, 1996）。理論上，タイチンの超伸長性にいくつかの要因が寄与している。タイチンはアミノ酸プロリン（非必須アミノ酸の1つ）が豊富である。プロリンはペプチド（アミノ酸の配列からなるタンパク質の鎖）を強く結合させるαヘリックス鎖を破壊する（Pollack, 1990）。タイチンはαヘリックス構造を含んでいない。その代わり，コイル状をなしている（Trinick et al. 1984）。3000キロダルトンの単一ペプチドであれば，予想される長さは7.0μmまで可能である。しかし，静止状態では筋節の長さは約2.4μmであり，過度なストレッチでは7.0μmになる。ツホヴレボーヴァとトリニック（Tskhovrebova and Trinick, 2000）はI帯のタイチンに関連した伸長性の説明として2つのメカニズムを提唱した。熱力学的，通常でのコイル状態から伸ばすことと，内部エネルギー的，タイチンの内部構造を物理的に広げることで，2つともが，伸長性に対して高い能力を示す。

2) タイチンの弾性に寄与しているものは何か？

弾性とは，力が取り除かれた後，組織が元の形状に戻る特性のことである。ポリトゥーら（Politou et al. 1996）は，弾性の一要因として，伸長時にタイチンの疎水性の残基が露出することによって，結果的に元々のコイル状態に強く戻ろうとすることが起因していると考えた。他の説明としては，各ドメインが隣接するドメインの影響によって，タイチンドメインを順次広げていくこともあげられるだろう（Politou et al. 1995）。

3) 筋の伸長性の制御

2つの重要な疑問が生じる。①筋の伸長性を制御しているものは何か？②筋の伸長性を制御している因子は柔軟性を向上させることができるだろうか？ ワングら（Wang et al. 1991）は，最初の疑問について調査した。彼らは，筋節が静止張力を発生するときやストレス時に筋節が張力を発揮する場所を決定するのに，タイチンの長さと大きさが重要であることを発見した。例えば，大きめなタイチン・アイソフォーム[4]を発現している筋肉は，筋節より長い状態で張力を出し始め，筋節がさらに長い状態になると弾性の限界に達する。さらに，最も長いタイチン・アイソフォームを発現している筋肉では，最も低い張力を発揮する。また，ワングら（Wang

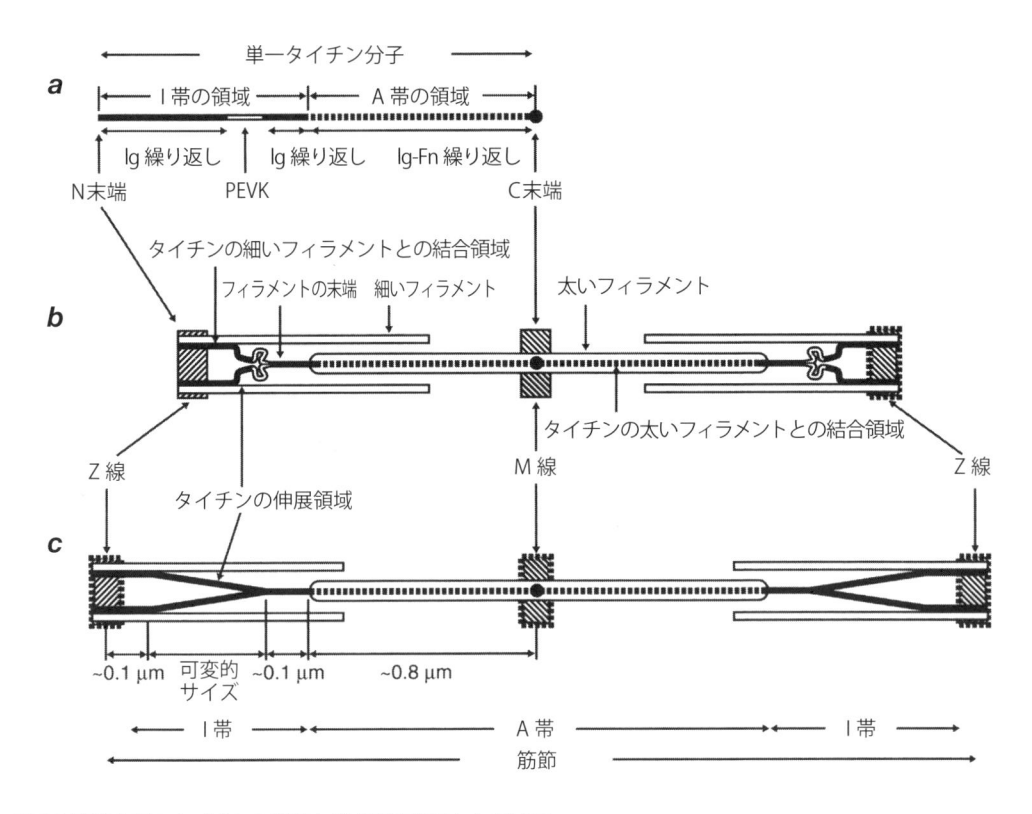

図3.3 筋節内でのタイチンの構造と構成要素を示した模式図
(a) タイチン分子の主要な機能と構造領域。(b) 筋弛緩時のタイチンの状態。(c) 筋節が伸展され，受動張力が発揮される際のタイチンの状態。(Tskhovrebova and Trinick, 2000. より転載)

弾性

タイチンに関する記述では，「弾性」と「伸長性」がしばしば混同される。弾性とは，内部エネルギー的（もしくは熱力学的）には元の特性に戻ることである。弾性の標本にも伸長が必要であるが，伸長性は少し曖昧な語句である。伸長性は単に伸長できる能力のことをいい，可逆性については特に意味していない。この違いについては，特にタイチンに関連性があり，タイチンは伸長されるが，過度にストレッチを行った場合，不可逆性の損傷を受けることが知られている（Politou et al. 1995, pp. 2607-2608）。

et al. 1991）は，筋肉の種類によって様々なタイチン・アイソフォームを発現し，それによって様々なストレス－断裂曲線を示すとした。

したがって，ワングらのデータは，筋線維が特異的なタイチンのアイソフォームを選択的に発現することによって，スティフネスと弾性の限界の制御と調整を行う可能性を示している（Wang et al. 1991, p.7101）。体内の様々な部位の筋肉内でのタイチン・アイソフォームの違いについて報告されている（Akster et al. 1989; Hill and Weber, 1986; Horowits, 1992; Hu et al. 1986; Wang and Wright, 1988）。ムトゥンギとラナトゥンガ（Mutungi and Ranatunga, 1996）は速筋線維と遅筋線維間での粘弾性の差異が，タイチンのアイソフォームの違いを反映しているという興味深い可能性を示した（後述「筋線維タイプと筋線維形状」参照，43頁）。タイチ

ン・アイソフォームの存在によって，遅筋線維もしくは速筋線維のタイチン・アイソフォームの組成をリハビリテーションやトレーニングによって意図的に変えることが可能だろうか？という疑問が生じる。アヴェラら（Avela et al. 1999）は，持続的な受動ストレッチは，タイチンに影響を及ぼし，結果的にフィラメントのオーバーラップの逸脱になると仮定した。このオーバーラップによって，筋節のコンプライアンスが増加し，付着しているクロスブリッジ数が減少するため，ストレッチ時の外的張力発揮が減少し，その結果，筋紡錘への機械的影響が減少する（p.1290）。タイチンによって反射の感度が変化するかもしれない。

なぜ，健康的な成熟した骨格筋に異なるタイチン・アイソフォームの発現が起こるのか，また，機能的なタイチン・アイソフォームの発現に影響を及ぼす因子については，明らかではない（Fry et al. 1997）。マクブライドら（McBride et al. 2003）は，「もしもタイチンが弾性エネルギーの保持と再利用を介してヒトの動きに重要な役割を担っていることが事実ならば，弾性的な筋肉はタイチンのアイソフォーム変化を介して，パワフルなパフォーマンスと関連づけることができる」と考えている（p.554）。

タイチンのアイソフォームがパフォーマンスに影響を及ぼすと仮定すると，ある興味深い疑問が再び生じる。目的に応じたトレーニングによって，意図的にタイチンのアイソフォームに影響を及ぼすことができるのだろうか？　今日まで，この領域についての研究はなされていない。しかし，超人的な柔軟性で知られている様々な鍛錬（例：バレエ, リズム体操, 長期間ヨガ）を行っている実践者間での各筋肉のタイチンを調査し，他の訓練（例：マラソンランナーもしくは砲丸投げ選手）を実施している人達の結果と比較することが可能であろう。それによって発見された差異は，適切なタイチン・アイソフォームの産生を増強するための最も効率的で安全に実施できるストレッチプログラムのタイプを決定することに役立つだろう。

また，他にも重大な疑問が生じる。身体運動によって，タイチンが作られている重要な時期に，その構造を変化させることができるのだろうか？　ひとつの考えとして，早くストレッチプログラムを開始した者は，タイチン・アイソフォームを多く変化させることができる。

タイチンのタンパク質分解とシュワルツ－ヤンペル・シンドローム（Soussi-Yanicostas et al. 1991）やデュシェンヌ型筋ジストロフィー（DMD）等の神経筋病との関係について研究がなされてきた。現在では，タイチンの欠損と様々な筋ジストロフィーとが関連付けられている（Haravuori et al. 2001; Sorimachi, Ono, and Suzuki 2000; van der Ven et al. 2000）。マツムラら（Matsumura et al. 1989）は，二次的であっても，タイチンタンパクの分解は，DMDにおける病理的な筋原線維の分解に重要であると報告している（p.147）。また，心筋組織におけるタイチンの役割についても，注目が集まっている（Granzier et al. 2002; Linke et al. 2002）。各種の治療（薬物治療）がタイチン・アイソフォームに及ぼす影響は，検討されるべき重要な課題である。

アスレティックトレーニングやリハビリテーションの関係者にとって，以下の問題は重要である。タイチン・アイソフォームの変化は外傷性傷害（トラウマ）の結果として起きるのか？　もしそうであるならば，大きな傷害（マクロトラウマ，例：車事故）のケースでは，どのように身体は反応するのだろうか？　同様に，アイソフォームの変化は体験的侮辱（ミクロトラウマ，例：長期間の貧しい状況）によって起きるのだろうか？　固定や運動量の減少がタイチン・アイソフォームに及ぼす影響は何か？　柔軟性トレーニングやリハビリテーションの結果として，ストレッチングがタイチンに及ぼす影響は何か？

4) タイチンの機能

タイチンは多様な機能を担っていると考えられている。

① タイチンは筋の弾性に重要な役割を担っている。なぜなら，弾性要素（タイチン）は太いフィラメント（ミオシン）の末端とZ線を結びつけており，筋が生理的な状態（静止長）[5]よりも引き伸ばされたときに発生する静止張力を生み出すからである。

② タイチンは太いフィラメント（ミオシン）を筋節の中央部に保持するために力を供し，安定性に貢献している（Horowits and Podolsky, 1987a; Horowits, 1992; Liversage et al. 2001）。

③ タイチンは太いフィラメントと細いフィラメントの配列間での分子相互作用の変化を促進する（Tskhovrebova and Trinick, 2000）。

④ グールディングら（Goulding et al. 1997）は，タイチンの主要な機能として，筋全体の筋節の長さを一定に確保することであり，アイソメトリック収縮中の局所的な筋原線維の過伸展を抑制することであると提唱している。

⑤ クレーら（Klee et al. 2002）は，ストレッチ後に筋節の長さが元に戻ることがタイチンの重要な機能であると主張する。

⑥ タイチンは筋節の顕著な伸長性に関与している。

⑦ タイチンは筋原線維の形態形成に役割を担っている（Fulton and Isaacs, 1991; Liversage et al. 2001; Pollack, 1990）。

⑧ タイチンの弾性部位はカルシウムイオンとの親和性があり，結合部位がある。このことは，骨格筋の収縮－弛緩周期（Tatsumi et al. 2001）と心筋の収縮特性（Linke et al. 2002）に影響を与える可能性がある。

(2) デスミン

デスミン（スケレチンとしても知られている）は筋節内で発見された300個のアミノ酸からなる53キロダルトンのタンパク質である。デスミンはZ板を取り巻く主要な中間経フィラメントである（Wang and Ramirez-Mitchell, 1983）。デスミンは隣接する筋原線維のZ盤同士や細胞小器官を横方向に連結している（Goebel, 2002）。さらに，Z盤から次のZ盤に向かって長軸方向にも延びている（Wang et al. 1993; Wang and Ramirez-Mitchell, 1983）。デスミンは筋節外の細胞骨格に寄与し，筋節がストレッチされた際に伸長する。したがって，デスミンはストレッチされた筋の受動的抵抗に寄与する（Gajdosik, 2001）。デスミン関連の疾病として，突発性もしくは常染色体異常や劣性遺伝によって発病する筋肉病学がある（Goebel, 2002, p.265）。

5. 筋節における構造的橋

筋原線維の筋節は縦軸上に保持されているだけでなく，横方向からもしっかりと支持されていなければならない。筋肉が圧迫されたり，座った際の大殿筋では，何かが筋肉を保護しなければならなく，筋節をもとの状態に戻すことを維持している横断的抵抗の源は3つの橋様構造のM橋，A橋，I橋である（図3.1；33頁と図3.4）。

(1) M橋，A橋，I橋

筋節の中央部で，太いフィラメントをリン

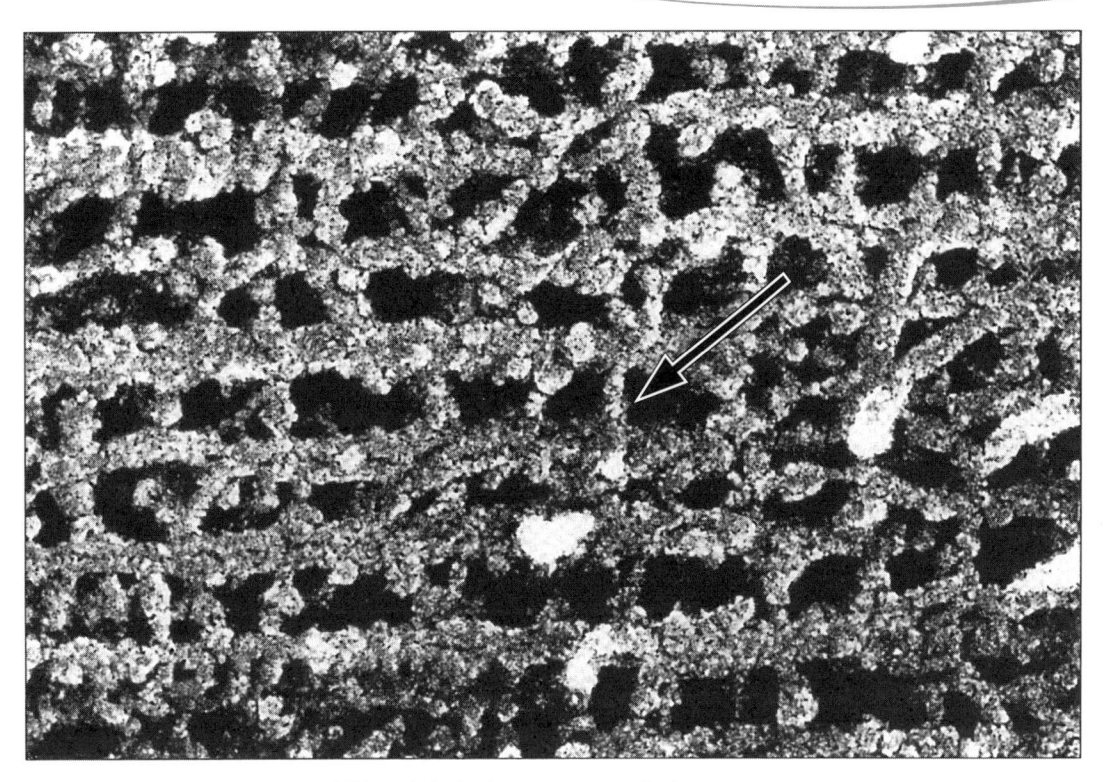

図3.4 太いフィラメントでのラング様相互連結（写真：K. Trombitás）（Pollack, 1990. より転載）

グのように連結させている構造をM橋という。M橋の機能は太いフィラメントの格子構造を規則正しく配列させ，安定させることである。筋肉によってはM橋がないため，A橋とI橋がフィラメントの格子構造を安定させている（Pollack, 1990）。A橋は隣接する平行な太いフィラメントを横に連結させる（Baatsen et al. 1988; Magid et al. 1984; Pollack, 1983, 1990; Suzuki and Pollack, 1986）。A橋はミオシンフィラメントを束ねて安定させる。I橋はタイチンとアクチンフィラメントの間隙を埋める連結をしている。I橋は，フランツィーニ―アームストロング（Franzini-Armstrong, 1970）とリーディ（Reedy, 1971）によって報告された当初は，トロポニン（troponin）によって構成されていると考えられていた。ポラック（Pollack, 1990）によれば，これら支柱の機能としては，平行配列の安定性とフィラメントの距離を維持するためのものである。

6. 収縮理論

筋の機能は，収縮する過程で張力を発生もしくは発揮し，動きを作り出すことである。また，筋収縮は姿勢の保持と体熱を産生する。ひとたび筋収縮が開始されれば，一連の可逆的な物理的・化学的な事象（イベント）が実行される。

(1) 筋収縮の超構造的(物理的)基礎

　筋収縮，弛緩，伸長を規定する正確なメカニズムは完全には明らかになっていない。最も良く知られている原理である滑走説（図3.5, a～cを参照）によると，筋節長の変化は太いフィラメントと細いフィラメントの相対的な滑り込みによってのみ調節される。最も収縮した場合の筋節は静止長の20～50%ほど短くなる。受動的に伸長された場合では，その長さは静止長の120%ほどになる。収縮時，弛緩時，または伸長時の筋のA帯とI帯の長さを測定すると，A帯，すなわち太いフィラメントが常に一定の長さを保っていることが分かる。同様に，収縮中のZ線とH帯の端との距離も常に一定である。これは細いアクチンフィラメントの長さもまた変化しないことを意味している。研究者達はこれらの知見に基づき，筋長の変化は太いフィラメントと細いフィラメントがお互いに滑り込むことによって生じると結論付けている。

　収縮時に関しては，筋節のZ線はA帯に向かって引っ張られる。その結果，I帯とH帯自体の長さ（幅）はゆっくりと狭まり，最終的には消失する。このように，筋は引くことはあれども押すことはない。

(2) 筋収縮の分子的(化学的)基礎

　筋収縮にとって直接のエネルギー源は神経刺激（インパルス）によって引き起こされるアデノシン3リン酸（ATP）の分解である。神経刺激が骨格筋線維に到達すると，それらは筋細胞膜上に広がり，横行小管系を通じて筋形質内部に移動する。この過程は浸透性を増大させ，筋小胞体からカルシウムイオンの放出を促す。静止した状態では，トロポミオシン（tropomyosin）分子はアクチンフィラメントの活性部位に存在し，ミオシンとアクチンフィラメントの結合を阻害していると考えられている。カルシウムイオンはアクチンフィラメント上でトロポニン（troponin）分子と結合し，アクチンフィラメントの活性部位に「スイッチを入れる」。そして同時に，ATP・クロスブリッジ複合体は変化し，アクチンとミオシンがアクトミオシンを形成することになる。この過程はミオシンフィラメントの構成酵素であるミオシンATPaseを活性化する。ミオシンATPaseはATPをADP（アデノシン2リン酸）とP_i（無機リン酸）に分解する。このときに放出されるエネルギーによって，クロスブリッジがアクチンと結合することが可能となり，ミオシンフィラメントを筋節の中心部に向かってスライド（滑走）させる。結果として，筋は短縮し，張力を生み出す。このように，筋は神経刺激によって活性化され，張力が発生するのである。

7. 筋弛緩の理論

　筋弛緩は最適な動作と健康にとって重要である。そのため，弛緩の過程は精力的に研究されている。筋収縮と同様，弛緩の正確なメカニズムは十分に明らかになっていない。弛緩の物理的・化学的基礎は以降の項目で明らかになる。

(1) 筋弛緩の超構造的(物理的)基礎

　筋の弛緩は完全に受動的なものである。筋線維は神経刺激を受け取っていないとき，すなわち筋張力が発生していないときに弛緩する。ク

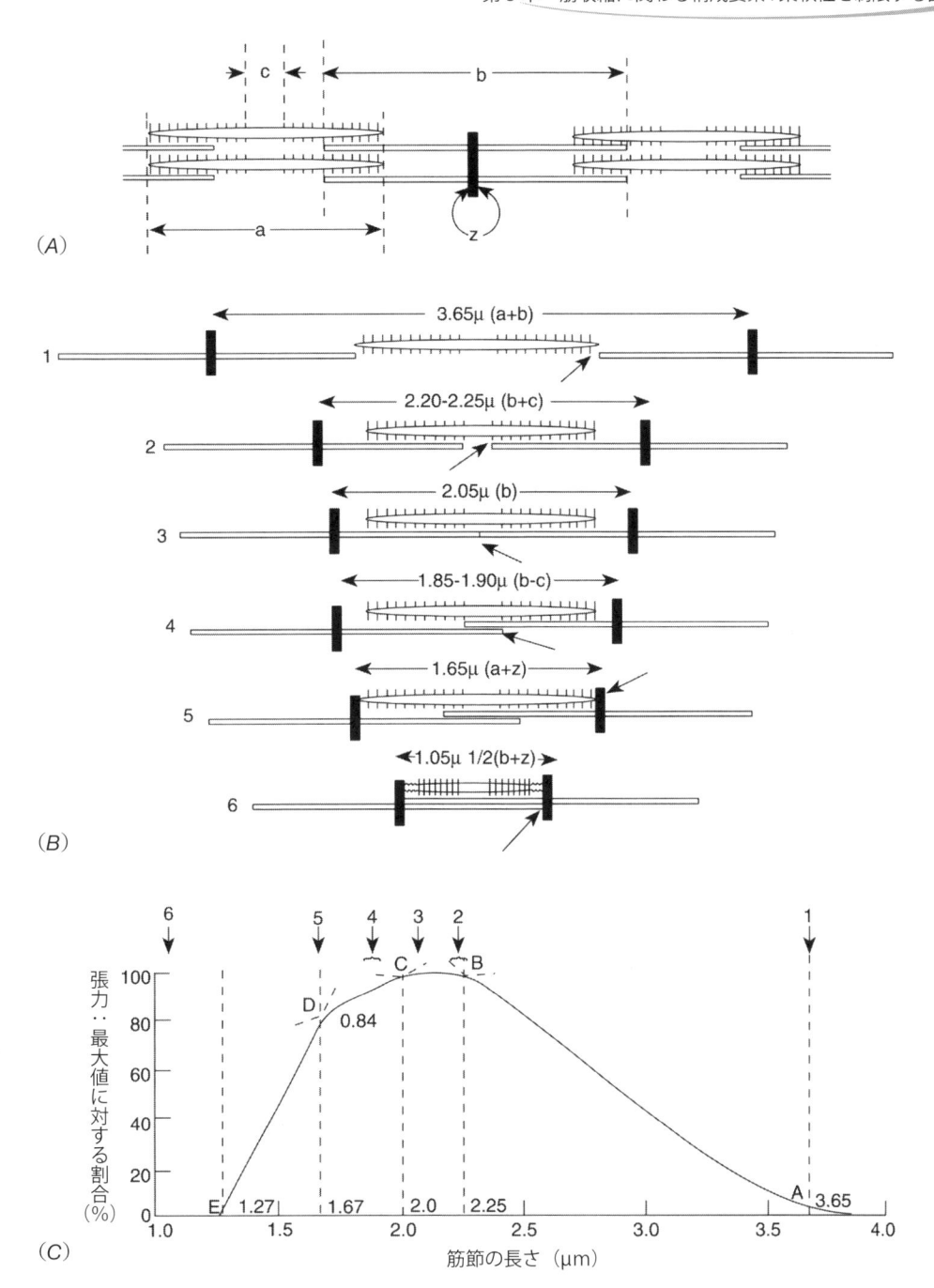

図 3.5　(A) 筋のフィラメント構成の模式図　それぞれの部分 (a, b, c, z) の長さは (B) に示す。(B) 筋線維 (筋節) の伸長あるいは短縮時のフィラメントの模式図　(C) 長さ─張力関係の模式図　図の上方の矢印 (1～6) は (B) と対応し，フィラメント間の重なりに質的に変化が生じる筋節の長さを示す。筋節が短くなるとき，太いフィラメントと細いフィラメントの重なりに質的変化が生じる。

Gordon, Huxley, and Julian, 1966b. より転載。

ロスブリッジが分離するにつれて，収縮中に蓄積された内在性の弾性力が放出される。このように，弾性要素のはね返りによって筋原線維は非収縮時の筋長へと戻る。張力を元の状態に戻す2つめの可能性として，重なり合った細いフィラメントが同じ実効電荷のため，もう1つを反発することが挙げられる。ポラック（Pollack, 1990, p.142）は「そうした張力を元の状態に戻すことは，ただ単に余力があるだけではなく，弛緩のエネルギーコストを減少させる」と示唆した。さらに，筋と骨に付着している結合組織の弾性も，筋を元の長さへと戻す。

(2) 弛緩の分子的(化学的)基礎

多くの科学者達は筋弛緩が収縮時と逆の過程によってもたらされると信じている。弛緩するとき，カルシウムイオン―トロポニン複合体は分離し，カルシウムイオンは筋小胞体に再び取り込まれる。この時点でトロポニンはカルシウムイオンと結合していないので，アクチンとミオシンの相互作用は抑制される。こうした抑制はアクチンとミオシンを解離させ，フィラメントが静止時（元）の状態へと「再び滑り込む」ことにつながる。つまり，収縮はカルシウムイオンの放出によって「スイッチを入れる」ことであり，また，カルシウムイオンを回収して「スイッチを切る」ということである。

8. 筋伸長の理論的限界

筋線維はそれ自体では伸びたり，あるいはストレッチをすることができない。筋を伸長させる力は，筋の外部，例えば重力，運動量，拮抗筋からの力，他者からあるいは自身の他の部位からの力を受け取る必要がある。

滑走説に基づき，筋細胞（線維）収縮要素の理論上の限界を，筋節（2.30 μm），ミオシンフィラメント（1.50 μm），アクチンフィラメント（2.00 μm），H帯（0.30 μm）の長さを顕微鏡による測定によって検討することができる。筋節が裂けるまで伸長すると，その長さは約3.60 μmにまで達する。フィラメントが若干重なり合ったとき（筋節が裂けず，アクチンとミオシンが少なくとも1つのクロスブリッジを形成しているとき）の長さは，約3.50 μmである。静止時の筋節長が2.30 μmとすると，フィラメントの重なり合った部分は1.20 μmほど伸長することができる。この長さの増加は，静止長の50％以上である。筋節の静止長を2.10 μmとして他の要素が全て一定だと仮定すると，フィラメントの重なり合った部分は67％伸長することになる。この伸展性は幅広い可動域で筋が動くことを可能にしている。第4章から第6章では，結合組織と神経系（例，筋紡錘）が筋と相互作用をして，どのように可動域を制限しているかについて検証している。また，筋痛や張力の欠損に関しては「ポッピング筋節説」[6]の観点からも，筋節が伸長する理論的限界は重要な問題である（Morgan, 1990, 1994b）。このトピックは第9章で検証されている。

第3章　筋収縮に関わる構成要素：柔軟性を制限する因子

9. 滑走説の修正

　古典的な滑走説では，筋節は主に2つのフィラメント―アクチンとミオシンによって構成されている。収縮中，これらのフィラメントはお互いの間に滑り込むことで短縮する。一方，筋節が伸長されると，細いフィラメントと太いフィラメントはただ単に離れるように移動する。いずれのフィラメントも長さは変わらないが，重なり合う部分が少なくなる（図3.5を参照）。現在では，筋節が伸長するメカニズムは，従来考えられていた以上に複雑であることが知られている。

　修正された滑走説では，3つめのフィラメント，タイチンを含んでいる。このモデルでは，筋弛緩時の筋節（約2.0μm）では，繰り返し並んでいるIg（イムノグロブリン）とPEVK（プロリン，グルタミン，バリン，リジンの4つのアミノ酸を多く含む位置）が折りたたまれている。外力が働くとき，各IgおよびPEVKドメインは力と負荷率の閾値で「張力発揮」のため伸ばされる（Wang, Forbes, and Jin 2001）。約2.0～2.7μmの間では，個々のIgは折り重なったままであるが，「縮んだ」繰り返しIgのセグメントは伸展される。こうした低張力を伴った初期の伸長は，それらの高い曲げ剛性（建築・力学系の用語）によって引き起こされる（Trombitás et al. 1998）。低い曲げ剛性から生じる外力が十分に高まったとき，引き続いてPEVK部分が伸展する（Trombitás et al. 1998）。伸展の度合いが大きくなるにしたがい，伸長性をもつ部位が長くなっていく。こうした現象はタイチンによる太いフィラメントの固定がすべり始めたときや，あるいは太いフィラメントの末端が歪曲したときに非伸長性であったタイチンが動員されることで起こる（図3.6を参照）。最終的には，伸展が進むにつれてタイチンのらせん構造がひもとかれていく。

　このセクションでは，ストレッチと筋節のフィラメントの関係についてのみ扱った。しかしながら，可動域に関連する最も重要な筋の構成要素は，筋をあらゆるレベル（例：筋線維，筋束，全筋）で覆い・取り囲んでいる結合組織である。これらの筋内膜，筋周膜，筋外膜の組織に関しては第4章で議論される。

10. 可動域を制限する因子

　関節の可動域（ROM）を規定する他の要因としては，筋線維タイプ，筋線維の形状，筋の拘縮，痙縮，不適切な筋のバランス，不適当な筋制御，筋の固定の有無といったことが挙げられる。

(1) 筋線維タイプと筋線維の形状

　ヒト骨格筋は2種類の筋線維を有している。それらは収縮速度が遅く疲労しにくい遅筋線維と，収縮速度が速く疲労しやすい速筋線維とに分類することができる。遅筋線維はタイプⅠとして分類される。遅筋線維はミオグロビンを多く含んでいるため赤色調である。一般的に，遅筋線維は姿勢維持や長距離走のような長時間の低強度運動に関連している。そのため，遅筋線維は高い酸化系能力を有している。

　ヒラメ筋は代表的な遅筋線維優位の筋であ

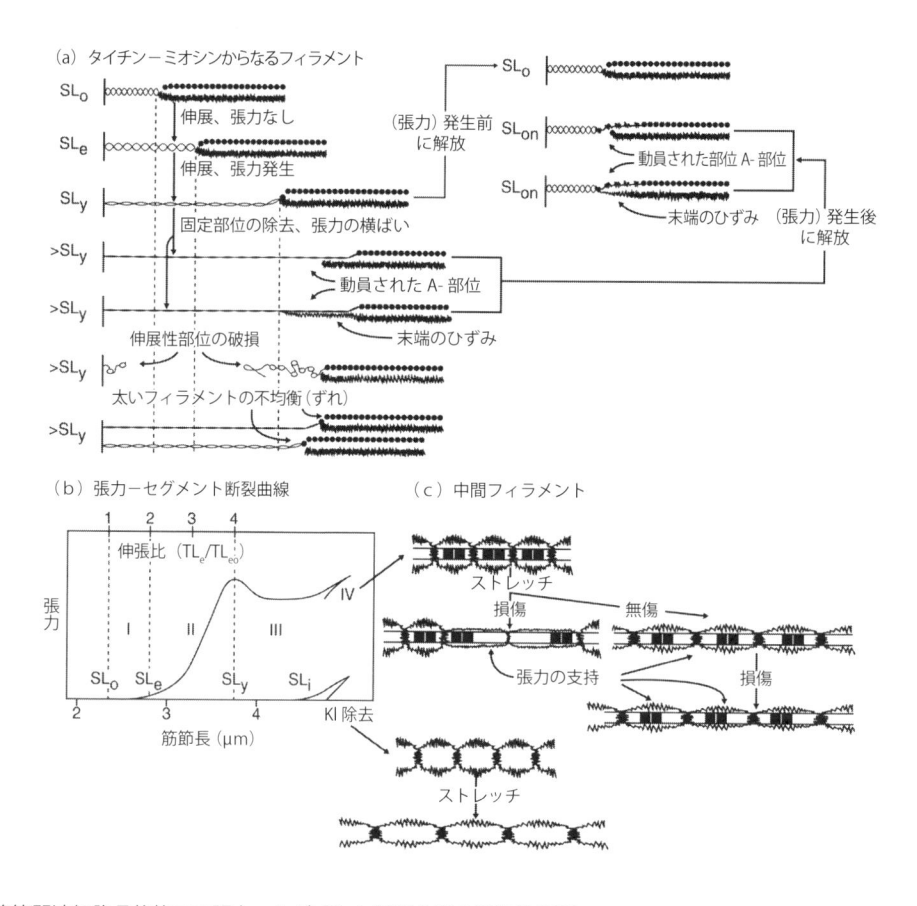

図3.6 筋節関連細胞骨格格子の張力—セグメント断裂曲線の構造的相関
静止時の張力—筋節長曲線 (b) は4つの領域（Ⅰ—Ⅳ）によって特徴付けられ，筋節のマトリックス (a) と中間系フィラメント格子 (c) の構造上の動態によって説明できる。
領域Ⅰ（$SL_0 \sim SL_e$）：この範囲内では筋節が伸長されても張力は発生しない。これはおそらく，外形の長さが変化せず，タイチンフィラメントの弛緩部分が伸ばされていることが反映されている。
領域Ⅱ（$SL_e \sim SL_y$）：筋節の伸長は指数関数的な張力の増大を生み出し，タイチンフィラメントの中で伸長性をもつ部分の長さは変化する。張力発生前の筋線維は伸展状態から解放されると，筋節は伸展前の元の弛緩時の長さ (slack length（SL_0)) に戻る。
領域Ⅲ 張力発生時とそれ以上（> SL_y）：張力発生時の張力は，太いフィラメントの遠位末端部を変形させ，タイチン—ミオシンの結合部位が除去される。結合部位の動員は，正味の太いフィラメントの遠位末端部を変形させ，タイチン—ミオシンの結合部位がはずされる。結合部位の動員は，伸展性部分の正味な長さを増大させ，スティフネスを減少させる。タイチンの不均衡と破損は張力発生付近での，広範な変化に貢献するかもしれない。(n-1) 番めの周期で，張力発生後に解放されると，張力発生前の筋節長 SL_0 よりも長い新たな弛緩時の筋節長 SL_{0n} に戻る。弛緩時の長さの増大は，新たに動員されたタイチンフィラメントの正味の長さを反映している。伸長部位の正味の長さは，筋節が張力発生ポイントを超えて伸長されたとき，結果として張力が横ばいになったとき，さらに増大する。
領域Ⅳ 中間系フィラメント：筋節にZ線（図中で表示）とM線（図中で非表示）で連結している中間系フィラメントは，通常弛緩しており，伸長し始めて，4.5μm付近で張力を発生する。4.5μm以下で，もしも筋節が活動張力を発生・伝達する能力を失ったとき，中間系フィラメントは局所的に伸長する。そうした状況においては，中間系フィラメントはバイパス機能として働き，筋原線維内で隣接する筋節間で張力伝達の機能停止を防ぐために，張力を伝える。一般的な張力—セグメント断裂曲線は伸長比（TL_e / TL_{e0}），つまり筋節長に対するⅠ帯幅の割合で記述される。筋の多くのタイプにおける静止時の張力—筋節長曲線は，この曲線に対して正規化される。
Wang, McCarter, Wright, Beverly, and Ramirez-Mitchell, 1993. より転載。

る。ゴセリンら（Gosselin et al. 1994）とコヴァネンら（Kovanen et al. 1984a, 1984b）は速筋線維―タイプⅡとして分類―に比べ，遅筋線維ではコラーゲン濃度が高く，コラーゲン結合も豊富なため，低コンプライアンス，もしくは硬い性質であることを示した。こうした遅筋線維の生化学的特性は抗張力の高さ（すなわち，筋が伸長されたときに裂ける限界地点）に関連している（Gosselin et al. 1998）。コヴァネンら（1984a）は「骨格筋ごとに機能的要求が異なっているのは，筋内膜のコラーゲンのレベルがどのような状態であれ，筋内結合組織の構造が反映されているからである」と推察した（p.235）。しかしながら，遅筋線維の受動的スティフネスが速筋線維よりも高い理由として，それぞれの筋線維タイプのタイチン・アイソフォームが異なる可能性もある（Mutungi and Ranatunga, 1996）。

2つめの筋線維タイプである速筋線維は，酸化系能力が低いものの，高い解糖系能力を有している。速筋線維は，遅筋線維と比較して，より断裂しやすい（Kovanen et al. 1984b）。速筋線維はさらに3つのタイプa（ⅡAあるいはFT_a），タイプb（ⅡBあるいはFT_b），そしてタイプc（ⅡCあるいはFT_c）に分類することができる。ギャレットら（Garrett et al. 1987, p.451）によると，ヒト速筋線維は，ハムストリングスや大腿直筋，下腿三頭筋といった1つ以上の関節にまたがる筋群において優位であることがアスリートに見受けられる。しかし，3種類の速筋線維の違いは未だ十分に明らかになっていない。

どの筋群も速筋線維と遅筋線維の比率は異なり，それは機能とトレーニング歴に依存している。例えば，マラソン世界チャンピオンの選手達の腓腹筋は，94％〜99％が遅筋線維であることが報告されている。これに対し，世界レベルのスプリンター選手の腓腹筋では，遅筋線維はわずか25％ほどしかない（Wilmore and Costill, 1999）。さらに，フリーデンら（Fridén et al. 1983）は，伸長性筋活動後の筋原線維の損傷は，速筋線維において優位に生じることを示した。

筋線維タイプに関する知識が重要な理由として，いくつかの理由がある。
①なぜある筋が他の筋肉に比べて硬い性質を有しているかを説明するため。
②なぜ筋損傷が主に速筋線維優位の筋で認められるかを説明するため。
③なぜ速筋線維優位の筋は肉離れに対する感受性が高いのかを説明するため。

形状も筋機能に強い影響を及ぼす要因である。筋の形状とは筋線維の羽状角度，すなわち筋腱の軸と力発揮の方向（すなわち，筋線維の走行方向）をなす角度のことである（Garrett et al. 1988）。4つの形状配列は紡錘状筋，羽状筋，半羽状筋，多羽状筋である。筋線維の配列は筋ごとに異なる。筋重量あたりの受動的張力の違いは筋線維の羽状の程度に関連している。例えば，大部分の筋線維が長軸方向に平行に配列しているラットヒラメ筋は，腓腹筋のような大きい羽状角を有する筋に比べて大きく受動的張力を発揮する（Gillette and Fell, 1996; Sacks and Roy, 1982）。トレーニングによる筋の適応としては，筋線維タイプの組成の変化がラット（Almeida-Silveira et al. 1996）およびヒト（Komi, 1984）でも認められる。

ギャレットら（Garrett et al. 1988）は，形状が筋腱複合体の断裂に影響を及ぼさないことを発見した。しかしながら，筋の形状は伸長の停止に顕著な影響を及ぼす。「羽状構造をより多く有する筋群は，静止時の筋線維長よりもさらに伸長する傾向にある」（p.11）。おそらく，こうした筋構造と結合組織の配列の違いは，各種筋肉におけるウォームアップ前後のストレッチングに対する反応の違いを説明するのに役立つであろう（Mohr et al. 1998）。優れたバレリーナーや体操選手，ヨガの熟練者は，強度なスト

レッチングを長年続けることで筋の形状が変化したのかもしれない。

(2) 拘縮

拘縮は，筋あるいは組織等の短縮によって生じる動作の喪失である。拘縮は本来なら弾性の結合組織が非弾性の線維組織へと置換されたときに発現する。拘縮は神経系に介在されることもあれば，そうでないときもある。神経に介在される拘縮は痙縮（筋の不随意反射）によって引き起こされる。それらは上位運動神経疾患の後遺症としてしばしば観察される。ストレッチングは痙縮の機能的改善に重要だと考えられているが，まだ検証しなければならない点も多い（Harvey and Herbert, 2002, p.1）。神経に介在されない拘縮は軟組織における構造上の適応によって引き起こされ，多くは外科的処置と固定後に短縮した部位において観察される。

拘縮の治療は，関節の可動化，ストレッチング，機械牽引，深部加温といった種々の手法を単独あるいは組み合わせて行うことができる。ハーヴィーとハーバート（Harvey and Herbert, 2002）はセラピストが手動で行う苦痛をともなう従来のストレッチはやめて，代わりに「位置決め課題」を使用し，患者のリハビリテーションと日常生活に取り入れることを推奨している。これは比較的単純な道具と機器（添え木など）を使用することで実現できる。

(3) 痙縮

痙縮は筋のスティフネスを増大させ，可動域を低下させるもう1つの要因である。痙縮は速度依存の筋緊張亢進，つまり筋の受動的伸長に対して速度依存的に増大する抵抗性（緊張）と定義される（de Lateur, 1994）。

痙縮の定義には，筋伸長に対する運動神経の反応増大，受動的関節運動に対する抵抗性の増大，関節可動域の低下，反射の悪化に対する主要な原因であることを示唆している（Bressel and McNair, 2002）。痙縮患者の治療には，リラックスさせる方策が非常に多く用いられている（第8章を参照）。ブレッセルとマクネア（Bressel and McNair, 2002）は「運動神経の興奮性が高まるという証拠は数多く存在するものの，ある研究者達は筋の受動的力学特性の変化も痙縮患者にみられる症状の原因であると主張している」ことを説明した（p.881）。脳梗塞を経験した人々がしばしば痙縮を経験する。ブレッセルとマクネア（2002）は「脳梗塞の診療で注目するべきは筋の受動的力学特性であり，運動神経の興奮性ではない」と提唱した（p.881）。今後，痙縮患者に見られる症状の原因や，最適な治療法を明らかにするさらなる研究が必要である。

(4) 不適切な筋バランス

正常な筋では構造的恒常性を維持している。つまり，拮抗筋によって逆方向に同じ分だけ引っ張られている状態が保たれている。主動筋と拮抗筋の力の不均衡は，可動域に影響を及ぼす。筋の不均衡は緊張過度な筋肉（拘縮あるいは痙攣状態の筋）や減弱化した筋肉を含めたいくつかの要因によって引き起こされる。姿勢性の抗重力筋である遅筋線維は緊張する傾向にあるが，相動性（はやい動きを伴う筋収縮）の速筋線維は減弱化する傾向にある（表3.1を参照）。こうした状況での処置としては，弱くなった筋を鍛え（Klee et al. 2002），緊張した筋をストレッチすることである。

しかしながら，ハマー（Hammer, 1999）によると，弱った筋を鍛える前に，緊張した筋を治療・評価することが先決である（p.416）。彼らの原理としては，頻繁に抑制される筋は拮抗筋の緊張を直すことで自然に回復する，というものである。したがって，測定者は，拮抗筋の緊張を積極的に解くことによって筋が抑制され

るかどうかを検討することができる。筋の不均衡を回復させる最適な治療法を明らかにするために，さらなる臨床的な研究が必要である。

(5) 不適切な筋制御

自然に柔軟性を備えた人間であっても，特殊な柔軟性スキルを実行するのに必要な局所的な筋制御ができない場合もある。なぜなら，多くの柔軟性スキルには付加的な要素があるからである。我々の目的から考えると，筋制御とは適合したバランスであり，協調であり，もしくはカラダの部分部分をコントロールし，与えられたスキルを行うための十分な筋力である。例えば，バレエのアラベスク（クラシックバレエの基本姿勢の1つ）に代表されるデリケートで優雅な技術の遂行に，バランスは欠かすことのできないものである。目的とする位置に足を上げ，支持し，維持するためには，十分な筋力を持ち合わせている必要がある。また，十分な協調，リズム，もしくはタイミングが必要である。複雑な運動技術はこうした要素の全てが適切に組み合わされたときにのみ達成されるのである。

(6) 単関節筋と二関節筋

1つ以上の関節にまたがる筋は，柔軟性，ストレッチ方法に影響を及ぼし，障害への潜在的なリスクがある。これらの筋は1つ以上の関節に影響を及ぼすことから二関節筋として知られている。例えば，ハムストリングスは股関節を伸展させ，膝を屈曲し，もしくは股関節もしくは膝関節を回旋させる。これに対し単関節筋は1つの関節にのみまたがっており，1つの関節に1つの作用のみをもたらす。二関節筋は筋への要求度が高くなるような運動において受傷のリスクがある。バイオメカニクス的観点からいえば，二関節間での同期活動は複雑な固有受容的・力学的問題だといえる（第16章を参照）。

表3.1 筋の機能的区分

緊張傾向にあるもの	減弱化傾向にあるもの
（姿勢性）	（相動性）
腓腹筋	腓骨筋群
後脛骨筋	前脛骨筋
股関節外転筋	外側広筋・内側広筋
ハムストリングス	大・中・小臀筋
大腿直筋	腹直筋
腸腰筋	前鋸筋
大腿筋膜張筋	菱形筋
梨状筋	僧帽筋下部
傍脊柱筋群	短頸部筋群
腰方形筋	上腕伸筋群
大胸筋	斜角筋
僧帽筋上部	
肩甲挙筋	
胸鎖乳突筋	
上腕屈筋群	

G. A. Jull and V. Janda, 1987, "Muscles and motor control in low back pain: Assessment and management." In *Physical therapy of the low back*, edited by L.T. Twomey and J. R. Taylor (Edinburgh: Churchill Livingstone), 253. より許可を得て転載。

生理学的にいえば，ハムストリングスのフルストレッチが起きるのは，十分な膝の伸展と股関節の屈曲が伴ったときにのみなされる。十分なトレーニングを積んでいるアスリートでさえ，緊張を強いられる場面で十分にストレッチすることは難しいものである。典型的な例として，足をまっすぐにして行うハードル競争やキック時のハムストリングスである。二関節筋の可動域を改善するためには，筋の働く方向とは逆に両関節を動かしてストレッチしなければならない。

(7) 筋に対する加齢の影響

一般的に，加齢に伴って筋力や筋持久力，敏捷性，柔軟性といった筋機能はわずかずつではあるが低下する。不活動や疾病，損傷を悪化させた場合，これらの機能は急速に低下する。生

理学的に，加齢に関連する最も顕著な退行性変化は筋の進行性萎縮である。この加齢性筋萎縮は筋線維の大きさや数の両方の減少によるものである（Hooper, 1981）。ウィルマー（Wilmore, 1991）は「筋節数の減少は，高齢者の身体活動の低下に起因しているかもしれない。」と述べている（p.236）。筋機能の低下が認められ始める年齢は様々である。また変化の程度も様々であり，関与する筋やその筋が使用される程度にも依存している。また，筋骨格系を支配している神経細胞の数も加齢に伴って減少する（Gutmann, 1977）。筋長の短縮もまた加齢と関連している（Gajdosik, 1997）。

筋線維萎縮の際，脂肪組織や線維組織（コラーゲン）の置換が起こる（Overend et al. 1992; Rice et al. 1989; Vandervoort et al. 1986; Vandervoort and McComas, 1986）。コラーゲンは結合組織の主要素であり，非常に低いコンプライアンスのため，筋中のコラーゲン量がわずかに増えただけでもその筋組織のスティフネスはかなり増大する。この現象はアルナキーブら（Alnaqeeb et al. 1984）によってラットのヒラメ筋と長趾伸筋を用いて検討されており，総コラーゲン含有量は加齢とともに漸増することが確認されている。さらにその研究では，成熟期の筋よりも若年期の筋の長さで，受動的張力の発生が低い割合で増加するのが明らかになった。

筋のスティフネスと結合組織に関するデータは，高齢動物のヒラメ筋を除いて，加齢と一致している。高齢動物のヒラメ筋も含め，筋の受動的な力動態はコラーゲン濃度と直接に関連する（p.677）。

しかしガイドシック（Gajdosik, 1997）は，高齢男性の筋では結合組織量が増大するという知見を支持していない。今後，加齢した筋の脂肪組織量，コラーゲン組織量，そして弾性結合組織量，さらにそれら組織の影響についての研究が必要である。

11. 固定の影響

筋は固定された際，適切な力学（機械）効率に適応することは確認されている。この特性はマーヴィー（Marvey, 1887）の実験によって示された。1960年代後半から，長さ適応のメカニズムについては，細胞レベル，超微細構造レベルで検討されている。ゴールドスピンクとウィリアムズ（Goldspink, 1968, 1976; Williams and Goldspink, 1971）の報告では，成長に伴う筋線維長の増大は線維の長軸方向に対する筋節数の増加によるものであることが示されている。アクチンおよびミオシンフィラメントの長さは一定であることから，成熟した筋では，おそらく，筋節の長さは不変で，長軸方向の筋節の数を増やす，もしくは減らすことで，機能的な筋の長さに適応している（Goldspink, 1976; Tabary et al. 1972）。

成熟期のネコヒラメ筋を伸長位でギプス固定すると，新たな長さでの適応が起こる。タバリら（Tabary et al. 1972）は，この筋伸長がおよそ20%以上の筋節数の増大によるものであると報告した。

ウィリアムズとゴールドスピンク（Williams and Goldspink, 1973）は，新たな筋節は筋線維末端に加わることを見出した。除神経（筋への神経供給停止）と伸長位での固定を組み合わせた場合では，25%以上の筋節が産生さ

れる（Goldspink et al. 1974）。ギプス固定を解除した場合，除神経を行った筋および正常筋とも，元の長さへ急速に戻る（Goldspink et al. 1974; Tabary et al. 1972; Williams and Goldspink 1976）。スコット（Scott, 1994）の報告によると，3頭のサルの眼球外筋系は，ネコの四肢筋で認められた適応（固定によって筋が伸長）と同様に，縫合によって眼筋は18%，25%，33% 伸長された。この結果は，筋長の増大は筋節の増加によって起こるという先行研究を立証した。ボハノン（Bohannon, 1984）は，10名の健康な若者のハムストリングスに8分間の受動的なSLR（straight-leg raising）テスト（ハムストリングスのストレッチ）を連続した3日間に与えた。3日間の負荷を与えてから24時間後，SLR角度は4.4度増加し，このことは筋が伸長したことを意味する。ボハノンの発見は「十分に軟部組織の伸長が起こっているならば，20分以上の負荷を与えるべきであるという臨床レポートおよび実験結果」を支持するものである（p.496）。

一方，脚が短縮位で固定された場合，筋線維は40%の筋節を消失する（Tabary et al. 1972）。除神経と短縮位での固定を組み合わせると，35%のサルコメア消失を引き起こす（Goldspink et al. 1974）。このような処置をした筋でも，長さを元に戻すと筋節数は急速に戻る（Goldspink et al. 1974; Tabary et al. 1972）。

これらの結果より，筋の機能的長さに対する筋節数の適応は，神経支配下で直接行われるものではないことが示された。さらに，それは筋の受動的張力の程度に対する筋原性反応として現れる（Goldspink, 1976; Goldspink et al. 1974; Williams and Goldspink, 1976）。筋節数の適応のメカニズムは筋組織中に存在しており，神経活動とは独立している（Gajdosik, 2001）。

損傷による筋スティフネスの増大に対する他の要因として，タイチン・アイソフォームの変化の可能性が挙げられる。リーヴァー（Lieber, 2002）は「長期の筋長変化や固定，脳卒中，頭部外傷，脊髄損傷，脳性麻痺に認められる二次的な筋スティフネスの変化は，様々な筋に発現しているタイチンの量やアイソフォームによってかなり影響されている可能性がある」と報告している（p.59）。フリーデンとリーヴァー（Fridén and Lieber, 2003）は痙性筋細胞に観察される変化は，タイチンのアイソフォームや濃度によるものなのか，または他の構成要素によるものなのかという疑問を挙げている。

短縮位に固定された筋の伸長性の低下（受動耐性の増大）は，筋線維長および筋節数の減少と関連している（Goldspink, 1976; Goldspink and Williams, 1979; Tabary et al. 1972）。この柔軟性の低下は除神経に関係なく生じる（Goldspink, 1976）。ゴールドスピンクとウィリアムズ（Goldspink and Williams, 1979）は，結合組織は筋の収縮組織よりもゆっくりと分解されていくことを確認した。その結果，相対的な結合組織量は増加する（Goldspink, 1976; Goldspink and Williams, 1979; Tabary et al. 1972）。ウィリアムズとゴールドスピンク（Williams and Goldspink, 1984）は，固定された筋のコラーゲン線維は，正常筋と比べて，鋭角に配列されることを報告した。この変化により筋のコンプライアンスに影響することが予想される。また，アーティコスキーら（Ahtikoski et al. 2001）はストレッチがラット骨格筋中のコラーゲン線維に対する固定の影響を部分的に修正する可能性を示した。特にストレッチは，「コラーゲン線維のmRNAに対する固定の負の効果を是正する」ようである（p.137）。

ジレットとフェル（Gillette and Fell, 1996）は，ラットの後肢の受動張力を検討するために14日間の全身懸垂実験を行った。動物は水平位で吊られ，後肢はどこにも触れられない位置にあり，無負荷状態にさせられた。吊られたラットでは，受動張力の増大は関節（25%）よりもむしろ筋腱ユニット（75%）によって引き起

された。「後肢筋の受動張力の増大は，筋形状（muscle architecture）や筋の粘弾性，結合組織成分，細胞骨格タンパクが変化したことによる」ものと考えられた（p.729）。

伸長性の低下は，急激な過伸長を防ぐための筋の保護メカニズムと考えられる（Goldspink, 1976; Goldspink and Williams, 1979; Tabary et al. 1972）。このメカニズムは，正常可動域内でのストレッチングでさえ，特に短縮筋すなわち，筋節が少なくなっている筋において重要である（Goldspink, 1976; Tabary et al. 1972）。なぜなら，筋節はミオシンフィラメントとアクチンフィラメントとが互いに入り込んだり重なり合ったりしない点まで引っ張られることにより損傷が引き起こされるからである。逆に，伸長位での筋固定による弾性要素の変化は引き起こされない。なぜならば，その適応は逆方向であり，過伸長された場合でも正常筋以上に伸長されることはないからである（Tabary et al. 1972）。

しかしながら，伸長性の低下は単なる保護機能ではない。主な効果は筋の長さ−張力曲線の左（短縮位での固定筋）もしくは右（伸長位での固定筋）へのシフトである。これらの長さ変化は，筋の新たな位置や長さでの最適な張力レベルを発揮するための適応である。

ウィリアムズら（Williams et al. 1988）は，伸長活動または収縮活動の欠如によって，連続する筋節数の減少やコラーゲン比率の増大，筋を短縮位で固定した際の筋スティフネスの増大につながるのかどうかを検討した。

その結果，不活動筋での結合組織の蓄積は受動ストレッチや電気刺激によって予防することが可能であることを示した。

ここで理論的な疑問が生じる。短期のストレッチは，筋の結合組織や筋線維長，筋節数，そして関節可動域の維持に効果的なのか否かである。この疑問に答えるために，ウィリアムズ（Williams, 1988）はマウスのヒラメ筋を10日間，短縮位でギプス固定をした。2日おきにギプスをはずして15分間の受動的ストレッチを行った。その結果，正常な結合組織比率を維持するためには，15分の受動ストレッチが必要であることが示された。しかしながら，筋線維長の低下を防ぐことはできず，かなりの可動域の低下が認められた。仮にヒトに当てはめた場合，セラピストにとってこの研究の実用的な重要性は，「固定筋で認められたり，関節運動に影響を与えたりする結合組織の変化は，短期の受動的ストレッチ運動により簡単に予防可能である」ということである（p.1016）。

12. 筋原線維形成に対する受動ストレッチのメカニズム

伸長位での固定は，筋線維長の増大を招く。この長さの増大は，筋線維上に沿って，筋原線維における連続する筋節数の増加と関連する。新たに合成される筋節は筋腱接合部付近に形成される。筋線維の伸長と肥大に関する細胞制御メカニズムの検討は継続されている。

ディクスとアイゼンバーグ（Dix and Eisenberg, 1990, 1991a, 1991b）は，コントロール（非伸長）線維と比べて，伸長された線維では，筋末端部での遅筋タイプ（slow oxidative）のミオシンmRNAの蓄積が大きいことを発見した。「このようなmRNAの局所的蓄積は，収縮タンパクの局所的合成や筋節の急激な増加，筋線維の伸長を引き起こす」（Dix and Eisenberg, 1990, p.1893）。特に，「ポリソーム（1本のmRNA鎖上に並んだリボソーム〈ribosome〉の複合体）を

含む大きな細胞質の空間が筋線維と伸長線維の筋腱連結部の筋形質膜との間に開放されており，多くの発達途上（未成熟）の筋線維が認められた」(Russell et al. 1992, p.192)。さらに，ストレッチされた筋は，増殖する筋芽細胞が実存の筋線維に融合することによっても伸長される（Moss and Leblond, 1971; Williams and Goldspink, 1973）。

　ストレッチがどのように mRNA 産生を増大させるのか？　ラッセルら（Russell et al. 1992）はいくつかの「主要な調節因子」の存在を報告している。しかし，検討が必要なさらなる領域は，ストレッチによる筋原線維形成とストレッチ時に発生する流動電位との関連の可能性である（第 4 章を参照）。シュットクリーフとダビドソン（Sutcliffe and Davidson, 1990）は，平滑筋細胞を用いて，機械的張力（ストレッチング）から遺伝子発現への変換を検討した。この領域に関してはさらなる研究が必要である。

13. ストレッチングを介する遺伝子発現の制御の方法

　筋細胞は，収縮時や伸長時の機械的信号の認識に，相互に関与するいくつかの構造的コンパートメント（区画された部分）から構成される。これらの連絡単位（ユニット）は 3 次元の組織特異的ネットワークであり，各組織の特有の機能を反映している。横紋筋細胞では，これらのコンパートメントは細胞外，細胞質，核である。各コンパートメントは少なくとも 1 回はコンパートメントの境界面にある膜を通って情報を伝達する（Simpson et al. 1994）。この 3 つのコンパートメント内および間の機械的刺激の調和は，動的相互関係システムとして報告されている（Bissell et al. 1982）。機械的刺激は遺伝子発現に影響を及ぼすが，筋がどのようにして機械的刺激を成長シグナルに変換しているのかは古くからの疑問である。

　サドシマとイズモ（Sadoshima and Izumo, 1993）は，細胞伸長が多くの細胞内セカンドメッセンジャーの活性を引き起こす 3 つのメカニズムの可能性を示した。1 つめの可能性は，機械的ストレスは直接，シグナル伝達物質を活性化することである。ワトソン（Watson, 1991）は，細胞表面に作用する機械的張力は，形質膜に関連する（結合している）分子の構造を直接的に変化させ，下流のセカンドメッセンジャーシステムを活性化すると仮定した。しかし，サドシマとイズモは「この仮説は直接的な証拠がない」と言明している（p.1690）。

　2 つめの可能性は，機械的ストレッチは細胞の推定上の機械的変換器を活性化することである。提案されている経路は，機械的刺激が細胞外マトリックス（ECM）に伝達されることで始まる。ECM は主にコラーゲン，非コラーゲン性糖タンパク，プロテオグリカンから構成される。ECM からの信号は Z 帯付近の特定部位の筋形質膜（筋細胞周囲の膜）に伝達される。この相互作用の一部は，インテグリンとして同定された特別な受容体群によって媒介されている（Tamkun et al. 1986）。これらの受容体は細胞外の ECM 要素と細胞骨格（CKS）分子とを結びつけており，機械的情報を伝達する上で重要である（Ingber, 1997; Ingber et al. 1990; Tamkun et al. 1986; Terracio et al. 1989; Vandenburgh, 1992; N. Wang et al. 2001）。機械的張力が，微細構造と分子生化学とを連係させるシステムによって，細胞機能をどのように調

節しているのかを説明するためにいくつかのテンセグリティー（張力と統合の合成語）モデルが提案されている。このモデルでは，「生きている細胞と核は，CKSとECM，もしくは他の細胞に物理的に連結している細胞表面受容体に伝達される機械的ストレスに直ぐに反応すると仮定する」（Ingber, 1997, pp.576-577，図3.7参照）。

機械的刺激の正確な伝達メカニズムはまだわかっていない（Goldspink et al. 1992; Simpson et al. 1994）。細胞骨格要素には，ビンキュリンやタリン，非サルコメア性アクチン，タイチン，デスミンが含まれる。これらの細胞骨格要素は，張力の発揮や伝達において重要な役割を担っており（Price, 1991; Wang and Ramirez-Mitchell, 1983），収縮線維に位置情報を提供している。そして骨格細胞は，収縮装置（ミオシンとアクチンのこと）や核コンパートメントに付着している。この相互接続は，細胞内の核の位置決めには重要である。他の細胞では非常に重要であると考えられているが，横紋筋における核のポジショニングについては知られていない（Simpson et al. 1994）。核のポジショニングは，筋原線維形成や筋線維要素の代謝回転率の基本となるタンパク合成における核の支配領域（1個の核によって支配される領域）を決定するのに重要である（Blau, 1989; Russell and Dix, 1992）。次に，機械的刺激が核膜複合体や細胞機能に必要な遺伝物質を含む核マトリックスに伝達される。DNAの空間的および位置的構造の研究において，核膜の機械的変化はDNAの変化を引き起こしているのではないか，さらにこの変化は遺伝子発現にまで変化を引き起こしているのではないか，という推測がなされた（Simpson et al. 1994）。もしかすると，柔軟性の穴進は遺伝子発現の変化によるかもしれない。

3つめの，そして最も支持されている可能性はサドシマとイズモ（1993, p.1690）によって提案されたものであり，「機械的ストレスはいくつかの成長因子の放出を引き起こし，この因子が受容体やセカンドメッセンジャーの伝達系（カスケード）を活性化する」というものである。ヴァンデンバーグら（Vandenburgh et al. 1991）は，これらの因子の中にはプロスタグランジン群があると述べている。ゴールドスピンクら（Goldspink, 2002; Goldspink et al. 2002）は，「MGF（mechano-growth factor）」が筋や他の細胞タイプにおける機械的情報伝達経路の最終産物である可能性を議論している。マコマウ

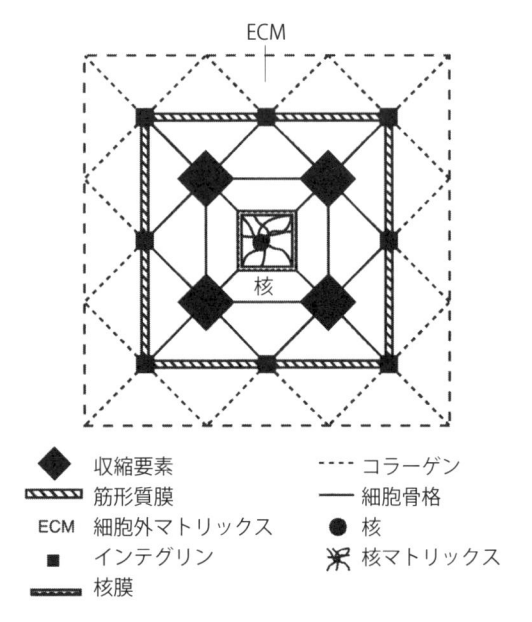

図3.7 機械的張力を伝達する役割を担う3つの主要なコンパートメントの概念図

細胞外マトリックスはインテグリンとして知られている膜内在性タンパクによって細胞に付着され，張力を隣接する細胞や組織から筋形質膜に伝達する。インテグリンは筋形質膜に広がって細胞骨格に付着しているため，張力を伝達するためにはきわめて重要な分子である。細胞骨格は収縮装置や核に付着することで細胞質複合体を構成し，核に張力を伝達する。核は核マトリックスとして知られている線維システムを構成し，クロマチンや核小体を特定の機能的ドメインに組織化する。このようにして，同様の基本的な組織パターンは，細胞外から張力を，細胞膜を通して，細胞質を通して核までを統合し，遺伝子発現に影響するために存在する。

Thomas K. Borg, PhD.の好意による。

第3章 筋収縮に関わる構成要素：柔軟性を制限する因子

ス（McComas, 1996）は，ストレッチ後の筋線維肥大に関与する一連の細胞内の事象を示した（図3.8参照）。

機械的刺激に対する反応として，筋や結合組織がそれぞれのアイソフォームを調節する根本的なメカニズムは何か？　可能性としては，神経系の刺激や生化学的信号（Ingber, 1997; Kornberg and Juliano, 1992），伸長活性化イオンチャネル，もしくは流動電位が単独もしくは複合的に関与しているかもしれない（第4章参照）。

先行研究では，ネコやウサギ，げっ歯類，鳥といった動物モデルを用いて筋の長さ変化を検討しており，ヒトへの応用を議論している。しかし，ゴールドスピンク（Goldspink, 2002）は「データからの推定はある種から他の種，特に大きな動物に対してなされており，時々誤解を招く」と注意を促している（p.287）。動物実験をヒトに応用する場合にはいくつかの問題に注意しなければならない。1つめは従来のレクリエーションもしくは競技プログラム中のストレッチングによって，ヒトの筋節の増加が認められたとする証拠がないことである。2つめは，伸長位固定の評価の適用性が疑わしいことである。固定期間が4日から4週間と様々であり，この刺激が10秒間，6回1セットの典型的なストレッチングとどのように関連しているのであろうか？　3つめは，研究の多くが牽引手法（受動的張力と静的張力）を用いていることである。したがって，活動的（機能的）あるいはバリスティックな柔軟性の発達と臨床的な関係をもつものには何があるのか？

4つめは，動物におけるトレーニングは，ヒトにおけるトレーニングとは必ずしも類似しないことである。

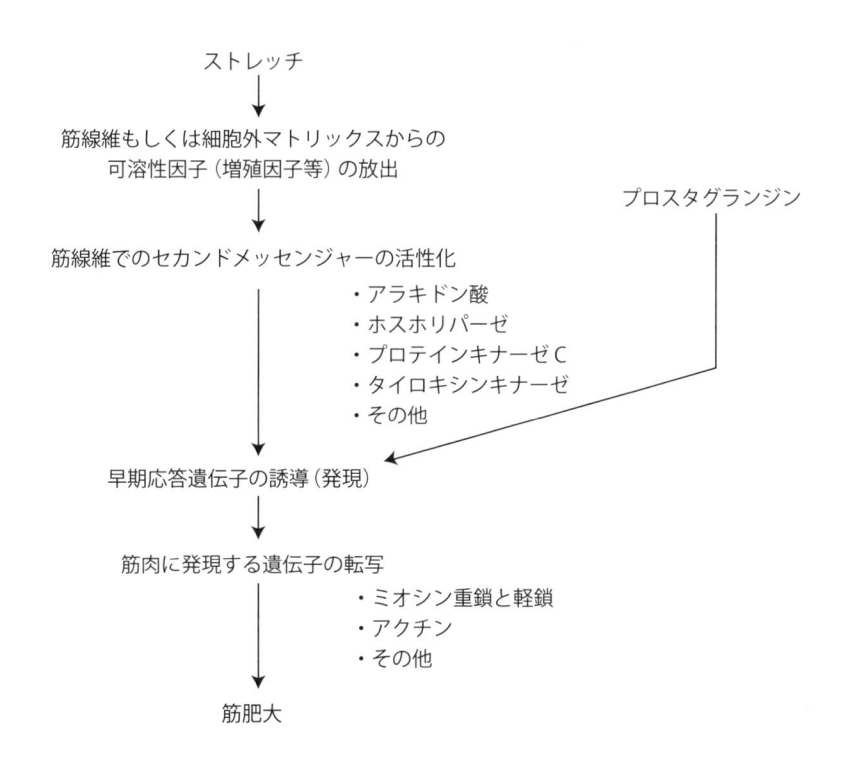

```
ストレッチ
  ↓
筋線維もしくは細胞外マトリックスからの
可溶性因子（増殖因子等）の放出
  ↓
筋線維でのセカンドメッセンジャーの活性化
  ・アラキドン酸
  ・ホスホリパーゼ              プロスタグランジン
  ・プロテインキナーゼC
  ・タイロキシンキナーゼ
  ・その他
  ↓                            ↓
早期応答遺伝子の誘導（発現）←
  ↓
筋肉に発現する遺伝子の転写
  ・ミオシン重鎖と軽鎖
  ・アクチン
  ・その他
  ↓
筋肥大
```

図3.8　ストレッチが筋線維肥大を引き起こす連続的な細胞内事象(イベント)
A. J. McComas, 1996, *Skeletal muscle : Form and function* (Champaign, IL : Human Kinetics), 312. より許可を得て転載。

14. 要　約

　筋は複雑な構造をしており，徐々に小さくなっていくユニットで構成されており，その一部は柔軟性を決定する。第3のフィラメントであるタイチンの発見は，1950年の滑走説が不完全であることを示している。タイチンは主にサルコメアの静止張力に関与していることが分かっている。さらに，筋組織は非常に適応（順応）性がある。アクチンフィラメントとミオシンフィラメントとの間のクロスブリッジを少なくとも1つ維持した状態での，筋節の伸長の理論的限界は，静止長の50%以上である。したがって，筋の収縮要素は静止長から50%以上増加させることが可能であり，広い可動域での筋の活動が可能となる。

　筋節数，筋節長，筋線維長は筋全体の機能的長さに適応する。現在，ストレッチングは遺伝子発現を調節し，筋の伸長性に影響すると考えられている。適切な柔軟性を産生するリハビリテーションやストレッチングを明確にするためにはさらなる研究が必要である。最新の分子生物学，新たな技術の可能性，ヒトゲノムの知識，スポーツ医学の進歩が柔軟性の理解に寄与し続けるであろう。

【訳者注】
(1) 同一の物質が日本の丸山工作博士によっても発見され，コネクチン（connectin）と名付けられた。そのため，同一のタンパク質でありながら，日本ではコネクチン，欧米ではタイチンと呼ばれる傾向にある。
(2) 簡単に表現すれば，タイチンは，免疫グロブリンとファイブロネクチンを数多く繰り返す構造である。
(3) ペプチドとは，アミノ酸の配列からなるタンパク質の鎖のことであり，ポリペプチドはペプチドが複数あることである。
(4) 生体内での働きは同じであるが，若干構造が異なる一群のタンパク質をアイソフォームという。
(5) 静止張力がちょうど発生し始める筋肉の長さ。
(6) 筋伸長によって結合したクロスブリッジが弾むように（ポッピングしながら）引き離されていくという仮説がある。

第4章
結合組織：柔軟性を制限する因子

　本章では結合組織の機械的特性・形態的超微細構造・生化学的構成成分について，さらに結合組織に対する加齢と不活動の影響について概説する。ここではこれらの要因がどのように結合組織の機能に影響を与え，また，機能を決定するのかを理解することを目的とする。こうした情報は，柔軟性の程度を大部分決定する結合組織の動態のより深い理解につながる。

　結合組織は防御・保護・貯蔵・輸送・結合・連絡や，一般的な支持や修復の機能をもつ，多岐にわたる特異的な細胞を有している。本章では結合や支持作用としての機能をもつ細胞，特に腱や靱帯，筋膜といった，柔軟性とスティフネスをきめる点で重要な意味をもつ組織に焦点をあてる。これらの組織について述べる前に，まず主要成分であるコラーゲン（膠原）とエラスチンについて論じる。

1. コラーゲン（膠原）

　哺乳類の体に最も大量に存在するタンパク質であるコラーゲン（膠原）は，生体組織の重要な構造体の1つと考えられている。高等脊椎動物では，コラーゲンは体内すべてのタンパク質の3分の1以上を構成している。コラーゲンは3本のアミノ酸鎖の3重らせん構造をとっている。コラーゲン線維の2つの主な物理的特徴は引っ張りに強いことと，比較的引き伸ばされないことである。

　コラーゲン線維は視覚的には無色か白褐色に見える。コラーゲン線維は束になっており，負荷がかかっていない状態では波をうったよう

な特徴的な構造をしている。コラーゲン線維は伸長ストレスに対してかなりの抵抗を示すが，わずかに伸長することができる。よって，コラーゲン線維は伸長力を受ける靱帯や腱のような部位の主要な構成成分である。

　コラーゲンは少なくとも5つの分類がなされており，それらはさらに細かく分類される（Jungueira et al. 1989）。コラーゲンのタイプは，ローマ数字によって識別され，その数字は発見された順についている。Ⅰ型コラーゲンは，最も多いコラーゲンタイプで，可動域（ROM）にとって重要である。Ⅰ型コラーゲンは，皮膚・骨・靱帯や腱に存在する。Ⅰ型コラーゲン鎖の構造やプロセシングに影響を与える遺伝的突然変異は，一般的な結合組織疾患としてしばしば見られる。

2. コラーゲンの超微細構造

　コラーゲンの構造的組織は，筋の構造的組織に類似している（図4.1，表4.1参照）。しかし，統一された専門用語がないために分類体系は広く合意されていない（Benjamin and Ralphs, 2000; Kastelic et al. 1978; Strocchi et al. 1985）。顕微鏡下では，各々のコラーゲン線維は縞状や横紋の構造をしている。コラーゲン線維の特徴的なパターンである横紋は，その超微細構造的組織を示しており，そのことはコラーゲン線維の引っ張り強度と，低い伸長性という特性を理解するために重要である。

　腱のコラーゲンは，線維束と呼ばれる波状の束として配置される（図4.1参照）。線維束は，太さ50〜300μmで，50〜500nm（nm＝10億分の1m）の細線維（fibrils）の束で構成されている。細線維は10〜20nmのサブ

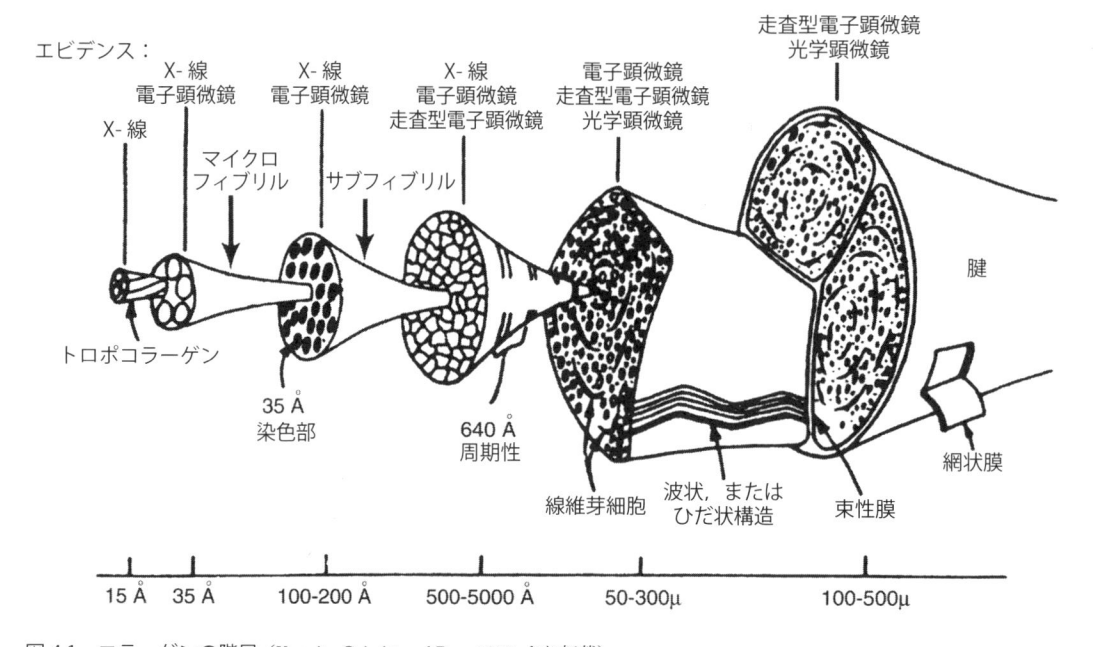

図4.1　コラーゲンの階層（Kastelic, Galeski, and Baer, 1978. より転載）

表4.1 筋とコラーゲンの構造の比較

筋	コラーゲン
筋	腱
筋束	線維束
筋線維	細線維
筋原線維	サブフィブリル
フィラメント（筋フィラメント）	微細線維（マイクロフィブリル）
筋節（機能的単位）	コラーゲン分子（機能的単位）
アクチン	$α_1$鎖 (2)
ミオシン	$α_2$鎖 (1)
タイチン	
クロスブリッジ	架橋

M. J. Alter, 1988, *Science of stretching* (Champaign, IL: Human Kinetics), 24. より許可を得て転載。

フィブリルの束からなり，それぞれのサブフィブリルは約3.5 nmの微細線維あるいはフィラメントの束から構成されている。ある組織におけるフィラメントの大きさは年齢やその他の要因によって変化する。

イノウエとルブロン（Inoué and Leblond, 1986）によれば，コラーゲン微細線維は，結合組織を構成する線維の中では最もよくわかっていない。微細線維はロー（Low, 1961a, 1961b, 1962）によってその名がつけられた。多様で矛盾する記述はその構造によるものである。これらの曖昧さを明確にするため，イノウエとルブロン（1986）は，電子顕微鏡を用いて，マウスの結合組織内の微細線維（マイクロフィブリル）について解析を行った。彼らは，微細線維が細管と表面の帯で構成されることを明らかにした。細管はほぼ五角形の壁構造で，小球と呼ばれるビーズを含む電子透過性をもつ管腔で特徴づけられる。表面の帯はひも状の構造で，細管の周りを取り巻いている。帯にはスパイクがついたトラックと呼ばれる濃密な境界部がある（図4.2参照）。こうした構造がヒトの微細線維にも存在しているのか，また可動域と関連するかを確かめる研究が必要である。

コラーゲン微細線維は，規則的に配置され，重なり合うコラーゲン分子により構成され，筋細胞の筋節に類似する。コラーゲン分子は，アミノ酸の渦巻きらせんにより構成される。コラーゲン分子は長さ約300 nm，直径約1.5 nmである。コラーゲン分子は長さの約4分の1が重なり，互いに交差した状態で平行に配列している。この重複部が，顕著な横縞あるいは横紋を作り出している。コラーゲン線維は分子種や水和の程度により，60～70 nmの周期的な横縞が見られる。実際の計測では，コラーゲン分子の末端と，同列の次のコラーゲン分子の開始部との間は約41 nmの間隙や窪みがあることが示されている。

超高倍率の観察により，コラーゲン分子は，強固ならせん構造をした独特の形で，渦を巻いた3本のポリペプチド鎖であることが明らかとなった。ヒトのコラーゲンの絡み合う3本のアミノ酸鎖のうち2本が同一の鎖（$α_1$鎖）で，もう1つが異なる鎖（$α_2$鎖）である。3本の鎖は水素結合による架橋（分子と分子の間に橋を架けるという意味で高分子の鎖同士の結びつきの部分のこと）によりまとめられていると考えられている。

周期的な横縞や横紋パターンに加え，結合組織はコラーゲン線維が波状になっているという特徴がある。ひだとして知られる波状の状態は，結合組織の粘弾性特性の主要因の1つである。コラーゲンはひだ状の細線維から成り，それらが集まって線維となっている。それぞれのコラーゲン細線維は機械的なバネとして，コラーゲン線維はバネの集合体としてみなされている。つまり，ひだは「組織に損傷を与えないように長軸方向の伸長を小さくするバッファとして働き，組織の長さ方向の衝撃緩衝装置としての役割を果たす」(Järvinen et al. 2002, p.252)。

コラーゲン線維にあるひだを伸ばすことで，コラーゲン組織が1～2％伸長すると推測されている（Kannus, 2000）。そのため，線維が

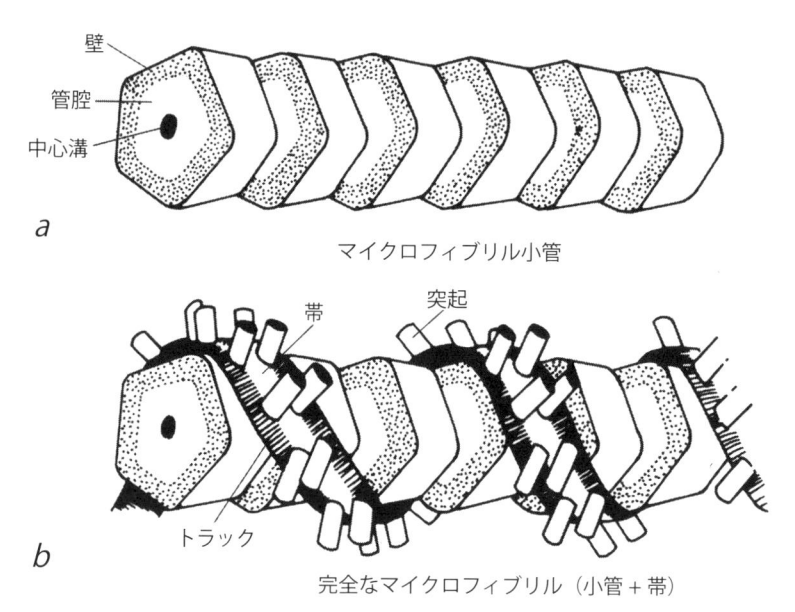

図4.2 典型的なマイクロフィブリルの筒状構造の模式図。柱状に結合している五角形の分節で構成されている
(a) 各分節はすべて同じ大きさであるが，その間隔は広かったり，狭かったりする。(b) 典型的なマイクロフィブリルの模式図。(a) で示されたような筒状部の表面には，突起をもつ表面性の帯 (surface band) がある。図では，その帯はらせん状になっているが，他の形状で存在しているかもしれない。いずれにせよ，帯は分節の表面にかなり密接して存在する。およその倍率は× 2,700,000。(Inoué and Leblond, 1986. より転載)

引っ張られると，ひだはまっすぐに伸び，線維長は増大する。機械的なバネのエネルギーと同様，線維を伸ばすエネルギーは線維に蓄えられ，かかった負荷がなくなると，蓄えられたエネルギーの放出により線維は通常の配列に戻る (Özkaya and Nordin, 1999)。細線維のひだは，コラーゲンの基質の相互作用，分子構造の性質や，架橋の作用に関与しているが，詳細については不明である。

(1) コラーゲン組織の架橋

コラーゲン分子のα_1鎖とα_2鎖の分子内の架橋，および，コラーゲンサブフィブリル，フィラメント，他の線維の分子間の架橋により，コラーゲン構造の伸長に対する強度を強めている。ある意味で，架橋は，建築ブロック（例：分子）を強靭なロープ状のユニットに結合する役目をなしている。通常，架橋の間の長さが短くなるほど，あるいは，一定距離での架橋の数が多いほど，弾性は高くなる（Alexander, 1975, 1988）。

架橋の数はコラーゲンの代謝回転と関係しているかもしれない。つまり，コラーゲンは連続的・同時的に産生され，分解されている。産生が分解を上回ると，さらに多くの架橋が形成され，瘢痕で見られるように，構造的により伸長力に対して抵抗を示すようになる（Delforge, 2002; Tillman and Cummings, 1992）。逆に，分解が産生を上回ると，瘢痕が少なくなる（Delforge, 2002; McCune and Sprague, 1990）。ゴセリンら（Gosselin et al. 1998）は，ラットを対象とした実験から，運動によってコラーゲン代謝回転速度が増加し，架橋の数が減少することにより，筋のスティフネスが減少することを示した。成熟ラットにおける筋のスティフネスおよびヒドロキシリシルピリジノリン (hydroxylysylpyridinoline: HP) の架橋を減少させるために必要な運動の継続時間・頻度・強度は不明である。また，運動や動きが，架橋形成を妨げる決定要因

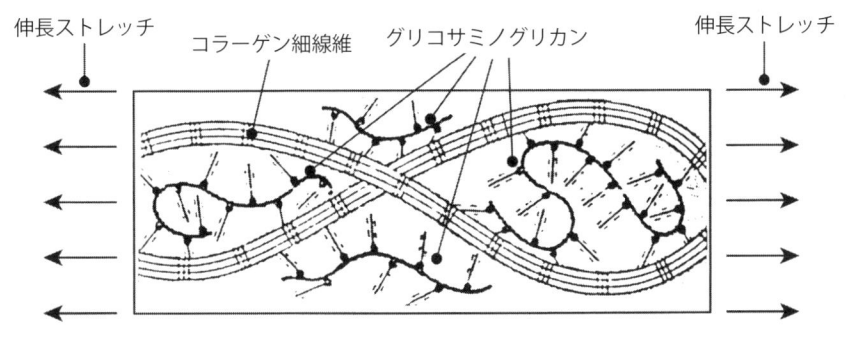

図4.3　グリコサミノグリカン (GAGs) の作用
　コラーゲン細線維が伸長されても，GAGs により細線維は分離され，配列が維持される。(Myers, Armstrong, and Mow, 1984. より転載)

の1つである可能性を示唆する研究結果がある（Cummings and Tillman, 1992; Spielholz, 1990）。今後は，特定の集団（例えば高齢者や運動選手）に適した運動条件を定量する研究が必要であろう。

(2) コラーゲンの生化学的組成

　コラーゲン分子は複雑ならせん構造をしており，その機械的な特徴はその生化学的組成と個々の分子の物理的配置の両者から生じている。コラーゲンは多くのアミノ酸で構成されているが，特に3種のアミノ酸，グリシン，プロリン，ヒドロキシプロリンが多い。後者2つはそれぞれ4分の1以上を構成する。プロリンとヒドロキシプロリンは，ロープ状に束ねられたコラーゲンの配列を保持し，伸長に対して抵抗を示す。そのため，これらのアミノ酸の濃度が高くなるほど，伸長に対する分子の抵抗力が高まる。プロリンの窒素は環状構造のため，安定性に貢献している（Grant et al. 1972）。こうしたアミノ酸については，ミートローフに加えた卵や，青銅を作るために銅と結合している錫に似たものとして考えると，想像がつきやすい。これらの場合では，最終的な生成物の硬さと安定性が増加する。

(3) 基質がコラーゲンに及ぼす影響

　コラーゲンの力学的な様態に影響を与える主な要因は，結合組織や支持組織に広く分布する基質の存在である。基質はまた接着物質として知られ，細胞とその他の成分を含んだ粘性のあるゲル状の基質を形成している。基質はグリコサミノグリカン（GAGs），血漿タンパク，さまざまな低分子タンパク，水で構成されている。

　水は，結合組織全体の 60 〜 70% を占める。グリコサミノグリカンの巨大な保水力は，この高い水分含有量が1つの要因であると考えられている。ヴィーデックら（Viidik et al. 1982）によると，ヒアルロン酸分子は水和していない分子鎖によって体積の 1000 倍の水を吸収できることから，ヒアルロン酸分子は保水力には極めて重要である。

　ヒアルロン酸とそれにくっついた，あるいは捕らえた水分は線維状の結合組織の重要な潤滑油となっている。それは，コラーゲン線維や細線維の間の潤滑油として働き，それらの距離を適切に保ち，それらが相互に自由に滑り合うことができるようにしていると考えられている。潤滑油はまた，過度の架橋形成を防いでいるかもしれない（図4.3参照）。

　基質は，組織に粘液性の要素を与えている。パテのような粘性をもつ物質は，ストレッチに対してゆっくりとしたクリープや伸長という反

応を示す。粘性物質の伸長は，伸長速度に対して反比例的な関係を示す。そのため，ゆっくり伸ばすほど伸長量は大きくなる。伸長負荷が除かれても，回復は組織が元の長さには戻らない不完全な状態のままである。この元に戻らない変形や伸長は，結合の分離や線維のずれという組織の構造変化によって起こると考えられている（Laban, 1962; Sapega et al. 1981）。

1) 電気機械的，物理学的特性

固形の結晶性物質は，変形の際に電気機械的特性を示す。この現象が，圧電効果（ピエゾ効果）である（Athenstaedt, 1970; Shamos and Lavine, 1967）。これに似た作用が生物学的組織で見られる。自然のコラーゲン細線維を形成する結合したトロポコラーゲン分子は，トロポコラーゲンの長軸方向に永久的な電気モーメントをもった，電気的に双極の棒である（Athenstaedt, 1970）。ヒューリッガー（Hulliger, 2003）は，「Markov-chain（マルコフ連鎖）のメカニズムは，細胞外チャンネルでのコラーゲン細線維の自己集積の際，細線維伸長の確率過程により起こる」と示唆している（p.3501）。

生体組織においては，圧電効果は，動電学，あるいは流動電位と呼ばれる。軟骨のような結合組織が圧縮されると，機械的シグナルから電気的シグナルへの変換が起き，計測可能な電位が生じる（Grodzinsky, 1983）。生体組織の変形はまた，静水圧勾配，組織液の流れ，基質における細胞の変形も引き起こす。こうした反応のメカニズムについては，いくつかの理論が提唱されているが，詳しくは不明である。しかしながら，動電学的あるいは流動電位的なメカニズムが，この変換反応の重要な原因である（Grodzinsky, 1987）。（結合組織の電気機械的・物理化学的特性との関係の大要については〈Grodzinsky, 1983〉を参照。）現在のところ，①そのような作用を起こすメカニズムは何か，②細胞レベルではどのような変換現象が起きているのか，という2つの重要な課題について研究がなされている。

グリコサミノグリカン

グリコサミノグリカン（GAG）は，二糖類が連なって構成された多糖類である。結合組織内で見られる4つの主なGAGsは，ヒアルロン酸・コンドロイチン－4－硫酸・コンドロイチン－6－硫酸とデルマタン硫酸である。通常GAGsは，タンパク質と結合しており，総称としてプロテオグリカンと呼ばれている。結合組織のプロテオグリカンは，プロテオグリカン集合体を形成するために水と結合している。定義によると，プロテオグリカンは，1つ以上のGAG鎖が共有結合するタンパク質もしくはポリペプチドにより構成されている。GAG鎖のそれぞれの二糖類には，しばしば負電荷を帯びた2つのグループが含まれる。それら負電荷は，プラスイオンを引きつけ，局所的なイオン濃度の高まりにより浸透性に不均衡が生じることで，周囲から水を引き込んでくる。レーダーマン（Lederman, 1997）は，こうした現象を水の中に綿の小片を浸すことに例えている。つまり，水が綿の繊維を分離するにつれ，綿の小片は膨れて広がる。このように，プロテオグリカンは水分を満たした部分を作ることで，基質を水和性に維持しているのである。プロテオグリカンは，GAG鎖が自由に動けるため硬くなく，凝集させることができる。このことは，圧縮力に対抗するための内部電荷密度の上昇を生み出す。

2) 機械的特性

　流動電位は，伸長の機械的な力がさまざまな遺伝子発現とそれによるタンパク合成（例：タイチンや他の組織の固有のアイソフォームの産生）に変換されるメカニズムを表しているかもしれない。シュットクリーフとダビッドソン（Sutcliffe and Davidson, 1990）は，伸長時の平滑筋細胞を対象として，機械的な力がエラスチンの遺伝子発現に変換されることは，平滑筋の特異的適応に貢献していることを示した。

　現在，多くの研究は，圧力のかかった関節軟骨に注目している。それにもかかわらず，重要な情報は，2つの見地に基づいた研究から類推されている。1つは，関節軟骨が結合組織の系統にあるということである。2つめは，圧縮の結果，伸長も同時に起きるということである。静電による力は，生物組織の流動的様態に大きく影響を与える分子間相互作用の1つである（Grodzinsky et al. 1978）。特に，細胞外基質は，伸長や圧縮，ずれの機械的ストレスに抵抗するという重要な機能をもつ。荷電したグリコサミノグリカン間の静電の反発力は，基質を硬くし，変形や負荷に耐えるための力を増加させている（Grodzinsky, 1983, 1987; Muir, 1983）。このように，プロテオグリカンは，「分子のバネ」のような働きをしている（Muir, 1983）。

　ある組織（例：椎間板や軟骨）の膨張圧は，圧縮負荷に耐えるという組織の能力にとって非常に重要である。アーバンら（Urban et al. 1979）は，プロテオグリカン溶液での膨張圧を計測し，膨張は分子の大きさや集合状態によらないことを発見した。組織における最終的な水和作用は，荷電密度によるだけでなく，その他さまざまな要因（コラーゲン細線維の配列や，分子内および分子間の架橋，プロテオグリカン－コラーゲンの相互作用など）によって決定される。筋膜や靱帯，腱を対象として，さまざまな状況下において課された伸長力の影響について研究する必要があるだろう。

3) 動的負荷と静的負荷の影響

　生体内における関節軟骨を対象とした研究から，固定，除負荷，あるいは関節の静的圧迫により，荷電密度の増加した領域の出現，陽性の対イオン密度の増加，浸透圧の増加が生じることが示されている。そのような要因は，プロテオグリカン合成やプロセッシングを抑制し（Gray et al. 1988; Schneiderman et al. 1986; Urban and Bayliss, 1989），軟骨成分を損なう。逆に，動的あるいは律動的圧迫は，静水圧や流体の流れ，流動電位を増加させ，また，細胞を変形させ，生合成を活性化しているかもしれない（Hall et al. 1991; Kim et al. 1994; Sah et al. 1992）。そのため，負荷と除負荷を周期的に繰り返すことは，軟骨の健康状態を保つためにはよいことである。しかし，衝撃や過度の負荷の際には，流体の流れや伸長率，伸長速度が増加する。伸長率や伸長速度が大きいと，基質の崩壊や細胞の腫脹，軟骨内での顕著な拡散を引き起こし（Sah et al. 1991），恒久的な軟骨の損傷につながるかもしれない。

　こうした情報から考えれば，あるタイプのストレッチ方法，あるいは特別なストレッチ（例：ハードラーズ・ストレッチ，逆ハードラーズ・ストレッチ，ブリッジ）は，害を及ぼす可能性があるかもしれない。しかし，それらの研究は，大きな振幅で，2時間周期でオンオフを繰り返す24時間のストレッチを実験条件として用いている。したがって，この研究結果は，5～10秒，あるいは1分程度までのストレッチを維持するといった，運動プログラムのストレッチを行っている人達対して，実際的な示唆や重要な情報とは成り得ないだろう。こうした短時間の負荷がもたらす有益な効果あるいは害を明らかにする研究が必要である。

(4) コラーゲンに対する加齢の影響

コラーゲンは年をとるにつれて，わずかにしかない伸長性がさらに減少し，硬さが増すという物理的・生化学的変化が起こる。例えば，加齢によりさまざまな組織におけるコラーゲン線維の径が太くなる。細線維は結晶性を増し，それにより分子間結合が強化され，変形に対する抵抗力を増大させる。さらに，加齢は，分子内・分子間の架橋数の増加に関係すると考えられ，これはコラーゲン分子のもつ互いに滑って動く能力を明らかに制限する。また加齢では，脱水も起こる。脱水の程度は報告により異なるが，腱の含水量は，赤ん坊ではおよそ80〜85%であったのが，大人では70%にまで減少する（Elliott, 1965）（図4.4参照）。他に，コラーゲンのひだが加齢により次第に減少していく。マーチンら（Martin et al. 1998）は，ひだの減少は，コインの表裏のようなものかもしれないと考察している。つまり，ひだが減少するということは「架橋の増加やコラーゲンの伸長によってコラーゲン分子のコンフォメーション変化が発現することで，さらなる架橋が生み出される」ということなのであろう（p.323）。

動物やヒトの屍体を対象とした研究から，腱の機械的特性は年齢によって変化することが示された。磁気共鳴画像（MRI）やBモードの超音波映像は，生体における筋腱複合体の構造や腱組織の弾性特性を明らかにした。クボ，カネヒサ，カワカミとフクナガ（Kubo, Kanehisa, Kawakami and Fukunaga, 2001a）による，そうした研究のうちの最初の研究では，「腱組織の弾性特性は，成人男性よりも少年の方が軟らかい」ことを立証した。その研究ではまた，「少年の腱組織がより軟らかい特性をもつことは，未成熟の筋腱複合体に起こる運動時のケガを防ぐことに役立っているかもしれない」と示唆している（p.138）。

(5) コラーゲン伸展の超微細構造的根拠と生理学的限界

筋節と異なり，コラーゲン線維は比較的伸びにくい。コラーゲン線維自体の10,000倍の重さをかけても，コラーゲン線維は伸長しない（Verzar, 1963）。顕微鏡下では，伸長したコラーゲンの細線維内の周期性および横方向の長さが徐々に変化している様子が見られる。

そのような伸びは，まず，隣り合う線維間で徐々に滑りが起きた後に線維の伸長が起きることで生じていると考えられる。このような動きは，結晶性を増加させ，分子間結合を強化し，さらなる引っ張りに対する抵抗を増加することにつながる。結晶性が増加すると，隣接する分子間での絡み合いが増加する。つまり，パッキングの規則性の増加や連鎖力の強化により，変形に対する抵抗は強まる。したがって，簡単に述べると，曲がりくねった線維束のたるみが伸びきるまで，コラーゲン線維が伸びられるようにしている。けれども，伸ばされ続けると，すべての分子間の力を超え，組織がばらばらになる（Goldberg and Rubinovich, 1988; Laban, 1962）。

3. 弾性組織

弾性組織は，生体組織の重要な構成要素であり，体中にさまざまな量で分布している。電子顕微鏡写真により，筋線維の筋鞘（sarcolemma：筋節を取り囲む結合組織）にかなり多くの弾性

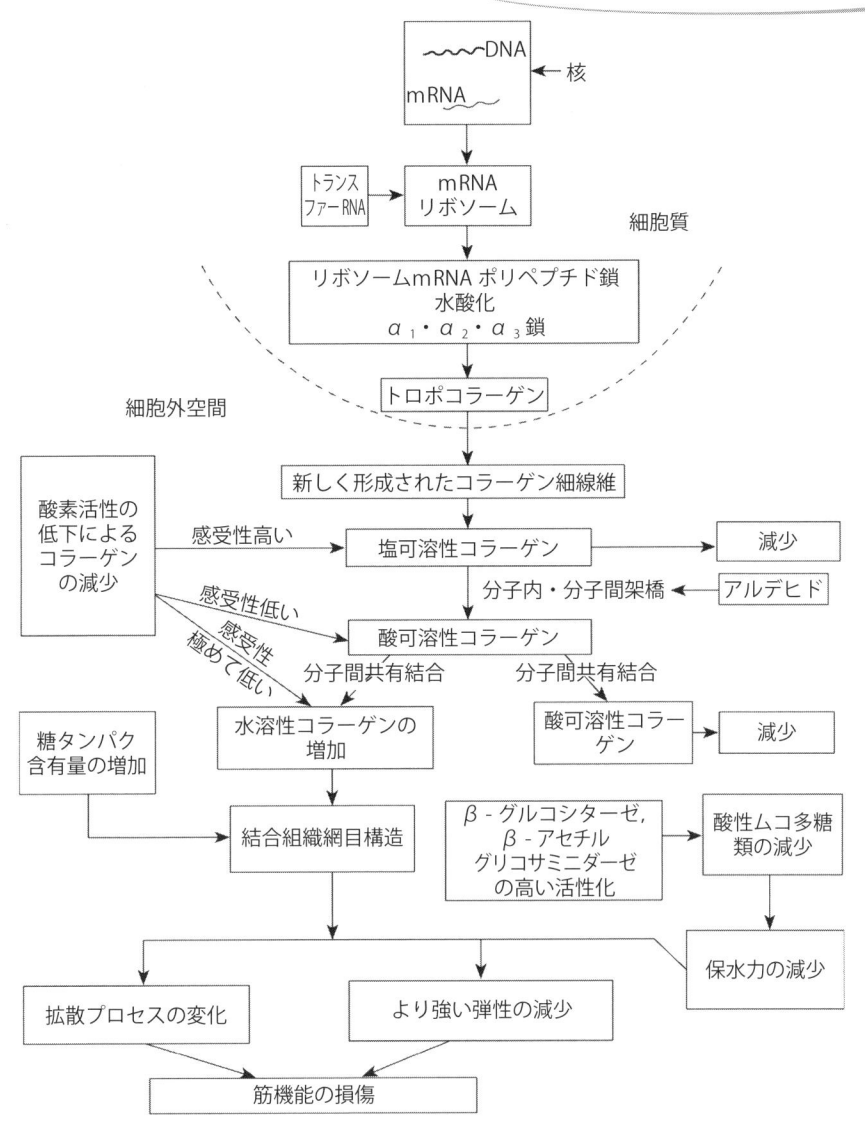

第4章 結合組織：柔軟性を制限する因子

図4.4 筋機能障害につながる結合組織での加齢による変化を図式化（Mohan and Radha, 1981. より転載）

組織が含まれる様子が見られる。このように，弾性組織は筋細胞の伸長可能な範囲を決定する重要な役割を担っている。ある場所，特に脊柱靭帯では，非常に多くの純粋な弾性線維を見ることができる。したがって，かなりの範囲まで，弾性組織が可動域を決定しているのである。

弾性線維は，例えば，一部位で生じた圧迫の分散，身体各部のリズミカルな動きの協調性を高めること，筋が弛緩している間の緊張を維持することによるエネルギーの保持，過剰な力に対する防御，伸長した器官を元の形状に戻す補助，といったさまざまな機能を果たしている（Jenkins and Little, 1974）

(1) 弾性線維の構造

残念ながら，弾性線維は，コラーゲン線維のように広く研究されていないため，あまりよくわかっていない。これは主に弾性線維を溶解する際の技術的問題によるものである（Modis,

1991)。他の理由として，弾性線維とコラーゲン線維はたいてい，解剖学的，形態学的，生化学的，生理学的にかなり密接に関連しているということがある。実際，弾性線維には，主要な構成要素としてコラーゲン線維が混ぜ合わされており，たいていの場合コラーゲン線維によって占められている。

弾性線維は，視覚的には均質である。したがって，弾性線維は屈折力が高く，またほぼ等方性である。電子顕微鏡下では，それぞれの線維は，ロープ状にねじれた細線維の大きな束によって構成されている。コラーゲン線維と異なり，弾性線維は縞や横紋は全く見られない。

(2) 弾性組織の架橋

弾性線維は，ランダムに巻かれた鎖で構成されていると考えられており，おそらく，共有結合の架橋によりつながれている。けれども，非共有結合の連鎖力は弱いと考えられ，そして共有結合の架橋そのものは広範にわたるものと思われる（Goldberg and Rubinovich, 1988）。よって，弾性的架橋は，コラーゲンの場合のように，強くロープ状に分子群をまとめたりはしない。この違いの重要性については，後に述べることにする。

(3) エラスチン

弾性組織あるいは弾性線維という用語は構造的な意味を含んでいる。それに対してエラスチンは弾性線維の生化学的特性を示す。エラスチンは，弾性的な機械的特性をもった複雑な構造を有しており，その性質は生化学的構造と個々の分子の物理的な配置により生じている。コラーゲンのように，エラスチンはアミノ酸で構成されているが，エラスチンは，ほとんど極性のない疎水性アミノ酸で構成されており，また，ヒドロキシプロリンはほとんどなく，ヒドロキシリジンを全く含まない。さらに，エラスチンは，ポリペプチド鎖内や鎖間での共有結合の架橋として機能するデスモシンやイソデスモシンを含んでいる。架橋の配列はランダムでなく，むしろ，重合過程において架橋領域は特異的に一列に配列されている（Akagawa and Suyama, 2000）。コラーゲンと類似して，エラスチン残基の約3分の1はグリシンで，約11％がプロリンである。

(4) 弾性線維に対する加齢の影響

年を重ねていくと，弾性線維はその弾力性を失い，分断，ほつれ，石灰沈着や他の鉱化作用，架橋の増加など，さまざまな変化を起こす。生化学的には，極性をもつアミノ酸（デスモシン，イソデスモシン，リシノノルロイシン）が加齢に伴い増加する。他に，コンドロイチン硫酸Bやケラト硫酸の割合が増加する。要するに，こうした変化が，年齢に関係した弾性の低下や硬化の原因である（Bick, 1961; Gosline, 1976）。

(5) エラスチン伸長の微細構造的根拠と生理学的限界

弾性線維は，伸ばされると簡単に伸びるが，放すと見た目には元の長さに戻る。弾性線維は，元の長さの約150％に伸ばされると，破断するに至り，そのときの力は20〜30 kg/cm^{2}である（Bloom et al. 1994）。

エラスチンに関連した弾性力を説明するためのモデルがいくつか提唱されている。第1の理論は，パートリッジ（Partridge, 1966）によって提唱された2相モデルであり，後にウェズ-フォグとアンダーセン（Weis-Fogh and Anderson, 1970a, 1970b）によって採用された。このモデルによると，エラスチンは架橋によって結合する別々の粒子として存在し，粒子の間には水が存在する。粒子の集合ははじめ球状に

形成されているが，伸長されると，引き伸ばされて楕円状になる。こうした形状の変化は，表面張力による抵抗を受ける。伸長から解放されると，表面張力によって粒子は再び球状を形成し，このようにして弾力性の跳ね返しをもつことになる。このモデルは，熱力学的考察に基づき，ヘーヴとフロリー（Hoeve and Flory, 1974）によって検討されている。

第2の理論は，エラスチンが共有結合の架橋によって連結しているランダムに巻かれた鎖の網目構造により構成されている，という考えである。これらの架橋は，弾性線維の相対的な動きを制限しているので，組織が引っ張られると，個々の鎖が束縛となって，互いに滑り合う動きをすることができない（Franzblau and Faru, 1981）。しかし，共有結合の連鎖力は弱く，架橋は広範囲に広がっている。そのため，一方向に作用する小さな力により，架橋が動きを制限し始めるまで，鎖の集合体を大きく伸長させることができる。つまり，コラーゲン線維のように，弾性線維は，たるみや鎖の間の間隔が伸びきってしまうまで，伸びることができる。

アーリ（Urry, 1984）によって示された第3の理論は，弾性力の発現は，熱力による作用に基づいているというものである。しかしながら，この理論は異なる分子配列に基づくもので，ローゼンブルーンら（Rosenbloom et al. 1993）によって次のようにまとめられている。

　熱力的な弾性は，基本的に両末端の長さを固定された鎖のb－らせん構造によって生じるものである。b－ターンの間に吊るされた状態にあるペプチド部は，振動（libration）と呼ばれる大きな振幅と低周波の揺れ動作が可能となる。伸長されると，librationの振幅が減少し，エントロピーが大きく減少し，その結果，弛緩状態に戻すための弾性力が働くようになる（p.1217）。

最近では，リーとダゲット（Li and Daggett, 2002）が，「水は，エラスチンの構造を決定し，エラスチンの（原）動力を生み，弾性の源となり，重要な役割を担っている」ということを再確認した（p.561）。今後，エラスチンの伸長性に対する分子的根拠を明らかにする必要がある。作業モデルでは，弱い力や伸長に耐え，強い力でも切れず，力から解放されると元に回復することのできるという弾性タンパクのもつ能力について明らかにする必要がある。

4. コラーゲン線維と弾性線維の関係

弾性線維は，ほとんど常にコラーゲン組織とかなり密接した状態で見られる。さらに，それらの複合組織の性質は，それら2つの組織の明らかに異なった機械的特性が混合・加算された結果となっている。弾性線維自体は，弾性の可塑性（伸長された物質が安静状態に戻る能力）と呼ばれる性質に特徴的に働いている。コラーゲンの網状構造は，弾性要素の変形を制限し，複合構造の根本的な特性（伸長に対する強さと相対的な伸びにくさ）の大部分を説明する強固な拘束力を生み出している。論理的には，コラーゲン線維が主である組織では，剛性，安定性，伸長に対する強さ，制限された可動域が存在している（Elden, 1968; Gosline, 1976）。

さまざまなストレッチ法に対する男性と女性の反応の違いは，それぞれの性における結合組織の特性によるものかもしれない（Starring et al. 1988）。男性は，女性より多くの結合組織，

特にコラーゲンを多くもつ。その結果，男性の筋組織の伸長性は小さい。このことは，男性がなぜストレッチを行った後，女性ほど大きい可動域を得られないかについての説明になるかもしれない。また，男性の異なる結合組織の網状構造は，女性のそれより機械的な強さが大きい。つまり，男性の「結合組織構造は受動的伸長に対してより強く抵抗するために可動域があまり得られない」のである（Starring et al. 1988, p.319）。

5. 結合組織から成る構造体

人の体には，結合組織で構成される非常に多くの構造体がある。結合組織の分類体系はさまざまだが，主に5つのカテゴリーに分類できる。

①疎性結合組織（線維と筋肉鞘の間を埋め，上皮組織を支持し，リンパ管や血管の周囲を取り巻く層を作る）：他の組織や器官の間に通常存在している組織と脂肪組織（脂肪）にさらに分類される。
②密性（強靭）結合組織：腱，靱帯，腱膜，深部筋膜，真皮，傷痕に存在する。
③軟骨
④骨
⑤血液

柔軟性とストレッチという観点からは，最も重要な3つの構造体は，腱，靱帯，筋膜である。

(1) 腱

腱は，筋と骨とをつなぐ強靭な線維束である。腱の主要な機能は，力を筋から骨に伝え，動きを生み出すことである。また他に腱は，関節の安定化や機械的な滑車の働き，動きの調節といった機能をもつ（Nordin and Frankel, 2001）。腱は，動きの質を決定づけるうえで非常に重要である。このことに関し，ヴェルザー（Verzar, 1964）は，次のように明確に述べている。

生理学的観点からは，伸長しにくいことは，わずかな筋収縮でも関節に無駄なく伝えることができるという点で重要なことである。例えば腱がコラーゲン線維のようにわずかな伸長性をもっている場合でも，バイオリン奏者やピアノ奏者の指のような洗練された動き，あるいは正確な目の動きは不可能である（p.255）。

腱はまた，速い動作や瞬間的な外力がかかるときに筋への損傷を防御，あるいは軽減すると考えられている（Moore, 1992）。腱の重要な機能の1つは，固有受容器としての役割である。ゴルジ腱器官と称される機械受容器は，力を感知し，筋へのフィードバック制御を行う（第7章参照）。また他に，腱はエネルギーの蓄積という機能も有している（第19章参照）。

腱の主要な構成要素は，密にまとめられ，平行で，長さや厚さがさまざまなコラーゲン線維束である。腱は，はっきりとした縦縞が見られ，多くの部位で互いに融合しあっている。腱を構成する細線維は，見た目には通常の物理的ストレスがかかる方向である長軸方向に沿ってすべて並んでいる。腱はこのように一方向での動きに対して抵抗を示すことに，特に適応している。しかし，「動作のさまざまな局面において，腱は縦方向だけでなく，横方向から，また回転のストレスも受けている。さらに，直接的な打撲や圧迫にも耐えられるように備えていなくては

ならない」(Kannus, 2000, p.310)。腱は軟部組織の中でも，最も強靭な伸長に対する強さ（抵抗）をもっている。腱に含まれる弾性線維は，腱のもつ衝撃緩衝能力と，コラーゲンのひだの形状維持に貢献しているかもしれない（Hyman and Rodeo, 2000）。弾性線維に対してコラーゲンの割合が増えると，安定した（ピリジノリン）架橋の密度が増加し，ストレスの方向に沿った線維の数が増え，腱の横断面積または幅が増大するため，腱はより強さを増す。

筋線維は，互い違いに少しずつずらせて配置された形で組織されているため，巨視的には，筋から腱に突然移行するというよりは，徐々に移行する（Moore, 1992）。筋腱接合部（MTJ）は，筋線維により生み出される力が細胞内収縮タンパクからコラーゲン細線維へ伝えられる部分である（Józsa and Kannius, 1997）。筋腱接合部では，コラーゲン細線維は，筋細胞の指状の末端部の間に形成される深部陥凹に入り込む。このタイプの接合は，筋線維とコラーゲン線維の接触面積を10〜20倍に増加させる。したがって，こうした接合様式によって，筋収縮中に，筋腱接合部の単位表面積あたりにかかる力が大幅に軽減される（Józsa and Kannius, 1997; Whiting and Zernicke, 1998）。実験的証拠（Garrett et al. 1987），臨床的根拠（Safran et al. 1988）や，CTスキャン（Garrett et al. 1989）やMRI（De Smet and Best, 2000; Fleckenstein et al. 1989）により，肉離れの大部分が，筋腱接合部か腱―骨接合部で起こることがわかっている（Garrett, 1990）。ホワイティングとザーニック（Whiting and Zernicke, 1998）は，筋腱接合部が損傷しやすいことに対するいくつかの要因について次のように推察している。

- 接合部の構造は，接合する膜を伸長力よりもずれの力を受けるように配置している。
- 接合は，腱への筋細胞の接着力を増加させているかもしれない。

- 接合部付近の筋節は，接合部よりも遠いところにある筋節より硬く，ゆえに伸長性が小さい。

この弱い接合部での損傷を防ぐために，筋腱接合部が損傷を受けやすいことの適切な理由を明らかにするためのさらなる研究が必要である。

腱の重要な特性は，ストレス―ストレイン関係が直線でないことである（Kuo et al. 2001）。伸長力が腱にかかるとき，変形量は負荷―変形曲線に従う。腱は，toe region（先端部），elastic region（弾性部），plastic region（プラスチック部）の3つ特徴的な領域から成るストレス―ストレイン曲線を示す（Abrahams, 1967; Lucas et al. 1999; Rigby et al. 1959）。

伸長力が非常に小さいとき，腱のひだ状の細線維は，ほとんどまっすぐに伸ばされない。エイブラハムズ（Abrahams, 1967）はストレス―ストレイン曲線のこの領域を"primary region"と呼んでいるが，他の研究者達は，この領域を"toe region"と呼んでいる（Lucas et al. 1999）。この領域は，およそ0〜1.5％の伸長率に相当する（Abrahams, 1967）。コラーゲン細線維のひだ状の配置によって，腱は最初低いスティフネスをもつ。この粘弾性の動態について次のような説明が考えられる。

微細構造体が互いに滑りを起こすことで生じる内部摩擦（例：コラーゲン細線維同士の摩擦）。間質液が多孔透過性の固形基盤を流れ通るときの粘性的抵抗（水がエスプレッソマシーンのコーヒー豆のところを強制的に通過させられるときの抵抗に類似）――伸長負荷がかかっているときの靭帯や腱では，内部摩擦の主な原因は，厚く，粘性のあるゲル状のプロテオグリカンの中でコラーゲン線維束の「ひだが伸びる」ことにより生じる（Mow et al. 2000, p159）。

エイブラハムズ（Abrahams, 1967）は，この toe region で腱に負荷を繰り返しかけても腱が伸長あるいは変形したままになったりはしないことを示した。腱の場合，toe region の伸長に相当する力は筋の最大収縮力であることがわかっている（Viidik, 1980）。「このことは，筋の受動的伸長において，伸長するのは腱というよりも大半が筋腹であることを示す」（Lederman, 1997, p.26）。

ストレス―ストレイン曲線の2番目の領域は，elastic region または linear region である。伸長負荷が増大していくにつれ，ひだが伸び，より多くのコラーゲン細線維が一方向にそろうようになる。この曲線の2番目の領域は，約1.5～3.0％の伸長率に相当するが，いくつかの研究では伸長率が5％程度もあると報告している（Abrahams, 1967; Crisp, 1972; Lederman, 1997; Zachazewski, 1990）。Elastic region は，変形量が張力の大きさに対して直線的に増加することで特徴づけられる。この領域は，腱の弾性係数を表す。この領域で負荷がかかるときには，負荷が取り除かれれば腱は元の長さに戻る。

Plastic region あるいは Zone III は，主に破断の領域である（Zachazewski, 1990）。Elastic range を超えた負荷がかかると，元に戻らない長さ変化が生じ，腱の構造に微細な損傷が生じる（ストレス―ストレイン曲線の降伏点）。エイブラハムズ（Abrahams, 1967）は，線維の物理的な断裂は5～6％の伸長率で始まることを報告している。伸長力を吸収するための細線維がほとんどなくなるため，腱の実効横断面積は減少する（Moore, 1992）。もし伸長が続くと，腱は最後には完全に破断してしまう。完全に破断する伸長率は5～30％であると推測されている（Abrahams, 1967; Woo, 1982; Zachazewski, 1990）。

タイラーら（Taylor et al. 1990）は，ウサギの長指伸筋や前脛骨筋の筋腱複合体の粘弾性特性を調べた。彼らの実験では，周期的なストレッチと静的なストレッチをシミュレートすることを試みている。図4.5は安静時の長さより10％だけ伸長するストレッチを10回行ったデータを示している。ストレッチを繰り返し加えるにしたがい，徐々にピーク張力が減少している。はじめの4回のストレッチにより，その後の6回のストレッチよりも有意にピーク張力が減少している。図4.5bはストレッチ後の張力緩和曲線を示している。はじめの3回のストレッチの結果は，後の試行の結果と統計的に有意に異なっている。図4.5cはストレッチを加えたことによる伸長を示している。この実験は，同じ張力で10回繰り返してストレッチをすると，最終的に生じる伸長量の80％が，はじめの4回のストレッチによって得られることを示している。図4.5dは，筋を伸長速度を変えてストレッチしたときの波形を示している。図4.5eでは，さまざまな伸長速度で，安静時の長さより10％だけ繰り返しストレッチしたときに吸収されたエネルギー（ヒステリシス：第5章参照）を示している。

タイラーら（Taylor et al. 1990）の研究に基づけば，4回のストレッチ以降は効果が期待できない。だが，ヒトにこのデータを当てはめて考察することに関しては注意を払わなければいけない。この実験では，伸長負荷がかかっている際に筋腱複合体に影響を及ぼすさまざまな神経学的プロセスを考慮していない。

腱に対する繰り返しの負荷の影響はどのようなものであろうか？　クボ，カネヒサ，フクナガ（Kubo, Kanehisa, Fukunaga, 2002b）は，繰り返しの静的ストレッチと等尺性収縮によりヒト腱組織のスティフネスが減少することを明らかにした。これは，腱組織の伸長量の増加を意味する。つまり，腱は生体内でより柔らかくなっている。これらを説明する1つの要因として，収縮による温度上昇がある。つまり，温度の上昇が筋内の結合組織の粘弾性特性を変化させるのである。5分間の静的ストレッチにより，

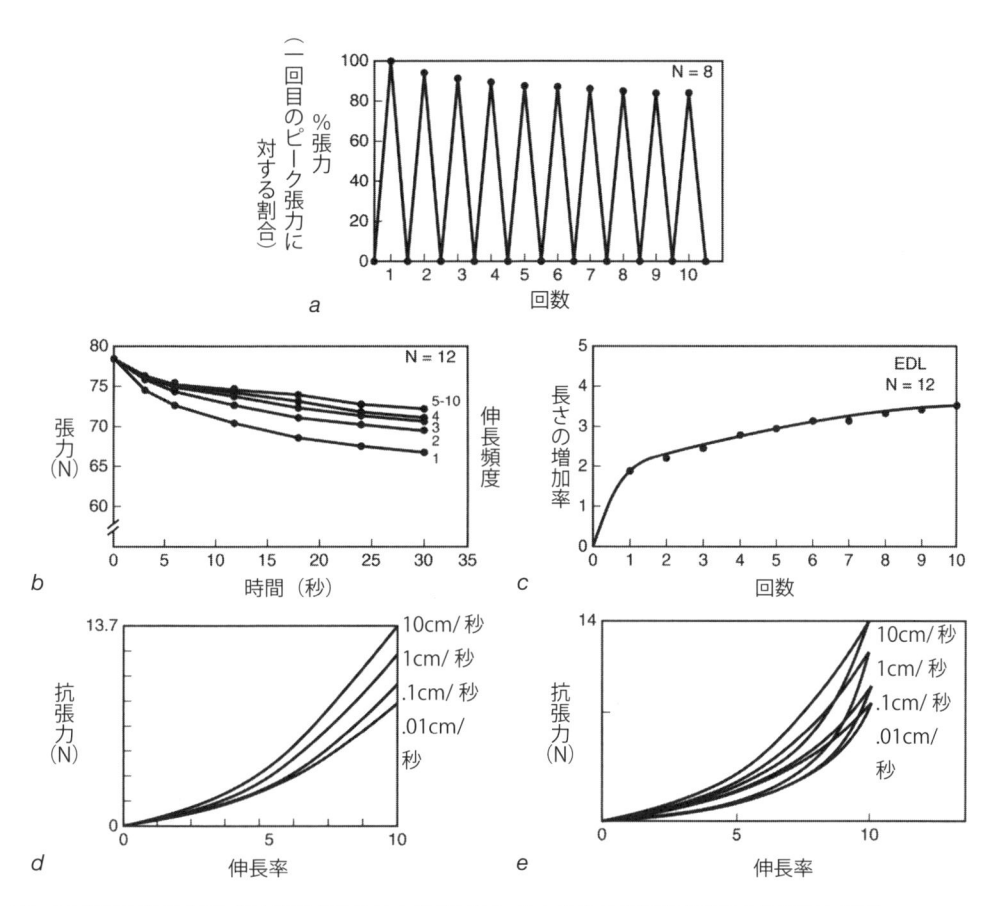

図4.5 (a) 安静長から10%だけ伸長させることを繰り返したときの長指伸筋筋腱複合体の張力曲線
　　はじめの4回の伸長によるピーク張力は，その後の伸長によるピーク張力と有意（$p<0.05$）に異なっていた。最終的な張力の減少は16.6%であった。
(b) 長指伸筋筋腱複合体を78.4Nの力で繰り返し伸長したときの張力緩和曲線
　　最初の2回の伸長による曲線は，その後の伸長による曲線と統計的に有意に異なっていた。4回目から10回目までの伸長による曲線の間には有意な差が認められなかった。
(c) 同じ張力で繰り返し長指伸筋を伸長したときの伸長量
　　はじめの4回の伸長により，10回のストレッチによる最終的な伸長量の80%が得られた。
(d) 前脛骨筋筋腱複合体の力－長さ関係に対する伸長速度の影響を示す典型例
(e) 一定の伸長速度（0.01, 0.1, 1, 10cm/秒）で負荷をかけたときに前脛骨筋で観察された履歴現象ループ
(Taylor et al. 1990. より転載)

スティフネスは8%減少し，ヒステリシスは29%減少する。別の研究では，10分間のストレッチ後，スティフネスとヒステリシスがそれぞれ9%，34%だけ有意に減少している（Kubo, Kanehisa, Kawakami, and Fukunaga, 2001b）。これらの研究から，ストレッチにより腱組織はより柔軟になることが証明されている。これらの研究成果から，クボ，カネヒサ，フクナガ（2002a）は，ストレッチトレーニングは腱組織の柔軟性は増加させるが，弾性は増加させないと推測している。むしろ，ストレッチトレーニングは腱組織の粘性に影響し，ヒステリシスを有意に減少させる。フカシロら（Fukashiro, et al. 2002）による研究は，黒人と白人の選手の間には，腱の弾性に有意な差が認められないことを示した。

(2) 靱帯

靱帯は，骨と骨とを結合している。よって，腱とは異なり，靱帯は両端で骨に付着し，骨を適切な位置に保持することで，関節の安定性と支持に働いている。靱帯に存在し，神経系のセンサーとして機能する神経感覚受容器の種類に関する研究結果が多くある（Brand, 1986; Rowinski, 1997）。よって，「靱帯は正常な関節の機能に対して，考えられてきたよりもより重要な役割を果たしており，また，病理学的なケガの状態にかなり関与しているかもしれない（Armstrong et al. 1992, p.276）。靱帯のその他の機能としては，動作の誘導，身体姿勢の維持，運動の調節，などがある（Nordin and Frankel, 2001）。

靱帯は，コラーゲンの割合が少なく，基質が多く，その構成要素がよりランダムに配列されている，といったこと以外は腱と似ている（Lucas et al. 1999）。腱のように，靱帯は主に平行な，あるいは密に重なり合うコラーゲン線維束で構成される。靱帯には，索状，束状，シート状，といったさまざまな形状がある。しかし，靱帯は，平行した線維束の中に，弾性線維と純粋なコラーゲン線維がかなり混合して織り込まれているために，腱のような光沢のある白さはない。ゆえに，靱帯は，自由に動けるようなしなやかさと，柔軟さがあり，負荷された力に対して十分に抵抗するだけの強さ，丈夫さ，非伸長性をもつ。

靱帯は，ほとんどコラーゲン線維で構成されている。下棘と首にある脊椎板をつなぐ黄色靱帯や項靱帯は例外である。これらの靱帯は，ほぼ完全に弾性線維でできており，非常に弾性的である。靱帯と腱の粘弾性の違いの別の理由としては，GAG（グリコサミノグリカン：アミノ糖を持つ多糖）の割合の違いがある。ウーら（Woo et al. 1985）は，腱は，1～1.5％しかGAGを含んでいないことを示した。同様に，側副靱帯も，グリコサミノグリカンを1～1.5％しか含まない。それに対して，十字靱帯はGAGを2.5～3.0％含んでいる。靱帯の粘弾性の性質の一部は，コラーゲンや基質の相互作用によるものである（Lucas et al. 1999）。体操選手やダンサー，あるいはサーカスなどで背中を折り畳むように曲げることのできる人の靱帯と，「一般的」な人の靱帯で，GAGの含有量に差があるのかどうかを調べることは興味深い。GAGが高い割合が含まれていると，靱帯の伸長性は増すだろうか？

ジョンズとライト（Johns and Wright, 1962）は，腱は動きに対する抵抗の約10％程度しか生み出していないことを明らかにした。一方，靱帯と関節包は抵抗力に対して約47％の貢献を示す（表4.2参照）。したがって，靱帯や関節包は，関節の極限の可動域を決定することに対して非常に重要である。一般的に，普段運動をしていない人は，関節包や靱帯の自然長を伸ばしてやるような目的のストレッチ運動をするべきではない。なぜなら，それら組織を伸ばすことは関節を不安定化させ，ケガをしやすくなるからだ。しかし，指圧による治療，あるいは訓練を受け認可されている開業医（例えば，指圧師，整骨医あるいは理学療法士）による治療は，多くの患者で，亜脱臼の矯正，可動域の増加や痛みの軽減，パフォーマンスの改善に効果的なことが多くの症例において示されている。事実，関節包を伸ばすことは非常に重要なことであり，もしそれが縮んでしまうと，肩関節の癒着性関節包炎のように可動域が制限されてしまう。

(3) 筋膜

筋膜という単語は，ラテン語に由来しており，縛るもの，巻くものという意味がある。筋膜というこの用語は，特別な指定はなく，すべての線維性の結合構造を表すのに広い意味で用

表 4.2 関節抵抗力に対する軟部組織構造体の相対的貢献度の比較

構造体	抵抗力
関節包(靱帯を含む)	47%
筋(筋膜)	41%
腱	10%
皮膚	2%

R.J. Johns and V.Wright, 1962, "Relative importance of various tissues in joint stiffness," *Journal of Applied Physiology* 17(5), 824-828. より許可を得て転載。

いられている。これまでに述べた組織のように，筋膜は機能的な需要によって厚さや密度が変化するシート状の膜である。

筋膜は，通常3つのタイプに分類される。

① 表層筋膜（皮下筋膜，浅筋膜とも言う）は，皮膚の直下に存在し，2層から成る。外層は脂肪層と呼ばれ，体の各領域にさまざまな量で存在する脂肪の集積を含んでいる。対して，内層は通常脂肪を含まない薄い膜である。体の多くの部分では，表層筋膜が深部筋膜上を自由に滑るようにずれ動いており，皮膚の動きを可能にしている（Clemente, 1985）。

② 深部筋膜は，表層筋膜の直下に存在し，表層筋膜よりも頑丈で，かたく，密集している。深部筋膜は筋，骨，神経，血管や体の器官を覆い，筋や内臓器官のように組織を分けることによって体を区分している。

③ 内臓筋膜は体腔の内側を囲んでおり，内臓を覆い，支持する線維性の奨膜を形成する。例えば，肺を取り巻く胸膜，心臓の周りの心膜，そして腹腔や器官を囲む腹膜である。

骨格筋をいくつかのグループに包み，束ねる深部筋膜は，存在する場所によってそれぞれ呼び方がある（図4.6参照）。筋全体を覆う深部筋膜は，筋上膜と呼ばれる。筋周膜は線維束として知られる筋線維束を囲み，筋上膜と互いに連結している。筋周膜内では，150もの個々の線維が観察される。筋周膜は，また，隣接の線維を束ねた個々の筋線維とも結合している（Rowe, 1981）。それぞれの筋線維を取り囲んでいるのは，筋内膜であり，筋周膜と互いに連結している（Borg and Caulfield, 1980）。さらに，個々の筋線維は筋の機能単位である筋節である。筋線維は，筋鞘と呼ばれる結合組織によって囲まれている。

ライトら（Light et al. 1985）は，6頭の牛の筋を比較した結果，筋周膜と筋内膜の乾燥重量の比率は，2.8：1と64：1の間であることを示した。よって一般的に，筋は筋内膜結合組織よりも筋周膜結合組織を多く含んでいる（Purslow, 1989）。さらに，筋が受動的に伸長されたときの抵抗には，筋腹を束ねているいくつかの結合組織の構成成分が関与しているが，比較的かなり多くの筋周膜が，受動抵抗に関与していると考えられている（Purslow, 1989）。ガイドシック（Gajdosik, 1997）によると，筋周膜はその影響が年齢と関係しているため，重要としている。さらに次のようにも述べている。

> 加齢による筋周膜の増加は，受動的なスティフネスの増加に関与する。なぜなら，相対的に伸びにくいコラーゲン線維を伸ばすことは，コラーゲン線維の交差した配列を力学的に再構成するからである。この再構成は，特に筋の伸長の末端付近部で，長さの変位に対する張力増強によりスティフネスが増加するために起こる（p.164）。

1) 筋膜の機能

ローエ（Rowe, 1981）によると，筋内の結合組織には3つの機能が備わっている。第1は，互いに筋を結びつけ，適した配列に筋線維や血管，神経などを入れる枠組みとしての役割を果たしている機能。第2は，筋によって能動的に，あるいは筋が受動的に受ける力を安全に，有効的に組織全体で伝播する機能。第3は，筋肉が形状を変化するために，筋線維と筋線維束との間の表面を滑らかにする機能である。

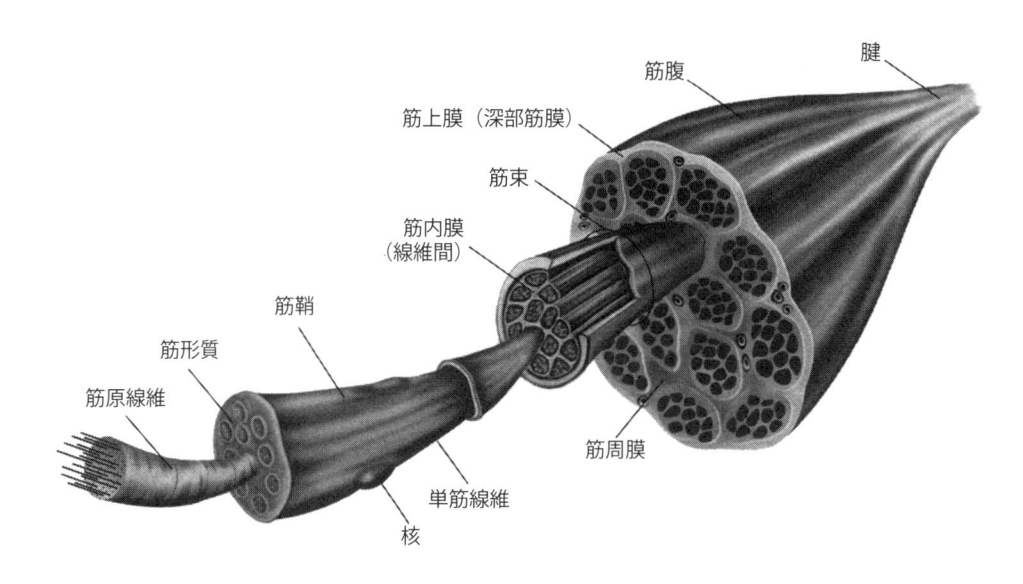

図4.6　骨格筋における3つのタイプの結合組織を描いた図式：筋上膜，筋周膜，筋内膜
National Strength and Conditioning Association, 2000. より転載。

　筋重量の30％は結合組織である。結合組織は筋の長さの変化に関与する。受動的な動作では，動きに対する全抵抗の41％が筋膜によるものである。関節包，腱，そして皮膚の抵抗を比較してみると，それぞれ47％，10％，2％である（Johns and Wright, 1962）。したがって筋膜は，可動域（ROM）を制限する2番目に重要な要因である。靱帯を伸ばすことで関節は不安定になりかねないため，ストレッチの内容は，靱帯ではなく，主として筋膜を直接的に伸ばすように行うことである。

　筋膜と筋収縮時に発生する張力と圧力との機能的な関係は，未だよくわかってはいない。筋における筋膜の生化学的作用や，筋や骨膜内にある筋膜が剥離した時の影響についての研究が試されているぐらいである（Manheim, 2001）。ある先行研究では，筋膜組織の重要性を明確に示したものがある。ガーフィンら（Garfin et al. 1981）は，イヌの下肢の筋周膜に小さい切口を作成するために外科的に筋膜を離すと，約15％の張力が減少し，筋収縮中のコンパートメント内力は50％減少する，ということを示した。ハイジング（Huijing）と他の研究者は，筋内の結合組織が力の伝達の主な経路であると提案し支持した（Huijing, 1999; Huijing and Baan, 2001; Huijing et al. 1998）。彼らは，このメカニズムを「筋膜性の力の伝達」と名付けた。

　3章で述べたように，筋の適応の観点は，直接的に細胞核の機械的応力変形（ひずみ）の可能性に変わっている（Ingber, 1997; N.Wang et al. 1993）。さらに，自発的な筋活動（Goldspink, 1999）でさえ，筋膜性の力の伝達の過程に関与しているだろう。「これらの伝達経路は，全コンパートメントから筋線維や筋の線維細胞内の核に直接影響を及ぼす経路であると思われる」（Huijing and Baan, 2001, p.309）。

2) 筋膜の機能的制限と解剖学的筋膜

　しばしば，医療従事者や健康の専門家は，彼らの熟練度，方針，習得した技術，あるいは時間的制約により決定された狭い視点から体の状態を診る。伝統的に，理学療法士は，動作の機能障害を基本的な問題として介入を加え，指圧師は脊柱の亜脱臼に，整骨医は骨の傷害に，医

者は痛みや症状の緩和，針療法士は痛みの原因となる箇所の治療，などに関心を示す。しかし，もし問題が，関節，筋，神経ではなく，筋膜だとすると，何が起こるのだろうか？　ケゲレイス（Kegerreis, 2001）によると，「軟組織の損傷は，専門家が見落としがちな症状」である（p.5）。筋膜はさまざまな状況に適応することができる。さらに，筋膜の連続性（筋膜は，体のある部分から他の部分へとたどることができる）と接触性（筋膜がすべて触れている）について認識されるべきである。筋膜の相互作用をよく理解するには，体が大きい風船として，その中に小さい風船が満杯に入ってくっついていることを想像すると良い。小さい風船は体のさまざまな器官や筋を表す。もしも，きつく締められたり制限されることにより風船の一カ所でも歪むと，その代償として風船全体が歪んでしまう。こうした概念を示すのにさまざまなモデルが利用される（Kegerreis, 2001; Kuchera and Kuchera, 1992）。

3) 筋膜の機能的制限の診断

　筋膜の損傷や機能低下を診断するには，自動車の修理屋と同様のアプローチが必要となる。つまり，患者の体のある部位を均整／不均整，そして歪み／耐性により評価することである。例えば，自分の車が適度なスピードで走っているとき，別の車によってリアバンパーにぶつけられると，リアバンパーやフェンダーに傷ができる。そして，車全体にも損傷が起こっているかもしれない。自動車の修理屋は，フェンダーを取り替えるだけでなく，車全体の損傷も修理する必要がある。健康・医療従事者のオフィスを訪れる患者は自動車の修理屋での車のように扱われない。「リアフェンダー」は修理されるが，体の他の部分のわずかな傷は無視される。車に関しては，この見落としは，車の能力を減少させ，車の寿命を減らすことになる。人では，一様でないストレスが筋膜を通じて体の他の部分へ伝達されることにより，結合組織は短く，硬くなり，筋肉が硬くなり，可動域は減少し，痛み，そして生活の質は低下する。筋膜を機能的に制限させる過程を，簡単に示すことができる。

　筋膜の相互の連結は，視覚的そして立体的に示すことができる。まず，筋や筋膜を描写するために，骨格をしっかりとプラスチック性の覆いで視覚化する。覆いが引き延ばされるにつれ，そこが力のかかる線に沿って白くなっていく。同様に，熟練した治療専門家は，皮膚に不規則なストレスが伝わっていく様子をしばしば視覚的に見つけることができる。次に，筋膜の結合は，触診によって感じることができる。特に，治療専門家は，患者に触れた筋感覚で組織のゆがみ・こわばりをモニターしている。例えば，テーブルにいるパートナーの頭皮にそっと指をそえる。そして目を閉じ，頭皮に伝える動きに意識を向けさせる。そのときにパートナーは頭を動かし，頭皮に伝わる動きを感じとる。次に，パートナーは肩を動かし，再度頭に伝わる動きを意識する。次に徐々に体をさげていき，お尻，膝，足首，そしてつま先の曲げ伸ばしを行う。そうするとかなり遠い場所のほんのわずかな動きまで，わかるようになるということである。

　体の部位の均整／不均整や歪み／耐性の評価方法について学びたい読者は，以下の引用を参照していただきたい。

4) 損傷した筋膜の治療方法

　体が外傷・障害を受けると，筋線維に対して平行，垂直，斜めのあらゆる方向で筋膜の機能的制限が起こってくる。そうした制限によって，張力，緊張，圧縮，切断，歪み，引っ張りといった生体力学的な力が組織に働いているのである（Spoerl et al. 1994）。デニス・モーガン（Dennis Morgan, 1994）は少なくとも9つのさまざまな軟組織の処置を識別した。

①位置：損傷部に対する手の置き方
②範囲：触れる表面積
③方向：受けた力の方向
④深さ：損傷した組織との距離
⑤力：その範囲にかかる力
⑥時間：その範囲にかかった力の時間の長さ
⑦幅：組織の動く範囲
⑧リズム：かかる力のリズム
⑨割合：かかる力の速さ

　これら9つの処置に基づいてさまざまな手法が行われている（普通のマッサージ，回転運動，運動，マニピレーション，ストレッチなど）。よく知られている方法の1つに，筋膜リリーステクニック（MRT）がある。筋膜リリーステクニックは結合組織や筋を対象としている。この議論に関心が集まるようになってから，いくつかの本の中でMRTについて書かれている（Barnes, 1999; Cantu and Grodin, 2001; Keirns, 2000; Manheim, 2001; Souza, 1994; Ward, 1993, 2001）。しかし，「残念ながら，筋膜リリースに関する論文は査読付きの学術雑誌には発表されていない」（Manheim, 2001, p.xv）と書かれている。

　マンヘイム（Manheim, 2001）は，筋膜リリースの5つの基本的な段階を認めている。それは，フィードバック，伸び，曲げ，弛緩，終末感覚である。かなり広く一般化されたテクニックである。患者は，均整／不均整や歪み／耐性部分の「組織を調べる」ことによって診察され，胴体や手足は，動きが制限されるまでは，比較的簡単にあらゆる方向に動かせる。力は，適切な方向にかかり，軟組織がリラックスするまで保持され，そして障害が取り除かれる。この，「解きほぐす」ことが，リリースと呼ばれる。このリリースは，「緊張がほぐれる」という難解な概念が含まれている（Bilkey 1992）。その過程は，目的とする組織が十分に伸長されるまで繰り返される。このようにさまざまな力を与える技術には筋膜リリーステクニックが使われている。"Transverse muscle play"と呼ばれる手法では，セラピストが両手掌で擦るように力を加える。その際，手は皮膚の上を滑らせるのではなく，むしろ筋膜の層が互いに滑り合うようにする。別の方法にストリッピングがある。セラピストは凝りがあるところの周囲に手をあて，広い範囲で患者が活動的に動けるように圧迫する。こうした技術のバリエーションとして，セラピストは静的に筋肉が伸ばされている状態で，ストリップマッサージを実行する。ストラミング（筋に深い圧を加えたまま，ギターの弦をつまびくようにする技術）は通常，セラピストの指を堅く（固定して）伸ばした状態，または手をかぎづめの形にして行うディープリリースのテクニックである。深い圧迫は限定された場所と筋線維にまたがり，垂直にかかる。さらに詳しいことについては，カーンツーとグロディン（Cantu and Grodin, 2001），ケアンズ（Keirns, 2000），そしてマンヘイムとラヴェット（Manheim and Lavett, 2001）の文献を参照していただきたい。

6. 結合組織における固定の影響

　異常な物理的・化学的状態になると，筋膜は厚く，短くなり，石灰化やすり減りが起き，しばしば痛みを生ずる。特に，関節が長い間動かせなくなると，関節包，靱帯，腱，筋や筋膜などの結合組織の要素は柔軟性を失ってしまう。重要なことは，「動かなくなると，筋のコラーゲン合成が急激に低下」し，I型とIII型コラーゲンのmRNAが減少することである（Ahtikosli et al. 2001, p.131)。さらに，不活動化によって，ヒアルロン酸が40％，コンドロイチン－4－硫酸とコンドロイチン－6－硫酸が30％，そして水分の4.4％が減少する，といった化学的構造の変化が伴って起こる（Akeson et al. 1967; Akeson et al. 1977; Akeson et al. 1980; Woo et al. 1975）。GAGと水分量が減少し線維の間の距離が縮まってくるならば，コラーゲン線維間の重要な距離が減少することになる。その結果，結合組織の線維はお互いにくっついて，最終的には板状となり，異常な架橋の変形を助長する。そのため，柔軟性を失い，組織は硬化する（図4.7参照）（Akeson et al. 1980; McDonough, 1981）。

さらに，ドナテッリとオーウェン－バークハート（Donatelli and Owens-Burkhart, 1981）は，固定と動きの重要性について簡潔に指摘している。

> もし運動・動作が生物学的活動にとって主な刺激であるならば，運動の量，継続（時間），頻度，割合，そして開始時間のすべてが結合組織構造への期待される治療効果を示すのに重要な要因である。これらの要因については，動きの最も望ましい利点をよく理解する前に，決定されるべきである（p.72）。

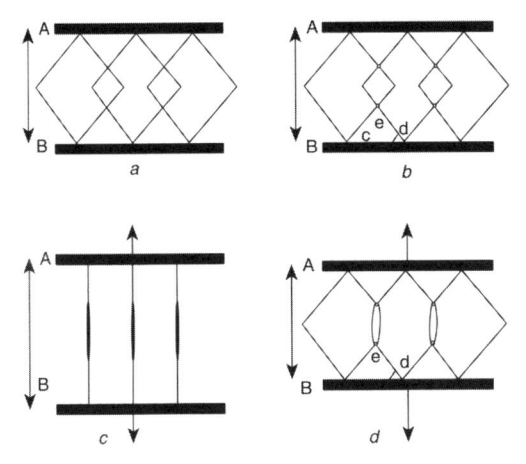

図4.7　コラーゲン線維の波状の形を想像化したもの
重要な箇所（例：d点やe点）で固定した結合がコラーゲン線維のうねりが広がるのを制限していることを示している。(a) コラーゲン線維の配列　(b) コラーゲン線維の架橋　(c) 通常の伸展　(d) 架橋により伸展が制限された状態
Akeson, Amiel and Woo, 1980. より転載。

7. 結合組織における代謝と栄養の影響

正常な組織の成長やケガの治癒は，生体全体で起こる細胞学的，生理学的，そして生化学的イベントのドラマチックで統合された連続である。最善の機能発揮，成長，そしてケガの治癒に関する重要な2つの要素は，代謝と栄養の影響である。食事回数が少なかったり，多かったり，そして偏りがあると，結合組織タンパクの代謝や成熟に影響する（表4.3参照）。さらに，遺伝性疾患は酵素活性に影響を及ぼす。つまり，結合組織の合成にかかわる代謝経路に影響を及ぼす。いくつかの酵素は結合組織の形成にかかわっているため，代謝経路の修飾のいくつかの段階での欠陥が次第に明白となってくる。これらの結合組織の欠陥は，組織の弾力性，スティフネス，可動域，そしてケガの治癒に最終的には影響を与えているだろう。

ティンカーとリッカー（Tinker and Ricker, 1985）は，食事変化によって結合組織代謝を変化させることができるメカニズムの根拠について最も詳細な分析を示している。メッド（Mead, 1994）は，どのように研究が食事による柔軟性の改善を示唆するかという興味深い分析を提供している。しかし，その論文には1つの参考文献も引用されていない。

人気のあるメディアやインターネット上で広く論議されている1つの要因は，水をたくさ

表4.3 結合組織の維持における栄養の役割

栄　養	結合組織の維持に関する重要な機能
銅	コラーゲン線維と弾性線維との架橋，プロテオグリカンの硫酸化や糖鎖付加（グリコシレーション）
マンガン	グリコシル転移酵素に対する共因子
亜　鉛	細胞分化とヒストン集結(assembly)と構造
アスコルビン酸（ビタミンC）	プロリンやリシルのヒドロキシル化における共因子，グリコシレーション反応の共因子
ピリドキシン（ビタミンB_6）	エラスチンとコラーゲンの架橋(?)
チアミン（ビタミンB_1）	コラーゲン合成(?)
ビタミンA	皮膚の分化とプロテオグリカン合成の役割
ビタミンE	コラーゲン架橋(?)
ビタミンD	骨コラーゲン合成と骨細胞の分化
ビタミンK	オステオカルシン（骨芽細胞や象牙質中のタンパク質）におけるグルタミン残基のカルボキシ反応要素

D.Tinker and R.B. Rucker, 1985, "Role of selected nutrients in synthesis, accumulation, and chemical modification of connective tissue proteins," *Physiological Reviews* 65(3), 624. より許可を得て転載。

ん摂取することの重要性である。脱水は，筋のスティフネスにおける他の必要条件でもある。「乾いた筋肉」は柔軟性がなく，損傷を起こしやすいと信じられている。おそらく，体が十分な水分で満ちていると，伸びやすくなる。その結果，水の摂取を支持する人達は，筋肉組織で水分不足による「乾燥」が始まると，十分にストレッチをすることがかなり難しくなると主張する。これらの主張については，臨床研究によって確証されることが必要であろう。

8. 要　約

　結合組織は，可動域を規定する重要な役割を担っている。結合組織は，加齢や固定，体の損傷，代謝異常，そして栄養不足もしくは栄養過多，などのさまざまな要素によって影響される。動きに対する全抵抗は腱から10％，関節包と靱帯から47％，筋膜から41％である。結合組織は，関節可動域（ROM）を制限する最も影響のある要素の1つであるため，最適に伸ばさなければいけない。

第5章
軟組織の機械的・動的特性

　「生物物理学」は生体構造や生物学的過程に物理法則を適用する学問分野である。さまざまな負荷のもとでの筋肉や結合組織の生物物理学的特性を知ることは，関節可動域（ROM）を広げる最適な手法を決めるうえで必要不可欠である。しかし，生物組織は非線形なふるまいをするので，物理法則を応用することは必ずしも容易ではない。そのような組織を取り扱うときには，組織の機械的・電気的・生化学的応答（とくに微視的なレベルでの）を考慮する必要がある（Lee, 1980）。それに加えて，人間の生体を扱う場合，非生物物理的な因子，すなわち，感覚（痛みや楽しみなど）や情動（おそれや喜びなど）を考え合わせなければならない。

1. 用 語

　研究総説の著者や研究者は，先行研究における命名法や用語の混乱に出くわす機会が多い（Gajdosik, 2001; Gajdosik et al. 1999; Kotoulas, 2002）。用語に一貫性がないことで，研究毎の比較や，複数の研究の結果を考察することが困難になる。用語の統一は研究分野内・分野間の意思疎通をはかるうえで非常に重要である。統一された用語が欠如していると，発表された結果を誤解する可能性が高まる。例えば，「弾性（elasticity）」という用語を組織の伸展性として定義している研究がある一方で，組織が元の形状に復元する特性としてこの用語をとらえる研究もある。時として柔軟性（関節可動域）とコンプライアンスを同じものとして，両者をまぜこぜに使っている研究論文が存在するが，これらの用語は全く異なった意味をもって

いる。知識が確実に進歩するためには，統一された命名法を確立し，実施する必要がある。本書では，最も確実で正確だと考えられる用語を用いている。

(1) 力と変形の種類

ある物体が力（引っ張りあるいは圧縮）を受けるとき，その物体のかたちや大きさが変化する。この応答はもちろん，物体の材質や力の大きさ・発揮時間，物体の温度などに依存する。柔軟性を高めるためのトレーニングやリハビリテーションの目的は，意図する変化を生じさせるために適切な力を使うことである。

かたちや大きさの変化は「変形」と呼ばれ，力の種類や生物組織や他の物体に生じる変形は大きく3つに分けることができる。

「圧縮（圧迫）力」を及ぼされた物体は長さを短くし，幅を増加させる。このときの変形は「圧縮(compression)」と呼ばれる。圧縮の例は，体重を支える関節表面の軟骨に認められる。リハビリテーションにおいては，流体の流れに影響を及ぼすこの圧縮（圧迫）は，重要なツールである。流体の流れを促進するために，ポンプのような手技を通して用いられる。しかし，圧縮（圧迫）はストレッチング手技としては有効ではない。濡れたモップのように，絞ったり圧縮したりすることはモップの繊維を伸長させることなく水分を流出させる（Lederman, 1997）。

対照的に，引っ張りあるいは水平力が物体に及ぼされると，その長さ増加する。長さの増加は長軸あるいは引っ張り変形である。一般的に，ストレッチングとは伸長の過程であり，ストレッチとは伸長そのものである。したがって，引っ張り力を加えることは関節可動域を増加する目的で行われるあらゆる柔軟性トレーニングやリハビリテーションプログラムの論拠であり，基盤となっている。剪断変形は剪断応力によって生まれ，これは物体の片側をもう片方の側に

沿ってスライドさせるようにはたらく。剪断は圧縮と伸長の複合したパターンを生み出す。この力もまた関節可動域を増加させるためのなくてはならないツールである。

(2) 弾性

弾性とは，組織にかけられていた力が除かれたとき，元のかたちに復元する性質である。弾性は物体そのものの中に存在する抵抗力の大きさである。弾性伸長はバネのようなふるまいをするので，しばしばスプリングをあらわすジグザグの線によって図示され，ときにフック（弾性）要素と呼ばれる（図5.1）。スティフネスという用語は弾性と同義で用いられる文献が多い。しかし，スティフネスは他に別の意味ももっている（後述）。弾性としばしば誤って混同される用語に伸展性がある。

弾性あるいはスティフネスはいくつもの理由から大変重要な性質である。第一に，筋腱スティフネスは静的柔軟性と深い関係をもっている（Wilson et al. 1991）。第二に，弾性は人間の身体パフォーマンス（ランニング，ホッピング，ジャンプなど）においてなくてはならない要素である（Arampatzis et al. 2001; Farley and Gonzalez, 1996; Nigg and Liu, 1999）。第三に，弾性（スティフネス）は筋損傷に関係がある（Walshe and Wilson, 1997; Walshe et al. 1996）。第四に，組織の弾性はトレーニングによって変化することがある（Kubo et al. 2001a, 2001b）。この概念は「筋チューニング」と呼ばれている（Nigg and Liu, 1999, p. 849）。

(3) ストレス

外力が身体や物質に及ぼされたとき，ストレスと呼ばれる内部の抵抗力が発生する。ストレスは物体内で変形を生み出したりあるいは生み出そうとしたりする部分の面積当たりに及ぼさ

第5章 軟組織の機械的・動的特性

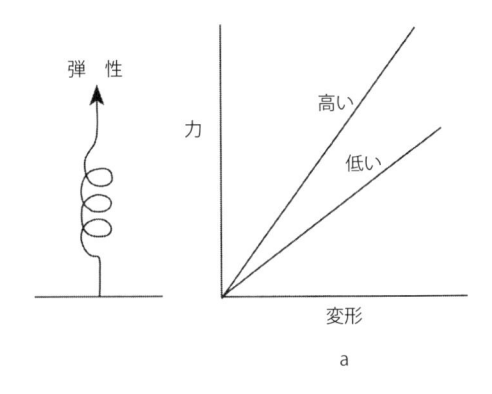

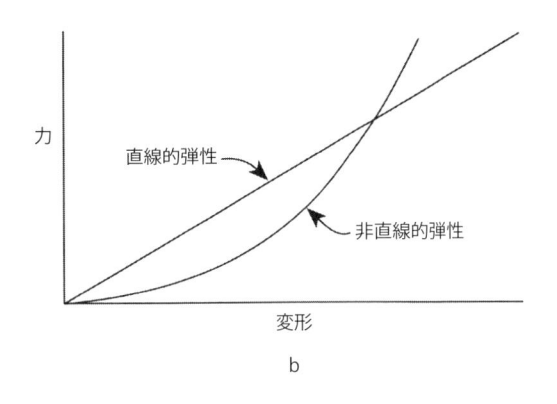

図5.1 弾性を有する物体を力と変形の間に直線的な関係をもつ理想的なバネとして模式化した
(a) 固いバネはスティフネスが高い（傾きが急）。(b) 直線的な弾性と，より一般的な非直線的な弾性。後者の場合，スティフネス（傾き）は変形とともに増加する。
Wright and Johns, 1960.より転載。

れる力として計測される。すなわち，力をそれに抵抗する物体の横断面積で除したものである。ストレスの単位はポンド／フィート^2，N／m^2，ダイン／cm^{2}などである。したがって，

ストレス＝力／力が及ぼされる面積

ストレスには圧縮，引っ張り，剪断の3つの基本的な種類がある。圧縮ストレスは物体が押し込められることに抵抗する力であり，同じ直線上を相対する2つの力によって生まれる。引っ張りストレスは物体の中で引き離されるのに抵抗する力であり，同じ直線上を逆に向かう2つの力によって生み出される。剪断ストレスは，物体の中で同じ直線上ではないが平行する2つの力に抵抗する力である。ストレスは損傷やリハビリテーションやトレーニングにおいて非常に重要な要素である。

(4) ストレイン

ストレイン（伸長）は加えられる力によってもたらされる長さあるいは変形の大きさのことである。ストレインはストレスが及ぼされたこ

とによる物体の元の長さからの変化率として定義される。比数であるため，次元や単位をもたず，元の長さに対するパーセンテージであらわす。したがって

長軸上のストレイン＝長さの変化／元の長さ (%)

ストレスによって生じるストレインは基本的に物体の原子の間にはたらく電気化学的な力によって決まる。これらの力が大きいほど，同じストレインを生み出すためにより大きなストレスが必要になる。この概念はマシューズら (Mathews et al. 1964) によって明快に説明された。物体の分子は引力によって接着しており，外力がないとき，物体の長さは引力と反発力のバランスによって決まる。物体が伸長されるとき，分子は離ればなれになり，引力が大きく，反発力が小さくなる。「したがって，物体そのものの分子の中で力が生じ，これがサンプルの両端をストレスのかかっていない状態に戻す方向に引っ張る。これが弾性力である」(p.69)。

ストレインという用語は「筋損傷」と区別する必要がある。筋肉に及ぼされる引っ張り力が抵抗限界を超えると，損傷が発生することがあ

り，英語ではストレインと呼ばれる。なお，「筋損傷」と同義のよく使われる単語に「肉離れ」あるいは「捻挫」のスプレイン (sprain) がある。どの意味で「ストレイン」が使われているかはもちろん文脈の中で判断する。

(5) スティフネス（stiffness）

スティフネスという用語もまた人によって，分野によって異なった意味をもつ用語である。スティフネスと同義の一般的な用語に抵抗 (resistance)，筋肉痛 (soreness)，張り (tension)，タイトネス（tightness）がある。ペッズーロとイルガング（Pezzullo and Irrgang, 2001）はタイトネスを「関節の動きを妨げない程度の筋腱複合体の軽度の短縮に対して広く用いられる用語である」と定義している（p.113）。ガイドシック（Gajdosik, 1991）によると，「張っている」ハムストリングスの意味するものははっきりしないが，タイトネスそのものは長さや伸展性，あるいはコンプライアンスの低下した筋肉に対して用いる。日常の使い方でのスティフネスとは，関節をその可動域の限界近くで，わずかな不快感のために動かすのが困難であることに関連した状態一般のことである（Gifford, 1987）。作業療法士にとってスティフネスとは，痛みのない運動制限あるいは「競技場外」「競技後」の不安として知られる一般的な状態のことをさす（Maitland, 2001）。リュウマチ専門医にとってのスティフネスは起床時強直やリュウマチ様関節炎の診断基準であり（Helliwell, 1993），運動生理学者にとっては筋肉が伸長されたり収縮した後に発生する運動後筋肉痛のことである（遅発性筋肉痛については第9章で詳述）。精神病医や心理学者にとってスティフネスとは精神身体的な障害のことをさすかもしれない。

スティフネスの徒手検査法はたくさんの問題に直面する。メイヤー（Maher, 1995）によると，スティフネス評価の客観性と正確性を高めるために2つのアプローチが可能である。最初のアプローチはスティフネス計測器に頼ることで，第二のアプローチは徒手検査を行いながらも，その方法論に磨きをかけることである。スティフネスの徒手検査法に関連した問題点をクリアするためにはさらに研究が必要である。

生物物理学ではスティフネスはストレインに対するストレスの比率，あるいは変形に対する力の比率を示す。つまり，長さの変化に対する力の変化の割合である。スティフネスの逆数はコンプライアンスである。力が増加すると，変形も増加し，その程度は伸長される物体に依存する。筋肉の場合，伸長抵抗性は機械的因子に加えて神経系の因子も関与する。

スティフネスは「ストレス−ストレイン」あるいは「負荷−変形」カーブの傾きとして示される。負荷−変形プロットが急峻であるような組織（骨など）は高いスティフネスをもっており，同じ力に対して変形が少ない。一方，緩やかな傾きを示す組織（軟骨など）はスティフネスが低く，変形が大きい。同様に，コンプライアントな筋肉は少ない抵抗で伸長する。研究によると，関節の固い（スティッフな）人は関節可動域にわたって筋腱の伸長に対する抵抗が大きい（McHugh et al. 1992）。ウィルソンら（Wilson et al. 1991）は，14名のウエイトリフターについて，肩関節の静的柔軟性テスト成績が最大スティフネス値と有意に相関する（$r=-0.544$, $p<0.05$）ことを示した。これらの知見が他の身体部分や他の人についてもあてはまるかどうかについては今後の研究が待たれる。

1) フックの法則と弾性率

ストレスとストレインの間の定量的な関係はロバート・フック（Robert Hooke）によって最初に発見された。フックの法則は，力と伸長との間に一定の，すなわち比例関係が存在するというものである。力1単位は1単位の伸長を生

み出す．フックの法則の概念に立つと，生体組織は完全に弾性的である．物体が完全に弾性的であるためには，2つの要求を満たさなければならない．まず，弾性要素は変形から元のかたちに完全に復元しなければならない．次に，力をかけたり除いたりした瞬間に変形が起こらなければならない．

　フックの法則の比例定数はその物質の弾性率を示す．この弾性率は組織によって異なる．高い弾性率をもった物体はスティフネスが高い．したがって，スティッフな物質は柔らかい組織に比べて，あるストレインに対してより高いストレス，ある変形に対してより大きな負荷が必要である．弾性率は単位ストレスと単位ストレインの間の比率，すなわち比例定数である．以下の式の比例定数Ｙが弾性率である．

　　Y＝長軸方向のストレス／長軸方向のストレイン
　　　＝（力／面積）／（伸長／初期長）
　　　＝（力×初期長）／（面積×伸長）

　ストレインは次元のない比数なので，Yの単位はストレスと同じ，すなわち力／長さ^{2}である．したがって，Yはポンド／インチ^{2}やN／m^2，ダイン／cm^{2}などの単位であらわされる．Yの値は物質によって異なり，物質の大きさには依存しない．架橋結合のあるポリマー（たくさんの，ある程度類似の単位からなる分子をもっている物質）の弾性率は架橋の細かさに依存する．架橋の間の分子の長さが短いほど弾性率は高く，その物質は伸長しにくい（Alexander, 1975, 1988）．

2）弾性限界

　完全な弾性体ではない物体の場合，力と伸長の比例関係は弾性限界（elastic limit）をもつ．弾性限界とは，物体内に永久的な伸長を与える最小のストレスのことである．弾性限界よりも下のストレスに対しては物体は変形の原因となっている力が除かれたときに元の長さに戻る．しかし，弾性限界を超えた力が及ぼされると，その物体は力を除いても元の長さには戻らない．元の長さと新しい長さの差は永久変形もしくは捻挫，塑性伸長と呼ばれる．弾性限界を超えるストレスが及ぼされると，変形と力はもはや直線関係を示さなくなり，物体は弾性限界の下よりも上のストレスの場合に，力の増分に対する伸長の増分がはるかに大きくなる．

　弾性限界をわずかに超えるストレスが及ぼされたとき，ストレスを増やしていないのに変形が生じる．この変移のことを降伏点と呼ぶ．この点を超えた力が加わると，ストレス−ストレインカーブは平らになる．力あるいはストレスが増加するにつれて徐々に組織の破壊が生じ，ついには組織が耐えられる最大の力を迎える．このときに記録される最大のストレス，すなわち，物体の破断寸前のストレスのことを，その組織の「極限つよさ」という．

　これらの概念はスポーツ選手や一般人にとって極めて重要である．過度な伸長による組織の損傷の可能性や損傷の程度を低くするためには，損傷を受けそうな部分の組織を強く鍛える必要がある．スポーツ選手はよく，レジスタンストレーニング（フリーウエイトやマシーンを用いたトレーニングなど）を通じて筋肉やその他の組織（靱帯や腱）を鍛えている．組織は過負荷によってより高いレベルのストレスに適応し，「極限つよさ」が増加する．組織の強化によって筋肉が損傷を吸収する能力を高め，傷害の予防効果がもたらされる（Garrett, 1993）．

(6) チキソトロピー

　チキソトロピー（thixotropy：揺変性）は時間依存型の効果をもつ（Campbell and Lakie, 1998; Enoka, 2002; Lakie and Robson, 1988; Mewis,

1979; Proske et al. 1998)。「チキソトロピーということばはもともと，機械的な振盪によって，等温性の，可逆性をもつ，ゲル－固体（固体－液体）変移が生じることについての造語である。……現在では，剪断応力によって時間の経過とともに見かけの粘性が減少し，その後流体の流れが止まったときに復元することをチキソトロピーと呼ぶという一般的な了解がある」（Mewis, 1979, p.2）。筋肉は，トマトケチャップと同じように，チキソトロピーを示し，不使用によって固くなり，振盪によって一過的にその流動性を高める（Lakie and Robson, 1988）。レイキーとロブソン（Lakie and Robson, 1988）は筋肉が静止状態を保つ時間と，伸長時の筋肉のスティフネスとの間に直線関係を見いだした。一方，動き（能動的なものであれ受動的なものであれ）は常にスティフネスを低下させる。ウィーグナー（Wiegner, 1987）によると，チキソトロピー効果とは「安静時の関節や筋肉のスティフネスを高め，身体の内部・外部で不規則に生じるトルクによる変位が起こりにくくするものである」（p.1621）。

これまでのいくつかの研究（Campbell and Lakie, 1998; Hagbarth et al. 1985; Hill, 1968; Lakie and Robson, 1988; Proske and Morgan, 1999）によって，筋内の分子配列がアクチンフィラメントとミオシンフィラメントの間の安定的な結合をつくりだすことが示唆されている。不活動によって結合が増加し，筋肉がより固くなる。伸長初期の急峻な張力増加はこれらの結合の伸長と解離によると考えられている（Hill, 1968）。それに対して，ストレッチングや運動によって，これらの結合が破壊され，その結果筋肉のスティフネスが低下する（Hagbarth et al. 1985; Lakie and Robson, 1988; Lakie et al. 1984）。レイキーとロブソン（1988）は「チキソトロピーは運動前に筋肉をしなやかにしたり，筋肉のスティフネスを低減したりする，ある種の理学療法の有効性を高める効果を

もつ」（Lakie and Robson, 1988, p.499）としている。固有受容性神経筋促通法（PNF）によるストレッチング技法とチキソトロピーの関係については第13章で論ずる。

(7) 塑性

塑性（plasticity）とは，その弾性範囲を超えて負荷がかかった物体が永久に変形する性質である。降伏点を超えると，組織の塑性応答によって，極めて小さな力で非常に大きな変形が生じる。完全に塑性をもった物質はおそらく存在しない（図5.2参照）。しかし，例えば粘土は極めて塑性的なふるまいを示す物質である。

塑性はさまざまな傷害の原因やその対処法に対して非常に重要である。長期間にわたる微細損傷の繰り返しは組織の（塑性）変形をまねき，安定性が低下し，運動の効率やQOLが低下したりする。古典的な例では，長年不適切な座位姿勢を続けることがある。時間がたつにつれて，身体は背部の組織の変形や前部の体幹筋の短縮によるストレスに適応し，関節可動域が低下したり，不快感や痛みを覚えるようになる。

逆に，ストレッチングや牽引その他の手技はパフォーマンスの改善やリハビリテーションに

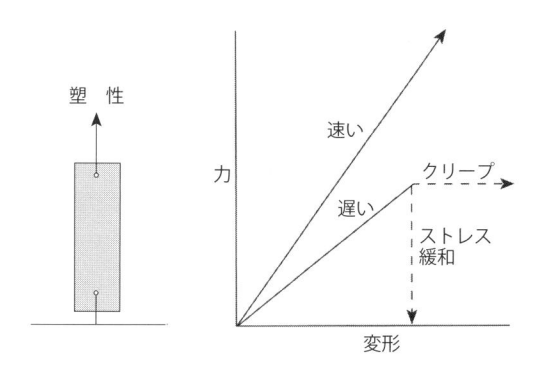

図5.2 塑性あるいは粘弾性。塑性をもつ物体のスティフネスは伸長の速度が高い場合に大きい（傾きが急）一定の力を維持すると，伸長が進む（クリープ）。伸長後一定の長さを保つと，必要となる力が減衰する（ストレス緩和）。
Wright and Johns, 1960. より転載。

おいて重要な役割をもつ。適切なストレッチング（いわば塑性トレーニング）が柔軟性を高めることは多くのスポーツ選手の知るところである。組織はストレッチングによる力に柔軟性を高めることによって適応する。多くの分野で，この適応は成功のために不可欠な要素である。リハビリテーションにおいては，塑性の達成はなくてはならない。療法としてのストレッチング手技は，より効率的な姿勢に戻るために有効となるような変形を生み出すために用いられる（Garde, 1988）。

(8) 粘性

粘性（viscosity）は物体が剪断や流れを生み出すような負荷に抵抗する性質のことである。弾性や塑性とは異なり，粘性は純粋に時間依存性である。液体に浸された円筒（例えば注射器のシリンジ）は，典型的な粘性の例である。円筒をすばやく動かせば動かすほど，液体内の圧力は高まる（図5.3）。このことが実践的な意味をもつのは，脊柱の屈曲・伸展を行うときである。ゆっくりとした動きの場合，脊柱の粘性やスティフネスは少なく（McGill, 1998; Yingling, 1997），このために受動的なストレスの発生を抑えることができる。

粘性はとくにスポーツの中で重要である。スポーツ選手は通常，ウォームアップを行うように指導されるが，その理由のひとつは組織の粘性を減らすことである。ウォームアップの最中に，生体組織や体液は温まり，粘性が低下し，結果的に伸展性が高まる。温かいはちみつと冷たいはちみつの入ったシリンジを想像してみるとよい。温かいはちみつは速く流れるのである。

(9) 粘弾性

生体組織は完全な弾性体ではなく，完全な塑性を有しているわけでもない。それらの特性が複合された性質を示し，これを粘弾性（viscoelasticity）という。低い負荷のもとでは組織は弾性的なふるまいをし，高い負荷では塑性を示す。また，負荷が長時間にわたって加わると，組織は粘性変形をする。

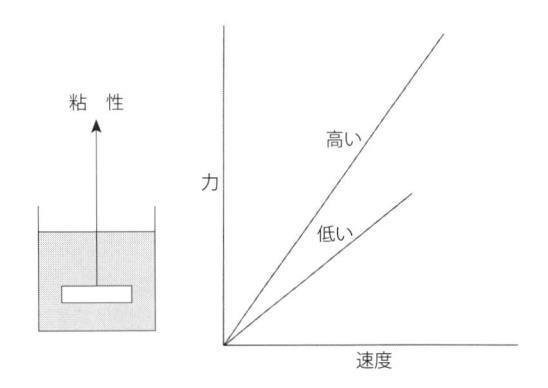

図5.3 粘性を力と速度の間に直線的な関係をもつ理想的な粘性流体の中に浸した板によって模式化したもの
　粘性が増加すると抵抗力が高まる（傾きが急）。
Wright and Johns, 1960. より転載。

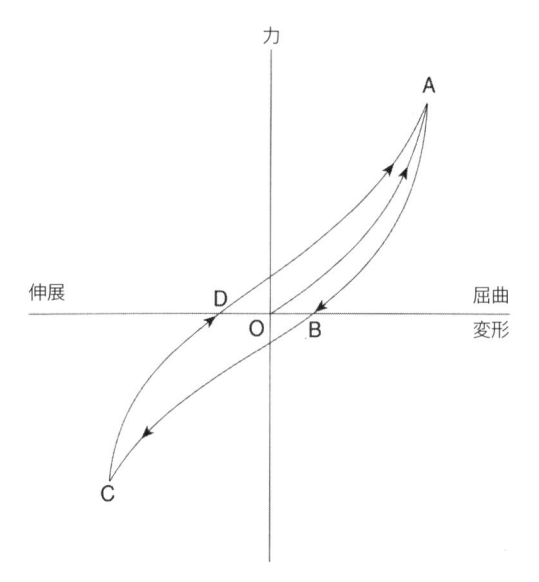

図5.4 関節スティフネスの模式図。左が伸展，右が屈曲，力（トルク）が縦軸
　関節の回転は中間地点（原点 O）から始まり，完全屈曲（A）に進んだ後，伸展し（A, B, C），その後屈曲する（C, D, A）。スティフネス（傾き）は非直線的であり，ヒステリシスが存在する。
Wright and Johns, 1960. より転載。

(10) ヒステリシス

　ストレッチングの最中には，組織を伸ばすのに使われる機械的エネルギーと，その組織が元の長さに戻る際に放出されるエネルギーとの間にずれが生じる。ヒステリシス（hysteresis）は粘弾性を有する物体が負荷と脱負荷を繰り返されたときに生じるエネルギーロスと関係している（図5.4）。弾性組織のストレス－ストレインカーブは負荷時と脱負荷時に同一である。それに対して，粘弾性をもつ物体の場合，カーブは同一ではない。もしも組織が破壊する前に負荷を取り除いた場合，組織の変形は生じないとしても，ストレスを減らしてゆく際のカーブは増加の際のものとは異なる。負荷時と脱負荷時のカーブによって囲まれる部分の面積は失われたエネルギー（熱に変換される）を示す。一方，脱負荷時のカーブの下の面積は弾性による反跳（はんちょう）として再利用されるエネルギーを示す。スポーツや身体運動において，生体組織のヒステリシスの重要性は，全てのエネルギーが弾性エネルギーに変換されるわけではない点にある。その結果，力が減じる際に弾性反跳として用いることができるエネルギーが少なくなる。エネルギーの損失分は組織内の液体の流速に関係している（Lederman, 1997）。腱組織に蓄えられた弾性エネルギーはスプリント走やジャンプのパフォーマンスにおいて重要な役割を果たす（Kubo et al. 1999; Kubo et al. 2000）。

　他動的なストレッチングや収縮の繰り返しは腱のスティフネスとヒステリシスを減らす。例えば，10分間のストレッチングを行うと，スティフネスは9％，ヒステリシスは34％減少したという報告（Kubo et al. 2002）がある。同じグループの研究者はまた別の報告（Kubo, Kanehisa, Kawakami, Ito, and Fukunaga, 2001a）で，10分間のストレッチングによってスティフネスは22.9N/mmから20.6N/mmに，ヒステリシスは20.6％から13.5％に低下したと報告している。また別な報告では，たった5分間の静的ストレッチングによってヒステリシスが29％もの減少を示した（Kubo, Kanehisa, Ito, and Fukunaga, 2001b）。これらの変化のメカニズムは不明である。一方，クボ，カネヒサ，フクナガ（Kubo, Kanehisa, and Fukunaga, 2002a）は8名の被験者を対象とした足底屈筋群の等張力性のレジスタンストレーニングによってヒステリシスは17％低下し，腱組織のスティフネスは19％増加したことを報告している。スティフネス増加のメカニズムもまた不明である。しかし，彼らはスティフネスの増加が，腱あるいは腱膜の内部構造の変化によることを示唆している。これらの研究は，トレーニングがパフォーマンスを高めるという示唆が得られた点で重要である。

　塑性と同様，ヒステリシスはまた牽引のような理学療法手技において重要である。ここで，ガルディ（Garde, 1988）によって指摘されている2つのポイントを示しておくべきであろう。1つめは，これらの手技の効果として，ヒステリシスによって身体を元のポジションに戻すような有効な変形がもたらされるという点である。もしも組織が初期の好ましくない変形に対して元に戻りにくい性質であったならば，身体状況は上の手技によって改善されることはなく，望ましいポジションへの変形は生じないであろう。2つめは，ヒステリシスはまた外傷（macrotrauma）や小外傷（microtrauma）によって生じる病的な変形サイクルの一過程でもある。

2. 軟組織

生体の組織は柔らかいものと固いものに分けることができる。固い組織は骨や歯、爪や髪の毛であり、腱や靱帯、筋肉、皮膚、その他ほとんどの組織は柔らかい軟組織である。軟組織は収縮するものとしないものの2つに分けられる。

(1) 軟組織の特性

軟組織は物理的・力学的性質がさまざまである。収縮性・非収縮性の組織ともに伸展性があり、すなわち、弾性をもつ。しかし収縮性の組織はまた収縮も可能である。収縮性（contractility）というのは、筋肉が短縮してその長さに沿って張力を発生することに対して用いる。膨張性（distensibility）（通常伸展性［extensibility］あるいは伸長性［stretchability］として知られる性質）は筋肉が外的な負荷によってその長さを増やすことのできる性質のことである。筋内に発生する張力が低いほど、伸長は大きくなる。

(2) 軟組織の機械的特性とストレッチングの関係

軟組織のスティフネスが大きいほど、伸長を引き起こすために大きな力が必要である。スティフネスの低い組織は高い組織に比べて伸長力への抵抗性が低く、少ない力で同じ変形をする。したがって、スティフネスの大きい軟組織は捻挫（sprain＝靱帯や関節包の破壊をともなう）や肉離れ（strain＝筋・腱組織の断裂）のような外傷が起こりにくい。

軟組織は完全な弾性体であるが、弾性限界を超えると、伸長の力を除いた後にも元の長さに戻ることができない。元の長さと新しい長さの差は永久変形（permanent set）（塑性変形あるいは伸長）と呼ばれ、組織の軽度の損傷の程度と関係する。それ故、捻挫や肉離れを受傷すると、受傷機転である過度のストレスが取り除かれた後でも軟組織は元の長さに戻らなくなる。場合によっては、靱帯の断裂は永久的な関節弛緩性（joint laxity）や関節不安定性の増加につながる。

ここで、柔軟性を高めるためには組織の弾性限界もしくはそれをわずかに超えるところまでストレッチする必要があるかどうかの疑問が生じる。多くの権威者は、ストレッチングは「不快感」や「つっぱる感じ」を覚えるまでにすべきで、痛みを感じるほどであってはならないと指摘する。そうなると、不快感と痛みの差は何であろうか。医学に限らず、他の領域においてもこれらの用語の解釈はさまざまである（de Jong, 1980; Merskey and Bogduk, 1994）。痛みの定義を国際的に統一し、さまざまな痛み症候群の分類システムをつくるために、1979年には国際疼痛学会（IASP）がつくられ、痛みや他の18の用語が制定された。リストの改訂版がメルスキーとボダック（Merskey and Bogduk, 1994）によって策定され、痛みに関して、3つの用語が説明されている。「痛み」は「不快な感覚・感情の経験で、実際の組織の損傷あるいはその可能性と関連し、そのような損傷に対しても用いられる」。「痛みの閾値」は「認識できる最小の痛みの経験」、「痛みの耐性」は「がまんすることができる最大の痛みのレベル」である。

ストレッチングは少なくとも痛みの閾値までの強度で行うべきだとする専門家は多い。「痛みの意味は個人の主観的な反応、感覚の知覚、経験、情動、記憶、考え方によって与えられる」（Borg, 1998, p.10）。したがって、コーチやトレーナーは相手の誰についても共通の痛み閾値を

決めることはできない。なぜならば，それぞれの人は感覚・情動経験が異なり，しかもこの経験は絶えず変化するからである。

　もうひとつ考慮・注意すべきことがある。それは，リハビリテーションを行っていたり，治癒過程にある組織を有する人の場合，痛みに至る手前であっても，すでに弱くなった組織を損傷させるのに十分な強度になり得るということである。外傷後には組織の形状は引張負荷のストレスへの抵抗力が減少する（Hunter, 1998）。故に，過去に損傷したことのある組織を引っ張る際には特別の注意が必要である。

　もうひとつ，不快感を覚える点は弾性限界のポイントか，それともその下か，あるいは上か，といった別な疑問が生じる。この点について先行研究の結果は一致をみていないが，組織の伸長が復元可能か，永久に復元しないものかどうかは，ストレッチング中やストレッチング後の力の種類や継続時間，組織の温度によるという報告がある（Laban, 1962; Lahmann et al. 1970; Warren et al. 1971, 1976）。

(3) 受動張力下でのストレス緩和とクリープ

　生体組織は時間依存性の力学的特性をもつことが特徴であり，これはクリープとストレス緩和という性質となってあらわれる。安静時の筋肉が急激に伸長され，一定の長さで固定されると，張力はゆっくりと低下する。このふるまいはストレス緩和と呼ばれる（図5.5a）。一方，一定の力あるいは負荷のもとで固定されたときに生じる組織の伸長はクリープと呼ばれる（図5.5b）。

　われわれとしては，これらの時間依存の機械的特性が筋細胞や結合組織にも存在するかどうかに最も興味があるわけで，今後の研究で解明すべき疑問点は以下のようなものになるだろう。

・引っ張りの力はどのようにしてサルコメア（筋節）やさまざまな結合組織に伝達されるのか。
・引っ張り力が筋細胞膜や筋形質，細胞骨格（微少なフィラメントや小管で構成される細胞内の支持構造）に及ぼす効果はどのようなものか。
・クリープやストレス緩和という現象はサルコメアのどこで，またどのようなメカニズムによって生じているのか。
・サルコメアのクリープやストレス緩和と，さまざまな結合組織の圧力勾配や液体の流れ，流動電位が関係するとすれば，それはどのようなものか。

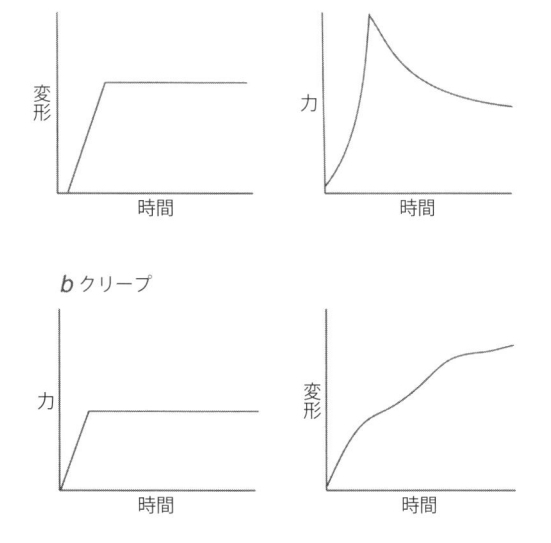

図5.5　加えられた力に対する組織の応答
　(a) 組織が一定の長さを維持されたとき，力が減少するストレス緩和が生じる。(b) クリープは力一定のもとでの時間経過にともなう伸長のことである。
　M. Alter, 1996, *Science of Flexibility, Second Edition* (Champaign, IL: Human Kinetics), 67. より転載。

(4) 結合組織の弾性応答の分子メカニズム

　結合組織は長くしなやかな鎖のようにつなが

った複合物質である。結合組織のスティフネスに影響する2つの主要な因子は架橋の空間配置と温度である。例えば，長くしなやかな分子がn個のセグメントから成り立っているとする。それぞれのセグメントの長さをaとし，各セグメント自体の剛性は高く，結合部分だけが柔らかいとし，セグメントの分子は自由に動くことができることとする。

全ての分子はランダムに動く。しかし，温度が低下するにつれて分子の運動は低下し，温度が絶対零度（−273℃）に近づくと全ての動きは停止する。ランダムな分子運動のために，ある時点でのセグメント端の間の距離は0からna（分子はまっすぐに伸長されるとする）の間の値をとり得る。もっとも，後者の可能性は低く，最も可能性が高いのは中間の距離の$n^{1/2}a$である（値は単純な平均ではなく実効値[rms]になる）。

「通常」の状態では，網目状になった分子鎖は動き続け，分子鎖の末端の結合部分は付いたり離れたりしている。ある特定の鎖の端の距離は変動するものの，たくさんの鎖の平均的な距離は常に$n^{1/2}a$である。

外的な引っ張り力が図5.6aで示されるように結合組織に作用したとする。結合組織の網目構造は図5.6bのように変形し，鎖は伸長の方向に配列する。その結果，引っ張りの方向に並んだ鎖（例えばA−B）は$n^{1/2}a$よりも長い平均距離をもつようになる。対照的に，引っ張りの方向と垂直に並んだ鎖（B−C）は$n^{1/2}a$よりも短い平均距離になる。配列はもはやランダムではなくなるが，変形の原因となっている力が取り除かれると鎖は元のランダムな配列に戻り，結合組織は元の形状に復元する。すなわち，弾性的に反跳する。

アレクサンダー（Alexander, 1988）によると，

これらの考えに基づく理論から，変形した網目構造が平衡状態を保つために必要な力が予測され，弾性係数がわかる。剪断弾性係数Gとヤング率Eは次の式であらわされる関係をもつ。

G=NkT=E/3

ここでNは物体の体積当たりの鎖の数，kは物理定数（ボルツマン定数），Tは絶対温度である。「鎖の数の重要性に注意すること。もしも架橋の数が増え，分子をより多くの鎖で分割した場合，物体はより堅固（スティッフ）になる。また，分子を曲げるのに関するエネルギーは温度増加とともに大きくなるので，それぞれのパラメータは絶対温度に比例する。同様に，一定体積の気体がもつ圧力は温度とともに大きくなる。これは分子の運動エネルギーが温度とともに増加するからである」（p.14の強調部分）。

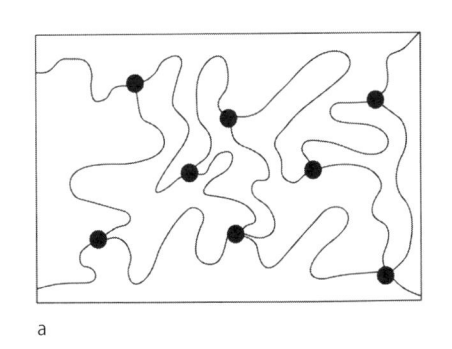

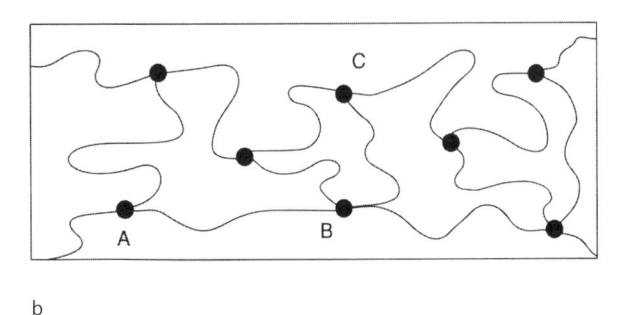

図5.6 ゴム状のポリマーに張力が及ぼされてない状態(a)と水平方向に伸長されている状態(b)
曲がりくねった線はポリマー分子を示し，黒丸は架橋を示す。
Alexander, 1988. より転載。

(5) 結合組織の伸長に関する研究結果

　結合組織の生物物理学の知識をもったところで，先行研究の知見を渉猟してみよう。引っ張り力が結合組織や筋肉に加わると，元の長さから伸長し，横断面（すなわち幅）は減少する。異なった種類の力，あるいは力が加わっているときの条件の違いは結合組織に好ましい変化を与え得るであろうか。

　引っ張り力が持続的に結合組織あるいは筋肉に加えられると，組織を一定量伸長するのに要する時間は用いる力と逆比例する（Warren et al. 1971, 1976）。ワレンら（Warren et al. 1971, 1976）とレイバン（Laban, 1962）は，小さい力を用いた伸長方法は大きい力を用いた方法よりも，同じ伸長を生み出すための時間が増加することを報告した。しかし，引っ張りストレスが取り除かれた後に残る組織伸長の割合は，力が小さく長時間伸長する方が大きい。したがって，「ゆっくりした伸長サイクルは，大きな力のもとでより伸長させるために時間をかけることによって，より大きな塑性変形を生じる」（Sun et al. 1995, p. 261）。これらの研究は静的ストレッチングの有効性を示すものと考えられる。他の研究（Becker, 1979; Glazer, 1980; Jackman, 1963; Kottke et al. 1966; Light et al. 1984）はまた，大きな力で短時間行う伸長は復元しやすい弾性変形を組織に生ずるとしている。低い力での長時間の引っ張り力は永続的な塑性変形を生み出す（Warren et al. 1971, 1976; Laban, 1962）という前述の結果と対照的である。

　さらに，実験研究によって，永続的に伸長した結合組織の構造には機械的な脆弱化が生じることが示されている（Rigby et al. 1959; Warren et al. 1971, 1976）。しかし機械的脆弱性があるからといって，必ずしもすぐに損傷が生じるわけではない（Rigby et al. 1959; Warren et al. 1971, 1976）。ライデビック（Rydevik, 1990）は，複数の損傷は密に神経線維が結合したところに引っ張り力が及ぼされた場合に生じることを示した。

　構造的脆弱化の大きさは組織の伸長速度や伸長の大きさに依存する。同じ組織伸長を大きな力で生じさせた場合，ゆっくりと小さな力の場合よりも脆弱性が大きくなる（Warren et al. 1971, 1976）。伸長速度が高いと張力が大きくなり，一定伸長のもとで組織に蓄えられるエネルギーが大きい（Taylor et al. 1990）。また，高い張力の伸長の際の速度は，張力を低下させたり組織長を増加させたりする効果のあるストレス緩和やクリープを生じさせる時間的余裕を奪う。このため，バリスティックなストレッチングは静的ストレッチングよりも傷害の危険性が高い。

　温度もまた引っ張りストレスのもとにある結合組織や筋肉の機械的ふるまいに影響する。組織温が上昇するにつれ，スティフネスは低下し，伸展性は増加する（Laban, 1962; Noonan et al. 1993; Rigby, 1964）。腱組織の温度を39℃以上まで増加させると，初期の一定伸長に対する永続的な組織伸長を生じる（Laban, 1962; Lehmann et al. 1970）。40℃になると，コラーゲンの微細構造の熱転移が生じ，コラーゲン組織の粘性ストレス緩和が増加して，伸長による塑性変形が大きくなる（Mason and Rigby, 1963; Rigby, 1964; Rigby et al. 1959）。この熱転移の背景にあるメカニズムとして，分子間の結合の不安定化やコラーゲン組織の粘性流動性の増加が指摘されている（Rigby, 1964; Rigby et al. 1959）。重要なのは，熱と伸長はコラーゲンの構造変化に蓄積効果をもつということである（Hardy and Woodall, 1998）。

　サピーガら（Sapega et al. 1981）は，高温のもとで結合組織が伸長された場合，組織温が低下する過程における条件が，引っ張りストレスが取り除かれたときの組織伸長の持続の程度に影響を及ぼすと推論している。彼らの仮説は，

温められた組織が伸長されると，冷却中の組織の長さを維持している引っ張り力は温度を冷却せずにストレスを減ずるのに比べて，塑性変形の割合が高い，というリーマンら（Lehmann et al. 1970）による先行研究に基づいている。リーマンら（Lehmann et al. 1970）は張力を減じる前に組織を冷却することで，コラーゲンの微細構造が伸長後の長さで再安定化するのではないかと考察している。

しかし近年，伸長後の組織を冷却することの利点を疑問視する向きもある（Hardy and Woodall, 1998）。レンテルら（Lentell et al. 1992）はさまざまな条件のもとでストレッチされた健常な肩関節に関する研究によって，ストレッチングと加温を組み合わせるのが組織を伸長する方法として優れていることを発見した。冷却群は柔軟性増加効果が失われた。これらの結果は，ストレッチング後にアイシングを行うのは不必要であることを示唆する。議論に終止符を打つためには，組織温の操作や療法としてのストレッチングに関する臨床研究が必要である。

結合組織が通常の療法によって用いられる範囲（39〜43℃）で伸長されるとき，同じ組織伸長に対する組織の脆弱化の発生量は温度と逆比例の関係にある（Warren et al. 1971, 1976）。この条件は明らかに，コラーゲンが温まるときの粘性的な流れが徐々に増加することに関係している。すでに指摘したように，分子間結合の熱不安定性は，組織の構造の損傷をあまり起こさないようにしながら伸長することを可能にする。しかし，「熱とストレッチングに関する理論を支持する証拠が提出されているにもかかわらず，研究の結果は一致をみていない」（Peres et al. 2002, p.47）。

研究結果を概括して，サピーガら（Sapega et al. 1981）は次のように述べている。

　結合組織のふるまいに影響する因子は，弾性的，すなわち復元可能な変形は力が大きく，時間が短い伸長によって最も生じやすく，このときの組織温は通常もしくは低いとよい。一方，塑性的，すなわち永続的な変形は，高温下で力が小さく，時間の長い伸長を行い，張力を減じる前に組織を冷却することによって発生しやすい。加えて，永続的な組織変形によって生じる構造の脆弱化は，長時間の力の小さい伸長を療法に用いる程度の高めの温度で行うことによって最小限度にとどめることができ，大きな力を低温下でかけると最も脆弱化が生じやすい。

(6)「ストレッチングが傷害を予防する」科学的根拠

ストレッチングは少なくとも一過的に可動域（ROM）を増大させる。そのようにして増大した可動域は多くの運動（競技種目やダンス）のパフォーマンスを高める。しかし，ストレッチングを取り入れる（ウォームアップと混同しないようにしながら）基本的な理由は傷害を予防することである。傷害の原因は多因子的である。それにもかかわらず，ストレッチングは傷害の危険性や重篤度を減らす，という前提で話が進められる。この背景にあるメカニズムとして一般に唱えられているものは，力学的，あるいは神経生理学的なモデルに基づく。

力学的モデルは，筋肉のスティフネス（弾性）を減らすことで傷害の危険性を少なくすることができるという前提に立っている。マクネアとスタンレー（McNair and Stanley, 1996）は次のように述べている。「直感的には，スティフネスの低い筋肉は有利であって，伸長の程度が大きく，大きな可動域の中で長時間にわたって外力を吸収することができる。このいわゆるクッション効果は筋肉腱構造へのストレスを減じることができる」（p.316-317）。ストレッチングの提唱者は，この前提を支持するような

古典的な研究を引用する。テイラーら（Taylor et al. 1990）はウサギの長趾伸筋の伸長実験を行った。1.96Nから78.4Nまで引っ張り力を増加させ，30秒間固定し，元の長さに戻すという試行を10回ずつ行ったところ，同じ力に対して筋長は3.45%増加した。同様に，筋肉の安静長の10%分伸長し，すぐに元の長さに戻す試行を10回行ったところ，ピーク張力は16.6%低下した。この研究は，ストレッチングによる筋スティフネス，すなわち単位長さあたりの力の低下効果を示したものである。クロスとウォレル（Cross and Worrell, 1999）は研究をレビューしたうえでこのように書いている。

> 筋スティフネスに関する先行研究は，ある筋長のもとで連続して伸長すると，伸長の際に筋肉や関連する結合組織に加えられる引っ張り力が減少する。理論的には，スポーツやレクリエーションの最中に関節の動きが変化するとき，筋腱組織の内部に発生する張力は徐々に少なくなる。したがって，通常の関節可動域における筋腱損傷の危険性は，筋腱複合体を伸長しておくことによって減少する（p.11-12）。

ギャレット（Garrett, 1996）は，ウサギの筋腱複合体（MTU）を用いて，あらかじめ測っておいた破断限界の50%の長さまで10回連続して伸長する実験を行った。伸長群では，MTUは損傷する前より大きく伸長した。破断時のエネルギー吸収量には伸長群と対照群で有意な違いは認められなかったが，MTUが限界の70%まで伸長された場合，10回の伸長サイクルが完了する前に筋肉内部の微細損傷が生じた。これらの結果から，個々の筋肉でMTUに破断が生じるまでの力やエネルギーが明らかとなり，中等度のストレッチングプログラムによって，MTUが伸長する際にこの限界値まで達することがなくなることが示された（Garrett, 1996）。このことによって，その後のスポーツ活動の際に，その活動で要求される可動域の中でMTUに課せられる力が少なくなり，その結果，吸収されるエネルギーが減る。

神経生理学的なモデルは，ストレッチングが反射を抑制することで，筋線維内のアクチンとミオシンの結合（クロスブリッジ）を減らし，このことを通じて粘弾性を変化させ，これがスティフネスを低下させる，という仮説に基づく。筋スティフネスの低下は関節可動域を増加させる（Shrier, 2002; Shrier and Gossal, 2000）。

(7)「ストレッチングが傷害を予防し得ない」科学的根拠

最近になって，ストレッチングが傷害を予防すると長い間信じられてきたことに疑問をなげかける論文が出版されるようになってきた（Black and Stevens, 2001; Shrier, 1999, 2000, 2001, 2002; Shrier and Gossal, 2000）。これらの研究の議論は次の5点である。

1. コンプライアンス：コンプライアンスというのは，組織に力が加えられたときの伸長変化を指すが，必ずしも傷害に対する抵抗力とは関係していない。コンプライアンスの増加は，外力によって生み出されるほどの大きさのエネルギーを吸収することができなくなることにつながり，結果としてかえって傷害の危険性を高める。
2. サルコメア長の非均一性：筋線維内の全ての直列サルコメアの長さは均一ではない。このため，収縮中に，伸長するサルコメアや短縮するサルコメアが存在する。このため，全筋のコンプライアンスの増加に関する議論には問題がある（第9章のポッピング・サルコメア仮説を参照）。
3. 伸張性収縮：活動中の筋肉のコンプライアンスは安静時よりもはるかに低いが，多くのエネルギーを吸収することができる。

4. オーバーストレッチング：筋線維の安静長のたかだか20%程度の伸長でも筋損傷を起こすことがある。したがって，「正しい」ストレッチング技術の定義はこれまで考えられていたよりも困難で，緻密さが要求される作業である。

5. 痛み止め効果：ストレッチングによって，短時間ではあるが筋肉痛や不快感を和らげることができるかもしれないが，このことは，傷害の危険性が低くなったという意味ではない。

3. 筋 肉

筋肉は3つの独立した機械的要素からなり，弾性もしくは粘性をもつものに分けられる。機械的要素は変形に抵抗するため，柔軟性において主要な役割を果たす。弾性要素は長さの変化に対して復元力を発揮し，粘性要素は長さ変化の速度と時間に対応する力を発揮する。3つの機械的要素というのは，(1) 並列弾性要素（parallel elastic component; PEC），(2) 直列弾性要素（series elastic component; SEC），(3) 収縮要素（contractile component; CC）である。

(1) 並列弾性要素（PEC）

並列弾性要素（PEC）は筋肉の受動（あるいは安静）張力を担う。PECという名称は，この要素が収縮メカニズムと平行に配列することに由来している。身体から摘出された骨格筋は通常，身体における長さの約10%だけ短縮する（Garamvölgyi, 1971）。この短縮は収縮とは無関係であり，受動的である。摘出された，収縮していない状態の筋肉の長さは静止長（equilibrium length）と呼ばれる。筋肉が短縮するということは，身体内では受動張力が発生していることを意味する。収縮していない筋肉の身体内の長さは安静長（resting length）と呼ばれ，通常 Rl とか L_0 というように略される。

安静時の筋肉は弾性をもち，伸長に抵抗する。静止長よりも短い長さ（$0.90L_0$）では，安静時張力は発生せず，PECはたるんだ（スラック；slack）状態である。しかし，刺激されない状態で筋肉が伸長されると，張力が非線形的に上昇する。すなわち，初期の伸長に対する張力増加はほとんどなく，伸長が進むにつれてより多くの張力が発生する。同じ効果が，編み靴下を伸ばすときにみられる（Calrson and Wilkie, 1974）。では，PECはどのような組成をもっていて，筋肉の安静時張力を決めている構造は何であろうか。

PECはもともと，筋膜や筋細胞，および筋細胞膜や筋周膜，筋内膜に存在する弾性線維からなると考えられた。その後，ハックスレーとハンソン（Huxley and Hanson, 1954）が，アクチンフィラメントの末端をそれぞれの側に固定するものとしてS−フィラメントを提唱した。しかしその1年後に，S−フィラメントはハックスレー（Huxley, 1957）の骨格筋モデルから説明もなく欠落し，その代わりに受動安静時張力の候補として，静電気力があげられた。例えば，筋線維の体積は筋肉が伸長されるときに変化しないが，横断面積（幅）は減少する。つまり，アクチンフィラメントとミオシンフィラメントが近づき，両者の間の空間が減少する。もしも相互の静電気的な反発力が両者の間に存在すると，それぞれを引き離すために仕事が必要になる。すなわち，両フィラメントを本来あるべき配列にしておくために，ある力が必要となる。

その結果，静電気反発力に抗してフィラメントを近づけるための力が安静時張力あるいは伸長抵抗（parallel resistance to stretch）として発生する（Davson, 1970; Huxley, 1967）。もっとも，静電気力は伸長度合いが高い場合には安静時張力に貢献することがあるかもしれないが，主要な要因とはなり得ない。

間接的な証拠によって，タイチンが筋肉の弾性の主要な供給源であることが示されている。この証拠は，ストレスをかけた状態の筋肉の張力の大きさを計測しながらタイチンフィラメントを破壊することによって得られた。この種の最初の実験では，タイチンは放射線によって選択的に破壊された（Horowits et al. 1986）。タイチン破壊の結果，安静時張力が減少した。1年後，ホロウィッツとポドルスキー（Horowits and Podolsky, 1987b）が別の実験を通じて，弾性のあるタイチンフィラメントが筋肉の安静時張力の大部分を担うという仮説を支持する追加データを発表した。また，他の研究（Yoshioka et al. 1986）によって，タイチンは制御されたタンパク分解（分解酵素による）によって選択的に破壊された。このときにも，安静時張力は減少した。同様に，細菌の研究（Funatsu et al. 1990）によって，タイチンの酵素分解（血漿ゲルゾリン：gelsolin）によって安静時張力が減少することが示されている。

サルコメアが伸長され，その後解放されると何が起こるのであろうか。伸長時にはアクチンフィラメントもミオシンフィラメントもその長さを変化させない。その代わりに，フィラメント同士のスライドがわずかに生じる（スライディングフィラメント理論）。最初は安静時張力はわずかであるが，ある程度伸長が進むと安静時張力は急激に増加してそれ以上の伸長に抵抗するようになる（弾性スティフネス）。このふるまいにはタイチンが関係している。解放時には伸長されたタイチンが短縮する。すなわち，タイチンは弾性エネルギーを貯蔵することができる。

もしもタイチンが安静時張力にかかわっているとすれば，ネビュリンはどうなのであろうか。ワンとライト（Wang and Wright, 1988）は，伸展性をもたないネビュリンがZ帯の片端に結合しており，タイチンと直列ではなく並列していることを示唆した。しかし，ネビュリンは安静時張力の担い手ではない。ネビュリンを分解しても安静時張力は変化しない（Funatsu et al. 1990; Wang and Wright, 1988）からである。それ故，ネビュリンは筋肉の弾性の供給源ではない。

筋肉のスティフネスに貢献している他の因子としては，腱・腱膜の伸長性があげられる（McHugh et al. 1999）。クボラ（2001b）は筋肉の受動スティフネスは腱・腱膜のスティフネスとは無関係であることを示唆している。一方，仰向けになった状態で伸ばした脚を挙げる運動（SLRテスト）の，ROMの変動の79%がストレッチ時の受動的応答（トルク－角度関係）によって説明されるという報告（McHugh et al. 1998）がある。

(2) 直列弾性要素（SEC）

筋肉が伸長されるとき，CC（アクチンフィラメント，ミオシンフィラメント，および両者でつくられるクロスブリッジ），PEC，SECの全てが張力に貢献する。SECは，その構成要素が収縮要素と直列に配列していることから名付けられている。SECは筋張力の急激な変化をならしてスムーズにするという重要な機能をもっている。ウィルソンら（Wilson et al. 1991）は，肩甲上腕関節のROMの変動の30%がSECのスティフネスによって決定されることを示した。

SECは受動要素と能動要素の両方をもっている（Walshe et al. 1996）。受動的要素の主なものは腱であると考えられている。能動的な要素は筋細胞内のアクチンとミオシンの間のクロス

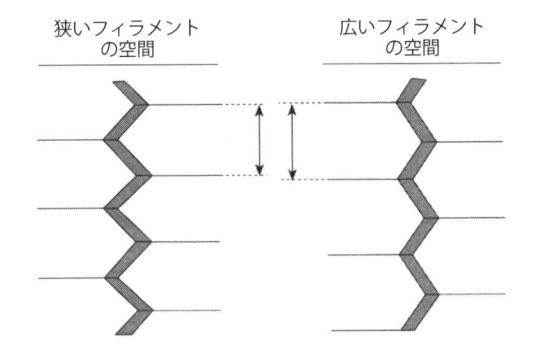

図5.7 フィラメント間の空間の変化がZ帯の構造に及ぼす影響
Z帯は隣接する構成要素の間の角度を変えることによって空間変化に対応する。
Pollack, 1990. より転載。

ブリッジなどを含む（Walshe et al. 1996）。ポラック（Pollack, 1990）は，Z帯もサルコメアの直列弾性要素の一部となり得ると推論している。この機能は，アクチンフィラメントがZ帯を牽引することによってもたらされる。例えば，アクチンフィラメント上の力がZ帯に伝えられると，フィラメントを引き離そうとする力が減少する（図5.7参照）。しかし，フィラメント間の隙間の減少を補うために，Z帯構造の折りたたみ角度が増加して急峻になる（図5.8）。その結果，Z帯は実質的に厚みを増し，これがある種の「弾性」を生み出す。「摘出筋の実験によって，全ての筋腱スティフネスにおけるこれらの構造の相対的貢献度は，MTU（筋腱複合体）におけるそれらの割合と収縮様式と負荷に依存することが示されている」（Walshe et al. 1996, p.337）。

(3) 収縮要素（CC）

CCは筋肉がその張力を増加させる源であり，それ故張力の発生源であるとされる。CCがアクチン・ミオシンフィラメントとクロスブリッジから構成されるのは上述の通りである。張力がこれら2つのフィラメントの化学的結合の数と比例しているとすると，両者のオーバーラッ

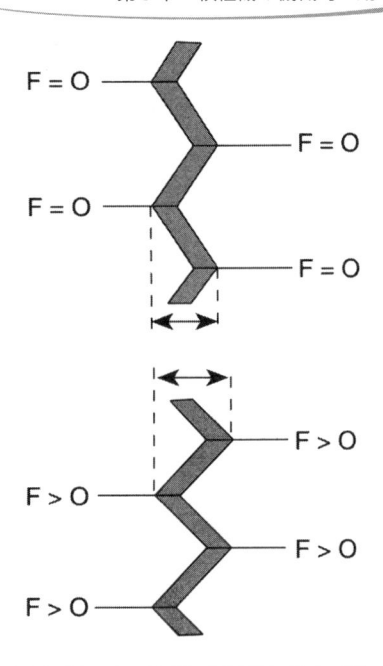

図5.8 アクチンフィラメントに加わる力（F）がZ帯のジグザグパターンを強め，Z帯の有効「幅」を広げる
こうしたアコーディオンのような変化は直列弾性を発生させる可能性がある。
Pollack, 1990. より転載。

プが大きいほど，そして結合部分の活性が大きいほど張力は大きくなる。最大収縮張力は，2つのフィラメントのオーバーラップが最大となるようなサルコメア長において得られると考えられている。これよりも筋長が長くなればなるほどクロスブリッジは消失してゆき，張力が減少する。さらに伸長が進むと，張力はどんどん減少し，ついには安静時の筋肉が発生する張力と変わらなくなる。そのような長さにおいては，アクチンフィラメントとミオシンフィラメントはもはや嵌合（かんごう）することはなく，両者はほとんど，あるいは全く能動張力を発生しない。

(4) 収縮している筋肉が伸長中に発揮する全張力

一般的に，全能動筋張力は筋肉の元の長さ，すなわち安静長の1.2～1.3倍のときに最大となる。それよりも大きな筋長では全能動張力は

減少し，安静長の1.5倍の長さでは能動張力はゼロになる。$1.3L_0$を超える筋長では，アクチンフィラメントとミオシンフィラメントのオーバーラップが減少するためにクロスブリッジが少なくなり，張力が低下する。それ以上になると，PECは受動張力を増加させるものの，CCの能動張力低下に見合うほどではなく，結果的に全張力が減少する。極めて長い筋長では，SECの生み出す張力が急激に増加して能動張力の低下を上回るほどになり，全張力が増加に転じる。ゆっくりとした伸長の際の張力増加における他のメカニズムとして，サルコメア長の不均一性，筋活動の際に動員されたり新たにつくられたりするクロスブリッジ以外の弾性構造，クロスブリッジの長軸上のシフトがあげられる（Morgan, 1990, 1994b; Yagi and Matsubara, 1984）。

(5) 長い筋長における収縮時に付加される伸長の影響

組織が伸長されるとき，伸長反応（stretch response）と呼ばれる張力発揮を行う。これは中枢神経系（CNS）とは無関係で，組織の機械的特性である。他方，伸張反射（stretch reflex）はCNSによって生み出される反応で，伸長された筋肉が伸張刺激に反応して収縮するものである（Gowitzke, Milner, and O'Connell, 1988）。

バリスティックストレッチング（反動をつけるストレッチング）がよくないという指摘の中で，この方法が伸張反射を誘発するという議論がなされる。しかし，ストレッチングが$1.5L_0$を超える筋長で開始されるのであれば，伸張反射はCCの張力増加になんら貢献しないはずである。なぜなら，この長さではアクチンフィラメント，ミオシンフィラメントはもはやオーバーラップせず，張力を発生できないからである。この理屈は，もしも筋線維の全てのサルコメアが同じ程度だけ伸長されるとすれば正しい。しかし，筋肉が伸長されるとき，腱の近くのサルコメアは中央部分よりも伸長の程度が低い。それ故，筋線維末端のサルコメア内のアクチンフィラメントとミオシンフィラメントはまだ十分なオーバーラップをもっている一方で，中央部分はオーバーラップの限界を超えて伸長されている可能性がある（Davson, 1970; Morgan, 1990, 1994）。この場合，腱の近くのサルコメアはまだ反射による張力発揮を行い，これが伸長の程度に影響を及ぼす。さらに，伸長が続いたときの抵抗性は，いったん解離したクロスブリッジの再結合，あるいは，はじめはなかったアクチンフィラメント上の結合部位が，長さ変化による動きの結果あらわれて新たなクロスブリッジができたことによってもたらされる（Flintney and Hirst, 1978; Morgan, 1990, 1994）。かくして，$1.5L_0$を超える筋長での伸張反射もCCによる張力増加に関係するのはほぼ確実である。

4. 血管組織

身体の数多くの構造が運動中，とくに伸長時に大小さまざまな力にさらされる。そういった力を受ける構造の代表的なものは結合組織（腱，靱帯，筋膜など），そして骨格筋である。しかし，見過ごしてはいけない2つのカテゴリーの構造物がある。それは，血管系および神経系の巨視的構造である。

(1) 血管系の解剖学

　心臓を離れた血液は血管系に入る。これは身体にくまなく血液を運ぶためのさまざまなタイプの血管から成り立っている。血液の運搬に加えて，血管は栄養素や代謝産物，ホルモンや他の物質を血液と体液の間で交換する機能も有する。最終的に，血液は心臓に戻ってくる。3つの主要な血管として，動脈，静脈，毛細血管をあげることができる。

　動脈は心臓から血液を運び出す役割をもつ。全ての動脈（肺動脈とその分岐を除く）は酸素に富む血液を運搬する。動脈血管の直径が0.5mm未満のものを細動脈と呼ぶ。動脈はその壁の主要な構成成分から弾性動脈と筋性動脈に分けられる。弾性動脈の例としては大動脈，総頸動脈，鎖骨下動脈，総腸骨動脈のような大きな動脈があげられる。大部分の動脈は筋性であり，血流は血管の収縮と拡張を通じて調整されている。

　静脈は心臓に血液を運ぶ役割をもつ。肺静脈を除く全ての静脈は脱酸素化した血液を含む。直径0.1mm未満の小さな静脈は細静脈と呼ばれる。静脈と細静脈の大きな違いは，静脈壁の中央層の相対的強度である。筋肉や弾性線維が少ないと静脈血圧が低い。動脈とは異なり，静脈は弁をもつ。

　毛細血管は顕微鏡レベルの大きさの血管で，動脈と静脈をつないでいる。その壁は内皮細胞からなる1層のみである。毛細血管の平均的な直径は7〜9μm，長さは通常0.25〜1mmの範囲（後者は筋組織における平均長）に分布する。毛細血管は血液および必要な物質を輸送したり，それらを周囲の組織と交換したり，正常な血圧や血液循環を維持したり，血液の貯蔵庫としてはたらくなど，さまざまな機能を担っている。

(2) 血管の伸長

　血流によって伸長されたり，血管そのものが伸長されたりするとき，血管は典型的な粘弾性特性を示し，この特性によって心拍サイクルによる絶え間ないストレス変化に応答する。骨格筋のサルコメア長が毛細血管の全長に及ぼす影響が，エリスら（Ellis et al. 1990）によってラットの長趾伸筋を用いて調べられた。6本の毛細血管の正準化データは「4本の毛細血管が筋肉と同程度伸長され，1本はそれ以上，もう1本はそれ以下の伸長を示した」（p.63）。毛細血管の伸長抵抗性の違いは，血管系，血管壁の厚さ，隣接する筋細胞からの牽引度合いの変動の結果であると推察された。リーとシュミット・ショーンベイン（Lee and Schmid-Schonbein, 1995）は，脊柱僧帽筋を覆う筋膜を取り除くと血管周囲の空間が拡張し，筋線維は円柱に近づくことを示した。このように，筋膜の除去は筋線維と毛細血管の空間配置や両者の相互作用を変化させ，これは毛細血管と筋細胞，あるいは筋細胞間のコラーゲンの支柱構造の統一性を乱すことによる。エリスら（Ellis et al. 1990）は，毛細血管は概して曲がりくねった配列をしており，筋肉の伸長は単にそれらをまっすぐにするだけで，血管の長さを変化させることはないという仮説をほぼ立証した。いったん毛細血管がまっすぐになると，それ以上の筋伸長は毛細血管の伸長をまねき，個々の血管長をL_0を超えて直線的に増加させる。ここで重要な知見は，それぞれの毛細血管はサルコメア長変化と完全に1対1の対応をしないことである。例えば，ある毛細血管は隣接する筋線維よりも伸長され，他の毛細血管はその逆であった。それに加えて，毛細血管と細動脈の配置はサルコメア長とともに変化することも研究によって示されている（Mathieu-Costello et al. 1987, 1989, 1991; Nako and Segal, 1995; Poole et al. 1997）。

　動脈の長さは生体内ではほとんど変化しな

い。ドブリン（Dobrin, 1983）は，ロートン（Lawton, 1957）とペイテルとフライ（Patel and Fry, 1964）の報告を引用し，拍動周期の間に胸部大動脈の1%の伸長と腹部大動脈の1%の短縮を報告している。上行性の大動脈と肺動脈はその長さを5～11%変化させるが，これは心臓全体の動きによるものである（Patel et al. 1963）。動脈の長さ変化は幅広い範囲の血圧に対して長さをほとんど変えることはないが，姿勢によって長さが変化する。ブラウズら（Browse et al. 1979）は10名の男性について，レントゲン撮影によって動脈長と直径を計測するとともに，大腿動脈および橈骨動脈の血流パターンを調べた。脚をまっすぐに（膝関節角度180°）伸ばしたところから始め，膝を完全屈曲させた。平均屈曲角度100°（180°から80°への変化）に対して大腿動脈は平均4.5cm（初期長の20%）短縮したが，血管径は維持されていた。このとき血管に生じた変化は，動脈が完全に曲げられた状態で内部表面にしわが生じることだけであった。人間の橈骨動脈の計測結果では，肘関節角度が180°（完全伸展位）から105°に変化するとこの血管は16.3cmから14cmに，2.3cm短縮した。すなわち，関節角度10°毎に3mmの変化で，やはり血管径に変化はみられなかった。

　血管の機械的特性は，血管壁の結合組織，とくにエラスチンとコラーゲンの特性に起因する部分がある。成熟とともに，動脈のエラスチンに対するコラーゲンの割合が増加し，スティフネスが増加する。膨張時の血管のスティフネスはいくつかの変数をもつ関数で，血管が収縮しているか弛緩しているかに依存する。ドブリン（Dobrin, 1983）はこの複雑性について詳細に検討している。

(3) 伸長が筋酸素消費量および局所筋血流に及ぼす影響

　運動は心臓血管系によって運搬される血液の量を劇的に増加させる。しかし，伸長された筋肉が弛緩したときや，伸長された状態で等尺性収縮を行っているとき，伸張性収縮を行っているとき，もしくはストレッチングの前・中・後に圧迫されているときに生じる変化はどのようなものだろうか。技術の革新によって，これらの疑問に焦点があてられるようになった。

　ガスケル（Gaskell, 1877）はイヌの筋血流が下腿の筋収縮中に減少することを示し，このことはその後数多くの追試によって確認された。一般的に，血流量は収縮力に比例して減少する。一方，伸長中および伸長後に筋肉の血流や酸素消費量にはどのような変化が生じるのだろうか。この疑問にステインズビーら（Stainsby et al. 1956）が挑み，イヌの腓腹筋－足底筋グループを伸長したところ，酸素消費量は平均安静時の半分に低下し，張力を除くまでの間低下し続けた。張力が取り除かれた後，酸素消費量は安静レベルまで戻り，伸長によって生じたと考えられる酸素借の償還はほとんどみられなかった。この現象を説明するのにいくつかの仮説が提示された。

　グレイとスタウブ（Gray and Staub, 1967）は，能動的な力発揮時よりも，張力を合わせた受動的伸長時の方が血流の低下が少ないことを報告した。彼らは，伸長による筋血流の低下は血管の局所的な圧迫によるものである，と考えた。ヒルシュら（Hirche et al. 1970）は，パパベリン（血管拡張剤）で血管を拡張させた筋肉では，受動的伸長，能動的収縮のどちらも同程度の血管抵抗増加が生じることを報告した。ウィスネスとキルケボ（Wisnes and Kirkebø, 1976）は，ラットの下腿筋群の能動的収縮もしくは受動的伸長は機械的に筋血流を低下させ，とくに高張力時の筋中央内部でそのことが顕著であること

を示した．筋群の中央内部は外部・周辺部よりもはるかに血流が低下したのである．その結果から，彼らは「血流は単一筋でもその部位によって異なるので，器官全体としての血流はどの部分でも同様であると無批判に結論されるべきではない」（p.265）と述べている．中央部の筋血流低下が顕著であった結果を彼らは組織圧の部位差によって説明した．加えて，「筋線維の方向の不均一なパターンや収縮中のさまざまな筋構成要素の相対位置の移動が剪断応力を生み出し，中央部の血管抵抗を増す．この程度が収縮時と伸長時で異なる」（p.551）と主張した．

マチャノフ，レフトフ，オルロフ（Matchanov, Levtov, and Orlov, 1983）はネコの腓腹筋をその長軸方向に初期長の10〜30%伸長することで受動筋力が増加し，血流を規則的に低下させたと報告した．減少した血流は受動張力に依存していたが，変形の程度には関係していないこと，伸長後には血流増加が生じることも示された．マチャノフ，シュストバら（Matchanov, Shustova et al. 1983）はネコ腓腹筋を初期長の111%と117%だけ伸長させると受動筋力が増加し，15秒間の等尺性筋力も増加したと報告した．加えて，筋肉の血管の血流は安静状態で伸長をしている間減少したが，血液からの酸素の抜き取りは増加し，酸素消費量は変化しなかった．シュストバ，マルツェフら（Shustova, Maltsev et al. 1985）は再びネコ腓腹筋の伸長実験を行ったが，1〜2cmの伸長は毛細血管の血流量を完全な安静時の値にまで低下させた．伸長1分後，血流速度は148本の毛細血管において0.30±0.06mm／秒増加し，35本では0.22±0.07mm／秒減少，5本では変化しなかった．個々の毛細血管の応答は，血管網においてそれぞれが存在する部分の初期の血流速度とは関係していないようであった．シュストバ，マチャノフら（Shustova, Matchanov et al. 1985）はネコ腓腹筋の血管の圧迫が伸長中の血流供給に及ぼす影響を調べた．筋肉を10〜20%伸長すると血流は5.0ml／分から3.0ml／分にまで低下した．しかし，伸長による血流の低下とその後の血流増加は，伸長と圧力を合わせた筋肉の圧迫によって再現することはできなかった．さらに，筋伸長が血管に及ぼす影響は筋内圧による筋自体の圧迫だけには限らない．レフトフら（Levtov et al. 1985）は，筋伸長後血流増加時には毛細血管の血流速度が増加することを見いだした．しかし，遠位の毛細血管の方が血流速度は低かった．毛細血管における血流速度は流入・流出血管の抵抗の合計と毛細血管抵抗の比率に依存していると結論された．

プールら（Poole et al. 1997）は生体内で筋肉を伸長することで毛細血管内の赤血球のヘモダイナミクスが損なわれるかどうかについて調べた．サルコメア長を増加させると，平均毛細血管赤血球速度は低下し，赤血球が流れる毛細血管の多くが閉塞するかもしくは断続的な流れになった．筋伸長は血液（および酸素）の運搬を妨げるばかりではなく，毛細血管の赤血球の流れのダイナミクスを変化させ，血液組織内の酸素動態を損なうのである．その結果として，筋肉のパフォーマンスが損なわれ，疲労が高まる．キンディグとプール（Kindig and Poole, 1999）は，毛細血管径と平均動脈血圧は骨格筋内のサルコメア長に依存すると結論している．

長さが変化したときの筋血流減少について，もともと2つの説明がなされていた．①長軸上に伸長することで血管径を受動的に少なくする，②筋線維あるいは筋束の間で発生する剪断応力によって血管をよじれさせたり圧迫したりする．ウェルシュとセーガル（Welsh and Segal, 1996）はこれに代わる説明を加えた．まず，筋伸長は能動的な血管運動反応を引き起こし，その結果血管収縮が生じる，というものである．とりわけ，「筋伸長は血管周囲の神経線維にある伸長感受性をもつイオンチャンネルを活性化させ，活動電位を発生させる．そういった効果

が細胞外マトリクスに結合したインテグリンによって補助される」(p.558)。次に，「筋肉の伸長はパラクリン（傍分泌）物質の放出を増加させ，おそらくは局所的な軸索反射を通じて血管周囲の神経の活動電位を発生させる」(p.558)。しかし，そのような機械的シグナル伝達機構は未だ同定されていない。

5. 末梢神経

　通常，能動的・受動的な関節運動は大きな可動範囲で行われる。このような動きにおいて，神経はさまざまなストレスや伸長にさらされるにもかかわらず，痛みや機能の不具合が生じることはない。しかし，状況によっては神経の傷害が生じることがある。末梢神経に対する外傷・伸長傷害は，保健医やスポーツ選手・アーティストのケアをする者にとって重篤な臨床上の問題をなげかける。神経の圧迫や伸長に関連したこれらの傷害の特徴を知っておくことはいくつかのレベルにおいて大切なことである。スポーツ選手，ダンサー，コーチ，トレーナーはパフォーマンスに影響を及ぼしたり傷害を引き起こしたりする因子について知っておかなくてはならない。神経の圧迫と伸長は医学の領域における処置とリハビリテーションにおいて問題となる。例えば，張力のかかった状態で神経幹の束を縫合すると，末梢神経が伸長される場合がある。同様に，理学療法士は牽引中に神経が傷つく危険性があることを認識するべきである。ヘルスケアの実践者が身体に対して種々の調整・マニピュレーションを行うときには，神経の傷害を引き起こしたり，すでにある傷害を悪化させたりすることのないように注意する必要がある。

(1) 神経の構造と神経鞘

　末梢神経（中枢神経系の外部にある神経）の構造については100年以上にわたって研究が行われており，顕微鏡技術の向上と技術革新によって，末梢神経についての理解が深まっている。末梢神経系においては，神経線維は束をつくって神経をつくる。

　神経は3つの独立した結合組織の鞘をもっており，それぞれ，神経上膜，神経周膜，神経内膜と呼ばれている。結合組織の鞘の明確な機能として，末梢神経の構造の支持と身体運動中の神経の伸長に対して弾性を供給することをあげることができる。それに加えて，神経鞘の中には神経線維をさまざまな有毒物質から守ったり，巨大分子の侵入を防いだり，おそらくはイオンの通行を制御するような血液－神経バリアとしてはたらくものがある。また，神経線維を分割したり，ひとまとめにしたりするはたらきももっている。

1) 神経上膜

　神経上膜は緻密性結合組織からなる線維性の層で，神経全体を覆って神経束の間に位置する。その中には結合組織線維と血管，そして血管を支配する神経線維が含まれる。神経上膜の主要な構成要素であるコラーゲン細線維は神経の長軸に沿って並んでおり，弾性線維も存在する。

2) 神経周膜

　神経周膜は神経上膜の深層に存在し，神経線維束1本1本を覆っている。それ故，個々の

神経線維束は 3 〜 10 個の年輪状の細胞層からなる神経周膜に囲まれている。層の数は周膜が包含している神経線維束の大きさと，中枢神経系（CNS）にどれだけ近いかどうかに依存している。周膜の細胞はその縁において強固な結合部を構成し，このことから周膜は巨大分子のバリアとなる。コラーゲン細線維は神経上膜よりも薄く，弾性線維はほんの少しだけ，分散した状態で存在する。

3) 神経内膜

神経内膜は最深層の神経鞘で，個々の神経線維を包む。神経周膜とおおむね等しい直径をもったコラーゲン細線維が神経の長軸方向に並んだ薄い層からなる。

(2) 神経の伸長

引っ張り負荷をかけた末梢神経の挙動に関する研究は 19 世紀の後半からすでに存在している。それにもかかわらず，末梢神経の生体力学的な特性や，神経に構造的な損傷が生じる伸長限界についてほとんどわかっていない。慢性的な損傷を受けた神経はその機械的特性を変化させる（例えば，スティフネスが増加する；Beel et al. 1984）可能性がある。しかし，引っ張り特性と伸長の臨界値に関するデータはわずかであり，往々にして矛盾したものである（Beel et al. 1986; Denny-Brown and Doherty, 1945; Haftek, 1970; Highet and Sanders, 1943; Hoen and Brackett, 1970; Rydevik et al. 1989; Sunderland, 1991; Sunderland and Bradley, 1961）。以下の項目では，伸長の力と神経のバイオメカニクスとの関連性や神経への血流，神経伝達への影響などに関する先行研究をまとめる。

報告されている実験結果の比較は不可能であることが多い。これは，バイオメカニクス的に基準化されたデータが欠如しているためである（Wall et al. 1992）。実験に使用する神経を生体内で扱うか生体外に取り出すか，動物の種類，神経の種類，神経の成熟度やその処理，そして実験そのもの，こういった変数が統一されていないのである。

一般に，神経にかけられる引っ張り負荷が徐々に増えていくとき，負荷と伸長の間には，ある点までは直線的な関係が成り立つ。臨界点を超える伸長に対しては，神経は弾性構造としてのふるまいをしなくなる（Sunderland, 1978, 1991）。神経幹の弾性を損なったり，引っ張り強度を与えたりしている主要な構成要素は神経周膜であり，弾性の範囲は安静長の 6 〜 20% である。弾性限界を超えると，変形と力との間にはもはや直線的な関係はみられなくなる。さらに大きな力が加えられると，両者の関係がつくるカーブは徐々に平らになり，最大ストレスすなわち「極限つよさ」に達する。神経の構造変化をきたす伸長の大きさに関する実験データは限られているが，11 〜 100% の伸長率の範囲である。これらの構造変化は引っ張り力の大きさと特性，そして力が加えられる時間に強く依存する。グレウァルら（Grewal et al. 1996）は，神経周膜の損傷に対する伸長の影響の大きさについて説明を試みている。

> 神経周膜の損傷は膜の拡散特性を変化させる。透過性が高まるため，タンパクが神経束に漏れ出す。このために神経束内に腫脹が発生し，神経内に線維化が生じる。このことが，通常の機能を取り戻すことの障害となる (p.201)。

(3) 末梢神経幹のストレス−ストレイン特性

サンダーランドとブラッドレイ（Sunderland and Bradley, 1961）は一連の実験を通じて，ヒトの末梢神経を破断に至るまで徐々に負荷を増

加させて伸長した際にみられるストレス－ストレイン関係について検討した。ヒトの正中神経（n=24），尺骨神経（n=24），内側（n=13）および外側（n=15）膝窩神経を解剖室から死後12時間以内に取り出し，すぐに実験に供した。全てのサンプルは30～50歳の献体のものであった。最大負荷はサイズによらず，以下の範囲であった。

正中神経	7.3～22.3kg
尺骨神経	6.5～15.5kg
内側膝窩神経	20.6～33.6kg
外側膝窩神経	11.8～21.4kg

1) 神経幹の最大引っ張り強度

神経は均質な構造ではなく，また完全な円筒でもない。神経幹の横断面積当たりの最大引っ張り強度の範囲は以下の通りである。

正中神経	1.0～3.1kg／mm^2
尺骨神経	1.0～2.2kg／mm^2
内側膝窩神経	0.5～1.8kg／mm^2
外側膝窩神経	0.8～1.9kg／mm^2

2) 神経幹の最大伸長

神経が弾性限界まで伸長されない限り，伸長後には元の長さに戻ることをブラッドレイ（Bradley, 1961）は明らかにした。また，負荷を除くと元の弾性特性を回復することも示された。しかし，ひとたび弾性限界を超えると，サンプルは元の長さに戻ることはできなくなり，永続的な長さ変化，すなわち変形をきたす。負荷と伸長の間の直線（弾性）関係が保たれるのは以下の範囲であると考えられる。

正中神経	6～20%
尺骨神経	8～21%
内側膝窩神経	7～21%
外側膝窩神経	9～22%

3) 破断時の伸長率

サンプルによる変動は大きいものの，弾性限界を迎える神経の伸長はおよそ20%であるとサンダーランドとブラッドレイ（Sunderland and Bradley, 1961）は報告している。完全な断裂は約30%の最大伸長で生じる。安静長に対する破断時の伸長は以下の割合である。

正中神経	7～30%
尺骨神経	9～26%
内側膝窩神経	8～32%
外側膝窩神経	10～32%

(4) ヘルスケア実践者にとって神経の伸長が意味するもの

ライデビックら（Rydevik et al. 1990）は健康・医療にかかわる者にとって重要な意味をもつ発見をいくつかしている。まず，神経が機械的に損傷を受けると，見た目は正常であるものの，神経周膜に複数の破断が認められることである。「したがって，肉眼観察によって神経幹の正常度を判断するのは妥当であるとはいえない」（p.699）。さらに，神経周膜はある点で突然破断するのではなく，ある範囲にわたって破断が生じる。したがってこの知見は「伸長による末梢神経の損傷は局所的ではなく，神経に沿って生じるのであろう」（p.699-700, 図5.9）。

(5) 神経内の微細血流

神経の伸長は内部の微細血流に大きな影響を及ぼす。神経を伸長することで神経束内圧が増加し，神経の横断面積が徐々に減少する。これらの変化により神経の圧迫が生じ，さらに神経線維の変形と血液供給の低下が進む。ランドボルグ（Lundborg, 1975），ランドボルグとライデビック（Lundborg and Rydevik, 1973），オガタとナイトウ（Ogata and Naito, 1986）は神経

図5.9 破断まで伸長された神経幹における神経束とそれに含まれる神経線維のふるまい
S. Sunderland, 1978, "Traumatized nerves, roots, and ganglia: Musculoskeletal factors and neuropathological consequences." In *The neurobiologic mechanism in manipulative therapy*, edited by T.M. Korr (New York: Plenum), 139. より許可を得て転載。

の8%を超える伸長によって神経内の微細血流が損なわれることを示した。神経内の完全な虚血は15%の伸長で生じた。これらの伸長度合いであれば，弛緩後に動脈および毛細血管の血流は完全に回復するが，静脈循環の回復は不完全であった。15%の伸長を持続すると，回復不能な虚血ダメージが生じた。したがって，神経内の微細血流を阻害する伸長は神経機能を損なうことがある。

(6) 伸長が神経伝達に及ぼす影響

神経伸長のもうひとつの影響は電気的な伝導の阻害となってあらわれる。伝導が行われなくなる神経伸長として6～100%の間の値が報告されており（Grewal et al. 1996; Wall et al. 1992），用いた動物によって異なる。ウォールら（Wall et al. 1992）は，初期の伝導阻害は虚血ではなく物理的変形によることを示唆している。

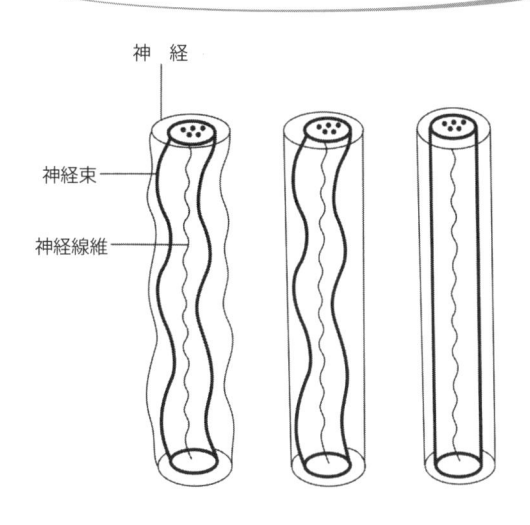

図5.10 神経，神経束，神経線維の波状配列の模式図
関節の全可動域にわたる体肢の動きによって神経が伸長されるとき，この構造が神経線維を保護する。
Sunderland, 1991. より転載。

(7) 神経幹の保護構造

ほとんどの末梢神経は自分自身を物理的変形から守る4つの特徴をもっている。それは1) たるみ（slackness），2) 関節内の神経の配置，3) 伸展性，4) 弾性，である。

1) 神経幹と神経線維のたるみ

神経幹はうねりをもちながら付着している。神経束も同様に神経上膜の中でうねりながら配列しており，したがって神経線維も神経束内でうねっている。張力がないかあってもごくわずかな場合，神経はアコーディオンのようなかたちに折りたたまれている（Smith, 1966）。その結果，神経幹やその枝上の2つの固定点の間をつなぐ神経線維はその直線距離よりもずっと長い（図5.10参照）。

伸長初期にはこのうねりがとれてくる。伸長を進めると，神経束，ついには神経線維のうねりが伸びきってくる。この点になってたるみがなくなり，神経線維が張力をもつようになる。もしも伸長が引き続いて行われると，神経線維

内の伝導が損なわれてゆき，ついには完全に失われる。そして最終的に神経束内で神経線維の破断が生じ，神経周膜に構造的破壊が生じる。

神経に存在するこのたるみの重要性は強調しすぎてもしすぎることはない。サンダーランド（Sunderland, 1991）は，「神経系のたるみはこのようにして身体運動中に生じる牽引力を吸収し，緩衝することで，内部の神経線維を常に過伸長から守っている」と説明している（p.66）。

2) 関節における神経の配置

関節内の神経の配置もしくは経路は神経を保護するとともに，可動域（ROM）を広げるのに役立っている。2つの有名な例外を除いて，神経は関節の屈曲側（屈曲時に「内側」になる方）をまたいでいる。関節屈曲可動域は伸展よりもずっと大きいので，関節の屈曲側をまたぐ神経は屈曲中に弛緩し，伸展中にわずかに伸ばされる。対照的に，関節の伸展側をまたぐ神経は伸展中には弛緩するものの，屈曲中には非常に伸長されることになる。いいかたを変えると，屈曲は伸展に比べて「安全のための予備」と「神経のあそび」をもっているのである。伸展側に位置する神経は体肢の動きの際に生み出される力にさらされるという点で，不利である。

2つの例外というのは尺骨神経と坐骨神経で，それぞれ肘関節と股関節の伸展側をまたいでいる。これらの神経は関節の最大屈曲時に過度の張力にさらされる。膝を伸ばした状態で前方へ体幹を屈曲させる動作を含む運動は多くのスポーツや日常活動で頻繁にみられることから，身体活動レベルの高い人はこのことがとくに問題となる。

坐骨神経が股関節の伸展側をまたぐところでは，神経上膜組織は神経の横断面積の88%もの割合を占める（Sunderland, 1991）。この構造はおそらく保護機能を有する。というのも，日常生活ではスクワット動作を行ったり，膝を曲げた状態で坐骨神経の上で座位姿勢をとったりするのに多くの時間が費やされ，この神経が伸長されるからである。

3) 神経幹の伸展性

伸展性は神経が過度に引き伸ばされるのを守る。神経は引っ張り力が及ぼされた場合，変形・伸長する。他の全ての組織と同様，この機能は度を過ぎると破断につながる。

4) 神経幹の弾性

弾性はその物体の外乱への抵抗であり，元の形状や大きさに復元することを可能にする特性である。前述の通り，神経に徐々に増加する引っ張り負荷がかけられると，神経が弾性体としてふるまうのをやめるまでは負荷と伸長の間には直線関係が成り立つ。神経幹において弾性に関係し，引っ張り強度を保っている要素は神経周膜である。さまざまな末梢神経について，ストレス－ストレイン関係が報告されている。末梢神経の弾性範囲は6～20%であるという研究がある（Sunderland and Bradley, 1961）。

(8) 神経の弾性・伸展性・可動性を低下させる要因

末梢神経は強度・弾性・伸展性・可動性といった特性を有するが，これらの特性は変化し得る。神経線維の力学的特性を変化させる要因には以下のものがある。

- 癒着と瘢痕組織
- 神経内のコラーゲン組織と弾性組織の割合の変化
- 奇形
- 外傷
- 縫合

(9) トレーニングによって末梢神経は変わるか

現在までのところ，伝統的なストレッチングの手技やプロトコルの違いが末梢神経の特性に及ぼす影響に関する研究は存在しない。したがって，（スポーツやダンス，ヨガ，理学療法で用いられるような）ストレッチングが末梢神経の弾性や伸展性，可動性を変化させるか，させるとすればどのようにか，といった情報は得られていない。これらの点を明らかにするような研究が必要である。

6. 結合組織，骨格筋，神経の力学的特性の影響因子

ストレスのもとでの結合組織（コラーゲン，エラスチン）や骨格筋，神経のふるまいは数多くの関連因子の影響を受ける。例えば，以下のようなものである。

- 線維の配列や方向
- 組織内において線維が絡み合うパターン
- 細線維内においてコラーゲン分子が絡み合うパターン
- 細線維間の物質の存在
- 線維と細線維の数
- 線維の横断面積
- コラーゲンとエラスチンの割合
- 組織の化学的組成
- 組織の水和の度合い
- 収縮要素の弛緩度合い
- 力をかける前やかけている間の組織温
- 力を除く前の組織温
- 加える力の大きさ（負荷）
- 力を加える時間
- 力の種類（バリスティックかスタティックか）
- 力の繰り返しの際に復元にあてられる時間
- 反復させる負荷の数

7. 今後の研究の必要性

研究は決して終わることのないプロセスである。軟組織のメカニクスに関する研究分野においては，多くの未解決な課題が存在している。およそ25年も前にリー（Lee, 1980）によって指摘された2つの点は未だ明らかになっていない。

1. 軟組織はその大部分が水である。組織内の水の動きは組織を変形させようとする力に大きな影響を与える。組織の変形反応は，組織の細胞や構成分子の力学的・電気的・生化学的特性にも依存している。これらの因子は軟組織の生体力学的な応答の負荷の経路依存性やスピード依存性と関係しているはずである。しかし，この点についてはさらに定量的な実験が必要である。

2. 大部分の軟組織の応答は多かれ少なかれ神経系によって制御され，調整されている。弾性線維や生体膜の受動的な力学的特性はこれまで多くの研究者によって，個別に研究されてきた。今後は，筋肉と受動的な軟組織の要素との相互作用をはっきりさせる必要がある。(p.30-33)

8. 要 約

あらゆる組織（結合組織，筋組織，神経組織，血管組織）に力が加えられたとき，予想可能な変化が生じる。全ての組織は過度の引っ張り力によって最終的に破断する。損傷の程度は力の大きさ，スピード，時間といった因子に依存する。

弾性，すなわち復元可能な伸長は，組織が大きな力で短い時間，通常もしくは通常よりも低い温度で伸長されたときに最も起こりやすい。塑性，すなわち永続的な伸長は，組織が小さな力で長時間，高温のもとで伸長され，短縮前に冷やされるときに生じやすい。それに加えて，小さな力で，治療に用いるような高い温度のもとで伸長されると組織の脆弱化は最小にとどまり，逆に大きな力で低温の状態で伸長されると脆弱化が最大になる。

したがって，損傷が生じないようにしながら組織を長くするために理想的なストレッチングプログラムは，「ストレッチ前に組織温を高め（身体深部温を高めるような運動や温熱療法によって），弱めの力をかけてそれを持続させ，ストレッチを弱める前に組織を正常温度まで冷やすこと」となるだろう。

血管や末梢神経もまた伸長し得る。血管が伸長されると血流が少なくなる。過度に神経を伸長すると機能が損なわれ，破断が生じることもある。末梢神経はたるみ，配置，弾性，伸展性によって，自身を伸長による物理的変形から守る構造を備えている。

第Ⅱ部
臨床的考察

第6章
柔軟性の神経科学

　神経系は，主要な身体コミュニケーション系の1つを構成する。そのため身体の動きの繊細さと大きさを決める際に重要な役割を担う。神経系は，中枢神経（脳と脊髄）と末梢神経（脳神経と末梢神経）からなる。この章では柔軟性とストレッチングに関連した神経系について説明する。

1. ストレッチングに関連した感覚受容器

　最適な関節可動域までストレッチし，それを維持するために関係する受容器には主に3つあり，それらは筋紡錘，ゴルジ腱器官，関節の機械受容器である。次にそれぞれの構造，機能さらにストレッチングとの関係について説明する。

(1) 筋紡錘

　筋紡錘は，筋における一次ストレッチ受容器であり，最も幅広く研究されている固有受容器である。受容器は筋，関節，腱，内耳の平衡覚器に存在する。筋紡錘は身体のほとんどの骨格筋にさまざまな数で存在し，特に手や眼のような小さく，繊細な筋に多く存在する。

　典型的な哺乳類の筋紡錘は，結合組織の被包におおわれ，6つの小さな筋線維から構成されている。筋の長さの感覚情報を知らせる包の中の筋紡錘は，錘内線維と呼ばれる。被包の外側に規則的な筋収縮の単体があり，これらの線維を，錘外線維[1]と呼ぶ。筋紡錘は，その両端が錘外線維に付着し，錘外線維に対し平行に位

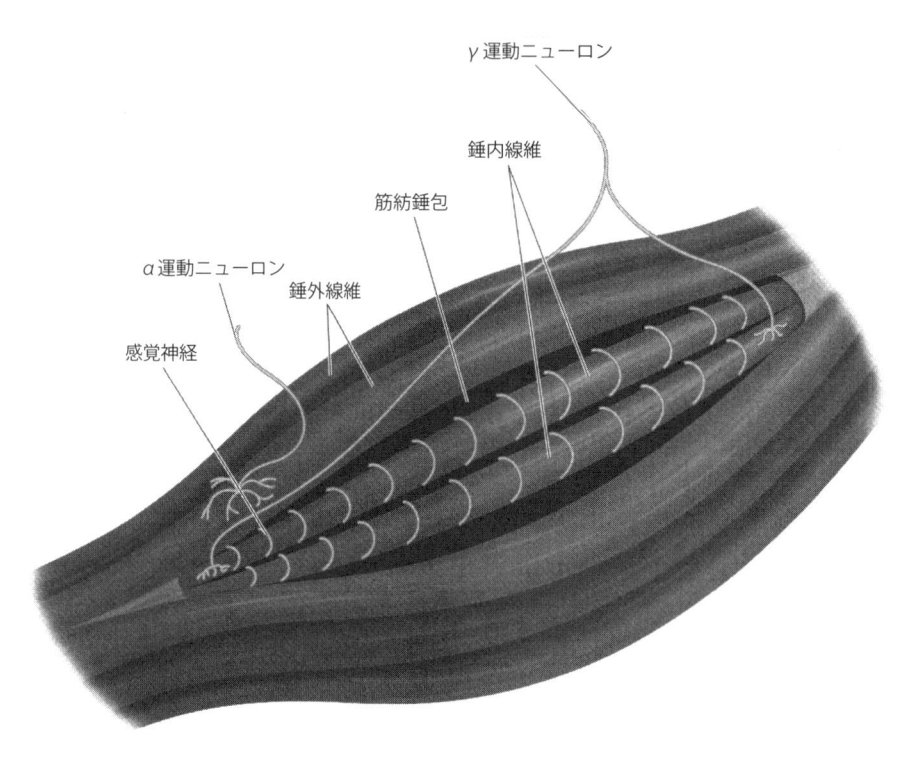

図 6.1　筋紡錘 (Wilmore and Costill, 1999. より転載)

置しているため，筋全体が伸長した際に筋紡錘もまたストレッチされる（図 6.1 参照）。

1) 紡錘の錘内筋線維

核袋線維，核鎖線維と呼ばれる 2 種類の錘内線維は，一般に哺乳類の筋紡錘に存在する。この専門用語の命名は，それぞれの線維の中間部における筋核の配列と筋紡錘の形成の順序に由来する（Walro and Kucera, 1999）。核袋線維は，多数の筋形質と膨張した袋のような構造に細胞核を含む。非収縮構造は，錘内線維の中心部あるいは赤道部に位置する。遠位部あるいは末端部における核袋線維の端は，平行に走る収縮フィラメントである。この端は，筋紡錘が錘外に付着するところでもある。核袋線維は，1 型核袋と 2 型核袋の 2 つの副タイプに分類される。

核鎖線維は，核袋線維に比べて細く，短く，単核列のみを含む。単核列は，非収縮赤道部を通じて鎖のような構造に拡散している。核袋線維同様に，核鎖線維の末端も平行に走る収縮フィラメントを構成している。これらの端の多くは，錘外筋線維の筋内膜に付着している核袋線維に連結する。

2) 紡錘の感覚ニューロン

筋紡錘の感覚（求心性）終末には，一次終末と二次終末の 2 種類がある。一次終末は，核袋線維の中心部の周りをらせん状に巻きついて，すべての核鎖線維の側枝として終わっている。一次終末の求心性軸索は大きな直径をもつグループ I 群型に属する。I 群型の他の感覚神経と区別するために筋紡錘求心性の特に大きいものを Ia 群線維としている。

第6章 柔軟性の神経科学

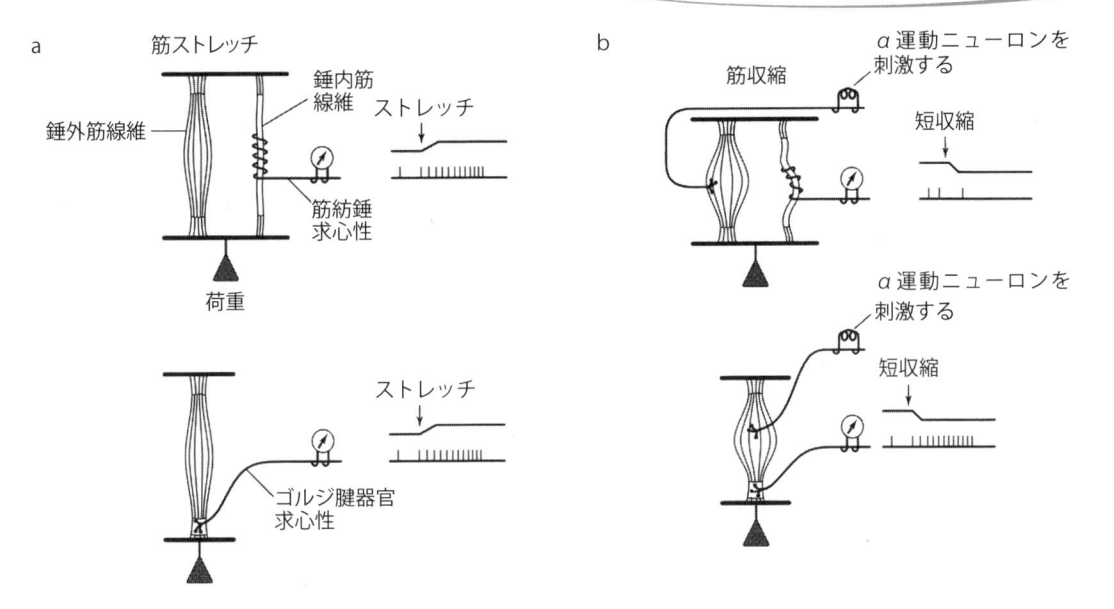

図 6.2　筋紡錘とゴルジ腱器官
筋紡錘とゴルジ腱器官は，筋の伸長と張力に対し異なる反応を示す。筋が伸長したとき(a)，両方の求心性は放電するが，ゴルジ腱器官は筋紡錘に比べごく僅かである。しかし，筋が収縮したとき(b)，筋紡錘は非負荷であり，放電はなく，また，ゴルジ腱器官の発火頻度は増加する。(a) 筋のストレッチングは，錘内線維を伸ばす筋紡錘の感覚終末がストレッチされ，発火増加を引き起こす。ゴルジ腱器官においては，直列である筋紡錘に比べ，腱からのコラーゲン線維は硬く，ほとんどのストレッチはたわみ性のある筋線維によって起き，ゴルジ腱器官の物理的な変形は直接起きない。(b) 筋が収縮したとき，筋線維自体はコラーゲン線維を直接引っ張り，ゴルジ腱器官にストレッチを効率よく伝える。その結果，ゴルジ腱器官は常に筋のストレッチよりも，収縮に対する強さに反応している。また筋収縮時には，錘外線維が収縮によって短縮すると，その平行である錘内線維は非負荷であるので，筋紡錘はそれ自体の発火頻度を減らす。
Kandel, Schwartz, and Jessell, 1995. より転載。

　一次終末は，ストレッチに対し非常に低い閾値を有し，簡単に興奮する（図6-2a参照）。この終末は，ストレッチに対し相動性と緊張性[2]の両方の反応を有する。相動性反応は，ストレッチ中の神経インパルスの頻度の変化による割合あるいは速度を測る。特に，放電された頻度は初期のストレッチ時に急激に増加する。そして，ストレッチが目的の筋の長さに達したとき，放電頻度はその達した筋の長さの緊張性に関して適切な値まで下がる（図6.2b参照）。つまり，一次終末は長さに加えて緊張性反応によりストレッチの速度を測る。
　二次終末は，枝あるいは散形終末を形成する。二次終末のほぼ全体は，核鎖線維の赤道部付近の部分に限られている。二次終末の軸索は小さいⅡ群型の求心性線維に属する。一次終末に対し，二次終末は緊張性の筋長のみを測る。これらの運動ニューロンは，錘内筋線維の末端部にある筋フィラメントの収縮を起こす。終末が短縮したとき，他動性ストレッチは，感覚ニューロン受容器が位置する中心，赤道部で起きている。つまり，中枢神経によるγ運動ニューロンの活動は，感覚終末によって知覚されるストレッチの値を増加させる（Banker, 1980）。
　リューら（Liu et al. 2002）は，サンプル数36のヒトの上腕二頭筋の筋紡錘から錘内線維のミオシン重鎖の構成を詳細に調べた。実質的には，それぞれの筋紡錘は異なる1型核袋，2型核袋そして核鎖線維の数を有した。リューら（2002）は，ヒトの上腕二頭筋における各筋紡錘はそれぞれの特性を有するのではないかと指摘した。

3) 紡錘の運動ニューロン

γ遠心性（運動）ニューロンは，紡錘運動系を作り上げ，それぞれの錘内筋線維を支配する。これらの運動ニューロンは，錘内筋線維の極末にある筋フィラメントを収縮させる。末端部が短縮し，感覚ニューロン受容器が位置する中心，赤道部において他動性ストレッチが起こる。重要なことは，中枢神経の支配によるγ運動ニューロンの活動は，感覚終末が知覚しているストレッチの値を増加させることである（Banker, 1980）（図6.3参照）。

2種類のγ運動ニューロンがあり，一次と二次感覚神経終末の刺激感度の大きさに基づき分類されている。γ軸索への静的な刺激は，速度の刺激感度にほぼ関係なく，一次感覚神経終末の筋長の刺激感度を増加させる。一方で，γ軸索の動的な刺激は，筋長の刺激感度の変化にほぼ関係なく，一次感覚神経終末の速度の刺激感度を増加させる。

γ系は，ストレッチに対し紡錘の刺激感度を制御する。（高次中枢運動神経による）γ運動ニューロンの活動は，両端部の錘内筋線維の収縮あるいは短縮を生じさせる。錘内線維が収縮すると，赤道部の袋部はストレッチされ，筋が伸ばされたようになる。この中心部のストレッチが一次感覚神経終末を変形させ，結果的にIa群線維の発火率を増加させる。動的なγ運動ニューロンの活動増加は，二次感覚神経終末に影響を与えない（Pearson and Gordon, 2000）。

γ運動ニューロンの次の機能は，筋全体が短収縮している間，錘内の刺激感度を維持することである（図6.3参照）。筋が収縮すると平行に位置する筋紡錘は，他動的に短縮される。他動時の筋紡錘の両端近くは，一次感覚神経終末（紡錘非負荷）ならびに二次感覚神経終末の張力を減じる。結果的にこの非負荷状態は，筋長の変化について錘内からの情報を脳へ伝えず，脊髄への伸張反射入力を減じることにもなる。この紡錘非負荷を避けるために，γ運動ニューロンの活動は，紡錘の刺激感度を調節する。

錘内（そして錘外）線維の神経接合はまた重要である。これら線維は，哺乳類の四肢の筋におけるミオシンの異なる重鎖の副ユニットを合成するためである（Walro and Kucera, 1999）。この進化は興味深いと言える。例えば錘内線維でみられるミオシンの等形状の相違に関し，どのような原因があるか。神経支配は錘内ミオシン発現因子を調節していることが考えられる。2つ目に，バレエダンス，器械体操，あるいは長期のヨガ熟練者の錘内線維において，ストレッチによりミオシンの等形状が変化するか。中枢神経の可塑性についてはウォルポー（Wolpaw）によって説明されている（Plasticity of the Spinal Cord Neural Circuits, p.83参照）。

(2) ゴルジ腱器官

ゴルジ腱器官は，哺乳類骨格筋の収縮－刺激感度の機械受容器である。直径が大きく，伝達速度が速いIb群求心性神経線維によって支配されている（Jami, 1992）。ゴルジ腱器官は，1903年にゴルジ（Golgi）によって最初に確認され，説明された。はじめは筋腱終末器官をゴルジと呼んだ。1913年にナスバウム（Nusbaum）がゴルジ器官という用語を発表し，1956年にドルトンとフェリックス（Dalton and Felix）がゴルジ複合体の構造を明らかにした（Bentivoglio, 1998）。研究において技術的な難しさがあるため，ゴルジ腱器官は筋紡錘ほど多く研究されていないが，それでもストレッチと柔軟性におけるその重要さは見逃せない。

1) 位置と構造

ゴルジ腱器官は，腱膜あるいは筋腱接合部にほぼすべてが位置する。最も大規模に研究されたといわれているパン（Pang）の業績（バーカー

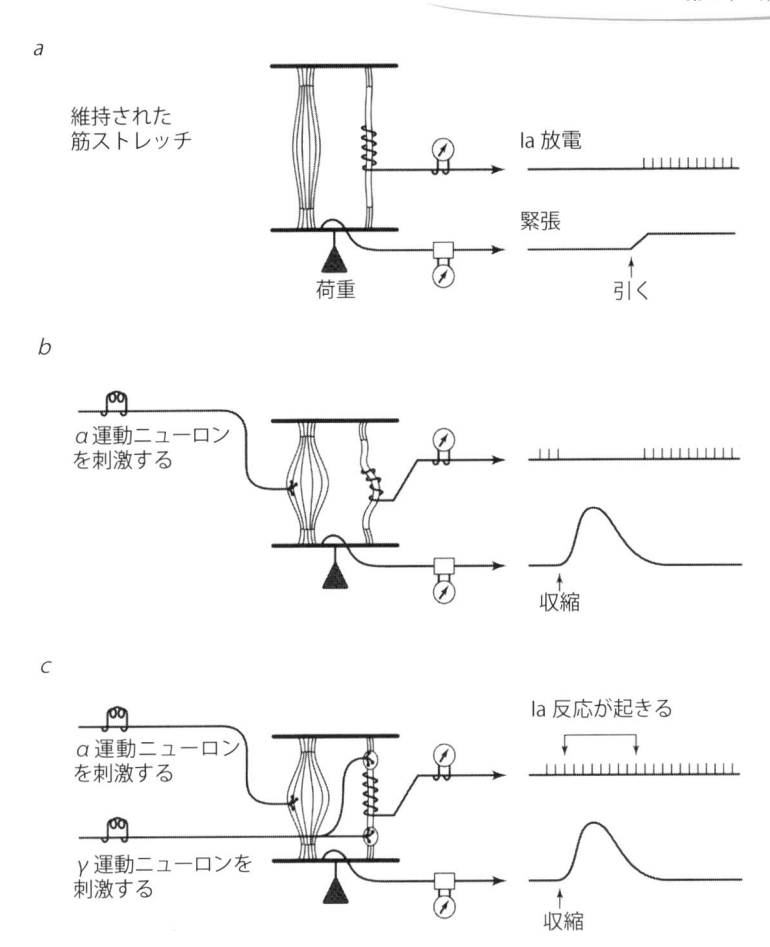

図6.3　錘内線維の緊張はγ運動ニューロンによって維持されているので，筋紡錘は自動収縮中にゆるまない
(a) 緊張がある普通の状態では，筋紡錘の求心性 (Ia) 線維の安定した発火が誘発される。(b) α運動単位が電気的に刺激された場合，筋収縮時に，求心性線維は発火を止める。筋紡錘は収縮によってリラックスされるため，発火を止める。(c) αとγ運動ニューロンが一緒に刺激された場合，筋紡錘は収縮中にゆるまず，求心性の発火の一時停止はない。
Kandel, Schwartz, and Jessell, 1995. より転載。

〈Barker, 1974〉から引用）によれば，異なる猫の筋部の感覚器 1,337 の内，92.4% は筋腱接合部に位置し，腱固有に位置するのは 7.6% に過ぎなかった。純粋な腱受容器の機能は解明されていない（Jami, 1992）。

哺乳類以外のゴルジ腱器官は，被包におおわれず，受容器が腱の束に沿って位置する。その一方で，哺乳類のゴルジ腱器官は被包におおわれ，筋腱あるいは筋腱膜接合部に位置する。これら顕著な違いには 2 つの要素がある。まず，被包におおわれている器官は刺激に敏感であり，中枢神経により詳細に情報を伝える。次に，被包におおわれているゴルジ腱器官の位置は，受容器が付着している個々の筋線維の緊張変化に対し，より敏感な刺激感度を示す（Moore, 1984）。

ゴルジ腱器官は，筋から骨格への力の伝達に伴う線上にまっすぐに存在し，筋に対し直列である。この配列は，筋線維に並行である筋紡錘と反対方向にある。腱器官のストレッチはコラーゲン線維をまっすぐにさせ，神経終末を圧縮し，ゴルジ腱器官を発火させる原因となる（Pearson and Gordon, 2000）。パン（Pang）の実例（Barker, 1974）では，ゴルジ腱器官が直

列に付着している筋線維の数は 3 ～ 50 まで異なっていた。ゴルジ腱器官のそれぞれは，一般に単数速筋－伝達系 Ib 群求心性線維によって支配されている（Jami, 1992）。

2) ゴルジ腱器官の機能

現在，ゴルジ腱器官の多面的な機能は一部のみ理解されている。しかし，この受容器は，最初に考えられた以上に複雑であると考えられている（Moore, 1984）。ゴルジ腱器官は，筋緊張の大きさすべてを測っているわけではない。しかし筋収縮によって生じる緊張力に対して最も刺激感度がある（図 6.2b を参照）。ゴルジ腱器官は，随意刺激感度に寄与しているのであろう。これは，ゴルジ腱器官からの入力が身体の体性感覚を決定する大脳皮質に到達することに基づいている（Roland and Ladegaard-Pedersen, 1977）。

筋線維に緊張が高まると，ゴルジ腱器官と Ib 求心性神経は中枢神経への信号量を増加させる。中枢神経の感覚神経は小さな介在神経に結合し，脊髄の運動ニューロンによる筋収縮活動を抑制する。この過程を自原抑制と呼ぶ。自原抑制の由来は，筋収縮が筋に位置する感覚器によって抑制されるからである。筋力の適応結果，ゴルジ腱器官の活動と中枢神経が受ける抑制フィードバック量は低減される。このフィードバックの一時的な抑制は，さらに筋の緊張を可能にさせる。

「ゴルジ腱器官と筋，皮膚，関節感覚器など筋収縮のフィードバック制御，そして意識における固有受容器からの情報の協力を完全に理解するには，さらなる研究が必要である」（Jami 1992, p.658）。

3) ゴルジ腱器官についての誤った概念

ゴルジ腱器官についての多くの誤解がある。

1 つの例は，ゴルジ腱器官とストレッチ張力の程度との関係である。ゴルジ腱器官は，「ストレッチの感覚器」と呼ばれている。この言葉は，筋ストレッチに伴う受動的緊張がゴルジ腱器官には十分な刺激であることを意味している。たしかに，ゴルジ腱器官は受動的緊張によって活性化されるが，この刺激のための閾値は非常に高い。したがって，ゴルジ腱器官を活性化させるためには，非常に強いストレッチが必要とされる（Houk et al. 1971）。また，ゴルジ腱器官の放電は筋ストレッチ中において，ほとんどない。

もう 1 つの誤解は，ゴルジ腱器官が筋伸長（筋収縮）するときに緊張の刺激感度が不足しているということである。しかし，ゴルジ腱器官は，非常に低い閾値とかなり高い動的な感度を表示する。ということは，ゴルジ腱器官は筋収縮の力が非常に小さく，かつ急激な変化を信号化することができるのである（Houk and Henneman, 1967; Houk et al. 1971; Jami, 1992）。

ゴルジ腱器官の機能は自原抑制であることが前提である（例えば主動筋と共同筋の抑制そして拮抗筋の促通など）。自原抑制は，ゴルジ器官の多くの機能の 1 つに過ぎなく（Pearson and Gordon, 2000），そして低閾値の関節包感覚器と低閾値の皮膚感覚器によってこの自原抑制が補助されている（Moore, 1984）。この自原抑制の目的は，「保護の機能」に関係している。例えば，筋収縮の力と外的な力が筋腱の損傷に値するなら，ゴルジ腱器官が主動筋を「遮断」し，そして拮抗筋を刺激する。結果的にこの過程は，関連する筋，腱，靭帯そして関節の外傷を防ぐことになる。

しかしながら，このメカニズムは必然的ではない。ゴルジ腱器官の効果は，高位中枢からの信号によって相殺される。この場合，ゴルジ腱器官は，主動筋の抑制効果を抑えられている。ブルックスとフェイヒー（Brooks and Fahey, 1987）は，競技トレーニングが主動筋の通常

表 6.1　関節受容体系の特徴

タイプ	形　態	位　置	親世代—神経線維	行動の特徴
I	細く被包性，球状の小体（100μm×40μm），三次元の3〜8の小体集合	関節線維性包（表層部）	小さい有髄鞘（6〜9μm）	静的と動的の機械受容器：低閾値，遅い適応
II	太く被包性，円錐形の小体（280μm×120μm），個々あるいは2〜4の小体集合	関節の線維性関節包（深部の下部滑膜層）。関節脂肪パッド	中程度の有髄鞘	動的な機械受容器：低閾値，急激な適応
III	細く被包性の紡錘状の小体（600μm×100μm），個々あるいは2〜3の小体集合	関節靱帯の表面（側副と内因）	大きい有髄鞘	動的な機械受容器：高閾値，遅い適応
IV	(a) 非髄鞘神経線維の三次元の網状構造 (b) 自由非有髄鞘の神経終末	関節線維性包。関節脂肪パッド。関節血管関節靱帯の外膜鞘（側副と内因）	超小さい有髄鞘（2〜5μm）と非髄鞘（<2μm）	疼痛受容器：超高閾値，非適応。（異常線維代謝に対する）化学受容器

B.D. Wyke, 1985, "Articular neurology and manipulative therapy". In *Aspects of manipulative therapy*, edited by E.F. Glasgow, L.T. Twomey, E.R. Scull, and A.M. Kleynhaw (London: Churchill Livingstone), 73. より許可を得て転載。

の抑制効果を無効にしていることを指摘している。この結果，意欲の高い選手は，自動筋収縮に加え，選手に与える外的な緊張の組合せが線維の強さを超え，外傷を発生させることがある。

(3) 関節機械受容器（関節受容器）

滑膜関節（脊柱の骨端関節を含む）のすべては4つの異なる感覚神経終末をもつ。関節受容器は，関節にかかる機械的な力，例えばストレッチによる圧迫と脱緊張などを分別する。それゆえに関節機械受容器と呼ばれる。受容器はタイプI〜IVに分類される（表6.1参照）。この分類は，神経終末の感覚形成と行動特性に基づくものである。次に，4つの関節機械受容器を説明する。この資料はワイク（Wyke, 1967, 1972, 1979, 1985）から抜粋したものである。

1) タイプI関節受容器

タイプI受容器は，薄く被包性の球状小体の集合であり，主に線維性関節包の外層（表層）に位置する。各集合体は最大8個の小体からなる。さらに，集合体の各部は単体II群の髄鞘線維から供給されている（直径6から9μm）。タイプI受容器は，遠位部の関節（足関節）より近位部の関節（例えば股関節）に多くある。

生理学的に，タイプI小体は低閾値で遅く適応する受容器の性質を示す。その結果，受容器は非常に小さい機械ストレスに反応し，機械刺激がある間，神経インパルスは発火し続ける。およそ3gの力でそれを十分に刺激する。さらに，いくつかの低閾値の受容器は，常に関節において活動している。たとえ非可動であったとしてもである。安定放電の頻度は通常10から20Hz（毎秒インパルス）である。

タイプI受容器はいくつかの機能をもつ。これには方向性や大きさ，自動あるいは他動に生じる関節動作の速度のシグナル，関節の圧変化の調節，姿勢と運動感覚への寄与，関節動作における姿勢の緊張と筋緊張に対する中枢神経の調節を促通，そしてタイプIV関節受容システムからの侵害受容器（痛みの感覚），求心性活動が含まれる。タイプI受容器は，ときに静的あるいは動的機械受容器として分類される。

2) タイプII関節受容器

タイプII関節受容器は大きく，分厚い被包

性の円錐状小体である。線維性関節包に位置するが，深層部であり，関節の脂肪パッドに位置する。各集合体は2～4の小体からなる。それに加え，集合体の各部はⅡ群の髄鞘関節神経線維（直径9～12μm）の枝によって支配されている。タイプⅡ受容器はまた近位部の関節（例えば股関節）より遠位部の関節（例えば足関節）に多くある。

タイプⅠ受容器のように，タイプⅡ受容器は低閾値である。しかし，機械受容器にすばやく適応し，安静時は発火しない。ゆえに，非可動の関節において完全に無活動である。タイプⅡ受容器は静的放電はない。なぜならその発火は速度によるからである。結果として，加速あるいは動的な機械受容器といえる。刺激されたとき，各集合体は短く，高頻度で，1秒以内のときに0.5秒以内の大量インパルスを送る。タイプⅡ関節受容器の一次機能は，加速や減速などの動作において突然の変化を認識することである。

3) タイプⅢ関節受容器

タイプⅢ受容器は，薄く被包性の小体であり，この小体はほとんどの関節の内因性（関節包内）と外因性（関節包外）靭帯に制限され，脊柱には位置しない。タイプⅢ受容器は関節小体の中で最も大きく，ゴルジ腱器官のようであり，高閾値で遅く機械受容器に適応する。タイプⅢ受容器は，直径17μmに至るほど大きいⅠ群の髄鞘求心性軸索である。

関節靭帯の機械受容器は，高閾値であり，極度な関節の動きに対し活動する。ゆえに，タイプⅢ受容器は関節が非活動において完全な無活動であり，関節靭帯において大きな緊張が生じたときにのみ反応する。刺激を受けたタイプⅢ受容器は，緊張の大きさの継続機能である放電頻度を増加する。この受容器は適応が遅いため，極度の関節移動あるいは関節牽引が維持されている場合，放電はたいへん遅くまで低下する（例えば，数秒以上）。

一般に，タイプⅢ受容器は2つの基本機能がある。その一次機能は，動きの方向を監視することである。二次機能は，関節を動かしている筋に十分な活動の反射抑制を生じさせることである。これは，関節の過剰ストレスに対する停止メカニズムを生じさせる反射効果となる。

4) タイプⅣ関節受容器

他の3つの機械受容器とは異なり，タイプⅣ受容器は被包性でなく，2種類に副分類される。タイプⅣa受容器は，関節脂肪パッドにおいて格子戸のような網状構造として存在し，関節包の厚さ全体に位置する。しかし，滑膜線維や関節内の半月板，関節軟骨には存在しない。タイプⅣb受容器は，裸体神経と非関連特殊神経とともに自由神経終末である。希薄であり，内因性と外因性靭帯にほとんど限られる。これら受容器の末端は，関節神経における最小（Ⅲ群）求心性線維である。細く髄鞘であるⅢ群神経線維は直径2～5μmの範囲にわたる。

タイプⅣaとタイプⅣb受容器の両方は，関節線維の痛み受容器の体系を構成する。侵害受容器としてよく説明されているが，これらの受容器は，痛みを和らげることに取り組んでいる医療従事者（医師，整骨療法家，カイロプラクティック，理学療法士）にとって特に重要となる。通常の状態では，タイプⅣ受容器は完全に無活動である。しかし関節線維が，ブラジキン，プロスタグランディンE，乳酸，カリウムイオン，ポリペプチド，ヒスタミンなどの物質によって，際立つ機械変形や化学炎症にさらされたりしたときに，これらの受容器は活性化する。これらの物質は，虚血，低酸素状態において分泌され，炎症滲出の成分である。ある種の痛みを和らげるための手術を受けることを考えている人に，ワイク（1972）は以下のように説明し

ている。

タイプ IV に分類される受容器は，検査した各関節の滑膜の内層には存在しない。また，膝，側頭下顎骨の関節に存在する半月板，そして椎間板においても見当たらない。つまり，関節の痛みは滑膜線維あるいは関節の半月板から発症するものであり，そこにメカニズムはない。滑膜線維あるいは関節の半月板の除去手術には，痛み感受性のある関節線維自体の除去は含まれていない。

ゆえに，手術は，痛みを止めるものではない。

2. 反射と脊髄神経回路

反射は刺激への反応である。感覚神経，介在神経あるいはコミュニケーティング神経，遠心性運動ニューロンを含む神経回路において反射は起こる。刺激は感覚終末からインパルスが起こり，求心性過程から脊髄へ伝わり，関連する神経にシナプス接合する。そして最終的に運動ニューロンが興奮する。この運動ニューロンのインパルスは，遠心性神経を通じて筋あるいは腺細胞に伝達される。

(1) 筋伸展反射あるいは伸張反射

伸張反射の一般的な解説によると，ストレッチングは筋が錘外筋線維と筋紡錘（錘内線維）を伸長させる。筋紡錘の変形は，一次と二次感覚神経終末を活性化させる。この結果，Ia および II 群感覚神経の活動電位が起こる。脊髄に伸びているこれらの神経は，α運動ニューロンの細胞体に終止する。感覚求心が運動ニューロンに十分な脱分極を引き起こしたなら，活動電位を発火させる。（運動ニューロンの）軸索は，骨格筋にインパルスを伝達させ，この結果伸張反射が起こる。

伸張反射は，相動性と緊張性の構成要素を有する。相動性反応は，最初の活動電位の群発であり，この結果，急激な筋の緊張が起きる。また相動性反応は，ストレッチの速さに比例する。緊張性反応は，後の低頻度発火のことであり，ストレッチ中に継続する。また緊張性反応は，ストレッチの大きさに比例する。

相動性反応の一般的な例は，膝蓋腱反射である。（膝下に位置する）膝蓋腱に軽い叩きを与えると，筋線維と平行に位置する筋紡錘がストレッチされ，筋紡錘の変形を生む。この結果，Ia 筋紡錘求心性群が発火する。（二次感覚神経終末でなく一次感覚神経終末の興奮となる。これは，一次の終末は錘内筋線維である紡錘の中央部に位置する一方で，二次の終末はほとんど赤道付近部に位置しないためである。）メッセージはそれから（後根を経て）脊髄と脳に送られる。脊髄は遠心性神経インパルスを大腿四頭筋に送り，短い収縮を起こす。この結果，筋を短縮させ筋紡錘の緊張を取り除く。ナカザワら（Nakazawa et al. 2001）は，ヒトの肘屈曲筋と伸展筋のストレッチ反射感応が異なることを発表した。肘伸展筋におけるストレッチ反射感応は屈曲筋のそれに比べ有意に大きい。他の身体部のストレッチ反射感応は未だ調べられていない。

筋の長さの変化を認識することに加え，ストレッチ反射は他にも重要な機能をもつ。猫ヒラメ筋の研究に基づいて，「ストレッチ反射の代償が粘性のような習性から弾力習性によって支配される筋の基本的な機械的硬直の形成を変える」(p. 997)ということをリンとライマーら（Lin and Rymer et al. 1993）は仮説している。

　この緊張性反射反応について，刺激は維持されたストレッチのことであり，反応は同じ維持された筋収縮のことである。緊張性反応はⅡ群求心性の効果の結果と言える。共通の例は，ストレッチに対する体位の反応にみられる。立位時に体重を過剰に前方へ移す。それを訂正するために腓腹筋（ふくらはぎ）が収縮する。

(2) 相反神経支配

　筋は，通常対で働いていて，筋一組には，収縮する主動筋とその逆の組のリラックスする拮抗筋がある。例えば，肘において上腕が屈曲するとき，上腕二頭筋の収縮により，肘を伸展させる上腕三頭筋はリラックスする。この調節され，拮抗する主動筋と拮抗筋のシステムを相反神経支配と呼ぶ。この組合せがなければ，筋の対の組は互いに引き合い，動きが起こらない。

　要約すると，1つの筋への運動ニューロンは興奮インパルスを受け，収縮を起こす。逆の筋への運動ニューロンは，ほとんど発火し，筋収縮を生じることのないような信号（signal）を受ける。拮抗筋は，主動筋が収縮するとほぼ同時に抑制されることになる。反射抑制は，相反の対の拮抗筋を支配する運動ニューロンへの（脊髄に位置する）小さな抑制神経である。言い換えれば，拮抗筋が同様にストレッチされたなら，主動筋は同じ過程によって相反抑制を起こすことになる。相反抑制なしに，調節された筋活動は起こらない。

3. 共同活動 / 共同収縮

　共同活動あるいは共同収縮は，同時にさまざまなレベルで主動筋と拮抗筋が収縮すること（前者が表面的な動きを生む点で優勢であるが）を言う。1909年，シェリントン（Sherrington）は拮抗筋が同時に収縮されているだろうと指摘した。彼はこれを，ダブル相反神経支配として説明した。ティルニーとパイク（Tilney and Pike, 1925）は，「筋の調節は主に拮抗筋群に対して同時に共同収縮することに依存する」とまとめた（p.333）。結果的には，レヴァインとカベット（Levine and Kabat, 1952）は，ヒトの普通の随意運動において，相反神経支配が拮抗筋を収縮させる調節の主な役割とする仮定には証拠が不十分であると主張した。さらに，「共同収縮は例外と言うよりむしろルールのようである」（p.118）と述べた。今日，主動筋－拮抗筋共同活動の中枢と末梢制御がさまざまな関節運動の種類において確立されている（DeLuca, 1985; Kudina, 1980; Rao, 1965）。

　共同収縮の目的は何か。1つの利点は，関節を硬直させ，そして（関節の）動揺が起こりにくくさせることである（Baratta et al. 1988; Enoka, 2002; Kornecki, 1992; Solomonow and D'Ambrosia, 1991）。共同活動は，硬直がゆえに関節の安定を生み，不慣れな動きの学習あるいは高度な正確さを要求する動作を行うための特性のようなものである（Enoka, 2002）。共同活動は，さまざまな動きに有効であるという他の理由もイーノカ（Enoka, 2002）によって示唆されている。

・方向の変化を伴う動作中，主動筋－拮抗筋の組合せにおいて緊張性活動レベルを変動させることは，筋の「スイッチ」を交互につけたり，消したりするより経済的である（Hasan, 1986）。

- 硬直と関節安定を増加させる能力は，重いあるいは負荷不明なものを持ち上げるために望ましい（Cholewicki and McGill, 1995; Lavender et al. 1989; Marras et al. 1987）。
- 複合の共同活動様式は指を繊細に動かすことを促す（Sanes et al. 1995; Schieber, 1995）。

(1) 自原抑制（逆筋伸展反射）

ハードに筋をストレッチすると，強い動きの抵抗がある。抵抗の増加は筋伸展ストレッチ反射である。しかし，ある限界に到達した後，抵抗は突然に取り除かれ，ポケットナイフの刃を折り曲げるような消沈がある。その結果，この現象をよく折りたたみナイフ反応と呼ぶ。その生理学的な呼び名は延ばし反応である。この現象は，最初にゴルジ腱器官のみによる媒介であると考えられた。しかしこの見地は論破された（Jami, 1992）。延ばし反応は，筋紡錘そしておそらく関節からの痛みの感覚に関係する薄い有髄線維からのⅡ群神経線維の求心性入力の結果であると現在考えられている（Moore, 1984）。しかし，この見地が実証されるにはさらなる研究が必要である。

4. 脊髄神経回路の可塑性

中枢神経においての記憶のメカニズムあるいは長期の適応変化は，多くの関心を生んでいる。ウォルポーとカープ（Wolpaw and Carp, 1990）によると，以下のとおりである。

一般に脊髄，特に脊髄伸張反射は，末梢あるいは高位中枢領域からの入力についてステレオタイプ様式の反応として固定され，変えられないものとして受け入れられていた。この共通認識は正確でなく，大脳皮質，その他高位中枢神経構造と同様に，脊髄神経とシナプス構造は発達し，そして外傷の反応において変化する（p.138）。

神経活動は，中枢神経の緊張性の変化を生む。可塑的変化は，行動変化によるその後の中枢神経活動の変化であると考えられる。この可塑的変化は，（神経細胞に）直接達するのか，新しいシナプス接続に（回路の）芽を出すのか，あるいは繊細ながら特定のイオン伝達（神経細胞）膜を変化したことによるのかなどと考えられている（Wolpaw and Lee, 1989）。この現象を調べるために，いくつかの実験課題に着手しなければいけない。最初に，神経的か，シナプスの基質によるのか，あるいは行動学習変化の記憶の痕跡によるのかを明らかにしなければいけない。次に，シナプスの基質は正確な位置づけが必要である。3つ目に，記憶痕跡の特徴（特に行動変化に関係する中枢神経の変化）が説明されなければならない。言い換えれば，学習過程，痕跡過程を説明するために必要である。

(1) 可塑性の研究方法と発見

1980年代はじめから，研究者らは，記憶を支配している解剖学的，生理学的基質の組織的研究の一部として，脊髄伸張反射の大きさの変化について，ヒト以外の霊長類の性能を調べ始めた。脊髄伸張反射は，腱反射あるいはM1と呼ばれ，突然の筋伸長に対する最初の反応である。脊髄伸張反射は，脊柱動物の中枢神経における最も単純な活動である。

一連の実験によって，サルの上腕二頭筋と下腿三頭筋について，挿入された筋電図用の電極

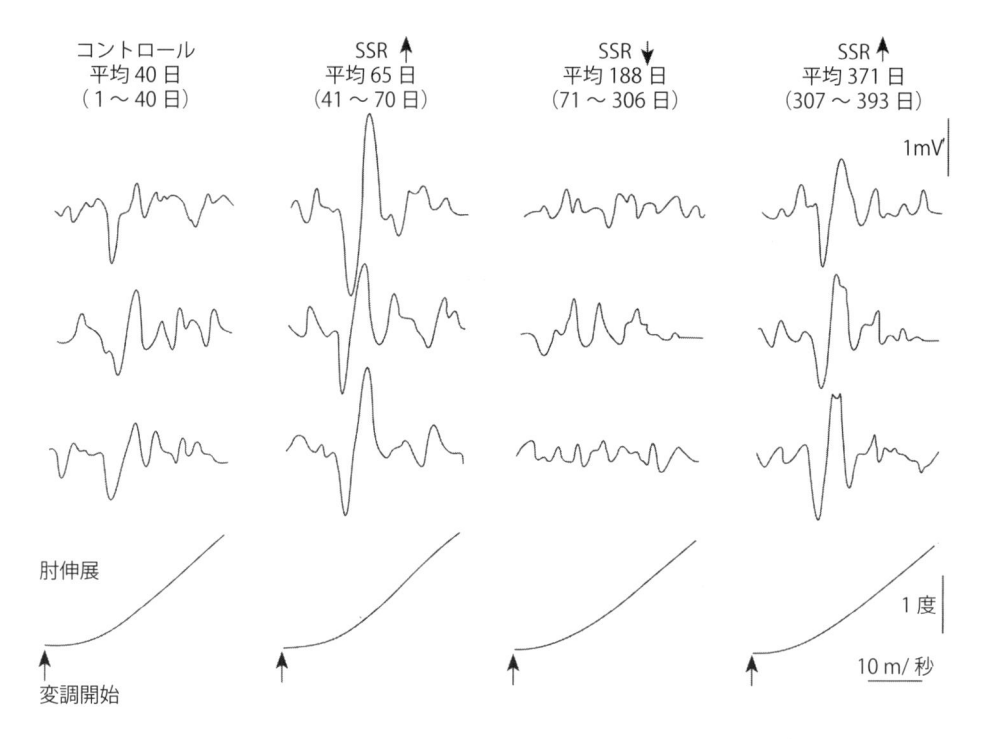

図 6.4 コントロール状態のサルにおける最新 EMG の個々の試行シリーズ（左側），最初の脊髄伸張反射（SSR）（上）反応，SSR 後（下）反応，そして，最後に SSR 後（上）再反応（右側）

各シリーズは連続試行からなる。変調開始は矢印で示されていて，平均の変調—誘発拡大コースは一番下のトレースで示されている。背景の EMG，変調開始後 10 ms をここに表しており，変調—誘発拡大は 4 つのシリーズのすべてが安定である。その一方で，SSR の振幅値は最低の SSR（上）反応がコントロール以上に増加し，その後の SSR（下）反応がコントロール以下に減少し，そして SSR（上）再反応が再び増加する。

Wolpaw, 1983. より転載。

バイオフィードバック装置と報酬の液体ジュースとでオペラント条件づけ研究が行われた。脊髄伸張反射に影響を与える神経活動の長期変化を生じさせる条件課題にサルを服従させ，そしてこれが反射回路における記憶痕跡を生じさせると考えられた（Wolpaw, 1983; Wolpaw et al. 1983）。250 日以上の期間において，サルは，脊髄伸張反射または H 反射の大きさを増加させる（上昇トレーニング），あるいはこれらの反射の大きさを低下させる（下降トレーニング）ことを示した。サルは，さらに訓練で変化した反応を逆転させることができ，ゆえに適応可塑性を示したことになる（図 6.4 参照）。おそらく，ここで最も重要な発見は，たとえ脳の影響を除外するように脊髄伸張反射回路の腰仙上部の脊髄横断面を完全に取り除いた後にも，オペラント条件に服従した動物はトレーニング後の反射を示したことである。この研究は，変化した反射活動が脊髄を変化させる仮説を実証したのである（Wolpaw et al. 1991）。

(2) 可塑性変化の箇所

脊髄伸張反射の大きさの変化に関して，3 つの可能な脊髄の記憶痕跡の位置が仮説されている。最もたしかな箇所は，運動ニューロンの Ia 求心性終末である（図 6.5a 参照）。Ia シナプスの神経伝達はいくつかの高位脊髄箇所からのシナプス前抑制によって抑えられる（Baldissera et al. 1981; Burke and Rudomin, 1978）。さらに

第6章 柔軟性の神経科学

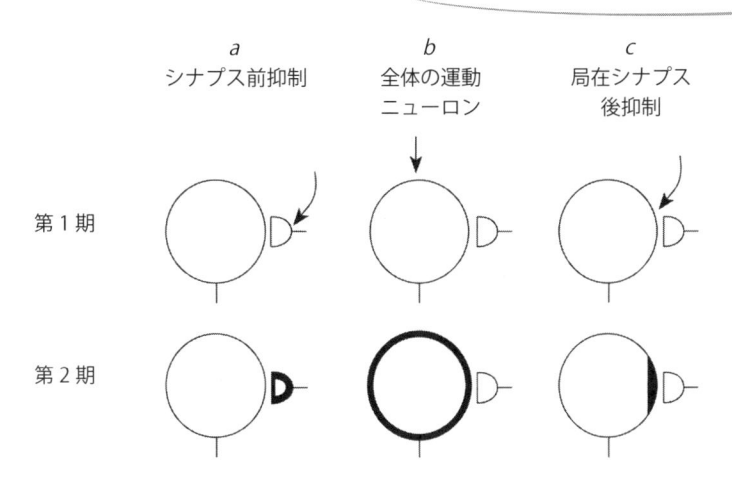

	a シナプス前抑制	b 全体の運動 ニューロン	c 局在シナプス 後抑制
第1期			
第2期			

図6.5　SSRあるいは，H反射振幅値の変化した脊髄記憶トレースの可能な位置
各ケースでは，SSR経路の箇所に影響を与えている第1期変化（矢印で示されている）が，結果的に第2期変化を生じている（各箇所の記憶トレース）。(a) 最も可能性のある場所は，運動ニューロンにシナプス結合するIa求心性終末である。ここでの記憶トレースは，シナプス前抑制の長期的な変化によって生じている。(b) 記憶トレースは，入力信号を変える運動ニューロン機能に影響を与えている。しかしこのような変化は，広範囲の運動ニューロンの機能に影響を与えることになる。(c) 記憶トレースは（例えば感応受容器や樹状突起の構造変化など）シナプス後膜の超局在化された変化である。
Wolpaw and Carp, 1990. より転載。

研究は，シナプス前抑制の短期間の変化は運動行動に大切であると指摘している（Capaday and Stein, 1987a, 1987b）。ゆえに，この抑制の慢性あるいは長期変化はIa終末を変える。ウォルポーとカープ（1990）は，シナプス前抑制が脱分極を誘導するカルシウムの浸入と伝達物質の開放に変化が生じる。それゆえにIa感覚求心性が刺激されたとき，運動ニューロンにおいて生じる興奮性シナプス後電位の大きさが変わると示唆する。

2番目に有力な位置は，どの入力の応答も変える運動ニューロンの長期変化によって生じる記憶痕跡である。安静電位を制御する運動ニューロン髄膜の特性と入力抵抗，例えばイオン浸透性が変化すると考えられる。言うまでもなく，運動ニューロン髄膜の特性の変化は，運動ニューロン機能全般に影響を及ぼすことになる。そしてどの入力に対しても運動ニューロンの反応を決定することにもなる（図6.5参照）。よって，ウォルポーとカープ（1990），そしてウォルポーら（1991）は，全体化した髄膜が反射変化を複雑に説明しているとは考えられないとしている。

3番目の位置は，シナプス後変化に限定している。この過程は，おそらく感覚受容器あるいは樹状突起の構造変化と言える。しかし，このような特別な変化を生じる回路の可能性は，今のところ証明されていない（図6.5c）。カープら（2001）は，「条件方法－運動ニューロン発火様式の特定変化が筋特性の依存変化活動による」ことを発表している（p.382）。

(3) 神経学的可塑性の意味

脊髄が変化するという確証（脊髄可塑性）は，神経学的な害が身体に影響を与えるメカニズム，障害部を最適にリハビリテーションを行うための方法，そして普通の運動学習，特に柔軟性を向上させることや，それらの維持を理解するために有意な意味を示す（Wolpaw and Tennissen, 2001）。

1) 神経学的可塑性における臨床的展望

　臨床的展望において，関心が寄せられる質問は，ヒトの脊髄伸張反射は，ヒトでない霊長類以上に実験的に条件づけができるのか，もし可能なら，痙攣性の筋にみられる活動亢進状態の脊髄伸張反射を下降トレーニングすることができるのか，あるいは弛緩性の筋にみられる活動過少の脊髄伸張反射を上昇トレーニングすることができるのかである。ウルフとシーガル（Wolf and Segal, 1990）によると，いくつかの研究者のデータでは，ヒトの神経システムが脊髄伸張反射のモニター，そしてフィードバックによって調節されているという（Evatt et al. 1989; Neilsen and Lance, 1978）。

2) 柔軟性の発達と神経学的可塑性との関係

　個人が柔軟性（関節可動域：ROM）の向上をさせることはできるが，あくまでも，伸張反射の興奮性が安全性とパフォーマンスを害さない限りである。具体的には個々が伸張反射の興奮性をより抑えるべきであり，このことによって，筋収縮する前にさらに伸長することを可能にする。個々が可動域を向上させることについては，ヨガの実践家による静的ストレッチの有効性が脊髄の可塑性に関する研究を説明している。ある一定の間の静的ストレッチは，脊髄伸張反射の興奮性を変え，ストレッチに対する筋の抵抗を抑える。条件を用いるテストが設定されるなら，どのようなストレッチ手法（例えば弾みに対する静的）が最も有効な脊髄変化の可塑性を促すのかを決めることになり，興味深い研究となるだろう。

3) 運動学習と神経学的可塑性との関係

　脊髄伸張反射の変化は人生を通じて起こるようである。子どもでは，漸進的な脊髄伸張反射の変化が，基礎的な運動技術の習得に伴い起こる（Myklebust et al. 1986）。ウォルポー（Wolpaw et al. 1991）と，ウォルポーとテニセン（Wolpaw and Tennissen, 2001）は，バレエダンスのような技術（Goode and Van Hoven, 1982; Nielsen et al. 1993）や有酸素的と無酸素的な活動（Rochcongar et al. 1979）の習得中において，比較が確認できるほどに変化が起こるのは，人生の後半であることを示唆している。ゆえに，「脊髄や中枢神経のどこかで遅い活動の（神経伝達）興奮変化が学習を説明し，多くの技術習得が長期練習に依存するかを説明する」（Wolpaw et al. 1991, p.344）と述べた。この視点は，競技活動，パフォーマンスの表現，人間工学，医学，カイロプラクティックス，そして理学療法らの領域においても重要な意味を示す。

競技選手，スポーツリハビリテーションと神経学的可塑性の関係

　スポーツでは，悪いくせを身につけてしまったことを修正するのには，2倍の時間がかかると昔から言われている。つまり，誤った技術を学ぶ，身につける，あるいはくせになることは，神経筋回路が「決まりきった道筋」になり，次いで神経の可塑変化が起きたということである。再学習では，望まない運動様式を除去しなければならない。この過程は，神経筋回路に「決まりきった道筋」を除去させるばかりでなく，初期の学習中に起こった可塑変化の適切な修正を必要としている。

スポーツ医学においては，脊髄の可塑性を発見することは，特別な意味を示す。例えば，傷害後の異常な歩行パターンは，足，膝，股関節そして腰に痛みを生じさせる（Day and Wildermuth, 1988）。さらに，これらの変化は，より複雑にさせ，完全な回復を遅らせ，脊髄の可塑変化を生じさせる。急性捻挫の患者33%までは，リハビリテーションプログラムが終わった後にも症状が長く残る（Bosien et al. 1955; Evans et al. 1984; Itay et al. 1982）。二次的な機能不安定性は，関節，下肢そして身体の固有受容器の喪失や回復不可能の結果かもしれない（Freeman et al. 1965）。この喪失の一部は，少なくとも脊髄への可塑性変化との関係であると言える。

4) 神経学的可塑性ストレッチ技法の効果

身体への傷害が脊髄へ可塑性変化を生じさせるため，ストレッチ技法の効果は重要な問題として研究される必要がある。単独あるいは組合せを含め，どの臨床的な技法が，脊髄の身体変化を最も有効に，効果的に，そして急激に矯正できるか。療法はカイロプラクティックス的な補正あるいは整骨療法的な手技，さまざまなストレッチ技法（筋エネルギー，固有受容器神経筋促通〈PNF〉，静的あるいは弾み），（関節）移動，牽引あるいは物理療法使用を含むべきか。療法と補助的によく用いられる薬理使用は実際にこの過程を妨げるのか。

5. 柔軟性トレーニングの神経学的そしてその他の要因

筋力向上には2つの主要因：①筋肥大，そして②細胞の過形成と神経学的動員が考えられている。筋肥大（例えば大きさの増大）はトレーニング後期に起こり（Enoka, 2002; Komi, 1986; McDonagh and Davies, 1984; Sale, 1986），その一方で最初のトレーニング数週間において達成される筋力向上は，運動ニューロンの活性化を含み，神経的な要因による。随意筋力は，筋が肥大を示す以前に（Ikai and Fukunaga, 1970; Jones and Rutherford, 1987; Liberson and Asa, 1959; Moritani and de Vries, 1979; Rose et al. 1957; Tesch et al. 1983），そして電気的に誘発された緊張の増加が起こる以前に（Davies and Young, 1983; McDonagh et al. 1983）急激に向上する。これら初期の筋力向上は，増加された筋電図積分値（IEMG）（Komi, 1986; Sale, 1986）や増加された反射の振幅値（Milner-Brown et al. 1975; Sale et al. 1982; Sale, MacDougall et al. 1983; Sale, Upton et al. 1983; Upton and Radford, 1975）に伴っている。

以下は柔軟性トレーニングについての推定である。数ヵ月のトレーニングで最初の数週間における初期の柔軟性増加は，何と関係しているのか。また，トレーニングの種類（例えば，弾み，静的，あるいはPNF）はこれらの変化の特性に影響を与えるのか。ある反射は，非トレーニング群と比べたダンサーにおいて変化している（Goode and Van Hoven, 1982; Koceja et al. 1991; Nielsen et al. 1993）。これらの例として，H反射と2つのシナプス相反抑制がバレエダンサーにおいて低下したことを，ニールセンら（Nielsen et al. 1993）は発表している。筋の共同収縮／共同活動がシナプス前抑制の増加と相反抑制の低下に伴い，研究者らは，伝統的なバレエダンサーの姿勢に要求される長くなった共同収縮が，Iaシナプスにおけるシナプス

伝達物質の持続的な低下，それゆえにH反射と相反抑制の減少が説明されるのではないかと推測した。「パフォーマンスをよく考察した際，小さな反射を示す運動ニューロンは，直接的な末梢の影響の減少であり，つまりこれは大脳皮質制御の増加により，正確な動きを行うことである」（p.823）。

　非神経学的要因も関与する。コセアら（Koceja et al. 1991）は，先行研究の2群間の違いが関連線維コンプライアンス（物質の弾力性）であるを指摘している。彼らは，長期間のトレーニングは結合している腱の構成を変え，そしてこれらの変化は，同等の膝蓋腱反射の強さを与えた際に，腱紡錘器官への量を少なくさせる結果となることを指摘している。バード（Byrd, 1973）は，長距離トレーニングは，ラット尾部の腱の横断面積あたりの緊張を小さくすることを説明している。この証拠は，溶性コラーゲンのより多くの断片を示唆した。ヴィーデック（Viidik, 1973）は，ストレッチされた腱は，ストレッチされた状態にとどまる傾向を示すことを説明した。この結果，腱への負荷は，筋へ伝達される力を小さくする。

　しかし，別の3つの要因が，ヨガやダンスを長期的に練習する人たちの反射の敏感性の変化を説明している。①繰り返され，長期に維持されるストレッチングは，錘内線維のタイチン（タンパク質）を変化させる。これが起こると，直接的な効果として，錘内収縮力が減少する（Avela et al. 1999）。錘内線維のタイチンの変化を説明した研究はない。②ストレッチングは，錘内線維のミオシン重鎖（MyHC）アイソフォーム（isoforms）を変える。ウォルロとクチェラ（Walro and Kucera, 1999）は，「発達上のミオシン重鎖の特徴である遅い短縮速度が，感覚器としての筋紡錘の正確な測定補正に適応させる」としている（p.180）。③維持された他動のストレッチングは，タイチンのアイソフォームを変え，そして錘外線維内で重複しているフィラメントに不規則を起こす。この状態はサルコメアの増加したコンプライアンスと付着したクロスブリッジの数を減少させる。この結果，「ストレッチに関する外的な力の低下と，筋紡錘の機械的な効果の減少をもたらす」（Avela et al. 1999, p.1290）。変化したタイチンアイソフォームは，反射を敏感にさせることになるだろう。

　スティーヴンズら（Stevens et al. 1974）もまた，別の被験者たちにおいて反射の敏感性の変化を示唆した。彼らは，232人の体育学部生を調べ，ハムストリングスがより柔軟な被験者15名，より硬直な被験者15名を抜粋した。彼らは，ストレッチのパターンにおいて，筋電図が強い活動を示すハムストリングスと，そうでない筋，そしてストレッチ時の最終40°で活動を示す筋を発見し，さらにストレッチ反射の筋活動が，柔軟な被験者群に比べ，硬直な被験者群でより長い継続時間がみられることを発見した。それに対し柔軟な被験者は，ストレッチ時の最終20°においてストレッチ反射活動を見せた。これらのデータは，「硬直な被験者群における強い筋紡錘（＝紡錘運動〈fusimotor〉傾向）の敏感性と同時に筋紡錘あるいはγ活動の強化からの強い回路の流れの仮説を示した」（p.496）。

　後の関連研究において，スティーヴンズら（1974）は，（緊張性の振動反射を誘発する）振動を大腿二頭筋の腱に2分間あてた。筋電積分値（IEMG）活動の平均値は，2群間において有意な違いを示さなかった。

　反復ストレッチングが，最大角度の減少を引き起こし，ストレッチングの活性が始まる（たとえば，反復ストレッチングの働きにストレッチ反射が遅れて始まるなど）ポイントを刺激するのは，硬直被験者群のみであった（p.508）。

　研究者の意見では，この発見は，「神経学的

要素が一定であるとして，硬直な筋の粘弾性要素がストレッチングによって変わる」仮説を指摘しているかもしれない（p.509）。それに対し，この傾向は柔軟な被験者群においては当てはまらない。

　２つの研究は先行結果に疑問を呈している。ヴイノヴィッチとドースン（Vujnovich and Dawson, 1994）は，柔軟性向上に相関関係がある静的，弾性，両ストレッチによる，第５腰髄－第１仙髄の運動ニューロンの活性化は，他動的筋ストレッチの有意な効果が減少すると説明した。ハルバーツマとゲーケン（Halbertsma and Göeken, 1994）は，ストレッチ運動が筋の弾性要素の変化によってハムストリングスを伸ばすかを調べ，ハムストリングスの伸長性の微少ながら有意な増加は，他動的ハムストリングスにおける耐性ストレッチング（瞬間）力の有意な増加を伴っていたことを明らかにした。しかしながら，弾力は変化がなかった。彼らは「ストレッチング運動は，ハムストリングスを少しも長くも硬くも短くもさせず，ストレッチの耐性のみに影響を与える」と結論づけた（p.976）。

　柔軟運動における神経学的な影響は，他の要因に比べ重要性があるのか。この質問については，さらに研究を要する。療法的なストレッチの応用は関節可動域を増加させる。関節可動域の増加に関した２つの単純な説明には，①筋と介在する結合組織の機械的な伸び，そして②神経学的興奮性の抑制がある。さらに健康あるいは障害をもつ人々において，どのようなストレッチング療法が，軟部組織の粘弾性要素と神経的反応を変えるのかの研究が必要とされている。そして求められる結果が達成されるための効率の良い手技を確立する必要がある。

6. 要　約

　神経系の構造的および機能的な単位は神経細胞である。２つの有意な（骨格筋における）機械受容器は，筋紡錘とゴルジ腱器官である。筋における主なストレッチ受容器は筋紡錘である。それに対して，ゴルジ腱器官は，主要な収縮－敏感機械反応である。関節における機械力を察知するレセプター，例えばストレッチの圧力や膨張などは，関節の機械受容器と呼ばれている。これらの神経終末は，形態学的，行動学的な特徴に基づきタイプⅠからタイプⅣに分類される。

　神経系は，反射と呼ばれる相互作用の複合体を通じて機能している。これら神経系には，反射，相反抑制，そして逆筋伸展反射の３つがある。さらに，共同活動／共同収縮は，多様な関節運動において確立されている。神経活動は，可塑性と呼ばれる中枢神経における永続的な変化を生じる。これらの変化は，リハビリテーション，運動学習，そして特に柔軟性の向上に関係している。

【訳者注】
(1) 錘外線維は筋収縮線維のことである。
(2) 相動性は原本で phasic，緊張性は tonic である。一般に相動性は脊髄伸張反射のことであり，緊張性は高位中枢神経を経ての反射のことである。

第7章
関節の過度可動性

　過度可動性あるいは関節弛緩性は，長い間，見世物として興味の対象であった。最も初期に記された過度可動性に関する臨床記述は，『空気・水・環境について』の著者であるヒポクラテス（Hippocrates）によるもので，スキタイ人と呼ばれる人種に注目して書かれたものである。ヒポクラテスによると，スキタイ人の肘関節は大変緩いため，矢を射る際，うまく弓を引くことができなかった。昔のドイツの診断である「結合組織の弱さ」が取り上げられたことにより，20世紀になってこの症状が知られたが，その後も一般的な教本ではあまり注目されなかった（Rose, 1985）。1880年代，曲芸師に関する一連の記事がいくつかの主要なイギリスの医学ジャーナル（"The American Contortionist" 1882；"A Contortionist" 1882；Owen, 1882；"Voluntary Power" 1882）に取り上げられた。グールドとパイル（Gould and Pyle, 1896, pp.473-475）の著書『医学における異常と好奇心』では，その題材について詳しく扱っている。フィンケルスタイン（Finkelstein, 1916）とキー（Key, 1927）は，関節の過度可動性に関する最初の詳細報告を発表した。ワイルズ（Wiles, 1935）はきわめて柔軟性の高い2人のプロのアクロバット芸人の腰椎を詳しく分析するために，レントゲン撮影を用いた。

　1950年代から1960年代にかけて，関節脱臼の発生機序における一般的な関節弛緩性の重要性が認識された（Bowker and Thompson, 1964; Carter and Sweetnam, 1958, 1960; Carter and Wilkinson, 1964: Massie and Howarth, 1951）。カークら（Kirk et al. 1967）は，ついに過度可動性症候群（HMS）と，過度可動性という用語を医学文献の中で説明した。前者は，筋骨格の病気に関連した関節の弛緩性と定義された。バッキンガムら（Buckingham et al. 1991）は，過度可動関節症候群という用語を使用した。近年，良性関節過度可動性症候

群（BJHS）という用語がより広く使用されている（Grahame, 1999; Grahame and Bird, 2001, p.559; Magnusson, Julsgaard et al. 2001, p.2720; Mishra et al. 1996, p.861）。良性関節過度可動性症候群は，生命をおびやかす疾病ではないことを強調しているため，「良性」関節過度可動性症候群という用語を使用することが望まれる（Grahame, 2000）。反対に，関節が過度に緩く，ほとんどの関節で可動域が許容範囲を超えているとき，一般的に過度可動性があるといわれる。

ベイトンら（Beighton et al. 1988）は，この症候群を「家族性関節過度可動性症候群」として区別している。彼らは，エーラス・ダンロス症候群（EDS），骨形成不全，マルファン症候群のような関連所見として，関節の過度可動性を持つ遺伝的な病気を除外した。エーラス・ダンロス症候群に関しては，章の後半で取り上げることにする。

1. 用 語

関節における過度可動域に関する多数の論文が発表されてきた。この特性は「重複結合」しているものとして，一般的には説明されている。

健康に従事する専門家の中では過度可動域ということばは，靭帯の弛緩（ligamentous laxity: Grana and Moretz, 1978），緩い関節（loose jointed: Lichtor, 1972），関節の緩み（joint looseness: Marshall et al. 1980），関節弛緩（joint laxity: Balaftsalis, 1982-1983; Barrack et al. 1983; Bird, 1979; Bird et al. 1980; Brodie et al. 1982; Cheng et al. 1991），そして過度可動性（hypermobility: Ansell, 1972; Child, 1986; Grahame and Jenkins, 1972; Gustavsen, 1985; Key, 1927; Kirk et al. 1967; Klemp and Learmonth, 1984; Klemp et al. 1984; Rose, 1985）のように，いくつもの表現がなされてきた。

ベイトンら（Beighton et al. 1999）は，この論題に専念して書き上げた完全版テキスト（現在，第3版）の中で，過度可動性（hypermobility）という用語を用いている。この用語を使用した理由は以下の通りである。

「過度可動性」ということばは医学的な背景においては不適切であり，「過弛緩性」あるいは「過伸展性」に置き換えるべきであると論議されてきた。しかしながら，わかりやすくするために，以前，出版された文献に用いられた用語に基づき，これらの用語に互換性を持たせて使用した（Beighton et al. 1983, p.xi）。

2. 関節可動性の評価

簡単な臨床テスト（Carter and Wilkinson, 1964）や，更新システム（Beighton et al. 1973），グローバル・インデックス（Bird et al. 1979）から，X線評価（Bird et al. 1980; Harris and Joseph, 1949），写真テクニック（Troup et al. 1968），振り子マシン（Barnett, 1971），そして固定トルク計測器（Silman et al. 1986）など，過度可動性あるいは，関節弛緩性を計測するあ

りとあらゆるシステムが考案された。

　カーターとウィルキンソン（Carter and Wilkinson, 1964）は，過度可動性の基準値を設定する初のスコアリング・システムを案出した。そのシステムでは，以下のような関節の動きを評価する。
- 母指を前腕前面に屈曲させ，他動での反対位
- 4指が前腕背面に平行になるような，他動での伸展位
- 10°以上の肘関節過伸展の有無
- 10°以上の膝関節過伸展の有無
- 足関節の他動での背屈と足部の外転における余剰な運動域の有無

　カーターとウィルキンソン（1964）は，5つの動作のうち3つが陽性であり，上肢と下肢の両方にみられるとき，一般的に関節弛緩性が存在すると定義した。

　カークら（Kirk et al. 1967）は，より複雑な評価法を提案した。しかしながら，この方法は，日常的に使用するには時間がかかりすぎることが判明した。ベイトンとホーラン（Beighton and Horan, 1969）は，先天的な結合組織の疾患であるエーラス・ダンロス症候群（EDS）を抱えるヒトにおける関節弛緩性を計測するため，テストに改正を加えた。他動での手指伸展動作が困難なため，テーブルに前腕を乗せ，小指を他動的に伸展させて90°までいくかどうかというテストに置き換えた。足関節の運動範囲は，足裏全体が床に着き，膝が完全伸展の状態（すなわち脚がまっすぐに伸びた状態）で，体幹がどのくらい前方屈曲するかというテスト法に置き換えられた。被験者は0〜5の間でのスコアで評価された。

　多くの研究における被験者は，バレエ・ダンサーであったため，グラハムとジェンキンス（Grahame and Jenkins, 1972）はさらに改良を加え，他動での足首の背屈を，直角からさらに15°超えるシステムとした。したがって，このテストにおいて6つの動作が評価された。ベイトンら（Beighton et al. 1973）は，わずかに修正を加え，迅速かつ簡単に使用できるスクリーニング・テストを利用した。このテストでは，0〜9点で点数がつけられ，9点が最大関節弛緩性を示す。しかしながら，一般的な過度可動性を明確にするために必要とされる基準点数に同意が得られなかった。チャイルド（Child, 1986）によると，9点中4点以上は一般的な関節過度可動域を意味する。しかし，ローズ（Rose, 1985）は，その症候群の明らかな認定を得るには，6点以上が必要であると述べている。以下は9ポイント・スコアリング・システムを用いた動作テストである。
- 第5中手指節関節（小指）を他動で背屈させ，90°以上の過伸展の場合（左右各1ポイント，両方であれば2ポイント）
- 前腕の前面に母指を他動で並置できる場合（各母指につき1ポイント，両方であれば2ポイント）
- 10°以上の肘関節の過伸展（左右各1ポイント，両側であれば2ポイント）
- 10°以上の膝関節の過伸展（左右各1ポイント，両側であれば2ポイント）
- 膝完全伸展での体幹前屈で手のひら全体が床に着く（1ポイント）

　ルセック（Russek, 1999）が引用した11ポイント方式のスケールは，ロテス（Rotés, 1983）によって提案されたものである。

　複合関節を検査する評価方式に加え，それ以外に，単関節を用いて関節弛緩性を計測するゴニオメーター（関節の動きを計測する器具）を用いた過伸展計測法が開発された。この方法は，比較的あいまいなものであるため，グラハムとジェンキンス（Grahame and Jenkins, 1972）は，テストを安定化するために，事前に決められた力0.91Kg（2ポンド）を使用した。ジョビンズら（Jobbins et al. 1979）は，トルクを計測する道具を作成した。2.6Kg／cmのトルクが，

白色人種における過弛緩性の発見において最も有効であることがわかった。

ブロディーら（Brodie et al. 1982）は，ゴニオメーターを用い，身体のほとんどすべての関節可動域を評価し，計測した運動アークを加算するという，グローバル・インデックスを考案した。その数値結果は，それから100で割って得られる。

3. 過度可動因子の決定

一般人口における過度可動の割合は，4～7％である（Carter and Wilkinson, 1964; Jesse et al. 1980; Scott et al. 1979）。一方，クレンプら（Klemp et al. 1984）は，バレエ・ダンサー377名中，9.5％が過度可動であることを明らかにした。どのような因子が関節の過度可動あるいは関節弛緩性に関与し，それがどのように変化するのであろうか。可動域は，多面性があるため，このテキスト全体を通し，それについて述べている。一般的に，可動域は皮膚緊張，筋緊張，筋線維の長さ（サルコメア数），数種の結合組織（筋膜，靭帯，腱），そして関節の構造などによって影響が及ぼされる。可動域はまた，トレーニング，ホルモン変化，温度，性別，そして遺伝的素因などによっても影響される。

(1) 性別，人種，民族の違い

もし，一般的な過度可動性あるいは過度可動性症候群（HMS）が遺伝的なものであるならば，性別，人種，そして民族の違いについての疑問が生じる（Ansell, 1972; Beighton, 1971; Bird, 1979; Child, 1986; Wood, 1971）。過度可動性症候群は，男性より女性に多いという傾向がある（Al-Rawi et al. 1985; Beighton et al. 1973; Biro et al. 1983; Decoster et al. 1997; Jesse et al. 1980; Larsson et al. 1987; Rikken-Bultman et al. 1997; Wordsworth et al. 1987）。ウッド（Wood, 1971）は，ニューヨーク・バッファロー在住の白人81名と黒人45名の被験者に，何の違いもないことを明らかにした。しかしながら，ほとんどの研究では，明らかに人種による違いが存在すると，証明されている。

アジアでインド系の祖先を持つ人々はアフリカ系の人々よりも，さらに母指の過伸展が強いが，アフリカ系の人々はヨーロッパ系の人々より過伸展の強い人種とされている（Harris and Joseph, 1949；Wordsworth et al. 1987）。アフリカ南部（Schweitzer, 1970）やイラク（Al-Rawi et al. 1985）の異なった民族における手指関節の比較でも，同様の結果が得られた。特に，アルラウィら（Al-Rawi et al. 1985）は，過度可動性の傾向が男性の25.4％，女性の38.5％にみられることを明らかにした。この傾向は，ナイジェリア人における43％と比較される（Birrell et al. 1994）。

パウンテン（Pountain, 1992）は，以前に20～24歳のイラク人学生に対して行われた調査結果に比べ，16～25歳のオマーン在住者の柔軟性スコアがかなり低いと結論づけた。チャンら（Cheng et al. 1991）は，ベイトンら（Beighton et al. 1973）の測定した中国人の子供は，アフリカ人の子供や成人より，関節の弛緩性が高いことを明らかにした。クレンプら（Klemp et al. 2002）は，ヨーロッパ系ニュージーランド人や他の白人と同様，ニュージーランド原住民であるマオリ人の過度可動性が全体の6.2％であることを明らかにした。

(2) 関節過度可動性に影響を及ぼす性別および生化学的欠損

関節過度可動性と弛緩性における重要な因子として，以下の3つの機能があげられる。
①通常動作を制限する関節の解剖学的構造
②関節動作を制限する筋緊張
③関節結合組織の物理的特徴における細胞外基質構成要素の役割

この中で，3番めの因子が最も重要である。したがって，ここでは主としてコラーゲンの変化によって起こる過度可動性にしぼって話を進めていく。

結合組織細胞は，DNAの遺伝子で伝達された指示によってコラーゲンを合成する。いかなる異常コラーゲン合成も弱化し，そしてその結果，結合組織の膨張に終わる。基礎生物学（生化学，分子生物学，そして発達生物学）のさらなる理解は，EDSタイプI，II，そしてVIIIの原因であるCOL5A1とCOL5A2遺伝子の突然変異を認めることが可能になった。その一方，EDSタイプVIIAは，I型コラーゲン遺伝子のCOL1A1における突然変異を除く，エキソン6によるものである（Kadler and Wallis, 1999）。

マグヌソン，ジャルスガードら（Magnusson, Julsgaard et al. 2001）は，良性関節過度可動性症候群（BJHS）である被験者のハムストリングスの筋—腱単位の粘弾性特性や柔軟性を調査した。主な所見は以下の通りである。
①ハムストリングス筋群における正常な関節角度に対する粘弾性ストレスの軽減と他動的なエネルギー吸収は，BJHS患者と同年代のコントロール群被験者が比較された。
②BJHS患者は，伸長ストレスに対してより我慢強さを発揮し，これが柔軟性の高さを説明している。
③BJHS患者の柔軟性の増加は，関節周囲の組織の変異によるものかどうかは説明しきれない。

4. 過度可動性の影響

一般的な過度可動性は，ダンサー，ミュージシャン，スポーツ選手（Beighton et al. 1999; Grahame, 1999, 2000; Larsson et al. 1993），サーカスの道化師，そして曲芸師にとって有益かもしれない。弛緩性の高い手指関節を持つバイオリニストやフルート奏者，ピアニスト達は，すべての年代において，柔軟性の低い同業者より痛みが原因で悩むことが少ない（Larsson et al. 1993）。しかしながら，悪影響は，過度可動性症候群（HMS）患者，そして一般的な過度可動性をもつ人びとの両方に考えられる。「過度可動性症候群患者は，神経圧迫障害の発生率が高くなるかもしれないが，それに関するデータは乏しい」（Russek 1999, p.595）。一般的な過度可動性を持つ人びとは，固有受容の鋭敏さの低下（Barrack et al. 1983; Mallik et al. 1994），（捻挫のような）関節外傷の危険度の増加，反復性脱臼，腫脹，そして早発から変形関節症を経験することになるかもしれない（Beighton et al. 1999; el-Shahaly and el-Sherif, 1991; Finsterbush and Pogrund, 1982; Grahame, 1971）。悪影響の程度は，過度可動性あるいは関節弛緩性の程度，個人の身体的コンディション，そして個人の職業や趣味による（Beighton et al. 1999; Larsson et al. 1993; Stanitski, 1995）。

何人かの研究者（Adair and Hecht, 1993; Westling et al. 1992; Westling and Mattiasson, 1992）は，また，側頭下顎機能障害と過度可

動性症候群の相互関係を明らかにした。彼らは、「若年者においても、一般的な過度可動性は、側頭下顎の痛みと機能障害を生じる重要な役割を果たしているようだ」とも示している（p.89）。アルラウィラ（Al-Rawi et al. 1985）も、偏平足や軽度の打撲の問題は、関節の過度可動性との相互関係が高いと報告した。過度可動性症候群を抱える人々（69.3%）は、リウマチ症状を持つ比較群（22.0%）（Bulbena et al. 1993）、あるいは他の慢性的な病状を持つ群（21.3%）（Wells et al. 1988）より多くの不安を抱えているようである。ルセック（Russek,1999）は、「不安は、関節の不安定性の認識と、頻繁に起こる痛みと、予測できない怪我によるものである」と示唆した（p.595）。

5. 過度可動性の一般的な対処法

過度可動性をもつそれぞれの患者に対し、短期的および長期的な対処計画を用意しなくてはならない。しかしながら、これらの患者の対処法は複雑で、時間がかかる（Grahame, 2000）。過度可動性症候群（HMS：いわゆる関節弛緩と筋骨格系の病気）の一般的な治療法は、過度可動性の程度あるいは段階、他の医学的症状（例えば EDS、リウマチ、マルファン症候群、あるいは脱臼など）の有無、痛みの程度と質、そして個人の職業や趣味を含む数多くの要素によって異なる。治療方針は、最終的に訓練をうけた健康管理実践者の専門知識と経験が元になって決められる。

(1) 過度可動性の保存的対処法

程度の軽い過度可動性症候群の人々には、保守的な治療法が用いられる。治療前に、患者の既往歴と臨床評価が必要である。このような症例の対処法は、重大な疾病がないことの評価から始める（Biro et al. 1983; Kirk et al. 1967）。次に、患者は症状や病気とどのように共存していくかについてのカウンセリングを受ける（Rose, 1985）。この段階では、最も悩んでいる因子と安心できる因子を患者にさらけ出してもらい、日常のパターンを改善するための提案を行う（Child, 1986）。この改善には、過激なスポーツの禁止、職業の変更、あるいは特定の作業方法の変更を強いられるかもしれない（Beighton et al. 1999; Russek, 1999）。実践においてはいつでも、関節の保護に関する教育を促進すべきである（Child, 1986; Rose, 1985; Russek, 1999）。もう1つの理由は、「過度可動性症候群患者が病気を理解するための手助けは、彼らが経験する痛みに対処する手助けとなる」ということである（Russek, 1999, p.596）。

エクササイズは、もう1つの保存的対処法の代表的なものである。健康管理実践者は、適度なエクササイズは、体重を増やさず、筋や靭帯を最大限、保護してくれるため、推奨してきた（Child, 1986; Magnusson, Julsgaard et al. 2001）。そして、正しい姿勢トレーニングを提供すべきである（Rose, 1985）。水泳は、関節にかかるストレスがジョギングのような荷重運動より少ないため、推奨されている（Child, 1986; Kirk et al. 1967）。ルセック（Russek, 1999）は、ストレッチング・エクササイズは、筋のストレッチングと関節のストレッチングを区別し、注意深く行うよう、過度可動性症候群の人々に対しアドバイスすることを推奨している。筋のストレッチングは有益であるが、関節のストレッチングは危険であるためである。

エクササイズは，過度可動性症候群患者の弛緩した靭帯の硬さを増加させない（Russek, 1999）。しかしながら，動物と人間の両方において，レジスタンス・トレーニングでは，他動的な筋—腱の硬さを増加させた（Klinge et al. 1997; Reich et al. 2000）。その一方，レジスタンス・トレーニングは，過剰な関節の動きを減少させ，良性関節過度可動性症候群（BJHS）における関節痛の改善の助けになるかどうかは，証明されていない（Magnusson, Julsgaard et al. 2001）。明らかに，多くの著者が過度可動性症候群患者に対し，エクササイズを推奨しているが，「推奨するための元になるデータを持っている人は少ない」（Russek, 1999, p.597）。

ブレース，補助副木，そして外科用コルセットを使用することで，さらに関節を保護することができる（Beighton et al. 1999; Rose, 1985）。しかしながら，これらの対処法は，さらなる研究や調査を行い，確信のあるものとしなくてはならない（Russek, 1999）。健康管理実践者による，より積極的な治療には，マッサージ，軽度のモビライゼーション（Beighton et al. 1999），あるいは，軽度のマニピュレーション（徒手整復）（Child, 1986）を含む手技による理学療法テクニックあるいは，治療器具が含まれる。しかしながら，ベイトンら（Beighton et al. 1999）は，強いマニピュレーションを過度可動性のある患者に使用する際，やりすぎによって関節の亜脱臼を起こしてしまうため，十分な注意が必要である，と助言している。

多くの患者は，35℃（95℉）に温められたプールでの水中治療エクササイズを行うことによって，徴候となる痛みが緩和される（Beighton et al. 1999）。鍼，経皮性電気神経刺激（TENS），超音波，そして他のタイプの電気刺激のような治療器具もまた，痛みがある場合に使用される。

(2) 中等度の対処法

局所，経口，あるいは静脈内の投薬は，医師が使用できる（カイロプラクターとマッサージ師は薬品を調剤したり，患者に注射をすることはできない）もうひとつの治療法である。薬品は，軽度の筋骨格痛を除去し，炎症を抑え，あるいは回復過程を促進するのに役立つ。最も一般的に使用されている薬品はNSAIDs（アスピリンのような非ステロイド抗炎症剤），鎮痛剤（アセタミノフェンのような疼痛除去成分），そしてコルチコステロイド（副腎で生成されるホルモン）である（Beighton et al. 1999; Child, 1986; Rose, 1985）。しかしながら，何人かの著者（Child, 1986; Gedalia and Brewer, 1993; Russek, 1999）は，これらの医薬品は，実用的でも効果的でもないと，報告している。アルメキンダーズ（Almekinders, 1993）は，「NSAIDsの正確な効果と役割に関する多くの疑問は解決されていない」こと，そして「NSAIDsの選択，タイミングと投薬計画も明らかにされていない」（p.141）ことに注目している。薬物あるいは他の調合薬品のもたらす潜在的な悪影響を，健康管理実践者たちは理解しているべきであり，情報に通じた市民によっても徐々に認識されてきている。患者にとって，潜在的な利点がある反面，副作用の危険性があることを，注意深く重視しなくてはならない。したがって，健康管理実践者は，医薬品の使用に関して考慮し，可能な限り医薬品の継続使用を避けるべきである。

(3) 根本的な対処法

保存的また中等度の治療では改善の見られない重度の症例では，手術のような主要な侵襲性の技術を含む根本的な対処法が最終段階として用いられる。手術が必要とされる症状には，（捻挫のような）軟部組織の外傷，慢性的な滑膜炎（関節包の内側にある組織層の炎症），反復性

脱臼，脊柱の不安定性，そしてリウマチと骨関節炎の悪化した症例があげられる（Beighton et al. 1999）。

6. 遺伝症候群

いくつもの遺伝因子による症候群が，関節の弛緩性と関連している。たぶん，最もよく知られているのが，関節の過度可動性，皮膚の伸長，そして皮膚の瘢痕によって特徴づけられる遺伝的な結合組織障害である，エーラス・ダンロス症候群（EDS）である。個人がEDSに犯されている程度はさまざまである。この病気は，少なくとも臨床，遺伝子，そして他のグループを元にした9つのサブタイプに分類されてきた。EDSは，5000人に1人の割合で起こる（Pyeritz, 2000a, 2000b; Steinmann et al. 1993）。

最初のEDSに関する報告は，1657年，ヴァンミーケン（Van Meerken）という外科医によって，ラテン語で書かれたものである。ヴァンミーケンは，ライデン・アカデミー（Academy of Leiden）でシニア・ドクターのグループに紹介した，スペインの船乗りの過度の弾性を持つ皮膚と，プロの曲芸師の関節弛緩性について記している。今から100年以上前に，ロシアの皮膚科医は，瘢痕，過度伸展性，そして関節弛緩性の詳細報告を発表した（Tschernogubow, 1892）。その9年後，デンマークの皮膚科医であるエドヴァード・エーラス（Edvard Ehlers）は，患者が関節弛緩性と過度な皮膚の伸長性を持つ症例を発表した（Ehlers, 1901）。その他，フランスの皮膚科医であるヘンリー―アレクサンドレ・ダンロス（Henri-Alexandre Danlos）が同様の症例の存在を伝えた（Danlos, 1908）。プーモー―ドゥリールとスーリー（Poumeau-Delille and Soulie, 1934）は，最初に2人の名をとって，エーラス・ダンロス症候群（Ehlers-Danlos syndrome: EDS）とした。『英国皮膚科ジャーナル（British Journal of Dermatology）』に，1936年，フレデリック・パークス・ウェーバー（Frederich Parkers Weber）が書いた文献の結果，名前の由来となるエーラス・ダンロス症候群が正式に提案され，最終的に認可された。長い間，EDSは，臨床における現象型によって11のサブグループに分けられていた。しかし，1988年，結合組織の遺伝による障害の国際分類学（The International Nosology of Heritable Disorders of Connective Tissue; Beighton et al. 1988）は，EDSをI～VIIIとXのサブタイプに細かく分類した。ベイトンら（Beighton et al. 1997）は，6つの大きなEDSタイプの新しい分類法を提案した。

家族性が未分化な過度可動性症候群は，過剰な可動域に関連する障害のグループを集めたものである。一般的な関節の弛緩性は，一次性の臨床発現である（Beighton et al. 1999）。一般的な過度可動性に関する初期のいくつかの文献は，フィンケルスタイン（Finkelstein, 1916），キー（Key, 1927），そしてスターキー（Sturkie, 1941）のものである。カーターとスイートナム（Carter and Sweetnam, 1958, 1960），そしてカーターとウィルキンソン（Carter and Wilkinson, 1964）は，近親間における家族性の関節弛緩性と脱臼の近似性について明らかにした。ベイトンとホーラン（Beighton and Horan, 1970）は，関節弛緩性が常染色体（遺伝子）優位素質として遺伝した2つの家族について記述した。

関節弛緩性は，マルファン症候群，骨形成不全（OI），ラーセン症候群，そして小人症が

主な特徴であるいくつかの遺伝による骨格形成異常のようなほかの遺伝による障害に見られる（Beighton et al. 1999 参照）。

7. 結合組織の遺伝的障害におけるリサーチの展望

結合組織の遺伝的障害という用語は，ヴィクター・マクージック（Victor McKusick）によって，同名の本が 1956 年に出版され，それに伴い，医学文献の中で使用されるようになった。それ以来，200 以上の異なった障害が確認された。近年，臨床症状において，1000 人以上もの突然変異を持つ患者が見つかり，そのため，20 以上あるコラーゲンの型のうち 12 に対して，22 個の遺伝子によって特徴づけられるようになった（Myllyharju and Kivirikko, 2001）。コラーゲン生化学と EDS の臨床的な側面に関するより完全な考察が必要であれば，バロウズ（Burrows, 1999），バイアーズ（Byers, 1995），マオとブリストウ（Mao and Bristow, 2001），ミリハリウとキヴィリッコ（Myllyharju and Kivirikko, 2001），ポープとバロウズ（Pope and Burrows, 1997），そしてパイエリッツ（Pyeritz, 2000a, 2000b）を参照することをすすめる。

これらの障害の多くは可動域に影響を及ぼすだけでなく，患者の人生にも影響を及ぼす。これに加え，これらの障害は，患者と社会に多大な費用を課すことになる。したがって，以下の研究の優先事項は，バイアーズ，パイエリッツとウィット（Byers, Pyeritz, and Uitto, 1992）によって決められた。

① すべての疾患現象型における遺伝子突然変異を識別し，特徴づける。
② 通常の結合組織マトリックス分子の構成—機能関係を決定する。
③ マトリックス形成の発達的調整を記す。
④ 疾患メカニズムの分析を多方面から行う。
⑤ 遺伝病の治療における臨床治療と発育経過の臨床研究を計画する。
⑥ 疾患の登録を定着させる。
⑦ 周期的にワークショップを行い，そして，マトリックス生物学の主なシンポジウムで，疾患研究を取り上げる。
⑧ 遺伝病の既存の動物モデルを識別し，研究を行う。そして，特殊遺伝因子で突然変異によって生産される現象型を識別するために，トランスジェニック技術により動物モデルを作り出す。
⑨ 遺伝的連鎖の対処法を結合組織の遺伝障害に適用する。
⑩ 結合組織の特殊遺伝障害の一般的な疾患の類似体の分子基礎を追求する。

過去 10 年間，細胞外基質の分子の構成要素が，数多く確認された。研究者は，タンパク質をコード化する遺伝子を分離して特徴づけ，大部分のマトリックスタンパク質の生合成経路を識別して特徴づけ，これらのタンパク質内の相互作用を定義し，そして，これらの障害をもたらす，限られた変種の遺伝因子の突然変異を特徴づけた。

現在，疾患の 3 つの基本的メカニズムが，EDS を生産することが知られている。3 つとは，コラーゲン—プロセッシング・エンザイムの欠失，突然変異筋コラーゲン・α鎖の優位否定の効果，そしてハプロ不全性である。マオとブリストウ（Mao and Bristow, 2001）は，これらのメカニズムを詳述した。

すでに知られているEDSにいたる不十分な酵素活性の2つの例は，リジン―水酸化酵素欠失とプロコラーゲン・ペプチダーゼ欠失である。最初の症例では，リジン残基を水酸化することができないことがコラーゲン・トリマーの通常の分子間のクロスリンクの妨げとなり，第2の症例では，プロコラーゲン・ペプチダーゼの欠如が，プロコラーゲン鎖のNH_2―終点の通常のタンパク質分解開裂を予防する。両方の状況では，コラーゲン小繊維の形態と筋力に，障害を生じる（p.1063）。

優位否定の突然変異は，エキソン―スキップ突然変異，またはコラーゲン3倍らせんを分裂させるミスセンス突然変異のいずれかである。ここで，（遺伝因子）COL5A1とCOL5A2における優位否定の突然変異が小繊維アセンブリー（集合体）を変えると思われる。しかし，正確なメカニズムは，いまだ未知であり，マオとブリストウ（Mao and Bristow, 2001）は以下のように述べている。

小繊維コラーゲンとそれらの既知の修正エンザイム以外の遺伝因子が，コラーゲン小繊維形成の複雑な過程とマトリックス構造の確立に関与していることは間違いなさそうである。EDSの多くがいまだ解明されてないとすれば，若干名のEDS患者が疾患を生じる原因となる，他の非コラーゲン遺伝因子が発見されることも同様にありえるだろう（p.1068）。

たぶん，結合組織に影響を及ぼし，最終的に個々の可動域を決定する因子に関する，より完全な解釈を今後の研究者たちが見つけるであろう。

8. さらなる問題点

EDSに関連する疾病と合併症は，特定のカテゴリーによる。典型的なEDSに関連した疾病や合併症には，捻挫，脱臼，亜脱臼，偏平足，筋緊張低下（筋力低下），総合的な運動発達の遅延，脆弱組織，そして打ち身（挫傷）がある（Beighton et al. 1998）。

マーティン―サントスら（Martín-Santos et al. 1998）は，不安障害（パニック障害，広場恐怖症，あるいは両方）に対する関節過度可動性症候群との関係を，診断を受けた患者99名において調査した。関節過度可動性症候群は，不安障害を持つ患者の67.7％にみられた。その上，「統計上の分析では，不安障害患者は，コントロール群の被験者の16倍以上に，関節弛緩性があることになる」（p.1578）。調査者は，「若年期の生活ストレス要因，恐怖体験，そして分離不安のような中間変数もまたパニックの発現において重要であるだろう」と結論づけた（pp.1581-1582）。関節過度可動性症候群が，神経伝達物質機能障害や，自律神経の調整障害，または身体物理的な遺伝子座に，いかなる方法で関連しているかにかかわらず，将来的に調査を行い，その解明をする必要がある（p.1582）。

9. 曲　芸

　曲芸とは，極端なしなやかさと妙技で，身体の部位を操る芸術である。この芸術は，すべての古代文明に実在した。曲芸師の最も古い記録には，彫刻，絵画，そして文学において，人々にとって最も基本的な芸術であるダンスやタンブリング曲芸が関連していたことを示している。この事実は，エジプトの墓で見つけられた象形文字にみられる。テープファー（Toepfer, 1999）によると，20世紀ではおそらく1930年代と1940年代が，曲芸にとって全盛期であった。第二次大戦後，北アメリカでの曲芸への評価が下がった。その後，北アメリカにおける曲芸はいくつかの点で再評価されるようになった。まず，動物の曲芸よりむしろパフォーマンス・アートと演劇を強調するサーカスであるシルク・ドゥ・ソレイユ（Cirque du Soleil：フランス語で太陽のサーカスの意，本拠地カナダ）の指導者が，曲芸師を1991年のアメリカ・ツアー（新装公演）の主要なパートに置くという戦略的な決定をした。シルク・ドゥ・ソレイユは，テレビを通じて何百万もの人々に見られた。第2に，インターネットが，曲芸芸術に対する関心を復活させる手助けをした（Young, 2002）。Stretchmagazine.comというウェブサイトは，タイギ・ヤング（Tige Young）が曲芸のホームページ作成を通じて，おそらく誰よりも曲芸の人気を高めるのに貢献したという評価をしている。

(1) 愛称と用語

　曲芸師は，「姿勢変人」，「軟体男」，「クネクネさん」，「曲がり屋」，「かえる人間」，「ねじれん坊」，「驚異の骨なし人間」，「インドのゴム男」，そして「柔軟の神様」など，数多くの愛称を持っている（Kattenberg, 1952; Louis n.d.; Speaight, 1980）。職業として行っている人の中で，曲芸師は通常，股関節の柔軟性を利用して普通ではできない動きを見せる「脚芸師」，ウエストから前方に身体を曲げる「身体折り曲げ師」，体幹を後方に曲げる「上体反り曲げ師」，そして頚部を含むからだの主要な関節を脱臼させることができる「脱臼師」に分類される。「ゴム人間」は，皮膚を数インチ引っ張ることができ，手を離すとすぐに皮膚はもとに戻る。そのような個人は，EDSをかかえている（図7.1-7.4参照）。

　曲芸師は，驚異的なグループと芸術的なグループの2つに分類することができる。驚異的なグループは，見る人にとって解剖学上の特異体格者，珍奇な人，異常体質者，あるいはきわめてグロテスクな人であるかのように思えるかもしれない。多くの脱臼師はこのグループに含まれる。これらのパフォーマーの一部は，実際に奇形であったり，または身体的外見異常を持っているかもしれない。芸術的なグループに含まれる曲芸師は，優雅なルーチンを披露する。しかしながら，彼らは，関節を脱臼させることなく，驚異的な柔軟性を見せる（Young, 2002）。観客は，彼らのスタイル，振り付け，コスチューム，メイク，難易度の高い妙技，巧みな装置（小道具）の使いこなし，またはおどけた演技（道化師の場合）に魅了される。

(2) トレーニング vs. 素質

　曲芸師は生まれながらのものなのか，作り出されるものなのかというのが，長い年月を通しての疑問である。一部の曲芸師は，まぎれもなく遺伝的な関節弛緩性からの恩恵を受けている。これらのパフォーマーは，ごくわずかな訓練またはウォームアップしか必要としない。ベイトン（Beighton et al. 1999）によると，数多

くの有名なサーカス一家の持って生まれたしなやかさは，彼らが常染色体優位素質を所有していることで説明することができる。しかし，インターネット上で見られるパフォーマーの伝記によると，大部分の曲芸師は長い年月の厳しい訓練によって，技術を向上させたことを明らかにしている。彼らは，毎日数時間の練習を行う必要があり，パフォーマンスの前には，長時間のウォーミング・アップが必要である。その上，2，3日間，身体を動かさないと，明らかに関節が硬くなってしまう。したがって，これらの2つのグループの違いは，生まれつき才能があるか，徹底した努力・集中力・頑張りにより優秀なだけなのか，ということである。

ヤング（Young, 2002）は，曲芸師としての成功者は以下の3つの要因の結果であろうと信じている。
①生まれつき持つ標準を超えた異常な伸長性と関節弛緩性
②若年期に開始した柔軟性トレーニング
③長年継続してきた過酷なトレーニング

これら以外に2つの追加因子があるが，これらに関しては，慎重に考慮すべきである。その1つが結合組織症候群を持つ人々に関連した極端な柔軟性で，これは曲芸師としてその人が成功する保証にはならない。なぜならば，極端な関節弛緩性が原因で，彼らは筋力，バランス，コーディネーションを必要とする技が行えなくなるためである。2つめの因子は，極端な柔軟性はパフォーマーとして必要な芸術的表現とは「関係がない」ということである（Young, 2002）。

(3) 今日の曲芸

曲芸は，多くの芸術分野，特にサーカスや各種のショーで見られる。数え切れないほどの座法あるいは体位を取り入れ，多くのポーズで極端な柔軟性を求めるヨガもたぶん，「曲芸」を特徴とすることでよく知られた分野である。しかし，究極の可動性を得ることがヨガの最大の目的では「ない」のである。バレエやそれ以外のいくつかのタイプのダンス（クラシック，前衛，エロチック）では，極端なしなやかさが表現される。同様に，器械体操やフィギュアスケートは，近年，極端な柔軟性を表現する傾向を見せてきた。新体操とスポーツアクロ体操は，規定ポイントの重要な必要条件として「芸術的曲芸」を表現する2つの特殊な分野である。これら以外に高度の可動性を向上させていくことで知られる分野には，サーカス（例えばアクロバット，空中曲芸師，道化師，フラフーパー，奇術師），チアリーディング，フィットネス・モデル，そして格闘家（例えば空手とカンフー）がある。このように，多くの芸術的分野において，柔軟性を生まれ持っていたり，あるいは極端ではあるが，美的で機能的な柔軟性を身に付けるために努力することを望む若者にとっては活動が可能である。興味のある方は，適切な連盟または活動団体に連絡をするか，あるいはインターネット上でcontortionhomepage.comを検索していただきたい。

(4) 誤解

曲芸に関するいくつかの誤解が存在する。彼らは「異常に動きまわる関節を持っている」と思われているが，学術的にそのような状態は存在しない。むしろ，曲芸師はハードなトレーニングまたは関節弛緩性症候群の結果として，関節が緩くなったのである。男性の曲芸師は，一般的に男性らしさが不足するといわれている。しかしながら，カテンバーグ（Kattenberg, 1963）によって収集された3,000以上の記録では，これらのパフォーマーの多数が結婚し，子供を授かったことを記している。曲芸師は寿命が短いとも信じられているが，彼らの多

第7章 関節の過度可動性

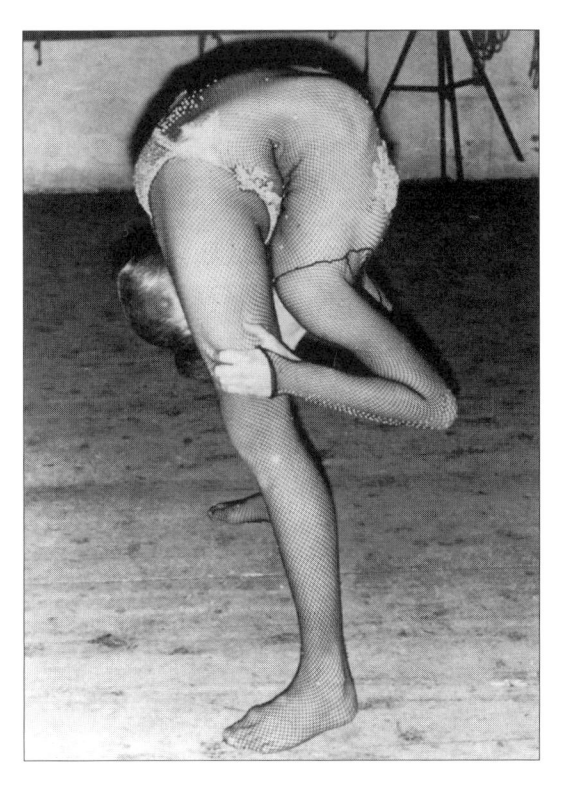

図7.1 「上体反り曲げ師」，ダイアン・ベネットの"ヘアピン"（M. Louis の許可を得て転載）

図7.2 「脱臼師」，マーティン・ロレロ（Circus World Museum Library の許可を得て転載）

図7.3 オレヴァルの逆さプランシェの演技（M. Louis の許可を得て転載）

図7.4 ベン・ドーヴァのマリネッリ・マウスピース・バランスの演技（M. Louis の許可を得て転載）

くが高齢に達していることも報告されている（Kattenberg, 1963）。しかし，数多くの変種を持つ EDS またはそれ以外の関節弛緩性症候群（例えばマルファン症候群）を抱えている多くの曲芸師は，実際，早死にしている。死因は，通常，大動脈の突然破裂である（Beighton et al. 1999）。ベイトン（Beighton, 1971）は，致命的な関節弛緩性症候群ではない曲芸師が，健康を維持する秘訣は，おそらく他の人々を喜ばせる素質と訓練であることを示唆している。

10. 要 約

関節の可動性と弛緩性は，古代より認識されており，これらの状態を数値化するために，多くのシステムが開発されてきた。さらに，その疾病要因に関係する大規模な調査が実施された。さまざまな種類の医学的対処法が過度可動性症候群の治療に使用されている。治療法は，症候の程度によって決定される。生物学の進歩で，数種類の EDS 欠損に関与する特殊な遺伝因子を識別することが可能になった。

曲芸は，しなやかさと妙技を表現するために，身体の部分を操る芸術である。それらは，古代から，いろいろな地域で行われてきたものである。近年，この技術は，並外れた可動性を授けられた人々，あるいは柔軟性を向上させるために，長時間におよぶハードなトレーニングを進んで行う人々の間で，再び行われるようになった。

第8章
リラクセーション

　リラクセーションに関する文献や書籍が多く書かれている。リラクセーションとは何なのか，柔軟性を向上させる上でなぜリラクセーションは重要なのだろうか？　この疑問や他の重要な問題に取りかかる前に，まずリラクセーションを定義しなくてはならない。

1. リラクセーションの定義

　「リラクセーションということばにはなじみがあり，日常的にも使われている用語であるが，治療としてのリラクセーションに関する明確な定義は理解しにくいもののようだ」(Kerr, 2000, p.52)。例えば「リラクセーションとは緊張のない状態と定義する」とザフーレック(Zahourek, 1988)は記している。リラクセーションという概念を知るまでには長く，そしてさまざまな歴史があり，その複雑さを反映している(Kerr, 2000)。したがって，リラクセーションの定義には，いくつかの形がある。運動学習の分野において，リラクセーションは，「特別な仕事を要求されていない筋肉は，筋活動を起こさず，仕事をしなくてはならない筋肉は必要に応じた最低限のレベルで筋活動を高めるといった，筋活動を制御する能力である」としている(Coville, 1979, p.178)。それにともない，運動制御のためには筋活動を高めるのと同じくらい筋活動を低下させる能力が重要であるため，リラクセーションは「人間の運動スキルとして考えることができる(p.177)」。したがって，リラクセーションはパフォーマンス上達を決定づける重要な要素と考えられる。

　技術を要するパフォーマンスにおいて，動作

とは，簡易性，スムーズな動き，協調性，優美さ，自己制御，そして自由自在な状態として特徴づけられる。それらはまた，美しさ，調和，正確さ，そして妙技によっても特徴づけられる。したがって，運動学習において，リラクセーションは，不安，抑制，緊張，そして不要な動きのない状態といえる。

リラクセーションによって，エネルギー消費を節約し，最低限のエネルギーの消耗で，望ましい結果を得るにも矛盾なく，疲労を抑えることができる（Basmajian, 1998）。必要以上の筋繊維が活動を起こすと，不要なエネルギー消費によって酸素やエネルギーが不足する。不要なエネルギー消費は，心臓血管系にもより多くの負担をかけ，実際に身体活動の妨げとなる。さらには疲労をより早く引き起こす原因となる。

リラクセーションすることで，傷害を受ける危険性を軽減できる。疲労が少なければ少ないほど，人間は傷害を起こしづらくなる。反対に，ぎこちない動作や精神的な緊張は，アクシデントの頻度を増す。

筋のリラクセーションが重要であることは確かだが，我々の関心は，柔軟性（すなわち可動性）やストレッチングとの関係である。リラクセーションが柔軟性にどのように影響するか，そして，なぜストレッチング前に筋をリラックスさせるべきなのだろうか？ 筋が十分に弛緩していて，ストレッチングの効果を最大に得るには，理論上，他動的なストレッチングから始めるべきである（Mohr et al. 1998）。すなわち，自動抵抗を最小にするためには，筋の収縮による緊張を最小限に抑える必要がある。筋肉内の緊張が軽減されると，現に伸長を制限している結合組織を，より効果的かつ効率良く伸長することができる。それぞれの筋細胞は，1つ以上のクロスブリッジをもつアクチンとミオシンのフィラメントが縦方向にスライドすることによって，少なくとも50%は長くなる（第3章参照）。通常，筋の伸長（ストレッチング期）は，ゆっくりあるいは一定の割合で行い，伸張反射や最終的な筋の収縮要素の活性化を軽減する。しかしながら，固有受容性神経筋抑制テクニック（PNF）の研究で，ムーア（Moore, 1979）は，効果的なストレッチングを行うのに完全なリラクセーションは必要でないとしている。このトピックは第14章で詳しく述べられている。

2. リラクセーションの測定

リラクセーションは，どのような生理学的反応を解析したいかによって，電気皮膚反応，脳波（EEG），筋電図記録法（EMG）を使い分け，計測することができる。生理学的反応は，酸素摂取量，呼吸数，心拍数，血圧，皮膚温度，筋緊張，そしてアルファ脳波によって評価することができる。筋緊張を筋の活動電位で測定するためには，たぶんEMGが最も良い方法である。反対に，睡眠研究を行っている科学者は，睡眠中の脳波パターンを記録することへの関心が高いため，EEGを利用するであろう。

3. 筋のリラクセーションを促進する方法論

ハートリングとジョーンズ（Hertling and Jones, 1996）は，リラクセーション・トレーニングとそれに関連したテクニックは，対処法と方法論を組み合わせのようなものであるため，それらを分類することは困難である，と記している。カー（Kerr, 2000）は，リラクセーション・テクニックを，おおまかに身体的なものと非身体的なものに分類した。それより先に，ペイン（Payne, 1995）は，より精巧に，身体的アプローチ法（他動的な筋のリラクセーション，行動に関するリラクセーション・トレーニング，差動リラクセーション，ストレッチング）と，非身体的（「心理的」）アプローチ法（自己認識，イメージ，ゴール設定の視覚化，自律訓練，瞑想）の2つに分類することを試みていた。その他の代表的な対処法とテクニックの種類は以下の通りである。

- 特別な呼吸法や動作，特別なストレッチング・テクニック，マッサージや指圧，あるいは調整法やマニピュレーションを用いた体へのアプローチや身体的アプローチ法
- 冷却，温熱，鍼，レーザー，あるいは牽引など，生理学的治療に用いる物理療法
- 認知，心理，マインドコントロール・テクニック
- バイオフィードバックのような高等技術
- 薬物あるいは医薬品

リラクセーションの実施計画を立てる場合，その計画が経済的で効率的なものであることを確認するために，計画の安全性，特別な補助や説明の必要性，特殊器具や運動補助具（パフォーマンスを高める器具），時間，費用を考慮しなくてはならない。これらの問題点を十分，考慮してから実際に実施計画を遂行することが望ましい。

(1) 身体的アプローチ法

身体的，あるいは理学的対処法には，他動的にリラックスする方法と自発的にリラックスする方法がある。前者には，段階的リラクセーション，マッサージ，そして数種の呼吸テクニックが含まれる。後者には，アレクサンダー・テクニック，フェルデンクライス・メソッドや太極拳のようなテクニックが含まれる。関心のある方はハートリングとジョーンズ（Hertling and Jones, 1996）の概要を参照していただきたい。

1) 呼吸テクニック

リラクセーションを促進するさまざまな呼吸テクニックが知られている。代表的な例は，ヨガにみられる。多くのリラクセーション・テクニックは，特定の呼吸パターンを特定の身体的・心理的方法に合わせて使用する。スポーツ医学において，呼吸と運動器系の親密な関係を，呼吸性共同運動と呼び，それはある動きが呼気あるいは吸気にリンクして起こることを言う（Lewit,1999）。研究者らは，ウェイトリフターにおける呼吸サイクルとバルサルバ現象（心臓への血流を妨げ動脈圧を低下させる原因となる，声門が閉じた状態での呼気運動）の関係を調査した。他の研究領域においても，自転車こぎ（Bechbache and Duffin, 1997），ゴルフ（Kawashima et al. 1994），器械体操（Mironov, 1969a, 1969b），ローイング（Clark et al. 1983; Maclennan et al. 1994; Mahler et al. 1991; Steinacker et al. 1993），ランニング（Pechinski, 1996），歌唱（Cleveland, 1998a, 1998b, 1998c, Freed, 1994），水泳（Holmer and Gullstrand, 1980; Keskinen and Komi, 1991; Lerda and Cardelli, 2003），そしてウォーキング（Hill et al. 1988）のような，特定の活動における呼吸パターンと動作の関係を研究している。後述されるセクションに，ストレッチング，柔軟性，そしてパフォーマンスに関する話，経験談，そして研究文献をまとめた。

2) 適切な呼吸法はどのようにストレッチングをしやすくするか？

理論上では，正しい呼吸法と組み合わせた運動パターンは，その動き自体を容易にすることができる。脊柱を前方に屈曲する例を用いると，この効果は神経生理学的にも，物理学的にも，経験上あるいは感覚的にも説明できる。

神経生理学上では，体幹を前方に屈曲している間，腰背部の筋に他動的な（遠心性の）筋緊張がかかる。この緊張が高ければ高いほど，上体を前方に倒しづらくなる。これらの筋群の緊張を軽減することが必要である。胸部を広げ，腹部をへこますようにし，深く息を吸い込むと，それにともなって，起立筋（腰背部の筋群）の自動（求心性）収縮が起こる（Campbell, 1970; Roaf, 1977）。しかしながら，起立筋の筋収縮が起こることに問題があり，これらの筋の収縮が上体を前方に屈曲する際，さらなる抵抗を与えてしまい，体幹下部の伸展を引き起こしてしまい，必要としている体幹屈曲動作に相反する動きとなってしまう。したがって，体幹屈曲時に，ゆっくりと息を吸い込むことは，矛盾していることになる。起立筋のリラクセーションを容易に行うためには，ゆっくりと息を吐くことが，多くの場合，適切な方法である。したがって，ゆっくりした呼気効果によってリラクセーションを得ることができる。（キャンベル〈Campbell, 1970〉は，場合によって最大呼気が腰背部の仙骨脊椎筋群の筋活動を起こすことも証明している。）

物理学上では，ストレッチングを容易にするため，重力と適切な呼吸法を結びつけることができる。息を吸っているの間，肺は膨らむため，吸気は「持ち上げ動作」あるいは持ち上がり効果を生み出すことになる（図8.1参照）。しかしながら，体幹を前方へ屈曲していく際，その目的は上体を下げて低くすることであり，持ち上げることではない。膨らんだ肺の持ち上げ効果は，必要とされている動きとは逆の動きとなってしまう。肺がしぼむと，この持ち上げる力が消失し，上体を大腿部の方に下げていくような重力効果に相反する力がなくなる。したがって，上体を大腿部の方に屈曲するようなストレッチング（ハードラー・ストレッチの変形）を行っている間，息を吐く方が通常，有効である。その一方，上体を元の場所に戻していく場合，呼気あるいは息を止めることが通常，最善策であると考えられる。息を止めても良い理由は後に述べることとする。

前方への屈曲時，体幹が45°前傾するまでに脊柱での屈曲はほとんど終了する。残りの脊柱屈曲は，骨盤が前方回旋（前傾）してから起こる。骨盤は，股関節を支点として回旋する。ミッチェルとプルッツォ（Mitchell and Pruzzo, 1971）のレントゲンを用いた研究では，仙椎頂端（下方尖端）が呼気時に後方へ移動し，上方尖端は反対に前方へ移動することを実証した。したがって，呼気によって骨盤傾斜と体幹屈曲がしやすくなる。

横隔膜は，姿勢を正した立位では胸郭下部で吸気作用がある一方，背臥位では呼気作用がある（De Troyer and Loring, 1986）。体幹屈曲をともなうと，横隔膜は徐々に持ち上がっていく。この作用は，ある程度，重力によって促進され，呼気作用に似たものとなる。

呼気にともない，胸部で横隔膜が持ち上がると，横隔膜が心臓を押し上げ，心拍数を下げる。したがって，呼気が吸気より長い，ゆっくりとした呼吸は，心拍数と血圧を低下させる。その上，呼気は，胸郭，内肋間筋，腹壁，呼気の関連筋，そして筋膜にかかるストレスや緊張を減少させる。この筋緊張の減少は，特定の筋紡錘

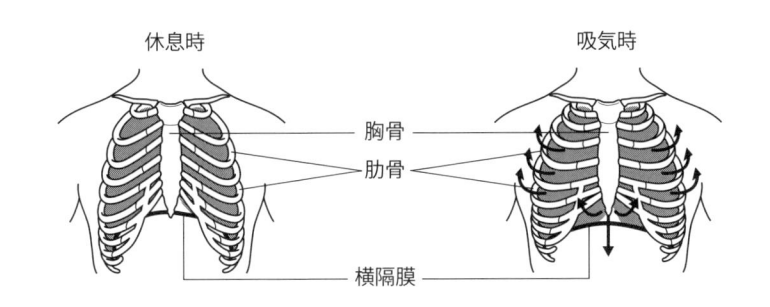

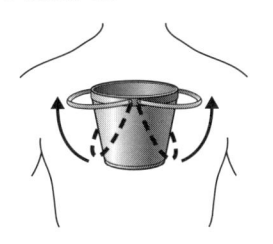

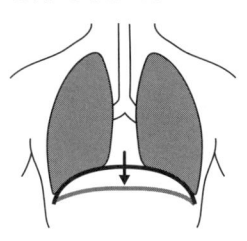

図8.1 吸気時に胸腔容量を増やす異なった方法
J. H. Wilmore and D. L. Costill, 1999, Physiology of sport and exercise, Second Edition (Champaign, IL: Human Kinetics), 248. より許可を得て転載。

やその他の固有受容器によって伝播され，結果的にストレスが少なくなり，よりリラックスしたような感覚を得ることになる。反対に，吸気は，心拍数，血圧，そして体のさまざまな構造へのストレス上昇に関連している。

3) モビライゼーションをともなった調整呼吸法と眼の位置

一般的な法則として，筋活動は吸気時に高まり，呼気時に抑制される。しかしながら，これらはあまりにも簡略しすぎた所説である。実際，呼気時の法則としていくつかの重要な例外がある。例えば，見上げる動作と吸気と直立姿勢に深いつながりがあり，見下ろす動作と呼気とかがんだ姿勢に関連性があると，ルーイット（Lewit, 1999）は指摘している。しかしながら，この関連性は（可動域が大きい）頸椎と腰椎のみにあてはまり，胸椎ではあてはまらない。胸椎においては，反対に，以下のような関係があてはまる。

　胸椎の後弯位に体幹を屈曲しやすくするのが最大吸気であり，腰椎での前弯位に体幹を伸展しやすくするのが最大呼気である。深く息を吸い込むことが，胸椎を屈曲位に可動させる最も効果的な方法であり，息を大きく吐き出すことが，胸椎を伸展させる最も効果的な方法である (p.27)。

さらには，ルーイット（1999）はゲイマンズ（Gaymans, 1980）の研究を引用し，体幹側屈時に脊柱のそれぞれの部位で，促進と抑制が交互に起こることを指摘している。

　体幹側屈時に頸椎と胸椎では，（後頭骨－環椎，C2……T 2，T4などの）偶数部位での抵抗が吸気時に増し，呼気時にはこれらの部

位での可動効果を得ることができるようである。逆に，呼気時に（C1，C3，T3，T5などの）奇数部位での抵抗が増し，吸気時に可動性を得ることができる。C7とT1の間は，「中立」ゾーンとなっている。後頭骨－環椎部位の重要な特徴として，この部位では側屈のみならず他のすべての方向への動きにおいて，吸気が抵抗を増加し，呼気が可動性を促進することがあげられる。この効果は，頭蓋頸部接合点で最も認められ，尾側方向では低下する。とくに（奇数部位での）吸気時の可動効果は，胸部で減少する（p.27）。

では，柔軟性を改善するための眼の位置と呼吸の協調性に関する研究は，どのようなことを証明しているのか？ フェラバウム（Fellabaum, 1993）は，腰椎屈曲時の柔軟性における眼の位置の効果を調査した。30名の被験者は，特別に準備されためがねを用いて検査を行った。レンズに半径約0.5cmの円を残し，その周りを塗りつぶし，レンズの垂直面中心線上の「12時」（上部）の位置に円があるものと，「6時」（下部）の位置に円があるものが使用された。被験者の半分は下部の見えるメガネから，そして残りの半分の被験者は上部のみえるメガネから実験を開始した。被験者の柔軟性は，体幹を前方に屈曲した際，こぶしの尖端から床までの距離をセンチメートルで4回，計測した。「その結果，下部を見ることによって前方への体幹屈曲が改善したことから，垂直面における目の位置は，有意に前方屈曲に影響を及ぼすことが示唆された」（p.15）。ザークセとバージャー（Sachse and Berger, 1989）は，呼吸のある一定時期に起こる，目の動きとによって誘発される頸部のモビライゼーションの有効性を調査した。彼らの研究では，目の動き，呼吸，そして体の動きの連鎖に有効性があることを，頸椎動作計測器を用いて実証した。

4) 徒手療法時の吸気と呼気の促進

これらの調査結果は，カイロプラクター，整骨医，そして理学療法士のようにモビライゼーションやマニピュレーション・テクニックを用いる臨床家にとって，意味深いものである。興奮や緊張を軽減することは，とくに強い力で押すようなテクニックを使う臨床家にとって重要なことであり，なぜなら，患者が興奮，緊張あるいは抵抗すればするほど，そのような抵抗力に打ち勝つだけの力が必要になるためである。外部からの力が強くなるほど，徒手テクニックによる外傷の危険性が高まる。熟達したテクニックは，無駄な力を必要とせず，目的を達成するものである（Gold, 1987）。徒手テクニックは，患者と医師，あるいは治療家の間に独特な相互作用を必要とする。患者が完全にリラックスでき，治療を受け入れることができてのみ，この相互関係が成立する。押し込むような手技（スラスト）は，通常，呼気と共に行うのは当然のことであり，それにともなって患者の「弛緩」が起こるのである。このタイミングはとくに脊柱に対して働きかける際に，重要である。なぜならば，呼気は肺の中の空気による抵抗を減少させ，体幹の屈筋群同様，長い筋である伸筋群をも弛緩させるようである（Hellig, 1969）。このような（リラクセーションの促進）結果を得るには，適切な呼吸法や関連した方法を用いるべきである。

5) ストレッチングを促進するために息を止める

実際にストレッチングに関する内容を記載しているすべての教本や雑誌には，ストレッチング中には決して息を止めたり，息を吸うべきではない，と断言している。本当に，ストレッチング中に息を止めたり吸ったりすることに利点はないのだろうか？ ルーイット（1999）

は以下のように述べている。

> 例えば大きく息を吐き出すときや重いものを持ち上げたり，全速力で走るときなどの最大筋活動を必要とする際など，酸素消費が大変多いと想像される状況で，息を止めたり息を吸うという現象が起きていることは良く知られているが，やはり衝撃的である。運転中，突然，ブレーキを踏むことを強いられたときのように，息をする間もない場合，息を吸うこともなく，息を止める。したがって，横隔膜は，姿勢維持機能をもつ呼吸筋であり，腹筋群は呼吸機能をもつ姿勢維持筋であると，明確に説明した。最大筋活動中に息を止める（バルサルバ法）のは，瞬間的に呼吸を止め，生命維持に必要な呼吸機能を犠牲にしてでも安定した姿勢を維持するためである。骨盤隔膜もまた，重要な役割を果たしているわりに，無視されがちである。(pp.27-28)

6）ヨガの呼吸法

ヨガの呼吸法は，大衆向けメディアにおいて徐々に注目を集めるようになっている。すべてのヨガの呼吸法の基本は，リズミカルな呼吸である。「ヨガの呼吸法は，心と身体を結びつけるものとして機能している。ソーマ（身体）やサイキ（精神）に影響されるが，最終的に両者に対し，影響を与えるものである」（Sovik, 2000, p.495）。ヨガの伝統によると，最適な呼吸パターンとは，横隔膜を用い，鼻で（呼気と吸気を）行い，深く，スムーズで，規則正しい，静かな，そして休止することのないものである。ヨガの呼吸テクニックの理論と実践に関する詳細は，コウルター（Coulter, 2001）を参照していただきたい。「ヨガが示唆するように，もし，呼吸様式が生物学上や心理学上の機能に重要な効果を持っているとすれば，そして，呼吸様式を新たな行動の基盤として意識的に統合していけるのであれば，機能改善や予防のための，お金のかからないトレーニング法として取り入れることができるかもしれない」（Sovik, 2000, p.503）。最適な呼吸法におけるすべての側面からの影響を知るためには，明らかに，さらなる臨床調査が必要である。

(2) ストレッチング

ストレッチングはリラクセーションを促進することができる。筋のリラクセーションを誘発するには，脊髄反射に関する生理学に基づいた静的ストレッチングと固有受容性神経筋促通法の2つの方法が用いられる。

1）静的ストレッチング

静的ストレッチングは，筋自体の緊張によって動作が制限されるところまで筋を伸長させることを意味する。そこで，ストレッチは保持され，一定の時間維持されるのだが，その間にリラクセーションと緊張の緩和が起こる。このリラクセーション現象には3種類の説明が可能である。

①筋の伸長レセプター（筋紡錘など）の反応が鈍くなり，次第に伸長されることに順応してくる。したがって，伸張反射が低下する。

②ストレッチによる他動的な緊張が高まると，ゴルジ腱器官（GTO：Golgi Tendon Organ）と関節レセプター（第6章参照）が活性化され，自発性抑制反射を引き起こしてしまう。その一方で，この反射が伸長されている筋の運動ニューロンを抑制する。その結果として，筋の緊張が下がり，リラクセーションを促進することになる。ティグペン（Thigpen, 1984）は，短期間の静的ストレッチによって筋内の電気活動が減少することを証明した。同様に，エトナイアとエイブラハム（Etnyre and Abraham, 1984, 1986b）は，ヒトのひらめ筋

のストレッチング中に，静的ストレッチングにより運動神経系の興奮がわずかに低下することを発見した。

③筋と結合組織は，時間依存性の機械的特性を持っている。すなわち，一定の力が加えられた際，緊張が徐々に低下するストレス－リラクセーションと共に，徐々に長さの変化が起こる。

2) 固有受容性神経筋促通法

固有受容性神経筋促通法（Propreoceptive Neuromuscular Facilitation: 以後，PNFとする）は，筋のリラクセーションを引き起こす1つの方法である。これは，筋紡錘とゴルジ腱器官の生理学を基盤としている。ホールドリラックス（hold-relax）テクニックでは，まず伸長されている筋の緊張によって，四肢あるいは筋が，必要としている方向への動きが妨げられる位置まで伸長する。この位置で，徐々にほぼ最大の等尺性筋収縮を5～10秒行わせる。理論的には，この筋収縮がゴルジ腱器官の興奮を引き起こし，その結果，自発性抑制を起こし，伸長された筋をリラックスする。

一部修正を加えられたPNFテクニックの場合は，相反神経支配を利用した方法と考えられている（第6章でも述べた）。それは以下のような方法である。筋の緊張によってこれ以上動かないというところまで，筋を伸長する。そして，その位置で反対側の筋（拮抗筋）の等尺性あるいは等張性のどちらかの筋収縮を行わせる。拮抗筋の収縮により，筋の緊張は相反神経支配によって軽減される。

(3) マッサージ

マッサージは，神経系や筋系，そして全体的な血液循環に影響を与えることを目的とした，体系化された身体組織に対するマニピュレーションである（Knapp, 1990）。マッサージの効果は，反射による効果と機械的効果に分類される。反射作用によって，皮膚の感覚神経が快適感やリラクセーションを生じ，その結果，筋がリラックスし，血管が拡張する（Dubrovskii, 1990; Longworth, 1982）。マッサージはエンドルフィンを放出し，興奮レベルを低下することによって，幸福感を生み出す，あるいは幸福感を促進することができる（Hemmings et al. 2000）。もう1つの反射による効果は，鎮痛作用であり，精神的な緊張を減少することである（Yates, 1990）。単調な繰り返し動作によるマッサージを下腿三頭筋（ふくらはぎ〈Morelli et al. 1989〉）に施すと，運動ニューロンの興奮が低下する（Knapp, 1990）。

マッサージの機械的な効果には，静脈血の循環とリンパ液の流れをある部分から刺激すること（ある部分の新陳代謝を刺激することで，老廃物や疲労物質の除去を増加すること），そして，筋繊維間の癒着した部分を伸長すること，が含まれる。いくつかの研究では，マッサージがROMを増加するのに効果的な手段であることがわかった（Crosman et al. 1984; Nordschow and Bierman, 1962）。後者の研究では，スウェーデン式マッサージは，統計上，一般の被験者において明らかに筋のリラクセーションの改善をみせた（体幹屈曲による計測）。これとは対照的に，ウィクトルソン－モラーと共同研究者（Wiktorsson-Moller and colleagues, 1983）は，ストレッチングは1つの筋群のみにおいてはマッサージ，ウォームアップ，あるいはそれら2つの組み合わせによって改善された以外は，検査したすべての筋群におけるROMを増加させたことを明らかにした。プライド（Preyde, 2000）もまた，亜急性の腰痛をもつ患者には，マッサージ療法の効果があることを確認した。

マッサージにおける手の動かし方で基本となる3つのタイプは，軽擦法，圧迫法，そして叩打法である。軽擦法あるいは強擦法は表面

的，あるいは深部に対する方法である。動作はゆっくりと，一定のリズムで，そしてやさしく施行しなくてはならない。このテクニックは，静脈血の動きとリンパ液の流れを改善する。圧迫法，あるいは揉捏法には，捏揉法，圧搾法，そして摩擦法が含まれる。この方法は，軟部組織の癒着を制限あるいは除去する。叩打法あるいは打按摩下搏法では，切打，軽打，あるいは連打を使用し刺激を加える。

　マッサージは，局所悪性腫瘍（がん），敗血症（感染）あるいは血栓症（血塊）の疑いがわずかでもある場合，禁忌とされる。皮膚の炎症あるいは関節の炎症性疾患がある場合にも，マッサージを使用すべきではない。コーベット（Corbett, 1972）は，「緊張の高い筋は，しばしば不安やうつの症状であり，いやな気分をマッサージで取り除くことは一時的には有効であるものの，長期的にみると，患者がマッサージに依存してしまうため，特定の条件下ではマッサージは心理的に危険なものである」（p.137）と述べている。マッサージは適切に用いられることで，筋緊張を低下させる効果的な手段となるのである。

(4) マニピュレーションとカイロプラクティスによる身体の調整

　マニピュレーションは，徒手医療の1つの様式で，他動的な動きを用いて柔軟性を回復したり関節の痛みを軽減する方法である。これが使用され始めたのは，古代にさかのぼる。シュンバウ（Shmbaugh, 1987）は，カイロプラクティスによる身体の調整の結果，筋活動と筋緊張が平均25％減少することを明らかにした。マニピュレーションによる痛みの減少は，いくつかの研究で実証されている（Kokjohn et al. 1992; Terrett and Vernon, 1984）。しっかり管理され，人為的な条件の下で，若い男性の実験群に施行されたマニピュレーションでは，わずかではあるが統計上，プラズマ・ガンマ・エンドルフィン（脳内や，とりわけ痛覚消失あるいは疼痛寛解物質を作り出す他の組織で発見されたオピオイドのような物質〈Vernon et al. 1986〉）の有意な上昇結果が得られた。対照的に，サンダースら（Sanders et al. 1990）は，マニピュレーションによる痛みの減少は有意ではあったものの，それにともなうプラズマ・ガンマ・エンドルフィン濃度の変化は有意なものではないという結果を得た。それより以前，クリスチャンら（Christian et al. 1988）もまた，マニピュレーション療法後のエンドルフィン・レベルにおける変化を確認することはできなかった。

　いくつもの理論が提唱されているが，現在のところ，マニピュレーションあるいはカイロプラクティスによる身体の調整が筋緊張や痛みを減少させるメカニズムは，完全に理解されているわけではない。わかっていることは，多くの患者においてマニピュレーションは，筋のリラクセーションに効果があり，それは筋を伸長させる重要な方法の1つであるということである。

(5) 生理学的物理療法

　次のセクションでは，リラクセーションを促進あるいは誘導する方法のいくつかについて述べていくが，それらは簡単な方法から複雑な方法，そして，安全性の高い方法から危険をともなう方法といったように，幅の広いものである。理論的には促進されたあるいは誘導されたリラクセーションは筋の伸長性を高め，可動域を最大限に増加させる。使用されるテクニックにかかわらず，豊富な知識を適用することで治療がより効果的かつ安全なものになる。

1) 温熱療法

　温熱療法はおそらく痛みや筋緊張を軽減す

るための方法として最も古くから用いられ，また，最も一般的に使用されている方法の1つである。温熱療法は，鎮痛剤あるいは鎮静剤のいずれかとしてリラクセーションを促進する。しかしながら，これらの2つにおいて，温熱効果の正確なメカニズムや効果は，まだ，十分に理解されていない。ヘンリクソンら（Henricson et al. 1984）は，コラーゲンの伸長性の増加，関節のこわばり感の減少，筋スパズムの軽減，そして痛みの軽減のように，結合組織や筋肉の物理的性質に効果があるため，温熱療法は使用されると指摘している。血流の増加や表皮温度の上昇も暖かさやリラクセーションといった感覚を生み出し，ストレッチングに対する肯定的なイメージを引き起こす（Halvorson, 1990; Minton, 1993）。

温熱治療の方法としては何を用いるべきか？　ハーディとウッドール（Hardy and Woodall, 1998）の考えでは，「温熱療法を施行する機材を選択するのに最も重要なことは，限定された体内組織の深さまで温熱が到達するかどうかである」（p.153）。また，温熱療法をどの程度の頻度で利用するか？　という疑問は，臨床での判断によるものであり，医師，治療家，あるいはアスレティック・トレーナーが判断すべきである。

①浅部に対する温熱療法

最も一般的な温熱療法の1つが，温水ボトルあるいはウェットパックの使用である。ワールプールあるいはジャグジーのように，温水をかき混ぜる装置の付いた温水浴も使用される。水温は通常40～43℃（104～110°F）であるため，やけど，軽度の発熱，あるいは風呂や浴槽内で寝てしまうことのないように使用すべきである。しかしながら，多くの場合，単純に温浴やシャワーだけでも十分にニーズを満たしてくれるはずである。温水につかることで一時的に柔軟性が高まる（Sechrist and Stull, 1969）。

ソーヤら（Sawyer et al. 2003）の研究では，スチーム温熱を使用しても，ハムストリングスの柔軟性に有意な影響がないことを明らかにした。対照的に（Lentell et al. 1992），19～36歳の男性ボランティア92名の研究では，「病理的な問題のない肩関節に対し，低負荷でゆっくりとした長めのストレッチングと同時に温熱療法（ホットパック10分間）を使用すると，低負荷での長めのストレッチングのみと比べ，臨床上，柔軟性を改善するのに優れた方法である」ことを明らかにした（p.200）。

簡単に温熱を加える方法として，電気温熱パッドがある。電気温熱パッドは，温度調節が可能であり，また，温度を一定に保つこともできる。しかしながら，温度を一定に保てるがゆえに，不注意によるやけども起こりうる。電気ショックの恐れがあるため，濡れているホットパックの周りを電気温熱パッドで巻いて使用してはならない。ヘンリクソンら（1984）は，43℃（110°F）の電気温熱パッドで20分間，大腿部に温熱加療したが，その直後あるいは30分後に股関節の屈曲，外転，外旋の可動域改善はみられなかった。その一方で，温熱を加えた後にストレッチングを施行すると，屈曲，外転の可動域が直ちに有意な改善をみせ，屈曲においては加療30分後でもなお，可動域の改善がみられた。しかしながら，温熱とストレッチングの組み合わせは，ストレッチングのみの加療と比較すると，可動域に有意な改善はみられなかった。

浅部の温熱療法の使用が有害となる場合として，以下のことがあげられる（Hardy and Woodall, 1998）。

・感覚障害の部位がある
・循環障害の部位がある
・静脈炎，感染，壊疽
・血友病にみられるような毛細管脆弱，長期間にわたるステロイド治療，そして急性後の外傷

- 拡張－収縮能力の低下が原因で神経支配の欠如した血管
- 悪性腫瘍

②深部の温熱療法と高周波（ジアテルミー療法）

　筋のリラクセーションを誘導し，ストレッチングを促進するもう1つの方法が，高周波療法である。一般に，短波，マイクロ波，そして超音波の3つのタイプの高周波器具が治療目的で使用される。

　短波高周波療法は，エネルギーが高周波電波によって深部に移動するという原理を用いたものである。そのような電流は，1,000,000Hz（サイクル／秒）以上の周波数の電磁放射線を生成させるエネルギーを使用している。パルス短波高周波治療法によって温められた筋は，超音波によって温める場合の3倍以上長い間，温かさを保持する（Draper et al. 1999.）。ストレッチングあるいは関節モビライゼーションを施行する前に，身体の組織に温熱を加えたい治療家にとって，この治療器の特徴は大きな利点がある。ストレッチングを行う前に間欠的な短波ジアテルミーで温められた筋は，より柔軟性を得ることができ，超音波で温めた筋より長い間，柔軟性を維持することができる。どのくらい柔軟性を維持できるかは，対象者，ストレッチングを行う時間，そして治療頻度によって異なる（Peres et al. 2001）。マイクロ波もまた電磁放射線によって生成され，短波より短い波長である。超音波は，より深部の組織層にまで浸透可能な高周波音波を利用する。深部組織で機械的な振動を生み出すため，1,000,000Hz近辺の周波数が使用されている。ヴェスリングら（Wessling et al. 1987）は，被験者の下腿三頭筋（ふくらはぎ）における静的ストレッチングと超音波治療の組み合わせは，静的ストレッチングのみより有意に可動域を増加させることを証明した。1MHzと3MHzの両方で超音波継続モード治療を施行した後の身体組織が冷却する速度を

サーミスタ・プローブを使用し，表皮より1.2cm深部の調査を行った（Draper et al. 1993）。3MHz超音波を用い温度が5.3℃（41.5°F）上昇した後，3.3分間，保温状態が維持された。この時期に筋の最大の伸展性と伸び率が起こるため，この時期をストレッチング・ウィンドーと呼んでいる（Draper et al. 1993）。加熱手段にかかわらず，ストレッチング，マッサージ，あるいは関節モビライゼーションは，このストレッチング・ウィンドーが終わる前にできるだけ素早く行うべきである。

　あらゆる高周波療法の即効性は，加温している組織の温度を上昇することである。治療効果の程度と範囲は，加温の供給源，強度，適用時間，そして組織のレジスタンス（抵抗性）に比例して変化する（Lehmann and de Lateru,1990; Prentice et al. 1999）。このように，温熱療法では，感覚および運動神経の鎮静あるいは刺激のどちらかの作用がある。鎮静作用は，何らかの形で神経の過敏性を抑えると考えられているジアテルミーによって得られる痛みの緩和の説明となる。それ以外の効果として，血流の増加，血管の拡張，異なった細胞壁間のろ過作用や拡散作用の増加，組織代謝の増加，伸長に対する筋紡錘の過敏性低下，筋のリラクセーション，関節のこわばり感の低下，そしてストレッチしやすい身体組織づくりがあげられる（Lehmann and de lateur, 1990; Prentice et al. 1999）。

　ジアテルミーなどの高周波治療器具は，慎重に使用すべきである。治療器具を使用するには，医師，理学療法士，アスレティック・トレーナーの処方が必要であり，それぞれの目的にあった使用を心がけなくてはならない。

2) クライオセラピー

　クライオセラピーは冷却を用いた治療法である。クライオセラピーの専門書としてナイト（Knight, 1995）は，『クライオセラピー　スポー

ツ外傷の管理における冷却療法』を書き上げた。クライオセラピーの最大の利点は，温熱療法と同様に，鎮静剤として働き，筋のリラクセーションを効果的に引き起こすことである。冷却療法を適用することで，関節可動域を改善することができる。ニュートン（Newton, 1985）は，ストレッチングと組み合わせて，フルオリメタンスプレーを5秒間噴霧し，それを6回繰り返す実験では，他動での股関節屈曲角度が8.78°増加することを明らかにした。しかしながら，健康な被験者においては，他動での股関節屈曲角度に有意な改善はみられなかった。コーネリアスとジャクソン（Cornelius and Jackson, 1984）は同様に，PNFエクササイズの前にクライオセラピーを使用すると，より広い関節可動域を獲得することができるという報告をしている。ブロドヴィッツら（Brodowics et al. 1996）は，ハムストリングスに温熱療法を施行しながらのストレッチングあるいはストレッチングのみよりも，アイシングをしながらのストレッチングの方が，背臥位での柔軟性が高まることを明らかにした。しかし，これらの結果は他の調査結果とは正反対のものであった（Cornelius, 1984; Minton, 1993; Rosenberg et al. 1990; Sechrist and Stull, 1969）。バークら（Burke et al. 2001）は，45名の被験者において，簡易化したPNFによる柔軟性トレーニングと10分間の冷水浴，あるいは10分間の温水浴を組み合わせたグループとストレッチングのみの3つのグループに分け，ハムストリングスの長さの変化を比較した。「健康な被験者においては，温水浴あるいは冷水浴によるハムストリングスの長さの変化はみられなかった」(p.16)。同様に，レンテルら（Lentell et al. 1992）はストレッチの最終段階において，アイスパックによる部位の冷却を加えても，短期的な結果は実質的に改善されなかったことを明らかにした(p.205)。プロトコール，被験者，関節，治療，そしてデータ分析に相違があるため，比較を難しくしていることも事実である。例えば，表層のアイスマッサージあるいは特定の筋の冷却のためのアイスパックは，明らかに関節可動域を改善するという生理学的な反応を引き起こすかもしれない。しかしながら，冷水浴は体内深部温度を調節するため，すべての末梢部への血流を制限してしまうかもしれない。その結果，この血管の変化が，他の研究で明らかにした矛盾の原因になると考えられる（Burke et al. 2001）。

　結合組織を伸長するというよりむしろ，（癒着を壊すなどの）結合組織を引き剥がすことを目的とした治療を行う場合，痛みが原因で他の関節可動域改善治療が施行できない場合，あるいは筋の痙縮が適切な関節可動域改善治療を明らかに妨げている場合に，クライオセラピーは使用される（Sapega et al. 1981）。痛みを軽減するために冷却法を利用することは，患者の活動量を増し（Halvorson, 1990; Hardy and Woodall, 1998），より効果的なストレッチングに耐えられるようになるために有益でもある。腫脹や滲出液の減少，炎症の減少，そして二次的な血流の増加などの冷却法の利点もあげられる。ブロドヴィッツら（Brodowicz et al. 1996）とナイト（Knight, 1995）は，ストレスによって誘発される筋断裂を最小限に抑えるため，冷却後に適切なウォーミングアップをすべきであると勧告している。

　どのように冷却法は痛みを軽減し，和らげるのか？　理論の要約がナイト（Knight, 1995）によって示されている。

- 冷却療法は，疼痛繊維における神経伝達を減少する。
- 冷却療法は，神経終末の興奮性を減少する。
- 冷却療法は，虚血による有害な影響を取り除くために，組織内の代謝を低下させる。
- 冷却療法は，疼痛繊維における非同期伝達を引き起こす。
- 冷却療法は，疼痛閾値を上昇する。
- 冷却療法は，反対刺激剤として働く。

- 冷却療法は，エンドルフィン放出を引き起こす。
- 冷却療法は，脊椎ニューロンを抑制する。(p.163)

プレンティス（Prentice, 1982）は，運動後の筋肉痛減少において，冷却療法をした後の静的ストレッチングが，ストレッチングと温熱療法の組み合わせより勝っていることを明らかにした。筋スパズムや疼痛を緩和し，モビライゼーションによって一時的に筋の長さを増すために，コールドスプレーが使用されると報告されている（Harvey et al. 1983）。疼痛除去のために冷却療法を利用する理由は，痛みによって誘発されて生じた伝達速度の遅い神経線維によって伝達されるインパルスに対抗するインパルスを脊髄に送るためにと考えられている。したがって，冷却療法は，知覚麻痺を生み出すのではなく，むしろ反対刺激剤を作り出していることになる。この反対刺激理論は，基本的には，疼痛信号の伝達をブロックする皮膚からの求心インパルス（冷却）によるメルザック・ウォールのゲート理論である（Halvorson, 1990; Hardy and Woodall, 1998）。

クライオセラピーは比較的簡単であるため，医師，セラピスト，あるいはトレーナーの指示のもと，自宅で行える治療である。自分で治療する場合，凍傷の原因となる身体組織の凍結の危険性について理解しておかなくてはならないが，この現象は身体の一部の皮膚に氷（冷却物質）が直接かつ継続的に放置されたときにのみ起こる。氷を体表に当てると，その部位はいくつかの知覚段階を経る。最初は冷たく感じ，その次に焼けるような感覚，続いて刺すような痛みあるいは激痛，部分的な知覚損失，そして最終的に無感覚へと変化していく。

冷却療法の使用に対する禁忌は，以下の通りである（Bell and Prentice, 1999; Hardy and Woodall, 1998）。

- レイノー現象
- 蕁麻疹，そう痒，腫脹性眼瞼，そして呼吸困難をともなう寒冷過敏症
- アレルギー反応によるヒスタミン放出をともなう寒冷アレルギー
- 血行障害のある部位
- 寒冷グロブリン血（慢性関節リウマチ全身狼瘡，白血病，多発性骨髄腫のまれな症状）
- 感染
- 開放創あるいは皮膚状態

血管の直径は，通常の冷却前の直径より狭くなっているため，15 分あるいはそれ以上冷却すると，その後，寒冷によって誘発される血管拡張が，さらなる腫脹をもたらすという懸念もあるが，それに根拠はない（Knight, 1995）。

3) 経絡発痛点

何千年もの間，皮膚の特定の位置を刺激するテクニックが使用されてきた。おそらく，最もよく知られているテクニックが，中国の鍼のシステムである。鍼に関しての知られている最も初期のものは，『黄帝内経』，あるいは『内科の古典書』である。この書物は，紀元前 2697 ～ 2596 年に生存していたとされる神話伝説上の黄帝によるものとされている。鍼は，特定の痛みのある状態を治療し，さまざまな機能障害を取り除き，そして局所的な知覚消失を引き起こすため，細い鍼を（一般に経絡にしたがった）身体の特定の箇所に挿入する科学であり，また芸術でもある。過去 30 年，神経生理学，神経薬学，神経生化学，そして神経形態学を含む広範囲に及ぶ分野で鍼の研究が行われてきた。鍼がどのように効くかを説明するいくつもの理論が提唱されてきたが，その作用の正確なメカニズムはいまだ知られていない。しかしながら，鍼を用いた経絡治療は，視床，大脳非皮質，あるいはそれら両方に，そして最終的には脊髄に

抑制インパルスを放出することによって，疼痛信号が脳に入ってくるのをブロックするという働きがあると示唆されている。その結果，病理生理学的な反射により有害性刺激がブロックされ，筋のリラクセーションを引き起こす。他の理論では，神経ペプチド，オピオイドペプチド，そして神経伝達物質の活性化について論じている（Cao, 2002; Debreceni, 1993; Han, 2003）。経絡を刺激するためにいつでも鍼が必要と言うわけではない。指や母指の圧（指圧），特別にデザインされた器具（鍉鍼，あるいはマッサージで用いるT字型の用具），そして電気刺激治療器具を用いて治療を行うこともできる。カイロプラクティスによる発痛点の治療技術は，ニモ（Nimmo, 1958）によって広く研究され，彼はまたレセプター・トーヌス・テクニックを開発している。このテクニックは，機能を混乱させ，痛みや関連痛などを引き起こす有害性神経回路を発生するポイントである体内の神経筋膜や腱の発痛点を見つけ，それらを消失させる方法である。最近，健康管理器具として使われるようになったものとして，レーザー（誘導放出による光増幅）がある。1960年代のレーザー開発以来，絶えることなく増え続けるデータの数が，数多くの分野においてのレーザーの効果を支持している。あらゆるタイプのレーザーが，リラクセーションを高め，痛みを軽減し，そして開放性外傷の治癒を促進する。「効き目はあるが，正確にどのように効くのかは解明されていない現代医学の謎の1つではあるが，現在は組織学的に，そして科学的に解き明かされる過程にある」（Ohshiro, 1991, p.18）。

4) 牽引

牽引は，身体の特定部位に対し，徒手あるいは機械の伸延（分離する）力を用いる。一般的に，組織の伸長や関節の分離に使用される。また，リラクセーションを促進し，マッスル・ガーディング（関節を安定させるための筋収縮）やスパズムによる痛みを軽減することも可能である。

(6) 認識アプローチ

認識アプローチは，心理的あるいはマインド・コントロール・テクニックを利用する。しかしながら，多くのテクニックは認識アプローチと身体アプローチの両方を組み合わせて使用する。認識法には，瞑想，知覚認識テクニック，自律（神経）訓練，そして知覚サイクルのような方法が含まれる。これらのテクニックに関する簡単なレビューは，ハートリングとジョーンズ（Hertling and Jones, 1996）で参照できる。以下に2つの代表的な認識アプローチについて記す。

1) 漸進性深部筋リラクセーション・トレーニング

エドムンド・ヤコブソン（Edmund Jacobson, 1929）によって開発された漸進性深部筋リラクセーション（Progressive Deep-Muscle Relaxation Training = PDMR）は，随意骨格筋を意識的にコントロールすることにより，リラックスすることを目的としている。このテクニックは，静かな環境の中，受動的な状態で練習する。筋は硬く収縮し，それから徐々にリラックスする。その結果，施行者は緊張とリラクセーションの感覚のコントラストを知ることになる。そしてシステマティックに足先から頭あるいは頭から足先の筋群を同時にリラックスする。少しずつ，身体全体が段階的にリラックスしていく。細心の注意をはらいながらのひたむきな練習によって，ほんの少しの筋緊張でもわかるようになり，それを避けることもできるようになるため，身体の深部でのリラクセーションも可能となる（Jacobson, 1938）。

PDMRは，ウルプ（Wolpe, 1958），そして

バーンスタインとボーコヴェッツ（Bernstein and Borkovec, 1973）によって簡略化された。リラクセーション・トレーニング（Relaxation Training = RT）ということばは，一般的にPDMRと同じ意味で使われる。リラクセーション・トレーニングは，精神心理的慢性疾患を抱える個人にとって，効果的で実現性のある補助的な治療法であることを意味している（Michelson, 1987）。とくに，PDMRは通常の薬理学および精神医学による治療の補助的な手段として利用されている（Fried, 1987, p.90）。しかしながら，生理学的な効果をもたらすリラクセーション・トレーニング法のある作用に関して，議論が起きている（Borkovec and Sides, 1979; King, 1980; Lehrer and Woolfolk, 1984）。ミケルソン（Michelson, 1987）によると，方法論的観点の多くの部分には，あいまいな所見が多く含まれている。PDMRのいくつかの型は，ヨガの受講者によって長期にわたり行われている。

2) リラクセーション反応

リラクセーション反応は，ハーバード・メディカル・スクール（Harvard Medical School）のハーバート・ベンソン医師（Dr. Herbert Benson, 1980）によって発見され，発表された。何世紀もの間，数多くの文化やカルトによって実践されてきたテクニックを元に，ベンソンはリラクセーション反応を引き起こすのに必要な4つの基本要素を識別した。

①静かな環境。静寂は，あたかも精神や感情を減圧してしまう部屋のように，内部の刺激と外部の注意をそらすものの両方を「オフ」にする。
②集中するための精神的な道具，あるいは対象物。この刺激は，一定であるべきである。それには，ことばの繰り返し（例えば，リラックスあるいはストレッチ），対象をじっと見ること（例えば，見ていると，つま先に手が届く気がしてくる），あるいは特定の感覚に集中すること（例えば，筋肉がにじみ出ていくことを想像したり，結合組織がほどけていくのを感じる）が含まれる。
③受動的な姿勢。ベンソン（1980）の意見では，この状態が「リラクセーション反応を引き出すのに最も重要な因子のよう」（p.111）であり，また，心の中のすべての思いや悩みを空にすることで得られる状態である。
④心地よい肢位。「過度の筋緊張」を除去し（p.161），長時間，同じ状態でいられる姿勢が，心地よい肢位である。

3) 認識アプローチの禁忌

かなり最近まで，リラクセーション反応を臨床で使用することは，全く無害であると考えられていた。しかしながら，エバリー（Everly, 1989）は，他のデータがこの見識を否認していることを指摘した。したがって，ストレッチングの処方計画とともにリラクセーション反応を促進するためにさまざまなテクニックを取り入れている臨床家は，起こりうる副作用を知っておかなくてはならない。ルーテ（Luthe, 1969），エモンズ（Emmons, 1978），ストレベル（Stroebel, 1979），そしてエバリー（1989）のリサーチをもとに，エバリーら（1987）はリラクセーション反応を引き出すことによる，5つの主な分野での問題を認識した。

①現実との接触の喪失。この問題には，解離状態，幻覚，妄想，そして異常知覚（異常な皮膚感覚）のような兆候が含まれる。
②薬物反応。リラクセーション反応は，実際にいくつかの薬物あるいは化学物質の効果を強める可能性がある。インシュリン，鎮静剤，あるいは睡眠薬を使用している患者，あるいは心血管系に対する投薬を行っている患者には特別な注意を払うべきである。

③パニック状態。これらの心理的な反応は，コントロール能力を失うことに対する強い懸念や不安感が特徴である。
④抑制観念の未熟化。抑制された思考や感情は，しばしば深いリラクセーション状態で開放される。もし，そのような反応を望んでいない場合，あるいは反応が過剰であるならば，この反応は否定的な結果である。
⑤過度な走養素性状態。リラクセーション・テクニックはしばしば精神心理学的機能を過度に低下させてしまうことがある。起こりうる副作用として，一時的な低血圧状態，一時的な低血糖状態，そして疲労が含まれる。

(7) バイオフィードバック

バイオフィードバックはリラクセーションを促進し，治療用エクササイズの補助器具として利用することができる。バスメイジアン（Basmajian, 1998）とウルフ（Wolf, 1994）は，バイオフィードバックを患者やセラピストが，計量器，光，そしてさまざまな聴覚装置によって，正確な体内の生理的現象を即座に知ることができる電子装置であると説明している。このフィードバックを通じて，生理的活動のレベルを記す電子シグナルの増減に注目することで，普段気づかない身体の事象を，自発的にコントロールすることを学習することができる（Basmajian, 1998）。適切なバイオフィードバック・テクニックを用いれば，それぞれのモーターユニットでさえもコントロールできる（Basmajian, 1963, 1967, 1972; Basmajian et al. 1965; Simard and Basmajian, 1967）。臨床的な評価では，レヴィンとウルフ（Levin and Wolf, 1987）が，バイオフィードバックは足関節の伸筋群のトーンの上昇をみせる卒中発作の患者の下腿三頭筋における交感神経皮膚反応（Sympathetic Skin Response=SSR）を低下させる（振幅を減少させる）のに使用できることを証明した。要するに，バイオフィードバックの支持者は，生物学的な機能を知ることで，ヒトはその機能をコントロールすることができると信じている。

誘発された心理的ストレスは筋電図（electromyography = EMG）の値を上昇させる（Larsson et al. 1995; Lundberg et al. 1994; Westgaard and Björklund, 1987）。音楽の分野で，パフォーマンスに関しての不安感が慢性的な筋肉痛を引き起こし，痛みを長引かせることを仮説として取り上げた。結果的に，EMGバイオフィードバックを使用することが，バイオリンやビオラ奏者の慢性的な首と肩の痛みを軽減する方法の1つとして提案された（Berque and Gray, 1995）。パルメルードら（Palmerud et al. 1998）は，健康な被験者が視覚によるフィードバックを用い，腕を挙上するというタスクにおいて，僧帽筋のEMG活動を自発的に33％低下させ，他の筋に負荷を分配することができることを証明した。これらの発見を実践的で意味のあるものにするためには，さらなる臨床でのリサーチが必要である。

運動や同様の専門分野（ダンスや武道など）において，伸張性筋収縮によって誘発される筋肉痛を治療する手段の1つとしてのフィードバックは，伸長性や柔軟性を促進するものと示唆されている。マグリンら（McGlynn et al. 1979）は，3日間の消耗運動後にバイオフィードバックを用いた被験者は，何もしなかったコントロール群の被験者より大腿四頭筋の痛みの感じ方が有意に少ないことを明らかにした。これらの調査結果に矛盾して，マグリンとロフリン（McGlynn and Laughlin, 1980）は，バイオフィードバック群における痛みの感じ方は，静的ストレッチ群とコントロール群の被験者よりも強く感じていたことを明らかにした。マグリンとロフリン（McGlynn and Laughlin, 1980）は，矛盾する結果に対し，可能な2つの説明を示した。①バイオフィードバック治療では，上腕二

頭筋に集中し，痛みの感じ方を主観的に計測するものであったため，バイオフィードバック群は,筋肉における痛みをより意識し,敏感になっていたのかもしれない。②たぶん，上腕二頭筋は，他の筋群よりバイオフィードバック治療に影響されにくかった。

ウィルソンとバード（Wilson and Bird, 1981）は，バイオフィードバック群とリラクセーション群の両方で，男性体操選手の股関節屈曲に著しい改善がみられ，バイオフィードバック群の方が，実験中の早い時期から改善がみられたことを明らかにした。女性体操選手においては，コントロール群，リラクセーション群，そしてリラクセーション＋バイオフィードバック群において，股関節屈曲に著しい改善がみられた。カミングスら（Cummings et al. 1984）は，短距離ランナーにおけるリラクセーションあるいはバイオフィードバック・トレーニングは，トレーニング継続期間中のみ，柔軟性に有益な効果があると限定した。柔軟性におけるバイオフィードバックの効果を決定づけるためには，リサーチが十分でないため，さらなる研究が必要である。

(8) 薬剤

薬剤は，緊張を下げ，リラクセーションを促進するもう1つの方法である。われわれのまわりには，多くの問題が特定の薬剤を使用することで簡単に解決できると信じ込ませたり，教え込むような薬品会社の広告が充満している。これらの「魔法のくすり」には，数多くの危険が潜んでいる。今日の健康志向の団体や医療臨床家は，今まで以上に，多く利用されている市販薬の投与や使用には十分考慮し，使用判断力をもつことが必要である。こうした判断ができないと，世界が直面している重大な薬物問題をさらに悪化させることになる。

1) 鎮痛剤，反対刺激剤バーム，塗り薬

鎮痛剤と反対刺激剤は，運動や日常生活で起こる筋肉痛の治療に最も幅広く使用されている薬品である。米国の食品医薬品局は，反対刺激剤を，カテゴリーI薬物と分類しているが，それは筋肉の痛みに対する治療において安全で効果があることを意味する。鎮痛バーム製品は，アメリカの成人6000万人によって繰り返し用いられ，1億5000万ドルを生む産業である（Barone, 1989）。「しかしながら，そんなに使用されているにもかかわらず，鎮痛バームの作用の効率やメカニズムは研究が十分されておらず,不確かな物として残されている」(Ichiyama et al. 2002, p.1440)。ヘインズとペリン(Haynes and Perrin, 1992）は，「反対刺激剤は，筋肉痛に関連した痛みと，可動域制限に対する治療手段として効果がある」と示唆した（p.13)。

鎮痛剤と反対刺激剤がウォーミングアップに効果的であるかは疑わしいものである（Barone, 1989）。効果的なウォームアップとは，すべての身体組織，とくに深部の筋肉にまで達しなくてはならない。鎮痛剤の温熱効果は，表皮のみである。その上, 本当のウォーミングアップとは，筋温を上昇させ，身体組織の生理学的な特性を高めるものである。したがって，アスリートやレクリエーションでスポーツを行っている選手が，鎮痛剤や反対刺激剤をウォームアップの代用として使用しないことを推奨する。

鎮痛バームの効用はさまざまな因子によるものであり，最も重要な因子である製品の成分とその製品を使用する対象者によっても異なる。最も一般的な鎮痛バームの成分は，ユーカリ油,ヒメコウジ油（サリチル酸メチル),ペパーミント（メントール），カンフル，カプサイシン（蕃椒），赤唐辛子，トロラミンサリチル酸,テレビン油である（Barone, 1989)。鎮痛バームは，皮膚に浸透し，痛みに対抗し，痛みを覆

い隠し，軽度の刺激を生み出すと考えられている。わずかな局部麻酔を引き起こす一方，血管周辺の筋繊維をリラックスさせ，その結果，血管を拡張することになる。血行の増加は炎症によって生じる物質の吸収を助け，より多くの血液と栄養分を供給エリアに運び入れる。

鎮痛バームの作用の潜在的な様式に関する概念がイチヤマら（Ichiyama et al. 2002）によって示されている。

- 炎症過程でみられる物質の形成の抑制。
- 神経線維の遮断。
- 伝達物質の枯渇。
- 塗り薬を用いてのすり込み動作が，太い求心神経線維の活動を高め，「ゲート・コントロール」メカニズムを引き起こす。
- 鎮痛効果は表在的な温熱治療器具に用いる塗り薬に関連している。
- 鎮痛効果はプラシーボ効果の結果である。

イチヤマら（2002）の文献を意訳すると，臨床試験は鎮痛バーム使用に関して，提唱されている議論をもとに，受容器あるいは神経線維への直接的な浸透効果や中枢神経系における複雑な相互作用を含み，実際の神経細胞学的な過程を調査し，明らかにするよう，試みるべきだとしている。

2）筋弛緩物質

筋弛緩薬品には，処方箋なしの薬品（OTC）と処方箋薬がある。これらの多くの薬物の詳しいメカニズムは十分には理解されていない。治療作用は，鎮痛あるいは鎮静に関連しているようである。これらの薬物は，神経筋接合部で骨格筋への神経インパルスを遮断するか，一般的な中枢神経系抑制薬として作用する。これらの薬物は，急性期の筋肉の痛みにともなう不快感の除去のため，休養，物理療法以外の補助的手段として使用される。これらの薬物で起こりうる副作用には，うつ，アレルギー，めまい，頭痛，刺激過敏，立ちくらみ，吐き気，心肺機能低下，昏睡，そして死が含まれる。妊婦あるいは授乳期の母体は，とくに潜在リスクを理解すべきである。ルールとして，処方薬は最後の手段として使用すべきであり，正しい使用法に従って利用すべきである。薬物はできるだけ早く，使用継続を止めるべきである。

4. 要　約

理論上，リラクセーションあるいは筋の緊張していない状態は，ストレッチングを開始する前に起きているべきである。体内の緊張が低下していると，実際に伸長性に制限のある筋や結合組織に対し，効率的に伸長を与えることができる。筋のリラクセーションは，身体的あるいは物理的アプローチ（生理的治療器具），認識，心理的，マインドコントロール・テクニック（バイオフィードバックのような洗練された器具），薬や薬物療法によって引き起こされ，促進される。理想とする目的を遂行するために，最も安全で，最も効果があり，最も効率の良い手段を考慮しなくてはならない。

第9章
筋の傷害と筋肉痛：
　　　原因と結果

　スポーツ，運動，ストレッチングは，さまざまな不快感，筋肉痛，スティフネスあるいは2種類に大別される痛みを引き起こす可能性がある。この2種類の痛みには，①活動中あるいは活動直後から数時間続く痛みと，②一般に活動後24～48時間に引き起こされる痛みがある。傷害には慢性的な痛みをもたらすものや，さらに重要なことは再発するものもあることである（Best et al. 1998b）。この章では，一般的な2種類の痛み，そして外傷後の炎症と線維の再形成を考察する。

　発生時期に関係なく，以下の基本的な5つの仮説は筋肉痛の特性を説明している。
1. 損傷あるいは断裂した筋
2. 損傷した結合組織
3. 代謝の蓄積あるいは浸透圧と腫れ
4. 乳酸の蓄積
5. 局部化された運動単位の筋痙縮

　これらの原因は，個別に発生するが，同時に起こることもある。さらに，筋肉痛は他にも原因がある。

1. 損傷あるいは断裂した筋の仮説

　ハフ（Hough, 1902）は，筋肉痛は筋自体の断裂によるもので，すなわち筋線維の微細な部分断裂による筋損傷の結果であることを最初に指摘した。しかし，ド・フリース（de Vries, 1961a, 1961b, 1962, 1966）は，このような損傷は，選手やコーチあるいは一般の人が考えているよりも発生していないと元来は考えていた。彼は，「特異性である線維の機能が構造

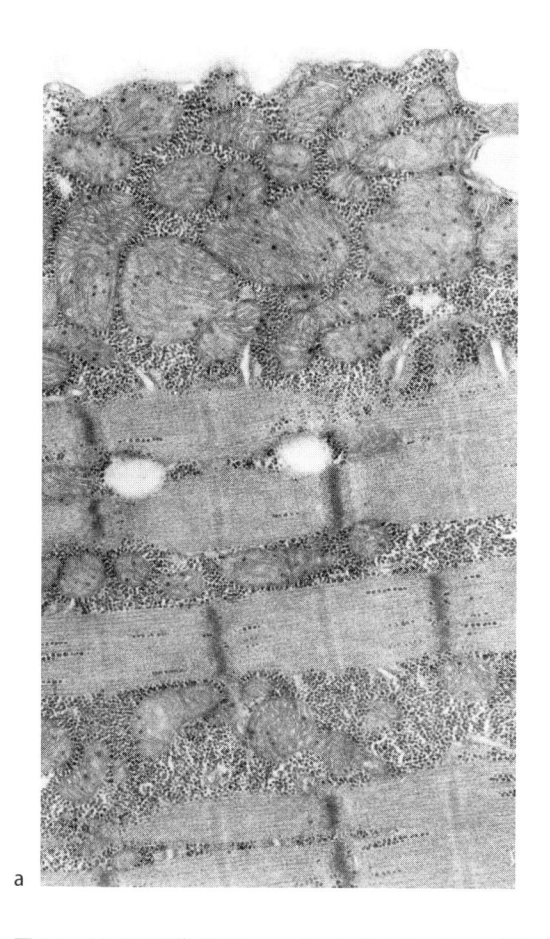

図 9.1　(a) 電子顕微鏡写真　マラソン前のランナーの筋におけるアクチンとミオシンフィラメントの通常の配列そして Z 線の配置を示している。(b) 筋標本　マラソン直後に写されたものでサルコメアの損傷を示している。
J.H. Wilmore and D.L. Costill, 2004, *Physiology of sport and exercise, Third Edition* (Champaign, IL: Human Kinetics), 101. より許可を得て転載。

的に損傷することは，いくつかの点において論理的に説明できない」と指摘した（de Vries, 1966, p.119）。にもかかわらず，ド・フリースは，あるタイプの活動が筋肉痛を引き起こしていると説明している。例えば以下のようなタイプが含まれる。

- 筋が著しい短縮状態
- 痙縮的なあるいは非調節された動きの筋収縮（十分な運動単位が補充される前に最大限の負荷が筋にかけられたとき，筋線維は一時的に過負荷にされる）
- 長期間の同じ動きの繰り返しを含む活動
- 反動動作（反動動作の最後に，筋と結合組織により動作が停止され，同時に反射収縮が起こり，筋は強制的に伸ばされる）

しかし，ド・フリースの説明の後，研究技術の発展により，筋線維の部分断裂は遅発性筋肉痛（delayed-onset muscle socreness: DOMS）の原因であるという仮説が実証された。伸張性筋収縮の結果として，最初の形態的な筋損傷の明らかな証拠がフリーデンら（Fridén et al. 1981）によって示された。これによって，多くの画像が運動後サルコメアの内的構造の損傷を説明した（図 9.1 参照）。これらの画像は，機械的な Z 線の破裂を明らかに説明し，Z ディスクの流れと呼ばれた（Armstrong et al. 1983; Fridén, 1984a, 1984b; Fridén and Lieber, 1992; Fridén,

Seger et al. 1988; Fridén et al. 1983; Kuipers et al. 1983; Newham, McPhail et al. 1983; Newham, Mills et al. 1982, 1983; Waterman-Storer, 1991)。この発見は，過負荷に対して，筋原線維の収縮要素のZ線が潜在的に弱い接続を構成していることを意味している。

　損傷あるいは部分断裂筋の仮説としては，筋形質の網状組織への損傷（Byrd, 1992; McCutcheon et al. 1992; Newham, Mills et al. 1983; Nimmo and Snow, 1982），そしてT細管への損傷（Stauber, 1989）を説明している。筋の破裂は，通常の筋細胞のカルシウム代謝を妨げる。

　損傷あるいは部分断裂筋は，生化学検査によって証明できる。エイブラハム（Abraham, 1977, 1979）は，遅発性筋痛とミオグロビン（筋色素タンパク）の尿排出との関係を調べた。ミオグロビンは，筋損傷中血管システムに放出され，筋線維の外傷の指標になる。エイブラハムのこの発見は結論に至っていない。酵素クレアチンキナーゼ（CK）は別の潜在的な筋損傷指標になる。バーンズら（Byrnes et al. 1985）は，CKの濃度は運動後に増加することを説明した。しかし，CKは，筋肉痛に関係していると考えられるが，遅発性筋肉痛を実際に引き起こすとは考えられていない。筋損傷，痛みの時間経過と最大酵素発散の間にずれがあるためである。最大酵素発散は，痛みにより遅れる(Cleak and Eston, 1992; Jones, Newham, Obletter et al. 1987)。このことから，最大CK濃度は，筋肉痛が消散されると起こる（Newham, 1988）。

　しかし，マルム（Malm, 2001）は，運動によって誘発された筋の変化について，実験的な運動によって誘発した筋の炎症の事例は「偽り事」であり，多くの研究は誤った研究計画と方法で行っていると指摘している。

・一般に研究室は，ケージで育てられた動物で実験を行っていて，それゆえにトレーニングを積んだ選手との関係に欠けている。
・筋収縮を再現するための動物の筋に電気刺激を与える研究は，ヒトの随意的な運動と実際に比較し考慮されることはない。
・いくつかの研究は非運動対照群を用いている。
・多くの線維を調べるにおいて，バイオプシー（生体組織検査）による侵略的な方法は筋損傷を負わせる。

　マルムは，今後の研究に関して考えられる手引きのモデルを提唱している。「運動によって誘発した炎症の変化は，血液および筋に観察される。これらは，筋の炎症ではなく，免疫学的な現象の適応過程である」(pp. 233-234)。

　フリーデンとリーバ（Fridén and Lieber, 2001）は，「筋損傷が運動の結果であるという前提は，誤った認識であり，激しい運動はむしろ筋の再生過程を開始させ，骨格筋が筋肥大化するという認識が適切ではないか」と指摘している（p.325）。研究者は，筋損傷における初期の過程は機械的な特性を持つと理論づけをしている。初期の外傷に対し二次的に起こる炎症過程が続く。この炎症過程の副次的産生物が適応し，サルコメアの成分をストレスと挫傷への抵抗とする。

2. 損傷した結合組織の仮説

　筋収縮線維の損傷に加え，損傷は結合組織において潜在的に起こる。特定箇所の損傷としては，筋外膜，筋周膜，筋内膜，筋膜，腱を構成する縦列弾性成分が一般に考えられている。エイブラハム（Abraham, 1977, 1979）は，遅発性筋肉痛が筋の結合組織の炎症に関係している仮説を支持する。彼の研究は，ヒドロキシプロリンの尿中排泄と自覚的な筋肉痛の発生との間に，有意な正の相関関係があることを発見している。ヒドロキシプロリンは結合組織の分解の指標であり，コラーゲン代謝の指標である。タルソンとアームストロング（Tullson and Armstrong, 1968, 1981）は，筋肉痛と結合組織の炎症，あるいは損傷との間に関係があることを付加的に支持する。彼らの考えは，結合組織が伸張性筋収縮後により広範囲に損傷することに基づいている。結合組織に大きな他動的緊張がかかるためである（Sutton, 1984）。

3. 代謝の蓄積あるいは浸透圧と腫れの仮説

　遅発性筋肉痛は，乳酸，無酸素代謝を含む筋代謝の副次的産生物，細胞外のカリウム，そして他の代謝の蓄積結果であると考えられる。これらは，筋線維の内と外側の浸透圧を増加させ，水腫と感覚神経に圧力を起こさせる過分な水分を発生させる（Asmussen, 1956; Bobbert et al. 1986; Brendstrup, 1962）。筋の腫れは，短縮し太くなり，ストレッチしにくくなる（Howell et al. 1985; Jones, Newham, and Clarkson, 1987）。腫れは，拮抗筋の収縮中に筋がストレッチされたときにスティフネスを引き起こす。

　スタウバー（Stauber, 1989）は，遅発性筋肉痛に伴う不快感や腫れは一種のコンパートメント症候群に似ていて，細胞外のスペースが主な原因であると指摘する。フリーデンら（Fridén et al. 1986）およびフリーデン，スファキアノスら（Fridén, Sfakianos et al. 1988），ウォレンステンとエイクランド（Wallensten and Eklund, 1983）による研究では，伸張性運動（筋が収縮していて伸ばされる）を行った筋の線維流動性圧が上昇することを発見している。リーデン，スファキアノスら（1988）によると，「伸張性収縮の筋は，短縮性収縮のそれより平均3％あるいはそれ以上に水分を含む」(p.497)。ハウェルら（Howell et al. 1985）は，筋と比較して，ナイロン製ストッキングの中に詰め込んだ水風船ようなものだと説明している。「風船の存在は，ナイロン製ストッキングがその完全な長さにまで伸びないようにしている。同様に，筋外膜，筋周膜，筋内膜の三次元マトリックス内の浮腫は，その拡張を制限する」(p.1718)。流体量の増加は，ストッキング全体に他動の緊張効果を生む。この緊張に伴うものは痛み，腫れ，スティフネスである。ハウェルら（1985）は，ゆっくりした拡張が初期のスティフネスの限界を超えることは，「筋周膜の結合組織マトリックスから筋膜間へ水分を押し込むことである」(p.1718)ことを指摘している。

　しかし，これらの説明は，いくつかの問題点を浮き彫りにしている。筋肉痛は，一般に，短縮性活動とは逆に，伸張性活動を含む運動（筋が短収縮していてなおかつ伸ばされる）の後に

大きい。伸張性筋収縮は，短縮性筋収縮に比べ，エネルギーあるいは酸素消費量は少ない（Armstrong, 1984; Armstrong et al. 1991; Bigland-Ritchie and Woods, 1976; Davies and Barnes, 1972; Dick and Cavanagh, 1987; Knuttgen et al. 1982; Newham, Mills et al. 1983）。先行研究は，設定された負荷に対する短縮性筋収縮の筋電活動値が伸張性筋収縮のよりも高いことを実証している（Asmussen, 1953; Gibala et al. 1995; Seliger et al. 1980）。ジョーンズ，ニューハム，オブレッターら（Jones, Newham, Obletter et al. 1987）は，筋内圧の増加は痛みの原因ではないと考えている。等尺性筋収縮において筋内圧は数百mmHg上昇するからである（Hill, 1948）。しかし，この圧は，圧痛と同じような痛みとして認知させない。さらに，すでに痛みを起こしている筋も，等尺性筋収縮が圧痛をさらに増大させない。だが，運動後のストレッチングやクールダウンは，筋に蓄積した副次的産生物の除去を促すために勧められている。

4. 乳酸の蓄積仮説

　乳酸の蓄積は，遅発性筋肉痛の最も一般的な説明の1つである。しかし乳酸は無酸素性代謝の副次的産生物であり，無酸素においてのみ形成される。このことから乳酸は，筋への血液供給が不十分なときに蓄積される。つまり乳酸は，他動性運動，静的ストレッチングプログラム後の痛みの要因にはならない。

5. 局部化された運動単位の筋痙縮の仮説

　ド・フリース（de Vries, 1961a, 1961b, 1962, 1966）による研究成果において指摘されていることは，不慣れな運動後に局部に遅れて発生する筋肉痛は，緊張性，運動単位の局部の筋痙縮によって起こされていることである。そして運動単位は痛みによって変わる。
・最少レベルを超えた運動は，虚血性を引き起こす（例えば，一時的な活動筋における血液供給の不足）。
・虚血は痛みを引き起こす。この痛みは，筋細胞膜全体から線維の流体に伝達するP物質（ある特定の痛み物質）が引き起こし，患部から疼痛終末に達する。
・痛みの結果，保護的，反射的，緊張的な筋収縮を引き起こす。
・緊張的な収縮は，筋線維に局部化した虚血を引き起こし，そして患部に緊張性筋痙縮の一連が起きる。

　特別に開発した筋電増幅器（EMG）を用い，ド・フリース（1961a, 1966）は筋痛を量的に説明した。彼は，運動によって誘発された痛みの大きさと筋の電気活動との間に正の相関を示した。さらに重要な発見は，静的ストレッチングが症状を和らげ，また痛む筋の電気活動を減少させたことであった。ゆえに，ド・フリースは，神経筋制御が筋肉痛の予防と緩和に働いていることを主張した。
　しかし，エイブラハム（Abraham, 1977）はEMGを用いた実験において，筋肉痛を誘発し

た結果，有意な筋電図値の変化を示すことができなかった。同様に，タラグ（Talag, 1973），トーガン（Torgan, 1985），ニューハム（Newham），ミルズら（Mills et al. 1983）も，ド・フリースの発見を実証することができなかった。この不一致はおそらく記録用電極の選択に関係していた(de Vries, 1986; Francis 1983)。しかし，ボバートら（Bobbert et al. 1986）は，ド・フリースの主張を支持するような証拠を発見することができなかった。さらに，筋肉痛がリラックス時に筋電活動を増加させるというデータについても疑いが残った（Lund et al. 1991）。この否定的な見解は，フランシス（Francis, 1983）とジョーンズら（Jones et al. 1987）によって支持されている。今後さらなる研究がこの違いを解明するために必要とされる。

6. 遅発性筋肉痛の考えられる要因

遅発性筋肉痛の考えられる要因は明らかでない。しかし，いくつかの要因が指摘されている。それらは伸張性筋収縮，トレーニング状態，そして不十分なウォームアップである。

(1) 伸張性筋収縮

伸張性筋収縮は，筋損傷の結果を生むが，どのような要因が筋損傷の大きさを決めるのか。筋損傷は，伸張性筋収縮の頻度（McCully and Faulkner, 1986; Warren et al. 1993），そしてストレッチの時間に伴い増加する（Brooks et al. 1995; Lieber and Fridén, 1993）。その一方で，同じ範囲の短縮活動はほとんど損傷を引き起こさない（Balnave et al. 1997; McCully and Faulkner, 1985）。また，リラックスした筋のストレッチングはほとんど損傷を引き起こさず（Jones et al. 1989; Newman et al. 1988），そしてストレッチの速度も重要ではない（McCully and Faulkner 1986；Warren et al. 1993）。それではなぜ伸張性筋収縮が，短縮性あるいは等尺性筋収縮より損傷を引き起こすのか。この質問について考えられることを下記に説明する。

2つの要因が研究者らに関心を向けさせている。1つは，ストレッチの間に力が生じていること，次に筋の長さの変化の特性に関係していること，例えば開始時あるいは終了時の筋の長さである(Allen, 2001)。先行研究は，ストレッチ中における損傷の大きさと最大の力に相関関係を示している（McCully and Faulkner, 1986; Warren et al. 1993）。しかし，リーベルとフリーデン（Lieber and Fridén, 1993）によれば，「伸張性筋収縮後の大きな力自体が筋損傷を引き起こすのではなく,活動中の挫傷の大きさによる」(p.520)。いくつかの先行研究をまとめて，アレン（Allen）は下記のように説明する。

トールボットとモーガン（Talbot and Morgan, 1998）は，ヒキガエルの縫工筋を使用し，開始時の筋の長さ，ストレッチの大きさ，角速度をいくつかに設定した。損傷は，力の減少，力と長さの最大値曲線のシフトによって評価された。結果は，損傷と初期の筋の長さとストレッチの大きさに強い相関関係を示し，そして角速度，ストレッチ前の力，ストレッチ中の最大力には弱いあるいは取るに値しない相関関係を示した。これらは，動物先行研究（Lieber and Fridén, 1993）と，遅発性筋肉痛の大きさは開始時の筋の長さによるというヒトの先行研究においても支持されている（Newham et al. 1988, p.313）。

遅発性筋肉痛は，筋の伸長あるいはストレッチにおいて，線維で起きる張力の特性に関係している。筋が短収縮しているとき，筋線維は自動的に短縮し，正の働きが行われる。筋が継続的に短縮すると，その筋の張力が低下する。筋の張力を維持するために，より多くの線維が収縮にかかわる。そのことで筋線維によって引き伸ばされる結合組織は少ない。この働きの負荷は，筋細胞の大きさによって決まり，そして個々の負荷はストレスと筋の張力であり，線維は外傷を受けない。

伸張性収縮の間は，個々の筋線維は収縮を行うことが可能である。この過程を伸張性筋収縮と呼び，負の働きを生む。短縮性筋収縮と同様に伸張性筋収縮は，結合組織を介して伝える自動的な張力を起こす。筋の興奮の大きさは，活動運動単位数とその発火頻度とに関係する。活動運動単位は，1つの運動ニューロンと筋細胞からなる。筋細胞は，運動ニューロンの軸策によって支配されている。ディーン（Dean, 1988）は，筋電活動が「同じ収縮の力と速度において短縮性収縮に比べ伸張性筋収縮で低下することが報告されている（Bigland-Ritchie and Woods, 1976）。この発見は，短縮性収縮に比べ，伸張性収縮においては少ない運動単位が動員されていることを示していることに気づいた」（Dean, 1988, p.233）。しかし，負の働きの筋電様式における潜在的動員様式は未だ明らかにされていない（Aura and Komi, 1986）。

活動運動単位数は減少する。筋の長さに伴い結合組織の他動張力が，自動張力の低下を補うからである。この結果，弾性の張力の増加を生む。フォークナーら（Faulkner et al. 1993）は，伸長性の収縮もまた個々のアクチンとミオシンの重なりにおける筋挫傷に反映する，と言う。「活動単位に対する緊張は，結果的に正の働きに比べ負の働きにおいて大きくなる。そのことで筋挫傷または筋の一部（例えば，結合組織と収縮要因）が損傷する」（Asmussen, 1956, p.113）。

しかし，対照的な研究はどのタイプの収縮が最大の力を生むかについて報告する。例えば，ドスとカーポビッチ（Doss and Karpovich, 1965）そしてセリガー（Seliger et al. 1980）は，等尺性筋収縮と比較して伸張性収縮の力が高いことを報告している。しかし，シンとカーポビッチ（Singh and Karpovich, 1966）は，ある肘の伸展角度において，最大の等尺性力が最大の伸長性の力より有意に大きいことを報告している。ウィルソンら（Wilson et al. 1994）もまた伸張性収縮に比べ等尺性収縮において最大の力が発揮されることを発表している。

まず，構造的な障害は二次的であり，その結果リソソーム酵素の活動が，これが付随して炎症を引き起こす（Fridén et al. 1981）。しかし，炎症過程が筋原線維の損傷の二次的なものであるという仮説は他の先行研究で支持されていない（Armstrong et al. 1983; Fridén, Sjöström, and Ekblom, 1983）。

他に考えられる伸長性の筋損傷メカニズムはサルコメアの不均等性である（Allen, 2001; Morgan, 1990; Morgan and Allen, 1999）。すべてのサルコメアは等しくなく，いくつかは短く，あるいは内因的に他のものより強い。短いサルコメアは線維の終末において凝縮されていて，一方で弱いサルコメアは筋の長さのほとんど全域に拡散されている（Gordon et al. 1966a）。筋線維にゆっくりしたストレッチを行うことは，比較的に弱いサルコメアを多く引き伸ばす。結果的にサルコメアはさらに弱くなり，より多くストレッチされる。短くそして強いサルコメアもまた伸ばされるが，ほんのわずかである。従って，最も弱いサルコメアは主要な伸長の箇所である。つまり，伸長性は，他動張力が働くまでの少しの慣性あるいは他動的な粘性力に制限される。この急激に非制御されたサルコメアの伸長が，不安定状態から安定した状態までのアクチンとミオシンフィラメントの重複部分を超えたところのストレッチであり，ポッ

ピングとして知られている（Black and Stevens, 2001; Morgan, 1990, 1994）（図9.2参照）。数理理論的にポッピングは次のように働いている（Morgan, 1994）。

①筋線維におけるすべてのサルコメアは，2.5μmの長さから開始すると考えられている。
②筋線維に10%の張力を与える。
③張力が常に分配されているならば，すべての筋線維内のサルコメアは最終的に2.75μmの長さになる。
④しかし，もしサルコメアの長さあるいは強さが等しくないならば，最初の伸長は最も弱いサルコメアに起こる。
⑤最も弱いサルコメアは，張力が再び他のサルコメアの張力と等しいところになるまでの長さにストレッチされる。
⑥推定によれば，3.95μmが2.5μmの同じ張力を生むことが指摘されている。
⑦さらに概算では10%の長さの変化が，このサルコメアの長さの17%を要求する。
⑧ストレッチの最後は，サルコメアが同等の等尺性の緊張を伴う2.5μmと3.95μmの2つの長さに存在する。

次に，ポッピングの仮説が伸張性のトレーニングの後に，筋肉痛を伴った筋力の欠損をどのように説明するのか。筋はストレッチされるとき，たくさんのサルコメアがポップすることになる。いくつかは普通に重複し合うように回復し，しかし他は損傷あるいは分裂状態になる。損傷したサルコメアは，次に起こる収縮フィラメントの重複を回復させ，力の生産を再び始める。この回復は数分で起こることになる。しかし，不可逆性的に損傷したサルコメアはフィラメントの重複を回復させない。この結果，筋力の損失は，損傷したサルコメアが置き換えない限り埋め合わせることができない。これには数日を要する。ゆえに，伸張性の運動から数日間は，本来の力が発揮できない。筋のリラックスの後，過剰にストレッチされたサルコメアは再度重複し合う。しかし，繰り返される伸張性収縮の後，いくつかのサルコメアにおける分厚いフィラメントと薄いフィラメントは正しく重複し合わなくなる。トールボットとモーガン（1996）は，この仮説を支持する直接の証拠を示した。サルコメアは引き伸ばしを維持するか，あるいは少量の力を出すかである。サルコメアは別の収縮において急激に伸びる。繰り返される伸張性収縮に伴い弱く，あるいは重複されてストレッチされるサルコメアの数が増えた状態になる（Talbot and Morgan, 1996）。重要なことは，損傷はストレッチが力と長さの関係を超えたときに起こることである（Allen, 2001）。ヘスリンクら（Hesselink et al. 1996）は，伸長性を伴う運動後，筋の発揮低下が筋原線維の損傷に関係するだけでないことを説明する。このことは，なぜストレッチングが筋損傷の予防にならないかをポッピング仮説が説明することになる。

(2) トレーニングの状態

通常の理論では，筋肉痛あるいはスティフネスは筋線維のトレーニング状態に関係する。運動をしていなくて筋の硬い人は，さまざまな肉体的ストレスを受けたときに，著しくそれらの反応を示す。結果，線維と結合組織は挫傷，断裂しやすくなる。それゆえに，「スティフネスは適応していない疾患」と言える（Williiams and Sperryn, 1976, p.301）。この仮説を実証することとして，エバンズら（Evans et al. 1985）とフリーデンら（1981）は，遅発性筋肉痛は規則的な運動者より非トレーニング者に多く表れることを指摘している。

トレーニングよって生じる遅発性筋肉痛を減らす，あるいは除去するための研究が行われている。クリークとエストン（Cleak and Eston,

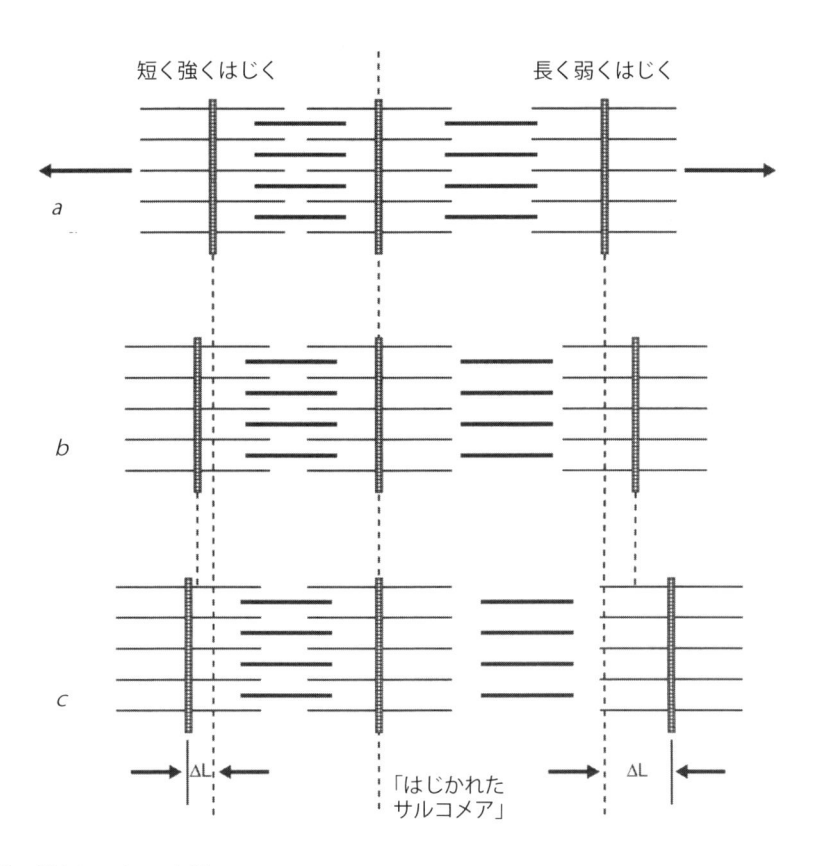

第9章 筋の傷害と筋肉痛：原因と結果

図中ラベル：短く強くはじく／長く弱くはじく／a／b／c／ΔL／「はじかれたサルコメア」／ΔL

図9.2 ポッピングサルコメアの仮説
図はサルコメアを「ポッピング（はじく）」過程を示している。少し異なった力の，2つの近接したサルコメアが描かれている。(a) サルコメアの長さの違い，あるいは内因力の違いのために，サルコメアの力は少し異なっている。(b) 筋が伸長されると，異なる力のためサルコメアは異なる量で伸び，一方（右側）はフィラメントの重複が起こらないサルコメアの長さに届く。(c) フィラメントの重複なしにサルコメアは，受動的筋要因によって生じる緊張の長さ（図なし）より長く「はじける」。全体的に，サルコメアの長さの変化（ΔL）は等しくないことがわかる。このサルコメアの長さの不均等は「ポッピングサルコメア理論」を超えた基本的な考えである。
D.L. Morgan, 1990, "New insights into the behavior of muscle during active lengthening," *Biophysical Journal* 57, 209-221. に示された考えに基づく。R.L. Lieber, 2002, *Skeletal muscle structure, function, & plasticity*, 2nd ed. (Philadelphia: Lippincott Williams & Wilkins), 327. より許可を得て転載。

1992）は，筋肉痛の軽減を，形態的な変化の減少，パフォーマンスの向上，血液中のクレアチンキナーゼ濃度の減少と共に証明する研究を確認している（Byrnes and Clarkson, 1986; Byrnes et al. 1985; Clarkson et al. 1987; Clarkson and Tremblay, 1988; Fridén, Seger et al. 1983; Jones and Newham, 1985; Knuttgen, 1986; Komi and Buskirk, 1972; Miller et al. 1988; Schwane and Armstrong, 1983; Schwane et al. 1987）。トレーニング効果の持続性は6週間（Byrnes et al. 1985）から10週間（Clarkson et al. 1992; Jones and Newham, 1985）であると示唆されている。先行研究は，トレーニング期間が数週間から（Fridén et al. 1983; Komi and Buskirk, 1972）1回の強度の運動までさまざまであることを示している（Armstrong et al. 1983; Byrnes et al. 1985; Clarkson et al. 1987; Clarkson and Tremblay, 1988; Ebbeling and Clarkson, 1989）。

(3) 不十分なウォームアップ

コーチ，選手の間で最も長く主張されていることは，筋肉痛が運動あるいはストレッチ前のウォームアップの失敗によることである。ド・フリース（de Vries, 1966）は，ヒト被験者での実験データではこの理論を説明することができないとしているが，おそらくどの研究者も被験者が負傷するかもしれない実験をしようとは思わないからである。しかし，動物を代用した研究では，「冷たい」筋と腱は適切にウォームアップされたものより頻繁に筋挫傷と断裂を起こしている。これはエネルギーの吸収低下のためである（Garrett, 1996; Noonan et al. 1993）。ゆえに，筋生理学でわかっていることは，慎重な保護評価としてのウォームアップの必要性である。ウォームアップについては10章で詳細に説明している。

7. 筋と結合組織の外傷そしてオーバーロード障害

すべての線維は，内因性の損傷の前に力学的制限をもつ。身体の損傷する原因はさまざまであるが，最終的には関節の機能不全である。一般に，骨格筋の外傷は2つに分類することができる。①慢性あるいはオーバーロード障害と，②急性あるいは突然の断裂，打撲外傷である。オーバーロード障害は，筋が慣れていない強度，持続時間の長さ，あるいは繰り返しの筋腱伸長性運動を行うことを強制されたときに起こる。その結果，筋線維内の組織学的画像は，筋線維の断裂と腫れ，白血球のような炎症細胞による細胞外空間の侵入を示す（Round et al. 1987）。断裂あるいは打撲外傷は，強い力学的な力が筋線維に瞬間的に働き，血管と筋線維が断裂した結果である。股関節とハムストリングスの外傷は，急激な伸長による外傷である。

ある限界を超えて伸長された線維は，（靭帯，関節包の）捻挫あるいは（筋，腱の）挫傷を引き起こす。捻挫と挫傷は重傷度により分類することができる。

- 軽度（1度）：わずかな筋線維の断裂；わずかな腫れと不快感を伴い筋力と動きの制限に最低限の喪失，または喪失なし
- 中度（2度）：筋力の明らかな低下を伴い顕著な筋損傷
- 重度（3度）：筋腹全体にわたっての断裂，結果的に筋全体で機能喪失

軽度の捻挫あるいは挫傷は，少しの線維損傷と軽い炎症反応を伴い少しの内出血を起こしている。それに対して，重度の捻挫あるいは挫傷は相当な出血，一部あるいは完全に筋，結合組織の断裂を生じている。どちらの場合も損傷の反応は，重複するものを除いては，規則正しく明確な順序をたどる。すなわち，損傷，炎症，修復，再形成である。次に，炎症反応と結果をまとめる。

ベストら（Best et al. 1998b）は，さまざまな筋損傷の形を研究しているなかでの主な問題点を指摘する。

- 病理学的な関節運動と，筋収縮を用いた筋の再生外傷をつくることの困難さ
- 手術的分離と，伸長あるいは損傷した筋腱ユニットの骨の再付着を含む，侵略的な進行を用いる実験モデルの有効性，それらの生体内での筋―腱損傷との類似性

・損傷に関した特有の定義の不足

　ベストら（1998b）は，「急性筋伸長損傷に関する先行研究は，力学データに基づいて説明してる。線維の変形増加と筋力低下が損傷を起こしている」と指摘している（pp. 201-202）。しかし，この説明にはさらに課題を要する。ベストら（1996）は，完全な筋－腱分離を伴う変形増加と筋力低下を設定した。しかし，完全な筋断裂はまれである。ハッセルマンら（Hasselman et al. 1995）は，結合組織が筋の伸長損傷を起こす前に収縮要素が損傷していることを示した。つまり，「筋の収縮性喪失は，これまでのバイオメカニクス的な線維構造の特性の測定よりも，慎重に行う」（Best et al. 1998b, p.201）。

(1) 炎症反応

　炎症は，実質上すべての損傷にある生物学的な初期反応である。炎症は，線維の損傷の大きさにより，動的，継続的に再生と回復を促す血管と細胞の反応である。二千年前から炎症の特徴は，発赤，腫れ，変色，痛み，機能低下あるいは喪失の5つの基本的なサインによって説明されている。一般に，増加した血液の流れは，熱と発赤を起こす。腫れは，線維に入り込む液の滲出の結果である。痛みは，化学，力学，熱変化などさまざまな疼痛刺激によって起こる。重度の炎症は，個々の継続している痛みのサイクルと機能変化である（図9.3）。

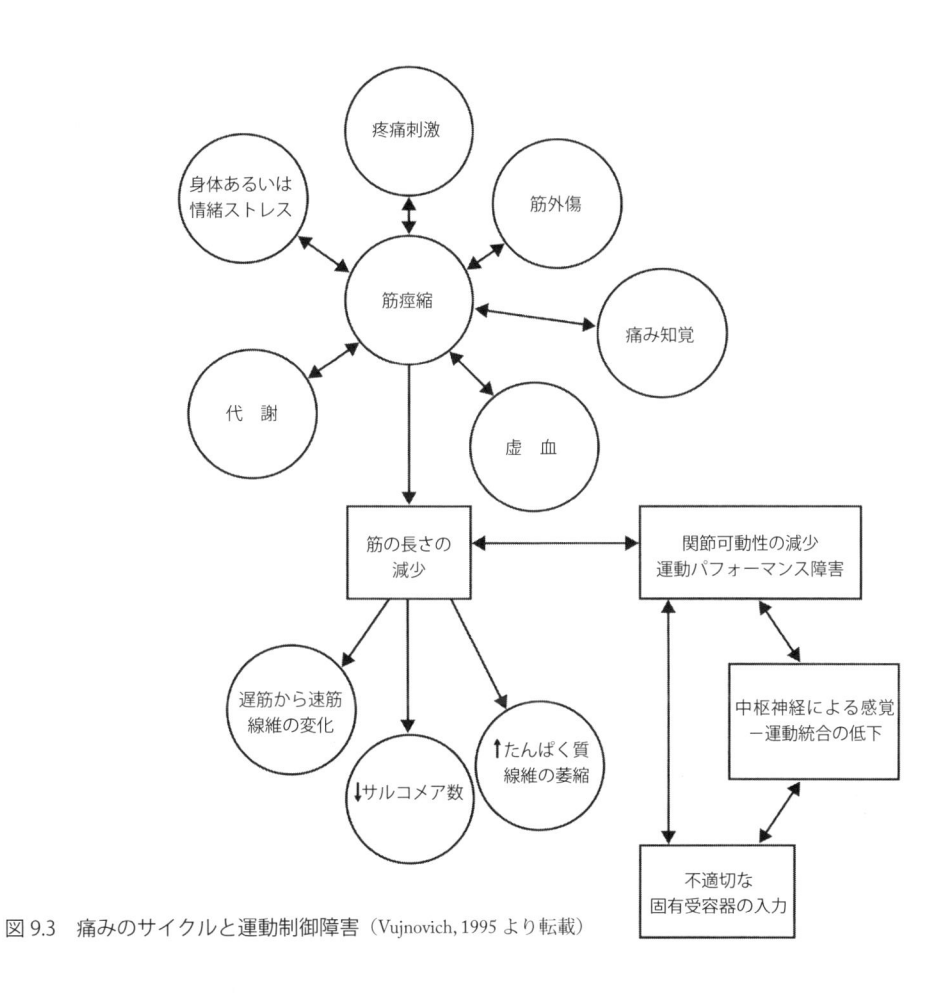

図9.3　痛みのサイクルと運動制御障害（Vujnovich, 1995 より転載）

(2) 炎症後の修復と再形成

　修復と再形成は，炎症後の病理学的な過程である。修復は，毛細血管と線維芽細胞（コラーゲンを合成する細胞）の増殖に関連する。つまり，修復期は細胞増殖としても知られている。線維芽細胞が瘢痕組織，特にコラーゲン，タンパク多糖類を合成し始める正確なメカニズムは，今も議論を呼ぶ。新しいコラーゲン線維はふぞろいに向き合い，高可溶性であり，接合部はもろい。再形成と成熟期間中，コラーゲン合成は，負荷の方向とフィブリル間の架橋の形成において，さらにコラーゲンフィブリルの再方向をしながら続く。よって，コラーゲン線維の網目あるいは構造はより再形成される。損傷が比較的に大きい場合，顕著な瘢痕組織が起こる。瘢痕組織が再形成される大きさは，個人の年齢と損傷した患部によって異なる。結局のところ，瘢痕組織の強度と塑性の特徴は網状分子間の共有結合の形成と濃度，個々のコラーゲン線維の方向と網目により決まる。

　瘢痕組織は，創傷あるいは非治癒損傷に比べ不快感が少ないが，潜在的な問題を意味する。特に，瘢痕組織が筋挫傷あるいは断裂など広範囲な場合に明らかである。筋損傷なら筋力回復が遅れ，血液供給が乏しい腱損傷ならそれがさらに遅れる。筋力の回復後も，損傷した筋は，完全に筋力を戻すことはできないだろう。瘢痕組織は，柔らかい弾性線維から，非弾性でもろい塊に移行する。アーンハイムとプレンティス（Arnheim and Prentice, 2000）は，瘢痕組織は（完治前に練習あるいは競技に復帰する）競技選手にとって，深刻な問題に発展すると指摘する。それは，筋挫傷はもろい瘢痕組織であることから再発が高いためである。特定箇所での筋挫傷の発生率は高く，瘢痕組織は大きく，再発の潜在性は高くなる。さらに深刻なことは別の「引っ張り」が心配され，障害としての強迫観念に取りつかれることである。

8. 医学的な急性軟部組織損傷のマネジメント

　3つの医学的マネジメント状態は3つの微少病理学的変化の状態と一致する。

(1) 急性炎症期中の処置

　急性炎症期は損傷の大きさによって72時間におよぶかもしれない。この状態での目標は，（内）出血と腫脹を最小限にすることであり，大きな血腫の形成を防ぐことである。この血腫は，増殖期末において直接に瘢痕組織の大きさに影響を与える（Järvinen et al. 2000）。先行研究によると，急性軟部組織損傷の処置管理の原則は，よく知られている頭文字 RICE で具体的に表されている。

　　R = Rest：損傷した軟部組織を安静にする。
　　I = Ice：損傷直後から4時間後まで，毎時間20〜30分間氷冷する。
　　C = Compression：最低48時間継続的に圧迫とバンデージ（伸縮包帯）を当てる。
　　E = Elevated：静脈の流れの活性化のために挙上する。

　オークス（Oakes, 1981）は，2つの「してはいけない」重要なことを強調する。最初に，最低48時間から72時間は温熱を当てない。温熱は出血を増加させ，このことで浮腫の形成

を増加させる。よって，筋刺激，超音波，同様の物理療法は急性期においては使用するべきでない。2つ目に，アルコールを摂取しない。なぜなら血管拡大に影響を与えるためである。オークス（1981）とケレット（Kellett, 1986）もまた，経口ステロイドはコラーゲン修復を遅らせることになり，避けるべきであると警告している。

氷冷療法は広く使用されている。しかし，マコーリー（MacAuley, 2001）は，ガイダンス，標準的教本に使用方法が欠けていることを指摘する。一般のスポーツ医学書45冊を見てみると，「17冊が氷冷処置の時間，頻度あるいは氷冷と皮膚の間の仕切りについてのガイダンスを示していない」（p.67）。さらに，彼は，「説明されている処置の時間と頻度に大きな違いがあること」を指摘する（p.67）。軟部組織損傷に効果的な氷冷使用を決定するための研究が必要である。

(2) 修復期における処置

修復期は最低48時間から6週間を要する。オークス（1981）の見解では，この期は管理が最も難しいとしている。コラーゲン，損傷した筋，靱帯修復の最良の状態と選手，コーチの要望のバランスを必要としている。つまり迅速な競技復帰への管理を要するためである。特に，損傷修復は，患部の他動運動を通じて活性化されなければならない。一方で，身体を動かすことで心肺機能を維持しなければならない。選手は，修復が不十分なまま競技に戻ってはいけない。損傷した筋あるいは靱帯は再損傷の恐れがあり，悪循環を繰り返すことになる（Garrett, 1996）。

抗炎症剤の使用に関しての考え方はさまざまである。この処置は，非ステロイド抗炎症剤（NSAIDs）の効力を決定する研究がないため，経験を要するところがある（Drezner, 2003; Garrett, 1996）。その一方で，ヤールヴィネンら（Järvinen et al. 2000）は，炎症している細胞反応を抑えるために非ステロイド抗炎症剤を初期の処置として提案する。ヤールヴィネンら（2000）によると，非ステロイド抗炎症剤は，損傷した筋の張力あるいは収縮要素に悪影響を与えない。しかし，筋の再形成の遅延と同様に血腫と壊死線維の除去を遅らせることになるため，糖質コルチコイドは禁忌である。ギャレット（Garrett, 1996）は，「細胞学的に見られる修復過程の遅延のため」長期の非ステロイド抗炎症剤の処置を懸念する（p. S-7）。

高バリウム酸素療法は，100％の酸素吸入である。その一方で，処置制御室は1気圧以上に加圧されている（AOSSM研究委員会, 1998）。理論的には，この療法は損傷した線維の環境を最適化する。この処置の普及は，スポーツの軟部組織損傷に効果的があるとして注目されている（AOSSM研究委員会, 1998; Best et al. 1998a; Webster et al. 2002）。しかし，スポーツの軟部組織損傷に高バリウム酸素療法の臨床研究は不十分であり，論文を審査するアメリカスポーツ医学誌のAOSSM研究委員会は，次のように示している（1998）。

現在，スポーツで起こる軟部組織損傷の処置に高バリウム酸素の使用性を正当化する研究はない。実験室から集められた知識と重症患者間，あるいは実際の選手に対する高バリウム酸素の適用の間に大きな溝がある。高バリウム酸素の利益は軟部組織損傷を処置する高額な物理療法として説明されているが，その一方で鼓膜を損傷する恐れなどの危険性がある（p.490）。

(3) 再形成期の処置

再形成期は最低3週間から1年間を要する。この期間，コラーゲンは，機能的な毛細血管を

増し，再形成される。結果，コラーゲンはストレスに耐えることができる。修復と再形成との間の違いは，修復期においてコラーゲンの量が増加し，そして再形成期にコラーゲンの質（方向性と張力）の向上が大きい。しかしこのようなはっきりとした違いは理論上のみであり，2つの期は大きくは1つの過程である。

9. 瘢痕組織のコラーゲンの弾性と強さの力学的なストレス効果

張力は，弾性と強さの最適な回復を促すため損傷線維（瘢痕組織）の再形成に影響を与える。ストレスと動きは，さらに機能的なコラーゲン線維の配列を刺激し，理想の結合組織をつくり，瘢痕組織の癒着を最小限にする（Cummings and Tillman, 1992）。現在の理論では，運動もしくは理学療法の刺激は，コラーゲンの転換割合を増加させ，コラーゲンの架橋の数を減らす。コラーゲンの強さ（と瘢痕組織）は，コラーゲン分子の α_1 と α_2 連鎖間の分子内の架橋，そしてコラーゲン・フィブリン間の分子間の架橋の結果である。癒着組織と瘢痕組織の変化は，コラーゲン単位間の架橋の形成と溶解に関係する。この過程を，継続的なコラーゲンの生産と破壊が同時に起こる「コラーゲンの転換」と呼ぶ。破壊の割合が生産を超えるなら，瘢痕組織は柔らかくなり，厚みを減らす。仮に，生産の割合が破壊を超えたなら逆の効果になる（機能の弱質化した癒着と瘢痕組織のコラーゲンはより短くそして緻密に構造すると考えられている）。したがって，運動は，コラーゲン転換の割合の増加によって，コラーゲンの架橋の数を減らし，ストレッチングは最良の伸長性，弾性の大きさと再形成された線維の強さを決める。

現在，帰納理論と張力理論の2つの理論において，線維の方向性決定となる力の説明が試みられている。帰納理論は，治癒している線維がその特性に似た瘢痕組織を生産し，コラーゲンの構成を帰納すると説明している。その一方で，張力理論は，治癒している線維にかかる内因的と外因的な力がコラーゲンの構成タイプに影響すると説明している（McGongile and Matley, 1994）。

カミングスとティルマン（Cummings and

> **コラーゲンと瘢痕組織**
>
> 関節可動域と柔軟性のリハビリテーションプログラムの目的は，線維の治癒である。増殖期，再生期にコラーゲンが成熟するにつれて，線維の構造は恒久的になる。これらの期の最初に関節可動域と柔軟性は，改善することができる。しかし，形成している構造がさらに成熟するとき，改善は余り見られない。早期の瘢痕組織は，後期のそれより力学的な影響を受けやすい。新しい瘢痕組織は比較的多くのグリコサミノグリカンと水分量を含み，コラーゲンの架橋が少ない。外力は線維の伸展に与えるインパクトとなる。コラーゲン線維が成熟すると，架橋はさらに強く量も増え，その構造をストレッチすることが難しくなる（Houglum, 1992, p.31）。

Tillman, 1992）によると，「結合組織が再形成するために時間をかけなくてはいけない」(p.47)。新しい瘢痕組織のストレス強度の影響は，強度と持続の作用である。過剰なストレスが新しく形成され，弱い瘢痕組織に与えたなら，瘢痕組織は破損する。

瘢痕組織のストレッチングは，危険性がある。結合組織の再形成だけでなく血管床を破損することになり，その結果出血を及ぼすからである。さらに，炎症は増し，リハビリテーションに時間を要することになる。炎症は，痛みと筋痙縮，それに伴い関節可動域の低下を引き起こす。新しいコラーゲンは，その量，架橋，線維の直径の増加から成熟していなく，再発しやすい（Ciullo and Zarins, 1983）。ティルマンとカミングス（1992）は次のように警告する。

再形成期において，瘢痕組織に物理的なストレスを与える療法士は，瘢痕組織の多くの細胞と虚弱構造を理解することが大切である。この期に瘢痕組織をストレッチするストレスは，突然または過大な負荷による細胞膜破裂と細胞死，あるいはゆるやかな持続的負荷による細胞遊走の2つのメカニズムのうちのどちらかにより，瘢痕の伸長を引き起こす(p.29)。

10. 要 約

運動後に，直後の痛みと遅発性筋肉痛の2種類の筋肉痛が起こる。遅発性筋肉痛は，運動後24〜48時間に現れる。現在，筋肉痛は，少なくとも5つのメカニズムによって説明されている。筋損傷あるいは断裂の仮説，結合組織損傷の仮説，代謝蓄積あるいは浸透圧，腫れの仮説，乳酸蓄積の仮説，そして患部周辺の運動単位の筋痙縮の仮説があり，これらいくつかが連鎖的あるいは個別に起こる。筋肉痛の原因に関係なく，筋生理では，適切な予防判断として，ウォームアップ，クールダウン，ストレッチの必要性を支持する傾向にある。

第10章
柔軟性に関連する特殊な要素

　これまでに論じてきたもの以外にも，年齢，性別，体格，偏側性（利き手），トレーニング，サーカディアンリズムなどの多くの付加的要素が，個人の柔軟性やしなやかさに影響を及ぼす可能性がある。この章ではそれら全ての要素を論じていく。

1. 子供と柔軟性の発達

　年齢と柔軟性の関係に関するデータには矛盾があり，特に成長期における柔軟性の向上と低下についてその傾向が強い。多くの研究が特定の関節に焦点を当てていることや，特定の競技を行う特定の集団に焦点を当てていることも，複雑さに輪をかける結果となっている。また標準化されたテスト方法が存在しないことも，さまざまな研究結果の比較を難しくしている。したがって文献は，注意深く徹底的に読む必要がある。一般的に，幼い子供はとてもしなやかだが，その柔軟性は学童期からおよそ思春期にかけて低下していき，青年期を通してまた向上するということが研究で示されている。しかしながら，青年期以降の柔軟性は平行線をたどった後に低下する。柔軟性は年齢とともに低下するが，運動をし続けることでその低下を最小限にすることができる。

(1) 子供における柔軟性の変化

　ギュレウィッチとオニール（Gurewitsch and O'Neill, 1944）は柔軟性に関する最も初期の研究を行い，柔軟性が6〜12歳まで少しずつ低下し，その後18歳まで向上することを発見し

た。ケンダルとケンダル（Kendall and Kendall, 1948）は，幼稚園から高校3年生までのおよそ4,500人に，長座位でつま先に触れることができるか，額を膝につけることができるかという2種類のテストを実施した。5歳では男子の98%，女子の86%がつま先に触れることができた。この割合は6歳から急激に低下しはじめ，12歳では男女ともに30%しかこのテストに合格できなかった。13歳ぐらいから17歳までの合格者の割合は，年齢が高くなるほどゆるやかに増加していった。また5歳では女子の15%，男子の5%しか額を膝につけることができず，男女とも17歳までこの割合にたいした変化は見られなかった。

　ハップリッチとシゲルセス（Hupprich and Sigerseth, 1950）は9～15歳までの女子のグループを調査し，6つの異なる柔軟性テストの結果に著しい違いは見られなかったと報告している。しかし，肩，膝，股関節の屈曲では12～15歳にかけて低下しているようだった。レイトン（Leighton, 1956）は10～18歳までの男子の柔軟性の特性を計測し，男子の柔軟性が青年期に低下することを発見した。バクストン（Buxton, 1957）は男女ともに6～12歳にかけて柔軟性が低下した後，15歳まで向上することを発見した。バーリーら（Burley et al. 1961）は中学1～3年生までの女子の柔軟性をいくつかの方法で計測したが，年齢別の著しい違いはなかったと報告している。クラーク（Clarke, 1975）は男子では10歳から，女子では12歳から柔軟性が低下しはじめると報告している。ミルンら（Milne et al. 1976）は，幼稚園から小学2年生の間に柔軟性が著しく低下することを発見した。クラヘンブールとマーティン（Krahenbuhl and Martin, 1977）は，10～14歳の間，肩，膝，股関節の柔軟性が低下することを発見した。ジェルマンとブレアー（Germain and Blair, 1983）による肩の柔軟性の研究では，5～10歳にかけては向上し，その後は年齢とともに着実に低下することが示されている。ドカティとベル（Docherty and Bell, 1985）は，6～15歳にかけて体幹と頸部の伸展，肩関節と手首の挙上，長座位体前屈の柔軟性で著しい低下があることを発見した。コスロー（Koslow, 1987）は9～21歳までの男女320人を調査した。肩関節の屈曲と伸展は，13歳の男女の方が9歳の男女よりも大きかった。下肢の柔軟性を評価するために改良された長座位体前屈テストでは，17～21歳の男女は，9～13歳の男女よりも著しく柔軟であることがわかった。柔軟性の低下は5～6歳までの短期間にさえ発見されている（Gabbard and Tandy, 1988）。

　メリンとポウサ（Mellin and Poussa, 1992）による8～16歳の男女294人を対象とした脊椎の可動性の調査では，腰椎の前屈における年齢差は現れなかった。この結果は10～15歳にかけて低下が見られたとする，それ以前の報告と異なっている（Moran et al. 1979; Salminen, 1984）。側屈の結果は男女ともに年齢が高くなるほど向上していくが，可動性は女子の方が大きい（Moran et al. 1979）。モルら（Moll et al. 1972）も，側屈の結果は男性より女性の方が優れていて，それは80歳代まで継続することを確認している。

　セルミーヴ（Sermeev, 1966）によると，さまざまな年齢期において，いろいろな動きに対して柔軟性は均一には発達しないという。それにもかかわらず，ハリス（Harris, 1969b）は，柔軟性の仕組みの研究に対して特定の年齢の範囲内であれば，ある特定の年齢を研究することで得られた知見は他の年齢にも応用できる，と考えていた。その一方でコービンとノーブル（Corbin and Noble, 1980）は，子供や青年期の柔軟性を評価する際には，成長の段階（特にその個人差）を考慮すべきだと提唱した。プラット（Pratt, 1989）は，下肢の筋力と柔軟性は暦年齢よりもタナー・ステージで計測された成熟

年齢により相関することを発見した。

個人の柔軟性は，たくさんの相互作用する要素で決まってくる。運動競技やダンスでは，柔軟性は準備とトレーニングのレベルに関係している（Alexander, 1991; Chatfield et al. 1990; Klemp et al. 1984; Nelson et al. 1983; Sermeev, 1966）。多くのスポーツや競技種目では，その参加条件が厳しければ厳しいほど，選手の可動性が高くなる。一般の人にとっては，職業や趣味で行っている運動の質と量が最も影響が大きい（Salminen et al. 1993）。柔軟性は年齢とともに低下するものだが，運動をし続けることでそれを最小限にくい止めることができる。

(2) 身体の硬さが増す子供の成長期

成長にともなう子供たちの柔軟性の低下に対して，いくつかの説明がなされている。そのひとつは，急成長期において骨は筋肉が伸長するよりも速く成長するというものである。その結果，関節の筋腱の硬さが増すのである（Bachrach, 1987; Kendall and Kendall, 1948; Leard, 1984; Micheli, 1983）。フェルドマンら（Feldman et al. 1999）によると，「成長が柔軟性の低下を引き起こすのではなく，それとかかわり合いをもっているだけ」だという（p. 28）。急成長と柔軟性に関する論争に関しては第2章で取り上げている。

もうひとつの説明は，柔軟性（特にハムストリングス）の低下は学校で長時間座っていることに直接的な因果関係がある，というものだ（Milne and Mierau 1979; Milne et al. 1981; Feldman et al. 1999）。フェザント（Pheasant, 1991, 1996）は座ることを力学的に研究した。簡単にいうと，ほとんどの人が楽だと感じるのは，上前腸骨棘が恥骨よりもずっと後ろにくるように骨盤を後傾させた座り方である。この状態でハムストリングスの腱（膝の裏）を触診してみれば，それが緩んでいることがわかる。上体をまっすぐに伸ばして座ると，それはぴんと張った状態になる。このため，ハムストリングスは長い年月をかけてたるみを引き締めるために縮むことになる。子供たちの柔軟性が低下して身体が硬くなっているのは，テレビを観る，電話で話す，コンピュータ・ゲームに興じる，机で作業するなどの行為が増えて，運動することが減ったのが原因である可能性がある。

(3) 柔軟性を向上させる臨界期

柔軟性を向上させるためのストレッチングが最も効果的な臨界期は存在するのだろうか？臨界期とは，個人がある特定の機能を効果的に果たせる年齢に達した後，その上達が急速，あるいは最適なスピードで起こる期間を指す。適切なトレーニングをすれば，柔軟性はどの年齢においても向上する。ただし向上のスピードと可能性についてはどの年齢も同じというわけではない。

セルミーヴ（1966）は，男女10～30歳までの運動選手1,440人とスポーツをしていない子供や大人3,000人を対象に，股関節の可動性の研究を行った。彼は股関節の可動性はさまざまな年齢で同じように発達しないこと，いろいろな動きによっても異なることを実証した。具体的には，7～11歳までの間に最大の向上が見られる。股関節の可動性を示す指標は15歳で最大値に達し，それ以後低下していくのである。

この事実は，臨界期を過ぎるとストレッチング・プログラムに有益性がなくなることや，一度の臨界期が全ての可能性を決めてしまうということを示しているのではない。では，臨界期（例えば成長期）にストレッチングをしなかったために硬くなってしまった身体は，臨界期を過ぎてからストレッチング・プログラムに取り組むことで柔軟性を取り戻せるのだろうか？　これは青年期後期の若者や大人にとって有意義な

質問だ。

関節可動域（ROM）を広げるエクササイズは高齢者にさえ有効であるという研究が存在する（Barrett and Smerdely, 2002; Bell and Hoshizaki, 1981; Dummer et al. 1985; Frekany and Leslie, 1975; Germain and Blair, 1983; Hong et al. 2000; Hopkins et al. 1990; Lan et al. 1996; Morey et al. 1989; Rider and Daly, 1991; Rikli and Busch, 1986; Van Deusen and Harlowe, 1987）。関節の全ての可動範囲を使い続けること，あるいは使用頻度を増やすことは，可動域を維持したり加齢にともなって失われた柔軟性を回復したりするのに有効である（Bassey et al. 1989）。しかしながら，一般論として青年期以降に柔軟性を促進するなんらかのプログラムを行う場合，その開始が遅れるほど絶対的な向上に対する期待値は小さくなる。

2. 柔軟性における男女差

一般的に女性の方が男性よりも柔軟であるという証拠が示されている（Allander et al. 1974; Gabbard and Tandy, 1988; Haley et al. 1986; Jones et al. 1986）。決定的な証拠を欠くものの，男女間の柔軟性の差は解剖学上や生理学上の違いを含むいくつかの要素で説明できる可能性がある。その他の要素には，少ない筋肉量，関節の結合構造，性限定的なコラーゲンの筋肉構造などがあげられる（McHugh et al. 1992）。

(1) 解剖学上の性別差

男性と女性の骨盤部分の違いが，女性の身体により大きな範囲の柔軟性を与えている。ふつう男性の骨盤はより重たくてごつごつし，縁に丸みはなく，骨盤腔は小さく，仙坐骨のくぼみ，恥骨弓，仙骨などは狭く，左右の寛骨臼が女性のものよりも接近している。ほとんどの女性の股関節部は男性のものよりも幅広で厚みが少ないため，骨盤部の可動域（ROM）が高くなっている。とりわけ厚みのない女性の骨盤は，関節により大きな遊びをもたせている。

しかし，女性の間にもさまざまな骨盤のタイプがあり，それぞれが可動域に特有の影響を及ぼしている。最もよく使われる骨盤分類法は，コールドウェルとモロイ（Caldwell and Moloy, 1933）によって確立された。骨盤縁の形状に基づいて4つのグループに大別されている。

1. 女性型骨盤は最も多いタイプで，全女性の50％に見られる。このタイプの骨盤は経腟分娩に最も適し，円形または軽度の横楕円形の骨盤入口が特徴である。恥骨下角，あるいは恥骨弓はほぼ90°である。

2. 男性型骨盤は男性の骨盤に似ていて約20％の女性に見られる。ハート型の縁とV字型の骨盤入口が特徴で，恥骨下角は60〜75°である。「じょうご」骨盤とも呼ばれるこの型は，胎児の頭部が途中で横向きにつかえてしまうことが多く，分娩を困難にする。

3. 扁平型骨盤は男女ともに最も少ないタイプである。検査を受けた人の5％未満にしか見つからず，腎臓型をしており前後方向の直径が短いのが特徴。分娩の際には胎児の頭の回転が制限され，頭部に横方向からの圧迫を受ける恐れがある。

4. 類人猿型骨盤は約20％の女性に見られる。縁は楕円形で，前後方向の直径が長く，他のタイプと比べると横経が短い。一般的には骨盤が大きいので安産になる。

女性はふつう男性よりもよく肘が伸びる。この過伸展は鉤突窩と肘頭窩をつなぐ孔，滑車上孔の存在と結び付けられることがある（Amis and Miller, 1982）。この能力は，女性の肘頭突起上部の曲面が，男性のものよりも短いことに起因している。

(2) 柔軟性における妊娠ホルモンの影響

妊娠期間には関節弛緩が増し，それが柔軟性にも影響を及ぼす（Abramson et al. 1934; Bird et al. 1981; Brewer and Hinson, 1978）。マクニット—グレイ（McNitt-Gray, 1991）によると，妊娠後期に骨盤関節が変化する原因には局部的なものと全身的なものがあるという。局部的な原因には骨盤縁にかかる子宮の重さと，重心の変更や力学的負荷の変化といった生体力学的要素が含まれる。全身的な原因は，循環していると考えられるホルモンにあり，中でもリラキシンが最も一般的なホルモンである。出産後にはリラキシンの分泌量は減り，一度緩んだ靱帯は再び引き締められる。リラキシンによって引き起こされる体内の変化を数値化するには，さらなる研究が必要である。

1) リラキシン

リラキシンは構造的にインシュリンに類似した，ポリペプチド・ホルモンである。それは黄体から分泌される。リラキシンには，子宮収縮の抑制，恥骨間靱帯の伸長，子宮頸管の軟化，という主たる3つの生物学的作用があることがわかっている。妊娠中の子宮頸管の変化には，出産時に胎児が通過するための拡張がある。リラキシンは妊婦の関節弛緩の原因と考えられてきたが，いくつかの研究で妊婦の関節弛緩の進行と血清リラキシンレベルとは関係がないことがわかった（Blecher and Richmond 1998; Samuel et al. 1996）。リラキシンレベルは人間の子宮頸管の熟化（Eppel et al. 1999），妊娠中の恥骨結合の拡張や骨盤の痛みとも関連性がなかった（Björklund et al. 2000）。子宮頸管の軟化を引き起こすホルモンの影響については，まだよくわかっていない。

2) 新生児におけるホルモンの影響

先天性股関節脱臼における，エストロゲンと新生児の関節の関連性を扱った文献の数は限られている。アンドレンとボーグリン（Andren and Borglin, 1961）は周産期の胎児に起こったエストロゲン代謝異常が，先天性股関節脱臼の原因である可能性を示唆した。しかし，アールスコグら（Aarskog et al. 1966）はアンドレンとボーグリン（1961）の研究を批判し，彼らの研究結果に根拠となるデータを見出せなかった。ティーメら（Thieme et al. 1968）もこの仮説は裏付けられないと断定した。

(3) 柔軟性における妊娠の他の影響

妊婦に起こる生物学的変化は，足専門医，歯科矯正医，カイロプラクター，整骨医，整形外科医，理学療法士のような専門的な医療サービス提供者にとっても重要性をもつ。妊娠中は足，指，膝などの末梢関節で関節弛緩が進行する（Alvarez et al. 1988; Block et al. 1985; Calguneri et al. 1982; Danforth, 1967）。腰部や骨盤の靱帯弛緩は仙腸関節障害（Don Tigny, 1985）と恥骨結合の変化（Don Tigny, 1985; Mikawa et al. 1988）に関連付けられてきた。原因と治療の可能性についてウィリアムズら（Williams et al. 1995）はこう書いている。

妊娠中は骨盤の関節や靱帯が緩むことで動きが向上する。弛緩は仙腸関節のロッキング・メカニズムの効果を弱めて，より大きな回旋

を可能にし，その影響は小さいものの，出産時の骨盤直径を変えてしまうこともある。正常に機能しないロッキング・メカニズムは，体重負荷の緊張をいくつかの靱帯に振り分けるので，妊娠後には仙腸関節捻挫が頻繁に起こる。出産後は靱帯が引き締まり，ロッキング・メカニズムも改善されるが，これが妊娠期間中と同じ位置のままで起こってしまう可能性がある。このような仙腸関節の「亜脱臼」では靱帯に異常な緊張が生じて痛みを覚える。この緊張を和らげるのに骨盤矯正が施されることがある。この状態の亜脱臼が最も起こりやすい位置は仙骨に対して後部回旋した寛骨であると考えられており，通常は片側だけだが，まれに両側でも起こることがある (p. 678)。

(4) 経口避妊薬の影響

女性競技者に対しては，さまざまな治療目的で経口避妊薬が処方されている (Lebrun, 1993)。ベネルら (Bennell et al. 1999b) は，この用法での経口避妊薬のいくつかの効用を明らかにした。経口避妊薬は信頼性の高い避妊法である。経血量を減少させ，鉄欠乏性貧血を予防する効果がある。旅行，トレーニング，競技会参加のために月経周期を調整することができる。しかし，靱帯弛緩と前十字靱帯（ACL）損傷にはホルモンの影響が大きいとする論文を発表した研究者もいる。経口避妊薬はACLの線維芽細胞の代謝に構造的変化を引き起こす可能性があり，結果として構造的，組織的変化につながる恐れがある。このような変化はACLの強度を弱めることにもなり，女性競技者は靱帯損傷を被りやすくなる (Liu et al. 1997)。また経口避妊薬は神経筋の協調や，筋力などの要因にも著しい影響を及ぼしている可能性がある (Bennell et al. 1999b; Hewett, 2000)。メラー―ニールセンとハマー (Möller-Nielsen and Hammar, 1989) は，経口避妊薬を服用している女性は服用していない女性よりも外傷リスクが低いことを発見した。研究者は経口避妊薬が「月経前と月経期間のいくつかの症状を改善し，それが筋肉運動の協調にも作用し，それが外傷リスクにも影響するのであろう」と示唆している (p. 126)。

その一方で，経口避妊薬が靱帯の外傷リスクを高める可能性があるという認識を高めた研究者もいる (Baker, 1998; Bennel et al. 1999b; Hewett, 2000; Liu et al. 1997; Liu et al. 1996)。ポコーニイら (Pokorny et al. 2000) は「自己申告された経口避妊薬の服用と，膝関節，第5指の遠位指節間関節，第2指の近位指節間関節の末梢関節弛緩とには関連性がない」ということを発見した (p. 687)。だが彼らは，「経口避妊薬が，検査された3つの関節以外での関節弛緩に影響を及ぼしている可能性もある」とも警告している (p. 687)。経口避妊薬が関節と筋肉構造に及ぼす影響を鑑定するには，さらなる臨床研究が必要であることは明らかである。

3. 体格と柔軟性

体型，体表面積，皮下脂肪厚（肥満），体重といった要素と柔軟性を関連付けようという試みは一貫性のない結果となっている。ほぼ全員の意見が一致しているのは，柔軟性は部位ごとに特有であるということである（American College of Sports Medicine, 2000; Dickenson, 1968; Harris, 1969a, 1969b）。よって肩関節の関節可動域（ROM）と股関節部の可動域に相関関係はなく，股関節部や肩関節の片側の可動域が同じ関節のもう片方の可動域と深くかかわっているわけでもない。さらにいえば，柔軟性は関節だけではなく，個々の関節の動きにも特有である。別々の関節の動きには別々の筋肉組織，骨格，結合組織がかかわっているからである。したがって，柔軟性が人体のひとつの全体的な特徴として存在するという証拠はない。また個人の柔軟性の特徴としての指標を満足に示す1回の複合テストや関節動作の測定も存在しない（American College of Sports Medicine, 2000; Harris, 1969a, 1969b）。

(1) 身体の部位の長さと柔軟性

何人かの研究者は，身体の部位の長さで測定した体格と前屈でつま先に触れられるかということに著しい相関関係がないことを発見した（Broer and Gales, 1958; Harvey and Scott 1967; Mathews et al. 1957; Mathews et al. 1959）。それとは対照的にブルールとゲイルズ（Broer and Gales, 1958）やウェアー（Wear, 1963）は，両腕を広げた長さが長く比較的脚の短い人は，脚が長く両腕を広げた長さが短い人よりも，前屈でつま先に触れるテストにおいて有利であることを発見した。指先でつま先に触れる能力は幼い子供にとってはふつうのことだが，筋肉や関節の硬さのない11～14歳までの若い青年にはこれができないのである。よって柔軟性は，体幹に対して脚の割合が長くなるのと同じ時期に徐々に低下していくことがわかる（Kendall and Kendall, 1948; Kendall et al. 1970; Kendall et al. 1971）。その一方でハーベイとスコット（Harvey and Scott, 1967）は，前屈テストの最高値の平均と上半身の余分な長さ（両腕を広げた長さ－脚の長さ）の平均や脚の長さに対する両腕を広げた長さの比率とに顕著な差を見出せなかった。上体そらしと上体おこしの結果を体幹の長さと比較しても目立った相関関係は見つからなかった（Wear, 1963）。

腕と脚の長さの差や，その他の体寸法が平均からかけ離れている個人に対しては根強い疑問がある。ジャクソンとベーカー（Jackson and Baker, 1986）はシットアンドリーチテストの妥当性を調査した。彼らはハムストリングスの柔軟性を測定するテストとしては適度なサポート値（r=.64），腰の柔軟性を測定するテストとしては低めのサポート値（r=.28）であったことを見出した。ジャクソンとラングフォード（Jackson and Langford, 1989）は，ハムストリングスの柔軟性を測定するテストとして高いサポート値（男性 r=.89, 女性 r=.70）であったことを見出した。対照的に腰部の柔軟性を測定するテストとしてのサポート値（男性 r=.59, 女性 r=.12）は低かった。リエモンら（Liemohn et al. 1994）はシットアンドリーチテストに「腰部の屈曲可動域の実施テストとしての基準関連妥当性（r=.29～.40, ns）がない」ことを発見した（p. 93）。

コーンブリートとウールジー（Cornbleet and Woolsey, 1996）は，標準的なシットアンドリーチテストは，背部の動きを正確に測定していないと批判した。「指先の最後の位置を測るよりも，股関節の最後の位置に注意を払う必要

がある」（p. 854）というのが彼らの主張だった。それゆえ，シットアンドリーチテストでは股関節の角度を計るために，仙骨に垂直に傾斜計を置くべきだとした。シットアンドリーチテストの改善が試みられた理由のひとつに安全面での不安があった。背部の負担を軽減したシットアンドリーチテスト（back saver sit-and-reach test：BSR）は，片方ずつのハムストリングスを伸ばしてもう片方の脚を曲げる改良型である。その論理的根拠は，「両側のハムストリングスを同時に伸ばすと，脊椎の前部が押され合うことで椎間板の後部が過度に圧迫されかねないとしたカリエ（Cailliet, 1988）の研究に由来する」（Patterson et al. 1996）。パターソンら（Patterson et al. 1996）はBSRテストがハムストリングスの柔軟性のテストとしてヘーガーら（Hoeger et al. 1990）のシットアンドリーチテストやその改良型に似ていることに気づいた。もうひとつのバリエーションとしてチェアーシットアンドリーチテスト（chair sit-and-reach test：CSR）がある。このテストは医学上の問題や機能制限のために床に座る，床から立ち上がるといったことができない多くの高齢者のために考案された。CSRには「参加者が椅子の端に浅く座って片方の脚を股関節からまっすぐ伸ばし，もう片方の脚を曲げて少し外側へ向ける」（Jones et al. 1998, p. 339）ことが求められる。男女の参加者のCSRテストの結果は，まずまずの正確さ（それぞれr=.76とr=.81）を示した。

交絡因子のひとつである可能性として，シットアンドリーチテストでの個々の肩甲骨の外転の違いがあげられる。肩甲骨の外転は，シットアンドリーチテストの最終的な結果に推定で3〜5cmの変動を生むことがある（Hopkins, 1981）。そのような理由で，ホプキンス（Hopkins, 1981）と，ホプキンズとヘーガー（Hopkins and Hoeger, 1986）は，肩甲帯の可動性と腕や脚の比率の差を無効にする，改良されたシットアンドリーチ（modified sit-and-reach：MSR）テストを提案した。MSRテストでは，手足の長さの比率における違いに基づいて，個々の指先からボックスまでの距離（finger-to-box distance：FBD）をゼロ・ポイントに設定する（図10.1参照）。ヘーガーら（1990）と，ヘーガーとホプキンズ（1992）は，MSRテストが実際に格差の抑制に有効であることを発見した。MSRテストの標準値のデータと，柔軟性の適性区分も発表されている（Hoeger, 1991; Hoeger et al. 1991）。

ガットンとピアシー（Gatton and Pearcy, 1999）は，脊椎の屈曲において靭帯が引っ張られることは限定要因であるという仮説に基づいて，背の高い被験者は背の低い被験者よりも脊椎の屈曲角が大きいことを示唆した。なぜなら背の高い人は，一般的に背の低い人と比較して胴体がわずかに長い。よって靭帯の長さもその分長いと予測するのが理にかなっている。彼らはさらに詳しく述べている。

　私たちは腰椎の数学的モデルを使い，もともとの椎間板の高さを調整するだけで，被験者の身長の違いからくる影響を調査することができた。被験者の身長が10 mm違うと，椎間板の高さの違いはおよそ0.45 mmになる。この差を腰椎の関節に均等に分散すると，体幹の回旋は0.8°大きくなる。この身長と脊椎の回旋の変化は，1cmの身長の違いが脊椎の屈曲角を0.72°大きくする関係に匹敵する。

被験者の身長と脊椎の屈曲角の関係は，脊椎の屈曲角の男女間での明らかな違いと関連していくつかの興味深い疑問を生んでいる。この研究では，脊椎の屈曲角は女性よりも男性の方がかなり大きいと報告されている。男性の平均身長が女性よりも0.11 m高いことを考えると，脊椎の屈曲角における男女間の差は，少なくとも部分的には，身長差の名残ではないかどうか

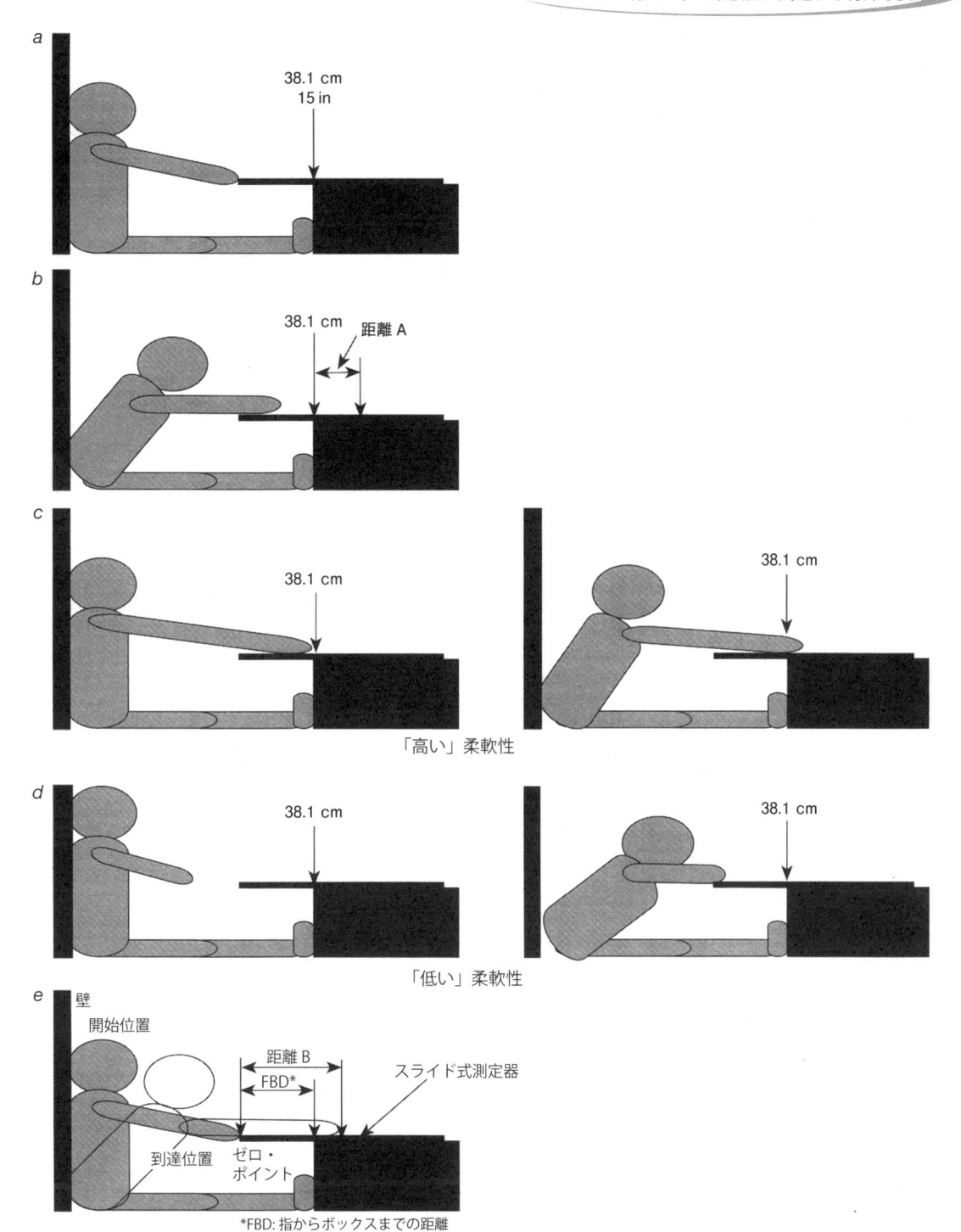

第 10 章　柔軟性に関連する特殊な要素

図 10.1　シットアンドリーチテストと改良されたシットアンドリーチテストの比較対照
(a) シットアンドリーチテストの開始位置。(b) 標準的なシットアンドリーチテスト。(c) 標準的なシットアンドリーチテストでの「高い」柔軟性。(d) 標準的なシットアンドリーチテストでの「低い」柔軟性。(e) 改良されたシットアンドリーチテスト。
Hoeger and Hopkins, 1992. より転載。

考える必要がある（p. 381）。

(2) 柔軟性における体重と体格の影響

　柔軟性との関連の可能性について，体重，体格，皮下脂肪厚，体表面積などが研究されてきた。マッキュー（McCue, 1963）は体重が重すぎること，軽すぎることと柔軟性の間に重大な関係はほとんどないことを発見した。ティランス（Tyrance, 1958）は3つの極端な体型，最もやせている人，最も太っている人，最も筋肉質な人と柔軟性の関連性は少ししかないことを発見した。柔軟性と体格の間にも著しい相関関係はなかった（Laubach and McConville, 1966a, 1966b）。とても大柄な人（150kg以上）には限られた柔軟性しかないというのは誤解である。余分に蓄積された脂肪や筋肉が邪魔をするとき（例えば，大きな腹部がシットアンドリーチテストの妨げになる場合）は，大きさも要因になり得る。その一方で体重が200kgもある相撲取りにも完全な左右開脚ができることは，大きさが必ずしも柔軟性を制限するものではないことを示している。

　皮下脂肪の量から算出される除脂肪体重に関しても，柔軟性に大きな差は見出せなかった（Laubach and McConville, 1966a）。クラヘンブールとマーティン（Krahenbuhl and Martin, 1977）はテストをした部位によって体表面積と柔軟性とが大きく反比例していたり，全く関連性がなかったりすることを発見した。ガバードとタンディ（Gabbard and Tandy, 1988）は，5歳と6歳の男子と女子にシットアンドリーチテストを実施した結果と体脂肪の関係を調査した。男女のどちらでも，測定された4つの部位で体脂肪と柔軟性とにはあまり関連性がないことがそのデータで示された。ケツネンら（Kettunen et al. 2000）は，高い体格指数（BMI）を有する45～68歳の元エリート競技選手の可動域が，BMIの低い被験者よりも低いことを発見した。

　受動的な硬さと体格や筋肉の厚みとには，かなりの相関関係がある（Kubo, Kanehisa, Fukunaga, 2001a）。さらにマグヌソンら（Magnusson et al. 1997）は，外側ハムストリングスの断面積と，ストレッチ運動をしているときにハムストリングスから受ける受動トルクとの間には，確実な関連性があることを報告した。女性はストレッチングに対する抵抗が男性よりも少ないが，これは女性の筋肉量に起因する（Gajdosik et al. 1990）。女性には結合組織のコラーゲンも少ない。

4. 柔軟性における人種差

　文献によると，身体機能に深くかかわっているのが骨格筋と結合組織の性質で，これは特定の人種集団の間でも異なっている（Suminski et al. 2002）。人種ということばは，個々の間に遺伝的類似点が相当数存在する集団の構成員であることを意味している（Malina, 1988）。ミルンら（Milne et al. 1976）は553人の黒人と白人の幼稚園児，小学校1年生，2年生を比較した。学年と人種の相互作用で，一般的には黒人の子供よりも白人の子供の方が柔軟であるということがわかったが，大きな差（$p<.01$）が見られたのは2年生レベルだけだった。ジョーンズら（Jones et al. 1986）は2,546人の黒人と白人の2年生，4年生，6年生にテストを実施した。男女別，学年別では柔軟性における人種差は実証されなかった。肘の過伸展は，白人より

も黒人の方が大きいとも報告されている（Amis and Miller, 1982）。

　遺伝子と人種と筋肉の粘弾性特性の関係は，あまり注目されていなかった。フカシロら（Fukashiro et al. 2002）は下腿三頭筋群の粘弾性を調査した。彼らは44人の大学生運動選手（黒人n=22，白人n=22，女性n=11，男性n=11）を比較した。白人の運動選手に比べて黒人の運動選手には，かなり高い筋肉の粘性と弾性があることがわかった。よって筋肉強度も黒人運動選手の方が高かった。研究者たちは「白人運動選手に比べて，黒人運動選手の方がスプリントやジャンプといった瞬発力に優れているのは，高い筋肉強度に起因している可能性がある」(p. 183) と推測する。

　人種的起源と柔軟性や筋肉強度の関係に関する明確な結論を出すには，細目にわたる比較研究が不可欠であろう。だが，そのような研究をするには大きな障害が存在する。「このような研究には方法論の問題，例えば交絡因子（環境的要因の影響など），遺伝的異質性，縦断研究法を使う必要性などがあるので難しい作業になるだろう」(Suminski et al. 2002, p. 671)。

5. 遺伝的特徴と柔軟性

　研究者たちは数組の曲芸師の家族の間に，ある遺伝因子があることを実証した。エーラス・ダンロス症候群（EDS）のような遺伝性結合組織症には明らかに遺伝要素がある。研究では柔軟性が血のつながった身内にどれくらい伝わるとされているのだろうか？　残念なことにこの分野の研究は限られている。ブシャールら（Bouchard et al. 1997）が文献の評論を行っている。

　11～15歳までの双子の男子というサンプルでは，腰の柔軟性の推定遺伝率は0.69だった（Kovar, 1981a）。その一方，12～17歳までの男女を合わせた双子のサンプルでは，体幹，股関節部，肩の柔軟性の遺伝率はそれぞれ0.84，0.70，0.91だった（Kovar, 1981b）。対照的に，10～27歳までのインド人の男女の双子の，シットアンドリーチテストによる推定遺伝率はわずか0.18で，年齢といくつかの人体測定学的指標で制御すると, 推定遺伝率は 0.50 に上がった（Chatterjee and Das, 1995）。

　キリスト教のメノー派信徒のコミュニティにおいて，血のつながった兄弟同士と親子同士における腰の柔軟性の相関関係はそれぞれ0.43と0.29で（Devor and Crawford, 1984），全カナダ国民を示す全国的なサンプルでは0.36と0.26だった（Pérusse, Leblanc, and Bouchard, 1988）。興味深いことに，メノー派信徒のコミュニティでは，祖父母と孫，おじおばと甥姪の相関関係でもそれぞれ0.37，0.30という似たような結果であった（Devor and Crawford, 1984）。限られたデータではあるが，以上のような結果から，柔軟性は筋力や運動能力以上に遺伝的影響を受けやすいといえるかもしれない。つけ加えると，メノー派信徒のコミュニティにおける，夫婦間の腰の柔軟性の相似は，－0.99（Devor and Crawford, 1984），カナダ国民のサンプルでは0.10（Pérusse, Leblanc, and Bouchard, 1988）とかなり低かった。

6. 一側優位性と柔軟性

人間の利き手は，何世紀にもわたって人々の好奇心を掻き立ててきた。利き手に関する最も古い記述は旧約聖書（士師記20：16）にあり，26,700人のベニヤミン族の軍隊には700人の左利きの兵士がいると書かれている。多くの人は自ら選んだスポーツや日常生活で利き手を使いたがる傾向がある。その結果，利き手側の方が力強く，協調やバランス，固有受容感覚などに優れている。片側だけが発達する理由はわかっていないが，いくつかの説は存在する。

(1) 側性化と両利き

利き手が交錯している場合がたまにある（どちらが利き手かはっきりしない場合など）。例えばある野球選手は，左打席に立って右手で投げるかもしれず，右利きのダイバーは右方向に身体をひねるかもしれない（右利きの人はふつう左方向に身体をひねる。なぜなら右の利き手は前に突き出されたり，身体を抱え込むのに使われたりするからだ）。本来は利き手側だけで通用する活動で，まれに両利きのような技術を披露する競技選手がいる。例えば野球のスイッチヒッターは，ホームプレートのどちら側からでも打つことができる。両利きのような技術が可能な分野（バスケットボールのドリブル，武道の蹴り，サッカーのドリブルやキックなど）もあれば，それが必須な分野（水泳やパワーリフティングなど）もある。

利き手が正常な筋骨格組織に影響を及ぼすという証拠が，いくつかの研究で示されている。握力は利き手の方が強く（Haywood, 1980; Lunde et al. 1972），骨密度は橈骨下部で利き手側の方が高く（Ekman et al. 1970），それは踵骨でも同様だった（Webber and Garnett, 1976）。ドベルン（Dobeln）は（アランダーら〈Allander et al.1974〉に引用された私信で），16〜27歳までの434人の男性（うち307人は19〜21歳）の橈骨尺骨の幅が，右側の方が大きい（p=0.001）ことを発見した。CTスキャンの画像を解析すると，標準的な人々の利き手側の脚や腕の筋肉は，非利き手側よりも大きくて密度も濃く，強靭であることがわかった（Merletti et al. 1986; Murray and Sepic, 1968）。さらにテニス・プレイヤーの利き腕では，非利き腕よりも骨密度が高くて筋肉量も多かった（Chinn et al. 1974）。

ミソレカーとナンデドカー（Mysorekar and Nandedkar, 1986）は，人間には頭を主にどちらか一方に傾ける傾向があることに気づいた。彼らはこの現象が環椎後頭関節の優位性によるものかを調査し，右側には小関節面，あるいは顆が大きい傾向があることを発見した。しかし，その違いは統計学的に有意なものではなかったので，はっきりとした右側の優位性を確認することはできなかった。

一側優位性と関節可動域（ROM）の関係には注目が集まったが，一般市民を対象とした研究は数少ない。アランダーら（1974）は，男女ともに左に比べて右手首の可動性が低下していることを発見した。この観察は「右利きが大部分を占める母集団において，右手の方が外傷の危険にさらされていることと一致している」（p. 259）と研究者たちは確信した。また彼らは，右に比べて左股関節の回旋が制限されている（男性p=0.001，女性p=0.05）ことも発見した。この結果は職場でとっている体勢と関係があるのかもしれない。クロンベルクら（Kronberg et al. 1990）は，性別を問わない健康な被験者50人の上腕頭の平均反転角度が利き手側では33°，非利き手側では29°であることを測定した。より大きな反転角度は，肩の外旋域が広がっていることにも一致している。それにもかかわら

ず，この研究での利き手側と非利き手側の可動域の差はほんのわずかでしかなかった。モズレーら（Moseley et al. 2001）は，15～34歳までの健康な被験者300人から足関節の底背屈の受動的な柔軟性を測定した。右と左の足首でも利き足と非利き足の間でも，柔軟性の変数に変わりはなかった。この対称性は「歩行時にかかる両下肢への負担が比較的均衡していることからきているのかもしれない」（p. 517）という。

(2) 柔軟性における側性化された運動技能の影響

関節可動域と一側優位性の研究のほとんどは競技選手に関するものである。チャンドラーら（Chandler et al. 1990）は，テニス選手の肩関節の内旋域は利き手側の方が非利き手側よりもかなり狭く，肩関節の外旋域は利き手側の方が非利き手側よりもかなり広いことを発見した。チンら（Chinn et al. 1974）は男女のテニス選手における利き腕の肩関節の内旋で，柔軟性にかなりの低下が見られることを実証した。男女ともに利き腕の橈骨尺骨の回内運動，回外運動にも大きな低下があった。

ガリーら（Gurry et al. 1985）は野球選手の柔軟性に右側と左側との大きな差はないことを発見した。それに反してティペット（Tippett, 1986）は，野球のピッチャーの股関節の屈曲が軸足側よりも蹴り足側でかなり大きいこと，股関節の内旋が蹴り足側よりも軸足側でかなり大きいことを発見した。ティペット（1986）によると「ピッチングメカニズム，あるいは特有な上肢の動き，筋力，解剖学的特性をもつピッチャー自身が生みだした結果であろう」（p. 14）という。

コスロー（Koslow, 1987）は特定の年齢（9歳，13歳，17歳，21歳）の男女の学生320人に，肩関節の屈曲と伸展や下肢（改良されたシットアンドリーチテストで）の両側の柔軟性テストを実施した。13歳，17歳，21歳の女子の肩関節では，利き手側と非利き手側の差がほとんどなかった。対照的に，男子の同じ年齢グループでは肩関節の可動域の測定値が大幅に減少した。利き手側の肩関節における柔軟性の測定値は，17歳と21歳の女子の方が同じ年齢の男子よりもかなり高かった。年齢にともなって男子の利き手側の肩関節の柔軟性が低下するのは，柔軟性の向上を抑制するような彼らの活動様式に関係しているかもしれない。とりわけ男子は，全ての年齢で女子よりも力強く熟達した（効果的な）投げ方をする。17歳と21歳の男子では，非利き手側の下肢における柔軟性の測定値が，利き手側の下肢の測定値を大幅に上まわっていた。女子では9歳を除く全ての年齢グループで，非利き手側の下肢の柔軟性にごくわずかな向上が見られただけだった。

男女の競技選手の肩甲上腕関節における静的，動的可動域についての別の研究（Bonci et al. 1986）では，男女ともに利き腕の方が非利き腕よりも5％ほど可動域が大きかった。動的可動域は静的可動域よりも25°も大きかった。反復性肩関節脱臼や亜脱臼のブリストー変法手術の影響に関する分析では，静的，動的可動域が手術によって大幅に減少していることが示された。ヘンリー（Henry, 1986, p.17）は，ボンチら（Bonci et al. 1986）の論文に関して，重要な点は「利き手側の肩関節の術後の可動域と非利き手側の可動域との比較は，術前の利き手側の肩関節の可動域が増大していることから誤解を招きかねない」とコメントしている。

7. ウォーミングアップとクーリングダウン

ウォームアップとは，休憩とエクササイズの間の調整期間として，競技直前に行われる一連のエクササイズである。ウォームアップをすると身体機能が向上し，肉体的にも精神的にも準備ができるので，けがをしにくくなる（Sweet, 2001）。ウォームアップと似ているものにクールダウン（ウォームダウンとも呼ばれる）がある。クールダウンとはエクササイズと休憩の間の調整期間として，競技直後に行われる一連のエクササイズである。ストレッチングはウォームアップやクールダウンに付随して利用されることがよくあるが，ウォームアップ運動ではない。ウォームアップ前のストレッチングは，逆に外傷リスクを高めることになる。

(1) ウォーミングアップ

ウォームアップは受動的か能動的かのどちらかに分けられる。受動的なウォームアップには外的な作用因子や物理療法（温浴，赤外線，超音波など）の使用が含まれる。能動的なウォームアップは自発的に行うもので，さらに形式的なものと総合的なものとに分けられる。形式的なウォームアップには実際に行う競技の動きやそれをまねたものが含まれる（野球選手ならウォームアップとして，ボールを投げたりバットを振ったりする）。総合的なものにはその競技で使われる動きとは直接関係のないものが含まれる（軽い柔軟体操，ジョギング，エアロバイクこぎなど）。ウォームアップの内容は個人の必要に応じたものであればよい。身体の内部の体温が上昇して少し汗をかくことがあっても，疲労につながらない程度の強度であるべきだ（Hagerman, 2001; Karvonen, 1992; Kulund and Töttössy, 1983; Shellock and Prentice, 1985; Stewart and Sleivert, 1998）。ウォームアップの効果はやがて消えてしまうが（Whelan et al. 1999），その継続時間は着用しているもの，エクササイズの強度，ウォームアップの特殊性などいくつかの要因によって異なる。ハーディら（Hardy et al. 1983）は，股関節の屈曲を増すには，能動的なウォームアップよりも受動的なウォームアップの方がはるかに効果的であることを発見した。ウィーランら（Whelan et al. 1999）は，ダウンヒルスキーヤーたちをシットアンドリーチテストで測定し，ウォームアップが柔軟性をかなり高めることも発見した。スチュワートとスレイヴァート（Stewart and Sleivert, 1998）は，ウォームアップが足関節背屈の可動域と股関節の伸展を向上させるが，膝関節の柔軟性は変わらないことを発見した。

ウォームアップの利点は，生理学的な側面よりも心理的な側面の方が大きいかもしれない（Harmer, 1991; Karvonen, 1992; Kulund and Töttössy, 1983; Miller, 2002; Shellock and Prentice, 1985; Sweet, 2001; Tiidus and Shoemaker, 1995）。その説明は特定の状況や方法によっても違ってくる。「その競技のリハーサルとなるような特別な方法を使うと」，通常のウォームアップは競技選手の精神的な準備の大きな手助けとなる可能性がある（Shellock and Prentice, 1985, p.271）。ある競技選手にとって競技前はイライラが募る時間かもしれない。慣れ親しんだウォームアップの手順は，選手にとって適切で建設的な不安のはけ口となるかもしれない。選手の覚醒の度合いは競技に影響する。カルボネン（Karvonen, 1992）はこう説明する。「複雑な競技での内容は覚醒が軽減された方が向上し，単純な競技での内容は覚醒が促進した方が向上する。ウォームアップはどのようなタイプの競技が続くかによって覚醒を軽減することにも促進することにも利用できる

であろう」(p.197)。その結果，競技パフォーマンスも向上していく。

　ウォームアップ・エクササイズと柔軟性エクササイズとは，はっきりと区別すべきである。柔軟性エクササイズはひとつ，あるいは1組の関節の可動域を徐々に永遠に大きくするためのものである。柔軟性エクササイズは常に一連の軽いウォームアップの後になされるべきだ。ウォームアップで組織が温まると，柔軟性エクササイズがより安全で効果的になるからだ（Sapega et al. 1981）。しかし，体温の上昇は結合組織の抗張力を減少させるためウォームアップ後には断裂が起きやすくなるとも考えられるが，ウォームアップは実際には断裂を防止する。それは体温が上昇すると伸長性も高まるという理由からであろう（Troels, 1973）。ウォームアップが外傷リスクを減少させ，パフォーマンスを向上させるということは広く信じられているが，それを実践していない競技選手や非競技者がゴルファー（Fradkin et al. 2001）や大学生（Simon, 1992）に多く見られた。また，一般に信じられていることとは反対に，ストレッチングを行わないウォームアップでは関節可動域は拡大しない（Shrier and Gossal, 2000）。

　ウォームアップをすることに関連したメリットには，以下のようなことがある（Bishop, 2003; Goats, 1994; Hemmings et al. 2000; Karvonen, 1992; Whelan et al. 1999; Verkhoshansky and Siff, 1993）。

・体温と組織温度の上昇
・血管床の抵抗が減少することで，活動筋の血流量が増加
・心拍数の上昇と，それにともなう運動適応のための心肺循環系の準備
・代謝率の上昇
・ボーア効果の上昇，つまりヘモグロビンの酸素放出の促進
・神経インパルスの伝達速度の上昇による身体動作の促進
・相反性神経支配の効率の上昇（拮抗筋肉の収縮と弛緩がより速く効率的に）
・身体作業能力の上昇
・結合組織と筋肉の粘性（あるいは抵抗）の低下
・筋肉の緊張の減少（筋肉の弛緩の促進）
・結合組織と筋肉の伸展性の向上
・心理状態の向上

　コペル（Kopell, 1962）は，エクササイズ関連の不慮の死には，適切なウォームアップが行われていれば避けられていたものがあると考えた。バーナードら（Barnard et al. 1973a, 1973b）は，ウォームアップがST下降（心電図異常のひとつ）の発生も予防できることを示唆している。健康な人でも速いランニングの開始時にこの異常が見られることがある。

(2) 粘性の影響

　粘性とは，流れに対する抵抗力，または液体を流れにくくする力である。結合組織と筋肉の粘性が，動きを制限する原因の一部となるかもしれない。粘性は，個人の柔軟性の向上に長期的な影響を与えない。むしろその影響は，ストレッチングがなされた瞬間に存在するさまざまな生理学的な要因に関係している。温度は粘性に反比例している。つまり，温度が上昇すると液体の粘性は低下し，その逆もまた同様である。粘性の低下は，コラーゲン組織の弛緩を促進する（Sapega et al. 1981）。この熱変化がどのようにして起こるのかは，まだわかっていない。とはいえ，コラーゲンの分子間結合が一部不安定になり，コラーゲン組織の流動性を高めている可能性はある（Mason and Rigby, 1963; Rigby et al. 1959）。この粘性の低下が，動きへの抵抗力の低下と柔軟性の向上につながっている。

体温を上昇させて組織の粘性を低下させる最も一般的な方法がウォームアップ・エクササイズである。他の方法としては表層への温熱（ホットパック，熱いシャワー）と深部への温熱（ジアテルミーと超音波）などがある。腿の裏側に当てたヒートパッドの効力が股関節の可動域に影響することはなかった。だが，ストレッチングと併用されると，股関節の屈曲はわずかながら大きくなった（Henricson et al. 1984）。ヒートパッドは表層の筋肉の温度をわずか2, 3℃上げるだけである。おそらく皮下脂肪と血管の自然冷却機能が股関節の筋肉と結合組織のそれ以上の温度上昇を防止するのであろう（Lehmann et al. 1966; Prentice, 1982）。

継続的に超音波を照射すると，人間の筋肉と腱の温度を効果的に治療効果が望めるレベルにまで上昇させることができる（Draper et al. 1995; Draper et al. 1991）。しかし，ドレイパーら（Draper et al. 1998），ドレイパーとリカード（Draper and Ricard, 1995），ローズら（Rose et al. 1996）が，組織の温度が治療効果の望めるレベルで維持されるのはわずか2〜4分であることを発見した。よって温度の上昇を利用するためには，ストレッチングは処置を施した直後に行わなければならない（Draper et al. 1998）。ドレイパーら（1998）は，超音波の熱で大きくなった可動域は「長いあいだ維持されることはなく，ストレッチングだけで拡大した可動域よりも大きくはなかった」（p. 141）ということを発見した。

(3) 外傷率におけるウォームアップの影響

ウォームアップ・エクササイズの，柔軟性を向上させて外傷を減少させるという効能に疑問を呈する研究も存在する。ウィリフォードら（Williford et al. 1986）は，ジョギングで関節をウォームアップしてからストレッチングで関節の柔軟性を高める効果について調査した。彼らの研究結果は，ストレッチングの前にジョギングで筋肉を温めると測定された全ての関節可動域にかなりの拡大が見られるという説を裏付けるものではなかった。1,680人のランナーを対象としたオンタリオのコホート研究では，ウォームアップをしないといった人の方がするといった人よりも外傷リスクが小さく，「ときどき」ストレッチングをするというランナーは，通常しない，あるいは全くしないランナーよりも外傷リスクが明らかに高かった（Walter et al. 1989）。その一方，フィンケルスタインとルース（Finkelstein and Roos, 1990）によるインタビューでグラナ（Grana）は，その研究結果を「制御できないおびただしい数の変数（p. 49）」の反映であろうと警告している。ヴァン・メッヘレンら（van Mechelen et al. 1993）は，316人の被験者を無作為に介入群（159人）と対照群（167人）に分けて16週間に及ぶ研究を実施した。1,000時間のランニングに暴露された対照群と介入群の外傷発生率はそれぞれ4.9と5.5だった。したがって，ウォームアップ，クールダウン，ストレッチングエクササイズがランニング中の外傷発生を減少させることはなかった。

ウォームアップのメリットに関する論争をいっそう混乱させたのが，ストリクラーら（Strickler et al. 1990）による研究だった。それは，ウサギの後肢を35℃と39℃に温めたのち一定の伸長負荷を加えることにより損傷を与え，筋腱移行部の生体力学的性質における受動的な加温の効果を調査したものである。損傷時にかかった力は39℃よりも35℃の方が大きく，断裂する前に筋肉が受けたエネルギー量の差は統計的に有意なものではなかった。ウォームアップ，ストレッチング，柔軟性と外傷の関係はどう見ても極めて複雑で，こういった不確定要素に決着をつけるにはさらなる研究が必要である。

マーフィー（Murphy, 1986）は，エクササイズ・プログラムにおけるストレッチングとウォームアップの順序に関する危険な誤解について以下のように指摘している。

　ヘルスクラブやフィットネス・インストラクターが，運動選手にウォームアップ前のストレッチングを奨励していることがよくある。彼らの根拠はこうだ。温かい筋肉は輪ゴムのようなもので伸ばしても戻ってしまうが，冷えた筋肉は，彼らの主張によると，プラスティックのようなものでそれをストレッチングすると永続的な伸長効果が期待できる (p. 45)。

この方法はいかなる研究にも裏付けられていない。外傷リスクを高めることになるだけだ。ストレッチングは必ずウォームアップの後に行われるべきである。

(4) クーリングダウン

クールダウンとはエクササイズと休憩の間の調整期間として競技直後に行われる一連のエクササイズである。クールダウンには柔軟性向上のための補足的な努力という側面もあるが，その主目的は筋弛緩を促進し，血液による筋肉の老廃物の除去を増進させ，筋肉痛を緩和し，軽減された負担に心肺循環系を適応させることである。ストレッチングは組織の温度が最も高いとき，メインの運動とクールダウン期間の直後に組み込まれるべきである（Sapega et al. 1981）。

カルボネン（1992）は，まずいパフォーマンスに失望した後に感情のバランスを整える意味でもクールダウンは重要だと示唆した。特に次の演技や競技までの時間があまりないとき，その準備は最初のパフォーマンスのクールダウンから始まることもある。さらにいえば，クールダウン期間はコーチが感想や評価を与えるのに最も有益な時間でもある。

8. 筋力トレーニングと柔軟性

筋力トレーニングと柔軟性の関係については，数多くの誤解や固定観念が存在する（Prentice, 2001）。多くのコーチや競技選手は筋力の向上が柔軟性を制限したり，しなやかさの妨げとなったりしかねない，逆に大幅な柔軟性のアップは筋力に悪影響を及ぼしかねない，と考えている（Hebbelinck, 1988）。「筋力の増加にともなって筋腱複合体の硬さが増す」ことがいくつかの研究で示されている（Klinge et al. 1997, p. 715）。筋肉が発達しているが柔軟性のない競技選手を表現するのに「マッスルバウンド（筋硬直）」ということばがよく使われる。ブレイナム（Brainum, 2000）は，マッスルバウンドの本当の定義には「パーシャルレップ・トレーニング（関節可動域の半分だけを使うエクササイズ）で誘発される慢性の筋短縮が含まれる」(p. 123) という。

トッド（Todd, 1985）は「マッスルバウンド・リフター」の作り話に寄与した数人を特定した。マクファデン（MacFadden, 1912）はこう書いている。「ウエイトリフティングを始めるときには，動きが遅くなる傾向に歯止めをかけるためにスピードと柔軟性を養うエクササイズもすべきである。ウエイトリフティングだけでは筋肉の反応が遅くなってしまいがちだ」(p. 847)。UCLAの陸上コーチ，ディーン・コムウ

ェル（Dean Comwell, 1941）もコメントしている。「選手は……欲張って筋肉を鍛えるべきではない……鍛えすぎると……マッスルバウンド，果ては競技会でも硬く動きの鈍い選手になってしまい，当初の目的とは逆の結果を招きかねない」(p. 236)。しかし，ウエイトトレーニングが「マッスルバウンド」状態を引き起こすと考えるのはまちがいである。

ノーチラス・エクササイズマシンの開発者アーサー・ジョーンズ（Arthur Jones, 1975）は，そのような考えが根強い理由をいくつかあげている。筋肉が発達した人のなかには，一定の柔軟性を欠く者がいる。柔軟性を向上させる努力を一切しなくても，筋肉は大きくなる。筋肉を大きくする運動が柔軟性の低下を招くことがある，というものだ。しかし，個人の筋肉の大きさと柔軟性とには何の関係もなく，適切に筋力トレーニングを行えば，柔軟性はむしろ向上する。特に注目すべきはこの最後の点だ。何人かの研究者たち（Leighton, 1956; Massey and Chaudet, 1956; Schmitt et al. 1998; Wickstrom, 1963; Wilmore et al. 1978）は，ウエイトトレーニングで柔軟性が低下することはなく，場合によっては向上さえすることを実証した。ところが，男性ボディビルダー29人と一般の男性25人の柔軟性を比較した調査（Barlow et al. 2002）では，対照群と比べて肩関節の内旋可動域がかなり縮小している（−11°）ことが明らかになった。この差を説明する根拠は示されていない。それにもかかわらず，適切な肩関節の可動域を維持するためのしかるべき教育および指導と，肩に異常が起こるリスクを最小限にとどめるレジスタンスエクササイズを選択することの重要性を研究者たちは強調する。

特異な事例として，筋肉量の大幅な増加が可動域に悪影響を及ぼすこともある。例えば上腕二頭筋と三角筋が大きい競技選手にとっては，上腕三頭筋のストレッチングが困難かもしれない。ホルコム（Holcomb, 2000）は，競技選手のトレーニングプログラムを変更することで筋肉量を減らすことができると指摘する。ただし，この変更は砲丸投げの選手やフットボールのオフェンシブ・ラインマンのようなパワー系の選手にはお薦めできない。それゆえホルコムはプロのストレングス・コンディショニングコーチに「その選手の種目に必要なことを忘れないで欲しい。筋肉の大きさの必要性が過度な関節可動の必要性に取って代わることもある」と警告している (p. 323)。

レジスタンストレーニングは筋肉のストレッチ範囲に悪影響を及ぼしかねない（Wiemann and Hahn, 1997）。この仮説は，筋求心性活動で起こる筋収縮後の運動ニューロン放電を発見したスズキとハットン（Suzuki and Hutton, 1976）の研究に基づいている。したがってレジスタンストレーニングの後の筋肉には，増大した静止張力と低下した柔軟性が見られるはずである。必然的に，レジスタンストレーニングの後には筋力トレーニングの筋短縮の影響を弱めるためにも筋肉をストレッチングすべきである (p. 340)。だが，ウィーマンとハーン（Wiemann and Hahn, 1997）の研究では，レジスタンストレーニングの結果としての静止張力に変化はなかった。彼らは短時間のストレッチングで筋肉の静止張力が減少する兆候も発見できなかった。この研究について彼らは詳しく述べている。「このようにレジスタンストレーニングの後に筋肉が過度に緊張するというリスクはかなり低そうだ。したがって，特にレジスタンストレーニングの後に筋短縮を避ける目的でストレッチングエクササイズを実行するという推奨には同意しかねる」(p. 345)。静止張力がレジスタンストレーニングの後に減少するのか増大するのかを確かめるには，さらなる研究が必要である。

柔軟性における筋力トレーニングの影響を高齢者の被験者で調査した研究はほんのわずかしかない。ジルアードとハーレー（Girouard and

ボディビルダーと肩関節の内旋縮小

　ボディビルダーの内旋を縮小させる原因は何だろうか？　いくつかの仮説が立てられている。身体は，外側の回旋筋群，肩の後部筋（すなわち三角筋後部，三角筋中部，小円筋，棘下筋），関連した結合組織，関節包などにかかる無理な負荷に適応している。したがってトレーニングを何年もしていると，石灰沈着，適応性短縮，瘢痕損傷などが起きるおそれがある。肩の筋のタイチンアイソフォームの変性も起きているだろう。

　外側の回旋筋は肩甲上腕関節の離解に抵抗し，肩甲骨の制御や安定に作用している（すなわち，これらの筋肉は肩関節に「戻ってくる」よう伝達している）。具体的には，ダブルアーム・ケーブル・ロウイング，ストレートレッグ・デッドリフト，モーニング・エクササイズ，ワンアーム・ダンベルロウなどのリカバリー（伸長，または下げる）段階など，さまざまなエクササイズ中にボディビルダーの肩の外旋筋群は，伸張性の収縮をして肩甲上腕関節の離解に（主な協同筋，または安定筋として）抵抗しているので，外傷リスクが高まっている。スタンディング・バイセプスカールでダンベルを下ろす段階でも，外旋筋群は肩甲骨を安定させる役割を担っていると思われる。したがって内旋の縮小は，2つの害，すなわち上腕頭の関節窩からの離解や，肩甲骨の望まない動きを，より小さくするための身体の適合反応なのかもしれない。

　多くのボディビルダーは，肩に関連した大きな筋肉（広背筋，僧帽筋，大胸筋，後部三角筋）を鍛えるために幅広いエクササイズを行っている。ところが，ローテーターカフ（肩甲下筋，小円筋，棘上筋，棘下筋）を強化するエクササイズを実行する者は非常に少ない。多くのボディビルダーはポージングのときに注目される部分でもある大きくて目立つ筋肉群を発達させることに夢中になるのかもしれない。彼らは比較的小さくても重要な肩の外旋筋であるローテーターカフを軽んじたり無視したりすることが多い。しかしながら「ある筋群を収縮させるためのあらゆる作用の逆は，その同じ筋群にとってのストレッチングになる」（Siff and Verkhoshansky, 1999）という。したがって，内旋筋群をストレッチングするには，外旋筋群（小円筋，棘上筋，棘下筋）を鍛えるエクササイズをしなければならない。内旋筋に過度に集中すると，筋肉と関係した結合組織はより大きく強靭になり，短縮すらされるであろう。

　ボディビルダーは，肩の内旋を制限する筋肉や結合組織のストレッチングに十分な時間を割いていない可能性もある。彼らは知らず知らずのうちに誤ったトレーニングを行い，筋肉の不均衡を促進させて肩関節の可動域を縮小させているかもしれない。肩の内旋を拡大するには次の3つの方法がある。①肩全体，特に外旋筋をストレッチングする。②外旋筋を強化する。③生体力学的な欠陥や誤ったトレーニングを排除する。

Hurley, 1995）は，50～74歳までのトレーニングをしていない男性31人を比較した。被験者は，筋力と柔軟性のトレーニング，柔軟性のトレーニングのみ，トレーニングなし，の3つのグループに分けられた。筋力と柔軟性トレーニングのグループは，肩関節の外転と屈曲の

可動域（どちらも p<.01）を顕著に向上させたが，これらの変化は運動をしていない対照グループとそれほど違わなかった。「こういった結果には次のような意味がある。エクササイズの処方に携わっている臨床家やインストラクターは，単純にバランスのとれた筋肉の使用と可動域をいっぱいに使うエクササイズを選んだときの結果（予想できるばらつき）を上まわる可動域の拡大が，筋力トレーニングのみで達成できると考えるべきではない」(p. 1448)。バルボサら（Barbosa et al. 2002）は，62 ～ 78 歳までの高齢女性の柔軟性が，ストレッチングエクササイズなしのウエイトトレーニングで向上することを実証した。同じようにファトウロスら（Fatouros et al. 2002）は，32 人の運動をしない年配男性（65 ～ 78 歳まで）を対象とした研究で「レジスタンストレーニングが運動をしない高齢男性のいくつかの関節の可動域を拡大できることがあり，それはたぶん筋力が向上したためであろう」(p. 112)ということを発見した。このように方法さえ間違えなければ，個人は適切なトレーニングで全体的な筋力と柔軟性を向上させることが可能である。

レジスタンステクニックを使って柔軟性を伸ばそうとするとき，2 つの重要な原則がある。①筋肉，あるいは筋群全体を可動域いっぱいに使って鍛えなくてはならない。②エクササイズのネガティブな段階では，ゆっくりと動かすことを重視する。ネガティブワーク，すなわち伸張性収縮とは筋肉が収縮しながら外力でストレッチされている（引き伸ばされている）状態である。伸張性収縮は，レジスタンスエクササイズでもち上げたものを下ろすときの動作に関係している。

ネガティブワーク中は収縮する筋線維の数が減少する。少ない筋線維が作業負荷を分担するので，筋線維それぞれの緊張は増大する。その結果，過度の負荷と緊張で使われている筋線維がより大きく伸長して柔軟性が向上するのである。しかしながら，伸張性トレーニングは筋肉痛とも深く関係している。

9. 日内変動と柔軟性

時間とともに周期的に変動する生物学的現象の定量分析を，時間生物学と呼ぶ。1 日の周期のリズムを指してダーナル（1 日の）ということばがよく使われるが，コンロイとミルズ（Conroy and Mills, 1970）は約 24 時間の周期を表すのにサーカディアン（概日性の）を好んだ。このことばはラテン語（circa= 約，dies= 日）に由来する。1 日の特定の時刻に機能が最も活発になったり不活発になったりするサーカディアンリズムは，ほとんどの生理的機能に見られる。人間では，サーカディアンリズムがさまざまな生理的器官の変動に現れ，それには血圧，体温，心拍数，ホルモンのレベル，震えなどが含まれる。加えて，内的刺激（神経伝達物質，電解質，代謝基質など）や外的刺激（環境的要因，薬品，食べ物など）に対しての鋭敏さと反応性もサーカディアンリズムが一種の機能のように変動する（Winget et al. 1985）。活動をするとしないにかかわらず，1 日の特定の時刻に身体のこわばりを経験している人も多い（Gifford, 1987; Reilly, 1998）。体温が低下すると身体のこわばりが増す。したがって，1 日の終わりに身体がこわばることが多いのは，体温の低下を反映しているのかもしれない（Reilly, 1998）。以下では昼や夜の時間と柔軟性の相互関係について述べていく。

(1) 柔軟性の1日のリズムに関する研究

多くの人が睡眠の後や1日のばらばらな時刻に身体のこわばりを感じることと，定量化できる関節可動域の縮小があるかどうかを実証することは全く別の話である。柔軟性が1日の時刻によって変動するということを早期に観測したのはオソリン（Osolin, 1952, 1971）で，ディック（Dick, 1980）とボンパ（Bompa, 1990）に引用されている。動きの幅が最も大きくなるのは10～11時にかけてと16～17時にかけてで，最も小さくなるのが朝である。オソリン（1971）によると，その原因は「1日のうちに絶え間なく起こる生物学的な変化（中枢神経系と筋肉の緊張）にある」という。ギフォード（Gifford, 1987）はストックトンら（Stockton et al. 1980）の研究を引用しながら，しなやかさが最も向上するのは8～12時の間であることを確認した。だが，その詳細は述べられていない。

オドリスコールとトメンソン（O'Driscoll and Tomenson, 1982）は，7時と19時に頸部の動きを測定したが，その可動域は朝よりも夕刻の方が大きかった。バクスターとライリー（Baxter and Reilly, 1983）は，14人の若いスイマーの体幹の柔軟性における「1日のうちの時刻」の影響を調査し，それが13時30分に最も高く，6時30分が最も低かったことを報告した。ギフォード（1987）は25～32歳までの平均的な被験者25人を使い，柔軟性の概日性を5つの部位で2時間ごとに24時間にわたって調査した。木製の台に立って指先を床に近づける能力のテストで，朝の起床時，もしくはその前に最もこわばるということがわかった。柔軟性が最も高いのは12～24時の間であった。腰椎の屈曲が最も小さくなるのは寝ているあいだの時間で，柔軟性が向上し始めるのは6時からである。腰椎の伸展では夜明け前が最も硬く，14時ごろに最大の柔軟性に達するが，その後夕方にかけてまた徐々に硬くなっていった。受動的な下肢伸展挙上テストでは，ほとんどの被験者が横になっているか比較的じっとしている時間帯（22～8時）の点数が最も低かった。肩甲上腕関節の外旋の可動域には日中の全般的な拡大と夜明け前の時間帯の縮小が見られた。ラッセルら（Russell et al. 1992）は若い成人10人に対して2時間ごとに24時間にわたってテストを実施した。その結果，腰椎の屈曲，伸展，側屈は睡眠の直後にかなり縮小するが，午後には2～7時30分までの測定値と比較してもかなりの拡大を示した。12人の被験者を対象としたウイングら（Wing et al. 1992）の調査でも，朝は腰椎の屈曲が12 mm縮小した（$p<0.005$）。柔軟性の低下は「寝ているあいだの椎間板の膨張（椎間板が前縁で圧縮されなくなる）か，夜の休息による軟部組織の硬化のどちらかが原因であろう」（p. 765）と研究者は推測している。エンシンクら（Ensink et al. 1996）は，腰痛を抱える患者29人の腰椎の平均可動域が朝の54.30°から夕方の68.30°に拡大したことを確認した。日中の平均伸展の拡大はわずか2.90°だったのに対して，屈曲は11.10°も拡大した。

(2) ヒトの背丈と椎間板の高さにおける日内変動

ヒトの背丈は1日のうちでも変動する。体内の変動は，背丈，機械効率，外傷リスク，腰痛，身体のこわばりの感知，そして柔軟性にも影響を及ぼす可能性があるので重要である。背丈の変動には姿勢，職業，動き，振動，負荷，重力，年齢，病気，外傷，そして椎間板の栄養状態などが影響している。

(3) 背丈の回復を助ける要因

ベッドでの休息により，収縮した脊椎が回復する。この回復をより速く効率的に促進できないだろうか？ グッドとセオドア（Goode and Theodore, 1983）は女性の被験者のグループが，リラックスして立ったときよりも背筋を伸ばして立ったときに，身長を7～36 mm上方修正できることを実証した。理論上は，脊柱に張力を加えれば収縮した脊椎の回復は加速するはずである（Boocock et al. 1988, 1990; Kane et al. 1985; Nosse, 1978）。バデキら（Badtke et al. 1993）は，被験者を特別に開発された拡張器具のなかに8分間入れると，ベッドで2時間休息したときと同じ長さの脊柱に回復することを確認した。対照的にポープとクリンゲンスティルナ（Pope and Klingenstierna, 1986）は，牽引するよりも静かに横になっている方が身長の伸びが大きいと報告している。身長の回復はファウラー体位（すなわち，あおむけになって両脚を椅子に載せ，股関節と膝を屈曲させて脊柱への負荷を最小限にする）を取ることでも達成できる。ウィルビーら（Wilby et al. 1987）はファウラー体位で20分間横になっていると，身長が朝と夜にそれぞれ4.5 mmと3.4 mm伸びることを発見した。マグヌソンとポープ（Magnusson and Pope, 1996）は12人の被験者の肩に5分間にわたって10 kgの負荷をかけた。彼らの身長は平均で6.33 mmも縮んだ。負荷を外して座っている時間を挟んだひとつのグループは，その間に平均で1.12 mmの伸びを記録した。負荷なしで座り，体幹過伸展のストレッチングを毎分15秒間，5分間にわたって実行したグループの身長は平均で5.05 mm伸びた。研究者たちは体幹の過伸展は「負荷を椎間板から小関節面に一時的に移動させる手段なのかもしれない」(p. 238）と推測している。加えて，ストレッチングは「椎間板の水和作用を一時的に増加させることで椎間板の栄養を付随的に向上させるひとつの方法なのかもしれない」(p. 238）それ以前にマグヌソンとポープとハンソン（Magnusson, Pope and Hansson, 1995）も，腹臥位姿勢と比較して20分間の受動的な体幹の過伸展でかなりの身長が回復できることを実証した。ベイノンとライリー（Baynon and Reilly, 2001），エクランドとコールレット（Eklund and Corlett, 1984）もまた，重い負荷がかかる仕事でも脊柱への負荷を外す短い期間があれば，その休憩の間にかなりの回復が見込めることを裏付けた。結果として全体的な椎間板の収縮や圧迫が減少する。作業や競技の場面においても，適切な休憩を設けることが外傷リスクを減らす手助けになる可能性がある。

(4) 柔軟性における睡眠の影響

睡眠の後に身体のこわばりを覚える人は多い。以下ではこの現象の原因を探っていくことにする。

1) 感受性の増大における睡眠の影響

起きると身体がこわばっている理由のひとつとして，眠っているあいだにパチーニ小体，機械的受容器，筋紡錘，あるいはゴルジ腱器官などの感度が一時的に変わっているということが考えられる。厳密にいえば，それぞれの受容体の感度の設定が，じっとしていたり眠ったりしているあいだに一時的にリセットされているのかもしれない。リーとクレイトマン（Lee and Kleitman, 1923），そしてタトル（Tuttle, 1924）は，眠っているあいだヒトの膝蓋腱反射の幅が縮小することを確認した。タイラーとボンド（Tyrer and Bond, 1974）が示唆したように，ホルモンの効果も脊髄での処理に影響を及ぼしているようである。彼らは生理的な震せんに日内変動があることを実証し，それには諸説あるだ

ろうが，主に循環しているカテコールアミンの変化が原因だという仮説を立てている。ウォルポウら（Wolpaw et al. 1984），ウォルポウとシーガル（Wolpaw and Seegal, 1982）は，サルの脊髄伸張反射の幅は日内変動（興奮性機能が1日のうちの時刻で鋭敏になる）に支配されていることを実証した。ウィンゲットら（Winget et al. 1985）は，アキレス腱の反射感度が最も鈍くなるのが21時38分〜8時45分までの間であるとする論文(Freivalds, 1979)を引用した。睡眠中の体温の低下がさまざまな固有受容体のストレッチ反応の閾値に影響し得るかどうかを判断するには，さらなる研究が必要である。

睡眠と体温と起床時の身体のこわばりとの関係は，十分に研究されていない。ジルバーグとアーカステッド（Gillberg and Åkerstedt, 1982），バレットら（Barrett et al. 1993）は「深部体温にははっきりとしたサーカディアンリズムがあり，通常の変動幅は1℃である」（Barrett et al. 1993, p. 93）ことを示した。体温が最も急激に低下するのは睡眠の開始時である（Barrett et al. 1993；Gillberg and Åkerstedt, 1982）。バレットら（1993）は睡眠時の体温が起床時の体温よりも平均で0.31℃低いことを発見した。その一方で「起きて最初の1時間の体温が低いままであるように，起床にはゆっくりとした変化がともなう」（Barrett et al. 1993, p. 98）という。わずか0.31℃の差が組織の伸長性や身体のこわばりの感覚，あるいは関節受容体や筋紡錘に影響を及ぼし得るのだろうか？ この質問に答えるにはさらなる研究が必要である。

2) 椎間板における睡眠の影響

睡眠中の脊椎には軽い負荷がかかるだけなので，椎間板は身体の組織液を取り込んで膨張する。その結果，背丈が伸びて椎間板の線維はより大きな緊張を強いられる（Botsford et al. 1994）。その一方，日々の平均的な活動をするなかでも余分な組織液は椎間板から排出されている。アダムスら（Adams et al. 1987）は，腰椎の負荷における日内変動の3つの重要な意味を明らかにした。①起きてから腰椎を屈曲するときに脊柱にこわばりが増すのはこの膨張が原因である。②朝早くは腰椎椎間板や腰椎靱帯の外傷リスクが高い。③関節可動域は1日の後半部になって拡大する。

アダムスら（1987）が説明しているように，クリープ加重は椎間板の高さを減少し，1日を通して椎骨を接近させていく（図10.2と10.3，表10.1を参照）。その結果，椎間板の圧縮が線維輪，神経弓の椎間靱帯，背筋や腰部の筋膜にたるみを生じさせる。午後の屈曲がわずかに拡大しているのは（5％），このたるみのせいである。しかしながら睡眠中は椎間板が膨張し，そ

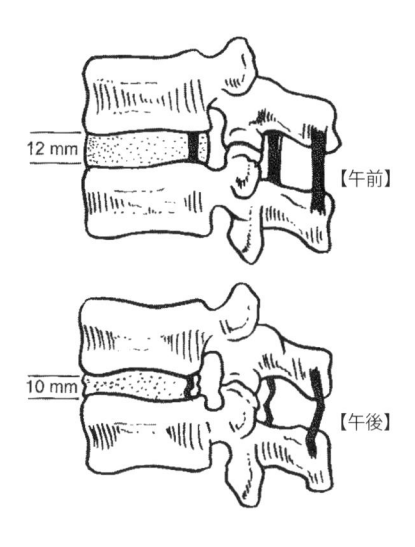

図10.2 【午前】3本の帯，または紐がついた可動部分は前屈動作に抵抗する構造を表している。それぞれは（左から右へ）線維輪，神経弓の椎間靱帯，そして背筋と腰背筋膜である。【午後】クリープ加重で椎間板の高さは減少し，3本の紐もたるむ。最も短い紐である線維輪が最大の影響を受け，最も長い紐である筋肉と筋膜は影響を受けにくい。したがってクリープ加重が可動部分の曲げに対する抵抗を減らし，曲げ応力を（特に）椎間板と椎間靱帯から背筋と筋膜へと移動させる。
Adams, Dolan, and Hutton, 1987. より転載。

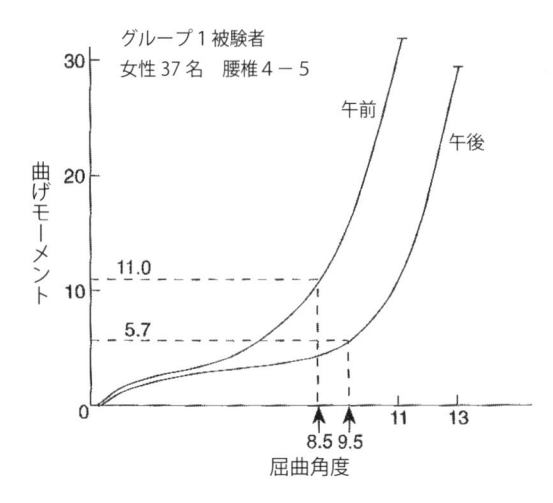

図 10.3 クリープ加重前（午前）と後（午後）の典型的な可動部分の曲げとこわばりの曲線
Adams, Dolan, and Hutton, 1987. より転載。

(5) 関節炎と朝のこわばり

慢性関節リウマチ（RA）の患者からよく聞かれる苦情に朝の身体のこわばりがある。朝のこわばりは RA の臨床試験に利用され，病気活動や治療への反応を判断したり，炎症性と非炎症性の関節炎の症状を区別したりするのにも役立っている（Yazici et al. 2001）。アメリカリウマチ協会（ARA）も朝のこわばりを RA の診断に利用する。協会は 1987 年に，朝のこわばりの継続時間に関して定義した。「関節やその周辺の朝のこわばりは，最大限楽になるまでに少なくとも 1 時間は継続し，その症状が最低でも 6 週間は続く」（Lineker et al. 1999, p. 1056）。現行の朝のこわばりの定義では不十分だとされている。それは明確なことば遣いに欠けるため，分類，予後，転帰につながる信頼できる情報が提供されていないためだ。リネカーら（Lineker et al. 1999）は "gelling" ということばの採用を提案したが，その説明には不備があって批判された（Edworthy, 1999）。

の高さが増して椎骨を引き離す。したがって，この膨張が朝のこわばりを増すことになる。さらにいえば，椎間板中の組織液の含有量の違いが線維輪にかかる緊張に影響し，それが横たわった後の外傷の起こりやすさにも影響を及ぼす可能性がある。

表 10.1 健康な被験者の椎間板と靭帯にかかる曲げ応力の 1 日内での低下率

被験者番号	抵抗曲げモーメント（Nm）				低下率（%）	
	午前		午後			
	椎間板	靭帯	椎間板	靭帯	椎間板	靭帯
1	2.8	7.0	0.7	3.4	76	52
2	4.9	11.8	1.6	7.3	67	39
3	3.9	9.7	0.8	6.0	81	37
4	3.2	7.8	0.8	4.9	75	37
5	6.7	16.4	1.6	9.8	76	40
6	4.4	10.9	0.4	2.7	92	75
7	3.9	9.7	1.0	5.5	75	44
8	4.5	11.7	1.2	5.9	73	46
9	2.1	5.0	0.4	3.6	79	29
平均	4.0	9.9	0.9	5.5	77	44
	(±1.3)	(±3.3)	(±0.4)	(±2.1)	(±7)	(±13)

M.A. Adams, P. Dolan, and W.C. Hutton, 1987, "Diurnal variations in the stresses on the lumbar spine," *Spine* 12(2), 136. より許可を得て転載。

朝のこわばりの原因としていくつかの説が提示されている。最も妥当であろうと思われるのが，睡眠中に関節やその周囲に溜まった液体が原因だという説である（Wright and Johns, 1960）。それにもかかわらず，利尿薬の朝のこわばりに対する効果の研究では，こわばりの度合いや継続時間に何の差も現れなかった（Magder et al. 1986）。朝のこわばりの本当の原因を解明し，症状に対してではなく原因に対しての効果的な治療を発見するにはさらなる研究が必要である。

10. 要　約

個人の柔軟性の可能性に影響を及ぼすものには，年齢，性別，体型，体重，一側優位性，ウォームアップ，活動，1日のうちの時刻などのたくさんの要素が含まれる。柔軟性はそれぞれの関節で特性をもつ。一般的に，適切なトレーニングを行えば，いかなる年齢においても柔軟性を向上させることは可能である。しかし，その向上率と向上の可能性は年齢によって異なる。

骨盤部分では女性の方が一般的に柔軟である。関節可動域は妊娠中の靱帯弛緩の影響も受ける。柔軟性における身体の各部位の長さ，体重，体格，人種，偏側性，ウォームアップとクールダウン，筋力トレーニング，日内変動などの影響が研究されてきた。これらの関係を正しく理解することで，誤解，作り話，固定観念などと共に有害な結果を招く可能性を排除することができるのである。

第11章
柔軟性を高める上での社会的促進と心理状態

　心理学という研究分野は人間の行動を描写，説明，予測しようとするものである。セージ（Sage, 1984）によると，「他者の存在によって個人の行動がどのように変わるのかを考察するのが社会的促進である」(p.352)と言う。社会心理学の分野は，誰かの行動がどのように，どのような理由で別の人の行動に影響を及ぼすのか，を主題にしている。この章では，柔軟性や可動域の向上または低下における心理状態の影響，それに関連する次の4つの問題，すなわち，観衆の影響，精神統一，心身の状態，処方されたストレッチング・プログラムに対してのコンプライアンス（遵守性：205頁参照）について探っていく。

1. ストレッチングに与える観衆の影響

　観客のことやチームメイトの意見など気にならないとどんなに言い張っていても，競技選手は他人の影響を受ける可能性がある。友人とトレーニングする人，医療者とリハビリをする患者も同様である。
　実際，多くの競技選手，体操選手，競泳選手，陸上選手はひとりで競技や演技をする。それにもかかわらず，彼らはコーチ，チームメイト，対戦相手，そして多くはファンや観客の影響を避けることのできない環境に身をおいている。チアリーディング，ダンス，チームスポーツなどに参加している者にとって，仲間や観客との交流は当たりまえのことである。このような社会的な要因が，柔軟性の向上，ひいてはパフォーマンスそのものにも影響を与える可能性がある。

運動選手に影響を与え得る人々—友人，両親，仲間，他人，権威者—はそれぞれが選手と異なった人間関係にあるので，選手の行動や心理状態に与える影響も異なってくる。選手は過去の経験に基づいて，そういった人々からの影響を好ましい，好ましくない，どちらでもない，と判別している可能性がある。

(1) 社会的促進の諸問題

観客が受動的な場合，競技者や演技者が励まされたり，落胆させられたりすることはない。能動的で口やかましい場合は，応援をしたり，ヤジを飛ばしたりもするだろう。受動的な観客がパフォーマンスに与える影響の研究結果は研究により食い違っている。いくつかの研究ではパフォーマンスのレベルが下がり，他の研究では向上したのである。ところがザイアンス（Zajonc, 1965）は，研究結果を分析してごく小さな一貫性を見つけ出した。それは一般に観客の存在によってパフォーマンスレベルは向上するが，技能の習得は妨げられてしまうということだ。

観客によって引き起こされる動機づけの効果は，肯定的に，あるいは否定的に見られたり評価されたりした過去の経験に影響を受けている可能性がある。このような場合，個人がどの程度の不安を感じているのかも考慮に入れる必要がある。コットレルら（Cottrell et al. 1968）は，個人の不安レベルとその状況で感じるストレスのレベルが一致することを示した。

観客との社会的促進は，柔軟性の向上の可能性にどのように影響を及ぼすのだろうか？　男性が過度に柔軟であることに対する誤解や固定観念は，社会的促進の悪影響の一例である。例えば，男性に開脚やその他の過度なしなやかさを示す能力があると，観客はそれを否定的に捉えるかもしれない。そういった状況は幼い子供にとって不安や心理的ストレスの実際的な原因にもなりかねない。ダンスに参加したがっている男子はやる気をくじかれるおそれもある。トウフェキシス（Toufexis, 1974）は，ダンサーになろうとしている男子は，「肉体的な困難ばかりでなく，精神的な試練も克服しなければならない」(p.47)と述べている。男性ダンサーは，性的志向に対する固定観念に頻繁に直面する（Schnitt and Schnitt, 1987; Toufexis, 1974）。その一方でシュニットとシュニット（Schnitt and Schnitt, 1987）は，より多くの男子がより若い年齢でダンスの分野を志すようになったのは，性役割に対する一般大衆の認識の変化のおかげであろうと述べている。

社会的促進は，スポーツに参加し続けようという人々の決意にも影響を及ぼす。スミス（Smith, 1986）は，子供がスポーツをやめる過程を説明するための理論的枠組みを提案した。スミスの枠組みを再検討したグールド（Gould, 1987）は，スポーツ・バーンアウトとスポーツ・ドロップアウトを区別した。「慢性のストレスからくる精神的，感情的，肉体的な理由でやめることをバーンアウトと定義し，興味や価値志向が変わったことでやめることをドロップアウトとする」(p.71)。グールド（1987）は，他の学者の研究に基づいてドロップアウトの過程をこう説明している。

スポーツに参加して継続するかどうかは，対価（時間や努力，不安，他人からの反対など）と価値（トロフィー，自分の能力に対する満足感など）の相関関係で決まる。選手は常に価値を最大化し，対価を最小化しようとしている。よって価値が対価を上まわるときにスポーツへの興味と参加が持続され，対価が価値を上まわるとやめてしまうのである。ところが，その行動には単純な「報酬—対価」の公式では説明できない部分もある。参加して継続するかどうかの決定は，選手の最低比較水準（個人が何かについて満足か不満足かを判断

する上での最低基準）と別の選択肢の比較水準にも影響される。したがって，たとえ対価の方が報酬より大きくても，他に選択肢がないという理由でスポーツを継続することもあり得るのである。同じように，あるプログラムにおける報酬が対価を上まわると考えている選手も，他により望ましい選択肢があればやめてしまうこともあるだろう（p.72）。

　観客が柔軟性の向上にどのように影響するのかという問題では，個人が自分の目標よりも他人に認められることにどれだけ重きをおくかが鍵になる。潜在的な悪影響を避けるためには，技能を習得する初期段階の練習は他人から見られない環境で行うのがよい。そうすることで能動的，または受動的な観客からのプレッシャーを排除できる。インストラクターが個人の柔軟性を決定する要因について説明することは，観客の否定的な見方の影響を軽減するかもしれない。選んだ種目に参加することで得られる報酬を理解し，感謝することを生徒に教えることも一助となるはずである。

(2) ストレッチングで柔軟性を高める上での協調行動の影響

　チームメイトとの協調行動，すなわちお互いに見えるところで同じ活動や運動をすることは，柔軟性を高める上での確実な支援材料となり得る。チームメイト同士（あるいは協調行動者同士）が一緒にストレッチングやウォームアップをすると，学ぶためのヒントを提供し合うことが多く，お互いの案内役，あるいは手本として機能する。彼らはお互いに，最適な柔軟性を実現するために切磋琢磨できるのである。

　協調行動が前向きでない手段に使われ望ましい反応を引き出すこともある。参加者には抵抗をやめるか，追放の憂き目に遭うかという社会的なプレッシャーがかかることもある。水泳で採用された苦痛や苦悩をともなう練習方法がその一例である（Counsilman, 1968）。最高レベルの辛苦に耐えてやろうという気がなければ，そのスポーツで秀でる可能性は低いという考えだ。激しい運動に苦しみながらもがんばったとき，水泳選手たちの中にプライドが育まれる。さらに言えば，チームメイトたちは落後者や練習で全力を出し切らない者に対して軽蔑を募らせていくことになる。

　チームの全員が毎日のように苦痛や辛さを共有するようになると，それに対する嫌悪感も薄れていく。その結果，より多くの選手が辛さについて非感情的に話すようになると，それはますます受け入れやすくなる。こうして彼らは肉体面だけではなく精神面でも痛みに対する無感覚さを身につけていく。彼らは，ある程度の痛みは目標を達成する過程において当たりまえで必要なものとして受け入れるようになる。こういった練習方法はボディビルディング，水泳，ランニングのような競争の激しい種目には向いているかもしれないが，柔軟性を高める上では効果的ではない。

2. メンタルトレーニングの理論的側面

　メンタルトレーニングには，パフォーマンス向上のための心理的手法が含まれる。柔軟性トレーニングにおいては，ストレッチングをしているあいだに対象となる筋肉をリラックスさせ，からだの各部位を望ましい関節可動域の中で望ましいスピードと正確さで動かさなければならない。イメージ技法，つまり心像を描くこと，と自己催眠という2つのメンタルトレーニングのテクニックは，緊張管理とパフォーマンス向上の両方に利用できる。理論上，メンタルトレーニングは，運動ニューロンの活動を減らしてよりリラックスした状態にする，運動システムのプログラムレベルを変更するといった2つの段階で柔軟性の向上を促進させる。メンタルトレーニングとストレッチングの関係については，バイオフィードバックの分野の研究で最もよく説明されている。

3. サイバネティック・ストレッチ

　柔軟性を高める心理的な手法のひとつとしてサイバネティック・ストレッチがある。マクスウェル・マルツ博士（Dr. Maxwell Maltz）の著書『サイコ・サイバネティクス (Psycho-Cybernetics)』(1970) を基にして，ベイツ (Bates, 1976) が発展させたテクニックである。「肉体的な困難を心で乗り越える」というのがサイバネティック・ストレッチの基本的なアプローチである。序文でマルツ博士はこう述べている。「"自己像"が個人で達成できることの限界を決めてしまう。自己像が自分のできることとできないことを定義するのだ。自己像を広げることによって，可能性の領域をも広げることができる」(p.ix)。

　サイコ・サイバネティック法は，特定の目標を達成することによって幸福と成功をもたらすための新しい思考，イメージ，記憶，行動化方法を学習，実践，経験することで構成されている。サイコ・サイバネティックスは，人間の脳，神経系，筋肉組織らを，心で操作，管理する非常に複雑な「サーボ機構」と見なしている。

　『サイコ・サイバネティクス』によると，うまく機能するための鍵は成功を経験することだという。成功を経験することで自信が築かれる。何か新しいことを始めるときに自信がほとんどないのは，成功できるということを経験から学んでいないからである。神経系は想像上の経験と本物の経験の区別ができないので，うまくいったパフォーマンスを思い描くことで自信を持つことができ，実際のパフォーマンスの向上にも役立つのである。

　ベイツ (1976) が述べているように，サイバネティック・ストレッチはメンタル練習段階と実践練習段階で構成されている。マルツ博士のガイドラインに従うと，初めにしなければならないのは具体的な目標を立てることである。目標を思い描きやすくするために，「創造的自動機構」には事実が提供されなくてはならない。「ストレッチに対する抑止機能が全く働いていなければ，生理学的には筋肉の長さを50％伸ばすことも可能である。したがって開脚してからだを床につけるという目標があってもいいわけだ」(p.240)。むろん，これは構造的な制限が全くないことを前提としている。最も重要な

のは，その目標が達成可能で実用的だとわかっていることである。

次に，想像力を駆使して個人の「サーボ機構」が機能して実現できるというメンタルイメージを作り上げる。日に30分間のメンタル練習を少なくとも21日間続けることが望ましい。静かで心地よく，リラックスできる場所でするのがよい。メンタル練習段階の鍵は，イメージをできるだけ本物に近づけることである。「その柔軟な動きを見事に，理想的なかたちで完了している自分の姿を思い描くことが最も重要である」（p.241）とベイツ（1976）は指摘する。

最後は実践練習段階である。ベイツ（1976）は以下のように述べている。

いかなる種類の技能習得も試行錯誤によって成し遂げられる。ひとつのミスを犯したら，正しい動きができるようになるまで心の中で意図を修正する。サーボ機構も同じように目的を達成し，うまくいった反応は覚えていても過去の失敗を忘れていく。紡錘体の活動電位の発射を最小限に留めてゆっくりと痛みを感じるまでストレッチングし，紡錘体の発射が一時的に休止されて筋肉がリラックスできるように少し力を抜く。サーボ機構に「最終結果」，あるいは目標を与えれば，その位置とそのリラックスした位置を保持するのに抵抗となる筋収縮がないことを記憶する。

その位置を保持しているあいだはリラックスし，強要するのではなく，サーボ機構が自然と機能するようにもっていかなくてはならない。運動ニューロンへの知覚情報は上位中枢からの情報に相殺されるかもしれない性質のものだが，α運動ニューロン，γ運動ニューロンともに上位中枢とのつながりは存在する。サーボ機構は，リラックスしているあいだに，経路と目標を達成するためにどの程度の抑制を維持しなければならないかを捜し出す。

その時点のレベルで緊張を和らげることを修得したら次に進めばよい。さらにストレッチ位置をうまく得ることができるようになったら，パートナーにそこから少し力を抜いた位置で保持してもらうとよい……実際は，可動域を拡大するために，初めの段階からパートナーが受動的に力を貸して，少し緩めた状態でストレッチングをしている人の体勢を保持することが望ましい（pp.240-241）。

4. イデオキネティック・イメージ

科学と身体学の原理を組み合わせてストレッチングの手順としたもうひとつの手法が，バトソン（Batson, 1994）によって開発されている。身体的学習法は，動いているあいだ，あるいは動くことを考えているあいだに知覚意識を意図的に誘導することで，からだがより優れた運動制御と運動の質を学ぶことを重要視する。バトソンの前提は次のようなものである。「科学が筋肉や結合組織の反応に基づいて安全で効果的なストレッチングの知的基盤を提供するのに対し，身体学は意識と運動制御を高めながら知覚感度を養っていく」（p.39）。バトソンの手法はアレキサンダー・テクニックとスウェイガード・イデオキネシスの方法を混ぜ合わせて組み入れている。この主題の詳しい解説に関しては引用文献に加えてバトソン（1993, 1994）を参照してほしい。

バトソン（1994, p.51）は，ハムストリングスをストレッチングするときに考えられる4つのイメージの概要を示した。

> **ストレス**
>
> 　過度に脅威にさらされると，からだはストレス・ホルモン（アドレナリン，ノルアドレナリン，コルチゾールなど）を分泌し，それがからだを警戒態勢に切り替える。これに関わっていない身体機能は休止状態になり，突然の吐き気から骨量の減少までさまざまな問題を引き起こす。一般的にストレスの症状は心配になったり注意力が散漫になったりという認知的な問題か，筋肉の緊張，運動神経や柔軟性の低下を招き，生理的興奮を高めるという身体的な問題かのどちらかである。この結果，外傷リスクは高まってしまう。

- 大腿骨頭を寛骨臼の「ブラックホール」に「溶け込ませる」（すなわち股関節に近づけ，腿の大きな筋肉を神経的に抑制する（Sullivan et al. 1982）（図 11.1a 参照）。
- 大腿骨骨幹部から顆までと脛骨顆から骨の中間部へ向けて表層の筋肉を弛緩させるために想像上のヘラで引き離すようにそぎ落とす（図 11.1b 参照）。
- 骨を筋肉の筒の中で「伸長する」，「間隔をあけるための物」（Pierce, 1983, 1984）だとイメージする（解剖軸が動きの方向になる）（図 11.1c 参照）。
- 脚を胸の上で伸ばし，坐骨をできるだけ床と平行に保ちながら（相反性神経支配でハムストリングスの緊張が和らぐように腸腰筋 / 大腿直筋を活性させる）骨盤の上前腸骨棘を大腿骨の方へ内旋させる（股関節の屈曲を高める）（図 11.1d 参照）。

　おおよそのイメージや写真が，リラックスするための考え方に役立つことがある。例えば，開脚をするときは自分の左右の足をロープの両端だと想像する。熱を思い描くのも，とても有益である。頭の中で最も筋肉が緊張している部分に熱いタオルを何重かに巻いてみる。その部分が熱せられてくると，筋肉はリラックスして柔らかくなる（Tsatsouline, 2001a, p.25）。

5. 精神身体的要素

　特定の病気や疾患には精神身体的な原因があるかもしれないという説は，何千年も昔から認知されてきた。旧約聖書にも「穏やかな心は肉体を生かし，激情は骨を腐らせる」（箴言 14：30）や「喜びを抱く心はからだを養うが，霊が沈みこんでいると骨まで枯れる」（箴言 17：22）と書かれている。心理的要因によって引き起こされたり悪化したりする身体疾患である心身症は，近代においてより認知され，受け入れられるようになった。おそらく心因性で可動域に影響を及ぼす可能性がある 2 つの身体疾患は筋筋膜トリガーポイント（関連痛やその他の侵害反射の焦点として機能する痙攣性の小結節や変性の筋組織）と関節炎である（Asterita, 1985; McFarlane et al. 1987）。この分野の重要性に対する認識が広まりつつあることは『心身研究ジャーナル（Journal of Psychosomatic Research）』，『心身医学ジャーナル（Journal of Psychosomatic Medicine）』，『精神身体学（Psychosomatics）』などこの問題だけを扱った出版物の数からも明らかである。

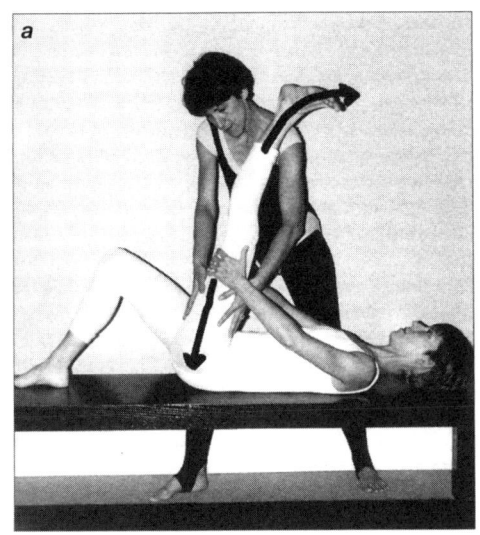

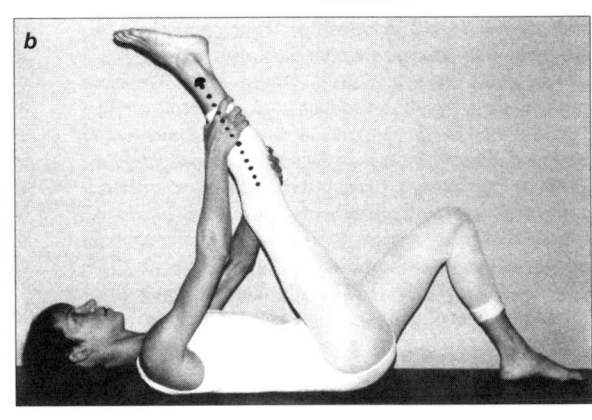

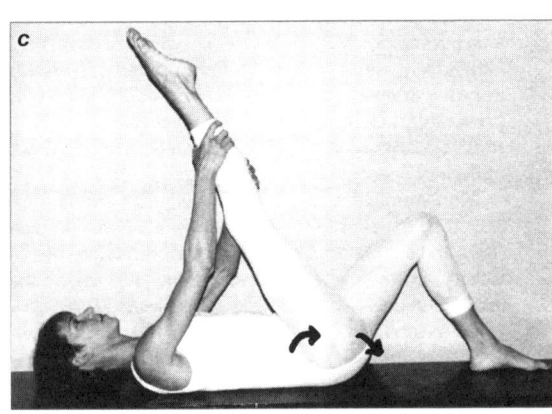

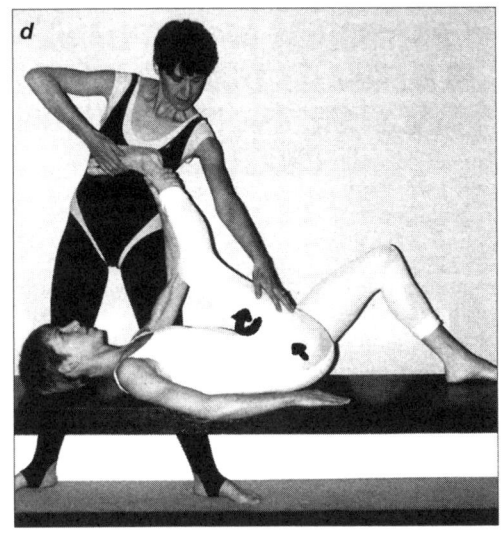

第11章　柔軟性を高める上での社会的促進と心理状態

図11.1　ハムストリングスをストレッチングするときの4つのイメージ
(a) 下方向の矢印：大腿骨を寛骨臼の「ブラックホール」に沈めていくイメージ。上方向の矢印：踵からつま先方向への動きを想像する。(b) 脛骨軸に沿って，皮はぎ器で軟部組織をそぎ落とすイメージ（ダンサーは自身に触覚的フィードバックを与えている）。(c) 坐骨結節に近い筋線維をストレッチングするため，坐骨を床につけるように（股関節伸展，骨盤後傾）しながら，骨盤の上前腸骨棘を大腿骨方向へ逆回旋させる（股関節屈曲，骨盤前傾）イメージ。(d) ダンサーが外側ハムストリングスと腸脛靱帯を選択的にストレッチングするために，股関節が屈曲，内転と外旋をしながら，大腿骨頭にある「目玉」が股関節を探し回る（内側と下方向を見ている）イメージ。
Batson, 1994. より転載。（Glenna Batson, PT, DSc, MA/dancer: Rebecca Hutchins/photographer: Jocelyn Berry）

6. 柔軟性トレーニング，外傷予防，リハビリテーション・プログラムにおけるコンプライアンスの心理

　患者のコンプライアンスの問題は，少なくとも2,500年前のヒポクラテスまで遡る。ヒポクラテスは，患者は薬の服用についてうそをつき，治療がうまくいかないと，患者やその家族は医者を責めると記している（Ulmer, 1989）。以下では，外傷からの回復段階でありリハビリ

テーションが必要な競技選手や非競技選手に注目して話を進めていく。しかしながら，健康な人にとってもその状態を維持する上でコンプライアンスの重要性は変わらない。個人や企業にとってコンプライアンスは経済的な関心事でもある。病気の人，健康な人を問わず，長寿の可能性と生活の質の問題でもあるのだ（Hilyer et al. 1990; Locke, 1983）。

(1) コンプライアンスの定義

『ウェブスター英語辞典』は「コンプライアンス」を「希望，依頼，要求におとなしく従うこと」あるいは「他人の意志に従う性質または傾向」と定義している。服従的な行動は特定の刺激や結果から生まれる階級的な行動と定義できるだろう（Ice, 1985）。医療サービス提供者が患者にすべきことを命令するという含みがあるため，コンプライアンスという用語は批判され続けてきた（Chen et al. 1999）。こういった考えから，研究者たちは固守，従順，協力，同意，協調，保全，患者の協力，治療同盟といったいくつものことばに置き換えてきた（Chen et al. 1999; DiMatteo and DiNicola, 1982）。

(2) コンプライアンスの重要性

経済的なレベルでは，顧客や患者のコンプライアンスは医療サービス提供機関，フィットネスクラブやヘルスクラブ，ヨガスクールや関連団体の経営者やその従業員の，財務上の成功や生計手段としてきわめて重要である。顧客や患者のコンプライアンス（クラスへの登録や申し込みをすること，予約を守ること，サービスを享受することなど）なしには収入が得られない。したがって，提供する側が顧客や患者に課題やアドバイスに従いなさいと言うときは，収入を得ようと考えている。多くの顧客が提供者側を完全に信頼しない理由の1つに，提供者側の金銭的な動機に気づいていることがあり，コンプライアンスの悪さにもつながっている。

コンプライアンスとノンコンプライアンスは患者，医療サービス提供者，そして社会全体に影響を及ぼしている。患者が医療者の指示やプログラムに従わないと，医療者の経験や専門知識は無駄になってしまう（Fisher et al. 1988）。ノンコンプライアンスは医療者の治療努力への妨害である。指示を厳守しなければ，患者の症状は悪化しかねない。その結果，医師は一連の不必要な診断検査のやり直しを命じ，2番めの選択肢であった治療計画を指示することになる。最も重要なのは，患者の回復が遅れてしまうということである（DiMatteo and DiNicola, 1982; Fisher et al. 1988; Johnson, 1991）。反対に，患者が指示に従えば，治療の成果は劇的に上がる。予防措置においても，望ましくない結果を未然に防ぎたい，症状を軽くしたいと思っている人には，コンプライアンスが特に重要である。

ノンコンプライアンスが原因で疾病が継続していることもあり，労働生産性の低下や賃金の損失にもつながっている（Kirwan et al. 2002）。指示を守らないことで，労働時間が失われて生産性や収入が落ちると，社会的な損失にもなる。保険会社の費用が増大し，そのつけは保険の掛金の値上げというかたちで一般市民にもまわってくる。医療予約を守らないことも医療家や事務スタッフの時間が無駄になるので不経済である（Sackett and Snow, 1979）。患者が治療を途中でやめて別の医療機関での治療を希望した場合，問診，診察，医療検査などは繰り返されることになる（DiMatteo et al. 1979; Kasteler et al. 1976）。治療がうまくいかなかったり診断が遅れたりすると，誰がその責任を取るのかという問題が持ち上がることもある。こういった混乱が往々にして医療事故を招くのである（Ulmer, 1989）。

臨床試験におけるノンコンプライアンスは，

効能と安全性の両方に大きく関わってくる。言うまでもなく，ノンコンプライアンスは最も綿密に計画された試験の結果の有効性さえも損なってしまう（Sereika and Davis, 2001）。また，ある研究の被験者が指示されていたことに従わなかった場合，試験結果の解釈は不正確なものとなり，効果の程度もわかりにくくなる。よって完全にコンプライアンスした人にとっては効果が過小評価され，コンプライアンスしなかった人にとっての結果は過大評価になるであろう（Peck, 1999）。きわめて重要なのは，臨床試験でのノンコンプライアンスが副作用の過小報告を招くおそれがあるということである（Friedman et al. 1998; Sereika and Davis, 2001）。

(3) コンプライアンスに関連した統計データ

顧客や患者のコンプライアンスを評価するのは難しい。とはいえ，それを判断するのにどのような基準があるのかを知っておくことは重要である（Meichenbaum and Turk, 1987）。測定の方法，年齢，コンプライアンスの定義など，さまざまな要因によって評価は大きく異なってくる（Groth and Wulf, 1995）。コンプライアンスの定義に関して何人かの研究者（Perkins and Epstein, 1988; Sluijs et al. 1993; Turk, 1993）が，コンプライアンスは全か無かというよりも，程度の問題だと述べている。その一方でハンソン（Hansson, 2002）は，「最も広く解釈すると，指定された治療法からの逸脱はいかなるものでもノンコンプライアンスとなる」（p.192）と述べている。エクササイズ計画のコンプライアンス率は40～55％である（Feinberg, 1988）。理学療法士に家でエクササイズすることを義務づけられた1,178人の患者のうち，完全に守ったという人は35％，部分的に守ったという人は41％（「ときどき」エクササイズした），全く守らなかったという人は22％いたと報告されている（Sluijs et al. 1993）。ディッシュマン（Dishman, 1988）は，コンプライアンスの順守に関する文献の概説で，エクササイズを始めた大人が最初の6ヵ月から12ヵ月までのあいだにドロップアウトする確率は，50％あるいはそれ以上であると述べている。

(4) コンプライアンスとノンコンプライアンスへの寄与因子

ヘインズら（Haynes et al. 1979）は画期的な出版物の中で，コンプライアンスに関連して研究された要素（pp.454-474）をカテゴリー別に13個の表にまとめた。この表では200以上の要因が特定され，彼らや他の学者たち（Ice, 1985; Ley, 1977; Milberg and Clark, 1988; G.Miller et al. 1977; Sluijs et al. 1998）による研究によって，コンプライアンスにはいくつもの不定要素があることがわかった。年齢，知性，医療知識，不安状態，気分，社会的支援，自発性，経済的要因，努力への認識，病気の特徴，不快感や疼痛に対する耐性，生活習慣を変える難しさ，時間のあるなし，患者と治療家との相互関係，治療計画の特徴，コンプライアンスさせるための方法などがそういった要素である。マイケンバウムとターク（Meichenbaum and Turk, 1987）は，こういった要素を以下のような5つの大まかなカテゴリーに分類した（p. 41）。

①患者の特性
②治療計画の特性
③病気の特徴
④医療サービス提供者と患者の関係
⑤治療環境

患者が医療者から受けたアドバイスを記憶する能力も，重要なコンプライアンスの要因である。患者は思い出せないアドバイスや指示には従いようがない（Ice, 1985）。ジェットら（Jette et al. 1998）は，大人がエクササイズを導入，継続する要因を，既存の資料から次の3つのカ

テゴリーに分類した。
　①心理状態
　②身体的特徴
　③個人の社会人口統計的な背景

　スルイジら（Sluijs et al. 1993）は，理学療法中のエクササイズ計画のノンコンプライアンスに関して，次の3つの大きな要因を発見した。
　①患者が感知，直面する障壁
　②肯定的なフィードバックの欠如
　③無力感の度合い

　キャンベルら（Campbell et al. 2001）は，「継続的なコンプライアンスのためには，理学療法が不快な症状を改善するのに効果的だという認識が必須条件である」（p. 132）ことを発見した。しかし，家でのエクササイズ計画にコンプライアンスすることへの認識は，医療者と患者のあいだで大きく異なっている（Kirwan et al. 2002）。

　最適なコンプライアンスのためには記憶の想起が肝要だが，どうすればそれが促進されるのだろうか？　患者への医療情報の提供のしかたが記憶の想起に影響を与える可能性がある（Ice, 1985）。レイ（Ley, 1977）は口頭，視覚，書面での伝え方に大差がないことを発見した。その一方で，一番初めに伝えられた情報はそのあとのものよりも覚えられていることもわかった。「臨床現場では指示やアドバイスを最初に伝え，そしてその重要性を強調することが忘却を緩和し，記憶の想起を向上させることをこの研究は示唆している」（Ice, 1985, p.1833）。

　スルイジら（1993）は，患者にとっては予防的なエクササイズが治療的なエクササイズほどの意味を持たないことを発見した。ジェットら（1998）は座っていることが多く，何らかの機能障害があるものの地域社会に住み，家でのレジスタンス・トレーニング・プログラムに参加している60歳から94歳までの大人102人を対象に調査した。彼らは「このような家でのプログラムを順守するのに一番重要なのは心理的要因である」（p.16）ということを確認した。

(5) コンプライアンス：忠誠心の問題

　他人がコンプライアンスを求めるとき，実際には何を望んでいるのだろうか？　その答えは忠実な行動である。信じるということは，ある人か物に信頼，または信用を置いている心の状態を指している。コンプライアンスを信頼に基づいた行動と定義してもいいだろう。行動がともなわなければ，どれだけ信頼があっても意味を持たない。これは誰かからコンプライアンスが求められているほとんどの状況にあてはまる。医師，療法士，アスレティックトレーナー，教師，それにベビーシッターでさえも，ことばだけではない患者の実際の行動を期待している。よって，コンプライアンスと忠誠心の真価が試されるのは，患者がそれを受け入れて行動に移すときである。その一方で，患者のコンプライアンスを得るために，医療者は患者の信頼を勝ち取る必要がある。

(6) コンプライアンスを確保するための実践的な方法

　数え切れないほど多くの医師や研究者が，コンプライアンスを向上させる方法を提案してきた。コンプライアンスを保証する方法など存在しないが，医療者は大切なすべきこと，すべきではないことに気づいていなければならない。忘れてはならない3つの基本事項があるが，それは，いわゆる平均的な人などいない，全く同じような人も存在しない，コンプライアンスは相互作用である，ということである。マイケンバウムとターク（Meichenbaum and Turk, 1987）は述べている。「治療法に従うかどうかには，複雑に絡み合ったいくつもの判断基準と患者たちのあいだの不均一性があるので，統合

的な干渉が必要だという認識が高まっている」(p.235)。表 11.1 は，患者とのコミュニケーションを向上させるための提案を一覧にしたものである。対照的に，表 11.2 は，コンプライアンスを得るためによく使われるさまざまな手法の例をまとめて紹介している。肯定的なものから否定的なものまで幅広い手法がある。

(7) オーバーコンプライアンス

ノンコンプライアンスがオーバーコンプライアンスというかたちで現れることがある。運動競技やパフォーマンスアートにおいて，オーバーコンプライアンスは現実的な問題である。柔軟性トレーニングや柔軟性のリハビリテーションに関連したオーバーコンプライアンスは，個人が指示された以上の身体活動をしたり，推奨限度を無視したりすることに代表され

表 11.1　患者とのコミュニケーションを向上させるための提案

満足させる	短い待ち時間
	事務的にならずに愛想よく接する
	医療とは関係のないことも話す
	患者の話をよく聴く
	どのようなことが心配なのかを知る
	何を期待しているのかを知る。期待に添えないときはその理由を述べる。
内容を選ぶ	患者が知りたがっていること
	患者が健康に関して信じていること 　脆弱性 　重症度 　効果 　費用と障壁
	患者に何を知ってほしいか
	どのような動機づけが役に立つか
理解と記憶	専門用語の使用を避ける
	短いことばと短い説明（簡潔にする）
	患者からの意見や反応を促す
	記憶の想起を高める 　1番めに話すこと 　重要性を強調 　明確なカテゴリー化 　一般論よりも具体的な話 　繰り返し説明する
	補助としての書面 　読みやすさ 　物理的なフォーマット：レターのサイズ，色，印刷と紙の質

P. Ley, 1988, *Communicating with patients: Improving communication, satisfaction, and compliance* (London: Croom Helm), 180. より許可を得て転載。

表 11.2　運動選手からコンプライアンスを得る 16 の手法

1. 約束：従えば褒美を与えよう。	特定の時間にストレッチを行えば，練習後のランニングの周回数を減らしてやろうと選手に持ちかける。
2. 脅し：従わなければ罰を与えよう。	特定の時間にストレッチを行わなければ，練習後のランニングの周回数を増やすぞと選手を脅す。
3. 専門家の意見（肯定的）：従えば「ことの本質上」報われることになる。	練習前にストレッチを行えば，少ないランニングの回数でパフォーマンスを向上できるだろうと選手に指摘する。
4. 専門家の意見（否定的）：従わなければ「ことの本質上」罰を受けることになる。	特定の時間にストレッチを行わなければ，ハムストリングスを痛めるだろうと選手に警告する。
5. 同等の立場：行為者は対象者が「いい気分」になるように親しく接する。	できるだけ親しく愛想よく接し，選手が「いい気分」になったときに特定の時間にストレッチをするように頼む。
6. 事前報酬：対象者にコンプライアンスを求める前に報酬を与える。	練習を始める前のストレッチやウォームアップを選手主導で行わせる。
7. 悪刺激：行為者はコンプライアンスを条件として対象者の練習を中止し続ける。	選手が特定の時間に十分なストレッチを行うようになるまで練習への参加を禁止する。
8. 恩義：過去の好意に対してコンプライアンスで報いるべきだ。	コーチやトレーナーは勉強も教え，車での送迎もしたのだから，選手は特定の時間にストレッチをしてその恩に報いるべきだと指摘する。
9. 道徳心への訴え：従わなければ不道徳だ。	恵まれた才能を生かさないことは道徳的に間違っているので，最高のパフォーマンスを保証するために，特定の時間に熱心にストレッチとウォームアップをすべきであると選手に言う。
10. 自己感情（肯定的）：従えば自分のことをよく思える。	チームのルールに従って特定の時間にストレッチをすれば，自分のことをよく思えるようになると選手に言う。
11. 自己感情（否定的）：従わないと自分のことを悪く思うようになる。	練習前にストレッチやウォームアップをしないと，パフォーマンスが落ちてチームの敗北にもつながるので，自分のことを恥ずかしく思うことになると選手に言う。
12. 他者配役（肯定的）：「良い」性格の持ち主なら従うだろう。	精神的に大人で知的なので，自分のパフォーマンスを上げるために練習前のストレッチやウォームアップをするのは当然だろうと選手に言う。
13. 他者配役（否定的）：「悪い」性格の持ち主だけが従わない。	練習前のストレッチやウォームアップをしないのは自分勝手な者だけで，チームの期待を裏切りかねないと選手に言う。
14. 利他主義：君のコンプライアンスがどうしても必要だ。私のために従ってくれ。	どうしても奨学金を得ていい大学に入ってほしいので，私個人のためにも毎回の練習前にストレッチとウォームアップをしてほしいと選手に言う。
15. 尊敬（肯定的）：従えば大切に思っている人から尊敬される。	練習前にストレッチをしてパフォーマンスが向上すれば，チーム全体が君を誇りに思うと選手に言う。
16. 尊敬（否定的）：従わなければ大切に思っている人から軽蔑される。	練習前にストレッチとウォームアップをするというルールに従わなければ，チーム全体が君に失望すると選手に言う。

"Dimensions of compliance-gaining behavior: An empirical analysis" by G. Maxwell and D. Schmitt, 1976, *Sociometry* 30(4), 357-358. Copyright 1967. より許可を得て修正。

る（Greenberg, 2001; Heil and O'Connor, 2001）。「これが回復を速めることもあり（それはそれでいいことだが）身体的限度を超えた回復能力を見せようとして外傷リスクを高めてしまう者もいる。そしてこの行為は，治療の遅れや外傷の再発につながるおそれもある」(Heil, 1993, p.201)。ひとつの実例としては，治癒過程にある組織（足関節捻挫やハムストリングスの肉離れ）をストレッチングし過ぎてしまう場合がある。そのようなストレッチングはすでに弱っている組織や血管を断裂させ，さらなる炎症や瘢痕組織の形成につながりかねない。また，柔軟性トレーニングに取り組んでいる健康な選手が，1インチよけいにストレッチングしようとして，さまざまな組織を捻挫（靱帯）したり肉離れ（筋肉）したりしてしまう例もある。

　コーチ，トレーナー，療法士らは，オーバーコンプライアンスになってしまうさまざまな心理学状態や動機づけを理解しなければならない。自分が取り組んでいるスポーツが好きで意欲的になり過ぎる者もいる。自己の主体性がスポーツへの参加に極端に依存しているせいで意欲的になる者もいる（Taylor and Taylor, 1997）。また，エクササイズの量は多いほどよく，より速く効果的な回復につながると信じている者もいる。「言い換えると，2セットのエクササイズがいいのなら，4セットだとさらに効果があるだろう」(p.48)。早く競技復帰するようにというコーチやチームメイトからのプレッシャーが主な動機づけになっている者もいるだろう（Greenberg, 2001; Heil, 1993）。ダンスにおいては「トレーニングを少しでも休むと，カンパニーやクラスの中での地位を失いかねない」という（Hald, 1992, p.393）。プロ選手にとっては，回復の速さがスターティングポジションを取れるかどうかの決め手となり，選手の生計にも大きく影響する。

　以下のリストは繰り返し起こるオーバーコンプライアンス問題に対する管理方針を示したものである（Heil, 1993, p. 202）。

・選手に外傷とリハビリテーションのメカニズムについての知識を与える。
・指示された運動量が最適の量であって，多過ぎる運動量は外傷を悪化させたり回復を遅らせたりする可能性があることを強調する。
・目標を正確に射抜かなければならない的の中心として提示する。このイメージが，ゴールはラインであり，それを越えてからも遠くへ行った方がいいという考えを払拭する。
・目標を達成する上で，粘り強さと正確さをサポートする。
・リハビリテーション期間中に適正な努力レベルを維持するために，選手に「自覚的運動強度スケール（Perceived Exertion Scale）」(Borg, 1998) の評価を使わせることも考える。
・治療上のつまずきに選手が対処できるように，再発が起きたときの対応策を整えておく。
・選手のもっとリハビリテーションしたいという願望やエネルギーを，メンタルトレーニングへと方向転換させる。

(8) 虐待の犠牲者を治療するときの心理的要因

　毎年多くの人々が肉体的，精神的な虐待を受けている。さらに言えば，拷問の犠牲者もかなりの数に上る。アムネスティ・インターナショナル（Amnesty International, 2001）によると，拷問は120ヵ国以上で制度的に続けられているという。現在推定される難民の数は，世界中で3,500万人である。アメリカ司法省（Rennison, 2001）の発表では，26万950人が2000年にレイプまたは性的暴行の被害に遭っている。犠牲者の数が増え続けるに従って，医療サービス提供者（医師，カイロプラクター，整骨医），医療関連サービス提供者（マッサージ療法士，作業療法士，理学療法士），（運動選手，パ

フォーミング・アート，ヨガなどの）コーチ，インストラクター，トレーナーらは，そういった顧客や患者に接する可能性が高まっている。医療提供者側の認識不足や訓練不足は，そういった顧客や患者に直接的な影響を及ぼしかねない（Moreno and Grodin, 2002）。虐待の犠牲者を適切に扱うための訓練を受けていない提供者や，認識が不足している提供者は，職場での対応で被害者に再び心の傷を負わせてしまうことすらあるかもしれない（Moreno et al. 2001）。

　モレノとグロディン（Moreno and Grodin, 2002）は，肉体的，精神的，性的虐待の被害者たちへの意義深く画期的な取り組み方を提案した。この相互関係には「再び心の傷を負わせないようにする，信頼関係を築く，守秘義務の限界について詳細に説明する，患者に対して共感的理解をする」（p.220）ことなどが含まれる。さまざまな文献（人権のための医師団〈Physicians for Human Rights, 2001〉，ピオワルジックら〈Piwowarczyk et al. 2000〉，ワインスタインら〈Weinstein et al. 1996〉）から収集された方策として，医療提供者は以下のことを心がける。

・顧客や患者に対して自己紹介をする。
・顧客や患者に治療目的を説明する。
・顧客や患者にいつ，どこを触るのかを前もって知らせる。
・顧客や患者にコントロール感を与える。
・顧客や患者にいつでも面接，検査，治療を中断する権利を与える。

7. 要 約

　心は個人が達成できることの限界を定め，何ができて何ができないかを決定づける。したがって自己像と心を広げることができれば，「可能性の領域」をも広げることができる。その一方で社会的な生き物である我々は，周りの人々から影響を受けている。この影響には，肯定的なもの，否定的なもの，どちらでもないものがある。

　患者や選手のコンプライアンスは，柔軟性トレーニング計画やリハビリ計画の成否を分ける大きな要因である。コンプライアンスは信頼で成り立っている。アンダーコンプライアンスもオーバーコンプライアンスも，負の結果をもたらしかねない。ここでは，コンプライアンスの本質に迫るさまざまな説と，それを促進させる可能性がある手法の提示を行った。

第III部
ストレッチングの理論

第12章
ストレッチングの諸概念

　私たちが，ストレッチングを習慣化することが難しいのはなぜだろうか？　その主な原因は，おそらくストレッチングを行う時間を確保できるかどうかという時間の使い方にあるだろう（Hedricks, 1993）。もう一つの理由は，正しいストレッチングに対して，それがどのようにして行われていくべきか，またその潜在的な効果などに対する知識が不足しているからである。

　この章では，ストレッチングに関するさまざまな概念を検討しながら，これらの課題のいくつかを取り上げ，ストレッチングに関連した多様な考え方を検討していきたい。

1. ホメオスタシス

　「ホメオスタシス（恒常性）」とは，安定した状態を保つという意味で，人間本来のあるべき姿を保とうとする身体に備わった基本的な機能，恒常性維持機能のことである。生物は，様々な方法でその内部環境の恒常性を一定に維持している。ストレスの多い環境因子（例えば，過労）が加われば，生体の安定した状態を変化させてしまう恐れがある。また，生体内の恒常性の調節が過剰に行われると，悪影響を及ぼすばかりか，傷害や機能不全に陥り，最悪の場合には死につながることさえある。

　ホメオスタシスの概念は，細胞レベルにも，さらには分子レベルまで広げて考えることができる。従って，細胞には，ある範囲までのさまざまな条件に適応する能力がある。しかしながら，生体全体としてでは，細胞の適応能力が過

剰になりすぎてしまった場合には，細胞損傷や細胞の機能不全が生じるのである。

　人のストレスに対する反応の変化や大きさは，その人自身の新しい環境に適応する能力による。ストレスを受けている最中，またはストレスを受けた結果の反応として，恒常性システムの機能はそのストレスに対応できるように変化し，自身が新しい状態になっていく。この過程を「適応」と呼ぶ。増加した柔軟性に対する適応反応は，機能と構造の両方の変化を伴う。その結果として，柔軟性の大きさというパフォーマンスばかりでなく，柔軟性の機能的な量や質の改善につながるのである。しかしながら，このような変化を引き出すためには，その人の恒常性の適応状態を引き起こすためのストレスとなる負荷を過剰にかけなければならない。

2. オーバーストレッチングの原理

　ドハティー（Doherty, 1985）は，「筋力を強化するための"過重負荷"というトレーニングの原則を認めるのであれば，柔軟性の向上ではオーバーストレッチングについても認められるべきであろう。」と述べている。この「オーバーストレッチングの原則」は，生理学に裏付けられた原則であって，柔軟性の発達もまたその原則に基づくのである。この原則にしたがって，恒常状態を上回る強さで，漸増的なオーバーストレッチング・プログラムを定期的に行えば，ストレッチング能力の向上がみられるようになる。反対に，ストレッチング・プログラムの強度を減少させれば，ストレッチング能力を低下させることになる。それゆえに，身体は加えられたストレッチングの負荷の強弱に応じた適応を示すということであるが，ここで述べている「オーバーストレッチング」とは，筋肉を伸ばし過ぎて，組織を傷つけたり，損なったりするような，安全限度を超えるほど強いストレッチング強度のことではない。

　柔軟性は単純にストレッチングの成果であり結果ともいえる。健康な人の柔軟性の発達に対して，それ以上に最適な手段はないといえる。ストレッチングは，その状況や対象者の状態によって，セルフストレッチングで行ったり，パートナーと実施したり，器具で行われたりする場合もある。柔軟性の増加は，その人の身体に備わっている可動域を超える強さのストレッチングによって得られる（Jones, 1975）。従って，柔軟性は，やや痛みを感じる程度まで筋を伸ばすことによって最も得られる。とはいえ，痛みを感じる程度というストレッチングの強さは，主観的なものであり，人によって違いが出てくるものである。

3. 柔軟性トレーニングの方法

　柔軟性を高めるための最適な方法には，重要な2つの調整過程がある。すなわち，組織上の調整法と機能上（中枢神経と筋神経）の調整法である。これらを，柔軟性トレーニングに関する重要な神経組織別に，主な構造的・機能的目的に応じて分類することができる。表12.1には，これらの目的が簡略化して表に示されている。

表12.1 柔軟性やリハビリテーション・トレーニング・プログラムの主なねらい

構造的			機能的		
結合組織	筋組織	神経刺激受容器	受動的可動域	スティフネス, 減衰, 伸縮性, 伸長性	能動的可動域
アイソフォーム	アイソフォーム	アイソフォーム			柔軟性：強さ
基 質	筋 節	筋紡錘			柔軟性：持続力
流 体	筋節数	核嚢数, 核嚢と核連鎖筋繊維			柔軟性：スピード

4. 柔軟性の維持

　柔軟性トレーニングを行った結果として，考慮すべき重要な論点は，トレーニングによって高められた柔軟性がどの程度維持されるのかである。この点は，病院でのリハビリテーションが終了した患者に対して，自宅でのトレーニング・プログラムを作成する療法士にとっては，特に重要なことである（Willy et al. 2001）。しかし，柔軟性トレーニング後の効果に関する議論は，他のトレーニング・プログラムによる影響ほど活発には行われていない（DePino et al. 2000; Spernoga et al. 2001; Zebas and Rivera, 1985）。わずかな研究ではあるが，柔軟性トレーニングの減少が体を硬くし，あらゆる組織能力の衰えに影響を及ぼすことが発見されている。ストレッチングは，臨床上，明らかな傷害をもたない人であれば，柔軟性トレーニングを中断した後でも，一日かそれ以上は関節可動域の増加を維持する（Harvey et al. 2002）。しかしながら，これらの結果の解釈は，慎重に検討しなければならない。なぜならば，柔軟性に関する「質」の高い研究が何も行われてこなかったため，言い換えれば，研究の質が「中レベル」であろうと，「低いレベル」の研究であろうとも，治療効果の結果を実際よりもいくらでも誇張して表現することが可能だからである（p.11）。

　柔軟性の維持に関する研究は，中・長期的なストレッチング・プログラムと，一過性のストレッチング・プログラム（1日に1回だけのプログラムや，1日に数回繰り返すプログラム）の二種類に分けられる。メーラー，エクストランドら（Möllar, Ekstrand et al. 1985）は，ストレッチング終了直後から0分，30分，60分，90分後におけるいくつかの部位の筋群おける柔軟性の持続性を比較した。その結果，ほとんどの筋群で増加した柔軟性が持続される時間は，90分までであった。メーラーとエーベルグら（Möllar, Öberg et al. 1985, p.52）は，トレーニングの開始時に行ったストレッチングの効果はそのトレーニングを終えた後も持続し，トレーニング開始から24時間後まで持続することを報告した。また，ヒューバリーら（Hubley et al. 1984）による別の研究では，「ストレッチング（静的）の結果得られた柔軟性の持続性は，15分間の自転車運動を行った場合や，身体をまったく動かさなかった場合の柔軟性と違いがみられなかった。」（p.104）ことを確認した。

　トフトら（Toft et al. 1989）は，3週間にわたって1日2回実施されたコントラクトリラックス・ストレッチングの影響を研究した。ス

トレッチングは5回繰り返されて，測定は90分後に行われた。その結果，以下の点に関する関係は認められなかった（p.489）。

①柔軟性とストレッチングの短期的効果
②柔軟性とストレッチングの長期的効果
③長期間と短期間のストレッチングの効果

しかし，この実験で実施した受動的ストレッチングによる柔軟性は3週間後になってようやくその効果の低下が認められた。

マグヌソンら（Magnusson et al. 1996a）は，10名の男性ボランティアのハムストリングスを対象に，1回80秒間のストレッチングを行う実験において，受動的トルクが18〜21％低下することを報告した。しかし，1時間後にはもとの状態に戻っており，有意な変化は見られなかった。ジートら（Zito et al. 1997）は，19名の健常なボランティアを対象に，足関節の底背屈可動域への柔軟性の持続効果を調べるために，15秒間のパートナーストレッチングを2回連続して行った結果，統計学的に有意な筋の柔軟性の増加は見られなかっただけでなく，柔軟性の持続性も見られなかったとしている。

デピノら（DePino et al. 2000）は，ハムストリングスに対する静的ストレッチングを行って，可動域が広がった膝関節の柔軟性が，その日のうちでどれだけ持続されるのかについて研究した。被験者らは，ウォーミングアップ後に30秒間のストレッチングを15秒のインターバルをはさんで4回実施した。その結果，静的ストレッチングによって得られた柔軟性は一時的なものであり，ストレッチングを中止してから，わずか3分しかその柔軟性は維持されず，その後，時間の経過とともに減少していった。可動域の獲得もストレッチング後6分で元の状態に戻っていた。このことから，「競技者がウォームアップとして，静的ストレッチングを行っても，3分以上過ぎてから試合や練習に入ったのでは，ストレッチングで得られた可動域は失われているかもしれない」ということを示している。この発見は，静的なストレッチングを行った後で，チームミーティングを行ったり，試合や練習中に競技場の横に30分以上も座っていたりする選手にとって留意すべきところである。そして，同様な研究を今後行う場合の課題として，以下のようなことを指摘している。

・断続的なストレッチング，あるいは身体を動かすだけで，ストレッチングで得られた一時的な関節可動域の増加を十分に維持できるかどうかを明らかにすること。
・可動域の増加に効果のある一過性ストレッチングの最も効率的なタイプを見出すこと。
・長期間または恒久的な変化をもたらすための最適なストレッチングの持続期間を見出すこと。
・これらの課題を，男女別や年代別で比較するとともに，20度以上および20度以下の可動域をもつ被験者群でも比較して，これらの知見が20度またはそれ以上に可動域が狭い若い男性達を含め，広く一般化できるかどうかを検討すること。

スペルノーガら（Spernoga et al. 2001）は，実験用に修正されたホールド・リラックスのストレッチング・プロトコルによって獲得されたハムストリングスの柔軟性がどの程度持続するかどうかを研究した。30名の陸軍士官候補生がボランティアで研究に応じた。全ての被験者は，ウォーミングアップとして膝関節伸展運動を6回繰り返した。コントロール群には，さらに余計に5回の実験的にホールド・リラックス・ストレッチングを受けてもらった。その結果，5回の実験的ホールド・リラックス・ストレッチングは，ハムストリングスの柔軟性を有意に増加させ，ストレッチング終了後も6分間その効果を持続するという結果につながったことを報告している。

ゼーバスとリベラ（Zebas and Rivera, 1985），およびデピノら（DePino, 2000）は，文献の書評において，多数の研究が主として股関節に着目しており，しかも，全ての研究結果が有意に増加した股関節の柔軟性が維持できていることを指摘した。すなわち，股関節の柔軟性は，3週間後（Long, 1971），4週間後（Tweitmeyer, 1974），8週間後（McCue, 1963），さらに数ヶ月後まで（Riddle, 1956）維持されたという報告や，他にも，首関節（McCue, 1963; Turner, 1977），背部関節（McCue, 1963）においても同様に柔軟性が維持されていたことを示している。ストレッチングを終了して4週間後に柔軟性が維持されていることは，ゼーバスとリベラ（1985）によっても証明されている。しかし，彼らは「たとえ柔軟性が実験時に増加し，それが実験中に維持されていたとはいえ，測定後の運動終了2週間までに柔軟性が有意に減少した」ことも指摘している（pp.188-189）。また，彼らは，このような長期にわたるような柔軟性維持の時間を測定することについて一つの大きな問題点を指摘している。すなわち，研究室の外で行う追跡調査の難しさは，被験者の行動を監視や管理することである。しかしながら，ウォリンら（Wallin et al. 1985）は，ストレッチング・プログラムで獲得した可動域を持続させるためには，頻度として週1回のストレッチングだけで十分であると示唆している。

ウィリーら（Willy et al. 2001）が行った研究は，ハムストリングスのストレッチング・プロトコルの中断と再開が膝関節の可動域に及ぼす効果に関する研究であった。18名の被験者が16週間の実験に参加した。最初の6週間は，ストレッチングを行う期間（第1期），続く4週間は，ストレッチングを行わない期間，さらに最後の6週間にストレッチングを再開（第2期）した。第1期のストレッチングは，ハムストリングスに静的ストレッチングを行い，その結果，膝関節の可動域には有意な増加が認められた。次の4週間のストレッチングの中断後，可動域は元のレベルまで低下した。したがって，実験によって獲得された可動域は保持されなかったことになる。しかし，第2期のストレッチングによって関節可動域は再び有意に増加した。このように，「ストレッチングによって得られた効果は，ストレッチングを継続しなければ比較的早く消失する」ということを明らかにした。

男性でも，女性でも，ハムストリングスの柔軟性が乏しい人は，ハムストリングスの筋の張りが通常の人よりもストレッチングを行った後の関節可動域の増加が大きいのはなぜだろうか？ スターリングらは（Starring et al. 1988），その違いが結合組織の成分の違いによると考えている。すなわち，過度の緊張がある（関節可動域が制限された状態）筋肉は，通常よりも多くの結合組織をもっているのかもしれない。その結合組織の主な役割の一つに，筋肉が過伸長されることを防ぐ機能を有するという考えである。しかし，短縮した筋では，正常な可動域を保護するために，さらに強い制限が必要になるため，増加した結合組織が筋組織の弾力性や伸長性の減少をもたらす。ストレッチングを続けて行うことによって，筋の軟部組織の弾性変化を生じさせるためには，ストレッチングを1週間にわたり実施することで，関節可動域は増加する。しかしながら，ハムストリングスの張りが少ない人だと，弾性物質がより多くあるため，そのような場合には，ストレッチングの効果が生じた筋組織であっても，元の長さに戻りやすいと述べている。

5. ストレッチングのために必要な知識

　陸上競技，ダンス，理学療法，ヨガなどで行われているストレッチングの方法には，意外と異なるところがある。しかし，すべての種目に必要な共通の知識もある。運動の発達，解剖学，神経科学を含む，正常な筋神経組織の基礎知識がそれであり，運動療法の知識も，本質的ではないとしても非常に有用である。さらに，どんなストレッチングの方法が用いられるにせよ，ストレッチングの対象部位となる関節の構造と機能は完全に知っておくべきである。また，運動制限の程度だけでなく，その制限にどのような組織が関与するかについても知っておくべきである。

6. 柔軟性（可動域）に影響する潜在的因子

　関節可動域は，さまざまな因子によって制限されたり損傷を受けたりする。

- 筋や関節の結合組織が弾力性を失うこと
- 硬皮症や火傷の傷害を含む皮膚の疾患
- 筋緊張
- 拘縮
- 反射
- 自動運動における協調と強度の欠如
- 共同する他の筋から受ける制限
- 麻痺
- 痙攣
- 靱帯と腱の長さ
- 骨と関節の構造上の制限
- 性別（例：骨盤の構造）
- ホルモン（例：リラキシンホルモン）

表 12.2　可動域を改善するための，アプローチの理論的モデル，および運動の過程

アプローチ	生理的条件	運動の過程	
		身体的	心理的
目標部位の抵抗の低下	結合組織を伸ばす	(a) 伸ばすストレッチング	
		(b) ストレッチング中の目標部位の収縮	
	筋反射のリラックス	(a) 相互抑制	(a) 心的傾向（ガンマバイアス）
		(b) 適応	(b) 生体自己制御（モニター付き抑制）
		(c) 熱，氷，マッサージ，運動，疲労，他	(c) リラクセーション・トレーニング
対向筋の強さの増加	対向筋の筋負荷	(a) アイソメトリック	(a) モチベーション
		(b) コンセントリック	
		(c) エキセントリック	
	促通テクニック	(a) 連続誘導（固有受容的神経筋促通）	(a) 学習：補充，協調，同期

Reprinted, by permission, from S. J. Hartley-O'Brien, 1980, "Six mobilization exercises for active range of hip flexion," *Research Quarterly for Exercise and Sport* 51(4), 627.

- 妊娠（例：シットアンドリーチテスト）
- 体脂肪/肥満（例：シットアンドリーチテスト）（脂肪が二つのレバーアームの間にある楔のように働く）
- 姿勢の制御困難，例えば側彎症や後彎症
- 炎症と滲出
- 痛み（ストレッチングの閾値や耐久性）
- 恐怖感
- ギプスや副木による固定
- 拮抗する動作の存在
- 体格（大きな二頭筋は屈曲制限になる）
- 体温
- 年齢
- 民族的な遺伝因子
- トレーニング
- サーカディアンリズムの変異（1日の時刻）
- 個人的な行動パターン（習慣的に癖になっているもの）（例：悪い座位姿勢）
- 職業
- 服用薬
- 膀胱が充満した状態
- ウォーミングアップ

　一般に，ストレッチングを補助的（それが適切である場合は）に利用して，関節の可動域を増加させるためには，少なくとも，以下の4項目のいずれかに該当していなければならない。

①筋肉や関節の結合組織の伸長性を増加する。
②筋肉の緊張を緩和し，それによってリラックス感を生じさせる。
③身体各部位の協調性を増加し，主動筋の筋力を増加する（表12.2参照）。
④炎症，滲出，痛みなどを緩和させる。

※「それが適切である場合」という警告は，実施するストレッチングの技能が当てはまるかどうかということであり，骨や関節が正常に動かなければ，一般的なストレッチングを行っても柔軟性を増加させることはできないということである。

7. ストレッチング実施上の留意点

　関節可動域や筋の硬さを評価するためのパラメーターやプロトコルに関するさまざまな見解は，柔軟性を必要とする種々の種目や職業（例：陸上競技，曲芸師，ダンス，素人，リハビリテーション，ヨガなど）にヒントがあるのかもしれない。したがって，柔軟性のガイドラインは，哲学，科学，臨床経験などをバランスよく様々な角度から考えるべきである。この節で述べることは，柔軟性を発達させるために考慮すべきいくつかの原則である。これらの原則は，必ずしも最終提言とは言えないが，柔軟性トレーニング・プログラムに取り組む際に忘れてはならない最も重要なポイントのいくつかを明言したものである。

(1) 安全性の確保

　常に安全が第一である。どんなインストラクターも，健康指導者も，一番の目的は，生徒なり，患者なりが持っている筋の硬さや柔軟性不足を指摘するとともに分析し，最も安全で効率のよい方法で正していくことである。引き受けた人々の安全については，インストラクターや健康指導者に究極的な責任があるが，個々人もまた，障害や怪我を予防するために互いに連携しなければならない。しかしながら，健康指導者やインストラクターは，事故を起こさないだけでなく，さらにそれ以上の安全を患者や顧客に保障しなければならない。したがって，安全

性には適切な態度，技術，そして潜在的な危険のコントロールについての知識が要求される。アメリカ健康・体育・レクリエーション連盟（AAHPER, 1968）は，安全に関する問題への取り組み方について4段階のアプローチを唱えた。

① 危険を知ること
② 可能な限り危険を避けること
③ 回避できない危険に対しては，その危険をできるだけコントロールすること
④ さらなる危険を作り出さないこと

(2) 医学的検査の重要性

理想的には，どんなエクササイズ・プログラムであれ，それを始める前に，病歴を精査して，医学的検査（評価）を実施すべきである。インストラクターや健康指導者は，個人の健康状態に関する情報を明確に評価することで，患者や顧客から要求された目的を達成するための適切なプロトコルを処方できる。さらに，以下のような理由で検査結果の分析は重要である。

・選手や患者の健康状態を把握するため
・個人の関心事をそれぞれに深く理解するため
・選手の出場を制限する可能性がある健康障害を明確にするため
・大会中の選手の怪我を予防するため（例えば，過去に完治したか，または未治療の怪我や病気，あるいは先天的な発達上の問題や，身体的状態が悪化していないかどうか）
・万が一の事故や訴訟などの補償のため（Hunter, 1994）

医学的検査によって，いくつかのストレッチング・プログラムを対象者に行っても良いかどうかが明らかにできる。また，検査を行うことで，インストラクターや健康指導者らが行っているストレッチング療法の安全性を高めるために，検査結果に応じてストレッチングを適宜微調整するための目安となる。ストレッチングによる筋の治療法（TMSとは，骨格筋系に機能不全のみられる患者に対して行われるセラピストによる指導や監督の下で行われる特定の筋肉に対するストレッチングである）の禁忌事項をムールマンとチミノ（Mühlemann and Cimino, 1990）が作成した。

・安定性の欠如：無傷で安定している関節が，何らかの病理的な影響で損なわれたり，不安定になるときはTMSは禁忌とされる。
・血管の構造に問題が見られるとき：病理的過程や薬の投与（例：抗凝血剤）が，血管の機能を阻害したり，構造に影響を及ぼし，出血を生じさせることがある。
・組織中や組織の周囲で炎症または感染症がみられる場合。
・軟部組織や筋に急性傷害が生じたとき：傷が十分に治癒していない状態でのTMSは禁忌であり，傷が治り，ある程度の強さのストレッチングを行っても痛くなくなるまではTMSを延期するべきである。
・軟部組織や筋に傷害があるとき：相対的な禁忌事項（その時の組織の状態だけでなく，施術者の技術や患者の協力などによって，TMSを行って良い場合と良くない場合がある）と絶対的禁忌事項（化骨性筋炎の場合など）がある。
・患者の協力が得られないときや過度の痛みや反応があって処方に耐えられないとき：患者が処方に対して，我慢できなかったり，我慢することに抵抗を示す場合は，どんな治療術であろうと，それは禁忌である。TMSを巧みに，しかもできるだけ痛みを感じないように行えたとしても，その間の痛みが我慢できないのであれば，TMSを行うべきではない。その代替案として，患者には，セルフ・ストレッチングを教えたほうが良い。ただし，その場合は，指導者の監督下で行わせるべきであり，継続的にフォローしていくべきである。

・一般常識的にＴＭＳが無理だと判断されるとき（p.255）。

ストレッチングを施術する際の禁忌として，以下の内容も含める。

すなわち，ストレッチングを行ったときに筋攣縮，抹消動脈血行不全が生じたとき，あるいはオーバーストレッチングによる局所的な血腫，腱再生時，デュピュイトラン拘縮，関節包や靭帯の拘縮（機能的に必要とされた緊張），機能向上のために随意的に起こった拘縮（例：四肢麻痺の人でも物をつかめるようになる手指屈曲の腱固定）の場合である（Fredette, 2001;Hardy and Woodall, 1998; Kisner and Colby, 2000）。

(3) 目標設定の重要性

柔軟性プログラムを始める前に，目標を設定しておくべきであるし，その目標とする柔軟性の程度に達するまでにどれくらいの時間を要するかを認識しておくべきである。例えば，6週間のストレッチング・プログラムで，立位の膝伸展位で手が完全に地面につくという目標を立てる。どんな目標を立てるにしても，それは具体的に設定しなければならない。

(4) 個別プログラムの重要性

どんなプログラムでも，個々の要求を満たせるように計画を立てることが理想的である。しかし，柔軟性トレーニング・プログラムには，グループやチームで集団的に受けた方が良い場合がある。さて，その場合に参加者全員が同じプログラムを行う状況で，コーチ，インストラクター，あるいはトレーナーが指示するストレッチングがしっかりと決められた時間だけ保持されているのか，また，参加者個々に目配りをして目標を達成させるように言って回るべきかについての判断は指導する選手の人数による。理想的なのは，集団的にチームでストレッチングが行われる前に，選手が各自で事前にウォーミングアップと自分のためのセルフストレッチングを済ませておくことである。しかし，そうすることがいつも可能というわけではないし，その選手がウォーミングアップを安全に行えるほどの知識を持っていない場合は行わせることが難しい。ウォーミングアップやセルフストレッチングを個々に行えるなら，集団的に行う指導は，望ましい適切なコースだといえる。個人がグループに参加して，集団的な指導を受ける過程で，仲間意識と連帯感が築かれていく。そうなると，個々に伸ばしたい筋肉に的を絞ってストレッチングを行うことができるようになっている。

しかしながら，フィットネスクラブやヘルス・クラブが開催しているクラスでストレッチングを行っている場合は，他の人たちのやり方に惑わされないように自分自身の意識に集中すべきであるし，自分自身の能力に適したクラスに参加して，ストレッチングを続けた方が良いと思われる。特に初心者の場合には，参加者の柔軟性能力が高いクラスに入ってしまうと，自分の安全の限度を超えて筋を伸ばしてしまうことがある。インストラクターたちは，クラス受講者に対して，自分自身の能力に見合ったエクササイズを身につけていくことを指導することが重要である。さらにそのインストラクターたちは，その受講者たちに対して，疲労や痛みを伴う場合や，指導されたエクササイズが過度に難しい場合には，途中で止めても休んでもいいこと，あるいは，エクササイズを自分ができるようにアレンジしてもよいことを理解させることが大切なのである。このようなことから，指導中はどんな質問やクレームにも対応できるように，インストラクターはクラスの受講者すべてを気づかっていなければならない。

(5) 測定評価の重要性

　記録を最大限に活用して，プログラムを調整することがのぞましい。記録には，運動を行った日時，運動の種類，強度，持続時間，頻度，プログラムの前・中・後における自己評価などを含めておくと良い。

　関節可動域を測定し，評価する器具は，いくつもの種類があり，精巧で高価なものから，簡便で安価なものまで広がりがある。X線撮影，写真，蛍光透視ビデオ，模式図，脊椎運動評価，同方眼図，同輪郭トレース，ゴニオメーターまたは分度器，エレクトゴニオメーター，単・複の水平器（機械的，電気的，あるいは液体容器），メジャー，パーフォーマンスチャート，そして視覚的評価などがある。どんな方法で関節可動域を測定しても良いが，測定前のウォーミングアップは標準化しておくべきである（Maud and Cortez-Cooper, 1995）。

　測定評価は，様々な理由から賢明なことである（American Medical Association, 1993; Hubley-Kozey, 1991; Protas, 2001; Rondinelli and Katz, 2000）。
①関節可動域に関する分析的な情報が得られる。
②その情報から，トレーニング・プログラムの効果が出やすいパターンとあまり効果が得られないパターンを明確に示すことができる。
③評価の記録から，選手の技術上の弱点や怪我のリスクが高い部位を発見できる可能性がある。
④収集されたデータによりリハビリテーションの進行状況を評価し，さらに選手がいつ頃競技に復帰できるかを判断する目安になる。
⑤多くの人々のデータを集積することで，柔軟性テストの結果を評価するために役立つ
⑥測定評価は動機づけにも役立つ。
⑦測定評価によって，特定の治療で何らかの法的申し立てを起こされたときに備えて，相手を納得させるための説明をすることができる。

　痛みや筋の硬さの測定と評価に関する情報は，理学療法士，リウマチ専門医，および健康指導者にとって，とても関心が高い重要なことである。関節の硬さは，計測者の主観で評価できるが，それでは信頼性にかける。ライトとジョンズ（Wright and Johns, 1960）が開発した関節腔造影法を用いて，関節の硬さを量的・質的に適切な身体的基準で計測した（Lung et al. 1996）。それからは，客観的に軟部組織の密度または迎合性を評価するいくつもの圧計測器の技術が開発されてきた。

　圧痛の閾値の計測は「圧痛計」を用いる。多くの方法がある中で，関節や軟部組織の流動学的特質を測定することについては，さまざまな要因の検討が必要である（Bovens et al. 1990; Gifford, 1994; Helliwell, 1993）。例えば，年齢，性別，サーカディアンリズムの違い，抗炎症剤，病気，硬さなどがそれである。測定は関節の平衡点に関してなされなければならない。

　関節可動域の測定の信頼性は，多数の因子（測定者自身の信頼性，道具の信頼性，被験者の協力と努力）のいずれかの要因に影響される。ロンデッリとカッツ（Rondelli and Katz, 2000）によれば，「これらの条件は，きわめて容易に測定値を5度あるいはそれ以上変化させることができ，それによって有意な影響をもたらす」（p.56）。このように，測定そのものが誤っていたり，再現性が低ければ，計測結果が忠実に記録されたとしても，その測定結果は不正確となる。このことから，ガイドシックとボハノン（Gajdosik and Bohannon, 1987）は，次のようなことを忠告している。「概して，関節可動域の様々な測定は，筋肉の「硬さ」を計ると言い切れるものでもないし，特定の構造またはそのほかの関節可動域に影響を与えるその他の因子の長さを測るものでもない」（p.1872）。したがって，関節可動域や筋の硬さの測定に関心を抱く者は，常に進歩する技術と研究の情報を得るた

第12章 ストレッチングの諸概念

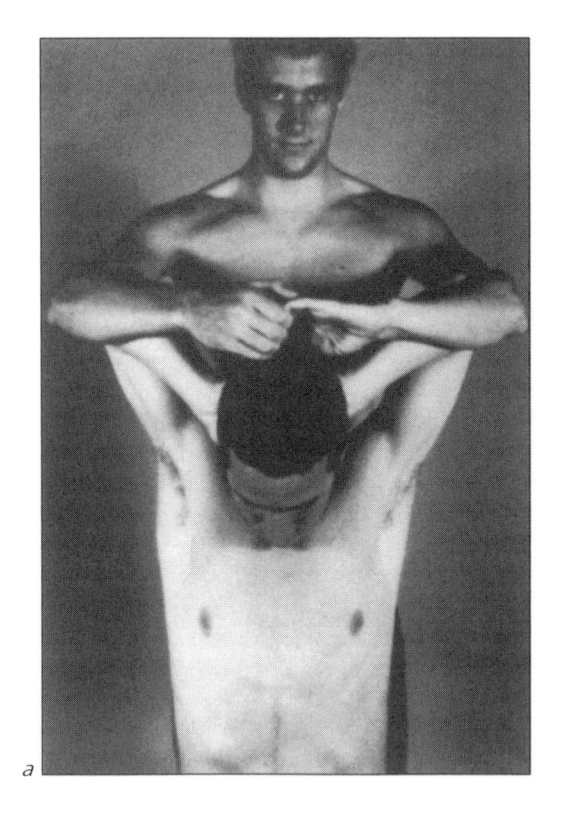

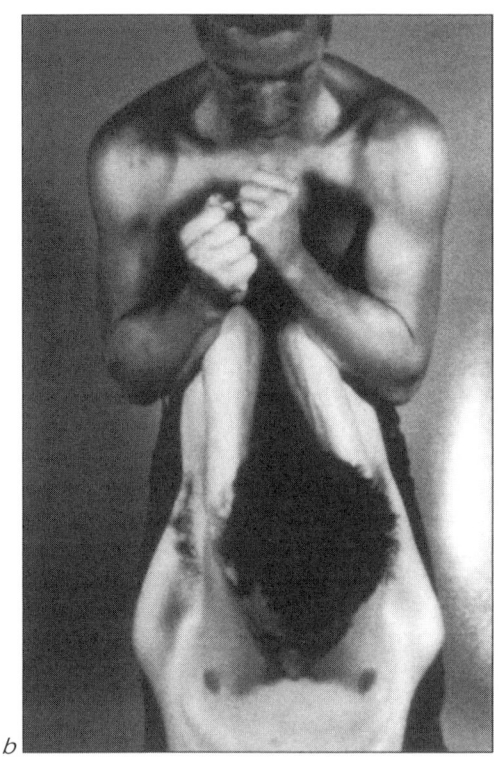

図12.1 柔軟性の度合いの比較
　二人とも水泳選手で，各々最高の有効度を達成している。(a) の人が (b) の人の柔軟性の限度に並ぼうとすれば，背筋部分を，有効な範囲を超えてオーバーストレッチすることになったであろう。(a) 全米大学競技協会（NCAA）2部リーグ，１００ヤード自由形の金メダリスト。(b) 全米大学競技協会（NCAA）2部リーグ，２００ヤードバタフライの金メダリスト。（写真提供：J. V. Ciullo, MD.）

めの環境を整えるとともに，そこから最適な測定方法を導入していかなければならない。

(6) 柔軟性は漸進的に発達する

　柔軟性の改善には時間を要するため，現実的な目標を設定して，難しい応用的な運動に発展させる前に，簡単なエクササイズから始めることが重要である。プラトー状態や目立った効果が見られない時期もあるが，これも学習過程のうちである。

(7) 比較や競争が目的ではない

　柔軟性は他人と競うべきものではない。柔軟性の改善や向上は大切であるが，柔軟性能力が異なる人との競争ではない。個人差が大きく，柔軟性の改善に時間を要する人もいれば，そうでない人もいるのである（図12.1参照）。

(8) 着用するウエアと姿勢の影響

　ストレッチングのときはゆったりした着心地の良いものを着ることが勧められる。また，筋肉が温まると柔軟性が増してしなやかになると信じられているため，スウェットスーツにウールのソックスを履いていたりする人が多くいる。さらに，筋肉の緊張を和らげ，ストレッチングをより楽しむためには，自分の身体をできるだけ楽な姿勢にすることが必要である。

(9) 態度と心がまえの重要性

　積極的な心構えは大切である。人生を考える上で，心と肉体を分けて考えることはできない。積極的な心構えを持たなければ，自分が想像できる中で最高の結果など一生たっても得られない。もう一つ，重要だが，非常に危険な考え方がある。それはスポーツ選手やダンサーや曲芸師たちの中には，自分の身体の状態よりも練習や訓練の完璧さの方が優先されるべきだと信じている者がいるということだ（Weisler et al. 1996）。このような態度では，慢性・急性の怪我をいつ起こしてもおかしくない。例えば，ターンアウトポジションを「スクリュー・ニー」という危険な技を用いて行おうとするバレーダンサーがそうである。

(10) リラクセーションの重要性

　いくつかのストレッチングの中には，パートナーストレッチングのように，リラックスして行った方が良い結果を得られるものがある。逆に，ある程度の緊張を持って行った方が安全でより効果的なストレッチングもある（機能的ストレッチング：ＰＮＦストレッチング）。リラクセーションは緊張の対極である。硬くなった筋から生じる好ましくない緊張は，結果として，柔軟性の低下，不十分な酸素供給，疲労などにつながる。そのため，筋の緊張を和らげ，期待に添わない結果にならずに効果的なストレッチングを行うためにリラックスする能力は重要である。大抵は，ストレッチングをゆっくり行いながら，最大伸展時のところで大きく息を吐き出すとストレッチングをさらに促進させることができる。しかしながら，この方法はすべてのストレッチングに有効とは限らない。

(11) 呼吸の重要性

　ストレッチングや競技トレーニング，理学療法，健康管理，リハビリテーションを扱った多くの出版物の中では，筋を伸ばしているときには息を止めてはならず，最大に伸びているときには，なるべく息を吐きながら行うようにと勧めている。シフとヴェルホヤンスキー（Siff and Verkhoshansky, 1999）は，著書"Supertraining"の中で，この一般的に行われているアドバイスは，筋を耐性・強化的に行うトレーニングには当てはまらないと警告している。このアドバイスは，果たしてどちらが正しい考え方なのであろうか。彼らの主張は，耐性・強化的なトレーニングである「重量挙げ」などで，息を止めるのは，腹腔内圧を上昇させて，腰椎を支え，安定させるために重要であって，逆に「重量挙げの最中に息を吐くと，腰椎を損傷させてしまう可能性がある」と言っている。要するに，息を止めてこらえないと，より大きな負荷が腰椎の弱い構造部である椎間板や靭帯に直接加わるために危険だということである。

　当然，受動的なストレッチングあるいは静的なストレッチングのように大きな力が必要ではなく，脊椎の耐性も問題にならないような場合では，息を吐くということがプラスになる。息を吐くことの利点については，第8章にまとめてある。しかしながら，次の二つの場合では特別な考察をしなければならない。

①いくつかのPNFストレッチングでは，息を吐かないで止めておくほうがむしろ体を安定させ，最大またはそれに近い筋収縮を得やすいということ。
②動的な機能的ストレッチングでは，一定の可動性と安定性の相互作用を確保しなければならないこと。

例えば，バレリーナや体操選手が，数秒間，同じ姿勢を保持するという技を取得しようとしている場合，息を吐き出してしまったら，足を上げたり，その技を保持したりすることは，おそらくより難しく感じることになるだろう。理想的なトレーニングでは，すべての技を行っていく中で，神経筋相互作用を含まねばならないということが明らかである。したがって，「呼吸法の正しい技術は，可動性，安定性，あるいはリラクセーションを高めるために，あらゆる動作と結びつけて考えなければならないのである」(Siff and Verkhoshansky, 1999, p.186)。

(12) ウォーミングアップとクーリングダウン

ウォーミングアップとクーリングダウンは，パフォーマンスを向上させ，怪我の危険を減少させることができる。受動的あるいは能動的なウォーミングアップにおける両方の利点は，筋肉の温度を上昇させ，筋肉の粘性を低下させ，筋肉の緊張を和らげる，そして伸長性組織が増加することである。ストレッチング・プログラムは，ウォーミングアップやクーリングダウンを補填する運動である。ストレッチングは，ウォーミングアップには含まれないのである。ウォーミングアップとクーリングダウンについての詳細は，第10章を参考にしてほしい。

(13) 筋肉と結合組織の分離

筋，筋群，それぞれの結合組織を分離して考える場合は，必ず以下に示した10項目の重要事項を念頭において取り組むべきである。
① 「筋・筋群の本来の機能を理解しておくべきである」(Evjenth and Hamberg, 1989, p.7)。
② 目標とした筋・筋群を実際に分離（独立，分別）することはできない。シフとヴェルホヤンスキー（1999, p.407）の言葉（強化トレーニングに関する）を引用するならば，筋を分離して個別に行うトレーニングの概念とは，ストレッチングを間違って行った時に，ある特定の筋だけしか伸びないということを意味している。この考え方は，誤解を非常に招きやすい。というのも，人体の各部分の動きは，相互に連動しており，全体から分離されたものではないからである。動的ストレッチングや機能的柔軟性（ROM）の場合，動作は主働筋（主たる作動筋）と拮抗筋，支持筋，共同筋，中立筋などの総合的な貢献による結果である。「このため，すべての身体的動作は，動筋と支持筋の複雑な共同作用と連続的収縮の複雑な統合が関係していることが，極めて重要なのである」(p.407)。
③ 関節がROM（すなわち，非静的ストレッチング）で改善され，動きやすくなっていくということは，筋肉と関節をつなぐ腱や，関節の一部である軟骨などの結合組織が伸ばされるということであって，筋が伸長するということではない（Martin et al. 1998）。そのため，再度指摘するが，筋肉と結合組織を分離して個別にストレッチングするという概念は不適切であるということだ。
④ たいていの筋肉は，1つ以上の関節をまたいでいる。その結果，一方法だけのストレッチングでは，最適なストレッチングや個別の筋にストレッチングを行うことはできない
⑤ いくつかの重要な機能的ROMは，単関節に限定されるのではなく，複数以上の関節の複合した運動になっている（Protas, 2001）。例えば，しゃがみこんで靴の紐を結ぶとき，同時に体幹，股関節，肩の十分な関節可動域が必要である。
⑥ 動的ストレッチングを行う際に大きな負荷をかけて行う場合（PNFストレッチングでの抵抗のように），個別の筋にのみアプローチすることは事実上不可能である。なぜならば，主働筋が負荷に対応しようと働いているとき

に，同時に支持筋がある特定の関節を支持し安定させるために働いているからである（Siff and Verkhoshansky, 1999, p.241）。

⑦特定の筋・筋群のみに限定した特定のストレッチングを行おうとした場合，「その筋・筋群を収縮させるどんな動作であっても，その逆の動作が，同筋群を伸長させるストレッチングとなる（Siff and Verkhoshansky, 1999, p.186）。例えば，上腕二頭筋は肘を屈曲させ，前腕を回外させる。そのため，肘を伸展，回内位に持っていけば，その筋のストレッチングになる。

⑧ストレッチングを最大限に有効にするためには，最高に伸長させられるように，そのための筋群とその筋に伴う結合組織を目標にすることである。他の筋や構造（例：脊椎）による望ましくない代償作用が生じた場合，必要とする張力が減少してしまうことがある。例えば，ハムストリングスの長さを増加させるためには，（PNFストレッチングや静的ストレッチングのような）ストレッチング技術よりも，前傾姿勢を保つことのほうが重要になってくる（Sullivan et al. 1992）。

⑨二つのストレッチング手順があって，その両方の柔軟性獲得の結果が同じであるならば，より安全で効果がある手順で行うべきである。

⑩多方向へのストレッチングは，最初は矛盾しているように思えるかもしれない。「多方向へのストレッチングが重要である理由は，結合組織を構成するコラーゲン組織が異なれば，筋繊維の構造的な方向性も違うため，筋繊維はそれぞれの結合組織の機能に合わせて適合しているからである」（Siff, 1993b, p.128）。

(14) 開始姿勢

ストレッチングを安全に，そして効果的なものにするためには，ストレッチングを開始するときの姿勢を安定させることである。それはつまり，自分自身で「ストレッチングを実施している最中に，その姿勢を支持できて，コントロールしたり，筋を和らげられる姿勢」（Evjenth and Hamberg, 1989）ということである。特に，片脚でバランスをとりながらストレッチングを行うとき，いすに座っている場合，ストレッチング・ボードを使う場合には，注意深く行わなければならない。さらに姿勢を安定させるためには，副木やベルトのような補助器具などを使用すればよい。このような補助器具は，ストレッチングを行う場合の誤った動作や危険な動作を防ぐという安定の支持やコントロールを維持する助けになるのである。ストレッチングの時にもう一つ重要な要素は，ストレッチング中の筋の付着部（多くは深層部），または四肢の付着部位の安定化である（Brody 1999）。例えば，ハムストリングスに最適なストレッチングを行うのであれば，骨盤は前傾していなければならない。「深層筋の安定化がはかれなければ，結果的に，脊柱が伸長され，骨盤が後傾し，ハムストリングスの起始部と停止部が近づいてしまい，そのため伸長が減少される結果になる」（p.100）。

(15) SAIDの原則

ウォリスとローガン（Wallis and Logan, 1964）によれば，筋力，持久性，柔軟性などのトレーニングは，「生体に一定のトレーニング負荷をかけると生体はそれに見合った適応現象を起こす」（SAIDの原則）に基づくべきであると提唱した。例えば，サッカーボールを蹴るときは，高く足を蹴り上げる動作が必要であるが，そのようなあるパフォーマンス技術に必要な特別な動作のためのストレッチングは，その動作に必要な最適な関節角度と，その動作の最高速度の少なくとも75％以上のスピードに

合わせて行わなければならない。速い速度の動作を行う前には、ゆっくりしたストレッチングが必要で、そのような場合には、SAIDの原則に優先して行うべきである。

(16)「オーバーストレッチング」の原則(継続時間,頻度,タイミング,強度)

　筋力の発達は、「過負荷の原則」という生理学上の原則に裏付けられる。柔軟性におけるその同意語を示すなら、「オーバーストレッチング」の原則といえる。二つの原則の違いは、後者が筋の伸長を用いるのに対して、前者は筋への抵抗(通常は重量負荷)を用いることである。多くの人々は、食事療法で勧められるビタミンやミネラルの摂取量と同じように、運動についても、明確な運動の実施量やストレッチングのメニューの組み立てや処方を求める(Shrier and Gossal, 2000)。人々は、それぞれの目標達成のためのストレッチングの正しい持続時間、回数、タイミング、方法、そして強度を知りたいのである。残念なことに、これらの変動しやすい要素について多くの議論が行われているが、意見の一致はほとんどなかったのである。ストレッチングのプロトコルはさまざまなバリエーションを考慮し、さらに健康な組織と損傷を受けた組織とで分けなければならない。もっとも考慮すべきところは、柔軟トレーニングの意義についてである。特に、柔軟性の改善やその維持、あるいはリハビリテーションが、プログラムの目的になってしまっているのではないかということである(Alter, 1998)。

1) ストレッチングの持続時間

　特定のストレッチング法を行う場合、例えば、静的ストレッチング、動的ストレッチング、あるいはPNFストレッチングを行うときは、筋を伸長する持続時間はおおよそ決められている。多くのプログラムでは、それぞれの筋の伸長時間を6～12秒間保持することを勧めている。しかし、10～30秒間の保持という推奨が一般的である。逆に30秒以上保持することを問題視している根拠は、他にもやらなければならないトレーニング種目がある中で、ストレッチング・プログラムだけに長い時間をかけ過ぎてしまうという懸念からだろう(Alter, 1998)。マグヌソン、アアガード、ニールソン(Magnusson, Aagaard, and Nielson, 2000)は、「一つの筋群に対して、一様の静的ストレッチングを何回も繰り返し行うことは、とても偏っていて、時間の浪費であり、そのため非実用的なストレッチングになってしまう」と繰り返し述べている(p.1160)。筋を伸長する時間は、各部位に応じて異なるのは当然であって、ストレッチングする筋群や関節の数によっても、ストレッチングの反復するセット数もそうである(Alter, 1998; Brody, 1999; Knudson, 1998)。プレンティス(Prentice, 1999)によれば、30秒以上続けるストレッチングに対して、選手の中には不快感を示す者がいるようである。また、ストレッチング時間を短くする理由があるとすれば、ストレッチングに疲れるということであろう。

　バンディとイリオン(Bandy and Irion, 1994)は、15秒、30秒、60秒間のハムストリングスに対する静的ストレッチングの効果の違いを比較した。彼らの研究によって明らかになったのは、30秒と60秒のストレッチングの方が、15秒のストレッチング、またはまったくストレッチングをしない状態よりもハムストリングスの柔軟性の増加に効果的であったということである。「さらに、30秒と60秒のストレッチングの間に有意な違いがなく、ハムストリングスに対する30秒間のストレッチングは、60秒間続けた場合とほぼ同じ効果を示した」(p.845)。この研究は、後に再び追試され、改

めてその効果が確認された（Bandy et al. 1997）。その結果，ストレッチングの保持時間の長さを増加させるかどうかについての研究では，1日あたり1回30秒以上かける必要はないことを繰り返し示す結果となった。グラディとサクシーナ（Grady and Saxena, 1991）も，腓腹筋に対する30秒間のストレッチングが柔軟性を増加する効果が十分あることを報告し，ストレッチングの時間を2分または5分に延長して行ったときは，さらに柔軟性がわずかながら増加した。チプリアニら（Cipriani et al. 2003）は，10秒間のストレッチングを6回繰り返して合計1分間行った場合と，30秒間のストレッチングを2回繰り返した場合との結果に差がないことを報告した。この実験では，どちらの場合も，ハムストリングスのストレッチングは1日に2回，全部で2分間を6週間継続して行われた。

ウォルターら（Walter et al. 1996）は，ハムストリングスに対して，85％と100％の強度で行う30秒間のパートナーストレッチングの効果は，同じストレッチングを10秒間行うよりも優れていることを測定した。研究者らは，関節可動域に影響を与える保持時間と強さにはある一定の最小閾値が存在している可能性を示唆した。一方，マディングら（Madding et al. 1987）は，15秒間，45秒間，2分間の股関節可動域を向上させるためのパートナーストレッチングを72人の成人男性に行った効果の違いを比較した。3グループの平均値を統計的に比較したところ，有意差は認められなかった。これらのデータに基づいて，著者たちは，「外転可動域の直接的増加を求めるような状況では，15秒間のストレッチングで十分である」と結論した（p.416）。65歳またはそれ以上の人々を対象に行われた研究では（Feland et al. 2001），「ストレイト・レッグ・ライジング（膝伸展位股関節屈曲）」によるハムストリングスの柔軟性が比較された。被験者は15秒，30秒，60秒間のストレッチングを行うグループにランダムに分けられ，ストレッチングを週に5回で6週間継続した。1回のストレッチングには10秒間のインターバルが入れられ，ストレッチングは合計で4回繰り返された。その結果，ストレッチングを60秒間実施するグループが可動域の増加率が最も大きいだけでなく，その持続性も長いことが明らかになった。この研究結果は，バンディとイリオンら（Bandy and Irion, 1994）の報告とまったく異なっている。研究者らは，ストレッチングの保持時間は，より長い方が「保持時間が短いストレッチングよりも，老化に伴う筋緊張の増加やコラーゲンの不足を抑制する効果が強い」という推測を行った（p.1116）。

ボームズら（Borms et al. 1987）は，股関節から大腿部に渡る筋群の能動的柔軟性を調べるために能動的な静的ストレッチングを10秒，20秒，そして30秒の3つのパターンで比較した。この実験では，1週間に2回のストレッチングを計10週間継続した。その結果，股関節の柔軟性の改善には，静的なストレッチングを10秒間保持することで十分な効果がみられたことを報告した。ロバーツとウィルソン（Roberts and Wilson, 1999）は，「ストレッチングを15秒間保持することは，5秒間の場合と対照的に，積極的な関節可動域の改善に良い影響を及ぼす可能性がある」と推察した（p.259）。しかし，アポストロプーロス（Apostolopoulos, 2001）とベイツ（Bates, 1971）は，ストレッチングを60秒間保持した場合が最も柔軟性を増加させ，その柔軟性を保持する上でも最適であるという意見の持ち主である。通常，筋腹から腱までが伸長されるまでには30秒間かかる。そのため，「わずか10～15秒程度のストレッチングでは，筋腹を伸ばすためには十分であるかもしれないが，可動性と柔軟性に大きく関与する靭帯，腱，筋膜に対する効果はほとんど認められないといえる」（p.54）。しかし，プロスキとモーガン（Proske and Morgan,

1987, 1999) は，「受動的に筋やその腱が伸ばされたとき，ほとんどの場合，ストレッチングの影響で伸長されるのは最初は腱であり，さらに伸長が加わえられたときに筋繊維が伸ばされる」ことを指摘した。これとは対照的に，全米大学スポーツ医学部会（American College of Sports Medicine Position Stand, 1998）は，静的なストレッチングは 10 ～ 30 秒間は保持されるべきで，PNF の場合は，6 秒間の収縮に続いて 10 ～ 30 秒間のパートナーストレッチングを含むべきであると提唱した。同様に，クリヴィッカス（Krivickas, 1999）は，ストレッチングを 15 秒～ 30 秒間保持するべきだと主張した。アンダーソン（Anderson, 2000）もまた，まず 10 ～ 15 秒間程度の簡単なストレッチングから始め，慣れてきたら本格的なストレッチングを 10 ～ 15 秒間保持することを提唱している。最も短い保持時間としては，マチス（Mattes, 1990），およびウォートンとウォートン（Wharton and Wharton, 1996）らは，積極的に個別筋のストレッチングを行う場合のプロトコールとしては，各個別筋のストレッチングの保持時間は 1 秒～ 2 秒間を推奨していた。トレーナーとしても作家としても世界的に有名なワイダー（Weider, 1995）も，それぞれのストレッチングの保持時間は 2 秒間であるとしている。彼のその理論的根拠は，ストレッチングの 2 秒後には「筋の反応として，伸長された部分の怪我を防ぐために筋を硬くし始める。このことはストレッチングの効果をなくすのと同時に微少な外傷や苦痛を引き起こす」（p.139）ということである。それとは対照的に，ブロディ（Brody, 1999）は，患者や選手が自分に最も調度良いと思えるレベルでストレッチングの保持時間を決めればよいと勧めている。しかし，「もし迷っていたら，ストレッチングは短時間よりも長めの時間保持するべきだ」としている（p.103）。

最適なストレッチングを保持する時間を検討する方法に動物モデルの採用がある。テイラーら（Taylor et al. 1990）は，ウサギの長指伸筋および脛側筋前部の筋および腱を使用した実験では，筋の緊張が解放され，筋の伸長が認められるのは，静的ストレッチング開始後 12 ～ 18 秒の間であると指摘した。

集団で行う練習などでは個人的に必要なストレッチングの時間が制約されるため，ストレッチングを行うなら選手やストレッチング愛好家は自らの時間をやり繰りしなければならない。ある人にとっては，真剣に行うストレッチングをオフの日に集中して行わざるをえないのかもしれないが，一般人とは異なる高度に専門化した競技者やプロの選手であれば，ストレッチングは毎日欠かさず行う必要がある。実験的に証明されていることは，確かに個人的な時間の中で行われたストレッチングが柔軟性を有意に改善するということである。こうした努力して得た柔軟性が，後に，美しく調和して熟練した動きに変化させるのである。

2) ストレッチングの反復回数とセット数

もっとも効果的なストレッチング・トレーニングの反復回数または頻度については，多くの見解に相違がある（Smith, 1994）。反復とは，1 セットの中で何回そのストレッチングを繰り返すことができるか（すなわち，一巡して完了する場合，連続して行う場合，反復して行う場合のいずれか），1 回のトレーニングの中で何セット行うのか，1 セッションでのトレーニングの回数，一週間のうちでどれくらいの頻度でそのセッションを行うかなどである。トレーニングのセット回数と反復回数は，実際に行うエクササイズの頻度による（Brody, 1999）。その回数もまたストレッチングの目的と対象者の健康レベルによる（健康体なのか，または怪我のリハビリのためなのか）。全米大学スポーツ医学会（The American College of Sports Medicine, 1998,

2000）では，少なくとも週に2～3回，一つの筋肉につき4回反復することを推奨している。ワイダー（1995）は，微細な筋肉へのストレッチングなら，1回にわずか2秒で良いのだが，3～4セット以上は繰り返して行う必要があるとしている。反対に，アポストロプーロス（2001）は，一つの筋のセッションの反復回数は3回で，それを1日に1回または2日に1回の頻度で行うべきだという。

　テイラーら（Taylor et al. 1990）は，ウサギの長指伸筋・前脛骨筋と腱群を使って実験を行った。筋と腱長に最も大きな変化を及ぼした（80％）のは，静的ストレッチングを10回連続して行ったうちの最初の4回目であり，ストレッチングをそれ以上反復しても，長さの変化に有意な差は見られなかった。さらに，「静的ストレッチングによる筋の伸長度を示す曲線の分析では，最初の2回の曲線が他の曲線と比較して統計学的に有意な差を示したが，4～10回目の曲線には有意差は認められなかった」。テイラーら（1990）はこう述べる。「ストレッチングの力の大きさやそれを保持する時間が，理想的なストレッチングの反復回数に影響を与える可能性がある」（p.307）。テイラーら（1990）の研究は実に見事で立派なものである。しかしながら，カーボーンら（Carborn et al. 2001）は，「この研究では，多数の関節に跨って作用している筋肉を伸長するさらなる難しさや，機能的な筋群の構成要素の存在要因や，正しい技術の習得などについてなんの説明にもならない」と指摘した。さらに言えば，柔軟性の改善には，個人差の影響が大きく多面的であり，繊細なコンディションを求める競技者に動物で行われた研究の結果をそのまま当てはめることはできないとも述べている。

3) ストレッチングの頻度

　一般的に，ストレッチング・プログラムの頻度はストレッチングの強度とそれを保持する時間に対して反比例関係にあることが多い（Brody, 1999）。そのため，高い強度を保持して行うストレッチングの場合は低い頻度で行われ，弱い場合にはその逆になる。通常，柔軟性を維持するために最低でも1日に1回はストレッチングが必要であるが，このような日常的課題は，モチベーションと興味を維持し続けない限り簡単にできそうにない（Rasch and Burke, 1989）。しかし，経験的根拠からすると，最低1日に2回ストレッチングをすることが望ましいとしている。おそらく，その人がストレッチングを行いたいと思ったときに実施するのが最も効果があるのかもしれない。

> ### トレーニング後のストレッチング
>
> 　調査者（Anderson, 2003a; Bledsoe, 2003）の中にはトレーニング前よりも後のストレッチングの方がずっと有効であると提唱する人がいる。彼らが引用する研究はヴァンデンバーグとカウフマン（Vandenburgh and Kaufman, 1983）のものである。それは，アミノ酸が筋細胞に移動する際のストレッチ関連の刺激が，細胞内部の合成を加速させタンパク質の減成割合を抑制することを明らかにしたものである。従って，理論的に言えることは，トレーニング後のストレッチングが筋細胞の自己修復を助け，エネルギー産出の酵素と構造物の合成を助け，それによって良好な健康をさらに強化する。これらの効果が，トレーニング後にストレッチングを行っているアスリートには怪我と出会うチャンスが少ないことの理由なのである。

4) ストレッチング・プログラムの配置とタイミング

多くの教科書や記事では朝または夕方のストレッチングを勧めている。誰もが主観的に感じる「こわばり」や「緊張」は，椎間板の髄液の変化が原因で起こるものである（Adams et al. 1987）。これによれば，腰椎の椎間板とその靭帯の怪我が生じる危険度は早朝で一番高いことになる（Adams et al. 1987）。もう一つ考慮しなければならないのは，ストレッチングを練習プログラムのいつの時点に配置するかである。

ストレッチングのプログラムを練習の中でどこに配置するかについてはいくつもの選択肢がある。ストレッチングの練習をいつ行うかについての数々の意見は，大抵は感覚的な考えに基づいている。何人かの記者や研究者らは，練習の最後に組むことを勧めており，その根拠は以下の通りである。

- 組織の温度が上昇しているため。
- （実際に自分の機能的柔軟性を高める意味で）柔軟性を発達させるためのストレッチングを組む時間は練習の最後がよいのは，体が完全に温まり緊張のほぐれた状態のときがよいから。
- ストレッチングを行った後，一時的に筋力産出能力を減少させる可能性があるから。
- トレーニングの最初にストレッチングを行って長引いてしまうと，肝心なトレーニング時間が減ってしまうため。

練習中にストレッチングするのはどうだろうか？

ストレッチングを練習後にやるという勧めは，練習中にやってはいけないという意味を含んでいないはずである。むしろ，実は練習中に行うストレッチングの方が有益かもしれない。特に，大腿の筋群（例えばハムストリングス）が硬くなって，技能に悪影響を与えている場合はそうであろう。しかし，練習時間が短いと，たいていの人たちは，ストレッチングに多くの時間を割こうとはしない。オフィスで働く人たち（例えば，秘書，コンピューター端末で仕事をする人たち，看護師など）は，怪我のリスクを減らすために，仕事中にほんの少しの間でもストレッチングを行うことが勧められている。

コーネリアスら（Cornelius et al. 1988）は，ストレッチング・プログラムを練習中にどう配置するかについて調査した結果，静的柔軟性プログラムをきっちりやることが，プログラムの配置と関係なしに関節可動域を増大させることを発見した。彼らの調査結果は，練習中のどこにストレッチング・プログラムを配置するかで関節可動域の増加に違いがでるという説に対して，異議を唱えることになった。ストレッチングをプログラムのどこに配置するかの影響があるのは，「組織の温度を上昇させたり，組織による不快感などを減少させたりする場合である」（p.236）。

5) ストレッチングの強度

ストレッチングの正しい目標強度は非常に重要である。なぜなら，どんなストレッチングフォームにおいても，筋・腱群に外傷的刺激を与える可能性があるからである（Knudson, 1998）。他のトレーニングもそうであるように，強すぎるストレッチングのプログラムは，筋・腱単位の構造的弱化を招き，怪我の危険性を高める（Noonan et al. 1994；Sapega et al. 1981；Taylor et al. 1990）。さらに，ストレッチングは，ある特定の状況では，わずかの時間だが，力の発揮を低下させるということが指摘されている。

ストレッチングの強度は，関節可動域の増加に影響がある（Walter et al. 1996）。ウォルターらの研究では，強度が85〜100％のとき，60％の場合よりも有意に大きい柔軟性が得ら

れると指摘した。しかし，彼らは「柔軟性を最も得られる強度は85％以下で65％以上の強さのところにあるのかもしれない」と言っている（p.43）。反対に，アポストロプーロス（2001）は，認識できる努力の限界の約30～40％の低い強度レベルでストレッチングをすることを勧めている。

ストレッチングの強度に関するジレンマは三重になっている。

第一に，強度は主観的である。

第二に，ストレッチングの強度は，しばしば不明確である（強度を測ることができない条件下で行われている）。

第三に，強いストレッチングは，最適な発達（例えば，スポーツ選手や高度の訓練を受けたダンサーや曲芸師たち）のために重要なことだが，それぞれの組織が耐えられる限界を超えるようなストレッチング強度では怪我を生じる可能性が高まる。

通常は，ストレッチングの強度も，やる人次第にするべきなのである。ストレッチングは不快感（とくに初心者にとっては）を多少は生じさせることがあるが，痛みの原因になるほど強くしてはならないのである。もし，筋が震えたり，ピクピクしてきたりしたら，あるいは痛みが続くようなら，もしくは関節可動域が減少するようなら，ストレッチングを過剰にやり過ぎたという証でもあるので，ストレッチングの強さや保持する時間のどちらかを和らげる必要がある。不快感や痛みは主観的問題である。そのため境界線をどこに引けば良いかは明確には答えられない。最も良いアドバイスは「訓練しても，やり過ぎるな」である。

(17) 力学

ストレッチングで最良な結果を得るためには，個々人が特有の力学（力の加減）とテクニックを用いなければならない。特有の力学を利用することで，伸ばしたい筋群と組織を識別し個別にストレッチングすることができ，さらに適切な練習を行うことで目標を実現できる。正しいテクニックは，怪我の危険性やパーフォンマンスの不調を減少させる。

(18) 反射

あらゆる反射機能が関節可動域に影響を及ぼす。おそらく，最も良く知られているのが伸張反射である。一般に，普通の人たち，座りがちの人たち，お年寄りの人は，ゆっくりとした静的なストレッチング法を用いるべきであろう。なぜなら，突然の，痛みを伴うような動作は，伸張反射を引き出すからであり，筋肉の同期的収縮を引き起こすかもしれないからである（第6章参照）。したがって，これらの人々には，とくにプログラムが始まって間もない早い段階では，バリスティック・ストレッチングを避けるべきである。一方では，多くのスポーツや訓練では，トレーニングプログラムの一部としてバリスティック・ストレッチングが必要とされている。柔軟性プログラムには，構造的調整と機能的調整（中枢神経系と神経筋など）の両方が含まれている。スポーツや運動に携わっている人は，まずは徹底的にウォーミングアップを行い，それからパートナー・ストレッチングまたは静的ストレッチングへと進め，動的なスポーツに関係する動きへと移行させていく。このときストレッチング中の関節可動域には，別の潜在的反射として，相反性神経支配と反動反射が関わっている。

(19) コミュニケーションから得られる予測

パートナーストレッチングや特定のPNFストレッチングを受けているとき，パートナーはお互いに言葉を交わすべきである。ストレッチ

ングを受けている人は，パートナーにストレッチングが不快になったり，痛くないかどうかを知らせる必要がある。逆に，ストレッチングを行っている人は，どの程度のオーバーストレッチングを行えるかどうかを予想しながら行う必要がある。このようなストレッチングの動作の場合は，双方向からの意志の疎通が大切である。

(20) 適切な怪我への対応

もし怪我をしたら，自分の知識の範囲内で，その怪我の度合いを判断する。一般的な手順としては，患部を安静にし，氷と圧迫を与え，自分の体より上に挙上し，そして適切な治療を検討する。怪我の処置が早ければ早いほど，リハビリテーションが早期に始められるし，回復も早くなる。再び述べるが，このようなことを常識として身につけることである。

(21) 可逆性

筋と結合組織は，固定したり，使用しない状態に応じて，その影響を受ける。つまり，これらの組織は，定期的にトレーニングして動かさなければ，トレーニング効果が消失してしまうということである（Bischoff and Perrin, 1999）。柔軟性の維持は，トレーニングを継続する過程で得られる。ここに関与するトレーニングの原理は，「使わなければ駄目になる（可逆性）」である。

(22) 楽しみ

ストレッチングは，楽しく満足すべきものであって，気持ちのよいものでなくてはならない。楽しむことと満足感は，自分自身のモチベーションを維持するために重要である。しかし，ストレッチングには，潜在的にあらゆる程度の満足感と不満足感が影響している。このことから，ストレッチングが楽しめるものでなくなったとき，それはただ単に，自分を痛めつける刺激でしかないということである。

8. 要　約

ホメオスタシスとは，人間の生理的状態を恒常に保つシステムである。柔軟性を高めるためには，そのホメオスタシスの状態にストレスを加えて限界を超え，新しいレベルに入っていかなければならない。適応と呼ばれる過程のことである。オーバーストレッチングとは，柔軟性を発達させるための生理学的原理である。もし日常的に適切なストレッチングを行っていれば，身体は柔軟性の増大というかたちで反応することだろう。ストレッチングが成功するためには，現在の関節可動域を超えた動作を行う必要がある。しかし，ここでいう過伸長は，身体を安全ラインを超えてまで伸ばし，怪我や不調の原因を招くほどのものではない。

ストレッチング・プログラムに取り組む前に，解剖学，生理学，関節の構造と機能についての若干の知識をもつべきである。さらに付け加えれば，柔軟性を発達させるためには，いくつもの重要な原則を考察しなければならない。すなわち，安全性は何よりも優先すべきことであって，柔軟性の発達は，漸進的に行うこと。また，ウォーミングアップとクーリングダウンに関する考察や怪我を生じた場合に行う適切な医学的処置に精通することなどである。

第13章
ストレッチングのタイプと種類

　身体活動に専門的にかかわっているコーチや教師たちは，かねてから体のある部分の関節や一連の関節群が高い柔軟性を必要とすることを認識していた。プログラムの参加者たちが，こうした柔軟性を獲得するために，大きく分けて2つのカテゴリーに分類されるストレッチング，すなわち動的ストレッチングと静的ストレッチングが考案された。さらに柔軟性の獲得を容易にし，それを維持するために，さまざまなストレッチング器具や器械が開発されてきた。方法のいかんを問わず，安全性とより高いROM（能動的，機能的あるいは受動的な可動域）を維持することはストレッチング・プログラムの効果を決定づけるうえで重要である。

1. ストレッチングの伝統的な分類

　動的ストレッチングは一般的に反動動作あるいはリズミカルな動きと結びつけられている。それは弛緩時，あるいは収縮時の筋肉の静的ROMを超えた受動的な運動を促す（Siff and Verkhoshansky, 1999）。動的ストレッチングでは固定されたエンドポジションを保持しない。動的ストレッチングを著わす表現としてはしばしば，ダイナミック，素早く，等張性，運動といった言葉が使われる。静的ストレッチングでは一度にあるいは繰り返し行われる固定されたポジションをともなう。静的ストレッチングの同義語としては，等尺的，制御された，あるいは緩慢なストレッチングといったものがあげられる。

　採用された方法がなんであれ，そのストレッチングが安全性を越えたものになる可能性とし

て，ストレッチングの強度，持続時間，頻度または一定の期間における運動の種類，スピードあるいは特性（例えば伸長性か等張性か）など，さまざまな要素がかかわっている。

(1) 動的ストレッチング

スポーツ科学において激しい議論の的となっている1つは，柔軟性を増すうえでの動的ストレッチングと静的ストレッチングの相対的な効果についてである。議論を複雑にしているのは，動的柔軟性についての研究が他のストレッチング型（例えばPNF）に比べて充分でない点にある。あきらかな問題の1つに，倫理上の懸念，つまり被験者に怪我を負わせるかもしれないテストをだれが意図的に計画するかということだ。素早い，あるいは緩慢なスピード双方で，各々の関節の全可動域でもたらす力を測定するために精密な器械や技術的な経験を必要とするため，動的ストレッチングを評価することがより困難なものとなっている（Stamford, 1981）。ゼーアとセイル（Zehr and Sale, 1994）は将来の研究分野として，神経生理学と解剖学上の観点を提唱している。なぜなら，それらは動的トレーニングにともなって生じる神経筋のトレーニング効果の元となる主働筋の予備運動EMG減退と生理学的適応力の基礎となるものだからである。その他の根本的な研究テーマとしては，動的トレーニングを取り入れることによって，神経の適応状態，あるいは筋肉と運動単位の収縮特性，筋肉線維のタイプの割合，強度とスピードの関係調整などの，筋肉レベルの変化がどの程度影響を受けるかといった点をあげることができる。しかしながら，議論のいかんにかかわらず，動的ストレッチングも静的ストレッチングもともに柔軟性の増加に役立つことは，多くの研究が指摘している（Bandy et al. 1998; Corbin and Noble, 1980; Logan and Egstrom, 1961; Sady et al. 1982; Stamford, 1981; Wallin et al. 1985）。

1) 動的ストレッチングを支持する議論

動的柔軟性の向上，効果的であること，チームとしての連帯感，おもしろさといった長所を根拠として，主として4つの主張が動的ストレッチングを支持している。動的トレーニングはさまざまな練習（例えば格闘技）で経験的にその有効性が証明されている。もっとも重要なことは，動的ストレッチングが動的柔軟性を伸ばすのに有効なことである。ほとんどの動作や運動は基本的に動的なものであるため，動的ストレッチングはトレーニングとウォームアップの特性を受け入れたものと言える。動的ストレッチングは一般的に反動あるいはリズミカルな動きをともなうが，それは同時に同じ筋肉の収縮によってももたらされる。

動的トレーニングはまた，反射作用を含む神経の適応をもたらす（Zehr and Sale, 1994）。例えばモーティマーとウェブスター（Mortimer and Webster, 1983）が発見したものとして，空手の訓練（動的な訓練）を受けた人間は，そうでない人と比べて，運動に先立つ長期的潜在筋節経路の先行運動の増加の幅が大きく，手足の加速が素早く，そして初期の主働筋の力発揮時間が短いことがあげられる。動的トレーニングのもう1つの利点としてあげうるのは，反射作用の改善である（Wallin et al. 1985）。

動的トレーニングの特別なタイプとして，プライオメトリクスと呼ばれるものがある。プライオメトリクスは静的ストレッチングに比べて連続弾性要素（SEC）に，より大きな効果をもたらす（Siff, 1993b）。したがって，本格的な運動選手にとって，このトレーニングは，「すべての高度な演技には，弾力的なエネルギーを活用する能力が決定的だという理由で，欠かすことのできないものである」（p.127）。それは障害のリスクを除去するために緻密な計画と実

行をともなうものでなければならない。

シュライアーとゴッサル（Shrier and Gossal, 2000）は別の指摘をしている。彼らは受傷のリスクが増大することを懸念している。しかしながら運動選手に対して以下のような重要な警告を与えている。すなわち「動的ストレッチングはほとんどの運動の動作よりもよく制御されている。したがってそれは適切に実施されるならば、スポーツそのものより危険は少ないと言える（P.61）」

ヴィノヴィッチとドースン（Vujnovich and Dawson, 1994）は、静的ストレッチングの後での動的ストレッチングは、増大した柔軟性に対応するαモーターニューロン層の興奮度を減衰させることで、静的ストレッチングだけに比べて2倍の効果があることを立証した。この調査は「治療的に施された素早い伸長は筋肉の反射的収縮をもたらすという従来の考え方を覆すものである（Vujnovich, 1995, p.154）。しかしながらこうした結論は、静止および動的ストレッチングのグループの人数（それぞれ14名と5名）を考慮に入れながら慎重に解釈すべきものと思われる。動的ストレッチングのもう1つの実質的な利点は、それが拍子やリズムにあわせて簡単に実施できるため、チームとしての仲間意識を促すことである。最後にもう1つは、動的ストレッチングは静的ストレッチングに比べて退屈しないですむと言える（Dowsing, 1978, Olcott, 1980）。

2）動的ストレッチングに反対する議論

動的ストレッチングに反対する主な理由としては以下の欠点があげられている。すなわち、不適切な細胞組織の適応、怪我による痛み、伸張反射作用の始動、不適切な神経の適応そして、粘性の増大である。

筋肉とそれを支える接合部分の細胞が急速に伸長されると、それに対応する十分な時間がとれないことになる。すべての細胞組織はストレス緩和とクリープをはじめとする時間従属メカニズムの存在をその特徴としている（第5章参照）。極めて急激な伸長を加えられた組織は、緊張（与えられた長さにおける）を和らげるためのストレス緩和とクリープに必要な一定の時間的ゆとりをもつことができなかったり、あるいは長さを増す（与えられた力に対して）ことができなかったりする（Sun et al. 1995; Taylor et al. 1990）。恒久的な伸長は弱めの力、高めの温度におけるより長い持続的な伸長によってもっとも効果的に達成することができる（Laban, 1962; Light et al. 1984; Warren et al. 1971, 1976）。

動的ストレッチングに反対する人たちは、この技術は両腕を広げた状態で水平に回転させるときに見られる、過大かつ制御の困難な不自然な動き（angular momentum）を誘発するので避けるべきだとしている。不自然な動きは、運動が限界に達して突然停止されると、ちょうど野球やゴルフで不適切なあるいはコントロールを欠いたスイングに見られるように、伸長を受けている組織の吸収能力の限界を超えてしまう。

組織の適応に関する議論の論理的広がりとして、動的ストレッチングが痛みや怪我をともなうという点がある。もし組織が必要以上に急速な伸長を受けると、損傷や断裂をともないかねず、痛みやROMの減少につながる。しかし、かりに組織が同じ範囲でゆっくり伸長されれば、時間あたりの同じエネルギー量を吸収することを求められていないため、損傷や断裂の可能性は少なくなる（Taylor et al. 1990）。しかし、伸長を漸増していくと、それらは速さに関係なく最後には組織が破断することだろう。

急激な伸長が筋肉に加えられると、伸張反射によって筋肉は収縮する。結果としては、筋肉の緊張が増加し、結合組織は伸長することがより困難になり、ストレッチングの目的そのものをだめにしてしまう。一般に、ストレッチング

を安全に行うためには筋肉は完全にリラックスした状態でなければならない。

動的ストレッチングは神経学的適応に必要な時間を与えない。ウォーカー（Walker, 1961）は与えられた伸長に対する緊張の度合いは素早い伸長の場合，低速の伸長に比べて2倍以上になることに気づいた。グラニット（Granit, 1962）は，加えられた力による筋肉の牽引により，ストレッチングの後で1秒以内に100回／秒以上の遠心性活動電位を生じた，と報告している。それに対して，筋肉に同じ力をゆっくりと加えた場合には，6秒以内にわずか40回／秒の遠心性活動電位しか生み出せなかった。減衰された運動ニューロン発火頻度は筋肉の緊張を緩和する。

素早いストレッチングはより大きな粘性と硬さ（例えば脊髄において）をもたらす。よく例えられるのは，粘着面でのピストンである。ピストンの運動が速ければ速いほど，液体内の圧力は増加する。素早いストレッチングはそれがなければ発現しなかったかもしれない受動的な緊張を増大させることができる（McGill, 1998, Yingling, 1997）。これらの要素は怪我の危険性を増すと考えられてきた。

3) 安全な動的ストレッチングの実施

もし動的運動がストレッチングメニューの一部だった場合，それはどのように実施されるべきだろうか？　ザカゼフスキー（Zachazewski, 1990）は加速柔軟性プログラム（PVFP）を推奨している。すべてのプログラムがそうであるように，PVFPもウォームアップから始まる。ついで被験者は一連のストレッチングに移り，そこではスピードと伸長が漸進的にコントロールされる（p.228）。PVFPでは，筋肉と腱の結合が機能的な動的運動に累進的に適合されるので，怪我の危険性は小さい。ザカゼフスキー（1990）はこのプログラムを以下のように簡潔に述べている。

競技者は制限された動作から活発な動作へ，またゆっくりと整然とした動作から速い機能的な動作へ進める。静的ストレッチングの後，ゆっくりと狭い範囲で動的ストレッチングから始める（SSER）。次にゆっくりと全可動域で動的ストレッチングを行う（SFR）。次に速い動的ストレッチングを狭い範囲で行い（FSER），最後に速い動的ストレッチングを全可動域で行

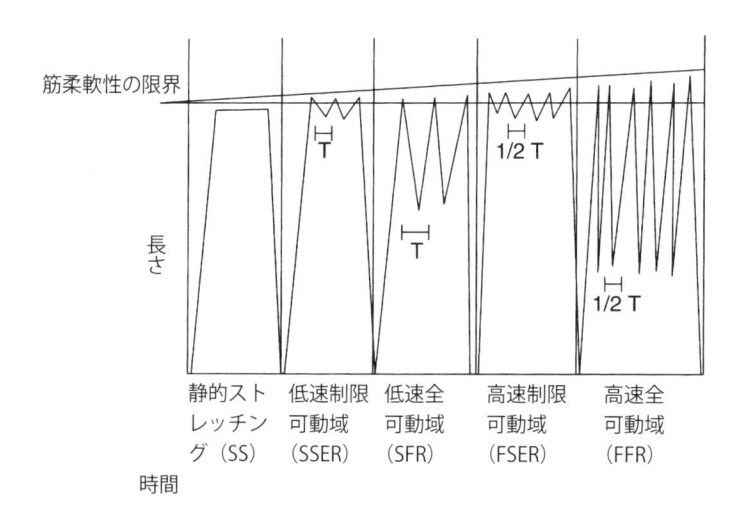

図13.1　漸進的速度による柔軟性プログラム（段階的速度によるストレッチングプログラム）
　Zachazewski, 1990. より転載。

う（FFR）。動作の速さと範囲は競技者が判断する。第三者が外部から力を貸すことはしない。(p.228)（図 13.1 参照）。

PVFPについての管理された臨床的な研究や調査はまだ発表されていない。そのためバンディ（Bandy, 2001）は，開始にあたってはメニューを注意深くチェックするよう奨めており，「運動選手がやり過ぎて伸長された筋肉に痛みや損傷をもたらすことがないように」警告することを提唱している（p.40）。

(2) 静的ストレッチング

静的ストレッチングは一定時間その姿勢を保持するもので，一度だけ行う場合や繰り返し行うこともある。静的ストレッチングは，静的な筋収縮あるいは重力やパートナー，器具の助けを借りることでその効果を得ることがある。静的ストレッチングの主要な長所は，最もコントロールされていること，動きをほとんどあるいはまったくともなわないこと，スピードもきわめてゆっくりとしたもので，ときには静止状態であることだ。以下の節で静的ストレッチングの賛否を述べる。

1) 静的ストレッチングを支持する議論

伝統的に静的またはゆっくりとしたストレッチングは動的ストレッチングより好まれてきた。ハース・ヨガの静的ストレッチングは何世紀にもわたるもので，その利点は経験的に認められている。静的ストレッチングは科学的根拠に基づくもので，ROMを高めるのに効果がある。重要なことは，長期のゆっくりとした静的ストレッチングが，結合組織の持続的な粘性変形に関係していることである（Leban, 1962; Sapega et al. 1981; Warren et al. 1971, 1976）。それはまた発作をもった人の足関節の硬直を和らげる循環（cyclic）ストレッチングに相通じるものがある（Bressel and McNair, 2002）。

さらに静的ストレッチングは静的柔軟性の発達に最善の効果をもたらす。ティグペン（Thigpen, 1984）は，短期間の静的ストレッチングが筋肉内の電気的活動を減少させ，それが理論的に伸長することを容易にすることを実証した。理論上，最少のEMG信号（筋活動の少なさ）は筋肉の弛緩を意味し，それによって伸長することに対する活発な抵抗を最小限にとどめ，ストレッチングの潜在的効果を最大限に高めることができる。こうしたことは静的ストレッチング効果として最も一般的に言われている，反射作用を最小限にすることができるという理論的な根拠となっている。

ド・フリース（de Vries, 1966, 1986）によれば，静的ストレッチングは動的ストレッチングに比べてより少ないエネルギー消費ですむ。さらに静的ストレッチングはほとんどの場合，筋肉の痛みが少なく，筋肉疲労からの質的な解放をもたらす。とりわけ座業に従事している人や，トレーニングの経験に乏しい人にとって，静的ストレッチングは，ずっと安全なストレッチングであると言えるだろう（Prentice, 2001）。適切な静的ストレッチングは安全でお金もかからず，時間や場所も比較的自由に選べる。静的ストレッチングはどこででも行うことができる。

2) 静的ストレッチングに反対する議論

一見して，静的ストレッチングに反対する意見は動的ストレッチングのそれに比べて実際的でないように思える。表面的な見方として，静的ストレッチングは退屈だと指摘されている。より説得力のある意見は，動的な運動を除外して行われる可能性があるということである（Schultz 1979）。動作のほとんどはもともと動的なものであるから，静的ストレッチングは最適なストレッチング法とは言えないと主張す

る。言い換えれば,「競技選手にとって,スポーツを行っている間,軟部組織の力学的性質が動的に変化するので,静的ストレッチングは限られた効果しかもたらさない。」(Siff, 1993a, p.32) 両方のストレッチング法を組み合わせることがこの問題の最適の解答である。(Dick, 1980; Schultz, 1979; Stamford, 1981)。

マーフィー（Murphy, 1991）は,静的ストレッチングの欠点についての研究を論評した。彼はその調査で,静的ストレッチングの効果はふつう,次の5つの点にあると考えられていることを明らかにした。すなわち,①ウォームアップの補助,②クールダウンの補助,③遅発性筋肉痛を和らげる,④運動選手のパフォーマンスを高める,⑤傷害予防,の5つだ。しかし,著述の中では,こうした指摘が根拠のないものだと主張している。事実,臨床的な研究や神経筋生理学的原則では,これらの静的ストレッチングの原理が正しくないことを示している。

マーフィーも指摘しているように,静的ストレッチングの基本的な本質は,それが受動的だという点である。それは中心部の体温も周辺部の体温も上げないからウォームアップの役には立たない。また,受動的であるため,エクササイズを行った筋肉からの血液の流れを良くする助けにならないため,体のほてりを鎮めることもない。静的ストレッチングが運動後の遅発性筋肉痛を和らげるという,かねてからド・フリース（de Vries, 1961a）が主張していた点はマグリンら（McGlynn et al. 1979b）とブロカーとシュウェイン（Buroker and Schwane, 1989）の研究では再現できなかった。さらに エイブラハム（Abraham, 1977）は,「そのためには静的ストレッチングは運動が終ってから1分か2分待たなければならない」ことを見つけた。静的ストレッチングが運動選手のパフォーマンスを高めるという点もまだ科学的な調査によって実証されてはいない。実際,イアシュヴィリ（Iashvili, 1983）は静的ストレッチングによってもたらされる受動的柔軟性は,能動的柔軟性が高い効果を示しているのに対して,運動の達成レベルにはあまり役立っていないことを明らかにした。静的ストレッチングが傷害を予防するというこれといった文献は見当たらない。この点をマーフィー（1991）は以下のように詳しく述べている。

「柔軟性」の欠如が怪我の可能性を飛躍的に高めているということは明らかにされているけれども（Ekstrand and Gillquist, 1982）, SS（静的ストレッチング）が柔軟性を増し,傷害予防に役立つという点はいまだかつて実証されていない。むしろイアシュヴィリ（1983）やモーラ（Mora, 1990）,そしてガイダ（Gajda, 私見）は, SS はそれが「適切に」なされた場合でも,筋肉の怪我の危険性をむしろ高めている（Iashvili, 1983）と指摘している（p.68）。

他の研究者たち（Evatt et al. 1989; Wolpaw, 1983; Wolpaw and Tennissen, 2001）は,被験者が静的ストレッチングではもの足りないと感じること,伸張反射の働きを減じることを示した。伸張反射は制御される筋肉と関節にとって重要な保護的メカニズムである（Radin, 1989）。伸長感がもの足りないと感じることから競技者は安全性の限界を超えて伸長してしまう傾向があり怪我の原因となっている。

マーフィーによって指摘された点に加えて,新たにもう1つの点が問題にされた。静的ストレッチングの利点としてストレス緩和とクリープという2つの軟部組織の特性を促進するということが言われている。普通の人にとって,こうした動作を行うことに要する最少の時間はどの程度だろうか? ストレス緩和とクリープは持続的な牽引を10〜20分行う間に生じる。もしストレス緩和やクリープが生じるのにこれだけの時間がかかるとすると,静的ストレッチ

ングのこうした議論はしかるべき環境の整っていない場所では効果をあげることはできない。なぜならそれは，とりわけ筋肉の硬い人にとって伸長する時間が長過ぎることが伸展性を減らしてしまうからである（Bandy and Irion, 1994, p.849）。デピノら（DePino et al. 2000）は，静的ストレッチングによる柔軟性の向上が一過性のもので，ストレッチング終了後わずかに6分持続するだけで，やがて消失していくと指摘している。この調査ではハムストリングに対する静的ストレッチングを30秒続けることを4回繰り返す方法を採用している。このように，静的ストレッチングは一時的にROMを増加させることには効果があっても，長期間にわたる結合組織の伸長性を増すにはあまり役立たないかも知れない。マグヌソン，アアガードとニールスン（Magnusson, Aagaard and Nielson, 2000）は，45秒間静的ストレッチングを30秒間隔で3回行うことで20％の粘弾性緊張緩和をもたらすやり方を採用した。この調査は，静的ストレッチングの特性は，人ハムストリングスのさまざまな粘弾性に対してなんらの短期的な効果を期待できないことを示唆している（p.1160）。

さらにモーら（Mohr et al. 1998）は，静的ストレッチングを支持する人たちが，伸張反射の影響が極めて少ないという神経生理学上の原理をあげることに対して疑問を投げかけている。彼らの研究では臨床的に意味のあるストレッチングの姿勢でのEMGを調べた。そこでは志願した16名の運動選手が，自分で強さを決めて行うストレッチングを90秒間続けた場合でのEMGの変化を調べ，「調査の結果，与えられたストレッチングに対して30秒以上後では筋肉の活動になんらの変化が生じないことがわかった。したがって，もし筋肉のリラクセーションを得るには30秒かそれより短い時間で十分だということになる」（p.219）としている。さらに，テイラーら（Taylor et al. 1990）は，「多くの人が推奨している，反射作用（伸張反射）の軽減に効果があるという静的ストレッチングは，実際はストレッチリラクセーションの一例にすぎない」（p.307）としている。

ストプカら（Stopka et al. 2002）は，さらにもう1つの重要な以下の一面を指摘している。「静的ストレッチングは長い間，生理学の授業，競技現場，学校で教えられてきたために，それが幅広く柔軟性を増す一番良い方法だと信じられてきたのである」（p.29）。しかし，このことはまだ研究によって実証されてはいない。

2. その他の分類

ROMを維持するためのストレッチングまたはエクササイズを分類するもう一つの方法は，誰がまたは何がROMの維持にかかわるのかということである。運動はそれが自由なものか，抵抗をともなうものかによってさらに分析することができる。以下の節では受動的，受動能動的，補助能動的，そして能動的ストレッチングを含む広く知られたカテゴリーについて論じることにする。

(1) 受動的ストレッチング

受動的ストレッチングでは被験者は活動的収縮（すなわち意図的な筋肉の作動）の欠如時と同様に，筋を伸長するための力はいっさい発揮しない。動作はパートナーあるいは牽引器のような特別な装置といった外部の力によって実施される（図13.2a参照）。ペズッロとアーガン（Pezzullo and Irrgang, 2001）は，受動的エクサ

サイズを生理的,または補助的な成分に分けた。さらに受動的な生理的ROMを無制限のROMと,その関節における通常のROMで起こる運動であるかということで分けた。受動的な生理的ROMとは,拘束をうけていないROM,つまり関節の普通のROMで生じる動きである。これに対して受動的ストレッチングは拘束された範囲——運動量を増やそうとして実施される拘束あるいは制限された特定の関節における利用可能なROM——を超えた動作を取り込んだものである。適切に実行された場合,受動的ストレッチングは受動的な柔軟性を増加させる。受動的伸展性はそれが活性化されているか否かを問わず筋肉を最大に伸ばすという点で重要な要素となっている（Garrett, 2001）。

受動的ROMは受動的な物理的力あるいは伸長に誘導された収縮反応によって制限されることがある。それぞれのファクターによる抑制の割合はどのようなものだろうか？ マクヒューら（McHugh et al. 1998）は,straight-leg raise test（SLR）によって,「最大のSLR ROMに対する変異性の79%が,伸長に対する受動的,物理的反応によって説明しうる」(p.928)ことをつきとめた。さらに,この研究によって受動的なトルク（伸長に対する抵抗）の増加が大きければ大きいほど,ROMの最大値は低くなる（すなわち被験者の硬直が増す）ことが実証された。それとは逆に,全体の伸長で吸収されたエネルギーが大きくなるにつれて,被験者の硬直性は減り,ROMの最大値を高めることがわかった。この研究では「筋骨格の柔軟性は神経学の理論より,物理学的な言葉で説明できるという概念を裏づけている」(p.928)。

ハンターとスプリッグズ（Hunter and Spriggs, 2000）は20名の新人男性を調査することで,受動的柔軟性が足底屈筋の動的硬さについて役立つ情報が得られないかを調べた。結論としては「下肢筋肉の受動的柔軟性と動的硬さは筋腱部の柔軟性に関する要素とは関連性がない」ことを示唆していた（p.600）。受動的柔軟性と受動的ストレッチングの関係については,それが年齢や性の違いによる筋腱部に関連しているため,今後のさらなる研究が待たれる。

受動的柔軟性の測定とランニング効率の間には重要な関係が存在する（Craib et al. 1996; Gleim et al. 1990; Godges et al. 1989）。受動的硬さ,弾力性,ランニングの実施の関係は今後さらに調べる必要がある（第19章参照）。受動的ストレッチングと怪我の予防の関連についての理解はまだ十分とは言えない。ブラックとスティーブンズ（Black and Stevens, 2001）は22匹のマウスの外側の長指に対して5% L_0 の張力を0.5mm/sの速度でのストレッチングが急性の収縮による損傷を防ぐことができるかどうかを調べようとした。結果的には運動の前に行う受動ストレッチングが怪我を予防するという確証は得られなかった。

受動的補助運動は,意図的な筋肉の収縮からは得られない。それらは通常関節の動きを増すために健康管理士によって実施される。それは伝統的にモビライゼーションとマニピュレー

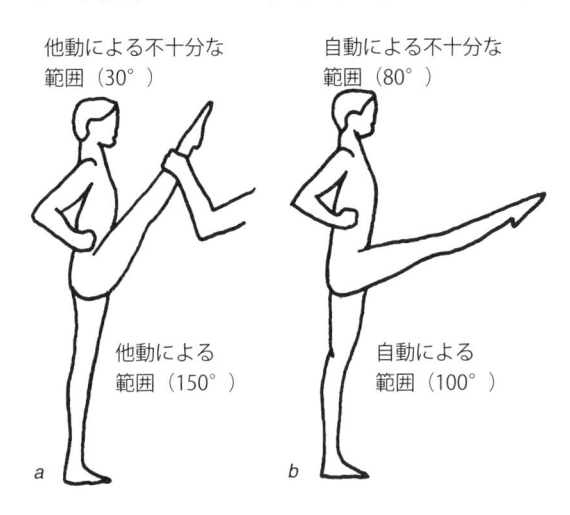

図13.2 柔軟性の範囲
(a) 他動による不十分な範囲（30°）,他動による範囲（150°）。(b) 自動による不十分な範囲（80°）,自動による範囲（100°）。
M. J. Alter, 1988, *Science of stretching* (Champaign, IL: Human Kinetics), 88. より許可を得て転載。

ションとに分類されてきた。モビライゼーションは低速，中程度から高度の振幅をもった1つないしは複数の関節で，場合によっては段階的な周期のもとでの受動的動きを扱う。マニピュレーションは利用可能なROMの終末における急激，高速，低振幅のテクニックである。

受動的ストレッチングによって，軟部組織の伸長性が失われているとき，加えられた力により通常のROMを回復することができる。筋肉への効果は弾性部分を受動的に伸ばすことにある。長さが増すにつれて作用を受けた関節におけるROMは増大する。「受動的ストレッチングを行っている間は伸長の大部分は腱ではなく筋腹でなされる」(Lederman, 1997, p.26)。受動的ストレッチングは主働筋すなわち動作の中心となる筋が関節を動かすには弱すぎるか，拮抗筋の動きをおさえることができない状態を示す。

ダウジング(Dowsing, 1978)とオルコット(Olcott, 1980)によれば，パートナーとの受動的ストレッチングはさらにいくつかの利点をともなう。すなわち，
- 信頼に基づいたチームメイトによって反復を完璧なものにすることができる。さらにパートナーがずっと観察しているため，被験者はより一層反復をきちんと行おうと努力する。
- コーチは自由に歩き回り，誤りを正す手助けをする。誤りを正されたパートナーは他の仲間が同じ誤りを犯さないようにアドバイスできる。
- パートナーが他の仲間の上達に気づき，それを指摘してあげることで，より大きな達成感が生じる。
- パートナーと組むことによって，お互いのチームメイトとしての関心が増す。
- ひとりでやるより，パートナーと行った方が楽しい。

しかし，パートナーとの柔軟エクササイズを実施するにあたっては，パートナーはお互いに相手の体のことに十分通じていなければならない。なぜならパートナーは相手の体に力を加えるわけであるから，いつ伸長を止めるか，そのままホールドするかを相手の体のシグナルから見極めなければならないからだ。1つのミスが柔軟性トレーニングのプログラムを台無しにしてしまうこともある。

受動的ストレッチングは硬さをほぐすのに最適な方法とは言えないかもしれない(Cherry, 1980)。あるいはとくに筋肉を受傷した直後にROMを回復しようという試みにも適していないかもしれない(Jacobs, 1976)。ジェイコブズ(Jacobs)によれば，受動的ストレッチングは少なくとも4つの理由で適切でないと言う。第1に極端な伸長はゴルジ腱組織(GTO)の炎症を起こす。第2に受動的ストレッチングは苦痛をともなうことがある。第3に，筋肉のアンバランスがGTOの極めて短い時間のメッセージによって解消されることがないため柔軟性を確保することができない。その結果運動学習も，硬い筋肉やその拮抗筋の運動能力の改善は見られない。第4に，もし受動的ストレッチングが素早く行われると，筋紡錘が活性化され，その結果生ずる伸張反射により筋肉が収縮し，プログラムの目的を損なうことになるからだ。

(2) 受動能動的ストレッチング

受動能動的ストレッチングは受動的ストレッチングとはほんの少し違うだけである。初めに筋を伸長するにあたって何らかの外部の力が加えられる。以後被験者は主働筋を収縮させてそれを数秒間，等尺性姿勢でホールドさせようとする。このやり方は硬い筋肉が邪魔している弱い主働筋を強化することになる。

(3) 補助能動的ストレッチング

補助能動的ストレッチングは初めに一群の拮抗筋の活発な収縮をすることで達成される，被験者の柔軟性の限界に達したとき，ROMはパートナーによって拡げられる。この方法では硬い筋肉が邪魔している弱い主働筋を活性化したり強化したりすることができ，調和のとれた動作のパターンをつくり上げることができる。

(4) 能動的ストレッチング

能動的ストレッチング（図13.2b参照）は第三者の助けを借りるとことなく，自発的に筋肉を使うことで達成される。シフとヴェルホヤンスキー（Siff and Verkhoshansky, 1999）は，この定義に「手足の筋肉の反動動作なしで」という重要な要素をつけ加えた（p.184）。ペズッロとアーガン（2001）は，それぞれ要因をもった能動的エクササイズを自立能動的なものと抵抗的なものの2つに分類した。自立能動的エクササイズあるいはストレッチングは，「筋肉が外部から抵抗を加えられることなく動かされる」ときに発生する（p.108）。自立能動的エクササイズは可動域訓練とストレッチングを含む。可動域訓練は「被験者の筋肉の随意の収縮によってもたらされる，制約されない利用可能な動作範囲における動きを含む」（p.108）。可動域訓練は現在の動作レベルを維持するために実施されるが，ストレッチングエクササイズの方は動きを良くすることを意図している。能動的，および補助能動的ストレッチングのその他の利点としては以下の点があげられている。

・動かないことによる副作用を抑制し，筋肉の収縮性を維持する。
・知覚上のフィードバックを提供する。
・固有受容性感覚と運動感覚を補助する。
・骨を正常な状態に保つための刺激を与える。
・血行をよくする。
・機能的動作に必要な調整と動きのスキルを改善する。
・極度に弱い筋肉を強くすることに役立つ。
・ストレッチングの神経生理学的原理と合致する。

柔軟性を増すための能動的エクササイズとしては抵抗的方法を利用することができる。抵抗的エクササイズはペズッロとアーガン（2001, p.108, 109）によって「被験者が与えられた抵抗に対して自発的に筋肉を動かすエクササイズ」と定義されている。抵抗は等速性機器でも，徒手抵抗よるものでもよい。ROMを高める抵抗訓練の例としては，PNFや筋肉エネルギー技術（METs）をあげられる。

イアシュヴィリ（1983）は，能動的ROMの値は受動的ストレッチングより低いが，能動的柔軟性は受動的可動域（r=.69）より高い運動達成レベル相関（r=.81）をもっていることを明らかにした。イアシュヴィリはまた，最初にストレッチングエクササイズを行ったときには，能動的と受動的動作間の相関係数は.61～.73の限界内で変化することを見い出した。したがって，受動的ストレッチングと能動的ストレッチングの関係はトレーニングの方法によると言える（Hardy, 1985; Iashvili, 1983; Tumanyan and Dzhanyan, 1984）。

全可動域は能動的なROMと受動的ROMの合計である。もし柔軟性を高めるために受動的エクササイズが行われるならば，受動的な柔軟性が発達することになる。したがって，受動的柔軟性の不足域が減少することになる（図13.2a, 13.2b参照）。関節の運動範囲が，能動的な場合と受動的な場合とで差が大きいと損傷する危険性が増す（Iashvili, 1983）。そうしたリスクを避ける意味で，能動的柔軟性不足域での体力エクササイズが推奨されている。それは受動的エクササイズの不備を補い，能動的動作の範

囲を増やすことになるだろう。

　トゥマニャンとジャニャン（Tumanyan and Dzhanyan, 1984）は4つのトレーニング方法を比較した。調査した対象群では能動的柔軟性と受動的柔軟性の間に違いは認められなかった。ストレッチングだけを行った第2のグループでは，能動的柔軟性と受動的柔軟性はほぼ同様に増加した。しかし能動的柔軟性と受動的柔軟性の差は変わらなかった。筋力エクササイズのみを行った第3のグループでは能動的柔軟性だけに効果が認められた。筋力エクササイズとストレッチエクササイズの両方を取り入れた第4のグループでは最大限の能動的柔軟性が獲得されるとともに受動的柔軟性の増加も認められた。結果として能動的，受動的ともに柔軟性が増したことで，両者の差は減少した。

　ロバーツとウィルスン（Roberts and Wilson, 1999）は5週間の柔軟性訓練プログラムでストレッチングの持続時間の違いが（5または15秒），下肢の能動的ROMと受動的ROMにどのような効果をもたらすのか調査した。対象は平均年齢20.5歳の24名の運動部あるいはスポーツクラブに所属する大学生。結果，能動的ストレッチングは下肢のROMを有意に増加させた。さらに実用的な所見として，①能動的伸長を長く持続しても受動的ROMを増加させる役には立たない，②ストレッチング時間の長さは能動的ROMの改善に大きな効果がありうることがわかった。

　もし能動的ストレッチングが能動的ROMを増やすのであれば，等尺的収縮も同じように柔軟性に関係しているのだろうか？　ハーディ（Hardy, 1985）の研究によって，能動的柔軟性の大きな増加は能動的な筋肉群におけるより長い期間での等尺的収縮と関連性があることが明らかにされた。

　能動的ストレッチングは反動的なものでも静的なものでもよい。マトヴェイエフ（Matveyev, 1981）によれば，動的エクササイズは，動きの大きさを徐々に高めながら連続して行うべきだとしている。一連の動きで繰り返すべき回数はふつう8～12回とされる。疲労によって動きの大きさがにぶくなったときには反復を停止すべきである。よく訓練された運動選手は40回以上の反復をすることも可能となる。静的ストレッチングは保持時間を数秒から数十秒まで徐々に上げていくのが特徴である。周期的なストレッチング時に起こる弾力的（回復可能）あるいは可塑性（不可逆性）の変形の大きさは，周期の回数，変形の比率，そして一サイクルあたりに加えられる力と時間によって決定される（Starring et al. 1988）。

　能動的エクササイズも受動的エクササイズもともに柔軟性の改善に有効であるが，それぞれの柔軟性に及ぼす効果には差がある。どのようなときに，どんなエクササイズをすべきなのだろうか？　受動的ストレッチングはストレッチングしたい筋肉の弾性力（拮抗筋）が柔軟性の妨げになっているときに選択される。筋肉（主働筋）の虚弱が柔軟性の妨げになっているときは，能動的ストレッチングを選択する。したがって，対象となっている関節の拮抗筋の弾力性と主働筋の強さを理解しておく必要がある（Pechtl, 1982）。

(5) 特定な能動的ストレッチング（AIS）

　多くのストレッチングの方法がそれぞれ優位性を競っている。特定なアクティブ・アイソレート・ストレッチング（AIS）は大きな注目を浴びているやり方である。AISはアーロン・L・マチス（Aaron L. Mattes）によって考案されたため，マチス方式とも呼ばれている。現在AISには多くの主唱者と支持者（例えば『ウォートンのストレッチング読本』の著者であるジム＆フィル・ウォートン〈Jim and Phil Wharton〉）がおり，評価されている。

AISは簡単な原理に基づいたものである（Mattes, 1990; PennState Sports Medicine Newsletter, 1998; Wharton and Wharton, 1996）。

・一度に特定の筋肉に対する伸長を重点的に行う。
・対象となる特定の筋肉の拮抗筋を積極的に収縮させる。この動作によって伸長しようとする筋肉をリラックスさせることができる。
・対象となる筋肉を静かに素早く伸長する。
・この状態を2秒以上保持する。
・特定の筋肉が保護収縮する前に伸長を中止して最初の姿勢にもどす。
・直前の位置を1〜4度超える動作で8〜10回繰り返す。

AISは静止あるいは等尺筋肉収縮に比べてリンパ液の排出を助け，より多くの血液，酸素，栄養を特定の部分にもたらすとされている。支持者の中にはAISでは手順そのものがウォームアップなので，ストレッチングに先立つウォームアップはとくに必要ないとする者もいる。ただ個々のストレッチングを行い，毎回のストレッチングがROMを増加させるのを観察する。

AISの基盤となっている神経生理学的原理に対する批判は筋紡錘の生理学に関係している。ウォートンとウォートン（Wharton and Wharton, 1996）は以下のように書いている。「筋肉に加える伸長が速すぎたり，強すぎたりすると筋肉は断裂を避けるために自動的かつ衝撃的に反発する。この筋伸展反射と呼ばれる代償作用は3秒で効き始める（3秒というのはウォートンとウォートンによる）。これは，速すぎる伸長に対して筋肉が反応するのに筋紡錘は3秒かかることを意味しているのだろうか？ ふくらはぎの筋肉の伸張反射は30ミリ秒（0.003秒）つまり100分の3秒で発生する。ハムストリングのように脊髄により近い筋肉はもっと早く反応する。神経組織にとって2秒間は永遠を意味すると言ってよい。「ストレッチングを2秒間やって，伸張反射の発生を避けるために筋肉をそっとなでるなどというのは馬鹿げている」（Moore, 2003）。しかしながら，ゆるやかで周期的なストレッチングに対する見解は文献でも臨床の場でも明らかに支持されている。

ツァツーリン（Tsatsouline, 2001b）はAISが受動的で能動的な柔軟性を獲得すると信じている。一方で彼は「AISよりもずっと優れたストレッチングがある」と主張する。現在，AISと他のストレッチング法の有効性を比較した研究は発表されていない。しかし，かりに「2秒間」の原則が除かれれば，同じストレッチングの「変形」として以下のようなさまざまな名前を文献で見つけることができる。

・IA（主働筋の等尺性収縮）（Holt et al. 1970）
・相互グループの働き（高緊張グループへの）（相互伸長作用）（Waddington, 1976）
・低速能動的ストレッチング（SS）（Turner, 1977）
・能動的固有受容性神経筋促通法（Hogg, 1978）
・3-PI（受動的柔軟操作——主働筋の最大3秒間の随意等尺性収縮）（Cornelius and Hinson, 1980）
・能動的PNF（アクティブに限る）(Hartley-O'Brien, 1980)
・DROM（ダイナミックROM）（Dominguez and Gajda, 1982）
・短縮性等尺性収縮（CI）（Turner and Frey, 1984）
・AC（主働筋収縮）（Condon and Hutton, 1987）
・ACR（主働筋のコントラクト・リラックス）（Osternig et al. 1990）

二義的にAISは「修正されたPNF」テクニックに類似している。もしある局面が修正されるならそれはHR技術にもっとも密接に関連して

関節が許容できる最大の能動的及び受動的柔軟性

コーチや運動選手は以下の重要性，すなわち①受動的と能動的両方の柔軟性を発達させること，そして②関節が許容しうる最大の能動的及び受動的ROMの限界データの定量化，を認識する必要がある。「関節における予備量（受動的動きの高い見積もり）と実際の（受動的，能動的）動きを知ることで，可能な増加量を決めることができる」(Karmenov, 1990, p.200)。能動的柔軟性の可能な最大増大値を計算するためには，最大の受動的柔軟性の数値から最大の能動的柔軟性の数値を引けばよい。この差が能動的欠如領域である。シフとヴェルホヤンスキー（Siff and Verkhoshansky, 1999, p.200）が，この差を負荷能動的柔軟性欠如または単に柔軟性欠如と呼んでいる（p.184）。

例えば最大受動的適性（ROMの柔軟性）が，両足をまっすぐに伸ばした状態での股関節の屈曲が150°で，可能な最大の能動的適性（ROMの柔軟性）が100°だったとしよう。その場合，能動的柔軟性の可能な増加量は50°となる。このように，最大能動的不適性の領域（柔軟性欠如）が大きければ大きいほど，最大能動的柔軟性を増大させる可能性が大きくなる。しかし，能動的柔軟性と受動的柔軟性の領域の差が大きいほど，怪我の危険度も大きくなる」(Iashvili, 1983)。

最大受動的適性（受動的ROM）の増加の可能性は動きの予備量（すなわち，受動的動きの高い見積もり）から最大受動的適性を引くことで決定される。この差が受動的不適性領域である。例えば，優秀な運動選手が，両足をまっすぐ伸ばした状態で180°の尻の屈曲ができるとしよう（それぞれの年齢別基準を定める標準化されたテストデータに基づいて決まれたもの）。仮に現在の最大受動的適性が150°であるとすれば，受動的適性の増大する可能性は，

180°－150°＝30°

ということになる。

こうした情報はコーチやトレーナーが選手の能力を改善し，怪我の危険性を減らすことに役立つと思われる（Alter, 1998, p.18を修正）。

いると言えよう。付随的なPNFテクニックは容易に修正することができる。修正は，つけ加えたり，削除したり，場合によってはそれぞれのPNFの局面を逆にしたり（あるいは変形させたり）することで説明される。以下はその例である。

- CR（コントラクト・リラックス）（拮抗筋の等尺性収縮と新たに獲得した範囲に動くことに続く弛緩）。拮抗筋の収縮を逆転させ主働筋の収縮に変える（すなわちAIS）。
- HR（ホールド・リラックス）拮抗筋の等尺性収縮と新たに獲得した範囲に動くことに続く弛緩。拮抗筋の収縮を逆転させ主働筋の収縮に変える。
- SR（スロー・リヴァーサル）（主働筋の等張性収縮に続く拮抗筋の等張性収縮）拮抗筋の等張性収縮を取り去る＝AIS。
- IA-CA（拮抗筋の短縮性収縮に続く主働筋IAの等尺性収縮，すなわちCA）。CAの削除＝AIS。
- CRAC（主働筋の収縮に続く拮抗筋の等尺性収

縮，弛緩）。初期 CR の削除＝ AIS。

しかしながら，それぞれの PNF が特定の目的と意図を達成するために活用されている。

AIS は簡単で効果的なストレッチング技術である。しかしさらに優れた技術があるかも知れない。すべてのストレッチングの要因についてその長所と短所を明らかにするような管理された臨床的研究を行う必要がある。当面は運動の種類，活動，生活状況によって決まる ROM のリハビリテーションや保全ないしは改良を目的とした個人向けのストレッチングの研究計画を実施するのが賢明な道であると言えよう。

3. 固有受容性神経筋促通法 (PNF)

固有受容性神経筋促通法（PNF）は，「固有受容体を通して神経筋の仕組みを促進したり早めたるする方法」である（Knott and Voss, 1968, p.4）。これはすべての人は身体障害者を含めて利用されていない潜在能力をもっているという信念に基づいた治療に関する概念である（Adler et al. 2000）。PNF はハーマン・カバト（Herman Kabat）が 1940 年代の後半から 1950 年代の前半に発展させた。基本的動作パターンと体位，および正常な反射作用に関連したさまざまな動作の組み合わせを使って，ROM 全体に最大限の抵抗が強調される（Voss et al. 1985）。こうした動作には受動的動作とともに，等尺性収縮，求心性収縮，あるいは伸張性収縮が含まれる。PNF は，一人で徒手で行うこともできるし，助手もしくは器具を利用することもできる。PNF テクニックはリハビリテーションや運動選手のトレーニングに活用されている。

(1) PNF の基本的となる神経生理学的原理

PNF テクニックは促通，抑制，抵抗，放散，反射といったいくつかの重要な神経生理学的なメカニズムに基づいている。促通の技術は運動ニューロンの興奮性を高めることを意図している。PNF テクニックの促通とは，運動ニューロンの脱分極（興奮性の増加）を高めたり，運動ニューロンを増やす刺激がある。それとは反対に抑制テクニックは興奮性を減らすことを意図している。そこでは運動ニューロンを過分極（興奮性の減少）させたり，運動ニューロンを活発に放出させる量を減らす刺激を起こす（Harris, 1978; Knott and Voss, 1968; Prentice, 1983）。抑制は促通とは正反対のものだが，2 つの手法は切り離すことができない。なぜなら，主働筋の促通が同時に拮抗筋の抑制を招くものだからである。このように重なり合った効果が対立する筋肉群に生じるのである（Knott and Voss, 1968）。しかしながら抑制テクニックは柔軟性を増加させる点で最適なものである。基本となる考えは，拮抗筋での運動ニューロンを抑制することで,それらの筋肉は弛緩を高め，その結果目的とする主働筋の抵抗を弱める働きをする，というものである。

促通と抑制は筋肉の抵抗（すなわち能動的収縮）をもたらす。もともと最大限の抵抗は等張性収縮，あるいは最大の ROM が起ることを許容する能動的収縮に適応しうる最大量の ROM である（Knotto and Voss, 1968），と定義されてきた。だが今日では多くのインストラクターは最適の抵抗，あるいは適切な抵抗という表現がより正確であると考えている（Adler et al. 2000）。最大限の抵抗は強い動作のパターンか

ら弱いパターンへのオーバーフロー，すなわち放散を生みだす。このように放散は，ある特定のパターンでの相乗的な筋肉の収縮をもたらすCNS内の興奮性の広がりを意味する（Adler et al. 2000; Holt n.d.; Surburg, 1981）。

PNFテクニックの効果はまた伸張反射作用にも関連している。伸張反射作用は長さの変化や筋線維の長さの変化の割合に敏感な筋紡錘にかかわっている。また緊張の変化を探知するGTOは，受動的ストレッチングの極限によって始動されるかも知れない。双方の感覚器官は筋肉を特定の条件下で弛緩させる運動ニューロンの興奮性の変化を生み出す。生理的な極限まで関節を動かすことによってROMを高めようとする努力は筋紡錘やGTOだけでなく，関節自体にある感覚器終末を刺激する。

(2) PNFの生体力学上の原理

PNFテクニックは能動的収縮を採り入れている。理論的には，これらの収縮は2つの生体力学的な方法でROMを改善しうる。組織の温度が高まることは，硬さをやわらげ，伸長性を高める（Sapega et al. 1981）。第1に，生体外での研究で15秒の収縮が筋肉内の温度を1℃（華氏33.8°F）上昇させたが，力と長さの増加はうまくいかなかった（Safran et al. 1988）。したがって，体温の上昇はおそらくROMの改善を容易にすると思われる。第2に，サフランら（Safran et al. 1998）はこの生体力学的動きの変化は，筋収縮の力により生じる可能性があった。そして，それは筋腱接合部で緊張緩和が生じたことを示唆している。マグヌソンら（Magnusson et al. 1996a）は，等尺性収縮は生体力学上の反応を変えることはない，としている。

(3) PNFテクニックの利点

PNFテクニックを信奉する人びとはPNFが多くの利点をもっていると主張する，個々の利点は取り入れられたテクニックによって異なる。ROMについて言えば，多くの研究者（Moore and Hutton, 1980; Hartley-ÓBrien, 1980; Hatfield, 1982; Holt n. d. Prentice, 1983; Sady et al. 1982; Tanigawa, 1972）が，PNFは他のストレッチングに比べて最も大きな増加をもたらすことを見つけた。この効果は他の著者や研究者によっても主張されている（Beaulieu, 1981; Cherry, 1980; Hartley-O'Brien, 1980; Hatfield, 1982; Holt n.d. Cornelius, 1983; Cornelius and Hinson, 1980; Holt and Smith, 1982; Holt et al. 1970; McAtee and Charland, 1999; Perez and Fumasoli, 1984; Sullivan et al. 1982; Surburg, 1983）。

PNFの他の潜在的な利点としてはより大きな力，より優れた筋力バランス，そして関節の安定性の向上などがあげられる（Adler et al. 2000; Cherry, 1980; Handel et al. 1997; Hatfield, 1982; Holt n.d.; Knott and Voss; Lusting et al. 1992; Moore, 1979; Sullivan et al. 1982; Surburg, 1981, 1983）。筋力をともなわない柔軟性は，被験者にとって関節の怪我の原因となるので，あるPNFテクニックは両方の資質を発展させるので，運動中の怪我を防ぐうえで有効である（Moore, 1979）。

PNFテクニックはまた，持久力と血液の循環をよくし（Adler et al. 2000; Cailliet, 1988; Knott and Voss, 1968; Sullivan et al. 1982; Surburg, 1981），調整を強化すると言われている（Adler et al. 2000; Knott and Voss, 1968; Sullivan et al. 1982; Surburg, 1981）。さらに支持者たちはPNFテクニックが筋肉のより優れた弛緩をもたらすと主張している（Cherry, 1980; Holt n.d.; Knott and Voss, 1968; Prentice,1983; Sullivan et al. 1982; Tanigawa, 1972）。しかし，すべてのPNFテクニックが同じくよい結果を生み出す

伸展認知変化

最近，ストレッチングの後のROMの増大は「伸長耐性」の増加の結果だと言われるようになった（Chan et al. 2001; Halbertsma and Göeken, 1994; Magnusson et al. 1996c）。それに対して，マグヌソンら（Magnusson et al. 1996a）は"伸展認知変化"と呼んでいる。「これまでのところ，"ストレッチングの耐性"と"力学的，生理学的要素"による柔軟性の改善の相対的貢献については，まだ解明されていない」（Chan et al. 2001, p.85）。しかし，プロスキとモーガン（Proske and Morgan, 1999）は，警告する。「科学の分野でよく見られることだが，われわれは新しいアイデアの新鮮さや新奇さに振り回されてきたのかも知れない」（p.434）。

いくつかの説得力のあるメカニズムは，とくに能動的ストレッチングあるいはPNFテクニックに関連する伸長知覚の変化によって説明できるかも知れない。ハグバースとノーディン（Hagbarth and Nordin, 1998）は，「ある重量を何度も持ち上げ，その後で軽い重量を持ち上げると，それが以前より軽く感じられるという後作用を残す」（Müller and Schumann, 1899）という言葉を引用している。ハグバースとノーディン（1998）はまた，よく知られた室内ゲームに触れている。すなわちひとりの志願者に戸口のところに立ってもらい，しばらくの間，腕を強制的に側柱に外転させるよう依頼する。その拘束を解いた後でその腕を再びもとの位置にゆっくりと戻してもらう。このときその志願者は再び腕を上げるときに腕の外転筋の無意識の収縮によって一時的に軽くなったと感じる（p.875）。ある種の能動的あるいはPNFストレッチングでも，この種の軽いと感じる感覚を経験する人がいる。

ハグバースとノーディン（1998）は，こうした後収縮を引き起こす神経メカニズムについて，いくつかのユニークな仮説を発表している。そのひとつは，後作用に先立つ，主として等尺性随意努力時の筋紡錘活性化の後に生じる，α運動ニューロンの反復刺激後増強と呼ばれるものである。他に公表された研究としては，「後収縮の現象は基本的に中枢にある興奮性の変化によるものか（Gilhodes et al. 1992），さもなければ筋紡錘からの継続的な後放電によるものである（Hutton et al. 1987）」（Hagbarth and Nordin 1998, p.875）。最近では収縮は増大した錘内筋及び錘外筋の硬さの影響を残すと指摘されている。これらふたつの融合はともに，筋紡錘中の揺変性が軽いと感じさせる錯覚を起こす要因であるとしている（Axelson and Hagbarth, 2001; Hagbarth and Nordin, 1998; Proske and Morgan, 1999, Proske et al. 1993）。

ゆるみがあるかないかは，自動的な筋の伸長時に見られる緊張の立ち上がりの形状を大きく変え，筋紡錘の伸長感度に影響を与える（Gregory et al. 1998; Hagbarath et al. 1995; Jahnke et al. 1989; Wilson et al. 1995）。プロスキとモーガン（1999）がこの点を詳しく述べている。

> ゆるみは，より長い長さで筋肉を収縮させてから完全に弛緩させ，次にもとの長さに戻すといった長さに関する特定のテストで理解できる。ゆるみはテスト時の長さでの収縮によって取り去ることができる（p.437）。

> 錘内筋繊維のゆるみは背景紡錘体の求心性神経の放電と反応を減少させる（Proske et al. 1992, 1993; Wilson et al. 1999）。錘内筋のゆるみの重要さは，それが紡錘体の知覚端末の緊張を和らげることである。それは反面，紡錘体の背景レベルの活動を低下させ，紡錘体のストレッチング感覚を鈍らせている（Proske and Morgan, 1999）。グレゴリーら（Gregory et al. 1998）は，ゆるみを取り除き筋紡錘体を敏感にさせるには最大の随意収縮のわずか10％で充分であると報告している。したがって，以上述べてきたことが相まって，伸長耐性の増加の要因になっていると考えられる。

わけではない（Adler et al. 2000; Condon, 1983; Condon and Hutton, 1987; Etnyre and Abraham, 1984. 1986b, 1988; Moore, 1979, Moore and Hutton, 1980）。最後に「動作にPNF原理の対角螺旋パターンを応用すると（この点は後述する），普通の静的ストレッチングにより優れた三次元の機能的ROMを生み出すことができる」（*Fitness and Sports Review International*, 1992, p.6）。

(4)PNFテクニックについての論争

PNFテクニックは多くの潜在的な利点を提供するが，それはまた短所もあわせもっている。例えば，ほとんどのPNFはモチベーションの高い人を対象にしている（Cornelius, 1983; Moore and Hutton, 1980）。コーネリアス（Cornelius, 1989）とストプカ（Stopka et al. 2002）は，PNFストレッチングはある程度初期の段階での指示と管理が必要だと指摘している。さらにたいがいの場合パートナーの助けが必要なことから，トレーニングの時間が長引くということがある。しかしストプカら（2002）は，PNFストレッチングテクニックが軽度から中度の知的障害をもった人びとに簡潔でわかりやすい方法で教えることが可能なことも気づいていた。その他の欠点として，ムーア（Moore, 1979），ムーアとハットン（Moore and Hutton, 1980），それにコンドンとハットン（Condon and Hutton, 1987）が指摘しているのは，ある種のPNFストレッチングは静的ストレッチングと比べて往々にして快適とは言えず，苦痛をともなうことである。実際，さまざまなPNFテクニックは，ストレッチングが筋肉により大きな緊張を強いるという点で，静的ストレッチングより危険度が高い。とりわけ，最大の幅で拮抗筋の等尺性収縮を働かせるホールド・リラックス は，例えば腱やそれに付属する筋肉の構造に連続して伸長する力を加える。したがってPNFの手順は軟部組織の損傷を最小限にとどめるために注意深く観察されなければならない。さらに，ほとんどのPNFエクササイズはパートナーによる伸長を取り入れているので，もし誤って実施されると怪我の原因となる（Beaulieu, 1981; Cornelius, 1983）。

PNFテクニックのもう1つの欠点は，収縮性の血圧を上昇させるヴァルサルヴァ現象をもたらす可能性があり（Cornelius et al. 1995），それが明らかに高血圧の人と密接な関係にあることである（Cornelius, 1983; Cornelius and Craft-Hamm, 1988; Knott and Voss, 1968）。ヴァルサルヴァ現象とは閉鎖された声門（息を止めて我慢する）に対する呼気作用で，等尺性または強い抵抗運動を行うときに発生するものである。このプロセスは深く息を吸い込んだ後の声門の閉鎖と腹筋の収縮によって始まる。その結果，胸郭内と腹腔内の圧力が増し，静脈の心臓への血流と心臓からの流出を減少させ，それが

一時的に動脈の血圧を下げ，心拍数を高めるのである。最後に息を吐き出したときに血圧が上昇し，それは 200mmHg かそれ以上のレベルに達する。最終的には心臓への速い静脈の流入が心臓の収縮を強いることになる。PNF を行う過程で，最大の随意の等尺性収縮が大きければ大きいほどヴァルサルヴァ現象の可能性も増すことになる。

腹部の手術を行ったり，ときには簡単な眼の手術を行った心臓病の患者は，とりわけヴァルサルヴァ現象に対しての注意が必要である（Jones, 1965）。もう１つの危険性としては，腹壁の筋肉や筋膜が弱かったり欠陥をもっていたりすると腹部の内容物の脱漏を起こすことがあげられる（Jones, 1965）。しかしファーディ（Fardy, 1981）の文献上のレビューでは，等尺性エクササイズ時にヴァルサルヴァ現象が発生する可能性は，それまで予想されていたよりも低いとしている。

コーネリアスとクラフトハム（Cornelius and Craft-Hamm, 1988）は，ハムストリングスを使いながら PNF を一回行ったときの血液の収縮期圧と拡張期圧を調べた。調査でわかったことは，休息時と等尺性状態との間に大きな差は認められないというものであった。この研究結果が限られた解釈にとどまるのは，被験者が腹這いの状態でしか調査していなかったことによる。コーネリアスとクラフトハムはまた，患者がどのような薬物療法を受けており，その患者の PNF を行う過程での動脈の血圧反応がどの程度かを知っておくことの重要性を強調している。

血圧は体が異なる姿勢をとるときや，ストレッチングのプログラムを実施する際のさまざまな姿勢によって変ってくる（Holt et al. 1995）。より最近になって，ホルトら（Holt et al. 1995）は，最大限に満たない努力（収縮）が最大限の努力と同等の ROM を獲得させることを証明してみせた。この発見が示唆するのは，「ということはおそらく，低い強度の PNF ストレッチングでも動きの範囲を改善することのでき，同時に心血管の機能にマイナスの影響を与えないことを意味するのだろう（p.416）」ということである。

しかしながら，潜在的な危険を避けるためには，運動プログラムに予防的な措置が組み込まれるべきであろう。対策の１つとしては，高強度の運動の間に呼息を取り入れることと，別の運動の合間に規則正しい呼吸をすることがあげられる。

エルドレッドら（Eldred et al. 1976），スズキとハットン（Suzuki and Hutton, 1976），それにハットンら（1987）は PNF の神経生理学的根拠を支持するいくつかの考えについての実験に取り組んだ。具体的にはこれらの研究によって，筋肉の伸長に先立つ静的収縮が筋紡錘に残存する後放電によって，収縮活動を容易にすることを明らかにしたのである。さらに，これまで考えられてきたこととは異なり，筋肉は静的収縮の後で長さの変化に対してより強い初期抵抗を示すことがわかった（Smith et al. 1974）。この抵抗は GTO が，ストレッチングにさいして筋肉が持続的収縮の後で一時的に低下したときにだけ起るためと思われる。こうした点はこの章の後半で詳しく述べることにする。

エトナイアとリー（Etnyre and Lee, 1987）は，さまざまなストレッチングの方法を利用した数多くの研究から類似のデータを解釈する難しさについて問題提起している。

PNF は最も好ましい結果をもたらしているように思われるものの，柔軟性についてのさまざまなテクニックの効用を決める調査は，そのやり方や実験計画や手順が大きく異なるため，単純な比較を困難にしている。静的ストレッチングと PNF ストレッチングの効果について多くの文献で反論や論争がなされている。意見の不一致は，トレーニン

グ計画の相違，測定器具の違い，そして不適切な管理などに帰せられる（Hardy, 1985; Sady, Wortman, and Blanke, 1982）。比較研究においてストレッチング方法の違いが報告されて，それぞれのセッションの時間の長さや一週間に行われるセッションの回数，そして治療に何週間かけたかがあげられる（Lucas and Koslow, 1984）。さらに実験計画も，治療が同じグループか別々のグループに対してなされたかによって変ってくる（p.185-186）。

優れた構想に基づいて入念に実行された研究が非常に重要となっている。

(5) 単平面－単一筋肉 PNF テクニック

PNF テクニックが開発される以前は麻痺した患者のリハビリテーションでは，1度に1つの動き，1つの関節，そして1つの筋肉を強調する方法が利用されていた（Voss et al. 1985）。平面動作の伸長の例は，上腕三頭筋を徒手で行うストレッチングである。PNF テクニックでも，この平面動作のストレッチングと同じ方法を採用している。このテクニックは，次の節で述べる，もっと複雑な対角螺旋の PNF テクニックより容易にマスターすることができる。単平面 PNF テクニックは効果的ではあるが最善のものとは言えない。しかし対角動作を全く使わなくても，単平面 PNF テクニックによって優れた促通を手に入れることができる（Kabat et al. 1959）。

(6) 対角螺旋(回旋)PNF テクニック

自然で機能的なひとの動作は一度に1つの動き，1つの関節，あるいは1つの筋肉でなされるわけではない。動作はむしろ多数の動作パターン，言うなれば対角螺旋パターンによって生じる。カバトとノット（Kabat and Knott）はリハビリテーションの過程で神経系により有効な刺激を与えるように，自然な動作パターンを利用する技術を開発した（Houglum, 2001; Voss et al. 1985）。多数の動作パターンは，ヴォスら（Voss et al. 1985）によって，「動きのさまざまなコンビネーション・・・さまざまな段階での多くの筋肉の短縮と伸長の反応を要求するような」（p.1）と定義されている。対角螺旋の自然の動作パターンの性質は骨格とそれに付随する筋肉の仕組みから起こる。筋肉は起始から停止まで骨周辺に螺旋状にあり，そのため収縮時に螺旋運動を生じる傾向をもつのである。

1) 動作の流れ

特定の動作パターンを使った PNF テクニックは，関連する筋肉線維が最大の伸長に対応する状態で主要な筋肉の構成要素を完全に伸ばしたところで始める。この開始時のポジションが伸長領域，初期領域，またはストレッチ領域と言われるものである。特定の筋肉の「連鎖」に対する最善の動きのパターンは，それが ROM の領域全体で実行されるとき，これらの筋肉が完全に長く伸ばされた状態から，完全に短縮された状態に収縮させることになる。ほとんどの筋肉は，起始から停止の間に対角状に横たわっているので対角的に，そして多くの場合螺旋方向に収縮されるときに最もよく機能する（Kabat et al. 1959）。この対角的な動作の流れ，すなわち溝が，伸長状態から短縮状態に移る適切な連続の過程で，主要な構成部分の最大の収縮によってもたらされることになる（Voss et al. 1985）。

2) 動作の構成要素

それぞれの対角的あるいは螺旋パターンには動きにかかわる3つの動作要素，ないしは

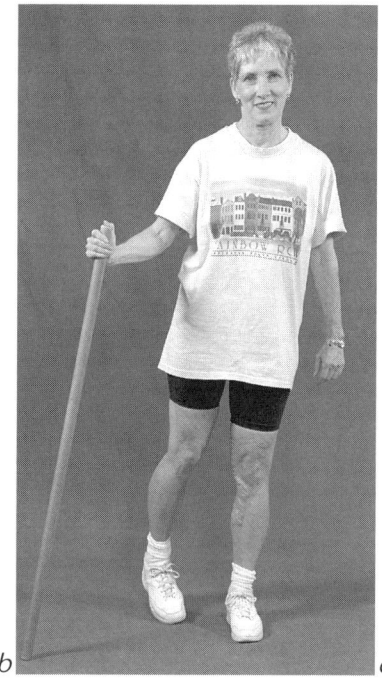

図13.3　下肢のPNFパターン
　D1伸展（toe-offあるいはトゥー・オフ）：(a) スタートポジション（開始），(b) ミッドポジション（中間），(c) エンドポジション（最終）。D1屈曲（サッカーキック）：(c) スタートポジション（開始），(b) ミッドポジション（中間），(a) エンドポジション（最終）。(McAtee and Charland, 1999. より転載)

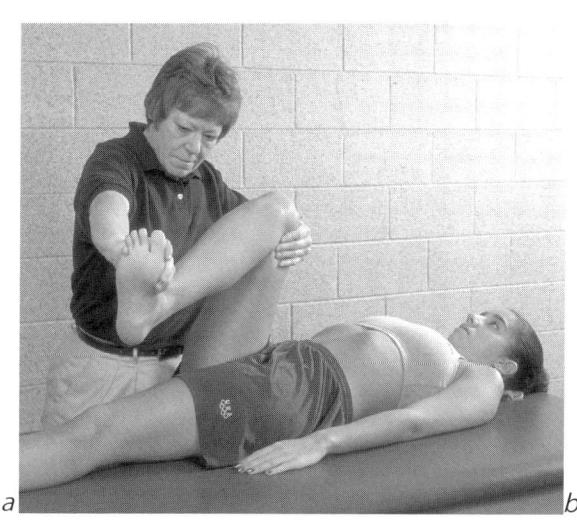

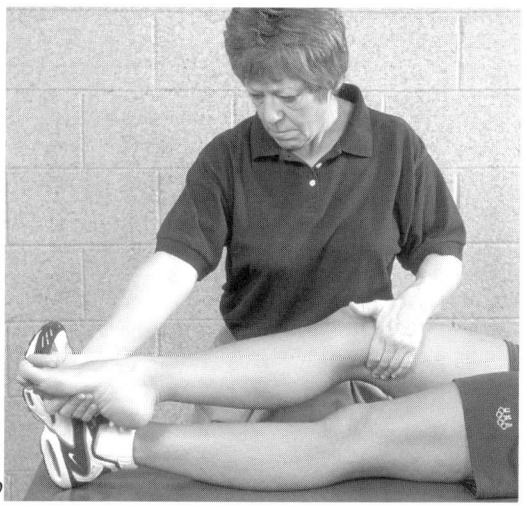

図13.4　下肢のPNFパターン　(a)D1屈曲，(b)D2伸展。(Houglum, 2001. より転載)

行動の要点がある。すなわち屈曲または伸展，正中線に向かいそれを横切る動き，そして正中線を横切って離れていく動きの3つである。回転はPNFパターンの3つめの要素に他ならない（Houglum, 2001）。筋肉のほとんどのストレッチングを特定する運動構成要素が，その一次的な運動構成要素を決めている。それ以外の運動構成要素は行動の要素としては二次的また

は三次的要素と見なされている。PNF治療では，それぞれの末端（手または足の）に対して2つの異なる対角螺旋パターン，すなわち対角面1（D1）と対角面2（D2）を活用する。図の13.3と13.4は足の先端でのPNFパターンを図解したものである。パターンは臀部に近い回転軸によって名づけられている。

(7) 特別な PNF テクニック

PNFには特別な効果を促すためのさまざまなテクニックがある。等張性と等尺性収縮（求心性，伸張性の両方）を結びつけることもある。また。主働筋と拮抗筋の収縮をとり入れたものもある。以下のPNFテクニックの説明はアドラーら（Adler et al. 2002），ノットとヴォス（1968），サリヴァンら（Sullivan et al. 1982），そして サーバーグ（Surburg, 1981）がまとめたものである。

1) 反復収縮

反復収縮（RC）は，主働筋が明らかに疲労するまで収縮させる。反復収縮では等張性収縮だけが対象となる。RCは弱められた筋肉組織を促通するために，強めの拮抗筋のパターンの等張性収縮を先に行うこともある。初期の等張性収縮の後で，弱い活動の結果として生じるオーバーフローに対抗してさらに進んだ型のRCが実施される。ついで，被験者の積極的な努力が弱まったと感じられるまで等尺性収縮を続ける。弱められた中心部の抵抗が増して被験者が再度引っ張ると，等尺性収縮を等張性収縮に変える。RCは強度と耐久性を向上させるうえで役に立ち，中心の神経経路をとおして衝撃伝播を容易にすることを促す働きをする。

2) リズミック・イニシエーション

リズミック・イニシエーション（RI）は，主働筋パターンの主要な構成要素の随意的なリラクセーション，受動的動作，そして反復される等張性伸縮をともなう（図13.5b参照）。このテクニックでは，受動的，受動能動的，補助能動的，能動的，そして抵抗運動へと累進的に実施されていく。RIは初期動作の能力を高め，動きに対する協調性と感覚を改善し，リラクセーションを助ける。

3) スロー・リヴァーサル

スロー・リヴァーサル（SR）は，主働筋の等張性収縮に続く拮抗筋の等張性収縮からなる（図13.5c参照）。このテクニックは主働筋の動きを高め，拮抗筋の自然な反転を促進し，拮抗筋を強める。抵抗は常にできるだけ活発な領域を通して動作ができるように段階的に処方される。

4) スロー・リヴァーサル・ホールド

スロー・リヴァーサル・ホールド（SRH）は拮抗筋の等張性収縮，等尺性収縮，同じ配列下の主働筋の収縮の順に行われる（図13.5d参照）。SRHでは，弱い拮抗筋の筋肉組織に促通効果をもたらすので，弱めのパターンを対応させることが可能である。SRHはSRと同等の効果をあげることができる。

5) リズミック・スタビライゼーション

リズミック・スタビライゼーション（RS）は主働筋の等尺性収縮と拮抗筋のパターンを交互に行う。収縮筋の力は，全体の順序の中でROMが徐々に減少するにつれて段階的に増加させる。RSは能動的，受動的ROMをそれぞ

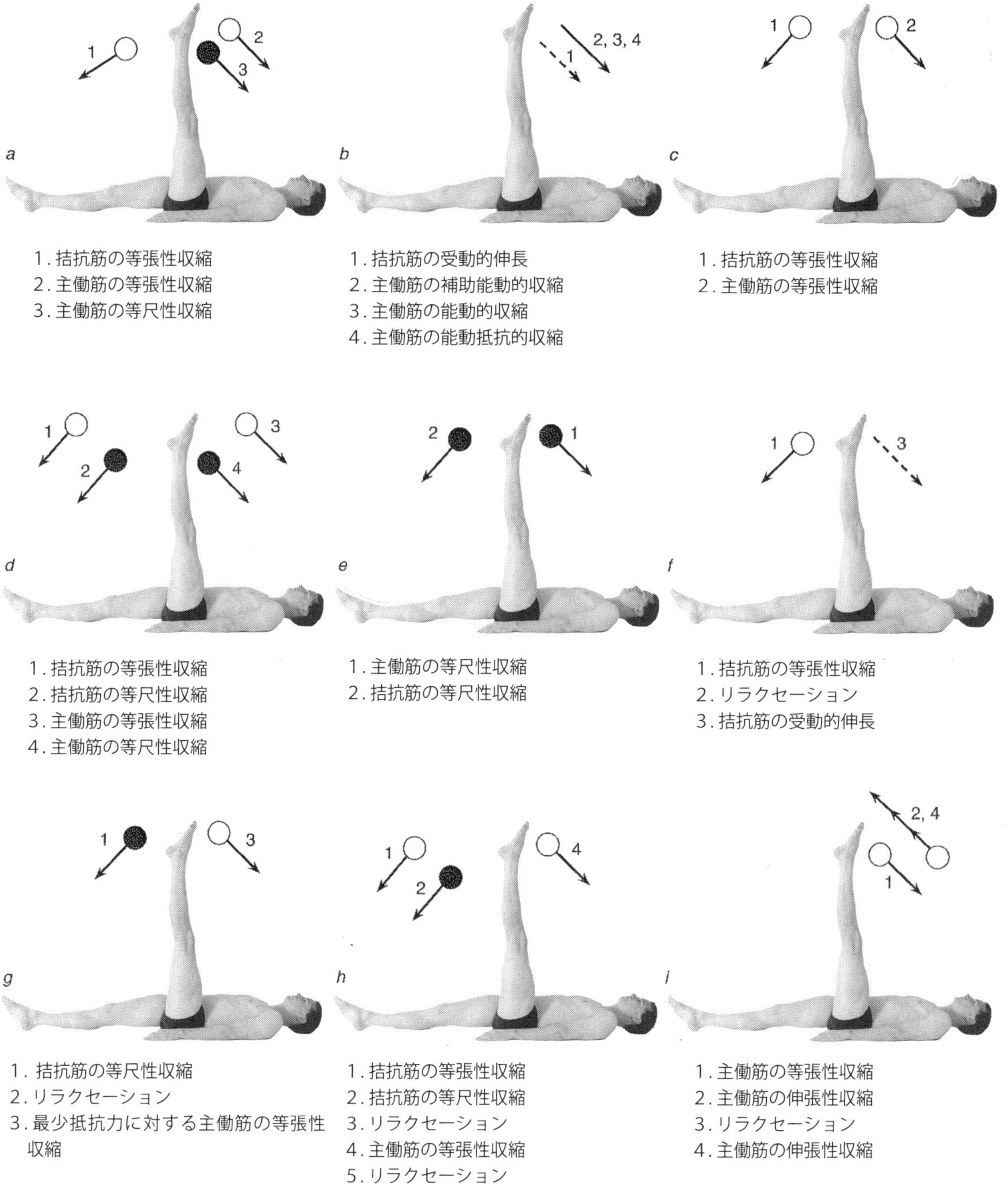

a
1. 拮抗筋の等張性収縮
2. 主働筋の等張性収縮
3. 主働筋の等尺性収縮

b
1. 拮抗筋の受動的伸長
2. 主働筋の補助能動的収縮
3. 主働筋の能動的収縮
4. 主働筋の能動抵抗的収縮

c
1. 拮抗筋の等張性収縮
2. 主働筋の等張性収縮

d
1. 拮抗筋の等張性収縮
2. 拮抗筋の等尺性収縮
3. 主働筋の等張性収縮
4. 主働筋の等尺性収縮

e
1. 主働筋の等尺性収縮
2. 拮抗筋の等尺性収縮

f
1. 拮抗筋の等張性収縮
2. リラクセーション
3. 拮抗筋の受動的伸長

g
1. 拮抗筋の等尺性収縮
2. リラクセーション
3. 最少抵抗力に対する主働筋の等張性収縮

h
1. 拮抗筋の等張性収縮
2. 拮抗筋の等尺性収縮
3. リラクセーション
4. 主働筋の等張性収縮
5. リラクセーション

i
1. 主働筋の等張性収縮
2. 主働筋の伸張性収縮
3. リラクセーション
4. 主働筋の伸張性収縮

図13.5　PNFの手順(等張性収縮=○, 等尺性収縮=●, 受動的伸長=点線, 能動的伸長または収縮=実線, 伸張性収縮=3つの矢印のついた線)
(a) 反復収縮 (RC), (b) リズミック・イニシエーション (RI), (c) スロー・リヴァーサル (SR), (d) スロー・リヴァーサル・ホールド (SRH), (e) リズミック・スタビライゼーション (RS), (f) コントラクト・リラックス (CR), (g) ホールド・リラックス (HR), (h) スロー・リヴァーサル・ホールド・リラックス (SRHR), (i) アゴニスティック・リヴァーサル (AR)。(M.J. Alter, 1988, *Science of stretching* 〈Champaign, IL: Human Kinetics〉, 92. より許可を得て改変)

れ改善し，保持力を増し，安定性とバランスを高め，末端の血行を良くし，その後のリラクセーションを助ける。

6) コントラクト・リラックス

コントラクト・リラックス（CR）の技術は，一定期間のリラクセーションの後でのROMの限界点からの抵抗に対する拮抗筋のに最大の等張性収縮をもたらす。ついでパートナーは可能な限り広い領域にわたってROMの限界が感じられるまで手足を受動的に動かす（図13.5f参照）。さらにこの動作を繰り返す。似たような技術であるコントラクト・リラックス主働筋収縮（CRAC）は最終的なストレッチング局面で主働筋が同心的に収縮される点以外はCRと同じである。CRは筋肉内部の緊張を徐々に高めるため，静的ストレッチングやホールド・リラックスより怪我の危険性は高いかも知れない。

7) ホールド・リラックス

ホールド・リラックス（HR）は，関節の片側の筋肉が硬いためROMが減少しているときに効果がある。このテクニックは一定期間のリラクセーションをともなう拮抗筋の等張性収縮を取り入れている。そのため，手足は新たに得られた領域を通して，ROMの限界点まで最少の抵抗に逆らって活発に動く。

8) スロー・リヴァーサル・ホールド・リラックス

スロー・リヴァーサルホールド・リラックス（SRHR）は，拮抗筋の等尺性収縮，短期間の随意のリラクセーション，さらに主働筋の等張性収縮に続く拮抗筋の等張性収縮をもたらす（図13.5h参照）。SRHRは拮抗筋の自然反転を容易にし，その力を高める。

9) アゴニスティック・リヴァーサル

アゴニスティック・リヴァーサル（AR）は，抵抗をともなったROM内での等張的動作を取り入れたテクニックである。求心性領域の末端で，ゆるやかで，コントロールされた，リズミカルな伸張性，求心性一連の収縮が何度も繰り返される（図13.5i参照）。ARは伸張性，求心性両方の動作パターンを促進させる。

(8) 修正されたPNFテクニック

シフとベルホヤンスキー（1999）は，2つのタイプのPNF，標準的なPNFと修正されたPNFについて述べている。前者はノットとヴォス（1968）の研究に基づいている。この技術は言葉やそれ以外のシグナル（例えば手を使った）によるパターンの活用を提唱している。修正されたPNFは「体の調節に徒手または器具を応用するある種のPNFテクニックと原理を適応させる方法」について述べる（p.407）。シフとベルホヤンスキー（1999）は，いくつかの理由から修正されたPNFを機能的神経筋調整（FNC）と呼ぶことを提唱している。

第1に，ときとして特定の目標を達成するために，本来のPNF原理から離れた方が望ましいことがある。第2に，体の調整にはPNFの他にも，フェルデンクライス，アレクサンダー，ヨガ，太極拳，ラバンなど，貴重な動作訓練がある。第3にPNFは神経筋の過程に関係しているだけでなく，筋肉における収縮活動が同じ筋肉の局部的後放電によって促通される。第4に，PNFのレパートリーとして認識，知覚，あるいはその他の感覚メカニズムなど，分類上厳密には固有受容とは言えない方法が含まれている。そして最後に，固有受容性神経筋促通法（PNF）という技術用語は一般のコーチや運動選手に

とって大げさすぎる（p.407）。

(9)PNFテクニックの神経生理学

多くの理論が存在するわりに，PNFの神経生理学についてはまだ完全に理解されているとは言えない。能動的な抵抗を最小限にとどめ，ストレッチングしようとする受動的抵抗を拡幅する活発な筋肉の収縮をともなうPNFストレッチングのテクニックは，神経活動と手足の受動的構造に与える伸長過程における要素の効果について，慎重な考慮を払うことで最も良く評価することができる（Condon, 1983, p.13）。なぜなら，PNFストレッチングは可能な結合の種類としていくつかの要差が含まれるため，これらの要素が独立したものとして扱われているからである。主要な構成要素としては，静的ストレッチング，リラクセーション，拮抗筋の収縮，それに主働筋の収縮をあげることができる。

1) 静的ストレッチング

ゆるやかな静的ストレッチングは普通ほとんどのストレッチングを通して，低い運動ニューロンの興奮性を見せながら，低レベルのEMG活動で終わる。ストレッチングの初期適用段階では拮抗筋の筋紡錘における活発な放電がそのα－運動ニューロンのプールを促通させる。ひとたび伸長局面が止まり，ストレッチングが維持されると，筋紡錘の活動部分は減少に転じ，静まっていく（Burke et al. 1978; Condon, 1983; Moore and Hutton, 1980; Vallbo, 1974a）。極端にゆっくりとしたストレッチングの場合，筋肉の長さのわずかな増加におけるIa求心性神経の敏感な感性はγ－静止ニューロンの選択的な活動を通して維持されるであろう。しかしヴァルボ（Vallbo, 1974b）の研究では人体の紡錘求心性神経は受動的ストレッチングによる有意なγ活動を証明することはできなかった。

理論的には伸長を保持する間にGTOによる自己抑制がIb経路を通って発生する可能性がある。しかしながら，受動的ストレッチングはGTOにとって最善の方法とは言えない（Burke et al. 1978; Houk et al. 1971）。ストレッチングを行ううえでの自己抑制のもう1つの可能性としては，小さな筋肉の求心性神経をあげることができる（Rymer et al. 1979）。静的ストレッチングは随意的な努力を必要としないため，上部脊髄の投入エネルギーは最小限にとどまるものと思われる（Condon, 1983）。伸長されているときに，筋肉を弛緩させようとする被験者の能力はα－運動ニューロンの中心となる推進力を減らし，周辺の負担が集まる余分な運動行為をおさえるものと思われる（Moore and Hutton, 1980）。コンドン（Condon, 1983, p.14）はフィリップス（Philips）の引用だとして「皮質脊髄帯はα運動ニューロンに対して強い潜在的伝播の可能性を秘めている」と言う。しかし「被験者が苦痛を和らげようとしたり，ある姿勢を維持しようとするなど，何らかの理由でストレッチングに逆らおうとするときは，彼または彼女はまちがいなく脊髄のインプットとα－運動ニューロンの放電を拒絶することができる」（Condon, 1983, p.14）。

2) リラクセーション

リラクセーションの構成要素は静的ストレッチングや主働筋収縮の後で，あるいはそれらに先立って現れる。この構成要素は完全に受動的なものだと言える。静的ストレッチング要素と同じで，被験者は（上部脊髄を通して）達成しようとする目的に向けての集中の度合いに応じて意図的に静的ストレッチング要素を促通させたり，抑制させたりすることができる。呼吸，イメージ，眼球運動，重力テクニックなどが，さらにリラクセーションを助ける（第8章参照）。

3) 拮抗筋の収縮

従来の単純な弛緩理論では，筋肉リラクセーションはその筋肉の直前の収縮に続いて発生するものとされていた。伸長によって筋肉を収縮させることは，おそらくGTOの放電を促すことになり，リラクセーションをもたらすが，レンショー細胞(注)のシナプスの結合が筋肉の収縮を抑制するかも知れない（Condon, 1983）。別の理論では，等尺性収縮が固有受容器からの求心性神経の流れを減少させることで筋紡錘がストレッチングの条件に反応する状況をなぜか変えてしまうと言う（Holt n.d.）。その結果，筋紡錘の発火が減少し，伸長に対する抵抗が弱まることでROMの拡大につながる。

しかしこの概念は反論を受けることになった（Condon and Hutton, 1987; Etnyre and Abraham, 1988; Moore, 1979; Moore and Hutton, 1980）。拮抗筋の収縮は理論的にリラクセーションを促通させたり従属する拮抗筋の収縮を抑制したりするはずなのに，むしろ逆の結果が得られたのだ。すなわち，収縮がむしろ筋肉をより興奮した状態にしたのである。この現象に対しては周辺部及び中心部の神経要因にもとづく仮定的な説明が提供された。このテーマについての詳しいレビューは，コンドン（1983），コンドンとハットン（1987），ムーア（1979），そしてムーアとハットン（1980）を参照のこと。

先行する収縮によって伸長された筋肉のなかなか消えない放電（促通）は，ストレッチングの根本をなす基本概念にとってやっかいな問題となっている。脊髄の分節での神経回路機能の相互作用は一般に信じられているよりもずっと複雑である。これまでの議論と第6章で扱かったテーマは，筋肉の伸長における相互抑制についての単純な考えを放棄すべきことを示している（Moore and Hutton, 1980）。こうした発見はいくつかのことを示唆している。すなわち，完璧な筋肉のリラクセーションは効果的なストレッチングにとって必ずしも不可欠ではない。また，より大きなリラクセーションが，より大きなROMと関連しているとは限らない（Osternig et al, 1990）。さらに，CRACに類似したテクニックが筋肉のリラクセーションを促進するという主張は疑ってかかる必要がある，などである。もし気楽さと時間，学習の難しさが重要であるならば，静的ストレッチングを選択するべきだろう。なぜなら，静的ストレッチングの方が他のタイプのストレッチングよりも抵抗活動が少なく，快適度において勝るからである。ストレッチングのテクニックが実際どのように機能するかという点の詳細についてはさらなる研究が必要である（Condon, 1983; Condon and Hutton, 1987; Etnyre and Abraham, 1988; Moore, 1979; Moore and Hutton, 1980）。

関連するもう1つの要因は，静的収縮あるいは拮抗筋の短縮性収縮が優先することである。これまでの研究で，最大の静的収縮は最大の短縮性収縮と比べてより大きな緊張を引き出すことが証明された（Coyle et al. 1979）。しかしゴルジ腱組織のアウトプットは筋肉によってつくられた緊張量に比例するのである。したがって，「短縮性収縮は筋肉のリラクセーションとそれにともなう柔軟性を促進するうえで，静的ストレッチングほど有効ではない」（Lustig et al. 1992, p.157）。

4) 主働筋の収縮

ストレッチングに際しての主働筋収縮の説明には相反性神経支配が使われている。とりわけ主働筋収縮（例えば大腿四頭筋）は相反抑制によって拮抗筋（ハムストリングス）のリラクセーションを誘引すると言われている。こうして主働筋の運動ニューロンが求心性神経や脳の運動中枢から興奮させるインパルスを受けると，拮抗筋を支配する運動ニューロンは抑制される（例えば大腿四頭筋が収縮すると，ハムス

トリングスは弛緩する）。したがって，主働筋収縮の過程にあっては，拮抗筋の相互 Ia 抑制は，脊髄のインプトにとっても上部脊髄のインプトにとっても歓迎されることになる。かくして主働筋収縮は理論的にみて，静的ストレッチングの過程でみられるより，拮抗筋内のより低レベルの収縮抵抗を生むはずである（Condon, 1983）。

これに対して，コンドンとハットン（1987），ムーア（1979），そしてムーアとハットン（1980）は，主働筋収縮が拮抗筋内の EMG 活動をきわだって増加させることを発見した。したがって，拮抗筋は明らかに主働筋収縮の後で弛緩はしていないことになる。それでも能動的な相反抑制は，筋肉内で発生するかもしれないが，この点は，まだはっきりとは解明されていない。相反抑制効果は他の経路からの刺激的インプットによって隠されていて，そのために拮抗筋の最終的な刺激効果となっているのかも知れない。エトナイアとエイブラム（Etnyre and Abraham, 1988）は，拮抗筋間の共同収縮の出現は実は筋肉間の電気的混信（すなわち電極間の混線）の結果であると指摘している。したがって，拮抗筋の明確な電気的活動は，実は主働筋内の活動によるものである可能性がある（この可能性は 2 つの対立する筋肉が小さく距離が近いときにより大きくなる）。

主働筋の随意収縮のもう 1 つの潜在的利点は，ストレッチングを行うときの筋肉から生じる不快感が少ないことである。ムーアとハットン（1980）は，CRAC 方式を使った後で，被験者たちへのインタビューを実施した。彼らは，主働筋収縮におけるハムストリングのストレッチング局面よりは，初期の拮抗筋収縮のときに不快さを感じる傾向があった。ムーアとハットン（1980）は，主働筋の随意収縮はストレッチング中の拮抗筋から生じる不快感を覆い隠すと示唆している。

4. その他のストレッチング

PNF 以外にも動作を高め，回復させる筋肉のリラクセーションを促通させるいくつかの方法がある。整骨師たちによって考案された方法は，筋肉エネルギーテクニック，緊張－反緊張，機能的テクニックの 3 つである。グッドリッジ（Goodridge, 1981）の言葉を借りるならば，これらの技術は万能薬ではないけれども，専門性の積み重ねを増すものである。これらの技術は，他の技術とともに，多くの文献で述べられている（Chaitow, 2002; Hammer, 1999; Jones, 1995）。

(1) 筋肉エネルギーテクニック

筋肉エネルギーテクニック（MET）は，1945 〜 1950 年にかけてフレッド・L・ミッチェル（Fred L. Mitchell, Sr.）によって開発された。MET は整骨療法における整体治療で，そこでは患者はリクエストに応じて，「特定の方向で正確にコントロールされた姿勢から，明確に実行された反方向の力に向かい，積極的に彼または彼女の筋肉を動かす」（Goodridge, 1981, p.67）。MET は多くの点で PNF の CR, HR, AR に通じるところがある。とりわけその神経生理学的基盤は PNF 方式と同じものである。

しかし，いくつかの重要な違いもある。その 1 つは，力，または相反する力についてである。大きな筋肉を動かすにはかなり大きな力が使われるはずである（例えば臀筋）。一方，小さな短い筋肉であれば，わずかな力です

む（Goodridge, 1981）。おそらく患者の20〜25％の力だけを利用すべきだと主張する人たちもいる（Chaitow, 1990; Stiles, 1984）。次に大きな違いは，抵抗力の局限化である。この要因は力の大きさに関する問題よりもさらに重要な違いであると思われる。METでは「局限化は施術者の，特定の関節あるいはその周辺の関節での動作の触診固有受容性知覚（すなわち動作に対する抵抗）に依存する」（Goodridge, 1981, p.71）。最後に，例えば障害（つまり抵抗）や，局限化など，用語の違いがある。グッドリッジ（1981）によれば，抵抗は3つのポジション，すなわち，開放，一部閉鎖，閉鎖のいずれかのゲートのようなものとして説明されている。

　ゲートにある横木は，体の骨格における背骨のような存在といえる。ゲートに濡れたロープをつければ，動きの領域を制限し，ゲートが閉まるのを防ぐであろう。そしてロープが乾いて短くなれば，さらに動きを制限させることになり，それはあたかも短くなった筋肉のようなものと言える。もしゲートにスプリング式の蝶番がついていれば，ゲートを動かすためにはスプリングの抵抗を上回る初期の力を要するので，ふつうの蝶番よりさらに大きな初期抵抗を生むことになるだろう。患者の臀部の受動的筋肉の外転をしようとするとき，これと同じような固有受容性感覚を認めることができるであろう。この抑制は筋肉あるいは靭帯からなるもので，随意の場合もあれば不随意の場合もある（p.68）。

METの効果については本質的な証明がまだ不十分である。シェンクら（Schenk et al. 1994）は18名の被験者を使って4週間にわたる治療実験を行った。対照群と比較した結果，きわめて大きなROMが左右の頸部の回転に認められた。この研究は発表はされていないが，2つの理論が要約されている（Wolfson, 1991; Harris, 1991）。ウルフソン（Wolfson）の研究結果では腰椎の屈曲の重大な変化に言及している。しかしながら，シェンクら（1994, p.150）は，「研究には無意識の先入観があったかも知れない。というのは，研究にあたった担当者がグループの人たちを知っていたからだ」と指摘している。ハリス（Harris, 1991）の研究では，無症候性の被験者のグループに対して，2週間にわたって6種類の治療を加えている。このグループはテスト（治療）前後における平均的ROMの増加の点で極めて重要な傾向を示した。今後のMETの研究ではより大きなサンプル数でROMを増加させる他の方法との比較が必要であろう。

(2) 緊張－弛緩

　緊張－弛緩はローレンス・ジョーンズ（Lawrence Jones）によって最初に提唱された技術である（Chaitow, 2002; Jones, 1995）。受傷後に動作が鈍る要因は，痙攣と発痛点（トリガーポイント）と呼ばれる限局した痛点の存在である。筋肉の痙攣によって，体のある部分の姿勢がゆがめられている状態で筋を伸長しようとすると，より大きな苦痛や痙攣を味わうことになる。運動を減らすことで，収縮や痙攣から，筋肉を守ろうとするのである。周辺の筋肉は痛む部分をもった筋肉をできるだけ縮んだ状態に保とうとする。この状態が安心感と心地よさをもたらすのである。

　ジョーンズは，関節をゆがんだ方向にさらに動かすことが実際は防御の状態を誇張し，痙攣している筋肉を素早く促通させることをつきとめた。この機能は通常，痙攣している筋肉に拮抗する筋肉の働きを必要とする（Laxton, 1990）。

　関節はこの状態で90秒間保持される。筋肉が弛緩すると，関節は非常にゆっくりと正常な

位置に戻っていく。実際，主働筋の筋紡錘が機能不全の場合，対応する拮抗筋をゆるやかに収縮させることで痙攣を止めることができる。この状態は，最初に経験した緊張の状態を真似たものであると言えよう。この治療技術に加えてジョーンズはさらに，痛みを感じている部分を，最もリラックスした状態で軽く圧力を加えることで，その痛みが著しく減少するか，消えることを発見した。

(3) 機能的テクニック

機能的テクニックはハロルド・フーヴァー（Harold Hoover, 1958）によって開発された。緊張－反緊張と同様，その目的は拡大した筋紡錘を促通した筋肉セグメントから解放させることにある。同時に，放電させる点は緊張－反緊張と同じであり，安心と満足を感じる方向を目指す動作も同じである。しかし機能的テクニックは最後の状態で緊張－反緊張とは異なり，関節周辺の細胞の緊張度が均等である。この状態はダイナミック・ニュートラル（Hoover, 1958）と呼ばれている。収縮と弛緩は組織の特性をチェックすることで表される。

怪我の後の動作についての原因と治療の神経生理学的な1つの説明としては，コー（Korr, 1975）の主張がある。筋紡錘へのγ運動ニューロンの放電が過剰となると，結果として錘内筋線維（筋紡錘）の持続性収縮となる。また，この動作は一次終末を連続的に発火させ，それが錘外筋線維（骨格筋）を収縮した状態に保ち，それがストレッチングに高い抵抗をもたらす。促通された筋肉のいかなる伸長も，筋紡錘を刺激する原因となり，保持しようとする緊張を生み出す。セグメントされた筋肉の促通から活発すぎる紡錘の反応をおさえることで，筋肉がストレッチングされる。この減少は，求心性神経を筋紡錘の一次終末から解放することで，受動的に促通された筋が短縮されるような状態を保つことで達成できる。その結果，中枢神経系統はγ運動ニューロンの放電を中止することになる。

5. モビライゼーション

モビライゼーションは，低速，中位の振幅，高位の振幅の単独の，あるいは複数の関節の受動的動作にかかわるものである。この技術は，正常でない動作の種類や治療の目的（苦痛を少なくしたり，流動性を高めるといった）によって，振動運動か持続的な伸長のどちらかが採用される。モビライゼーションの手技は，おしなべて受動的なものだが，それを実施することを拒否する立場にある患者のコントロール下にある（Kranz, 1988）。モビライゼーションの段階適用量システムとしてよく知られているのは，①メイトランド（Maitland）の五段階動作と②キャルテンボーン（Kaltenborn）の三段階動作の2つである。

6. マニピュレーションと指圧療法補正

ドーランド(Dorland)の『図解医学事典』(2000)ではマニピュレーションを，「①手などを使っ

た上手なあるいは器用な治療，②理学療法：関節の動きの能動的範囲を超えた受動的動き」と定義している。しかしこの節では，サンドス（Sandoz, 1976）が提唱した，指圧治療補正がマニピュレーションと同義であるという定義を採用しようと思う。

　関節のエレメントが解剖学的整合性を超えることなく，しかしながら動きの生理的限界を超えて急激に力が加えられる受動的な操作である。しかしこれは通常，必須な調整上の特性ではなく，簡潔で急激な，しかし注意深く適用度合いを計った衝撃を，動作の受動領域の末端に通常クラッキング（ポキッと鳴る音）をともなう力を加えることを主眼としている（p.91）。

この描写はメイトランド・システムの第5段階のモビライゼーションに対応している。この定義は，マニピュレーションが流動性を高めるために過剰なROMを通して骨に働きかけるという理由から従来多くの指圧師が唱えてきたことに反するものである。対照的に，カイロプラクティックは脊椎の亜脱臼に適用される（アメリカ・カイロプラクティック協会[1], 1991，正統カイロプラクティック組織連盟〈n. d.〉[2]，国際カイロプラクティック協会[3], 1991，世界カイロプラクティック同盟[4], 1993）。

(1) 関節の可動性に対するマニピュレーションの効果

サンドス（1969）によれば，クラッキングは中手指節（MCP）関節の受動的ROMのすべての方向にわたって，5～10度の増加を示した（図13.6）。角度の増加は多方向にわたるものであった。活動領域も増加したが，その度合いは大きなものではなかった。その他の関節の動きも，やはりマニピュレーションによって増加しうることもわかった。ガールら（Gál et al. 1994）は，初めて「相対的回転が，人の脊柱に加えられるどのようなタイプの脊柱のマニピュレーション治療においても重要である」ことを明らかにした」。さらに多くの研究が，調整（すなわちカイロプラクターによって与えられる特別な力；図13.7参照）やマニピュレーション（すなわち，動きの行動の限界を超えた関節の受動的動作）によってROMを改善させることを裏づけた。以下はさまざまな研究の簡単なレビューである。

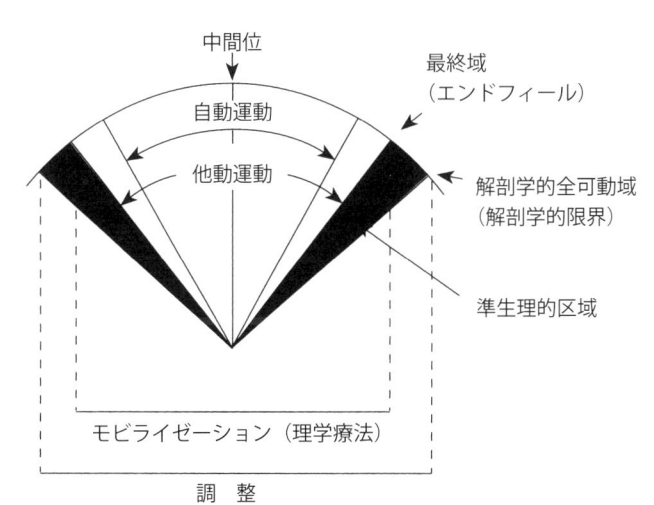

図13.6　モビライゼーションによる関節運動域と調整された正常な関節運動域の概略図
受動的モビライゼーションにおいて，運動の範囲は最終域までとなる。運動が最終域を超えて強制されると，その運動は準生理的区域に入る。この区域の最終は，関節の解剖学的限界となる。
Sandoz, 1976. より転載。

(1)American Chiropractic Association, (2)Federation of Straight Chiropractic Organizations, (3)International Chiropractors Association, (4)World Chiropractic Alliance

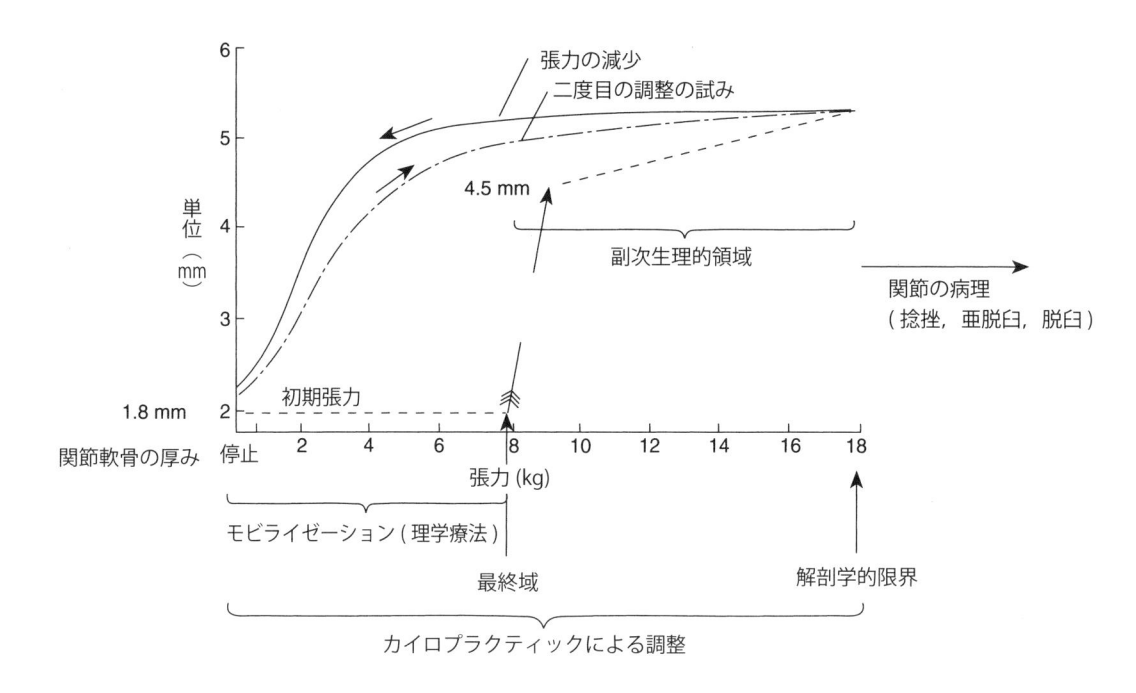

図13.7 軸方向ストレッチングにおける，手根中手関節の調整効果を示す合成グラフ (Sandoz, 1976. より転載)

　これまで何人もの研究者が脊椎のマニピュレーションと，臀部と脊椎のROMの関係について調べてきた。フィスク (Fisk, 1975) は，脊椎のマニピュレーションがSLRの角度を増すことにつながることを証明した。フィスクとローズ (Fisk and Rose, 1977) は，脊椎のマニピュレーションによって，左右のハムストリングスのタイトネスの差が大幅に解消したことを明らかにした。エバンズら (Evans et al. 1978) は，患者が脊椎のマニピュレーションの治療を受けている間に，前屈が大幅に改善することを発見した。ラスムッセン (Rasmussen, 1979) は，マニピュレーションを受けた12名の患者が12名とも前屈の改善を見せたが，コントロールされた被験者の場合は，いくらかでも改善が認められたのは12名中わずか6名だったことを明らかにした。管理された臨床テストでフィスク (1979) は，選別された片側性腰痛症の患者が，脊椎もマニピュレーションによってハムストリングスの硬直を目立って減少させることができたことを明らかにした。ヌウーガ (Nwuga, 1982) は，「マニピュレーションされた患者の脊椎の屈曲と伸展を測定して可動性が増加したこと，そして側屈と捻転が大幅に改善した」と報告している。キムら (Kim et al. 1992) は，二重盲式の制御された研究方法によって，96名の腰痛症をもった患者の腰椎の矢状面での可動性をチェックして，単一のカイロプラクティックマニピュレーションの効果を調べた。この研究では平均的腰椎のROMが0.2 cm増加したことを証明した。

　いくつかの研究で，頸椎に対するマニピュレーションの効果が調べられた。ヨウマン (Yeoman, 1992) の研究によって，脊椎のマニピュレーション治療 (SMT) の後では，男性 (n=22) と女性 (n=36) で，治療グループのC1セグメントでの例外を除けば，SMTを実施する前のデータに比べて可動性が大幅に増大 ($p < 0.5$) することがわかった。マニピュレーションの手法は，通常の受動的ROMの終局に一連の特異的な動きで高速かつ低振動の圧迫である。キャシデイら (Cassidy et al. 1992) は，

僧帽筋への放散による片側性の頸の痛みに苦しんでいる21名の男性と29名の女性を使って，すべての局面での頸椎ROMにおける治療後の増大を明らかにした。この際，患者は痛みのある同じ側に単一の回転マニピュレーションを受けたのであった。

　このような可動性の増加というプラスの発見とはうらはらに，いくつかの研究では，はっきりとした増加を認めることができなかった。ジェイスンら（Jayson et al. 1981）は角度計を使って，またファレルとツーミ（Farrell and Twomey, 1982）は椎骨計を使ってみたが，前屈に対するマニピュレーションの効果を認めることはできなかった。前屈に対する他の測定方法（すなわち，最大限の前屈時における指先の床からの距離）によっても，ドーランとニューアル（Doran and Newell, 1975）や，ヘーラーら（Hoehler et al. 1981）は，脊椎のマニピュレーションの効果を見つけることはできなかった。ヘーラーとトービス（Hoehler and Tobis, 1982）は，腰部痛を抱えた患者は，前屈を減少させるため，脊椎のマニピュレーションの大きな効果を認めることはできなかった。

(2) 脊椎マニピュレーションと頸部の受動的可動域最終域（終末）における機能との関係

　脊椎マニピュレーションは頸の受動的可動域最終域（終末）での機能を改善することができる。今後明確にしなければならない疑問点は，調整またはマニピュレーションの後のROMの増加が何によるものかというメカニズムの解明である。ナンセルとスラザック（Nansel and Szlazak, 1994）は，数多い仮説を2つの一般的なカテゴリー，すなわち構造説と神経筋反射説に整理した。以下はその仮説の要約である。

①構造説

- 半月板のロッキング：この理論は関節面の間にはさまれた脂肪質の半月板の存在によって，ROMが制限されるというものだ。マニピュレーションによって，半月板を取り除くか転位させることで，ROMを全面的に回復させることができる。
- 半月板の転位：この理論では，屈曲中に半月板が関節腔から引き上げられるとしている。しかし，伸展によって半月板が本来のあるべき場所に戻ることはない。その結果，転位した半月板がカプセル状の膨張の原因となり，ROMを制限する。マニピュレーションは再度転位をうながし，半月板を本来あるべき場所に戻し，それによって関節の完全な動きを回復する。
- 脊椎椎間板髄核の転位：この理論では，屈曲の後で髄核の断片が放射状に裂けて押し出され，環形線維細胞の表面層の間に閉じ込められると主張している。ただし，伸展では小さな断片が閉じ込められる。この動作は，圧迫を制限されたときの振る舞いや，平面に沿った移動を妨げられたときに起こす気泡の動きにたとえられる。この手技は，破片を周辺の別の場所に押しやることや，放射状の亀裂に沿って椎間板中央の正常な場所に戻すことが要求される。そして結果的に正常なROMを取り戻すことができる。
- 脊椎関節突起の癒着：この理論では，ROMが滲出の結果として生じる滑膜や関節包，あるいはその他の結合細胞によってひだに形成された癒着によって抑制されると主張している。マニピュレーションはこうした癒着する結合組織の要因を排除することで，ROMを回復させる。
- 脊椎関節突起の関節包の線維形成：この理論は，線維組織の変化が時間の経過につれて関節包膜自体に発生するとしている。その結果，もとは弾力的だった関節包はその弾力性を失って硬直し，ROMを制限する。マニピュ

レーションは弾力的組織を伸長するなり破断するなりしてROMを回復させる。しかしナンセルとスラザック（1994）は，マニピュレーションが必ずしも関節包の正常な弾力性を回復させるとは限らないと指摘している。
・関節細胞の線維症：この理論は，関節の周辺（靭帯，腱，筋帯）の結合組織の癒着がROMを制限すると示唆している。マニピュレーションがこうした癒着を根本的に分解したり，副次的に流動性のダイナミズムや，隙間の流動性の形成に影響を与える血流の変化を導くことになる。その結果，関節における正常なROMを回復させることができる。

② 反射説
・関節包求心性神経による反射作用：この理論ではタイプⅠとタイプⅡの求心性神経によって引き起こされた異常信号が筋肉の不適切な緊張を増大し，ROMを制限すると考えている。マニピュレーションがこうしたサイクルを阻止し，ROMを増大させることになる。
・筋肉の求心性神経による反射作用：この理論ではROMの制限が，「短絡（シャント）」による筋の求心路の異常，あるいは他の筋肉の影響によって引き起こされると考えている。マニピュレーションの効果は抑制するゴルジ腱の反射経路またはそれに関連する経路を通じて筋肉を解放するという点で，折りたたみ式ナイフに似ているかも知れない。

(3) 今後の研究の必要性

マニピュレーションの理論は伝統的な医学的あるいは外科的療法に比べて，地味で副次的なものである（Kranz, 1988）が，それは多くのケースで効果を発揮している（脊椎障害に関するケベック・プロジェクトチーム）。しかしながら他の多くの治療同様，この技術はリスクをともなう。これまでのところ，マニピュレーション治療がなぜROMを改善し，多くの状況で苦痛を除去することができるのかという点についての理由は，数多くの理論が提起されているにもかかわらず科学的に正確には解明されていない。ケベック・プロジェクトチームは脊椎障害について優先されるべき4つのカテゴリーを明確にした。つまり，原因（例えば理学的，生理学的，または心理学的要因），予防（例えば包括的教育的，介入の基準），臨床技術，そして臨床上の運用（例えば最も安全で効果的な方法の確認）である。

7. 牽　引

牽引（Traction）という言葉は，ラテン語の，引き離すとか，引っ張るという意味の"Tractio"に由来している。牽引は軟部組織を伸長したり，関節面を引き離すために体の一部分に加えられる，長軸方向への引っ張る力に関係するテクニックである。牽引は，機械あるいは手を使った方法での関節の受動的動作にかかわっているという点で，モビライゼーションの一つの型だと言える（Saunders, 1986）。牽引はまた，他の治療法，熱やマッサージ，もろもろのマニピュレーションやモビライゼーションの補助的手段として扱われている。

牽引は有史以来ずっと使われてきた。ヒポクラテスは，他のギリシャ，ローマ時代の医師とともに，脊椎障害（脊椎側弯症のような）や骨折した患者に対する牽引の重要性を認識してい

た，何千年にもわたって有効な臨床的選択肢として伝えられてきた治療方法であるから，確かな治療効果をもっていることは間違いないと言えよう。それにもかかわらず，首や背中の痛みに対する治療手段として，牽引が有効であるということに異議を唱えるいくつかの報告がなされてきた（Van der Heijden et al. 1995; Waddell et al. 1996）。ソンダーズ（Saunders, 1998）は，こうした否定的な意見に対して，ほとんどの研究は重大な欠陥をかかえていると反論した。ソンダーズ（1998）は次のように述べている。「われわれは，牽引が有効でないという報告に対して，それが欠陥に基づく結論であるときには，客観的に反対しなければならない」（p.287）。こうした論争を解決するためには，明確に定義された方法論と患者を選別する基準をともなった無作為な臨床実験が必要であろう。

(1) 牽引の種類

牽引は通常機械を使ったものと，徒手で行う（セラピストが特性のベルト，皮帯，革ひもなどを使う）ものに分類される。この2つのカテゴリーに加えて，治療の目的，患者の状態，使用の難易度，耐久性，メンテナンス，コスト，それに安全性など，さまざまな要因に基づいて決まるいくつかの二次的なカテゴリーもある。以下の節では，7種類の牽引について説明する。

1) 自己治療

自己治療は，マッケンジー（McKenzie, 1981, 1983）が提唱している，症状を除くための反復動作，姿勢の保持を取り入れた一連の技術である。ある技術では，患者は頭，首，上半身を治療テーブルの端で仰向けに横たわる。そして患者は頚椎を伸ばし，体をうつぶせの状態に反転させる。自己治療では患者に症状が悪化したり，長引いたりしないように，正しい姿勢を保つように教育することに力を入れている。

2) 姿勢牽引

姿勢牽引は，特定の姿勢に関するもので，ローラー，砂袋，枕，ブロックなどを使って，希望する組織の伸長力が増すようにする。このテクニックは普通体側の屈曲に使用する。そのため，脊柱の片側だけが影響を受けるかストレッチングされることになる（Saunders, 1986）。

3) 徒手牽引

徒手牽引では伸長力がセラピストによって直接強化される。患者とは特別なベルト，ハーネス，ヘッドホールター，革ひもなどを使って直接コンタクトする。徒手牽引は機械牽引に比べていくつかの利点と欠点をあわせ持っている。利点の1つはセラピストが機械牽引を実施する前に患者の潜在的な反応を見られることである。さらに別の利点として，セラピストが患者との触覚のフィードバックに基づいた伸長の量，時間，角度を調節ができることである。患者によっては機械牽引に比べて，加えられる力の量が予測できないという理由で，徒手牽引は弛緩が困難な場合がある。一方で患者の中には，徒手牽引に特有な「手をあてがう」という行為により，大きなリラクセーションを覚えることもある。機械牽引と違って徒手牽引は，セラピストの継続的な集中を必要とする。唐突なひねりや回転がそれまで抱えていた状態を悪化させることがあるからだ。また徒手牽引はセラピストに対する体力的な負荷も大きい。

4) 持続的な機械牽引

持続的な機械牽引では，その名の通り，牽引の力を一定方向に持続的に加える。時間的には

数分のこともあれば数時間に及ぶこともある。長時間の牽引では，一般に加えられる力は小さい。コラキスとストローム（Colachis and Strohm, 1965）による実験の結果，持続的な牽引はわずか7秒後よりも，30～60秒後により大きな椎骨の分離をもたらすことを示している。

5) 間欠的機械牽引

間欠的な機械牽引は一定の期間，牽引力を交互に加えたり，ひかえたりするやり方である。その結果，張力が加えられている時間には，筋肉は弛緩し，疲労をおさえることができる。このテクニックは，血管の流動，リンパ液の排出，機械受容器の刺激，水腫に効果がある。

6) 自己牽引

自己牽引は特別にデザインされたベンチで行われる背中の治療法である。ベンチはそれぞれ角度や回転を調節できる2つのセクションからなっている。患者は骨盤をベルトで固定し，足を下のバーに支えて固定した状態で腕を上のバーにそえて牽引する。

7) 重力牽引

重力牽引は特別あつらえのブーツやストラップを骨盤やくるぶしにつけるやり方で，一般に利用できるポピュラーな技術である。患者は後ろ向きの姿勢でフレームからぶら下がる。体重のおよそ半分の牽引力を脊柱に加える。この力は腰椎を互いに引き離す牽引に効果があると考えられている。

(2) 牽引の適応症

広い意味で牽引には2つの目的がある。すなわち機械的（例えば組織を伸ばし関節の間隔を拡げる）と治療的（例えば痛みや筋肉の痙攣をおさえる）なことである。もっとも一般的な牽引の効用は，筋肉組織を伸ばし，癒着を阻止し，関節を拡げ，関節表面のすべりをよくさせ，血液とリンパ液の循環を回復し，水腫やうっ血による痛みを和らげ，できれば取り除くこと，固有受容器の反応を引き起こし，筋の状態を維持し，骨折の危険性を低め，骨折した場合はそれが変形することを防ぐ（すなわち，正常な位置を回復する），脊柱をまっすぐにし，正常な体もしくは脊柱の長さを回復し，椎間板ヘルニアからの回復を促進することにある（Craig and Kaelin, 2000; Downer, 1996; Hinterbuchner, 1985; Hooker, 1999; Kisner and Colby, 2002; Rechtien et al. 1998; Winkenwerder and Shankar, 2002）。

(3) 牽引の禁忌

牽引の禁忌は，ある程度患者の怪我のタイプと程度によって決まる。牽引はすでにある状態や症状を悪化させたり，さらに複雑にしてしまうことがある。牽引の禁忌の例としては，急性外傷性症候群，骨折，癌または悪性の腫瘍，脊髄圧迫，骨粗鬆症，リウマチ炎，関節の不安状態，急性の炎症，伝染性疾病（例えば肺結核），心臓血管または肺の疾患，妊娠，閉所恐怖症，年齢そして抱えている病状を悪化させるような動作である（Craig and Kaelin, 2000; Downer, 1996; Hinterbuchner, 1985; Hooker, 1999; Kisner and Colby, 2002; Rechtien et al. 1998; Winkenwerder and Shankar, 2002）。

(4) 牽引を実施する前の対応

あらゆる形態のモビライゼーションにはある程度のリスクがともなう。こうしたリスクを軽減したりなくすためには，さまざまな注意が必要である。ヒンターブフナー（Hinterbuchner, 1985）によれば，3つの必須の用件を終えるま

で牽引を行うべきではない，としている。すなわち，患者の医療的な精密検査，しっかりとした症状の診察，どの牽引を実施するかの判断である。ヒンターブフナーは，完璧な精密検査は，患者の病歴，身体検査，診断用のX線撮影からなるとしている。とれわけX線撮影は，腹背，側面，斜めからの撮影をしなければならない。

(5) 牽引の原則

以下のリストが牽引適用の原則として，クレイグとケーリン（Craig and Kaelin, 2000），ダウナー（Downer, 1996），ハリス（1978），ヒンターブフナー（1985），フッカー（Hooker, 2002），キスナーとコルビー（Kisner and Colby, 2002），レクティーンら（Rechtien et al. 1998），ソンダーズ（Saunders, 1986），そして，ウィンケンヴェーダー とシャンカール（Winkenwerder and Shankar, 2002）によって選別されている。

・患者にどんな治療をするか説明する。
・衛生上の配慮を伝える，すなわち皮膚の表面が清潔に保たれること，消毒され，必要なら滅菌処理も施されることなど。
・対象となる部分または組織に，構造的な変化の効果が現れるまで充分な力が加えられる必要があること。
・最終的な効果を生むために，最適な姿勢をとってもらうこと。
・ハーネス，革ひも，その他，牽引のために装着する器具はしっかり固定すること。
・皮膚が十分に保護されていることを確認する。
・牽引の強さはゆっくりと加えたり減じたりすること。
・牽引の時間は患者に合わせて決めること。
・力を加えすぎたり，時間をかけすぎるよりは，むしろ少ない方がよい。
・患者の状態を注意深く観察すること。

・患者にめまいや吐き気，不快感または他の好ましくない感覚（例えば，無感覚）が現れたら，即座に牽引を中止すること。
・移行期間，すなわち患者がひと息入れられる時間を設けること。

(6) 牽引のパラメーター

牽引するためには3つの重要なパラメーターがある。すなわち，牽引の強さ，牽引する角度，それに時間である。以下この点を説明する。

1) 牽引の強さ

強さとは最善の結果を達成するための牽引の力である。この力は普通，重さで計られる。一般に治療が長くなるにつれて，かけられる力は軽く，反対に短ければ重めの力が加えられる。強さを決めるその他の要素としては，治療対象の医療的な状態，治療される体の部分である。状況を悪化させないように，必ず弱めな伸長力から始めることも大切である。

2) 牽引する角度

牽引の角度は普通，水平角から始めて垂直角移行するが，それは治療に加えられる体の部分（例えば，頸か腰部かなど），他の部分との位置関係，および患者の許容度による。

3) 牽引の時間

治療時間はいくつかの要因で決まるが，一番大事なのは，治療対象の医療的な状態，患者の肉体的な条件（つまり，年齢，炎症の有無，治癒の程度など）と，患者の許容度である。そのほかの要因としては，牽引のモードと，セラピストの臨床経験があげられる。ヒンターブフナー（1985）は，文献を調べて，「患者の最少の不

快感で最善の結果を得るためには，強さと時間に関するさまざまな組み合わせが必要とされる」ことに気づいた（p.180）。

8. 新しいタイプのストレッチング装置

　この節では主として医療機関以外の分野を対象としたタイプの装置について述べることにする。人気のあるフィットネス関係の雑誌やインターネットでは，さまざまなストレッチング装置が紹介されている。対象としているグループは運動選手，格闘技，ヨガ，ダンサー，ヘルスセンターやフィットネスのジムの会員やスタッフである。しかしこうした装置はまた，臨床の現場や病院など医療分野でも利用されている。

　ヒポクラテスはさまざまなストレッチング装置について記録を残している。考案されたこれらの装置の機能は，整形外科用の，あるいは治療のためのものであった。ストレッチング装置は拷問にも使われてきた。もっとも初期のストレッチングマシーンについては，ノーヴェール（Noverre, 1782-1783）が書いている。彼は，バレエダンサーがターンアウトを改善するためのtourne-haunch（語意は「よく回る股関節」）と呼ばれる装置について，こう述べている。

　　私はtourne-haunchなどというぶざまで役に立たない考案について語るつもりはない。それは効果をあげるどころか，使用者の腰をゆがませ，不快感を取り除こうとする意図に反して，ひどい不快感をともなうものなのである。

　　最もシンプルで自然な手段は，理性と優れたセンスに基づいた手段であり，そこでは節度ある，しかし継続的なエクササイズが不可欠だ。両足を内側や外側に向けた円運動や回転をさせ，大胆に腰臀部から目一杯に伸ばすことが唯一望ましいエクササイズなのであ

る。それは無意識のうちに自由な状態と跳躍そして適応力を生む。一方，マシーンを使うことで得られる動きは，自由にのびのびとやるエクササイズに比べて，より抑制的になる。ダンサーはこの足かせに，たとえその半生を注ぎ込んでも，もはや，彼の技術の完成を望むことは不可能である。重ねて言うが，このマシーンを使うことは苦痛をともなう。なぜなら，自然で本質的な欠点は，力によって克服することはできないからである。こうしたマシーンは，時間をかけた研究と応用力をともなったものでなければならない（p.71-73）。

　ノーヴェールの警告のほぼ60年後にtourne-haunchの使用について，カースティーン（Kirstein, 1939）がAlberic Secondの"*Les Petits Mystères de l'Opéra*"（1844）の中で引用している。このオペラでダンサーのガヴァルニー（Gavarni）が次のようにこぼしている。「毎朝，マスターは溝のついたボックスに私の足をつっこませる。そこでは踵からつま先，そして膝を外側に曲げさせられ，痛めつけられた足は平行になったまま。これは"体そのものをターンアウトさせる"と言われている」（p.67）。

　ノーヴェールの叙述以来，ROMの改善については広く一般にその重要性が認識され，評価されてきた。多くの発明家や企業家がROMを高めるための「万能薬」の要求に応えようとしてきた。その結果，専門的な器具やトレーニングのための補助具が市場にあふれることになった。

(1) ストレッチングの装置とマシーン

ストレッチングのマシーンは技術の度合いによってさまざまなものがある。簡単で安価なボールやロープ，棒を使ったものから，かなり高額な（500ドル以上もする）投資を要するものまであり，さらに高価なものになると，動力モーターや特別な仕様（例えば伸長を調節する）のついたものや，信頼度の高い測定値を表示したり，体の複数の部分を同時にストレッチングすることができるものまである。

ストレッチングマシーンはそれぞれの特性によっていくつかの基本的な利点がある。明らかな利点の1つは，エクササイズが臨床医の助けなしてできるため，時間と労力を最大限有効に使えることである（Gribble et al. 1999; Starring et al. 1988）。その他の利点としてブレイナム（Brainum, 2000）は，以下の点をあげている。

・ストレッチングマシーンは，被験者のROM改善にとって逆効果である行き過ぎたストレッチングを与えることなく，生体学的に正しい姿勢を保たせることができる。
・ストレッチングマシーンは，ある面で長期にわたるストレッチングのパートナーのような存在となりうる。
・ストレッチングマシーンは，ストレッチング姿勢を調節する能力や獲得した柔軟性を定量化することができ，ストレッチングを行う動機付けも与えることができる。柔軟性の向上が具体的に測定できることは，それを継続するうえで被験者にとって大きな励みとなる。

ヘルスケアの提供者にとって大きな問題は，時間的な制約である。ストレッチングマシーンを使った患者が，対象となる筋肉のストレッチングを達成し，ヘルスケア提供者がアシスタントとともに活動を終らせることができれば，双方にとって時間と労力の節約となる（Burkett et al. 1998; Starring et al. 1988）。

ストレッチングの装置とマシーンについての1つの問題は，その安全性と効果についての研究結果が，市場に広く知らされていないことである。出版されている研究成果はわずかで，十分とは言えない。ランキンら（Rankin et al. 1992）は，"Power Stretch 装置"を週に2回，6週間にわたって使用することで柔軟性が増すことがわかった。しかし，静的ストレッチングのグループと"Power Stretch 装置"を使ったグループとの間に有意差は認められなかった。"The Rack®"は足首のために開発されたもう1つのストレッチング装置である。デプリーストら（DePriest et al. 1999）は，14名の男性と14名の女性スイマーを使って足底の屈曲を増加させる効果があることを確かめた。

(2) コンシューマリズムとストレッチング装置

柔軟性とストレッチングの世界では，考案者，マーケティングの専門家，コーチ，トレーナー，そしてもちろん一般大衆は常に最新の技術革新を求めてきた。しかし，「消費者によく知らしめるべきだ」という警告があることに留意する必要がある。トマスとクインドリ（Thomas and Quindry, 1997）は，消費者への警告のサインとして14の「赤信号」をまとめた。こうした赤信号のいくつかを吟味すると，ストレッチングマシーンにも当てはまると言える。

・証明書：使用前，使用後の変化を示した証明写真は製品の効用についての重要な証拠に欠けている。例えば，消費者は「この格闘技のプロは，以前から股割りをやっていたのではなかったか？」と自問すべきである。
・返金保証：契約書に明記されているか？　信

図 13.8. ハーレー・ストレッチング・ラック（Carson Hurley の好意による）

用できる会社だろうか？
- 治癒か奇跡か：あまりにもうまい話は疑ってかかるべきだ（例えば，「6 週間で股割りが可能に」といった）。
- 有名人の推薦：有名人や著名な運動選手のお墨付きは，通常個人のその分野での経験や成功に限られたものである。さらにストレッチングにおける有名人の多くは，すでに長年にわたって柔軟性を身につけた人たちなのだ。そうした有名人たちはオリンピックの選手だったり，格闘技のプロなのである。
- 外国で開発された製品：外国で開発された（ロシア，かつての東ドイツや東欧諸国）と称する製品は要注意である。こうした国の運動選手は，おそらく選ばれた過程から優秀で，子どものころから始めており，国家の保護のもとで，その国の優秀なコーチやトレーナーによって何年もの間訓練計画をこなしてきた人たちなのである。
- マスメディアによるマーケティング：広告関係者はよく研究による成果をうんぬんする。しかし研究の効果と安全性について，その分野の専門家たちによる検討結果をなかなか伝えようとはしない。
- 宣伝文句：「秘密の」とか「奇跡的な」といった宣伝文句には気をつけること。
- 事実の省略：広告は，副作用や制約を無視していることがある。
- 権威のある研究所：開発者が由緒ある研究機関で研究や仕事をしたと主張するときがあるが，こうした主張は誇張されていることがある。
- エクスプレスメール：企業によっては郵便詐欺に対する連邦（米国）の規制を逃れるために私的なメールサービスを利用する場合がある。

多くの製品はそれなりの効果があるが，必ずしも必要ではない。マシーンを買うまでもなく，ストレッチングだけで同じような効果をあげることができるからだ。

(3) ラック・システム

鼠径部やハムストリングスの筋の柔軟性に対するニーズは，ダンスや体操，そして格闘技

に不可欠なものである。さまざまなストレッチングマシーンが，あらゆる方向へのスプリットやハイレッグ・キックの実行を容易にするために考案されてきた。こうした装置の多くは一見してラックのデザインと類似している。ラックは市場で最も人気があり広くプロモートされた装置であるため，そのデザインは詳しく分析されている。

ラックのフレームには，鋼鉄，アルミニウム，プラスティックが使われている。これらの材質の品質と規格はラックの耐久性に大きくかかわってくる。一対の足台にはたいがい詰め物がほどこされており，フレームに装着される。ラックによっては背もたれがついているのもあるが，そうでないものもある。背もたれがついている場合，使用者はストレッチング中に，それを調整できるか，どの程度のポジションが利用できるかチェックする必要がある。同様に，脚のサポートもチェックすること。ラックによっては２つのアクセサリー，つまりサイドバーとＴバー及びハンドがついたものがストレッチングを助ける。一番大切な構成要素はストレッチングのメカニズムで，それにはハンドクランク，螺旋駆動装置，油圧駆動システム，電気駆動システムなどが含まれる。これらの構成要素は利点と欠点を合わせもっている（例えば，取扱いの簡単さ，耐久性，漏電あるいはコスト）。安全性の面で重要なことは使用者が受傷する危険を予防するために，適用されたストレッチングを中断できる装置としてのリリース・メカニズムである。測定装置によって使用者がストレッチングの効果を定量的に計ることもできる。ストレッチング装置を買う前に考慮すべきその他の要因としては，どんなタイプのストレッチングが可能なのか，ストレッチングの角度，使い易さ，安全性，重さ，それにサイズがある（図13.8参照）。

9. 要　約

柔軟性を身につけるための特別なストレッチングの方法とドリルが開発されてきた。どのような方式をとるにしても，過度のストレッチングがいくつかのケースで生み出された。ストレッチングの量と強さ，持続時間，一定の期間に実施される動作の頻度，そしてストレッチングのスピードあるいは正確さなど。ROMを増加させるテクニックとしては，静的，動的，受動的，能動的，PNF，筋肉エネルギー，緊張-反緊張，機能的，モビライザーション，マニピュレーション，牽引，新しいタイプの様式，などがある。

特定の個人に対する最善の方法を決めるための最も効果のある方法を決定するためには，今後の研究が不可欠である。

最適なROMとスティフネスの開発について，数多くの学者や専門家がかかわってきた。もし歴史が道しるべになるとするなら，そのほとんどは新しい革新的なアプローチへのダイナミックな分野に導いてくれることだろう。しかしそうした工夫は常に，最も安全で効果があるものでなければならないという約束ごとを念頭に入れておくべきであろう。

【訳者注】
レンショー細胞：抑制介在ニューロン。運動ニューロンが側副枝に刺激され，自身もまたその同じ隣接の運動ニューロンとシナプスを形成し抑制作用を起こす。

第14章
ストレッチングについての議論とストレッチ論争

　この章では，ストレッチングに関して論議されていることについて述べる。ウォルシュ（Walsh, 1985）は，1950年代のイギリス競馬中間記録保持者であるゴードン・ピリ（Gordon Pirie）が，「競走馬はストレッチングをしないのになぜ人間はストレッチングをするのか」と言ったことについてふと振り返った。同様なことでロフリン（Laughlin, 2002a）は以下の通りに記している。

　私が飼っている猫で，近所の犬へ飛び掛かる前にハムストリングスのストレッチングをする猫はいない。これは，突発的な活動の前にストレッチングをしないことを正統化しているようにとらえられるかもしれない。しかし，猫は人間と違ってすでに柔軟性に富んでおり，これに関しては猫の生活スタイル（多くのストレッチングとリラックスが行われている）の中からわかる。

　たくさんの記事の中で，ストレッチングと柔軟性に関する美徳と利点についての疑問が投げかけられてきている（Black and Stevens, 2001; Davis, 1988; Fixx, 1983; Read, 1989; Shrier, 1999, 2000, 2001, 2002; Shrier and Gossal, 2000; Wolf, 1983）。何人かの執筆者はユーモラスな記事として取り上げているが，中には中傷的な記事も存在する。フレデリク（Frederick, 1982）は，ストレッチングに対する高い関心が増加している背景には，全米柔軟性協会による高度の技術を持ったストレッチング指導者による努力の結果があると述べている。これらの「ストレッチングする人々」は，ストレッチングと柔軟性の絶対的真理を地域に広めることに貢献している。さらに，考えなくてはならないこととしては，整形外科医であるリチャード・H・ドミンゲス（Richard H. Dominguez）が，一般の方々が「柔軟性の信者」としてのめり込んでしまっていると記していることである（Shyne, 1982）。ド

ミンゲスはこの傾向のはじまりは，単に関節の緩い人々がストレッチングを行い，「これって気持ちいいね」と言ったに過ぎないと考えている。他のたくさんの人々も同様な考えである。最近では，ツァツーリン（Tsatsouline, 2001b）は，「アメリカではストレッチングが流行している。フィットネスを行う全ての団体で柔軟性について説いている。そして彼らは，ストレッチングをしない，もしくは信用しない者に対してはひどく罵声を浴びせ，地獄へ落ちてしまう」などと記している(p.13)。

1. 優れた柔軟性

優れた柔軟性を保持していることは，通常傷害の危険性を軽減すると予測されているが，さまざまな筆者や研究者の中には，柔軟性トレーニングは実際は怪我の危険性を増加させるのではないかと主張している者もいる。この主張を正しく理解するには，柔軟性に関する知見を確認していく必要がある（Brody, 1999; Surburg, 1983）。まず，極端な柔軟性の欠如，もしくは通常よりも柔軟性が低下している場合においては，患部が硬直（疾病，怪我，もしくは手術により関節が固くまたは固定された状態）しているため，関節を動かすことが全く不可能になる。対照的に可動性が高い場合，とても高いレベルの柔軟性または不安定性は，亜脱臼または脱臼によるものである。ブローディー（Brody, 1999）は，この点について，可動性の高いことと不安定性があることは区別されるべきだと指摘している。なぜなら，後者は筋肉がコントロールして保護しているものを示しているのではなく，骨運動学または関節運動学の動きに関与しているからである。

この柔軟性が高すぎず，低すぎない間ぐらいでの高い柔軟性は，効率的な動きを可能にし，特定の傷害の危険性を減らすことができる。柔軟性（可動域）と怪我との関係は，「U」シェープと表現される（Jones et al. 1993; Knapik et al. 1992）。この関係は第2章で述べられており，そして以下により詳しく述べられている。

(1) 柔軟性トレーニングの欠点

過去の数名の筆者（Bird, 1979; Lichtor, 1972; Lysens et al. 1991; Lysens et al. 1989; Nicholas, 1970）は，関節の緩みの増加により，靱帯損傷，脱臼が増加することを懸念している。リクター（Lichtor, 1972）は，関節の緩みが高い人は，通常の人のように身体をコントロールする調整能力を失っていると考えている。リンクターは特に関節の緩みを定義しておらず，また確定的なデータを提示していない。それにもかかわらず，彼は関節の緩い人がほとんどのプロのスポーツではみられないため，高いレベルで競技スポー

人間と動物のストレッチング

おそらく，ストレッチング支持者のほとんどが行っているストレッチングの共通点は猫に関係している。猫は寝起き後ほとんどストレッチングをしており，柔軟でしなやかであ

る。この猫の動きを観察していると，人間がスムーズに動くために猫を模倣しているようである。しかしながら，人間にとってストレッチングは猫と同等に考えてよいものなのであろうか。実際，猫が自然にやっているのか考えてやっているのかはわからない。かりに，猫が意識的にストレッチングを実施しているとしたら，ストレッチングは柔軟性獲得に効果的であることや，気持ちよいということをわかっているかもしれない。

朝，目覚めたときやじっとしている時間が終わったときなど，ほとんどの場合あくびをしたり，全身の伸びをする。これらは関連性があり，ほとんどの場合，全身が硬くなったことに伴ってあくびが生じる。ストレッチングをせずに何パーセントの猫があくびをするのかはわからない。さらに，あくびをストレッチングに含められるものなのか，それとも関連性があるものとしてとらえられるものなのであろうか。あくびは興味深い現象である。これらについて，人間，動物，鳥，さまざまな環境の中の爬虫類で観察した報告がある（Argiolas-Antonio and Melis, 1998）。これらについて，たくさんの実験の試みはあるが，一般的なあくびに関する生理学的機能は未だに解明されていない（Argiolas-Antonio and Melis, 1998; Askenasy, 1989; Baenninger, 1997; Barbizet, 1958; Heusner, 1946, Sato-Suzuki et al. 1998）。あくびについては，多くの先行研究が行動覚醒レベルを見極める（覚醒レベルの持続と増加）上で重要な動作であると報告している。これについてはあくびにおける内分泌，神経ペプチド，神経伝達物質，薬理学に関する総説論文によって支持されている（Baenninger, 1997）。

もし猫のストレッチングがあくびに関係ないとしたら，猫のストレッチングは何と解釈すればいいのであろうか。この答えは覚醒反応の本質によって明らかにされる。例えばセレテッリとディプランペロ（Cerretelli and di Prampero, 1987）の報告では，「短時間の等尺性収縮は，等張性の負荷を垂直に与えたものと同じぐらい人間の心臓病を引き起こす」，また「心拍数の増加は，心臓病の迷走神経感覚や刺激の増加結果ではない」（p.322）とされ，そしてサンディク（Sandyk, 1998）は，覚醒を支持している。

> 副腎皮質ホルモンによって引き起こされるあくびは，コリン・ドーパミン作用調節によって抑制され（Ferrari et al. 1963; Yamada and Furukawa, 1980; Ushijima et al. 1984），コリン・ドーパミンの中枢神経とのかかわりを示唆している。さらに，猫の脳波を記録した報告によると，副腎皮質ホルモンによって引き起こされるあくびについては，皮質性活動に加えて海馬の頻繁な活動と関連している（Concu et al. 1974）。海馬が皮膚と相互作用し（Green and Arduini, 1954; Green, 1964），海馬が密度の高いコリン・グルココチイド受容体を制御することを通して，覚醒反応と姿勢維持や寝起きの調整がかかわっているので（Wood et al. 1978a, b; McEwen, 1980; Gilad et al. 1985），副腎皮質ホルモンによって引き起こされるあくびの反応は，中隔核海馬コリン作動性神経活動に関与した覚醒反応をもたらす（Wood et al. 1978a,b）（p.108）。

どうも猫が行うストレッチングは，人が行うストレッチングの理論的根拠と同等には思えない。

ツを行う上では関節の緩みは怪我もしくは才能に関与し，そのような人は早い時期で淘汰されていると推察している。バラックら（Barrack et al. 1983）は，関節の緩みと膝の固有受容器との関係についての調査をしている。研究対象は，プロのバレリーナとコントロール群として12名の健康な活動年齢の高い者とした。これらの研究により，可動性の高い関節は位置感覚機能の低下により，防御反射の亢進を産み，急性もしくは慢性傷害の危険を高めると結論づけている。しかし，研究者らは「スポーツ選手がより高い確率で特定の傷害を起こしやすくなるのは，臨床上の緩みなのかそれとも固有受容器の機能低下のどちらかが主に関与しているか，具体的な知見はまだ得られていない」と報告している（p.135）。

一方，ストレッチングに関して論議になることとしては，関節が硬い方が，重度の傷害を起こしにくくさせるのではないかといったことである。それは人体の関節の可動域は構造的に制限されているからである。いくつかの研究では，関節が緩い場合，特に体幹や膝を曲げたときなど（Nicholas, 1970），関節に過剰な負荷が加わりやすいため，その関節の緩さを安定させようとする組織に対する負担も増加する。また，関節の緩さが，様々な動きの中で体重を支持している間，関節への負担を増大させるため（Sutro, 1947），量，質ともに関節を安定させる靱帯などの組織が機能しなくなり，関節自体がかなり緩くなると報告している。

論点となる重要な点は関節の緩み，もしくは柔軟性のトレーニングは，場合によって不利益になるということである。この意見を持つ何名かの筆者は，柔軟性もしくは過度な可動域は柔軟性がないのと同じくらい危険性があると指摘している（Barrack et al. 1983; Bird, 1979; Corbin and Noble, 1980; Nicholas, 1970）。ある文献の中の国際的なスポーツ選手による報告では，彼らはストレッチングを実施しない，または少なくすることで怪我をしにくくなり（Read, 1989），ストレッチングプログラムを実施することで傷害を起こしやすくなる（Fixx, 1983; Walter et al. 1989）と考えている者もいるとしている。この問題は，後にランナーとの関係で議題にあげることとする。

過度な柔軟性は関節を不安定にさせるかもしれない（Balaftsalis, 1982-1983; Corbin and Noble, 1980; Nicholas, 1970）。例えば，クライン（Klein, 1961）は，ウエイトリフターが深い屈曲位まで行うスクワット姿勢は，膝の靱帯に対する負荷が増加する危険性があるため，膝への負担が高まり，傷害を起こしやすくなると主張している。チャンドラー（Chandler, 1989）の調査によれば，「スクワットトレーニングは，膝の安定性に効果的ではない」と示している。しかし，スクワットトレーニングは膝の安定性を減少させる原因にはならないといくつかの研究（Karpovich et al. 1970; Myers, 1971; Ward, 1970）で発表されている。それにもかかわらず，ニコラス（Nicholas, 1970）は，「フットボール選手の膝靱帯損傷にはさまざまな要因があるが，関節が緩いフットボール選手に膝の靱帯の損傷が起きやすい」と発表している（p.2239）。しかし，ザール（Saal, 1998）は，「筋肉の緩みと柔軟性に明確な区分けはない」ことを指摘している（p.86）。また，その他の研究者（Grana and Moretz, 1978; Kalenak and Morehouse, 1975; Moretz et al. 1982; Steele and White, 1986）も，可動性の高さと靱帯の緩みの間に関連性はなく，双方とも傷害に関連性がないことを示している。しかしながら，ザール（1998）は，「さまざまな点からこの問題に関して研究をしている者の中では，それぞれの研究報告の関節の緩みに対する評価に幅広い違いがある」（p.88）という，他の観点から指摘している。この考えを元に，ルイセンスら（Lysens et al. 1991）は，「柔軟性に関する定義が明確になっていないこと，関節弛緩性の評価が不適格であること」，これらが，柔軟性が傷害に関与するとい

う十分な証拠を示せていない理由なのではないかと指摘している。よって，傷害に関してはたくさんの要因が関連しているため，柔軟性と傷害との関連性を証明するのは難しいかもしれない。しかし，ナピックら（Knapik et al. 1992）は，臀部と腰以外の関節では，柔軟性を高めることによって傷害を起こしにくくなることをみつけた。

足関節の捻挫はよくある怪我である。関節の不安定性が多くの患者の問題であるようである。足関節の側方の不安定性は機能的な不安定性を含んでいる。その他の要因としては，筋力が弱くなったこと，関節の疾患，もしくは双方によっても生じる。多くの研究によって，足関節側面の靭帯損傷後の足関節の機械的な関節の緩みについて関節の役割から説明している。リューら（Liu et al. 2001）は，最初に捻挫した足関節と慢性的に捻挫した足関節の柔軟性を比較した。彼らは，「慢性的に捻挫を繰り返している患者の方が，機械的な緩みがみられる傾向がある」(p.243)と発表した。彼らの報告では，「機械的な緩みにより捻挫の再発と慢性化の危険性が高いということを立証できたかもしれない」と示している。

別の論点としては，関節の可動性の高さは骨関節炎を起こしやすくすることがあげられる。ベイトンら（Beighton et al. 1999）は3つの可能性について述べた。最初に，「関節の緩みに関連した特定のコラーゲンは，骨関節炎の原因と同様かもしれない」(p.46)。次に，生物力学的要因としては可動性の高い関節は，「退行性の変化の病因」(p.47)と関連がある。3つめに，「可動性の高さと骨関節炎の間では固有感覚が原因として関係しているであろう」(p.47)と報告しているものの，この説を裏づける調査が必要である。しかし，ベイトンら(1999)は，「おそらく骨関節炎はこの3つの節の全てにおいて関連性があるであろう」(p.47)と述べた。

一方，それぞれのエクササイズの中で骨関節炎を予防することができるであろうと示しているものがある（Beighton et al. 1999; Bird, 1979; Bird et al. 1980）。通常のエクササイズにより，筋機能を高めることで関節の安定性を向上でき，関節炎による関節の緩さを防ぐ。

文献をまとめると，下記のことが言える。

・靭帯をストレッチングすることは，靭帯にとって不利益であるという科学的なデータは現在ない（Corbin and Noble, 1980）。
・「正常な可動域の範囲であれば，筋の柔軟性が高くても怪我の要因にはならないようである」（Lysens et al. 1991, p.285）。
・スポーツ選手の靭帯の緩さをみるテストで明確なものはない（Grana and Moretz, 1978）。
・靭帯の緩んだ人はそれを補うための強化プログラムによって，緩んだ靭帯周囲機能の強化をしなければならない。特に筋腱接合部は靭帯を保護するために最初にかかわるものである。すなわち，トレーニングすることは筋力を高めるだけでなく，関節の靭帯を保護することにもつながるであろう（Javurek, 1982; Kalenak and Morehouse, 1975; Moretz et al. 1982; Nicholas, 1970）。
・過度な可動性を持つ人にもストレッチングを勧めるが，「ストレッチングを勧める根拠となるデータがほとんどない」（Russek, 1999, p.597）。
・可動域の狭い，または「硬い」人は，柔軟性トレーニングプログラムで柔軟性を高める必要がある（Nicholas, 1970）。

よって，柔軟性トレーニングについて十分な報告に基づき，以下の3点のように考える。最初に，関節可動域において必要以上の柔軟性がみられる関節の場合は，狭くするべきである。次に，関節を防御して補強するエクササイズは，関節を強め安定性を高めるためトレーニングプログラムとして組み込まれるべきである（Arnheim and Prentice, 2000; Corbin and Noble, 1980; Javurek, 1982; Kalenak and Morehouse, 1975; Moretz et al. 1982)。最後に，柔軟性のトレーニングプログラムは，関節の可動性が高いかもしくは緩いのかがわからないときは行わない方がよい(Corbin and Noble, 1980)。

(2) ストレッチング,ウォームアップ,そして傷害との関連性

　ストレッチングまたはウォームアップと傷害や痛みの関係について，いくつかの調査がなされている。ケアナーとダミコ（Kerner and D'Amico, 1983）の報告では，540名よるアンケート調査を行っている。彼らは，「走る前にウォームアップをした選手（87.7%）は，ウォームアップをしなかった選手（66%）に比べて多くの者が痛みを訴えた」(p.162)と示している。加えて，ウォームアップ時間について調べたものでは，ウォームアップをする時間が長いほど痛みを訴える頻度が高くなることがわかった。この研究では，ウォームアップにストレッチングを含んでいる。レヴァインら（Levine et al. 1987）は，ハムストリングスのストレッチを92%の対象が行っているにもかかわらず，傷害調査によるとハムストリングスの肉離れをたくさんの者が起こしていることを示している。その結果,彼らの研究は，「ストレッチングによって傷害予防をすることができると考えられてきたことに疑問を持つ」(p.135)ことを示唆している。

　ジェイコブズとバーソン（Jacobs and Berson, 1986）は10kmレース選手の傷害について調査した。2,664名の国体の選手のうち，550名にアンケートに回答を求めたところ451名がアンケートに答えてくれた。その結果,傷害とストレッチングに相関関係がみられた。しかし，彼らは「これらの選手はすでに傷害を有している可能性がある」(p.154)ことを指摘している。また，「傷害を有している選手は走る前にストレッチングをしているため，ストレッチングをすると怪我をしやすくなるという結果を得たのかもしれない」(Brill and Macera, 1995, p.366)。それに加えて，「選手が怪我をするまでに行っていたトレーニングや，ストレッチングをどのぐらいの期間行っていたのかを確かめる質問がなかった」(Jacobs and Berson, 1986)。そして適切なストレッチングを行っていたかどうかもまた問題となる(Brill and Macera, 1995)。

　ウォルターら（Walter et al. 1988）は，南オンタリオ州にいる10マイルレースの選手688名に80項目のアンケートを行った。アンケートの結果によると，若い選手の方がストレッチングを頻繁にそして長い時間行っていた。しかし，怪我をした男性選手の割合は年齢に関係なかった（56.3%）。対照的に，30歳未満の女性では53.1%だったのに対して，年配の女性は62.5%の選手がアンケートの期間中に怪我をしている。これらの結果を踏まえて,ウォルターら（1988）は以下の通りに述べた。

　　ストレッチングはランニング障害を予防すると考えられているため，若い選手においては傷害発生率が低かったかもしれない。しかし，その他の要因（例えば，トレーニングの習慣の違い，その他の運動の有無，もともとの体質）によってストレッチングの有効性が異なるため，今回の結果を元にしたものではストレッチングの有効性を調査することへの問題点が出てきたかもしれない(p.112-113)。

　ウォルターら（1989）は1,680名のランナーを12ヵ月にわたって追跡調査をした。その結果，走る前にウォームアップをしない選手は傷害を起こす割合が低いことがわかった。加えて，ストレッチングを「時々」行うランナーは，ウォームアップをしばしばもしくは全くしない選手に比べて傷害発生する確率が高いことがわかった。ヴァン・メハランら（Van Mechelen et al. 1993)は，421名の男性ランナーにウォームアップ，クールダウン，ストレッチング，そしてコンディショニング指導を含んだ16週間の傷害予防プログラムを施した。「この試みによっても傷害発生の減少に至らなかった」(p.718)。ジェイコブとバースン（1986）は，「さらにランニング障害に関連する要因について調査する必要がある」と指摘した。

マチェラら（Macera et al. 1989）は，583名（男性485名，女性98名）の一般ランナーを対象として研究を行っている。その結果，男性54％，女性44％は，走る前にストレッチングを行っていることがわかった。傷害発生の危険性である倍率（以下OR）は，男性で1.1，女性で1.6であった。年間を通した調査報告では，傷害を起こす可能性が最も高いのは，週平均64km（40マイル）以上走っている場合において2.9ORであった。この結果により，ランニング障害者にとってストレッチング実施の有無が傷害発生の原因でないことがわかる。

ビクスラーとジョーンズ（Bixler and Jones, 1992）は高校のフットボール選手に対して，ウォームアップとハーフタイム後に1.5分のストレッチングを行うことで第3クォーターにおける怪我を防ぐことはできるのであろうかと考えた。結果として5つのペンシルバニア州のフットボールチームで55ゲームを行い，108名が怪我をした。何もしないより，ウォームアップやハーフタイム中にストレッチングをしたチームの方が捻挫や肉離れといった傷害が少なかったが，有意な差は認められなかった。研究者らは，「ウォームアップとハーフタイム後におけるストレッチングと捻挫などの傷害における関連性」(p.131)について，残念ながら，ストレッチングまたはウォームアップが，傷害を減少させることとの関連性を証明するまでには至らなかったと示している。

ベネルとクロスリー（Bennell and Crossley, 1996）は傷害名，部位，種類，そして傷害の重症度について，陸上競技選手を12ヵ月間観察した。95名の選手のうち72名に130件の傷害が発生し，76％の傷害の発生率になる。腰椎，ハムストリングス，ふくらはぎ，そして足関節の柔軟性について計測し（その他の要因を含む），傷害との強い関連性をみつけた。この結果を受けて，4つの項目について考察する必要があると指摘している。

・個々の評価項目と傷害とに関係がなかったこと。
・個々の柔軟性について的確な説明をするにはいくつか評価が必要であること。
・過去の傷害と現在の柔軟性との間には明確な関係がないこと。
・傷害を有するものは高い柔軟性があったが，さらに傷害予防をするために，よりストレッチングすることが反映されるかどうかということ。

その他の研究（Cross and Worrell, 1999）では，195名のディビジョンIII 大学フットボール選手を，1994～1995年にかけて生じた肉離れについて調べたものがある。この報告では2シーズンごとに示されているが，方法をみると2シーズン目には下半身のストレッチングが含まれていない。これによると，「ストレッチングプログラムの実施と肉離れの発生率の減少には関連性がある」(p.13)としている。これには色々な要素が加味されているため，この研究者らは原因と結果の関連について，この結果だけでは明確に示すことができなかった。それにもかかわらず，研究者らは「肉離れの予防のためにはストレッチングを実施すること」(p.13)と示している。

ポープら（Pope et al. 1998）は，12週間の強化トレーニングを行った1,093名の軍人男性の中で，選択した5つの傷害に対する足関節を背屈したふくらはぎのストレッチングの有効性に

ついて調査をした。その研究の結果，①「足関節の背屈の可動域制限が下肢の傷害発生の危険性を増加させ，中でも特に足関節の捻挫が多い」(p.171)。 ②「傷害に対するストレッチングの有効性に関しての明確な証拠は見つからなかった(p=0.76)。しかし，これらの資料だけではストレッチングの明確な有効性をみいだすこと不十分であるかもしれない」(p.165)。

ポープら（2000）は，下半身の傷害予防のため，軍人志願者1,538名にストレッチングを不規則に行った。12週間のトレーニングプログラムでウォームアップと6種類の主な下肢のストレッチングを各20秒間実施した。この結果としては，「臨床的にウォームアップとして行われた通常のストレッチングでは，傷害の減少には直接的にはつながらなかった」(p.271)と示している。この問題について彼らは以下の通りに述べている。

　我々が考えるストレッチングによって少なくても全ての傷害の5％程度は除去することが可能であり，残りの95％の傷害うちの23％，またはそれ以上の傷害の危険性を軽減することができるであろう。これらの結果のように完全に除去できないことを考えると，ストレッチングが傷害除去・予防に対して有効性がないということになる。新人に40週以上のトレーニングをさせるために，ストレッチングを実施させている。平均しておおよそ3,100項目ものトレーニングを行うために，傷害予防を目的としたストレッチングが必要であった。各トレーニング項目を実施する際に，ストレッチングをしっかりやらせる場合に1項目に5分かかるとすると，傷害を予防するのに平均260時間のストレッチングが必要となる（95％ CI傷害予防として50時間，傷害削減としては65時間）。ストレッチングの有効性についてデータからみてみると，臨床的にはストレッチングの有効性に対する疑問を持つ。それは，一般の人々は軍人に比べて傷害の危険性が低いといった報告から考えてみると，一般の人々にとってはストレッチングの実用性はそこまで高くはないということになるからである(p.275)。

いくつかの調査結果は彼らの結果を正当化している。その研究によると，筋腱接合部の傷害の危険性を軽減するためには，筋肉の伸長性を改善させるだけでは生理学的に長時間持続しないため不十分である。調査の対象となった新人兵は怪我をしやすい年齢であり，逆に年配の軍人では怪我をしにくい。それは，軍人の中でも新人の大半がマーチやランニングをすることは初めて体験するため，常に走ったり歩いたりしている人達に比べて傷害を起こしやすい。

対照的にジョージア州基地の軍人を対象とした調査として，13週間の歩兵隊の基礎的なトレーニング中の研究（Hartig and Henderson, 1999）が行われている。この研究は，148名のコントロール群と，3種類のハムストリングスのストレッチングを実施する150名のストレッチング群によって行われ，今まで行っているトレーニングにストレッチングを増やしてもらった。コントロール群とストレッチング群それぞれに，下肢の障害が29.1％と16.7％の割合で生じていた。この結果によって，下肢の障害はハムストリングスの柔軟性を向上させることで軽減できることが証明された。

ユンとユン（Yeung and Yeung, 2001）は，ランニング障害の予防について論じている研究を無作為または準無作為に利用して詳細な調査を行った。1,944名のストレッチング群と3,159名のコントロール群による5つの研究から分析した。これらの報告をまとめた限りでは，「ストレッチングが下肢の障害を防ぐのに有効だと示すには十分な証拠がなかった」(p.386)。

(3) 運動前のストレッチングと筋損傷との関係

コーチ，専門家そして学者によってよく運動前のストレッチングが推薦されるのは，運動前にストレッチングをすることで，部分的な筋損傷の危険性を軽減することができるからということである。臨床的または科学的にこの考えは支持されているのであろうか。シュライアー（Shrier, 1999, 2000, 2001）は，詳細な臨床調査，科学論文でもこの考えについて支持するものはなく，実際，彼は運動前にストレッチングをすることで何故傷害予防ができないかという理由を5つあげている。

① 動物では，動かさない，または温めることでの筋肉の変化が生じやすいため，簡単に組織の損傷の原因となる。
② 運動前のストレッチングは，その後の活動との間に深い関係はないため，筋肉を伸ばすことは活動に影響を及ぼさない。（例：ジョギング）
③ 肉離れが最も起きやすいときは筋肉に伸長性収縮が生じるときであり，このときストレッチングは影響を及ぼさないであろうということ。
④ ストレッチングは骨細胞レベルでダメージを及ぼす。
⑤ ストレッチングは筋肉痛の痛みを覆い隠す。

さらにシュライアー（1999, 2000, 2001）の提示した以上のことをより明確にするためには，さらに検証することが必要であるとしている。しかし，クラバック（Krabak, 2001）らは，ストレッチングによって筋肉の痛みを麻痺させるかのように覆い隠すという別の考えを提唱している。

2. さまざまなストレッチング

ストレッチングあるいは柔軟性を向上させることが，スポーツやそれに関連した分野での傷害要因の減少またはパフォーマンス向上を目的の万能薬と考えてはならない。どのエクササイズにおいても危険性は必ずある。怪我の可能性は無限大にあり，個々のトレーニングの状況，年齢，既往歴，アライメント不良，そして技術未習得などである。

以下の項目では8つの項目中に分けて危険性があると論じている文献を引用する。しかし，これらたくさんのストレッチングは，ダンス，体操，格闘技，レスリング，そしてヨガの練習では必要不可欠とされているものである。取り上げているストレッチングは，(1)ハードル・ストレッチング，(2)仰向けに反り返るストレッチング，(3)膝の深い屈伸（スクワットまたはランジ），(4)立位体前屈，(5)体幹を反らせた姿勢，(6)立位での体幹回旋，(7)宙づり姿勢，そして(8)肩での体重支持とプロウ姿勢である。

(1) ハードル・ストレッチング

ハードル・ストレッチングは本来ハムストリングス，腰部，そしてそれらに関連した軟部組織のストレッチングに最もよく行われていたストレッチングである（図14.1参照）。傷害予防もしくはリハビリテーションに携わるアスレティック・トレーナー，体育学博士，理学療法士，そして整形外科医によって書かれた本では，このストレッチングがしばしば推薦されている（Alter,

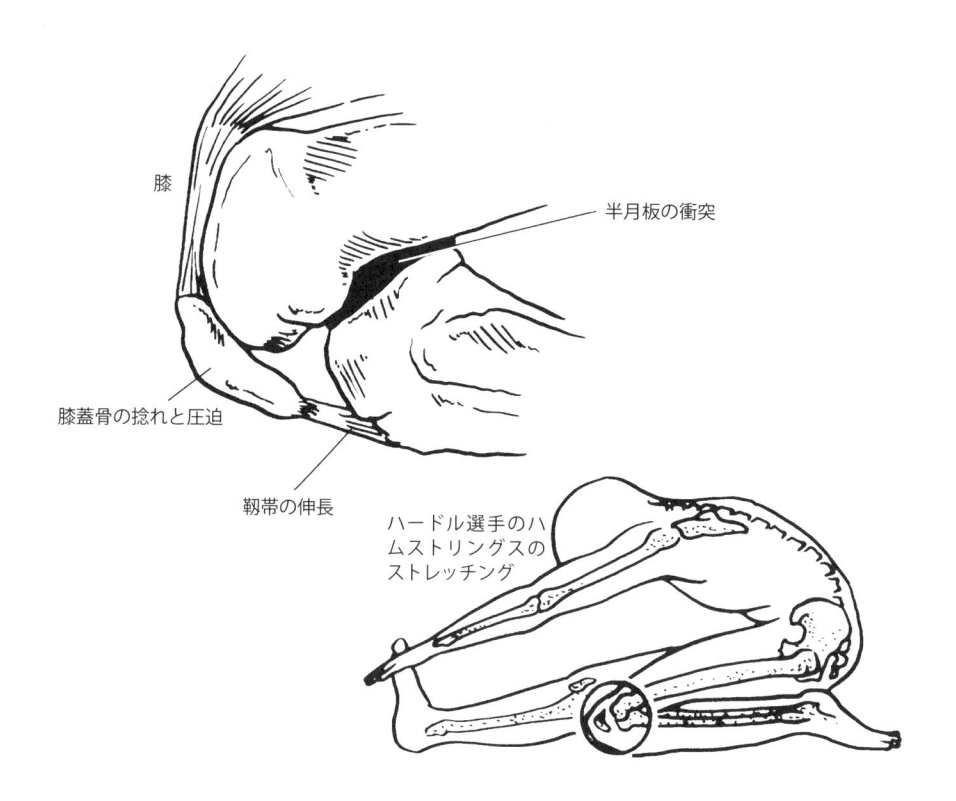

図14.1　ハードル・ストレッチング
ハードル・ストレッチングは，下肢を伸ばしハムストリングスをストレッチングする方法である。しかし，膝を屈曲している側の膝に対しては，膝蓋靱帯がストレッチングされ，膝蓋骨が横にスライドし，半月板の後面が衝突することで膝の傷害につながる。
R. Cailliet and L. Gross, 1987, *The rejuvenation strategy* (Garden City, NJ: Doubleday), 34. より許可を得て転載。

1996)。このストレッチングの名称はハードル選手が用いるポジションに似ていることからつけられた。このストレッチングは床で前側の足を前に伸ばし（膝を伸展位で股関節を屈曲した状態），そして，反対側の股関節を外転，屈曲，内旋させ，踵がお尻にくっつく様に膝を完全に屈曲させた状態となる。ヨガでは，「トリアンガ・ムッハイカパダ・パシモタナサナ」がハードル・ストレッチングにあたる。

1) 危険因子の分析

多くの筆者は，不自然な膝の状態で膝の中心部にストレスを与えるハードル・ストレッチングについて，さまざまなことを指摘している（Alter, 1996, 1998; Anderson, 2000; Beaulieu, 1981; Cailliet and Gross, 1987; Clippinger-Robertson, 1988; Cornelius, 1984; Lubell, 1989; Ninos, 1996b; Peters and Peters, 1983; Tucker 1990; Tyne and Mitchell, 1983)。この問題点は，膝が過度に外旋したら，後部の足の内側が床に対して横に広がった状態になり，このポジションは内側側副靱帯に対してオーバーストレッチングになってしまうことである（Alter, 1996, 1998; Anderson, 2000)。その結果，このストレッチングは膝の内側の不安定性を増加させると考えられてきた。カイイエとグロス（Cailliet and Gross, 1987)は，このストレッチングに関連した次の3つの主な問題をあげている。①膝の靱帯を伸長させてしまう，②膝蓋骨をひねり，横転させてしまう，③外側半月板の後部を押しつぶしてしまう。今までのところ，その他の不利益な点

としては，股関節屈曲筋群が硬いほとんどの人にとって，このポジションをとった結果として骨盤の側方のわずかな傾きが生じ，不適切なストレッチングになってしまう。ポジションが正しくとれている場合，体重が坐骨結節の双方に均等になり，両方の腸骨稜は床のレベルになる（Lasater, 1983）。このストレッチングは股関節にとって不快となるかもしれない。なぜなら，「足が大腿骨の後ろに置かれた状態では，股関節の関節包内で過度な捻れが加わってしまうからである」（Lubell, 1989）。

ハードル・ストレッチング（もしくはトリアンガ・ムッハイカパダ・パシモタナサナ）を間違って行ったとき，腰部に痛みや傷害を起こしやすくなるかもしれない。ラザター（Lasater, 1988a）によると，このエクササイズは①構造的，②機能的に問題になるかもしれない。①脊柱はどの角度によってもいくつかの強い靭帯により保持されているが，腰椎は同等に保持されないため，腰椎に負担が加わる。したがって，ハードル・ストレッチングが行われた場合，すでに腰椎に回旋ストレスが加えられた靭帯に対して，より負荷が加わり，腰部への負担が増す。②座る姿勢の悪い習慣による猫背といった機能的要素によって，ハードル・ストレッチングは複雑となりうる。よって，ラザター（1988a）はハードル・ストレッチングを正しく理解して行わないと，腰部の脊柱を過度に回転させてしまい，腰部への負担をかけてしまう。しかし，このストレッチングを行うことによって起こる傷害の種類について述べている文献はみつけられなかった。

2) 危険因子の減少

骨盤が軽度に傾いている場合，骨盤を元の位置に戻すには坐骨結節の下にたたんだブランケットなどのマットを入れることで直る。しかし，膝の問題は残る。ここで，最も賢明な方法は，膝の位置を変えるか，代わりのストレッチングを行い，問題点を解決することである。最初の膝の位置を変える方法では，足関節を底屈させ，足部を太ももと平行にすることでできる（Alter, 1996, 1998; Anderson, 2000）。

いつくかのストレッチング方法を実施することで，腰部の痛みを減少させることが可能になる。1つめの方法は，股関節から脊柱にかけてストレッチングすることである。ラザター（1988a）は，腰背部が伸ばされ骨盤が傾くのを感じるよう腰に手を当てることを勧めている。もし，骨盤や股関節が動かない状態では，脊柱は過度な動きを強いられ，正常なポジションを維持できなくなってしまう。次の代案は，ベンチもしくはテーブルに股関節を広げた状態で座ってストレッチングを行うことである（Alter, 1996, Buckner and Khan, 2002; Myers, 1983）。地面を利用してストレッチングしているにときは，ストレッチングをしていない方の脚のアキレス腱付近を手でつかむ。そして体幹と太ももを近づけることで，腰部のストレッチングを持続できる。

その他の効果的なストレッチング方法としては，膝や太ももを胸に接するためにストレッチングしていない反対の足の股関節を屈曲することで，体幹を床と平行なポジションにとることができる。そして，前に出している足のストレッチングを行っている間，曲げた足が屈曲し外側に回転する。よって，片方はつま先を自由に触ることができる（Cailliet and Gross, 1987）。よく用いられている方法は（Anderson, 2000; Beaulieu, 1981; Cailliet, 1988; Clippinger-Robertson, 1988; Reid, 1992; Tyne and Mitchell, 1983），太ももやふくらはぎの外側が床に接するために，膝を屈曲させ，股関節を最大限に外転・外旋させることで，反対側の太ももの内側に踵が接する。ヨガでは，「ムリチャサナ・アンド・ジャヌシラサナ」がこれらの2つのハードル・ストレッチにあたる（Iyengar, 1979）。

(2) 片足もしくは両足でのハードル・ストレッチング

　片足もしくは両足で行うハードル・ストレッチングは，大腿四頭筋をストレッチングするのに使用される（図14.2参照）。しかし下肢の構造上，膝の前方へ過度なストレッチングが生じる。ヨガの中でこのストレッチングは，「スプタ・ビラサナ」または「ヒーロー」のポーズとして知られている（Iyengar, 1979; Lasater, 1986）。このストレッチングは，股関節の屈曲筋群に対して大変効果的である。アメリカの整形外科医のサージャンズ（Surgeons, 1991），エアハート（Ehrhart, 1976），ラザター（1986），リード（Reid, 1992），シュスター（Schuster, 1988），シング（Sing, 1984），スミス（Smith, 1977），ウィーヴァー（Weaver, 1979）らは，これら多数のプログラムを組み合わせることを勧めている。このストレッチングは，骨膜炎（シンスプリント〈O'Malley and Sprinkle, 1986〉など）の発症を劇的に減少させることを可能とするかもしれない。加えて，大腿四頭筋のストレッチングは，オズグッド−シュラッター病や膝蓋腱への過度な張力による脛骨祖面の未発達や剥離を予防する可能性があると考えられている（Kulund, 1980）。フィットネスやトレーニング・プログラムの中では，これらを疑う余地もなく抑制できるものだとして組み入れている。

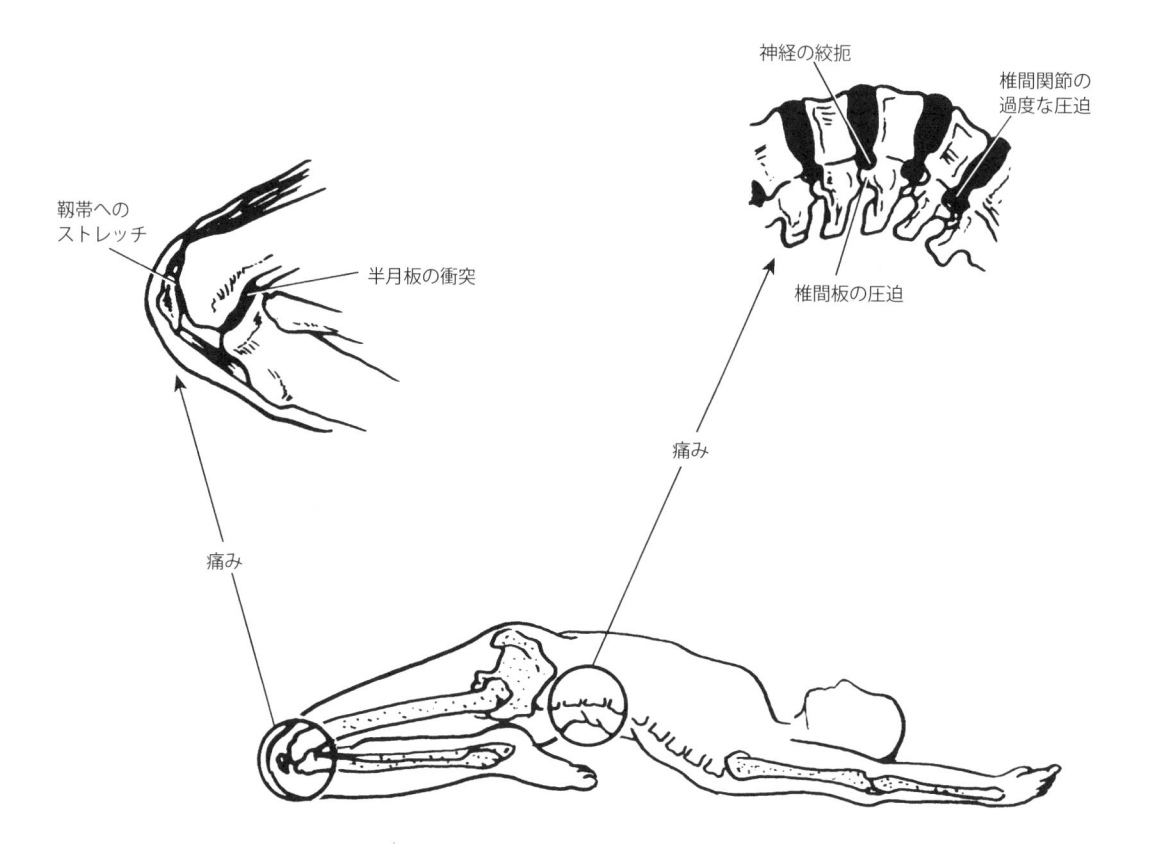

図14.2　片足もしくは両足のハードル・ストレッチングをして仰向けに反り返るストレッチ
　このストレッチは，さまざまな組織や器官へのオーバーストレッチになり，神経を締め付け，椎間関節を過度に圧迫する。
　　R. Cailliet and L. Gross, 1987, *The rejuvenation strategy* (Garden City, NJ: Doubleday), 37. より許可を得て転載。

1) 危険因子の分析

ハードル・ストレッチングの危険性として，膝関節の前部を拡張させるため膝に過度なストレスが生じると考えられている。その結果，このストレッチングは靱帯を過度に伸長し，膝蓋骨に捻れと圧迫が加わり，半月板を押しつぶすことで関節の安定性を損なうと考えられる（Alter, 1996, 1998; Anderson, 2000; Cailliet and Gross, 1987; Cornelius, 1984）。加えて，ラザター（1986）によれば，妊娠4ヵ月以降は，胎児を横たえることで大静脈を圧迫してしまい，急激な血圧低下につながるため，その予防として後方へ体幹を過度に反らしてはいけない。

2) 危険因子の減少

ハードル・ストレッチングによる問題点を減少させるために2つの見解がある。1つめは，難しい方法の代わりに，より安全かつ簡便に行える代わりのエクササイズを実施することである。もう1つは，これらのストレッチングを正しく行えるよう，優秀なインストラクターから指導を受け，学ぶことである。このストレッチングを習得するには，正しい方法でゆっくりと継続して行うべきである。最もストレッチング方法で注意する点としては，下肢を内旋させることと，下肢を横に広げすぎないようにすることである（Alter, 1996, 1998; Anderson, 1985, 2000; Lasater, 1986; Luby and St. Onge, 1986）。ブランケット，当て物，マットもしくは支柱を使うことで，このストレッチングをより安全に習得することができる（Lasater, 1986; Luby and St. Onge, 1986）。

(3) 膝の深い屈伸

膝の深い屈伸（ランジまたはスクワット）は，ハムストリングス，鼠径部，ふくらはぎ，そしてアキレス腱の柔軟性を高めることができる。また，下肢の筋肉の中の特に大腿四頭筋を強化することができる。しかし，方法が間違って行われた場合，このストレッチングの危険性は高くなる。傷害の主な要因としては，降下の速度，降下の深さ，そして足部のポジションがあげられる。体重を利用してストレッチングをすると，潜在的にある怪我の危険性を増加させる（図14.3参照）。

1) 危険因子の分析

深い位置まで膝を屈曲し，筋肉で体重を支えきれないレベルまできたとき，問題が生じる。それ以上になった場合，膝の靱帯で体重を支持しなければならなくなる（Alter, 1983）。オルター（Alter, 1983）やカイイエとグロス（1987）によると，これらのエクササイズでは関節包や靱帯に捻れが生じ，膝蓋骨を圧迫し，半月板を押しつぶす。何人かの整形外科医（Fowler and Messieh, 1987; Miller and Major, 1994; Spindler and Benson, 1994）は，過度な膝関節の屈曲は大腿部前面に対して後方への外力となり，後十字靱帯（PCL）の損傷の要因であると指摘している。

スクワットは，野球，ダンス，器械体操，ハンドボール，重量挙げ，そしてレスリングといったスポーツで基本的なトレーニングとして行われている。それゆえに，スクワットを実施しないことは不可能である。しかし，スクワットは素人や中年から高齢者にかけては避けるべきである。フィットネスやトレーニング・プログラムにスクワットを組み込むときには，個々のレベルに応じて必ず対応しなければならない。

2) 危険因子の減少

傷害の危険性を最低限に抑える1つの方法は，体重を支えるために何かをつかんだり，背中

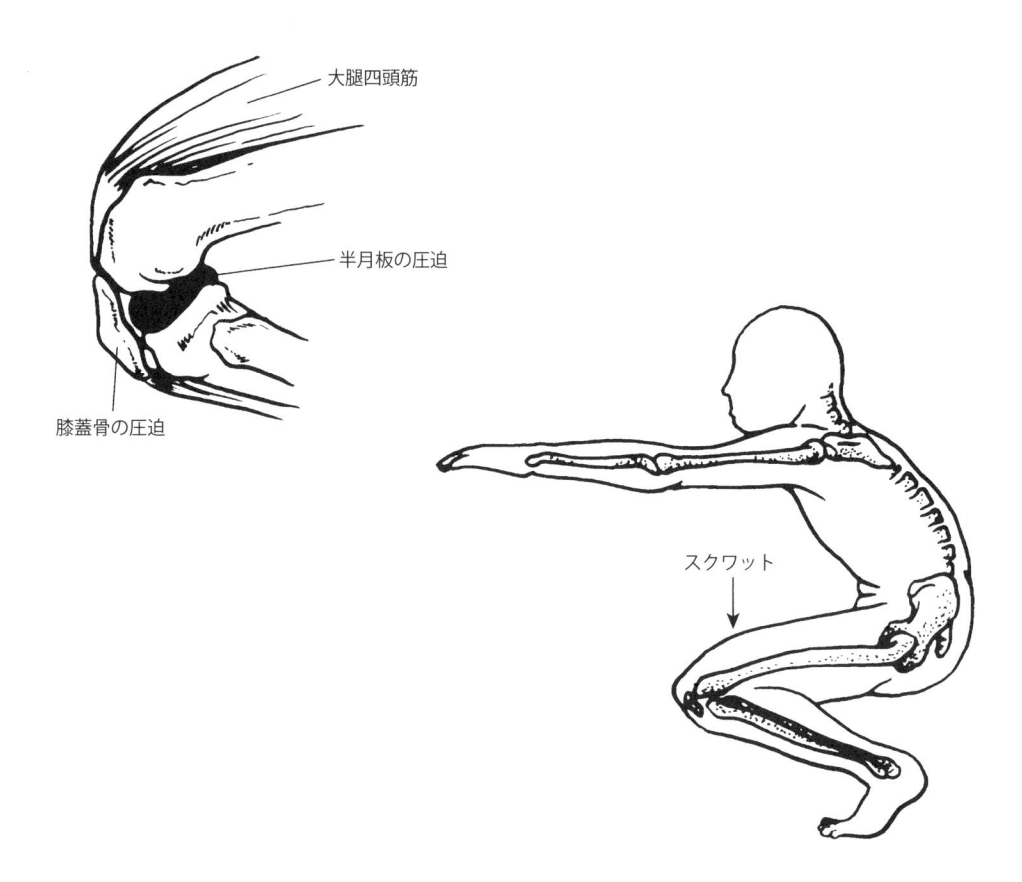

図 14.3　膝の深い屈伸
深い膝の屈曲には，膝蓋靱帯の過度なストレッチや半月板の圧迫といった危険性がある。また，これは膝蓋骨を圧迫する。浅く膝を屈曲することで大腿部の筋力強化やアキレス腱の強化をはかる場合は，危険を伴うことはない。
R. Cailliet and L. Gross, 1987, *The rejuvenation strategy* (Garden City, NJ: Doubleday), 35. より許可を得て転載。

を壁につけたりしてスクワットをすることで，大腿四頭筋をコントロールし，体をゆっくりと下方へ落とし，スクワットの動きの速度を落とすことである（Anderson, 1985; Benjamin, 1978; Clippinger-Robertson, 1988; Fisk and Rose, 1977; Luby and St. Onge, 1986）。2つめは，膝関節の角度を90度にしてスクワットすることで，降下する深さを軽減し（Clippinger-Robertson, 1988），膝と足のつま先をまっすぐにすべきである（Anderson, 1985; Benjamin, 1978; Clippinger-Robertson, 1988）。

(4) 立位体前屈

　立位体前屈は最も日常的に行われているストレッチングである。柔軟性を計測する方法として最も利用されている。しかし，未だ，この方法に関しては議論する点が多い。ヨガでは次の3つのエクササイズがある。
「パダハスタサナ」：前屈し1つの手のひらを床につける。
「パダグスタサナ」：膝関節を伸展した状態で立ち，手でつま先の前方をつかむ。
「ウータナサナ」：足の後方に両手を地面につき，体幹が太ももについている状態である。
（図 14.4a-c 参照）
　これらのストレッチングの目的は（適切，不適切を含め），ハムストリングスのストレッチング，直立した脊柱起立筋のストレッチング（背中），脊柱のストレッチング，柔軟性の測定，そし

て腹筋のエクササイズである。しかし腹筋のエクササイズとしては適切とはいえない。

1) 危険因子の分析

立位体前屈は，特に腰痛の既往歴のある（例えば椎間板ヘルニア）中高年や高齢者は避けるべきである。加えて，腹筋の弱い人，もしくはハムストリングスや腰背部の筋肉が硬い人は腰痛を引き起こしやすい（Falls and Humphrey, 1989）。理論上このストレッチングは，椎間板，後縦靭帯，そして坐骨神経にストレスを加える（Alter, 1996, 1998; Anderson, 1985; Cailliet and Gross, 1987; Dominguez, cited in Shyne, 1982; Tessman, 1980; Zacharkow, 1984）。過伸展させられた膝は結果として後方動揺性のある膝のように形態異常が生じるかもしれない。また，このストレッチングは半月板を損傷すると考えられてきた（Cailliet and Gross, 1987）。中高年や高齢者はバランス能力を失いやすいため，立位体前屈姿勢でのストレッチングを実施することで転倒し怪我をしてしまう（Daleiden, 1990; Kauffman, 1990）。そして，重心が高く保護する基盤が狭いほど，不安定になりやすい。特に高齢者にとってこのバランス能力の低下は姿勢のコントロールの機能低下（Daleiden, 1990; Ochs et al. 1985），病気（Daleiden, 1990; Kauffman, 1990），薬剤（Daleiden, 1990; Tideiksaar, 1986），そして筋力の低下（Kauffman, 1990; Whipple et al. 1987）などさまざまなものが関与する。

立位で完全に体幹を屈曲した姿勢は職業上危険性がある。特に土木工事の人が補強材を取り付けるような作業をしているときが考えられる（Rose et al. 2001）。その結果は，このような姿勢を長時間続けている労働者にとって他人事ではない。

過去の文献を振り返ってみると，多数の専門家が異なった見解を述べているため，何を，そして誰の意見が信頼できるものであるのかという疑問にぶつかる。ある専門家は，立位体前屈は危険であるため行わない方がよいとしている。他の専門家は，立位体前屈の危険性があることを警告した後，より安全な方法をとるよう勧めている。一方では，立位体前屈を推奨しており，危険性について述べていないものもある。

整形外科医（Berland and Addison, 1972; Dominguez and Gajda, 1982; Seimon, 1983; Williams, 1977），医学博士（Cailliet and Gross, 1987），理学

図14.4　さまざまな立位体前屈（Alter, 1990. より転載）

療法士(Zacharkow, 1984)，アスレティック・トレーナー (Tyne and Mitchell, 1983)，ダンス・インストラクター (Alter, 1986)，そして物理学者 (Tessman, 1980) らはこのストレッチングの危険性が高く，実施するべきではないと反論している。同時にこのストレッチングを推進している人達も上記と変わらない専門家であり，整形外科医(Torg et al. 1987)，外科医(Finneson, 1980； Friedmann and Galton, 1973; Grieve, 1988; Kraus, 1965, 1970; Wilkinson, 1983)，整骨医 (Stoddard, 1979)，そして理学療法士 (LaFreniere, 1979; Van Wijmen, 1986)である。以上により，このストレッチングに関する利点や本来の危険性の明確な知見が得られていないことが明らかである。

2)危険性の減少

エクササイズ・プログラムの中で，いくつかの立位体前屈の方法によってこの危険性を最低限に抑えることができる。それは全ての人にとって，柔軟性や筋力が高まり，怪我の危険性を少なくさせることができる。したがって，それぞれ個々に柔軟性や筋力を十分に得るためのエクササイズ・プログラムに，立位体前屈が組み込まれるべきである。しかし，実際は万人に共通した効果が得られるわけではなく，年齢，体調，既往歴，そして職業などさまざまな要因が関与していることを考慮しなければならない。

ゆっくりと順序よくエクササイズを行うことは，傷害の危険性を減少させる1つの方法であり，この方法では支柱や保護用具を使うことである。結果として，簡単なエクササイズから始め，徐々に難しいエクササイズへ移行することで，立位体前屈をよりうまく，安全にできるようなるので，多くの人々にとっては必要な柔軟性と筋力の向上が可能となる。このような段階的なプログラムの必要性はクーチ (Couch, 1979)，カリコ(Carrico, 1986)，ルービーとサントンジェ (Luby and St. Onge, 1986)，とグリーブ(Grieve, 1988)によって説明されている。

傷害の危険性を減少させるもう1つの方法は，正しい方法で行うことが必要だということである。ある学校では，体幹を低くするときに背中を平らにすることを主張している (Couch, 1979; Luby and St. Onge, 1986)。ラザター(1988b)は，脊柱に対して過度な回旋や彎曲をさせないように，ゆっくりと脊柱を彎曲させ下降させると説明している。いくつかの説明では，比較的背中をまっすぐに保持することを支持している。最もよく用いられている説としては，背中を丸めて屈曲させると脊柱，坐骨神経，そして椎間板により強いストレスを与えると示している。なぜなら，脊柱は靱帯によってもともと支持されており，背中の筋肉が脊柱を保持できていないためである (Luby and St.Onge, 1986)。一方，別の説明では，「背中がまっすぐの状態は過度な彎曲がなく，自然な彎曲の状態であり，椎間板や椎骨のアライメントへ外力が加わらない」(Couch, 1979, p.134)と示してある。

対照的に，シフ(Siff, 1992)は，脊柱の自然なポジションを主張している。彼は「自然な生理的彎曲を崩すことは，脊柱に不必要に負担をかける」と指摘している (p.88)。この理論的根拠はカパンジ (Kapandji, 1974) の意見が基盤となっている。カパンジは，「脊柱を彎曲させる抵抗は彎曲度に直接比例する。よって，胸椎と頚椎に対して10の負荷があったとすると，腰椎の彎曲がまっすぐな場合はその10倍もの負荷がかかる」(p.20)ことを指摘している。よって，シフ(1992)は，「脊柱を保護するためには，正しいアドバイスによって脊柱の自然な状態を保つ」(p.88)ことを勧めている。

4つめのアプローチは，上部体幹をゆっくりとそして滑らかに曲げ，体幹全体をすばやく曲げないことである。反動をつけた動きは2つの理由から避けた方がよい。①反動動作を避けることによって脊柱起立筋に対する伸張反射が

生じなくなり，結果として腰背部の筋緊張や肉離れの発生を軽減することができる。②反動を使ったストレッチングは，過度に大きくまた保持できないほどの可動域を作り出すため，これによって作り出された過剰な可動域では軟部組織が伸長されて吸収できる量を超え，怪我の要因となりうるからである。組織が吸収するエネルギーが大きければ大きいほど，その部位に加わる負荷は大きくなり傷害を起こしやすくなる。したがって，特に中年，座位での作業が多い人，そして高齢者には反動をつけたストレッチングは避けるべきである。

腰椎の捻挫を回避する他の方法としては，前方から脊椎にかけての負荷量を減らすことである。腰椎の構造は，前方から脊椎にかけての体重の上昇に伴い腰椎への圧力が増す。腕を前方へ伸ばした状態で体前屈をし，床に降ろすことで腰椎に対する前方への負荷が増加するが，手を床に降下する際に臀部または太ももにつけることで腰椎に対する前方への負荷が軽減する。腰椎の捻挫は，手を下肢や太ももにそえたり，手で椅子，積み上げた本，または吊り下げられた紐を利用して支えたり，肘や伸ばした腕で自分自身を支えることで防ぐことができる（Alter, 1986; Anderson, 1985; Carrico, 1986; Couch, 1979; Knight and Davis, 1984; Lasater, 1988b; Luby and St. Onge, 1986; White, 1983）。個々の筋力や柔軟性の増加に伴って，徐々に患部を保護する必要性がなくなる。そして，下肢を左右に広げることで傷害の危険性を軽減することができる。

ハムストリングスと腰背部の肉離れの発生を軽減させる最後の方法としては，スクワットの姿勢からストレッチングを始めることである。つま先を触るように体幹を前屈させる。そして，ゆっくりとストレッチング感や硬い感覚を感じるまで足を伸ばす。大事なことは，ストレッチングを継続して実施するということである。この方法に関しては，何人かの筆者によって支持されている（Alter, 1986; Alter, 1996, 1998; Hossler, 1989; International Dance-Exercise Association n.d.; Luby and St. Onge, 1986; Tyne and Mitchell, 1983; Uram, 1980）。

傷害は体幹を反らした姿勢の際に生じ，そのほとんどが，骨盤が回転する前に屈曲位から体幹の不適切な伸展動作を行うことで，脊柱に過負荷が生じるからである（Cailliet, 1988）。理想的には，直立姿勢を再びとるときには，腰椎が動かない棒となり背中がしっかりと伸ばされた状態であるべきである。再び不適切に伸ばすと，上半身がすぐに元の状態に戻り，脊柱の生理的彎曲と腰部の前彎のカーブが重心より前に位置してしまう。このポジション位置が腰背部に過度な負担を加える。カイイエ（1988）により詳しく述べられている通り，通常棘上靱帯は，最終屈曲位と屈曲位から伸展するときの腰椎45°までを支持する（骨盤が傾斜して完全な直立姿勢）。残りの45°を伸展している間，脊柱起立筋が脊柱をまっすぐ保持する。そのため，腰背部の筋肉が最終的な脊柱の前彎を保持することになる。しかし，復元動作において脊柱起立筋が活動するためにはテコが短いために，脊柱起立筋が有効には働かず，小さな動きを実施するためには多大な筋肉の活動を必要とする。それに加え，脊柱起立筋が疲労したとき，脊椎靱帯に過度な負担をかけないよう維持し，保護することが求められる。一度この靱帯が失われてしまうと，関節に負荷が加わり，そして亜脱臼が起こる。国際ダンスエクササイズ協会(n.d.)は，背中をまっすぐにして上半身を起こすのではなく，「上半身を丸めて起こす」ことを好んでおり，ラフレニエール（LaFreniere, 1979）もよく似たポジションについて紹介している。

立位体前屈姿勢から伸展する際に起こる潜在的な危険性を少なくするストレッチング方法が2つ考えられる。1つはストレッチング効果を長時間維持するために膝を曲げることである。そうすることで，膝を曲げた状態で床に座ることができる。もう1つとしては上半身が完全に

まっすぐ挙上するまで，膝の屈曲姿勢を維持することである。この方法は数名の研究者（Alter, 1996, 1998; Nieman, 1990; Peters and Peters, 1983; Tyne and Mitchell, 1983）によって説明されている。

興味深い点としては，追加研究において3つの新たな知見が発見されたことである。最初に，ローズら（Rose et al. 2001）は，立位体前屈姿勢をテストされたほとんどの者が，腰背部ではなく下肢からの痛みが動きを制限していることをみつけた。彼らは，「椎間板における圧迫力と剪断力は肉離れのようなものではない。また，脊柱の痛みの中で筋肉組織は機能の危険シグナルというわけでもない」と示唆している。しかしながら，彼らは，「痛みのほとんどは下肢から感じるが，下肢の痛みは腰背部に比べて傷害の危険が高いというわけではない」ことも指摘している（p.506）。なぜなら，完全に膝を屈曲させた姿勢での仕事における下肢，臀部，そして腰背部の問題は日常的であるからである。この件に関してより詳しい調査が必要である。次に，ジャクスンら（Jackson et al. 2001）の調査では，20分間の動きのない腰椎の屈曲後の持続期間と回復傾向を研究し，L4/L5の棘上靭帯の捻挫やさまざまな活動における痛みの残存の完全な回復には，7時間の休憩が必要である」と報告している（p.715）。この調査を元に彼らは以下の通りに考察している。

　　仕事上そしてスポーツにおける腰椎の静的な屈曲は，軟部組織の機能に多大な負担をかけている。なぜなら，この点に関しては極度の緊張やリラックス，捻挫後遺症，筋肉の支持能力の減少，そして筋痙攣に関連しているからである。生理学上の可動範囲そして短い可動範囲であっても，これらの腰椎の静的な屈曲は脊柱の疾患へ向かわせ，正常な機能を取り戻すまでに大変長い時間を必要とする（p.722）。

この展開においていくつかの問題点が浮き上がってくる。膝伸展位でのデッドリフト（グッドモーニング）をする際，重量挙げやウエイトリフターの選手がどのようにして傷害予防をしているのであろうか？　このエクササイズは，脊柱を完全に屈曲した状態から体幹を持ち上げる（しばしば高重量で）動作を行う。チョレウィッキとマギル（Cholewicki and McGill, 1992）は，この疑問に対して，デッドリフト中の脊柱の動きをX線を用いて矢状面から動作を観察した。この研究により「エクササイズをしている間は，脊柱を完全に屈曲しているように見えていても，脊柱は完全な屈曲より各腰椎椎間関節ごとに2～3度傾いていた。よって，完全に体幹屈曲した状態で起こりうると考えていた傷害を受けずに，あのような重量を上げることができた」と示している（McGill, 1998, p.757）。偶然にも，研究者らの傷害記録による報告がある。それによると，重量挙げの選手が腰を痛めるときは，「L3-4の椎間関節以外の脊柱は正常であるのに対して，L3-4の椎間関節の最大屈曲角度を計測すると，一時的に0.5度を超えていた」と報告している（p.757）。

この研究および他の研究者たち（Cholewicki and McGill, 1996）は，脊柱の安定性に関与する筋肉が十分に活動していない場合や，重い重量が加わったときなどに不安定性が生じ，最も脊柱に傷害を起こしやすいことを明らかにした。この点に関してマギル（1998）は，「それでもなお，結果として各筋肉の中の1つの活動が短期間，また一時的に消失するモーター・コントロール・エラーは，単関節の回旋運動が原因で起こり，受動的に他の組織が刺激され，もしかすると傷害にまでつながる」（p.757）と明確に記している。このような傷害に対する問題点ははっきりさせておくべきである。そして体重と等しいくらいの軽い負荷を与えるデッドリフトであっても，その時には立位体前屈ストレッチングを，チーム内で集中力をもって適切な方法で行うこ

とが必要である。

3)バイオメカニクス

立位体前屈の動作分析をするには、筋電図を用いて動作中の筋活動について調べる方法がある。この評価法は、映像撮影と電気磁気活動センサーを使用することで可能となる。立位体前屈を分析する別の方法は、数学的原理を用いた機械的分析を使用することである。

①体幹の屈曲伸展時の筋活動

筋電図を用いた数々の研究において、体幹の前屈と復元に関する研究が行われている。前屈動作は(特に初期動作時において)腹筋の筋収縮によって行われ(Allen, 1948; Floyd and Silver, 1950)、その後は重力によって動作が続けられる。上半身の前屈に伴い、臀部は後方に退き、よって重心が足の後方へ移動する。同時に、上部から下部にかけての脊柱の連続した前屈は、仙骨を支点としてL5腰椎が前屈するまで、骨盤帯は大腿骨頭を支点として屈曲する(Lee, 1989)。初期の屈曲動作においては、股関節伸展筋群(臀筋やハムストリングス)に強い筋活動がみられる(Okada, 1970; Portnoy and Morin, 1956)。この筋群の収縮は骨盤を安定させ、股関節の動きを制限し、脊柱におけるさまざまなすばやい動作を可能にする。脊柱が前屈するに伴って、背中の筋活動は屈曲の角度と負荷量に比例する。すなわち、背中の筋肉の伸張性筋収縮によって脊柱の屈曲がコントロールされている。

しかし、体幹の屈曲動作に伴って、背中の筋肉の筋活動は顕著に減少する。シュルツら(Schultz et al. 1985)は、背中の筋のEMG活動はL1腰椎の屈曲40度で消失すると報告している。結果として、前屈時の重要なポイント(CP)としては、背中の筋肉の筋電活動が消失することである。フロイドとシルヴァー(Floyd and Silver, 1950)は、突然、背中の筋活動が減少する現象をフレクション・リラクセーション(FRR)と呼んだ。古い文献ではFRR現象は体幹の屈曲40～70度時に起こると報告してある。しかし、より進んだ研究報告(Sihvonen, 1997)によれば、背中の筋活動は腰椎が平均79度屈曲すると消失することを見出している。

マギルとキパーズ(McGill and Kippers, 1994)は、腰部の筋肉は受動的な筋の伸長によって多大な電気信号が持続するため、腰部の筋肉電気信号があった場合でも「リラクセーション」が起こる。よって、フレクション・リラクセーションという用語は不適切であると指摘している。

大きなポイントは、全ての人もしくは全ての筋肉に同様な筋活動は起こらないということである。シュルツら(1985)とフィック(Fick, 1911)は、まず体幹を完全に屈曲するためには、脊柱起立筋の筋活動は必要でないことを示している。この点に関してはアレン(Allen, 1948)、フロイドとシルヴァー(1951, 1955)、ポートノイとモリン(Portnoy and Morin, 1956)、パウリ(Pauly, 1966)、シュルツら(1985)、シラドら(Shirado et al. 1995)、タニイとマスダ(Tanii and Masuda, 1985)、とウルフら(Wolf et al. 1991)によって確認されている。それらの研究によると、何名かの腰痛疾患者にはこの現象が現れていないことを示している(Floyd and Silver, 1951, 1955; Shirado et al. 1995; Sihvonen et al. 1991)。スティーヴントンとウン(Steventon and Ng, 1995)による研究では、「脊柱伸展筋群の活動はゆっくり動こうが、普通に動こうが、フレクション・リラクセーション現象のいずれもおいても影響を受けず、脊柱の靭帯の緊張の変化には関連していない」ということをほのめかしている(p.239)。しかしながらサーティら(Sarti et al. 2001)は、体幹の動作速度が増加するに伴って「体幹の屈曲位からの背中の筋活動消失の出現を遅らせている」ということを報告している(p.E-416)。

各年齢における体幹が屈曲中の脊柱伸展筋の筋活動の影響は，ウンとウォルター（Ng and Walter, 1995）によって報告されている。彼らの研究は，20〜25歳にかけての22名の女性健常者と，60〜92歳にかけての16名の女性健常者で比較している。これによれば，脊柱起立筋の筋活動が消失するポイントは，両グループとも67〜82％ほど体幹が屈曲した状態であった。それぞれでいえば，「年配の方における脊柱起立筋のＣＰは，若者に比べて体幹の屈曲後半に起こることがわかった」(p.93)。

仰向けと背中を丸めた状態での筋活動の違いについての研究はなされていない。同じリラックス現象が双方で起こることが予想され，背中を丸めた状態の方が脊柱に負担をかけるということについては疑問な点がある。なぜなら，脊柱の靱帯によって通常保護されているからである。この点に関して相反する主張を明確にするためには，より詳しい研究が必要である。「グッドモーニング・エクササイズ」（体幹を屈曲する際に負荷を使用するエクササイズ）を行う重量挙げの選手に特に関係する点は，体幹を屈曲している間に重りを持ち上げることは，腰椎へ負担を増大させる（Kippers and Parker, 1984）。これは背中の筋肉の緊張をも高め，腰椎捻挫の危険性を高める。腰背部の筋肉と同様に，体幹を完全に屈曲した際に臀筋はリラックスする。しかし，ハムストリングスは体幹の屈曲開始から著しく活動的であり，屈曲している間も活動的なままである。

フロイドとシルヴァー（1951）は，「靱帯が伸長されたときに，靱帯組織の伸長受容体や他の靱帯が刺激され，伸長受容体からの求心性インパルスが，脊柱起立筋の反射抑制の原因となる」(p.134)という仮説を立てた。またキパーズとパーカー（Kippers and Parker, 1984）は，腰椎における靱帯または筋紡錘の固有受容器によって反射を抑制でき，筋肉が弛緩するものであることを示唆している。

FFRが起こる一般的な説明としては，体幹が完全に屈曲した姿勢，または体幹を屈曲しようとするときには筋肉以外の組織に抵抗が加わっているということである。それは，体幹が屈曲した状態で腰背部の筋肉が活発な筋収縮をする代わりに，筋肉以外の組織が受動的にストレッチングされた脊柱の靱帯組織抵抗として機能するからである。このような抵抗をする組織としては，胸部から腰部の筋膜と皮膚がある(Farfan, 1973; Gracovetsky et al. 1977; Tesh et al. 1985)。なぜなら皮膚は体幹の中心から最も遠いため，屈曲時に患部にかかるストレス・レベルを均等に和らげることができる。しかしながら，皮膚抵抗は人体の構造に高く依存している。テッシュら（Tesh et al. 1985）の説明によると，「肥満者のような緩みたるんだ皮膚抵抗力がない者はほとんど皮膚抵抗がない，また痩せた硬い皮膚の対象者では，前屈に対してより高い皮膚抵抗が加わると考えられている」(p.186)。加えて，皮膚の傷ついた組織は通常の皮膚に比べて伸長性が乏しく，前屈動作時により高い抵抗を与えることができる。まとめると，通常の皮膚の状態においては，脊柱の完全な屈曲において5％までの屈曲抵抗を与えることができる（Tesh et al. 1985）。

ハムストリングスと頚部の筋肉に対するFFRについて観察しているものがある（McGorry et al. 2001; Meyer et al. 1993; Sihvonen, 1997）が，それぞれリラックスするタイミングは異なっている。例えば，ジヴォーネン(Sihvonen, 1997)は，ほぼ腰椎の完全屈曲である97度に到達したときに，ハムストリングスのEMG活動が途絶えるのを見出している。この点を踏まえ，「背中の筋活動またはハムストリングスが利いていない状態でも，腰椎の屈曲と骨盤の屈曲が生じている」ということになる(p.486)。

従来FFRは反射によるものだと考えられてきたが，FFRは自らの意志，もしくは防御反応によって優先されて起こる（Kaigle et al. 1998）。

FRRによって急性また慢性的な腰痛を消失または軽減するかもしれない（Shirado et al. 1995; Sihvonen et al. 1991）。加えて，「研究によれば腰痛の疾病を臨床的に区別してみると，腰椎―骨盤のリズムのうち，どちらが助けとなるかについて考慮する必要があった」（Sihvonen, 1997, p.489）と報告している。

②背中もしくは体幹を伸展させている間の筋電図

多くの研究者が，体幹の屈曲から復元するまでの過程を観察している（Allen, 1948; Donisch and Basmajian, 1972; Floyd and Silver, 1950, 1955; Morris et al. 1962; Okada, 1970; Portnoy and Morin, 1956）。立位における体幹の最大屈曲位から伸展時の頭から足先までの各筋肉の筋活動は，連動している（McGorry et al. 2001）。臀筋は復元時の初期に活動し，おそらくハムストリングスとともに股関節の伸展活動に関与する（Okada, 1970）。そしてその後には腰部の筋肉が活動していく。また，伸張性収縮よりも短縮性収縮の方が筋活動の中では必要であるため，体幹伸展筋の活動は体幹が前屈している状態よりも大きい。さらに，腰椎の前彎は腰の筋肉の筋活動を増加させる（Andersson et al. 1977; Okada, 1970）。

③体幹の屈曲動作の数学的モデルと機械的分析

ダイナミックな活動におけるさまざまな筋骨格系の部分に対する負担を概算するには，四肢や頭部，体幹（脊柱の幾何学的変化）の各関節角度や加速度，そして異なる筋群における筋力のような要素を評価するモデルを必要とする（Pope et al. 1991）。マッキントッシュら（Macintosh et al. 1993）は以下の通り指摘した。

> 腰椎の屈曲は腰背部の筋肉の伸長を引き起こし，腰椎との関係の中で腰背部の筋肉の順応性が変化する。しかし，全てが同様の感覚で適応していくのではなく，腰椎の屈曲とともに腰背部の筋肉の伸長度が増すものもあれば，順応しないものもある。この相違については異なる直立姿勢における腰背部の筋線維の適応性が違うからである（p.889）。

それにもかかわらず，腰椎は小さな関節がつながり，柔軟性のある関節（椎間板）のようであるという考えに，たくさんの脊柱に負荷のかかる生体力学的な原型を基盤として発展してきた。正確な幾何学的そして生理学的データのもと，各椎間板に対する負荷を予測することができる。

脊柱の数学的原型は，脊柱起立筋によって生み出された力によって，体の前面を保持しているような簡単なレバーシステム（端が固定され，そこから突き出したものを支えるもののような）である。アスプデン（Aspden, 1988）は，脊柱を他に例えるならば，さおのように連動してこのような機能をしているものとして考えている。この考えは各椎間関節単独に脊柱への負荷が強くかかっていないことを表している。

どの力学的原型が主に関連しているかにかかわらず，立位体前屈での結果が体重の変動や体軸からの距離に比例しているとき，力のモーメントは脊柱に影響を及ぼす。腰椎に影響を及ぼす力のモーメントは引き上げられた積，また腰椎からの水平線上の距離によって算出された質量である。その結果，腰部への圧縮力の増加は，力のモーメントの増加によって作られる（National Institute for Occupational Safety and Health, 1981）。また，力のモーメントは体重の増加や体からの水平線上の距離からの重量の増大によって拡大される。この原理は，重さによって腰背部の筋力強化（デッドリフトやグッドモーニング）を目的とした，ボディビルダーや重量挙げ選手といった大勢の人に役立つ。反対に，質量を減らすか体からの水平線上の距離を縮めることで，力のモーメントを減少させることができる。一般の人々は，エクササイズをする際に脊柱

にかかる力のモーメントを減少させて行うべきである。

アダムズとハットン（Adams and Hutton, 1986）は，完全に体幹を屈曲した姿勢で，腰椎の動きが約10度の制限がある状態のときについての研究をしている。この動きの制限は，おそらく腰部の筋肉と筋膜の防御機能によって起こる。しかし，すばやい動きをするときにはその動きの制限がなくなり，最低限の安全性が減少する。よって，立位体前屈におけるバリスティック・ストレッチングは避けるべきである。

では，立位体前屈を行うときの姿勢や方法では，どのようなものがいいのであろうか。足をそろえて平行にしたとすると，体幹を復元したときには膝がまっすぐになり，定位置に戻る。ある研究者は，通常の脊柱前彎（BBI：back-bowed-in）や仰向け姿勢を勧めている。一方では脊柱後彎（BBO：back-bowed-out）または軽く体幹を丸めた姿勢を勧めている。

デリットら（Delitto et al. 1987）は，BBIからBBOへ動かすときのときのEMG分析を行った。脊柱起立筋の初期活動においては，BBOに比べてBBIの方が高かったため，BBIの姿勢は安定性の乏しい腰椎の保護を与えているのではないかと考えられる。この観察は，体幹を伸展している間の脊柱前彎時の筋活動の増加によって実証された（Andersson et al. 1977; Okada, 1970）。

立位体前屈からのたくさんの情報は，重量挙げ選手による研究から得られている。残念ながら，この研究のほとんどは，伝統的なスクワットポジションでの重量挙げ（限界ぎりぎりの重さ）に関する研究である。立位体前屈と，体幹が伸展位で骨盤が傾斜しているスクワットとの比較は困難である。それゆえ，両者の骨盤と脊柱にかかる負荷は類似しない。

しかし，グラコヴェツキら（Gracovetsky et al. 1989）の生体力学的研究では，屈曲―伸展エクササイズ中の腰椎の前彎角度について分析しており，背中をまっすぐにするにはどのようなエクササイズをするべきかについての回答を出してくれるかもしれない。このような研究では，自然な前彎角度や骨盤の傾きについて指し示しており，前屈における全ての角度の中で特別な位置での前彎は脊柱に対する圧迫力を小さく，均等にする，と考察されている。腰椎はそれら単独で動かすことはできないため，特に腰椎前彎している場合では腰椎にかかる緊張は，他動的にストレッチングされた結果であり，脊柱の幾何学的性質によって主にコントロールされる（図14.5 a-c 参照）。

よって，力のモーメントのバランスが最も良いとき（直立姿勢に戻る間），腰椎前彎を減少させ，靱帯を保護するのに有利である。そして，直立姿勢に近づくほど力のモーメントは小さくなり，腰椎前彎を増加させることができる（p.415）。

伸展中における腰部の安定性は腹筋群の等尺性収縮によって得られる。この活動は，腹横筋や内・外腹斜筋から胸部・腰部の筋膜の緊張によって腹圧を高め，脊柱を支持していると考えられてきた（Bartelink, 1957; Bogduk, 1984）。

4）反射

主に立位体前屈に影響を与える，軽視されがちな2つの反射がある。1つめは明らかな保護反応で，別名伸筋突伸反射である。立っている間に足の裏に対しての刺激が生じたとき，この反応により抵抗が加わって手足がかたくなる（Guyton and Hall, 1997）。前庭の細胞核である網状の細胞核は，抗重力筋を興奮させる。特に，脊柱起立筋と四肢の伸展筋肉群を興奮させる。機能的な側面からでは，抗重力筋を興奮させる網状の細胞核が前庭の細胞核である。したがって，立位体前屈と座って行うストレッチングの神経的影響が異なることがわかる（Siff and

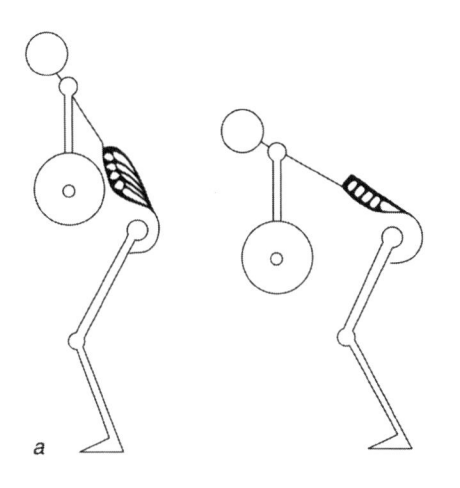

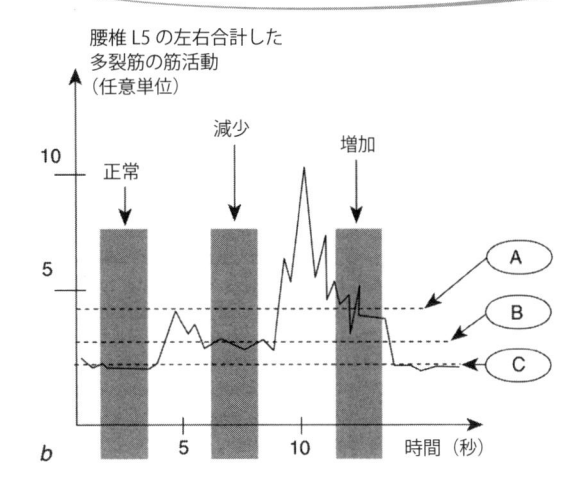

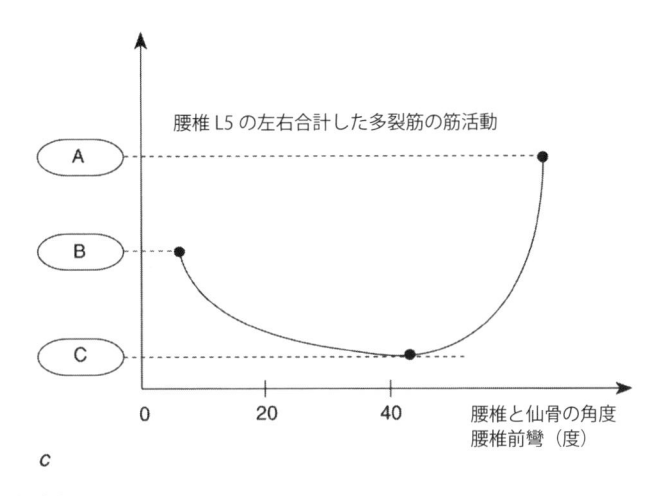

図14.5 腰椎の前彎と筋活動
(a) 負荷の増大―靭帯の弛緩。負荷の減少―靭帯の緊張。(b) 腰椎L5から左右2cmの位置に表面筋電図を張り、双方の筋活動記録を合計した。グラフでは、左右の筋活動が加えられている。最も楽な姿勢(正常)に対応したレベルと負荷が減少、増加したレベルは矢印によって表されている。(c)左右の多裂筋の筋活動と腰椎と仙骨の角度(各付負荷別)。A＝負荷が増加した場合、B＝負荷が減少した場合、C＝正常な場合。
S. Gracovetsky, M. Kary, I. Pitchen, S. Levy, and R. B. Said, 1989, "The importance of pelvic tilt in reducing compressive stress in the spine during flexion-extension exercises," *Spine* 14(4), 415. より許可を得て転載。

Verkhoshansky, 1999)。もう1つの反射は、目の位置に関係がある(第8章参照)。可動域は伸ばしたいところを見ることで増加することができる。例えば、上を向きながら立位体前屈をした際には、腰椎の屈曲は減少する。よく似たものとして、腕を横に伸ばした状態での体幹の回旋は、回旋する反対側の腕を見ること可動域の減少が生じる。

5) 合理的な立位体前屈エクササイズ

立位体前屈エクササイズの実用性はあるのであろうか？ どのように利用することができるのであろうか？ このエクササイズは特に中高年や高齢者の素人には必要でなく、勧めることはできない。なぜなら、立位体前屈でストレッチングされる筋群は、別の安全な方法でもストレッチングをすることができるからである。お

そらく，この方法に関しては多くのスポーツにとって必要性はなく，いくつかのスポーツにおいては有効であるといえるであろう。いくつかの分野の中では，実際このストレッチングのポジションは当然の方法，または補足的な方法の一部としてとらえられているであろう。3mそして10mの飛込競技において，体幹の深い屈曲姿勢は前後方向への宙返りをする際に利用される。また飛び込みをする際に，飛び込み台の先端に手でつかまる状態においてもこの姿勢を利用する。体操競技では，この姿勢はどの種目においてもみられる。

腰椎を屈曲させる際に，腰椎や腰椎を支えている靱帯に生じる傷害の危険性にはいくつかの要因がある。負荷，負荷の割合，そして負荷のかけ方である（Adams and Dolan, 1996）。建築業における職業上の腰椎への危険性は他の職業と比べて高い。ローズら（Rose et al. 2001）の文献レビューによると，全ての職業1,000人中39.3人が事故と疾病にかかっているのに対して，1990年のスウェーデンでのコンクリート補強労働者1,000人のうち88.7人が事故や疾病にかかったと報告されている。「完全に腰椎を屈曲している姿勢は，補強材をくっつける作業でよくみられる」（p.501）。また，その他の職業でも（看護師そして工業系労働者），職業時間のほとんどは腰椎を屈曲している姿勢である。座っているときや庭いじりをしているような2種類の活動の際には，腰椎の持続的な屈曲姿勢が生じると示されている（Adams and Dolan, 1996）。今後解決が必要な問題点は，立位体前屈といったストレッチング・エクササイズが，不快，疲労，痛みといった危険性を軽減できるかといったことや，傷害や就業時の大半の時間を腰椎の最大屈曲姿勢で費やす職業との関連性についてである。

(5)体幹を反らせたブリッジ

従来体幹を反らせたブリッジ（図14.6 参照）は，脊柱と肩の柔軟性を高める方法として用いられてきた。また，ブリッジは身体の各部位の強化にもつながるが，それはさまざまな体幹を反らせたブリッジを習熟し，最終可動域獲得できたことによって可能となる。これらのストレッチングのほとんどは，体操，レスリング，そしてヨガの基本的な構成要素であると考えられている。

1)危険要因の分析

さまざまな種類の体幹を反らせたブリッジ・エクササイズは，危険性の高いものから生命にかかわるものまで幅広い。フリント（Flint, 1964）が，よく行われる立位で背中を反らせるエクササイズについて批評したものでは，腹筋が弱くそして腰椎の後彎状態が存在した場合，このエクササイズはその状態をより悪化させるからであるとしている。カイイエとグロス（1987）は，いくつかの後屈は好ましいが，腰椎を過伸展させることは，危険であると考えている。腰背部を過伸展させることは椎間関節同士が圧迫しあうことになる。また脊柱の神経孔から出てきている坐骨神経をはさんで締めつけることで，脊柱の椎間板を顕著に押しつぶすことになるため，怪我の原因となりうる。

繰り返される過負荷と過伸展（体幹を反らせるブリッジなど）による体操競技選手の腰椎が受けるダメージについて，何人かの研究者らが報告している（Fairbank et al. 1984; Goldstein et al. 1991; Jackson et al. 1976; Oseid et al. 1974; Sward et al. 1990）。このように腰椎への連続した負荷により脊椎症または腰痛が引き起こされる。しかし，ツァイとレッドマーク（Tsai and Wredmark, 1993）は，以前一流であった女性体操選手は，同年代の対照群より腰痛がなかった

第14章　ストレッチングについての議論とストレッチ論争

図14.6　腰椎を反らせたブリッジ・エクササイズ
M. J. Alter, 1990, *Sports stretch* (Champaign, IL: Human Kinetics), 108-110. より許可を得て転載。

ことを報告した。

ブリッジといった比較的静的な動作は，脊椎症の原因となるのであろうか。もしくは脊椎症は高い衝撃，重いものを運ぶ活動（物を移動させたり，そしてさまざまな高い場所へ上げたり，降ろしたりといった）の結果なのか，それとも活発な活動（平行棒での大車輪，吊り輪での支持，または段違い平行棒）などによって生じる体へのストレスなのであろうか。この点に関しての回答を得るためには，超越した伸展動作（新体操，器械体操，そしてハイクラスのヨガの専門家）を行う3つの異なるグループの腰椎を比較研究することである。

これらの体操に関する，おそらく最も知られているナーグラー（Nagler, 1973a, 1973b）とハーヌシュら（Hanus et al. 1977）による報告がある。彼らの医学的見解では，中高年者に対するこれらの体操を用いた治療は，脊柱の過伸展による椎骨動脈の動脈硬化が生じる危険性がまれにあるため，中高年者に対する体操治療を正当化することはできない。ブリッジを行った28歳の女性ヨガ熟練者の症例が，ナーグラー（1973a）とハーヌシュら（1977）によって報告されている。それによると体操の間，女性はずきずきする頭痛を訴え，その後補助なしでは動くことができなくなった。5日後，頭部切開術が行われ，虚血性梗塞による2次出血が左小脳半球にみつけられたと記してある。

2)危険性の軽減

ブリッジを行う前に，ブリッジした姿勢を維持できるための十分な強さと柔軟性を獲得するべきである。特に臀部，上半身，下半身，そして肩の十分な柔軟性が必要である。最善の技術と知識の豊富なアドイバスなどのサポートを利用し，見本にならって行う訓練と，順序よく継続して学ぶことによって，結果として怪我の危険性を軽減することができる。したがって，中高年者及び高齢者に対しては，より安全な代案を考案するべきである。

3)体幹を反らせるブリッジの理論的根拠

いくつかのエクササイズにおいては，ブリッジ動作は体調を整えるエクササイズにしか過ぎない。しかし，アクロバット，器械体操，柔道，そしてレスリングといった他の競技では，さまざまなブリッジなど特殊な技能が必要であろう。このような訓練においては，体幹を反らせるブリッジ・エクササイズは，怪我の危険性を軽減するための正しい予防策として通常行うコンディショニング・プログラムの一部となりうる。

(6)立位で行う体幹の回旋

立位で行う体幹の回旋動作は，野球，円盤投げ，ゴルフ，そして槍投げといったたくさん競技で使われている。次のセクションでは，このエクササイズに関する危険因子について述べる。

1)危険因子の分析

不適切に行われた立位で行う体幹の回旋動作で起こりうる傷害は，体幹の回旋でストレッチングされた組織の可動範囲が，抵抗できる量を超えることで発生する（Alter, 1996, 1998）。特に，膝の屈曲動作時の膝の回旋は，膝の靭帯損傷の危険性を高める（Alter, 1996, 1998; Anderson, 1985）。傷害を起こしやすい他の部位は，脊柱に関与する筋肉，靭帯，加えて，軟部組織である。

2)危険因子の軽減

このエクササイズに関連した危険因子は，手を臀部に当てて行うことで軽減することができる（Rippe, 1990）。これによって慣性モーメントを軽減するため，体幹を回転させたり，体幹の動

きを制止することができ，少ない筋活動で体幹の回旋が可能となる。一方，椅子に座りながら，首と肩の後ろに交差してほうきの柄を持ちストレッチを行う方法がある（Yessis, 1986）。座位ということから膝で体重を支えているものではないため，膝への負荷量や負担は軽減される。このエクササイズを立って行う場合は，膝を軽く曲げた状態で実施されるべきである。

(7) 宙づり姿勢

宙づりになるエクササイズは，逆さまの姿勢をとることで重力が牽引力を与えている牽引技術である。このような重力を利用したものは，主に4種類にわけることができる。それらは，①横向きの棒に取り付けられたブーツで下肢を固定し，宙づりになる方法，②本人の腕を動かすことによって横向きから完全に重力に抵抗した姿勢に動かせる揺れ動くベッド，③宙づりの椅子，④宙づりのブランコである。これらの器具は医療やそれ以外の現場の両方でよく用いられている。

1) 危険因子の分析

プラウチャー（Ploucher, 1982）は，宙づり治療を受けた2名の患者をおそらく最初にじっくりと観察し，報告している。34歳女性と44歳男性は，宙づり治療により眼周囲に点状血液（眼の血管の破裂）になった。他の研究者達は，逆さま運動によって脈拍と血圧があがるという報告を元に，逆さま運動は滞在的に危険であるのではないかと懸念し（Ballantyne et al. 1986; Heng et al. 1992; Klatz et al. 1983; Leboeuf et al. 1987），そして座った状態から仰向けの状態に動かした場合でさえ，危険であるのではないかと懸念を表した（Leonard et al. 1983）。逆さまの状態における眼圧の上昇もまた報告され（Friberg and Weinreb, 1985; Klatz et al. 1983; Le Marr et al. 1984; Weinreb et al. 1984），また，座った状態から仰向けになる間の眼圧の上昇に関しても報告されている（Galin et al. 1963; Krieglstein and Langham, 1975）。その他の懸念とされることとしては，宙づり姿勢で網膜が裂傷する危険性である。コベット（Kobet, 1985）は，重力に反したブーツに下肢を固定してぶら下がっていたこと以外でも網膜の裂傷のケースを報告した。さらに，重心反転器具を使用することは，緑内障，高血圧，血管の弱い人，または脊柱の不安定性がある人や，抗凝固薬やアスピリン治療を受けている誰に対しても危険となりうる（Ballantyne et al. 1986; Friberg and Weinreb, 1985; Klatz et al. 1983; Leboeuf et al. 1987; Ploucher 1982; Weinreb et al. 1984）。重心反転器具の生産者側も，宙づりは，極度の肥満，妊婦，最近行われた手術からの圧力によって傷つきやすい箇所，裂孔ヘルニア，腹壁ヘルニア，そして脳に隙間がある病歴，補正不可能であった心不全，頚動脈狭窄，または骨障害（例：骨の癌と結核）に対して，禁忌であると警告している。

以上のような先行研究があるにもかかわらず，宙づりの状態を提案した者は，どのようなエクササイズの後でも血圧は上昇するものであると反論している。おそらく，重要なのは，ド・フリースとカイイエ（de Vries and Cailliet, 1985）とカイイエ（1985）による先行研究に，重力反転に反論するたくさんの主張が示されている通り，宙づりの危険性が高いということである。ヘンリー（Henry, 1951）は，ド・フリースとカイイエ（1985）の言葉を引用し，以下の通りに述べている。

閉ざされた頭蓋骨によって脳内出血は防御されている。頭蓋骨は完全に保護されているわけではないが15g程度の圧力がかかっている場合でも血管が破裂せず，頭部外傷や脳梗塞による負の加速力による脳出血のケースもまだ確認されていない。実際，脳出血の

危険性は過大評価されており，脳出血は5g程度の小さい圧力で，人体を危険な状態にさせると考えられている(p.127)。

その結果，動脈の血圧の増加は健康的な循環器を持ち，緑内障でない人々に対しては臨床的に懸念するに値しない。

2)危険性の軽減

全てのエクササイズプログラムにおいて，反転器具を用いるためには基本的な健康状態を兼ね備えていることが必要である。器具の利用が必要かと思われる場合は，このような器具を使用する前に医学的助言を受けることを勧める(Cailliet, 1985; de Vries, 1985; Jay and Rappaport, 1983; Martin, 1982)。医学的に問題がないとされた後は，しっかりとした管理が必要である(de Vries, 1985)。カイイエ(1985)は，宙づり治療を処方する医者は，頻度，期間，症状，禁忌，そしてエクササイズプログラムの中で受動的にもしくは能動的に使われるのかを明確にする必要がある，と指摘している。そして，人間工学的に問題なく設計，製造，そして安定した器具を使用することによって，危険要因を軽減することができる(de Vries, 1985)。

3)宙づり姿勢の理論的根拠

宙づり姿勢では，脊椎周囲の筋肉のストレッチング，筋痙攣の軽減，脊柱部分の減圧，絞扼された神経の開放，そして筋緊張の開放といったいくつかのメカニズムにより，腰痛の消失や予防となる(Kane et al. 1985; Nosse, 1978; Vernon et al. 1985)。宙づり姿勢の有効性に対する理論的根拠は，末梢の神経筋のリラクセーション状態に関係がある。また，心臓血管系に影響を及ぼす交感神経または副交感神経も，末梢血管抵抗の減少，血流の増加を導くことも関係すると考えられている(Cailliet, 1985; de Vries, 1985; de Vries and Cailliet, 1985)。カイイエ(1985)は，逆立ちまたは宙づりになる多くの患者が，このリラクセーションについて記していることについて報告している。宙づり姿勢の提案者は，調整能力と空間認知のために軍隊の補助訓練として重要であると主張する。重心反転器具の生産者側は，腰痛の緩和，患部の負担の軽減，疲労の除去を促し，身長が小さくなることの防御，柔軟性の増加，加齢による体型の変化の予防(中年者でみられる)，そして健康維持(予防フィットネス)を主張している(Teeter Hang Ups, 2002)。

(8)肩支持とプロウ姿勢

肩支持とプロウ姿勢は，頚部周囲にとても危険なストレッチングである。肩での支持は仰向けになり，足と体幹を垂直姿勢にし，体重を後頭部，首，そして肩で支え，腰に手を当て支えた状態で行う(図14.7 a-b 参照)。ヨガの中でこの姿勢は「アサナ」と呼ばれ，体全体を支えるという意味である「サラムバ・サルバンガサナ」といわれている(Iyengar, 1979)。

肩で体を支持することはプロウ姿勢によく似ているが，プロウとは足が頭より下向きであるため足指が床についた状態である。ヨガでは，この「アサナ」は肩と下肢が地面に設置した姿勢という意味の「ハルサナ」として知られている(Iyengar, 1979)。さまざまなプロウ姿勢は，さまざまな角度の難しさと危険を伴って行われる(図14.7 c-h 参照)。

1)危険因子の分析

肩支持とプロウ姿勢は，従来から様々な理由により人体に対して危険であると教えられている。これらのエクササイズの1つめの問題点は，体重が影響して上部体幹の屈曲に伴った頚部への強い伸長力が生じ，それが頭部を前方へ

強制させる姿勢をつくることである(Kisner and Colby, 1996)。頻繁にこの姿勢を繰り返すことで間違った屈曲姿勢をする傾向があるため, このエクササイズは不快な姿勢を助長させる。

加齢に伴い, 頭部が前のめりとなる姿勢の増加は世界中でみられる傾向である(Paris, 1990)。この姿勢は不適切な姿勢の習慣とその認識, 職業, 休みの日の運動, そして遺伝の影響であると考えられている(Kauffman, 1987; Paris, 1990)。さらに, パリス(Paris, 1990)は, 頭部を前に突き出した姿勢は特に中高年から高齢者にかけてはしないようにするべきであると考えている。この指摘は, 肩支持とプロウ姿勢エクササイズについても含まれる。そうならないように, エクササイズと治療プログラムにおいて, 体幹と頚部の伸展を意識するべきである。

キスナーとコルビー(Kisner and Colby, 1996)によってあげられた2つめの問題点は, 肺と心臓を圧迫する頚部から体幹を屈曲する逆さまの姿勢は, 循環器と呼吸器の双方へ有害となり, こ

図14.7 肩支持とプロウ姿勢
肩支持 (a-b) とプロウ姿勢 (c-h) は, 腰椎の最も有効なストレッチングの1つである。難しい姿勢になるほど傷害の危険性は増大する。
M. J. Alter, 1990, *Sports stretch* (Champaign, IL: Human Kinetics), 117-118, 128-130. より許可を得て転載。

のエクササイズの有効性が乏しくなってくるという。ルービーとサントンジェ（1986）は，プロウ姿勢も同様に脳，脊髄上部，そして胸部への血管を圧迫していると強く主張している。

オルター（Alter, 1983）は，これらのエクササイズが潜在的に頚椎の損傷を助長させる危険性があると推察している。このエクササイズのように患部で体重を支持している状況では骨が刺激され，その箇所にカルシウムが送られる身体反応が起こる。それゆえ，磨耗したり傷ついたりするタイプの関節炎カルシウムは，頚椎に蓄積され生じていく。文献上ではこの主張を実証していない。しかし，客観的な実証がないことは，この点について妥当ではないという意味ではない。もしかしたらヨガを長期間行っている人のレントゲン写真を分析した研究によってこの考えが立証されるかもしれない。

肩で立つ，そしてそれ以上にプロウ姿勢に対しての最も強い指摘は，椎間関節への滞在的に存在する危険性の扱いについてである。多数の研究者達は（Beaulieu, 1981; Berland and Addison, 1972; Luby and St. Onge, 1986; Shyne, 1982; Tucker, 1990; Tyne and Mitchell, 1983）肩と下肢が地面に設置した姿勢は脊柱靭帯の裂傷，坐骨神経の損傷，そして椎間板ヘルニアを作り出すと指摘している。脊椎の上部によって支えられる体重が多いほど，患部への危険性は高くなる。パートナーがその動きを補助することで，その危険性はより引き起こされる。

その他の危険因子としては年齢が関係する。幼児は青年，成人，そして高齢者に比べて一般により柔軟性に優れている。しかし，だからといって子どもには怪我の可能性がないというわけではない。最も大きな問題は，これらのエクササイズをしているときに，子どもは規律を守ることができないでふざけてしまうことである。そして危険な状態での馬鹿騒ぎは脊椎の慢性障害の原因となりうる。

傷害の危険性は，加齢に伴う可動域の低下と椎間板線維輪の量的，質的変化による安全性の減少の結果として増加する。このような変化は，髄核の水分量が生後88％あったのが75歳には65〜72％まで減少し（Puschel, 1930），髄核のコラーゲン量が増加，そして弾力性のある筋線維の割合が26歳で13％あったのが62歳では8％と年々減少してしまうことで表れてくる。その結果，加齢により筋損傷，靭帯損傷，そして椎間板が傷害を受ける確率が高くなり，加えて女性は骨粗鬆症になる確率が高くなる。よって，プロウ姿勢は潜在的に危険である（Clippinger-Robertson, cited in Lubell, 1989）。

いくつかのプロウ姿勢によって，腰背部の伸長度が増大する（図14.7参照）。1つは，脛骨が床と水平に位置し，膝が肩に触れている状態である。他の方法は，体幹を回旋して変更した姿勢を行うことである。最も潜在的な危険性は，パートナーがストレッチングを強調したときに起きると考えられる。

2）危険因子の軽減

傷害の危険性を軽減する最も簡単な方法は，段階的なエクササイズを正しく学ぶことである。自身の体重を支えることのできる十分な筋力とストレッチングされた張力に耐えることのできる十分な柔軟性は，体力レベルの向上に伴いゆっくりと向上しなければならない。足部または脛骨は床に設置した状態にすれば，重心が動かず安定する。カイイエとグロス（1987, p.181）はウォームアップの一部を修正し，順序を逆転させたものを勧めている。

3）肩支持とプロウ姿勢の理論的根拠

プロウ姿勢は陸上競技，レスリング，柔道，そしてその他の格闘技といった特定のスポーツや訓練において，基本的で極めて重要であると考えられる（Alabin and Krivonosov, 1987; Krejci and Koch, 1979)。そのため，これらのエクササイズはいつも実施すべきである。しかし，これらをでたらめに行うのでなく，またコンディショニング・プログラムとして行うべきでもない。このエクササイズはゆっくりと丁寧に，そして正しい方法でなければならない（Anderson, 1978; Fitt, 1988; Luby and St. Onge, 1986; Peters and Peters, 1983; Peterson and Renstrom, 1986; Pollock and Wilmore, 1990）。2名の理学療法士は「プロウ姿勢の利点はわかっているが，頚椎の屈曲が原因となる身体の中で特定の危険な箇所について認識しなければならない。そのためしっかりとしたケアが行われなければならない」と結論づけている（Peters and Peters, 1983, p.33）。ルービーとサントンジェ（1986）は以下のように考えている。

　一般的なフィットネスを行っている人々にとって，このエクササイズは非常に複雑すぎる。個人的にはこれをマスターする必要がないと考える（よくデザインされた通常の手順ではよりいいものを提供できることもある）。プロウ姿勢なしでも十分なプログラムである。私はこのエクササイズはハイクラスの生徒のみに勧める（特別なレクチャーが必要な場合）(p.123)。

3. 決定的な「禁止」がない

　さまざまな知見があるこれらのストレッチングは，エクササイズ・プログラムに組み込まれるべきであろうか。意見は多数に分かれる。ルーベル（Lubell, 1989）は，"The Physician and Sportsmedicine" の編集メンバーであるサウスウエスト・ミズーリ・ステート大学のバイオメカニクスの教授であるハロルド・B・ファルス（Harold B. Falls）医学博士と，フランクス記念病院スポーツ医学センター長である整形外科医のジェイムズ・G・ギャリック（James G. Garrick）医学博士を含む多数の専門家の意見を整理した。ファルスの答えは「決定的な禁止はない。全ては個々により，いくつかのエクササイズはできない人もいれば，できる人もいる」（p.191）であった。ギャリックは同様の意見を以下の通りに述べている。

　これらのエクササイズを勧められないのは，人々が実際に動きを見て「危険そうに見えるからしない方がよい。」というからである。しかし，このエクササイズを根拠なしに非難するのは間違いである。人によっては，そのエクササイズができ，またするべき人もいるからである。私は誰であっても，できるかできないかを口出しするのはおこがましいと考える。先述のように様々なエクササイズに指摘することが多い状況下では，エアロビクスのレパートリーのうち1/3が排除されてしまう(p.191)。

　他の有名な専門家，研究家，筆者，そして『インターナショナル・フィットネス・アンド・スポーツ・レビュー』の前編集者であるメル・シフ（Mel Siff）医学博士は，別の見方からこのエクササイズの危険性についてこう考えている。「通常では，安全性がないストレッチやエクササイズはない。ただ，安全でないと思われてしまうのは，特定の時間で特異的な動きをする人々が行っているから，そう思われてしまうのである」（Siff, 1993b, p.128）。

4. 要 約

　柔軟性は常に変化し続ける。可動性が全くない状態から，反対に関節の脱臼まで存在する。両極にこれら2つの状態があるが，個々に必要な柔軟性があれば，それがその個人の最適レベルである。文献によれば，関節の緩みと柔軟性のトレーニングが潜在的に有害であるかについては意見が分かれる。経験的なものでは，ストレッチングは極度に可動性が高い関節には避けるべきであり，代わりに筋力トレーニング・プログラムを行う前のウォーミングアップとして行うべきであると示している。身体的に可能であれば，一般的に柔軟性と筋力トレーニング・プログラムの両方を実施するといいだろう。

　ストレッチングは危険を伴わないわけではない。しかし，特定のエクササイズによっては大きな怪我の危険性がある。これらのエクササイズはハードル・ストレッチング（片足もしくは両足ハードル・ストレッチングをする），深い膝の屈伸，ランジ，またはスクワット（体重の負荷あり，なし），立位体前屈，体幹を反らせたブリッジ，立位での体幹の回旋（体重の負荷あり，なし），宙づり，そして肩で支持して立つことやプロウ姿勢といったものが含まれる。公共の運動施設ではこのようなエクササイズに近いものを実施するのは危険性を伴うこともあり賛成はできない。競技選手とトレーニングする人々がこのようなエクササイズを行うことに対する主要な論議は，身体的要求，技術の必要条件，そして各競技特性等に関係する。もしこれらのエクササイズをトレーニング・プログラムに組み込むとしたら，計画した適切なリスク管理が必要である。

第15章
特定の集団に対するストレッチング

常に人々は不老長寿の霊薬を飲むことによって，消耗した心身の活力を回復させたり，最低限に時の流れを遅らせる魔法の薬を探している（Shephard, 1978）。健康に対する有効性の証拠，そして筋力と持久力を改善するためのプログラムの効果に関する証拠は広範囲にわたるが，柔軟性に対しては限られている。この章では，高齢者，妊婦，そして障害者を対象とした柔軟性トレーニングプログラムに関係のある数々の課題について検討する。

1. 高齢者の柔軟性

柔軟性は加齢と共に低下する。ストレッチングによって柔軟性を向上させることはできるが，高齢者の健康に対して特別に考慮しなければならない点は，怪我を防ぐための予防策が必要性とされることだ。以下の節では，柔軟性およびストレッチングプログラムに関連する加齢の影響について検討する。

(1) 高齢者の定義

人が老人になったと言えるのはいつからであろうか。高齢者という対象は誰なのか。年代順の定義では，高齢者とはたいてい65歳以上の人を指す。クレイマーとシュライアー（Kramer and Schrier, 1990）と，メイ（May, 1990）の指摘によれば，高齢者の層とは学問上では一般に次のように区別される。65～74歳までを前期高齢者（ヤング・オールド），75歳以上を後

期高齢者（オールド・オールド），そして85歳以上を超高齢者（オールデスト・オールド）とする。

どのような分類方法が用いられるにせよ，高齢者は生理学上の，心的な，そして機能上の能力において少なからぬ変化がみられる特徴によってグループに分けられる。その上，サブグループ間での違いは，高齢者を個々のグループとして捉えることで，間違った方向へ導いてしまう可能性がある点がきわどい（Kramer and Schrier, 1990）。これらの違いは，遺伝子要因，生活様式，住居環境，そして生活習慣などを含む。

(2) 老年人口

高齢者の割合は，世界中のほとんどの国で増加している。その上，平均寿命が延び続けることは疑いようがないのである。アメリカ合衆国では，65歳以上の人口が最も増え続けており，その数は3,600万人以上に達する（表15.1参照）。アメリカ社会では，福祉サービスを必要とする人口が増えているにもかかわらず，そのサービスを受けられない人々が増加し続けているという事態に直面している。その事態を悪化させているのは，健康保護改革という法律によって，病院への通院制限があることであろう（Henry et al. 1998）。例えば，自身の選択か，状況により運動施設に行くことができず，自宅で過ごすしかない人々が大勢いる。このような人たちにとっては，在宅で行う運動は，今後に活動的なライフスタイルを送るためにも重要な選択肢である（Jette et al. 1998, p.420）。この健康サービスに対する必要性と限られた資源の現状は，高齢者自身と，高齢者のための健康回復プログラムに関する責任者の双方に大変大きな責任を負わせるものである。

(3) 高齢者の関節可動域に関する研究

頸部（Ferlic, 1962; Shephard et al. 1990），肩（Allander et al. 1974; Bell and Hoshizaki, 1981; Germain and Blair, 1983; Shephard et al. 1990），脊柱（Einkauf et al. 1986），女性の脊柱（Battié et al. 1987），臀部（Boone and Azen, 1979），くるぶし（Shephard et al. 1990; Vandervoort et al. 1992），そして手首（Allander et al. 1974）などの可動域は，年齢と共に減少する。ハリス（Harris, 1969b）は，二編の博士論文を批評している。18〜71歳にわたる510名の男性を対象とした研究（Greey, 1955），および18〜74歳にわたる407名の成人女性を対象とした柔軟性に関する研究（Jervey, 1961）において，柔軟性はほとんどの部位において年と共に衰えることを見出した。

高齢者の関節可動域に対する身体運動に関する研究も増えてきている。フレカニーとレズリー（Frekany and Leslie, 1975）の研究によれば，55歳女性ボランティア1名を含む71〜90歳の15名の女性ボランティアが柔軟性測定の被験者であった。彼女らは，約7ヶ月間，週に2回1時間半の運動を行った。被験者は，その気であれば毎日でも，できるだけ運動するように促された。その結果，柔軟性の有意な改善は，足関節，ハムストリングス，そして腰の全てに認められた。ブルーメンタール（Blumenthal et al. 1989）による60〜83歳の男女を対象とした16週間の研究では，柔軟性運動に加えて，有酸素性運動もしくはヨガを加えたプログラムを行わせた結果，7〜90％という柔軟性の増加が確認された。ホプキンズら（Hopkins et al. 1990）は，12週間の間，ストレッチング，ウォーキング，そしてダンスを行った57〜77歳の女性を対象に研究を行った。これらのプログラムを行わなかったグループと比較した結果，長座体前屈テストの点数に9％の増加が認

第15章　特定の集団に対するストレッチング

表 15.1　男女別年齢別によるアメリカの人口推移予想（2005〜2050年）

西暦	2005			2010			2020	2030	2040	2050	構成比				
年齢	計	男性	女性	計	男性	女性					2005	2010	2020	2050
65-69	10,086	4,661	5,425	12,159	5,640	6,520	17,598	19,844	17,349	19,477	3.5	4.1	5.4	4.8
70-74	8,375	3,757	4,618	8,995	4,066	4,929	13,864	17,878	16,555	16,537	2.9	3.0	4.3	4.1
75-79	7,429	3,172	4,257	7,175	3,110	4,065	9,484	14,029	16,170	14,407	2.6	2.4	2.9	3.6
80-84	5,514	2,157	3,356	5,600	2,247	3,353	6,024	9,638	12,820	12,225	1.9	1.9	1.9	3.0
85-89	3,028	1,046	1,982	3,476	1,242	2,234	3,611	5,077	7,884	9,463	1.1	1.2	1.1	2.3
90-94	1,402	404	998	1,625	497	1,128	2,074	2,457	4,243	6,030	0.5	0.5	0.6	1.5
95-99	442	104	338	556	139	417	844	1,015	1,606	2,764	0.2	0.2	0.3	0.7
≧100	96	18	77	129	26	103	235	381	551	1,095	(Z)	(Z)	0.1	0.3
合計	36,372	15,319	21,051	39,715	16,967	22,749	53,734	70,319	77,178	81,998				
≧65	36,372	15,319	21,051	39,715	16,967	22,749	53,734	70,319	77,178	81,998	12.6	13.2	16.5	20.3
≧85	4,968	1,572	3,396	5,786	1,904	3,882	6,763	8,931	14,284	19,352	1.7	1.9	2.1	4.8
総合計	41,338	16,890	24,448	45,501	18,870	26,631	60,497	79,249	91,461	101,351				

(単位：千人)

U. S. Census Bureau, National Population Projections—Summary Table, January 13, 2000. www.census.gov/population/www/projections/natsum-T3.html. をもとに作成。

められた。

　モーリーら（Morey et al. 1991）は，持久力，柔軟性，有酸素性運動のプログラムに2年間参加した65～74歳の退役軍人を対象に研究し，ハムストリングスの柔軟性が11％増加する結果を示した。ライダーとデイリー（Rider and Daley, 1991）は，10週間の特別な柔軟性プログラムの治療を行った。柔軟性に特化したエクササイズの治療を受けたグループは，通常のエクササイズプログラムを受けた対照グループに比べ，有意な増加を示した。ブラウンとホロツィー（Brown and Holloszy, 1991）は，65歳のボランティアたちに3ヶ月間にわたってトレーニング内容をまったく管理しない自由な運動を行わせた。明らかな変化は，前屈，SLR（股関節屈曲），股関節伸展，そして股関節内転に見られたが，足関節の可動域には見られなかった。

　ロンスキーら（Ronsky et al. 1995）は，60～79歳の健常者59名を対象に，歩行と可動域特性に及ぼす様々な身体活動の影響を評価するための研究を行った。彼らが明らかにしたことは，①足関節の可動域と歩行特性は性別によるものであること，②高いエネルギー消費を伴う激しい身体運動と中から低強度のエネルギー消費しか必要としない身体運動を比較したが，足関節可動域と歩行特性には明確な関連性を見いだせなかった（p.41）。彼らの考察では，「関節可動域に影響する因子として，下肢の筋力，日常の履き物，それまでの運動経験，性別などが重要な役割を果たすこともある」としている（p.48）。

　チャップマンら（Chapman et al. 1972）は，若い男性や高齢者の男性を対象に，関節の硬さに及ぼす運動プログラムの効果を明らかにするための研究を行った。高齢者のグループは63～88歳の20名のボランティアであった。トレーニング後に双方のグループには，関節可動域に改善が認められた。ガットマンら（Gutman et al. 1977）は，フェルデンクライスの運動プログラム（例：ゆっくりとした治療支援的な動作）を従来の運動プログラムの効果と比較した。その結果，体を捻るような動作の柔軟性の改善が両グループに認められた。しかし，検査方法に問題があったと思われる（Munns, 1981）。

　マンズ（Munns, 1981）は，特定の身体を部分的に測定するためにデザインされた12週間のエクササイズとダンスプログラムを用いた。65歳以上の20人の被験者は，1レッスン1時間の週3日のプログラムに参加した。プログラム終了時には，参加者のうち高齢者の関節可動域が有意に改善された。

　高齢女性の股関節の柔軟性を高めるPNFによる柔軟性改善テクニック（13章参照）の効果を明らかにするために，また，局所性の冷湿布がこのテクニックの効果を増大させるか否かを明確にするための調査が，ローゼンバーグら（Rosenberg et al. 1985）によって行われた。55～84歳の31名の健康な被験者は，PNFによる柔軟性獲得のための運動が高齢女性の股関節の柔軟性を従来のストレッチングよりもはるかに大きく改善し，局所的な冷湿布は柔軟性に対して何の有意な効果ももたらさないという結論であった。

　ラーブら（Raab et al. 1988）は，65～89歳までの46名の女性を対象に，柔軟性を高めるための重量物を用いる運動と荷重しないで行う運動の効果を検討した。対象者は組織的な運動プログラムに週3日，1時間のペースで25週にわたり参加した。運動を通して，荷重の有無の関係なしに同様の柔軟性の向上が肩，足底の関節そして骨盤の回転に得られた。ミズナーら（Misner et al. 1992）は，12名の女性ボランティアのグループを5年間にわたって研究した。彼女らは包括的な可動域運動に水中運動を加えたプログラムに参加した。可動域は，肩関節を除いた全ての関節において有意に増加した。ホンら（Hong et al. 2000）は，平均年齢67.5歳

男性と平均年齢13.2歳の太極拳経験者28名を対象に太極拳を実践している効果を研究した。対照群として，66.2歳の30名のほとんど体を動かさない男性たちと比較した結果，太極拳を行っている人たちは体幹とハムストリングスの柔軟性がほとんど体を動かしていないグループと比べて優っていた。この研究は，スタンド・アンド・リーチ・テストの点数による評価では，太極拳は股関節の柔軟性を高めるというランら（Lan et al. 1996）の研究結果を裏付けた。フィーランドら（Feland et al. 2001）は，65～97歳の高齢者の被験者たちが，ストレッチングの合間に10秒の休憩をはさんで計4回のストレッチングを行った結果，可動域が改善されたことを証明した。しかし，この増加した可動域を維持するためにはストレッチングを継続しなければならない。これら全ての研究は，一般的な身体運動プログラムや可動域増加のための特定の運動が，高齢者と超高齢者における柔軟性を増加させることを示唆する上で十分な証拠といえる（Shephard, 1997）。

(4) 高齢者のストレッチングに関する理論的根拠

適切にデザインされ，実践された身体運動プログラムは，全ての年齢の被験者の関節可動域を増加させることができる。入浴や衣服の着脱を例とした毎日続けている機能的な動き（日常生活行動，ADL）は，主要な関節の柔軟性の不足により制限されている可能性がある。例えば，食器棚より物を取ったり，頭の後ろの髪の毛をといたり，シャツの端をズボンなどにいれたり，靴や靴下を履いたりすることに苦労している人がいるということである（May, 1990）。背中や首に凝りがあれば，車をバックするときに後ろを振り向くことを困難にし，事故の危険性を増加させる可能性があるかもしれない。柔軟性を高めるプログラムは，毎日行う動作を改善し，日々の生活に必要な能力を高めることができる。こうすれば，生活の質の改善が結果として得られる（American College of Sports Medicine, 2000; Blumenthal and Gullette, 2001; Galloway and Jokl, 2000; Warburton et al. 2001a, 2001b）。

2つ目によく述べられる運動とストレッチングの理論的根拠は，捻挫や肉離れの可能性を減少させるということである（American College of Sports Medicine, 2000; Galloway and Jokl, 2000）。特に重要な点は，運動を通して腹筋と背筋の柔軟性を維持することで腰痛を予防したり緩和できる可能性が高まるということである（Pardini, 1984）。数々の関節炎の証拠があるにもかかわらず，この内容を証明する文章で示された証拠は全くない。それにもかかわらず，衛生（疾病）管理，予防局そして米国大学スポーツ医学協会は，捻挫と肉離れを予防するために柔軟性を維持もしくは改善させることを推奨した（Pate et al. 1995）。

高齢者のための運動プログラムは，柔軟性，平衡感覚，そして軽度の有酸素運動をしばしば重要視する。このようなプログラムは，推奨されているにもかかわらず，現実的には軽視されていたのである。例えばバレットとスマデリ（Barrett and Smerdely, 2002）によれば，漸増的抵抗トレーニング・プログラムが，特別な柔軟運動プログラムよりもはるかに大きな筋力，バランス力，歩行矯正を引き出したという。この研究は，高齢者にとって満足のいく成果を得るための運動プログラムには，比較的強度の高いトレーニングを含めることの重要性を示唆している。

年齢と柔軟性

ウォーキングやランニングなどの有酸素性能力は，年齢の進行や下肢の整形的病変によってマイナスの影響を受ける。同様に，骨格筋の柔軟性も，加齢と関節の病状によって衰えてくる。このような特定の年齢層において，必要とされる有酸素性能力と柔軟性の低下の間には何らかの関係がある。例えば，柔軟性の衰えは，歩行パターンに変化を及ぼすことになる（例：歩幅が狭くなる）。その場合，効率性は低下し，また可動域の限界近くでは動作に対する抵抗が増すため，同じ歩行パターンを行うとしても努力性筋力が増加することになる。不幸なことに，例えば，高齢者や病人のような特定の人たちの，あるいは健康な若い大人のための，柔軟性が効率性に及ぼす潜在的な関連性を考察した研究データはほとんどみられない（Martin and Morgan, 1992, p.469）。

(5) 高齢者のストレッチングに伴う潜在的危険性

ストレッチング・プログラムは，高齢者でも特に転倒の危険性がある人たちに行う場合にはさらなる注意が必要である。その高齢者らが，活動的であろうが非活動的であろうが，高齢者にともなう危険には様々な要因が影響する。次節で述べる以下のことがらは，特に転倒の危険性に注意しながら危険性を増幅させる要因について分析する。さらに重要なことは，「65歳以上の人々のうち25～35％は毎年転倒している」ことを明らかにした文献があることである（Boulgarides et al. 2003, p.329）。

1) 柔組織の伸展の減少

不適切なストレッチングは，潜在的に危険な場合がある。高齢者間でよく見られる捻挫，骨粗鬆症，関節炎の3つの状態には，特別な配慮を必要とする。高齢者の靭帯，腱，そして筋は伸縮性や柔軟性に欠ける。一般的には，この変化は水分量の減少（例として脱水症状），結晶質化の進行，弾力性のあるコラーゲンに富んだの線維の置換が原因である（4章，5章参照）。その結果，これらの伸長性に欠けた組織は捻挫やねじれなどによる怪我を引き起こしやすくなるのである。

2) 骨粗鬆症と関節炎

もしも高齢者が寝たきりや動けなくなった状態，体調不良がさらに進行した場合には，骨粗鬆症に罹る場合がある。骨粗鬆症は，骨密度や骨量が失われることに関連して生じる。したがって，時に「骨が盗まれた病気」と呼ばれる。この疾病は，男性に比べて女性に8倍もの割合で生じる。さらに，主として骨が小さい白人女性やアジア人の女性がかかりやすい。黒人女性は白人やアジア人女性に比べて骨密度が高い傾向にあるため，この症状を経験する可能性が低い。骨粗鬆症に罹った人々の骨折を誘発する可能性があるストレッチングを過度に行わないためには，特別な配慮がなされなければならない（Kisner and Colby, 2002）。

関節炎は二つの異なった形で生じる。すなわち，骨関節炎とリウマチ性関節炎である。骨関節炎は，慢性の変形性疾患であり，主として，体重を支える関節の軟骨を襲う。この症状の治療は，損傷のある関節および損傷の度合いによって異なる。通常の治療目標には，痛みの軽減，凝りの緩和，そして奇形の予防が含まれる。受動的かつストレスのない可動域改善運動は効果的である。しかし，過度の運動や不適切でスト

レスの多い運動は，症状をさらに悪化させることがある（Wigley, 1984）。

リウマチ性関節炎は，慢性の関節炎（しかも全身性の）であり，滑液包炎の病状を呈する。ストレッチングの性質は，炎症と痛みの程度によって異なる。根本的な原則は，運動を行ったときに深刻な痛みを起こすような過度の運動やストレッチングをしてはいけないということである。運動後に，痛みが2時間以上続いたり，運動を実施した数日後に関節の炎症が広がったり，痛みが増したりする場合が問題となる。

3) 体力の減退

加齢に伴う筋力の衰えは，しばしば活動の低下の結果であって，人を次第にひ弱にする。しかし，筋力を正確に評価すれば，その値は多くの要因によって変化するものである。この減退は，筋線維と神経細胞の減少が一部の原因である（Herbison and Graziani, 1995）。もっと重要なのは，筋肉細胞内の収縮性蛋白質の減少である。これらの要因が統合されると筋萎縮症，すなわち筋量の減少をもたらすことになる。

筋肉の強さは，高齢者のストレッチングをプログラムするうえで重要であり考慮されなければならない。多くの高齢者は，長時間，直立姿勢で自分自身を支えるのに十分な筋肉の強さが欠けているかもしれず，疲労したり，知らずに転倒したりする。論理的な予防策は，運動を床の上で行うことである。それは転倒の危険を減少させるためである。しかし，高齢者向けのたくさんのプログラムは安全なポジションでの坐位に頼っている。なぜなら，たくさんの高齢者は床から立ち上がる力に欠けているかもしれないという理由からである（Rikkers, 1986）。

4) バランス，受容器，そして視力の変化

バランスは特に立ったまま行うストレッチングのいくつかにおいては重要な構成要素である。知覚障害は視覚，聴覚，内耳前庭に起こり，受容器の様態はバランスに影響するかもしれない。加齢が原因で受容器の退化が進行すると，空間における位置に関する感覚知識が著しく損なわれることがある。この傾向は，内耳前庭周辺の活性化の減少によってさらに危険性が増す。結果として，姿勢の安定の変化は身体のふらつきが増すことで現れてくる。

加齢の過程において，平衡感覚に対する視覚の貢献は身体姿勢の評価にとって有力な方法となる（Kulkarni et al. 1999）。結局のところ，視覚はまた，白内障，緑内障，網膜症のような病気によってさらに危険にさらされる。言い換えれば，加齢にともなうこれらの問題や他の問題は，視覚／空間的情報を間違って解釈することにつながっていくことになる（Kulkarni et al. 1999）。その結果，転倒の危険性はさらに大きくなるのである。

5) 薬物とアルコール

処方箋薬は，高齢者なら誰でも持っており（Ray and Griffin, 1990），多くの資料が，それと転倒の危険性の増加とを関連づけてきた（Chapron and Besdine, 1987; MacDonald, 1985; Stewart, 1987）。レイとグリフィン（Ray and Griffin, 1990）によって引用された国家健康統計センター（The National Center for Health Statistics）の1987年6月の報告では，アメリカ合衆国においては，老人ホームに住んでいない65歳以上の80％以上の女性と70％以上の男性は1つ以上の処方箋薬を受けていると報告した。老人ホームでは，薬の使用量は平均よりもさらに高い。マクドナルドとマクドナルド（MacDonald and MacDonald, 1997）が引用した研究，およびマクドナルド（MacDonald, 1985）の引用による研究での一貫した結果は1つ以上の薬をのんでいる人の転倒頻度の増加であ

る。特に転倒を起こしやすい傾向のある薬は，傾眠（催眠剤），身体活動促進作用（利尿，硝酸薬剤，抗高血圧，抗うつ薬），そして錯乱作用（シメチジン，ジキタリス製剤）を含むものである（Wieman and Calkins, 1986）。さらに事態を複雑にするのは，スチュアート（Stewart, 1987）が，明確で狭い範囲に薬理効果がある薬はほとんどなく，どちらかといえば，ほとんどの薬は複数の薬理作用があることを指摘したことである。例えば，ソラジンは老人ホームにいる患者にもっともよく使用される薬であり，鎮静作用，血圧を下げる，運動筋肉の活動の減少，発作の軽減，脳波パターンの変化，アドレナリンの分泌阻害，コリン系分泌阻害，そして内分泌作用の変化と関係がある。薬の多くは，様々な身体機能を変容させる可能性があり，高齢患者が行うストレッチ運動の能力に悪影響を与えるかもしれないし，そういった運動にともなう危険性を高めるかもしれない。アルコールの摂取もまた不安定と転倒の原因となる（Kulkarni et al. 1999）。

6) 法令遵守義務の放棄

法令遵守義務を怠っているということは，高齢者にとってもう一つの潜在的危険要因であり，多様な原因がある（例：知力の消耗，記憶力の低下，もしくは時間間隔の消失）。運動プログラムを行う際に法令遵守義務がないということは，高齢者の健康を危険にさらす恐れがある。

(6) 高齢者が行うストレッチングに伴う危険度を縮小するために

高齢者においては，怪我の危険に対して慎重の上に慎重を重ね，用心をした中で過ちを犯すのであれば，何の警戒もせずに運動を行うよりもまだましであるという考え方が肝要ではないだろうか。ストレッチングを行っている間の怪我の危険度を減少させるために，数種類もの取り組みが運動教室でのストレッチング指導のときに実行されてきた。以下に続く節で，これらの考え方に若干の議論を加える。

1) 事前の医学的な選別

理想的には，指導者はそのクラスの参加者に対して，運動の全ての禁忌について知るべきであり，参加者の中に特別な要望（例えば，聴覚，視覚障害）があるかどうかについても知るべきである。参加者の身体的制限を知ることで，指導者はそれに従って計画を立てることができる。医学的な事前の選別は，法的観点からみても重要である。

2) 環境と施設

活動が行われる環境は，安全のために点検しておくべきである。場所の面積は，参加者全員を収容できるのに十分な広さがであるべきであり，参加者が蹴ったり，叩いたり，もしくはつまずく障害物がない広さであるべきである。もし運動が椅子を用いて行われるのであれば，丈夫で快適な物を用意すべきである。もし運動が床の上で行われるのであれば，滑りにくい床を使うべきである。カーペットもしくはマットを使用する場合は，しっかり詰め物がしてあって，潜在する不快感を軽減し，着地の衝撃を緩和するクッションの役割を果たす物にすべきで，採光と空調も適切にすべきである。

3) コミュニケーションと指導

指導においては，コミュニケーションが重要である。高齢者の多くは，聴覚もしくは視覚障害を有しているものである。従って，高齢者を指導するときは，以下の基本的なガイドラインを実行しなければならない。

- 気をそらせる雑音はすべて消す。
- 話すときには相手の顔を見る。
- ゆっくり，はっきりと話しかける。
- 明確かつ簡単な指示を与える。
- きちんとした見本として運動や姿勢をやって見せる（参加者が対面して動作を真似ようとする場合，反対の腕や足を動かしがちなので，指導者は逆側の腕や足でデモンストレーションを行う）。
- 効果的な運動感覚的合図を使う。
- 高齢者が説明を理解する時間を与える。
- 参加者のフィードバックを継続して観察する。

4) 重心を低くする方法のすすめ

いくつかのクラスで採用される安全対策の一つは，高齢な参加者の安定性を最大化するために，重心を低くすることである。重心を変えるのは，参加者に椅子に座って運動を行わせたり，床で座らせたりする場合である。しかし，多くの高齢者向けのプログラムでは，床での運動を含んでいない。それは，高齢者の多くが床にかがみ込むような姿勢に対して恐怖を抱いているからである。彼らはどの様にして安全に立ち上がるのかを知らないこともあるし，膝をつく姿勢が関節炎もしくは怪我の後遺症のある人々にとっては不快であるかもしれないからである（Rikkers, 1986）。

5) 運動の計画

運動を行う前に，参加者は十分なウォームアップを行っておくべきである。一般的な原則として，激しい動きは避けなければならない。それは，激しい動作は，ストレッチングなどに比べて怪我をしやすいからである。参加者は呼吸を自然に行い，息を止めないことを指導されるべきである。最良な運動とは，身体全体を使って行い，そして何より楽しいことである。

2. 柔軟性と妊娠

妊娠中や産後，女性が行うべき運動やストレッチングのガイドラインは何であろう。全米大学産婦人科協会（ACOG）がそのような問いかけを行ったことがある（American College of Obstetricians and Gynecologists, 1985, 1994）。ガイドラインの冒頭に，ACOG（1985）は，どんな運動プログラムであれ，それを行う前に，常識と思慮分別をもって見極めるよう女性に注意している。

妊娠期や産後の運動プログラムの数と種類は劇的に増えている。しかし，これらのプログラムのいくつかは，科学的バックグラウンドがないために，潜在する問題を正しく認識できず，問題の発生を最小限にとどめることができない非専門家が作り出したものがある。最近，妊娠期および産後の患者向けに売り出された，いくつかの運動プログラムを批評したものによると，医学的内容がしばしば不適切で不正確で不完全なものであることがわかっている。

一般的にどの人種にも適応されるとしている妊婦への標準的な運動はいまだ確立されていない。現在，妊娠期および産褥期の患者に勧められる運動プログラムの多くは，直感的知覚と「常識」に基礎を置くものである。妊娠期及び産褥期の運動の効果に関しては

研究らしい研究はなされておらず，倫理的観点から述べると安全性を保障することは難しい（p.1）。

(1) 妊娠中の危険度の軽減

おそらく，妊娠期の危険を軽減するためのもっとも重要な方法は，「全ての妊婦が妊娠初期に産婦人科で検査を受けることと運動を行う前に産婦人科で診察を受けること」である（Mittelmark et al. 1991, p.301）。診察と同時に，医者は患者に対して運動に関する助言を与えるべきである。ミッテルマークら（Mittelmark et al. 1991）は，運動を止めるべき次のような様々な身体的兆候を認識し，異常があれば直ちに医者に診てもらう必要がある事を，患者は教えられるべきであると述べている（p.301）。

a) あらゆる種類の痛み
b) 子宮収縮（15 分間隔もしくはそれ以上）
c) 膣からの出血，破水
d) めまい，立ちくらみ
e) 息切れ
f) 動悸もしくは頻脈
g) 持続する嘔気もしくは嘔吐
h) 腰痛
i) 陰部もしくは臀部の痛み
j) 歩行困難
k) 一般的な浮腫
l) 身体の全ての部分において感じる痺れ
m) 目のかすみ
n) 胎児の動きの鈍さ

(2) 妊娠中の怪我の危険の増大因子

妊婦のストレッチング中の怪我の危険度の増大する要因として，生物力学的なもの，子宮に関するもの，ホルモンが関係するものがある。生物力学的要因は，妊娠期の身体的変化である特有の圧力とトルクによるものである。また，ホルモンの影響は，怪我をしやすい体に変えることで現れる。

1) 生物力学的要因

妊婦が運動を行う上で考慮すべき重要な生物力学的要因は，全体重が増えていることである。この体重の増加は，胎児の成長と母胎の体液滞留，脂肪組織の発達，そして乳房の膨張が要因である。妊娠後期では，身体の前面の体重の増加，安定性の変化，そして身体の構造への影響により妊婦の重心が変化する。特に，転倒を予防するために腰部の筋肉に対してはより一層の大きな力がかかってくる。そのため，妊婦は腰部筋肉へ負担を増加させるようなストレッチングは避けるべきである。安定性を得るために，ストレッチングは，床もしくは椅子に座って行うことがある。

2) 子宮に関する要因

ハワードら（Howard et al. 1953）が，妊娠後期の「仰臥位性低血圧について」という最初の論文を発表した。低血圧は患者が仰向けのときに起こった。これは妊娠が進むにつれて，子宮が増大し，大動脈と腹側大静脈が圧迫されることにある。この状態は，静脈の流れを阻害し，心臓から血液が送り出されるのを損なう可能性を高める。明らかな低血圧の兆候がはっきりしてくるまでには，おおよそ 3 〜 7 分の時間が必要である：息切れ，めまい，嘔気，頻脈などの兆候である。さらに，仰臥位性低血圧は，母方の重要な血行障害を起こし，子宮環流の減少により，胎児の低酸素症と除脈型不整脈を生じることがある。それゆえ，仰向け姿勢での運動は避けるべきなのである（American College of Obstetricians and Gynecologists [ACOG], 1994; Arujo, 1997; Requejo et al. 2002; Strauhal, 1999）。

3) ホルモン関連の要因

エストロゲン，プロゲステロン，リラキシンなどのホルモンが要因となって生じる結合組織の弛緩は，関節の安定性を脅かすことがある。これらのホルモンの分泌量の増加によって生じるこの変化は，妊婦の仙腸骨と骨盤の関節上の緊張を増大させ，そしてごくまれに恥骨結合の分離といった深刻な結果をもたらす可能性がある（ACOG, 1985; McNitt-Gray, 1991）。したがって，激しい運動と関係が深い屈曲または関節の伸展は避けるべきであり，ストレッチングは限界ぎりぎりまで行うべきではない（ACOG, 1985）。ACOG（1994）の指摘するところでは，理論的には，ホルモンの影響は，関節の緩みを全身的に起こさせることから，妊婦に物理的外傷や緊張を生じさせる。この仮説は，カルグネリら（Calguneri et al. 1982）による手根関節上部のみの客観的データによって実証されたものであった。

(3) 妊娠中の運動プログラムの開発

ACOG（1985）によると，「妊娠に関して処方される運動プログラムにおいては，母と胎児の安全が第一である」（p.1）。したがって，ACOG（1985）は「妊娠中と産褥期の運動の目的は，安全で最も良い健康状態を維持するためのものであるべきだ」（p.1）と述べている。まったく同じという女性が2人いることはない。女性の中には，激しい運動に耐えることのできる人もいれば，そうでない人もいる。明らかに，一般的な女性に対するガイドラインとスポーツ選手やトレーニングを積んできた人とは異なる（Mittelmark et al. 1991）。どちらのグループにおいても，個々の患者にあった運動プログラムとなるような調整がなされるべきである。

(4) 妊婦のためのストレッチングとヨガ

ストレッチングとヨガは，一般向けの本や雑誌で，妊娠中そして産後に行われる運動としてしばしば勧められている。提案者の理論的根拠は，これらの運動によってリラクゼーションを促し，筋肉の質と柔軟性を維持するというものである（Baddeley and Green, 1992）。よく信じられていることは，様々なストレッチングとヨガは，骨盤をゆるめて陣痛を和らげ，妊婦が出産に備えるのを助けると言うことである（Tobias and Stewart, 1985）。運動はまた，腰痛を緩和し，その他の小さな不快感を緩和するといわれている（Tobias and Stewart, 1985）。しかし，ACOG（1994）が指摘するところでは，「妊娠中の運動のレベルはどれ一つとして，周産期の成果や改善に有効であると結論的に示されたものはない」（p.4）ということである。

3. 柔軟性と身体に障害を持つ人々

認識しておくべきもう一つの階層は，損傷や障害を持つ人々である。「損傷」とは，身体の正常な構造と機能に何らかの制限や不具合がある状態である。例えば，解剖学上の一部分の欠落，視力障害，聴覚障害，脳麻痺，または脊髄の怪我といったことである。それと対照的に，「障害」とは，文化や家族の中で自分で役割を担うことのできる能力が失われていたり減退したりすることである。こうして，損傷があったことが理由になって障害に至る場合があるので

ある。

　身体的にハンディキャップのある人の要求や性質を理解する重要性は，過度に強調されすぎてはならない。可動域の制限が機能的行動に影響を与える。ラスコフスキー（Laskowski, 1994）は，車椅子のロードレーサーの特定の要求が，直接，柔軟性とストレッチングに関係のあることを細部にわたって報告した。そういうアスリートの多くは，一つの筋肉群が他より支配的であって，その結果，筋力と可動域に不安定さを生み，最善のパフォーマンスに必要な正しい「運動連鎖」を妨げる。特に，車椅子ロードレーサーたちは，潜在的に肩関節に問題を抱えやすい。前部の皮膜に相対的な硬さがあるためである。彼は，さらに次のようにも述べている。

　　最適に満たない柔軟性は，最高のポジショニングを妨げ，床ずれのような問題を起こすきっかけになることがある。例えば，現代の車椅子ロードレーサーの空気力学ポジショニングには，腰，膝，足首の高い柔軟性が必要とされている。もし適応する用具とその使い手の身体的な相性ともいうべき相互作用が不適切であれば，運動によって傷つくこともあるだろうし，また皮膚が危険にさらされることになるであろう（p.222）。

　多種多様な病状が障害と損傷の原因となる。これらの一つ一つは，特定の活動や運動の難しさを物語っているのかもしれない。それにもかかわらず，多くの障害者や損傷を持つ人々は，特定のストレッチング・プログラムを行うことができる。しかし，運動は個人のニーズと制限に適したものでなければならない。傷害を持った多くの人々にとって，ボール，ロープ，棒，棹などのストレッチング補助器具は役に立つであろう。可動域を高めるために効果的である他に，そのような補助器具は，さらに創造性，楽しさ，ストレッチングを遊び感覚で行えるという要素を付加するのである。ストレッチングで柔軟性を高めることが困難な（脊髄麻痺といった）人々にとって，遊び感覚の治療法のような身体活動を利用することは，可動域を高める上で役立ってきたのである（Yaggie and Armstrong, 2002）。

4. 要　約

　柔軟性はおおむね加齢と共に減退する。それにかかわらず，柔軟性は保つことができ，そしてほとんどの加齢の過程でも高めることができる。しかし，運動は，特にストレッチングは，高齢者にとって危険でありうることに変わりはない。高齢者の危険を減少させる防止対策は，運動プログラムに必ず組み込まれているべきである。妊婦もまた運動プログラムを始める前に，常識と思慮深さをもって運動の是非を見極めるべきである。危険を回避する最も重要な方法は，妊娠の全期間および産後に，産婦人科と内科の医師の診察を受け続けることである。現時点では，運動によって，陣痛が短くなったり，安産になったり，問題が少なくなったり，または赤ちゃんが恩恵を受けたりするという科学的根拠は何一つ存在しない。身体障害をもつ人々もストレッチング・プログラムの恩恵にあずかることができる。しかし，その運動は個々人の制限や要求との整合性があるものでなければならない。

第IV部
部位別に見た柔軟性の関連要素

第16章
下肢と骨盤帯の解剖学的構造と柔軟性

　下肢と骨盤帯は，足部，足関節，下腿部，膝関節，大腿部，臀部，腸骨部，股関節からなる。一般に，下腿は体重を支え，動きをつくり，バランスを保つ。この章では，下肢と骨盤帯の解剖学的構造や機能，関節可動域，起こり得る傷害，良いストレッチ方法について説明する。さらにこの章では，足趾から体幹の方へ順に下肢のそれぞれの部位の柔軟性について解説する。『ストレッチングマニュアル*』("Sport Stretch" Alter, 1998)は下肢と骨盤帯におけるストレッチエクササイズの詳細な解説書である。

1. 足部と足趾

　足部は，踵骨と距骨からなる後足部，舟状骨と立方骨と3つの楔状骨からなる中足部，中足骨と指節骨で形成される前足部の3つの大きな解剖学的パーツをもつ。足部は，26個の骨（足根骨7個，中足骨5個，指節骨14個）と筋膜，筋肉，腱，靭帯が織り交ざった層からなる。足部は，手部の構造と類似しているが，体重支持や衝撃吸収，前方へ進むことに適している。

　足部は，伸縮性のあるアーチ構造をもつ。この足底アーチ形状は，足部の関節，靭帯，筋肉のすべての構成物を1つの組織として合体させた構造上の特徴をもつ。足部の柔軟性は，衝撃を吸収するためには必要不可欠である。とはいえアーチ形の彎曲や順応は筋肉の精巧なバランスに依存している（Kapandji, 1987）。例えば，普通，凹足のハイアーチ（かぎ足）は，足底筋膜が短縮しているか，または，ソールの固すぎる靴を使っているために起こる（Cailliet,

---

*『イラストでわかるストレッチングマニュアル』2002年，大修館書店刊。以下，本文では『ストレッチングマニュアル』。

図16.1 パ・ド・ドゥにおいてソビエトのバレエダンサーのガリナ・シルヤピナ（Galina Shlyapina）は，ポイントワークとターンアウトを完璧に自然に素早く演じた。
Warren, 1989 より転載。写真：Juri Brikin

効率よく吸収し，結果的に傷害の発生を減少させる。バレエでは，特に複雑なため，この領域の柔軟性は最も重要であるとハミルトン（Hamilton, 1978d）は，次のように説明している。

　脛骨（すねの骨）の軸上に突出するような足のポジションをとるためには，足の甲または中足部の柔軟性が必要とされる。このポジションでは，足関節底屈（足関節と足の甲の連動）が絶対的に 90°必要とされる。実際にダンサーが膝を後方へ最も彎曲させるために，わずかな角度かもしれないが下方への動きで補っている（図 16.1 参照）。もし，この動きがつくれなくなったらダンサーは，オンポイントやデミポイントといったポジションがとれなくなるだろう。このポジションがとれるのと，もう少しで完全にとれないのとでは，ポイントポジションを維持するために必要な余分なエネルギーを使う期間がものすごく違う。その結果，アキレス腱やその他の腱を慢性的に過度に緊張させることになる（p.85）。

(2) 足部の可動域制限

足部の可動域制限は，骨の構造，関節の接合，筋膜，靱帯，筋肉の配列，腱の支持の多くの要素に依存している。身体の他の部位のように足部は，組織をストレッチすることにより，さらに伸長することができるようになる。しかしながら，足部は一般に柔軟性を向上させることを軽視されがちで，しっかりとストレッチを実施する必要がある。

(3) 足趾の趾節間関節と中足趾節関節

趾節間（IP）関節は，足趾の区画の間に位置する。それぞれの足趾は，母趾を除いては 2

1977, 1996; Kapandji, 1987）。カイイエ（Cailliet, 1996）は，ハイアーチに対して足趾の伸展筋群と屈曲筋群のストレッチ・エクササイズを行うことを推奨している。扁平足は縦アーチのないものである。扁平足は，一般に筋肉の機能低下によって引き起こされる。

(1) 足部と足関節の柔軟性の重要性

柔軟性のある足部や足関節はエネルギーを

つの趾節間関節をもち，母趾だけは1つの趾節間関節をもつ。中足趾節（MTP）関節は，足部に付着するところに位置し，それぞれの足趾が1つの中足趾節関節をもつ。趾節間関節と中足趾節関節の屈曲は，足趾から足底の方へ曲がりながら巻き込むように動く。これらの関節の屈曲角度は，趾節間関節で0～90°，中足趾節関節で0～35°である（Kapandji, 1987）。屈曲は，足部内に起始，停止をもつ内在的な筋肉と，足部外に起始をもつ外来的な筋肉，両方の足趾屈曲筋群によって動きがつくり出される。足趾の関節可動域の制限は，屈曲筋群の機能不全，伸展筋群の緊張の影響と足趾の軟部組織の付着によって起こる。

趾節間関節と中足趾節関節の伸展は，足底から足趾は遠ざかるような弧を描くように動く。足趾の伸展角度は，おおよそ0～80°である。この動きは主に足部の外来的な伸展筋群によってつくり出される。可動域制限の原因は，伸展筋群の機能不全と足底の緊張と足趾の関節の側副靭帯の影響を受ける。また伸展筋群は，足底筋膜の硬さや足底筋膜炎によって制限されるかもしれない。足底筋膜炎は，裸足で球状の上を走った時に強い痛みを訴える。

足底中足アーチと足底筋膜は，自重または手を使うことのどちらかの方法でストレッチすることができる。しかしながら，文献的には，このようなストレッチ法の適用に関しての見解が分かれる。オルター（Alter, 1989-1990）は，足底中足アーチと足底筋膜のストレッチングは有害または禁忌と考えている。対照的にストレッチングを推奨する多くの資料もある（American Academy of Orthopaedic Surgeons, 1991, 2001; Baxter and Davis, 1995; Bowman, 2000; Brody, 1995; Cramer and McQueen, 1990; DiRaimondo, 1991; Frey and Feder, 1999; Graham, 1987; Kraeger, 1993; Linz et al. 2001; McPoil and McGarvey, 1995; Scala, 2001）。これらの調査について確認するためには，さらなる調査が必要となる。

2. 足関節

距腿関節または足関節は，下腿の脛骨および腓骨と足部の距骨によって形成される蝶番関節である。これら3つの骨の関係は，線維状の関節包や靭帯，筋腱組織によって維持されている。足関節の内側靭帯または三角靭帯は後脛距部，脛踵部，脛舟部，前脛距部の4つで構成している。外側靭帯は，前距腓，後距腓，踵腓の靭帯によって構成されている。骨の安定性は，内側よりも外側の方が優れている。それは，脛骨と腓骨の長さが違うからである。また，三角靭帯は，外側靭帯よりも強いため，足関節は内反しやすくなっている。足関節靭帯損傷で最も多いのは，外側組織を損傷する内反捻挫である。「足関節の動きの安定性においては，平面的な靭帯と関節面の形状における相互関係について診ると多くのことがわかってくる。」（Leardini et at. 2000, p.602）

(1) 過度の距腿関節ストレスの影響

足関節と足部の骨の構造は，過度のストレスによって変形させられる。例えば12歳より前にトレーニングを始めたダンサーは，前足部の可動性や足底屈を増大させるような足根骨の関節に変化が現れる（Ende and Wickstrom, 1982; Nikolic and Zimmermann, 1968）。しかし，過度のストレスは，関節可動域を狭くすることもある。足関節底屈，背屈の関節可動域の制限にお

いては，距骨の前方と後方の縁を刺激することになる（Brodelius, 1961; Ende and Wickstrom, 1982; Hamilton, 1978c, 1978d; Howse, 1972），その結果，ダンサーのプライス不均整になる（Ende and Wickstrom, 1982; Schneider et al. 1974）。過度のストレスは，足関節前方において脛骨が足背上部と衝突し骨障害（小さな骨片）の原因となり，足背屈を制限する。足関節の動きは，三角骨と呼ばれる余分な骨が足関節の後方にあることによっても制限される（Brodelius, 1961; Ende and Wickstrom, 1982; Hamilton, 1978b; Howse, 1972）。

(2) 距腿関節の可動域制限

足関節の可動域は足関節の骨の構造や関節の接合，支帯，平面的な靭帯，筋肉の走行権の支持に依存する。これらの関節組織は伸長性を高めることができ，そして，特にバレエダンサーは，柔軟性を高めることができる。

1) 外反または回内

足関節の外反または回内は，足部の足底が外側に動き，足底面が外側を向くように傾き回転をすることである。また，回内では中足部の外転と背屈を伴う（Greene and Heckman, 1994, p.124）。外反は，主に長腓骨筋と短腓骨筋によってつくり出され，可動域はおおよそ0〜20°である。外反制限の原因は，外反筋群の機能不全，三角靭帯の張力，前脛骨筋や後脛骨筋の張力を受けること，関節包の内側の硬縮，脛骨内側と距骨の衝突によって起こる。

足関節と柔軟性

足関節と下腿部の間における関節可動の関係

足関節可動域は，足部の回内と脛骨の内旋といった対照的な関係になる。したがって，ふくらはぎの筋群（腓腹筋）柔軟性は，足部回内と脛骨内旋が大きくなることに関連する。さらに，これら2つの要因は，足部，下腿部，膝関節に関する問題に貢献することになる（Brandon, 2003）。

足関節捻挫とふくらはぎの筋肉との関係

ルイセンスら（Lysens et al. 1984）は，ふくらはぎの筋肉の硬さと足関節捻挫との間の関係を明確にした。彼らは，ふくらはぎの筋肉の硬さは，足が地面に接地する際に足部が回外する原因となりうると提示した。この理論の要因は，足関節捻挫の危険性を高くする結果となる。この発見は，足関節捻挫予防のためには，ふくらはぎの筋肉をストレッチをすることが良いと言えるのかもしれない（Lysens et al. 1991）。

足関節傷害とハムストリングスの関係

アキレス腱と足底の傷害は，ランニング時の膝関節の伸展制限と屈曲を強調するハムストリングスの硬さから起こり得る。膝関節の過度の屈曲は，ランニング時の地面接地期における足関節背屈を増大させる。この足関節背屈の増大の結果，アキレス腱のストレスを増大させ，傷害の危険性を高めることになる。このアキレス腱ストレスの増大は，踵骨や足底ストレスを拡大し，足底筋膜炎を誘発させる（Anderson, 2003b）。

2) 内反または回外

　足関節の内反または回外は，足底面が内側を向くように傾き回転をすることである。回外は，中足部の内転と底屈を伴う（Greene and Keckman, 1994, p.124）。内反は，主に前脛骨筋や後脛骨筋の内反筋群によってつくり出され，長趾屈筋，長母趾屈筋や腓腹筋内側頭によって補助される。足関節内反可動域は，おおよそ0〜45°である。関節可動域制限は，内反筋群の機能不全，靭帯（距踵靭帯，踵腓靭帯，その他の足根靭帯）や外反筋群（長腓骨筋とのの短腓骨筋）張力を受けること，関節包外側の硬縮，そして，脛骨内側と距骨の衝突によって起こる。

3) 底屈

　足関節の底屈は，足先が脛の前面から離れる動きのことをいう（生理学上の足部の伸展）。底屈は，主に腓腹筋，ヒラメ筋によってつくり出され，後脛骨筋，長腓骨筋，短腓骨筋，長母趾屈筋，長趾屈筋，足底筋によって補助される。足関節底屈角度は，おおよそ0〜50°である。可動域制限の要因は，底屈筋群の機能不全，前距腓靭帯・前距脛靭帯の張力，背屈筋群の張力が加わること，関節包背側部の硬縮，脛骨と距骨後部の骨の衝突が考えられる。

4) 背屈

　足関節背屈は，足先がすねの前面の方へ向かい動くことをいう（生理学上の側部の屈曲）。足関節背屈は，前脛骨筋によってつくり出され，長趾伸筋，長母趾伸筋，第三腓骨筋によって補助される。背屈角度は，おおよそ0〜20°である。可動域制限は，背屈筋群の機能不全，底屈筋群（特に腓腹筋，ヒラメ筋だが後脛骨筋，長腓骨筋，短腓骨筋，長母趾屈筋，長趾屈筋も関与する）の張力を受けること，アキレス腱や三角靭帯，踵腓靭帯の張力を受けること，関節包後部の硬縮，脛骨前方と距骨の衝突によって起こる。足関節背屈角度は，膝関節と足関節をまたぐ2関節筋である腓腹筋の影響を受けて，膝関節伸展時より屈曲時の方が大きくなる。膝関節伸展時には，腓腹筋は緩んでいるため，足関節をよりストレッチすることができる。しかし，膝関節を伸展すると腓腹筋が膝関節において引き伸ばされるため，足関節をストレッチすることが困難になる。

(3) 距踵関節傷害の予防

　足関節や足部は，筋膜や靭帯の損傷，肉離れ，腱炎（腱や腱移行部），疲労骨折を含む多くの傷害がある。これらの傷害の危険性は，適切なコンディショニング，十分なウォーミング・アップやストレッチング，適切な技術の修得，適切なシューズの着用，硬いサーフェスを避ける，疲労時の休養，そして，オーバーユースを避けることで減少させることができる。

3. 下　腿

　脛または下腿は，下肢の中で膝関節と足関節の間に位置する区画である。上肢でいうと前腕である。下腿は，脛骨とそれに並ぶ腓骨によってつくられる。2つの骨は骨間膜によって連結

され，筋肉に囲われている。そして，活動前に十分なストレッチを行わないと傷害発生につながる。この部位の筋肉は，すべて硬い筋膜によって囲われている。

(1) 下腿後面の筋肉

ふくらはぎは，3つの浅層筋の腓腹筋，ヒラメ筋，足底筋と4つの深層筋の膝窩筋，長母趾屈筋，長趾屈筋，後脛骨筋の下腿後面の筋肉からつくられる。腓腹筋は，膝関節の屈曲筋であるが足関節の底屈の機能ももつ浅層の筋肉である。深層の筋肉の機能は，足趾の屈曲と足部の内反である。

腓腹筋は，下腿で最も浅層にあり2つの筋腹（頭）をもち，ふくらはぎの中でより大きい形状の筋肉である。ヒラメ筋は，幅広く，平面状で，腓腹筋のすぐ下に位置する筋肉である。これらは下腿三頭筋と呼ばれる筋肉のグループである。下腿三頭筋は，後部の筋肉の底屈筋力の90%に貢献する。腓腹筋とヒラメ筋の腱は，アキレス腱である。

アキレス腱は，身体の中で最も大きく，最も強い腱である。アキレス腱の末端は，踵骨後面に付着する。腱の強さは，おおよそ $1.24 \times 10^8 N/m^2$（18000psi）である。この腱は，非常に強いが，傷害を起こさないということはない。

1) 下腿後面の筋肉とアキレス腱の傷害

冷えた筋肉，不十分なウォーミング・アップ，オーバーユース，疲労，適切でない技術，硬い地面での運動や突然穴に落ちることは，ふくらはぎの筋肉の損傷の原因になる。ふくらはぎの筋肉を伸長させることでテニス・レッグと呼ばれる障害が起きるが，テニスよりも他の活動的な運動でしばしば発生するため不適切な名称ではある。テニス・レッグは，腓腹筋の一方の筋腹とアキレス腱の筋腱移行部が引き裂かれることによって起こると整形外科的にも論証されている（Arner and Lindholm, 1958; Feit and Berenter, 1993; Irvin et al. 1998; Miller, 1977）。

最も一般的なアキレス腱傷害は，主にオーバーユースによって起こるアキレス腱炎である。アキレス腱炎の治療は，安静，冷却，炎症を和らげる薬，そして，適切な医学的補助をすることである。最も破滅的なアキレス腱の傷害は，断裂である。アキレス腱断裂は，古い擦り切れたロープが切れるのと比べられる。なぜなら，アキレス腱線維は，ロープのように巻かれたものだからである。「アキレス腱断裂は，機械的，老化的，虚血的などの要因が原因となり発生する」（Ahmed et al. 1998, p.595）。さらに，「アキレス腱は，領域の割には配置されている血管の数が少ないため，その長さの隅々に血液を十分に供給でいない。その結果，血管系の貧困さが外傷後の細胞の修復を妨げたり，さらなる腱の弱化を促進させたりするかもしれない」（Ahmed et al. 1998, p.591）。アキレス腱断裂の治療は，ギプス固定または外科的修復のどちらかになる。予防するためには，アキレス腱の柔軟性と筋力強化がよいであろう。

2) 下腿後面筋群とアキレス腱のストレッチング

下腿後面の筋群とアキレス腱をストレッチする方法は，事実上傷害を発生させるメカニズムと同様である。これらの筋肉をストレッチするためには，膝関節屈曲位および伸展位の自然なポジションで足関節をゆっくりと背屈させる。傷害は，急または反動的な背屈によって発生する（Feit and Berenter, 1993）。安全に，ゆっくりストレッチすることで傷害を予防することができる。これらの筋群の適切なストレッチングは，床の上に姿勢を正し真っ直ぐ座るか，膝立て位または立位にて可能である（『ストレッチングマニュアル』のエクササイズ19〜44）。ハー

ドルストレッチ姿勢では，伸ばしている側の足のつま先を上体の方に向けた時にストレッチがされる（本書「付章」エクササイズ9a）。もし，つま先に手が届かなければタオルを使うとよい（「付章」エクササイズ9b）。もう1つの一般的なストレッチは，壁から1m（3ft）くらいのところに立ち，踵をつけたまま上体を前方へ倒す方法である。片脚または両脚を多様な方法でストレッチすることができる（『ストレッチングマニュアル』のエクササイズ23，24，31）。

(2) 下腿前面の筋肉および外側の筋群

下腿前部には，4つの筋肉がある（脛の前面）。前脛骨筋は，脛骨の前方にある足関節の主たる背屈筋であり，足部の内反筋でもある。長母趾伸筋，長趾伸筋，第三腓骨筋は，背屈を補助し，長母趾伸筋，長趾伸筋は，足趾を伸展させる。下腿外側の筋肉の腓骨筋群は，下腿の外側部に位置している。このグループは，長腓骨筋と短腓骨筋からなる。この2つの筋肉は，足部の外反が主な機能であり，足関節の底屈を補助する。

1) 下腿前面および外側の筋肉の傷害

脛骨前面の骨膜炎およびシンスプリントは，下腿前面，外側部でもっと多い傷害の1つである。フィックら（Fick et al. 1992）は，この傷害を脛骨内側ストレス症候群と定義することがよいと主張している。この包括的な症候群は，脛骨と筋肉の付着部の微細な損傷が頻繁に発生した結果として腱炎や鈍い痛みとして現れる。シンスプリントの原因を追究すると，堅い地面での練習，ウォーミング・アップ不足，未熟な技術，扁平足，腰痛からの身体バランスの乱れ，遺伝によるもの，コンディショニング不足，柔軟性の低下，下腿前後面の筋力のアンバランス，過度なエキセントリックな筋活動，そして，オーバーユースなどであり，原因は多様である（Michael and Holder, 1985; Richie et al. 1993; Thacker et al. 2002; Woods, 2002）。シンスプリントと疲労骨折は，足関節背屈可動域と関連付けることができると言われている。この考えは，これらの傷害が共通して脛骨内後方，ヒラメ筋内縁部に生じるという仮説に基づいている（Pope et al. 1998; Michael and Holder, 1985）。しかし，モンゴメリ（Montgomery et al. 1989）は，505軍の軍事訓練を受ける人たちの足関節背屈角度を測定し，足関節背屈角度と疲労骨折の関係が重要でないことを報告している。もう1つの仮説は，特に踵が回内位にある時のヒラメ筋と硬化している足底筋膜が解剖学的および力学的に関係があるということである（Michael and Holder, 1985）。

シンスプリントは，冷却や温熱，過流浴，軽いマッサージ，ストレッチング，テーピング，活動の軽減または休養，筋力強化によって治療できる（Found et al. 1986; Woods, 2002）。痛みの軽減の方針としては，非ステロイド系の炎症を抑える薬を使う（Fick et al. 1992）。オマリーとスプリンクル（O'Malley and Sprinkle, 1986）とウッズ（Woods, 2002）は，ランニングやジョギングのような身体的活動の前と後に計画的および専門的に継続した脚前面のストレッチ・エクササイズを行い，徹底的にシンスプリントを軽減させることを主張している。何人かの研究者は，ふくらはぎの筋肉のストレッチをすることは，シンスプリントの発生を減少させると主張している（Andrish et al. 1974; Ellis, 1986; Flood and Nauert, 1973）。しかし，スポーツにおけるシンスプリントの予防に関する系統的な文献調査の後に，サッカーら（Thacker et al. 2002）は，この研究分野の中で，研究デザインに課題がありながらも，研究が実施され，それらのレビュー論文には「シンスプリントの予防のためには，広範囲にわたるさまざまなサポートが必要だという，わずかながら客観的証拠

をもたらした（p.32）と提言した。シンスプリントの意見が違っているのには，2つの具体的な理由がある。①"すね"の定義が「膝より下の脚の前方部分」から「脛骨前方の縁」へ，あるいは「脚の下方の部分」に変わり混乱させる。②明確な症状は，スポーツ活動によって筋肉や腱の加わるストレスが違うことである。

2) 下腿前部および外側の筋肉のストレッチング

下腿前方筋群は，ゆっくりと底屈することでストレッチすることができる（『ストレッチングマニュアル』のエクササイズ5〜18）。安全な方法は，座位で一方の脚をクロスし，足関節を手で伸展させることでストレッチすることができる（本書「付章」エクササイズ5）。簡単な方法は，立位で一方の足を裏返し，床に逆らって上体を反らす。この方法でヨガの教本やスポーツ医学的資料でよく引用されているのは，正座の姿勢からつま先の方へ背中を倒す方法である。しかし，この方法は，過度に背中を倒すことによって膝にストレスをかける可能性があるので慎重に行う必要がある。たたんだ毛布をふくらはぎとふとももの間に挟むなどして距離を調節してストレスを減らすことが必要である。また，体重を徐々に後方へ移行することで強さを増すことができる。前脛骨筋の最大の「アイソレーション」は，足趾の先端に向かい背後へ深く届き，そして，臀部の方へ引くことによって成し遂げられる（「付章」エクササイズ4）。もう一度繰り返すと，ゆっくり，慎重に行う。

下腿外側部の筋肉の簡単で安全なストレッチの方法は，一方の脚にもう一方の脚をクロスした座位で足底を屈曲し，足関節を内反することでストレッチすることができる（「付章」エクササイズ5）。2つ目の方法は，事実上のハードラーズ・ストレッチ・ポジションの修正で，リーチ・ダウンし，外側にある足部をしっかり握り，（届かない場合は，タオルを使う）ゆっくりと足部を外側に引く（『ストレッチングマニュアル』のエクササイズ11）。最後は，45°の傾斜版の上に足の裏をつけて立つという，下腿外側部の筋肉をストレッチするとてもシンプルな方法である（『ストレッチングマニュアル』のエクササイズ15）。

4. 膝関節

膝関節は，身体の中で最も大きい関節である。この関節は，大腿骨，脛骨，腓骨の3つの骨によって構成される。膝関節は，蝶番関節である。膝蓋骨は，大腿骨の正面を滑る。なぜなら，膝関節の骨の配置は，構造的に弱いため代償として筋肉と9つの靱帯でしっかりと支持がされなければならない。

膝関節は，もっぱら屈曲と伸展の動きをつくる。脛骨の内外旋は，膝関節屈曲時にほんの少しの角度だけ可能になる。

(1) 膝関節屈曲

膝関節屈曲は，大腿部の後方に踵を近づけることである。膝関節屈曲は，股関節伸展時で約120°，股関節屈曲時で約135°，踵の上に座るような他動力を加えると約160°になるとされている。可動域制限は，屈曲筋の機能不全，伸展筋である大腿四頭筋やそれらの腱の張力を受けること，関節包前方の硬縮，後十字靱帯のみおよび前十字，後十字の両靱帯の硬化，そして，踵や下腿後部と大腿後部や臀部の衝突によって

起こる。膝関節屈曲を増大させるストレッチングは，大腿前面の筋肉が関係する。

(2) 膝関節伸展

膝関節伸展は，屈曲から戻るように動くことである。伸展が0°以上になることは，反張膝や彎曲膝と呼ばれる。アメリカ整形外科医学会（Greene and Heckman, 1994）で，靭帯や関節包の弛緩性や骨の奇形があると過伸展になると報告されている。過剰運動性症候群の存在は，過伸展の兆候である（Beighton et al. 1973; Carter and Wilkinson, 1964; Grahame and Jenkins, 1972）。ウィンネ・デイビス（Wynne-Davies, 1971）は，エジンバラの子供3,000人を対象に調査したところ，3歳の15％の子供の膝関節が10°以上伸展することを発見した。しかし，この伸展角度は，6歳の子供では1％と少なくなることが認められた。健常成人男性の2つの調査では，成人の膝関節伸展角度の平均では−2±3°で，正常の成人は，立位において膝関節がわずかに屈曲している（Greene and Heckman, 1994）。もし過伸展があるならば，膝関節をさらに伸展するようなストレッチ・エクササイズは避けるべきであろう。過剰運動性がないにしても，ストレッチ時に過伸展させたりや膝関節を後方へ押したりしないように注意しなければならない。その代わりとして，膝関節をわずかに屈曲して強さや姿勢を考えて真っ直ぐにする。そして，大腿部の方へ膝蓋骨を移動させる（Follan, 1981）。

力強い大腿四頭筋は，大腿直筋，外側広筋，内側広筋，中間広筋からなり，膝関節伸展をつくり出す。可動域制限要因は，大腿四頭筋の機能不全，ハムストリングスや腓腹筋の張力を受けること，十字靭帯や側副靭帯の硬化，関節包後方の硬縮によって起こる。膝関節屈曲でのロッキング異常は，伸展を制限する。これは，関節不安定性や半月板損傷のような関節内の問題かもしれない。膝関節は，滑り込みまたは滑走するメカニズムである。いくつかの外来物体が2つの面に挟み込まれる滑車運動をするであろう。膝関節伸展を増大させるためのストレッチは，大腿後面の筋肉が関係する。

(3) 膝関節の機械的，構造的欠点

膝関節の潜在的欠点の1つは二関節筋によって部分的にコントロールされていることである。この配置は，張力に対しハムストリングスを敏感にさせる。ハムストリングスは膝関節を屈曲させるとともに股関節を伸展させる。また，大腿直筋は，膝関節を伸展させるとともに股関節の屈曲に作用する。つまり二関節筋である（Clanton and Coupe, 1998; Fujiwara and Basmajian, 1975; Jones, 1970; Markee et al. 1955; Morgan-Jones et al. 2000）。両方の筋肉が極端に動いた時に問題が発生する。その結果，筋肉と腱の張力は，傷害を引き起こすまでに大きくなるかもしれない。このことは日常の活動で本当に発生している。それは，多くのスポーツや芸術訓練においても共通であろう。例えば，ハードル選手が脚を前に伸ばすために，同時に股関節屈曲と膝関節の完全伸展をした時や，チアリーダーやダンサーが高く脚を蹴り上げた時や高飛び選手がストラドルテクニックを使った時などのように，ハムストリングスを過度に追い込んだ時である。さらに危険性が高くなるのは，たぶん筋肉にエキセントリックな負荷が加わり始めた時である。また，ハムストリングスは，タイプⅡ線維が割合的に多いことも関係している（Garrett et al. 1984）。この線維は，張力により敏感である（Garrett et al. 1984）。膝関節屈曲のためのストレッチエクササイズは，大腿後面の筋肉との関係がある。

5. 大　腿

　大腿は，股関節と膝関節の間に位置する脚の一部分である。この脚の部分は，大腿骨という1つの骨からなる。大腿骨は，身体の中で最も長く，最も強い骨であり，大腿部の筋肉に囲われている。

(1) 大腿後面の筋肉

　大腿後面は，大腿二頭筋，半腱様筋，半膜様筋の3つの筋肉からなる（図16.2参照）。専門用語として，これらの筋肉は，ハムストリングスと呼ばれる。この語句は，「大腿部の後面」という意の "Anglo-Saxon hamm" を呼びやすくしたものである。大腿二頭筋は，大腿部の後面外側にあり，2つの筋腹をもつ。半腱様筋は大腿後面内側に位置し，その腱が非常に長いため，このように呼ばれている。この腱は，文字通り半分が腱である。半膜様筋は，大腿後面の中央に位置する。この筋肉は，起始から平らな膜を形成するため，このように呼ばれている。

　ハムストリングスの最も大きな機能は，膝関節屈曲と股関節伸展である。股関節屈曲により前方に傾いた時，これらは重力に抵抗する。膝関節軽度屈曲位において，大腿二頭筋は下腿外旋筋であり，他のハムストリングスは下腿内旋筋である。股関節伸展位において，大腿二頭筋は大腿外旋筋であり，他のハムストリングスは，大腿内旋筋である。

　ハムストリングスと大腿四頭筋の筋バランスは傷害予防のために重要である。このハムストリングスと大腿四頭筋のトルク比率は対象によって異なる。パーカーら（Parker et al. 1983）は，

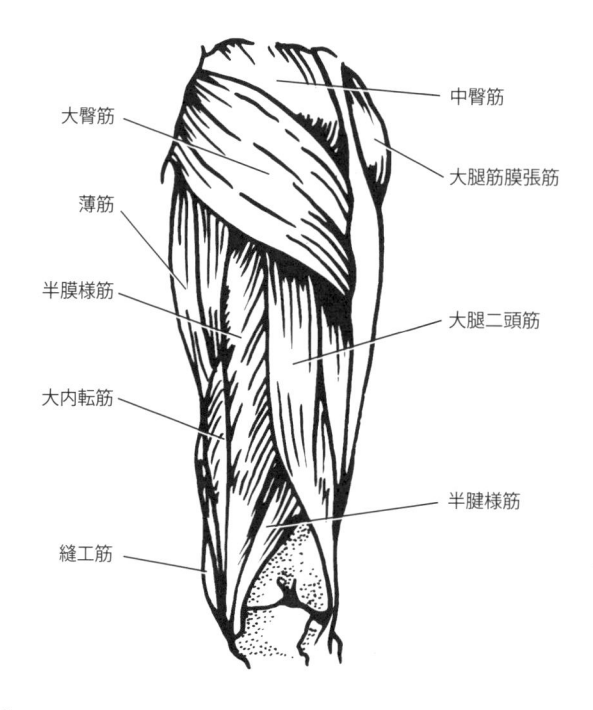

図16.2　大腿後面の伸展筋群
J.E.Donnelly, 1982, *Living anatomy* (Champaign,IL:Human Kinetics), 139. より許可を得て転載。

高校アメリカンフットボール選手は，47〜65％であると報告している。デイビスら（Davies et al. 1981）は，プロ・アメリカンフットボール選手は，51〜64.9％であると報告している。健全なサッカー選手の調査では，平均が67〜82％であり，筋収縮速度に依存していた（Stafford and Grana, 1984）。ギリアムら（Gilliam et al. 1979）は，7〜13歳の子供たちの40〜70％の角度での比率を計算した。シフとヴェルホヤンスキー（Siff and Verkhoshansky, 1999, pp.233-234）は，大腿四頭筋とハムストリングスの筋力を比率で示すのは無意味であると非難している。彼らは，次のような論点をあげている。

・ロシアの科学者がこの比率は，種々のスポーツ特性によると言っている。
・比率変化は，関節角度だけではなく，測定速度にもよる。
・もう1つの困惑要因は，問題の関節についてトルクをつくり出す筋肉によって，近くの関節が影響を受ける。

1) 大腿後面筋群の傷害の原因とメカニズム

　ハムストリングスの筋損傷（以下，肉離れ）は，激しく引き伸ばされたり，速く収縮したりすることが原因であり，筋腱移行部の断裂を引き起こす。この傷害は，治療に時間を費やし，精神的なダメージを与える。そして，文字通り「大腿部の痛み」を有する。ハムストリングスの肉離れは，筋腹または近位の腱の移行部に多く発生する。それゆえに損傷は，臀部の下か大腿部の中央後面に発生する。一般的ではない活動でハムストリングスの肉離れと関連が強いと考えられるのは，水上スキーである。この傷害は，水上スキーにおいて一般的に発生している（Morgan-Jones et al. 2000）。サレイら（Sallay et al. 1996）は，膝関節が伸展したままで股関節が過度に屈曲するような力が加わり，結果と

して不適切なボディー・ポジションになるという共通の傷害発生メカニズムがあるといっている。この状態は，スキーヤーが浸水したスキーの両方または片方を浮上させようとした時に発生している（図 16.3 参照）。キッキングやパンティング，ハードリングそしてスプリントを行

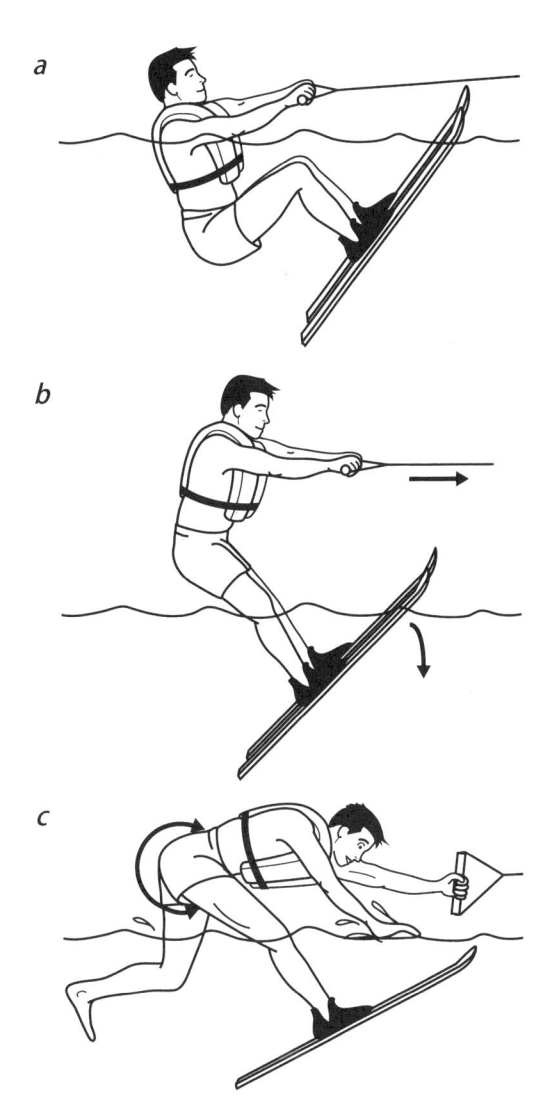

図 16.3　(a) 浮上開始時の適切なかがみ姿勢。(b) 未熟なスキーヤーは，膝が早く伸びる傾向があり，スキーの先端が水中に沈んでしまう。(c) そのまま続けると前方に勢いよく引っ張られ，スキーヤーは，股関節を極度に屈曲されてしまう。

Sallay, Friedman, Coogan, and Garrett, 1996. より転載。

う選手は，より危険性が高くなるだろう。肉離れは，蹴り脚の減速のためにハムストリングスがエキセントリックな力を発揮するスイング後半期により発生しやすい。

　ハムストリングスの肉離れを起こす原因となりやすいものについて，以下のようなことが推測されている。ハムストリングスと大腿四頭筋の筋力の不釣合いが原因の1つである（Burkett, 1970; Yamamoto, 1993）。現在のところ研究者たちは，ハムストリングスの傷害は，ハムストリングスの筋力に対して大腿四頭筋の筋力比率が50～70％のときに減少すると考えている（Arnheim and Prentice, 2000; Clanton and Coupe, 1998; Gilliam et al. 1979; Liemohn, 1978; Parker et al. 1983; Rankin and Thompson, 1983; Sutton, 1984）。しかし，ボウズマンら（Bozeman et al. 1986）は，ハムストリングスと大腿四頭筋を同時に使うランニングのような動作においては，大腿四頭筋の筋力が通常の75％使われると主張している（Burkett, 1975）。このように拮抗する筋力の関係は，動きの中で起こる。もし，これらの力1つが他または拮抗する力よりも強く維持されるならば，ハムストリングスの筋力は大腿四頭筋の筋力よりも弱くなければならない。また，もう1つの重要で変わりやすいものは，筋力と疲労であり，ストレッチ・コンディションが筋肉に加わるエネルギーを故障（損傷）の前に吸収する（Garrett, 1993; Garrett et al. 1987）。マイルら（Mair et al. 1996）は，ウサギの筋肉を疲労させた後にわざと故障（損傷）させる調査を行った。損傷した筋肉をストレッチさせるとエネルギー吸収は42％に減少し，最初の長さの70％に変わっていた。これは，筋肉の傷害を最も起こしやすくする。

　バーケット（Burkett, 1971）は，左右のハムストリングスのアンバランスが肉離れを引き起こす原因かもしれないと言っている。10％またはそれ以上の筋力の差は，ハムストリングスの弱点となり，結果として損傷しやすくなるだろう。レジスタンス・トレーニングは，これらの筋力バランスを維持するために有効である。現場においては，ハムストリングス肉離れを管理するために，ウエイトトレーニングを継続することが役に立つ。しかし，筋力の比で肉離れが発生するデータはない（Gordon and Klein, 1987）。実際に正常なバランスとアンバランスの比は，まだ明確に定義されていない（Grace, 1985）。グレイス（Grace, 1985）は，「大きく違うことは，解剖学的に各スポーツや身体の大きさ，年齢，性別の違いによる」といっている（p.80）。ハイザーら（Heiser et al. 1984）は，ハムストリングスと大腿四頭筋の比を60％に正す，予防のためのリハビリテーション・プログラムを特別にデザインし，大学アメリカンフットボール選手におけるハムストリングス肉離れを減少させた。しかし，グレイス（1985）は，指摘している。「不幸にも，この調査を振り返ると，リハビリテーション・プログラムのそれぞれの要因が同時にコントロールされていない。それゆえに，アンバランスと傷害の事実上の関係は，不明確である」（pp.81-82）。

　ハムストリングス肉離れのもう1つの説明は，神経的メカニズムを基としている（Burkett, 1975）。この傷害は，大腿二頭筋の2つの神経（長頭神経支配の脛骨神経，短頭神経支配の腓骨神経）の刺激が不釣合いになると発生する。このメカニズムについて次に示す。
①短頭の刺激は長頭よりも激しく，収縮期においてアンバランスを引き起こす。
②刺激の激しさは，変わらないが，2つの違う筋腹の刺激のタイミングが非同時性である。
③1と2のメカニズムが同時に起こる。
④安定性を保つ主たる筋群が変わることで刺激の遅れを引き起こす。

　伸張反射は，ハムストリングスにおける反復性肉離れの原因の1つであると仮定されている。ラグビーチームの男子14人を対象とした

調査では，過去にグレイドIの肉離れを受傷し，繰り返している者は，ポジティブ・スランプ・テストで57％であった。これらの結果は，伸張反射は，結果的に起こるもの，または，反復性肉離れの因果関係における原因になるかもしれないと主張している（Turl and George, 1998, p.16）。

ハムストリングス肉離れの最も頻繁にあげられる原因の1つは，柔軟性不足である。一般に柔軟性の高い人は，ストレッチ傷害を起こす機会が少ない。逆に，柔軟性の低い人は，肉離れを起こす可能性が高くなる。柔軟性に乏しいことは，筋肉に加わる力の吸収能力を低下させる（Garrett, 1993; Wilson et al. 1991; Worrell and Perrin, 1992; Worrell et al. 1994）。柔軟性に優れることは，筋肉の仕事率を減少させ，エネルギー吸収能力を増大させる。結果として，肉離れの発生を減少させる（Bennell et al. 1999a; Kirkendall et al. 2001）。柔軟性の不足は，関節の動きのコントロールに悪影響を与えることもあり，したがって，ケガをしやすい体質の1つといえる（Garrett, 1993）。クラインとロバーツ（Klein and Roberts, 1976）は，ランナーに関して解説している。股関節屈曲筋群が硬くなり，骨盤が常に前傾している姿勢になった時，ハムストリングスは，オーバーユース状態になる。なぜなら，骨盤に付着する起始が上方に持上げられ，筋肉の起始と停止の距離が長くなるためである。このポジションは，ハムストリングスを早く疲労させることになり，ハムストリングス傷害の根本的な原因の1つとなる。

ハムストリングスの傷害を起こす前の傷害発生について気になるかもしれない（Arnheim and Prentice, 2000; Drezner, 2003; Garrett, 1996; Kirkendall et al. 2001; Morgan-Jones et al. 2000）。ワラルら（Worrell et al. 1991）は，ハムストリングスを受傷したものは，非受傷者と比較して両脚の柔軟性が著しく低下していると報告している。さらに，彼らは，ハムストリングス受傷群においてハムストリングスに再発の徴候が見られ，再受傷率が高いことを見つけた。それゆえに，ワラルとペリン（Worrell and Perrin, 1992）は，「ハムストリングス肉離れは，後遺症になる可能性がある」と主張している（p.15）。

柔軟性の低下は，ハムストリングス肉離れの原因となる。その問題点を把握するために，選手のリスク管理を目的としたスクリーニングテストを実施することである。ハムストリングス柔軟性の最も一般的なテストは，立位体前屈テスト，長座体前屈テスト，SLRテストの3つである。ベネルら（Bennell et al. 1999a）は，オーストラリアのアメリカンフットボール選手についてハムストリングス肉離れを確認し，立位体前屈テストは，スクリーニング・テストとして有用でないことを報告している。

SLRテストは，腓腹筋，反対側のハムストリングス，腹筋に影響を与える要因を多数含んでいる（Mayhew et al. 1983）。しかし，このテストでさらに重要なのは，脚を上げるにつれて骨盤が後傾する代償が生じることである（Bennell et al. 1999a; Bohannon, 1982; Bohannon et al. 1985）。SLRテストで股関節を屈曲し，骨盤が後傾するにつれて坐骨結節とハムストリングスの起始は，筋肉の停止の方向へ動く。そのため，筋肉の張力は小さくなってしまう。

もう1つのハムストリングス肉離れの原因となりうるものは，腰椎の可動域の減少である（Brukner and Khan, 2002）。さまざまな活動において，股関節と腰椎は関節システム関わり，調整機構として一緒に動く。結果として，総合的関節システムを構成している結合の1つの可動性が他の関節の代償運動をつくり出すことになる。それは，病理的なもの，痛み，機能障害となるかもしれない。この状態については，サーストン（Thurston, 1985）によって論証されている。

ビークマンとブロック（Beekman and Block,

1975）は，ハムストリングスが硬くなることが説明を複雑にすると主張している。それは，ハムストリングスの硬さがハムストリングス肉離れを潜在的に導くとする。歩く時，足部のメカニズム（外反），足関節のメカニズム（底屈），膝関節のメカニズム（屈曲）を含むいくつかの要因が，重心運動を滑らかにする働きをする。これらのシステムは，密接に連動している。そのため，もし1つの要因が欠損したならば，他の要因が負担することになる。もし，距骨が内反していたならば，足部のメカニズムは，抑制される。膝関節は，踵接地の際の踵骨内反の影響を唯一代償することができる。したがって，膝関節のメカニズムは，足部が地面に接地している時により屈曲を強いられることになる。これはステップのたびにハムストリングスが適切にストレッチされないことを意味する。この結果，短縮している部位ができてしまう。この硬さがハムストリングス肉離れを引き起こす要因の1つになる。もう1つの説明は，エクササイズの間，筋肉が膨張し，短くなることである。もし，筋肉の柔軟性が低下していたら次のエクササイズ終了までの間は，筋損傷に敏感になってしまう。したがって，傷害発生の危険性が増す。また，もう1つの要因は，ハムストリングスは二関節筋であることである。

　ハムストリングス筋群の構成線維がもう1つの本質的な傷害発生要因になるかもしれない。筋肉自身によって活動的に力はつくり出される。ハムストリングスは，typeⅡ線維が比較的に高い割合で含まれている（Garrett et al. 1984）。この線維タイプは，速い速度で収縮し，強い力で収縮し，疲労しやすい。さらに，筋肉が生み出せる活動張力の合計は，筋線維タイプの種類に比例する。速い速度での収縮または疲労の増加は，選手の筋損傷の危険性を大きくするかもしれない。

　ワラルら（1992）は，ハムストリングスの柔軟性とハムストリングス肉離れの関係に関する文献を調査し，ハムストリングスの柔軟性の評価の標準化をする方法がないことを明らかにした。それぞれの評価方法は，長座体前屈テスト，SLRテスト，膝関節過伸展テストである。さらに，ハムストリングスの筋長の評価は，多くの変動する要因によって困惑させられる。もう1つの重要な要因は，バリスティック，スタティック，パッシブ，アクティブの柔軟性のさまざまなタイプである。このように，柔軟性と傷害の関係を確かめるためには，追加調査が必要となる。

　ハムストリングス肉離れの原因と考えられるのは，年齢，オーバーユース，間違ったトレーニング方法やテクニック，筋持久力不足，疲労，構造異常（腰椎前彎，脚長差，扁平足など），共同運動収縮，姿勢不慮，電解質脱水症状，ミネラル不足（マグネシウムなど），過去の傷害などである（Clanton and Coupe, 1998; Garrett, 1996; Hennessy and Watson, 1993; Kroll and Raya, 1997; Langeland and Carangelo, 2000; Morgan-Jones et al. 2000; Muckle, 1982; Verrall et al. 2001; Worrell and Perrin, 1992）。

　クロウルとラヤー（Kroll and Raya, 1997），およびサットン（Sutton, 1984）による文献調査によって，ハムストリングス肉離れを引き起こす要因は，1つではないことが具体的に明確にされた。さらに，さまざまな要因が混同されているために，個々のハムストリングス肉離れの経験からそれを正確に予知することは，現在使われているテストでは可能ではない。そのため，さらなる調査が必要とされる。それでもなお，ストレッチと筋力トレーニングのプログラムを実施すべきであり，さまざまあるハムストリングス肉離れを引き起こす要因をコントロールすることが必要だと考えられている。

2) 大腿後面筋群（ハムストリングス）のストレッチング

ハムストリングスのストレッチングは，股関節の屈曲と膝関節の伸展によって成し遂げられる。このストレッチングは，立位または座位において，片脚または両脚を伸展させた状態で上体を脚の方へ倒すことによって成される。この方法のポイントはハムストリングス，臀部，腰部，腰背部の筋肉がストレッチされることである。脚の方に上体を倒す時には，骨盤の前傾を維持し上体を伸展したままにすることが必要である。この理想の姿勢は，仙骨から頭の後まで真っ直ぐなラインをつくることになる。しかし，教えられていない多くの人々は，上体が丸くなったり，落ち込んだりし，骨盤が後傾し，むしろ後方へ倒れてしまう。このポジションには，2つの重大な問題があげられる。①なぜストレッチ姿勢で上体が丸くなり，骨盤が後傾するのか？　②専門家によって薦められる姿勢は，ストレッチ効果を高め，可動域改善を促進させるために簡便で効果的な方法なのか？

これらの問題を部分的に調査した研究が1つだけある（Sullivan et al. 1992）。頭と膝の位置は，一般に顎をストレッチする脚の膝に近づけるようにし，頚椎，胸椎，腰椎を屈曲させることによって形がつくられる。この動きは，自然に，または意図的に行える。サリバンら(Sullivan et al. 1992)は，骨盤の前傾は，「坐骨結節（ハムストリングスの起始）が上位後方に位置し，脛骨と腓骨のハムストリングス付着部からさらに遠くなる。このようなより強い張力は，ハムストリングスの筋腱移行部にまで加わる」と仮定している（p.1387）。研究者は，背中を伸展させるポジションをとってストレッチした時に，傷害を有する者は，すぐにハムストリングスに強い張力（または強い痛み）を感じると述べている。そのため，身体が筋腱の張力がより少なくなるようなポジションをとり，ハムストリングスの張力の増大を自然に代償しているのかもしれない。このような骨盤の代償運動は，頚椎，胸椎，腰椎の屈曲パターンと連動しているの。この考えは，カイイエ(Cailliet, 1988)の「腰椎，骨盤リズム」の構想が基となっている。骨盤の後傾によって坐骨結節は前方下位へ動き，そして，ハムストリングスの起始と停止をずらすことになる。

背中が丸くなるポジションは，頭が膝に着くことで「ごまかし」になっているかもしれない。反り過ぎは，顎を膝につける時に脊柱が極端な角度になることを避けるか直線的にしましょう。これらのために，すべての椎体の間に起きる屈曲の累積の結果として，ハムストリングスの柔軟性が高いと錯覚してしまう。問題の残りは，より効果的に柔軟性を増大させるテクニックである。サリバンら（1992）は，静的ストレッチと収縮－弛緩－収縮のPNFテクニックを比較した。その結果，骨盤の前傾は，ハムストリングス柔軟性を向上させるためには，ストレッチの方法よりも重要であると述べている。結論は，「筋腱移行部において，より強い力を発揮できるポジションをとることが，ハムストリングスの柔軟性をより効率的に増大させる」という説が基本である。

(2) 大腿内側筋群：内転

大腿内側部は，短内転筋，長内転筋，大内転筋，薄筋，恥骨筋の5つに筋肉から構成される。これらの筋肉は，一般に鼠径部の筋肉として知られている。とはいえ専門的には，大腿部正面上方と下腿部を含む領域とされている。医学的には，大腿内側筋群は内転筋である。これらの専門的機能は，大腿部内転，屈曲，回旋である。さらにこれは，股関節の靭帯に沿って外転制限をしている。

1) 内転筋群の傷害の原因とメカニズム

　内転筋群は，ハムストリングスのように肉離れを起こす傾向がある。しかし，内転筋群の傷害は，ハムストリングスの傷害よりも管理が難しい。なぜなら，これらは，治療やサポートするのに厄介なところに位置しているからである（性器の付近にある）。MRIや超音波などにより断層写真を撮ることで傷害を正確に診断できることは広く知られている（Thomeé and Karlsson, 1995）。鼠径部の肉離れの原因は，ハムストリングスの肉離れと実質的に同じである。特に，内転筋群は，股関節の安定性を保つために重要な働きをする。その結果，股関節の安定性が保てなくなると過負荷になったり，傷害の危険性が増加する（Hölmich et al. 1999）。1991～1997年の間に，ナショナル・ホッケー・リーグで鼠径部の肉離れが著しく増加したという出来事があった。アイス・ホッケーでは「スケーティング動作における急激な減速や加速，方向転換において内転筋群には，頻繁に強い張力が加わり，強い筋収縮を強いられる」ので，傷害は起きていると考えられる（Emery et al. 1999, p.155）。ニコラスとタイラー（Nicholas and Tyler, 2002），およびエメリー（Emery et al. 1999）によると，スポーツにおける内転筋損傷の発生がわかりにくいのには，2つの理由がある。①選手は，微妙な鼠径部痛を感じながらプレーを行い損傷を報告しない。そして，②誤診や診断の重複が発生の正確性を歪ませる。

　コンディショニングについてよく勉強し，実践することで，鼠径部の肉離れの危険性を減少させることができる。筋肉を柔軟したり，強くしたり，鼠径部の肉離れを発生させるだろう要因をコントロールすることが必要である。ホルミック（Hölmich et al. 1999）は，慢性的な鼠径部の肉離れには，横断摩擦マッサージやストレッチング・レーザー治療やTENS（Transcutaneous Electrical Nerve Stimulation）のような，受動的な身体療法の手段を合わせて受けても効果がないとしている。しかし，8～12週間，積極的にストレッチ・プログラムを行うことが効果があるとしている。このプログラムは，漸進的抵抗による内転，外転エクササイズと動揺ボードトレーニング，体幹筋力強化，スライディングボードでのスケーティング運動からなる。しかし，モリシー（Morrissey, 1999）は，この研究は，なぜこの2つのプログラムが違う治療効果をもたらすのかが確認されていないと指摘している。そして，多くの原因は，この違いによって説明されるのかもしれない。

2) 内転筋群のストレッチング

　内転筋群は，両脚を広げるように股関節を外転させることでストレッチできる。ポジションとしては，立位，座位，膝立て位，寝位でできる。また，膝関節を伸展しても屈曲してもストレッチ可能である（『ストレッチングマニュアル』のエクササイズ82～118参照）。特に注意が必要な方法は，立位で脚を開く方法である。この時には，一方の脚の股関節を屈曲して，ゆっくりと可能な範囲で開いていく。ビースタフェルト（Biesterfeldt, 1974）は，この手技で可能性のある危険について次のように指摘した。両脚を開くことは，膝関節に横方向の力を直接与えることになる。骨の成長段階にある人たちに，長時間にわたってこのような力を加えることは，膝関節の不安定性や外反膝などの永続的な変形を引き起こすかもしれない。パートナーが背後から膝の外側に圧力を与えるようなことは，絶対避けなければならない。

(3) 大腿前面筋群：大腿四頭筋

　大腿部前面は，4つの筋からなる大腿四頭筋と縫工筋，大腿筋膜張筋，大臀筋，腸脛靭帯か

ら構成される。大腿四頭筋は，一般にクアードと呼ばれる。大腿四頭筋は，それぞれの位置によって名前がつけられている。大腿直筋は，大腿部の正面に位置し，外側広筋は，大腿部の外側に位置し，内側広筋は，大腿部の内側に位置し，中間広筋は，大腿骨と大腿直筋の間に位置している。縫工筋（sartorius）の名前は，ラテン語のtailorが語源で，座って脚を組む習慣からきている。すべての大腿四頭筋の機能は，膝関節伸展である。大腿直筋は，股関節屈曲にも関与する。縫工筋は，股関節と膝関節の両方の屈曲筋であり，地面から脚が離れているときは，股関節の外旋および下腿の内旋の機能をもつ。大腿筋膜張筋は，膝関節の屈曲，外転，内旋を補助する。

1) 大腿四頭筋傷害の原因とメカニズム

大腿前面の傷害は，よく発生する。硬縮や痛み，違和感が多くの原因となりうる。それらのほとんどが直接外力による外傷である。外傷を受けた大腿四頭筋は，自発的筋痙攣を起こす。このような筋痙攣は，「チャーリー・ホース」としてよく知られている。その他に大腿四頭筋傷害の原因となりうるものは，ウォーミング・アップやストレッチの不足，オーバートレーニングと疲労である。傷害を予防するためには，実践的，効率的に行わなければならない。

2) 大腿四頭筋のストレッチング

大腿四頭筋のストレッチ方法は，主に3つある。①股関節を伸展せずに臀部に踵を引き付ける，②股関節を伸展させ臀部に踵を引き付ける，③脚を比較的真っ直ぐにして股関節を伸展させる（『ストレッチングマニュアル』のエクササイズ119と135参照）。①の方法は，主に3つの広筋をストレッチする。②の方法は，これらの筋肉に加えて大腿直筋をストレッチする（大腿直筋を最大限にストレッチするには，膝関節屈曲を組み合わせることによって可能になる）。③の方法は，主に股関節屈曲筋群と股関節関節包と股関節前方の靭帯をストレッチする。また，大腿直筋も幾分かストレッチできる。医学的歴史において膝の問題がある場合では，この③の方法だけが使われてきた。

②の方法が結果としてストレッチ感覚がより高い理由は，解剖学的な観点から説明できる。大腿直筋は，2関節筋である。骨盤が後傾している時（股関節伸展時）は，大腿直筋の起始と停止は引き離される。この傾きのため②の方法では，腰椎も伸展される。したがって，最大の伸展をうながすテストにも使われるこの方法において，大腿直筋とその結合組織がより早く引き伸ばされる（Hamberg et al. 1993）。

この3つの大腿四頭筋のストレッチングについて気をつけるべき注意が2点ある。1つめは，大腿四頭筋は，仰臥位で臀部に踵を引き付けること，立位で臀部に踵を引き付けること，膝立て姿勢で脛を床につけ後方へ倒れることでストレッチできる。これらのストレッチングは，半月板損傷や軟骨損傷の危険性を増加させる。それゆえに軟骨に圧力がかかり過ぎたり，膝が捻じれたりしないように注意しなければならない（Alter, 1996; Cailliet and Gross, 1987; Ninos, 1996a）。2つ目は，ハムストリングスは，短くなっている状態において簡単に痙攣してしまうので，これらのストレッチの間は，ハムストリングスに力を入れることを避けなければならない（Ninos, 1996a）。

(4) 前後開脚

前後開脚を正しく行うためには，脚を真っ直ぐにして股関節が直角に屈曲され，臀部が床と平行にならなければならない。この動作は，大腿部の屈曲筋群に大きなストレス与えるためトレーニングとしては，ふさわしくない。

前後開脚を習得させるためには，スクエード・ポジションから正しいアライメントを維持しながら，ゆっくりと降下していかなければならない。この動作は，腸骨稜に両手を添え，膝立て姿勢から練習することができる。もし，バランスを維持することが難しいならば，椅子を2つ使い，その間で練習すればよいだろう。

6. 骨盤帯

骨盤帯は，腸骨（前方）と臀部（後方）に分けることができる。これらの部位は，それぞれの接続部として機能する。

(1) 腸骨部

腸骨部は，骨盤の前方の骨である腸骨と近接している。この部位は，大腰筋，小腰筋，腸骨筋の3つの筋肉（腸腰筋）で構成される。大腰筋の起始は，すべての腰椎の横突起の下縁で大腿骨の小転子に停止する。これは，股関節屈曲において最も重要な筋肉である。大腰筋の正面の腹部には，弱い股関節屈曲筋である小腰筋がある。腸骨筋の起始は，骨盤の内側の腸骨窩で，大腰筋の腱の外側に停止する。この筋は，骨盤の前傾と股関節の屈曲と大腿の外旋を補助する。

1) 骨盤帯の傷害の原因とメカニズム

骨盤帯の筋肉は，筋損傷に敏感であり，損傷すると著しく動きを害することになる。腸腰筋を全く使わずに正しい姿勢を維持したり，効果的に大腿部を動かしたりすることはできない。筋損傷は，ウォーミング・アップ不足やストレッチ不足，未熟な技術，コンディショニング不足，オーバートレーニング，疲労などが原因でなりうる。

2) 腸骨部のストレッチング

腸腰筋をストレッチングするためには，起始と停止の距離を長くしなければならない（Wirhed, 1984）。このストレッチは，一方の脚の脛の骨と足の甲を床に寝かせ，もう一方脚の膝を屈曲し膝立て位をつくり，手を股関節または臀部に置き，ゆっくりと股関節を伸展させ，股関節の正面を床の方に向けて押し込み，追加的な力として手で股関節または臀部を押すことでストレッチする（本書「付章」エクササイズ21参照）。このストレッチは，フロント・スプリットを修正するために重要である。

(2) 臀部

臀部は，しばしば尻と呼ばれる。この部位は，3つの臀筋と深層の小さな6つの筋肉の計9つの筋肉から構成される。大臀筋は，この部位で最も大きく最も表面にある股関節伸展筋であるとともに，股関節の外旋を補助する。小臀筋は，最も小さく最も深層にある臀筋である。中臀筋は，大きさも位置も中間の臀筋である。これらの2つの筋肉は，股関節の外転筋であり，大腿部の内外旋を補助する。6つの小さな筋肉は，梨状筋，外閉鎖筋，内閉鎖筋，上双子筋，下双子筋，大腿方形筋であり，股関節の外旋の機能をもつ。

1) 臀部の傷害の原因とメカニズム

臀部の傷害は，一般にオーバートレーニングや未熟な技術などの多くの理由によって発生する。臀部は，内転動作で，特に転倒時の外傷を起こしやすい。この部位は，内転筋群のように治療やサポートがしにくい。

2) 臀部のストレッチング

大臀筋のストレッチングは，股関節回旋筋群に張力を加えることで行うことができる。ストレッチするためには，股関節を屈曲，内転，内旋させる。このストレッチングは，座位または寝位で行うことができる（『ストレッチングマニュアル』のエクササイズ146〜164参照）。

7. 股関節

寛骨または股関節は，球関節で最も大きいものであろう。この関節は，球状の大腿骨頭が深い器形状の寛骨窩に連結している。股関節はボール―ソケット配列のため広い可動範囲で動くことが可能である。

(1) 股関節の安定性と関節可動域に作用する要因

股関節は，非常に広い可動域をもつ。主たる機能は，安定性を供給することである。多くの要因が股関節の安定性に貢献し，最終可動域を決定するが，これらについては次の節で議論する。

1) 寛骨臼

寛骨臼は，半球状の腔になっており，大腿骨頭と連結する。寛骨は，腸骨，坐骨，恥骨の3つの骨盤の骨の結合によってつくられる。前方から見ると，前方，下方，外側に位置しており，体重支持のための安定性を高めている。

安定性をつくり出すもう1つの構造は関節唇である。これは，寛骨臼の端に付着する線維軟骨の縁であり，関節の深さを増し，大腿骨頭の襟のような働きをする。これは，2つの関節面の接合を向上させ，大腿骨頭の位置をしっかり保持する。

2) 骨盤の形状

寛骨臼の形状は，骨盤の形状によって決定される。また，骨盤の形状は，性別によって異なる。女性の骨盤は，妊娠や出産に適しているという点で男性の骨盤と違う。女性の骨盤は，より浅く，より短く，骨が軽く，滑らかであり，尾骨の可動性があり，恥骨弓角がより鈍角である。また，広く，ほぼ円柱型である。そして，左右の大腿骨頭の間は，女性においては広く離れている。そのため大腿曲線は，膝関節が近づくように身体の中心線に向かう。これは，女性の膝関節が，男性の膝関節に比べて内側に傾き，股関節は，外側に広がっているからである。女性の広い骨盤は，より広い可動性を与える。それによって開脚や高いレッグ・エクステンションが簡単になる（Hamilton, 1978b）。

3) 大腿骨の上昇と下降の傾斜角度

大腿骨頭と大腿骨頸は，大腿骨軸における上昇，下降の角度から起こる。上昇傾斜角度は，前額面における大腿骨軸の角度である。生まれ

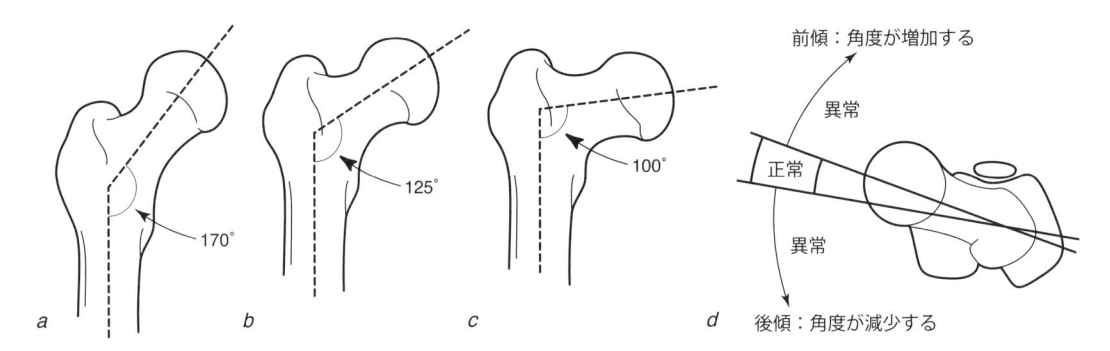

図16.4 大腿骨頸－軸角
(a) 外反股は，大腿骨の関節圧力が増加する。(b) 正常位置。(c) 内反股は，大腿骨頸のストレスが増加する。(d) 大腿骨頸と大腿骨顆との位置の関係。
P.A.Houglum, 2001, *Therapeutic exercise for athletic injuries* (Champaign, IL:Human Kinetics), 349. から許可を得て転載。

たばかりの時は，約150°の上昇角度であるが，年齢とともに角度が減少し，成人では平均角度が約135°になる（図16.4参照）。

成人で股関節上昇角度が135°以上あると，結果として外反股という奇形になり，外転角度は増加する。極度では，180°の直線的な角度になる。極度の外反股は，骨格上の可動域制限が無く，脱臼を助長する（Kapandji, 1987; Steindler, 1977）。

もし，上昇傾斜角が135°よりも小さい場合は，内反股という奇形になる。この鋭い角度は，股関節の広がりや広さに影響を与える。内反股では，腸骨に大転子が衝突するため，結果として外転制限が発生する。また，大腿骨の内旋においても制限が生じる（Steindler, 1977）。

下降傾斜角は，大腿骨軸が大腿骨頭へ向かう角度である（図16.4参照）。他の言葉では，大腿骨頸と前額面の成す角度のことをいう。この角度は，正常で生まれた時には40°以上ある。しかし，年齢とともに約12〜15°に減少する。下降傾斜角は，前傾角とも呼ばれ，この角度が減少すると骨盤は後傾となる。

前傾角度の増加は，大腿部や脚の内転，内旋の増加によってつくり出され，結果として，つま先が内側を向いたり，内股歩きになったりする。対照的に後傾は，大腿や脚の外転や外旋の増加によってつくり出され，結果として，つま先が外を向いたり，アヒル歩きになったりする。バレエでは，この外旋は，ターンアウトといわれる。ターンアウトは，股関節外旋可動域を増大させるための手段として認められている。このテクニックについては後でさらに詳細に説明する。端的に言うと，最大可動域を獲得するための理想の骨格的要因は，大腿骨頸と大腿骨軸の上昇傾斜角が小さく，大腿骨頸が長いこと。そして，後傾がよく，自然なターンアウトができることである。この組み合わせは，極めて稀である（Hamilton, 1978a）。

4) 関節包と靭帯

骨の構造が股関節の動く角度を決定するが，他の要因もこの役割を果たす。これらの要因で最も重要なのは，関節包と強靭な靭帯である。重要なのは，関節包は，股関節と大腿骨頸のより多くの部分を取り囲んでいることである。その関節包をつくるのが靭帯である。股関節の主な靭帯は，腸骨大腿靭帯，坐骨大腿靭帯，恥骨大腿靭帯，大腿円靭帯である。これらに関する関節動作のメカニズムについては，後で説明する。

5) 筋肉による補強と整合

股関節の安定性は，大腿骨頸とほぼ平行に走る筋肉によってさらに高められている。これらの筋肉は，梨状筋，外閉鎖筋，中臀筋，小臀筋である。そして，これらが大腿骨頭を寛骨臼の中に保持することを助ける。

可動域の重要な要因は，自動ストレッチの間に筋肉が働いていることである。他動ストレッチにおいては，これらの硬さが抵抗する。例えば，脚の外転動作における制限要因は，筋力不足や動きをつくり出す主働筋である外旋筋群の不整合かもしれない。

また，拮抗筋または反対の筋肉の抵抗，そして，それぞれの結合組織も可動域制限の主な要因となる。このように外旋する時の主な制限要因は，内転筋や結合組織の硬縮が関係する。

(2) 股関節の可動域

股関節の6つの主な動きは，屈曲，伸展，外転，内転，外旋，内旋である。

1) 屈曲

股関節屈曲は，大腿と体幹の角度が減少することである。膝関節屈曲位における股関節屈曲角度は，おおよそ0～120°である。しかし，膝関節伸展位では，通常，約90°で制限される。ハムストリングスのタイトネスを測定するテストは，他動での立位体前屈テスト，他動での片脚のSLRテストと自動でのSLRテストである。SLRテストは，抵抗する機械的張力，腰椎の神経根の圧迫，坐骨神経の正常，そして，椎間板の突出を評価する神経学的テストとしても使うことができる（Bohannon et al. 1985; Gajdosik and Lusin, 1983; Göeken and Hof, 1994; Hall et al. 1998; Urban, 1981）。しかし，ブライグとトゥループ（Breig and Troup, 1979）は，「もし，SLRテストが信頼性と再現性のあるテストならば，頚椎や体幹の姿勢と同様に股関節の回旋に注目しなければならない」と主張している（p.249）。

SLRテストを評価するためにたくさんの器具を使うことができる（Hsieh et al. 1983; Lee and Munn, 2000）。簡単な一般的な角度計，振り子式の角度計，電気式の角度計，光学装置がある。ハントら（Hunt et al. 2001）は，SLRテストの評価における使う器具の一貫性，ランドマーク技術の一貫性と最終点の信頼性の関連について，いくつかのプログラムを確認した。ハントら（Hunt et al. 2001）は，「SLRテストのイラスト入りでAMAガイド〔American Medical Association, 1993, Guides to the Evaluation of Permanent Impairment, 4th ed. Chicago, IL: American Medical Association, p.127〕を書いた。例えば，SLRの定義またはテストにおける注意点として共通した重要なポイントは見つからなかった。そして，SLRに関する調査では，SLRの最終域を決めるエンドポイントには少なくとも7つのポイントがあった」（p.2717）。

さまざまな要因がSLRテストの結果に影響するであろう。サットン（Sutton, 1979 cited by Oliver and Middleditch, 1991）によると，SLRは股関節内転に影響すると示している。ボハノン（Bohannon, 1982）とブライグとトゥループ（1979）は，骨盤の回旋がSLRの終点を疑わしくしていると説明している。追加してボハノン（1985）は，他動SLRにおいて脚を上げ始めてから9°以内で骨盤の後傾が始まり，脚を上げる角度が増すにつれて骨盤の回旋角度が増していくことを発見した。これらの調査により仰臥位での他動SLRの39％に骨盤の回旋があることがわかった。さらに，自動SLRの調査からメイヒューら（Mayhew et al. 1983）は，反対脚のハムストリングス角度や腹筋が変動に関わるかもしれないと指摘している。

脊柱起立筋や臀筋群の収縮も，SLRの角度を制限するかもしれない（Göeken and Hof, 1994）。さらに，足関節を背屈すると腓腹筋に力が入り，SLRの可動域は減少する（Boland and Adams, 2000; Breig and Troup, 1979）。そのため，背屈を最小限にして足関節は，わずかに底屈すべきである。内反で足関節を底屈することも結果的に影響を与える（Butler and Gifford, 1989）。ブライグ（1960）はSLRが首の他動屈曲に影響されることを確かめた。さらに，SLRでの股関節屈曲は，腰椎の障害，筋損傷，神経障害からのハムストリングスの緊張といったさまざまな問題によって減少する（Lee and Munn, 2000）。

1日を通して起こる日内変動もSLRテストの信頼性に影響を与えるであろう。ポーターとトライレスク（Porter and Trailescu, 1990），およびウイング（Wing et al. 1992）は，SLRは，朝に測定すると減少していることを確かめた。ウイングら（1992）は，「朝のSLRの制限は，硬直しているからではなく，脊柱の椎体の並びの不均衡の結果として神経組織上の張力が増加するためである」と主張している（p.765）。生理学上の原因と比較して「硬さ」と「柔らかさ」の問題に関する可動域制限要因になりえるもう1つは，痛みの徴候とは違ったものになる。このように可動域制限は，主観的な変動（Göeken and Hof, 1991）または人の異常防衛反応（Göeken and Hof, 1994）である。

股関節屈曲動作は，主に大腰筋，腸骨筋によってつくり出され，そして，大内転筋，縫工筋，大腿筋膜張筋，恥骨筋，短内転筋，長内転筋，大内転筋によって補助される。可動域は，股関節屈曲筋群の収縮不全，大腿と体幹の衝突，ハムストリングス筋群の他動張力によって制限される。屈曲している間は，すべての靭帯に張力が加わらず緩んでいる（図16.5参照）。股関節屈曲運動は，骨盤周囲の痛みによっても阻止される（Mens et al. 1999, 2000）。

2) 伸展

股関節伸展は，解剖学的屈曲位から戻る動作のこと，または，ニュートラル・ポジションから股関節を伸ばすことである。ニュートラル・ポジションを越えて動くことは，過伸展となる。自動可動域は，膝関節屈曲位で10°の股関節の過伸展，そして，膝関節伸展位で20°である。他動による過伸展が20°になると一方が前方へ突出する。30°になると下肢が強制的に背部を引き付ける（Kapandji, 1987）。股関節屈曲筋群（伸展を制限する）を適切にテストするためには，テーブルの上に背部をつけて横になり，一方の脚の膝関節と股関節を屈曲し，胸に引き付ける。そして，テストする脚の膝から先がテーブルの角に吊下げられている状態をつくる。もし，背部が平らな状態で，テストされる脚の大腿がテーブルに触れていないならば，股関節屈曲筋群が硬いということを指し示す（Kendall et al. 1971）。

股関節伸展は，主に大臀筋，半腱様筋，半膜様筋，大腿二頭筋によってつくり出される。可動域は，股関節伸展筋群の収縮不全，股関節屈曲筋群の他動張力，骨盤の前傾による脊柱のロック，そして，股関節のすべての靭帯の張力によって制限される（図16.5参照）。これらの要因からの事例として，前後開脚の後脚の股関節を直角にすることは難しい。

3) 外転

股関節外転は，身体の中心線から離れるように下肢が外側に動くことである。それは主に中臀筋，小臀筋によってつくり出され，大腿筋膜張筋と縫工筋によって補助される。片脚の股関節外転角度は0～45°である。しかし，普通，片脚の股関節外転では，もう一方の脚が同じ角度だけ移転し，自動的に補われる。この反対脚の股関節の動きは，立位での外転30°からわか

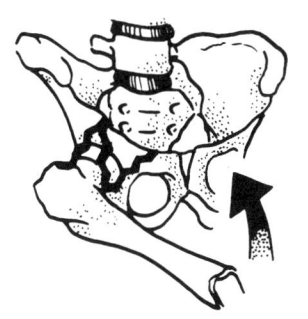

第 16 章　下肢と骨盤帯の解剖学的構造と柔軟性

腸骨大腿靭帯（両方）と恥骨大腿靭帯は屈曲で緩む。

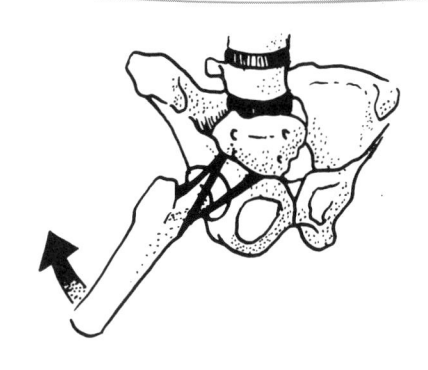

伸展で十分に張る。

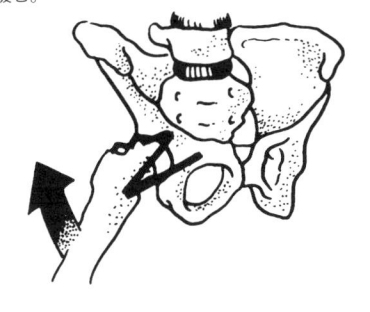

外転では，上の腸骨大腿靭帯は緩み，恥骨大腿靭帯は十分に張る。

内転では，反対になる。

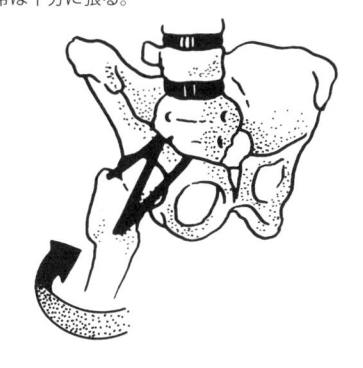

外旋では，すべての靭帯が十分に張る。

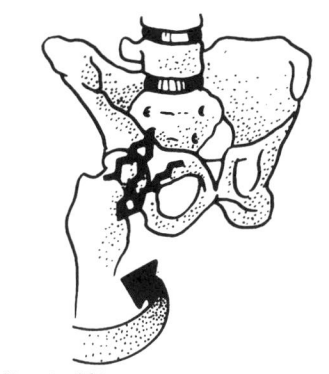

内旋では，緩む。

図 16.5　さまざまな動きのタイプにおける腸骨大腿靭帯と恥骨大腿靭帯
Calais-Germain, 1993. より転載。

りやすくなる。骨盤が後傾している時には，動いている脚から離れていくのがはっきりと見ることができる。動かす脚の外転を 30°にすると骨盤が 15°傾き，静止している脚が 15°外転する。このように外転 30°をつくり出すためには，股関節外転 15°をそれぞれの関節で必要とすることになる。カパンディ（Kapandji, 1987）は，外転について次のように指摘している。脊柱は，支持側の側方に曲がることによって骨盤の傾きを補っている。

　股関節外転は，外転筋群の収縮不全，股関節内転筋群の他動張力，恥骨大腿靭帯，腸骨大腿靭帯（図 16.5 参照）の張力，そして，大腿骨頭と寛骨臼縁の衝突によって制限される。脊柱と

骨盤もまた外転を抑制する要因として関与する。なぜなら脊椎は，股関節の動きに影響しているからである。そして，脊柱の制限が骨盤の傾きを必要とし代償動作をつくる制限にもなる。

片側だけの外転角度を最大にできるか？　そう！　この外転は，仰臥位になり床の上での静的方法，または側臥位になり空中での活動的な方法でつくり出すことができる。どちらか一方の場合，180°に達した時，純粋な外転は起こらない。通常の外転では，股関節の動きには骨盤を動かし，その後，脊柱を動かす。骨盤は前傾し，骨盤は過伸展する。このように股関節は，外転と屈曲の両方のポジションになる。このポジションになると，腸骨大腿靱帯の活動が抑制され動きが最大になる。なぜなら，股関節屈曲の間この靱帯は，緩んでいるからである（図16.5参照）。

そして，ターンアウトは股関節の外転によって可能となる。そのターンアウトとは，股関節外旋が伴って起こり，結果的に坐骨大腿靱帯が緩む。しかし，股関節のすべての前方の靱帯が緊張することになる。特に，横に走行する腸骨転子帯や恥骨大腿靱帯である。ターンアウトを使う2つ目の理由は，チュージイとマンチェスター（Chujoy and Manchester, 1967）によって説明されている。

　　ターンアウトの主は，股関節の解剖学的基礎である。正常なポジションにおいて脚の動きは，骨盤と股関節の間における関節構造に制限される。脚が外側に引かれると，大腿骨頭が寛骨臼縁に当たる。そして，動くことができなくなる。しかし，もし脚がターンアウトしていたら大転子が後方へ動き，寛骨臼縁には，大腿骨頸の平らな側面が当たる（Kushner et al. 1990; Watkins et al. 1989）。このターンアウトがダンサーに脚の大きな外転を可能にさせ，それが90°の角度をつくり出す。ターンアウトは，美の概念ではない。しかし，解剖学的，技術的にバレエダンサーに必要なものである。ターンアウトは，ステップの数をつくり出し，すべてのダンスの動きをコントロールする。

4) 内転

股関節内転は，下肢が身体の中心線の方に動くことである。内転は，主に長内転筋，短内転筋，大内転筋によってつくり出され，恥骨筋と薄筋によって補助される。可動域は，内転筋群の収縮不全，外転筋群の他動張力，腸脛靱帯の張力，反対脚との接触によって制限される。大腿が屈曲している時，角度は，0～60°に増加する。この動きでは，股関節外転筋群と外旋筋群の張力，腸骨大腿靱帯の張力，大腿骨頭の靱帯の張力によって制限される。

5) 内旋

股関節内旋は，身体の中心線に向かって，寛骨臼で大腿骨頭が内方向に回旋することである。この内旋は，主に大腿筋膜張筋，小臀筋，中臀筋によってつくり出される。股関節屈曲位において，この運動角度はおおよそ0～45°で，脚伸展位においてやや減少する。内旋は，内旋筋群の収縮不全，外旋筋群の他動張力により制限され，股関節屈曲位においては，坐骨大腿靱帯，伸展位においては，腸骨大腿靱帯の張力によって制限される。

マンら（Mann et al. 1981）は，内旋することで股関節がストレッチされるので，ランニングに関する膝関節の痛みが取り除かれると主張している。例えば，膝関節の回旋，骨盤，背部の制限は，ランニングの際，特に足部接地期に膝関節，脚，足関節にトルクを位置させることになる。さらに股関節外旋が制限されると，トルクはスピードを増加させるために膝関節に位置する。そして，足先は内旋する。このため外旋

筋群のストレッチは重要になる。外旋筋群は，横になり身体を伸展し，膝関節を屈曲させることでストレッチできる。

6) 外旋

　股関節外旋は，大腿骨が外方に回旋することである。外旋は，内閉鎖筋，外閉鎖筋と大腿四頭筋によってつくり出され，梨状筋，大臀筋，縫工筋，内転筋群によって補助される。可動域は，膝関節屈曲位でおおよそ0〜45°である。動きは股関節外旋筋群の収縮不全，内旋筋群の他動張力，腸骨大腿靱帯の張力によって制限される。股関節外旋は，簡単な姿勢，完璧な姿勢，はすの姿勢のような多くのヨガの姿勢や，バレエダンサーのターンアウトに見ることができる。股関節屈曲位では，腸骨大腿靱帯が緩むため外旋可動域がより大きくなる（Calais-Germain, 1993）。バウマンら（Bauman et al. 1994）は，バレエダンサーの股関節は，臀筋などの外旋筋群が非常に発達する結果として硬くなり，内旋を減少させると主張している。

　股関節のターンアウトは，骨の構造や股関節を囲む関節包や結合組織にほとんど動きが決定されるため，ターンアウトの大きさや柔軟性がトレーニングよって影響されることに，驚かされるかもしれない。ハミルトン（Hamilton, 1978a）によれば，自発的前傾の変化は8歳から始まり，10歳までにほとんど完全になる。しかし，16歳までに最終的に完全にならなかった場合，その後に正しい前傾をつくろうとしてもほとんど効果は見られない。さらに外旋動作の代償が，膝関節より下の方の脛骨につくり出される。

8. 要　約

　下肢と骨盤帯は，どれも入り組んでいる。それは，数多くの種類の動きや大きな可動域をつくる。また，その主要な要因は，最適な機能を妨げることもある。そのため，さまざまな構造と機能を理解することで，最適なパフォーマンスを最も有効に効率よく引き出すことができる。

第17章
脊柱の解剖学的構造と柔軟性

脊柱（脊椎）は背骨とも呼ばれる。この名称は，脊柱のからだにおける位置を表したものだが，その構造や可動性に関して誤解を招きかねない。脊柱は1本の骨ではなく，柔軟に連結された33個の骨がひとつひとつ積み重なったもので，頭蓋骨から骨盤まで通っている。

1. 脊柱の体表解剖学

脊柱は一連の不規則な骨から成り，その多くは軟骨，椎間板，靱帯によって結合されている。24個の骨には可動性もある。脊柱は以下のように大きく5つのグループに分けることができる。

- 7個の頸椎（首）
- 12個の胸椎（肋骨部分）
- 5個の腰椎（腰）
- 5個の仙椎（脊椎の基部）
- 4個の尾椎（尾骨）

大人では，仙骨とは5個の仙椎が融合して1つの骨になったものである。同じように，尾骨も4個の尾椎が融合して1つの骨になっている。したがって最後の9個の椎骨にはかなりの安定性があり，可動性はほとんどないと言ってもよい。

脊柱を，支え線がついた大きな送受信塔と考えることもできる。塔は骨質の脊柱，椎間板，靱帯などから成り，支え線はその器官を補助して直立した状態に保つ筋肉である。仙骨と骨盤が塔の土台となり，頭がトランシーバーになる。また別のイメージの仕方として，脊柱をヨットのマストのように柔軟性がある支柱と考えるこ

ともできる。

　側面から見ると，脊柱には4つのはっきりとわかる彎曲がある。生まれたばかりの赤ん坊の脊椎には1つのなだらかな彎曲しかない。この彎曲では脊椎全体にわたって後方がC字型に張り出している。ところが幼児の首が据わると，頸椎が彎曲してくる。この前方に張り出した彎曲が頸椎前彎である。幼児が立って歩き始めると，腰で腰椎が彎曲してくる。この彎曲も前方へ張り出していて，腰椎前彎と呼ばれる。胸郭と仙骨の生まれながらの後彎は，大人になってもそのままである。

　なかには脊柱の彎曲に異常がある人もいる。屈曲部の変形を脊柱後彎と言う。脊柱後彎はたいてい胸部が過度に前屈されたことで起こる。変形の前彎は脊椎の過伸展が原因で起こり，腰部だけに見られることが多い。前彎には腹部の前方への突出と臀部の後方への突出がともなわれる。ケンダルとマックリアリー（Kendall and McCreary, 1983）は，立っているときに「平背」（腰椎前彎が減少している）の人のハムストリングスは短縮傾向にあるという考えを提示した。短縮したハムストリングスが骨盤を後方へ回転させ，腰椎前彎の同時減少を引き起こすという仮説である。しかしながら，リら（Li et al. 1996）の研究資料は，ケンダルとマックリアリー（1983）の仮説を裏付けていない。さらに言えば，姿勢のアラインメントと筋肉の長さの相関関係を実証する研究結果は他にも見当たらない。フリント（Flint, 1963）はこう述べている。「腰椎前彎と腹筋力，背筋力，股関節の柔軟性，または股関節と体幹の柔軟性の間に重大な関連性はない」（p. 19）。トッペンバーグとブロック（Toppenberg and Bullock, 1986）は，骨盤の傾きと腰椎の彎曲との間に関連性がないことを発見したが，弛緩した腹筋と短縮した脊柱起立筋は，腰椎前彎の増加に関係していたと報告している。ハイノら（Heino et al. 1990）は股関節伸展の関節可動域，立っているときの骨盤の傾き，立っているときの腰椎前彎，腹筋の反応について調査したが，こういった不定要素の間にも相関関係は見出せなかった。脊柱側彎とは脊椎の側方偏位で，正面からも後ろからも見て取れる。ほとんどの場合，脊柱側彎は胸部で起こっている。

2. 脊柱の機能

　脊柱にはいくつもの機能があるが，なかでもいちばん重要なのは脊髄を保護することである。脊柱には体幹と四肢をしっかりと支えるという役割もある。つまり脊柱は，からだを直立した状態に保つための棒なのだ。また脊柱は，筋肉を接合させ胸郭を固定して衝撃緩衝装置の役目も果たす。また，可動性をあまり制限することなく，最高の保護と安定性を実現するための，筋力と柔軟性のコンビネーションも提供している。

第 17 章　脊柱の解剖学的構造と柔軟性

3. 椎　骨

　定型的な椎骨は（前方にある）椎体と（後方にある）椎弓から成っている。椎骨は実際にはいくつかのパーツが融合したもので，分解すると家によく似ている（図 17.1 参照）。基礎となるのは椎骨で最も大きなパーツ，椎体である。前方に位置し，円筒形で高さよりも幅の方が大きい。椎骨の体重を支持するパーツである。椎弓は4つの小さな構造体から成り，そのうちの2つは支持面を造る椎弓根だ。椎弓根はかなりの圧力にも耐えられる。あと2つの椎骨のパーツは椎弓板で，屋根を形成している。椎弓からは3つの骨質の突起が出ている。2つの横突起と棘突起である。椎弓根と椎弓板の接合部それぞれから横方向に突き出しているのが左右の横突起だ。家のとび出したひさしと考えるとよいだろう。真ん中には正中線を通る棘突起があり，屋根の上の煙突のように後方へ突き出している。棘突起は椎骨の最も後ろにあり，人が前

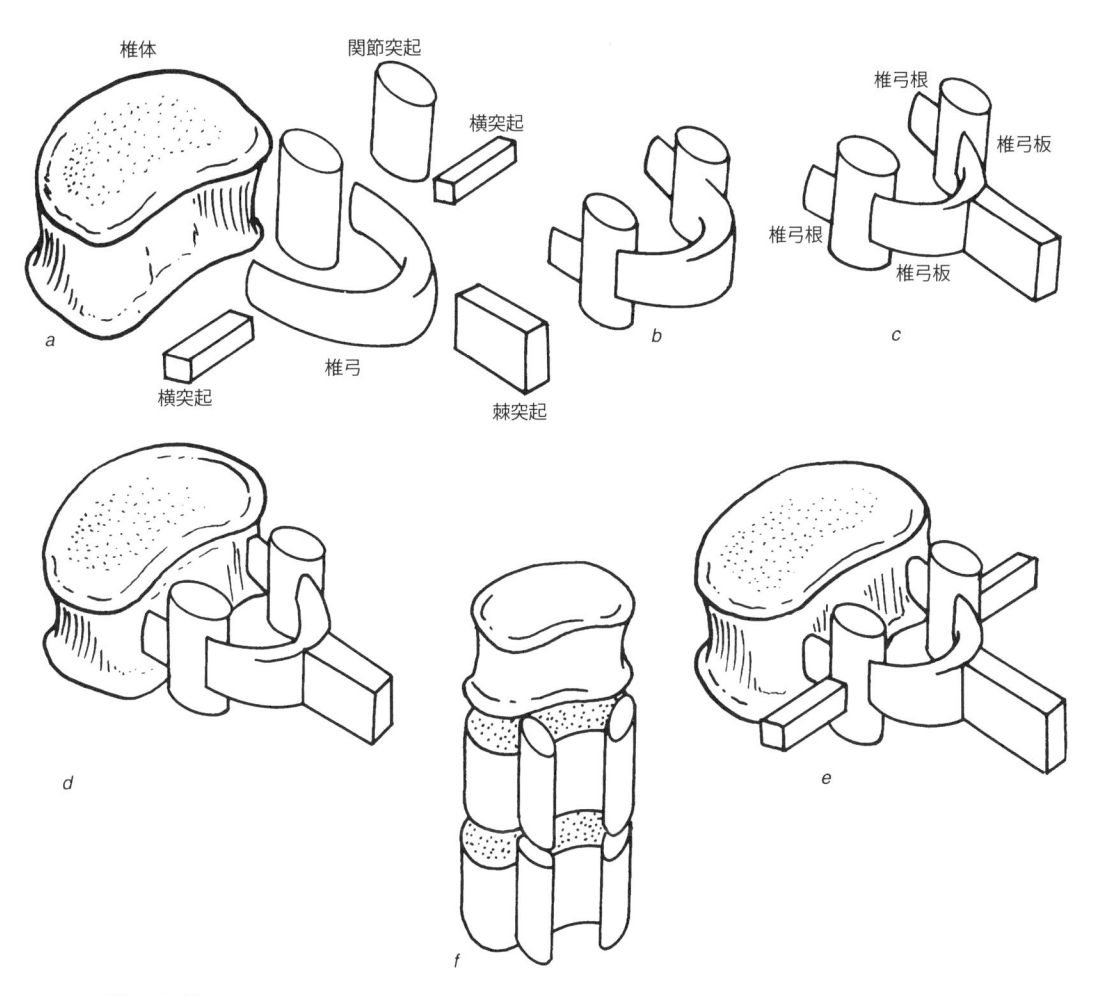

図 17.1　椎骨の部位
I. A. Kapandji, 1978, *The physiology of the joints: Vol. 3. The trunk and the vertebral column* (Edinburgh: Churchill Livingstone), 29. より許可を得て転載。

屈みになるとその先端は目で確認できる。

　脊椎の動きの方向や関節角度は関節突起の方向で決まる。胸部では関節面はほぼ前頭面を向き，上関節面と下関節面はそれぞれ後方と前方を向いている。この配置が回旋や側屈を可能にしている。腰部では関節面は矢状面に向きを合わせている。上関節面は内側，下関節面は外方向を向いている。この向きが屈曲，伸展，側屈を可能にしている。

4. 椎間板

　椎体の間には23個の椎間板がある。脊柱の約25％は椎間板である。主に圧縮したり変形したりする液圧式衝撃緩衝装置として機能し，椎骨の間に動きを持たせている。

　椎間板の厚さは非常に重要である。なぜなら，脊柱のどの部分の関節可動域（以下ROM）も椎間板の高さと脊柱の骨質部分の高さとの比率で大きく左右されるからだ。カパンジ（Kapandji, 1974）は，椎間板の厚さの重要性を簡潔に述べている。脊椎のどの部分にあるかによって椎間板の厚さは違ってくる。最も厚い部分から最も薄い部分へ順を追っていくと，腰部（9 mm），胸部（5 mm），頸部（3 mm）となる。しかし，実際の厚さよりも椎間板の椎体に対する比率の方が重要である。つまりこの比率で脊柱の特定部分の可動性がわかってしまうのだ。比率が大きいほど，可動性も増していくので，最も可動性があるのは椎間板の椎体に対する比率が2：5，または40％になる頸部である。腰部の比率は1：3，または33％で可動性は少し落ちる。胸部の比率は1：5，または20％で可動性は最も低い。

　椎間板は髄核と線維輪という2つのパーツで構成されている。椎間板はかなりの負荷にも耐えられるのも，髄核と線維輪の，液状性と弾力性という性質が相乗効果をもたらしているからである（図17.2参照）。

(1) 髄核

　髄核は，弾力性のある容器とそこに収まった圧縮できないゲルのようなタンパク質多糖体でできている。髄核の親水性はかなり高く，それ自体の体積の9倍もの水を含有することができる（髄核の吸収圧は250 mmHgにも達することがわかっている）。

　生まれたときの髄核の水分量は88％である（Puschel, 1930）。他のすべての液体と同様に，その体積を圧縮することはできない。さらに言えば，閉ざされた容器のなかに存在するその液体は，パスカルの法則に従わざるを得ない。「密閉された液体の一部に加えられた圧力は，その容器の内部のいたるところに同じ大きさで伝わる」（Cailliet, 1981, p.3）。容器は圧力に応じて変形する。だから髄核は水圧式緩衝装置の機能を果たせるのである。

　脊椎が屈曲されると椎間板は前で薄く後ろで厚いくさび型になる。この変形により，椎骨間の前方は狭められ，後ろで離れるので，脊椎のカーブはより大きくなる。その反対に脊椎が過伸展しているとき，椎間板は後ろで薄く前で厚くなっている。この変形により，椎骨間の後方が狭められ，前で離れるので，脊柱の伸展がより大きくなる。

　髄核が老化してくると，含有できる水分量が

第 17 章　脊柱の解剖学的構造と柔軟性

減ってくる。髄核の水分量は 70 歳で 66％に減少する。老化の自然な過程にともなう脱水は、タンパク質多糖類の減少と核のゲル状物質が徐々に線維軟骨に変性することで起こる。アダムズとミュア（Adams and Muir, 1976）は、髄核と線維輪に含まれるプロテオグリカンの分子サイズにも、加齢にともなう変化が起きることを実証した。これは椎間板の力学的性質に影響を及ぼすと考えられる変化である。このようなわけで水分の容量は減少する。20 代になると椎間板の栄養血管が消失してしまい、30 代になると、椎間板は脊髄終板を通じてのリンパ液の拡散でしか栄養補給ができなくなる。高齢者においては、ケガをした椎間板の弾性回復力が損なわれるばかりか脊椎に柔軟性がなくなり、身長も縮んでしまう（Cailliet, 1988）。以上のことから、椎間板の水分量減少が引き起こす事態は重大となる。

髄核は主に椎体から垂直方向の力を受け、それを水平面で放射線状に分散させる。髄核を取り巻く線維輪はこれに反発するので緊張が生まれる。髄核を可動式の回転台と考えると、この

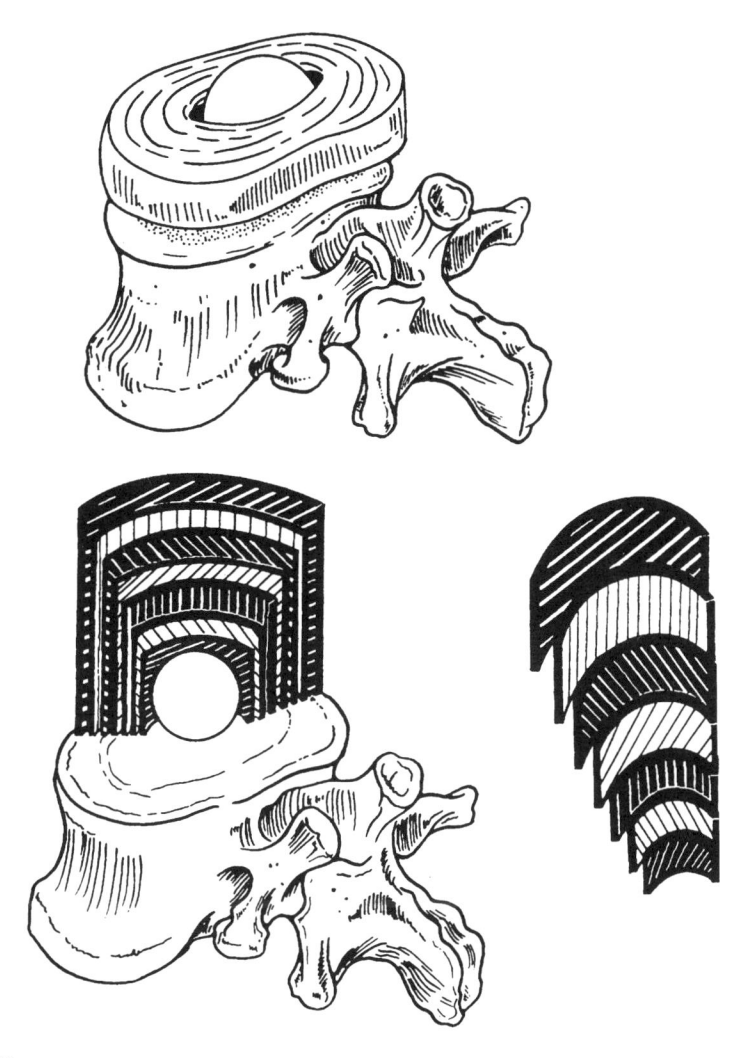

図 17.2　椎間板の構造

I. A. Kapandji, 1978, *The physiology of the joints: Vol. 3. The trunk and the vertebral column* (Edinburgh: Churchill Livingstone), 29. より許可を得て転載。

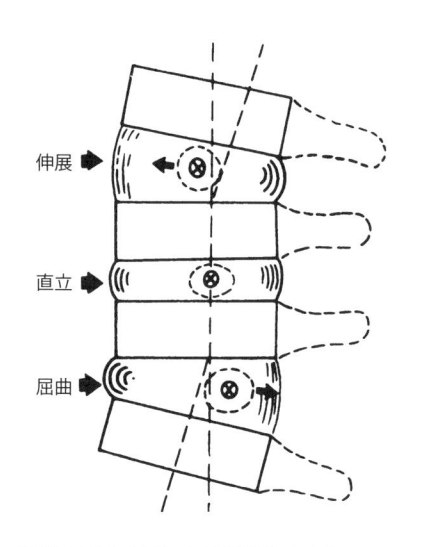

図17.3 腰椎の屈曲伸展における動きの支点
J. W. Fisk and B. S. Rose, 1977, *A practical guide to management of the painful neck and back* (Springfield, IL: Charles C. Thomas), 37. より許可を得て転載。

作用がよく理解できる（図17.3参照）。こういった作用の概要が表17.1に示されている。

(2) 線維輪

線維輪は約20の線維の同心円層から成り（図17.2参照），各層は互いに斜めに交わるように配列されている。動きが制御されているのはこの形態のおかげである。例えば剪断力（すなわちある物体の1つの層を別の層にずらしてしまうような力）がかかった場合，傾斜している線維の一方向は引っ張られ，反対方向に傾斜している線維は弛緩する。（図17.4参照）

線維輪は，1つの椎体から別の椎体に伝わるほとんどの力の究極的な影響を受ける。この機能は奇妙に思われるかもしれない。なぜなら椎

表17.1 髄核の機能

動き	屈曲	伸展	側屈
脊椎の上部が傾く	前方へ	後方へ	側屈した方向へ
その結果，椎間板が押し潰される	前方で	後方で	側屈した方向で
その結果，椎間板が拡張される	後方で	前方で	側屈の反対方向で
その結果，髄核が動かされる	後方へ	前方へ	屈曲の反対方向へ

M. J. Alter, 1988, *Science of stretching* (Champaign, IL: Human Kinetics), 130. より許可を得て転載。

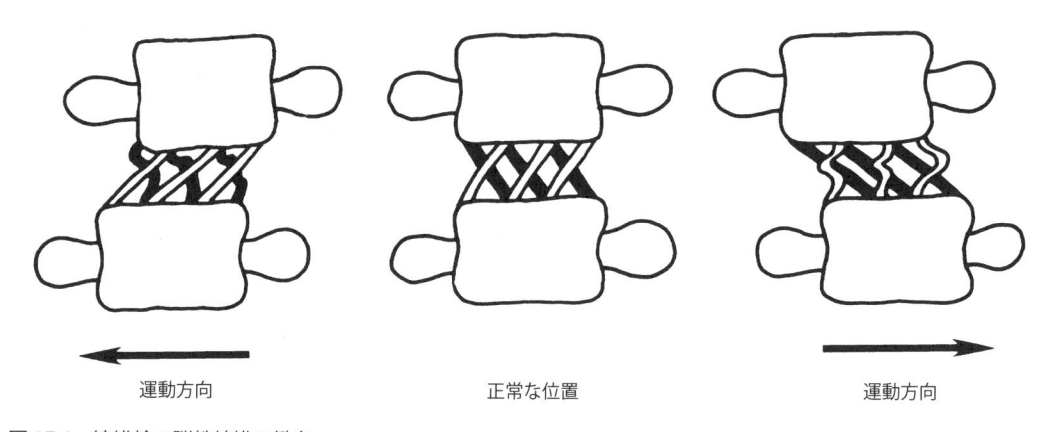

図17.4 線維輪の弾性線維の働き
　線維輪の弾性線維は，脊柱の動きを制御するのにも役立っている。脊椎に横方向の力がかかったとき，一方向の斜走線維は緊張し，反対方向のものは弛緩する。
M. J. Alter, 1988, *Science of stretching* (Champaign, IL: Human Kinetics), 130. より許可を得て転載。

間板にかかる大きな負荷は，垂直方向の圧縮（体重負荷）であるのに，線維輪は剪断力に耐えるのに適した構造をしているからだ。ところが線維輪は，垂直方向の力を放射状の力や膨張力に転換し，線維の弾性や張力で押さえ込んでしまうのである。

老化とともに線維輪の弾性や復元力はほとんど失われてしまう。若くて無傷な椎間板では，線維輪の弾性線維組織が弾力性に富んでいる。だが，加齢とともに（またはケガの結果）線維質の占める割合が相対的に増加してしまう。線維輪が老化してくると，弾性に富んだコラーゲン線維が粘液物質（ムコイド質）を含まない太いコラーゲン線維束に置き換えられる。椎間板はその弾性と液圧式反動機構を失うので，圧縮されると元の形状に戻りにくくなる（Cailliet, 1988; Panagiotacopulos et al. 1979; Walker, 1981）。

椎間板に弾性がなくなってくると，そこに傷害が起こりやすくなる。髄核が線維輪の裂け目に押し出される可能性は，外傷が起こるたびに高まっていく。したがってわずかな圧力がかかっただけでも大きなケガの原因になり得る（Cailliet, 1988）。その上，加齢とともに血管からの栄養補給が減少し，ケガをした椎間板の弾力性が回復されなくなるので，椎間板の逸脱，破裂，膨張は，若者よりも高齢者に多く見られる（Cailliet, 1988; Panagiotacopulos et al. 1979）。

5. 脊柱靱帯

靱帯構造や他の結合組織も脊椎の安定に役立っている（図17.5参照）。関節の動きを制限したり緩和したりするのである。最高の安定性を得るためには，靱帯が短く，太く，強くなければならない。その一方でROMを最大にするには，靱帯が長くなくてはならない。したがって，理想は，長く，太く，強い靱帯だが，まれにしか存在しない。

靱帯がいかに効果的に過度の動きを抑制するかは，その長さや太さだけではなく，位置や運動軸からの距離にもよる。動きの軸または支点から，最も遠い位置にある靱帯や組織には最大の緊張がかかる。その反対に，回旋の中心に最も近い組織が過度の動きを抑制するのは難しい。

(1) 脊椎の屈曲と伸展

最大の負荷がかかるのは動きの支点から最も遠い靱帯なので，屈曲を制限する組織の貢献度を増加していく順に並べていくと，線維輪後部，後縦靱帯，黄色靱帯，椎間関節包，横突間靱帯，棘間靱帯，棘上靱帯となる。最後の靱帯に最大の圧力がかかることになる。腰部の脊柱起立筋や腰背筋膜の下部も屈曲を抑制するのに役立っている。腰背筋膜とは，脊柱起立筋を包み込んでいる結合組織の丈夫な鞘である（Farfan, 1973; Fisk and Rose, 1977）。反対に脊椎の過伸展は，腹筋と筋膜（腹直筋鞘）に補われた線維輪前部と前縦靱帯が制限している。

(2) 脊椎の側屈

側屈は正中線の外側にあるすべての靱帯構造によって制限されている。やはり，最大の負荷は動きの支点から最も遠い組織にかかる。したがって，腰方形筋（骨盤の上縁と肋骨下部をつなぐ），脊柱起立筋，腹斜筋，三層の腰背筋膜，椎間関節包らが最も重要で，横突間靱帯は重要性が最も低い。

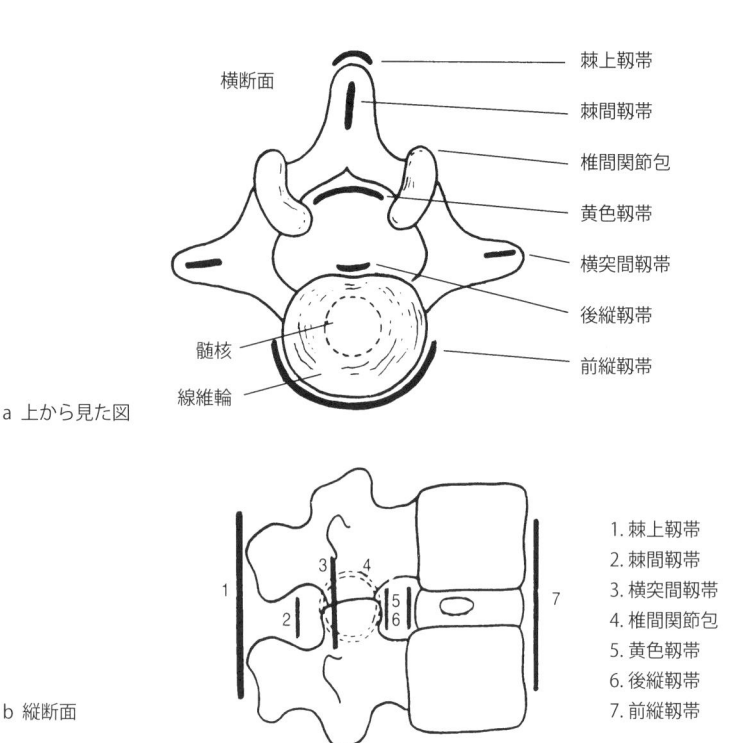

図中ラベル（a 上から見た図）：横断面、棘上靱帯、棘間靱帯、椎間関節包、黄色靱帯、横突間靱帯、後縦靱帯、前縦靱帯、髄核、線維輪

図中ラベル（b 縦断面）：
1. 棘上靱帯
2. 棘間靱帯
3. 横突間靱帯
4. 椎間関節包
5. 黄色靱帯
6. 後縦靱帯
7. 前縦靱帯

図17.5　脊椎の制御靱帯
J. W. Fisk and B. S. Rose, 1977, *A practical guide to management of the painful neck and back* (Springfield, IL: Charles C. Thomas), 37. より許可を得て転載。

6. 胸腰部の可動域の限界

　2つの連続した椎骨の間の可動域は微々たるものである。だが、こういった動きをすべて合わせて脊柱全体で考えると、可動域はかなり大きくなる。脊柱の各部位での可動域の大きさは数々の要因によって決まる。以下では体幹の胸部と腰部、それぞれの屈曲、伸展、側屈のROMについて解説していく。

(1) 体幹の屈曲

　体幹の屈曲とは腰を曲げる、または胸を大腿部に近づけることである。この動きは腹直筋主導で起こるが、外腹斜筋、内腹斜筋にも補助される。立位からの体幹の屈曲は主に重力によって引き起こされ、脊椎伸筋群の伸張性収縮によって制御される。仰臥位から腰を曲げるようなときは、腹直筋が重力に逆らうように体幹を屈曲させる。関節可動域の制限因子としては、以下のようなものがある。体幹屈筋群の収縮性不全、脊椎伸筋群の緊張、脊椎の後方にある非収縮性組織（線維輪後部、後縦靱帯、黄色靱帯、椎間関節包、横突間靱帯、棘間靱帯、棘上靱帯）の緊張、隣接する椎体縁の前方への骨棘形成、胸郭の緊張（図17.6参照）、椎間線維軟骨円板の腹側部の圧縮、肋骨の腹部と連動した収縮などである。また、体幹の屈曲はほぼ腰部だけで起こる。それは胸部の関節面の向きが屈曲に適していないからである。

関節運動の標準的な測定方法を脊椎の胸部と腰部に適用するのは難しい（Greene and Heckman, 1994）。代替測定法が考案されて推奨されてきたが，どの測定法が最善であるかについては意見が分かれている。脊椎の胸部と腰部の動きを評価する標準的な方法としては，目測，皮膚の伸長からみたり，関節角度計測定，傾斜角度計を使う方法などがある。

(2) 体幹の伸展

体幹の伸展とは，屈曲した状態から中間位の状態または直立姿勢に戻すことである。体幹の過伸展は後ろへ反ることである。この動作は腰椎の彎曲を強調する形になり，腰の脊柱起立筋によって引き起こされる。可動域の制限因子としては次のようなものがある。伸筋群の収縮不全，前方の腹筋群の緊張，脊椎の前部構造（線維輪と前縦靱帯），胸郭の緊張（図 17.6 参照），棘突起と下椎間関節突起の骨同士のぶつかりなど。

(3) 体幹の側屈

体幹の側屈とは胴を横方向へ傾けることである。この動作は内腹斜筋，外腹斜筋によって引き起こされ，脊柱起立筋が一方向に収縮することで補助されている。可動域の制限因子としては次のようなものがある。これらの筋肉群の収縮不全，側屈と反対側の腹斜筋の緊張，脊椎構造（脊柱の間の線維輪，反対側の黄色靱帯，横突間靱帯）の緊張，側屈した側の関節面のかみ合い，隣接した肋骨の配列などである（Huang et al. 2001）。

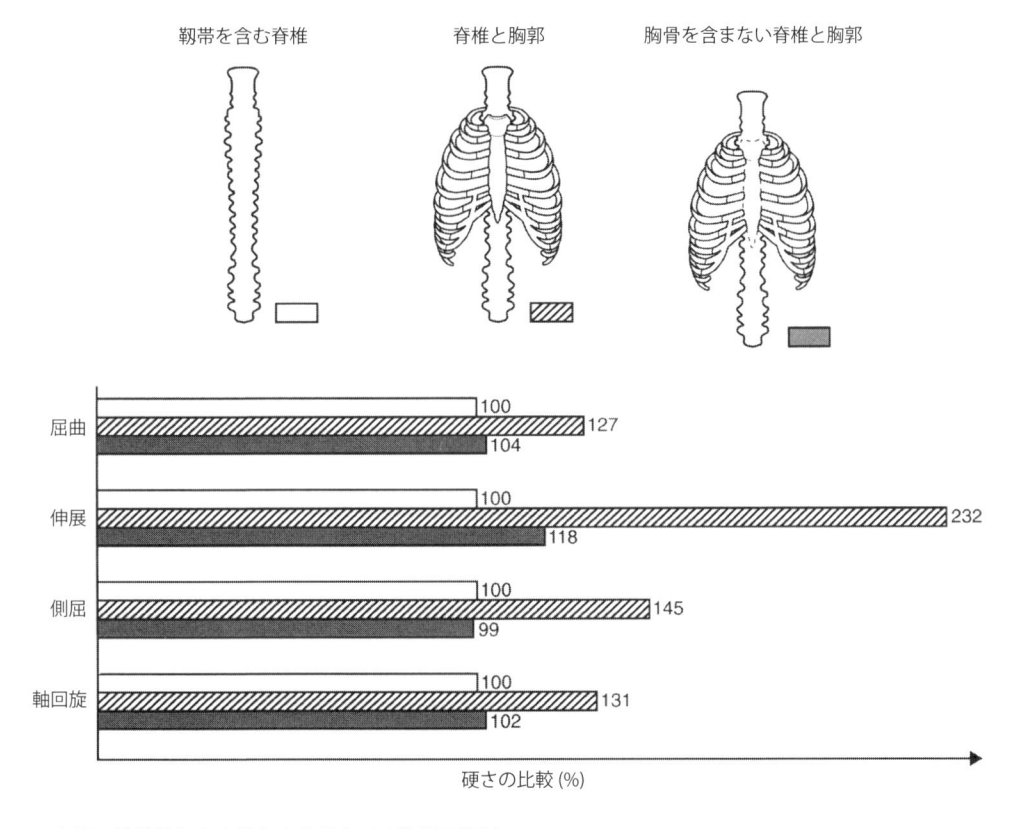

図 17.6　脊椎の総体的な安定性を高める上での胸郭の役割
A. A. White and M. M. Panjabi, 1990, *Clinical biomechanics of the spine*, 2nd ed. (Philadelphia: Lippincott), 59. より許可を得て修正，転載。

7. 腰，骨盤，ハムストリングスの ストレッチングの相互関係

　最も一般的に用いられ，ほとんど理解されておらず，危険性を秘めている柔軟運動または柔軟性測定法が，膝を伸ばしたままの股関節の屈曲動作である。

　いろいろなバリエーションがあるが，その動作は立位体前屈，長座体前屈，ハードル・ストレッチ，仰臥位で股関節を屈曲したハムストリングスのストレッチング（SLR）の4つのような姿勢からつま先を触ることである。

　ストレッチングをしたり柔軟性を測定したりするときに，硬い，ふつう，伸びている，というように，筋肉の状態を注意して見分ける必要がある。また，意図した筋群が伸びていることを確認する必要がある。なぜなら，柔軟性測定の結果はあいまいで不正確なことが多い（Kendall et al. 1971）。例えば指先を床につける方法は，腰椎の関節可動域を測定するのに正確性が乏しい判定指標として知られている。それは「股関節の動きと腰椎の動きを区別せず，腕の長さの違いも考慮に入れていない」（Ensink et al. 1996, p.1341）からである。それに加えて，股関節の柔軟性におけるハムストリングスの影響も考慮されていない。したがって，これらの動きを行わせる際には，この動作に関わる人体構造についての知識は必要不可欠である。

　すべてではないにしろ，ほとんどの前方への屈曲は腰椎で起こる。具体的には，屈曲の5～10％はL1とL4の間で起こり，20～25％はL4とL5の間で起こり，60～75％はL5とS1の間で起こる（図17.7参照）。さらに言えば，脊椎の屈曲のほとんどは体幹が45°前に傾いたときに起こる。実際，腰椎の屈曲の大きさは，脊柱前彎を戻す分だけに限られてしまう（Cailliet, 1988）。仮にある人が，膝や股関節を曲げずに腰を前に折って指で床に触れることができるとしたら，それには腰椎以外での屈曲が必要である。したがって，脊柱前彎を戻す分だけの屈曲しかできないとすると，人は床までの距離の半分すら曲げられないことになる。では残りの屈曲はどこからくるのか？　それは股関節の屈曲が起きているのである。

　股関節の屈曲が可能なのは，骨盤に可動性があるからである。また，股関節は丸い大腿骨頭がカップのような寛骨臼窩にはめ込まれている臼状関節である（16章参照）。これによって骨盤は，2つの股関節を支点としてシーソーかティーターボードのように前傾・後傾することができる（Cailliet, 1988; Kapandji, 1974）。したがって股関節が屈曲している間，骨盤の前部は下に傾き，後部面が上がる。その位置から伸展す

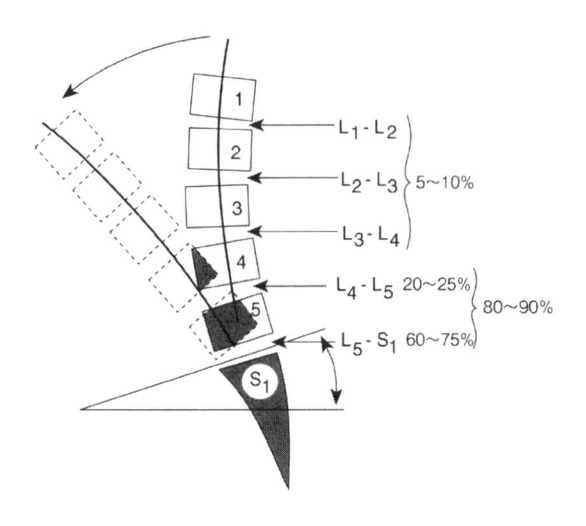

図17.7　腰椎屈曲における各椎体の位置と角度
全脊柱の屈曲時に腰椎で見られる屈曲度を割合で表している。屈曲の大部分（75％）は腰仙骨関節で起こる。屈曲の15～20％はL4とL5の間で，残りの5～10％はL1～L4の間で起こる。図は前彎が少し逆戻りするだけで，腰椎の屈曲になることを示している。
R. Cailliet, 1981, *Low back pain syndrome*, 3rd, (Philadelphia: F.A. Davis), 40. より許可を得て転載。

ると，骨盤は垂直位に戻る（図17.8参照）。

最適でかつ安全なストレッチに必要なことは，適正な柔軟性，筋力，バイオメカニクスの融合が欠かせない。例えば膝を伸ばして股関節の屈曲を行うとき，いくつかの要因がROMを制限するが，最も影響されるのが硬い腰の筋肉と硬いハムストリングスである。腰の筋肉が硬いと，むろん腰椎の屈曲は制限され，ハムストリングスが硬いと骨盤の前傾を制限する。これは，ハムストリングスが膝の後部と骨盤の坐骨結節に付着しているからである（Cailliet, 1988）。その他の制限因子としては，椎間板，靱帯，骨組織の欠陥，脊椎の彎曲異常，椎間関節のインピンジメント（図17.9参照），坐骨

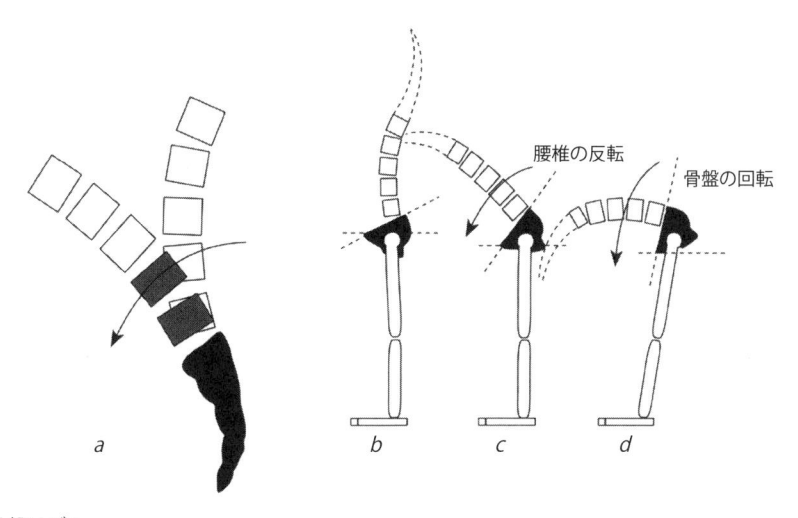

図17.8　腰椎骨盤リズム
骨盤が固定されていると腰椎の屈曲伸展の大部分が，下部のL5とS1で起こる。
R. Cailliet, 1981, *Low back pain syndrome,* 3rd ed. (Philadelphia: F.A. Davis), 44. より許可を得て転載。

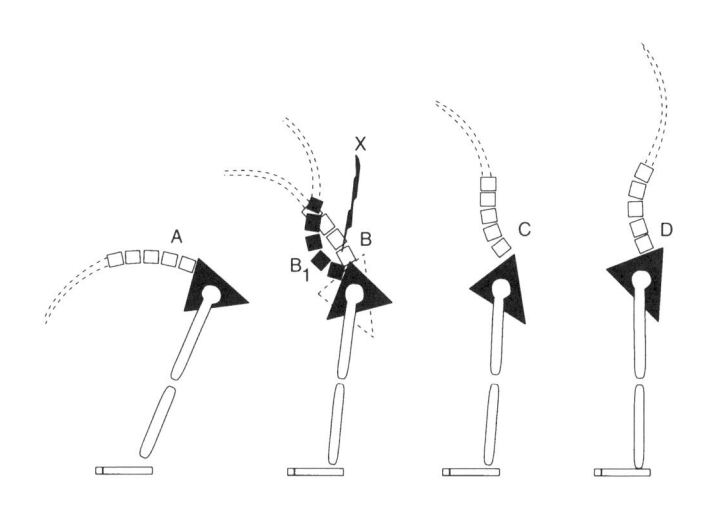

図17.9　急性に椎間関節面が衝突するメカニズム
（A－D）生理学的に適切な逆の腰椎骨盤リズムによる，完全な屈曲位から直立姿勢の回復。（B_1）腰椎が重心よりも前方に位置する，不適切に早過ぎる脊椎前彎の戻し。この姿勢での関節面はXの様に接近する。脊柱の偏心的な負荷と結び付くと，脊柱起立筋群は筋収縮の増大を余儀なくされる。その結果関節面のインピンジメントも起こり得る。
R. Cailliet, 1981, *Low back pain syndrome,* 3rd ed. (Philadelphia: F.A. Davis), 64. より許可を得て転載。

神経の炎症，筋肉のアンバランスなどがある（Cailliet, 1988）。

体幹の柔軟性を高めようとするときは，安全を第一に考えなくてはならない。例えば，立位からつま先に触れるエクササイズで，特に硬い腰の筋肉とハムストリングスを動的なストレッチで過剰に伸ばしてしまったとき（図17.10参照）などは，ケガや痛みが生じやすくなる。そのため，誤った運動機能訓練もケガの原因になり得る。腰部脊柱の運動機能は，脊柱の前方向への荷重が増すと腰椎への負荷が大幅に増大する仕組みになっている。このため，体幹を屈曲している間の腰椎下部にある支点での負荷はかなり大きく，その動きで腕が床と平行に保たれていると，この力はさらに増すことになる。一方，両手を腰に置くことで脊椎へのその負担を減らすことができる（Segal, 1983; White and Panjabi, 1978）。

シュルツら（Schultz et al. 1982）は，体幹を横方向へひねったり曲げたりしても，前方へ曲げるときほどの負担は脊椎にかからないことを発見した。横方向の曲げでも脊椎にある程度の負荷はかかるが，前方への屈曲でかかる負荷の比ではない。体幹は横方向へはあまり曲がらないので，かかるトルクもそれほど大きくなり得ない。腹斜筋側部は比較的大きなモーメントアームで脊椎に作用するので，トルクを相殺するのに強く収縮する必要もない（Schultz et al. 1982）。それにも関わらず，ケガのおそれは存在する。シーガル（Segal, 1983）は，曲げる方向と反対側の腕を頭の上で伸ばす側屈では，伸ばした腕側の腰の筋肉が必要以上にストレッチされると指摘している。側屈に，過度の回旋や屈曲，または過度の回旋や伸展を合わせると，ケガのリスクの度合いはますます大きくなる（Garu, 1986）。従って，このエクササイズを動的に行うと，ケガのおそれはさらに高まる。

腰のケガや痛みは，前屈姿勢からの誤った伸展，すなわち，骨盤が動く前に腰椎前彎が生じることでも起こる（Cailliet, 1988）。そのため人が直立姿勢に戻るときは，腰椎をまっすぐに伸ばした状態を保つべきである（Cailliet, 1988）。また，誤った伸展では，上体が先に起きてしまうので，そり腰と腰椎前彎が重心よりも前に出

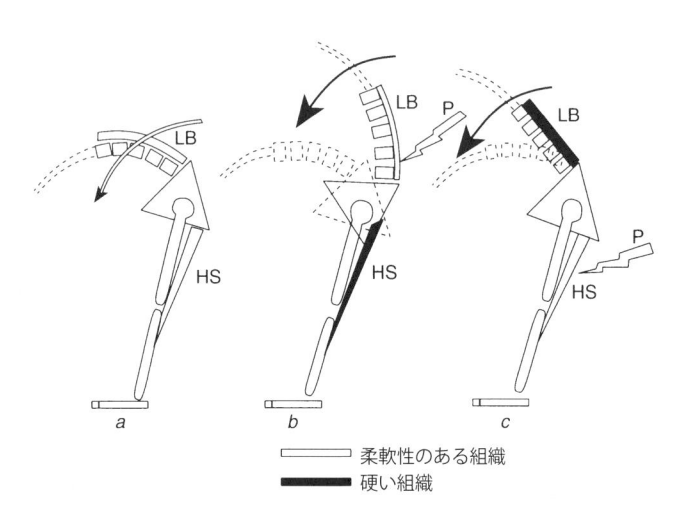

図17.10　硬いハムストリングスと腰背部筋におけるストレッチ痛のメカニズム
（a）正常な柔軟性と滑りのない腰椎骨盤リズム。（b）硬いハムストリングス（HS）が骨盤の回転を制限し，腰背部筋（LB）が過度にストレッチされて痛み（P）が生じる。（c）硬い腰筋（LB）のために，腰椎が完全に後彎せず，それによりハムストリングス（HS）が過度にストレッチされ，腰椎骨盤リズムが乱されるだけでなく，ハムストリングスと腰背部筋の両方で痛み（P）も生じる。
R. Cailliet, 1981, *Low back pain syndrome*, 3rd ed. (Philadelphia: F.A. Davis), 65. より許可を得て転載。

てしまう（図17.11参照）。その結果，この姿勢は腰に過度な負担がかかる。伸展するときは腰椎前彎が生じる前に骨盤を動かすべきである。脊柱起立筋は脊椎を伸ばし，腰椎は伸展が最後の45°に達してから前彎を動かすべきである。ところが脊柱起立筋の付着している部分の間が短いために，この部分の伸展は非効率になり，こういった筋肉を損傷する可能性もある。脊柱起立筋が疲労しているときは，脊柱靱帯が過剰な負荷を支え続ける役割を担う。屈曲しきった状態から伸展が最後の45°に達するまで，腰椎はふつう棘上靱帯によって支えられている（図17.12参照）（Cailliet, 1988）。

脊柱起立筋は，体幹が完全に屈曲している状態では活動していない。このような状態では靱帯にかなりの負荷がかかるので，体幹の屈曲中は靱帯の損傷や断裂が起きる可能性が出てくる。仮に靱帯が断裂してしまうと負荷は関節にかかり，関節は亜脱臼を起こしかねない。

長座姿勢やハードル・ストレッチ姿勢からつま先に触れるストレッチにも注意が必要だが，パートナーがいる場合はなおさらである。パートナーが知らず知らずのうちに力をかけ過ぎてしまってケガになることが多い。このような事故は予測して，コミュニケーションを取ることで防ぐことができる。

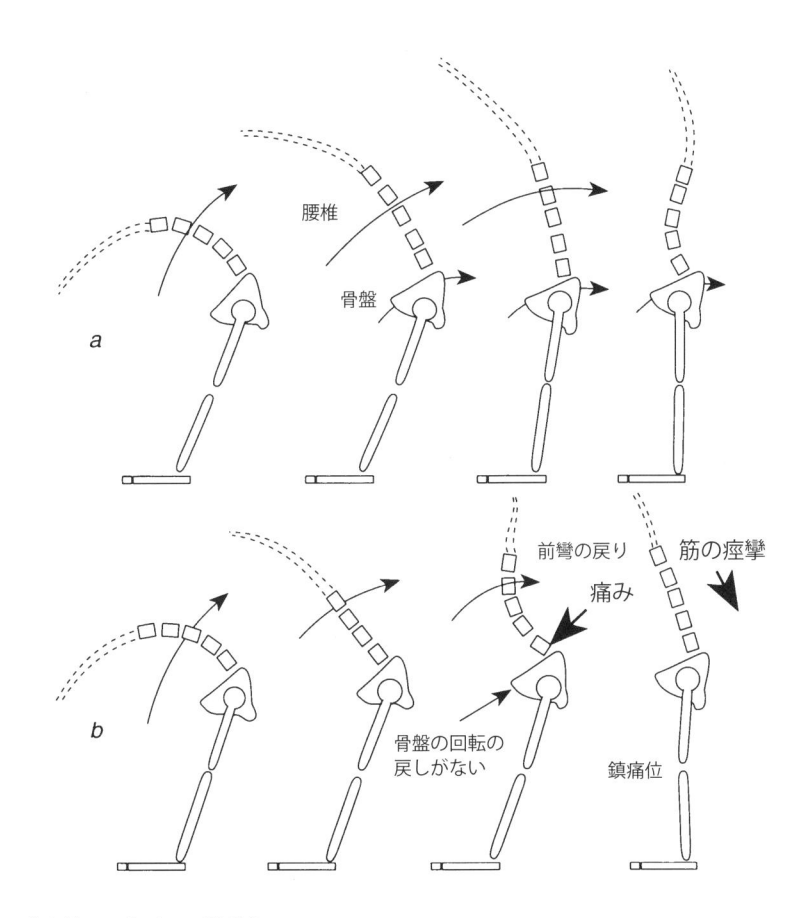

図17.11　屈曲と伸展における正誤動作
（a）骨盤の回転と同時に腰椎前彎が正常に復元されている。（b）骨盤の回転の戻りがないまま腰椎の前彎が復元されるので，上体が重心よりも前になり痛みをともなう前彎姿勢になっている。
R. Cailliet, 1981, *Low back pain syndrome*, 3rd ed. (Philadelphia: F.A. Davis), 132. より許可を得て転載。

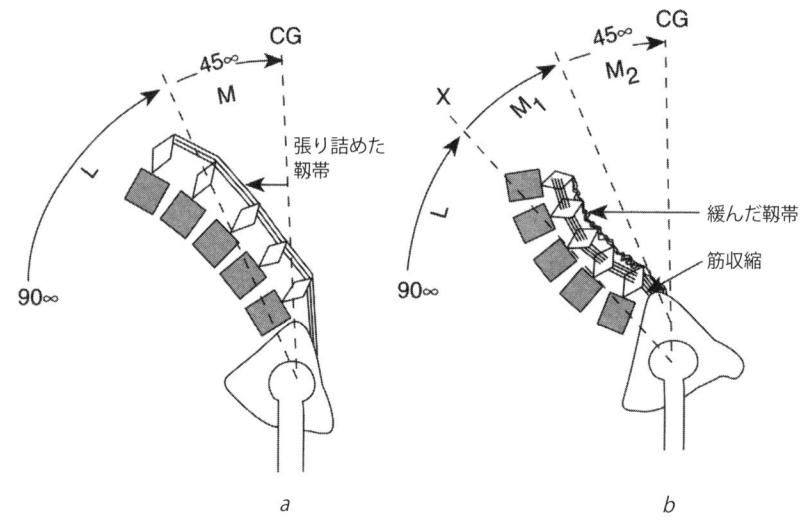

図17.12 腰椎の誤った再伸展
(a) 正しい再伸展。腰椎（L）は最後の45°に達するまで棘上靱帯に支えられているので筋力を必要としない。筋肉の活動は運搬角が重心（CG）に近くなる最後の45°（M）で通常始まる。(b) 骨盤が十分に戻り，回転しないで先に腰椎の前彎を復元すると，脊柱起立筋（M_1）は最後の45°に到達する前に収縮させることになる。靱帯は緩み，筋肉は過酷な局面に曝され，非効率的で強烈に収縮をするので痛みが生じる。
R. Cailliet, 1981, *Low back pain syndrome*, 3rd ed., (Philadelphia: F.A. Davis), 133. より許可を得て転載。

8. 頸椎

首の骨格は7つの頸椎で構成されている。最もよく知られているのは頭の下，一番目と二番目の頸椎で，環椎と軸椎である。この2つの頸椎には独特の構造がある。直に頭を支える環椎は骨質の輪のようであり，軸椎には小さな上向きの骨突起がありペグのような軸の形をしている。頭が左右に振られるとき，環椎はこの軸を中心に回旋する。よってこの構造が頭の動きの方向と範囲を決定する。

9. 頸部の動き

頸部では屈曲，伸展，側屈，回旋といった動きが可能である。この部分は椎体の高さに対して椎間板が厚いので，脊柱全体でも最も可動性があり，ROMの邪魔になるものが最も少ない。椎間板の椎体に対する割合は2：5，または40％である（Kapandji, 1974）。さらに言うと，椎体の幅が高さや奥行きよりも大きいので，横方向への曲げよりも屈曲と伸展への適応能力が高い。

動きの方向と可動範囲を決める主な要因として椎体の形と椎間関節の形と向きがある。靱帯，筋膜，関節包なども動きを制限する。それぞれが弾性の限界に達すると，緊張で動きが止まってしまう。以下は頸部の可動域を制限するいく

つかの要因についての簡単な説明である。

(1) 頸部の屈曲

頸部屈曲とは頭を胸の方向へ倒すことである。一般的にからだが垂直のとき，首の屈曲は重力で起こる。ところがからだが仰臥位にあるとき，頭は重力に逆らうように持ち上げられる。屈曲で使われるおもな筋肉は胸鎖乳突筋（SCM）で，斜角筋，前頭直筋，頭長筋，頸筋群などに補助されている。首の屈曲の制限因子としては以下のようなものがある。胸鎖乳突筋（SCM）の収縮不全，脊柱の後部構造（後縦靱帯，黄色靱帯，棘間靱帯，棘上靱帯）の緊張，頸後部にある筋と筋膜の緊張，隣接する椎体表面における椎体の縁の前方への骨質肥厚，椎間線維軟骨の前方部分の圧縮，顎が胸にぶつかることなどである。そして，頸部屈曲により脊髄が頭の方向へ移動する（Lew et al. 1994）。

最も物議を醸し，潜在的に危険な頸部のストレッチングはプロウ（Plow：14章参照）である。要するに，専門家の間でも意見が分かれている問題なのだ。体操，柔道，レスリング，ヨーガに関わっている人たちの訓練には，このストレッチングが不可欠であろう。しかしながら，ほとんどの素人や競技選手は，より安全な代替手段を取るべきである。

屈曲を大きくするのに効果的な頸部伸筋のストレッチングには，肩甲骨と上肢帯の固定と安定化が必要である。この姿勢になるには，床に横になるだけでよい（『ストレッチングマニュアル』のエクササイズ231参照）。このストレッチングで重要なのは，肩甲骨が床から離れないようにして頭だけを床から上げ，顎を胸に引き寄せることである。肩甲骨が床から離れてしまうと，ストレッチングの効果はほとんど失われてしまう。肩甲骨と上肢帯の安定が重要であることを効果的に示すもう1つの方法として，直立姿勢で2つのダンベルか1つのバーベルを持つというのがある。重さで肩が下がった状態で下を向き，ゆっくりうなずくように頭を胸方向へ曲げると，背中上部と頸部がストレッチされる。

(2) 頸部の伸展

頸部伸展とは頭を屈曲姿勢（胸についた状態）から直立姿勢に戻すことである。直立姿勢からさらに頭を後ろへ倒すと頸部過伸展になる。この動きはいくつかの後頸筋（僧帽筋，頸半棘筋と頭半棘筋，頸板状筋と頭板状筋，大後頭直筋と小後頭直筋，上頭斜筋と下頭斜筋，棘間筋）によって引き起こされる。可動域の制限因子には以下のようなものがある。伸筋群の収縮性不全，前縦靱帯の緊張，頸部前方の筋と筋膜の緊張，棘突起の接近や衝突，関節面の後端が固定されること，体幹上部の筋肉に頭が当たってしまうことなどである。（姿勢と重力を利用した効果的なセルフストレッチは『ストレッチングマニュアル』のエクササイズ245で紹介されている。）

(3) 頸部の側屈

頸部側屈とは頭を傾けることで左耳を左肩に，右耳を右肩に近づけることである。頸部の側屈は，多くの筋肉（胸鎖乳突筋，斜角筋，頸板状筋と頭板状筋，頸半棘筋と頭半棘筋，外側頭直筋，大後頭直筋と小後頭直筋，上頭斜筋と下頭斜筋，横突間筋，頸長筋と頭長筋）が片側だけ活動することで引き起こされる。ROMの制限因子には以下のようなものがある。上記の筋肉の収縮不全，横突間靱帯の緊張，屈曲とは反対側の頸筋と筋膜の緊張，関節突起の衝突など。表17.2は腰部，胸部，頸部の動きを制限する要因をまとめたものである。

頸部外側部の効果的なストレッチングにも上肢帯の固定は欠かせず，これは椅子に座って片脚か座部を掴む，またはダンベルを持つことで達成できる。ストレッチされる側と反

表 17.2 腰部，胸部，頸部の動きを制限する要因

要　因	腰　部	胸　部	頸　部
側屈（横方向への曲げ）			
椎間関節面の向き	矢状面（側屈で接触や衝突が起こる）	前額面（側屈では接触や衝突は起こらない）	前額面と水平面の間の45°方向（側屈でいくらかすべりが生じる）
椎体の厚さに対する椎間板の厚さ	厚い（椎体が側方で接触する前に椎間板はかなり押し込まれる）	薄い（椎体が側方で接触する前に椎間板はわずかしか押し込まれない）	中間的な厚さ（椎体が側方で接触する前に椎間板は適度に押し込まれる）
胸　郭	な　し	体幹の屈曲側で隣接する肋骨が接触する	な　し
結合組織の緊張	横突間靱帯，椎間関節包の側部	横突間靱帯，椎間関節包の側部，肋椎靱帯	横突間靱帯，椎間関節包の側部
筋肉の緊張	横突間脊椎伸筋，腰方形筋，伸びている側の腹斜筋群	脊椎伸筋，伸びている側の肋間筋	伸びている側の頸側筋群（多数）
回　旋			
椎間関節面の向き	矢状面（回旋で接触や衝突が起こる）	前額面（回旋で接触や衝突が起こる）	前額面と水平面の間の45°方向（回旋では接触や衝突は起こらない）
胸　郭	な　し	肋骨の脊椎と胸骨への連結が，隣接する肋骨間の相対運動を制限する	な　し
結合組織の緊張	すべての脊柱靱帯と椎間関節包	すべての脊柱靱帯と椎間関節包	すべての脊柱靱帯と椎間関節包
筋肉の緊張	背部の斜走伸筋群や横突棘筋群（多裂筋，半棘筋，回旋筋）	背部の斜走伸筋群や横突棘筋群（多裂筋，半棘筋，回旋筋）	頸部回旋筋群（前部：胸鎖乳突筋，後部：板状筋，上頭斜筋と下頭斜筋）
屈　曲			
椎間関節面の向き	矢状面（屈曲では接触や衝突は起こらない）	前額面（屈曲で接触や衝突が起こる）	前額面と水平面の間の45°方向（屈曲でいくらかすべりが生じる）
椎体の厚さに対する椎間板の厚さ	厚い（椎体が前方で接触する前に椎間板はかなり押し込まれる）	薄い（椎体が前方で接触する前に椎間板はわずかしか押し込まれない）	中間的な厚さ（椎体が前方で接触する前に椎間板は適度に押し込まれる）
胸　郭	な　し	12本の肋骨が腹部と圧縮されない胸骨に接触	な　し
結合組織の緊張	すべての後部靱帯，椎間関節包の後部	すべての後部靱帯，椎間関節包の後部	すべての後部靱帯，椎間関節包の後部
筋肉の緊張	脊椎伸筋群（脊柱起立筋と横突棘筋群）	脊椎伸筋群（脊柱起立筋と横突棘筋群）	頸部伸筋群（脊柱起立筋，横突棘筋，後頭下筋群）

要因	腰部	胸部	頸部
伸展			
椎間関節面の向き	矢状面（過伸展では接触や衝突は起こらない）	前額面（過伸展で接触や衝突が起こる）	前額面と水平面の間の45°方向（過伸展でいくらかすべりが生じる）
脊椎棘突起の長さ	短く、後方へ突き出している（衝突する前までかなりの過伸展が可能）	長く、下方へ突き出し、屋根板のように重なり合っている（過伸展は不可能）	中間的な長さ、ほぼ後方へ突き出している（衝突する前まで適度な過伸展が可能）
椎体の厚さに対する椎間板の厚さ	厚い（椎体が後方で接触する前に椎間板はかなり押し込まれる）	薄い（椎体が後方で接触する前に椎間板はわずかしか押し込まれない）	中間的な厚さ（椎体が後方で接触する前に椎間板は適度に押し込まれる）
胸郭	なし	肋骨が伸びない胸骨に連結している	なし
結合組織の緊張	前縦靱帯、椎間関節包の前部	前縦靱帯、椎間関節包の前部	前縦靱帯、椎間関節包の前部
筋肉の緊張	体幹屈筋群（腹直筋）	体幹屈筋群（腹直筋）	多数の頸屈筋群

M. J. Alter, 1996, *Science of flexibility*, 2nd ed. (Champaign, IL: Human Kinetics), 276-277. より許可を得て転載。

対の手で頭を引く、または手を使わずに重力を利用して頭を倒すことでストレッチされる。椅子やダンベルを離してしまうとストレッチされている方の肩が上がり、ストレッチングは無効になる。

(4) 頸部の回旋

頸部回旋とは頭と首を回して肩越しに顔が見えるようにすることである。回旋のほとんどは脊椎C1とC2の間にある環軸関節で起こる。頸部回旋は多くの筋肉（回旋と反対側では胸鎖乳突筋、頭半棘筋と頸半棘筋、上頭斜筋、回旋と同じ側では頭板状筋と頸板状筋、下頭斜筋、大後頭直筋、外側頭直筋）によって引き起こされる。ROMの制限因子には以下のようなものがある。筋肉の収縮不全、靱帯（特にC2と頭蓋骨の間の環椎靱帯）の緊張、反対側の頸筋の緊張、関節突起の衝突など。表17.2はこういった要因をまとめたものである。

10. 要　約

脊柱は軟骨性の円板と靱帯で連結された一連の骨、つまり脊椎から成る。この構成要素が、多くの働きをする構造的機能的な集合体を形成している。ROMを決めるいくつかの要因には椎間板、椎体の高さ、関節面の向き、椎間靱帯、さまざまな結合組織の緊張などがある。脊柱の最適な効率性は加齢、磨耗、病気、外傷などによって損なわれる。脊柱の柔軟性は目的を持ったストレッチ・エクササイズによって維持したり高めることも可能である。

第18章
上肢の解剖学的構造と柔軟性

上肢は肩甲帯，肩関節，上腕，肘関節，前腕，手関節，そして手で構成されている。この章ではそれらの構造，機能，関節可動域，ストレッチの方法論に関して述べる。

1. 肩関節

肩甲帯と肩腕複合体は，鎖骨，上腕骨，肩甲骨の3つと，それらとつながっている身体の正中線にある胸骨から構成されている。こういった骨が組み合わさり，肩甲上腕関節，胸鎖関節，肩鎖関節という3つの大きな関節を形成している。カパンジ（Kapandji, 1982）によれば，解剖学的な関節ではない肩峰下関節と肩甲胸郭関節も含めるべきだという。多くの動きが肩甲上腕関節で起こっているように思えるが，同時に隣接する関節も動いている。すなわち，こういった隣接する関節の補助により肩関節の円滑な動きが可能となっている。

(1) 肩関節の体表解剖学

肩甲上腕関節，胸鎖関節，肩鎖関節の3つの関節が肩関節の動きに大きく関与している。肩甲胸郭関節は解剖学的関節ではないものの，肩関節の動きにおいて非常に重要な役割を果たしている。

1) 肩甲上腕関節

肩甲上腕関節は変形の臼状関節で，上腕骨頭と肩甲骨の浅い関節窩（すなわち腔）からなる。この関節は関節の構造上，人体の中で最も可動性が高い関節ではある反面，安定性に乏しい。

安定性に欠ける主な原因としては，この関節の脆弱な骨構造が考えられる。主に肩甲上腕関節を補強しているものとしては，この関節を大きく包み込むような各筋肉であり，二次的な補強をするのが関節包靱帯複合体である。この複合体には関節唇，線維性皮膜，関節上腕靱帯，烏口上腕靱帯，横上腕靱帯が含まれる。

2) 胸鎖関節

胸鎖（SC）関節とは，鎖骨の内側端と第一肋骨，胸骨柄との結合部がつくる滑膜性関節である。上肢で軸骨格に付着している関節は胸鎖関節だけである。この関節は骨の配置の関係でほとんど安定性はないが，靱帯や関節円板で強力に支えられている。

3) 肩鎖関節

鎖骨肩峰端と肩甲骨肩峰の内側縁とのあいだにある肩鎖（AC）関節は，その主な安定性を骨構造よりもむしろ靱帯の結合から得ている。この関節は靱帯結合にもかかわらず脆弱で，一般的に外れやすくなっている。また，退行性変化や機能障害も起こしやすい。

4) 肩甲胸郭関節

肩甲胸郭関節は解剖学的関節ではないが，その代わり肩甲骨は胸郭の後面に接している（骨同士の結合はない）。力学的に連動している肩甲上腕関節と肩峰下関節なくして機能しないが，肩甲胸郭関節は肩関節複合体の中で最も重要な関節である（Kapandji, 1982）。

(2) 肩関節の動きについて

胸鎖関節と肩鎖関節での鎖骨の動きは常に肩甲骨と関連付けられ，上腕と鎖骨の動きには通常肩甲骨の動きが伴う。肩甲骨の動きには挙上，下制，外転，内転，上方回旋，下方回旋の6つがある。そして，肩甲上腕関節の動きである上腕の動きも常に肩甲骨の動きと連動して起こり，これも肩関節の動きである。肩甲上腕関節の動きは，体幹と関連して説明することがよく，上腕の動きには外転，内転，屈曲，伸展，内旋，外旋，水平（横への）外転，水平（横への）内転などがある。

1) 肩関節の外転

肩関節の外転とは，腕を解剖学的位置から前額面上に上方へ動かすこと，すなわち腕を横に挙げることである（Greene and Heckman, 1994）。肩関節の外転の可動域は，動きの種類や上腕の回旋の仕方によって異なる。腕の回旋が加わらない純粋な肩関節の外転では上腕大結節が肩峰突起と烏口肩峰靱帯に衝突するので，可動域は約90°に制限される。このような外転は三角筋に力学的な影響がなくても制限されてしまう。

他動での外転の最大可動域は120°である。腕の外転の最中に大結節が烏口肩峰アーチの下を通るには，肩甲骨の下制と上腕の外旋が同時に起こらなければならない。したがって腕を頭上まで上げたとき（180°の外転），実際に肩甲上腕関節で起こる動きはその2／3（120°）だけである。その一方で上腕を内旋位にした場合は，前述の衝突のせいで60°以上の外転は起こらなくなる。肩甲胸郭関節の動きに対し，120°の外転が肩甲上腕関節の実際の動きであり（米国整形外科学会議〈American Orthopaedic Association, 1985〉），残りの60°の外転は肩甲胸郭関節の上方回旋によって起こる。

上腕，肩甲骨，鎖骨の滑らかで統合された動きを肩甲上腕リズムという。こういったさまざまな骨の複雑な関節接合により，肩の協調運動が可能となる。外転の初期段階（すなわち30°ま

で)での肩甲骨の動きはごくわずかで，主に肩甲上腕関節の動きが関与している。その肩甲骨は安定化を図るために左右へ動いたり，振動したりして肩甲骨の位置を維持している。外転が進んでも，肩甲骨と肩甲上腕関節のゆっくりとした動きの割合は，肩甲上腕関節の動き2°につき肩甲骨の動き1°のままである（図18.1参照）。要するに，15°の上腕の外転につき，肩甲上腕関節で10°，肩甲胸郭関節の肩甲骨で5°の外転が起こることになる。そして，傷害や特異的な疾患によってどちらかの関節に動きの制限が生じた場合，総合的な可動域制限が比例してくる。肩甲上腕関節の動きを制限した場合は，肩甲胸郭関節の動きを制限した場合の2倍もの可動域を制限することになる（Turek, 1984）。ところが肩関節の動きが速くなった場合はその割合は一定ではなく，ゆっくりとした動きのときとはかなり異なる。具体的には「速い動きのときは，初期段階を除く外転と内転のはじめで肩甲上腕関節の方が優勢だが，遅い動きのときと違って，肩甲上腕関節の動きの占める割合は腕の動きに合わせて小さくなっていく」という（Sugamoto et al. 2002, p.119）。動きの最初の段階で使われる主な筋肉は三角筋と棘上筋である。肩甲上腕関節の関節可動域の制限因子には，以下のようなものがある。外転筋の収縮不全，大結節が関節窩の上縁か肩峰に衝突すること，肩の内転筋と内部回旋筋の緊張，肩の靱帯の緊張などが挙げられる。

　肩関節の外転においてもうひとつの不可欠な構成要素は，鎖骨上腕構造である。上腕の初めの外転90°内では，10°の外転につき胸鎖関節の鎖骨が遠位端で4°上昇する。要するに，90°の腕の動きでは，胸鎖関節で鎖骨が約36°上昇することになる。肩鎖関節の動きは腕の挙上の初め（30°）と終わり（135～180°）の両方で起こる。鎖骨の遠位端で肩甲骨が上へ跳ね上がるのがこの動きである。鎖骨によって引き起こされる回転運動のような動きなし

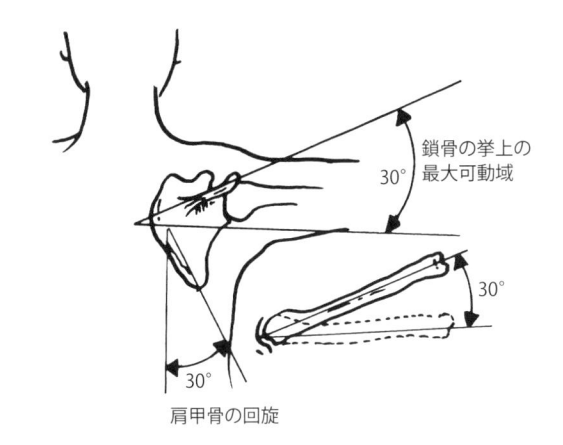

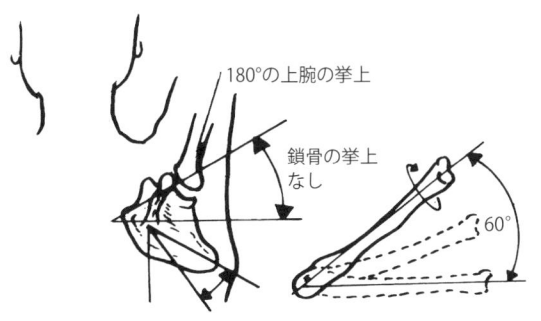

図18.1　鎖骨の回旋による肩甲骨回旋
上の図は鎖骨の回旋が生じない30°の鎖骨挙上と肩甲骨の回旋を示しており，その下は，肩甲上腕関節の最大挙上をする上で必要な残り30°の肩甲骨の回旋と，捻りがかった形上の鎖骨がその長い軸を中心に回旋することを示している。
R. Cailliet, 1966, *Shoulder pain* (Philadelphia: F. A. Davis), 65. より許可を得て転載。

では，肩関節の外転を最大可動域の180°にするのは不可能である（図18.2，18.3参照）。

　可動域で90～150°までが肩関節の外転の第2段階となる。この段階は肩甲帯の単独支援で進む。ここの動きで使われる筋肉は僧帽筋と前鋸筋である。関節可動域の制限因子には以下のようなものがある。肩の外転筋，肩甲上方回旋筋，肩甲骨挙上筋の収縮不全，肩の内転筋，肩甲骨の下制筋，肩甲骨の下方回旋筋（すなわち広背筋と大胸筋）の緊張，肩甲上腕靱帯の中間部や下部組織の受動的な緊張などである。

　可動域で150～180°までが肩関節の外転の

2) 肩関節の内転

　肩関節の内転とは，上腕を外転の位置からふつうに下ろした位置（すなわち腕をからだの正中線の方へ動かすこと），またはそれ以上まで戻すことである。内転には主に大胸筋と広背筋が使われる。上腕が体幹に接触すると，動きは制限される。

3) 肩関節の屈曲

　挙上，前方挙上とも呼ばれる屈曲とは，腕をからだの前方へ挙げる動きである。肩甲上腕関節での純粋な屈曲の可動域は0〜90°だが，少し変更すれば180°にまでなる。分析のため，この動きを3つの段階に分けることにする。初期段階の0〜60°までが第一段階である(Inman et al. 1944)。この段階で使われる主な筋肉には，三角筋前部の筋線維，烏口腕筋，大胸筋鎖骨部線維がある。関節可動域の制限因子としては，以上の筋肉の収縮不全，烏口肩峰靱帯と下方関節包の緊張，小円筋，大円筋，棘下筋の緊張などがある。

　60〜120°までが腕の屈曲の第二段階である。この時点では，外転のときと同様に上腕と肩甲骨の肩甲上腕リズムが作用してくる。肩甲胸郭関節と肩甲上腕関節の動きの割合は，肩甲上腕関節の動き2°につき肩甲胸郭関節の動き1°で一定している。よって上腕が15°動くと，肩甲胸郭関節の動きが5°，肩甲上腕関節の動きが10°となる。やはり外転のときと同様に，傷害や特異的な疾患によってどちらかの関節の動きが制限された場合，総合的な可動域制限も比例してくる。肩甲上腕関節の動きの制限は，肩甲胸郭関節の動きの制限の2倍もの可動域を制限することになる(Turek, 1984)。この段階で使われている筋肉は，僧帽筋と棘下筋である。動きの制限因子としては，肩甲上腕リズムを妨げるあらゆる要因に加えて，筋肉の収縮不

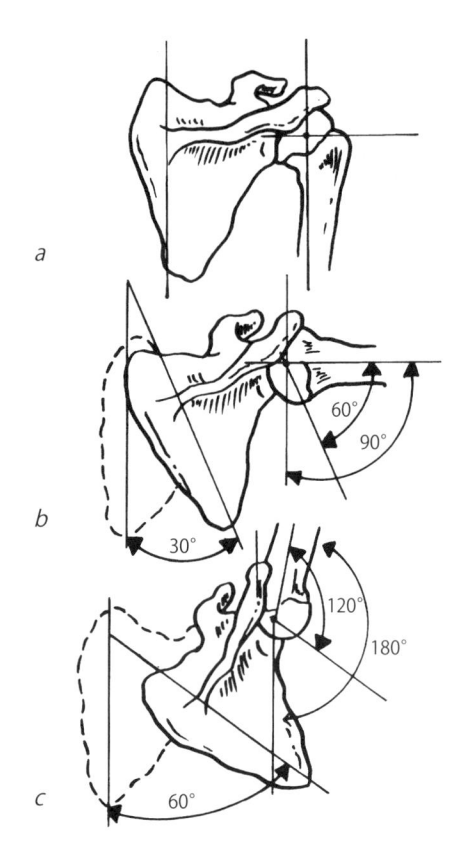

図18.2　肩甲上腕リズム
(a) 肩甲骨と上腕が静止している状態。肩甲骨はリラックスし，腕も肩甲骨同様でどちらも動きは0°。腕の外転は滑らかで協調した動きの中で起こる。腕の外転15°につき，10°は肩甲上腕関節で起こり，5°は胸郭上での肩甲骨の回旋からくる。(b) 上腕（H）は直立なからだに対して90°外転しているが，この動きは30°の肩甲骨の回旋と肩甲上腕関節での60°の上腕の外転によるものである。その割合は1:2である。(c) 腕の最大挙上。肩甲骨で60°，肩甲上腕関節で120°。
R. Cailliet, 1966, *Shoulder pain* (Philadelphia: F. A. Davis), 65. より許可を得て転載。

第3段階となる。腕を外転し垂直位にするには，腰椎前彎を強調するような脊柱の動きが必要である（Kapandji, 1982）。外転の終わりではすべての外転筋が収縮している。制限因子は第2段階と同じである。

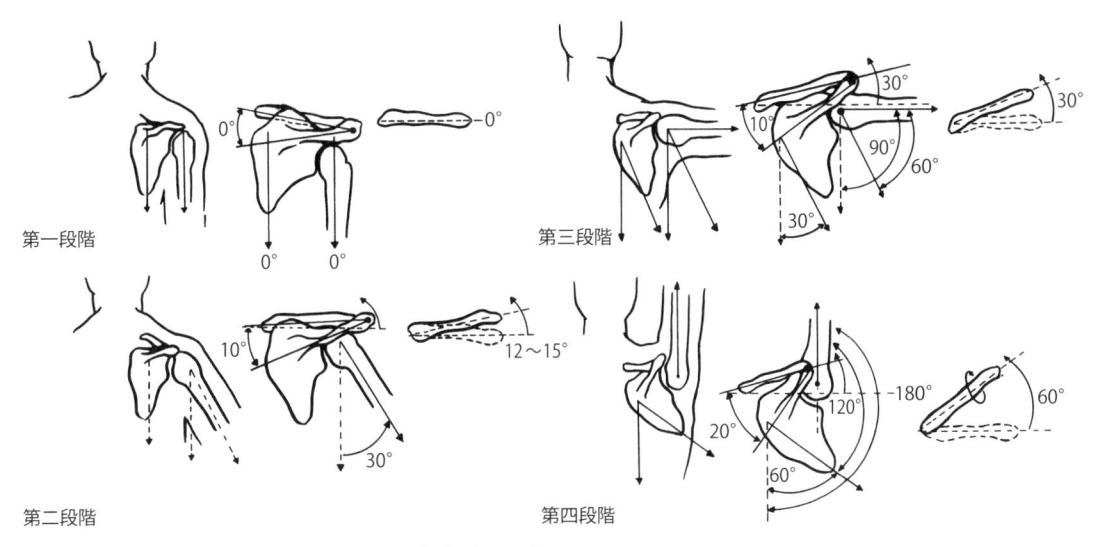

第18章　上肢の解剖学的構造と柔軟性

図18.3　肩甲上腕関節の動き以外の肩甲上腕（SH）リズムについて
第一段階，腕のリセット：肩甲骨の回旋（S）0°，鎖骨と肩甲棘で形成される角度（SCA）0°，胸鎖関節（SC）での動き0°，鎖骨（C）外端の挙上なし，上腕（H）の外転なし。第二段階，上腕の外転30°：鎖骨の回旋なしで鎖骨外端が12〜15°挙上，胸鎖関節でも挙上が起こる，SCAの10°拡大に見られるような動きが肩鎖関節で起こる。第三段階，上腕（H）が90°まで外転（肩甲上腕関節で60°，肩甲骨で30°）：最終的な位置まで挙上した鎖骨の回旋はまだ起こっていない，すべての動きは胸鎖関節で起き，SCAは変わらず。第四段階，頭上までの最大挙上（SH180°，H120°，S60°）：（胸鎖関節で）鎖骨外端にさらなる挙上はないが，SCAは20°に拡大。鎖骨の回旋とその捻れが加わったような形状のせいで鎖骨はさらに30°挙上。この段階で上腕が回旋しているが，この回旋による挙上角度の影響はない。
R. Cailliet, 1966, *Shoulder pain* (Philadelphia: F. A. Davis), 65. より許可を得て転載。

全，広背筋と前鋸筋の緊張などもある。

120〜180°までが屈曲の最終段階である。肩甲上腕関節と肩甲胸郭関節で屈曲が制限されるとき，腰椎前彎を強調するような脊柱の動きが必要になる（Kapandji, 1982）。この動きで使われる筋肉と関節可動域の制限因子は前の2つの段階と同じである。180°の完全な屈曲では，肩甲上腕関節で上腕が120°，肩甲胸郭関節で肩甲骨が前方上へ60°動く。肩甲骨の60°の動きは，胸鎖関節と肩鎖関節での鎖骨の挙上，それぞれ40°と20°がないと不可能である。

4) 肩関節の伸展

肩関節の伸展とは，腕を屈曲，または挙上した位置から解剖学的位置に戻す（腕を脇に下ろす）ことである。からだの矢状面で上腕を後方へ動かすと過伸展になる（すなわち股関節部の後ろで腕を挙げる）。米国整形外科学会のグリーンとヘックマン（Greene and Heckman, 1994）は，過伸展は肘や膝などの特殊で非対称な動きにだけあてはまるものと主張し，この用語を承認しなかった。肩の伸展は後方挙上と呼ばれることもある。後方挙上の可動域を最大の60°にするには，肩関節の内旋が必要になる（Browne et al. 1990）。ボウリングのバックスイングが後方挙上である。この動きには三角筋，広背筋，大円筋が使われ，小円筋と上腕三頭筋長頭が協働筋として作用する。関節可動域の制限因子としては，主働筋の収縮不全，肩屈曲筋の緊張，烏口上腕靱帯の緊張，上腕骨大結節と肩峰後部の接触などがある。

5) 肩関節の内旋

肩関節の内旋は，以下の3つの違った方法で

測定される。腕を脇に下ろした状態での回旋、腕を90°外転させての回旋、腕を後方へ伸展させての回旋。グリーンとヘックマン（1994）は、腕を脇に下ろした状態での内旋では腹部が正確な測定の妨げになると考えた。内旋では肩甲下筋、大胸筋、広背筋、大円筋が使われ、三角筋が協働筋として作用する。関節可動域の制限因子としては、主働筋の収縮不全、関節包靱帯上部の緊張、外旋筋（すなわち棘下筋と小円筋）の緊張などがある。

6) 肩関節の外旋

肩関節の外旋も2つの方法で測定される。最初の方法は腕を脇の横に位置し（腕を垂らした状態）、肘を90°屈曲させ、前腕をからだの矢状面と平行にして行う。2つめの方法は、0°のスタート位置から肩甲骨の面と一直線になるように腕を90°外転させ、上腕が床と平行になるように肘を90°屈曲させた状態から行う。クロンベルクら（Kronberg et al. 1990）は、上腕骨頭の後念角が大きいほど外旋の可動域が大きくなることを発見した。利き手側の平均反転角は33°、非利き手側の平均反転角は29°である。よって利き手側と外旋の可動域の拡大とには関連性があることがわかる。上腕の過剰な捻れは肩甲上腕関節を不安定にしたり外れやすくしたりする（Brewer et al. 1986; Debevoise et al. 1971）。肩関節の外旋には、小円筋、棘上筋、棘下筋が使われる。この動きの制限因子としては、主働筋の収縮不全、関節包靱帯と烏口上腕靱帯の上部の緊張、内旋筋（すなわち肩甲下筋、大胸筋、広背筋、大円筋）の緊張などがある。

7) 肩関節の水平外転

水平外転とは、上腕を水平に挙上した状態で横後方へ動かすことである。水平外転の可動域は大体0〜30°になる。この動きはテニスのフォアハンド・ストロークのコッキング、または初期段階に見られる。水平外転には三角筋後部の筋線維、棘下筋、小円筋が使われる。関節可動域の制限因子としては、主働筋の収縮不全、肩関節前部の筋線維の緊張、大胸筋と三角筋前部の筋線維の緊張などがある。

8) 肩関節の水平内転

水平内転とは、上腕を水平に挙上した状態で前内方向へ動かすことである。水平内転の可動域は大体0〜130°になる。この動きには主に大胸筋と三角筋前部の筋線維が使われる。野球のバットスイングのフォロースルーやいろいろなラケットスポーツ（ラケットボール、卓球、テニスなど）のフォアハンド・ストロークに見られる。制限因子としては、主働筋の収縮不全、肩関節の伸筋（すなわち広背筋、大円筋、三角筋後部の筋線維、小円筋）の緊張、上腕と体幹の接触などがある。

(3) 肩甲胸郭関節の動きの解説

肩甲胸郭関節の可能な動きの種類には、肩甲骨の挙上、肩甲骨の下制、肩甲骨の外転、肩甲骨の内転、肩甲骨の上方回旋、肩甲骨の下方回旋などがある。

1) 肩甲骨の挙上

肩甲骨の挙上とは肩甲骨が上方へ動くことである。この動きには僧帽筋上部、肩甲挙筋、前鋸筋が使われる。肩甲骨の挙上の制限因子としては、主働筋の収縮不全、主働筋に対する拮抗筋の緊張、肋鎖靱帯の緊張、関節包下部の緊張などがある。

2) 肩甲骨の下制

肩甲骨の下制とは肩甲骨が下方へ動くことである。筋収縮せずに生じる下制は重力と上肢の重さによって起こる。両手で平行棒をつかみ，体を支えるために肘を伸ばして手で平行棒を下に押すような動きをすることで，肩甲骨の下制を能動的にすることもできる。抵抗を加えない単一的な肩甲骨の下制には，小胸筋，鎖骨下筋，大胸筋，広背筋が使われる。関節可動域の制限因子としては，主働筋の収縮不全，主働筋に対する拮抗筋の緊張，鎖骨間靱帯と胸鎖靱帯の緊張，関節円板などがある。

3) 肩甲骨の外転

肩甲骨の外転とは，手で物を前方に押したり，前方に突き動作をするような動作時すべてに見られる，肩甲骨が前方へ動くことである。外転には前鋸筋，小胸筋が使われる。関節可動域の制限因子としては，主働筋の収縮不全，主働筋に対する拮抗筋の緊張，胸鎖靱帯前方部の緊張，肋鎖靱帯の緊張などがある。

通常，肩甲骨の外転を促進するためのストレッチは菱形筋を対象として行われる。しかしながら，肩の前方部をすくめたり両腕を水平内転させたりしてもあまり効果はない。この筋群に対する最も効果的なストレッチはパートナーを必要とする（『ストレッチングマニュアル』のエクササイズ230を参照）。

4) 肩甲骨の内転

肩甲骨の内転とは肩甲骨が後方へ動くことで，手でなにかを前方から後方へ引っ張るときがよい例になる。この動きでは僧帽筋と菱形筋が使われ，広背筋が協働筋として働く。関節可動域の制限因子としては，主働筋の収縮不全，主働筋に対する拮抗筋の緊張，胸鎖靱帯後部の緊張，肋鎖靱帯の緊張などがある。

5) 肩甲骨の上方回旋

肩甲骨の上方回旋は，肩関節の外転で腕が挙上されるときに起こる。この動きには僧帽筋と前鋸筋が使われる。関節可動域は主働筋の収縮不全か主働筋に対する拮抗筋の緊張で制限される。

6) 肩甲骨の下方回旋

肩甲骨の下方回旋は，肩関節が挙上位から内転によって腕が下ろされるときに起こる。この動きには広背筋が使われ，大胸筋と小胸筋，大菱形筋と小菱形筋，肩甲挙筋などに協働筋として働く。関節可動域は主働筋の収縮不全か主働筋に対する拮抗筋の緊張で制限される。

(4) 肩関節複合体の障害，ストレッチ，テスト

肩甲帯や肩腕複合体の障害は決して珍しくない。予防策としては，適切なウォームアップ，適切なエクササイズの方法，筋持久力と筋力と

> **長時間のストレッチ**
>
> 横臥位で眠っていて下の肩が前に押し出され，肩甲骨が外転して前方へ持ち上がったときに長時間のストレッチが起こる。この姿勢では僧帽筋下部とおそらくは菱形筋がストレッチされる。腕が重く胸郭が大きいと肩甲骨は腕に引っ張られて前へ外転するので，上になった肩が無理なストレッチを受けやすくなる。関節窩に収まっている上腕骨頭も前方へ移動する（Sahrmann, 2002, p. 20）。

柔軟性を高めること，適切な睡眠姿勢などがある。

柔軟性はあらゆる方向で最大可動域まで高められるべきである。その一方で，ある部分をストレッチしたりテストしたりするとき，肩甲帯の動きと脊椎の動きを注意して区別しなければならない。例えば肩関節の屈曲で正しくストレッチしたりテストしたりするためには，代償動作で起こりやすい腰椎の伸展と股関節の伸展をさせないようにしなくてはならない。それには腰を床につけて寝そべり，両脚を屈曲させて踵を尻に近づける。ゆっくりと上腕を挙げていき，腰が反り返った時点で最大屈曲角が決まる。肩関節の屈曲がつづくあいだは，背中が床から離れないようにパートナーに肋骨を押し下げてもらうとよい。

2. 肘関節と前腕部

上肢の肘関節は肩と手首の中間に位置している。肘は比較的安定した関節であり，肘が安定しているのは，その骨の配置と靭帯によるところが大きい。しかし過剰な力が肘関節に加われば外れることもある。

(1) 肘の体表解剖学

肘の基本的な骨格構造をつくるのが上腕骨，橈骨，尺骨という三本の骨である。肘は基本的には蝶番関節である。そして肘は3つの関節接合からなるが，ここで取り上げるのは，スライド式の屈曲と伸展だけに関わる腕尺橈関節（肘関節），回内運動と回外運動だけに関わる橈尺関節の2つになる。

(2) 肘の動きの解説

肘関節では4つの大きな動き，屈曲，伸展，回内運動，回外運動が起こる。

1) 肘の屈曲

肘の屈曲とは，上腕と前腕の角度を減少させることである。肘の主な屈筋には上腕二頭筋，上腕筋，腕橈骨筋があり，協働筋として屈筋には円回内筋，手根屈筋と指屈筋，橈側手根伸筋などがある（Turek, 1984）。上腕二頭筋短頭は前腕の代表的な回外筋である。肘の屈曲の可動域は，肘の屈曲筋が収縮して硬くなっているときで0〜150°，筋肉がリラックスしているときで約160°にまでなる（Kapandji, 1982）。関節可動域の制限因子としては以下のようなものがある。主働筋の収縮不全，肘を屈曲していった際の上腕の筋肉と前腕の筋肉の接触，橈骨頭と橈骨窩の衝突や鉤状突起と鉤突窩の衝突，関節包靭帯後部の緊張，上腕三頭筋の緊張などが挙げられる。

肘の屈曲の動きを大きくするには，肘関節の伸展筋をストレッチすることである。このストレッチは前腕をテーブルについて前傾するだけの簡単なものである（『ストレッチングマニュアル』のエクササイズ297を参照）。軽いダンベルを使ってゆっくりとした伸張性収縮を行ことで，筋力とストレッチ効果の両方を高めることができる。ほとんどの場合，肘の伸筋のストレッチは上腕三頭筋短頭ばかりに集中し，上腕三頭筋長頭までストレッチされていない。上腕

三頭筋長頭をストレッチするには，上腕を最大限に屈曲した状態で肘関節を屈曲させる必要がある。肘を頭の高さまで上げて壁につけた状態でタオルを使って手首を引き下げる（『ストレッチングマニュアル』のエクササイズ299を参照），またはパートナーに引っ張ってもらうことでストレッチすることができる。

2) 肘の伸展

肘の伸展とは屈曲した状態から元に戻す，または0°のスタート位置を過ぎてしまう（肘がまっすぐに伸びる）ことである。肘の主な伸展筋には上腕三頭筋と肘筋がある。0°のスタート位置からの伸展の可動域は0～10°と個人差がある。10°より伸展させると過伸展となる（Greene and Heckman, 1994）。過伸展は運動過剰症候群の徴候のひとつである（Carter and Wilkinson, 1964）。過伸展は一般に男性よりも女性に多い。この違いの原因には上腕骨の鉤突窩と肘頭窩をつなぐ開口，滑車上孔の存在があるという（Amis and Miller, 1982）。他にも深い肘頭窩と小さい肘頭窩の存在を原因とする説もある（Hamill and Knutzen, 1995）。関節に過可動性か関節弛緩がみられるときは，肘を過伸展させるストレッチをすべきではない。カミングス（Cummings, 1984）は，健康な成人女性の肘の伸展を主に制限しているのは筋肉なのか，それとも靱帯や関節包なのかを調査し，「成人女性の肘の伸展を制限しているのは主に筋肉である」（p.170）と結論づけた。関節可動域の制限因子としては，主働筋の収縮不全，肘頭突起と肘頭窩の衝突，肘の前靱帯，橈骨靱帯，尺骨靱帯の緊張，屈筋（すなわち上腕二頭筋）の緊張などがある。

前腕の屈筋をストレッチすると肘関節の伸展は促進される。上腕二頭筋をストレッチするには，肘関節が最大伸展している際どのようなストレッチ手法をとればよいのであろうか。上腕の屈筋を伸長しながら収縮させるというのもひとつの方法である（『ストレッチングマニュアル』のエクササイズ294を参照）。しかしながら最も効果的なのは，ドア枠か支柱などを背にして立ち，片手でそれをつかむ方法である。腕を内旋させるためには肩を内旋させ，肘関節が伸展している状態で手は親指が下を向くように回内されていなければならない。親指が下を向いているあいだは上腕三頭筋が上向きになる（『ストレッチングマニュアル』のエクササイズ295を参照）。このストレッチはすべての運動選手に不可欠なものだが，特に投げる動作をする選手には重要となる。なぜならば投げる動作によって（特にカーブ・ボール）上腕二頭筋腱を損傷させるからである。カーブ・ボールを投げるとき，肘関節は屈曲から伸展しながら，前腕は回外されている。上腕二頭筋は上腕で最も重要な回外筋である。上腕二頭筋はシーズンを通して何千回もの損傷をうけることになるため，上腕二頭筋をストレッチすることの重要性は高いのでどんなに強調してもし過ぎることはない。

(3) 前腕の動きの解説

前腕の主な動きには回内運動，回外運動の2つがある。

1) 前腕の回内運動

回内運動とは，手と前腕を中位置，または親指が上を向く位置から掌が下を向く位置に返すことである。回内運動の可動域は0～約80°で，ラケット・スポーツでいえば，トップスピンをかけるスイングをした際の前腕の動きに見られる。この動きには円回内筋と方形回内筋が使われる。関節可動域の制限因子としては以下のようなものがある。主働筋の収縮不全，背側橈尺靱帯，内側側副靱帯，背側橈骨手根靱帯の緊張，骨間膜の最下部線維の緊張，橈骨と尺骨の交差

や衝突などである。

2) 前腕の回外運動

　回外運動とは，手と前腕を中位置，または掌が下を向く位置から掌を上にした位置まで前腕を外側へ回転させることである。回外運動の可動域は0～約90°である。前腕の主な回外筋には，上腕二頭筋，回外筋，腕橈骨筋などがある。関節可動域の制限因子としては以下のようなものがある。主働筋の収縮不全，手首の掌側橈尺靱帯と内側側副靱帯の緊張，骨間膜の斜索と最下部線維の緊張，回内筋の緊張などである。

(4) 肘と前腕の障害

　肘の筋，腱，靱帯の複合体の傷害には多くの原因があるが，最も一般的なものは前腕筋が無理な反復収縮を強いられる活動で，これが損傷を引き起こしている。テニス，ラケットボール，野球の選手たちの大半は，オーバーユースを経験している。外側，内側上顆の炎症は上顆炎，またはテニス肘と呼ばれる。外側上顆炎を予防するのに最も効果的なエクササイズは，ほうきの柄，ゴルフ・クラブ，テニス・ラケットなどを順手（手のひらが下を向き，親指を下にしてハンドルを握る〈『ストレッチングマニュアル』のエクササイズ306を参照〉）で握って，肘と前腕の回外筋をストレッチするものである。鉄棒を順手でぶら下がると，このストレッチの効果はさらに増大する。

　肘と前腕の障害への対応としては，予防的なアプローチをとることが最も重要である。このアプローチには，過剰な負荷や使い過ぎを回避し，適切な運動処方や，適切なウォームアップ，柔軟性・筋力・筋持久力を高めるエクササイズなどが挙げられる。

3. 手関節

　橈骨手根関節，または手関節は，橈骨遠位端と，片方の手に8個ある手根骨のうちの3個が結合してつくる楕円関節である。手根骨は4個ずつの二列に分かれ，靱帯によって緊密にしっかりと連結されている。第一列，または近位列は舟状骨，月状骨，三角骨，豆状骨で構成される。最後の手根骨は橈骨手根関節の構造には関わっていない。第二列，または遠位列は大菱形骨，小菱形骨，有頭骨，有鉤骨で構成される。

(1) 手関節の安定性

　手関節はとても安定した関節である。その安定している要因の第一には，関節靱帯やいくつもの筋腱が手関節を大きく覆っていることで，第二には骨の配置である。手関節の主な靱帯には，掌側橈骨手根靱帯，掌側尺骨手根靱帯，背側橈尺靱帯，外側側副靱帯，内側側副靱帯などがある。

(2) 手関節の動きの解説

　手関節には，屈曲，伸展，外転，内転，回旋運動などの活発な動きが可能である。以下では，回旋運動を除くすべての動きを解説していく。

1) 手関節の屈曲

　手関節の屈曲とは掌を上腕二頭筋に近づける動きで，可動域は0～約90°である。可動域は

手が中位置にあるとき（すなわち外転も内転もしていないとき）に最大となる。手関節の主な屈筋には，橈側手根屈筋，尺側手根屈筋，長掌筋などがある。

屈曲は，主働筋の収縮不全，手関節伸筋（すなわち長橈側手根伸筋，短橈側手根伸筋，尺側手根伸筋）の緊張，背側橈骨手根靱帯の緊張などで制限される。手関節が回内しているとき，屈曲は最小となる（Kapandji, 1982）。また指が屈曲しているときも伸筋の緊張が増すので，手関節の屈曲は小さくなる。手関節伸展筋をストレッチすると屈曲を促進することができる（『ストレッチングマニュアル』のエクササイズ304～307までを参照）。

2) 手関節の伸展

手関節の伸展は，手掌を上腕二頭筋から遠ざけるときに起こる。この動きの可動域は0～約85°である。伸展は手が中位置にあるときに最大となる。手関節の主な伸展筋には長橈側手根伸筋，短橈側手根伸筋，尺側手根伸筋などがある。関節可動域は，主働筋の収縮不全，手関節屈筋（すなわち橈側手根屈筋，尺側手根屈筋，長掌筋）の緊張，掌側橈骨手根靱帯の緊張などで制限される。手関節が回内しているときでは，伸展は最小となる（Kapandji, 1982）。手関節屈筋をストレッチすると伸展は拡大する。伸展はさまざまなストレッチによって拡大できる（『スポーツストレッチ』のエクササイズ306～311までを参照）。

3) 手関節の外転，または橈屈

手関節の橈屈とは，手を前腕の橈骨がある側（親指側）へ屈曲させることである。動きのほとんどは手根中央関節で起き，可動域は0～約20°である。橈屈は尺屈よりも小さく，手根が骨の構造的に橈骨茎状突起でブロックされることがその原因である（Greene and Heckman, 1994; Volz et al. 1980）。手関節が完全に屈曲，または伸展しているときは手根靱帯の緊張が高まるので，橈屈の可動域は一般的に最小となる（Kapandji, 1982）。橈屈には長橈側手根伸筋，短橈側手根伸筋，長橈側手根外転筋，短母指伸筋と連動する橈側手根屈筋が使われる。関節可動域は，主働筋の収縮不全，主働筋に対する拮抗筋の緊張に制限され，また最大域では外側側副橈骨手根靱帯と内側側副橈骨手根靱帯に制限される。

4) 手関節の内転，または尺屈

手関節の尺屈とは，手を前腕の尺骨がある側（小指側）へ屈曲させることである。尺屈の可動域は橈屈より大きく，0～約30°である。橈屈よりも尺屈の方が可動域が大きいことには尺骨茎状突起の短さが関連していると思われる（Williams et al. 1995）。尺屈には尺側手根伸筋と連動する橈側手根屈筋が使われる。関節可動域は主働筋の不全，拮抗筋の緊張，手関節の衝突などで制限される。

4. 要　約

上肢は肩甲帯，肩関節，上腕，肘関節，前腕，手関節，手で構成されている。上肢のさまざまな方向の動きによっていろいろな動きが可能になる。こういった動きの多くは，近接する関節での動きと同時に起こっている。効率的な動きは，しかるべき関節や筋肉の助けがないと不可

能である。上肢の効率性が落ちる原因には，加齢，不使用，病気，外傷などがある。その一方で，目的を持ったウォームアップ，ストレッチ，筋力アップ，持久力エクササイズなどで，上肢の効率性をより高い状態で維持したり高めたりすることができる。

第Ⅴ部
特異的な対応

第19章
ストレッチングと柔軟性の機能的側面

　最高のパフォーマンスを発揮するためには，持久力，パワー，ストレングス，メンタルタフネスなど，数多くの要素が絡んでいる。中でも柔軟性は，スキルを要する動作において重要であることが一般的に知られている（Garhammer, 1989a）。さらに，柔軟性は様々なパフォーマンスの発揮や競技において重要な役割を果たしている。柔軟性があることで，スキルを要する動作の習得や，練習およびパフォーマンスの発揮が容易にできるのである。そして，ある特定の関節に，必要な競技に応じた柔軟性を獲得できるまで，意図的に関節可動域を増減させることで，スキルを効率よく取得することができるようになる（Hebbelinck, 1988）。

1. スキルの芸術的側面

　美的なスキルが必要とされる動作には柔軟性が必要不可欠であるが，芸術性が要求される競技に必ずしも広い関節可動域が適しているとは限らない。しかし，バレエ，飛込，フィギュアスケート，体操競技などにおいては，柔軟性が優れている方が有利であることは明白である。これらの競技には芸術的な得点項目もあり，高い柔軟性は良いパフォーマンスには不可欠である（Stone and Kroll, 1991）。柔軟性は，リラックスした動作，スムーズな動作，しなやかなコーディネーション，身体のコントロール，自由自在な動作を作り出す。また，柔軟性があることで高度なテクニックを，自信を持って優雅に大きく演技することができるようになる。その動きの大きさについてはジョージ（George, 1980）により次のように詳述されている。

美的な動きの大きさは身体が動く「範囲：レンジ」を意味し，基本的に２つのタイプに分けられる。まず１つめの「外的大きさ」は，全身と場所や器具と関連した，動く大きさである。しかし，体操選手がテクニックとして利用する「隠れた要素」は個人の内的なパワーである。２つめは「内的大きさ」で，それは関節の可動範囲である。さらにいうと，１つ以上の身体の部位が関連して動くレンジである。パワーが外的大きさの隠れた要素であるように，関節可動域もしくは柔軟性は内的大きさを最大限に獲得する重要な要素なのである（pp.7-9）。

このように，様々なスポーツにおいて，高度な技術的パフォーマンスには柔軟性が不可欠である。平均的なパフォーマンスとすばらしいパフォーマンスの違いは，柔軟性の問題といえるだろう。

2. スキルのバイオメカニクス的側面：関節可動域

バイオメカニクスとは，生物に物理的法則を応用し，身体に作用する力やその効果を検証するものである。例えば，テニスでは，関節可動域が増加することにより，力をより長いレンジで長時間に渡ってかけることができる。同様に，体操競技では，力が加えられるレンジが長くなると，より力強く効果的な前方へのヘッドスプリング（頭はねとび）が可能になる（George, 1980）。可動域の増大によって，身体パフォーマンスに関わる速度，エネルギー，運動量を増加させることができるのである（Ciullo and Zarins, 1983）。多くのスキルは内的および外的な動きの大きさが，複雑にからみあっているのである（George, 1980）。

関節可動域が増加することにより，筋をより伸ばすことができる。あらかじめ伸長された筋は，そうでないものに比べ，大きな力を発揮する。なぜなら，あらかじめ伸長された筋は，弾性エネルギーがその筋に蓄積され，続いて起こる収縮中に元に戻ることにより，さらに効率的に機能するからである（Asmussen and Bonde-Petersen, 1974; Boscoe et al. 1982; Cavagna et al. 1968; Cavagna et al. 1995; Ciullo and Zarins, 1983; Grieve, 1970; Komi and Boscoe, 1978）。チュッロとザリンズ（Ciullo and Zarins, 1983）は，この現象をエアライフルのコッキングと比べている。しかし，ヒル（Hill, 1961）は，筋の伸長と収縮の間に弛緩をはさむと，蓄積された弾性エネルギーは散ってしまい無駄となると報告した。コーミ（Komi, 1984）は伸張性と短縮性収縮の間に0.9秒の遅れが生じると，弾性の反動により期待されるパフォーマンスの向上がみられなくなることを示した。このように柔軟性の利用には，タイミングが最も重要な要素となる。

(1) バイオメカニクス的観点：コンプライアンスとスティフネス

コンプライアンスとは，物質が弱い力により簡単に伸ばされる度合いのことである。逆に，スティフネスとは，力による変形に対する抵抗や，素早く元の形に戻る物質の弾力性もしくは特性のことである。物質の弾力性の機械的な尺度が，スティフネスである。様々なスポーツや運動と，筋腱のコンプライアンス，スティフネス，パフォーマンスの間にはある関係性がある。

> **関節組織と柔軟性**
>
> 現在，柔軟性において，関節を構成する組織の力学的な質，特にそのスティフネスと衝撃吸収比は，重要であるにもかかわらず焦点があてられていない。関節組織は様々なコンディションにおいて，可動性と安定性をバランスよく保っていなければならない。例えば，スティッフでない（もしくは簡単に伸ばされる）しかし衝撃吸収能力の低い関節組織は，特に過負荷が原因のケガをしやすい。よって，柔軟性を分析するときには，それぞれの関節可動域と関節組織の力学的特性，その相互作用が影響を及ぼすことを考えるべきである（Siff and Verkhoshansky, 1999, p.174）。

このセクションでは，その関係性について述べる。

(2) 筋力, パワー, 跳躍のパフォーマンス

クロウルら（Kroll et al. 1997）が引用したヴァン・ベベルン（Van Bevern, 1979）は，ハムストリングスの長さが異なる被験者を対象に実験を行い，長時間のストレッチングは筋力を低下させると結論づけた。ヤングとエリオット（Young and Elliott, 2001）が引用したデイヴィスら（Davies et al. 1992）は，静的ストレッチングは脚力を衰えさせるとしている。同様にオーバーグ（Öberg, 1993）は，ハンドボール選手における大腿部のストレッチング前後の筋力，跳躍力，柔軟性をテストしたものを引用し，ストレッチングによる伸張性収縮のトルクと跳躍力の低下を報告した。ローゼンバウムとヘニグ（Rosenbaum and Hennig, 1995）は，アスリート50人を対象に，アキレス腱への短時間のストレッチングとウォーミングアップ効果の研究を行い，「腱を弛緩させる機械的変化により，ストレッチングは一般的に随意的な筋力発揮を弱める効果がある」（p.489）としている。

ワルシュら（Walshe et al. 1996）は，筋腱のスティフネスとパフォーマンスの複雑な関係は「筋収縮のタイプ」と「筋内での力の発生方法」によって異なると仮定している（p.338）。そして，「筋腱スティフネスが，硬いものほど速く力を発揮できる」と考察した（p.338）。

コッコネンら（Kokkonen et al. 1998）は，臀部, 大腿部, 下腿部の筋に5種類の静的ストレッチングを短時間行い，1RM挙上に及ぼす影響を研究した。ストレッチングは補助つきと補助なしで3回行われ，15秒保持し，それぞれの回にリカバリーを15秒はさむ設定をした。静的ストレッチングを行ったグループは，膝屈曲の1RMにおいて7.3％，伸展で8.1％の減少を示した。ファウルズら（Fowles et al. 2000b）は，最大30分のパートナーストレッチングによる底屈力の減少を報告した。ストレッチングから5分後の測定では，20％の底屈力の減少が見られた。電気刺激による誘発最大張力の測定では有意に13％の減少，筋電図では有意でないが15％の減少が見られた。さらに随意的筋収縮による筋力は1時間以内で減少した。

ベイムら（Behm et al. 2001）による研究では，被験者12人にエルゴメーターで5分のウォーミングアップ後，5セットの静的ストレッチングとパートナーストレッチングを行った。それぞれのストレッチングでは45秒保持し，15秒のリラックスをはさんだ。ストレッチング後，コントロールグループにおいて顕著な変化は

なかったが，有意に 12％の減少が最大随意収縮の力発揮で見られた。ネルソンら（Nelson et al. 2001）も最大トルク発揮能力において，ストレッチングは有効ではないとした（筋力発揮能力の低下のため）。研究は「ストレッチング直後の筋の状態と力発揮抑制の関係は速度に特性があり，遅い動きで発揮される力は，さらに減少する」としている（p.246）。

跳躍においてもストレッチングによるマイナスの効果が観察されている。男女各 10 人が日常生活の中で 3 分間のウォーミングアップ後，ハムストリングス，大腿四頭筋，下腿三頭筋に 15 秒ずつストレッチングを行った。3 回の垂直跳びを最大努力下で行い，これらの平均値をとった。ストレッチングの効果は参加者間で一定ではなく，ストレッチング後，垂直方向のピーク速度が参加者の 55％は減少し（7.5％），45％は変化無しもしくはピーク速度は上昇した（2.4％）。ヤングとエリオット（2001）は，「静的ストレッチングはドロップジャンプのパフォーマンスと，伸長性の爆発的筋パフォーマンスを有意に低下させる」としている（p.278）。マクニールとサンズ（McNeal and Sands, 2001）は，体操選手 14 名に 30 秒の静的ストレッチングを行ったところ，跳躍力が 8.2％ 低下したと発表した。そして，「これは，着地を確実に行っているからであり，床運動のタンブリング中は回転しながら着地しているためこの低下があるのだ」と指摘した。同様にチャーチら（Church et al. 2001）は，PNF を行ったグループにおいても垂直跳びのパフォーマンスが低下したとしている。ヤングとベイム（Young and Behm, 2003, p.26）も，2 分間の静的ストレッチングは，コンセントリックとストレッチ－ショートニングサイクルによる筋力発揮および跳躍による測定では，マイナスの影響を及ぼすことを発表した。一方，ハンターとマーシャル（Hunter and Marshall, 2002）は，「ストレッチング（柔軟性のトレーニング）によって，ドロップジャンプの高さは向上することもないが，その技術に悪影響はない」と結論づけた（p.486）。ストレッチングによる跳躍力の一時的な低下のメカニズムを明確にするために，今後さらなる研究が必要である。

(3) パフォーマンスが向上もしくは低下する理由

ストレッチング後の筋力およびパワーの低下について，様々な仮説がたてられてきた。ストレッチングにより引き出された力の一部は，コンプライアンスの変化により筋の粘弾性特性を変化させるとする研究者もいる（Kokkonen et al. 1998; Nelson et al. 2001; Young and Elliott, 2001）。ウィルソンら（Wilson et al. 1994）は，過度に筋腱組織に柔軟性があると，変化した筋長と収縮速度により，結果的に収縮力が低下するとしている。収縮によっては，筋腱組織に柔軟性があると，筋が発揮した力が骨に伝わるまで実質的に負荷のかからない短縮をしなくてはならない。また違った見方としては，ストレッチングによって筋長が伸びることで出現した過度電流が，筋紡錘での興奮性のストレッチ反応にマイナスのインパクトを与えるとしている（Fowles et al. 2000b）。しかし，筋紡錘はストレッチ直後にすぐ回復する（Guissard et al. 1988）。

静的ストレッチングの直後に見られるマイナス効果は「抑制性の神経メカニズム」に関係している（Young and Elliott 2001, p.278）。ところが多くの研究者は，固有受容器を通じた運動単位の抑制が原因であるとしている（ゴルジ体と痛覚受容器の低閾値など）（Nelson et al. 2001）。しかし自己による抑制はストレッチングの間に限られているため，この説明は疑問視されている（Guissard et al. 1988）。ストレッチング後の筋力低下が神経的なものか，機能的に変化するものなのかを明白にするためにも，さらなる研究が必要である。

多くの研究者が，なぜパフォーマンスが向上するのかという疑問に仮説を立ててきた。ウィルソンら（1994）は，硬い筋腱組織がパフォーマンスの向上に関与しており，1つめの要素としては，収縮の長さとその頻度の向上による力発揮能力の発達であり，2つめは初期に起こる力伝達の促進が理由であるとしている。ワルシュとウィルソン（Walshe and Wilson, 1997）は，別の説を以下の通り示している。

　　特に腱が硬い筋腱組織では，長さの変化は筋収縮によってすぐに伝わる。高レベルの興奮性の反応によるフィードバックの結果，腱の硬さは紡錘の歪みを通じて求心性の反応を効果的に増大するようである。このように，直接的な筋原性の相乗作用，もしくは外因性のスティフネスの変化がストレッチ－ショートニングサイクルにおける力発揮を助長している（p.119）。

(4) 有酸素運動における柔軟性とスティフネスの関係

バイオメカニクスの観点から，ストレッチングと柔軟性の向上により，エネルギー効率が良くなるという効果もある。ウォーキング，ランニング，水泳など多くの有酸素運動においてパフォーマンスを向上させるには，体内に貯蔵されているエネルギーを節約しながら消費することが重要である。乏しい酸素運搬能力とその効率は遺伝的要素が関連している。歩行の省エネは，健康な若い男性に一連の静的ストレッチングおよびPNFストレッチングを行った後，エネルギー消費が減少したことからも証明できる（Godges et al. 1989）。ランニングにおいては，ストレッチングを行うことで，バランスとコーディネーション機能の向上，骨盤の対称性の増加，脚の動作に対する抵抗が減少して，エネルギー効率の向上につながる。しかし，グライムら（Gleim et al. 1990），クレイブら（Craib et al. 1996），ジョーンズ（Jones, 2002）はこの説に反論している。当初の予想に反し，可動域の狭い選手（多くの研究者は「身体が硬い」と誤解のある説明をしている）は，最大下のランニング速度での酸素摂取量が低い傾向にある。グライムら（1990）によると，同じ速度において，可動域の広い選手は狭い選手よりも，エネルギーを10％多く消費する。同様に，クレイブら（1996）は「臀部と下腿の筋骨格組織が硬いことと，準エリートクラスの男性長距離選手においてランニング時のエネルギー効率が良いことには関連がある」としている（p.743）。ジョーンズ（2002）によると，「国際的な標準男子長距離選手において，下肢と体幹部の柔軟性（長座体前屈により推定）は，ランニング効率と反比例の関係にある」とした（p.41）。つまり，柔軟性のないランナーはエネルギー効率が良いということである。クレイブら（1996）は，体幹部と臀部の柔軟性が低いとランニング効率が向上する理由として，「足部が着地する際に骨盤が安定し，筋活動を保つために消費する余計な代謝が低下する」からであるとしている（p.742）。

筋腱構造のスティフネス（可動域ではない）は，エネルギー効率の向上に関与している。ジョーンズ（2002）は「筋腱構造が硬いとストレッチ－ショートニングサイクルにおける筋の収縮時に弾性エネルギーによる跳ね返りが良くなり，最大下でのランニングにおいて酸素の需要を減らすことができる」と述べている（p.40）。今後の研究では，特定のスポーツ種目においての適度なスティフネスと関節可動域の数値化が期待される。

様々なスポーツや身体活動において，下肢のスティフネスは不可欠である。脚のスティフネスは，蓄積されたエネルギーとそれを利用する跳躍における跳び上がる（収縮）時に影響する。さらに，ドロップジャンプにおいて，跳

び上がる時の力学的なパワーを最大にする適度な脚のスティフネスの値はすでにわかっている (Arampatzis et al. 2001)。力学的なパワーを最大に発揮するためには，最大に筋を短縮する力発揮よりも，むしろ下肢筋の動作前の適度な収縮がなされなければならない。

3. 他の障害

適度な柔軟性（関節可動域）は，パフォーマンスを最大限に発揮するうえでも必要である。例えば，全可動域にわたって筋群が働かなければ，筋力トレーニングは効果的ではなく，過剰な筋活動によって早く疲労することになる (Hutson, 2001)。身体の一部分の柔軟性（関節可動域）が十分でなければ，他の部位にも影響が出てくる。よって，もし動作が一部分で制限されると「代償動作として不適切な動作パターンが発生する」のである (Brody, 1999, p.100)。これらの動きはパフォーマンスの障害となり，ケガの原因ともなりうる。

4. ジョギング，ランニング，短距離走

競技もしくはレクリエーションとしてのジョギング，ランニング，短距離走での目標は，決められた距離をできるだけ速く走ることである。そして，その速度は歩幅と歩数の2つの要素が相互に作用をして成り立っている。速度を速めるには，ランナーはその要素の少なくとも1つを他の要素を低下させることなく（悪くても同程度）増やさなくてはならない (Hay, 1993)。歩幅と歩数が理想的な比率になった時に，ランニング効率が最も良くなる。そして，歩幅と歩数はランナーの体重，体格，筋力，調整力，および柔軟性により左右される (Dyson, 1986)。

(1) 歩幅の増加

柔軟性があると，身体の可動性や関節可動域が増して歩幅が広くなる。そして，パフォーマンスが良くなり，ランニングの時間が短縮する。歩幅の長さは，つま先から次の1歩のつま先までを測れば簡単に知ることができる (Slocum and James, 1968)。ストレッチ機器の考案者はこの歩幅の伸びを「勝利の幾何学」とよんでいる。以下は100ヤードダッシュを分析したカタログからの例である (TRECO, 1987)。

歩幅が96インチのランナーは100ヤードを走りきるのに37.5歩かかる（スタートの短い歩幅を差し引いて）。そして10秒でゴールした場合，1歩にかかる時間は0.266秒である。歩幅が2インチ増えて98インチになると，ゴールするのに必要な歩数は36.74歩となる。もし1歩にそのまま0.266秒かかるとしたら，100ヤードに10秒かかっていたものが9.8秒まで短縮される。10秒かかる人よりも6フィートの差をつけてゴールすることができる。

もう1つの「勝利の幾何学」の例は，表19.1に示されている (Dintiman and Ward, 1988)。バイオメカニクスの面だけから見ると，

第19章　ストレッチングと柔軟性の機能的側面

表19.1　助走つきのスタートによる40ヤード走における歩幅の増加とその効果

	歩幅	一秒あたりの歩数	一秒間に進む距離	推定ゴール時間
歩幅の増加前	6フィート　　　　×	4歩/秒	＝24フィート	5.0秒
歩幅の増加後	6フィート6インチ×	4歩/秒	＝26フィート	4.6秒

G. Dintiman and R. Ward, 1988, *Sport speed* (Champaign, IL: Human Kinetics),149. より許可を得て転載。

歩幅が増えるのは下肢の柔軟性が増すからである。歩数が変わらないなら、ゴールまでの時間は縮むのである。

しかし、歩幅に関与する要素には、ランナーの重心移動時の速度、角度、高さ（Carr, 1997; Steben and Bell, 1978）、大腿部の角加速度（着地時の脚間の角度）（Kunz and Kaufmann, 1980）、股関節の可動性と下肢の柔軟性（Carr, 1997; Dintiman and Ward, 1988）、ランナーの脚力（Carr, 1997; Dintiman and Ward, 1988; Dyson, 1986; Ecker, 1971; Robison et al. 1974）がある。脚が力強く蹴り出されると、1歩ごとの地面に対する推進力が増して歩幅が広がる。この前方への身体の推進力による歩幅の増加は、ランニングの機械効率を妨げないことから歩幅を広げるのに最も良い方法であるといわれている。1歩踏み出すごとに、支持脚はランナーの重心の下にくる（Steben and Bell, 1978）。「脚を伸ばすこと」で歩幅を増やすと、オーバーストライド（支持脚が重心より前方に着地すること）となり、着地がブレーキになったり歩数が減少したりしてタイムが低下することになる（Ecker, 1971; Robison, 1974）。

歩幅の増加は、脚と地面の相互作用であるため歩数が重要となる。脚の遅すぎる回転は動きの効率の妨げになり、広すぎる歩幅は距離に対する効果的な歩数が減少するため運動量を低下させてしまう。人間の場合、ある一定の速度で歩数を増やそうとした時、脚のバネの硬さが身体のバネ作用に最も重要となる。「最低歩数と最大歩数で走った場合、その脚のバネの硬さは2倍以上となる」（Farley and Gonzalez, 1996, pp.185-186）。

歩幅に影響のある要素として、柔軟性と関係の深いクロスオーバーの度合いもあげられる。クロスオーバーとは走行中、ランナーの脚が身体の中心線を超える距離をいう（図19.1参照）。この現象は「非対称な脚の動き」ともいわれる。プリチャード（Prichard／Cailliet, 1991より引用, Brant, 1987による; Neff, 1987）は、長距離ランナーはクロスオーバーによってさらに長い距離を走ることになると仮定している。例えば、典型的なマラソンランナーは、1マイルにつき1,000歩（1kmあたり620歩）、もしくは1レースにつき26,000歩着地をしている。仮に着地時のクロスオーバーを2インチ（5cm）縮めると、合計4,333フィート（1,320m）も距離が縮まることになる。

クロスオーバーの原因は何か？　1つは未

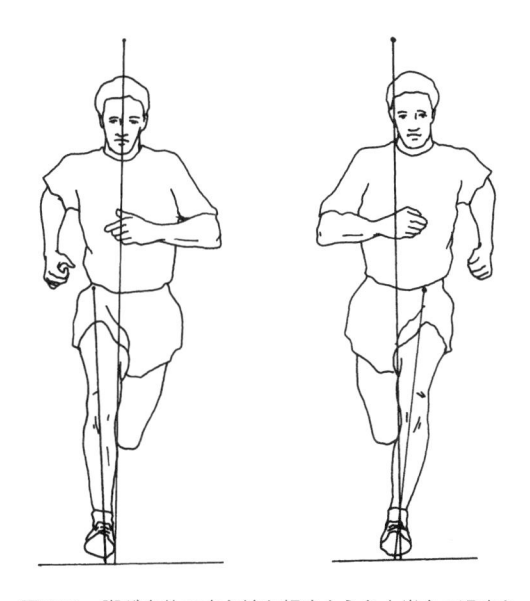

図19.1　脚が身体の中心線を超すような上半身の過度なトルクは、ランナーのケガの原因となりがちである。Prichard (1984).より転載。

熟なテクニックである。しかし，プリチャード（Brant, 1987 より引用）は，脚長の左右差，脚の内転筋の硬さ，上半身のトルク（体幹上部の硬さなど）の3つの要素の1つ，もしくは組み合わせが原因であるとしている。上半身のトルクは，胸筋の硬さによる肩の非柔軟性によって決まる。例えば，ランナーが右腕を後ろに引いた時，それによって左腕が身体を横切る。結果として，右脚が代償動作として左にクロスしてしまう。このクロスオーバーは「非対称な腕の動き」という（Hinrichs, 1990, 1992）。体幹上部の柔軟性が向上し，スティフネスが減少すると，上半身のトルクは低下し，パフォーマンスが向上する。体幹を大きく横切る腕の動きは，膝や下肢のケガの原因になる（Brant, 1987; Caillient, 1991; Prichard, 1984; Volkov and Milner, 1990）。左右非対称が原因となる症状が出る前に，そしてランナーのパフォーマンスが非対称性の改善によって良くなるのか悪くなるのかを判明させるためにもさらなる研究が必要である（Hinrichs, 1990, 1992）。

(2) 力が発揮される範囲の増加

柔軟性がランニングタイムを縮める2つめの理由として，速度の増加があげられる。速度は力が作用する距離や範囲が増えることにより増す。トルスマ（Tolsma, 1985）は足部の前部と後部の筋（底屈筋と背屈筋），大腿部前部の筋（大腿四頭筋），臀部後部の筋（大臀筋）の柔軟性が向上すると，力が作用する範囲が広がるとしている。以下はマクファーリン（McFarlane, 1987），スローカムとジェイムズ（Slocum and James, 1968），トルスマ（1985）による研究を基にした分析である。

1) 足部底屈筋

ランニングの支持期は「フットストライク，ミッドサポート，テイクオフ」の3つにはっきりと分けることができる。フットストライクは，足が地面に接触してからしっかりと底屈する間，ミッドサポートは，足が固定された時点から踵が地面から離れる間，テイクオフは，踵が地面から上がってから，つま先が離れるまでの間のことである。ミッドサポート時において膝は，踵が地面についている間は30～40°屈曲し，下腿後部の筋が伸びている。しかし，下腿の筋が短いと，踵は地面から早めに離れてしまう。結果として，下腿の筋が収縮して地面を蹴る力は，狭い関節可動域内でしか発揮されなくなり（図19.2参照），力は低下する。以上のことから，ウォーミングアップ時のストレッチングでは，ランニングを想定して膝をやや曲げた状態でふくらはぎの筋を伸ばすべきである。

2) 足部背屈筋

テイクオフ期の後半において，下腿による推進動作は重要で，底屈の可動域が大きいほどその力は持続される。つまり，下腿前部，足関節，足部のストレッチングが重要となる。柔軟性のある足関節と，ないものの可動域の差については図19.2に示している。

3) 大腿四頭筋

大腿四頭筋の柔軟性はランニング効率に大きく影響する。テイクオフの間，股関節は伸展していき，股関節屈筋群（大腿直筋, 腸骨筋, 大腰筋）は伸ばされる。柔軟性が向上すると，それらの筋は地面に対して長く力をかけることができるようになる。要は，力をいかに効率よく使うかということである。シャッシュら（Schache et al. 2000）はトーマステストを変形させた，パートナーストレッチングによる股関節伸展の柔軟性のテストを使い実験した結果，最大下でのランニング速度と，股関節伸展の最大関節角度には

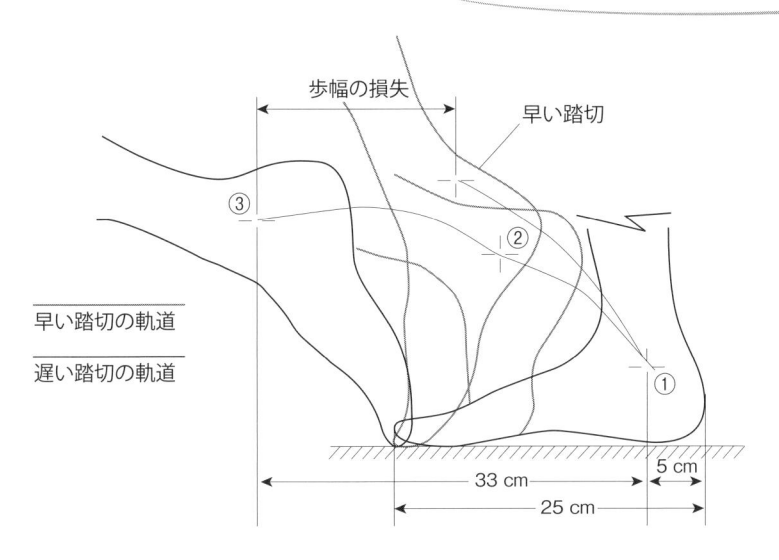

図19.2　早い踏切と遅い踏切の違いによる歩幅への影響
　足関節の柔軟性がなく，つま先が地面から離れるのが早くなると，歩幅が狭まり重心が上にあがってしまう。つま先が地面から離れるのが遅いほど歩幅は広がり重心が下がり，効率よく走ることができる。
D. Martin and P. Coe, 1997, *Better training for distance runners, 2nd ed.* (Champaign, IL: Human Kinetics), 27. より許可を得て転載。

関連がないことを報告している。

4) 臀筋

　臀筋群も股関節伸展の可動域を広げることで，ランニング効率を最大にすることに関与している。ランニング中，腿を上げている間，膝は前へ動いて股関節が最も屈曲したところで止まる。この時（膝が胸の方へ上がっている時），臀筋群は伸びている。理論上，膝が適度に高く上がると，その力を股関節伸展に使うことができる範囲が広がる（膝が上がりすぎると効率は落ち，ランニング時間も延びてしまう）。

(3) 筋の抵抗の減少

　ストレッチングと柔軟性は，動作を妨げる筋力やそれを受ける抵抗力を低下させることができる（de Vries, 1963; Tolsma, 1985）。ハブリーコージーとステイニッシュ（Hubley-Kozey and Stanish, 1990）は，この現象を軟部組織による抵抗の少ないランニング，一方マクファーリン（1987）は筋内の抵抗の少ないランニングとしている。他動的なパートナーストレッチングの場合，筋は伸ばされるほど抵抗が増加する。抵抗は最初はゆっくりであるが伸展につれて急速に増加する。筋が長く，柔軟性があるほどこの抵抗の出現は遅くなる（Tolsma, 1985）。よって，反対側の筋（主働筋）の出力は，拮抗する筋の柔軟性が高ければ余分なエネルギー消費を必要とせず，長時間にわたり力を発揮しつづけることができる（Kulakov, 1989; Tolsma, 1985）。ストレッチングと受動的な筋緊張の低下に関する考察は文献により異なる。トフトら（Toft et al. 1989）は，コントラクト−リラックス法によって，足関節背屈の受動的緊張はストレッチングに関係なく低下させることができるとしている。一方，ミュアーら（Muir et al. 1999）は，静的な足関節背屈による下腿三頭筋のストレッチングでは，有意な筋緊張の低下は見られなかったとしている。これらはストレッチングの手法が各々違ったため，異なる結果が出たものと考えられる。もう一つの可能性としては，トフトら（Toft et al. 1989）の結果で見られた受

動的な抵抗の低下は，実験でのストレッチングもしくは結合組織の状態によるものであると考えられる（Muir et al. 1999）。

(4) ランニングに必要な柔軟性はどれくらいか

ある程度の柔軟性が，最適なランニング効率には必要である。しかし，そこには3つの基本的な疑問があげられる。①最適なランニングには，実際にどのくらいの柔軟性が必要なのか，②関節可動域を広げるために軟部組織へのストレッチングは有効か，③ランナーは脚をスプリットするのに柔軟性が必要か。ランナーは日常的に大きなレース前に過度のストレッチングを行っているが，これは専門家達には良いとされていない（Dominguez, cited by Shyne, 1982; Fixx, 1983; Frederick, 1982; Wolf, 1983）。

残念なことに，それぞれの競技で必要な平均的な各関節の可動域に関する情報は少ない（Hubley-Kozey and Stanish, 1990）。しかし，ランニング中の脚動作に関する様々な角度からのバイオメカニクス的分析により，特定の関節に最低限必要なものは解明されてきている。長距離選手に必要な関節可動域は，ダンサーや体操選手にとって必要なものと比べると狭い。自然なランニングの歩幅である場合，股関節が屈曲している時には膝も屈曲しているため，ハムストリングスが長く伸ばされることはない。よって，ランナーのハムストリングスの柔軟性が非常に高い必要はない（Tolsma, 1985）。ランナーに必要な関節可動域というのは，軟部組織に過度な抵抗がかからないくらいで十分なのである（de Vries, 1963; Hubley-Kozey and Stanish, 1990; Martin and Coe, 1997）。ここでまた，どのくら

図 19.3　ランナーのストライドアングルは 90 ～ 100°が望ましい。
Martin and Coe (1997). より転載。

いの柔軟性が必要か，という疑問が出てくる。プリチャード（Brant, 1987 より引用）は，趣味レベルでのランナーには最低 90°，競技ランナーは 100°ストライドアングルが必要であろう，と提言している（図 19.3 参照）。ストライドアングルとは，前に曲げて上がっている脚と後ろに伸びている脚の成す角度である。前述した仮説を明らかにするためにも，さらなるこの分野の研究が必要である。

5. 水泳と水球

競技性のある水泳やレクリエーションの水泳での目標は，決められた距離をできるだけ速く泳ぎきることである。泳ぐ速度の平均は1ストロークの長さとその回数を組み合わせたものとなる（Hay, 1993）。ストロークの長さは，スイマーが動いて水中を進むことができる推進力と，水がスイマーの動きと逆の作用をする抵抗力の2つの力で決まる（Hay, 1993）。次のセクションでは，身体の5つの部位の柔軟性が水泳においてどのように影響するかを分析する。

(1) 力発揮の範囲の増大

柔軟性が増加すると泳ぐ速度が向上し，タイムを縮めることができる。柔軟性の向上によるタイムの短縮は，力が発揮される距離や範囲が増すことで得られる。リューイン（Lewin, 1979）は泳力を向上するために足関節，股関節，脊柱，肩関節，膝関節の柔軟性を増すべき身体部位としてあげている。

1) 足関節

クロール，背泳ぎ，バタフライには足関節の強力な底屈力が必要である。良いスイマーはフラッターキックといわれる股関節の上下運動（屈曲と伸展）を使っている（Hay, 1993; Hull, 2002）。下向きのキック時には，股関節の屈曲で脚を降ろしながら，伸びた足先で推進力を生み出す。上向きの時には，脚が屈曲から伸展しながら，足の裏で前進の力を生み出す。キュアトン（Cureton, 1930）は，上向きのキックの方が下向きのキックよりも推進するのに効果的であるとしている。

後方への力は足の位置が重要になるので，効果的なフラッターキックには柔軟性のある足関節が必要である（Bunn, 1972; Counsilman, 1968, 1977; Hull, 1990-1991, 2002; Lewin, 1979）。ロバートソン（Robertson, 1960）は，足関節の柔軟性と推進力に密接な関係を発見した。足関節の柔軟性を向上させるためには，下腿前部の筋（足関節やつま先の背屈筋など）をストレッチングすると効果的である。スイマーの足関節は一般人と比べると柔軟性が高い（Bloomfield and Blanksby, 1971; Hull, 2002; Oppliger et al. 1986）。

水泳において足が脛に向かってしっかり背屈できることは重要である。この動きは特に平泳ぎでよくわかる（Bunn, 1972; Counsilman, 1968; Hay, 1993; Lewin, 1979; Rodeo, 1984）。平泳ぎで最も効果的な脚の動作はウィップキックである（Hay, 1993）。平泳ぎにおける背屈の必要性には2つの説がある。①キャッチの段階で，足が尻の上にあるとき膝は90°以上曲がり，足関節が外反する。足の裏が後ろに向いて上向きになり，足はつま先が横に向くように返される（Rodeo, 1984）。足同士が離れ始めると，足関節の背屈が始まる。この姿勢では広い面で水を「キャッチ」することができ，下向きにキックすることで水を後ろに押すことができる（Counsilman, 1968; Gaughran, 1972; Rodeo, 1984）。したがって，スイマーがこの動作を行い，キックをする時につま先が後ろを指すような形になっていると，キックの効果は半減する（Gaughran, 1972）。②リューイン（1979）は，スイマーは足の背屈の範囲が広いほど，リカバリー期（脚を押し上げる）とパワー期（脚を伸ばす）の間にある移行段階で，早く水をつかむことができると主張している。一方，ニムズ（Nimz et al. 1988）はウィップキックに特別な柔軟性は必要ないとしている。

2) 股関節

オリンピックの水泳競技における4泳法では，特定の範囲の角度で股関節の屈曲と伸展が行われており，平泳ぎにはそのほとんどの動きが含まれている。さらに股関節の内外転が平泳ぎにはある。リューイン（1979）はスイマーが最適な泳法をマスターしたら全関節可動域では動かないものの，平泳ぎの股を開くような動き（外転）の際には，全可動域での運動が重要であるとしている。

3) 脊柱

文献では，水泳における足関節と肩関節の柔軟性がよく議論されている。脊柱の柔軟性もまた，最適なパフォーマンスに重要なものであり，体幹の過伸展は，平泳ぎのスイマーにはなくてはならないものである（Bloomfield et al. 1994）。しっかりと過伸展できると，平泳ぎにおいては，スタート時に手と頭で水面にあける「穴」に身体を入れ，抵抗を少なくすることができる。柔軟な背部は平泳ぎの最適なパフォーマンスにとって重要である。エンゲスヴィク（Engesvik, 1993）の説明によると，柔軟な背部をもつスイマーは肩が水面のはるか上に出て，手は水面の上を戻っていくため，アヒルが水の上で「背を丸めた」ように見える。この方法で泳ぐと，水中でのリカバリーよりも抵抗が少なく，速度をあげることができる。リューイン（1979）は脊柱の柔軟性を以下のようにも記している。

> 脊柱の柔軟性は，最適な泳法をトレーニングする際によく軽視される。しかし，当たり前ともいえる水中での身体の抵抗を最小限にし，運動の効率を上げるという一連の動きにおいて，変化した状態に体幹を合わせるには脊柱の柔軟性が重要となるのである。よって，すべての動きの基本面において，脊柱の柔軟性（柔らかさ）は向上，発達させるべきものである。矢状面での脊柱の柔軟性は平泳ぎとバタフライのスイマーにとっては特に重要である一方，クロールと背泳ぎのスイマーには前額面での柔軟性が必要である。さらに，身体を捻るのにも重要である（身体の中心軸に対して，肩と股関節のラインを回転すること）。脊柱の頸椎部分の柔軟性の向上には，特に注意が払われるべきである。脊柱の一部である頸椎の柔軟性が増すと，息継ぎ時の頭部，および体幹部と四肢の動きによる抵抗を減少させることができるのである (p.121)。

4) 肩関節

肩関節の十分な柔軟性はすべての泳法において重要である。クロールにおいて，肩の柔軟性の乏しい選手は腕でリカバリーをする。この技法は不正解であり非効率である（Bloomfield et al. 1985; Counsilman, 1968; Hay, 1993; Lewin, 1979）。カウンシルマン（Counsilman, 1968）によると，身体の硬いスイマーは柔軟性のあるスイマーに比べると水中でなく水面より上で腕をリカバリー＆クリアするために，身体を回転し，水平で広い掻きをしてしまう。この未熟な技術により，それによって起こる代償動作や足の横への動きが大きくなってしまい，前後の軸を中心にして横方向へ身体を動かす回転が起こる（Hay, 1993）。よって，肩関節の硬いスイマーは脚を正しい位置に保つために2ビートのクロスオーバーキックをしなくてはならない（Counsilman, 1968）。リカバリーの腕の位置が高いスイマーは，肩に問題はないと考えられる（Greipp, 1986）。

バタフライでは肩の柔軟性が必要である（Counsilman, 1968; Johnson et al. 1987; Rodeo, 1985a, 1985b）。腕が水から出る時，掌はほと

んど真上に向く（Counsilman, 1968）。腕は後方に伸展し，内旋する。このポジションでは肩関節の可動性はあまりない（Counsilman, 1968）。よって，手が水から出たらすぐ，スイマーは腕を外旋させ前に振り戻さなくてはならない。手は肩のラインより少し外側で入水すべきであるが，肩関節の硬いスイマーの場合は水中での肩の回転と手の位置が効率的ではない。ソウザ（Souza, 1994）によると，「手が入水する時，動作が主に前額面で起こるように肩を中間の位置に保つために，手は肩幅より少し広いところで水に入れた方が良い」（p.114）。

肩の柔軟性は背泳ぎにおいても重要である。腕は肘をまっすぐに伸ばして腕は肩のラインおよびその真上で（Counsilman, 1968），もしくは肩の真上より少し外側でほとんどの動きを行い入水する（Hay, 1993）。このように，リカバリー時の腕は実質的に垂直面に対しまっすぐな線上で動く（Counsilman, 1968, 1977）。しかし，肩が硬いほど腕はその線上から離れたところで入水するため，効率が悪くなってしまう。肩の動きが制限されることで，垂直面から横に脱線することとなり，臀部と脚が横へずれてしまう。結果として，スイマーが作り出す抵抗が大きくなってしまう（Counsilman, 1977）。

5) 膝関節

膝の柔軟性はおそらく泳法技術の向上においてあまり重要視されていない。しかし，膝の柔軟性は股関節と同様，特に平泳ぎには重要なものである。リューイン（1979）によれば「下腿が横に大きく動かせる（外転）ことは効率的である。なぜならその可動域でキックのパワー期における，押す面の弧が決定するからである」（p.120）。

(2) 筋の抵抗の減少

ストレッチングと柔軟性の向上は，水泳中の動きを妨げる筋および受動する力を減少させると考えられている。前出の筋の抵抗の減少を参照のこと（389頁）。

(3) 水泳にどのくらいの柔軟性が必要か？

たいていのスイマーは，柔軟性がないというより柔軟性がありすぎる（Falkel, 1988）。いくつかのストレッチングは今や「潜在しているケガを悪化させるか，問題を発生させる有害なもの」として認識されている（Litchfield et al. 1995, p.53）。マリーノ（Marino, 1984）はダグラス（Douglas, 1980）を引用し，水泳のコーチや選手は，肩にダメージを与えるパートナーストレッチングを受けることによって，肩関節前部の関節包が故障すると考えているという。そのため，マリーノ（1984）はコーチと選手に，筋の柔軟性と関節包の緩さの違いを認識するように提言している。「肘が背中でクロスし上腕骨が水平外転するような理にかなっていないストレッチングは，筋の柔軟性を上げもしないし，適度な関節可動域を維持するものでもない」（p.223）。さらに，この方法は前方への脱臼の可能性を高めてしまう（Dominguez, 1980; Litchfield et al. 1995）。リッチフィールドら（Litchfield et al.）は「肩を頭上に上げ屈曲して痛みが出るストレッチングはインピンジメントを悪化させるため，良いとはいえない」（p.53）と批評している。ゆえに，選手はどのくらいの柔軟性が必要なのかだけでなく，どのストレッチングが適切なのかを知る必要がある。

水球選手も水泳と投球が組み合わさった繰り返しの動作があるため，肩をケガをする危険性が高い（Elliott, 1993）。柔軟性のある水球選手は，体の横で繰り返し腕を回転するため，肩

前部の関節包が緩み，安定感がなくなってしまうことがある。そして，ストレッチングのしすぎでこの緩みを悪化させるのである。過度のストレッチングは脱臼をも引き起こしてしまう。ロリンズ（Rollins et al. 1985）によると，水球選手の肩脱臼は頻繁に起こっている。脱臼は，相手選手により外転，外旋の力が強制的に腕にかかることで起こる。柔軟性のある水球選手は，肩まわりの筋力トレーニングをストレッチングよりも重点的に行うべきである。

水泳を競技レベルで行う選手には痛みがあることは，日常的なことである。ウェルドンとリチャードソン（Weldon and Richardson, 2001）によると，3～80％の水泳選手が肩に痛みがあるという。ある文献ではシーズン中の水泳選手の泳ぐ距離は1日あたり8,000～20,000ヤード（約7.2～18km）であるとしている（Beach et al. 1992）。カウンシルマン（1968）は4：1の走と泳の比率を出している。4マイル（約6.4km）のランニングには，水泳を1マイル（約1.6km）行うのと同じエネルギーが必要である。したがって，シーズン中の平均的な水泳選手の泳ぐ距離は，ランニングに換算すると1日あたり32,000～80,000ヤード（約28.8～72km）以上，もしくは1日45マイル（約72km）以上走っていることになる（Beach et al. 1992; Johnson et al. 1987）。さらに，大学の水泳選手は年間に平均100万ストローク以上行っている（Kammen et al. 1999; McMaster et al. 1989; Rockwood and Matsen, 1998）。

このように，オーバーユースは痛みを増長させる主な要因となる。不適切なトレーニング，技術，パフォーマンスのレベル，筋力のアンバランス，肩関節の大きすぎる可動域などの様々な要因が，肩のオーバーユースの原因となる（Bak and Magnuson, 1997）。関節が不安定であるために起きるケガに，炎症，痛みを繰り返した肩甲上腕関節の亜脱臼がある（Weldon and Richardson, 2001）。そこで肩の柔軟性と痛みに関係性があるのかという疑問があがる。何人かの研究者（Greipp, 1985; Johnson et al. 1987; Johnson et al. 2003; Richardson et al. 1980）は，肩関節の柔軟性の低い水泳選手は肩のケガをしやすいと提言している。一方，ドミンゲス（Dominguez, 1980），ファルケル（Falkel, 1988），ジョンソンら（Johnson et al. 2003），とマクマスター（McMaster, 1986）は，水泳選手における過度な柔軟性と過度なストレッチングの影響，さらにそれが肩のケガにどうかかわるのか議論している。

肩関節の可動域と痛みの関係のデータは様々である。例えば，バックとマグヌソン（Bak and Magnusson, 1997）は，肩関節の可動域の変化は肩の痛みの発生とは関連がないとしている。逆に，グレップ（Greipp, 1985）は，水泳選手の肩関節の柔軟性欠如と肩の問題には強い相関関係があるとしている。15～21歳の水泳選手28人を対象にした研究では「柔軟性は肩の痛みとさほど関係がないようである」としている（Beach et al. 1992, p.267）。トップクラスの水球選手についてもその関係は見られなかった（Elliott, 1993）。

ゼメックとマギー（Zemek and Magee, 1996）は，肩の弛緩性と水泳選手の成功のレベルには直接的な関係があるとしている。しかし，肩関節の可動域が広いと肩甲上腕関節の安定性が低くなり，水泳選手はケガをしやすくなる。さらに，肩の関節包および靭帯が緩むとローテーターカフによる力発揮が低下し（Weldon and Richardson, 2001），パフォーマンスの低下につながる。

では，どのくらいの柔軟性が水泳選手には必要なのか？ 昔からいわれているのは，軟部組織への過度な抵抗なく，最適にテクニックを駆使できる関節可動域である。ハブリーコージーとステイニッシュ（Hubley-Kozey and Stanish, 1990, p.22）は「それぞれのスポーツに必要な，平均的な関節可動域に関するデータはあまりな

い」そのため、「医者やセラピスト（コーチも）は、特定のスポーツの経験や知識、あとは選手がどのくらいストレッチをすべきかが書いてある文献に頼るしかない」と述べている。

6. 投球と投射

子供のころから行うスキルに投球がある。バン（Bunn, 1972）によると、ランニングについでスポーツでよく行われる動作である。リンドナー（Lindner, 1971）は、投球動作は上半身から横へ腕が離れるという自然な動きで、様々なスポーツに共通の動作であるという。アトウォーター（Atwater, 1979）は、腕と体幹が成す投球角度は、サッカー、やり投げのやり、テニスラケットや野球の投射する時の角度とも基本的には同じであるとしている。さらにアトウォーター（1979）は、オーバーアームパターン（上手投げ）の場合、リリースやインパクト時にほぼ完全に前腕と肘関節を伸ばすが、異なるスポーツでもオーバーアームパターン動作においては関節と身体の部分的な動きに類似性が見られると報告している。しかし、アンダーソン（Anderson, 1979）は、それぞれのスポーツで使われる上手投げには若干の時空間的な差があるため調整が必要であると指摘している。

柔軟性は投球において重要な要素である。関節可動域が広いことで、長い範囲と時間にわたって筋力を発揮できる。その結果、身体能力に関わる速度、エネルギー、力が増すのである（Ciullo and Zarins, 1983; Northrip et al. 1983）。柔軟性が高いと拮抗筋による抵抗が減少し、手足の速度が増す（Kraemer et al. 1995）。要するに、関節可動域が広いと関与する筋を予備伸長させることができ、より大きな力を発揮することができるのである。

(1) 上半身の柔軟性の必要性

繰り返し投球動作を行うアスリートの研究により、オーバーロードの質と量が、肩の筋力や関節可動域に影響し、身体の歪みを引き起こしがちであることがわかっている。野球選手の場合、利き腕とそうでない腕側の肩関節には外旋角度に大きな差がある。一方、内旋においてはその差は小さい（Baltaci et al. 2001; Bigliani et al. 1997; Brown et al. 1998; Cook et al. 1987; Magnusson et al. 1994; Werner et al. 1993）。投球のコッキング時の最大外旋角度は160〜185°である（Dilman et al. 1993; Feltner and Dapena, 1986; Fleisig et al 1995; Pappas et al. 1985）。この過度な外旋が生じるメカニズムは「より近位の身体部位が前方向に移動する時の前腕および手の慣性による遅れ」である（Feltner and Capena, 1986, p.254）。関節可動域の変化は、投球動作中の肩甲上腕関節にかかる特異なストレスの繰り返し、および周囲構造の反応に適応したものである。サンドステッド（Sandstead, 1968）は、大学の野球代表チームを対象に研究を行い、肩関節における外旋可動域は投球速度と密接な関連があるとした（r=0.77）。タロスとキング（Tullos and King, 1973）は、この外旋の増加によって内旋筋の働きが良くなり、球速が上がるとしている（図19.4参照）。

アトウォーター（1979）は以下のように指摘している。

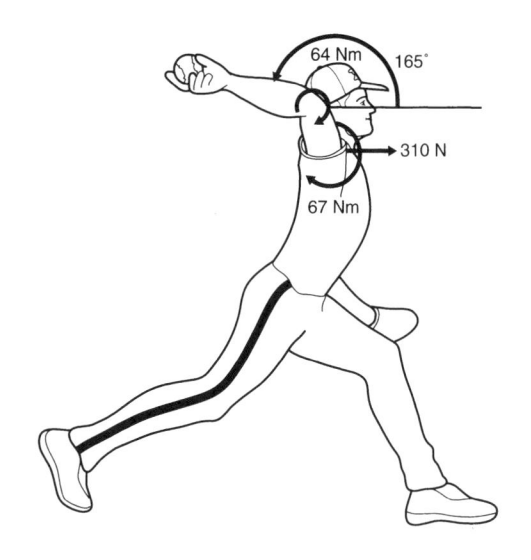

図19.4 投手の肩の外旋運動
最大に外旋する直前に，腕が165°外旋，肘が95°屈曲する危険なエリアがある。この時，67Nmの内旋トルク，肩関節に310Nの前方への力，肘関節に64Nmの内反トルクがかかる。
G. S. Fleising, J. R. Andrews, C. J. Dillman, and R. F. Escamilla, 1995, "Kinetics of baseball pitching with implications about injury mechanisms", *American Journal of Sports Medicine* 23(2), 238. より許可を得て転載．

肩前部に発生するケガの多くは，肩の外旋が最大になる位置で起こる。そして，投球速度と肩の外旋幅の間には，確かな関係性があることから，速球派の投手や，スピードや距離を伸ばす練習をしている子供たちは肩前部にケガをしやすい（p.73）。

利き腕の肩関節外旋の増加と内旋の減少は，槍投げの選手（Herrington, 1998）とテニス選手（Chandler et al. 1990; Chinn et al. 1974; Ellenbecker et al. 1996）でも報告されている。レーテルトら（Roetert et al. 2000）の，14〜17歳の国内ジュニアランクのテニス選手を対象にした継続的な研究によると，外旋可動域に有意な差は見られなかった。しかし，利き腕側の内旋においては14歳と15歳の間と14歳と16歳の間において有意に増えていることが見られ，17歳では少し減少している。サンドステッド（1968）と同様に，コーエンら（Cohen et al. 1994）は筋力と柔軟性，そして筋力とサーブ速度の関係性を発見した。ワンとコクラン（Wang and Cochrane, 2000）とワンら（2000）によると，一流のバレーボール選手における同様の調査では，利き腕側の随意での内旋可動域は，そうでない側に比べて小さいが，外旋可動域は両腕に顕著な差は見られなかった。

肩関節は，テニスのサーブやスマッシュを繰り返すと肩後部筋群の長さと関節包の構造に変化が起こり，適応していく（Zarins et al. 1985）。この適応は，サーブのバックスイング時に，肩の外旋と外転において肩が最大限にストレッチされることにより起こる（Chinn et al. 1974; Nirschl, 1973）。サーブのこの問題部分は，その見た目からバックスクラッチポジション（Nirschl, 1973）といわれる。肩甲上腕関節における外旋域の増加により，広い範囲と長い時間にわたり，筋が上腕を内旋させ加速度を生み，ボールにさらなる力をかけることができる（Michaud, 1990）。コーエンら（1994）は，手首の屈曲と肩の前方向への屈曲などの柔軟性の測定を行い，テニスのサーブ速度に関連していることを示した。

長期にわたり，繰り返されてきたケガや小さな損傷は，フォロースルーで引っ張られるストレスが集中する関節包と肩関節の後部に線維性の変化を起こしている。そして，これらの線維性の変化が背中側の関節包の伸長性を低下させ，関節構造が安定する。付随して，この線維症はテニス選手の最大内旋可動域を低下させる（Chandler et al. 1990; Chinn et al. 1974）。腕を頭上に上げる動作をよく行うアスリートには，肩関節の後部関節包と三角筋に顕著な硬さが見られ，前部の亜脱臼の原因となる（Harryman et al. 1990）。そのため，「これらのアスリートには，肩の水平内転，内旋を重点的にストレッチングをする必要がある」（Dahm and Lajam, 2002, p.7）。

アバディーンとヨーンセン（Aberdeen and Joensen, 1986）は，右利きの被験者73人が左右それぞれの手で投げた場合の比較を行い，肩関節の回旋角度において顕著な差を見出した。その差は利き手に関係があり，右利きの人の場合，右側の外旋範囲は，左側より大きく，そして左側の内旋範囲は，右側よりも大きかった。

片側だけのトレーニングを続けることは，上半身を非対称に変化させてしまう（Magnusson et al. 1994; Renstrom and Roux, 1988）。肩における大きな変化には肥大（上腕骨周辺の筋量と大きさの増加）と下制（肩甲骨それ自体の低下）がある。肩甲骨の下制はテニス選手によく見られるため，テニス肩といわれている。プリースト（Priest, 1989）は，テニス肩について2つのメカニズムをあげている。①サーブやスマッシュ時に，肩を挙上する筋，関節包，靭帯，腱は何度も伸ばされる。普段の長さを越えて繰り返し伸ばされることで，負荷がかかると肩の不安定さが増し，肩が垂れる原因となってしまう（Priest, 1989; Priest and Nagel, 1976）。②筋肥大して腕の重さが増すと肩が下がる（Priest, 1989）。この特徴を示している写真は多くの文献に掲載されている（King et al. 1969; Priest et al. 1977; Priest and Nagel, 1976）。さらにひどくなると，脊椎側彎症（脊柱の横への変形）となってしまう（Priest, 1989; Renstrom and Roux, 1988）。

スポーツ特有の上半身のオーバーユースは（ほとんどは片側だけ）骨へも影響する。ピーパー（Pieper, 1998）は，プロハンドボール選手がボールを投げる腕の上腕骨における，ねじれ角度の増加について述べている。上腕骨のねじれ角度が大きいことによって，「肩関節前部関節包と肩甲上腕関節窩靭帯が上腕骨頭の動きを抑制しない範囲での肩関節回旋を増加することができる。その結果，コッキング期が長くなり，加速度をつけることができる」(p.252)。さらに，ねじれが増すと「肩関節後部関節包により上腕骨頭が抑制され，内旋が制限される」。前腕のねじれは「関節唇が前部の保護として働き，抑制される」(p.253)。

パパスら（Pappas et al. 1985）は，ピッチャーの肩がすべてのポジションにおいて自由に動く理由は，関節液の移動によるためであるとしている。

腕で起こるそれぞれの動きには，肩甲上腕関節と肩甲胸郭部分が関与しており，構造的なダメージは柔軟性の低下につながる。ピッチングにより，肩関節の柔軟性が低下するのには，筋腱の硬さと，もう一つは前後の関節包内にある線維組織の2つに原因があると考えられる。よって，筋と関節包組織の1つ，もしくは両方が硬さの原因となり，ピッチャーの肩関節は硬くなる。

ピッチャーの肩が柔軟性をなくしている時，動作全体ではなく，ある特定の動きに注意が必要である。ある一部の柔軟性が低下すると，とにかく動かそうと代償運動が増えてしまう。代償の過程において，通常の筋活動の同調性は妨げられ，柔軟性の低下などの様々な問題となる動きのパターンができてしまう（p.227）。

テニス選手のパフォーマンスに影響する肩の内旋可動域の低下とケガの危険性が，論議の対象となっている（Chandler et al. 1990; Kibler et al. 1996; Marx et al. 2001; Roetert et al. 2000）。肩の内旋可動域が低下すると「ケガをしやすくなり，スポーツの無理な動きに耐えることができない」選手となってしまう（Kibler et al. 1996, p.284）。エレンベッカーら（Ellenbecker et al. 1996）とレーテルトら（2000）による文献のレビューでは，肩の内旋可動域の低下は自然な関節運動に影響し，ケガを誘発させるような異常な力を関節にかけてしまうと述べられている。エレンベッカーとレーテルト（2002）が，

大学生の一流女子テニス選手11人の肩甲上腕関節内外旋の可動域をシーズン中4ヶ月間にわたり調べた結果，関節可動域に有意な変化は見られなかった。4ヶ月という期間は，関節可動域が変化を起こすのに十分でなかったようだ。もう一つのケガをしやすい部位は腰部である。腰痛は一流のテニス選手においてよく見られるケガである。しかし，筋群の柔軟性との関連性は知られておらず，しかも個人差が大きいと考えられる（Chandler et al. 1990）。

関節可動域とケガ，パフォーマンスの相互作用に関する研究がさらに必要である。今後の課題をキブラーら（Kibler et al. 1996）が以下のように提示している。

- 関節可動域の欠如を改善することでケガおよびパフォーマンスはコントロールできるか？　もしそうであれば，最も効果的な方法は？
- 関節可動域の欠如の解消で，パフォーマンスおよびケガの危険性との関係はどうなるか？
- 関節可動域は直線的に減少していくのか？それとも特定のカーブを描くのか？
- 関節可動域の欠如は筋力トレーニングの量，他の練習条件，もしくは子供時代の活動が組み合わさったものなのか？

(2) 下肢の柔軟性の必要性

肩関節の関節可動域が投球動作に重要であるとすれば，下肢の関節可動域の必要性は何であろうか。ティペット（Tippett, 1986）は，大学野球の投手16人を対象に下肢に関する支持脚と蹴り脚の可動域について研究し，足関節の底屈，股関節内旋，股関節伸展の可動域は支持脚の方が蹴り脚よりも大きかった，としている。逆に，蹴り脚の股関節伸展角度は支持脚よりも大きかった。下肢の関節可動域と投球動作の相互作用をバイオメカニクスの面から見た考察は，次の通りである。

- 支持脚の内旋は脚を引き寄せる時に関与する。この回旋は脚から始まり，臀部および股関節，体幹，そして腕へ続く力の移動を効果的にし，固定された支持脚の上をコイルのように巻きついて「負荷をかける」ことができる。
- 蹴り脚の股関節が屈曲し，膝が屈曲し，身体の前にきて横切る。この動作は支持脚の位置で，大きな回旋力を生み出す。
- 脚の踏み込みでの蹴り脚の正しい位置は，膝関節伸展，股関節外転と外旋で決まる。ピッチャーがプレートをまたぐ時，支持脚は股関節が伸展することで力を発揮する。この段階で，支持脚の股関節伸展と足関節底屈が大きくなり，「理論上，モーションを大きくすることによって，筋が力をより発揮することができるのである」（p.13）。

投球動作をする選手にはどの部位に柔軟性が必要なのだろうか？　テニス選手にとっては，サーブ時に理想的なラケットの動きをできるレベルの肩関節の柔軟性が有益なのは明白である（Bloomfield et al. 1985）。球速の速い投球フォームのアスリート（投手など）は，コッキング時に過度な関節の緩みや不安定性がないよう，肩関節の可動域が柔軟に動くようにしなくてはならない（Boscardin et al. 1989）。非投球側の腕の運動プログラムは左右が非対称にならないように設定するべきである（Priest, 1989）。十分な柔軟性もしくは筋力が欠如していると，パフォーマンスの低下やケガの原因となるのである。

7. レスリング

　レスリングにおいて柔軟性が重要なのは論理的に考えることができる。経験的に，適度な柔軟性がオフェンスにもディフェンスにも必要であることは立証されている（Evans et al. 1993）。例えば，股関節と脚の柔軟性があるとディフェンスの時に重心を低くすることができる（Sharratt, 1984）。広い股関節の可動域があると，ディフェンス姿勢でのスキルを十分発揮できる（Song and Garvie, 1976）。「これは推測となるが，ディフェンスからオフェンスにいける自信が出たり，失敗する恐れがなくなったり，床から剥がされずにしのぐことができる」（p.15）。さらに，「優れた柔軟性は，軟部組織の損傷を防いだり，押さえ込まれたポジションから逃げ出すような"体勢のくずし"ができるようになる」（Kreighbaum and Barthels, 1985, p.297）。例えば，肩関節は両選手が床についている時によく攻撃のポイントとされる。したがって，肩関節の硬いレスリング選手は，その肩の動きについていかなければならず，ケガをしてしまう（Sharratt, 1984）（図19.5参照）。自動的な柔軟性が高いほど，相手選手の身体，腕，脚に自分の身体を巻きつけることができる（Kreighbaum and Barthels, 1985）。ソングとガーヴィ（Song and Garvie, 1980）の研究によると，カナダ・オリンピック・トレーニングセンターでトレーニングをする44人のレスリング選手を対象とした調査では，柔軟性と体重に明確な関係はないと報告している。

　相撲でも柔軟性の必要性は認識されている。相撲はある程度のスピードとアジリティが必要なため，ストレッチングはトレーニングの主なメニューとなっている。

図19.5　レスリング競技における肩関節の柔軟性の重要性
　下で押さえ込まれている選手の肩が，相手選手により過伸展させられている。
M. Mysnyk, B. Davis, and B. Simpson, 1994, *Winning wrestling moves* (Champaign, IL: Human Kinetics), 151. より許可を得て転載。

8. ウェイトリフティング, パワーリフティング, ボディビルディング

　ウェイトリフティング, パワーリフティング, ボディビルディングは, ウェイトトレーニングを活用する種目である。オリンピックのウェイトリフティング競技では, オーバーヘッドスナッチとクリーンアンドジャークの２種類のリフティングがある。パワーリフティングは１ＲＭの最大重量を持ち上げる競技である。これらのリフトにはベンチプレス, スクワット, デッドリフトの動きが含まれている。ボディビルディングは筋肥大と筋一つ一つの明確化, 左右の対称性, 体脂肪の減少をポイントとしている（Garhammer, 1989b）。

　レジスタンスもしくはウェイトトレーニングは, 他のスポーツや活動においても, スキルを発揮するのに必要な身体部位の強化に利用されている。そのようなトレーニングはレクリエーションから競技性のあるパフォーマンスの向上にも効果的である。

　柔軟性とウェイトトレーニングの相互関係に関する研究は数多くされている。理論上, ストレッチングおよび柔軟性の向上は, ケガの危険性を低下させるとともに, 適切に行うことで筋肥大を促進し, 筋力をつけることができる。

(1) 正しい技術の習得

　ウェイトトレーニングにおいて, 関節の柔軟性もしくは可動性を準備しておくことは重要である。十分な柔軟性は, 模範的で安定した確実なリフティング技術を獲得するために必要である（Dvorkin, 1986）。例えば, 必要十分な柔軟性がないと, スナッチリフトにおいてキャッチとレシーブのポジションをとることができない。スナッチリフトには, 肩関節外旋を全可動域で行う柔軟性が必要である。それはウェイトが選手の背面にいってしまった時に, 外側に回転して緊急回避するためである。ローテイティングアウトとはウェイトリフターが背中の後ろから肩を完全に回し, ウェイトを身体から離すようにして, 落としてもケガをしないようにするスキルである（Burgener, 1991; Dvorkin, 1986; Kulund et al. 1978）。この特殊な柔軟性を得るために, ほうきの柄をつかった肩回し運動が推奨されている（Kulund et al. 1978; Vorobiev, 1987;『ストレッチングマニュアル』のエクササイズ284参照）。

　ウェイトリフターには, 脊柱と肘関節の柔軟性も必要である。立証するデータはないが, ヴォロヴィエフ（Vorobiev, 1987）は脊柱の柔軟性はスナッチリフトの成功と高い相関性があるとしている。脊柱の可動性が極端に低いと, バーベルを下に降ろした状態から, スナッチリフトの位置にもってくる（背部が十分に起きてバーベルをコントロールできる位置でつかみ, バーを頭上に持ってくる）ということが難しくなる。肘関節の柔軟性がないと, 肘を伸展してロックすることができなくなってしまう。

　ウェイトリフターにとって柔軟性が必要な部位は, スナッチとクリーンアンドジャークのスクワットポジションにおいて伸ばされる大腿四頭筋, 内転筋, アキレス腱である。ウェブスター（Webster, 1986）は以下のように述べている。

　　アキレス腱や足関節の柔軟性の必要性はあまり知られていないが, 注目すべきである。アキレス腱と足関節が硬いと, 踵が床からあがりベースのサイズが狭くなってしまい, リフトが不安定になる。さらに, スネを鋭角に前に倒してつま先より前に出すことで, 腰椎のカーブを軽減し骨盤を後傾させ

図19.6 ウェイトリフティング競技における柔軟性の重要性
足関節，膝関節，股関節，肩関節，肘関節，および手関節の柔軟性に注目。写真は，1994年イスタンブールで開催された世界選手権でのブルガリアのヨト・ヨテフ（155kg）のスナッチ。（写真：Bruce Klemens）

て，もっと良い姿勢をとることができるのだ（p.91）。

このように，ある程度の柔軟性は最適なパフォーマンスに必要である（図19.6参照）。

女性リフターは男性リフターよりも柔軟性があるため，ウェイトリフティングの技術を男性よりも早くマスターすることができるとされている（Giel, 1988）。

(2) 筋肥大，筋力，ボディビルディングの発達

ズーラック（Zulak, 1991）は，筋，特に筋膜へのストレッチングは，筋の成長を遅くする抑制因子をおさえ，筋肥大をさらに促進する（硬い筋膜は筋が成長する空間をなくす）と主張している。栄養士でボディビルディングの専門家であるジョン・パリッロ（John Parrillo）は，筋をストレッチングすることは重要なだけでなく，ボディビルダーには「筋の最大サイズ，形，つき方」を磨くためにも絶対的に必要なものである（Zulak, 1991, p.108）と述べている。パリッロは，「厚くて硬い筋膜は筋の成長を制限し，選手の身体を平らに見せてしまう」ため，筋膜へのストレッチングは成功への鍵なのだと主張する（Zulak, 1991, p.107）。さらなるストレッチングをすることで，筋膜内側の筋が成長する大きな空間ができる。パリッロによると，筋が血液により完全にパンプアップした時やセットごとに，筋膜をストレッチングした方が良いとしている。パリッロは他にも，ボディビルダーにとってストレッチングが有効な理由をいくつかあげている。ストレッチングにより，神経レベルで15〜20％の筋力アップをすることができる。これは理論上，ゴルジ腱紡錘の閾値が

上がることで起こる（第6章参照）。したがって，より重い重量や多くの回数をこなすことができるようになる。ストレッチングは，筋収縮を妨げる乳酸を除去し，筋の「回復」に役立つ。ストレッチングにより筋を緩ませると，選手のエネルギーレベルが向上し，酸素利用効率が増えて，トレーニング中に呼吸をしやすくなるという効果もある。さらに，ストレッチングをすると筋線維が分裂し，その数が増える（例：増殖）。ストレッチングを行うと，ポージングの時に身体をより優雅に見せることもできる。もちろん，条件がコントロールされた医学的な実験がこれらの立証に必要である。

柔軟性のトレーニングがボディビルダーにもたらす効果は以下の通りである。

・ポージングのパフォーマンスがうまくできる。
・普通なら見られない筋群を見せることができる。
・硬くならずに，効率良くパフォーマンスができる。
・体幹，頭，臀部，脚のそれぞれで，調和の取れた滑らかな動きができる。
・芸術的に協調された動きができる。
・見ている側にも，選手が楽しそうにルーティンをこなしているように見える。
・競技で勝つ，もしくはより高い順位を獲得することができる。

ワイダー（Weider, 1995）は，多くの「ボディビルダーは柔軟性を高めることでではなく，身体をねじることによって，筋の硬さを隠そうとしている」と述べている（p.136）。

(3) 張力と筋肥大の関係

張力は骨格筋の大きさと筋肥大を決定する大事な要素の1つである（Vandenburgh, 1987）。他の要素としては，力，疲労，ダメージと回復，代謝のストレス，ホルモンの影響がある（Fowles et al. 2000a）。胎児の成長に関する研究では，パートナーストレッチングは筋の発達に重要な役割をはたすことを示している。ストレッチングは，初期の筋の成長と発達（Ashmore, 1982; Barnett et al. 1980; Holly et al. 1980），局所麻酔による肥大（Goldspink et al. 1974），筋ジストロフィー（Ashmore, 1982; Day et al. 1984; Frankeny et al. 1983），神経的な退化（Pachter and Eberstein, 1985），代償性肥大（Gutmann et al. 1971; Schiaffino, 1974; Schiaffino and Hanzliková, 1970; Thomsen and Luco, 1944）などに影響を与えることができる。そして，骨格筋への機械的なストレッチングは，その代謝率を増加させることが80年以上前から知られているが，そのメカニズムはまだわかっていない（Vandenburgh and Kaufman, 1979）。パートナーストレッチングは，ニワトリ（Ashmore, 1982; Barnett et al. 1980; Carson and Booth, 1998）とラット（Loughna and Morgan, 1999）のDNAとRNA濃度，ニワトリの酸化酵素活動（Frankeny et al. 1983; Holly et al. 1980），ニワトリの筋のタンパク分解酵素活動（Day et al. 1984）を増加させることがわかっている。しかしながら，これらの研究は動物でしか行われておらず，人体で同様のことが起こるかは疑問視されている（Alter, 1996; Kadi, 2000; Lowe and Always, 2002）。

強制的な収縮とパートナーストレッチングは両方とも筋の張力を増すが，張力が増すこと自体，つまり随意的収縮かパートナーストレッチングのどちらかより，タンパク質合成や筋肥大を促進するのだろうか？ ファウルズら（Fowles et al. 2000a）は，人体のヒラメ筋を27分間にわたり，耐えうる限界の力でパートナーストレッチングをした。結果，下腿筋への最大限のパートナーストレッチングは，筋のタンパク質合成率を上げるのには不十分な刺激であったと発表した。この実験でのストレッチ時間

（27分）は，普通の筋力トレーニングで筋が伸ばされる時間（1〜2分）よりも大きく超えていることから，「パートナーストレッチング自体は，ウェイトリフティングで見られるようなファンクショナルストレッチの効果を出すことはない」と結論づけた（p.178）。

筋肥大や筋伸長の研究に，人体ではなく動物をモデルとして使うことには2つの利点がある。①研究者が被験者の実験的なコントロールをしっかりできる。②動物であれば実験後に解剖し，筋や軟部組織をとりだすことができる。

動物実験の主な難点は，実験結果を人間の場合として一般化することである（Lowe and Always, 2002）。このように，動物実験を人間にあてはめて考えるには推測をする他にない。さらなる医学的研究が，前述の発見を含む実際的な立証に必要である。

9. 肋骨壁の柔軟性とパフォーマンスおよび呼吸

胸郭の組織には，伸長性の反動もしくはコンプライアンスがある。伸長性反動とコンプライアンスに影響する要素は，胸の直径と形状，個人の身長，筋量，体脂肪と腹部の体液量，骨格組織，筋組織，肺組織，結合組織の総合的な作用である。人間の骨格や筋は大きくて重いため，体幹上部の筋量が増えることは，安静時の胸郭壁が硬く頑丈になる。そのために胸郭を広げるのに大きな筋力が必要となる。同様に，胸の大きな女性や肥満の人は，呼吸のたびに胸を持ち上げるために力を出さなくてはならない。柔軟な胸郭壁には姿勢も関係する。猫背で丸まった肩の人，もしくは頭部の下がった人は，肩の重さで胸郭を押し下げている。したがって，張っていて硬い内肋間筋もしくは胸筋が，胸の柔軟性を低下し，呼吸数を上げることとなる。

胸部の柔軟性は，競技パフォーマンスをあげるのだろうか？ 胸部に柔軟性があり，可動性があると，競技，運動および仕事におけるパフォーマンスが良くなる。ボウィン（Bowen, 1934）によると，「胸部がよく動くと，安静時には必要な空気を楽に取り入れることができ，運動時の激しい呼吸増加による運動の限界を遅らせることができる」（p.249）。

胸部と肺活量の関係についての研究をルーティットとハルフォード（Louttit and Halford, 1930）が行っている。平均年齢15.7歳の男子100人を対象にしたデータによると，一般の男子において胸部やその広がりと肺活量には関連がないと示している。一方，バリーら（Barry et al. 1987）は，一般の17〜27歳を対象に肺機能と胸部の動きの関係について調べ，統計的には，肺機能と胸部の広がりの値には有意に関連があるとしている（$\gamma = .27 \sim .42; \rho < .05$）。しかし，この結果はルーティットとハルフォード（1930）の研究結果と反しており，体幹の横への屈曲も胸部の回旋も肺機能とは特に関係はないと述べられている。

グラッシーノら（Grassino et al. 1978）は，胸壁部分の制限は，1回換気量維持のために腹部による機能が増加するという補償に関わっていると指摘している。フセインら（Hussain et al. 1985）はこの研究を発展させ，補償作用が高強度の自転車運動に影響をするか調べた。それによると一般人において，肋骨の動きが制限されると，1回換気量の低下，呼気および吸気時間の減少，横隔膜収縮の低下，呼気時の腹部筋動因の増加，呼吸パターンの変化を招くとし

た。最も顕著であったことは，高強度の運動における運動時間の減少（持久力低下）であった。

胸壁のコンプライアンス（柔軟性）は，例えば喘息，肺気腫，成人呼吸切迫症候群（ARDS），一般的な加齢等の問題とあまり関係はない。しかし，それらの症状の治療としてストレッチングやモビリゼーションが利用されている（Cassidy and Schwiep, 1989; Neu and Dinnel, 1957; Warren, 1968; Watts, 1968）。喘息の子供たちにおけるストレッチ体操の研究が1つだけ文献のレビューに掲載されている（Kanamaru et al. 1990）。一部の患者において，胸部の柔軟性が増加したことで呼吸困難（例：困難もしくは苦しい呼吸）には効果があったという研究結果が出ている。

この研究は，肋骨変形もしくは呼吸器系の病気をもつ人，健康な人およびアスリートにとって特に顕著な結果が出ている。胸郭の広がりと体幹上方の柔軟性増加のための運動が，これらの人たちの機能を向上させることができるのかを医療分野で研究されるべきである。胸郭の広がりと肺機能の曖昧な関連性を確かなものにするためには，胸郭の広がりには個人差があることに留意して，慎重に扱われるべきである（Barry et al. 1987）。

10. 飛板飛込と高飛込

男子，女子の飛板飛込（1～3m）および高飛込（10m）は，国際的な水泳種目を統治する国際水泳連盟（Fédération Internationale de Natation：FINA）により承認されている。国際水泳連盟飛込競技規則2001-2002には，6種類の飛込（前飛込，後飛込，前逆飛込，後踏切前飛込，捻り飛込，逆立ち飛込）と空中での4つの基本体勢（伸び型，えび型，抱え型，自由型）が規定されている。

(1) 審判

FINA飛込競技規則のセクションD8に，審判と4つの体勢に関する技術的な規定が記載されている。ポイントは様々な理由から減点されていく。柔軟性に直接関係する例として，優雅さ，体勢，つま先の伸び，入水がある。適切な柔軟性がないと，選手は規定されている飛込の技術をこなすことができない。したがって，柔軟性なしには，演技で高い芸術点をとることも（Blomfield et al. 1994; Tovin and Neyer, 2001），技術を発揮することもできないのである。

(2) バイオメカニクス

バイオメカニクスの観点から，飛込において

図19.7　飛込競技において柔軟性は力学的な要素を最大限に生かすために重大な意味をもつ。

柔軟性が必要な理由が2つある。①宙返りをする際の回転率（角速度）は，身体を小さくすることで増加し，小さくならなければ減少する。②身体がコンパクトな抱え型姿勢にある時，回転時の抵抗は最少となり角速度が最大となる（およそ4倍）（図19.7参照）。

コンパクトな抱え型姿勢と高回転には2つの利点がある。①選手は，視覚的に水を確認する「見つける」時間ができる。②入水前に蹴り出す（身体が開く）時間ができる。

深い抱え型姿勢がとれないのは柔軟性が欠如しているためであると考えられる。

(3) 解剖学的考察

飛込の能力を上げるために，特に注意をして柔軟性をあげるべき部位がある。それは，首，肩甲帯，広背筋および体幹上部，腰背部およびハムストリングス，足首である。

1) 首と肩甲帯

飛込の選手が，コンパクトなえび型と抱え型の姿勢をとるためには，しなやかな首（頚部屈曲）と肩甲帯が必要となり，そしてそれは回転数を上げるほかにも，芸術性を高めるのにも必要である。

2) 胸部，広背筋，上背部

胸部，広背筋，上背部の柔軟性は，逆立ち飛込（腕で立つ）の姿勢を維持するために必要である。加えて，適切な柔軟性があることで，入水時にストリームラインを作り，水に対して垂直角度をとることができる。さらに，身体の線は伸ばされ，引き締まっていなくてはならない。技術的な必要条件として「両腕は頭部を越えたところで，身体の線に沿って伸ばす」ことがある。しかし，この技術は十分な柔軟性があって初めて行うことができる。

最も壮観で究極的な入水は，頭部から入水し，しぶきがほとんどたたないリップエントリーである。飛込選手は掌で水中に「穴」を作り，「裂け目」に身体を入れる。身体が流線型であるほど，身体が水と触れる面積が減り，裂け目が大きくなる。完璧なリップエントリーであれば，しぶきは上がらず後に泡しか残らない。入水時に流線型の姿勢をとることができない原因として，柔軟性の欠如が考えられる。十分な柔軟性がないと，肩のケガもしやすくなる（Carter, 2001）。

3) ハムストリングスと腰背部

特に宙返りを多くする時に深いえび型姿勢をとるが，それにはハムストリングスと腰部下部に柔軟性が必要だ。深いえび型姿勢により角運動量が増加し，飛込の芸術性が高まる。ハムストリングスと腰部の柔軟性は，逆立ちの時に脚をまっすぐに保つ時にも必要である。

4) 足首：技術と力

すべての飛込選手において，高レベルでの足関節伸展（底屈）力が絶対的に必要である。ピンと伸びた足首とつま先は，飛込に芸術性をプラスし入水しやすくする。最後に審判が見て，演技の最後の印象となるのは選手の足首とつま先なのである。

11. ゴルフ

Bestcourses.com（2002）によると，アメリカでは12歳以上のゴルファーが2,670万人以上いる。日本では1,700万人（日本インフォメーションネットワークセンター，2002：www.jinjapan.org），イギリスでは2,100万人（Ask.com）がゴルフをしている。多くの要因が相互作用してゴルフでの成功と失敗を決定しているが，その1つが柔軟性である。

ゴルフのフルスイング（図19.8参照）は，スポーツの中で最も複雑な動作である。しっかりとした整合性，バランス，タイミング，筋力，柔軟性が必要とされる。フェアウェイからのティーオフや長距離を飛ばそうとする時に，スイングは最もよく使われる。ゴルファーが目指しているところは，ボールをコースの意としたところに飛ばすことと理想的な場所に止めることである。スイングのそれぞれの段階でゴルファーの身体に必要な要素が異なるため，結果として多くのタイプのケガが出てくる。そこで，スイングを主に5つの段階に分けて分析をしてみよう。

(1) アドレス

ボールに対してアドレスをする（図19.8参照）とは，ストロークの準備段階として正確なグリップと適切なスタンスをとることである。一般的にこの段階では，膝を曲げる。軽く膝を曲げることで，①重心が下がり，重心が地面に近づく，②体幹の回転が増す，③脚伸展の筋がストレッチされる，④スイングで描かれる弧が平坦になる，⑤フォロースルーで徐々に力を吸収する（Maddalozzo, 1987）ことができる。カランザ（Carranza, 2002）が，軽く膝を曲げることは次の2つのことに作用すると述べている。①バックスイングとダウンスイング時に，下半身が丁度よくねじれて回転する。②下半身がスイングの軌道の邪魔にならない姿勢になり，腕と手の力が抜け，肩からぶら下がっているようにする。ピーダーセン（Pedersen, 2003）は膝が屈曲していると，①身体をリラックスさせ，最初から楽にスイングができ，②さらに同調したスイングが可能になる，と指摘している。地面に足裏をつけて膝を屈曲するためには，下腿三頭筋とアキレス腱に柔軟性が必要である。

アドレス時，ゴルファーは硬くなり過ぎない程度に背中をまっすぐにし，骨盤から胸椎中盤までを前傾させる。この動作は腰部に柔軟性がなければできない。

1) テイクアウェイ（バックスイング）

バックスイングは，クラブを地面から後ろへ振り上げてから頭上で止まるまでの動きである（図19.8b参照）。スイングの頂点では，パワーが発揮される準備段階の位置として完璧にバランスが取られている（Maddalozzo, 1987）。バックスイングの弧は身体周辺とその上方で自然に描かれると良い。バックスイングの動作はバネ（身体を）を圧縮したようなものであり，その間，肩は目標物から離れて回転し，ゴルファーの縦軸を中心に回転する。そして，臀部はあまり動かない方が良い。マクティーグ（McTeigue et al. 1994）は「バックスイングで，上半身が先にテイクアウェイし，臀部よりも早く回転する」（p.55）と言っている。90°回転（肩の回転）してゴルファーの背中が直接目標物に向くくらいが最適なのである。この動作を行うには，ゴルファーが頚椎を最低70°左に回転させなくては頭部を良い位置に保つことができない。そのため，脊柱には十分な柔軟性が必要である。

バックスイングの間，右利きのゴルファーの

図 19.8　ゴルフのドライバーショットの各段階
(a) ボールへのアドレス，(b) 頭上での停止，(b-d) ダウンスウィングとインパクト，(d-f) フォロースルー
G. Carr, 1997, *Mechanics of sport* (Champaign, IL: Human Kinetics), 136-137. より許可を得て転載。

左手親指は過度に内転し，橈骨側に左手首が離れる。この動作はコッキング（例えば，バックスイング時に手首を後方に曲げること）と言われている。コッキングでは，肩で90°，臀部で45°の自然な弧を描き，バックスイングの頂点で右手首が回内する。手首がコッキングをしないとパワーおよび飛距離が低下する。そのため，バックスイング時に繰り返しストレスがかかり，手首の腱鞘炎や上顆炎の原因となることがある。他にストレスがかかる部位は左臀部と右肩である（McCarroll, 1986）。

バックスイングの頂点で，ゴルフクラブのシャフトはほぼ水平となる。プロゴルファーのバックスイングはアマチュアに比べると高く上がり，この典型的で理想的なポジションは写真で多く見ることができる。しかし，コントロールが乱れるため，この水平面からあまり離れない方が良い。高いシャフト位置（水平の）は，適度にあれば利点が多い。

- 関節可動域の増加により，ゴルファーがより長いレンジと時間に渡って力をかけることができる。
- 関節可動域が広いと，速度，エネルギー，力を増加することができる。
- 関節可動域の増加により，使用する筋をさら

にストレッチングすることができる。事前に伸ばされた筋は伸ばされないものと比べて大きな力を発揮できるため，ストレッチングすることによって，筋はより大きな力を生み出す。

バックスイング中，臀部を回転するために柔軟性が必要であることはニノス（Ninos, 2001）によって簡潔に説明されている。

　右利きのゴルファーの場合，バックスイング時に右臀部の外旋筋と左臀部の内旋筋の硬さが関節可動域に影響する。体幹部が右に回旋する時，右臀部は内旋し，左臀部は外旋する。逆の作用をする筋群が硬いと，臀部の必要な動きは抑制されてしまう（p.26）。

マキャロルら（McCarroll et al. 1982）は，ゴルフで起こるケガの21%はバックスイングで起こるとしている。75例のうち，バックスイング時のケガで多い部位は，背中（28），手首（25），肘，首，膝（9），手（7），肩（6）である。

(2) ダウンスイング

ダウンスイングとは，クラブがスイングの頂点からインパクトまで動くエリアである（図19.8b-d参照）。方向転換時は，加速度を途切らせず継続した動き（運動学的に）で行う方が良い。マクティーグら（McTeigue et al. 1994）によると，プロゴルファーの場合，ダウンスイング時に臀部の方向転換が先立って行われる。そして，プロ選手はクラブの回転が速く，ヘッドスピードが速くなり，身体のバネが戻って，スイングの方向へと向かう。ジョーンズ（Jones, 1999）は，余暇にゴルフを楽しむ16人を対象に8週間のPNFストレッチングをほどこしたところ，クラブのヘッドスピードが顕著にあがったと発表した。ダウンスイング時，ゴルファーは右から左へと体重移動し，手首は橈屈から尺屈へと変化する（Murray and Cooney, 1996）。マクロクリンとベスト（McLaughlin and Best, 1994）は，手首の内転（例えば，手首をコッキングの位置にとどめておく）を最後まで遅らせることは，ゴルフのスイングでは最も効果的であると立証した。ダウンスイングの最初に手首を回すことは，キャスティングといわれ，一般的にはトップポジションで起こる。この動作によりパワーが分散し，ボールをしっかりとらえることが難しくなる。

ホウジー（Hosea et al. 1990），リンジーとホートン（Lindsay and Horton, 2002），スガヤら（Sugaya et al. 1999）は，バックスイング時よりもダウンスイング時の方がストレスがかかり，ケガが起こりやすいとしている。肩，脊柱，臀部の柔軟性は最適なダウンスイングに重要である。したがって，ゴルファーは，体幹部に最大限の関節可動域を得るために，定期的なストレッチングはもちろん，プレーの前に適度なウォーミングアップをするべきである（Geisler, 2001; Lindsay and Horton, 2002; Sugaya et al. 1999）。

(3) ボールを打つ

マキャロル（McCarroll, 1986）はボールを打つ段階（図19.8d参照）をプレインパクトとインパクトに分けた。「ゴルファーがボールを打ち始める時，右手首が最大限に回外，左親指が過度に外転し，左尺骨神経，右肘，前腕筋が緊張し，左臀部が回旋する」（p.10）。そして，「インパクトの時，橈屈した左手首がまっすぐに伸びて，少し尺屈する。一方，右手首は回外の状態から急激にまっすぐになり少し尺屈する」（Murray and Cooney, 1996, p.86）。インパクト時には手首が圧迫され，クラブヘッドから手と手首へと力の移動が起こる。そして，インパクト後，「左前腕が回内，右前腕が回外して

手を"ひっくり返す"動きができる」（Murray and Cooney）。右手が左手の上に乗るのである（Maddalozzo, 1987）。マリーとクーニー（Murray and Cooney, 1996）は「ゴルフのスイングに必要とされる手首の可動域は機能的な範囲を超える。おそらく，インパクト時に左手首でボールを押し出すことで，ゴルファーの手首は可動域が増加し，ケガをしやすくなる」と述べている（p.86）。

インパクト時は他のどんな時よりもケガをしやすい（McCarroll, 1986）。クラブヘッドが時速0〜100マイル（約160km/h）に加速するため，ケガの可能性が高まるのである。特に，インパクト時に地面を打つなどボール以外の何かを打ってしまった場合，手首や肘をケガしてしまう。インパクト時に起こるほかの上肢のケガには，手根骨骨折，手根管症候群，肘内側側副靭帯のストレス，および腱炎などがある。

(4) リカバリー，フォロースルー

フルスイングの最後の段階はフォロースルーで（図19.8 d-f参照），インパクトが終了してから始まる。この段階では，手首をひっくり返す動作がまだ続いている。手首は尺屈をし，橈屈へと戻る。肩にもまたストレスがかかる。左肩が上がり前方に屈曲し，左肘が屈曲し始める。逆に，右肩は身体を横切りながら内旋する。右肩痛は長胸神経が引っ張られて起こると考えられる（Schultz and Leonard, 1992）。腰椎と頚椎は回旋および過伸展し，臀部は引き続き回旋する。これらの動きで，腕，身体，脚が外に引っ張られる遠心力が起こり，結果としてクラブヘッドのスピードが出る。スイングの最後に，臀部は肩と一緒に回転し，ゴルファーは放った目標物の方を向く。頭部はフォロースルー時にショットの行く先を見るように動く。この段階で，ゴルファーは「C」をひっくり返した姿勢となる。この姿勢は良いゴルフスイングに効果的ではあるが，「C」を返した姿勢を誇張してしまうと腰痛の原因となる。ホウジーとガット（Hosea and Gatt, 1996）は，前方へのスイング時とフォロースルー時に腰椎のL-3/L-4に最大の力とトルクがかかり，インパクトのすぐ後で痛みを感じるゴルファーが多いと報告している。モーガンら（Morgan et al. 1997）は，腰部の横への屈曲と回転軸の速度の組み合わせが，腰部の悪化とケガを起こすと仮定し，クランチファクターと名づけている。プロゴルファーのケガの研究（McCarroll et al. 1982）では106のケガがフォロースルー時に起きており，部位は背中（43），肩（18），肋骨（12），膝（10），手首（9），首（6），肘（4），手（4）と報告されている。

フォロースルー時に大きなトルクがかかっている臀部も軽視できない。しかし，右利きのゴルファーの場合，左股関節をさらに大きな力が通過するため，臀部は上記の部位と同じようにストレスに反応しない。この事は，股関節置換手術や手術後の注意を促す時に重要となる（Stover et al. 1976）。さらに，フォロースルー時に左股関節が内旋している間，右股関節は外旋する。「これらの動作は右の内旋筋と左の外旋筋の硬さの影響で起こる」（Ninos, 2001, pp.26-27）。つまり，最適な関節可動域は柔軟性のトレーニングによって維持されるということが重要なのである。ガイスラー（Geisler, 2001）がこれに関して詳細を記述している。

フォロースルーの段階では，最後の姿勢を取るために，体幹の上部と臀部両方に十分な柔軟性が必要である。臀部内外旋もしくは肩の制限でフォロースルーを完全には行えなくなり，安全にスイングの速度を遅くする時間が短くなってしまう。腰椎の伸展は，振り抜いたり，バランスの取れた高い姿勢で終わったりすることにも必要である。腰まわりや上半身に制限がある時，ストレスや代償動作の

増加は確実にゴルフスイングに反映してしまうのだ（p.215）。

ゴルファーは，たった1ヶ所の硬い部位が全身での有効な運動連鎖を断ち切ることを認識しなくてはならない。ストレッチングによって最適なスイングを行う準備が可能になる。さらに，ゴルファーはストレッチングを行う前に，ウォーミングアップを行い，ストレッチングを始める時はゆっくり伸ばした方が良い。すべてのゴルファーはストレッチングをケガの危険性を低下させるだけでなく，パフォーマンスを向上させるために必ず行うものだと認識すべきである。さらに，筋力トレーニング，筋持久力，心肺機能向上のための運動と組み合わて行うと良い。

12. バレエ，その他のダンス

劇場で公演されるダンスは，クラシックバレエとモダンダンスに分けられ，発祥，フォーム，基本的な身体的要求に違いがある（Wiesler et al. 1996, p.754）。その分野のトップを走る人々は，厳しいセレクションによって輩出されてきた。ハーダカーら（Hardaker et al. 1984）は，このセレクションを「ダンスにおける自然淘汰」と説明している。このセレクションでは，身体の形と体重，大腿の前傾，外反膝もしくは内反膝，脚の長さ，硬い扁平足，凹足（おうそく），整合性，リズム感，音楽感，筋力，パワー，持久力，柔軟性がポイントとなる（Gelabert, 1989; Huwyler, 1989; Kushner et al. 1990; Stone et al. 2001）。「成功する」ダンサーが，作られる（トレーニング）のか天性のもの（遺伝）なのかはわからない。男女のバレエ学生およびプロダンサーを対象にした研究では，コントロール群と比べ，ダンサー等の柔軟性の方が高かったと報告されている（Chatfield et al. 1990; Grahame and Jenkins, 1972; Klemp and Learmonth, 1984; Klemp et al. 1984; Micheli et al. 1984）。ダンサーはそうでない人と比べ，唯一劣る部位は，股関節の内旋である（DiTullio et al. 1989）。

(1) 解剖学的考察

ダンサーは身体のすべての部位において，すばらしい柔軟性があることで知られている。しかし，柔軟性の向上を特に注意しなくてはならない部分が，足関節と股関節の2つである。

1) 足関節

女性のバレエダンサーがつま先立ちで踊る時，底屈する足関節の柔軟性が特に必要となる。ワイスラーら（Weisler et al. 1996）は，女性バレエダンサーはモダンダンサーと比べ，足関節の内反，外反とも関節可動域が狭いと述べている。このことは，バレエダンサーは内・外反するポジションをとることがあまりないことから容易に予想ができる。カーンら（Khan et al. 2000）は，フルタイムでバレエのトレーニングを行っている16～18歳の一流ダンサーは，ほとんど背屈角度を増すことがないと述べている。クワーク（Quirk, 1994）は，足関節の可動域が将来の足関節のケガに関与するとしている。しかし，ワイスラーら（1996）は「足関節の可動域の異常だけで，その後起こるケガを予想できるという仮説を立証する証拠はほとんどない」としている（p.757）。

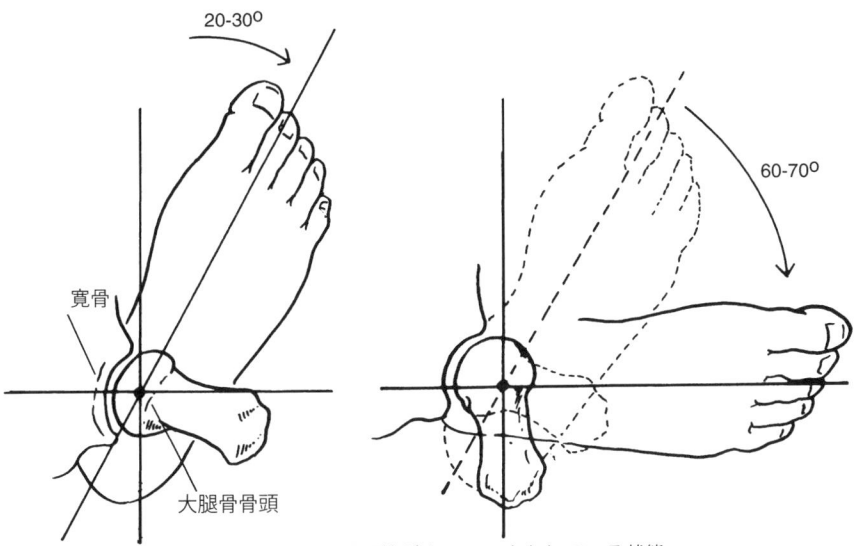

図19.9　ダンサーによる股関節でのターンアウト
　理想的には，90°のターンアウトは股関節，膝関節，足関節での外旋でできていると良い。理論上，主に股関節で外旋（60〜70°）しており，20〜30°は足部，足関節，膝関節が外側へ傾斜して行われている。
W. T. Hardaker, L. Erickson, and M. Myers, 1984, The pathogenesis of dance injury. In *The dancer as athlete*, edited by C. G. Shell (Champaign, IL: Human Kinetics), 12-13. より許可を得て転載。

2) 股関節

　プロバレエダンサーの理想的な股関節外旋角度は両脚合わせると180°（片脚90°ずつ）であり，通常60〜70°の外転が膝上で，20〜30°が膝下で起こっている（Hardaker et al. 1984）（図19.9参照）。ターンアウトは，十分な股関節の外転ができない場合，よく膝と足で無理やり行われる。この代償で膝に大きな外旋ストレスがかかり，膝内側損傷および膝蓋骨が緩んでしまう。ターンアウトをする時，膝をねじって無理に行うことがよくあるが，この動きは，足を180°に開き，その状態のまま膝をまっすぐにするプリエ（膝を半分屈曲）で起こる（Ende and Wickstrom, 1982; Hald, 1992; Stone et al. 2001; Teitz, 1982）。これは，サッカー選手がグラウンドにスパイクをしっかり埋め込んでしまい，脚を回旋させた状態とよく似ている（Miller et al. 1975）。足を180°ターンアウトすると，足関節と足部の内側部にストレスがかかり，足部の回内や足底のアーチの低下が発生するのである。

　股関節でのターンアウトができるかは，骨構造と股関節の周囲にある関節包と結合組織によりほぼ決定されるが，この構造と柔軟性の有無はトレーニングで変えられるのだろうか。医学分野の文献では一般的な意見として，通常の大腿骨前傾は8歳以上から起こり，その過程は10歳までに止まる。しかし，完全に止まるには16歳くらいまでかかる。前傾の矯正を遅くに始めてもあまり効果がなく，代償として外旋が膝下の脛骨で起きてしまう。カーンら（2000）は，トップレベルの1,2年めのプロバレエダンサー，16〜18歳の女性28人および男性20人を対象に，股関節の関節可動域が向上するかを12ヶ月にわたって調べた。男女共，1年めの生徒は2年めの生徒よりも顕著に左股関節外旋が増加した。そして，1年めの生徒にはトレーニング効果があるが，2年めではそれが止まってしまうというと考察している。しか

> **ストレッチングの中断が柔軟性に及ぼす影響**
>
> 17人のプロバレエダンサー（平均年齢27.2歳）を対象に（Koutedakis et al. 1999），6週間の夏休みが及ぼす，柔軟性を含む生理学的な影響が調査された。6週間の休暇後に測定したところ休暇前と比べて，3つの柔軟性テストにおいて15%の増加が見られた。この結果は，公式の練習が中断している時にコンディショニングが崩れるという現在の文献とは真逆である。彼らの調査結果について，クーテダスキら（Koutedakis et al. 1999）が以下のように書いている。
>
> この発見は，特に筋の柔軟性と関節可動性において，ダンサーの一般的な休暇の認識と異なっている。伝統的に，プロダンサーはシーズン前に何時間もの「ストレッチング」を行い，失ったもしくは低下したであろう筋柔軟性と関節可動性を取り戻そうとする。しかし私たちのデータによると，柔軟性レベルは休暇の前よりも最後あたりで高くなるため，このような練習が良いとはいえない（p.382）。
>
> さらなる研究がこの発見とそれに関連するメカニズムの理解に必要である。

し，すべての16〜18歳のダンサーに，股関節外旋増加の可能性があるわけではない。

バウマンら（Bauman et al. 1994）はターンアウトを完璧に行えるダンサーは大腿骨頚部角度が，平均よりも小さいことを発見した。結果として，「骨格というよりは軟部組織での，股関節外旋とターンアウトができなくてはならない」(p.61)。G.W. ウォレン（G.W. Warren, 1989）は，このことについて簡潔に述べている。

人間の身体において完全なターンアウトができることはあまりない。能力というよりも，単純に脚を外旋してターンアウトさせることを覚えておくべきである。ゴールは，踊る時はいつでも最大限のターンアウトをコントロールし維持できる筋力をつけることである。(p.11)

もう一つ外転の柔軟性で強調されることは，股関節の内転制限と腸脛靭帯の硬さからくる可動域制限である。このアンバランスで股関節前部，股関節側部，もしくは膝外側に痛みが出てしまう（Reid et al. 1987; Hald, 1992）。

13. 音楽家

ギャラップ・オーガニゼーションによると，アメリカでは5歳以上のアマチュアミュージシャンが6,200万人いるという。10家庭のうち6つで，家族の誰かが楽器を演奏した経験があり，うち5つの家庭では1人以上が現在でも続けている（Gallup Organization, 2000, p.2)。多くの要素が，時には作用しあい，音楽の分野で成功できるか失敗するかが決まる。そ

の1つの要素が柔軟性である。次のセクションでは、柔軟性が影響する可能性がある、歌手と楽器奏者という2つの大きなカテゴリーに分けて分析する。

(1) 歌手

身体は歌手の楽器である。歌手には、音質を深く豊かにするペダルや特別なレバーはついていない。良い声を出すことだけではなく、芸術的な歌を歌うために身体内を変化させるのである。リズム感、ペース、感情、歌いまわし、ドラマ、それらすべての美しい歌のニュアンスが身体の中で始まり終わるのである（Caldwell and Wall, 2001, p.7）。

「歌うことは、特にバランスのとれた身体技術を必要とする感覚運動なのである」（Bunch, 1997, p.7）。柔軟性は歌手のパフォーマンスに影響する重要な要素である。柔軟性が重要な理由を生理学的、心理的、芸術的要素の各カテゴリーから分析する。

1) 生理学

歌手に関する生理学的研究では、解剖学的な各部位の複雑さと、各部位が音を生み出すための込み入った整合性を解明していく。歌うことは呼吸と深い関係がある。呼吸のメカニズムには、体幹上部の特に肋骨、胸椎、肋間筋が関わっている。肋骨は、肺がしっかりと働くために自由に動かなくてはならない。胸郭が適切に広がらないと、肺による吸い込みではあまり空気を取り入れることができない。縮こまった肋骨（実際は肋骨につながっている肋間筋）には、様々な原因があるが（Nelson and Blades-Zeller, 2002, p.89）、ここで焦点をあてるのは肋間筋の硬さである。

吸気時、短外肋間筋が収縮して胸郭が広がり、そして胸の躯幹前後径（AP）が大きくなる。同時に、胸骨が前上方に動き、AP直径が広がる。一方、故意に息を吐く時は、内肋間筋が収縮し、肋骨を引き寄せて下に下げて内側に入る。この動きによって胸腔が小さくなる。したがって、最適な肺容量には柔軟な胸郭が必要なのである。

柔軟な身体であることを軽視するべきではない。肩と胸の筋が緊張すると空気が肺に充満している感覚が乱れ、十分な空気の供給があると錯覚してしまう。歌いだす時になって初めて空気を少ししか取り入れていないことに気づくが、実は呼吸がほとんどできていないのである。（Bunch, 1997, p.53）

歌うことと胸壁の振動も深いつながりがある（Sundberg, 1983）。サンドバーグ（Sundberg）によると「胸の振動は音を出さない便利な感覚である。つまり発声を自ら調整するための信号なのである」（p.329）。縮こまった胸は胸壁に伝わる振動感覚に影響を与えるため、ストレッチングは体内で起こるこの便利なフィードバック信号が、しっかりと作用するようにすると考えられる。しかし、この説は研究で立証する必要がある。

生理学的に、歌手にとってのストレッチングは、スポーツにおいて選手がウォーミングアップをすることと同じ効果があると考えられる。心理学的利点に関する事例は、音楽の文献で見つけることができる（Jerome, 1988; Paull and Harrison, 1997）。利点には、リラックス、緊張のほぐれ、重圧からの解放があると考えられ、さらに演奏前から演奏までの気持ちの切り替えがある。

他にもストレッチングの利点の事例（Bruser, 1997, pp.30-32; Sirbaugh, 1995; Sundberg, 1983; *Teaching Music*, 2001）として、以下のことが挙げられる。

- 緊張のほぐれと除圧。
- 日々のストレス解消。
- 筋の緊張をほぐし，歌う準備をする。
- 筋がしっかり動くように身体を準備する。
- 脊柱をリラックスさせ，脊髄とそれに付随する感覚および運動神経を自由にし，音や感覚に敏感になる。
- 深呼吸の間，体内空間がさらに流動的になり，内臓が広がりさらに自由に動く。
- 音楽的振動がさらに容易に内臓間を伝わるようになり，歌っている最中に音楽へ完全に入り込み，身体全体で音調を表現する。
- 表現力が増す。

　演奏でのもう一つの重要な要素は芸術的な表現である。アーティストは驚くべきエネルギーで一音一音を技術的に正確に歌う。しかし，もし「緊張」や「硬さ」が表に出て，視覚的な表現が欠けてしまうと，実際的なパフォーマンスの質は落ちてしまう。録音された歌を聞くことがそれであり，ライブで歌を聴くことはまた別なのである。歌手は，パフォーマンスの変化に応じる柔軟性と豊かな表現を身体で表す必要がある（Caldwell and Wall, 2001, p.7）。

(2) 楽器

　選択した楽器に関わる身体部位に柔軟性がある音楽家は，他の楽器を担当しても優れている傾向にあるが，それは器用さが最適なパフォーマンスに重要だからである（Beighton et al. 1999）。このセクションでは柔軟性と楽器演奏者の関係を述べる。さらに，弦楽器奏者と鍵盤楽器奏者に分けて検証していく。

1) 弦楽器奏者

　最もよく知られていて種類の多い弦楽器は，バイオリン，ビオラ，チェロ，コントラバス，ギターである。そして，演奏するにはそれぞれの楽器特有の技法と身体能力が必要である。弦楽器奏者については，柔軟性とキャリアの成功の関係，および柔軟性とケガの関係について考えていく。

　弦楽器奏者は，指板で指を思い切り広げる必要性がある。弦楽器奏者の上半身は，平均よりも広い関節可動域があると考えられている。バイオリンの名手であるニコロ・パガニーニ（Niccolo Paganini, 1782-1840）は，音楽家のマルファン症候群の例によく出される（Beighton et al. 1999; Brandfonbrener, 2000; Schoenfeld, 1978; Wolf, 2001）。マルファン症候群は関節の緩さと関連があるとされている。しかし，立証される証拠がなく，考えられる証拠も信憑性がなく，彼の場合は結合組織が拡散する病気などもあり，この診断には疑問が残っている（Brandfonbrener, 2000, p.72）。マンテル（Mantel, 1995, p.44）はチェロの技法本に，身体的パフォーマンスと芸術的印象の両方を促進する要因として身体の伸長性を強調している。

　クレッペル（Kloeppel, 2000, p.23）によるチェリスト，ギタリスト，コントロール群を対象にした研究は，すべてのグループにおいて左手よりも右手の方が指を「広げる能力」があるとしているが，この違いの理由はわかってない。チェロやギター演奏の影響によって指が広がるという変化はほとんどない。一方，ギタリストにはないが，チェロリストには左手の人差し指と小指の間の広がりに顕著な差が存在する。その広がりは練習によって増加したと考えられる。

　親指と手首（指を含む）の過度な可動性はフルート，バイオリン，ピアノなどの楽器を演奏するにはとても便利である（Larsson et al. 1993）。しかし，関節の過度な可動性には脊柱や膝の伸びなど補助になるものもあるが，長時間の練習やパフォーマンスの時には負担となる。右利きのバイオリニストの手首の動きの研究（Kihira et al. 1995）で，演奏の際によく使う

左手首よりも，右手首には屈曲と伸展においてより広い関節可動域と橈骨尺骨のずれが見られた。

プロの演奏家と比べると，真剣に打ち込んでいるアマチュアには「多くの疫学的，病因学的，診断的な要素」がある（Dawson, 2001, p.152）。およそ5～7％の一般的な人々には，他の結合組織に欠陥はないが中程度の過伸展という良性の弛緩性（Biro, 1983, p.701）という状態が見られる。一方，ブランドフォンブレナー（Brandfonbrener, 1990, 1997）は，手と腕に痛みのある演奏家のうち20％は過伸展ぎみであるとしている。結果として，ブランドフォンブレナー（2001）は「手指のある特定の関節における過度な弛緩性は，オーバーユース症候群や痛みを増す」（p.24）としている。ドーソン（Dawson, 1995）は，過度な可動性のある演奏者と痛みの関係の考察を行っている。16人の患者が「オーバーユース」と診断されたが，可動性が過度であるかは診断結果に委ねられている。

一般的に，過度の可動性がある特殊な関節をもつ音楽家は，同じ関節に過度の可動性のない人より明らかな症状を頻繁に訴える（Larsson et al. 1993）。過度の弛緩性と音楽家が持つ痛みの関係について2つの説明が（Brandfonbrener, 1997,2000）ある。①健常の関節可動域よりも広い関節において，構造的な損傷の増加と靭帯の損傷および捻挫が起こりやすい。②弦や鍵盤をしっかりとおさえられない指は靭帯による安定が得られない時に筋の緊張が増す。

ブランドフォンブレナー（1990）はもともとの関節の弛緩を代償することや不安定な関節による損傷を保護するような演奏方法を確立するべきであると推奨している。

音楽家が手首をケガする理由の1つは，上肢の柔軟性の欠如（低い可動性）である。手関節はキネマティックチェーンの1つであるため，柔軟性が低いと手首に代償としての損傷が起こる（Schuppert and Wagner, 1996）。

実際に起こった例は，ケガの危険性や重傷度の軽減とパフォーマンス向上に関する幅広い対策の裏づけとなる。これらの対策には，オーバーユースの回避，間違った方法の回避，正しい姿勢の維持，ウォーミングアップ，自分でのマッサージ，ストレッチング，休憩をとる，1度の長いリハーサルよりも短いリハーサルを2回行う，セッションの濃密化，痛みがある時に演奏をしない，十分な休憩と睡眠，ストレスの軽減，疑わしい時には健康相談所を訪問する等，があげられる（Arskey, 2001; Davies, 2002; Frederickson, 2002; Medoff, 1999; *Teaching Music*, 2001）。

2) 鍵盤楽器

鍵盤楽器は原則的に，ピアノ，フォルテピアノ（演奏家のタッチの重みが音に関わるため「ソフトな音」となる），ハープシコード，クラビコード，オルガン，シンセサイザーのことである。このセクションでは，主にピアノに焦点をあてる。

ピアノは1709年頃，イタリアでバルトロメオ・クリストフォーリ（Bartolomeo Christofori）によって作られた。何年間にもわたり，音や鍵盤の大きさなど様々な変化をしてきた。今日，標準的なピアノにはキーが88あり，幅48インチ（約122cm）で，バッハやベートーベンなどの音楽家によって演奏されたり書かれているものよりも大きい。ピアニストと柔軟性に関して，2つの疑問が浮かんでくる。①ピアニストの指または手の広がる幅（柔軟性）および大きさと成功のキャリアの関係は何か？ ②ピアニストの柔軟性とケガの関係は何か？

ドニソン（Donison, 1998）は国際的にピアノを演奏するにあたり，関係のあるポイントを2つあげている。ピアノは大きい手の方が楽に弾ける，そして小さい手で弾くのは不可能である。

415

ドニソンは，男性の手に比べ，女性の手は平均して15％小さいと指摘しており，標準的なピアノはほとんどの女性の手には大きすぎる。手の広がりを大きくする研究によると，複数の音楽家には手の筋力トレーニングやストレッチングのための機器を使っているようだ（Kloeppel, 2000）。おそらく，最も有名な例は19世紀の指揮者でありピアニストでもある ロバート・シューマン（Robert Schumann）であろう。シューマンは，指のストレッチをするための機器を発明し，技術を磨いたという。結果，彼は指の麻痺を起こし，演奏家としてのキャリアは終わってしまった（Chissell, 1967; von Wasielewski, 1975）。しかし，サムズ（Sams, 1971）は，シューマンの手のケガは水銀もしくは梅毒によるものであるとしている。

では，手指の関節可動域とピアノ演奏に関する調査はされているのだろうか？ ワグナー（Wagner, 1988）は，普通の人よりもピアニストは受動的な可動性が大きいことを発見した。しかし，ピアノの演奏には受動的な柔軟性ではなく，随意的な柔軟性が関わっている。さらに，今日までに，手の広がる幅を変化させる長期間の運動／指運動のプロトコルを示す研究はない。しかし，クレッペルは「もし手の幅の広がりと指の長さの増加があり，その伸びが少しでもあるいは1ミリであっても，それが元の性質を変えた可能性はほとんどない」（p.30）としている。

ワグナー（1974, p.26）はトレンデレンバーグ（Trendelenburg, 1923）と オートマン（Ortmann, 1962）から引用し，指の柔軟性の度合いはパフォーマンスや難解なテクニックを抑制する要素となるであろう，と述べている。オートマン（1962）の意見では，関節可動域を制限するものは，硬さや緩さにかかわらず，骨と関節の周囲にある軟部組織によるものであるという。ワグナー（1974）は「受動的な指の柔軟性は異常に高いレベルにまで及ぶ。広がりと過伸展には，23〜47％の変動係数がある」と示している（p.259）。ワグナー（1974）は，中年期に柔軟性が少し落ちるとしているが，それは指の器用性が劣るといった機能的な特徴なのであろうか？ 「特に50年以上，良好な運動機能のレベルを維持しているプロの音楽家にとっては，この問題は現実的な重みがある」（Piperek, 1971, Wagner, 1974 より引用, p.275）。

現在，「ピアノ演奏での動く範囲とケガの起こる可能性に関係があるかを実験した研究はない」（Wristen, 2000, p.63）が，それらは関係があると仮定されてもいる（Wristen, 2000, pp.56-62）。これらの仮説を立証するためにも，さらなる研究が必要である。

ピアニストにとってのストレッチングとウォーミングアップの利点は，前述したことと類似している。

・ストレッチングは緊張のほぐれに作用する。
・ストレッチングは日々のストレスを発散する。
・ストレッチングは筋の緊張をほぐし，働く準備をする。
・ストレッチングは筋が本来の仕事をする準備をする。
・ストレッチングは背骨を緩め，脊椎を自由にし，感覚神経と運動神経において音と感覚の繊細さを増す（Bruser, 1997; Norris, 1993; Roskell, 1998; Sirbaugh, 1995; Teaching Music, 2001）。

ストレッチングにはピアニストの表現能力を向上させる機能がある。より高い表現力はパフォーマンスの芸術性をも高めることができる。例えば，ピアニストが「縮こまって」いたり「固まって」いると，パフォーマンスの実質的な質が落ちるであろう。クルーグマン（Krugman, 1995）は，カーネギーホールで演奏した多くの偉大なピアニストの姿勢について説明している。次のコメントは姿勢と柔軟性につ

いてである。

- 特に，とても高いもしくは低いキーを弾く時，もしくは腕をクロスする演奏をする時に，ピアニストの体幹部，頭部，臀部が演奏中にあまり動かないと，手，手首，腕に無駄に力が入る。
- ピアニストの体幹部，頭部，臀部が演奏中によく動いていると，手，手首，腕において楽に効率良く，無駄な動きがなく弾けるようだ。
- ピアノに楽に向かうピアニストには，体幹部，頭部，臀部，脚に一連の動きの整合性がある。そのような，楽で整合性のある動きは，見ていて気持ちが良い（Krugman, 1995）。

ピアニストの柔軟性はパフォーマンスに多大な影響を与えるのである。

3) 打楽器

打楽器はおそらく人類が最初に作り出した楽器であろう。打楽器には弦やマウスピースがついていない。かわりに，手で叩いたり，ぶつかり合わせたり，ドラムスティックのようなもので叩いたりする。打楽器はティンパニ，木琴のような一定のピッチを刻むもの，一定性のないピッチを刻むバスドラム，トライアングル，ウッドブロックなどがある。他にも，マリンバ，シンバル，鉄琴，ティンパニ，木製のチキタス（小さいマラカス），マラカス，カスタネット，鈴，タンバリン，ベル，ゴングなどがある。打楽器奏者は，一般的に他の演奏者と多くの共通点があり，彼らにもストレッチングや適度な関節可動域があることは有益である。ストレッチングにより，打楽器奏者のパフォーマンスの向上，ケガの危険性の軽減，一般的な健康の向上が期待される。このことについて書かれている文献では，ストレッチングの利点と適切な方法について詳しく述べられている（Haley, 2000; Mikula, 1998; Workman, 1999, 2002）。

14. 要 約

数多くの要素が最適なパフォーマンスを作り出しており，柔軟性は一般的にその重要な要素の1つであるとされている。柔軟性はダンスや音楽などにおいて，技術の習得，練習，パフォーマンスを促進し最適に行えるように作用する。適切な関節可動域は競技によって異なるため，最適な柔軟性が得られるまで，特定の関節周辺の関節可動域を意図的に増加させたり低下させることで，効果的にパフォーマンスを促進することができる。ストレッチングは筋肥大の促進や呼吸器に障害のある人々の呼吸機能の改善に役立つ。これらのことを立証するためにもさらなる研究が必要である。

付章
ストレッチングエクササイズ

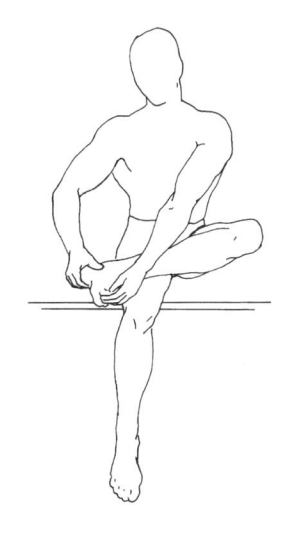

1：足底アーチ
1. 椅子もしくは床に真っ直ぐに座り，片脚を反対側の膝の上に乗せる。
2. 片手で足首をつかむ。
3. もう一方の手でつま先と母指球をつかむ。
4. 息を吸いながら，つま先を脛骨の方へ引っ張る（つま先を伸ばす）。
・筋をストレッチし，リラックスする。
・上げた側の足底部がストレッチされる。

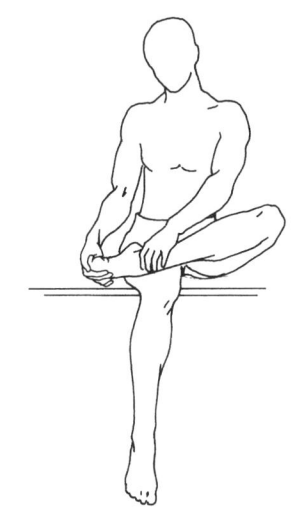

2：前足部
1. 椅子もしくは床に真っ直ぐに座り，片脚を反対側の膝の上に乗せる。
2. 片手で足首と踵をつかむ。
3. もう一方の手でつま先と足背部をつかむ。
4. 息を吸いながら，ゆっくりとつま先を母指球の方に足底へ引っ張る（底屈）。
・筋をストレッチし，リラックスする。
・足背部とつま先がストレッチされる。

419

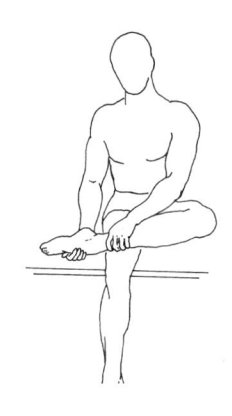

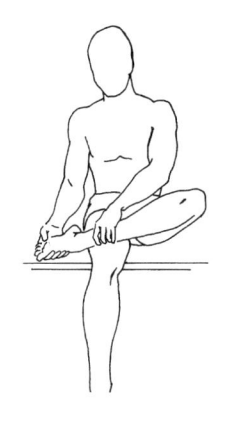

3：足背部・下腿部

1. 椅子もしくは床に真っ直ぐに座り，片脚を反対側の膝の上に乗せる。
2. 片手で足首をつかむ。
3. もう一方の手で，足背部をつかむ。
4. 息を吸いながら，身体の方へ足底部をゆっくりと引く。
- 筋をストレッチし，リラックスする。
- 足背部と足首の遠位部がストレッチされる。

5：足部前面と側部・下腿部

1. 椅子もしくは床に真っ直ぐに座り，片方の脚を反対側の膝の上に乗せる。
2. 片方の手で足首と踵をつかむ。
3. もう一方の手で足部の外側をつかむ。
4. 息を吸いながら，ゆっくりと足首を裏返す（上方に足首を回す）。
- 筋をストレッチし，リラックスする。
- 足首と下腿の前部と外側部がストレッチされる。

4：足背部・下腿部

1. つま先が後ろを向くようにひざまずく。もしこの体勢で違和感を感じたら脛部の下に毛布などを置く。
2. 息を吐きながら，ゆっくりと正座をする（可能であれば）。
3. 足指の背側をつかみ，その周囲を伸ばし頭の方向へ引っ張る。
- 筋をストレッチし，リラックスする。
- 脛骨に沿ってストレッチされる。特にターゲットとなる筋は前脛骨筋である。

注：このストレッチングはシンスプリントの予防に役立つであろう。ただし，足部間ではなく，踵先端の上に臀部をのせて座るようにする（足の間に座るポジションはWシッティングと呼ばれ，膝に悪いといわれている）。このストレッチングは膝の傷害経験がある人は避けるべきである。

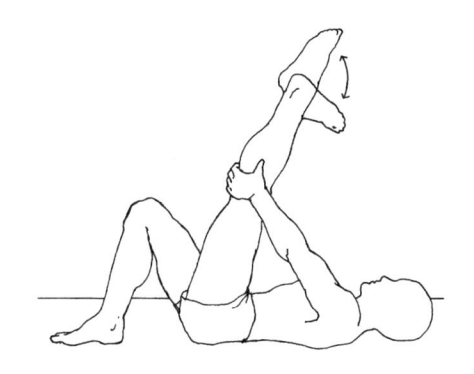

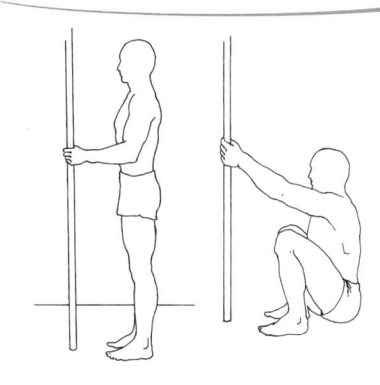

付章　ストレッチングエクササイズ

6：アキレス腱・下腿部後面

1. 脚を伸ばして仰向けに寝る。
2. 片方の脚を曲げ臀部に向かって足をスライドさせる。
3. 顔に向かって反対側の脚を持ち上げて膝窩部をつかむ。
4. 息を吸いながら、ゆっくりと顔に向かって足を背屈していく。

・筋をストレッチし、リラックスする。
・アキレス腱がストレッチされる。

注：もし下腿後面に何か問題があれば、ストレッチ後に伸ばしていた脚を曲げてゆっくりと床に下ろす。

8：大腿四頭筋

1. 足を平行にして、約30cm幅に開き、棒をつかんで真っ直ぐに立つ。
2. 息を吐きながら、わずか後方に寄りかかるように、踵は床につけたまま膝がつま先よりも前に出ないようにして、できるだけしゃがみ込む。
3. 息を吸いながらスタートポジションに戻る。

・筋をストレッチし、リラックスする。
・大腿四頭筋がストレッチされる。

注：このストレッチは内転筋とアキレス腱が張っていればそれらの筋にもストレッチ感があるかもしれない。

7：下腿三頭筋・アキレス腱

1. 壁から腕の長さよりも少しだけ離れた場所に真っ直ぐに立つ。
2. 前の脚を曲げて後ろの脚は真っ直ぐに保つ。
3. 頭、首、背骨、骨盤、脚、足首の後面の真っ直ぐなラインが崩れないようにして壁に寄りかかる。
4. 後ろ足の踵を床に下ろし、足底は床につけ、足は真っ直ぐに前方へ向ける。
5. 息を吐きながら腕を曲げ、壁に寄りかかり、体重（重心）を前方へずらしていく。
6. 息を吐きながら壁に向かって前方の膝を曲げる。

・筋をストレッチし、リラックスする。
・下腿三頭筋とアキレス腱がストレッチされる。

注：膝を曲げて踵を上げてしまうと足底のストレッチとなってしまう。

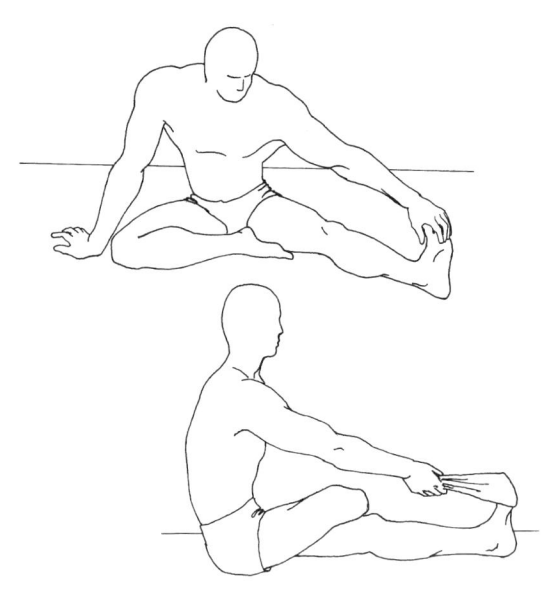

9：膝窩
1. 両脚を伸ばして，床に真っ直ぐに座る。
2. 片方の脚は真っ直ぐ伸ばしたまま，反対側の脚を伸ばしている脚の鼠径部に踵が着くまで曲げる。
3. 息を吐きながら，上体を前方に倒し，足をつかむ。
4. 息を吐きながら，脚を真っ直ぐに伸ばしたまま，つかんだ足を体幹の方へ引きつける。
・筋をストレッチし，リラックスする。
注：もし足に手が届かないときには，タオルを使い足に巻きつける。
　ストレッチの強度を上げるためには，曲げた方の脚と踵を反対側の膝の上にのせる。

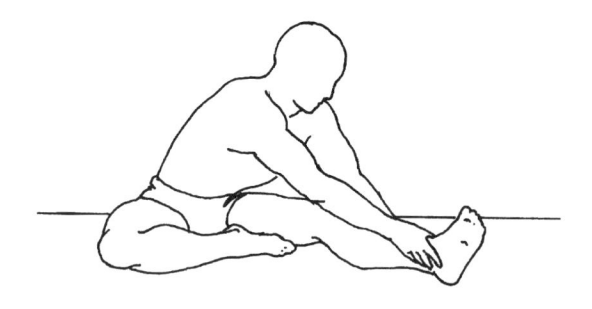

10：ハムストリングス
1. 両脚を伸ばして，床に真っ直ぐに座る。
2. 片方の膝を曲げて，反対側の大腿の内側に触れるまで踵を滑らせる。
3. 曲げた脚の大腿とふくらはぎの外側を床につける。
4. 息を吐きながら，伸ばしている方の脚を真っ直ぐに保ちつつ，伸ばした大腿に向けて，腰から上肢を前方に倒す。
・筋をストレッチし，リラックスする。
・ハムストリングスがストレッチされる。

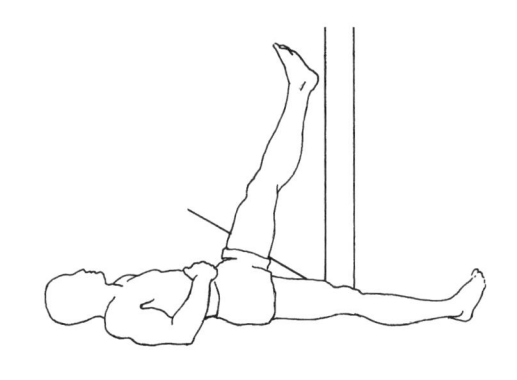

11：ハムストリングス
1. 戸口のところに仰向けに寝る。
2. ドア枠の少し前のほうに腰を位置どる。
3. 膝を伸ばして下の脚は床につけたまま，上げた方の脚はドアフレームに立てかける。ストレッチの強度を上げるためには，ドア枠と腰の距離を近づけるか上げた脚をドア枠から離す。
・筋をストレッチし，リラックスする。
・ハムストリングスがストレッチされる。
注：ストレッチの強度を上げるためには，上げた方の足にタオルを巻き付けて上げる。タオルを引っ張ることにより，脚はドア枠から離され，胸の方に近づけることができる。

付章　ストレッチングエクササイズ

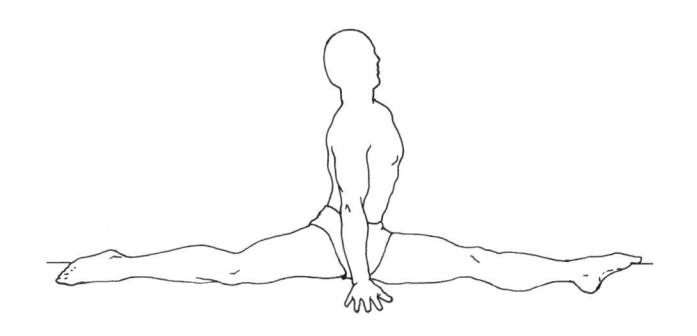

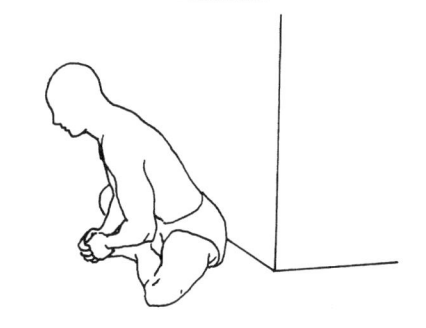

12：ハムストリングス

1. 両脚でひざまずき，横に手を置く。
2. 片方の膝を上げ，手で支えながら足を少し前方へ出す。
3. 息を吐きながら，腰を曲げ上体を前脚の腿の上へ倒していく。そして手の位置は補助として前のほうに徐々に移動させていく。
4. 息を吐きながら，前脚をゆっくり前に滑らせ，両膝を真っ直ぐ伸ばし，脚を前後に広げ背中を真っ直ぐに起こす。

・筋をストレッチし，リラックスする。
・ハムストリングスがストレッチされる。

注：股割りはハムストリングスを伸ばす効果的なストレッチ法の1つ。ストレッチは正確な股割りの方法（両脚は真っ直ぐに伸ばし，腰部は一側方にねじらず垂直に立て，臀部はしっかりと床につける）で行わなければならない。しかしながら，腰部屈筋群の緊張や適切でない訓練のために，このストレッチができる人は極めてまれである。このストレッチは体幹の上部と胸部の下部を前の大腿につけたり，股割りをしたまま上体を前の脚に折りたたむようにして覆い被せることができるほどに，股関節周りの柔軟性を増加させる。後者の方法は膝窩の緊張をまねく可能性があるという理由から，非常に卓越した競技者でさえ避けるべきである。

13：内転筋群

1. 臀部を壁に向けて真っ直ぐ床に座り，両脚を広げて互いの踵を付ける。
2. 足または足首をつかみ，できるだけ鼠径部に向かって引きつける。
3. 息を吐きながら，背中を丸めることなく腰から前方へ傾け，胸を床につけるようにする。

・筋をストレッチし，リラックスする。
・鼠径部（内転筋群）がストレッチされる。

注：背中を丸めないこと。

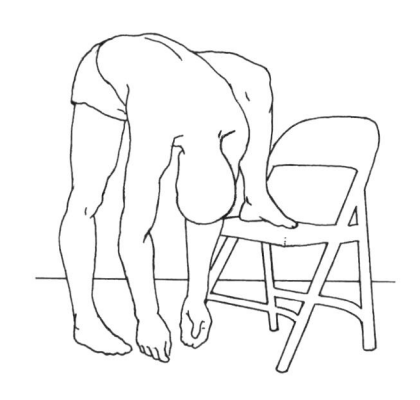

14：内転筋群

1. 真っ直ぐに立ち片足を椅子の上にのせる。
2. 息を吐きながら，腰を曲げて，両手を床に下ろす。

・筋をストレッチし，リラックスする。
・鼠径部（内転筋群）がストレッチされる。
・もとの真っ直ぐに立った状態に戻すために上体を上げるときに息を吸う。

15：内転筋群
1. つま先を外側に向けることに注意して四つん這いになる。
2. 腕を曲げ，肘を床に置く。
3. 息を吐きながら，ゆっくりと膝を開き，胸を床につけるようにする。
- 筋をストレッチし，リラックスする。
- 鼠径部（内転筋群）がストレッチされる。

注：見かけによらずこのストレッチは内転筋群に対して最も強く伸ばすエクササイズの1つである。

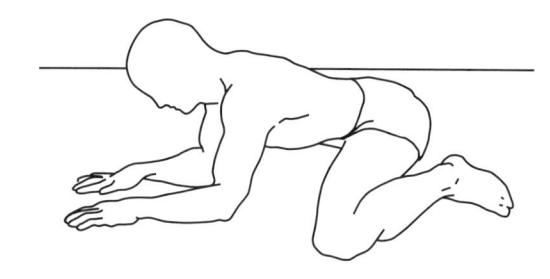

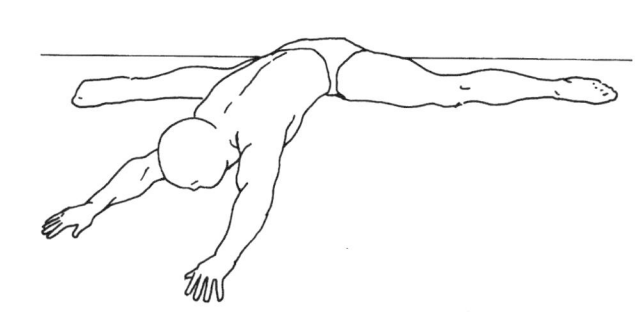

16：内転筋群
1. 両脚を広げて膝を伸ばし，背筋を伸ばして座る。
2. 息を吐きながら，背筋を伸ばした状態を保ったまま胸と腹部を床にゆっくりと近づける。
- 筋をストレッチし，リラックスする。
- 鼠径部（内転筋群）がストレッチされる。

注：理想的には，両脚を広げている間は，脚を真っ直ぐにしておくべきである。より柔軟性がある人は腰部を前後に揺らすことができる。

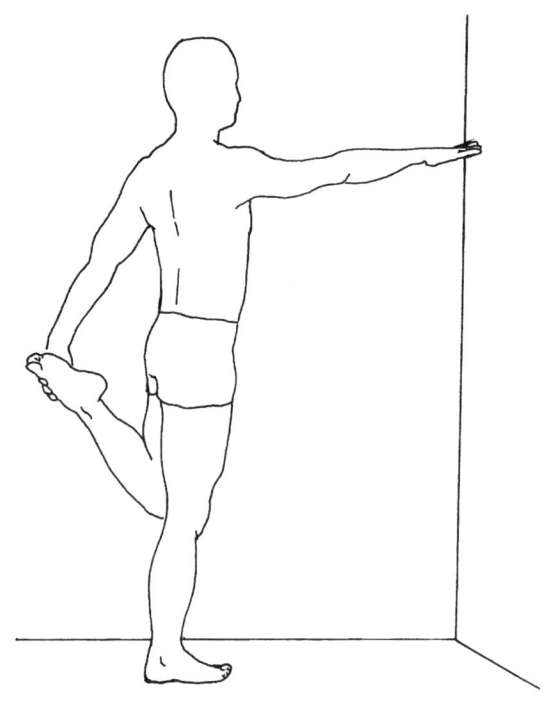

17：大腿四頭筋
1. 片手でバランスを取り支えて真っ直ぐに立つ。
2. 片膝を曲げ臀部に向かって踵を持ち上げる。
3. 支持脚を軽度屈曲する。
4. 息を吐きながら，背部に手をまわし，持ち上げた脚を片手でつかむ。
5. 息を吸いながら，膝に負担をかけすぎないようにして踵を臀部に向かい引きつける。
- 筋をストレッチし，リラックスする。
- 大腿四頭筋がストレッチされる。

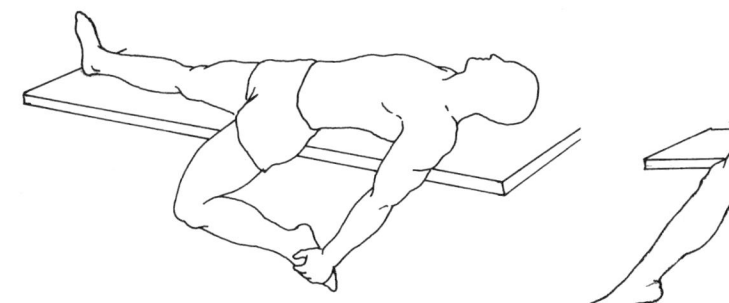

18：大腿四頭筋
1. テーブルの端に沿って仰向けになる。
2. 息を吐きながら，外側の脚をゆっくりとテーブルから下ろし，足首か足を外側の手でつかむ。
3. 息を吸いながら，臀部に向かって踵をゆっくりと引きつける。
・筋をストレッチし，リラックスする。
・大腿部の中部から上部がストレッチされる。
注：このストレッチはかなり強く伸ばすことができる。下背部を保護するために，頭を上げて腹筋を収縮させる。

20：股関節屈筋群
1. テーブルの端近くに仰向けになり，背筋を伸ばす。
2. 臀部を外側に出して，外側の脚をテーブルから垂らすようにする。
3. 息を吸いながら，膝を曲げて両手でつかみ胸に持っていく。
4. 息を吸いながら大腿部と胸を近づける。
・筋をストレッチし，リラックスする。
・大腿部の上部がストレッチされる。

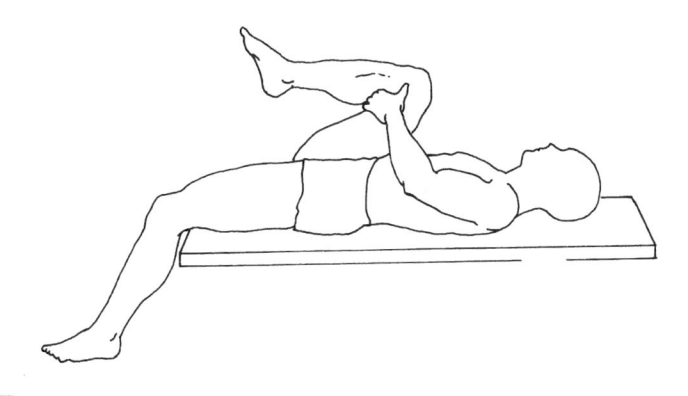

19：股関節屈筋群
1. 両脚の膝から下をテーブルから出し，背部を伸ばしてテーブル上に仰向けになる。
2. 息を吸いながら，腰部を曲げ，胸の方へ片膝を上げる。
3. 上げた膝の後ろで手を組む。
4. 息を吸いながら，片方の脚はテーブルの端から垂らし，つかんでいる側の膝を胸へ持っていく。
・筋をストレッチし，リラックスする。
・大腿部の上部がストレッチされる。

21：股関節屈筋群

1. 足を60cm幅で横に開いてから，前後に開脚し，真っ直ぐに立つ。
2. 膝を曲げ低い姿勢をとり，反対の膝は床の上につける。
3. 足の甲が床につくように後ろ足を下に下ろす。
4. 両手を腰にあて（片手を前方の膝にあて，もう片方を臀部にあてる方法を好む人もいるかも知れない），できる限り前の膝を90度に保つ。
5. 息を吐きながら，ゆっくり後ろ脚の腰部の前方を床に向かって押す。
- 筋をストレッチし，リラックスする。
- 大腿部の上部がストレッチされる。

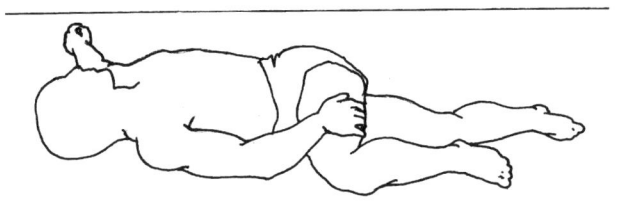

23：臀部外側・腰部

1. 仰向けになり脚を伸ばす。
2. 片方の膝を屈曲させて胸まで持ち上げる。
3. 屈曲させた膝の反対側の手で，持ち上げた膝もしくは大腿部をにぎる。
4. 息を吐きながら，両肘，頭，そして両肩を床につけたまま，引きつけた膝を床に向かって体の反対側に交差させる。
- 筋をストレッチし，リラックスする。
- 外側臀部・腰部がストレッチされる。

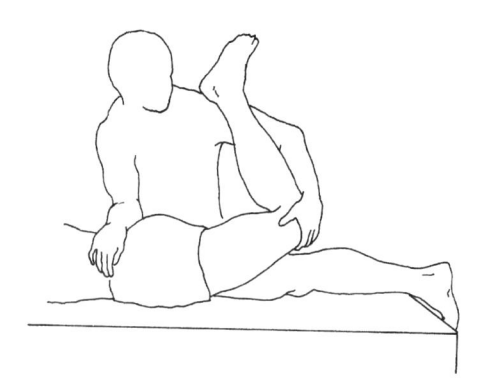

22：股関節屈筋群

1. うつ伏せになり，片膝を屈曲させる。
2. パートナーは受ける相手の横で立つか片膝立ちになり，片手は屈曲した膝の下（大腿部前部）に添え，もう片方は同じ側の臀部の上かやや上方にあてる。
3. 臀部（臀筋）に添えてある手で腹部を台や床に上から固定しながら，反対側の手で徐々に脚を持ち上げていく。
- ストレッチ姿勢を保ちリラックスする。
- 大腿部の上部がストレッチされる。
注：このストレッチは強い伸張を引き起こすので使用するときは特に注意して行う。

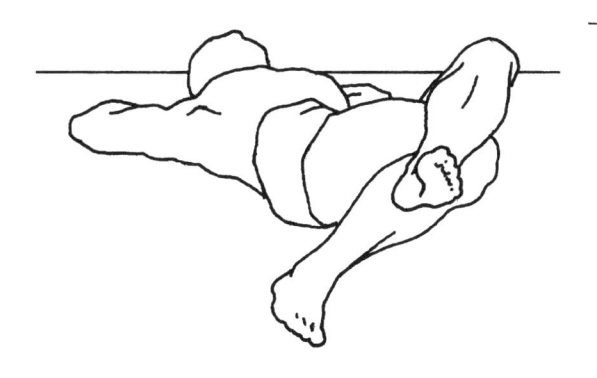

24：臀部・腰部
1. 仰向けで，両膝を屈曲し，頭の下で両手を組む。
2. 右脚の上に左脚を持ち上げて脚を引っ掛ける。
3. 息を吐きながら，両肘，頭，そして両肩を床につけたまま，床に向かって左脚で右脚を内側へ傾ける。
・筋をストレッチし，リラックスする。
・臀部・腰部がストレッチされる。

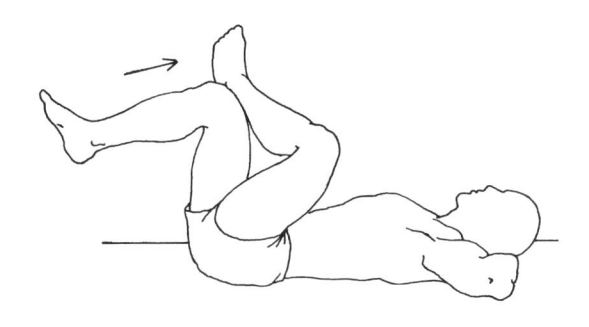

25：臀部・腰部
1. 仰向けになり，右膝の上に左足を掛ける。
2. 息を吸いながら，頭，両肩，そして背中を床につけたまま，右膝を曲げて床から右足を離して持ち上げ，顔に向かって左脚を押す。
3. 筋をストレッチし，リラックスする。
4. 臀部と腰部がストレッチされる。

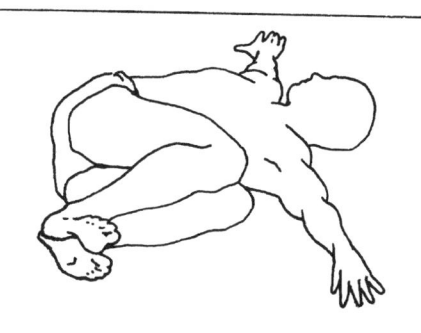

26：臀部・腰部・体幹
1. 仰向けになり，両膝を曲げて両腕を横へ広げる。
2. 息を吐きながら，両肘，頭，そして両肩を床につけたまま，同じ方向に両脚をゆっくりと倒す。
・筋をストレッチし，リラックスする。
・臀部と腰部がストレッチされる。

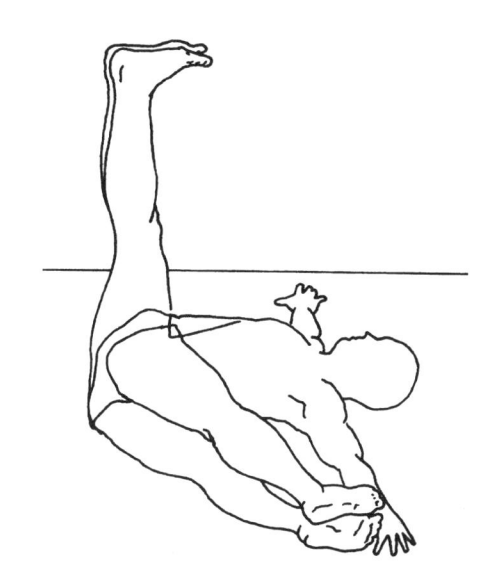

27：臀部・腰部・体幹
1. 仰向けになり，両脚を真っ直ぐに上げ，両腕を横へ広げる。
2. 息を吐きながら，両肘，頭，そして両肩を床につけたまま，両脚を同じ方向にゆっくりと倒す。
・筋をストレッチし，リラックスする。
・臀部，腰部，そして体幹がストレッチされる。

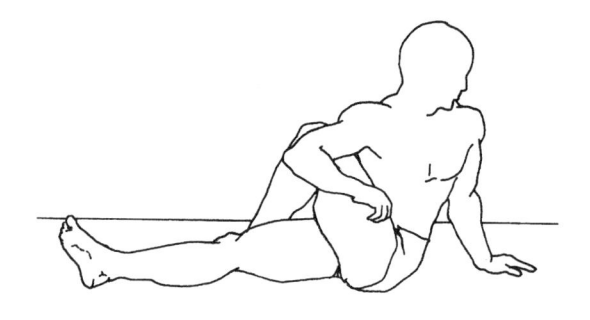

28：臀部・腰部
1. 床に真っ直ぐに座り，両手は支えるために臀部の後方へまわし，両脚は伸ばす。
2. 左脚を曲げて右脚の上を交差し，臀部に向かって踵を滑らせる。
3. 右腕を左脚の外側に移動させ，左膝の外側に右肘をあてる。
4. 息を吐きながら，右肘で膝を後方へ押して体幹を回旋しつつ左肩をのぞきこむようにする。
・筋をストレッチし，リラックスする。
・臀部と腰部がストレッチされる。

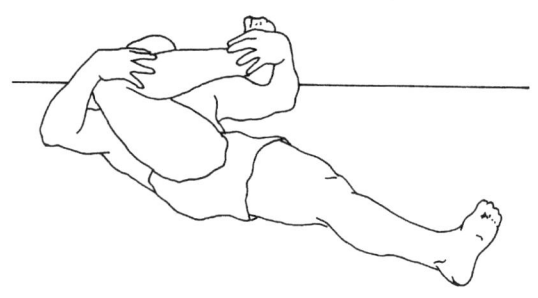

30：臀部・腰部
1. 身体を真っ直ぐにして床に仰向けになる。
2. 片脚を曲げて臀部に向かって踵を滑らせる。
3. 同側の手で膝をつかみ反対側の手で足首をつかむ。
4. 息を吸いながら，頭，両肩，そして背中を床につけたまま，反対の肩に足をゆっくりと引きつける。
・筋をストレッチし，リラックスする。
・臀部と腰部がストレッチされる。

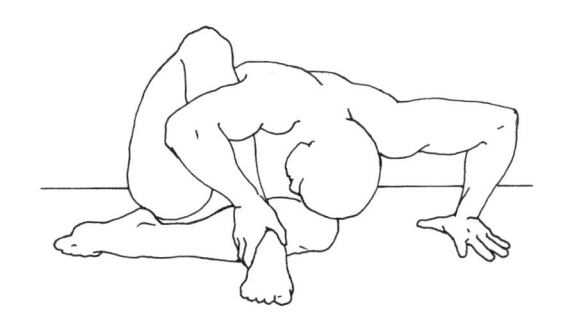

29：臀部・股関節・体幹
1. 前方の床に左脚の外側をつけて真っ直ぐに座り，右膝を曲げて足をつける。
2. 右脚を左脚の上で交差させて足を床につける。
3. 息を吐きながら，上背部を丸めて，前方に身体を曲げる。
・筋をストレッチし，リラックスする。
・臀部，腰部，そして体幹がストレッチされる。

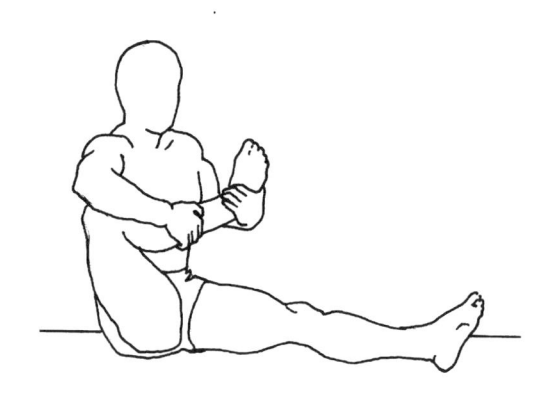

31：臀部・腰部
1. 壁にしっかり背中をつけて床に真っ直ぐに座る。
2. 片脚を曲げて臀部に向かって踵を滑らせる。
3. 曲げた脚の膝を同側の肘で保持し，反対側の手で踵をつかむ。
・息を吸いながら，曲げた脚と反対側の肩に足をゆっくりと引きつける。
・筋をストレッチし，リラックスする。

32：腹筋・股関節屈筋群

1. 身体を真っ直ぐに伸ばしてうつ伏せになる。
2. 指を前方に向けて，股関節の近くの床に掌をつく。
3. 息を吐きながら，下背部の過度の圧迫を防ぐために臀筋を収縮させつつ床を押して，頭と体幹を持ち上げ，背中をそる。
- 筋をストレッチし，リラックスする。
- 腹筋と大腿部の上部がストレッチされる。

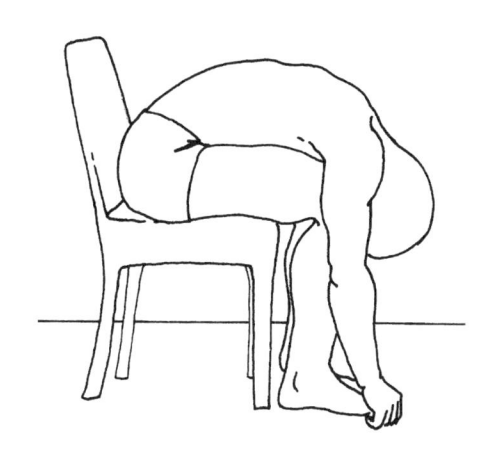

33：下背部

1. 両脚を少し開いて，椅子に真っ直ぐに座る。
2. 息を吐きながら，上背部を広げ，腰をかがめて，大腿の間に腹部をゆっくりと下ろす。
- 筋をストレッチし，リラックスする。
- 下背部がストレッチされる。

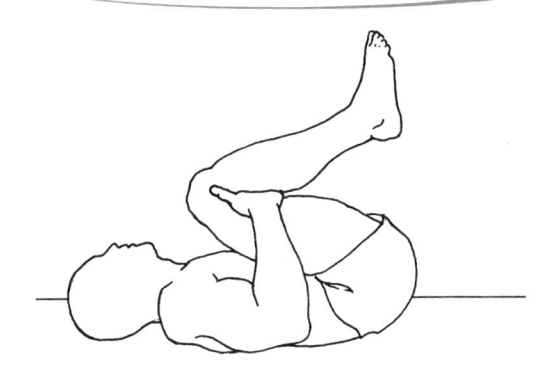

34：下背部

1. 身体を真っ直ぐに伸ばしたまま仰向けになる。
2. 両膝を曲げて両足を臀部のほうに滑らせる。
3. 膝の過屈曲を防ぐために，大腿の後ろ側をしっかりとつかむ。
4. 息を吸いながら，胸と肩に向かって膝を引きつけ，腰部を床から上げる。
5. 息を吐きながら，痛みや痙攣が起こるのを防ぐためにゆっくりと脚を再度伸ばす。
- 筋をストレッチし，リラックスする。
- 下背部がストレッチされる。

3. 腰部に手を当てて体重を支える。
・筋をストレッチし，リラックスする。
・下背部がストレッチされる。
注：注意点と議論の多椅子トレッチングとされている。首の過屈曲は避ける。

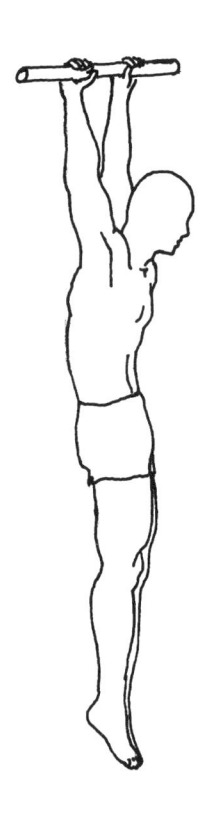

35：下背部
1. 身体を真っ直ぐに伸ばし仰向けになる。
2. 両膝を曲げて臀部向かって両脚を滑らせる。
3. パートナーを横に立たせ，片方の手はハムストリングス，もう片方の手は踵をしっかりとつかませる。
4. 息を吐きながら，パートナーが大腿部を胸部に近づけ，臀部と腰背部を床から持ち上げる。
・筋をストレッチし，リラックスする。
・下背部がストレッチされる。

37：体側
1 両腕を伸ばして懸垂のバーからぶら下がり，Ｃの形のように身体をわずかに反る（前方に凸）。
2. 息を吐きながら，顎を引き，肩を沈める。
・筋をストレッチし，リラックスする。
・体側と上背部がストレッチされる。

36：下背部
1. 掌を下に向け，腕は体側に置き身体を真っ直ぐに伸ばし仰向けになる。
2. 息を吸いながら，掌で床を押し上げ，額に膝がつくようにしゃがんだ姿勢で足を持ち上げる。

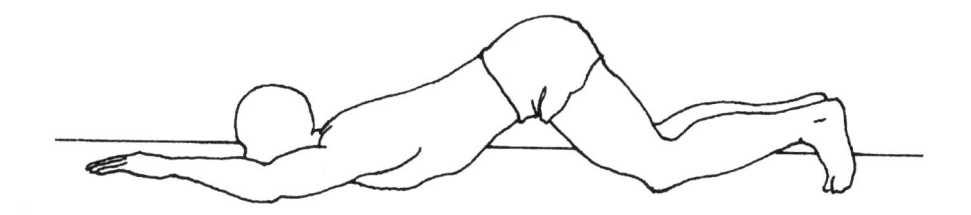

38：上背部

1. 四つん這いになる。
2. 前腕と胸の下部を床に向けて息を吐く。
3. 息を吸いながら，肩を伸ばして，背中を反ってアーチを作るために腕を床に押しつける。
・筋をストレッチし，リラックスする。
・上背部がストレッチされる。

39：上背部

1. おおよそ腰から肩の高さにある支えから約1メートル離れて両足を揃えて真っ直ぐに立つ，そして両腕を頭上に上げる。
2. 息を吐きながら，両腕・両脚を伸ばしたまま，腰を曲げ背中を平にして，両手で支えをつかむ。
3. 息を吐きながら背中を反ってアーチを作り支えを押し下げる。
・筋をストレッチし，リラックスする。
・上背部がストレッチされる。

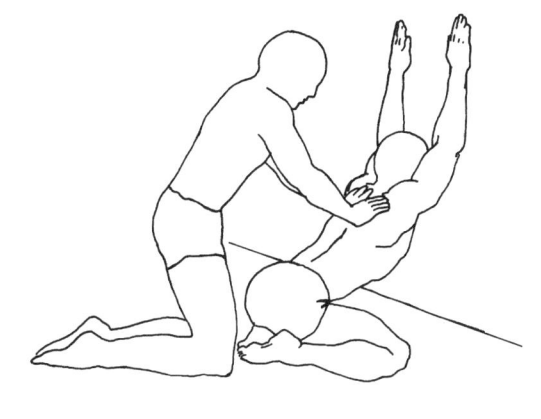

40：上背部

1. おおよそ腕の長さ分だけ壁から離れて正対し，膝を開いて真っ直ぐに座る。
2. 前方に寄り掛かって肘を伸ばしたまま両腕を真っ直ぐに上げ，肩幅に開き指先を上に向け掌を壁につける。
3. 息を吐きながら，壁を押し下げるようにして腕を上げ，胸を張り背中を反ってアーチを作る。
4. パートナーは後ろにつき，肩甲骨の上部に手をあてる。
5. 息をはきながら，パートナーは上背部が頭から離れていくように，やさしく徐々に押し下げる。
・パートナーとコミュニケーションをとって，十分注意をする。
・筋をストレッチし，リラックスする。
・上背部がストレッチされる。

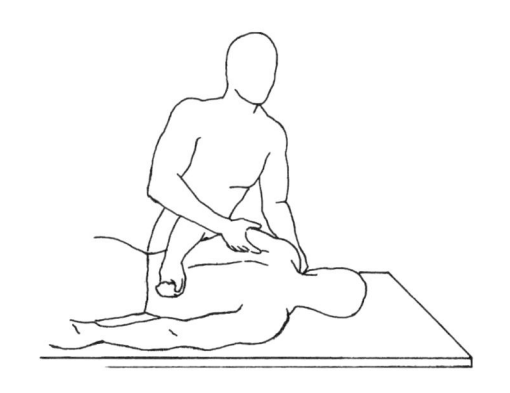

41：前鋸筋・菱形筋
1. 頭を左にむけてうつ伏せになり左肘を曲げて下背部にのせる。
2. パートナーは横につき，左手で肩の前部をつかむ。
3. 息を吐くと同時に，パートナーは肩の前部を持ち上げ肩甲骨を浮き出させる。
4. パートナーは肩甲骨の下に右手を入れ，上方に静かに持ち上げる。
・筋をストレッチし，リラックスする。
・菱形筋がストレッチされる。

43：頸部側面
1. 真っ直ぐに座るまたは立つ。
2. 左手は頭部の右側上部に位置する。
3. 息を吐きながら，左肩に乗せるようにして左手をゆっくりと引く（側屈）。
・筋をストレッチし，リラックスする。
・首の側部がストレッチされる。

42：頸部後方
1. 仰向けになり両膝を曲げる。
2. 後頭部付近で両手を組む。
3. 息を吐きながら肩甲骨を床と平行に保ちながら，頭部を胸部に引きつけるように床から離す。
・筋をストレッチし，リラックスする。
・上背部と首の後ろがストレッチされる。

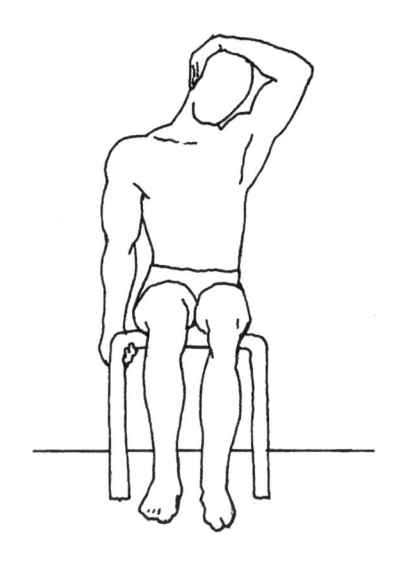

44：頸部側面
1. 左腕を曲げ背部にまわして真っ直ぐに座るまたは立つ。
2. 反対側の手で背側から肘をつかみ，左肩を固定しながら背中の中心線に向かって肘を引く。

3. 息を吐き右肩に右耳を下ろすようにする。
- 筋をストレッチし，リラックスする。
- 首の側部がストレッチされる。

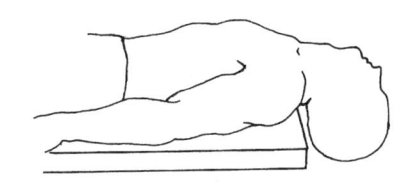

45：頸部前面
1. 平らな台に横になり頭を端から出す。
- 筋をストレッチし，リラックスする。
- 首の前部がストレッチされる。

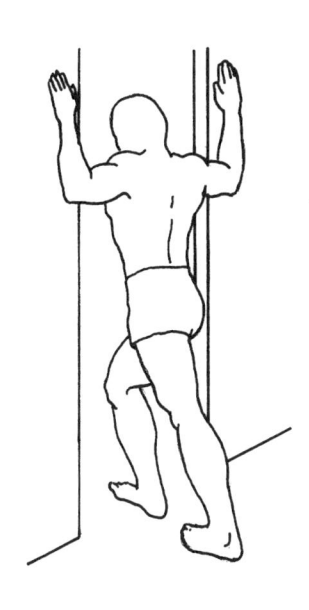

46：胸部
1. 戸口の開いたところや角に面して真っ直ぐに立つ。
2. 肘を身体の横で肩の高さに上げ，前腕の位置を真っ直ぐ上げて肘を曲げる，両側の胸筋の胸骨の範囲をストレッチするために掌の位置はドアのフレームや壁に向ける。
3. 息を吐きながら全身を前方へ傾ける。
- 筋をストレッチし，リラックスする。
- 胸の上部がストレッチされる。

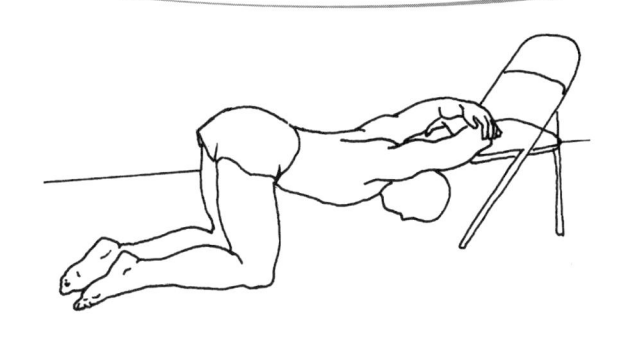

47：胸部
1. バーや椅子に正対し床に膝立ちになる。
2. 頭よりも上で前腕を組み，その手をバーや椅子の上に置き，身体を前方にかがめ，床面に近づけるように頭を下げる。
3. 息を吐きながら床に向かって頭や胸をおろす。
- 筋をストレッチし，リラックスする。
- 胸の上部がストレッチされる。

48：肩前面
1. 真っ直ぐに立ち，だいたい肩の高さで指を上向きにして後方の壁に手をかける。
2. 息を吐きながら肩を下げるために脚を曲げる。
- 筋をストレッチし，リラックスする。
- 肩の前方がストレッチされる。

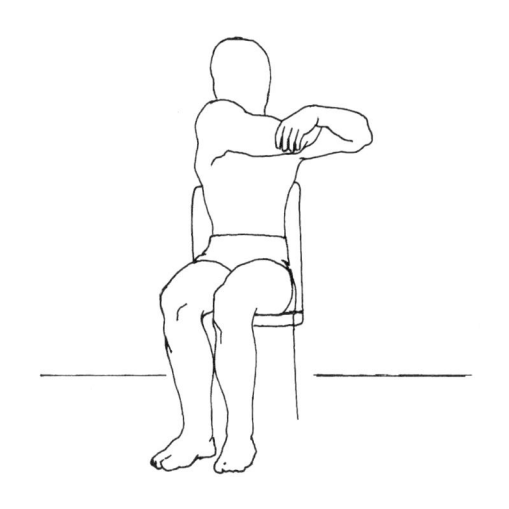

49：肩外側

1. 肩の高さに片腕を上げて真っ直ぐに座るまたは立つ。
2. 反対側の肩に向かって腕を曲げる。
3. 反対側の手で持ち上げた肘をしっかりとつかむ。
4. 息を吸いながら後方に向かって肘を引く。
・筋をストレッチし，リラックスする。
・肩の外側がストレッチされる。

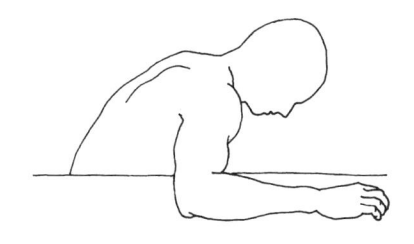

50：肩内旋筋群

1. テーブルの横に真っ直ぐに座る。
2. 肘を曲げてテーブルの端に前腕を置く。
3. 息を吐きながら，腰から前方に傾け，テーブルの高さに頭と肩を下げる。
・筋をストレッチし，リラックスする。
・肩の上部と中部がストレッチされる。

3. 息を吸いながら，逆方向に戻す。
・肩の後部がストレッチされる。

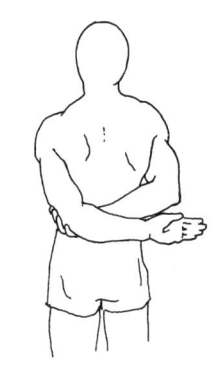

51：肩外転筋群

1. 背中の後ろで片腕を曲げ，座位もしくは真っ直ぐに立つ。
2. 反対側の手で後ろから肘（もし肘に伸ばすことができないようなら手首）をつかむ。
3. 息を吸いながら，中心線に向かって肘を引く。
・筋をストレッチし，リラックスする。
・肩の後ろの部分がストレッチされる。

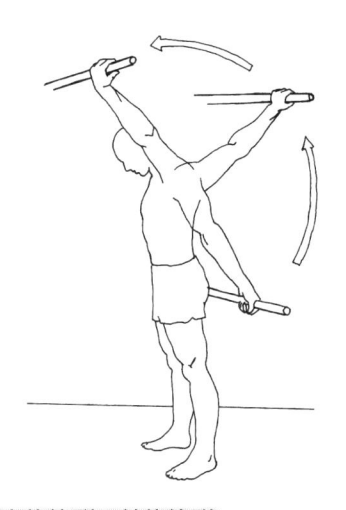

52：肩内旋筋群・外旋筋群

1. 両脚を広げて真っ直ぐに立ち，両手を返して（親指を外側にして手のひらは前方を向ける）腰部の後ろで棒かタオルを広めにつかむ。
2. ゆっくり息を吸いながら，両腕を頭上に挙上し，両腕を真っ直ぐに片側にねじれないように左右対称を保ちながら，肩関節を前方に回し，Lグリップ（掌は上を向き親指はポールの下に来る）で終わる。

53：肩内旋筋群・外旋筋群

1. 両脚を広げ真っ直ぐに立ち，腰部の前で棒またはタオルをオーバーグリップで広めにつかむ（手の平は下に向く）。
2. 息を吸いながら両腕を真っ直ぐに，片側にねじれないようにして頭上へゆっくり同時にあげ，最終的には頭の後方へもっていく。
3. 息を吸いながら腕を逆方向に戻す。
- 肩の後部がストレッチされる。

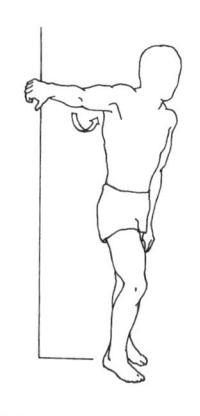

54：上腕二頭筋

1. ドアの枠に背を向けて真っ直ぐに立つ。
2. 肩を内旋させて前腕を伸ばし親指が下を向くように手を回内させて，片手をドアの枠にそえる。
3. 息を吐きながら，顔が前を向くように上腕二頭筋を捻る。
- 筋をストレッチし，リラックスする。
- 上腕二頭筋がストレッチされる。

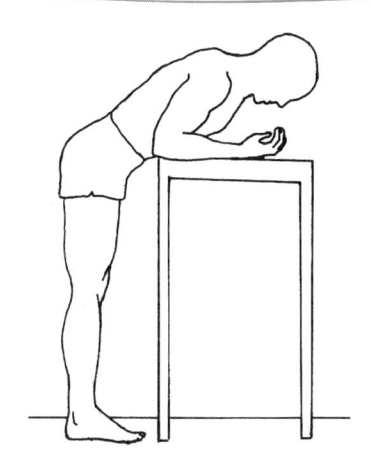

55：上腕三頭筋

1. 手の平は顔へ向けて両前腕を机の上に置き，真っ直ぐに立つ。
2. 息を吐きながら，身体を前傾していき，手首を肩へ近づけていく。
- 筋をストレッチし，リラックスする。
- 上腕三頭筋がストレッチされる。

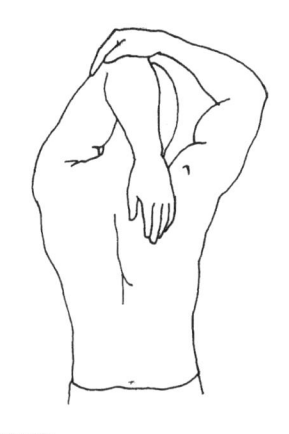

56：上腕三頭筋

1. 片腕を屈曲させ肘を頭上へ上げ耳につけて真っ直ぐに立ちまたは座って，上げている手で反対の肩甲骨に触れるようにする。
2. 反対の手で上げている肘をしっかりとつかむ。
3. 息を吸いながら，肘を頭の後方へ引いていく。
- 筋をストレッチし，リラックスする。
- 上腕三頭筋がストレッチされる。

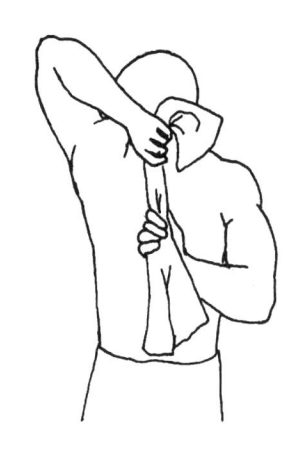

57：上腕三頭筋
1. 下背部の後ろに片腕を回して真っ直ぐに立つまたは座り，できるだけ背部の上方にもっていく。
2. 肘を曲げ，毛布やタオルを持ってもう片方の腕を頭上に上げる。
3. 後方に下ろし，下の手も毛布やタオルを握る。
4. 息を吸いながら両手を同時にゆっくりと引く。
・筋をストレッチし，リラックスする。
・上腕三頭筋がストレッチされる。

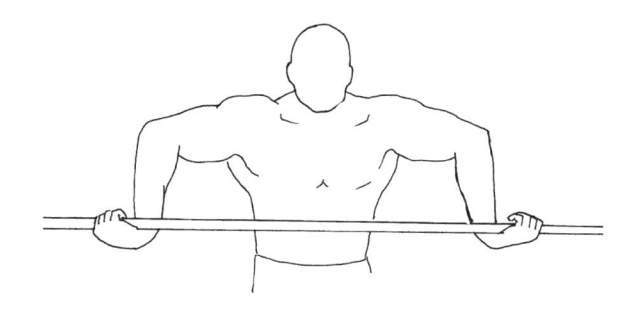

59：腕橈骨筋（腕の回外筋）
1. Lグリップ（親指を外側にして掌を上に向ける）で前のポールを握る。
2. 息を吐きながら肘を曲げる。
・筋をストレッチし，リラックスする。
・上腕橈骨筋群がストレッチされる。

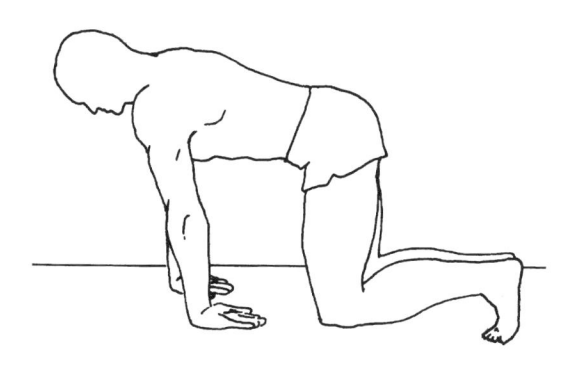

58：腕橈骨筋
1. 四つん這いになり，手首を曲げて手の甲を床につけ，指先を膝に向ける。
2. 息を吐きながら，床に寄りかかる。
・筋をストレッチし，リラックスする。
・腕橈骨筋がストレッチされる。

60：前腕屈筋群
1. 手首を過伸展させて（手背部を肘の方向に曲げる）床に真っ直ぐに座るか立つ。
2. 片方の手の指のはらに手の付け根を当てる。
3. 息を吐きながら手の付け根でもう片方の指を押す。
・筋をストレッチし，リラックスする。
・前腕の屈筋群がストレッチされる。

- ●参考文献（英語）
- ●人名索引（英語）
- ●語句索引

参考文献（英語）

Aarskog, D., K.F. Stoa, and T. Thorsen. 1966. Urinary oestrogen excretion in newborn infants with congenital dysplasia of the hip joint. *Acta Pædiatrica Scandinavica* 55(4), 394-397.

Aberdeen, D.L., and E. Joensen. 1986. A study of the relevance of handedness to the range of rotation at the glenohumeral joint. *European Journal of Chiropractic* 34(2), 67-87.

Abraham, W.M. 1977. Factors in delayed muscle soreness. *Medicine and Science in Sports* 9(1), 11-20.

Abraham, W.M. 1979. Exercise-induced muscular soreness. *The Physician and Sportsmedicine* 7(10), 57-60.

Abrahams, M. 1967. Mechanical behaviour of tendon *in vitro*: A preliminary report. *Medical & Biological Engineering & Computing* 5(5), 433-443.

Abramson, D., S.M. Roberts, and P.D. Wilson. 1934. Relaxation of the pelvic joint in pregnancy. *Surgery, Gynecology, and Obstetrics* 58(3), 595-613.

ACOG. *See* American College of Obstetricians and Gynecologists.

Adair, S.M., and C. Hecht. 1993. Association of generalized joint hypermobility with history, signs, and symptoms of temporomandibular joint dysfunction in children. *Pediatric Dentistry* 15(5), 323-326.

Adams, M.A., and P. Dolan. 1996. Time-dependent changes in the lumbar spine's resistance to bending. *Clinical Biomechanics* 11(14), 194-200.

Adams, M.A., P. Dolan, and W.C. Hutton. 1987. Diurnal variations in the stresses on the lumbar spine. *Spine* 12(2), 130-137.

Adams, M.A., and W.C. Hutton. 1986. Has the lumbar spine a margin of safety in forward bending? *Clinical Biomechanics* 1(1), 3-6.

Adams, P., and H. Muir. 1976. Qualitative changes with age of proteoglycans of human lumbar discs. *Annals of the Rheumatic Diseases* 35(4), 289-296.

Adler, S.S., D. Beckers, and M. Buck. 2000. *PNF in practice: An illustrated guide.* 2nd ed. New York: Springer-Verlag.

Agre, J.C., D.C. Casal, A.S. Leon, C. McNally, T.L. Baxter, and R.C. Serfass. 1988. Professional ice hockey players: Physiologic, anthropometric, and musculoskeletal characteristics. *Archives of Physical Medicine and Rehabilitation* 69(3), 188-192.

Agre, J.C., L.E. Pierce, D.M. Raab, M. McAdams, and E.L. Smith. 1988. Light resistance and stretching exercise in elderly women: Effect upon stretch. *Archives of Physical Medicine and Rehabilitation* 69(4), 273-276.

Ahmed, I.M., M. Lagopoulos, P. McConnell, R.W. Soames, and G.K. Sefton. 1998. Blood supply of the Achilles tendon. *Journal of Orthopaedic Research* 16(5), 591-596.

Ahtikoski, A.M., S.O.A. Koskinen, P. Virtanen, V. Kovanen, and T.E.S. Takala. 2001. Regulation of synthesis of fibrillar collagens in rat skeletal muscle during immobilization in shortened and lengthened positions. *Acta Physiologica Scandinavica* 172(2), 131-140.

Akagawa, M., and K. Suyama. 2000. Mechanism of formation of elastin crosslinks. *Connective Tissue Research* 41(2), 131-141.

Akeson, W.H., D. Amiel, and D. LaViolette. 1967. The connective tissue response to immobility: A study of the chondroitin 4- and 6-sulfate and dermatan sulfate changes in periarticular connective tissue of control and immobilized knees of dogs. *Clinical Orthopaedics and Related Research* 51, 183-197.

Akeson, W.H., D. Amiel, G.L. Mechanic, S. Woo, F.L. Harwood, and M.L. Hammer. 1977. Collagen crosslinking alteration in joint contractures: Changes in reducible crosslinks in periarticular connective tissue collagen after nine weeks of immobilization. *Connective Tissue Research* 5(1), 15-20.

Akeson, W.H., D. Amiel, and S. Woo. 1980. Immobility effects on synovial joints: The pathomechanics of joint contracture. *Biorheology* 17(1/2), 95-110.

Akster, H.A., H.L.M. Granzier, and B. Focant. 1989. Differences in I band structure, sarcomere extensibility, and electrophoresis of titin between two muscle fiber types of the perch (*Perca fluviatilis* L.). *Journal of Ultrastructure and Molecular Structure Research* 102(2), 109-121.

Alabin, V.G., and M.P. Krivonosov. 1987. Excerpts from training aids and specialized exercises in track and field. *Soviet Sports Review* 22(2), 73-75.

Albert, H., M. Godskesen, J.G. Westergaard, T. Chard, and L. Gunn. 1997. Circulating levels of relaxin are normal in pregnant women with pelvic pain. *European Journal of Obstetrics & Gynecology and Reproductive Biology* 74(1), 19-22.

Alexander, M.J.L. 1991. A comparison of physiological characteristics of elite and subelite rhythmic gymnasts. *Journal of Human Movement Studies* 20(2), 49-69.

Alexander, R.M. 1975. *Biomechanics*. London: Chapman and Hall.

Alexander, R.M. 1988. *Elastic mechanisms in animal movement.* Cambridge: Cambridge University Press.

Allander, E., O. Bjoörnsson, O. Olafsson, N. Sigfússon, and J. Thorsteinsson. 1974. Normal range of joint movements in shoulder, hip, wrist and thumb with special reference to side: A comparison between two populations. *International Journal of Epidemiology* 3(3), 253-261.

Allen, C.E.L. 1948. Muscle action potentials used in the study of dynamic anatomy. *British Journal of Physical Medicine* 11, 66-73.

Allen, D.G. 2001. Eccentric muscle damage: Mechanisms of early reduction of force. *Acta Physiologica Scandinavica* 171(3), 311-319.

Almeida-Silveira, M-I., C. Pérot, and F. Goubel. 1996. Neuromuscular adaptations in rats trained by muscle stretch-shortening. *European Journal of Applied Physiology* 72(3), 261-266.

Almekinders, L.C. 1993. Anti-inflammatory treatment of muscular injuries in sports. *Sports Medicine* 15(3), 139-145.

Alnaqeeb, M.A., N.S. Al Zaid, and G. Goldspink. 1984. Connective tissue changes and physical properties of developing and aging skeletal muscle. *Journal of Anatomy* 139(4), 677-689.

Al-Rawi, Z.S., A.J. Al-Aszawi, and T. Al-Chalabi. 1985. Joint mobility among university students in Iraq. *British Journal of Rheumatology* 24(4), 326-331.

Alter, J. 1983. *Surviving exercise*. Boston: Houghton Mifflin.

Alter, J. 1986. *Strength & strengthen*. Boston: Houghton Mifflin.

Alter, J. 1989-1990. Book review. *Kinesiology and Medicine in Dance* 12(1), 41-43.

Alter, M. 1996. *Science of flexibility*. 2nd ed. Champaign, IL: Human Kinetics.

Alter, M. 1998. *Sport stretch*. 2nd ed. Champaign, IL: Human Kinetics.

Alvarez, R., I.A.F. Stokes, D.E. Asprinio, S. Trevino, and T. Braun. 1988. Dimensional changes of the feet in pregnancy. *Journal of Bone and Joint Surgery* 70(2), 271-274.

American Academy of Orthopaedic Surgeons. 1991. *Athletic training and sports medicine*. 2nd ed. Rosemont, IL: Author.

American Academy of Orthopaedic Surgeons. 2001. *Essentials of musculoskeletal care*. 2nd ed, ed. W.B. Greene 487-490. Rosemont, IL: Author.

American Alliance for Health, Physical Education, and Recreation. 1968. *School safety policies with emphasis on physical education, athletics, and recreation*. Washington, DC. Author.

American Chiropractic Association. 1991. *Chiropractic: State of the art 1991-1992*. Arlington, VA. Author.

American College of Obstetricians and Gynecologists [ACOG]. 1985. *Exercise during pregnancy and the postnatal period. ACOG home exercise programs*. Washington, DC. Author.

American College of Obstetricians and Gynecologists [ACOG]. 1994. *Exercise during pregnancy and the postpartum period* (ACOG Technical Bulletin, No. 189). Washington, DC: Author.

American College of Sports Medicine. 2000. *ACSM's guidelines for exercise testing and prescription.* 6th ed. Philadelphia: Lippincott Williams & Wilkins.

American College of Sports Medicine Position Stand. 1998. The recommended quantity and quality of exercise for developing and maintaining cardiorespiratory and muscular fitness, and flexibility in healthy Adults. *Medicine and Science in Sports and Exercise* 30(6), 975-991.

The American contortionist. 1882. *Lancet* 1, 618.

American Medical Association. 1993. *Guidelines to the evaluation of permanent impairment.* 4th ed. Chicago: Author.

American Orthopaedic Association. 1985. *Manual of orthopaedic surgery.* Chicago: Author.

Amis, A.A., and J.H. Miller. 1982. The elbow. *Clinics in Rheumatic Disease* 8(3), 571-593.

Amnesty International 2001. *2001 Annual report.* [Online]. Available: www.amnesty.org/ailib/aireport/index.html [December 1, 2001].

Anderson, B. 1978. The perfect pre-run stretching routine. *Runners World* 13(5), 56-61.

Anderson, B. 2000. *Stretching.* New revised ed. Bolinas, CA: Shelter.

Anderson, B. 1985. Stretch: A key to body awareness. *Shape* 4(3), 37-42.

Anderson, M.B. 1979. Comparison of muscle patterning in the overarm throw and tennis serve. *Research Quarterly* 50(4), 541-553.

Anderson, O. 2003a. Okay, but does stretching really lower the risk of injury? Here's what science says. *Peak Performance.* [Online]. Available: www.pponline.uk/encyc/0852.htm. [October 31, 2003].

Anderson, O. 2003b. Running foot injuries—Describing plantar fasciitis is easy: It's simply an inflammation of the fascia on the bottom of the foot. Getting rid of plantar fasciitis is hard. *Peak Performance.* [Online]. Available: www.pponline.uk/encyc/0180.htm [October 31, 2003].

Andersson, G.B.J., T.N. Herberts, and R. Örtengren. 1977. Quantitative electromyographic studies of back muscle activity related to posture and loading. *Orthopaedic Clinics of North America* 8(1), 85-86.

Andren, L., and N.E. Borglin. 1961. Disturbed urinary excretion pattern of oestrogens in newborns with congenital dislocation of the hip. I. The excretion of oestrogen during the first few days of life. *Acta Endocrinologica* 37(3), 423-433.

Andrish, J.T., J.A. Bergfeld, and J. Walheim. 1974. A prospective study on the management of shinsplints. *Journal of Bone and Joint Surgery* 56A(8), 1697-1700.

Ansell, B.A. 1972. Hypermobility of joints. In *Modern trends in orthopaedics,* ed. A.G. Apley, 25-39. New York: Appleton-Century-Crofts.

AOSSM [American Orthopaedic Society for Sports Medicine] Research Committee 1998. Hyperbaric oxygen therapy in sports. *American Journal of Sports Medicine* 26(4), 489-490.

Apostolopoulos, N. 2001. Performance flexibility. In *High-performance sports conditioning,* ed. B. Foran, 49-61. Champaign, IL: Human Kinetics.

Araujo, D. 1997. Expecting questions about exercise and pregnancy. *The Physician and Sportsmedicine* 25(4), 85-93.

Arampatzis, A., G.-P., Brüggemann, and G.M. Klapsing. 2001. Leg stiffness and mechanical energetic processes during jumping on a sprung surface. *Medicine and Science in Sports and Exercise* 33(6), 923-931.

Argiolas-Antonio, A., and M.R. Melis. 1998. The neuropharmacology of yawning. *European Journal of Pharmacology* 343(1), 1-16.

Armstrong, C.G., P. O'Connor, and D.L. Gardner. 1992. Mechanical basis of connective tissue disease. In *Pathological basis of the connective tissue diseases,* ed. D.L. Gardner, 261-281. Philadelphia: Lea & Febiger.

Armstrong, R.B. 1984. Mechanisms of exercise-induced delayed onset muscle soreness: A brief review. *Medicine and Science in Sports and Exercise* 16(6), 529-538.

Armstrong, R.B., R.W., Ogilvie, and J.A. Schwane. 1983. Eccentric exercise-induced injury to rat skeletal muscle. *Journal of Applied Physiology* 54(1), 80-93.

Armstrong, R.B., G.L. Warren, and J.R. Warren. 1991. Mechanisms of exercise-induced muscle fibre injury. *Sports Medicine* 12(3), 184-207.

Arner, O., and A. Lindholm. 1958. What is tennis leg? *Acta Chirurgica Scandinavica* 116(1), 73-77.

Arnheim, D.D., and W.E. Prentice. 2000. *Principles of athletic training.* 10th ed. Boston: McGraw-Hill.

Arskey, M. 2001. Daily bow vitamins: Build relaxed, flexible muscles thirteen ways. *American String Teacher* 51(4), 43-45.

Ashmen, K.J., C.B. Swanik, and S.M. Lephart. 1996. Strength and flexibility characteristics of athletes with chronic low-back pain. *Journal of Sport Rehabilitation* 5(4), 275-286.

Ashmore, C.R. 1982. Stretch-induced growth in chicken wing muscles: Effects on hereditary muscular dystrophy. *American Journal of Physiology* 242 (Cell Physiology 11), C178-C183.

Askenasy, J.J.M. 1989. Is yawning an arousal defense reflex? *Journal of Psychology* 123(6), 609-621.

Asmussen, E. 1953. Positive and negative work. *Acta Physiologica Scandinavica* 28(4), 364-382.

Asmussen, E. 1956. Observations on experimental muscle soreness. *Acta Rheumatologica Scandinavica* 2, 109-116.

Asmussen, E., and F. Bonde-Petersen. 1974. Storage of elastic energy in skeletal muscles in man. *Acta Physiologica Scandinavica* 91(3), 385-392.

Asterita, M.F. 1985. *The physiology of stress,* New York: Human Science Press.

Aspden, R.M. 1988. A new mathematical model of the spine and its relationship to spinal loading in the workplace. *Applied Ergonomics* 19(4), 319-323.

Aten, D.W., and K.T. Knight. 1978. Therapeutic exercise in athletic training: Principles and overview. *Athletic Training* 13(3), 123-126.

Athenstaedt, H. 1970. Permanent longitudinal electric polarization and pyroelectric behaviour of collagenous structures and nervous tissue in man and other vertebrates. *Nature* 228(5274), 830-834.

Atwater, A.A. 1979. Biomechanics of overarm throwing movements and of throwing injuries. *Exercise and Sport Sciences Reviews* 7, 43-85.

Aura, O., and P.V. Komi. 1986. Mechanical efficiency of pure positive and pure negative work with special reference to the work intensity. *International Journal of Sports Medicine* 7(1), 44-49.

Avela, J., H. Kyröläinen, and P.V. Komi. 1999. Altered reflex sensitivity after repeated and prolonged passive muscle stretching. *Journal of Applied Physiology* 86(4), 1283-1291.

Axelson, H.W., and K.-E. Hagbarth. 2001. Human motor control consequences of thixotropic changes in muscular short-range stiffness. *Journal of Physiology (London)* 535(1), 279-288.

Baatsen, P.H., W.K. Trombitás, and G.H. Pollack. 1988. Thick filaments of striated muscle are laterally interconnected. *Journal of Ultrastructure and Molecular Structure Research* 98(3), 267-280.

Bachrach, R.M. 1987. Injuries to dancer's spine. In *Dance medicine,* eds. A.J. Ryan, R.E. Stephens, 243-266. Chicago: Pluribus Press.

Baddeley, S., and S. Green. 1992. Physical education and the pregnant woman: The way forward. *Midwives Chronicle & Nursing Notes* 105(1253), 144-145.

Badtke, G., F. Bittmann, and D. Lazik, D. 1993. Changes in the vertebral column in the course of the day. *International Journal of Sports Medicine* 14(3), 159.

Baenninger, R. 1997. On yawning and its functions. *Psychonomic Bulletin & Review* 4(2), 198-207.

Bak, K., and S.P. Magnusson. 1997. Shoulder strength and range of motion in symptomatic and pain-free elite swimmers. *American Journal of Sports Medicine* 25(4), 454-459.

Baker, M.M. 1998. Anterior cruciate ligament injuries in the female athletes. *Journal of Women's Health* 7(3), 343-349.

Balaftsalis, H. 1982-1983. Knee joint laxity contributing to footballers' injuries. *Physiotherapy in Sport* 5(3), 26-27.

Baldissera, F., H. Hultborn, and M. Illert. 1981. Integration in spinal neuronal systems. In *Handbook of physiology. Sec. 1. The nervous system.* (Vol. 2, Part 1, 509-595). Bethesda, MD: American Physiological Society.

Ballantyne, B.T., M.D. Reser, G.W. Lorenz, and G.L. Smidt. 1986. The effects of inversion traction on spinal column configuration, heart rate, blood pressure, and perceived discomfort. *Journal of Orthopaedic and Sports Physical Therapy* 7(5), 254-260.

Balnave, C.D., D.F. Davey, and D.G. Allen. 1997. Distribution of sarcomere length and intracellular calcium in mouse skeletal muscle following stretch-induced injury. *Journal of Physiology* 502(Pt. 3), 649-659

Baltaci, G., R. Johnson, and H. Kohl. 2001. Shoulder range of motion characteristics in collegiate baseball players. *Journal of Sports Medicine and Physical Fitness* 41(2), 236-242.

Bandy, W.D., and J.M. Irion. 1994. The effect of time on static stretch on the flexibility of the hamstring muscles. *Physical Therapy* 74(9), 845-850.

Bandy, W.D. 2001. Stretching activities for increasing muscle flexibility. In *Therapeutic exercise: Techniques for intervention*. eds. W.D. Bandy and B. Sanders, 37-62. Baltimore: Lippincott Williams & Wilkins.

Bandy, W.D., J.M. Irion, and M. Briggler. 1997. The effect of time and frequency of static stretch on flexibility of the hamstring muscles. *Physical Therapy* 77(5), S105.

Bandy, W.D., J.M. Irion, and M. Briggler. 1998. The effect of static stretch and dynamic range of motion training on the flexibility of the hamstring muscles. *Journal of Orthopaedic and Sport Physical Therapy* 27(4), 295-300.

Banker, I.A. 1980. The isolated mammalian muscle spindle. *Trends in Neuroscience* 3(11), 258-265.

Baratta, R., M. Solomonow, B.H. Zhou, E.D. Letson, R. Chuinard, and R. D'Ambrosia. 1988. *American Journal of Sports Medicine* 16(2), 113-122.

Barbizet, J. 1958. Yawning. *Journal Neurology, Neurosurgery and Psychiatry* 21(3), 203-209.

Barbosa, A.R., J.M. Santarém, W.J. Filho, M. Marucci. 2002. Effects of resistance training on the sit-and-reach test in elderly women. *Journal of Strength and Conditioning Research* 16(1), 14-18.

Barker, D. 1974. The morphology of muscle receptors. In *Handbook of sensory physiology. Muscle receptors* (Vol. 3, Part 2), ed. C.C. Hunt, 1-190. New York: Springer.

Barlow, J.C., B.W. Benjamin, P.J. Birt, and C.J. Hughes. 2002. Shoulder strength and range-of-motion characteristics in bodybuilders. *Journal of Strength and Conditioning Research* 16(3), 367-372.

Barnard, R.J., G.W. Gardner, N.V. Diaco, R.N. McAlpin, and A.A. Kattus. 1973a. Cardiovascular responses to sudden strenuous exercise—Heart rate, blood pressure and ECG. *Journal of Applied Physiology* 34(6), 833-837.

Barnard, R.J., R. McAlpin, A.A. Kattus., and G.D. Buckberg. 1973b. Ischemic response to sudden exercise in healthy men. *Circulation* 48(5), 936-942.

Barnes, J. 1999. Myofascial release. In *Functional soft tissue examination and treatment by manual methods*. 2nd ed, ed. W.I. Hammer, 533-548. Gaithersburg, MD: Aspen.

Barnett, C.H. 1971. The mobility of synovial joints. *Rheumatology and Physical Medicine* 11, 20-27.

Barnett, J.G., R.G. Holly, and C.R. Ashmore. 1980. Stretch-induced growth in chicken wing muscles: Biochemical and morphological characterization. *American Journal of Physiology* 239(1), C39-C46.

Barone, J.N. 1989. Topical analgesics: How effective are they? *The Physician and Sportsmedicine* 17(2), 162-166.

Barrack, R.L., H.B. Skinner, M.E. Brunet, and S.D. Cook. 1983. Joint laxity and proprioception in the knee. *The Physician and Sportsmedicine* 11(6), 130-135.

Barrett, C., and P. Smerdely. 2002. A comparison of community-based resistance exercise and flexibility exercise for seniors. *Australian Journal of Physiotherapy* 48(3), 215-219.

Barrett, J., L. Lack, and M. Morris. 1993. The sleep-evoked decrease of body temperature. *Sleep* 16(2), 93-99.

Barry, W., R. Cashman, S. Coote, B. Hastings, and M. Imperatrice. 1987. The relationship between lung function and thoracic mobility in normal subjects. *New Zealand Journal of Physiotherapy* 15(1), 9-11.

Bartelink, D.L. 1957. The role of abdominal pressure in relieving pressure on the lumbar intervertebral discs. *Journal of Bone and Joint Surgery* 39B(4), 718-725.

Basmajian, J.V. 1963. Control and training of individual motor units. *Science* 141(3579), 440-441.

Basmajian, J.V. 1967. Control of individual motor units. *American Journal of Physical Medicine* 46(1), 480-486.

Basmajian, J.V. 1972. Electromyography comes of age. *Science* 176(4035), 603-609.

Basmajian, J.V. 1975. Motor learning and control. *Archives of Physical Medicine and Rehabilitation* 58(1), 38-41.

Basmajian, J.V. 1998. Biofeedback in physical medicine and rehabilitation. In *Rehabilitation medicine: Principles and practices*. 3rd ed. eds. J.A. DeLisa and B.M. Gans, 505-520. Philadelphia: Lippincott-Raven.

Basmajian, J.V., M. Baeza, and C. Fabrigar. 1965. Conscious control and training of individual spinal motor neurons in normal human subjects. *Journal of New Drugs* 5(2), 78-85.

Bassey, E.J., K. Morgan, H.M. Dallosso, and S.B.J. Ebrahim. 1989. Flexibility of the shoulder joint measured as range of abduction in a large representative sample of men and women over 65 years of age. *European Journal of Applied Physiology* 58(4), 353-360.

Bates, R.A. 1971. *Flexibility training: The optimal time period to spend in a position of maximal stretch*. Master's thesis, University of Alberta.

Bates, R.A. 1976. Flexibility development: Mind over matter. In *The advanced study of gymnastics*, ed. J.H. Salmela, 233-241. Springfield, IL: Charles C Thomas.

Batson, G. 1993. Stretching technique: A somatic learning model: Part I: Training sensory responsivity. *Impulse* 1(2), 126-140.

Batson, G. 1994. Stretching technique: A somatic learning model: Part II: Training purposivity through Sweigard Ideokinesis. *Impulse* 2(1), 39-58.

Battié, M.C., S.J. Bigos, L.D. Fisher, D.M. Spengler, T.H. Hansson, A.L. Nachemson, and M.D. Wortley. 1990. The role of spinal flexibility in back pain complaints within industry: A prospective study. *Spine* 15(8), 768-773.

Battié, M.C., S.J. Bigos, A. Sheehy, and M.D. Wortley. 1987. Spinal flexibility and individual factors that influence it. *Physical Therapy* 67(5), 653-658.

Bauman, P.A., R. Singson, and W.G. Hamilton. 1994. Femoral neck anteversion in ballerinas. *Clinical Orthopaedics and Related Research* 302(May), 57-63.

Baxter, C., and T. Reilly, T. 1983. Influence of time of day on all-out swimming. *British Journal of Sports Medicine* 17(2), 122-127.

Baxter, D.E., and P.F. Davis. 1995. Rehabilitation of the elite athlete. In *The foot and ankle in sport*, ed. D.E. Baxter, 379-392. St. Louis: Mosby.

Baxter, M.P., and C. Dulberg. 1988. "Growing pains" in childhood: A proposed treatment. *Journal of Pediatric Orthopaedics* 8(4), 402-406.

Beach, M.L., S.L. Whitney, and S.A. Dickoff-Hoffman. 1992. Relationship of shoulder flexibility, strength, and endurance to shoulder pain in competitive swimmers. *Journal of Orthopaedic and Sports Physical Therapy* 16(6), 262-268.

Beaulieu, J.E. 1981. Developing a stretching program. *The Physician and Sportsmedicine* 9(11), 59-69.

Bechbache, R.R., and J. Duffin. 1977. The entrainment of breathing frequency by exercise rhythm. *Journal of Physiology* (London) 272(3), 553-561.

Becker, A.H. 1979. Traction for knee-flexion contractures. *Physical Therapy* 59(9), 1114.

Beekman, S., and B.H. Block. 1975. The relationship of calcaneal varus to hamstring tightening. *Current Podiatry* 24(11), 7-10.

Beel, J.A., D.E. Groswald, and M.W. Luttges. 1984. Alterations in the mechanical properties of peripheral nerve following crush injury. *Journal of Biomechanics* 17(3), 185-193.

Beel, J.A., L.S. Stodieck, and M.W. Luttges. 1986. Structural properties of spinal nerve roots: Biomechanics. *Experimental Neurology* 91(1), 30-40, 1986.

Behm, D.G., D.C. Button, and J.C. Butt. 2001. Factors affecting force loss with prolonged stretching. *Canadian Journal of Applied Physiology* 26(3), 262-272.

Beighton, P. 1971. How contortionists contort. *Medical Times* 99(4), 181-187.

Beighton, P., A. de Paepe, D. Danks, G. Finidori, T. Gedde-Dahl, R. Goodman, J.G. Hall, D.W. Hollister, W. Horton, V.A. McKusick, J.M. Opitz, F.M. Pope, R.E. Pyeritz, D.L. Rimoin, D. Sillence, J.W. Spranger, E. Thompson, D. Tsipouras, D. Viljoen, I. Winship, and I. Young. 1988. International nosology of heritable disorders of connective tissue, Berlin, 1986. *American Journal of Medical Genetics* 29(3), 581-594.

Beighton, P., A. de Paepe, B. Steinmann, P. Tsipouras, and R.J. Wenstrup. 1998. Ehlers-Danlos Syndromes: Revised nosology. Villefranche. *American Journal of Medical Genetics* 77(1), 31-37.

Beighton, P., R. Grahame, and H. Bird. 1983. *Hypermobility of joints*. London: Springer-Verlag.

Beighton, P., R. Grahame, and H. Bird. 1999. *Hypermobility of joints*. 3rd ed. London: Springer-Verlag.

Beighton, P., and F.T. Horan. 1969. Orthopaedic aspects of the Ehlers-Danlos syndrome. *Journal of Bone and Joint Surgery* 51B(3), 444-453.

Beighton, P., and F.T. Horan. 1970. Dominant inheritance in familial generalized articular hypermobility. *Journal of Bone and Joint Surgery* 52B(1), 145-147.

Beighton, P.H., L. Solomon, and C.L. Soskolne. 1973. Articular mobility in an African population. *Annals of the Rheumatic Diseases* 32(5), 413-418.

Bell, G.W., and W.E. Prentice. 1999. Infrared modalities (therapeutic heat and cold). In *Therapeutic modalities in sports medicine*. 4th ed, ed. W.E. Prentice, 173-199. Boston: WCB McGraw-Hill.

Bell, R.D., and T.B. Hoshizaki. 1981. Relationship of age and sex with range of motion of seventeen joint actions in humans. *Canadian Journal of Applied Sports Science* 6(4), 202-206.

Benjamin, B.E. 1978. *Are you tense?* New York: Pantheon Books.

Benjamin, M., and J.R. Ralphs. 2000. The cell and developmental biology of tendons and ligaments. *International Review of Cytology* 196, 85-130.

Bennell, K., E. Tully, and N. Harvey. 1999a. Does the toe-touch test predict hamstring injury in Australian rules footballers? *Australian Journal of Physiotherapy* 45(2), 103-109.

Bennell, K., S. White, and K. Crossley. 1999b. The oral contraceptive pill: A revolution for sportswomen? *British Journal of Sports Medicine* 33(4), 231-238.

Bennell, K.L., and K. Crossley. 1996. Musculoskeletal injuries in track and field: Incidence distribution and risk factors. *Australian Journal of Science and Medicine in Sport* 28(3), 69-75.

Benson, H. 1980. *The relaxation response*. New York: Avon Books.

Bentivoglio, M. 1998. 1898: The golgi apparatus emerges from nerve cells. *Trends in Neuroscience* 21(5), 195-200.

Berland, T., and R.G. Addison. 1972. *Living with your bad back*. New York: St. Martin's Press.

Bernstein, D.A., and T.D. Borkovec. 1973. *Progressive relaxation training*. Champaign, IL: Research Press.

Berque, P., and H. Gray. 2002. The influence of neck-shoulder pain on trapezius muscle activity among professional violin and viola players: An electromyographic study. *Medical Problems of Performing Artists* 17(2), 68-75.

Bertolasi, L., D. De Grandis, L.G. Bongiovanni, G.P. Zanette, and M. Gasperini. 1993. The influence of muscular lengthening on cramps. *Annals of Neurology* 33(2), 176-180.

Best, T.M., B. Loitz-Ramage, D.T. Corr, and R. Vanderby. 1998a. Hyperbaric oxygen in the treatment of acute muscle stretch injuries. *American Journal of Sports Medicine* 26(3), 367-372.

Best, T.M., R.P. McCabe, D. Corr, and R. Vanderby. 1998b. Evaluation of a new method to create a standardized muscle stretch injury. *Medicine and Science in Sports and Exercise* 30(2), 200-205.

Best, T.M., J.H. McElhaney, W.E. Garrett, and B.S. Myers. 1996. Axial strain measurements in skeletal muscle at various strain rates. *Journal of Biomechanical Engineering* 117(3), 262-265.

Bestcourses.com. 2002. Q & A.

Beynon, C., and T. Reilly. 2001. Spinal shrinkage during a seated break and standing break during simulated nursing tasks. *Applied Ergonomics* 32(6), 617-622.

Bick, E.M. 1961. Aging in the connective tissues of the human musculoskeletal system. *Geriatrics* 16(9), 448-453.

Biering-Sørensen, F. 1984. Physical measurements as risk indicators or low-back trouble over a one-year period. *Spine* 9(2), 106-119.

Biesterfeldt, H.J. 1974. Flexibility program. *International Gymnast* 16(3), 22-23.

Bigland-Ritchie, B., and J.J. Woods. 1976. Integrated electromyogram and oxygen uptake during positive and negative work. *Journal of Physiology* (London) 260(2), 267-277.

Bigliani, L.U., T.P. Codd, P.M. Connor, W.N. Levine, M.A. Littlefield, and S.J. Hershon. 1997. Shoulder motion and laxity in the professional baseball player. *American Journal of Sports Medicine* 25(5), 609-613.

Bilkey, W.J. 1992. Involvement of fascia in mechanical pain syndromes. *Journal of Manual Medicine* 6(5), 157-160.

Billig, H.E. 1943. Dysmenorrhea: The result of a postural defect. *Archives of Surgery* 46(5), 611-613.

Billig, H.E. 1951. Fascial stretching. *Journal of Physical and Mental Rehabilitation* 5(1), 4-8.

Billig, H.E., and E. Lowendahl. 1949. *Mobilization of the human body*. Stanford: Stanford University Press.

Bird, H. 1979. Joint laxity in sport. *MediSport: The Review of Sports Medicine* 1(5), 30-31.

Bird, H.A., D.A. Brodie, and V. Wright. 1979. Quantification of joint laxity. *Rheumatology and Rehabilitation* 18, 161-166.

Bird, H.A., M. Calguneri, and V. Wright. 1981. Changes in joint laxity occurring during pregnancy. *Annals of the Rheumatic Diseases* 40(2), 209-212.

Bird, H.A., A. Hudson, C.J. Eastmond, and V. Wright. 1980. Joint laxity and osteoarthritis: A radiological survey of female physical education specialists. *British Journal of Sports Medicine* 14(4), 179-188.

Biro, F., H.L. Gewanter, and J. Baum. 1983. The hypermobility syndrome. *Pediatrics* 72(5), 701-706.

Birrell, F.N., A.O. Adebajo, B.L. Hazleman, and A.J. Silman. 1994. High prevalence of joint laxity in West Africans. *British Journal of Rheumatology* 33(1), 56-59.

Bischoff, C., and D.H. Perrin. 1999. Injury prevention. In *Athletic training and sports medicine*. 3rd ed, ed. R.C. Schenck, 37-62. Rosemont, IL: American Academy of Orthopaedic Surgeons.

Bishop, D. 2003. Warm up I: Potential mechanisms and the effects of passive warm up on exercise performance. *Sports Medicine* 33(6), 439-454.

Bissell, M.J., H.G. Hall, and G. Parry. 1982. How does the extracellular matrix direct gene expression? *Journal of Theoretical Biology* 99(1), 31-68.

Bixler, B., and R.L. Jones. 1992. High-school football injuries: Effects of a post-halftime warm-up and stretching routine. *Family Practice Research Journal* 12(2), 131-139.

Björklund, K., S. Bergström, M-L. Nordström and U. Ulmsten. 2000. Symphyseal distention in relation to serum relaxin levels and pelvic pain in pregnancy. *Acta Obstetrica et Gynecologica Scandinavica* 79(4), 269-275.

Black, J.D.J., and E.D. Stevens. 2001. Passive stretching does not protect against acute contraction-induced injury in mouse EDL muscle. *Journal of Muscle Research and Cell Motility* 22(4), 301-310.

Blau, H. 1989. How fixed is the differentiated state? Lessons from heterokaryons. *Trends in Genetics* 5(8), 268-272.

Blecher, A.M., and J.C. Richmond. 1998. Transient laxity of an anterior cruciate ligament-reconstructed knee related to pregnancy. *Arthroscopy* 14(1), 77-79.

Bledsoe, J. 2003. The truth about stretching and why the Kenyan athletes always do it after their workouts are over. *Peak Performance*. [Online]. Available: www.pponline.co.uk/encyc/0250.htm [October 31, 2003].

Block, R.A., L.A. Hess, E.V. Timpano, and C. Serlo. 1985. Physiological changes in the foot in pregnancy. *Journal of the American Podiatric Medical Association* 75(6), 297-299.

Bloom, W., D.W. Fawcett, and E. Raviola. 1994. *A textbook of histology*. 12th ed. New York: Chapman Hall.

Bloomfield, J., T.R. Ackland, and B.C. Elliott. 1994. *Applied anatomy and biomechanics in sport*. Oxford: Blackwell Scientific.

Bloomfield, J., and B.A. Blanksby. 1971. Strength, flexibility and anthropometric measurements. *Australian Journal of Sports Medicine* 3(10), 8-15.

Bloomfield, J., B.A. Blanksby, T.R. Ackland, and B.C. Elliott. 1985. The anatomical and physiological characteristics of pre-adolescent swimmers, tennis players and non competitors. *The Australian Journal of Science and Medicine in Sport* 17(3), 19-23.

Blumenthal, J.A., C.F. Emery, D.J. Madden, L.K. George, R.E. Coleman, M.W. Riddle, D.C. McKee, J. Reasoner, and R.S. Williams. 1989. Cardiovascular and behavioral effects of aerobic exercise training in healthy older men and women. *Journal of Gerontology* 44(5), M147-M157.

Blumenthal, J.A., and E.C.D. Gullette. 2001. Exercise. In *The encyclopedia of aging. A comprehensive resource in gerontology and geriatrics.* 3rd ed, ed. G.L. Maddox, 371-373. New York: Springer.

Bobbert, M.F., A.P. Hollander, and P.A. Huijing. 1986. Factors in delayed onset muscular soreness of man. *Medicine and Science in Sports and Exercise* 18(1), 75-81.

Bogduk, N. 1984. Applied anatomy of the thoracolumbar fascia. *Spine* 9(9), 164-170.

Bohannon, R.W. 1982. Cinematographic analysis of the passive straight-leg-raising test for hamstring muscle length. *Physical Therapy* 62(9), 1269-1273.

Bohannon, R.W. 1984. Effect of repeated eight-minute muscle loading on the angle of straight-leg raising. *Physical Therapy* 64(4), 491-497.

Bohannon, R., R. Gajdovsik, and B. LeVeau. 1985. Contribution of pelvic and lower limb motion to increase in the angle of passive straight leg raising. *Physical Therapy* 65(4), 474-476.

Boland, R.A. and R.D. Adams. 2000. Effects of ankle dorsiflexion on range and reliability of straight leg raising. *Australian Journal of Physiotherapy* 46(3), 191-200.

Bompa, T. 1990. *Theory and methodology of training.* 2nd ed. Dubuque, IA: Kendall/Hunt.

Bonci, C.M., F.J. Hensal, and J.S. Torg. 1986. A preliminary study on the measurement of static and dynamic motion at the glenohumeral joint. *The American Journal of Sports Medicine* 14(1), 12-17.

Boocock, M.G., G. Garbutt, G. Linge, T. Reilly, and J.D.G. Troup. 1990. Changes in stature following drop jumping and post-exercise gravity inversion. *Medicine and Science in Sports and Exercise* 22(3), 385-390.

Boocock, M.G., G. Garbutt, T. Reilly, G. Linge, and J.D.G. Troup. 1988. The effects of gravity inversion on exercise-induced spinal loading. *Ergonomics* 31(11), 1631-1637.

Boone, D.C., and S.P. Azen. 1979. Normal range of motion of joints in male subjects. *Journal of Bone and Joint Surgery* 61A(5), 756-759.

Borg, G. 1998. *Borg's perceived exertion and pain scales.* Champaign, IL: Human Kinetics.

Borg, T.K., and J.B. Caulfield. 1980. Morphology of connective tissue in skeletal muscle. *Tissue & Cell* 12(1), 197-207.

Borkovec, T.D., and J.K. Sides. 1979. Critical procedural variables related to the physiological effects of progressive relaxation: A review. *Behaviour Research and Therapy* 17(2), 119-125.

Borms, J., P. Van Roy, J.P. Santens, and A. Haentjens. 1987. Optimal duration of static stretching exercises for improvement of coxofemoral flexibility. *Journal of Sports Sciences* 5(1), 39-47.

Boscardin, J.B., P. Johnson, and H. Schneider. 1989. The wind-up, the pitch, and pre-season conditioning. *SportCare & Fitness* 2(1), 30-35.

Boscoe, C., I. Tarkka, and P.V. Komi. 1982. Effects of elastic energy and myoelectrical potentiation of triceps surae during stretch-shortening cycle exercise. *International Journal of Sports Medicine* 3(3), 137-140.

Bosien, W.R., D.S. Staples, and S.W. Russell. 1955. Residual disability following acute ankle sprains. *Journal of Bone and Joint Surgery* 37A(6), 1237-1243.

Botsford, D.J., S.I. Esses, and D.J. Ogilvie-Harris. 1994. In vivo diurnal variation in intervertebral disc volume and morphology. *Spine* 19(8), 935-940.

Bouchard, C., R.M. Malina, and L. Pérusse. 1997. *Genetics of fitness and physical performance.* Champaign, IL: Human Kinetics.

Boulgarides, L.K., S.M. McGinty, J.A. Willett, and C.W. Barnes. 2003. Use of clinical and impairment-based tests to predict falls by community-dwelling older adults. *Physical Therapy* 83(4), 328-339.

Bovens, A.M.P.M., M.A van Baak, J.G.P.M. Vrencken, J.A.G.Wijnen, and F.T.J. Verstappen. 1990. Variability and reliability of joint measurements. *American Journal of Sports Medicine* 18(1), 58-63.

Bowen, W.P. 1934. *Applied kinesiology.* 5th ed. Philadelphia: Lea & Febiger.

Bowker, J.H., and E.B. Thompson. 1964. Surgical treatment of recurrent dislocation of the patella. *Journal of Bone and Joint Surgery* 46A(7), 1451-1461.

Bowman, M.W. 2000. Athletic injuries to the midfoot and hindfoot. In *Principles and practices of orthopaedic sports medicine* eds. W.E. Garrett, K.P. Speer, and D.T. Kirkendall, 893-943. Philadelphia: Lippincott Williams & Wilkins.

Bozeman, M., J. Mackie, and D.A. Kaufmann. 1986. Quadriceps, hamstring strength and flexibility. *Track Technique* 96, 3060-3061.

Brainum, J. 2000. Stretching the truth. *Ironman* 59(6), 120-125.

Brand, R.A. 1986. Knee ligaments: A new view. *Journal of Biomechanical Engineering* 108(2), 106-110.

Brandfonbrener, A.G. 1990. Joint laxity in instrumental musicians. *Medical Problems of Performing Artists* 5(3), 117-119.

Brandfonbrener, A.G. 1997. Pathogenesis of medical problems of performing artists: General considerations. *Medical Problems of Performing Artists* 12(2), 45-50.

Brandfonbrener, A.G. 2000. Joint laxity and arm pain in musicians. *Medical Problems of Performing Artists* 15(2), 72-74.

Brandfonbrener, A.G. 2001. The medical problems of musicians. *American Music Teacher* 50(6), 21-25.

Brandon, R. 2003. Stretching flexibility exercises: What science has to say about the performance benefits of flexibility training. *Peak Performance.* [Online]. Available: www.pponline.co.uk/encyc/0203b.htm [October 31, 2003].

Brant, J. 1987. See Dick run: Videotape analysis of your running form can make you a more efficient runner. *Runner's World* 22(7), 28-35.

Breig, A. 1960. *Biomechanics of the central nervous system: Some basic normal and pathological phenomena.* Stockholm: Almquist and Wiksell.

Breig, A., and J.D.G. Troup. 1979. Biomechanical considerations in the straight-leg-raising test: Cadaveric and clinical studies of the effects of medial hip rotation. *Spine* 4(3), 242-250.

Brendstrup, P. 1962. Late edema after muscular exercise. *Archives of Physical Medicine and Rehabilitation* 43(8), 401-405.

Bressel, E., and P.J. McNair. 2002. Effect of prolonged static and cyclic stretching on ankle joint stiffness, torque relaxation, and gait in people with stroke. *Physical Therapy* 82(9), 880-887.

Brewer, B., R. Wubben, and G. Carrera. 1986. Excessive retroversion of the glenoid cavity. *Journal of Bone and Joint Surgery* 68A(5), 724-731.

Brewer, V., and M. Hinson. 1978. Relationship of pregnancy to lateral knee stability. *Medicine and Science in Sports* 10(1), 39.

Brill, P.A., and C.A. Macera. 1995. The influence of running patterns on running injuries. *Sports Medicine* 20(6), 365-368.

Brodelius, A. 1961. Osteoarthrosis of the talar joints in footballers and ballet dancers. *Acta Orthopaedica Scandinavica* 30(4), 309-314.

Brodie, D.A., H.A. Bird, and V. Wright. 1982. Joint laxity in selected athletic populations. *Medicine and Science in Sports and Exercise* 14(3), 190-193.

Brodowicz, G.R., R. Welsh, and J. Wallis. 1996. Comparison of stretching with ice, stretching with heat, or stretching alone on hamstring flexibility. *Journal of Athletic Training* 31(4), 324-327.

Brody, D.M. 1995. Running injuries. In *The lower extremity and spine in sports medicine.* 2nd ed., vol. 2. eds. J.A. Nicholas and E.B. Hershman, 1475-1507. St. Louis: Mosby.

Brody, L.T. 1999. Mobility impairment. In *Therapeutic exercise: Moving toward function,* eds. C.M. Hall and L.T. Brody, 87-111. Philadelphia: Lippincott, Williams & Wilkins.

Broer, M.R., and N.R. Gales. 1958. Importance of various body measurements in performance of toe touch test. *Research Quarterly* 29(3), 253-257.

Brooks, G.A., and T.D. Fahey. 1987. *Fundamentals of human performance.* New York: Macmillan.

Brooks, S.V., E. Zerba, and J.A. Faulkner. 1995. Injury to muscle fibres after single stretches of pasive and maximally stimulated muscles in mice. *Journal of Physiology* 488(Pt.2), 459-469.

Brown, L.E. 2002. Stretch or no stretch? *Strength and Conditioning Journal* 24(1), 20-21.

Brown, L.P., S.L. Niehues, A. Harrah, P. Yavorsky, and H.P. Hirschman. 1998. Upper extremity range of motion and isokinetic strength of the internal and external shoulder rotators in major league baseball players. *American Journal of Sports Medicine* 16(6), 577-585.

Brown, M., and J.O. Holloszy. 1991. Effects of a low-intensity exercise program on selected physical performance characteristics of 60-to-71-year-olds. *Aging* 3, 129-139.

Browne, A.O., P. Hoffmeyer, S. Tanaka, K.N. An, and B.F. Morrey. 1990. Glenohumeral elevation studied in three dimensions. *Journal of Bone and Joint Surgery* 72B(5), 843-845.

Browse, N.L., A.E. Young, and M.L. Thomas. 1979. The effect of bending on canine and human arterial walls and on blood flow. *Circulation Research* 45(1), 41-47.

Brukner, P., and K. Khan. 2002. *Clinical sports medicine*. 2nd ed. Sydney/New York: McGraw-Hill.

Bruser, M. 1997. *The art of practicing: A guide to making music from the heart*. New York: Bell Tower.

Bryant, S. 1984. Flexibility and stretching. *The Physician and Sportsmedicine* 12(2), 171.

Buckingham, R.B., T. Braun, D.A. Harinstein, D. Oral, D. Bauman, W. Bartynski, P.J. Killian, and L.P. Bidula. 1991. Temporomandibular joint dysfunction syndrome: A close association with systemic joint laxity (the hypermobile joint syndrome). *Oral Surgery, Oral Medicine, Oral Pathology* 72(5), 514-519.

Bulbena, A., J.C. Duro, M. Porta, R. Martin-Santos, A. Mateo, L. Molina, R. Vallescar, and J. Vallejo. 1993. Anxiety disorders in the joint hypermobility syndrome. *Psychiatry Research* 46(1), 59-68.

Bunch, M. 1997. *Dynamics of the singing voice*. New York: Springer-Verlag.

Bunn, J.W. 1972. *Scientific principles of coaching*. 2nd ed. Englewood Cliffs, NJ: Prentice-Hall.

Burgener, M. 1991. How to properly miss with a barbell. *National Strength and Conditioning Journal* 13(3), 24-25.

Burke, D., K.E. Hagbarth, and L. Lofstedt. 1978. Muscle spindle activity in man during shortening and lengthening contraction. *Journal of Physiology* (London) 277, 131-142.

Burke, D.G., L.E. Holt, R. Rasmussen, N.C. MacKinnon, J.F. Vossen, and T.W. Pelham. 2001. Effects of hot or cold water immersion and modified proprioceptive neuromuscular facilitation flexibility exercise on hamstring length. *Journal of Athletic Training* 36(1), 16-19.

Burke, R.E., and P. Rudomin. 1978. Spinal neurons and synapses. In *Handbook of physiology: The nervous system. Cellular biology of neurons*, ed. E.R. Kandel, 877-944. Baltimore, MD: Williams & Wilkins.

Burkett, L.N. 1970. Causative factors in hamstring strain. *Medicine and Science in Sports* 2(1), 39-42.

Burkett, L.N. 1971. Cause and prevention of hamstring pulls. *Athletic Journal* 51(6), 34.

Burkett, L.N. 1975. Investigation into hamstring strains: The case of the hybrid muscle. *The Journal of Sports Medicine and Physical Fitness* 3(5), 228-231.

Burkett, L.N., C.C. Seminoff, and B.A. Alvar. 1998. Comparison of the power stretch machine with traditional stretching techniques for increasing low back and hamstrings flexibility. *Isokinetics and Exercise Science* 7(2), 95-99.

Burley, L.R., H.C. Dobell, and B.J. Farrell. 1961. Relations of power, speed, flexibility and certain anthropometric measures of junior high school girls. *Research Quarterly* 32(4), 443-448.

Buroker, K.C., and J.A. Schwane. 1989. Does postexercise static stretching alleviate delayed muscle soreness? *The Physician and Sportsmedicine* 17(6), 65-83.

Burrows, N.P. 1999. The molecular genetics of the Ehlers-Danlos syndrome. *Clinical and Experimental Dermatology* 24(2), 99-105.

Burton, A.K., K.M. Tillotson, and J.D.G. Troup. 1989. Variation in lumbar sagittal mobility with low-back trouble. *Spine* 14(6), 584-590.

Butler, D.S., and L. Gifford. 1989. The concept of adverse mechanical tension in the nervous system. Part I. Testing for dural tension. *Physiotherapy* 75(11), 622-636.

Buxton, D. 1957. Extension of the Kraus-Weber test. *Research Quarterly* 28(3), 210-217.

Byers, P. 1995. Disorders of collagen biosynthesis and structure. In *The metabolic basis of inherited disease*. eds. C. Scriver, A. Beauder, W. Sly, and D. Valle, 4029-4075. New York: McGraw-Hill.

Byers, P.H., R.E. Pyeritz and J. Uitto 1992. Research perspectives in heritable disorders of connective tissue. *Matrix* 12(4), 333-342.

Byrd, R.J. 1973. The effect of controlled, mild exercise on the rate of physiological aging in rats. *Journal of Sports Medicine and Physical Fitness* 13(1), 1-3.

Byrd, S.K. 1992. Alterations in the sarcoplasmic reticulum: A possible link to exercise-induced muscle damage. *Medicine and Science in Sports and Exercise* 24(5), 531-536.

Byrnes, W.C., and P.M. Clarkson. 1986. Delayed onset muscle soreness and training. *Clinics in Sports Medicine* 5(3), 605-614.

Byrnes, W.C., P.M. Clarkson, J.S. White, S.S. Hsieh, P.N. Frykman, and R.J. Maughan. 1985. Delayed onset muscle soreness following repeated bouts of downhill running. *Journal of Applied Physiology* 59(3), 710-713.

Cailliet, R. 1966. *Shoulder pain*. Philadelphia: F.A. Davis.

Cailliet, R. 1977. *Soft tissue pain and disability*. Philadelphia: F.A. Davis.

Cailliet, R. 1981. *Low back pain syndrome*. 3rd ed. Philadelphia: F.A. Davis.

Cailliet, R. 1985. Gravity inversion therapy. *Postgraduate Medicine* 77(6), 270, 274.

Cailliet, R. 1988. *Low back pain syndrome*. 4th ed. Philadelphia: F.A. Davis.

Cailliet, R. 1991. *Shoulder pain*. 3rd ed. Philadelphia: F.A. Davis.

Cailliet, R. 1996. *Soft tissue pain and disability*. 3rd ed. Philadelphia: F.A. Davis.

Cailliet, R., and L. Gross. 1987. *The rejuvenation strategy*. Garden City, NY: Doubleday.

Calais-Germain, B. 1993. *Anatomy of movement*. Seattle: Eastland Press.

Caldwell, R., and Wall, J. 2001. *Excellence in singing*. Vol. 2. Redmond, WA: Caldwell Publishing Company.

Caldwell, W.E., and H.C. Moloy. 1933. Anatomical variations in the female pelvis and their effect in labor with a suggested classification. *American Journal of Obstetrics and Gynecology* 26(4), 479-505.

Calguneri, M., H.A. Bird, and V. Wright. 1982. Changes in joint laxity occurring during pregnancy. *Annals of the Rheumatic Diseases* 41(2), 126-128.

Campbell, E.J.M. 1970. Accessory muscles. In *The respiratory muscles mechanics and neural control*. eds. E.J.M. Campbell, E. Agostoni, and J.N. Davis, 181-193. Philadelphia: W.B. Saunders.

Campbell, K.S., and Lakie, M. 1998. A cross-bridge mechanism can explain the thixotropic short-range elastic component of relaxed frog skeletal muscle. *Journal of Physiology* 510(3), 941-962.

Campbell, R., M. Evans, M. Tucker, B. Quilty, P. Dieppe, and J.L. Donovan. 2001. Why don't patients do their exercises? Understanding non-compliance with physiotherapy in patients with osteoarthritis of the knee. *Journal of Epidemiology & Community Health* 55(2), 132-138.

Cantu, R.I., and A.J. Grodin. 2001. *Myofascial manipulation: Theory and clinical application*. 2nd ed. Gaithersburg, MD: Aspen.

Cao, X. 2002. Scientific bases of acupuncture analgesia. *Acupuncture & Electro-Therapeutics Research: The International Journal* 27(1), 1-14.

Capaday, C., and R.B. Stein. 1987a. Amplitude modulation of the soleus H-reflex in the human during walking and standing. *Journal of Neuroscience Methods* 21(2-4), 91-104.

Capaday, C., and R.B. Stein. 1987b. Difference in the amplitude of the human soleus H-reflex during walking and running. *Journal of Physiology* (London) 392, 513-522.

Carborn, D.N.M., T.D. Armsey, L. Grollman, J.A. Nyland, and J.A. Brosky. 2001. Running. In *Sports injuries: Mechanisms, prevention, treatment*. 2nd ed. eds. F.H. Fu and D.A. Stone, 665-689. Philadelphia: Lippincott Williams & Wilkins.

Carlson, F.D., and D.R. Wilkie. 1974. *Muscle physiology*. Englewood Cliffs, NJ: Prentice-Hall.

Carp, J.S., X.Y. Chen, H. Sheik, and J.R. Wolpaw. 2001. Motor unit properties after operant conditioning of rat H-reflex. *Experimental Brain Research* 140(3), 382-386.

Carr, G. 1997. *Mechanics of sport: A practitioner's guide*. Champaign, IL: Human Kinetics.

Carranza, J. 2002. Create power with proper posture. [Online]. Available: www.golfwashington.com/Instruction/20020410_Proper_Posture [October 31, 2003].

Carrico, M. 1986. Yoga with a chair. *Yoga Journal* 68, 45-51.

Carson, J.A., and F.W. Booth. 1998. Myogenin mRNA is elevated during rapid, slow, and maintenance phases of stretch-induced hypertrophy in chick slow-tonic muscle. *Pflügers Archiv: European Journal of Physiology* 453(6), 850-858.

Carter, C., and R. Sweetnam. 1958. Familial joint laxity and recurrent dislocation of the patella. *Journal of Bone and Joint Surgery* 40B(4), 664-667.

Carter, C., and R. Sweetnam. 1960. Recurrent dislocation of the patella and the shoulder. *Journal of Bone and Joint Surgery* 42B(4), 721-727.

Carter, C., and J. Wilkinson. 1964. Persistent joint laxity and congenital dislocation of the hip. *Journal of Bone and Joint Surgery* 46B(1), 40-45.

Carter, R.L. 2001. Competitive diving. In *Sports injuries: Mechanisms, prevention, treatment*. 2nd ed. eds. F.H. Fu and D.A. Stone, 352-371. Philadelphia: Lippincott Williams & Wilkins.

Cassidy, J.D., J.A. Quon, L.J. Lafrance, and K. Yong-Hing. 1992. The effect of manipulation on pain and range of motion in the cervical spine: A pilot study. *Journal of Manipulative and Physiological Therapeutics* 15(8), 495-500.

Cassidy, S.S., and F. Schwiep. 1989. Cardiovascular effects of positive end-expiratory pressure. In *Heart-lung interactions in health and disease*. eds. S.M. Scharf and S.S. Cassidy, 463-506. New York: Marcel Dekker.

Cavagna, G.A., B. Dusman, and R. Margaria. 1968. Positive work done by a previously stretched muscle. *Journal of Applied Physiology* 24(1), 21-32.

Cavagna, G.A., F.P. Saibene, and R. Margaria. 1965. Effect of negative work on the amount of positive work performed by an isolated muscle. *Journal of Applied Physiology* 20(1), 157-160.

Cerretelli, P., and P.E. di Prampero 1987. Gas exchange in exercise. In *Handbook of physiology a critical, comprehensive presentation of physiological knowledge and concepts. Section 3: The respiratory system*. ed. A.P. Fishman, 297-339. Bethesda, Maryland: American Physiological Society.

Chaitow, L. 1990. *Osteopathic self-treatment*. Rochester, VT: Thorsons.

Chaitow, L. 2002. *Positional release techniques*. Edinburgh: Churchill Livingstone.

Chan, S.P., Hong, Y, and P.D. Robinson. 2001. Flexibility and passive resistance of the hamstrings of young adults using two different static stretching protocols. *Scandinavian Journal of Medicine & Science in Sports* 11(2), 81-86.

Chandler, T.J., W.B. Kibler, T.L. Uhl, B. Wooten, A. Kiser, and E. Stone, E. 1990. Flexibility comparisons of junior elite tennis players to other athletes. *American Journal of Sports Medicine* 18(2), 134-136.

Chandler, T.J., G.D. Wilson, and M.H. Stone. 1989. The effect of the squat exercise on knee stability. *Medicine and Science in Sports and Exercise* 21(3), 299-303.

Chang, D.E., L.P. Buschbacher, and R.F. Edlich. 1988. Limited joint mobility in power lifters. *American Journal of Sports Medicine* 16(3), 280-284.

Chapman, E.A., H.A. de Vries, and R. Swezey. 1972. Joint stiffness: Effects of exercise on young and old men. *Journal of Gerontology* 27(2), 218-221.

Chapron, D.J., and R.W. Besdine. 1987. Drugs as obstacle to rehabilitation of the elderly: A primer for therapists. *Topics in Geriatric Rehabilitation* 2(3), 63-81.

Chatfield, S.J., W.C. Byrnes, D.A. Lally, and S.E. Rowe. 1990. Cross-sectional physiologic profiling of modern dancers. *Dance Research Journal* 22(1), 13-20.

Chatterjee, S., and N. Das. 1995. Physical and motor fitness in twins. *Japanese Journal of Physiology* 45(3), 519-534.

Chen, C-Y., P.S. Neufeld, C.A. Feely, and C.S. Skinner. 1999. Factors influencing compliance with home exercise programs among patients with upper-extremity impairment. *American Journal of Occupational Therapy* 53(2), 171-180.

Cheng, J.C.Y., P.S. Chan, and P.W. Hui. 1991. Joint laxity in children. *Journal of Pediatric Orthopaedics* 11(6), 752-756.

Cherry, D.B. 1980. Review of physical therapy alternatives for reducing muscle contracture. *Physical Therapy* 60(7), 877-881.

Chiarello, C.M., and R. Savidge. 1993. Interrater reliability of the Cybex EDI-320 and fluid goniometer in normals and patients with low back pain. *Archives of Physical Medicine and Rehabilitation* 74(1), 32-37.

Child, A.H. 1986. Joint hypermobility syndrome: Inherited disorder of collagen synthesis. *Journal of Rheumatology* 13(2), 239-243.

Chinn, C.J., J.D. Priest, and B.E. Kent. 1974. Upper extremity range of motion, grip strength, and girth in highly skilled tennis players. *Physical Therapy* 54(5), 474-483.

Chissell, J. 1967. *Schumann*. New York: Farrar, Straus and Giroux.

Cholewicki, J., and S.M. McGill. 1992. Lumbar posterior ligament involvement during extremely heavy lifts estimated from fluoroscopic measurements. *Journal of Biomechanics* 25(1), 17-28.

Cholewicki, J., and S.M. McGill. 1996. Mechanical stability of the in vivo lumbar spine: Implications for injury and chronic low back pain. *Clinical Biomechanics* 11(1), 1-15.

Cholewicki, J., S.M. McGill, and R.W. Norman. 1995. Comparison of muscle forces and joint load from an optimization and EMG assisted lumbar spine model: Towards development of a hybrid approach. *Journal of Biomechanics* 28(3), 321-331.

Christian, G.F., G.J. Stanton, D., Sissons, H.Y. How, J. Jamison, B. Alder, M. Fullerton, and J.W. Funder. 1988. Immunoreactive ACTH, β-endorphin, and cortisol levels in plasma following spinal manipulative therapy. *Spine* 13(12), 1411-1417.

Christiansen, C.H., and C.M. Baum. 1997. Glossary. In *Occupational therapy: Enabling function and well-being*. 2nd ed. eds. C.H. Christiansen and C.M. Baum. Thorofare, NJ: Slack.

Chujoy, A., and P.W. Manchester. eds. 1967. *The dance encyclopedia*. New York: Simon and Schuster.

Church, J.B., M.S. Wiggins, F.M. Moode, and R. Crist. 2001. Effect of warm-up and flexibility treatments on vertical jump perfromance. *Journal of Strength and Conditioning Research* 15(3), 332-336.

Cipriani, D., B. Abel, and D. Pirrwitz. 2003. A comparison of two stretching protocols on hip range of motion: Implications for total daily stretch duration. *Journal of Strength and Conditioning Research* 17(2), 274-278.

Ciullo, J.V., and B. Zarins. 1983. Biomechanics of the musculotendinous unit. *Clinics in Sports Medicine* 2(1), 71-85.

Clanton, T.O., and K.J. Coupe. 1998. Hamstring strains in athletes: Diagnosis and treatment. *Journal of the American Academy of Orthopaedic Surgeons* 6(4), 237-248.

Clark, J.M., F.C. Hagerman, and R. Gelfand. 1983. Breathing patterns during submaximal and maximal exercise in elite oarsmen. *Journal of Applied Physiology* 55(2), 440-446.

Clarke, H.H. 1975. Joint and body range of movement. *Physical Fitness Research Digest* 5: 16-18.

Clarkson, P.M., W.C. Byrnes, E. Gillison, and E. Harper. 1987. Adaptation to exercise-induced muscle damage. *Clinical Science* 73(4), 383-386.

Clarkson, P.M., K. Nosaka, and B. Braun. 1992. Muscle function after exercise-induced muscle damage and rapid adaptation. *Medicine and Science in Sports and Exercise* 24(5), 512-520.

Clarkson, P.M., and I. Tremblay. 1988. Rapid adaptation to exercise induced muscle damage. *Journal of Applied Physiology* 65(1), 1-6.

Cleak, M.J., and R.G. Eston. 1992. Delayed onset muscle soreness: Mechanisms and management. *Journal of Sports Sciences* 10(4), 325-341.

Clemente, C.D. 1985. *Anatomy of the human body*. 30th ed. Philadelphia: Lea & Febiger.

Cleveland, T.F. 1998a. A comparison of breath management strategies in classical and nonclassical singers Part 1. *Journal of Singing* 54(5), 47-49.

Cleveland, T.F. 1998b. A comparison of breath management strategies in classical and nonclassical singers Part 2. *Journal of Singing* 55(1), 45-46.

Cleveland, T.F. 1998c. A comparison of breath management strategies in classical and nonclassical singers. Part 3. *Journal of Singing* 55(2), 53-55.

Clippinger-Robertson, K. 1988. Understanding contraindicated exercises. *Dance Exercise Today* 6(1), 57-60.

Cohen, D.B., M.A. Mont, K.R. Campbell., B.N. Vogelstein, and J.W. Loewy. 1994. Upper extremity physical factors affecting tennis serve velocity. *American Journal of Sports Medicine* 22(6), 746-750.

Colachis, S.C., and B.R. Strohm. 1965. Relationship of time to varied tractive force with constant angle of pull. *Archives of Physical Medicine and Rehabilitation* 46(11), 815-819.

Comeau, M.J. 2002. Stretch or no stretch? Cons. *Strength and Conditioning Journal* 24(1), 20-21.

Comwell, D.B. 1941. *The championship technique in track and field*. New York: McGraw-Hill.

Concu, A., W. Ferrari, G.L. Gessa, F.P. Mercu, and A. Tagliamonte. 1974. EEG changes induced by the intraventricular injection of ACTH in cats. In *Sleep*, eds. P. Levin and W.P. Koella, 321. Basel: Karger.

Condon, S.A. 1983. *Resistance to muscle stretch induced by volitional muscle contraction*. Master's thesis, University of Washington.

Condon, S.A., and R.S. Hutton. 1987. Soleus muscle electromyographic activity and ankle dorsiflexion range of motion during four stretching procedures. *Physical Therapy* 67(1), 24-30.

Conroy, R.T.W.L., and J.N. Mills. 1970. *Human circadian rhythms*. London: Churchill.

A contortionist. 1882. *Lancet* 1, 576.

Cook, E.E., V.L. Gray, E. Savinar-Nogue, and J. Medeiros. 1987. Shoulder antagonistic strength ratios: A comparison between college level baseball pitchers and nonpitchers. *Journal of Orthopaedic and Sports Physical Therapy* 8(9), 451-461.

Cooper Fitness Center, The. 2002. Stretching FAQs. [online]. www.cooperfitness.com/contents/Story.asp?SID=1460.

Corbett, M. 1972. The use and abuse of massage and exercise. *The Practitioner* 208(1243), 136-139.

Corbin, C.B., L.J. Dowell, R. Lindsey, and H. Tolson. 1978. *Concepts in physical education*. 3rd ed. Dubuque, IA: Brown.

Corbin, C.B., and L. Noble. 1980. Flexibility: A major component of physical fitness. *Journal of Physical Education and Recreation* 51(6), 23-24, 57-60.

Cornbleet, S.L., and N.B. Woolsey. 1996. Assessment of hamstring muscle length in school-aged children using the sit-and-reach test and the inclinometer measure of hip joint angle. *Physical Therapy* 76(8), 850-855.

Cornelius, W.L. 1983. Stretch evoked EMG activity by isometric contraction and submaximal concentric contraction. *Athletic Training* 18(2), 106-109.

Cornelius, W.L. 1984. Exercise beneficial to the hip but questionable for the knee. *NSCA Journal* 6(5), 40-41.

Cornelius, W.L. 1989. Flexibility exercises: Effective practices. *NSCA Journal* 11(6), 61-62.

Cornelius, W.L., and K. Craft-Hamm. 1988. Proprioceptive neuromuscular facilitation techniques: Acute affects on arterial blood pressure. *Physician and Sportsmedicine* 16(4), 152-161.

Cornelius, W.L., R.W. Hagemann, and A.W. Jackson. 1988. A study on placement of stretching within a workout. *Journal of Sports Medicine and Physical Fitness* 28(3), 234-236.

Cornelius, W.L., and M.M. Hinson. 1980. The relationship between isometric contractions of hip extensors and subsequent flexibility in males. *Journal of Sports Medicine and Physical Fitness* 20(1), 75-80.

Cornelius, W.L., and A. Jackson. 1984. The effects of cryotherapy and PNF on hip extensor flexibility. *Athletic Training* 19, 183-199.

Cornelius, W.L., R.L. Jensen, and M.E. Odell. 1995. Effects of PNF stretching phases on acute arterial blood pressure. *Canadian Journal of Applied Physiology* 20(2), 222-229.

Couch, J. 1979. *Runner's World yoga book*. Mountain View, CA: World.

Cottrell, N.B. 1968. Performance in the presence of other human beings: Mere presence, audience, and affiliative effects. In *Social facilitation and imitative behavior*, eds. E.C. Simmell, R.A. Hoppe, and G.A. Milton, 91-110. Boston: Allyn and Bacon.

Cottrell, N.B., D.L. Wack, G.J. Sekerak, and R.H. Rittle. 1968. Social facilitation of dominanat response by the presence of an audience and the mere presence of others. *Journal of Personality and Social Psychology* 9(3), 245-250.

Coulter, D., 2001. *Anatomy of hatha yoga*. Honesdale, PA: Body and Breath.

Counsilman, J.E. 1968. *The science of swimming*. Englewood Cliffs, NJ: Prentice-Hall.

Counsilman, J.E. 1977. *The complete book of swimming*. New York: Antheneum.

Coville, C.A. 1979. Relaxation in physical education curricula. *The Physical Educator* 36(4), 176-181.

Coyle, E.F., D.L. Costill, and G.R. Lesmes. 1979. Leg extension power and muscle fiber composition. *Medicine and Science in Sports* 1(11), 12-15.

Craib, M.W., V.A. Mitchell, K.B. Fields, T.R. Cooper, R. Hopewell, and D.W. Morgan. 1996. The association between flexibility and running economy in sub-elite male distance runners. *Medicine and Science in Sports and Exercise* 28(6), 737-743.

Craig, E.J., and D. Kaelin. 2000. Physical modalities. In *Physical medicine and rehabilitation: The complete approach*, eds. M. Grabois, S.J. Garrison, K.A. Hart, and L.D. Lehmkuhl, 441-450. Oxford: Blackwell Science.

Cramer, L.M., and C.H. McQueen. 1990. Overuse injuries in figure skating. In *Winter sports medicine*, ed. M.J. Casey, C. Foster, and E.G. Hixson, 254-268. Philadelphia: Davis.

Crawford, H.J., and G.A. Jull. 1993. The influence of thoracic posture and movement on range of arm elevation. *Physiotherapy Theory and Practice* 9(3), 143-148.

Crisp, J. 1972. Properties of tendon and skin. In *Biomechanics: Its foundation and objectives*. eds. Y.C. Yung, N. Perrone, and M. Anliker, 141-180. Englewood Cliffs, NJ: Prentice-Hall.

Crosman, L.J., S.R. Chateauvert, and J. Weisberg. 1984. The effects of massage to the hamstring muscle group on the range of motion. *Journal of Orthopaedic and Sports Physical Therapy* 6(3), 168-172.

Cross, K.M., and T.W. Worrell. 1999. Effects of a static stretching program on the incidence of lower extremity musculotendinous strains. *Journal of Athletic Training* 34(1), 11-14.

Cummings, G.S. 1984. Comparison of muscle to other soft tissue in limiting elbow extension. *Journal of Orthopaedic and Sports Physical Therapy* 5(4), 170-174.

Cummings, G.S., and L.J. Tillman. 1992. Remodeling of dense connective tissue in normal adult tissues. In *Dynamics of human biologic tissues*. eds. D.P. Currier and R.M. Nelson, 45-73. Philadelphia: Davis.

Cummings, M.S., V.E. Wilson, and E.I. Bird. 1984. Flexibility development in sprinters using EMG biofeedback and relation training. *Biofeedback and Self-Regulation* 9(3), 395-405.

Cureton, T.K. 1930. Mechanics and kinesiology of swimming. *Research Quarterly* 1(4), 87-121.

Dahm, D.L., and C.M. Lajam. 2002. Shoulder instability in the female athlete. *Operative Techniques in Sports Medicine* 10(1), 5-9.

Daleiden, S. 1990. Prevention of falling: Rehabilitative or compensatory interventions? *Topics in Geriatric Rehabilitation* 5(2), 44-53.

Danforth, D.N. 1967. Pregnancy and labor: From the vantage point of the physical therapist. *American Journal of Physical Medicine* 46(1), 653-658.

Daniell, H.W. 1979. Simple cure for nocturnal leg cramps. *New England Journal of Medicine* 301(4), 216.

Danlos, P.M. 1908. Un cas de Cutis laxa avec tumeurs par contusion chronique des coudes et des genoux. *Bulletin de la Société De Dermatologie et de Syphiligraphie* 19(Janvier) 70-72.

Davies, A., K. Finlay, M. Hilly, and C. Purdam. 1992. A comparison of the effect of static and ballistic stretching on hamstring strength. Proceedings from the annual scientific conference in sports medicine, Australian Sports Medicine Federation, Perth.

Davies, C. 2002. Musculoskeletal pain from repetitive strain in musicians: Insights into an alternative approach. *Medical Problems of Performing Artists* 17(1), 42-49.

Davies, C.T.M., and C. Barnes. 1972. Negative (eccentric) work. 1. Effects of repeated exercise. *Ergonomics* 15(1), 3-14.

Davies, C.T.M., and K. Young. 1983. Effects of training at 30% and 100% maximal isometric force (MVC) on the contractile properties of the triceps surae in man (Abstract). *Journal of Physiology* (London) 336: 31P.

Davies, G.J., D.T. Kirkendall, D.H. Leigh, M.L. Lui, T.R. Reinbold, and P.K. Wilson. 1981. Isokinetic characteristics of professional football players: I. Normative relationships between quadriceps and hamstring muscle group and relative to body weight. *Medicine and Science in Sports and Exercise* 13(2), 76-77.

Davis, E.C., G.A. Logan, and W.C. McKinney. 1965. *Biophysical values of muscular activity with implications for research*. 2nd ed. Dubuque, IA: Brown.

Davis, L. 1988. Stretching a point. *Hippocrates* 2(4), 90-92.

Davison, S. 1984. Standing: A good remedy. *Journal of the American Medical Association* 252(24), 3367.

Davson, H. 1970. *A textbook of general physiology*. 4th ed. Baltimore: Williams & Wilkins.

Dawson, W.J. 1995. Experience with hand and upper-extremity problems in 1,000 instrumentalists. *Medical Problems of Performing Artists* 10(4), 128-133.

Dawson, W.J. 2001. Upper extremity difficulties in the dedicated amateur instrumentalist. *Medical Problems of Performing Artists* 16(4), 152-156.

Day, R.K., C.R. Ashmore, and Y.B. Lee. 1984. The effect of stretch removal on muscle weight and proteolytic enzyme activity in normal and dystrophic chicken muscles. *Muscle & Nerve* 7(6), 482-485.

Day, R.W., and B.P. Wildermuth. 1988. Proprioceptive training in the rehabilitation of lower extremity injuries. In *Advances in sports medicine and fitness*, ed. W.A. Grana, 241-258. Chicago: Year Book Medical.

Dean, E. 1988. Physiology and therapeutic implications of negative work: A review. *Physical Therapy* 68(2), 233-237.

Debevoise, N.T., G.W. Hyatt, and G.B. Townsend. 1971. Humeral torsion in recurrent shoulder dislocations: A technic of determination by x-ray. *Clinical Orthopaedics and Related Research*, 76(May): 87-93.

Debreceni, L. 1993. Chemical releases associated with acupuncture and electrical stimulation. *Critical Reviews in Physical and Rehabilitation Medicine* 5(3), 247-275.

Decoster, L.C., J.C. Vailas, R.H. Lindsay, and G.R. Williams. 1997. Prevalence and features of joint hypermobility among adolescent athletes. *Archives of Pediatrics & Adolescent Medicine* 151(10), 989-992.

de Jong, R.H. 1980. Defining pain terms. *Journal of the American Medical Association* 244(2), 143.

de Koninck, J., D. Lorrain, and P. Gagnon. 1992. Sleep positions and position shifts in five age groups: An ontogenetic picture. *Sleep* 15(2), 143-149.

de Lateur, B.J. 1994. Flexibility. *Physical Medicine and Rehabilitation Clinics of North America* 5(2), 295-307.

Delforge, G. 2002. *Musculoskeletal trauma: Implications for sports injury management*. Champaign, IL: Human Kinetics.

Delitto, R.S., S.J. Rose, and D.W. Apts. 1987. Electromyographic analysis of two techniques for squat lifting. *Physical Therapy* 67(9), 1329-1334.

DeLuca, C. 1985. Control properties of motor units. *Journal of Experimental Biology* 115, 125-136.

Denny-Brown, D., and M.M. Doherty. 1945. Effects of transient stretching of peripheral nerve. *Archives of Neurology and Psychiatry* 54(2), 116-122.

DePino, G.M., W.G. Webright, and B.L. Arnold. 2000. Duration of maintained hamstring flexibility after cessation of an acute stretching protocol. *Journal of Athletic Training* 35(1), 56-59.

DePriest, S.M., T.M. Adams, A. Byars, J.L. Stilwell, C. Albright, and P. Finnicum. 2002. An investigation of the effectiveness of The Rack on ankle plantar flexion. *Research Quarterly for Exercise and Sport* 70(1 Suppl.), A18-A19.

De Smet, A.A., and T.M. Best. 2000. MR imaging of the distribution and location of acute hamstring injuries in athletes. *American Journal of Roentgenology* 174(2), 393-399.

De Troyer, A., and S.H. Loring. 1986. Action of the respiratory muscles. In *Handbook of physiology: Sec. 3. The respiratory system: Vol. 3. Mechanics of breathing. Part 2*, ed. S.R. Geiger, 443-461. Bethesda, MD: American Physiological Society.

Devor, E.J., and M.H. Crawford. 1984. Family resemblance for neuromuscular performance in a Kansas Mennonite community. *American Journal of Physical Anthropology* 64(3), 289-296.

de Vries, H.A. 1961a. Electromyographic observation of the effect of static stretching upon muscular distress. *Research Quarterly* 32(4), 468-479.

de Vries, H.A. 1961b. Prevention of muscular distress after exercise. *Research Quarterly* 32(2), 177-185.

de Vries, H.A. 1962. Evaluation of static stretching procedures for improvement of flexibility. *Research Quarterly* 33(2), 222-229.

de Vries, H.A. 1963. The "looseness" factor in speed and O_2 consumption of an anaerobic 100-yard dash. *Research Quarterly* 34(3), 305-313.

de Vries, H.A. 1966. Quantitative electromyographic investigation of the spasm theory of muscle pain. *American Journal of Physical Medicine* 45(3), 119-134.

de Vries, H.A. 1985. Inversion devices: Potential benefits and precautions. *Corporate Fitness & Recreation* 4(6), 24-27.

de Vries, H.A. 1986. *Physiology of exercise*. 4th ed. Dubuque, IA: Brown.

de Vries, H.A., and G.M. Adams. 1972. EMG comparison of single doses of exercise and meprobamate as to effects on muscular relaxation. *American Journal of Physical Medicine* 51(3), 130-141.

de Vries, H.A., and R. Cailliet. 1985. Vagotonic effect of inversion therapy upon resting neuromuscular tension. *American Journal of Physical Medicine* 64(3), 119-129.

de Vries, H.A., R.A. Wiswell, R. Bulbulion, and T. Moritani. 1981. Tranquilizer effect of exercise. *American Journal of Physical Medicine* 60(2), 57-66.

Deyo, R.A., N.E. Walsh, D.C. Martin, L.S. Schoenfeld, and S. Ramamurthy. 1990. A controlled trial of transcutaneous electrical nerve stimulation (TENS) and exercise for chronic low back pain. *New England Journal of Medicine*, 322(23), 1627-1634.

Dick, F.W. 1980. *Sports training principles*. London: Lepus Books.

Dick, R.W., and P.R. Cavanagh. 1987. An explanation of the upward drift in oxygen uptake during prolonged sub-maximal downhill running. *Medicine and Science in Sports and Exercise* 19(3), 310-317.

Dickenson, R.V. 1968. The specificity of flexibility. *Research Quarterly* 39(3), 792-794.

Dillman, C.J., G.S. Fleisig, and J.R. Andrews. 1993. Biomechanics of pitching with emphasis upon shoulder kinematics. *Journal of Orthopaedic and Sports Physical Therapy* 18(2), 402-408.

DiMatteo, M.R., and D.D. DiNicola. 1982. *Achieving patient compliance: The psychology of the medical practitioner's role*. New York: Pergamon.

DiMatteo, M.R., L.M. Prince, and A. Taranta. 1979. Patients' perceptions of physicians' behavior: Determinants of patient commitment to the therapeutic relationship. *Journal of Community Health* 4(4), 280-290.

Dintiman, G., and R. Ward. 1988. *Sport speed*. Champaign, IL: Human Kinetics.

DiRaimondo, C. 1991. Overuse conditions of the foot and ankle. In *Foot and ankle manual*, ed. G.J. Sammarco, 260-275. Philadelphia: Lea & Febiger.

Dishman, R.K, ed. 1988. *Exercise adherence: Its impact on public health.* Champaign, IL: Human Kinetics.

DiTullio, M., L. Wilczek, D. Paulus, A. Kiriakatis, M. Pollack, and J. Eisenhardt. 1989. Comparison of hip rotation in female classical ballet dancers versus female nondancers. *Medical Problems of Performing Artists* 4(4), 154-158.

Dix, D.J., and B.R. Eisenberg. 1990. Myosin mRNA accumulation and myofibrillogenesis at the myotendinous junction of stretched muscle fibers. *Journal of Cell Biology* 111(5, Pt. 1), 1885-1894.

Dix, D.J., and B.R. Eisenberg. 1991a. Distribution of myosin mRNA during development and regeneration of skeletal muscle. *Developmental Biology* 143(2), 422-426.

Dix, D.J., and B.R. Eisenberg. 1991b. Redistribution of myosin heavy chain mRNA in the midregion of stretched muscle fibers. *Cell and Tissue Research* 263(1), 61-69.

Dobeln. *See* Allander et al. 1974.

Dobrin, P.B. 1983. Vascular mechanics. In *The handbook of physiology: Sec. 2. The cardiovascular system III: Vol. 3. Peripheral circulation and organ blood flow, Pt. I.* eds. J.T. Shepherd and F.M. Abboud, 65-102. Bethesda, MD: American Physiological Society.

Docherty, D., and R.D. Bell. 1985. The relationship between flexibility and linearity measures in boys and girls 6-15 years of age. *Journal of Human Movement Studies* 11(5), 279-288.

Doherty, K. 1985. *Track and field omnibook.* 4th ed. Swarthmore, PA: Tafmop.

Dolan, P., and M.A. Adams. 1993. Influence of lumbar and hip mobility on the bending stresses acting on the lumbar spine. *Clinical Biomechanics* 8(4), 185-192.

Dominguez, R.H. 1980. Shoulder pain in swimmers. *The Physician and Sportsmedicine* 8(7), 36-42.

Dominguez, R.H., and R. Gajda. 1982. *Total body training.* New York: Warner.

Donatelli, R., and H. Owens-Burkhart. 1981. Effects of immobilization on the extensibility of periarticular connective tissue. *Journal of Orthopaedic and Sports Physical Therapy* 3(2), 67-72.

Donisch, E.W., and J.V. Basmajian. 1972. Electromyography of deep back muscles in man. *American Journal of Anatomy* 133(1), 25-36.

Donison, C. 1998. Small hands? Try this keyboard, you'll like it. *Piano & Keyboard* 193, 41-43.

DonTigny, R.L. 1985. Function and pathomechanics of the sacroiliac joint. *Physical Therapy* 65(1), 35-41.

Doran, D.M.L., and D.J. Newell. 1975. Manipulation in the treatment of low back pain: A multicentre study. *British Medical Journal* 2, 161-164.

Dorland's illustrated medical dictionary. 29th ed. 2000. Philadelphia: W.B. Saunders.

Doss, W.S., and P.V. Karpovich. 1965. A comparison of concentric, eccentric, and isometric strength of elbow flexors. *Journal of Applied Physiology* 20(2), 351-353.

Douglas, S. 1980. *Physical evaluation of the swimmer.* Presented at the First Annual Vail Sportsmedicine Symposium, Vail, CO.

Downer, A.H. 1996. *Physical therapy procedures: Selected techniques.* 5th ed. Springfield, IL: Charles C Thomas.

Dowsing, G.S. 1978. Partner exercise. *Coaching Women's Athletics* 4(2), 18-20.

Draper, D.O., C. Anderson, S.S. Schulthies, and M.D. Ricard. 1998. Immediate and residual changes in dorsiflexion range of motion using an ultrasound heat and stretch routine. *Journal of Athletic Training* 33(2), 141-144.

Draper, D.O., J.C. Castel, and D. Castel. 1995. Rate of temperature increase in human muscle during 1 MHz and 3MHz continuous ultrasound. *Journal of Orthopaedic and Sports Physical Therapy* 22(4), 142-150.

Draper, D.O., C. Hatheway, and D. Fowler. 1991. Methods of applying underwater ultrasound: Science versus folklore. *Athletic Training* 26(2), 152-154.

Draper, D.O., K.L. Knight, T. Fujiwara, and J.C. Castel. 1999. Temperature change in human muscle during and after pulsed shortwave diathermy. *Journal of Orthopaedic and Sports Physical Therapy* 29(1), 13-22.

Draper, D.O., and M.D. Ricard. 1995. Rate of temperature decay in human muscle following 3-MHz ultrasound: The stretching window revealed. *Journal of Athletic Training* 30(4), 304-307.

Draper, D.O., S. Sunderland, D.T. Kirkendall, and M. Ricard. 1993. A comparison of temperature rise in human calf muscles following applications of underwater and topical gel ultrasound. *Journal of Orthopaedic and Sports Physical Therapy* 17(5), 247-251.

Drezner, J.A. 2003. Practical management hamstring muscle injuries. *Clinical Journal of Sport Medicine* 13(1), 48-52.

Dubrovskii, V.I. 1990. The effect of massage on athletes' cardiorespiratory systems (clinico-physiological research). *Soviet Sports Review* 25(1), 36-38.

Dummer, G.M., P. Vaccaro, and D.H. Clarke. 1985. Muscular strength and flexibility of two female master swimmers in the eighth decade of life. *Journal of Orthopaedic and Sports Physical Therapy* 6(4), 235-237.

Dvorkin, L.S. 1986. The young weightlifter: Development of flexibility. *Soviet Sports Review* 21(3), 153-156.

Dye, A.A. 1939. *The evolution of chiropractic: Its discovery and development.* Philadelphia: Author.

Dyson, G.H.G. 1986. *The mechanics of athletics.* London: Hodder and Stoughton.

Ebbeling, C.B., and Clarkson, P.M. 1989. Exercise-induced muscle damage and adaptation. *Sports Medicine* 7(4), 207-234.

Ecker, T. 1971. *Track & field dynamics.* Los Altos, CA: Tafnews Press.

Edworthy, S.M. 1999. Morning stiffness: Sharpening an old saw? *Journal of Rheumatology* 26(5), 1015-1017.

Ehlers, E. 1901. Cutis laxa Neigung zu Haemorrhagien in der Haut, Lockerung mehrerer Artikulationen. (Case for Diagnosis). *Dermatologische Zeitschrift* 8(2), 173-174.

Ehrhart, B. 1976. Thirty Russian flexibility exercises for hurdlers. *Athletic Journal* 56(7), 38-39, 96.

Einkauf, D.K., M.L. Gohdes, G.M. Jensen, and M.J. Jewell. 1986. Changes in spinal mobility with increasing age in women. *Physical Therapy* 67(3), 370-375.

Eklund, J.A.E., and E.N. Corlett. 1984. Shrinkage as a measure of the effect of load on the spine. *Spine* 9(2), 189-194.

Ekman, B., K.-G. Ljungquist, and U. Stein. 1970. Roentgenologic-photometric method for bone mineral determinations. *Acta Radiologica* 10, 305-325.

Ekstrand, J., and J. Gillquist. 1982. The frequency of muscle tightness and injuries in soccer. *American Journal of Sports Medicine* 10(2), 75-78.

Ekstrand, J., and J. Gillquist. 1983. The avoidability of soccer injuries. *International Journal of Sports Medicine* 4(2), 124-128.

Eldred, E., R.S. Hutton, and J.L. Smith. 1976. Nature of the persisting changes in afferent discharge from muscle following its contraction. *Progressive Brain Research* 44, 157-170.

Eldren, H.R. 1968. Physical properties of collagen fibers. *International Review of Connective Tissue Research* 4, 248-283.

Ellenbecker, T.S., and E.P. Roetert. 2002. Effects of a 4-month season on glenohumeral joint rotational strength and range of motion in female collegiate tennis players. *Journal of Strength and Conditioning Research* 16(1), 92-96.

Ellenbecker, T.S., E.P. Roetert, P.A. Piorkowski, and D.A. Schultz. 1996. Glenohumeral joint internal and external rotation range of motion in elite junior tennis players. *Journal of Orthopaedic and Sports Physical Therapy* 24(6), 336-341.

Elliott, D.H. 1965. Structure and function of mammalian tendon. *Biological Review* 40(3), 392-421.

Elliott, J. 1993. Shoulder pain and flexibility in elite water polo players. *Physiotherapy* 79(10), 693-697.

Ellis, C.G., O. Mathieu-Costello, R.F. Potter, I. C. MacDonald, and A.C. Groom. 1990. Effect of sarcomere length on total capillary length in skeletal muscle: In vivo evidence for longitudinal stretching of capillaries. *Microvascular Research* 40(1), 63-72.

Ellis, J. 1986. Shinsplints too much, too soon. *Runners World* 21(3), 50-53, 86.

Elnaggar, I.M., M. Nordin, M.A. Sheikhzadeh, M. Parnianpour, and N. Kahanovitz. 1991. Effects of spinal flexion and extension exercises in low back pain and spinal mobility in chronic mechanical low back pain patients. *Spine* 16(8), 967-971.

el-Shahaly, H.A., and A.K. el-Sherif. 1991. Is the benign joint hypermobility syndrome benign? *Clinical Rheumatology* 10(3), 302-307.

Emery, C.A., W.H. Meeuwisse, and J.W. Powell. 1999. Groin and abdominal strain injuries in the National Hockey League. *Clinical Journal of Sport Medicine* 9(3), 151-156.

Emmons, M. 1978. *The inner source: A guide to meditative therapy.* San Luis Obispo, CA: Impact.

Ende, L.S., and J. Wickstrom. 1982. Ballet injuries. *The Physician and Sportsmedicine* 10(7), 101-118.

Engesvik, F. 1993. Leg movements in the breaststroke. *Swimming Technique* 29(4), 26-27.

Enoka, R.M. 2002. *Neuromechanics of human movement.* 3rd ed. Champaign, IL: Human Kinetics.

Ensink, F-B. M., P.M.M. Saur, K. Frese, D. Seeger, and J. Hildebrandt. 1996. Lumbar range of motion: Influence of time of day and individual factors on measurements. *Spine* 21(11), 1339-1343.

Eppel, W., E. Kucera, and C. Bieglmayer. 1999. Relationship of serum levels of endogenous relaxin to cervical size in the second trimester and to cervical ripening at term. *British Journal of Obstetrics and Gynecology* 106(9), 917-923.

Ernst, E. 1998. Does post-exercise massage treatment reduce delayed onset muscular soreness? A systematic review. *British Journal of Sports Medicine* 32(3), 212-214.

Esola, M.A., P.W. McClure, G.K. Fitzgerald, and S. Siegler. 1996. Analysis of lumbar spine and hip motion during forward bending in subjects with and without a history of significant low back pain. *Spine* 21(1), 71-78.

Etnyre, B., and L. Abraham. 1984. Effects of three stretching techniques on the motor pool excitability of the human soleus muscle (Abstract). In *Abstracts of research papers 1984*, ed. W. Roll, 90. Reston, VA: American Alliance of Health, Physical Education, and Recreation.

Etnyre, B.R., and D.L. Abraham. 1986a. Gains in range of ankle dorsiflexion using three popular stretching techniques. *American Journal of Physical Medicine* 65(4), 189-196.

Etnyre, B.R., and L.D. Abraham. 1986b. H-reflex changes during static stretching and two variations of proprioceptive neuromuscular facilitation techniques. *Electroencephalography and Clinical Neurophysiology* 63(2), 174-179.

Etnyre, B.R., and L.D. Abraham. 1988. Antagonist muscle activity during stretching: A paradox re-assessed. *Medicine and Science in Sports and Exercise* 20(3), 285-289.

Etnyre, B.R., and E.J. Lee. 1987. Comments on proprioceptive neuromuscular facilitation stretching techniques. *Research Quarterly for Exercise and Sport* 58(2), 184-188.

Evans, D.P., M.S. Burke, K.H. Lloyd, E.E. Roberts, and G.M. Roberts. 1978. Lumbar spinal manipulation on trial. 1. Clinical assessment. *Rheumatology and Rehabilitation* 17(1), 46-53.

Evans, G.A., P. Harcastle, and A.D. Frenyo. 1984. Acute rupture of the lateral ligament of the ankle. *Journal of Bone and Joint Surgery* 66B(2), 209-212.

Evans, S.A., T.J. Housh, G.O. Johnson, J. Beaird, D.J. Housh, and M. Pepper. 1993. Age-specific differences in the flexibility of high school wrestlers. *Journal of Strength and Conditioning Research* 7(1), 39-42.

Evans, W.J., C.N. Meredith, and J.C. Cannon, C.A. Dinarello, W.R. Frontera, V.A. Hughes, B.H. Jones, and H.G. Knuttgen. 1985. Metabolic changes following eccentric exercise in trained and untrained men. *Journal of Applied Physiology* 61(5), 1864-1868.

Evatt, M.L., S.L. Wolf, and R.L. Segal. 1989. Modification of human spinal stretch reflexes: Preliminary studies. *Neuroscience Letters* 105(3), 350-355.

Everly, G.S. 1989. *A clinical guide to the treatment of the human stress response.* New York: Plenum Press.

Everly, G.S., M. Spollen, A. Hackman, and E. Kobran. 1987. Undesirable side-effects and self-regulatory therapies. In *Proceedings of the eighteenth annual meeting of the Biofeedback Society of America*, 166-167. Boston.

Evjenth, O., and J. Hamberg. 1989. *Auto stretching.* Alfta, Sweden: Alfta Rehab Förlag.

Evjenth, O., and J. Hamberg. 1993. *Muscle stretching in manual therapy. A clinical manual.* 3rd ed. Alfta, Sweden: Alfta Rehab Förlag.

Fairbank, J.C.T., P.B. Pynsent, J.A. van Poortvliet, and H. Phillips. 1984. Influence of anthropometric factors and joint laxity in the incidence of adolescent back pain. *Spine* 9(5), 461-464.

Falkel, J.E. 1988. Swimming injuries. In *Shoulder injuries*, ed. J.E. Falkel and J.C. Murphy, 477-503. Baltimore: Williams & Wilkins.

Falls, H.B., and D. Humphrey. 1989. Dr. Falls and Dr. Humphrey reply. *The Physician and Sportsmedicine* 17(6), 20, 22.

Fardy, P.S. 1981. Isometric exercise and the cardiovascular system. *The Physician and Sportsmedicine* 9(9), 43-56.

Farfan, H.F. 1973. *Mechanical disorders of the low back.* Philadelphia: Lea & Febiger.

Farfan, H.F. 1978. The biomechanical advantage of lordosis and hip extension for upright activity. *Spine* 3(4), 336-342.

Farley, C.T., and O. Gonzalez. 1996. Leg stiffness and stride frequency in human running. *Journal of Biomechanics* 29(2), 181-186.

Farrell, J., and L. Twomey. 1982. Acute low back pain: Comparison of two consecutive treatment approaches. *Medical Journal of Australia* 1(4), 160-164.

Fatouros, I.G., K. Taxildaris, S.P. Tokmakidis, V. Kalapotharakos, N. Aggelousis, S. Athanasopoulos, I. Zeeris, and I. Katrabasas. 2002. The effects of strength training, cardiovascular training and their combination on flexibility of inactive older adults. *International Journal of Sports Medicine* 23(2), 112-119.

Faulkner, J.A., S.V. Brooks, and J.A. Opiteck. 1993. Injury to skeletal muscle fibers during contractions: Conditions of occurrence and prevention. *Physical Therapy* 73(12), 911-921.

Federation of Straight Chiropractic Organizations (FSCO) n.d. *Statement on chiropractic standard of care/patient safety.* Clifton, NJ: Author.

Federation of Straight Chiropractors and Organizations (FSCO) (12/13/2002). *FSCO fact sheet.* Hellertown, PA: Author. [Online]. www.straightchiropractic.com.

Feinberg, J. 1988. The effect of patient-practitioner interaction on compliance: A review of the literature and application in rheumatoid arthritis. *Patient Education and Counseling* 11(3), 171-187.

Feit, E.M., and R. Berenter. 1993. Lower extremity tennis injuries: Prevalence, etiology, and mechanisms. *Journal of the American Podiatric Medical Association* 83(9), 509-522.

Feland, J.B., J.W. Myrer, S.S. Schulthies, G.W. Fellingham, and G.W. Measom. 2001. The effect of duration of stretching of the hamstring muscle group for increasing range of motion in people aged 65 years or older. *Physical Therapy* 81(5), 1110-1117.

Feldman, D., I. Shrier, M. Rossignol, and L. Abenhaim. 1999. Adolescent growth is not associated with changes in flexibility. *Clinical Journal of Sport Medicine* 9(1), 24-29.

Fellabaum, J. 1993. The effect of eye positioning on bodily movement. *Digest of Chiropractic Economics* 36(1), 14-17.

Feltner, M., and J. Dapena. 1986. Dynamics of the shoulder and elbow joints of the throwing arm during a baseball pitch. *International Journal of Sport Biomechanics* 2, 235-259.

Ferlic, D. 1962. The range of motion of the "normal" cervical spine. *Bulletin of the Johns Hopkins Hospital* 110, 59-65.

Ferrari, W., G.L. Gessa, and L. Vargiu. 1963. Behavioral effects induced by intracisternally injected ACTH and MSH. *Annals of the New York Academy of Sciences* 104, 330-345.

Fick, R. 1911. *Handbuch der Anatomie und Mechanik der Gelenke* (Vol. 3). Jena: Gustav Fischer.

Fick, S., J.P. Albright, and B.P. Murray. 1992. Relieving painful 'shin splints'. *Physician and Sportsmedicine* 20(12), 105-113.

Finkelstein, H. 1916. Joint hypotonia. *New York Medical Journal* 104(20), 942-944.

Finkelstein, H., and R. Roos. 1990. Ontario study raises doubt about stretching. *The Physician and Sportsmedicine* 18(1), 48-49.

Finneson, B.E. 1980. *Low back pain*. Philadelphia: Lippincott.

Finsterbush, A., and H. Pogrund. 1982. The hypermobility syndrome: Musculoskeletal complaints in 100 consecutive cases of generalized joint hypermobility. *Clinical Orthopaedics and Related Research* 168, 124-127.

Fisher, A.C., M.A. Domm, and D.A. Wuest. 1988. Adherence to sports-injury rehabilitation programs. *The Physician and Sportsmedicine* 16(7), 47-51.

Fisk, J.W. 1975. The straight-leg raising test—Its relevance to possible disc pathology. *New Zealand Medical Journal* 81(542), 557-560.

Fisk, J.W. 1979. A controlled trial of manipulation in a selected group of patients with low back pain favoring one side. *New Zealand Journal of Medicine* 90(645), 288-291.

Fisk, J.W., and R.S. Rose. 1977. *A practical guide to management of the painful neck and back*. Springfield, IL: Charles C Thomas.

Fitness and Sports Review International 1992. The intricacies of stretching. *Fitness and Sports Review International* 27(1), 5-6.

Fitt, S.S. 1988. *Dance kinesiology*. New York: Schirmer Books.

Fixx, J. 1983. Is stretching (yawn) everything you hoped it would be? *Running Times* 80, 66.

Fleckenstein, J.L., P.T. Weatherall, E.W. Parkey, J.A. Payne, and R.M. Peshock. 1989. Sports-related muscle injuries: Evaluation with MR imaging. *Radiology* 172(3), 793-798.

Fleischman, E.A. 1964. *The structure and measurement of physical fitness*. Englewood Cliffs, NJ: Prentice-Hall.

Fleisig, G.S., J.R. Andrews, C.J. Dillman, and R.F. Escamilla. 1995. Kinetics of baseball pitching with implication about injury mechanisms. *American Journal of Sports Medicine* 23(2), 233-239.

Flint, M.M. 1963. Lumbar posture: A study of roentgenographic measurement and the influence of flexibility and strength. *Research Quarterly* 34(1), 15-22.

Flint, M.M. 1964. Selecting exercises. *Journal of Health, Physical Education, and Recreation* 35(2), 19-23, 74.

Flintney, F.W., and D.G. Hirst. 1978. Cross-bridge detachment and sarcomere "give" during stretch of active frog's muscle. *Journal of Physiology* (London) 276, 449-465.

Flood, J., and J. Nauert. 1973. Shin splints. *Scholastic Coach* 42(5), 28, 30, 102-103.

Floyd, W.F., and P.H.S. Silver. 1950. Electromyographic study of patterns of activity of the anterior abdominal wall muscles in man. *Journal of Anatomy* 84(2), 132-145.

Floyd, W.F., and P.H.S. Silver. 1951. Function of the erectores spinae in flexion of the trunk. *Lancet* 1, 133-134.

Floyd, W.F., and P.H.S. Silver. 1955. The function of the erectores spinae muscles in certain movements and postures in man. *Journal of Physiology* (London) 129, 184-203.

Follan, L.M. 1981. *Lilias and your life*. New York: Collier Books.

Found, E., R. Harney, and G.P. Whitelaw. 1986. Lower leg pain in athletes. *Journal of Musculoskeletal Medicine* 3(9), 60-65.

Fowler, A.W. 1973. Relief of cramp. *Lancet* 1(7794), 99.

Fowler, P.J., and S.S. Messieh. 1987. Isolated posterior cruciate ligament injuries in athletes. *American Journal of Sports Medicine* 15(6), 553-557.

Fowles, J.R., J.D. MacDougall, M.A. Tarnopolsky, D.G. Sale, B.D. Roy, and K.E. Yarasheski. 2000a. The effect of acute passive stretch on muscle protein synthesis in humans. *Canadian Journal of Applied Physiology* 25(3), 165-180.

Fowles, J.R., J.D. MacDougall, and D.G. Sale. 2000b. Reduced strength after passive stretch of the human plantary flexors. *Journal of Applied Physiology* 89(3), 1179-1188.

Fowles, J.R., and D.G. Sale. 1997. Time course strength deficit after maximal passive stretch in humans. *Medicine and Science in Sports and Exercise* 29, S26.

Fradkin, A.J., C.F. Finch, and C.A. Sherman. 2001. Warm up practices of golfers: Are they adequate? *British Journal of Sports Medicine* 35(2), 125-127.

Francis, K.T. 1983. Delayed muscle soreness: A review. *Journal of Orthopaedic and Sports Physical Therapy* 5(1), 10-13.

Frankeny, J.R., R.G. Holly, and C.R. Ashmore. 1983. Effects of graded duration of stretch on normal and dystrophic skeletal muscle. *Muscle & Nerve* 6(4), 269-277.

Franzblau, C., and B. Faru. 1981. Elastin. In *Cell biology of extracellular matrix*, ed. E.D. Hay, 75-78. New York: Plenum Press.

Franzini-Armstrong, C. 1970. Details of the I-band structure revealed by localization of ferritin. *Tissue Cell* 2(2), 327-338.

Frederick E.C. 1982. Stretching things a bit. *Running* 8(3), 65.

Frederickson, K.B. 2002. Fit to play: Musicians' health tips. *Music Educators Journal* 88(6), 38-44.

Fredette, D.M. 2001. Exercise recommendations for flexibility and range of motion. In American College of Sports Medicine. *ACSM's resource manual for guidelines for exercise testing and prescription*. 4th ed. ed. J.L. Roitman, 468-477. Baltimore: Lippincott Williams & Wilkins.

Freed, D.C. 1994. Breath management terminology: How far have we come? *The NATS Journal* 50(5), 15-28.

Freeman, M.A.R., M.R.E. Dean, and I.W.F. Hanham. 1965. The etiology and prevention of functional instability of the foot. *Journal of Bone and Joint Surgery* 47B(4), 678-685.

Freivalds, A. 1979. *Investigation of circadian rhythms on select psychomotor and neurological functions*. PhD diss. University of Michigan, Ann Arbor.

Frekany, G.A., and D.K. Leslie. 1975. Effects of an exercise program on selected flexibility measurements of senior citizens. *The Gerontologist* 15(2), 182-183.

Frey, C., and K.S. Feder. 1999. Foot and ankle injuries in sports. In *Orthopaedic knowledge update. Sports medicine* 2, ed. E.A. Arendt, 379-393. Rosmont, IL: American Academy of Orthopaedic Surgeons.

Friberg, T.R., and R.N. Weinreb. 1985. Ocular manifestations of gravity inversion. *Journal of the American Medical Association* 253(12), 1755-1757.

Fridén, J. 1984a. Changes in human skeletal muscle induced by long-term eccentric exercise. *Cell Tissue Research* 236(2), 365-372.

Fridén, J. 1984b. Muscle soreness after exercise: Implications of morphological changes. *International Journal of Sports Medicine* 5(2), 57-66.

Fridén, J., and R.L. Lieber. 1992. Structural and mechanical basis of exercise-induced muscle injury. *Medicine and Science in Sports and Exercise* 24(5), 521-530.

Fridén, J., and R.L. Lieber. 2001. Eccentric exercise-induced injuries to contractile and cytoskeletal muscle fibre components. *Acta Physiologica Scandinavica* 171(3), 321-326.

Fridén, J., and R.L. Lieber. 2003. Spastic muscle cells are shorter and stiffer than normal cells. *Muscle & Nerve* 27(2), 157-163.

Fridén, J., J. Seger, and B. Ekblom. 1988. Sublethal muscle fibre injuries after high-tension anaerobic exercise. *European Journal of Applied Physiology* 57(3), 360-368.

Fridén, J., M. Seger, M. Sjöström, and B. Ekblom. 1983. Adaptive response in human skeletal muscle subjected to prolonged eccentric training. *International Journal of Sports Medicine* 4(3), 177-184.

Fridén, J., P.N. Sfakianos, and A.R. Hargens. 1986. Muscle soreness and intramuscular fluid pressure: Comparison between eccentric and concentric load. *Journal of Applied Physiology* 61(6), 2175-2179.

Fridén, J., P.N. Sfakianos, A.R. Hargens, and W.H. Akeson. 1988. Residual muscular swelling after repetitive eccentric contractions. *Journal of Orthopaedic Research* 6(4), 493-498.

Fridén, J., M. Sjöström, and B. Ekblom. 1981. A morphological study of delayed muscle soreness. *Experimentia* 37(5), 506-507.

Fridén, J., M. Sjöström, and B. Ekblom. 1983. Myofibrillar damage following intense eccentric exercise in man. *International Journal of Sports Medicine* 4(3), 170-176.

Fried, R. 1987. *The hyperventilation syndrome*. Baltimore: Johns Hopkins University Press.

Friedman, L.M., C.D. Furberg, and D.L. Demets. 1998. *Fundamentals of clinical trials*. 3rd ed. New York: Springer-Verlag.

Friedmann, L.W., and L. Galton. 1973. *Freedom from backaches*. New York: Simon and Schuster.

Fry, A.C., R.S. Staron, C.B. James, R.S. Hikida, and F.C. Hagerman. 1997. Differential titin isoform expression in human skeletal muscle. *Acta Physiologica Scandinavica* 161(4), 473-479.

Fujiwara, M., and J.V. Basmajian. 1975. Electromyographic study of the two-joint muscles. *American Journal of Physical Medicine* 54(5), 234-242.

Fukashiro, S., T. Abe, A. Shibayama, and W.F. Brechue. 2002. Comparison of viscoelastic characteristics in triceps surae between black and white athletes. *Acta Physiologica Scandinavica* 175(3), 183-187.

Fulton, A.B., and W.B. Isaacs. 1991. Titin: A huge, elastic sarcomeric protein with a probable role in morphogenesis. *BioEssays* 13(4), 157-161.

Funatsu, T., H. Higuchi, and S. Ishiwata. 1990. Elastic filaments in skeletal muscle revealed by selective removal of titin filaments with plasma gelsolin. *Journal of Cell Biology* 110(1), 53-62.

Furst, D.O., M. Osborn, R. Nave, and K. Weber. 1988. The organization of titin filaments in the half-sarcomere revealed by monoclonal antibodies in immunoelectron microscopy: A map of ten nonrepetitive epitomes starting at the Z-line extends close to the M line. *Journal of Cell Biology* 106(5), 1563-1572.

Gabbard, C., and R. Tandy. 1988. Body composition and flexibility among prepubescent males and females. *Journal of Human Movement Studies* 14(4), 153-159.

Gajda, R. *See* D.R. Murphy (1991).

Gajdosik, R.L. 1991. Passive compliance and length of clinically short hamstring muscles of healthy men. *Clinical Biomechanics* 6(4), 239-244.

Gajdosik, R.L. 1995. Flexibility or muscle length? *Physical Therapy* 75(3), 238-239.

Gajdosik, R.L. 1997. Influence of age on calf muscle length and passive stiffness variables at different stretch velocities. *Isokinetics and Exercise Science* 6(3), 163-174.

Gajdosik, R.L. 2001. Passive extensibility of skeletal muscle: Review of the literature with clinical implications. *Clinical Biomechanics* 16(2), 87-101.

Gajdosik, R.L., C.R. Albert, and J.J. Mitman. 1994. Influence of hamstring length on standing position and flexion range of motion of the pelvic angle, lumbar angle, and thoracic angle. *Journal of Orthopaedic and Sport Physical Therapy* 20(4), 213-219.

Gajdosik, R.L., and R.W. Bohannon. 1987. Clinical measurement of range of motion: Review of goniometry emphasizing reliability and validity. *Physical Therapy* 67(12), 1867-1872.

Gajdosik, R.L., C.A. Giuliani, and R.W. Bohannon. 1990. Passive compliance and length of the hamstring muscles of healthy men and women. *Clinical Biomechanics* 5(1), 23-29.

Gajdosik, R., and G. Lusin. 1983. Hamstring muscle tightness: Reliability of an active-knee-extension test. *Physical Therapy* 63(7), 1085-1089.

Gajdosik, R.L., D.W. Vander Linden, and A.K. Williams. 1999. Influence of age on length and passive elastic stiffness characteristics of the calf muscle-tendon unit of women. *Physical Therapy* 79(9), 827-838.

Gál, J., W. Herzog, G. Kawchuk, P. Conway, and Y-T. Zhang. 1994. Biomechanical studies of spinal manipulative therapy (SMT): Quantifying the movements of vertebral bodies during SMT. *Journal of the Canadian Chiropractic Association* 38(1), 11-24.

Galin, M.A., J.W. McIvor, and G.B. Magruder. 1963. Influence of position on intraocular pressure. *American Journal of Ophthalmology* 55(4), 720-723.

Galley, P.M., and A.L. Forster. 1987. *Human movement: An introductory text for physiotherapy students*. Melbourne: Churchill Livingstone.

Galloway, M.T., and P. Jokl. 2000. Aging successfully: The importance of physical activity in maintaining health and function. *Journal of the American Academy of Orthopaedic Surgeons* 8(1), 37-44.

Gallup Organization. 2000. *International Musician* 98(9), 2.

Garamvölgyi, N. 1971. The functional morphology of muscle. In *Contractile proteins and muscle*, ed. K. Laki, 1-96. New York: Marcel Dekker.

Garde, R.E. 1988. Cervical traction: The neurophysiology of lordosis and the rheological characteristics of cervical curve rehabilitation. In *Chiropractic: The physics of spinal correction*, ed. D.D. Harrison, 535-659. Sunnyvale, CA: Author.

Garfin, S.R., C.M. Tipton, S.J. Mubarak, S.L.-Y. Woo, A.R. Hargens, and A.W.H. Akekeson. 1981. Role of fascia in maintenance of muscle tension and pressure. *Journal of Applied Physiology* 51(2), 317-320.

Garhammer, J. 1989a. Principles of training and development. In *Kinesiology and applied anatomy*. 7th ed, ed. P.J. Rasch, 258-265. Philadelphia: Lea & Febiger.

Garhammer, J. 1989b. Weight lifting and training. In *Biomechanics of sport*, ed C.L. Vaughan, 169-211. Boca Raton, FL: CRC Publishers.

Garrett, W.E. 1990. Muscle strain injuries: Clinical and basic aspects. *Medicine and Science in Sports and Exercise* 22(4), 436-443.

Garrett, W.E. 1993. Muscle flexibility and function under stretch. In *Sports and exercise in midlife*, ed. S.L. Gordon, X. Gonzalez-Mestre and W.E. Garrett, 105-116. Rosemont, IL: American Academy of Orthopaedic Surgeons.

Garrett, W.E. 1996. Muscle strain injuries. *American Journal of Sports Medicine* 24(6), S2-S8.

Garrett, W.E., W. Bradley, S. Byrd, V.R. Edgerton, and P. Gollnick. 1989. Basic science perspectives. In *New perspectives in low back pain*, ed. J.W. Frymoyer and S.L. Gordon, 335-372. Park Ridge, IL: American Academy of Orthopaedic Surgeons.

Garrett, W.E., J.C. Califf, and F.H. Bassett. 1984. Histochemical correlates of hamstring injuries. *American Journal of Sports Medicine* 12(2) 98-103.

Garrett, W.E., F.R. Rich, P.K. Nikolaou, J.B. Vogler. 1989. Computed tomography of hamstring muscle strains. *Medicine and Science in Sports and Exercise* 21(5), 506-514.

Garrett, W.E., M.R. Safran, A.V. Seaber, R.R. Glisson, and B.M. Ribbeck. 1987. Biomechanical comparison of stimulated and nonstimulated skeletal muscle pulled to failure. *American Journal of Sports Medicine* 15(5), 448-454.

Garrett, W.E., P.K. Nikolaou, B.M. Ribbeck, R.R. Glisson, A.V. Seaber. 1988. The effect of muscle architecture on the biomechanical failure properties of skeletal muscle under passive extension. *American Journal of Sports Medicine* 16(1), 7-11.

Garu, J. 1986. Exercise do's & don'ts: Side bends. *Dance Exercise Today* 4(4), 34-35.

Gaskell, W.H. 1877. On the changes of the bloodstream of the muscles through stimulation of their nerves. *Journal of Anatomy and Physiology* 11, 360-402.

Gatton, M.L., and M.J. Pearcy. 1999. Kinematics and movement sequencing during flexion of the lumbar spine. *Clinical Biomechanics* 14(6), 376-383.

Gaughran, J.A. 1972. *Advanced swimming*. Dubuque, IA: Brown.

Gaymans, F. 1980. Die Bedeutung der Atemtypen für Mobilisation der Wirbelsäule. *Manuelle Medizin* 18, 96.

Gedalia, A., and E.J. Brewer. 1993. Joint hypermobility in pediatric practice: A review. *Journal of Rheumatology* 20(2), 371-374.

Geisler, P.R. 2001. Golf. in *Sports injury prevention & rehabilitation*, ed. Shamus and J. Shamus, 185-225. New York: McGraw-Hill.

Gelabert, R. 1989. Classic lines: the ballet dancer's physique. *SportsCare & Fitness* 2(3) 46-50.

George, G.S. 1980. *Biomechanics of women's gymnastics*. Englewood Cliffs, NJ: Prentice-Hall.

Germain, N.W., and S.N. Blair. 1983. Variability of shoulder flexion with age, activity and sex. *American Corrective Therapy Journal* 37(6), 156-160.

Gibala, M.J., J.D. MacDougall, M.A. Tarnopolsky, W.T. Stauber, and A. Elorriaga. 1995. Changes in human skeletal muscle ultrastructure and force production after acute resistance exercise. *Journal of Applied Physiology* 78(2), 702-708.

Giel, D. 1988. Women's weightlifting: Elevating a sport to world-class status. *The Physician and Sportsmedicine* 16(4), 163-170.

Gifford, L.S. 1987. Circadian variation in human flexibility and grip strength. *Australian Journal of Physiotherapy* 33(1), 3-9.

Gilad, G.M., B.D. Mahon, Y. Finkelstein, B. Koffler, and V.H. Gilad. 1985. Stress-induced activation of the hippocampal cholingeric system and the pituitary-adrenocortical axis. *Brain Research* 347(2), 406-408.

Gilhoges, J.C., V.S. Gurfinkel, and J.P. Roll. 1992. Role of Ia muscle spindle afferents in post-contraction and post-vibration motor effect genesis. *Neuroscience Letters* 135(2), 247-251.

Gillberg, M., and T. Åkerstedt. 1982. Body temperature and sleep at different times of day. *Sleep* 5(4), 378-388.

Gillette, P.D., and R.D. Fell. 1996. Passive tension in rat hindlimb during suspension unloading and recovery: Muscle/joint contributions. *Journal of Applied Physiology* 81(2), 724-730.

Gilliam, T.B., J.F. Villanacci, P.S. Freedson, and S.P. Sady. 1979. Isokinetic torque in boys and girls age 7 to 13: Effect of age, height, and weight. *Research Quarterly* 50(4), 599-609.

Girouard, C.K., and B.F. Hurley. 1995. Does strength training inhibit gains in range of motion from flexibility training in older adults? *Medicine and Science in Sports and Exercise* 27(10), 1444-1449.

Glazer, R.M. 1980. Rehabilitation. In *Fracture treatment and healing*, ed. R.B. Happenstall, 1041-1068. Philadelphia: Saunders.

Gleim, G.W., and M.P. McHugh. 1999. Training and conditioning. In *Orthopaedic knowledge update. Sports medicine 2*, ed. E.A. Arendt, 57-63. Rosmont, IL: American Academy of Orthopaedic Surgeons.

Gleim, G.W., and M.P. McHugh. 1997. Flexibility and its effects on sports injury and performance. *Sports Medicine* 24(5), 289-299.

Gleim, G.W., N.S. Stachenfeld, and J.A. Nicholas. 1990. The influence of flexibility on the economy of walking and jogging. *Journal of Orthopaedic Research* 8(6), 350-357.

Goats, G.C. 1994. Massage—The scientific basis of an ancient art: Part 2: Physiological and therapeutic effects. *British Journal of Sports Medicine* 28 (3), 153-156.

Godges, J.J., H. Macrae, C. Longdon, C. Tinberg, and P. MacRae. 1989. The effects of two stretching procedures on hip range of motion and gait economy. *Journal of Orthopaedic and Sports Physical Therapy* 10(9), 350-357.

Goebel, H.H. 2002. Desmin-related disorders. In *Skeletal muscle pathology, diagnosis and management of disease*, ed. V.R. Preedy and T.J. Peters, 263-272. London: Greenwich Medical Media.

Göeken, L.N., and A.L. Hof. 1991. Instrumental straight-leg raising: Results in patients. *Archives of Physical Medicine and Rehabilitation* 72(12), 959-966.

Göeken, L.N., and A.L. Hof. 1994. Instrumental straight-leg raising: A new approach to Lasègue's test. *Archives of Physical Medicine and Rehabilitation* 75(4), 470-477.

Gold, R. 1987. *Album #1: The philosophy*. Gladwyne, PA: Chiro Products.

Goldberg, B., and M. Rabinovich. 1988. Connective tissue. In *Cell and tissue biology a textbook of histology*. 6th ed, ed. Weiss, 157-188. Baltimore: Urban & Schwarzenberg.

Goldspink, G. 1968. Sarcomere length during post-natal growth and mammalian muscle fibres. *Journal of Cell Science* 3(4), 539-548.

Goldspink, G. 1976. The adaptation of muscle to a new functional length. In *Mastication*, ed. D.J. Anderson and B. Matthews, 90-99. Bristol, England: Wright and Sons.

Goldspink, G. 1999. Changes in muscle mass and phenotype and the expression of autocrine and systemic growth factors by muscle in response to stretch and overload. *Journal of Ana*tomy 194(3), 323-334.

Goldspink, G. 2002. Gene expression in skeletal muscle. *Biochemical Society Transaction* 39(2), 285-290.

Goldspink, G., A. Scutt., P.T. Loughna, D.J. Wells, T. Jaenicke, and G.F. Gerlach. 1992. Gene expression in skeletal muscle in response to stretch and force generation. *American Journal of Physiology* 262(31), R356-R363.

Goldspink, G., C. Tabary, J.C. Tabary, C. Tardieu, and G. Tardieu. 1974. Effect of denervation on the adaptation of sarcomere number and muscle extensibility to the functional length of the muscle. *Journal of Physiology* (London) 236(3), 733-742.

Goldspink, G., and P.E. Williams. 1979. The nature of the increased passive resistance in muscle following immobilization of the mouse soleus muscle. *Journal of Physiology* (London) 289, 55P (Proceedings of the Physiological Society December 15-16, 1978).

Goldstein, J.D., P.E. Berger, G.E. Windler, and D.W. Jackson. 1981. Spine injuries in gymnasts and swimmers. An epidemiologic investigation. *American Journal of Sports Medicine* 19(5), 463-468.

Goldthwait, J.E. 1941. *Body mechanics in health and disease*. Philadelphia: Lippincott.

Golub, L.J. 1987. Exercises that alleviate primary dysmenorrhea. *Contemporary Ob/Gyn* 29(5), 51-59.

Golub, L.J., and J. Christaldi. 1957. Reducing dysmenorrhea in young adolescents. *Journal of Health, Physical Education, and Recreation* 28(5), 24-25, 59.

Golub, L.J., W.R. Lang, and H. Menduke. 1958. Dysmenorrhea in high school and college girls: Relationship to sports participation. *Western Journal of Surgery, Obstetrics and Gynecology* 66(3), 163-165.

Golub, L.J., H. Menduke, and W.R. Lang. 1968. Exercise and dysmenorrhea in young teenagers: A 3-year study. *Obstetrics and Gynecology* 32(4), 508-511.

Goode, D.J., and J. Van Hoven. 1982. Loss of patellar and achilles tendon reflexes in classical ballet dancers. *Archives of Neurology* 39(5), 323.

Goode, J.D., and B.M. Theodore. 1983. Voluntary and diurnal variation in height and associated surface contour changes in spinal curves. *Engineering in Medicine* 12(2), 99-101.

Goodridge, J.P. 1981. Muscle energy technique: Definition, explanations, methods of procedure. *Journal of the American Osteopathic Association* 81(4), 67-72.

Gordon, A.M., A.F. Huxley, and F.J. Julian. 1966a. Tension development in highly stretched vertebrate muscle fibres. *Journal of Physiology (London)* 184 (1), 143-169.

Gordon, A.M., A.F. Huxley, and F.J. Julian. 1966b. The variation in isometric tension with sarcomere length in vertebrate muscle fibres. *Journal of Physiology (London)* 184(1), 170-192.

Gordon, G.M., and B.A. Klein. 1987. The benefits of weight training for hamstring strains. *Journal of the American Podiatric Medical Association* 77(10), 567-569.

Gordon, S.J., P. Trott, and K.A. Grimmer. 2002. Walking cervical pain and stiffness, headache, scapular or arm pain: Gender and age effects. *Australian Journal of Physiotherapy* 48(1), 9-15.

Gosline, J.M. 1976. The physical properties of elastic tissue. *International Review of Connective Tissue Research* 7, 211-257.

Gosselin, L.E., C. Adams, T.A. Cotter, R.J. McCormick, and D.P. Thomas. 1998. Effect of exercise training on passive stiffness in locomotor skeletal muscle: Role of extracellular matrix. *Journal of Applied Physiology* 85(3), 1011-1016.

Gosselin, L.E., D.A. Martinez, A.C. Vailas, and G.C. Sieck. 1994. Passive length-force properties of the senescent diaphragm: Relationship to collagen characteristics. *Journal of Applied Physiology* 76(6), 2680-2685.

Gould, D. 1987. Understanding attrition in children's sport. In *Advances in pediatric sport sciences*, ed. D. Gould and M.R. Weiss, 61-85. Champaign, IL: Human Kinetics.

Gould, G.M., and W.L. Pyle. 1896. *Anomalies and curiosities of medicine*. Philadelphia: Saunders.

Goulding, D., B. Bullard, and M. Gautel. 1997. A survey of in situ sarcomere extension in mouse skeletal muscle. *Journal of Muscle Research and Cell Motility*, 18(4), 465-472.

Gowitzke, B.A., M. Milner, and A.L. O'Connell. 1988. *Understanding the scientific bases of human movement*. 2nd ed. Baltimore: Williams & Wilkins.

Grace, T.G. 1985. Muscle imbalance and extremity injury: A perplexing relationship. *Sports Medicine* 2(2), 77-82.

Gracovetsky, S., H.F. Farfan, and C. Lamy. 1977. A mathematical model of the lumbar spine using an optimized system to control muscles and ligaments. *Orthopaedics Clinics of North America* 8(1), 135-153.

Gracovetsky, S., M. Kary, I. Pitchen, S. Levy, and R.B. Said. 1989. The importance of pelvic tilt in reducing compression stress in the spine during flexion-extension exercises. *Spine* 14(4), 412-417.

Grady, J.F., and A. Saxena. 1991. Effects of stretching the gastrocnemius muscle. *Journal of Foot & Surgery* 30 (5), 465-469.

Graham, C.E. 1987. Plantar fasciitis and the painful heel syndrome. *Medicine and Sport Science* 23, 99-104.

Graham, G. 1965. Cramp. *Lancet* 2, 537.

Grahame, R. 1971. Joint hypermobility—Clinical aspects. *Proceedings of the Royal Society of Medicine* 64(June), 692-694.

Grahame, R. 2000. Hypermobility-not a circus act. *International Journal of Clinical Practice* 54(5), 314-315.

Grahame, R. 1999. Joint hypermobility and genetic collagen disorders: Are they related? *Archives of Disease in Childhood* 80(2), 188-191.

Grahame, R., and H. Bird. 2001. British consultant rheumatologists' perceptions about the hypermobility syndrome: A national survey. *Rheumatology* 40(5), 559-562.

Grahame, R., and J.M. Jenkins. 1972. Joint hypermobility—Asset or liability? *Annals of the Rheumatic Diseases* 31(2), 109-111.

Grana, W.A., and J.A. Moretz. 1978. Ligamentous laxity in secondary school athletes. *Journal of the American Medical Association* 240(18), 1975-1976.

Granit, R. 1962. Muscle tone and postural regulation. In *Muscle as tissue*, ed. K. Rodahl and S.M. Horvath, 190-210. New York: McGraw-Hill.

Grant, M.E., P.D. Prockop, and J. Darwin. 1972. The biosynthesis of collagen. *New England Journal of Medicine* 286(4), 194-199.

Granzier, H., D. Labeit, Y. Wu, and S. Labeit. 2002. Titin as a modular spring: Emerging mechanisms for elasticity control by titin in cardiac physiology and pathophysiology. *Journal of Muscle Research and Cell Motility.* 23(5-6), 457-471.

Grassino, A., M.D. Goldman, J. Mead, and T.A. Sears. 1978. Mechanisms of the human diaphragm during voluntary contraction statics. *Journal of Applied Physiology* 44(6), 829-839.

Gray, M.L., A.M. Pizzanelli, A.J. Grodzinsky, and R.C. Lee. 1988. Mechanical and physiochemical determinants of the chondrocyte biosynthetic response. *Journal of Orthopaedic Research* 6(6), 777-792.

Gray, S.D., and N.C. Staub. 1967. Resistance to blood flow in leg muscles of dog during tetanic isometric contraction. *American Journal of Physiology* 213(3), 677-682.

Green, J.D. 1964. The hippocampus. *Physiological Reviews* 44(Oct), 561-608.

Green, J.D., and A.A. Arduini. 1954. Hippocapmal electrical activity of arousal. *Journal of Neurophysiology* 17(6), 533-557.

Greenberg, D. 2001. Psychology and the injured female athlete. In *Women's sports medicine and rehabilitation*. ed. N. Swedan. Gaithersburg, MD: Aspen.

Greene, W.B., and J.D. Heckman. 1994. *The clinical measurement of joint motion*. Rosemont, IL: American Academy of Orthopaedic Surgeons.

Greey, G.W. 1955. *A study of the flexibility in five selected joints of adult males ages 18 to 71*. Ph.D. diss. University of Michigan, Ann Arbor.

Gregory, J.E., A.K. Wise, S.A. Wood, A. Prochazaka, and U. Proske. 1998. Muscle history, fusomotor activity and the human stretch reflex. *Journal of Physiology (London)* 513(3), 927-934.

Greipp, J.F. 1985. Swimmer's shoulder: The influence of flexibility and weight training. *The Physician and Sportsmedicine* 13(8), 92-105.

Greipp, J.F. 1986. The flex factor. *Swimming Technique* 22(3), 17-24.

Grewal, R., J. Xu, D.G. Sotereanos, and S.L-Y. Woo. 1996. Biomechanical properties of peripheral nerves. *Hand Clinics* 12(2), 195-204.

Gribble, P.A., K.M. Guskiewicz, W.E. Prentice, and E.W. Shields. 1999. Effects of static and hold-relax stretching on hamstring range of motion using the FlexAbility LE1000. *Journal of Sport Rehabilitation* 8(3), 195-208.

Grieve, D.W. 1970. Stretching active muscles. *Track Technique* 42(December), 1333-1335.

Grieve, G.P. 1988. *Common vertebral joint problems*. 2nd ed. London: Churchill Livingstone.

Grodzinsky, A.J. 1983. Electromechanical and physiochemical properties of connective tissue. *CRC Critical Reviews in Biomedical Engineering* 9(2), 133-199.

Grodzinsky, A.J. 1987. Electromechanical transduction and transport in the extracellular matrix. *Advances in Microcirculation* 13, 35-46.

Grodzinsky, A.J., H. Lipshitz, and M.J. Glimcher. 1978. Electromechanical properties of articular cartilage during compression and stress relaxation. *Nature* 275(5679), 448-450.

Groth, G.N., and M.B. Wulf. 1995. Compliance with hand rehabilitation: Health beliefs and strategies. *Journal of Hand Therapy* 8(1), 18-22.

Guissard, N., J. Duchateau, and K. Hainaut. 1988. Muscle stretching and motor neuron excitability. *European Journal of Applied Physiology and Occupational Physiology* 58(1/2), 47-52.

Gulick, D.T., I.F. Kimura, M. Sitler, A. Paolone, and J.D. Kelly. 1996. Various treatment techniques on signs and symptoms of delayed onset muscle soreness. *Journal of Athletic Training* 31(2), 145-152.

Gurewitsch, A.D., and M. O'Neill. 1944. Flexibility of healthy children. *Archives of Physical Therapy* 25(4), 216-221.

Gurry, M., A. Pappas, J. Michaels, P. Maher, A. Shakman, R. Goldberg, and J. Rippe. 1985. A comprehensive preseason fitness evaluation for professional baseball players. *The Physician and Sportsmedicine* 13(6), 63-74.

Gustavsen, R. 1985. *Training therapy prophylaxis and rehabilitation.* New York: Thieme.

Gutman, G.M., C.P. Herbert, and S.R. Brown. 1977. Feldenkrais versus conventional exercises for elderly. *Journal of Gerontology* 32(5), 562-572.

Gutmann, E. 1977. Muscle. In *Handbook of the biology of aging*, ed. C.E. Finch and L. Hoyflick, 445-469. New York: Van Nostrand Reinhold.

Gutmann, E., S. Schiaffino, and V. Hanzlíková. 1971. Mechanism of compensatory hypertrophy in skeletal muscle of the rat. *Experimental Neurology* 31(3), 451-464.

Gutmann, G. 1983. Injuries to the vertebral artery caused by manual therapy. *Manuelle Medizin* 21, 2-14.

Guyton, A.C., and J.E. Hall. 1997. *Textbook of Medical Physiology*. Philadelphia: W.B. Saunders.

Haftek, J. 1970. Stretch injury of peripheral nerve: Acute effects of stretching on rabbit nerve. *Journal of Bone and Joint Surgery* 52B(2), 354-365.

Hagbarth, K.-E., J.V, Hägglund, M. Nordin, and E.U. Wallin. 1985. Thixotropic behaviour of human finger flexor muscles with accompanying changes in spindle and reflex responses to stretch. *Journal of Physiology (London)* 368(November), 323-342.

Hagbarth, K.-E., and M. Nordin. 1998. Postural after-contractions in man attributed to muscle spindle thixotropy. *Journal of Physiology* 506(3), 875-883.

Hagbarth, K.-E., M. Nordin, and G. Bongiovanni. 1995. After-effects on stiffness and stretch reflexes of human finger flexor muscles attributed to muscle thixotropy. *Journal of Physiology (London)* 482(1), 215-223.

Hagerman, P. 2001. Warm-up or no warm up: Cons. *National Strength and Conditioning Association* 23(6), 36.

Halbertsma, J.P.K., A.I. van Bolhuis, and L.N.H. Göeken. 1996. Sport stretching: Effect on passive muscle stiffness of short hamstrings. *Archives of Physical Medicine and Rehabilitation* 77(7), 688-692.

Halbertsma, J.P.K., and L.N.H. Göeken. 1994. Stretching exercises: Effect on passive extensibility and stiffness in short hamstrings of healthy subjects. *Archives of Physical Medicine and Rehabilitation* 75(9), 976-981.

Hald, R.D. 1992. Dance injuries. *Primary Care* 19(2), 393-411.

Haldeman, S., F.J. Kohlbeck, and M. McGregor. 1999. Risk factors and precipitating neck movements causing vertebrobasilar artery dissection after cervical trauma and spinal manipulation. *Spine* 24(8), 785-794.

Haley, S.M., W.L. Tada, and E.M. Carmichael. 1986. Spinal mobility in young children: A normative study. *Physical Therapy* 66(11), 1697-1703.

Haley, T.L. 2000. Percussionist's common back injuries. *Percussive Notes* 38(2), 60-65.

Hall, A.C., J.P.G. Urban, and K.A. Gehl. 1991. Effects of compression on the loss of newly synthesized proteoglycans and proteins from cartilage explants. *Archives of Biochemistry and Biophysics* 286, 20-29.

Hall, D.A. 1981. Gerontology: Collagen disease. *Clinical Endocrinology and Metabolism* 10(1), 23-55.

Hall, T., M. Zusman, and R. Elvey. 1998. Adverse mechanical tension in the nervous system? Analysis of straight leg raise. *Manual Therapy* 3(3), 140-146.

Halvorson, G.A. 1990. Therapeutic heat and cold for athlete injuries. *The Physician and Sportsmedicine* 18(5), 87-92.

Halvorson, G.A. 1989. Principles of rehabilitating sports injuries. In *Scientific foundations of sports medicine*, ed. C.C. Teitz, 345-371. Philadelphia: Decker.

Hamberg, J., M. Björklund, B. Nordgren, and B. Sahlstedt. 1993. Stretchability of the rectus femoris muscle: Investigation of validity and intratester reliability of two methods including X-ray analysis of pelvic tilt. *Archives of Physical Medicine and Rehabilitation* 74(3), 263-270.

Hamill, J., and K.M. Knutzen. 1995. *Biomechanical basis of human movement*. Baltimore: Williams & Wilkins.

Hamilton, L.H. 2002. Stress management: A significant factor in injury prevention. *International Association for Dance Medicine & Science* 9(3), 2.

Hamilton, W.G. 1978a. Ballet and your body: An orthopedist's view. *Dance Magazine* 52(2), 79.

Hamilton, W.G. 1978b. Ballet and your body: An orthopedist's view. *Dance Magazine* 52(4), 126-127.

Hamilton, W.G. 1978c. Ballet and your body: An orthopedist's view. *Dance Magazine* 52(7), 86-87.

Hamilton, W.G. 1978d. Ballet and your body: An orthopedist's view. *Dance Magazine* 52(8), 84-85.

Hamilton, W.G., L.H. Hamilton, P. Marshall, and M. Molnar. 1992. A profile of the musculoskeletal characteristics of elite professional ballet dancers. *American Journal of Sports Medicine* 20(3), 267-273.

Hammer, W.I. 1999. *Functional soft tissue examination and treatment by manual methods: New perspectives*. 2nd ed. Gaithersburg, MD: Aspen.

Han, J-S. 2003. Acupuncture: Neuropeptide release produced by electrical stimulation of different frequencies. *Trends in Neurosciences* 26(1), 17-22.

Handel, M., T. Horstmann, H.-H. Dickhuth, and R.W. Gülch. 1997. Effects of contract-relax stretching training on muscle performance in athletes. *European Journal of Applied Physiology and Occupational Physiology* 76(5), 400-408.

Hansson, L. 2002. 'Why don't you do as I tell you?' compliance and antihypertensive regimens. *International Journal of Clinical Practice* 56(3), 191-196.

Hanus, S.H., T.D. Homer, and D.H. Harter. 1977. Vertebral artery occlusion complicating yoga exercises. *Archives of Neurology* 34(September), 574-575.

Haravuori, H., A. Vihola, V. Straub, M. Auranen, I. Richard, S. Marchand, T. Voit, S. Albeit, H. Somer, L. Peltonen, J.S. Beckmann, and B. Udd. 2001. Secondary calpain 3 deficiency in 2q-linked muscular dystrophy-titin is the candidate gene. *Neurology* 56(7), 869-877.

Hardaker, W.T., L. Erickson, and M. Myers. 1984. The pathogenesis of dance injury. In *The dancer as athlete*, ed. C.G. Shell, 12-13. Champaign, IL: Human Kinetics.

Hardy, L. 1985. Improving active range of hip flexion. *Research Quarterly for Exercise and Sport* 56(2), 111-114.

Hardy, L., R. Lye, and A. Heathcote. 1983. Active versus passive warm up regimes and flexibility. *Research Papers in Physical Education* 1(5), 23-30.

Hardy, M., and W. Woodall. 1998. Therapeutic effects of heat, cold, and stretch on connective tissue. *Journal of Hand* 11(2), 148-156.

Harmer, P. 1991. The effect of pre-performance massage on stride frequency in sprinters. *Athletic Training* 26(1), 55-59.

Harris, F.A. 1978. Facilitation techniques in therapeutic exercise. In *Therapeutic exercise*. 3rd ed, ed. J.V. Basmajian, 93-137. Baltimore: Williams & Wilkins.

Harris, H., and J. Joseph. 1949. Variation in extension of the metacarpophalangeal and interphalangeal joints of the thumb. *Journal of Bone and Joint Surgery* 31B(4), 547-559.

Harris, M.L. 1969a. A factor analytic study of flexibility. *Research Quarterly* 40(1), 62-70.

Harris, M.L. 1969b. Flexibility. *Physical Therapy* 49(6), 591-601.

Harris, P.M. 1991. *The effects of muscle energy techniques on range of motion of the cervical spine*. Master's thesis. D'Youville College, Buffalo, New York.

Harryman, D.T., J.A. Sidles, J.M. Clark, K.J. McQuade, T.D. Gibb, and F.A. Matsen. 1990. Translation of the humeral head on the glenoid with passive glenohumeral motion. *Journal of Bone and Joint Surgery* 72A(9), 1334-1343.

Hartig, D.E., and J.M. Henderson. 1999. Increasing hamstring flexibility decreases lower extremity overuse injuries in military basic trainees. *American Journal of Sports Medicine* 27(2), 173-176.

Hartley-O'Brien, S.J. 1980. Six mobilization exercises for active range of hip flexion. *Research Quarterly for Exercise and Sport* 51(4), 625-635.

Harvey, C., L. Benedetti, L. Hosaka, and R.L. Valmassy. 1983. The use of cold spray and its effect on muscle length. *Journal of the American Podiatry Association* 73(12), 629-632.

Harvey, L.A., and R.D. Herbert. 2002. Muscle stretching for treatment and prevention of contracture in people with spinal cord injury. *Spinal Cord* 40(1), 1-9.

Harvey, L., R. Herbert, and J. Crosbie. 2002. Does stretching induce lasting increases in joint ROM? A systematic review. *Physiotherapy Research International* 7(1), 1-13.

Harvey, V.P., and F.P. Scott. 1967. Reliability of a measure of forward flexibility and its relation to physical dimensions of college women. *Research Quarterly* 38(1), 28-33.

Hasan, Z. 1986. Optimized movement trajectories and joint stiffness in unperturbed, inertially loaded movements. *Biological Cybernetics* 53(6), 373-382.

Hasselman, C.T., T.M. Best, A.V. Seaber, and W.E. Garrett. 1995. Threshold and continuum of injury during active stretch of rabbit skeletal muscle. *American Journal of Sports Medicine* 23(1), 65-73.

Hatfield, F.C. 1982. Learning to stretch for strength and safety. *Muscle Fitness* 43(12), 24-25, 193-194.

Hay, J.G. 1993. *The biomechanics of sports techniques*. 3rd ed. Englewood Cliffs, NJ: Prentice-Hall.

Haynes, R.B., D.W. Taylor, and D.L. Sackett. eds. 1979. *Compliance in health care*. Baltimore: John Hopkins Press.

Haynes, S.C., and D.H. Perrin. 1992. Effect of a counterirritant on pain and restricted range of motion associated with delayed onset muscle soreness. *Journal of Sport Rehabilitation* 1(1), 13-18.

Haywood, K.M. 1980. Strength and flexibility in gymnasts before and after menarche. *British Journal of Sports Medicine* 14(4), 189-192.

Hebbelinck, M. 1988. Flexibility. In *The Olympic book of sports medicine*, eds. A. Dirix, H.G. Knuttgen, and K. Tittel, 213-217. Oxford: Blackwell Scientific.

Hedricks, A. 1993. Flexibility and the conditioning program. *National Strength and Conditioning Association Journal* 15(4), 62-66.

Heil, J. 1993. Specialized treatment approaches: Problems in rehabilitation. In *Psychology of sport injury*, ed. J. Heil, 195-218. Champaign, IL: Human Kinetics.

Heil, J.O., and O'Connor, A. 2001. Psychological impact of injury and rehabilitation. In *Principles and practice of primary care sports medicine*, ed. W.E. Garrett, D.T. Kirkendahl and D.L. Squire, 191-204. Philadelphia: Lippincott Williams & Wilkins.

Heino, J.G., J.J. Godges, and C.L. Carter. 1990. Relationship between hip extension range of motion and posture alignment. *Journal of Orthopaedic and Sports Physical Therapy* 12(6), 243-247.

Heiser, T.M., J. Weber, G. Sullivan, P. Clare, and R.R. Jacobs. 1984. Prophylaxis and management of hamstring muscle injuries in intercollegiate football players. *American Journal of Sports Medicine* 12(5), 368-370.

Helin, P. 1985. Physiotherapy and electromyography in muscle cramp. *British Journal of Sports Medicine* 19(4), 230-231.

Hellig, D. 1969. Illustrative points in technique. In *Osteopathic medicine*, ed. J.M. Hoag, W.V. Cole, and S.G. Bradford, 197-218. New York: McGraw-Hill.

Helliwell, P.S. 1993. Joint stiffness. In *Mechanics of human joints*, ed. V. Wright and E.L. Radin, 203-218. New York: Marcel Dekker.

Hemmings, B., M. Smith, J. Graydon, and R. Dyson. 2000. Effects of massage on physiological restoration, perceived recovery, and repeated sports performance. *British Journal of Sports Medicine* 34(2), 109-115.

Heng, M.K., J.X. Bai, N.J. Talian, W.J. Vincent, S.S. Reese, S. Shaw, and G.J. Holland. 1992. Changes in cardiovascular function during inversion. *International Journal of Sports Medicine* 13(1), 69-73.

Hennessy, L., and A.W.S. Watson. 1993. Flexibility and posture assessment in relation to hamstring injury. *British Journal of Sports Medicine* 27(4), 243-246.

Henricson, A.S., K. Fredriksson, I. Persson, R. Pereira, Y. Rostedt, E. Nils, and M.D. Westlin. 1984. The effect of heat and stretching on the range of hip motion. *Journal of Orthopaedic and Sports Physical Therapy* 6(2), 110-115.

Henry, J.H. 1986. Commentary. *American Journal of Sports Medicine* 14(1), 17.

Henry, J.P. 1951. *Studies of the physiology of negative acceleration* (AF Tech. Report #5953). Dayton, OH: U.S. Air Force Air Material Command, Wright-Patterson AFB.

Henry, K.D., C. Rosemond, and L.B. Eckert. 1998. Effect of number of home exercise exercises on compliance and performance in adults over 65 years of age. *Physical Therapy* 78(3), 270-277.

Herbert, R.D., and M. Gabriel. 2002. Effects of stretching before and after exercising on muscle soreness and risk of injury: Systematic review. *British Medical Journal* 325(7362), 468-470.

Herbison, G.J., and V. Graziani. 1995. Neuromuscular disease: Rehabilitation and electrodiagnosis. 1. Anatomy and physiology of nerve and muscle. *Archives of Physical Medicine and Rehabilitation* 76(5), S3-S9.

Herrington, L. 1998. Glenohumeral joint: Internal and external rotation range of motion in Javelin throwers. *British Journal of Sports Medicine* 32(3), 226-228.

Hertling, D.M., and D. Jones. 1996. Relaxation. In *Management of common musculoskeletal disorders*. 2nd ed, ed. D. Hertling and R.M. Kessler, 140-162. Philadelphia: Lippincott.

Herzog, W. 1991. Biomechanical studies of spinal manipulative therapy. *Journal of the CCA* 35(3), 156-164.

Herzog. W. 1994. The biomechanics of spinal manipulative treatments. *Journal of the CCA* 38(4), 216-222.

Hesselink, M.K.C., H. Kuipers, P. Geurten, and H. van Straaten. 1996. Structural muscle damage and muscle strength after incremental number of isometric and forced lengthening contractions. *Journal of Muscle Research and Cell Motility* 17(3), 335-341.

Heusner, A.P. 1946. Yawning and associated phenomena. *Physiological Reviews* 26(1), 157-168.

Hewett, T.E. 2000. Neuromuscular and hormonal factors associated with knee injuries in female athletes. *Sports Medicine* 29(5), 313-327.

High, D.M, E.T. Howley, and B.D. Franks. 1989. The effects of static stretching and warm-up on prevention of delayed-onset muscle soreness. *Research Quarterly for Exercise and Sport* 69(4), 357-361.

Highet, W.B., and F.K. Sanders. 1943. The effects of stretching nerves after suture. *British Journal of Surgery* 30(120), 355-371.

Hill, A.R., J.M. Adams, B.E. Parker, and D.F. Rochester. 1988. Short-term entrainment of ventilation to the walking cycle in humans. *Journal of Applied Physiology* 65(2), 570-578.

Hill, A.V. 1948. The pressure developed in muscle during contraction. *Journal of Physiology* (London) 107, 518-526.

Hill, A.V. 1961. The heat produced by a muscle after the last shock of tetanus. *Journal of Physiology (London)* 159(3), 518-545.

Hill, C., and K. Weber. 1986. Monoclonal antibodies distinguish titins from heart and skeletal muscle. *Journal of Cell Biology* 102(3), 1099-1108.

Hill, D.K. 1968. Tension due to interaction between the sliding filaments in resting striated muscle. The effect of stimulation. *Journal of Physiology (London)* 199(3), 637-684.

Hilyer, J.C., K.C. Brown, A.T. Sirles, and L. Peoples. 1990. A flexibility intervention to reduce the incidence and severity of joint injuries among municipal firefighters. *Journal of Occupational Medicine* 32(7), 631-637.

Hinrichs, R.N. 1990. Whole body movement: Coordination of arms and legs in walking and running. In *Multiple muscle systems: Biomechanics and movement organization*, ed. J.M. Winters and S.L.-Y. Woo, 694-705. New York: Springer-Verlag.

Hinrichs, R.N. 1992. Case studies of asymmetrical arm action in running. *International Journal of Sport Biomechanics* 8(2), 111-128.

Hinterbuchner, C. 1985. Traction. In *Manipulation, traction and massage*. 3rd ed, ed. J.V. Basmajian, 172-200. Baltimore: Williams & Wilkins.

Hirche, H., W.K. Raff, and D. Grün. 1970. The resistance to blood flow in the gastrocnemius of the dog during sustained and rhythmical isometric and isotonic contractions. *European Journal of Physiology* 314, 97-112.

Hoeger, W.W.K. 1991. *Principles and labs for physical fitness and wellness*. Englewood, CO: Morton.

Hoeger, W.W.K., and D.R. Hopkins. 1992. A comparison of the sit and reach and the modified sit and reach in the measurement of flexibility in women. *Research Quarterly for Exercise and Sport* 63(2), 191-195.

Hoeger, W.W.K., D.R. Hopkins, S. Button, and T.A. Palmer. 1990. Comparing the sit and reach with the modified sit and reach in measuring flexibility in adolescents. *Pediatric Exercise Science* 2(2), 156-162.

Hoeger, W.W.K., D.R. Hopkins, and L.C. Johnson. 1991. *Muscular flexibility: Test protocols and national flexibility norms for the modified sit-and-reach test, total body rotation test, and shoulder rotation test*. Addison, IL: Novel Products Figure Finder Collection.

Hoehler, F.K., and J.S. Tobis. 1982. Low back pain and its treatment by spinal manipulation: Measures of flexibility and asymmetry. *Rheumatology and Rehabilitation* 21(1), 21-26.

Hoehler, F.K., J.S. Tobis, and A.A. Buerger. 1981. Spinal manipulation for low back pain. *Journal of the American Medical Association* 245(18), 1836-1838.

Hoen, T.I., and C.E. Brackett. 1970. Peripheral nerve lengthening. I. Experimental. *Journal of Neurosurgery* 13(1), 43-62.

Hoeve, C.A.J., and P.J. Flory. 1974. The elastic properties of elastin. *Biopolymers* 13(4), 677-686.

Hogg, J.M. 1978. Flexibility training. *Coaching Review* 1(3), 38-45.

Holcomb, W.R. 2000. Stretching and warm-up. In *Essentials of strength training and conditioning*. 2nd ed, ed. T.R. Baechle and R.W. Earle, 321-342. Champaign, IL: Human Kinetics.

Holland, G.J. 1968. The physiology of flexibility. A review of the literature. *Kinesiology Review* 1, 49-62.

Holly, R.G., J.G. Barnett, C.R. Ashmore, R.G. Taylor, and P.A. Mole. 1980. Stretch-induced growth in chicken wing muscles: A new model of stretch hypertrophy. *American Journal of Physiology* 238(Cell Physiology 7), C62-C71.

Holmer, I., and L. Gullstrand. 1980. Physiological responses to swimming with a controlled frequency of breathing. *Scandinavian Journal of Sports Sciences* 2(1), 1-6.

Hölmich, P., P. Uhrskou, L. Ulnits, I-L. Kanstrup, M.B. Nielsen, A.M. Bjerg, and K. Krogsgaard. 1999. Effectiveness of active physical training as treatment for long-standing adductor-related groin pain in athletes: Randomised trial. *Lancet* 353(9151), 439-443.

Holt, L.E. n.d. *Scientific stretching for sport (3-s)*. Halifax, Nova Scotia: Sport Research.

Holt, L.E., T.W. Pelham, and P.D. Campagna. 1995. Hemodynamics during a machine-aided flexibility protocol. *Canadian Journal of Applied Physiology* 20(4), 407-416.

Holt, L.E., and R.K. Smith. 1983. The effects of selected stretching programs on active and passive flexibility. In *Biomechanics in sport*, ed. J. Terauds, 54-67. Del Mar, CA: Research Center for Sports.

Holt, L.E., T.M. Travis, and T. Okita. 1970. Comparative study of three stretching techniques. *Perceptual and Motor Skills* 31(2), 611-616.

Hong, Y., J.X. Li, and P.D. Robinson. 2000. Balance control, flexibility, and cardiorespiratory fitness among older tai chi practitioners. *British Journal of Sports Medicine* 34(1), 29-34.

Hooker, D.N. 1999. Spinal traction. In *Therapeutic modalities in sports medicine*. 4th ed. ed. W.E. Prentice, 284-305. Boston: WCB McGraw-Hill.

Hooper, A.C.B. 1981. Length, diameter and number of ageing skeletal muscle fibres. *Gerontology* 27(3), 121-126.

Hoover, H.V. 1958. Functional technic. *Academy of Applied Osteopathy Yearbook 1958*, 47-51.

Hopkins, D.R. 1981. *The relationship between selected anthropometric measures and sit-and-reach performance*. Paper presented at the American Alliance for Health, Physical Education, Recreation and Dance National Measurement Symposium, Houston, TX.

Hopkins, D.R., and W.W.K. Hoeger. 1986. The modified sit and reach test. In *Lifetime physical fitness and wellness: A personalized program*, ed. W.W.K. Hoeger, 47-48. Englewood, CO: Morton.

Hopkins, D.R., B. Murrah, W.W. Hoeger, and R.C. Rhodes. 1990. Effects of low-impact aerobic dance on the functional fitness of elderly women. *The Gerontologist* 30(2), 189-192.

Horowits, R. 1992. Passive force generation and titin isoforms in mammalian skeletal muscle. *Biophysical Journal* 61(2), 392-398.

Horowits, R., E.S. Kempner, M.E. Bisher, and R.J. Podolsky. 1986. A physiological role for titin and nebulin in skeletal muscle. *Nature* 323(6084), 160-163.

Horowits, R., and R.J. Podolsky. 1987a. The positional stability of thick filaments in activated skeletal muscle depends on sarcomere length: Evidence for the role of titin filaments. *Journal of Cell Biology*, 105(5), 2217-2223.

Horowits, R., and R.J. Podolsky. 1987b. Thick filament movement and the effect of titin filaments in activated skeletal muscle. (Abstract). *Biophysical Journal* 51(2, Pt. 2), 219a.

Hosea, T.M., and C.J. Gatt. 1996. Back pain in golf. *Clinics in Sports Medicine* 15(1), 37-53.

Hosea, T. M., C.J. Gatt, N.A. Langrana, and J.P. Zawadsky. 1990. Biomechanical analysis of the golfer's back. In *Science and Golf*, ed. A.J. Cochran, 43-48. Glasgow: E & FN Spon.

Hossler, P. 1989. To bend or not to bend. *The Physician and Sportsmedicine* 17(6), 20.

Hough, T. 1902. Ergographic studies in muscular soreness. *American Journal of Physiology* 7(1), 76-92.

Houglum, P.A. 1992. Soft tissue healing and its impact on rehabilitation. *Journal of Sport Rehabilitation* 1(1), 19-39.

Houglum, P.A. 2001. *Therapeutic exercise for athletic injuries*. Champaign, IL: Human Kinetics.

Houk, J.C., and E. Henneman. 1967. Responses of Golgi tendon organs to forces applied to muscle tendon. *Journal of Neurophysiology* 30(6), 1466-1481.

Houk, J.C., J.J. Singer, and M.R. Goldman. 1971. Adequate stimulus for tendon organs with observations on mechanics of ankle joint. *Journal of Neurophysiology* 34(6), 1051-1065.

Howard, B.K., J.H. Goodsen, and W.J. Mengert. 1953. Supine hypotensive syndrome in late pregnancy. *Obstetrics and Gynecology* 1, 371.

Howell, J.N., A.G. Chila, G. Ford, D. David, and T. Gates. 1985. An electromyographic study of elbow motion during postexercise muscle soreness. *Journal of Applied Physiology* 58(5), 1713-1718.

Howes, R.G., and I.C. Isdale. 1971. The non-myotendinous force transmission. *Rheumatology and Physical Medicine* 11(2), 72-77.

Howse, A.J. 1972. Orthopedists aid ballet. *Clinical Orthopaedics and Related Research* 89, 52-63.

Howse, A.J.G. 1987. The young ballet dancer. In *Dance medicine: A comprehensive guide*. eds. A.J. Ryan and R.E. Stephens, 107-114. Chicago: Pluribus.

Hsieh, C., J.M. Walker, and K. Gillis. 1983. Straight-leg raising test: Comparison of three instruments. *Physical Therapy* 63(9), 1429-1433.

Hu, D.H., S. Kimura, and K. Maruyama. 1986. Sodium dodecyl sulfate gel electrophoresis studies of connectin-like high molecular weight proteins of various types of vertebrate and invertebrate muscles. *Journal of Biochemistry* (Tokyo) 99(5), 1485-1492.

Huang, Q-M., E. Andersson, and A. Thorstensson. 2001. Intramuscular myoelectric activity and selective coactivation of trunk muscles during lateral flexion with and without load. *Spine* 26(13), 1465-1472.

Hubley, C.L., J.W. Kozey, and W.D. Stanish. 1984. The effects of static stretching exercises and stationary cycling on range of motion at the hip joint. *Journal of Orthopaedic and Sports Physical Therapy* 6(2), 104-109.

Hubley-Kozey, C.L. 1991. Testing flexibility. In *Physiological testing of the high-performance athlete*. 2nd ed. eds. E.D. MacDougall, H.A. Wenger, and H.J. Green, 309-359. Champaign, IL: Human Kinetics.

Hubley-Kozey, C.L., and W.D. Stanish. 1990. Can stretching prevent athletic injuries? *Journal of Musculoskeletal Medicine* 7(3), 21-31.

Huijing, P.A. 1999. Muscular force transmission: A unified, dual or multiple system? A review and some explorative experimental results. *Archives of Physiology and Biochemistry* 107(4), 292-311.

Huijing, P.A., and G.C. Baan 2001. Extramuscular myofascial force transmission within the rat anterior tibial compartment: Proximodistal differences in muscular force. *Acta Physiologica Scandinavica* 173(3), 297-311.

Huijing, P.A., G.C. Baan, and G. Rebel. 1998. Non-myotendinous force transmission in rat extensor digitorum longus muscle. *Journal of Experimental Biology* 201(5), 683-691.

Hull, M. 1990-1991. Flexible ankles: Faster swimming. *Swimming Technique* 27(3), 23-24.

Hull, M. 2002. *The kick*. [Online]. Available: www.zoomers.net/newthekick.htm [October 31, 2003].

Hulliger, J. 2003. Connective tissue polarity unraveled by a Markov-chain mechanism of collagen fibril segment self-assembly. *Biophysical Journal* 84(6), 3501-3507.

Hunt, D.G., O.A. Zuberbier, A.J. Kozlowski, J. Robinson, J. Berkowitz, I.Z. Schultz, R.A. Milner, J.M. Crook, and D.C. Turk. 2001. Reliability of the lumbar flexion, lumbar extension, and passive straight leg raise test in normal populations embedded within a complete physical examination. *Spine* 26(24), 2714-2718.

Hunter, D.G., and J. Spriggs. 2000. Investigation into the relationship between the passive flexibility and active stiffness of the ankle plantar-flexor muscles. *Clinical Biomechanics* 15(8), 600-606.

Hunter, G. 1998. Specific soft tissue mobilization in the management of soft tissue dysfunction. *Manual Therapy* 3(1), 2-11.

Hunter, J.P., and R.N. Marshall. 2002. Effects of power and flexibility training on vertical jump technique. *Medicine and Science in Sports and Exercise* 34(3), 476-486.

Hunter, S.C. 1994. Participation physical examination. In *Orthopaedic Knowledge Update Sports Medicine*, ed. by L. Y. Griffin, 127-132. Rosemont, IL: American Academy of Orthopaedic Surgeons.

Hupprich, F.L., and P.O. Sigerseth. 1950. The specificity of flexibility in girls. *Research Quarterly* 21(1), 25-33.

Hussain, S.N.A., B. Rabinovitch, P.T. Macklem, and R.L. Pardy. 1985. Effects of separate rib cage and abdominal restriction on exercise performance in normal humans. *Journal of Applied Physiology* 58(6), 2020-2026.

Hutson, M.A. 2001. Prevention of injury. In *Sports injuries recognition and management*. 3rd ed, ed. M.A. Hutson, 194-212. Oxford: Oxford University Press.

Hutton, R.S., K. Kaiya, S. Suzuki, and S. Watanabe. 1987. Post-contraction errors in human force production are reduced by muscle stretch. *Journal of Physiology (London)* 393(1), 247-259.

Huwyler, J. 1989. Physical examination to determine suitability for a career as a professional dancer. *Dance Medicine-Health Newsletter* 7(4), 5-11.

Huxley, H.E. 1957. The double array of filaments in cross-striated muscle. *Journal of Biophysics and Biochemical Cytology* 3(5), 631-648.

Huxley, H.E. 1965. The mechanism of muscular contraction. *Scientific American* 213(6), 18-27.

Huxley, H.E. 1967. Muscle cells. In *The cell*, ed. J. Brachet and A. Mirsky, 367-481. New York: Academic Press.

Huxley, H.E., and J. Hanson. 1954. Changes in the cross-striations of muscle during contraction and stretch and their structural interpretation. *Nature* 173(4412), 973-976.

Hyman, J., and S.A. Rodeo. 2000. Injury and repair of tendons and ligaments. *Physical Medicine and Rehabilitation Clinics of North America* 11(2), 267-288.

Iashvili, A.V. 1983. Active and passive flexibility in athletes specializing in different sports. *Soviet Sports Review* 18(1), 30-32.

Ice, R. 1985. Long-term compliance. *Physical Therapy* 65(12), 1832-1839.

Ichiyama, R.M., B.G. Ragan, G.W. Bell, and G.A. Iwamoto. 2002. Effects of topical analgesics on the precessor response evoked by muscle afferents. *Medicine and Science in Sports and Exercise* 34(9), 1440-1445.

Ikai, M., and T. Fukunaga. 1970. A study on training effect on strength per unit cross-sectional area of muscle by means of ultrasonic measurement. *European Journal of Applied Physiology* 28(3), 173-180.

Ingber, D.E. 1997. Tensegrity: The architectural basis of cellular mechanotransduction. *Annual Review of Physiology* 59:575-599.

Ingber, D.E., D. Prusty, J.V. Frangioni, E.J. Cragoe, C. Lechene, and M.A. Schwartz. 1990. Control of intracellular pH and growth by fibronectin in capillary endothelial cells. *Journal of Cell Biology* 110(5), 1803-1811.

Inman, V.T., J.B. Saunders, and L.C. Abbot. 1944. Observations on the functions of the shoulder joint. *The Journal of Bone and Joint Surgery* 26(1), 1-30.

Inoué, S., and C.P. Leblond. 1986. The microfibrils of connective tissue: I. Ultrastructure. *American Journal of Anatomy* 176(2), 121-138.

International Chiropractors Association. 1993. *Policy handbook & code of ethics*. Arlington, VA: Author.

International Dance-Exercise Association. n.d. *Guidelines for convention presenters*. San Diego: Author.

Irvin, R., D. Iversen, and S. Roy. 1998. *Sports medicine: Prevention, assessment, management*. 2nd ed. Boston: Allyn & Bacon.

Itay, S., A. Ganel, H. Horoszowski, and I. Farine. 1982. Clinical and functional status following lateral ankle sprains. *Orthopaedic Review* 11(5), 73-76.

Itoh, Y., T. Susuki, S. Kimura, K. Ohashi, H. Higuchi, H. Sawada, T. Shimizu, M. Shibata, and K. Maruyama. 1988. Extensible and less-extensible domains of connectin filaments in stretched vertebrate skeletal muscle as detected by immunofluorescence and immunoelectron microscopy using monoclonal antibodies. *Journal of Biochemistry* (Tokyo) 104(4), 504-508.

Iyengar, B.K.S. 1979. *Light on yoga*. New York: Schocken Books.

Jackman, R.V. 1963. Device to stretch the Achilles tendon. *Journal of the American Physical Therapy Association* 43(10), 729.

Jackson, A.W., and A.A. Baker. 1986. The relationship of the sit and reach test to criterion measures of hamstring and back flexibility in young females. *Research Quarterly for Exercise and Sport* 57(3), 183-186.

Jackson, A.W., and N.J. Langford. 1989. The criterion-related validity of the sit and reach test: Replication and extension of previous findings. *Research Quarterly for Exercise and Sport* 60(4), 384-385.

Jackson, A.W., J.R. Morrow, P.A. Brill, H.W. Kohl, N.F. Gordon, and S.N. Blair. 1998. Relations of sit-up and sit-and-reach tests to low back pain in adults. *Journal of Orthopaedic and Sports Physical Therapy* 27(1), 22-26.

Jackson, C.P., and M.D. Brown. 1983. Is there a role for exercise in the treatment of patients with low back pain? *Clinical Orthopedics and Related Research* 179(October), 39-45.

Jackson, D.W., L.L. Wiltse, and R.J. Cirincione. 1976. Spondylolysis in the female gymnast. *Clinical Orthopaedics and Related Research* 117(June), 68-73.

Jackson, M., M. Solomonow, B. Zhou, R. Baratta, and M. Harris. 2001. Multifidus EMG and tension-relaxation recovery after prolonged static lumbar flexion. *Spine* 26(7), 715-723.

Jacobs, M. 1976. Neurophysiological implications of slow, active stretching. *American Corrective Therapy Association* 30(8), 151-154.

Jacobs, S.J., and B.L. Berson. 1986. Injuries to runners: A study of entrants to a 10,000 meter race. *American Journal of Sports Medicine* 14(2), 151-155.

Jacobson, E. 1929. *Progressive relaxation*. Chicago: University of Chicago Press.

Jacobson, E. 1938. *Progressive relaxation*. 2nd ed. Chicago: University of Chicago Press.

Jaeger, B., and J.L. Reeves. 1986. Quantification of changes in myofascial trigger point sensitivity with the pressure algometer following passive stretch. *Pain* 27(2), 203-210.

Jahnke, M.T., U. Proske, and A. Struppler. 1989. Measurements of muscle stiffness, the electromyogram and activity in single muscle spindles on human flexor muscles following conditioning by passive stretch or contraction. *Brain Research* 493(1), 103-112.

Jahss, S.A. 1919. Joint hypotonia. *New York Medical Journal* 109(2106), 638-639.

Jami, L. 1992. Golgi tendon organs in mammalian skeletal muscle: Functional properties and central actions. *Physiological Reviews* 72(3), 623-666.

Jamieson, A.H., C.A. Alford, H.A. Bird, I. Hindmarch, and W. Wright. 1995. The effect of sleep and nocturnal movement on stiffness, pain, and psychomotor performance in ankylosing spondylitis. *Clinical and Experimental Rheumatology* 13(1), 73-78.

Japan Information Network. 2002. www.jinjapan.org.

Järvinen, T.A.H., L. Józsa, P. Kannus, T.L.N. Järvinen, and M. Järvinen. 2002. Organization and distribution of intramuscular connective tissue in normal and immobilized skeletal muscles. *Journal of Muscle Research and Cell Motility* 23(3), 245-254.

Järvinen, T.A.H., M. Kääriäinen, M. Järvinen, and H. Kalimo. 2000. Muscle strain injuries. *Current Opinions in Rheumatology* 12(2), 155-161.

Javurek, I. 1982. Experience with hypermobility in athletes. *Theorie A Praxe Telesne Vychovy* 30(3), 185.

Jay, I., and S. Rappaport. 1983. *Hanging out, the upside down exercise book*. Mill Valley, CA: Jay Ra Productions.

Jayson, M., H. Sims-Williams, S. Young, H. Baddeley, and E. Collins. 1981. Mobilization and manipulation for the low back pain. *Spine* 6(4), 409-416.

Jenkins, R., and R.W. Little. 1974. A constitutive equation for parallel-fibered elastic tissue. *Journal of Biomechanics* 7(5), 397-402.

Jerome, J. 1988. The pleasures of stretching. *Strings* 3(1), 14-21.

Jervey, A.A. 1961. *A study of the flexibility of selected joints in specified groups of adult females*. Ph.D. diss., University of Michigan, Ann Arbor.

Jesse, E.F., D.S. Owen, and K.B. Sagar. 1980. The benign hypermobile joint syndrome. *Arthritis and Rheumatism* 23(9), 1053-1056.

Jette, A.M., D. Rooks, M. Lachman, T.H. Lin, C. Levenson, D. Heislein, M.M. Giorgetti, and B.A. Harris. 1998. Home-based resistance training: Predictors of participation and adherence. *The Gerontologist* 38(4), 412-421.

Jobbins, B., H.A. Bird, and V. Wright. 1979. A joint hyperextensometer for the quantification of joint laxity. *Engineering in Medicine* 8(2), 103-104.

Johansson, P.H., L. Lindström, G. Sundelin, and B. Lindström. 1999. The effects of preexercise stretching on muscular soreness, tenderness and force loss following heavy eccentric exercise. *Scandinavian Journal of Medicine & Science in Sports* 9(4), 219-225.

Johns, R.J., and V. Wright. 1962. Relative importance of various tissues in joint stiffness. *Journal of Applied Physiology* 17(5), 824-828.

Johnson, J.E., F.H. Sim, and S.G. Scott. 1987. Musculoskeletal injuries in competitive swimmers. *Mayo Clinic Proceedings* 62(4), 289-304.

Johnson, J.N., J. Gauvin, and M. Fredericson. 2003. Swimming biomechanics and injury prevention: New stroke techniques and medical considerations. *The Physician and Sportsmedicine* 31(1), 41-46.

Johnson, R.J. 1991. Help your athletes heal themselves. *The Physician and Sportsmedicine* 19(5), 107-110.

Jones, A. 1975. Flexibility and metabolic condition. *Athletic Journal* 56(2), 56-61, 80-81.

Jones, A.M. 2002. Running economy is negatively related to sit-and-reach test performance in international-standard distance runners. *International Journal of Sports Medicine* 23(1), 40-43.

Jones, B.H., D.N. Cowan, J.P. Tomlinson, J.R. Robinson, D.W. Polly, and P.N. Frykman. 1993. Epidemiology of injuries associated with physical training among young men in the army. *Medicine and Science in Sports and Exercise* 25(2), 197-203.

Jones, C.J., R.R. Rikli, J. Max, and G. Noffal. 1998. The reliability and validity of a chair sit-and-reach test as a measure of hamstring flexibility in older adults. *Research Quarterly for Exercise and Sport* 69(4), 338-343.

Jones, D. 1999. The effects of proprioceptive neuromuscular facilitation flexibility training on the clubhead speed of recreational golfers. In *Science and Golf III: Proceedings of the World Scientific Congress of Golf*, ed. M.R. Farrally and A.J. Cochran, 46-50. Champaign, IL: Human Kinetics.

Jones, D.A., and D.J. Newham. 1985. The effect of training on human muscle pain and damage. *Journal of Physiology (London)* 365(August), 76P.

Jones, D.A., D.J. Newham, and P.M. Clarkson. 1987. Skeletal muscle stiffness and pain following eccentric exercise of the elbow flexors. *Pain* 30(2), 233-242.

Jones, D.A., D.J. Newham, G. Obletter, and M.A. Giamberardino. 1987. Nature of exercise-induced muscle pain. *Advances in Pain and Therapy* 10, 207-218.

Jones, D.A., D.J. Newham, and C. Torgan. 1989. Mechanical influences on long-lasting human muscle fatigue and delayed-onset pain. *Journal of Physiology* 412(May), 415-427.

Jones, D.A., and O.M. Rutherford. 1987. Human muscle strength training: The effects of three different training regimes and the nature of the resultant changes. *Journal of Physiology (London)* 391(October), 1-11.

Jones, H.H. 1965. The Valsalva procedure. *Journal of the American Physical Therapy Association* 45(6), 570-572.

Jones, L.H. 1995. *Strain and counterstrain*. Boise, ID: Jones Strain-CounterStrain.

Jones, M.A., J.M. Buis, and I.D. Harris. 1986. Relationship of race and sex to physical and motor measures. *Perceptual and Motor Skills* 63(1), 169-170.

Jones, R.E. 1970. A kinematic interpretation of running and its relationship to hamstrings injury. *Journal of Health, Physical Education and Recreation* 41(8), 83.

Józsa, L.G., and P. Kannius. 1997. *Human tendons: Anatomy, physiology, and pathology*. Champaign, IL: Human Kinetics.

Jungueira, L.C., J. Carneiro, and J.A. Long. 1989. *Basic histology*. 6th ed. Los Altos, CA: Lange Medical.

Kabat, H., M. McLeod, and C. Holt. 1959. The practical application of proprioceptive neuromuscular facilitation. *Physiotherapy* 45(4), 87-92.

Kadi, F. 2000. Adaptation of human skeletal muscle to training and anabolic steroids. *Acta Physiologica Scandinavica* 168 (Suppl 646), 1-52.

Kadler, K., and G. Wallis. 1999. The molecular basis of joint hypermobility. In *Hypermobility of joints*. 3rd ed, ed. P. Beighton, R. Grahame and H. Bird, 23-37. London: Springer Verlag.

Kaigle, A.M., P. Wessberg, and T.H. Hansson. 1998. The muscular and kinematic behavior of the lumbar spine during flexion-extension. *Journal of Spinal Disorders* 11(2), 163-174.

Kalenak, A., and C. Morehouse. 1975. Knee stability and knee ligament injuries. *Journal of the American Medical Association* 234(11), 1143-1145.

Kammer, C.S., C.C. Young, and M.W. Niedfeldt. 1999. Swimming injuries and illnesses. *The Phyiscian and Sportsmedicine* 27(4), 51-60.

Kanamaru, A., M. Sibuya, T. Nagai, K. Inoue, and I. Homma. 1990. Stretch gymnastics training in asthmatic children. In *International series on sport sciences: Vol. 20. Fitness for the aged, disabled, and industrial worker*, ed. M. Kaneko, 178-181. Champaign, IL: Human Kinetics.

Kane, M.D., R.D. Karl, and J.H. Swain. 1985. Effects of gravity-facilitated traction on intervertebral dimensions of the lumbar spine. *Journal of Orthopaedic and Sports Physical Therapy* 6(5), 281-288.

Kannus, P. 2000. Structure of the tendon connective tissue. *Scandinavian Journal of Medicine and Science in Sports* 10(6), 312-320.

Kapandji, I.A. 1974. *The physiology of the joints: Vol. 3. The trunk and the vertebral column*. 2nd ed. Edinburgh: Churchill Livingstone.

Kapandji, I.A. 1982. *The physiology of the joints: Vol. 1. Upper limb*. 2nd ed. Edinburgh: Churchill Livingstone.

Kapandji, I.A. 1987. *The physiology of the joints: Vol. 2. Lower limb*. 5th ed. Edinburgh: Churchill Livingstone.

Karmenov, B. 1990. Knee-joint mobility. *Soviet Sports Review* 25(4), 200-2001.

Karpovich, P.V., P.V.M. Singh, and C.M. Tipton. 1970. The effect of deep knee squats upon knee stability. *Teor. Praxe tel Vych* 8, 112-122.

Karvonen, J. 1992. Importance of warm-up and cool-down on exercise performance. *Medicine in Sport Science* 35, 189-214.

Kasteler, J., R.L. Kane, D.M. Olse, and C. Thetford. 1976. Issues underlying prevalence of "doctor-shopping" behavior. *Journal of Health and Social Behavior* 17(4), 328-339.

Kastelic, J., A. Galeski, and E. Baer, E. 1978. The multicomposite structure of tendon. *Connective Tissue Research* 6(1), 11-23.

Kattenberg, B. 1952. Famous rubber men and limber jims are filed for future by a contortionist fan. *Life* 32(23), 18-19.

Kattenberg, B. 1963. Forgotten acrobats of the arena. *Muscle Power Magazine* Summer, 18-19, 42-43.

Kauffman, T. 1987. Posture and age. *Topics in Geriatric Rehabilitation* 2(4), 13-28.

Kauffman, T. 1990. Impact of aging-related musculoskeletal and postural changes on fall. *Topics in Geriatric Rehabilitation* 5(2), 34-43.

Kawashima, K., S. Takeshita, H. Zaitsu, and T. Meshizuka. 1994. A biomechanical analysis of the respiratory pattern during the golf swing. In *Science and golf II: Proceedings of the world scientific congress of golf* (46-49). edited by A.J. Cochran and M.R. Farrally. London: E. & FN Spon.

Keating, J.C. 1995. Purpose—straight chiropractic: Not science, not health care. *Journal of Manipulative and Physiological Therapeutics* 18(6), 416-418.

Kegerreis, S. 2001. Myofascial therapy. In C. Manheim. *The myofascial release manual*. 3rd ed, 2-6. Thorofare, New Jersey: Slack.

Keirns, M. 2000. *Myofascial release in sports medicine*. Champaign, IL: Human Kinetics.

Kellermayer, M.S.Z., and H.L. Granzier. 1996. Elastic properties of single titin molecules made visible through fluorescent F-actin binding. *Biochemical and Biophysical Research Communications* 221(3), 491-497.

Kellett, J. 1986 Acute soft tissue injuries—A review of the literature. *Medicine and Science in Sports and Exercise* 18(5), 489-500.

Kendall, F.P., and E.K. McCreary. 1983. *Muscles: Testing and function*. 3rd ed. Baltimore: Williams & Wilkins.

Kendall, H.O., and F.P. Kendall. 1948. Normal flexibility according to age groups. *Journal of Bone and Joint Surgery* 30A(3), 690-694.

Kendall, H.O., F.P. Kendall, and D.A. Boynton. 1970. *Posture and pain*. New York: Krieger.

Kendall, H.O., F.P. Kendall, and G.E. Wadsworth. 1971. *Muscles testing and function*. Baltimore: Williams & Wilkins.

Kent, M. 1998. *The Oxford dictionary of sports science and medicine*. 2nd ed. Oxford: Oxford University Press.

Kerner, J.A., and J.C. D'Amico. 1983. A statistical analysis of a group of runners. *Journal of the American Podiatry Association* 73(3), 160-164.

Kerr, K. 2000. Relaxation techniques: A critical review. *Critical Reviews in Physical and Rehabilitation Medicine* 12(1), 51-89.

Keskinen, K.L., and P.V. Komi. 1991. Breathing patterns of elite swimmers in aerobic/anaerobic loading. *Journal of Biomechanics* 215(7), 709.

Kettunen, J.A., U.M. Kujala, H. Räty, T. Videman, S. Sarna, O. Impivaara, and S. Koskinen. 2000. Factors associated with hip joint rotation in former elite athletes. *British Journal of Sports Medicine* 34(1), 44-48.

Key, J.A. 1927. Hypermobility of joints as a sex linked hereditary characteristic. *Journal of the American Medical Association* 88(22), 1710-1712.

Khalil, T.M., S.S. Asfour, L.M. Martinez, S.M. Waly, R.S. Rosomoff, and H.L. Rosomoff. 1992. Stretching in rehabilitation of low-back pain patients. *Spine* 17(3), 311-317.

Khan, K.M., K. Bennell, S. Ng, B. Matthews, P. Roberts, C. Nattrass, S. Way, and J. Brown. 2000. Can 16-18-year-old elite ballet dancers improve their hip and ankle range of motion over a 12-month period? *Clinical Journal of Sport Medicine* 10(2), 98-103.

Kibler, W.B., J. Chandler, B.P. Livingston, and E.P. Roetert. 1996. Shoulder range of motion in elite tennis players: Effect of age and years of tournament play. *American Journal of Sports Medicine* 24(3), 279-285.

Kihira, M., J. Ryu, J.S. Han, and B. Rowen. 1995. Wrist motion analysis in violinists. *Medical Problems of Performing Artists* 10(3), 79-85.

Kim, P.S., D.D. Santos, G. O'Neill, S. Julien, D. Kelm, and M. Dube. 1992. The effect of single chiropractic manipulation on sagittal mobility of the lumbar spine in symptomatic low back pain patients. In *Proceedings of the 1992 International Conference on Spinal Manipulation*. Chicago.

Kim, Y.-J., R.L.Y. Sah, A.J. Grodzinsky, A.H.K. Plaas, and J.D. Sandy. 1994. Mechanical regulation of cartilage biosynthetic behavior: Physical stimuli. *Archives of Biochemistry and Biophysics* 311(1), 1-12.

Kimberly, P.E. 1980. Formulating a prescription for osteopathic manipulative treatment. *Journal of the American Osteopathic Association* 79(8), 146-152.

Kindig, C.A., and D.C. Poole. 1999. Effects of skeletal muscle sarcomere length on in vivo capillary distensibility. *Microvascular Research* 57(2), 144-152.

King, J.W., H.J. Brelsford, and H.S Tullos. 1969. Analysis of the pitching arm of the professional baseball pitcher. *Clinical Orthopaedics and Related Research* 67(November-December), 116-123.

King, N.J. 1980. The therapeutic utility of abbreviated progressive relaxation: A critical review with implications for clinical practice. In *Progress in behavior modification* (Vol. 10), ed. M. Hersen, R. Eisler and P. Miller. New York: Academic Press.

Kippers, V., and A.W. Parker. 1984. Posture related to myoelectric silence of erectores spinae during trunk flexion. *Spine* 9(7), 740-745.

Kirk, J.A., B.M. Ansell, and E.G.L. Bywaters. 1967. The hypermobility syndrome. *Annals of the Rheumatic Diseases* 26(5), 419-425.

Kirkebø, A., and A. Wisnes. 1982. Regional tissue fluid pressure in rat calf muscle during sustained contraction or stretch. *Acta Physiologica Scandinavica* 114(4), 551-556.

Kirkendall, D.T., W.E. Prentice, and W.E. Garrett. 2001. Rehabilitation of muscle injuries. In *Rehabilitation of sports injuries*, ed. G. Pudda, A. Giombini, and A. Selvanetti, 185-193. Berlin: Spinger Verlag.

Kirstein, L. 1939. *Ballet alphabet; A primer for laymen*. New York: Kamin.

Kirwan, T., L. Tooth, and C. Harkin. 2002. Compliance with hand therapy programs: Therapists' and patients' perceptions. *Journal of Hand Therapy* 15(1), 31-40.

Kisner, C., and L.A. Colby. 1996. *Therapeutic exercise foundations and techniques*. 3rd ed. Philadelphia: F.A. Davis.

Kisner, C., and L.A. Colby. 2002. *Therapeutic exercise foundations and techniques*. 4th ed. Philadelphia: F.A. Davis.

Klatz, R.M., B.G. Goldman, B.G., Pinchuk, K.E., Nelson, and R.S. Tarr. 1983. The effects of gravity inversion procedures on systemic blood pressure, and central retinal arterial pressure. *Journal of American Osteopathic Association* 82(11), 111-115.

Klee, A., T. Jöllenbeck, and K. Wiemann. 2002. The significance of titin filaments to resting tension and posture. In *International research in sports biomechanics*, ed. Y. Hong, 90-97. London: Routledge.

Klein, K.K. 1961. The deep squat exercise as utilized in weight training for athletics and its effect on the ligaments of the knee. *Journal of the Association for Physical and Mental Rehabilitation* 15(1), 6-11.

Klein, K.K., and C.A. Roberts. 1976. Mechanical problems of marathoners and joggers: Cause and solution. *American Corrective Therapy Journal* 30(6), 187-191.

Klemp, P., and I.D. Learmonth. 1984. Hypermobility and injuries in a professional ballet company. *British Journal of Sports Medicine* 18(3), 143-148.

Klemp, P., J.E. Stevens, and S. Isaacs. 1984. A hypermobility study in ballet dancers. *Journal of Rheumatology* 11(5), 692-696.

Klemp, P., S.M. Williams, and S.A. Stansfield. 2002. Articular mobility in Maori and European New Zealanders. *Rheumatology* 41(5), 554-557.

Kleynhans, A.M. 1980. Complications and contraindications to spinal manipulative therapy. In *Modern developments in the principles and practice of chiropractic*, ed. S. Haldeman, 359-384. New York: Appleton-Century-Crofts.

Klinge, K., S.P. Magnusson, E.B. Simonsen, P. Aagaard, K. Klausen, and M. Kjær, M. 1997. The effect of strength and flexibility training on skeletal muscle, EMG, stiffness and viscoelastic response. *American Journal of Sports Medicine* 25(5), 710-716.

Kloeppel, R. 2000. Do the "speadability" and finger length of cellists and guitarists change due to practice? *Medical Problems of Performing Artists* 15(1), 23-30.

Knapik, J.J., B.H. Jones, C.L. Bauman, and J.M. Harris. 1992. Strength, flexibility and athletic injuries. *Sports Medicine* 14(5), 277-288.

Knapp, M.E. 1990. Massage. In *Krusen's handbook of physical medicine and rehabilitation*. 4th ed, ed. J.F. Lehmann and B.J. de Lateur, 433-435. Philadelphia: Saunders.

Knight, E.L., and J.B. Davis. 1984. *Flexibility: The concept of stretching and exercise*. Dubuque, IA: Kendall/Hunt.

Knight, K.L. 1995. *Cryotherapy in sport injury management*. Champaign, IL: Human Kinetics.

Knott, M., and D.E. Voss. 1968. *Proprioceptive neuromuscular facilitation*. New York: Harper & Row.

Knudson, D. 1998. Stretching: From science to practice. *Journal of Physical Education, Recreation and Dance* 69(3), 38-42.

Knudson, D. 1999. Stretching during warm-up: Do we have enough evidence? *Journal of Physical Education, Recreation and Dance* 70(7), 24-27, 51.

Knudson, D.V., P. Magnusson, and M. McHugh. 2000. Current issues in flexibility fitness. *President's Council on Physical Fitness and Sports Research Digest* 3(10), 1-19.

Knuttgen, H.G. 1986. Human performance in high-intensity exercise with concentric and eccentric muscle contractions. *International Journal of Sports Medicine* 7(Suppl. 1), 6-9.

Knuttgen, H.G., J.F. Patton, and J.A. Vogel. 1982. An ergometer for concentric and eccentric muscular exercise. *Journal of Applied Physiology* 53(3), 784-788.

Kobet, K.A. 1985. Retinal tear associated with gravity boot use. *Annals of Ophthalmology* 17(4), 308-310.

Koceja, D.M., J.R. Burke, and G. Kamen. 1991. Organization of segmental reflexes in trained dancers. *International Journal of Sports Medicine* 12(3), 285-289.

Kokjohn, K., D.M. Schmid, J.J., Triano, and P.C. Brennan. 1992. The effect of spinal manipulation on pain and prostaglandin levels in women with primary dysmenorrhea. *Journal of Manipulative and Physiological Therapeutics* 15(5), 279-285.

Kokkonen, J., A.G. Nelson, and A. Cornwell. 1998. Acute muscle stretching inhibits maximal strength performance. *Research Quarterly for Exercise and Sport* 69(4), 411-415.

Komi, P.V. 1984. Physiological and biomechanical correlates of muscle function effects of muscle structure and stretch-shortening cycle on force and speed. *Exercise and Sport Science Reviews* 12, 81-121.

Komi, P.V. 1986. Training of muscle strength and power: Interaction of neuromotoric, hypertrophic, and mechanical factors. *Journal of Sports Medicine* 7(1), 10-15.

Komi, P.V., and C. Boscoe. 1978. Utilization of stored elastic energy in men and women. *Medicine and Science in Sport* 10(4), 261-265.

Komi, P.V., and E.R. Buskirk. 1972. Effect of eccentric and concentric conditioning on tension and electrical activity in human muscle. *Ergonomics* 15(4), 417-434.

Kopell, H.P. 1962. The warm-up and autogenous injury. *New York State Journal of Medicine* 62(20), 3255-3258.

Kornberg, L., and R.L. Juliano. 1992. Signal transduction from the extracellular matrix: The integrin-tyrosine kinase connection. *Trends in Pharmacological Sciences* 13(3), 93-95.

Kornecki, S. 1992. Mechanism in muscular stabilization process in joints. *Journal of Biomechanics* 25(3), 235-245.

Korr, I.M. 1975. Proprioceptors and somatic dysfunction. *Journal of the American Osteopathic Association* 74(7), 638-650.

Koslow, R.E. 1987. Bilateral flexibility in the upper and lower extremities as related to age and gender. *Journal of Human Movement Studies* 13(9), 467-472.

Kottke, F.J., D.L. Pauley, and K.A. Ptak. 1966. Prolonged stretching for correction of shortening of connective tissue. *Archives of Physical Medicine and Rehabilitation* 47(6), 345-352.

Koutedakis, Y., L. Myszkewycz, D. Soulas, V. Papapostolou, I. Sullivan, and N.C.C. Sharp. 1999. The effects of rest and subsequent training on selected physiological parameters in professional classical dancers. *International Journal of Sports Medicine* 20(6), 379-383.

Kotoulas, M. 2002. The use and misuse of the terms "manipulation" and "mobilization" in the literature establishing their efficacy in the treatment of lumber spine disorders. *Physiotherapy Canada* 54(1), 53-61.

Kovanen, V., H. Suominem, and E. Heikkinem. 1984a. Collagen of slow twitch and fast twitch muscle fibres in different types of rat skeletal muscle. *European Journal of Applied Physiology* 52(2), 235-242.

Kovanen, V., H. Suominem, and E. Heikkinem. 1984b. Mechanical properties of fast twitch and slow twitch skeletal muscle with special reference to collagen and endurance training. *Journal of Biomechanics* 17(10), 725-735.

Kovar, R. 1974. Prispevek ke studiu geneticke podminenosti lidske motiriky. PhD diss. Charles University (Prague).

Kovar, R. 1981. *Human variation in motor abilities and genetic analysis.* Prague: Charles University.

Krabak, B.J., E.R. Laskowski, J. Smith, M.J. Stuart, and G.Y. Wong. 2001. Neurophysiologic influences on hamstring flexibility: A pilot study. *Clinical Journal of Sport Medicine* 11(4), 241-246.

Kraeger, D.R. 1993. Foot injuries. In *Handbook of sportsmedicine: A symptom-oriented approach*, ed. W.A. Lillegard and K.S. Rucker, 159-171. Boston: Andover Medical.

Kraemer, W.J., N.T. Triplett, A.C. Fry, L.P. Koziris, J.E. Bauer, J.M. Lynch, T. McConnell, R.U. Newton, S.E. Gordon, R.C. Nelson, and H.G. Knuttgen. 1995. An in-depth sports medicine profile of women college tennis players. *Journal of Sports Rehabilitation* 4(2), 79-98.

Krahenbuhl, G.S., and S.L. Martin. 1977. Adolescent body size and flexibility. *Research Quarterly* 48(4), 797-799.

Kramer, A.M., and R.W. Schrier. 1990. Demographic, social, and economic issues. In *Geriatric medicine*, ed. R.W. Schrier, 1-11. Philadelphia: Saunders.

Kranz, K.C. 1988. Chiropractic treatment of low-back pain. *Topics in Acute Care and Trauma Rehabilitation* 2(4), 47-62.

Kraus, H. 1965. *Backache stress and tension: Their cause, prevention and treatment.* New York: Simon and Schuster.

Kraus, H. 1970. *Clinical treatment of back and neck pain.* New York: McGraw-Hill.

Kraus, H. and R.P. Hirschland. 1954. Minimum muscular fitness in school children. *Research Quarterly* 25(2), 178-187.

Kreighbaum, E., and K.M. Barthels. 1985. *Biomechanics: A qualitative approach for studying human movement.* 2nd ed. Minneapolis: Burgess.

Krejci, V., and P. Koch. 1979. *Muscle and tendon injuries in athletes.* Stuttgart: Georg Thieme.

Krieglstein, G.K., and M.E. Langham. 1975. Influence of body position on the intraocular pressure of normal and glaucomatous eyes. *Ophthalmologica* 171(2), 132-145.

Krivickas, L.S. 1999. Training flexibility. In *Exercise in rehabilitation medicine*, eds. W.R. Frontera, D.M. Dawson, and D.M. Slovik, 83-102. Champaign, IL: Human Kinetics.

Kroll, P.G., R.W. Muhlhauser, N.C. Parsons, and C.D. Taylor. 1997. The effect of increased straight leg raise on work production in subjects with tight hamstrings. *Isokinetics and Exercise Science* 6(3), 181-185.

Kroll, P.G., and M.A. Raya. 1997. Hamstring muscles: An overview of anatomy, biomechanics and function, injury etiology, treatment, and prevention. *Critical Reviews in Physical and Rehabilitation Medicine* 9(3 & 4), 191-203.

Kronberg, M., L-A. Brostrom, and V. Soderlund. 1990. Retroversion of the humeral head in the normal shoulder and its relationship to the normal range of motion. *Clinical Orthopaedics and Related Research* 253(April), 113-117.

Krugman, M. 1995. Posture. [Online]. Available: www.tifaq.com/archive/piano-posture.txt [August 8, 2002].

Kubo, K., H. Kanehisa, and T. Fukunaga. 2002a. Effects of resistance and stretching training programmes on the viscoelastic properties of human tendon structures in vivo. *Journal of Physiology* 538(1), 219-226.

Kubo, K., H. Kanehisa, and T. Fukunaga. 2002b. Effects of transient muscle contractions and stretching on the tendon structures on the tendon structures in vivo. *Acta Physiologica Scandinavica* 175(2), 157-164.

Kubo, K., H. Kanehisa, M. Ito, and T. Fukunaga. 2001a. Effects of isometric training on the elasticity of human tendon structures in vivo. *Journal of Applied Physiology* 91(1), 26-32.

Kubo, K., H. Kanehisa, M. Ito, and T. Fukunaga. 2001b. Is passive stiffness in human muscles related to the elasticity of tendon structure? *European Journal of Applied Physiology* 85(3-4), 226-232).

Kubo, K., H. Kanehisa, Y. Kawakami, and T. Fukunaga. 2000. Elasticity of tendon structures of the lower limbs in sprinters. *Acta Physiologica Scandinavica* 168(2), 327-335.

Kubo, K., H. Kanehisa, Y. Kawakami, and T. Fukunaga. 2001a. Growth changes in the elastic properties of human tendon structures. *International Journal of Sports Medicine* 22(2), 138-143.

Kubo, K., H. Kanehisa, Y. Kawakami, and T. Fukunaga. 2001b. Influence of static stretching on viscoelastic properties of human tendon structures in vivo. *Journal of Applied Physiology* 90(2), 520-527.

Kubo, K., H. Kanehisa, Y. Kawakami, and T. Fukunaga. 2002. Effects of stretching training on the viscoelastic properties of human tendon structures in vivo. *Journal of Applied Physiology* 92(2), 595-601.

Kubo, K., Y. Kawakami, and T. Fukunaga. 1999. The influence of elastic properties of tendon structures on jump performance in humans. *Journal of Applied Physiology* 87(6), 2090-2096.

Kuchera, W.A., and M.L. Kuchera. 1992. *Osteopathic principles in practice.* Kirksville, MO: Kirksville College of Osteopathic Medicine.

Kudina, L. 1980. Reflex effects of muscle afferents on antagonists studies on single firing motor units in man. *Electroencephalography and Clinical Neurophysiology* 50(3-4), 214-221.

Kuipers, H.J., P.M. Drukker, P.M. Frederik, P. Guerten, and G.V. Kranenburg. 1983. Muscle degeneration after exercise in rats. *International Journal of Sports Medicine* 4(1), 45-51.

Kulakov, V. 1989. The harmony of training: The training of long-distance runners. *Soviet Sport Review* 24(4), 164-168.

Kulkarni, J., C. Hale, and L. Reilly. 1999. Review of falls-related injuries. *Critical Reviews in Physical and Rehabilitation Medicine* 11(1), 63-74.

Kulund, D.N. 1980. The foot in athletics. In *Disorders of the foot*, ed. A.J. Helfet and D.M.G. Lee, 58-79. Philadelphia: Lippincott.

Kulund, D.N., J.B. Dewey, C.E. Brubaker, and J.R. Roberts. 1978. Olympic weight-lifting injuries. *The Physician and Sportsmedicine* 6(11), 111-119.

Kulund, D.N., and M. Töttössy. 1983. Warm-up, strength, and power. *Orthopaedic Clinics of North America* 14(2), 427-448.

Kunz, H., and D.A. Kaufmann. 1980. How the best sprinters differ. *Track & Field Quarterly Review* 80(2).

Kuo, P-L., P-C. Li, and M.L. Li. 2001. Elastic properties of tendon measured by two different approaches. *Ultrasound in Medicine & Biology* 27(9), 1275-1284.

Kurzban, G.P., and K. Wang. 1988. Giant polypeptides of skeletal muscle titin: Sedimentation equilibrium in guanidine hydrochloride. *Biochemical and Biophysical Research Communications* 150(3), 1155-1161.

Kushner, S., L. Saboe, D. Reid, T. Penrose, and M. Grace. 1990. Relationship of turnout to hip abduction in professional ballet dancers. *American Journal of Sports Medicine* 18(3), 286-291.

Kuukkanen, T., and E. Mälkiä. 2000. Effects of a three-month therapeutic exercise programme on flexibility in subjects with low back pain. *Physiotherapy Research International* 5(1), 46-61.

Laban, M.M. 1962. Collagen tissue: Implications of its response to stress in vitro. *Archives of Physical Medicine and Rehabilitation* 43(9), 461-465.

Labeit, S., and B. Kolmerer. 1995. Titins: Giant proteins in charge of muscle ultrastructure and elasticity. *Science* 270 (5234), 293-296.

LaFreniere, J.G. 1979. *The low back patient: Procedures for treatment by physical therapy.* New York: Mason.

Lakie, M., and L.G. Robson. 1988. Thixotropic changes in human muscle stiffness and the effects of fatigue. *Quarterly Journal of Experimental Physiology* 73(4), 487-500.

Lakie, M., E.G. Walsh, and G.W. Wright. 1984. Resonance at the wrist demonstrated by the use of a torque motor: An instrumental analysis of muscle tone in man. *Journal of Physiology* 353(Aug), 265-285.

Lal, K. 1966. *The cult of desire*. Delhi: Asia Press.

Lan, C., J-S. Lai, M-K. Wong, and M-L. Yu. 1996. Cardiorespiratory function, flexibility and body composition among geriatric tai chi chuan practitioners. *Archives of Physical Medicine and Rehabilitation* 77(6), 612-616.

Langeland, R.H., and R.J. Carangelo. 2000. Injuries to the thigh and groin. In *Principles and practice of orthopaedic sports medicine*, ed. W.E. Garrett, K.P. Speer and D.T. Kirkendall, 583-611. Philadelphia: Lippincott Williams & Wilkins.

Lankhorst, G.J., R.J. Van de Stadt, and J.K. Van der Korst. 1985. The natural history of idiopathic low back pain: A 3 year follow-up study of spinal motion, pain and functional capacity. *Scandinavian Journal of Rehabilitation Medicine* 17(1), 1-4.

Larsson, L.-G., J. Baum and G.S. Mudholkar. 1987. Hypermobility: Features and differential incidence between sexes. *Arthritis and Rheumatism* 30(12), 1426-1430.

Larsson, L.-G., J. Baum, G.S. Mudholkar, and G. Kollia. 1993. Benefits and disadvantages of joint hypermobility among musicians. *New England Journal of Medicine* 329(15), 1079-1082.

Larsson, R., P.A. Öberg, and S.E. Larsson. 1999. Changes of trapezius muscle blood flow and electromyography in chronic neck pain due to trapezius myalgia. *Pain* 79(1), 45-50.

Larsson, S.-E., R. Larsson, Q. Zhang, H. Cai, and P.A. Öberg. 1995. Effects of psychophysiological stress on trapezius muscles blood flow and electromyography during static load. *European Journal of Applied Physiology* 71(6), 493-498.

Lasater, J. 1983. Asana triang mukhaikapada paschimottanasana. *Yoga Journal* 52(September-October), 9-11.

Lasater, J. 1986. Supta virasana: Reclining hero pose. *Yoga Journal* 67(March-April), 23-24.

Lasater, J. 1988a. Janu Sirsasana: Head of the knee pose. *Yoga Journal* 83(November-December), 35-40.

Lasater, J. 1988b. Uttanasana intense stretch pose. *Yoga Journal* 79(March-April), 30-35.

Laskowski, E.R. 1994. Rehabilitation of the physically challenged athlete. *Sports Medicine* 5(1), 215-233.

Laubach, L.C., and J.T. McConville. 1966a. Muscle strength, flexibility, and bone size of adult males. *Research Quarterly* 37(3), 384-392.

Laubach, L.C., and J.T. McConville. 1966b. Relationship between flexibility, anthropometry, and somatotype of college men. *Research Quarterly* 37(2), 241-251.

Laughlin, K. 2002a. *Thinking about posture*. [Online]. Available: www.posture-and-flexibility.com.au/pages/thinkingaboutstr.html [October 31, 2003].

Laughlin, K. 2002b. *Stretching is a waste of time*. [Online]. Available: www.posture-and-flexibility.com.au/pages/stretchingisawas.html [October 31, 2003].

Lavender, S.A., G.A. Mirka, R.W. Schoenmarklin, C.M. Sommerich, L.R. Sudhakar, and W.S. Marras. 1989. The effects of preview and task symmetry on trunk muscle response to sudden loading. *Human Factors* 31(1), 101-115.

Lawton, R.W. 1957. Some aspects of research in biological elasticity. In *Tissue elasticity*, ed. J.W. Remington, 1-11. Washington DC: American Physiological Society.

Laxton, A.H. 1990. Practical approaches to the normalization of muscle tension. *Journal of Manual Medicine* 5(3), 115-120.

Leard, J.S. 1984. Flexibility and conditioning in the young athlete. In *Pediatric and adolescent sports medicine*, ed. L.J. Micheli, 194-210. Boston: Little, Brown.

Leardini, A., J.J. O'Connor, F. Catani, and S. Giannini. 2000. The role of the passive structures in the mobility and stability of the human ankle joint: A literature review. *Foot & Ankle International* 21(7), 602-615.

Leboeuf, C., R.A. Ames, C.W. Budich, and A.F. Vincent. 1987. Changes in blood pressure and pulse rate following exercise in the inverted position. *Journal of the Australian Chiropractic Association* 17(2), 60-62.

Lebrun, C.M. 1993. Effects of the different phases of the menstrual cycle and oral contraceptives on athletic performance. *Sports Medicine* 16(6), 400-430.

Lederman, E. 1997. *Fundamentals of manual therapy*. New York: Churchill Livingstone.

Lee, D. 1989. *The pelvic girdle*. Edinburgh: Churchill Livingstone.

Lee, E.J., B.R. Etnyre, B.W. Poindexter, D.B. Sokol, and T.J. Toon. 1989. Flexibility characteristics of elite female and male volleyball players. *Journal of Sports Medicine and Physical Fitness* 29(1), 49-51.

Lee, G.C. 1980. Finite element analysis in soft tissue mechanics. In *Vol. 1. International conference on finite elements in biomechanics*, ed. B.R. Simon, 27-37. Tucson, AZ: National Science Foundation and the University of Arizona College of Engineering.

Lee, J. and G.W. Schmid-Schönbein. 1995. Biomechanics of skeletal muscle capillaries: Hemodynamic resistance, endothelial distensibility, and pseudoformation. *Annals of Biomedical Engineering* 23, 226-246.

Lee, M., J. Gal, and W. Herzog. 2000. Biomechanics of manual therapy. In *Clinical biomechanics*, ed. by Z. Dvir, 209-238. New York: Churchill Livingstone.

Lee, M.A., and N. Kleitman. 1923. Studies on the physiology of sleep. II. Attempts to demonstrate functional changes in the nervous system during experimental insomnia. *American Journal of Physiology* 67(1), 141-152.

Lee, R.Y.W., and J. Munn. 2000. Passive moment about the hip in straight leg raising. *Clinical Biomechanics* 15(5), 330-334.

Lehmann, J.F., A.J. Masock, C.G., Warren, and J.N. Koblanski. 1970. Effect of therapeutic temperature on tendon extensibility. *Archives of Physical Medicine and Rehabilitation* 51(8), 481-487.

Lehmann, J.F., D.R. Silverman, B.A. Baum, N.L. Kirk, and V.C. Johnson. 1966. Temperature distributions in the human thigh, produced by infrared, hot pack and microwave applications. *Archives of Physical Medicine and Rehabilitation* 47(5), 291-299.

Lehmann, J.P., and B.J. de Lateur. 1990. Diathermy and superficial heat, laser, and cold therapy. In *Krusen's handbook of physical medicine and rehabilitation*. 4th ed, ed. J.F. Lehmann and B.J. de Lateur, 285-367. Philadelphia: Saunders.

Lehrer, P.M., and R.L. Woolfolk. 1984. Are stress reduction techniques interchangeable, or do they have specific effects? A review of the comparative empirical literature. In *Principles and practices of stress management*, ed. R.L. Woolfolk and P.M. Lehrer. New York: Guilford Press.

Leighton, J.R. 1956. Flexibility characteristics of males ten to eighteen years of age. *Archives of Physical and Mental Rehabilitation* 37(8), 494-499.

Le Marr, J.D., I.A. Golding, and J.G. Adler. 1984. Intraocular pressure responses to inversion. *American Journal of Optometry and Physiological Optics* 61(11), 679-682.

Lentell, G., T. Hetherington, J. Eagan, and M. Morgan. 1992. The use of thermal agents to influence the effectiveness of a low-load prolonged stretch. *Journal of Orthopaedic and Sports Physical Therapy* 16(5), 200-207.

Leonard, T.J.K., M.G. Muir, G.R. Kirkby, and R.A. Hitchings. 1983. Ocular hypertension and posture. *British Journal of Ophthalmology* 67(6), 362-366.

Lepique, G., and G. Sell. 1962. Der Gelenk binnendruck im normalen und geshadigten Gelenk [Internal pressure in the normal and pathological joint]. *Zeitschrift Orthopaedie und Ihre Grenzgebiete* 96(July), 235-238.

Lerda, R., and C. Cardelli. 2003. Breathing and propelling in crawl as a function of skill and swim velocity. *International Journal of Sports Medicine* 24(1), 75-81.

Levin, R.M., and S.L. Wolf. 1987. Preliminary analysis on conditioning of exaggerated triceps surae stretch reflexes among stroke patients. *Biofeedback and Self-Regulation* 12(2), 153.

Levine, M., J. Lombardo, J. McNeeley, and T. Anderson, T. 1987. An analysis of individual stretching programs of intercollegiate athletes. *The Physician and Sportsmedicine* 15(3), 130-136.

Levine, M.G., and H. Kabat. 1952. Cocontraction and reciprocal innervation in voluntary movement in man. *Science* 116(3005), 115-118.

Levtov, V.A., N.Y. Shushtova, S.A. Regirer, N.K. Shadrina, N.A. Maltsev, and Y.I. Levkovich. 1985. Topographic and hydrodynamic heterogeneity of the terminal bed of the cat gastrocnemius muscle vessel. *Fiziologicheski Zhurnal SSR Imeni I.M. Sechenova* 71(9), 1105-1111. (In *Biological Abstracts* 81(9), AB-164, #79767.)

Lew, P.C., C.J. Morrow, and A.M. Lew. 1994. The effect of neck and leg flexion and their sequence on the lumbar spinal cord. *Spine* 19(21), 2421-2425.

Lewin, G. 1979. *Swimming*. Berlin: Sportverlag.

Lewit, K. 1999. *Manipulative therapy in rehabilitation of the locomotor system*. 3rd ed. Oxford: Buttersworth-Heinemann.

Ley, P. 1977. Psychological studies of doctor-patient communication. In *Contributions to medical psychology*. ed. S. Rachman. Oxford: Pergamon.

Ley, P. 1988. *Communicating with patient: Improving communication, satisfaction and compliance*. London: Croom Helm.

Li, B., and V. Daggett. 2002. Molecular basis for the extensibility of elastin. *Journal of Muscle Research and Cell Motility*. 23(5-6), 561-573.

Li, Y., P.W. McClure, and N. Pratt. 1996. The effect of hamstring muscle stretching on standing posture and on lumbar and hip motions during forward bending. *Physical Therapy* 76(8), 837-849.

Liberson, W.T., and M.M. Asa. 1959. Further studies of brief isometric exercises. *Archives of Physical Medicine* 40(8), 330-336.

Lichtor, J. 1972. The loose-jointed young athlete. *American Journal of Sports Medicine* 1(1), 22-23.

Lieber, R.L. 2002. *Skeletal muscle: Structure, function, & plasticity*. 2nd ed. Philadelphia: Lippincott Williams & Wilkins.

Lieber, R.L., and J. Fridén. 1993. Muscle damage is not a function of muscle force but active muscle strain. *Journal of Applied Physiology* 74(2), 520-526.

Liemohn, W. 1978. Factors related to hamstring strains. *Journal of Sports Medicine and Physical Fitness* 18(1), 71-75.

Liemohn, W. 1988. Flexibility and muscular strength. *Journal of Physical Education, Recreation and Dance* 59(7), 37-40.

Liemohn, W., G.L. Sharpe, and J.F. Wasserman. 1994. Criterion related validity of the sit-and-reach test. *Journal of Strength and Conditioning Research* 8(2), 91-94.

Light, K.E., S. Nuzik, W. Personius, and A. Barstrom. 1984. A low-loading prolonged stretch vs. high-low brief stretch in treating knee contractures. *Physical Therapy* 64(3), 330-333.

Lin, D.C., and W.Z. Rymer. 1993. Mechanical properties of cat soleus muscle elicited by sequential ramp stretches: Implications for control of muscle. *Journal of Neurophysiology* 70(3), 997-1008.

Lindesmith, A.R. 1968. Punishment. In *International encyclopedia of the social sciences* Vol. 13, ed. D.L. Sills, 217-222. New York: Macmillan Company and the Free Press.

Lindner, E. 1971. The phenomenon of the freedom of lateral deviation in throwing (Wurfseitenfreiheit). In *Medicine and sport: Vol. 6. Biomechanics II*, ed. J. Vredenbregt and J. Wartenwiller, 240-245. Basel: Karger.

Lindsay, D., and J. Horton. 2002. Comparison of spine motion in elite golfers with and without low back pain. *Journal of Sports Sciences* 20(8), 599-605.

Lineker, S., E. Badley, C. Charles, L. Hart, and D. Streiner. 1999. Defining morning stiffness in rheumatoid arthritis. *Journal of Rheumatology* 26(5), 1052-1057.

Linke, W.A., M. Kulke, H. Li, S. Fujita-Becker, C. Neagoe, D.J. Manstein, M. Gautel, and J.M. Fernandez. 2002. PEVK domain of titin: An entropic spring with actin-binding properties. *Journal of Structual Biology* 137(1-2), 194-205.

Linz, J.C., S.F. Conti, and D.A. Stone. 2001. Foot and ankle injuries. In *Sports injuries, mechanisms, prevention, treatment*. 2nd ed, ed. F.H. Fu and D.A. Stone, 1135-1163. Philadelphia: Lippincott Williams & Wilkins.

Litchfield, R., C. Hawkins, C. Dillman, G. Hagerman, and J.W. Atkins. 1995. Rehabilitation for the overhead athlete. *Sports Medicine and Arthroscopy Review* 3(1), 49-59.

Liu, J.X., P.O. Eriksson, L.E. Thornell, and F. Pedrosa-Domellof. 2002. Myosin heavy chain composition of muscle spindles in human biceps brachii. *Journal of Histochemistry and Cytochemistry* 50(2), 171-183.

Liu, S.H., R.A. Al-Shaikh, V. Panossian, G.A.M. Finerman, and J.M. Lane. 1997. Estrogen affects the cellular metabolism of the anterior cruciate ligament: A potential explanation for female athletic injury. *American Journal of Sports Medicine* 25(5), 704-709.

Liu, S.H., R.A. Al-Shaikh, V. Panossian, R.S. Yang, S.D. Nelson, N. Soleiman, G.A.M. Finerman, and J.M. Lane. 1996. Preliminary immunolocalization of estrogen and progesterone target cells in the human anterior cruciate ligament. *Journal of Orthopaedic Research* 14(4), 526-533.

Liu, W., S. Siegler, and L. Techner, L. 2001. Quantitative measurement of ankle passive flexibility using an arthrometer on sprained ankles. *Clinical Biomechanics* 16(3), 237-244.

Liversage, A.D., D. Holmes, P.J. Knight, L. Tskhovrebova, and J. Trinick. 2001. Titin and sarcomere symmetry paradox. *Journal of Molecular Biology* 305(3), 401-409.

Locke, J.C. 1983. Stretching away from back pain injury. *Occupational Health and Science* 52(7), 8-13.

Logan, G.A., and G.H. Egstrom. 1961. Effects of slow and fast stretching on the sacro-femoral angle. *Journal Association for Physical and Mental Rehabilitation* 15(3), 85-89.

Long, P.A. 1971. *The effects of static, dynamic, and combined stretching exercise programs on hip joint flexibility*. Master's thesis, University of Maryland.

Longworth, J.C. 1982. Psychophysiological effects of slow stroke back massage on normotensive females. *Advances in Nursing Science* 4(4), 44-61.

Loughna, P.T., and M.J. Morgan. 1999. Passive stretch modulates denervation induced alterations in skeletal muscle myosin heavy chain mRNA levels. *Pflügers Archiv: European Journal of Physiology* 439(1-2), 52-55.

Louttit, C.M., and J.F. Halford. 1930. The relationship between chest girth and vital capacity. *Research Quarterly* 1(4), 34-35.

Louis, M. n.d. *Contortionists*. West Germany: Europa Verlag.

Low, F.N. 1961a. The extracellular portion of the human blood-air barrier and its relation to tissue space. *Anatomical Record* 139(2), 105-122.

Low, F.N. 1961b. Microfibrils, a small extracellular component of connective tissue. *Anatomical Record* 139(2), 250.

Low, F.N. 1962. Microfibrils, fine filamentous components of the tissue space. *Anatomical Record* 142(2), 131-137.

Lowe, D.A., and S.E. Always. 2002. Animal models for inducing muscle hypertrophy: Are they relevant for clinical applications in humans? *Journal of Orthopaedic and Sports Physical Therapy* 32(2), 36-43.

Lubell, A. 1989. Potentially dangerous exercises: Are they harmful to all? *The Physician and Sportsmedicine* 17(1), 187-192.

Luby, S., and R.A. St. Onge. 1986. *Bodysense*. Winchester, MA: Faber and Faber.

Lucas, G.L., F.W. Cooke, and E.A. Friis. 1999. *A primer on biomechanics*. New York: Springer Verlag.

Lucas, R.C., and R. Koslow. 1984. Comparative study of static, dynamic, and proprioceptive neuromuscular facilitation stretching techniques on flexibility. *Perceptual and Motor Skills* 58(2), 615-618.

Lund, H., P. Vestergaard-Poulsen, I.-L. Kanstrup, and P. Sejrsen. 1998. The effect of passive stretching on delayed onset muscle soreness, and other detrimental effects following eccentric exercise. *Scandinavian Journal of Medicine & Science in Sports* 8(4), 216-221.

Lund, J.P., R. Donga, C.G. Widmer, and C.S. Stohler, C.S. 1991. The pain-adaptation model: A discussion of the relationship between chronic musculoskeletal pain and motor activity. *Canadian Journal of Physiological Pharmacology* 69(5), 683-694.

Lundberg, G., and B. Gerdle. 2000. Correlations between joint and spinal mobility, spinal sagittal configuration, segmental mobility, segmental pain, symptoms and disabilities in female homecare personnel. *Scandinavian Journal of Rehabilitation Medicine* 32(3), 124-133.

Lundberg, U., R. Kadefors, B. Melin, G. Palmerud, N.P. Hassmè, M. Engström, and I. Elfsberg. 1994. Psychophysiological stress and EMG activity of the trapezius muscle. *International Journal of Behavioral Medicine* 1, 354-370.

Lundborg, G. 1975. Structure and function of the intraneural microvessels as related to trauma, edema formation and nerve function. *Journal of Bone and Joint Surgery* 57A(7), 938-948.

Lundborg, G., and B. Rydevik. 1973. Effects of stretching the tibial nerve of the rabbit. *Journal of Bone and Joint Surgery* 55B(2), 390-401.

Lunde, B.K., W.D. Brewer, and P.A.Garcia. 1972. Grip strength of college women. *Archives of Physical Medicine and Rehabilitation* 53(10), 491-493.

Lung, W.W., H.D. Hartsell, and A.A. Vandervoort. 1996. Effects of aging on joint stiffness: Implications for exercise. *Physiotherapy Canada* 48(2), 96-106.

Lustig, S.A., T.E. Ball, and M. Looney. 1992. A comparison of two proprioceptive neuromuscular facilitation techniques for improving range of motion and muscular strength. *Isokinetics and Exercise Science* 2(4), 154-159.

Luthe, W. 1969. *Psychosomatic medicine*. New York: Harper & Row.

Lysens, R.J., W. deWeerdt, and A. Nieuwboer. 1991. Factors associated with injury proneness. *Sports Medicine* 12(5), 281-289.

Lysens, R.J., J. Lefevre, M.S. Ostyn, and L. Renson. 1984. Study of the evaluation of joint flexibility as a risk factor in sports injuries. The CIBA-GEIGY Award of the Belgium Society of Sports Medicine and Sports Science, Leuven: University Press.

Lysens, R.J., M.S. Ostyn, Y.V. Auweele, J. Lefevre, M. Vuylsteke, and L. Renson. 1989. The accident-prone and overuse-prone profiles of the young athlete. *American Journal of Sports Medicine* 17(5), 612-619.

MacAuley, D. 2001. Do textbooks agree on their advice on ice? *Clinical Journal of Sports Medicine* 11(2), 67-72.

MacDonald, J. 1985. Falls in the elderly: The role of drugs in the elderly. *Clinical Geriatric Medicine* 1(3), 621-636.

MacDonald, J.B., and E.T. MacDonald. 1977. Nocturnal femoral fracture and continuing widespread use of barbiturate hypnotics. *British Medical Journal* 2(6085), 483-485.

MacFadden, G. 1912. *MacFaddens' encyclopedia of physical culture*. New York: Physical Culture Publishing.

Macera, C.A., R.P. Pate, K.E. Powell, K.L. Jackson, J.S. Kendrick, and T.E. Craven. 1989. Predicting lower-extremity injuries among habitual runners. *Archives of Internal Medicine* 149(11), 2565-2568.

Macintosh, J.E., N. Bogduk, and M.J. Pearcy. 1993. The effects of flexion on the geometry and actions of the lumbar erector spinae. *Spine* 18(7), 884-893.

Maclennan, S.E., G.A. Silvestri, J. Ward, and D.A. Mahler. 1994. Does entrainment breathing improve the economy of rowing? *Medicine and Science in Sport and Exercise* 26(5), 610-614.

Maddalozzo, G.F.J. 1987. An anatomical and biomechanical analysis of the full golf swing. *NSCA Journal* 9(4), 6-8, 77-79.

Madding, S.W., J.G. Wong, A. Hallum, and J.M. Medeiros. 1987. Effects of duration of passive stretch on hip abduction range of motion. *Journal of Orthopaedic Sports Physical Therapy* 8(8), 409-416.

Magder, R., M.L. Baxter, and Y.B Kassam. 1986. Does a diuretic improve morning stiffness in rheumatoid arthritis? *British Journal of Rheumatology* 25(3), 318-319.

Magee, D.J. 2002. *Orthopaedic physical assessment*. 4th ed. Philadelphia: Saunders.

Magid, A., H.P. Ting-Beall, M. Carvell, T. Kontis, and C. Lucaveche. 1984. Connecting filaments, core filaments, and side struts: A proposal to add three new load bearing structures to the sliding filament model. In *Contractile mechanisms in muscle*, ed. G.H. Pollack and H. Sugi, 307-323. New York: Plenum.

Magnusson, M., and M.H. Pope. 1996. Body height changes with hyperextension. *Clinical Biomechanics* 11(4), 236-238.

Magnusson, M., M.H. Pope, and T. Hansson. 1995. Does hyperextension have an unloading effect on the intervertebral disc? *Scandinavian Journal of Rehabilitation and Medicine* 27(1), 5-9.

Magnusson, S.P. 1998. Passive properties of human skeletal muscle during stretch maneuvers: A review. *Scandinavian Journal of Medicine & Science in Sports* 8(2), 65-77.

Magnusson, S.P., P. Aagaard, and J.J. Nielson. 2000. Passive energy return after repeated stretches of the hamstring muscle-tendon unit. *Medicine and Science in Sports and Exercise* 32(6), 1160-1164.

Magnusson, S.P., P. Aagaard, E.B. Simonsen, and F. Bojsen-Møller. 2000. Passive tensile stress and energy of the human hamstring muscles in vivo. *Scandinavian Journal of Medicine & Science in Sports* 10(6), 323-328.

Magnusson, S.P., G.W. Gleim, and J.A. Nicholas. 1994. Shoulder weakness in professional baseball pitchers. *Medicine and Science in Sports and Exercise* 26(1), 5-9.

Magnusson, S.P., C. Julsgaard, P. Aagaard, C. Zacharie, S. Ullman, T. Kobayasi, and M. Kjær. 2001. Viscoelastic properties and flexibility of the human muscle-tendon unit in benign joint hypermobility syndrome. *Journal of Rheumatology* 28(12), 2720-2725.

Magnusson, S.P., E.B. Simonsen, P. Aagaard, J. Boesen, F. Johannsen, and M. Kjær. 1997. Determinants of musculoskeletal flexibility: Viscoelastic properties, cross-sectional area, EMG and stretch tolerance. *Scandinavian Journal of Medicine and Science in Sports* 7(4), 195-202.

Magnusson, S.P., E.B. Simonsen, P. Aagaard, J. Boesen, C. Julsgaard, and M. Kjær. 2001. Determinants of musculoskeletal flexibility: Viscoelastic properties, cross-sectional area, EMG and stretch tolerance. *Scandinavian Journal Medical Science Sport* 7(4), 195-202.

Magnusson, S.P., E.B. Simonsen, P. Aagaard, P. Dyhre-Poulsen, M.P. McHugh, and M. Kjær. 1996a. Mechanical and physiological responses to stretching with and without preisometric contraction in human skeletal muscle. *Archives of Physical Medicine and Rehabilitation* 77(4), 373-378.

Magnusson, S.P., E.B. Simonsen, P. Aagaard, G.W. Gleim, M.P. McHugh, and M. Kjær. 1995. Viscoelastic response to repeated static stretching in the human hamstring muscle. *Scandinavian Journal of Medicine and Science in Sports* 5(6), 342-347.

Magnusson, S.P., E.B. Simonsen, P. Aagaard, and M. Kjær. 1996b. Biomechanical responses to repeated stretches in human hamstring muscle in vivo. *American Journal of Sports Medicine* 24(5), 622-628.

Magnusson, S.P., E.B. Simonsen, P. Aagaard, H. Sørensen, and M. Kjær. 1996c. A mechanism for altered flexibility in human skeletal muscle. *Journal of Physiology* 497(1), 291-298.

Maher, C. 1995. Perception of stiffness in manipulative physiotherapy. *Physiotherapy Theory and Practice* 11(1), 35-44.

Magnusson, S.P., E.B. Simonsen, P. Dyhre-Poulsen, P. Aagaard, T. Mohr, and M. Kjær. 1996d. Viscoelastic stress relation during static stretch in human skeletal muscle in the absence of EMG activity. *Scandinavian Journal of Medicine and Science in Sports* 6(6), 323-328.

Mahler, D.A., B. Hunter, T. Lentine, and J. Ward. 1991. Locomotor-respiratory coupling develops in novice female rowers with training. *Medicine and Science in Sports and Exercise* 23(12), 1362-1366.

Mair, S.D., A.V. Seaber, R.R. Glisson, and W.E. Garrett. 1996. The role of fatigue in susceptibility to acute muscle strain injury. *American Journal of Sports Medicine* 24(2), 137-143.

Maitland, G.D. 2001. *Maitland's vertebral manipulation* 6th ed. Oxford: Butterworth Heinemann.

Malina, R.M. 1988. Physical anthropology. In *Anthropometric standardization reference manual*, ed. T.G. Lohman, A.F. Roche, and R. Martorell, 99-102. Champaign, IL: Human Kinetics.

Mallac, C. 2003. Two sports physiotherapists show why flexibility is so important, and explain the science behind it. *Peak Performance*. Available: www.pponline.co.uk/ency/0833.htm [October 31, 2003].

Mallik, A.K., W.R. Ferrell, A.G. McDonald, and R.D.Sturrock. 1994. Impaired proprioceptive acuity at the proximal interphalangeal joint in patients with the hypermobility syndrome. *British Journal of Rheumatology* 33(7), 631-637.

Malm, C. 2001. Exercise-induced muscle damage and inflammation: Fact or fiction. *Acta Physiologica Scandinavica* 171(3), 233-239.

Maltz, M. 1970. *Psycho-Cybernetics*. New York: Simon and Schuster.

Manheim, C.J. 2001. *The myofascial release manual*. 3rd ed. Thorofare, NJ: Slack.

Manheim, C.J., and D.K. Lavett. 1989. *The myofascial release manual*. Thorofare, NJ: Slack.

Mann, R.A., D.E. Baxter, and L.D. Lutter. 1981. Running symposium. *Foot and Ankle* 1(4), 190-224.

Mantel, G. 1995. *Cello technique: Principles and forms of movement*. Translated by B.H. Thiem. Bloomington, IN: Indiana University Press.

Mao, J-R., and J. Bristow. 2001. The Ehlers-Danlos syndrome: On beyond collagens. *Journal of Clinical Investigation* 107(9), 1063-1069.

Marino, M. 1984. Profiling swimmers. *Clinics in Sports Medicine* 3(1), 211-229.

Markee, J.E., J.T. Logue, M. Williams, W.B. Stanton, R.N. Wrenn, and L.B. Walker. 1955. Two-joint muscles of the thigh. *Journal of Bone and Joint Surgery* 37A(1), 125-145.

Marras, W.S., S.L. Rangarajulu, and S.A. Lavender. 1987. Trunk loading and expectation. *Ergonomics* 30(3), 551-562.

Marras, W.S., and P.E. Wongsam. 1986. Flexibility and velocity of the normal and impaired lumbar spine. *Archives of Physical Medicine and Rehabilitation* 67(4), 213-217.

Marshall, J.L., N. Johanson, T.L. Wickiewicz, H.M. Tischler, B.L. Koslin, S. Zeno, and A. Meyers. 1980. Joint looseness: A function of the person and the joint. *Medicine and Science in Sports and Exercise* 12(3), 189-194.

Martin, D.E., and P.N. Coe. 1997. *Better training for distance runners*. 2nd ed. Champaign, IL: Human Kinetics.

Martin, P.E., and D.W. Morgan. 1992. Biomechanical considerations for economical walking and running. *Medicine and Science in Sports and Exercise* 24(4), 467-474.

Martin, R.B., D.B. Burr, and N.A. Sharkey. 1998. *Skeletal tissue mechanics*. New York: Springer.

Martin, R.M. 1982. *The gravity guiding system*. Pasadena, CA: Gravity Guidance.

Martín-Santos, R., A. Bulbena, M. Porta, J. Gago, L. Molina, and J.C. Duró. 1998. Association between joint hypermobility syndrome and panic disorder. *American Journal of Psychiatry* 155(11), 1578-1583.

Maruyana, K., S. Kimura, H. Yoshidomi, H. Sawada, and M. Kikuchi. 1984. Molecular size and shape of B-connectin, an elastic protein of muscle. *Journal of Biochemistry* (Tokyo) 95(5), 1423-1433.

Marvey, D. 1887. Recherces experimentales sur la morphologie de muscles [Experimental research on the morphology of muscles]. *Comptes Rendus Hebdomadaires du Seances de l'Academie des Sciences* (Paris) 105, 446-451.

Marx, R.G., J.W. Sperling, and F.A. Cordasco. 2001. Overuse injuries of the upper extremity in tennis players. *Clinics in Sports Medicine* 20(3), 439-451.

Mason, T., and B.J. Rigby. 1963. Thermal transition in collagen. *Biochemica et Biophysica Acta* 79(PN1254), 448-450.

Massey, B.A., and N.L. Chaudet. 1956. Effects of systematic, heavy resistance exercise on range of joint movement in young adults. *Research Quarterly* 27(1), 41-51.

Massie, W.K., and M.B. Howarth. 1951. Congenital dislocation of the hip. *Journal of Bone and Joint Surgery* 33A, 171-198.

Matchanov, A.T., V.A. Levtov, and V.V. Orlov. 1983. Changes of the blood flow in longitudinal stretch of the cat gastrocnemius muscle. *Fiziologicheskii Zhurnal SSSR Imeni I.M. Sechenova* 69(1), 74-83. (In *Biological Abstracts* 77(9), p. 7196 #65430, May 1984.)

Matchanov, A.T.N., N.Y. Shustova, V.N. Shuvaeva, L.I. Vasil'eva, and V.A. Levtov. 1983. Effects of stretch of the cat gastrocnemius muscle on its tetani, postcontraction hyperemia and parameters of energy metabolism. *Fiziologicheskii Zhurnal SSSR Imeni I.M. Sechenova* 69(2), 210-219. (In *Biological Abstracts* 77(6), p. 4883, #44673, March 1984.)

Mathews, D.K., V. Shaw, and M. Bohnen. 1957. Hip flexibility of college women as related to body segments. *Research Quarterly* 28(4), 352-356.

Mathews, D.K., V. Shaw, and J.W. Woods. 1959. Hip flexibility of elementary school boys as related to body segments. *Research Quarterly* 31(3), 297-302.

Mathews, D.K., R.W. Stacy, and G.N. Hoover. 1964. *Physiology of muscular activity and exercise*. New York: Ronald Press.

Mathieu-Costello, O. 1987. Capillary tortuosity and degree of contraction or extension of skeletal muscles. *Microvascular Research* 33(1), 98-117.

Mathieu-Costello, O., C.G. Ellis, R.F. Potter, I.C. Macdonald, and A.C. Groom. 1991. Muscle capillary-to-fiber perimeter ratio: Morphometry. *American Journal of Physiology* 261 (Heart Circulation Physiology 30), H1617-H1625.

Mathieu-Costello, O., H. Hoppeler, and E. Weibel. 1989. Capillary tortuosity in skeletal muscles of mammals depends on muscle contraction. *Journal of Applied Physiology* 66(3), 1436-1442.

Matsumura, K., T. Shimizu, I. Nonaka, and T. Mannen. 1989. Immunochemical study of connectin (titin) in neuromuscular diseases using a monoclonal antibody: Connectin is degraded extensively in Duchenne muscular dystrophy. *Journal of the Neurological Sciences* 93(2-3), 147-156.

Mattes, A.L. 1990. *Flexibility active and assisted stretching*. Sarasota, FL: Author.

Matveyev, L. 1981. *Fundamentals of sports training*. Moscow: Progress.

Matvienko, L.A., and M.V. Kartasheva. 1990. Treating calf-muscle cramps with a simple physical exercise. *Soviet Sport Review* 25(4), 162-163.

Maud, P.J., and M.Y. Cortez-Cooper. 1995. Static techniques for the evaluation of joint range of motion. In *Physiological assessment of human fitness*, ed. P.J. Maud and C. Foster, 221-243. Champaign, IL: Human Kinetics.

May, B.J. 1990. Principles of exercise for the elderly. In *Therapeutic exercise*. 5th ed, ed. J.V. Basmajian and S.L. Wolf, 279-298. Baltimore: Williams & Wilkins.

Mayer, T.G., R.J. Gatchel, N. Kishino, N. Keeley, P. Capra, H. Mayer, J. Barnett, and V. Mooney. 1985. Objective assessment of spine function following industrial injury. A prospective study with comparison group and one-year follow-up. *Spine* 10(6), 482-493.

Mayer, T.G., R.J. Gatchel, H. Mayer, N.D. Kishino, and J. Keeley. 1987. A prospective two-year study of functional restoration in industrial low back injury. An objective assessment procedure. *Journal of the American Medical Association* 258(13), 1763-1767.

Mayer, T.G., J. Tabor, E. Bovasso, and R.J. Gatchel. 1994. Physical progress and impairment quantification after functional restoration. Part I: Lumbar mobility. *Spine* 19(4), 389-394.

Mayer, T.G., A.F. Tencer, S. Kristoferson, and V. Mooney. 1984. Use of noninvasive techniques for quantification of spinal range-of-motion in normal subjects and chronic low-back dysfunction patients. *Spine* 9(6), 588-595.

Mayhew, T.P., B.J. Norton, and S.A. Sahrmann. 1983. Electromyographic study of the relationship between hamstring and abdominal muscles during unilateral straight leg raise. *Physical Therapy* 63(11), 1769-1773.

McAtee, R.E., and J. Charland. 1999. *Facilitated stretching*. 2nd ed. Champaign, IL: Human Kinetics.

McBride, J.M., T. Triplett-McBride, A.J. Davie, P.J. Abernethy, and R.U. Newton. 2003. Characteristics of titin in strength and power athletes. *European Journal of Applied Physiology* 88(6), 553-557.

McCarroll, J.R. 1986. Golf: Common injuries from a supposedly benign activity. *Journal of Musculoskeletal Medicine* 13(5), 9-16.

McCarroll, J.R., A.C. Rettig, and K.D. Shelbourne. 1982. Injuries in the amateur golfer. *The Physician and Sportsmedicine* 18(3), 122-126, 1990.

McComas, A.J. 1996. *Skeletal muscle*. Champaign, IL: Human Kinetics.

McCue, B.F. 1963. Flexibility measurements of college women. *Research Quarterly* 24(3), 316-324.

McCully, K.K., and J.A. Faulkner. 1985. Injury to skeletal muscle fibers of mice following lengthening contractions. *Journal of Applied Physiology* 59(1), 119-126.

McCully, K.K., and J.A. Faulkner. 1986. Characteristics of lengthening contractions associated with injury to skeletal muscle fibers. *Journal of Applied Physiology* 61(1), 293-299.

McCune, D.A., and R.B. Sprague. 1990. Exercise for low back pain. In *Therapeutic exercise*. 5th ed, ed. J.V. Basmajian and S.L. Wolf, 299-320. Baltimore: Williams & Wilkins.

McCutcheon, L.J., S.K. Byrd, and D.R. Hodgson. 1992. Ultrastructural changes in skeletal muscle after fatiguing exercise. *Journal of Applied Physiology* 72(3), 1111-1117.

McDonagh, M.J.N., and C.T.M. Davies. 1984. Adaptive response of mammalian skeletal muscle to exercise with high loads. *European Journal of Applied Physiology* 52(2), 139-155.

McDonagh, M.J.N., C.M. Hayward, and C.T.M. Davies. 1983. Isometric training in human elbow flexor muscles: The effects on voluntary and electrically evoked forces. *Journal of Bone and Joint Surgery* 65B(3), 355-358.

McDonough, A.L. 1981. Effects of immobilization and exercise on articular cartilage—A review of the literature. *The Journal of Orthopaedic and Sports Physical Therapy* 3(1), 2-5.

McEwen, B.S. 1980. The brain as a target organ of endocrine hormones. In *Neuroendocrinology*, eds. D.T. Krieger and J.C. Hughes, 33-42. Sunderlund, MA: Sinauer Associates.

McFarlane, A.C., R.S. Kalucy, and P.M. Brooks. 1987. Psychological predictor of disease course in rheumatoid arthritis. *Journal of Psychosomatic Research* 31(6), 757-764.

McFarlane, B. 1987. A look inside the biomechanics and dynamics of speed. *NSCA Journal* 9(5), 35-41.

McGee, S.R. 1990. Muscle cramps. *Archives of Internal Medicine* 150(3), 511-518.

McGill, S.M. 1997. The biomechanics of low back injury: Implications on current practice in industry and the clinic. *Journal of Biomechanics* 30(5), 465-475.

McGill, S.M. 1998. Low back exercises: Evidence for improving exercise regimens. *Physical Therapy* 78(7), 755-765.

McGill, S.M. 1999. Stability: From biomechanical concept to chiropractic practice. *Journal of the Canadian Chiropractic Association* 43(2), 75-88.

McGill, S.M., and S. Brown. 1992. Creep response of the lumbar spine to prolonged full flexion. *Clinical Biomechanics* 7(1), 43-46.

McGill, S.M., and V. Kippers. 1994. Transfer of loads between lumbar tissues during the flexion-relaxation phenomenon. *Spine* 19(9), 2190-2196.

McGlynn, G.H., and N. Laughlin. 1980. The effect of biofeedback and static stretching on muscle pain. *Athletic Training* 15(1), 42-45.

McGlynn, G.H., N.T. Laughlin, and S.P. Filios. 1979a. The effect of electromyographic feedback on EMG activity and pain in the quadriceps muscle group. *The Journal of Sports Medicine and Physical Fitness* 19(3), 237-244.

McGlynn, G.H., N.T. Laughlin, and V. Rowe. 1979b. Effect of electromyographic feedback and static stretching on artificially induced muscle soreness. *American Journal of Physical Medicine* 58(3), 139-148.

McGonigle, T., and K.W. Matley. 1994. Soft tissue treatment and muscle stretching. *Journal of Manual & Manipulative Therapy* 2(2), 55-62.

McGorry, R.W., S.M. Hsiang, F.A. Fathallah, and E.A. Clancy. 2001. Timing of activation of the erector spinae and hamstrings during a trunk flexion and extension task. *Spine* 26(4), 418-425.

McHugh, M.P., D.A. Connolly, R.G. Eston, I.J. Kremenic, S.J. Nicholas, and G.W. Gleim. 1999. The role of passive muscle stiffness in symptoms of exercise-induced muscle damage. *American Journal of Sports Medicine* 27(5), 594-599.

McHugh, M.P., I.J. Kremenic, M.B. Fox, and G.W. Gleim. 1996. The relationship of linear stiffness of human muscle to maximum joint range of motion. *Medicine and Science in Sports and Exercise* 28(5 Suppl.), S77.

McHugh, M.P., I.J. Kremenic, M.B. Fox, and G.W. Gleim. 1998. The role of mechanical and neural restraints to joint range of motion during passive stretch. *Medicine and Science in Sports and Exercise* 30(6), 928-932.

McHugh, M.P., S.P. Magnusson, G.W. Gleim, and J.A. Nicholas. 1992. Viscoelastic stress relaxation in human skeletal muscle. *Medicine and Science in Sports and Exercise* 24(12), 1375-1382.

McKenzie, R. 1981. *Mechanical diagnosis and treatment of the lumbar spine*. New Zealand: Spinal.

McKenzie, R. 1983. *Treat your own neck*. New Zealand: Spinal.

McKusick, V.A. 1956. *Heritable disorders of connective tissue*. St. Louis: Mosby.

McLaughlin, P.A., and R.J. Best. 1994. Three-dimensional kinematic analysis of the golf swing. In *Science and Golf II: Proceedings of the World Scientific Congress of Golf*, ed. A.J. Cochran and M.R. Farrally, 91-96. London: E & FN Spon.

McMaster, W. 1986. Painful shoulder in swimmers: A diagnostic challenge. *The Physician and Sportsmedicine* 14(12), 108-122.

McMaster, W.C., J.P. Troup, and S. Arredondo. 1989. The incidence of shoulder problems in developing elite swimmers. *Journal of Swimming Research* 5(1), 11-16.

McNair, P.J., and S.N. Stanley. 1996. Effect of passive stretching and jogging on the series elastic muscle stiffness and range of motion of the ankle joint. *British Journal of Sports Medicine* 30(4), 313-318.

McNeal, J.R., and W.A. Sands. 2001. Static stretching reduces power production in gymnasts. *USA Gymnastics Online*. 21(10). [Online]. Available: www.usa-gymnastics.org/publications/technique/2001/10/stretching.html [May 1, 2003].

McNitt-Gray, J.L. 1991. Biomechanics related to exercise and pregnancy. In *Exercise in pregnancy*. 2nd ed, ed. R. Artal, R.A. Wiswell, and B.L. Drinkwater, 133-140. Philadelphia: Williams & Wilkins.

McPoil, T.G., and T.C. McGarvey. 1995. The foot in athletics. In *Physical therapy of the foot and ankle*. 2nd ed, ed. G.C. Hunt and T.G. McPoil, 207-236. New York: Churchill Livingstone.

McTeigue, M., S.R. Lamb, R. Mottram, and F. Pirozzolo. 1994. Spine and hip motion analysis during the golf swing. In *Science and Golf II: Proceedings of the World Scientific Congress of Golf*, ed. A.J. Cochran and M.R. Farrally, 50-58. London: E & FN Spon.

Mead, N. 1994. Eating for flexibility. *Yoga Journal* 117 (July-August), 91-98.

Meal, G.M., and R.A. Scott. 1986. Analysis of the joint crack by simultaneous recording of sound and tension. *Journal of Manipulative and Physiological Therapeutics* 9(3), 189-195.

Medeiros, J.M., G.L. Smidt, L.F. Burmeister, and G.L. Soderberg. 1977. The influence of isometric exercise and passive stretch on hip joint motion. *Physical Therapy* 57(5), 518-523.

Medoff, L.E. 1999. The importance of movement education in the training of young violinists. *Medical Problems of Performing Artists* 14(4), 210-219.

Meichenbaum, D., and D.C. Turk. 1987. *Facilitating treatment adherence: A practitioner's guidebook*. New York: Plenum Press.

Mellin, G. 1985. Physical therapy for chronic low back pain: Correlations between spinal mobility and treatment outcome. *Scandinavian Journal of Rehabilitation Medicine* 17(4), 163-166.

Mellin, G. 1987. Correlations of spinal mobility with a degree of low back pain after correction for age and anthropometric factors. *Spine* 12(5), 464-468.

Mellin, G., and M. Poussa. 1992. Spinal mobility and posture in 8- to 16-year-old children. *Journal of Orthopaedic Research* 19(2), 211-216.

Mens, J.M.A., A. Vleeming, C.J. Snijders, B.W. Koes, and H.J. Stam. 2002. Validity of the active straight leg raise test for measuring disease severity in patients with posterior pelvic pain and pregnancy. *Spine* 27(2), 196-200.

Mens, J.M.A., A. Vleeming, C.J. Snijders, H.J. Stam, and A.Z. Ginai. 1999. The active straight leg raising test and mobility of the pelvic joints. *European Spine* 8(6), 468-473.

Merletti, R., F. Repossi, E. Richetta, C. Mathis, and C.R. Saracco. 1986. Size and x-ray density of normal and denervated muscles of the human legs and forearms. *International Rehabilitation Medicine* 8(2), 82-89.

Merni, F., M. Balboni, S. Bargellini, and G. Menegatti. 1981. Differences in males and females in joint movement range during growth. *Medicine and Sport* 15, 168-175.

Mersky, H., and N. Bogduk. eds. 1994. *Classification of chronic pain. Descriptions of chronic pain syndromes and definitions of pain terms*. 2nd ed. Seattle: IASP.

Metheny, E. 1952. *Body dynamics*. New York: McGraw-Hill.

Mewis, J. 1979. Thixotropy—A general review. *Journal of Non-Newtonian Fluid Mechanics* 6, 1-20.

Meyer, J.J., R.J. Berk, and A.V. Anderson. 1993. Recruitment patterns in the cervical paraspinal muscles during cervical forward flexion: Evidence of cervical flexion-relaxation. *Electromyography and Clinical Neurophysiology* 33(304), 217-223.

Meyers, E.J. 1971. Effect of selected exercise variables on ligament stability and flexibility of the knee. *Research Quarterly* 42(4), 411-422.

Michael, R.H., and L.E. Holder. 1985. The soleus syndrome. A cause of medial tibial stress (shin splints). *American Journal of Sports Medicine* 13(2), 87-94.

Michaud, T. 1990. Biomechanics of unilateral overhand throwing motion: An overview. *Chiropractic Sports Medicine* 4(1), 13-26.

Micheli, L.J. 1983a. Back injuries in dancers. *Clinics in Sports Medicine* 2(3), 473-484.

Micheli, L.J. 1983b. Overuse injuries in children's sport: The growth factor. *Orthopaedic Clinics of North America* 14(2), 337-360.

Micheli, L.J. 2000. Is adolescent growth associated with changes in flexibility? *Clinical Journal of Sports Medicine* 10(1), 76.

Michelson, L. 1987. Cognitive-behavioral assessment and treatment of agoraphobia. In *Anxiety and stress disorders*, ed. L. Michelson and L.M. Ascher, 213-279. New York: Guilford Press.

Mikawa, Y., R. Watanabe, Y., Yamano, and S. Miyake. 1988. Stress fracture of the body of pubis in a pregnant woman. *Archives of Orthopaedic and Traumatic Surgery* 107(3), 193-194.

Mikula, P.J. 1998. Health precautions for percussionists. *Percussive Notes* 36(6), 51-53.

Milberg, S., and M.S. Clark. 1988. Moods and compliance. *British Journal of Social Psychology* 27(Pt. I, March), 79-90.

Miller, E.H., H.J. Schneider, J.L. Bronson, and D. McClain. 1975. The classical ballet dancer: A new consideration in athletic injuries. *Clinical Orthopaedics and Related Research* 111(September), 181-191.

Miller, G., F. Boster, M. Roloff, and D. Seibold. 1977. Compliance-gaining message strategies: A typology and some findings concerning effects of situational differences. *Communication Monographs* 44(1), 37-51.

Miller, G., A. Wilcox, and J. Schwenkel. 1988. The protective effect of a prior bout of downhill running on delayed onset muscular soreness (DOMS). *Medicine and Science in Sports and Exercise* 20(2 Suppl.), S75.

Miller, J. 2002. Stretch or no stretch? Pros. *Strength and Conditioning Journal* 24(1), 20.

Miller, M.D., and M.D. Major. 1994. Posterior cruciate ligament injuries: History, examination, and diagnostic testing. *Sports Medicine and Arthroscopy Review* 2(2), 100-105.

Miller, W.A. 1977. Rupture of the musculotendinous juncture of the medial head of the gastrocnemius muscle. *American Journal of Sports Medicine* 5(5), 191-193.

Milne, C., V. Seefeldt, and P. Reuschlein. 1976. Relationship between grade, sex, race, and motor performance in young children. *Research Quarterly* 47(4), 726-730.

Milne, R.A., and D.R. Mierau. 1979. Hamstring distensibility in the general population: Relationship to pelvic and low back stresses. *Journal of Manipulative and Physiological Therapeutics* 2(1), 146-150.

Milne, R.A., D.R. Mierau, and J.D. Cassidy. 1981. Evaluation of sacro-iliac joint movement and its relationship to hamstring distensibility (Abstract). *International Review of Chiropractic* 35(2), 40.

Milner-Brown, H.S., R.B. Stein, and R.G. Lee. 1975. Synchronization of human motor units: Possible roles of exercise and supraspinal reflexes. *Electroencephalography and Clinical Neurophysiology* 38(3), 245-254.

Minton, J. 1993. A comparison of thermotherapy and cryotherapy in enhancing supine extended-leg, hip flexion. *Journal of Athletic Training* 28(2), 172-176.

Mironov, V.M. 1969a. Correlation of breathing and movement in male gymnasts during execution of routines on the apparatus. *Theory and Practice of Physical Culture* 7, 23-26. (In *Yessis Review* 5(1), 14-19, 1970.)

Mironov, V.M. 1969b. The relationship between breathing and movement in masters of sport in gymnastics. *Theory and Practice of Physical Culture* 7, 14-16. (In *Yessis Review* 4(2), 35-40, 1969.)

Mishra, M.B., P. Ryan, P. Atkinson, H. Taylor, J. Bell, D. Calver, I. Fogelman, A. Child, G. Jackson, J.B. Chambers, and R. Grahame. 1996. Extra-articular features of benign joint hypermobility syndrome. *British Journal of Rheumatology* 35(9), 861-866.

Misner, J.E., B.H. Massey, M.G. Bemben, S.B. Going, and J. Patrick. 1992. Long-term effects of exercise on the range of motion of aging women. *Journal of Orthopaedic and Sports Physical Therapy* 16(1), 37-42.

Mitchell, F.L., and N. A. Pruzzo. 1971. Investigation of voluntary and primary respiratory mechanisms. *Journal of the American Osteopathic Association* 70(June), 149-153.

Mittelmark, R.A., R.A. Wiswell, B.L. Drinkwater, and W.E. St. Jones-Repovich. 1991. Exercise guidelines for pregnancy. In *Exercise in pregnancy*. 2nd ed, ed. R.A. Mittelmark, R.A. Wiswell, and B.L. Drinkwater, 299-312. Philadelphia: Williams & Wilkins.

Modis, L. 1991. *Organization of the extracellular matrix: A polarization microscopic approach*. Boca Raton, FL: CRC Press.

Mohan, S., and E. Radha. 1981. Age related changes in muscle connective tissue: Acid mucopolysaccharides and structural glycoprotein. *Experimental Gerontology* 16(5), 385-392.

Mohr, K.J., M.M. Pink, C. Elsner, and R.S. Kvitne. 1998. Electromyographic investigation of stretching: The effect of warm-up. *Clinical Journal of Sport Medicine* 8(3), 215-220.

Moll, J.M.H., S.L. Liyanage, and V. Wright. 1972. An objective clinical method to measure lateral spinal flexion. *Rheumatology and Physical Medicine* 11(5), 225-239.

Möller, M., J. Ekstrand, B. Öberg, and J. Gillquist. 1985. Duration of stretching effect on range of motion in lower extremities. *Archives of Physical Medicine and Rehabilitation* 66(3), 171-173.

Möller, M.H.L., B.E. Öberg, and J. Gillquist. 1985. Stretching exercise and soccer: Effect of stretching on range of motion in the lower extremity in connection with soccer training. *International Journal of Sports Medicine* 6(1), 50-52.

Möller-Nielsen, J., and M. Hammar. 1989. Women's soccer injuries in relation to the menstrual cycle and oral contraceptive use. *Medicine and Science in Sports and Exercise* 21(2), 126-129.

Möller-Nielsen, J., and M. Hammar. 1991. Sports injuries in relation to the menstrual cycle and oral contraceptive use. *Sports Medicine* 12(3), 152-160.

Montgomery, L.C., F.R. Nelson, J.P. Norton, and P.A. Deuster. 1989. Orthopedic history and examination in the etiology of overuse injuries. *Medicine and Science in Sports and Exercise* 21(3), 237-243.

Moore, J.C. 1984. The Golgi tendon organ: A review and update. *American Journal of Occupational Therapy* 38(4), 227-236.

Moore, J.S. 1992. Function, structure, and responses of components of the muscle tendon unit. *Occupational Medicine* 7(4), 713-740.

Moore, J.S. 1993. *Chiropractic in America: The history of a medical alternative*. Baltimore: Johns Hopkins University Press.

Moore, M.A. 1979. *An electromyographic investigation of muscle stretching techniques*. Master's thesis, University of Washington, Seattle, Washington.

Moore, M.A. 2003. Personal correspondence.

Moore, M.A., and R.S. Hutton. 1980. Electromyographic investigation of muscle stretching techniques. *Medicine and Science in Sports and Exercise* 12(5), 322-329.

Mora, J. 1990. Dynamic stretching. *Triathlete* 84, 28-31.

Moran, H.M., M.A. Hall, A. Barr, and B.M. Ansell. 1979. Spinal mobility in the adolescent. *Rheumatology and Rehabilitation* 18(3), 181-185.

Morelli, M., D.E. Seaborne, and S.J. Sullivan. 1989. Motoneurone excitability changes during massage of the triceps sura (Abstract). *Canadian Journal of Sport Sciences* 14(4), 129P.

Moreno, A., and M. Grodin. 2002. Tortue and its neurological sequlae. *SpinalCord* 40(5), 213-223.

Moreno, A. L. Piwowarczyk, and M. Grodin. 2001. Human rights violations and refugee health. *Journal of the Amercian Medical Association* 285(9), 1215.

Moretz, A.J., R. Walters, and L. Smith. 1982. Flexibility as a predictor of knee injuries in college football players. *The Physician and Sportsmedicine* 10(7), 93-97.

Morey, M.C., P.A. Cowper, J.R. Feussner, R.C. Dipasquale, G.M. Crowley, D.W. Kitzman, and R.J. Sullivan. 1989. Evaluation of a supervised exercise program in a geriatric population. *Journal of the American Geriatrics Society* 37(4), 348-354.

Morey, M.C., P.A. Cowper, J.R. Feussner, R.C. DiPasquale, G.M. Crowley, G.P. Samsa, and R.J. Sullivan. 1991. Two-year trends in physical performance following supervised exercise among community-dwelling older veterans. *Journal of the American Geriatrics Society* 39(10), 986-992.

Morgan, Dennis. 1994. Principles of soft tissue treatment. *Journal of Manual & Manipulative Therapy* 2(2), 63-65.

Morgan, D.L. 1990. New insights into the behavior of muscle during active lengthening. *Biophysical Journal* 57(2), 209-221.

Morgan, D.L. 1994. An explanation for residual increased tension in striated muscle after stretch during contraction. *Experimental Physiology* 79(5), 831-838.

Morgan, D.L., and D.G. Allen. 1999. Early events in stretch-induced muscle damage. *Journal of Applied Physiology* 87(6), 2007-2015.

Morgan, D., H. Sugaya, S. Banks, and F. Cook. 1997. A new 'twist' on golf kinematics and low back injuries: The Crunch Factor. American Society of Biomechanics. Presented at the Twenty-First Annual Meeting of the American Society of Biomechanics, Clemson University, South Carolina, September 24-27, 1997.

Morgan-Jones, R.L., T. Cross, and M.J. Cross. 2000. Hamstring injuries. *Critical Reviews in Physical and Rehabilitation Medicine* 12(4), 277-282.

Moritani, T., and H.A. de Vries. 1979. Neural factors versus hypertrophy in time course of muscle strength gain. *American Journal of Physical Medicine* 58(3), 115-130.

Morris, J.M., G. Brenner, and D.B. Lucas. 1962. An electromyographic study of the intrinsic muscles of the back in man. *Journal of Anatomy* 96(4), 509-520.

Morrissey, M. 1999. Active exercise is much more effective than passive therapies for athletes with chronic adductor-related groin pain: Commentary. *Australian Journal of Physiotherapy* 45(3), 241.

Mortimer, J.A., and D.D. Webster, D.D. 1983. Dissociated changes of short- and long-latency myotatic responses prior to a brisk voluntary movement in normals, in karate experts, and in Parkinsonian patients. In *Advances in Neurology, Vol. 39: Motor Control Mechanisms in Health and Disease*, ed. J.E. Desmedt, 541-554. New York: Raven.

Moseley, A.M., J. Crosbie, and J. Adams. 2001. Normative data for passive ankle plantarflexion-dorsiflexion flexibility. *Clinical Biomechanics* 16(6), 514-521.

Moss, F.P., and C.P. Leblond. 1971. Satellite cells as the source of nuclei in muscles of growing rats. *Anatomical Record* 170(4), 421-436.

Moulton, A.R., and S.H. Spence. 1992. Site-specific muscle hyper-reactivity in musicians with occupational upper limb pain. *Behavioral Research Therapy* 39(4), 375-386.

Mow, V.C., E.L. Flatow, and G.A. Ateshian. 2000. Biomechanics. In *Orthopaedic basic science: Biology and biomechanics of the musculoskeletal system*. 2nd ed, ed. J.A. Buckwalter, T.A. Einhorn and S.R. Simon, 133-180. Rosemont, IL: American Academy of Orthopaedic Surgeons.

Muckle, D.S. 1982. Associated factors in recurrent groin and hamstring injuries. *British Journal of Sports Medicine* 16(1), 37-39.

Mühlemann, D., and J.A. Cimino. 1990. Therapeutic muscle stretching. In *Functional soft tissue examination and treatment by manual methods. The extremities*, ed. W.I. Hammer, 251-275. Gaithersburg, MD: Aspen.

Muir, H. 1983. Proteoglycans as organizers of the intercellular matrix. *Biochemical Society Transactions* 11(6), 613-622.

Muir, L.W., B.M. Chesworth, and A.A. Vandervoort. 1999. Effect of a static stretching calf-stretching exercise on the resistive torque during passive ankle dorsiflexion in healthy subjects. *Journal of Orthopaedic and Sports Physical Therapy* 29(2), 106-115.

Müller, G.E., and Schumann, F. 1899. Uber die psychologischen Grundlagen der Vergleichung gehobener Gewichte. *Pflügers Archiv für die gesamte Physiologie* 45: 37-112.

Munns, K. 1981. Effects of exercise on the range of joint motion in elderly subjects. In *Exercise and aging: The scientific basis*, ed. E.L. Smith and R.C. Serfass, 167-178. Hillsdale, NJ: Enslow.

Munroe, R.A., and T.J. Romance. 1975. Use of the leighton flexometer in the development of a short flexibility test battery. *American Corrective Therapy Journal* 29(1), 22-25.

Murphy, D.R. 1991. A critical look at static stretching: Are we doing our patients harm? *Chiropractic Sports Medicine* 5(3), 67-70.

Murphy, P. 1986. Warming up before stretching advised. *The Physician and Sportsmedicine* 14(3), 45.

Murray, M.P., and S.B. Sepic. 1968. Maximum isometric torque of hip abductor and adductor muscles. *Physical Therapy* 48(12), 1327-1335.

Murray, P.M., and W.P. Cooney. 1996. Golf-induced injuries of the wrist. *Clinics in Sports Medicine* 15(1), 85-109.

Mutungi, G., and K.W. Ranatunga. 1996. The viscous and elastic characteristics of resting fast and slow mammalian (rat) muscle fibres. *Journal of Physiology (London)* 496(3), 827-836.

Myers, E.J. 1971. Effect of selected exercise variables on ligament stability and flexibility of the knee. *Research Quarterly* 42(2), 411-422.

Myers, E.R., C.G. Armstrong, and V.C. Mow. 1984. Swelling, pressure, and collagen tension. In *Connective tissue matrix*, ed. D.W.L. Hukin, 161-186. Deerfield Beach, FL: Verlag Chemie.

Myers, M. 1983. Stretching. *Dance Magazine* 57(6), 66-68.

Myklebust, B.M., G.L. Gottlieb, and G.C. Agarwal. 1986. Stretch reflexes of the normal human infant. *Developmental Medicine and Child Neurology* 28(4), 440-449.

Myllyharju, J., and K.I. Kivirikko. 2001. Collagen and collagen-related diseases. *Annals of Medicine* 33(1), 7-21.

Mysorekar, V.R., and A.N. Nandedkar. 1986. Surface area of the atlanto-occipital articulations. *Acta Anatomica* 126(4), 223-225.

Nadler, S.F., Malanga, Feinberg, J.H., Prybicien, M., Stitik, T.P., and DePrince, M. 2001. Relationship between hip muscle imbalance and occurrence of low back pain in collegiate athletes. *American Journal of Physical Medicine and Rehabilitation* 80(8), 572-577.

Nadler, S.F., K.D. Wu, T. Galski, and J.H. Feinberg. 1998. Low back pain in college athletes: A prospective study correlating lower extremity overuse or acquired ligamentous laxity with low back pain. *Spine* 23(7), 828-833.

Nagler, W. 1973a. Mechanical obstruction of vertebral arteries during hyperextension of neck. *British Journal of Sports Medicine* 7(1-2), 92-97.

Nagler, W. 1973b. Vertebral artery obstruction by hyperextension of the neck: Report of three cases. *Archives of Physical Medicine and Rehabilitation* 54(5), 237-240.

Naish, J.M., and J. Apley. 1951. "Growing pains": A clinical study of non-arthritic limb pains in children. *Archives of Disease in Childhood* 126(April), 134-140.

Nakazawa, K., Yamamoto, S-I., Ohtsuki, T., Yano, H., and Fukunaga, T. 2001. Neural control: Novel evaluation of stretch reflex sensitivity. *Acta Physiologica Scandinavica* 172(4), 257-268.

Nako, M., and S.S. Segal. 1995. Muscle length alters geometry of arterioles and venules in hamster retractor. *American Journal of Physiology* 268 (Heart Circulation Physiology) 37(1), H336-H344.

Nansel, D., and M. Szlazak. 1994. Findings on the relationship between spinal manipulation and cervical passive end-range capability. In *Advances in Chiropractic* Volume I, ed. D.J. Lawrence, 373-414. St. Louis: Mosby-Year Book.

National Institute for Occupational Safety and Health. 1981. *Work practices guide for manual lifting* (DHHS [NIOSH] Publication No. 81:122). Cincinnati: U.S. Department of Health, Education and Welfare.

Neff, C. 1987. He ran a crooked 26 miles, 385 yards. *Sports Illustrated* 67(21), 18.

Neilsen, P.D., and J.W. Lance. 1978. Reflex transmission characteristics during voluntary activity in normal man and patients with movement disorders. In *Cerebral motor control in man: Long loop mechanisms. Progress in neurophysiology* (Vol 4), ed. J.E. Desmedt, 263-299. Basel, Switzerland: S. Kagar AG Medical and Scientific.

Nelson, A.G., I.K. Guillory, A. Cornwell, and J. Kokkonen. 2001. Inhibition of maximal voluntary isokinetic torque production following stretching is velocity-specific. *Journal of Strength Conditioning Research* 15(2), 241-246.

Nelson, J.K., B.L. Johnson, and G.C. Smith. 1983. Physical characteristics, hip flexibility and arm strength of female gymnasts classified by intensity of training across age. *Journal of Sports Medicine and Physical Fitness* 23(1), 95-100.

Nelson, S.H., and E. Blades-Zeller. 2002. *Singing with your whole self: The Feldenkrais method and voice.* Lanham, MD: Scarecrow Press.

Neu, H.N., and H.R. Dinnel. 1957. The shoulder girdle in the chronic respirator patient. *Physical Therapy Review* 37(6), 373-375.

Neumann, D.A. 2000. Arthrokinesiologic considerations in the aged adult. In *Geriatric physical therapy*. 2nd ed. ed. A.A. Guccione, 56-77. St. Louis: Mosby.

Newham, D.J. 1988. The consequences of eccentric contraction and their relationships to delayed onset muscle pain. *European Journal of Applied Physiology* 57(3), 353-359.

Newham, D.J., D.A. Jones, G. Ghosh, and P. Aurora. 1988. Muscle fatigue and pain after eccentric contractions at long and short length. *Clinical Science (London)* 74(5), 553-557.

Newham, D.J., G. McPhail, K.R. Mills, and R.H.T. Edwards. 1983. Ultrastructural changes after concentric and eccentric contractions of human muscle. *Journal of Neurological Sciences* 61(1), 109-122.

Newham, D.J., K.R. Mills, B.M. Quigley, and R.H.T. Edwards. 1982. Muscle pain and tenderness after exercise. *Australian Journal of Sports Medicine* 14(4), 129-131.

Newham, D.J., K.R. Mills, B.M. Quigley, and R.H.T. Edwards. 1983. Pain and fatigue after concentric and eccentric muscle contractions. *Clinical Science* 64(1), 55-62.

Newton, R. 1985. Effects of vapocoolants on passive hip flexion in healthy subjects. *Physical Therapy* 65(7), 1034-1036.

Ng, G., and J. Walter. 1995. Ageing does not affect flexion relaxation of erector spinae. *Australian Physiotherapy* 41(2), 91-95.

Nicholas, J.A. 1970. Injuries to the knee ligaments: Relationship to looseness and tightness in football players. *Journal of the American Medical Association* 212(13), 2236-2239.

Nicholas, S.J., and T.F. Tyler. 2002. Adductor muscle strains in sport. *Sports Medicine* 32(5), 339-344.

Nielsen, J., C. Crone, and H. Hultborn. 1993. H-reflexes are smaller in dancers from the Royal Danish Ballet than in well-trained athletes. *European Journal of Applied Physiology* 66(2), 116-121.

Nieman, D.C. 1990. *Fitness and sports medicine: An introduction*. Palo Alto, CA: Bull.

Nigg, B.M., and W. Liu. 1999. The effect of muscle stiffness and damping on simulated impact force peaks during running. *Journal of Biomechanics* 32(8), 849-856.

Nikolic, V., and B. Zimmermann. 1968. Functional changes of the tarsal bones of ballet dancers. *Radovi Fakulteta u Zagrebu* 16, 131-146.

Nimmo, M.A., and D.H. Snow. 1982. Time course of ultrastructural changes in skeletal muscle after two types of exercise. *Journal of Applied Physiology* 52(4), 910-913.

Nimmo, R.L. 1958. *The Receptor* 1(3), 1-4.

Nimz, R., U. Radar, K. Wilke, and W. Skipka. 1988. The relationship of anthropometric measures to different types of breaststroke kicks. In *Swimming science V*, ed. B.E. Ungerechts, K. Wilke, and K. Reischle, 115-119. Champaign, IL: Human Kinetics.

Ninos, J. 1996a. Stretching the quadriceps. *Strength and Conditioning* 18(1), 68-69.

Ninos, J. 1996b. Stretch those hamstrings. *Strength and Conditioning* 18(2), 42-43.

Ninos, J. 2001. A chain reaction: The hip rotators. *Strength and Conditioning Journal* 23(2), 26-27.

Nirschl, R.P. 1973. Good tennis-good medicine. *The Physician and Sportsmedicine* 1(1), 26-36.

Noonan, T.J., T.M. Best, A.V. Seaber, and W.E. Garrett. 1993. Thermal effects on skeletal muscle tensile behavior. *American Journal of Sports Medicine* 21(4), 517-522.

Noonan, T.J., T.M. Best, A.V. Seaber, and W.E. Garrett. 1994. Identification of a threshold for skeletal muscle injury. *American Journal of Sports Medicine* 22(2), 257-261.

Noonan, T.J., and W.E. Garrett. 1999. Muscle strain injury: Diagnosis and treatment. *Journal of the American Academy of Orthopaedic Surgeons* 7(4), 262-269.

Nordin, M., and V.H. Frankel. 2001. *Basic biomechanics of the musculoskeletal system*. 3rd ed. Philadelphia: Lippincott, Williams & Wilkins.

Nordschow, M., and W. Bierman. 1962. Influence of manual massage on muscle relaxation. *Journal of the American Physical Therapy Association* 42(10), 653-657.

Norris, F.H., E.L. Gasteiger, and P.O. Chatfield. 1957. An electromyographic study of induced and spontaneous muscle cramps. *Electroencephalography and Clinical Neurophysiology* 9(1), 139-147.

Norris, R. 1993. *The musician's survival manual: A guide to preventing and treating injuries in instrumentalists*. St. Louis, MO: MMB Music.

Northrip, J.W., G.A. Logan, and W.C. McKinney. 1983. *Analysis of sport motion: Anatomic and biomechanic perspectives*. 3rd ed. Dubuque, IA: Brown.

Nosse, L.J. 1978. Inverted spinal traction. *Archives of Physical Medicine and Rehabilitation* 59(8), 367-370.

Noverre, J.G. [1782-1783]. 1978. *The works of Monsieur Noverre* (Vol. II). Reprint, New York: AMS.

Nwuga, V.C. 1982. Relative therapeutic efficiency of vertebral manipulation and conventional treatment in back pain management. *American Journal of Physical Medicine* 61(6), 273-278.

Oakes, B.W. 1981. Acute soft tissue injuries: Nature and management. *Australian Family Physician* 13(Suppl.), 3-16.

Öberg, B. 1993. Evaluation and improvement of strength in competitive athletes. In *Muscle strength*, ed. K. Harms-Ringdahl, 167-185. Edinburgh: Churchill Livingstone.

Ochs, A., Newberry, J., Lenhardt, M., and Harkins, S.W. 1985. Neural and vestibular aging associated with falls. In *Handbook of the psychology of aging*. 2nd ed, ed. J.E. Birren and K.W. Schaie, 378-399. New York: Van Nostrand Reinhold.

O'Driscoll, S.L., and J. Tomenson. 1982. The cervical spine. *Clinical Rheumatic Diseases* 8(3), 617-630.

Ogata, K., and M. Naito. 1986. Blood flow of peripheral nerve effects of dissection, stretching and compression. *Journal of Hand Surgery* 11B(1), 10-14.

Ohshiro, T. 1991. *Low reactive-level laser therapy*. New York: Wiley.

Okada, M. 1970. Electromyographic assessment of muscular load in forward bending postures. *Journal of Faculty Science* (University of Tokyo) 8, 311-336.

Olcott, S. 1980. Partner flexibility exercises. *Coaching Women's Athletics* 6(2), 10-14.

Oliver, J., and A. Middleditch. 1991. *Functional anatomy of the spine*. Oxford: Butterworth Heinemann.

O'Malley, E.F., and R.L. Sprinkle. 1986. Stretching exercises for pretibial periostitis. *Current Podiatric Medicine* 35(7), 22-23.

Oppliger, R., B.A. Clark, J.L. Mayhew, and K.M. Haywood. 1986. Strength, flexibility, and body composition differences between age-group swimmers and non-swimmers. *Australian Journal of Science and Medicine in Sport* 18(2), 14-16.

Ortmann, O. 1962. *The physiological mechanics of piano technique*. New York: E.P. Dutton.

Oseid, S., G. Evjenth, O. Evjenth, H. Gunnari, and D. Meen. 1974. Lower back troubles in young female gymnasts. Frequency, symptoms and possible causes. *Bulletin of Physical Education* 10, 25-28.

Osolin, N.G. 1952. *Das Training des Leichtathleten*. Berlin: Sportverlag.

Osolin, N.G. 1971. *Sovremennaia systema sportnnoi trenirovky* [Athlete's training system for competitions]. Moscow: Phyzkultura i sport.

Osternig, L.R., R.N. Robertson, R.K. Troxel, and P. Hansen. 1990. Differential responses to proprioceptive neuromuscular facilitation (PNF) stretch techniques. *Medicine and Science in Sports and Exercise* 22(1), 106-111.

Overend, T.J., D.A. Cunningham, D.H. Paterson, and M.S. Lefcoe. 1992. Thigh composition in young and elderly men determined by computed tomography. *Clinical Physiology* 12(6), 629-640.

Owen, E. 1882. Notes on the voluntary dislocations of a contortionist. *British Medical Journal* 1, 650-653.

Özkaya, N., and M. Nordin, M. 1999. *Fundamentals of biomechanics, equilibrium, motion and deformation*. New York: Van Nostrand Reinhold.

Pachter, B.R., and A. Eberstein. 1985. Effects of passive exercise on neurogenic atrophy in rat skeletal muscle. *Experimental Neurology* 90(2), 467-470.

Palmerud, G., H. Sporrong, P. Herberts, and R. Kadefors. 1998. Consequences of trapezius relaxation on the distribution of shoulder muscle forces: An electromyographic study. *Journal of Electromyography and Kinesiology* (3), 185-193.

Panagiotacopulos, N.D., W.G. Knauss, and R. Bloch. 1979. On the mechanical properties of human intervertebral disc material. *Biorheology* 16(4-5), 317-330.

Pang. See Barker (1974).

Pappas, A.M., R.M. Zawacki, and C.F. McCarthy. 1985a. Rehabilitation of the pitching shoulder. *American Journal of Sports Medicine* 13(4), 223-235.

Pappas, A.M., R.M. Zawacki, and T.M. Sullivan. 1985. Biomechanics of baseball pitching: A preliminary report. *American Journal of Sports Medicine* 13(4), 216-222.

Pardini, A. 1984. Exercise, vitality and aging. *Aging* 344, 19-29.

Paris, S.V. 1990. Cervical symptoms of forward head posture. *Topics in Geriatric Rehabilitation* 5(4), 11-19.

Parker, M.G., R.O. Ruhling, D. Holt, E. Bauman, and M. Drayna. 1983. Descriptive analysis of quadriceps and hamstrings muscle torque in high school football players. *Journal of Orthopaedic and Sports Physical Therapy* 5(1), 2-6.

Parks, K.A., K.S. Crichton, R.J. Goldford, and S.M. McGill. 2003. A comparison of lumbar range of motion and functional ability scores in patients with low back pain. *Spine* 28(4), 380-384.

Partridge, S.M. 1966. Elastin. In *The physiology and biochemistry of muscle as food*, ed. E.J. Briskey, R.G. Cassens, and J.C. Trautman, 327-337. Madison, WI: University of Wisconsin Press.

Pate, R.R., M. Pratt, S.N. Blair, W.L. Haskell, C.A. Macera, C. Bouchard, D. Buchner, W. Ettinger, G.W. Health, A.C. King, A. Kriska, A.S. Leon, B.H. Marcus, J. Morris, R.S. Paffenbarger, K. Patrick, M.L. Pollock, J.M. Rippe, J. Sallis, and J.H. Wilmore. 1995. Physical activity and public health: A recommendation from the Centers for Disease Control and Prevention and the American College of Sports Medicine. *Journal of the American Medical Association* 273(5), 402-407.

Patel, D.J., and D.L. Fry. 1964. In situ pressure-radius-length measurements in ascending aorta of anesthetized dogs. *Journal of Applied Physiology* 19(3), 413-416.

Patel, D.J., J.C. Greenfield, and D.L. Fry. 1963. In vivo pressure-length-radius relationship of certain blood vessels in man and dog. In *Pulsatile blood flow*, ed. E.O. Attinger, 293-306. Philadelphia: McGraw-Hill.

Patterson, P., D.L. Wiksten, L. Ray, C. Flanders, and D. Sanphy. 1996. The validity and reliability of the back saver-sit-and-reach test in middle school girls and boys. *Research Quarterly for Exercise and Sport* 67(4), 448-451.

Paull, B., and C. Harrison. 1997. *The athlete musician: A guide to playing without pain*. Lanham, MD: Scarecrow Press.

Pauly, J.E. 1966. An electromyographic analysis of certain movements and exercises. I. Some deep muscles of the back. *Anatomical Record* 155(2), 223-234.

Payne, R.A. 1995. *Relaxation techniques, a practical handbook for the health care professional*. Edinburgh: Churchill Livingstone.

Pearcy, M., I. Portek, and J. Shepherd. 1985. The effect of low-back pain on lumbar spinal movements measured by three-dimensional x-ray analysis. *Spine* 10(2), 150-153.

Pearson, K., and J. Gordon. 2000. Spinal reflexes. In *Principles of neural science*. 4th ed, ed. E.R. Kandel, J.H. Schwartz and T.M. Jessell, 713-736. New York: McGraw-Hill.

Pechinski, J.M. 1966. *The effects of interval running and breath-holding on cardiac intervals*. Master's thesis, University of Illinois, Champaign.

Pechtl, V. 1982. Fundamentals and methods for the development of flexibility. In *Principles of sports training*, ed. D. Harre, 146-152. Berlin: Sportverlag.

Peck, C. 1999. Non-compliance and clinical trials: Regulatory perspectives. In *Drug regimen compliance issues in clinical trials and patient management*, ed. J.-M. Métry and U. A. Meyer, 97-102. Chichester: John Wiley & Sons.

Pedersen, M. 2003. Warm up exercises. [Online]. Available: www.pgaprofessional.com/tips10_warmup.html [October 31, 2003].

PennState Sports Medicine Newsletter. 1998. The active isolated stretching controversy. Author: 7(1), 4.

Peres, S., D.O. Draper, K.L. Knight and M.D. Richard. 2001. Pulsed shortwave diathermy and prolonged stretch increases dorsiflexion range of motion more than prolonged stretch alone. *Journal of Athletic Training* 36(2), S49.

Peres, S., D.O. Draper, K.L. Knight and M.D. Richard. 2002. Pulsed shortwave diathermy and prolonged stretching increases dorsiflexion. *Journal of Athletic Training* 37(1), 43-50.

Perez, H.R., and S. Fumasoli. 1984. Benefit of proprioceptive neuromuscular facilitation on the joint mobility of youth-aged female gymnasts with correlations for rehabilitation. *American Corrective Therapy Journal* 38(6), 142-146.

Perkins, K.A., and L.H. Epstein. 1988. Methodology in exercise adherence research. In *Exercise adherence: Its impact on public health*, ed. R.K. Dishman, 399-416. Champaign, IL: Human Kinetics.

Pérusse, L., C. Leblanc and C. Bouchard. 1988. Inter-generation transmission of physical fitness in the Canadian population. *Canadian Journal of Sports Science* 13(1), 8-14.

Peters, J.M., and H.K. Peters. 1983. *The flexibility manual*. Berwyn, PA: Sports Kinetics.

Peterson, D.H., and T.F. Bergmann. 2002. *Chiropractic technique: Principles and procedures*. 2nd ed. St. Louis: Mosby.

Peterson, L., and P. Renstrom. 1986. *Sports injuries: Their prevention and treatment*. Chicago: Year Book Medical.

Pezzullo, D.J., and J.J. Irrgang. 2001. Rehabilitation. In *Sports injuries mechanisms, prevention, treatment*. 2nd ed, ed. F.H. Fu and D.A. Stone, 106-123. Philadelphia: Lippincott Williams & Wilkins.

Pheasant, S. 1991. *Ergonomics, work and health*. Gaithersburg, MD: Aspen.

Pheasant, S. 1996. *Bodyspace-Anthropometry, ergonomics and the design of work*. 2nd ed. London: Taylor and Francis.

Phillips, C.G. 1969. The ferrier lecture, 1968. Motor apparatus of the baboon's hand. *Proceedings of the Royal Society* (Biology) 173(31), 141-174.

Physicians for Human Rights. 2001. General interview considerations. In *Examining asylum seekers—A health professional's guide to medical and psychological evaluations of torture*. 19-35. Boston: Physicians for Human Rights.

Pieper, H-G. 1998. Humeral torsion in the throwing arm of handball players. *American Journal of Sports Medicine* 26(2), 247-253.

Pierce, R. 1983-1984. Doing bodywork as a spiritual discipline. *Somatics* 4(3), 10-27.

Piperek, M. 1971. *Stress und kunst*. Wien-Stuttgart: Wilhelm Braumüller.

Piwowarczyk, L., A. Moreno, and M. Grodin. 2000. Health care of torture survivors. *Journal of the American Medical Association* 284(5), 539-541.

Ploucher, D.W. 1982. Inversion petechiae. *New England Journal of Medicine* 307(22), 1406-1407.

Poggini, L., S. Losasso, and S. Iannone. 1999. Injuries during the dancer's growth spurt: Etiology, prevention, and treatment. *Journal of Dance Medicine & Science* 3(2), 73-79.

Pokorny, M.J., T.D. Smith, S.A. Calus, and E.A. Dennison. 2000. Self-reported oral contraceptive use and peripheral joint laxity. *Journal of Orthopaedic and Sports Physical Therapy* 30(11), 683-692.

Politou, A.S.M., S. Gautel, L. Improta, L. Vanelista, and A. Pastore. 1996. The elastic I-band region of titin is assembled in a "modular" fashion by weakly interacting Ig-like domains. *Molecular Biology* 255 (4), 604-616.

Politou, A.S.M., D.J. Thomas, and A. Pastore. 1995. The folding and stability of titin immunoglobin-like modules, with implications for the mechanism of elasticity. *Biophysical Journal* 69(6), 2601-2610.

Pollack, G.H. 1983. The cross-bridge theory. *Physiological Review* 63(3), 1049-1113.

Pollack, G.H. 1990. *Muscles & molecules: Uncovering the principles of biological motion*. Seattle: Ebner & Sons.

Pollock, M.L., and J.H. Wilmore. 1990. *Exercise in health and disease: Evaluation and prescription for prevention and rehabilitation*. Philadelphia: Saunders.

Poole, D.C., T.I. Musch, and C.A. Kindig. 1997. In vivo microvascular structural and functional consequences of muscle length changes. *American Journal of Physiology* 272 (Heart Circulation Physiology 41), H2107-H2114.

Pope, F.M., and N.P. Burrows. 1997. Ehlers-Danlos syndrome has varied molecular mechanisms. *Journal of Medical Genetics* 34(5), 400-410.

Pope, M.H., G.B.J. Andersson, J.W. Frymoyer, and D.B. Chaffin. 1991. *Occupational low back pain: Assessment, treatment and prevention*. Chicago: Mosby Yearbook.

Pope, M.H., and U. Klingenstierna. 1986. Height changes due to autotraction. *Clinical Biomechanics* 1(4), 191-195.

Pope, R.P., R.D. Herbert, and J.D. Kirwan. 1998. Effects of ankle dorsiflexion range and pre-exercise calf muscle stretching on injury risk in Army recruits. *Australian Physiotherapy* 44(3), 165-172.

Pope, R.P., R.D. Herbert, J.D. Kirwan, and B.J. Graham. 2000. A randomized trial of preexercise stretching for prevention of lower-limb injury. *Medicine and Science in Sports and Exercise* 32(2), 271-277.

Porter, R.W., and I.F. Trailescu. 1990. Diurnal changes in straight leg raising. *Spine* 15(2), 103-106.

Portnoy, H., and F. Morin. 1956. Electromyographic study of postural muscles in various positions and movements. *American Journal of Physiology* 186(1), 122-126.

Poumeau-Deville, G.A., and P. Soulie. 1934. Un cas d'hyperlaxite cutanee et articulaire avec cicatrices atrophiques et pseudo-tumeurs molluscoides (syndrome d'Ehlers-Danlos). *Bulletin de la Societe Medicale des Hopitaux de Paris* 50, 593-595.

Pountain, G. 1992. Musculoskeletal pain in Omanis, and the relationship to joint mobility and body mass index. *British Journal of Rheumatology* 31(2), 81-85.

Pratt, M. 1989. Strength, flexibility, and maturity in adolescent athletes. *American Journal of Diseases of Children* 143(5), 560-563.

Prentice, W.E. 1982. An electromyographic analysis of the effectiveness of heat or cold and stretching for inducing relaxation in injured muscle. *Journal of Orthopaedic and Sports Physical Therapy* 3(3), 133-140.

Prentice, W.E. 1983. A comparison of static stretching and PNF stretching for improving hip joint flexibility. *Athletic Training* 18(1), 56-59.

Prentice, W.E. 1999. *Rehabilitation techniques in sports medicine*. 3rd ed. Boston: McGraw-Hill.

Prentice, W.E. 2001. Impaired mobility: Restoring range of motion and improving flexibility. In *Techniques in musculoskeletal rehabilitation*, ed. W.E. Prentice and M.L. Voight, 83-233. New York: McGraw-Hill.

Prentice, W.E., D.O. Draper, and P.B. Donley. 1999. Shortwave and microwave diathermy. In *Therapeutic modalities in sports medicine*. 4th ed, ed. W.E. Prentice, 148-172. Boston: WCB McGraw-Hill.

Preyde, M. 2000. Effectiveness of massage therapy for subacute low-back pain: A randomized controlled trial. *Canadian Medical Association Journal* 162(13), 1815-1820.

Price, M.G. 1991. In *Advances in structural biology*. Vol. 1, ed. S.K.J. Melhorta, 175-207. New York: JAI Press.

Prichard, B. 1984. *Lower extremity injuries in runners induced by upper body torque (UBT)*. Presented at the Biomechanics and Kinesiology in Sports U.S. Olympic Sports Medicine Conference, Colorado Springs, CO.

Priest, J.D. 1989. A physical phenomenon: Shoulder depression in athletes. *SportCare & Fitness* 2(2), 20-25.

Priest, J.D., H.H. Jones, C.J. Tichenor, and D.A. Nagel. 1977. Arm and elbow changes in expert tennis players. *Minnesota Medicine* 60(5), 399-404.

Priest, J.D., and D.A. Nagel. 1976. Tennis shoulder. *American Journal of Sports Medicine* 4(1), 28-42.

Proske, U., and D.L. Morgan. 1987. Tendon stiffness: Methods of measurement and significance for the control of movement. A review. *Journal of Biomechanics* 20(1), 75-82.

Proske, U., and D.L. Morgan. 1999. Do cross-bridges contribute to the tension during stretch of passive muscle? *Journal of Muscle Research and Cell Motility* 20(5-6), 433-442.

Proske, U., D. Morgan, and J. Gregory. 1992. Muscle history dependence of responses to stretch of primary and secondary endings of cat soleus muscle spindles. *Journal of Physiology (London)* 445(Jan), 81-95.

Proske, U., D. Morgan, and J. Gregory. 1993. Thixotrophy in skeletal muscle and in muscle spindles: A review. *Progress in Neurobiology* 41(6), 705-721.

Proske, U., D. Morgan, and J. Gregory. 1998. The dependence of a muscle's mechanical properties and the sensitivity of its sensory receptors on the previous history of contraction and length changes. Australian Conference of Science and Medicine in Sport 1998 at Adelaide, 13-16 October.

Protas, E.J. 2001. Flexibility and range of motion. In *ACSM's resource manual for guidelines for exercise testing and prescription*. 4th ed, ed. B.A. Franklin, 468-477. Baltimore: Lippincott Williams & Wilkins.

Purslow, P.P. 1989. Strain-induced reorientation of an intramuscular connective tissue network: Implications for passive muscle elasticity. *Journal of Biomechanics* 22(1), 21-31.

Puschel, J. 1930. Der Wassergehalt voraler un degenerieter Zwischenwirbelschiben. *Beitrage zur Pathologischen Anatomie und zur Allgemeinen Pathologie* 84, 123-130.

Pyeritz, R.E. 2000a. Ehlers-Danlos syndromes. In *Cecil textbook of medicine*. 21st ed. Vol. 1, ed. L. Goldman and J.C. Bennett, 1119-1120. Philadelphia: W.B. Saunders.

Pyeritz, R.E. 2000b. Ehlers-Danlos Syndrome. *New England Journal of Medicine* 342(10), 730-732.

Quebec Task Force on Spinal Disorders. 1987. Scientific approach to the assessment and management of activity-related spinal disorders: A monograph for clinicians. *Spine* 12(7), S1-S55.

Quirk, R. 1994. Common foot and ankle injuries in dance. *Orthopaedic Clinics of North America* 25(1), 123-133.

Raab, D.M., J.C. Agre, M. McAdam, and E.L. Smith. 1988. Light resistance and stretching exercise in elderly women: Effect upon flexibility. *Archives of Physical Rehabilitation* 69(4), 268-272.

Radin, E.L. 1989. Role of muscles in protecting athletes from injury. *Acta Medica Scandinavica* 711(Suppl.), 143-147.

Ramacharaka, Y. 1960. *The hindu-yogi science of breath*. London: L.N. Fowler.

Rankin, J., L. Greninger, and C. Ingersoll. 1992. The effects of the power stretch device on flexibility of normal hip joints. *Clinical Kinesiology* 45(4), 23-25.

Rankin, J.M., and C.B. Thompson. 1983. Isokinetic evaluation of quadriceps and hamstrings function: Normative data concerning body weight and sport. *Athletic Training* 18(2), 110-114.

Rao, V. 1965. Reciprocal inhibition: Inapplicability to tendon jerks. *Journal of Postgraduate Medicine* 11(July), 123-125.

Rasch, P.J., and J. Burke. 1989. *Kinesiology and applied anatomy*. 7th ed. Philadelphia: Lea & Febiger.

Rasmussen, G.G. 1979. Manipulation in low back pain: A randomized clinical trial. *Manual Medicine* 1(1), 8-10.

Ray, W.A., and M.R. Griffin. 1990. Prescribed medications and the risk of falling. *Topics in Geriatric Rehabilitation* 5(2), 12-20.

Read, M. 1989. Over stretched. *British Journal of Sports Medicine* 23(4), 257-258.

Rechtien, J.J., M. Andary, T.G. Holmes, and J.M. Wieting. 1998. Manipulation, massage, and traction. In *Rehabilitation medicine: Principles and practice*. 3rd ed, ed. J.A. DeLisa and B.M. Gans, 521-552. Philadelphia: Lippincott-Raven.

Reedy, M.K. 1971. Electron microscope observations concerning the behavior of the cross-bridge in striated muscle. In *Contractility of muscle cells and related processes*, ed. R.J. Podolsky, 229-246. Englewood Cliffs, NJ: Prentice-Hall.

Reich, T.E., S.L. Lindstedt, P.C. LaStayo, and D.J. Pierotti. 2000. Is the spring quality of muscle plastic? *American Journal of Physiology. Regulatory, Integrative and Comparative Physiology* 278(6), R1661-1666.

Reid, D.C. 1992. *Sports injury assessment and rehabilitation*. London: Churchill Livingstone.

Reid, D.C., R.S. Burnham, L.A. Saboe, and S.F. Kushner. 1987. Lower extremity flexibility patterns in classical ballet dancers and their correlation to lateral hip and knee injuries. *American Journal of Sports Medicine* 15(4), 347-352.

Reilly, T. 1998. Circadian rhythms. In *Oxford textbook of sports medicine*. 2nd ed, ed. M. Harries, C. Williams, W.D. Stanish and L.J. Micheli, 281-300. Oxford: Oxford University Press.

Reilly, T., and A. Stirling. 1993. Flexibility, warm-up and injuries in mature games players. In *Kinanthropometry IV*, ed. W. Duquet and J.A.P. Day, 119-123. London: E. & F.N. Spon.

Rennison, C.M. 2001. *Bureau of Justice Statistics National Crime Victimization Survey*. Washington, DC: U.S. Justice Department.

Renstrom, P., and C. Roux. 1988. Clinical implications of youth participation in sports. In *The Olympic book of sports medicine* Vol. 1, ed. A. Dirix, H.G. Knuttgen, and K. Tittel, 469-488. London: Blackwell Scientific.

Requejo, S.M., R. Barnes, K. Kulig, R. Landel, and S. Gonzalez. 2002. The use of a modified classification system in the treatment of low back pain during pregnancy: A case report. *Journal of Orthopaedic and Sports Physical Therapy* 32(7), 318-326.

Rice, C.L., D.A. Cunninham, D.H. Paterson, and M.S. Defcoe. 1989. Arm and leg composition determined by computed tomography in young and elderly men. *Clinical Physiology* 9(3), 207-220.

Richie, D.H., H.A. deVries, and C.K. Endo, C.K. 1993. Shin muscle activity and sports surfaces: An electomyographic study. *Journal of the American Podiatric Medical Association* 83(4), 181-190.

Richardson, A.B., F.W. Jobe, and H.R. Collins. 1980. The shoulder in competitive swimming. *Amercian Journal of Sports Medicine* 8(3), 150-163.

Rider, R., and J. Daly. 1991. Effects of flexibility training on changing spinal mobility in older women. *Journal of Sports Medicine and Physical Fitness* 31(2), 213-217.

Riddle, K.S. 1956. *A comparison of three methods for increasing flexibility of the trunk and hip joints*. PhD diss., University of Oregon, Eugene, Oregon.

Rigby, B. 1964. The effect of mechanical extension under thermal stability of collagen. *Biochimica et Biophysica Acta* 79 (SC 43008), 634-636.

Rigby, B.J., N. Hirai, J.D. Spikes, and J. Eyring. 1959. The mechanical properties of rat tail tendon. *Journal of General Physiology* 43(2), 265-283.

Rikken-Bultman, D.G., L. Wellink, and P.W. van Dongen. 1997. Hypermobility in two Dutch school populations. *European Journal of Obstetrics, Gynecology, and Reproductive Biology* 73(2), 189-192.

Rikkers, R. 1986. *Seniors on the move*. Champaign, IL: Human Kinetics.

Rikli, R., and S. Busch. 1986. Motor performance of women as a function of age and physical activity. *Journal of Gerontology* 41(5), 645-649.

Rippe, J.M. 1990. Staying loose. *Modern Maturity* 33(3), 72-77.

Roaf, R. 1977. *Posture*. New York: Academic Press.

Roberts, J., and K. Wilson. 1999. Effect of stretching duration on active and passive range of motion in the lower extremity. *British Journal of Sports Medicine* 33(4), 259-263.

Roberts, N., D. Hogg, G.H. Whitehouse, and P. Dangerfield. 1998. Quantitative analysis of diurnal variation in volume and water content of lumbar intervertebral discs. *Clinical Anatomy* 11(1), 1-8.

Robertson, D.F. 1960. *Relationship of strength of selected muscle groups and ankle flexibility to flutter kick in swimming*. Master's thesis, Iowa State University, Ames.

Robison, C. 1974. *Modern techniques of track and field*. Philadelphia: Lea & Febiger.

Robison, C., C. Jensen, S. James, and W. Hirschi. 1974. *Prevention, evaluation, management & rehabilitation*. New Jersey: Prentice-Hall.

Rochcongar, P., J. Dassonville, and R. Le Bars. 1979. Modifications of the Hoffmann reflex in function of athletic training. *European Journal of Applied Physiology* 40(3), 165-170.

Rockwood, C.A., and F.A. Matsen. eds. 1998. *The shoulder*, Vol. 2. Philadelphia: WB Saunders.

Rodenburg, J.B., D. Steenbeek, P. Schiereck, and P.R. Bar. 1994. Warm-up, stretching and massage diminish harmful effects of eccentric exercise. *International Journal of Sports Medicine* 15(7), 414-419.

Rodeo, S. 1984. Swimming the breaststroke—A kinesiological analysis and considerations for strength straining. *NSCA Journal* 6(4), 4-6, 74-76, 80.

Rodeo, S. 1985a. The butterfly: A kinesiological analysis and strength training program. *NSCA Journal* 7(4), 4-10, 74.

Rodeo, S. 1985b. The butterfly: Physiologically speaking. *Swimming Technique* 21(4), 14-19.

Roetert, E.P., T.S. Ellenbecker, and S.W. Brown. 2000. Shoulder internal and external rotation range of motion in nationally ranked junior tennis players: A longitudinal analysis. *Journal of Strength and Conditioning Research* 14(2), 140-143.

Roland, P.E., and H. Ladegaard-Pedersen. 1977. A quantitative analysis of sensations of tension and of kinesthesia in man. Evidence for a peripherally originating muscular sense and for a sense of effort. *Brain* 100(4), 671-692.

Rollins, J., J. Puffer, W. Whiting, R. Gregor, and G. Finerman. 1985. Water polo injuries to the upper extremity. In *Injuries to the throwing arm*, ed. B. Zarins, J.R. Andrews and W.G. Carson, 311-317. Philadelphia: W.B. Saunders.

Rondinelli, R.D., and R.T. Katz. 2000. *Impairing rating and disability evaluation*. Philadelphia: W.B. Saunders.

Ronsky, J.L., B.M. Nigg, and V. Fisher. 1995. Correlation between physical activity and the gait characteristics and ankle joint flexibility of the elderly. *Clinical Biomechanics* 10(1), 41-49.

Rose, B.S. 1985. The hypermobility syndrome loose-limbed and liable. *New Zealand Journal of Physiotherapy* 13(2), 18-19.

Rose, D.L., S.F. Radzyminski, and R.R. Beatty. 1957. Effect of brief maximal exercise on strength of the quadriceps femoris. *Archives of Physical Medicine and Rehabilitation* 38(3), 157-164.

Rose, L., R. Örtengren, and M. Ericson, M. 2001. Endurance, pain, and resumption in fully flexed postures. *Applied Ergonomics* 32(5), 501-508.

Rose, S., D.O. Draper, S.S. Schulthies, and E. Durant. 1996. The stretching window part two: Rate of thermal decay in deep muscle following 1-MHz ultrasound. *Journal of Athletic Training* 31(2), 139-143.

Rosenbaum, D., and E.M. Hennig. 1995. The influence of stretching and warm-up exercises on Achilles tendon reflex activity. *Journal of Sports Sciences* 13(6), 481-490.

Rosenberg, B.S., W.L. Cornelius, and A.W. Jackson. 1990. The effects of cryotherapy and PNF stretching techniques on hip extensor flexibility in elderly females. *Journal of Physical Education and Sport Sciences* 2, 31-36.

Rosenberg, B.S., W.L. Cornelius, A.W. Jackson, and S. Czubakowski. 1985. The effects of proprioceptive neuromuscular facilitation (PNF) flexibility techniques with local cold application on hip joint range of motion in 55-84 year old females. In *Abstracts research papers 1977* (p. 110). Washington, DC: AAHPER.

Rosenbloom, J., W.R. Abrams, and R. Mecham. 1993. Extracellular matrix 4: The elastic fiber. *The FASEB Journal* 7(13), 1208-1218.

Roskell, P. 1998. Yoga for pianists. *Piano & Keyboard* 192 (May/June), 44-46.

Roston, J.B., and R.W. Haines. 1947. Cracking in the metacarpophalangeal joint. *Journal of Anatomy* 81(2), 165-173.

Rotés, J. 1983. *Rheumatologia Clinica*. Barcelona, Spain: Espaxs.

Round, J.M., D.A. Jones, and G. Cambridge. 1987. Cellular infiltrates in human skeletal muscle: Exercise induced damage as a model for inflammatory disease? *Journal of the Neurological Sciences* 82(1), 1-11.

Rowe, R.W.D. 1981. Morphology of perimysial and endomysial connective tissue in skeletal muscle. *Tissue & Cell* 13(4), 681-690.

Rowinski, M.J. 1997. Neurobiology for orthopaedic and sports physical therapy. In *Orthopaedic and sports physical therapy*. 3rd ed, ed. T.R. Malone, T.G. McPoil and A.J. Nitz, 47-63. St. Louis: Mosby.

Russek, L.N. 1999. Hypermobility syndrome. *Physical Therapy* 79(6), 591-599.

Russell, B., and D.J. Dix. 1992. Mechanisms for intracellular distribution of mRNA: In situ hybridization studies in muscle. *American Journal of Physiology* 262 (31:1), C1-C8.

Russell, B., D.J. Dix, D.L. Haller, and J. Jacobs-El. 1992. Repair of injured skeletal muscle: A molecular approach. *Medicine and Science in Sports and Exercise* 24(2), 189-196.

Russell, G.S., and T.R. Highland. 1990. *Care of the low back*. Columbia, MO: Spine.

Russell, P., A. Weld, M.J. Pearcy, R. Hogg, and A. Unsworth. 1992. Variation in lumbar spine mobility measured over a 24-hour period. *British Journal of Rheumatology* 31(5), 329-332.

Rydevik, B.L., M.K. Kwan, R.R. Myers, R.A. Brown, K.J. Triggs, S.L-Y. Woo, and S.R. Garfin. 1990. An in vitro mechanical and histological study of acute stretching on rabbit tibial nerve. *Journal of Orthopaedic Research* 8(5), 694-701.

Rydevik, B., G. Lundborg, and R. Skalak. 1989. Biomechanics of peripheral nerves. In *Basic biomechanics of the musculoskeletal system*, ed. M. Nordin and V.H. Frankel, 76-87. Philadelphia: Lea & Febiger.

Rymer, W.Z., J.C. Houk, and P.E. Crago. 1979. Mechanisms of the clasp-knife reflex studied in an animal model. *Experimental Brain Research* 37(1), 93-113.

Saal, J.S. 1998. Flexibility training. In *Functional rehabilitation of sports and musculoskeletal injuries*, eds. W.B. Kibler, S.A. Herring, and J.M. Press, 85-97. Gaithersburg, Maryland: Aspen.

Sachse, J., and M. Berger. 1989. Cervical mobilization induced by eye movement. *Journal of Manual Medicine* 4(4), 154-156.

Sackett, D.L., and J.C. Snow. 1979. The magnitude of compliance and noncompliance. In *Compliance in health care*, ed. R.B. Haynes, D.W. Taylor, and D.L. Sackett, 11-22. Baltimore: Johns Hopkins Press.

Sacks, R.D., and R.R. Roy. 1982. Architecture of the hindlimb muscles of cats: Functional significance. *Journal of Morphology* 173(2), 185-195.

Sadoshima, J., and S. Izumo. 1993. Mechanical stretch rapidly activates multiple signal transduction pathways in cardiac myocytes: Potential involvement of an autocrine/paracrine mechanism. *EMBO Journal* 12(4), 1681-1993.

Sady, S.P., M. Wortman, and D. Blanke. 1982. Flexibility training: Ballistic, static or proprioceptive neuromuscular facilitation. *Archives of Physical Medicine and Rehabilitation* 63(6), 261-263.

Safran, M.R., W.E. Garrett, A.V. Seaber, R.R. Glisson, and B.M. Ribbeck. 1998. The role of warm-up in muscular injury prevention. *American Journal of Sports Medicine* 16(2), 123-129.

Sage, G.H. 1984. *Motor learning and control: A neuropsychological approach*. Dubuque, IA: Wm. C. Brown.

Sah, R.L., J.Y.H. Doong, A.J. Grodzinsky, A.H.K. Plaas, and J.D. Sandy. 1991. Effects of compression on the loss of newly synthesized proteoglycans and proteins from cartilage explants. *Archives of Biochemistry and Biophysics* 286(1), 20-29.

Sah, R.L., A.J. Grodzinsky, A.H.K. Plaas, and J.D. Sandy. 1992. Effects of static and dynamic compression on matrix metabolism in cartilage explants. In *Articular cartilage and osteoarthritis*, ed. K.E. Kuettner, R. Schleyerbach and J.G. Peyron, 373-391. New York: Raven Press.

Sahrmann, S. 2002. *Diagnosis and treatment of movement impairment syndromes*. St. Louis: Mosby.

Sale, D.G. 1986. Neural adaptation in strength and power training. In *Human muscle power*, ed. N.L. Jones, N. McCartney, and A.J. McComas, 289-307. Champaign, IL: Human Kinetics.

Sale, D.G., A.J. McComas, J.D. MacDougall, and A.R.M. Upton. 1982. Neuromuscular adaptation in human thenar muscles following strength training and immobilization. *Journal of Applied Physiology* 53(2), 419-424.

Sale, D.G., J.D. MacDougall, A.R.M. Upton, and A.J. McComas. 1983. Effect of strength training upon motorneuron excitability in man. *Medicine and Science in Sports and Exercise* 15(1), 57-62.

Sale, D.G., A.R.M. Upton, A.J. McComas, and J.D. MacDougall. 1983. Neuromuscular function in weight-trainers. *Experimental Neurology* 82(3), 521-531.

Sallay, P.I., R.L. Friedman, P.G. Coogan, and W.E. Garrett. 1996. Hamstring muscle injuries among water skiers: Functional outcome and prevention. *American Journal of Sports Medicine* 24(2), 130-136.

Salminen, J.J. 1984. The adolescent back. A field survey of 370 Finnish schoolchildren *Acta Pædiatrica Scandinavica* 315 (Suppl.), 1-122.

Salminen, J.J., A. Oksanen, P. Maki, J. Pentti, and U.M. Kujala. 1993. Leisure time physical activity in the young. Correlation with lowback pain, spinal mobility and trunk muscle strength in 15-year-old school children. *International Journal of Sports Medicine* 14(7), 406-410.

Sammarco GJ. 1983. The dancer's hip. *Clinics in Sports Medicine* 2(3), 485-498.

Sams, E. 1971. Schumann's hand injury. *Musical Times* 112(1546), 1156-1159.

Samuel, C.S., A. Butkus, J.P. Coghlan, and J. Bateman. 1996. The effect of relaxin on collagen metabolism in the non-pregnant rat pubic symphysis: The influence of estrogen and progesterone in regulating relaxin activity. *Endocrinology* 137(9), 3884-3890.

Sanders, G.E., O. Reinert, R. Tepe, and P. Maloney. 1990. Chiropractic adjustive manipulation on subjects with acute lowback pain: Visual analog pain scores and plasma endorphin levels. *Journal of Manipulative and Physiological Therapeutics* 13(7), 391-395.

Sandoz, R. 1969. The significance of the manipulative crack and of other articular noises. *Annals of the Swiss Chiropractic Association* 4, 47-68.

Sandoz, R. 1976. Some physical mechanisms and effects of spinal adjustments. *Annals of the Swiss Chiropractic Association* 6, 91-141.

Sandstead, H.L. 1968. The relationship of outward rotation of the humerus to baseball throwing velocity. Master's thesis, Eastern Illinois University, Charleston.

Sandyk, R. 1998. Yawning and stretching—A behavioral syndrome associated with transcranial application of electromagnetic fields in multiple sclerosis. *International Journal of Neuroscience* 95(1-2), 107-113.

Sanes, J.N., J.P. Donoghue, V. Thangaraj, R.R. Edelman, and S. Warach. 1995. Shared neural substrates controlling hand movements in human motor cortex. *Science* 268 (5218), 1775-1777.

Sapega, A.A., T.C. Quedenfeld, R.A. Moyer, and R.A. Butler. 1981. Biophysical factors in range-of-motion exercise. *The Physician and Sportsmedicine* 9(12), 57-65.

Sarti, M.A., J.F. Lisón, M. Monfort, and M.A. Fuster. 2001. Response of flexion-relaxation phenomenon relative to the lumbar motion to load and speed. *Spine* 26(18), E416-E420.

Sato-Suzuki, I., I. Kita, M. Oguri, and H. Arita. 1998. Stereotyped yawning responses induced by electrical and chemical stimulation of paraventricular nucleus of the rat. *Journal of Neurophysiology* 80(5), 2765-2775.

Saunders, H.D. 1986. Lumbar traction. In *Modern manual therapy of the vertebral column*, ed. G.P. Grieve, 787-795. Edinburgh: Churchill Livingstone.

Saunders, H.D. 1998. The controversy over traction for neck and low back pain. *Physiotherapy* 84(6), 285-288.

Sawyer, P.C., T.L. Uhl, C.G. Mattacola, D.L. Johnson, and J.W. Yates. 2003. Effects of moist heat on hamstring flexibility and muscle temperature. *Journal of Strength and Conditioning Research* 17(2), 285-290.

Scala, A. 2001. Rehabilitation of the foot following sports-related injuries and surgical treatment. In *Rehabilitation of sports injuries*, ed. G. Puddu, A. Giombini, and A. Selvanetti, 167-184. New York: Springer-Verlag.

Schache, A.G., P.D. Blanch, and A.T. Murphy. 2000. Relation of anterior pelvic tilt during running to clinical and kinematic measures of hip extension. *British Journal of Sports Medicine* 34(4), 279-283.

Schenk, R., K. Adelman, and J. Rousselle. 1994. The effects of muscle energy technique on cervical range of motion. *Journal of Manual & Manipulative Therapy* 2(4), 149-155.

Schiaffino, S. 1974. Hypertrophy of skeletal muscle induced by tendon shortening. *Experimentia* 30(10), 1163-1164.

Schiaffino, S., and V. Hanzlíková. 1970. On the mechanisms of compensatory hypertrophy in skeletal muscle. *Experimentia* 26(2), 152-153.

Schieber, M.H. 1995. Muscular production of individual finger movements: The role of extrinsic finger muscles. *Journal of Neuroscience* 15(1), 284-297.

Schmitt, G.D., T.W. Pelham, and L.E. Holt. 1998. Changes in flexibility of elite female soccer players resulting from a flexibility program or combined flexibility and strength program: A pilot study. *Clinical Kinesiology* 52(3), 64-67.

Schneider, H.J., A.Y. King, J.L. Bronson, and E.H. Miller. 1974. Stress injuries and developmental change of lower extremities in ballet dancers. *Radiology* 113(3), 627-632.

Schneiderman, R., D. Kevet, and A. Maroudas. 1986. Effects of mechanical and osmotic pressure on the rate of glycosaminoglycan synthesis in the human adult femoral head cartilage: An in vivo study. *Journal of Orthopaedic Research* 4, 393-408.

Schnitt, J.M., and D. Schnitt. 1987. Psychological issues in a dancer's career. In *Dance medicine: A comprehensive guide*, ed. A.J. Ryan and R.E. Stephens, 334-349. Chicago: Pluribus.

Schoenfeld, M.R. 1978. Nicolo Paganini: Musical magician and Marfan mutant? *Journal of the American Medical Association* 239(1), 40-42.

Schottelius, B.A., and L.C. Senay. 1956. Effect of stimulation-length sequence on shape of length-tension diagram. *American Journal of Physiology* 186(1), 127-130.

Schultz, A.B., G.B. Andersson, K. Haderspeck, R. Ortengren, M. Nordin, and R. Bjork. 1982. Analysis and measurement of lumbar trunk loads in tasks involving bends and twists. *Journal of Biomechanics* 15(9), 669-675.

Schultz, A.B., K. Haderspeck-Grib, G. Sinkora, and D.N. Warwick. 1985. Quantitative studies of the flexion-relaxation phenomenon in the back muscles. *Journal of Orthopaedic Research* 3(2), 189-197.

Schultz, J.S., and J.A. Leonard. 1992. Long thoracic neuropathy from athletic activity. *Achives of Physical Medicine and Rehabilitation* 73(1), 87-90.

Schultz, P. 1979. Flexibility: Day of the static stretch. *The Physician and Sportsmedicine* 7(11), 109-117.

Schuppert, M., and C. Wagner. 1996. Wrist symptoms in instrumental musicians: Due to biomechanical restrictions? *Medical Problems of Performing Artists* 11(2), 37-42.

Schur, P.E. 2001a. Effectiveness of stretching to reduce injury. *British Journal of Sports Medicine* 35(2), 138.

Schur, P.E. 2001b. Author's reply. *British Journal of Sports Medicine* 35(5), 364.

Schuster, D.F. 1988. Exploring backbends. *Yoga Journal* 80(May-June), 55-60.

Schwane, J.A., and R.B. Armstrong. 1983. Effect of training on skeletal muscle injury from downhill running in rats. *Journal of Applied Physiology* 55(3) 969-975.

Schwane, J.A., J.S. Williams, and J.H. Sloan. 1987. Effects of training on delayed muscle soreness and serum creatine kinase activity after running. *Medicine and Science in Sports and Exercise* 19(6), 584-590.

Schweitzer, G. 1970. Laxity of the metacarpo-phalangeal joints of the finger and interphalangeal joint of the thumb in comparative interracial studies. *South African Medical Journal* 44(9), 246-249.

Scott, A.B. 1994. Change of eye muscle sarcomeres according to eye position. *Journal of Pediatric Ophthalmology and Strabismus* 31(2), 85-88.

Scott, D., H.A. Bird, and V. Wright. 1979. Joint laxity leading to osteoarthrosis. *Rheumatology and Rehabilitation* 18(3), 167-169.

Sechrist, W.C., and G.A. Stull. 1969. Effects of mild activity, heat applications, and cold applications on range of joint movement. *American Corrective Therapy Journal* 23(4), 120-123.

Sédat, J., M. Dib, H. Mahagne, M. Lonjon, and P. Paquis. 2002. Stroke after chiropractic manipulation as a result of extracranial posteroinferior cerebellar artery dissection. *Journal of Manipulative and Physiological Therapeutics* 25(9), 588-590.

Segal, D.D. 1983. An anatomic and biomechanical approach to low back health: A preventive approach. *Journal of Sports Medicine and Physical Fitness* 23(4), 411-421.

Segal, R.L., and S.L. Wolf. 1994. Operant conditions of spinal stretch reflexes in patients with spinal cord injuries. *Experimental Neurology* 130(2), 202-213.

Seimon, L.P. 1983. *Low back pain: Clinical diagnosis and management*. Norwalk, CT: Appleton-Century-Crofts.

Seliger, V., L. Dolejs, and V. Karas. 1980. A dynamometric comparison of maximum eccentric, concentric and isometric contraction using EMG and energy expenditure measurements. *European Journal of Applied Physiology* 45(2-3), 235-244.

Seno, S. 1968. The motion of the spine and the related electromyogram of the patient suffering from lumbago. *Electromyography* 8(2), 185-186.

Sereika, S.M., and C.E. Davis. 2001. Analysis of clinical trials and treatment nonadherence. In *Compliance in healthcare and research*, ed. L.E. Burhe and I.S. Ockene, 263-284. Armonk, NY: Futura Publishing Company.

Sermeev, B.V. 1966. Development of mobility in the hip joint in sportsmen. *Yessis Review* 2(1), 16-17.

Shambaugh, J.P., A. Klein, and J.P. Herbert. 1991. Structural measures as predictors of injury in basketball players. *Medicine and Science in Sports and Exercise* 23(5), 522-527.

Shambaugh, P. 1987. Changes in electrical activity in muscles resulting from chiropractic adjustment: A pilot study. *Journal of Manipulative and Physiological Therapeutics* 10(6), 300-304.

Shamos, M.H., and L.S. Lavine. 1967. Piezoelectricity as a fundamental property of biological tissues. *Nature* 213(5073), 267-269.

Sharratt, M.T. 1984. Wrestling profile. *Clinics in Sports Medicine* 3(1), 273-289.

Shellock, F.G., and W.E. Prentice. 1985. Warming-up and stretching for improved physical performance and prevention of sports-related injuries. *Sports Medicine* 2(4), 267-278.

Shephard, R.J. 1978. *The fit athlete*. Oxford: Oxford University Press.

Shephard, R.J. 1982. *Physiology and biochemistry of exercise*. New York: Praeger.

Shepard, R.J. 1997. *Aging, physica activity, and health*. Champaign, IL: Human Kinetics.

Shephard, R.J., M. Berridge, and W. Montelpare. 1990. On the generality of the "sit and reach" test: An analysis of flexibility data for an aging population. *Research Quarterly for Exercise and Sport* 61(4), 326-330.

Shirado, O., T. Ito, K. Kaneda, and T.E. Strax. 1995. Flexion-relaxation phenomenon in the back muscles. *American Journal of Physical Medicine and Rehabilitation* 74(2), 139-144.

Shrier, I. 1999. Stretching before exercise does not reduce the risk of local muscle injury: A critical review of the clinical and basic science literature. *Clinical Journal of Sports Medicine* 9(4), 221-227.

Shrier, I. 2000. Stretching before exercise: An evidence based approach. *British Journal of Sports Medicine* 34(5), 324-325.

Shrier, I. 2001. Flexibility versus stretching. *British Journal of Sports Medicine* 35(5), 364.

Shrier, I. 2002. Does stretching help prevent injuries? In *Evidence-based sports medicine*, ed. D. MacAuley and T.M. Best, 97-116. London: BMJ Books.

Shrier, I., and K. Gossal. 2000. Myths and truths of stretching. *The Physician and Sportsmedicine* 28(8), 57-63.

Shustova, N.Y., N.A. Maltsev, Y.I. Levkovich, and V.A. Levtov. 1985. Postelongation hyperemia in gastrocnemius muscle capillaries. *Fiziologicheskii Zhurnal SSR Imeni I.M. Sechenova* 71(5), 599-608. (In *Biological Abstract* 81(4), p. 169. No. 30857, Feb. 1986.)

Shustova, N.Y., A.T. Matchanov, and V.A. Levtov. 1985. Effect of the compression of gastrocnemius muscle vessels on the muscle blood supply in stretching. *Fiziologicheskii Zhurnal SSSR Imeni I.M. Sechenova* 71(9), 1105-1111. (In *Biological Abstract* 81(9), p. 164. No. 79766, May 1986.)

Shyne, K. 1982. Richard H. Dominguez, M.D.: To stretch or not to stretch? *The Physician and Sportsmedicine* 10(9), 137-140.

Siff, M.C. 1992. A flat back. *Fitness and Sports Review International* 27(3), 88.

Siff, M.C. 1993a. Exercise and the soft tissues. *Fitness and Sports Review International* 28(1), 32.

Siff, M.C. 1993b. Soft tissue biomechanics and flexibility. *Fitness and Sports Review International* 28(4), 127-128.

Siff, M.C., and Y.V. Verkhoshansky. 1999. *Supertraining*. 4th ed. Denver, Colorado: Supertraining International.

Sihvonen, T. 1997. Flexion relaxation of the hamstring muscles during lumbar-pelvic rhythm. *Archives of Physical Medicine and Rehabilitation* 78(5), 486-490.

Sihvonen, T., J. Partanen, O. Hänninen, and S. Soimakallio. 1991. Electric behavior of low back muscles during lumbar pelvic rhythm in low back pain patients and healthy controls. *Archives of Physical Medicine and Rehabilitation* 72(13), 1080-1087.

Silman, A.J., D. Haskard, and S. Day. 1986. Distribution of joint mobility in a normal population: Results of the use of fixed torque measuring devices. *Annals of the Rheumatic Diseases* 45(1), 27-30.

Simard, T.G., and J.V. Basmajian. 1967. Methods in training conscious control of motor units. *Archives of Physical Medicine and Rehabilitation* 48(1), 12-19.

Simon, R.W. 1992. *Stretching and warm-up habits of selected college students*. Master's thesis. University of Florida, Gainesville, Florida.

Simons, D.G., J.G. Travell, and L.S. Simons. 1999. *Travel & Simons' myofascial pain and dysfunction: The trigger point manual, Volume 1. Upper half of the body*. 2nd ed. Philadelphia: Williams & Wilkins.

Simpson, D.G., W. Carver, T.K. Borg, and L. Terracio. 1994. Role of mechanical stimulation in the establishment and maintenance of muscle cell differentiation. *International Review of Cytology* 150, 69-94.

Sing, R.F. 1984. *The dynamics of the javelin throw*. Cherry Hill, NJ: Reynolds.

Singer, K.P. 1997. Contradictions to spinal manipulation. In *Clinical anatomy and management of low back pain*, ed. L.G.F. Giles and K.P. Singer, 387-391. Oxford: Butterworth Heinmann.

Singh, M., and P.V. Karpovich. 1966. Isotonic and isometric forces of forearm flexors and extensors. *Journal of Applied Physiology* 21(4), 1435-1437.

Sirbaugh, N. 1995. Pedagogical opinion: The effects of exercise on singing. *The NATS Journal* 51(5), 27-29.

Slocum, D.B., and S.L. James. 1968. Biomechanics of running. *Journal of the American Medical Association* 205(11), 97-104.

Sluijs, E.M., J.J. Kerssens, J. van der Zee, and L.B. Myers. 1998. Adherence to physiotherapy. In *Adherence to treatment in medical conditions*, ed. L.B. Myers and K. Midence, 363-382. Amsterdam: Hardwood Academic Publishers.

Sluijs, E.M., G.J. Kok, and J. van der Zee. 1993. Correlates of exercise compliance in physical therapy. *Physical Therapy* 73(11), 771-786.

Smith, C.A. 1994. The warm-up procedure: To stretch or not to stretch. A brief review. *Journal of Orthopaedic and Sports Physical Therapy* 19(1), 12-17.

Smith, C.F. 1977. Physical management of muscular low back pain in the athlete. *Canadian Medical Association Journal* 117(September 17), 632-635.

Smith, J.L., R.S. Hutton, and E. Eldred. 1974. Post contraction changes in sensitivity of muscle afferents to static and dynamic stretch. *Brain Research* 78(September-October), 193-202.

Smith, J.W. 1966. Factors influencing nerve repair. I. Blood supply of peripheral nerves. *Archives of Surgery* 93(2), 335-341.

Smith, R.E. 1986. Toward a cognitive-affective model of athletic burnout. *Journal of Sport Psychology* 8(1), 36-50.

Solomonow, M., and R. D'Ambrosia. 1991. Neural reflex arcs and muscle control of knee stability and motion. In *Ligament and extensor mechanism injuries of the knee*, ed. W.N. Scott, 389-400. St. Louis: Mosby-Year Book.

Song, T.M.K. 1979. Flexibility of ice hockey players and comparison with other groups. In *Science in skiing, skating and hockey*, ed. J. Terauds and H.J. Gros, 117-125. Del Mar, CA: Academic.

Song, T.M., and G.T. Garvie. 1976. Wrestling with flexibility. *Canadian Journal for Health, Physical Education and Recreation* 43(1), 18-26.

Song, T.M.K., and G.T. Garvie. 1980. Anthropometric, flexibility, strength, and physiological measures of Canadian and Japanese Olympic wrestlers. *Canadian Journal of Applied Sport Science* 5(1), 1-8.

Sontag, S., and J.N. Wanner. 1988. The cause of leg cramps and knee pains: A hypothesis and effective treatment. *Medical Hypotheses* 25(1), 35-41.

Sorimachi, H., Y. Ono, and K. Suzuki. 2000. Skeletal muscle-specific calpain, p94, and connectin/titin: Their physiological functions and relationship to limb-girdle muscular dystrophy type 2a. In *Advances in experimental medicine and biology. Elastic filaments of the cell*, 481, ed. H.L. Granzier and G.H. Pollack, 383-397. New York: Kluwer Academic/Plenum Publishers.

Soussi-Yanicostas, N., C.B. Hamida, G.S. Butler-Browne, F. Hentati, K. Bejaoui, and M.B. Hamida. 1991. Modification in the expression and location of contractile and cytoskeletal proteins in Schwartz-Jampel syndrome. *Journal of the Neurological Sciences* 104(1), 64-73.

Souza, T.A. 1994. General treatment approaches for shoulder disorder. In *Sports injuries of the shoulder: Conservative management*, ed. T.A. Souza, 107-124. Edinburgh: Churchill Livingstone.

Sovik, R. 2000. The science of breathing—The yogic view. *Progress in Brain Research* 122, 491-505.

Speaight, G. 1980. *A history of the circus*. New York: A.S. Barnes and Company.

Spernoga, S.G., T.L. Uhl, B.L. Arnold, and B.M. Gansneder. 2001. Duration of maintained hamstring flexibility after a one-time, modified hold-relax stretching protocol. *Journal of Athletic Training* 36(1), 44-48.

Spielholz, N.I. 1990. Scientific basis of exercise. In *Therapeutic exercise*. 5th ed. eds. J.V. Basmajian and S.L. Wolf, 49-76. Baltimore: Williams & Wilkins.

Spindler, K.P., and E.M. Benson. 1994. Natural history of posterior cruciate ligament injury. *Sports Medicine and Arthroscopy Review* 2(2), 73-79.

Spoerl, J., M. Mottice, and E.K. Benner. 1994. *Soft tissue mobilization techniques*. 2nd ed. Canton, Ohio: JEMD.

Stafford, M., and W. Grana. 1984. Hamstring/quadriceps ratios in college football players: A high velocity evaluation. *American Journal of Sports Medicine* 12(3), 209-211.

Stainsby, W.N., J.T. Fales, and J.L. Lilienthal. 1956. Effect of stretch on oxygen consumption of dog skeletal muscle in situ. *Bulletin of the Johns Hopkins Hospital* 99(5), 249-261.

Stamford, B. 1981. Flexibility and stretching. *The Physician and Sportsmedicine* 12(2), 171.

Stanitski, C.L. 1995. Articular hypermobility and chondral injury in patients with acute patellar dislocation. *American Journal of Sports Medicine* 23(2), 146-150.

Starring, D.T., M.R. Gossman, G.G. Nicholson, Jr., and J. Lemons. 1988. Comparison of cyclic and sustained passive stretching using a mechanical device to increase resting length of hamstring muscles. *Physical Therapy* 68(3), 314-320.

Stauber, W.T. 1989. Eccentric action of muscles: Physiology, injury, and adaptation. In *Exercise and sports sciences reviews*, ed. K. Pandolf, 157-185. Baltimore: Williams & Wilkins.

Steban, R.E., and S. Bell. 1978. *Track & field: An administrative approach to the science of coaching*. New York: Wiley & Sons.

Steele, V.A., and J.A. White. 1986. Injury prevention in female gymnasts. *British Journal of Sports Medicine* 20(1), 31-33.

Steinacker, J.M., M. Both, and B.J. Whipp. 1993. Pulmonary mechanics and entrainment of respiration and stroke rate during rowing. *International Journal of Sports Medicine* 14(Suppl. 1), S15-S19.

Steindler, A. 1977. *Kinesiology of the human body*. Springfield, IL: Charles C Thomas.

Steinmann, B., P.M. Royce, and A. Superti-Furga. 1993. The Ehlers-Danlos syndrome. In *Connective tissue and its heritable disorders: Molecular, genetic and medical aspects*, eds., P.M. Royce and B. Steinmann, 351-407. New York: Wiley-Liss.

Stevens, A., H. Stijns, N. Rosselle, and F. Decock. 1977. Litheness and hamstring muscles. *Electromyography and Clinical Neurophysiology* 17(6), 507-511.

Stevens, A., H. Stijns, N. Rosselle, K. Stappaerts, and A. Michels. 1974. Slowly stretching the hamstrings and compliance. *Electromyography and Clinical Neurophysiology* 14(5-6), 495-496.

Steventon, C., and G. Ng. 1995. Effect of trunk flexion speed on flexion relaxation or erector spinae. *Australian Journal of Physiotherapy* 41(4), 239-241.

Stewart, I.B. and G.G. Sleivert. 1998. The effect of warm-up intensity on range of motion and anaerobic performance. *Journal of Orthopaedic and Sports Physical Therapy* 27(2), 154-161.

Stewart, R.B. 1987. Drug use and adverse drug reactions in the elderly: An epidemiological perspective. *Topics in Geriatric Rehabilitation* 2(3), 1-11.

Stiles, E.G. 1984. Manipulation: A tool for your practice? *Patient Care* 18(9), 16-42.

Stockton, I.D., T. Reilly, F.H. Sanderson, and T.J. Walsh. 1980. Investigations of circadian rhythm in selected components of sports performance. *Bulletin of the Society of Sports Sciences* 1(1), 14-15.

Stoddard, A. 1979. *The back, relief from pain*. New York: Arco.

Stokes, I.A., D.G. Wilder, J.W. Frymoyer, and M.H. Pope. 1981. Assessment of patients with low back pain by biplanar radiographic measurement of intervertebral motion. *Spine* 6(3), 233-238.

Stone, D.A., R. Kamenski, J. Shaw, K.M.J. Nachazel, S.F. Conti, and F.H. Fu. 2001. Dance. In *Sports injuries: Mechanisms, prevention, treatment*. 2nd ed, ed. F.H. Fu and D.A. Stone, 380-397. Philadelphia: Lippincott Williams & Wilkins.

Stone, W.J., and W.A. Kroll. 1991. *Sports conditioning and weight training: Programs for athletic competition*. 3rd ed. Dubuque, Iowa: Wm. C. Brown.

Stopka, C., K. Morley, R. Siders, J. Schuette, A. Houck, and Y. Gilmet. 2002. Stretching techniques to improve flexibility in Special Olympics athletes and their coaches. *Journal of Sport Rehabilitation* 11(1), 22-34.

Stover, C.N., G. Wiren, and S.R. Topaz. 1976. The modern golf swing and stress syndromes. *The Physician and Sportsmedicine* 4(9), 43-47.

Strauhal, M.J. 1999. Therapeutic exercise in obstetrics. In *Therapeutic exercise: Moving toward function.* eds. C. Hall and L.T. Brody, 211-232. Philadelphia: Lippincott, Williams & Wilkins.

Strauss, J.B. 1993. *Chiropractic philosophy.* Levittown, PA: Foundation for the Advancement of Chiropractic Education.

Strickler, T., T. Malone, and W.E. Garrett. 1990. The effects of passive warming on muscle injury. *American Journal of Sports Medicine* 18(2), 141-145.

Strocchi, R., L. Leonardi, S. Guizzardi, M. Marchini, and A. Ruggeri. 1985. Ultrastructural aspects of rat tail tendon sheaths. *Journal of Anatomy* 140(1), 57-67.

Stroebel, C.F. 1979. Non-specific effects and psychodynamic issues in self-regulatory techniques. Paper presented at the Johns Hopkins Conference on Clinical Biofeedback. Baltimore, MD.

Sturkie, P.D. 1941. Hypermobile joints in all descendants for two generations. *Journal of Heredity* 32(7), 232-234.

Sugamoto, K., T. Harada, A. Machida, H. Inui, T. Miyamoto, E. Takeuchi, H. Yoshikawa, and T. Ochi. 2002. Scapulohemeral rhythm: Relationship between motion velocity and rhythm. *Clinical Orthopaedics and Related Research* Aug(401), 119-124.

Sugaya, H., A. Tsuchiya, H. Moriya, D. Morgan, and S.A. Banks. 1999. Low back injury in elite and professional golfers: An epdemiologic and radiographic study. In *Science and golf III: Proceedings of the 1998 World Scientific Congress of Golf,* eds. M.R. Farrally and A.J. Cochran, 38-91. Champaign, IL: Human Kinetics.

Sullivan, M.K., J.J. Dejulia, and T.W. Worrell. 1992. Effect of pelvic position and stretching method on hamstring muscle flexibility. *Medicine and Science in Sports and Exercise* 24(12), 1383-1389.

Sullivan, P.D., P.E. Markos, and M.D. Minor. 1982. *An integrated approach to therapeutic exercise theory and clinical application.* Reston, VA: Reston.

Suminski, R.R., C.O. Mattern, and S.T. Devor. 2002. Influence of racial origin and skeletal muscle properties on disease prevalence and physical performance. *Sports Medicine* 32(11), 667-673.

Sun, J-S., Y-H. Tsuang, T-K. Liu, Y-S. Hang, C-K. Cheng, and W.W-L. Lee. 1995. Viscoplasticity of rabbit skeletal muscle under dynamic cyclic loading. *Clinical Biomechanics* 10(5), 258-262.

Sundberg, J. 1983. Chest wall vibrations in singers. *Journal of Speech and Hearing Research* 26(3), 329-340.

Sunderland, S. 1978. Traumatized nerves, roots and ganglia: Musculoskeletal factors and neuropathological consequences. In *The neurobiologic mechanism in manipulative therapy,* ed. I.M. Korr, 137-166. New York: Plenum Press.

Sunderland, S. 1991. *Nerve injuries and their repair: A critical appraisal.* 3rd ed. London: Churchill Livingstone.

Sunderland, S., and K.C. Bradley. 1961. Stress-strain phenomena in human spinal nerve roots. *Brain* 84(1), 102-119.

Surburg, P.R. 1981. Neuromuscular facilitation techniques in sportsmedicine. *The Physician and Sportsmedicine* 18(1), 114-127.

Surburg, P.R. 1983. Flexibility exercise re-examined. *Athletic Training* 18(1), 37-40.

Sutcliffe, M.C., and J.M. Davidson. 1990. Effect of static stretching on elastin production by porchine aortic smooth muscle cells. *Matrix* 10(3), 148-153.

Sutro, C.J. 1947. Hypermobility of bones due to "overlengthened" capsular and ligamentous tissues. *Surgery* 21(1), 67-76.

Sutton, G. 1984. Hamstrung by hamstring strains: A review of the literature. *Journal of Orthopaedic and Sports Physical Therapy* 5(4), 184-195.

Suzuki, S., and R.S. Hutton. 1976. Postcontractile motorneuron discharge produced by muscle afferent activation. *Medicine and Science in Sports* 8(4), 258-264.

Suzuki, S., and G.H. Pollack. 1986. Bridge-like interconnections between thick filaments in stretched skeletal muscle fibers observed by the freeze-fractured method. *Journal of Cell Biology* 102(3), 1093-1098.

Sward, L., B. Eriksson, and L. Peterson. 1990. Anthropometric characteristics, passive hip flexion, and spinal mobility in relation to back pain in athletes. *Spine* 15(5), 376-382.

Sweet, S. 2001. Warm-up or no warm-up *Strength and Conditioning Journal* 23(6), 36.

Tabary, J.C., C. Tabary, C. Tardieu, G. Tardieu, and G. Goldspink. 1972. Physiological and structural changes in the cat's soleus muscle due to immobilization at different lengths by plaster casts. *Journal of Physiology (London)* 224(1), 231-244.

Talag, T. 1973. Residual muscle soreness as influenced by concentric, eccentric, and static contractions. *Research Quarterly* 44(4), 458-469.

Talbot, J.A., and D.L. Morgan. 1996. Quantitative analysis of sarcomere non-uniformities in active muscle following a stretch. *Journal of Muscle Research and Cell Motility* 17(2), 261-268.

Talbot, J.A., and D.L. Morgan. 1998. The effects of stretch parameters on eccentric exercise-induced damage to toad skeletal muscle. *Journal of Muscle Research and Cell Motility* 19(3), 237-245.

Tamkun, J.W., D.W. DeSimone, D. Fonda, R.S. Patel, C. Buck, A.F. Horwitz, and R.O. Hynes. 1986. Structure of integrin, a glycoprotein involved in the transmembrane linkage between fibronectin and actin. *Cell* 46(2), 271-282.

Tanigawa, M.C. 1972. Comparison of the hold-relax procedure and passive mobilization on increasing muscle length. *Physical Therapy* 52(7), 725-735.

Tanii, K., and T. Masuda. 1985. A kinesiologic study of erectores spinae during trunk flexion and extension. *Ergonomics* 28(6), 883-893.

Tatsumi, R., K. Maeda, A. Hattori, and K. Takahashi. 2001. Calcium binding to an elastic portion of connectin/titin filaments. *Journal of Muscle Research and Cell Motility,* 22(2), 149-162.

Taunton, J.E. 1982. Pre-game warm-up and flexibility. *New Zealand Journal of Sports Medicine* 10(1), 14-18.

Taylor, D.C., J.D. Dalton, A.V. Seaber, and W.E. Garrett. 1990. Viscoelastic properties of muscle-tendon units: The biomechanical effects of stretching. *American Journal of Sports Medicine* 18(3), 300-309.

Taylor, J., and S. Taylor. 1997. *Psychological approaches to sports injury rehabilitation.* Gaithersburg, MD: Aspen.

Teaching Music. 2001. Music and medicine: Preventing performance injuries. *Teaching Music* 9(2), 23-30.

Teeter Hang Ups. 2002, Oct. 12. Inversion benefits. [Online]. Available: www.teeterhangups.com/about/benefits.html [October 31, 2003].

Teitz, C.C. 1982. Sports medicine concerns in dance and gymnastics. *Pediatric Clinics of North America* 29(6), 1399-1421.

Terracio, L., D. Gullberg, K. Rubin, S. Craig, and T.K. Borg. 1989. Expression of collagen adhesion proteins and their association with the cytoskeleton in cardiac myocytes. *Anatomical Record* 223(1), 62-71.

Terrett, A.G.J., and H. Vernon. 1984. Manipulation and pain tolerance. *American Journal of Physical Medicine* 63(5), 217-225.

Tesch, P.A., H. Hjort, and U.I. Balldin. 1983. Effects of strength training on G tolerance. *Aviation Space and Environmental Medicine* 54(8), 691-695.

Tesh, K.M., J.H. Evans, J.S. Dunn, and J.P. O'Brien. 1985. The contribution of skin, fascia, and ligaments to resisting flexion of the lumbar spine. In *Biomechanical measurement in orthopaedic practice,* ed. W. Whittle and D. Harris, 179-187. Oxford: Clarendon Press.

Tessman, J.R. 1980. *My back doesn't hurt anymore.* New York: Quickfox.

Thacker, S.B., J. Gilchrist, D.F. Stroup, and C.D. Kimsey. 2002. The prevention of shin splints in sports: A systematic review of literature. *Medicine and Science in Sports and Exercise* 34(1), 32-40.

Thieme, W.T., R. Wynne-Davis, H.A.F. Blair, E.T. Bell, and J.A. Joraine. 1968. Clinical examination and urinary oestrogen assays in newborn children with congenital dislocation of the hip. *The Journal of Bone and Joint Surgery* 50B(3), 546-550.

Thigpen, L.K. 1984. Neuromuscular variation in association with static stretching (Abstract). In *Abstracts of research papers 1984,* ed. W. Kroll, 28. American Alliance for Health, Physical Education and Recreation. Washington, DC.

Thigpen, L.K., T. Moritani, R. Thiebaud, and J.L. Hargis. 1985. The acute effects of static stretching on alpha motoneuron excitability. In *Biomechanics IX-A. International series on biomechanics* Vol. 5A, ed. D.A. Winter, R.W. Norman, R.P. Wells, K.C. Hayes, and A.E. Patla, 352-357. Champaign, IL: Human Kinetics.

Thomas, D.Q., and J.C. Quindry. 1997. Exercise consumerism—Let the buyer beware! *Journal of Physical Education, Recreation & Dance* 68(3), 56-60.

Thomas, E., A. Silman, A. Papageorgiou, G. Macfarlane, and P. Croft. 1998. Association between measures of spinal mobility and low back pain. An analysis of new attenders in primary care. *Spine* 23(3), 343-347.

Thomeé, R., and J. Karlsson. 1995. Muscle and tendon injuries of the groin. *Critical Reviews in Physical and Rehabilitation Medicine* 7(4), 299-313.

Thomsen, P., and J.V. Luco. 1944. Changes of weight and neuromuscular transmission in muscles of immobilized joints. *Journal of Neurophysiology* 7(4), 245-251.

Thurston, A.J. 1985. Spinal and pelvic kinematics in osteoarthritis of the hip joint. *Spine* 10(5), 46-471.

Tideiksaar, R. 1986. Preventing falls: Home hazard checklists to help older patients protect themselves. *Geriatrics* 41(5), 26-28.

Tiidus, P., and J. Shoemaker. 1995. Effleurage massage, muscle blood flow and long-term post-exercise strength recovery. *International Journal of Sports Medicine* 16(7), 478-483.

Tillman, L.J., and G.S. Cummings. 1992. Biologic mechanisms of connective tissue mutability. In *Dynamics of human biologic tissues*, ed. D.P. Currier and R.M. Nelson, 1-44. Philadelphia: F.A. Davis.

Tilney, F., and F.H. Pike. 1925. Muscular coordination experimentally studied in its relation to the cerebellum. *Archives of Neurology and Psychiatry* 13(3), 289-334.

Tinker, D., and R.B. Rucker. 1985. Role of selected nutrients in synthesis, accumulation, and chemical modification of connective tissue proteins. *Physiological Reviews* 65(3), 607-657.

Tippett, S.R. 1986. Lower extremity strength and active range of motion in college baseball pitchers: A comparison between stance leg and kick leg. *Journal of Orthopaedic and Sports Physical Therapy* 8(1), 10-14.

Tobias, M., and M. Stewart. 1985. *Stretch and relax*. Tucson, AZ: Body Press.

Todd, T. 1985. The myth of the muscle-bound lifter. *NSCA Journal* 7(3), 37-41.

Toepfer, K. 1999. Twisted bodies: Aspects of female contortionism in the letters of a connoisseur. *The Drama Review* 43(1), 104-136.

Toft, E., G.T. Espersen, S. Kålund, T. Sinkjær, and B.C. Hornemann. 1989. Passive tension of the ankle before and after stretching. *American Journal of Sports Medicine* 17(4), 489-494.

Tolsma, B. 1985. Flexibility and velocity. *Track & Field Quarterly Review* 84(3), 44-47.

Toppenberg, R., and M. Bullock. 1986. The interrelation of spinal curves, pelvic tilt and muscle length in the adolescent female. *Australian Journal of Physiotherapy* 32, 6-12.

Toppenberg, R., and M. Bullock. 1990. Normal lumbo-pelvic muscle length and their interrelationships in adolescent females. *Australian Journal of Physiotherapy* 36, 105-109.

Torg, J.S., J.J. Vegso, and E. Torg. 1987. *Rehabilitation of athletic injuries: An atlas of therapeutic exercise*. Chicago: Year Book Medical.

Torgan, C.J. 1985. *The effects of static stretching upon muscular distress*. Master's thesis, University of Massachusetts.

Toufexis, A. 1974. The price of an art. *Physician's World* 2(4), 44-50.

Tovin, B., and M. Neyer. 2001. Diving. In *Sports injury prevention & rehabilitation*, ed. E. Shamus and J. Shamus, 155-184. New York: McGraw-Hill.

TRECO. 1987. *Power stretch*. Newport News, VA: TRECO Products.

Trendelenburg, W. 1923. Zur physiologie de spielbewegung in der musikausübung. *Pflüger's Archiv für die gesamie Physiologie des Menschen der Tiere* 210, 198-201.

Trendelenburg, W. 1925. *Die natürlichen grundlagen der kunst des streich-instrumentenspiels*. Berlin: Springer.

Trinick, J., P. Knight, and A. Whiting. 1984. Purification and properties of native titin. *Journal of Molecular Biology* 180(2), 331-356.

Troels, B. 1973. Achilles tendon rupture. *Acta Orthopaedica Scandinavica* 152(Suppl.), 1-126.

Trombitás, K., M. Greaser, S. Labeit, J.P. Jin, M. Kellermayer, M. Helmes, and H. Granzier. 1998. Titin extensibility in situ: Entropic elasticity of permanently folded and permanently unfolded molecular segments. *Journal of Cell Biology* 140(4), 853-859.

Trombitás, K., G.H. Pollack, J. Wright, and K. Wang. 1993. Elastic properties of titin filaments demonstrated using a "freeze-break" technique. *Cell Motility and the Cytoskeleton* 24(4), 274-283.

Troup, J.D.G., C.A. Hood, and A.E. Chapman. 1968. Measurement of the sagittal mobility of the lumbar spine and hips. *Annals of Physical Medicine* 9(8), 308-321.

Tsai, L., and T. Wredmark. 1993. Spinal posture, sagittal mobility, and subjective rating of back problems in former elite gymnasts. *Spine* 18(7), 872-875.

Tsatsouline, P. 2001a. *Relax into stretch*. St. Paul, MN: Dragon Door.

Tsatsouline, P. 2001b. *Super joints*. St. Paul, MN: Dragon Door.

Tschernogubow, A. 1892. Cutis laxa. *Monatshefte für Praktische Dermatologie* 14(2), 76.

Tskhovrebova, L., and J. Trinick. 2000. Extensibility in the titin molecule and its relation to muscle elasticity. In *Advances in experimental medicine and biology. Elastic filaments of the cell*, Vol. 481, ed. H.L. Granzier and G.H. Pollack, 163-173. New York: Kluwer Academic/Plenum Publishers.

Tskhovrebova, L., and J. Trinick. 2001. Flexibility and extensibility in the titin molecule: Analysis of electron microscope data. *Journal of Molecular Biology* 310(4), 755-771.

Tucker, C. 1990. *The mechanics of sports injuries: An osteopathic approach*. Oxford: Blackwell Scientific.

Tullos, H.S., and J.W. King. 1973. Throwing mechanism in sport. *Orthopedic Clinics of North America* 4(3), 709-720.

Tullson, P., and R.B. Armstrong. 1968. Exercise induced muscle inflammation. *Federation Proceeding* 37(3), 663.

Tullson, P., and R.B. Armstrong. 1981. Muscle hexose monophosphate shunt activity following exercise. *Experimentia* 37(12), 1311-1312.

Tumanyan, G.S., and S.M. Dzhanyan. 1984. Strength exercises as a means of improving active flexibility of wrestlers. *Soviet Sports Review* 19(3), 146-150.

Turek, S.L. 1984. *Orthopaedics principles and their application*. 4th ed. Philadelphia: Lippincott.

Turk, D.C. 1993. Commentaries. *Physical Therapy* 73(11), 771-786.

Turl, S.E., and K.P. George. 1998. Adverse neural tension: A factor in repetitive hamstring strain? *Journal of Orthopaedic and Sports Physical Therapy* 27(1), 16-21.

Turner, A.A. 1977. *The effects of two training methods on flexibility*. Master's thesis, Lakehead University.

Turner, A.A., and R. Frey. 1984. Active-static flexibility conditioning: A research proposal submitted to the UAA Rights of Human Subjects Committee (Proposal II), School of Education, Department of Physical Education. University of Alaska, Anchorage.

Tuttle, W.W. 1924. The effect of sleep upon the patellar tendon reflex. *American Journal of Physiology* 68(2), 345-348.

Tweitmeyer, T.A. 1974. *A comparison of two stretching techniques for increasing and retaining flexibility*. Master's thesis, University of Iowa.

Twellaar, F.T., F.T.J. Verstappen, A. Huson, and W. van Mechelen. 1997. Physical characteristics as risk factors for sports injuries: A four year prospective study. *International Journal of Sports Medicine* 18(1), 66-71.

Tyne, P.J., and M. Mitchell. 1983. *Total stretching*. Chicago: Contemporary Books.

Tyrance, H.J. 1958. Relationships of extreme body types to ranges of flexibility. *Research Quarterly* 29(3), 349-359.

Tyrer, P.J., and A.J. Bond. 1974. Diurnal variation in physiological tremor. *Electroencephalography and Clinical Neurophysiology* 37(1), 35-40.

Ulmer, R.A. 1989. The past, present, and predicted future of the patient compliance field. [Editorial] *Journal of Compliance in Health Care* 4(2), 89-93.

Unsworth, A., D. Dowson, and V. Wright. 1971. Cracking joints: A bioengineering study of cavitation in the metacarpophalangeal joint. *Annals of the Rheumatic Diseases* 30(4), 348-358.

Upton, A.R.M., and P.F. Radford. 1975. Motoneuron excitability in elite sprinters. In *Biomechanics*, ed. P.V. Komi, 82-87. Baltimore, MD: University Park.

Uram, P. 1980. *The complete stretching book*. Mountain View, CA: Anderson World.

Urban, J.P.G., and M.T. Bayliss. 1989. Regulation of proteoglycan synthesis rate in cartilage in vitro: Influence of extracellular ionic composition. *Biochemica et Biophysica Acta* 992, 59-65.

Urban, J., A. Maroudas, M. Bayliss, and J. Dillon. 1979. Swelling pressures of proteoglycans at the concentration found in cartilagenous tissues. *Biorheology* 16(6), 447-464.

Urban, L.M. 1981. The straight-leg-raising test: A review. *The Journal of Orthopaedic and Sports Physical Therapy* 2(3), 117-134.

Urry, D.W. 1984. Protein elasticity based on conformations of sequential polypeptides: The biological elastic fiber. *Journal of Protein Chemistry* 3(5-6), 403-436.

US Department of Commerce, Bureau of the Census 1998. *Statistical abstract of the United States: The national data book.* 118th ed. Washington, DC: US Government Printing Office.

Ushijama, I., K. Yamada, T. Inoue, T. Tokunaga, T. Furukawa, and Y. Noda. 1984. Muscarinic and nicotinic effects on yawning and tongue protruding in the rat. *Pharmacology Biochemistry and Behavior* 21(2), 297-300.

Vallbo, A.B. 1974a. Afferent discharge from human muscle spindles in non-contracting muscles. Steady state impulse frequency as a function of the joint angle. *Acta Physiologica Scandinavica* 90(2), 303-318.

Vallbo, A.B. 1974b. Human muscle spindle discharge during isometric voluntary contractions. Amplitude relations between spindle frequency and torque. *Acta Physiologica Scandinavica* 90(2), 319-336.

Van Beveren, P.J. 1979. Effects of muscle stretching program on muscle strength. *Empire State Physical Therapy* 20, 9.

Vandenburgh, H.H. 1987. Motion into mass: How does tension stimulate muscle growth? *Medicine and Science in Sports and Exercise* 19(5), S142-S149.

Vandenburgh, H.H. 1992. Mechanical forces and their second messengers in stimulating cell growth in vitro. *American Journal of Physiology* 31(3), R350-R355.

Vandenburgh, H.H., S. Hatfaludy, P. Karlisch, and J. Shansky. 1991. Mechanically induced alterations in cultured skeletal muscle growth. *Journal of Biomechanics* 24 (Suppl. 1), 91-99.

Vandenburgh, H.H., and S. Kaufman. 1979. In vitro model for stretch-induced hypertrophy of skeletal muscle. *Science* 203(4377), 265-268.

Vandenburgh, H.H., and S. Kaufman. 1983. Stretch and skeletal myotube growth: What is the physical to biochemical linkage? *Frontiers of exercise biology*, eds. K.T. Borer, D.W. Edington and T.P. White, 71-84. Champaign, IL: Human Kinetics.

Vander, A.J., J.H. Sherman, and D.S. Luciano. 1975. *Human physiology: The mechanics of body function.* 2nd ed. New York: McGrw-Hill.

van der Heijden, G.J.M.G., A.J.H.M. Beurskens, B.W. Koes, W.J.J. Assendelft, H.C.W. de Vet, and L.M. Bouter. 1995. The efficacy of traction for back and neck pain: A systematic, blinded review of randomized clinical trial methods. *Physical Therapy* 75(2), 93-104.

Van der Meulin, J.H.C. 1982. Present state of knowledge on processes of healing in collagen structures. *International Journal of Sports Medicine* 3(Suppl. 1), 4-8.

van der Ven, P.F.M., S. Wiesner, P. Salmikangas, D. Aurbach, M. Himmel, S. Kempa, K. Hayess, D. Pacholosky, A. Taivainen, R. Schröder, O. Carpén, and D.O. Fürst. 2000. Indications for a novel muscular dystrophy pathway: Gamma-filamin, the muscle-specific filamin isoform, interacts with myotilin, *Journal of Cell Biology* 151(2), 235-247.

Vandervoort, A.A., B.M. Chesworth, D.A. Cunningham, D.H. Patterson, P.A. Rechnitzer, and J.J. Koval. 1992. Age and sex effects on mobility of the human ankle. *Journal of Gerontology* 47(1), M17-M21.

Vandervoort, A.A., K.C. Hayes, and Y. Bélanger. 1986. Strength and endurance of skeletal muscle in the elderly. *Physiotherapy Canada* 38(3), 167-173.

Vandervoort, A.A., and A.J. McComas. 1986. Contractile changes in opposing muscles of the human ankle joint with aging. *Journal of Applied Physiology* 61(1), 361-367.

Van Deusen, J., and D. Harlowe. 1987. A comparison of the ROM dance home exercise rest program with traditional routines. *Occupational Therapy Journal of Research* 7(6), 349-361.

van Dieën, J.H., and H.M. Toussaint. 1993. Spinal shrinkage as a parameter of functional load. *Spine* 18(11), 1504-1514.

van Mechelen, W., H. Hlobil, H.C.C. Kemper, W.J. Voorn, and R. de Jongh. 1993. Prevention of running injuries by warm-up, cool-down, and stretching exercises. *American Journal of Sports Medicine* 21(5), 711-719.

Van Wjimen, P.M. 1986. The management of recurrent low back pain. In *Modern manual therapy of the vertebral column*, ed. G.P. Grieve, 756-776. Edinburgh: Churchill Livingstone.

Vasu, S.C. 1933. *The Gheranda Samhita: A treatise on hatha yoga.* Adyar, Madras, India: Theosophical.

Verkhoshansky, Y., and M.C. Siff. 1993. Some facts on warming up. *Fitness and Sports Review International* 28(2), 64-65.

Vernon, H.T., M.S.I. Dhami, T.P. Howley, and R. Annett. 1986. Spinal manipulation and beta-endorphin: A controlled study of the effect of a spinal manipulation on plasma beta-endorphin levels in normal males. *Journal of Manipulative and Physiological Therapeutics* 9(2), 115-123.

Vernon, H., J. Meschino, and J. Naiman. 1985. Inversion therapy: A study of physiological effects. *Journal of the Canadian Chiropractic Association* 29(3), 135-140.

Verrall, G.M., J.P. Slavotinek, P.G. Barnes, G.T. Fon, and A.J. Spriggins. 2001. Clinical risk factors for hamstring muscle strain injury: A prospective study with correlation of injury by magnetic resonance imaging. *British Journal of Sports Medicine* 35(6), 435-440.

Verzar, F. 1963. Aging of collagen. *Scientific American* 208(4), 104-117.

Verzar, F. 1964. Aging of collagen fiber. In *International review of connective tissue research* Vol. 2, ed. D.A. Hall, 244-300. New York: Academic Press.

Viidik, A. 1973. Functional properties of collagenous tissue. *International Review of Connective Tissue Research* 6, 127-217.

Viidik, A. 1980. Interdependence between structure and function in collagenous tissues. In *Biology of collagen*, ed. A. Viidik, and J. Vuust, 257-280. London: Academic Press.

Viidik, A., C.C. Danielson, and H. Oxlund. 1982. On fundamental and phenomenological models, structure and mechanical properties of collagen, elastin and glycosaminoglycan complexes. *Biorheology* 19(3), 437-451.

Volkov, V.M., and E.G. Milner. 1990. Running and injuries. *Soviet Sports Review* 25(2), 95-98.

Voluntary power of dislocation. 1882. *The British Medical Journal* 1, 515.

Volz, R.G., M. Lieb, and J. Benjamin. 1980. Biomechanics of the wrist. *Clinical Orthopaedics and Related Research* 149(June), 112-117.

von Wasielewski, J.W. 1975. *Life of Robert Schumann.* Translated by A.L. Alger. Detroit, MI: Information Coordinators.

Vorobiev, A.N. 1987. Weightlifting: Development of physical qualities. *Soviet Sports Review* 22(2), 62-68.

Voss, D.E., M.J. Ionta, B.J. Myers, and M. Knott. 1985. *Proprioceptive neuromuscular facilitation.* 3rd ed. New York: Harper & Row.

Vujnovich, A.L. 1995. Neural plasticity, muscle spasm and tissue manipulation: A review of the literature. *Journal of Manual & Manipulative Therapy* 3(4), 152-156.

Vujnovich, A.L., and N.J. Dawson. 1994. The effect of therapeutic muscle stretch on neural processing. *Journal of Orthopaedic and Sports Physical Therapy* 20(3), 145-153.

Waddell, G., G. Feder, A. McIntosh, M. Lewis, and A. Hutchinson. 1996. *Low back pain evidence review.* London: Royal College of General Practitioners.

Waddell, G., D. Somerville, I. Henderson, and M. Newton. 1992. Objective clinical evaluation of physical impairment in chronic low back pain. *Spine* 17(6), 617-628.

Waddington, P.J. 1976. Proprioceptive neuromuscular facilitation techniques. In *Practical exercise therapy*, ed. M. Hollis 207-213, Oxford: Blackwell Scientific.

Wagner, Ch. 1974. Determination of finger flexibility. *European Journal of Applied Physiology* 32(3), 259-278.

Wagner, Ch. 1988. The pianist's hand: Anthropometry and biomechanics. *Ergonomics* 31(1), 97-131.

Walcott, B., and E.B. Ridgeway. 1967. The ultrastructure of myosin-extracted striated muscle fibers. *American Zoologist* 7(3), 499-503.

Walker, J.M. 1981. Development, maturation and aging of human joints: A review. *Physiotherapy Canada* 33(3), 153-160.

Walker, S.M. 1961. Delay of twitch relaxation induced by stress and stress-relaxation. *Journal of Applied Physiology* 16(5), 801-806.

Wall, E.J., J.B. Massie, M.K. Kwan, B.J. Rydevik, R.R. Myers, and S.R. Garfin. 1992. Experimental stretch neuropathy: Changes in nerve conduction under tension. *Journal of Bone and Joint Surgery* 74B(1), 126-129.

Wallensten, R., and B. Eklund. 1983. Intramuscular pressures and muscle metabolism after short-term and long-term exercise. *International Journal of Sports Medicine* 4(4), 231-235.

Wallin, D., B. Ekblom, R. Grahn, and T. Nordenborg. 1985. Improvement of muscle flexibility: A comparison between two techniques. *American Journal of Sports Medicine* 13(4), 263-268.

Wallis, E.L., and G.A. Logan. 1964. *Figure improvement and body conditioning through exercise*. Englewood Cliffs, NJ: Prentice-Hall.

Walro, J.M., and J. Kucera. 1999. Why adult mammalian intrafusal and extrafusal fibers contain different myosin heavy-chain isoforms. *Trends in Neuroscience* 22(4), 180-184.

Walsh, M. 1985. Review. In F.J. Novakovski, *Trainer-assisted isolated stretching (TAIS)* (pp. ii). Lorton, VA: American Canoe Association.

Walshe, A.D., and G.J. Wilson. 1997. The influence of musculotendinous stiffness on drop jump performance. *Canadian Journal of Applied Physiology* 22(2), 117-132.

Walshe, A.D., G.J. Wilson, and A.J. Murphy. 1996. The validity and reliability of a test of lower body musculotendinous stiffness. *European Journal of Applied Physiology* 73(3-4), 332-339.

Walter, J., S.F. Figoni, F.F. Andres, and E. Brown. 1996. Training intensity and duration in flexibility. *Clinical Kinesiology* 50(2), 40-45.

Walter, S.D., L.E. Hart, J.M. McIntosh, and J.R. Sutton. 1989. The Ontario cohort study of running-related injuries. *Archives of Internal Medicine* 149(11), 2561-2564.

Walter, S.D., L.E. Hart, J.R. Sutton, J.M. McIntosh, and M. Gauld. 1988. Training habits and injury experience in distance runners: Age- and sex-related factors. *The Physician and Sportsmedicine* 16(6), 101-113.

Wang, H-K., and T. Cochrane. 2001. Mobility impairment, muscle imbalance, muscle weakness, scapular asymmetry and shoulder injury in elite volleyball athletes. *Journal of Sports Medicine and Physical Fitness* 41(3), 403-410.

Wang, H-K., A. Macfarlane, and T. Cochrane. 2000. Isokinetic performance and shoulder mobility in elite volleyball athletes from the United Kingdom. *British Journal of Sports Medicine* 34(1), 39-43.

Wang, K. 1984. Cytoskeletal matrix in striated muscle: The role of titin, nebulin and intermediate filaments. In *Contractile mechanisms in muscle*, ed. G.H. Pollack and H. Sugi, 285-306. New York: Plenum Press.

Wang, K. 1985. Sarcomere-associated cytoskeletal lattices in striated muscle. In *Cell and muscle motility* Vol. 6, ed. J.W. Shay, 315-369. New York: Plenum.

Wang, K., J.G. Forbes, and A.J. Jin. 2001. Single molecule measurements of titin elasticity. *Progress in Biophysics & Molecular Biology* 77, 1-44.

Wang, K., R. McCarter, J. Wright, J. Beverly, and R. Ramirez-Mitchell. 1991. Regulation of skeletal muscle stiffness and elasticity by titin isoforms: A test of the segmental extension model of resting tension. *Proceedings of the National Academy of Science* (USA) 88(6), 7101-7105.

Wang, K., R. Ramirez-Mitchell, and D. Palter. 1984. Titin is an extraordinarily long, flexible, and slender myofibrillar protein. *Proceedings of the National Academy of Science* (USA) 81(12), 3685-3689.

Wang, K., and J. Wright. 1988. Architecture of the sarcomere matrix of skeletal muscle: Immunoelectron microscopic evidence that suggests a set of parallel inextensible nebulin filaments anchored at the Z-line. *Journal of Cell Biology* 107(6, Pt. 1), 2199-2212.

Wang, K., and R. Ramirez-Mitchell. 1983. A network of transverse and longitudinal intermediate filaments is associated with sarcomeres of adult vertebrate skeletal muscle. *Journal of Cell Biology*, 96 (2), 562-570.

Wang, K., J. Wright, and R. Ramirez-Mitchell. 1985. Architecture of the titin/nebulin containing cytoskeletal lattice of the striated muscle sarcomere: Evidence of elastic and inelastic domains of the bipolar filaments (Abstract). *Biophysical Journal* 47, 349a.

Wang, N., J.P. Butler, and D.E. Ingber. 1993. Mechanotransduction across the cell surface and through the cytoskeleton. *Science* 260(5111), 1124-1127.

Wang, N., K. Naruse, D. Stamenovi, J.J. Fredberg, S.M. Mijailovich, I.M. Toli-Nørrelykke, T. Polte, R. Mannix, and D.E. Ingber. 2001. Mechanical behavior in living cells consistent with the tensegrity model. *Proceedings of the National Academy of Sciences of the United States of America* 98(14),7765-7770.

Warburton, D.E.R., N. Gledhill, and A. Quinney. 2001a. The effects of changes in musculoskeletal fitness on health. *Canadian Journal of Applied Physiology* 26(2), 161-216.

Warburton, D.E.R., N. Gledhill, and A. Quinney. 2001b. Musculoskeletal fitness and health. *Canadian Journal of Applied Physiology* 26(2), 217-237.

Ward, L. 1970. *The effects of the squat jump exercise on the lateral stability of the knee*. Ph.D. diss., Pennsylvania State University, University Park, PA.

Ward, R.C. 1993. Myofascial release concepts. In *Rational manual therapies*, ed. J.V. Basmajian and R. Nyberg, 223-241. Baltimore: Williams & Wilkins.

Ward, R.C. 2001. Myofascial release: A brief history. In *The myofascial release manual*. 3rd ed, ed. C. Manheim, 6-15. Thorofare, New Jersey: Slack.

Warren, A. 1968. Mobilization of the chest wall. *Physical Therapy* 48(6), 582-585.

Warren, C.G., J.F. Lehmann, and J.N. Koblanski. 1971. Elongation of rat tail tendon: Effect of load and temperature. *Archives of Physical Medicine and Rehabilitation* 57(3), 122-126.

Warren, C.G., J.F. Lehmann, and J.N. Koblanski. 1976. Heat and stretch procedures: An evaluation using rat tail tendon. *Archives of Physical Medicine and Rehabilitation* 57(3), 122-126.

Warren, G.L., D.A. Hayes, D.A. Lowe, and R.B. Armstrong 1993. Mechanical factors in the initiation of eccentric contraction-induced injury in rat soleus muscle. *Journal of Physiology* 464(May), 457-475.

Warren, G.W. 1989. *Classical ballet technique*. Tampa, FL: University of South Florida Press.

Waterman-Storer, C.M. 1991. The cytoskeleton of skeletal muscle: Is it affected by exercise? A brief review. *Medicine and Science in Sports and Exercise* 23(11), 1240-1249.

Watkins, A., A.P. Woodhull-McNeal, P.M. Clarkson, and C. Ebbeling. 1989. Lower extremity alignment and injury in young, preprofessional, college, and professional ballet dancers. *Medical Problems of Performing Artists* 4(4), 148-153.

Watson, A.W.S. 2001. Sports injuries related to flexibility, posture, acceleration, clinical defects, and previous injury in high-level players of body contact sports. *International Journal of Sports Medicine* 22(3), 222-225.

Watts, N. 1968. Improvement of breathing patterns. *Physical Therapy* 48(6), 563-581.

Wear, C.R. 1963. Relationship of flexibility measurements to length of body segments. *Research Quarterly* 34(3), 234-238.

Weaver, D. 1979. Weight-lifting advice: Flexibility the key to better lifting. *Strength Health* 47(4), 50-53.

Webber, C.E., and E.S. Garnett. 1976. Density of os calcis and limb dominance. *Journal of Anatomy* 121(1), 203-205.

Weber, F.P. 1936. The Ehlers-Danlos syndrome. *British Journal of Dermatology* 48(December), 609-617.

Webster, A.L., D.G. Syrotuik, G.L. Bell, R.L. Jones, and C.C. Hanstock. 2002. Effects of hyperbaric oxygen on recovery from exercise-induced muscle damage in humans. *Clinical Journal of Sports Medicine* 12(3), 139-150.

Webster, D. 1986. *Preparing for competition weightlifting*. Huddersfield, England: Springfield Books.

Weider, J. 1995. The case for flexibility: Unlock your massive back & shoulder muscles. *Muscle & Fitness* 56(5), 134-139.

Weiner, I.H., and H.L. Weiner. 1980. Nocturnal leg muscle cramps. *Journal of the American Medical Association* 244(20), 2332-2333.

Weinreb, R.N., J. Cook, and T.R. Friberg. 1984. Effect of inverted body position on intraocular pressure. *American Journal of Ophthalmology* 98(6), 784-787.

Weinstein, H., L. Dansky, and V. Iacopino. 1996. Torture and war trauma survivors in primary care. *Western Journal of Medicine* 165(3), 112-118.

Weis-Fogh, T., and S.O. Anderson. 1970a. In *Chemistry and molecular biology of the intracellular matrix* Vol. 1, ed. E.A. Balazs, 671-684. London: Academic Press.

Weis-Fogh, T., and S.O. Anderson. 1970b. New molecular model for the long-range elasticity of elastin. *Nature* 213(5259), 718-721.

Weisler, R.R., M. Hunter, D.F. Martin, W.W. Curl, and H. Hoen. 1996. Ankle flexibility and injury patterns in dancers. *American Journal of Sports Medicine* 24(6), 754-757.

Weldon, E.J., and A.B. Richardson. 2001. Upper extremity overuse injuries in swimming: A discussion of swimmer's shoulder. *Clinics in Sports Medicine* 20(3), 423-438.

Wells, K.B., J.M. Golding, and M.A. Burnam. 1988. Psychiatric disorder in a sample of the general population with and without chronic medical conditions. *American Journal of Psychiatry* 145(8), 976-981.

Welsh, D.G., and S.S. Segal. 1996. Muscle length directs sympathetic nerve activity and vasomotor tone in resistance vessels of hampster retractor. *Circulation Research* 79(3), 551-559.

Werner, S.L., G.S. Fleisig, C.J. Dillman, and J.R. Andrews. 1993. Biomechanics of the elbow during baseball pitching. *Journal of Orthopaedic and Sports Physical Therapy* 17(6), 274-278.

Wessel, J., and A. Wan. 1994. Effect of stretching on the intensity of delayed-onset muscle soreness. *Clinical Journal of Sport Medicine* 4(2), 83-87.

Wessling, K.C., D.A. DeVane, and C.R. Hylton. 1987. Effects of static stretch versus static stretch and ultrasound combined on triceps surae muscle extensibility in healthy women. *Physical Therapy* 67(5), 674-679.

Westgaard, R.H., and R. Björklund. 1987. Generation of muscle tension additional to postural muscle load. *Ergonomics* 30(6), 911-923.

Westling, L., S. Holm, and I. Wallentin. 1992. Temporomandibular joint dysfunction: Connective tissue variations in skin biopsy and mitral valve function. *Oral Surgery, Oral Medicine, and Oral Pathology* 74(6), 709-718.

Westling, L., and A. Mattiasson. 1992. General joint hypermobility and temporomandibular joint derangement in adolescents. *Annals of the Rheumatic Diseases* 51(1), 87-90.

Wharton, J., and P. Wharton. 1996. *The Wharton's stretch book*. New York: Three River Press.

Whelan, K.M., E.M. Gass, and C.C. Morgan. 1999. Warm-up: Efficacy of a program designed for downhill skiiing. *Australiam Journal of Physiotherapy* 45(4), 279-288.

Whipple, R.H., L.I. Wolfson, and P.M. Amerman. 1987. The relationship of knee and ankle weakness to falls in nursing home residents: An isokinetic study. *Journal of the American Geriatric Society* 35(1), 13-20.

White, A.A., and M.M. Panjabi. 1978. *Clinical biomechanics of the spine*. Philadelphia: Lippincott.

White, A.H. 1983. *Back school and other conservative approaches to low back pain*. St. Louis: Mosby.

Whiting, A., J. Wardale, and J. Trinick. 1989. Does titin regulate the length of muscle thick filaments? *Journal of Molecular Biology* 205(1), 263-268.

Whiting, W.C., and R.F. Zernicke. 1998. *Biomechanics of musculoskeletal injury*. Champaign, IL: Human Kinetics.

Wickstrom, R.L. 1963. Weight training and flexibility. *Journal of Health, Physical Education and Recreation*, 34(2), 61-62.

Wiegner, A.W. 1987. Mechanism of thixotropic behavior at relaxed joints in the rat. *Journal of Applied Physiology* 62(4), 1615-1621.

Wieman, H.M., and E. Calkins. 1986. Falls. In *The practice of geriatrics*, ed. E. Calkins, P.J. Davis, and A.B. Ford, 272-280. Philadelphia: Saunders.

Wiemann, K., and K. Hahn. 1997. Influences of strength, stretching and circulatory exercises on flexibility parameters of the human hamstrings. *International Journal of Sports Medicine* 18(5), 340-346.

Wiemann, K., A. Klee, and M. Stratmann. 1998. Filamentäre quellen der muskelruhespannung und die behandlung muskulärer dysbalancen. *Deutsche Zeitschrift für Sportmedizin* 44(4), 111-118.

Wigley, F.M. 1984. Osteoarthritis: Practical management in older patients. *Geriatrics* 39(3), 101-120.

Wiktorssohn-Möller, M., B. Öberg, J. Ekstrand, and J. Gillquist. 1983. Effects of warming up, massage, and stretching on range of motion and muscle strength in the lower extremity. *American Journal of Sports Medicine* 11(4), 249-252.

Wilby, J., K. Linge, T. Reilly, and J.D.G. Troup. 1987. Spinal shrinkage in females: Circadian variation and the effects of circuit weight-training. *Ergonomics* 30(1), 47-54.

Wiles, P. 1935. Movements of the lumbar vertebrae during flexion and extension. *Proceedings of the Royal Society of London* 28(5), 647-651.

Wilkinson, H.A. 1983. *The failed back syndrome: Etiology and therapy*. New York: Harper & Row.

Williams, J.C.P., and G. Sperryn. 1976. *Sports medicine*. 2nd ed. Baltimore: Williams & Wilkins.

Williams, P.C. 1977. *Low back and neck pain: Causes and conservative treatments*. Springfield, IL: Charles C Thomas.

Williams, P.E. 1988. Effect of intermittent stretch on immobilized muscle. *Annals of the Rheumatic Diseases* 47(12), 1014-1016.

Williams, P.E., T. Catanese, E.G. Lucey, and G. Goldspink. 1988. The importance of stretch and contractile activity in the prevention of connective tissue accumulation in muscle. *Journal of Anatomy* 158(June), 109-114.

Williams, P.E., and G. Goldspink. 1971. Longitudinal growth of striated muscle fibres. *Journal of Cell Science* 9(3), 751-767.

Williams, P.E., and G. Goldspink. 1973. The effect of immobilization on the longitudinal growth of striated muscle fibres. *Journal of Anatomy* 116(1), 45-55.

Williams, P.E., and G. Goldspink. 1976. The effect of denervation and dystrophy on the adaptation of sarcomere number to the functional length of the muscle in young and adult mice. *Journal of Anatomy* 122(2), 455-465.

Williams, P.E., and G. Goldspink. 1984. Connective tissue changes in immobilised muscle. *Journal of Anatomy* 138(2), 343-350.

Williams, P.L., L.H. Bannister, M.M. Berry, P. Collins, M. Dyson, J.E. Dussek, and M.W.J. Ferguson. eds. 1995. *Gray's anatomy*. 38th ed. Edinburgh London: Churchill Livingstone.

Williford, H.N., J.B. East, F.H. Smith, and L.A. Burry. 1986. Evaluation of warm-up for improvement in flexibility. *American Journal of Sports Medicine* 14(4), 316-319.

Willy, R.W., B.A. Kyle, S.A. Moore, and G.S. Chlebourn. 2001. Effect of cessation and resumption of static hamstring muscle stretching on joint range of motion. *Journal of Orthopaedic and Sports Physical Therapy* 31(3), 138-144.

Wilmore, J.H. 1991. The aging of bone and muscle. *Clinics in Sports Medicine* 10(2), 231-244.

Wilmore, J., and D. Costill. 1999. *Physiology of sports and exercise*. 2nd ed. Champaign, IL: Human Kinetics.

Wilmore, J., R.B. Parr, R.N. Girandola, P. Ward, P.A. Vodak, T.V. Pipes, G.T. Romerom, and P. Leslie. 1978. Physiological alterations consequent to circuit weight training. *Medicine and Science in Sports* 10(2), 79-84.

Wilson, G.J., A.J. Murphy, and J.F. Pryor. 1994. Musculotendinous stiffness: Its relationship to eccentric, isometric, and concentric performance. *Journal of Applied Physiology* 76(6), 2714-2719.

Wilson, G.J., G.A. Wood, and B.C. Elliott. 1991. The relationship between stiffness of the musculature and static flexibility: An alternative explanation for the occurrence of muscular injury. *International Journal of Sports Medicine* 12(4), 403-407.

Wilson, L.R., S.C. Gandevia, and D. Burke. 1995. Increased resting discharge of human spindle afferents following voluntary contractions. *Journal of Physiology (London)* 488(3), 833-840.

Wilson, V.E., and E.I. Bird. 1981. Effects of relation and/or biofeedback training upon hip flexion in gymnasts. *Biofeedback and Self-Regulation* 6(1), 25-34.

Wing, P., I. Tsang, F. Gagnon, L. Susak, and R. Gagnon. 1992. Diurnal changes in the profile shape and range of motion of the back. *Spine* 17(7), 761-766.

Winget, C.M., C.W. DeRoshia, and D.C. Holley. 1985. Circadian rhythms and athletic performance. *Medicine and Science in Sports and Exercise* 17(5), 498-516.

Winkenwerder, E.H., and K. Shankar. 2002. Spinal traction. In *Therapeutic physical modalities*, ed. K. Shankar and K.D. Randall, 161-176. Philadelphia: Hanley & Belfus.

Winterstein, J.F. 1989. In what way would a graduate of a SCASA college practice differently from a graduate of a CCE college? *Dynamic Chiropractic* 7(15), 1.

Wirhed, R. 1984. *Athletic ability: The anatomy of winning*. New York: Harmony Books.

Wisnes, A., and A. Kirkebø. 1976. Regional distribution of blood flow in calf muscles of rat during passive stretch and sustained contraction. *Acta Physiologica Scandinavica* 96(2), 256-266.

Witvrouw, E., L. Danneels, P. Asselman, T. D'Have, and D. Cambier. 2003. Muscle flexibility as a risk factor for developing muscle injuries in male professional soccer players: A prospective study. *American Journal of Sports Medicine* 31(1), 41-46.

Wolf, L.B., R.L. Segal, S.L. Wolf, and N. Nyberg. 1991. Quantitative analysis of surface and percutaneous electromyographic activity in lumbar erector spinae of normal young women. *Spine* 16(2), 155-161.

Wolf, M.D. 1983. Stretching a point. *Women's Sports* 5(8), 53.

Wolf, P. 2001. Creativity and chronic disease: Nicolo Paganini (1782-1840). *Western Journal of Medicine* 175(5), 345.

Wolf, S.L. 1994. Biofeedback. In *The physiological basis of rehabilitation medicine*. 2nd ed, ed. J.A. Downey, S.J. Myers, E.G. Gonzalez and J.S. Lieberman, 563-571. Boston: Butterworth-Heinemann.

Wolf, S.L., and R.L. Segal. 1990. Conditioning of the spinal stretch reflex: Implication for rehabilitation. *Physical Therapy* 70(10), 652-656.

Wolfson, M.D. 1991. The effect of muscle energy technique for increasing flexion of the lumbar spine. Master's thesis, D'Youville College, Buffalo, New York.

Wolpaw, J.R. 1983. Adaptive plasticity in the primate spinal stretch reflex: Reversal and redevelopment. *Brain Research* 278(1-2), 299-304.

Wolpaw, J.R., D.J. Braitman, and R.F. Seegal. 1983. Adaptive plasticity in the primate spinal stretch reflex: Initial development. *Journal of Neurophysiology* 50(6), 1296-1311.

Wolpaw, J.R., and J.S. Carp. 1990. Memory traces in spinal cord. *Trends in Neuroscience* 13(4), 137-142.

Wolpaw, J.R., and C.L. Lee. 1989. Memory traces in primate spinal cord produced by operant conditioning of H-reflex. *Journal of Neurophysiology* 61(3), 563-572.

Wolpaw, J.R., C.L. Lee, and J.S. Carp. 1991. Operantly conditioned plasticity in spinal cord. *Annals of the New York Academy of Sciences* 627, 338-348.

Wolpaw, J.R., P.A. Noonan, and J.A. O'Keefe. 1984. Adaptive plasticity and diurnal rhythm in the primate spinal stretch reflex are independent phenomenon. *Brain Research* 33(2), 385-391.

Wolpaw, J.R., and R.F. Seegal. 1982. Diurnal rhythm in the spinal stretch reflex. *Brain Research* 244(2), 365-369.

Wolpaw, J.R., and A.N. Tennissen. 2001. Activity-dependent spinal cord plasticity in health and disease. *Annual Review of Neuroscience* 24, 807-843.

Wolpe, J. 1958. *Psychotherapy by reciprocal inhibition*. Stanford: Stanford University Press.

Woo, S.L.-Y. 1982. Mechanical properties of tendon and ligament: I. Quasi-static and nonlinear viscoelastic properties. *Biorheology* 19(3), 385-396.

Woo, S.L.-Y., M.A. Gomez, and W.H. Akeson. 1985. Mechanical behaviors of soft tissues: Measurements, modifications, injuries, and treatments. In *The biomechanics of trauma*, ed. A.M. Nahum and J. Melvin. Norwalk, CT: Appleton-Century-Crofts.

Woo, S., J.V. Matthews, W.H. Akeson, D. Amiel, and R. Convery. 1975. Connective tissue response to immobility: Correlative study of biomechanical and biologic measurements of normal and immobilized rabbit knees. *Arthritis Rheumatology* 18(3), 257-264.

Wood, P.H.N. 1971. Is hypermobility a discrete entity? *Proceedings of the Royal Society of Medicine* 64(6), 690-692.

Wood, P.L., D. Cheney, and E. Costa. 1978b. Modulation of the turnover rate of hippocampal acetylcholine by neuropeptides: Possible site of action of alpha-melanocyte stimulating hormone, adrenocorticotrophic hormone, and somatostatin. *Journal of Pharmacology and Experimental Therapeutics* 209(1), 97-103.

Wood, P.L., D. Malthe-Sørenssen, D.L. Cheney, and E. Costa. 1978a. Increase of hippocampal acetylcholine turnover rate and the stretching-yawning syndromes elicited by alpha-MSH and ACTH. *Life Sciences* 22(8), 673-678.

Woods, M.J. 2002. Shin splints. In *Essentials of physical medicine and rehabilitation*, ed. W.R. Frontera and J.K. Silver, 375-378. Philadelphia: Hanley & Belfus.

Wordsworth, P., D. Ogilvie, R. Smith, and B. Sykes. 1987. Joint mobility with particular reference to racial variation and inherited connective tissue disorders. *British Journal of Rheumatology* 26(1), 9-12.

Workman, D. 1999. Injury prevention: The teacher's responsibility. *Percussive Notes* 37(3), 57, 59-60.

Workman, D. 2002. Preparing for performance. Part 3: Physical preparation. *Percussive Notes* 40(3), 54-59.

World Chiropractic Alliance. 1993. *Practice guidelines for straight chiropractic*. Chandler, AZ: Author.

World Chiropractic Alliance. 1998. *Clinical practice guideline: Vertebral subluxation in chiropractic practice*. Council on Chiropractic Practice.

Worrell, T.W., and D.H. Perrin. 1992. Hamstring muscle injury: The influence of strength, flexibility, warm-up, and fatigue. *Journal of Orthopaedic and Sports Physical Therapy* 16(1), 12-18.

Worrell, T.W., D.H. Perrin, B.M. Gansneder, and J.H. Gieck. 1991. Comparison of isokinetic strength and flexibility measures between hamstring injured and noninjured athletes. *Journal of Orthopaedic and Sports Physical Therapy* 13(3), 118-125.

Worrell, T.W., T.L. Smith, and J. Winegardner. 1994. Effect of hamstring stretching on hamstring muscle performance. *Journal of Orthopaedic and Sports Physical Therapy* 20(3), 154-159.

Worrell, T.W., M.K. Sullivan, and J.J. DeJulia. 1992. Reliability of an active-knee-extension test for determining hamstring muscle flexibility. *Journal of Sport Rehabilitation* 1(3), 181-187.

Wreje, U., P. Kristiansson, H. Åberg, B. Byström, and B-V. Schoultz. 1995. Serum levels of relaxin during the menstrual cycle and oral contraceptive use. *Gynecologic and Obstetric Investigation* 39(3), 197-200.

Wright, V., and R.J. Johns. 1960. Physical factors concerned with the stiffness of normal and diseased joints. *Bulletin of the Johns Hopkins Hospital* 106(4), 215-231.

Wristen, B.G. 2000. Avoiding piano-related injury: A proposed theoretical procedure for biomechanical analysis of piano technique. *Medical Problems of Performing Artists* 15(2), 55-64.

Wyke, B. 1967. The neurology of joints. *Annals of the Royal College of Surgeons of England* 41(1), 25-50.

Wyke, B. 1972. Articular neurology—A review. *Physiotherapy* 58(3), 94-99.

Wyke, B. 1979. Neurology of the cervical spinal joints. *Physiotherapy* 65(3), 72-76.

Wyke, B. 1985. Articular neurology and manipulative theray. In *Aspects of manipulative therapy*. 2nd ed. ed. E.F. Glasgow, L.T. Twomey, E.R. Scull, and A.M. Kleynhans, 72-77. London: Churchill Livingstone.

Wynne-Davies, R. 1971. Familial joint laxity. *Proceedings of the Royal Society of Medicine* 64(6), 689-690.

Yaggie, J.A., and W.J. Armstrong. 2002. Flexibility outcomes of children with spastic cerebral palsy during a semester of play-based therapy. *Clinical Kinesiology* 56(2), 19-24.

Yagi, N., and I. Matsubara. 1984. Cross-bridge movements during a slow length change of active muscle. *Biophysical Journal* 45(3), 611-614.

Yamada, K., and T. Furukawa. 1980. Direct evidence for involvement of dopiminergic inhibition and cholinergic activation of yawning. *Psychopharmacology* 67(1), 39-43.

Yamamoto, T. 1993. Relationship between hamstring strains and leg muscle strength. *Journal of Sports Medicine and Physical Fitness* 33(2), 194-199.

Yanicostas, N.S., C.B. Hamida, G.S. Butler-Browne, F. Hentati, K. Bejaoui, and M.B. Hamida. 1991. Modification in the expression and localization of contractile and cytoskeletal proteins in Schwartz-Jampel syndrome. *Journal of the Neurological Sciences* 104(1), 64-73.

Yates, J. 1990. *A physician's guide to therapeutic massage: Its physiological effects and their application to treatment*. Vancouver: Massage Therapists' Association of British Columbia.

Yazici, Y., D. Erkan, M.G.E. Peterson, and L.J. Kagen. 2001. Morning stiffness: How common is it and does it correlate with physician and patient global assessment of disease activity? *Journal of Rheumatology* 28(6), 1468-1469.

Yeomans, S.G. 1992. The assessment of cervical intersegmental mobility before and after spinal manipulative therapy. *Journal of Manipulative and Physiological Therapeutics* 15(2), 106-114.

Yeung, E.W., and S.S. Yeung. 2001. A systematic review of interventions to prevent lower limb soft tissue running injuries. *British Journal of Sports Medicine* 35(6), 383-389.

Yessis, M. 1986. A flexible spine: How you can develop one. *Muscle & Fitness* 47(5), 60-63, 203-204.

Yingling, V.R. 1997. *Shear loading of the lumbar spine: Modulators of motion segment tolerance and the resulting injuries*. Ph.D. diss. Waterloo, Ontario, Canada: University of Waterloo.

Yoshioka, T., H. Higuchi, S. Kimura, K. Ohashi, Y. Umazume, and K. Maruyama. 1986. Effects of mild trypsin treatment on the passive tension genereation and connectin splitting in stretched skinned fibers from frog skeletal muscle. *Biomedical Research* 7, 181-186.

Young, T. (Interview Wednesday 12/04/02).

Young, W., and S. Elliott. 2001. Acute effects of static stretching, proprioceptive neuromuscular facilitation stretching, and maximum voluntary contractions on explosive force production and jumping performance. *Research Quarterly for Exercise and Sport* 72(3), 273-279.

Young, W.B., and D.G. Behm. 2003. Effects of running, static stretching and practice jumps on explosive force production and jumping performance. *Journal of Sports Medicine and Physical Fitness* 43(1), 21-27.

Zacharkow, D. 1984. *The healthy lower back*. Springfield, IL: Charles C Thomas.

Zachazewski, J.E. 1990. Flexibility for sports. In *Sports physical therapy*, ed. B. Sanders, 201-238. Norwalk, CT: Appleton & Lange.

Zahourek, R.P., ed. 1988. *Relaxation and imagery: Tools for therapeutic communication and intervention*. Philadelphia: W.B. Saunders.

Zajonc, R.B. 1965. Social facilitation. *Science* 149(3681), 269-274.

Zarins, B., J.R. Andrews, and W.G. Carson. eds. 1985. *Injuries to the throwing arm*. Philadelphia: Saunders.

Zebas, C.J., and M.L. Rivera. 1985. Retention of flexibility in selected joints after cessation of a stretching exercise program. In *Exercise physiology. Current selected research I*, ed. C.O. Dotson and J.H. Humphrey, 181-191. New York: AMS Press.

Zehr, E.P., and D.G. Sale. 1994. Ballistic movement: Muscle activation and neuromuscular adaptation. *Canadian Journal of Applied Physiology* 19(4), 363-378.

Zemek, M.J., and D.J. Magee. 1996. Comparison of glenohumeral joint laxity in elite and recreational swimmers. *Clinical Journal of Sports Medicine* 6(1), 40-47.

Zernicke, R.F., and G.J. Salem. 1996. Flexibility training. In. *Sports medicine: The school-age athlete*. 2nd ed. 41-52. Philadelphia: W.B. Saunders.

Zito, M., D. Driver, C. Parker, and R. Bohannon. 1997. Lasting effects of one bout of two 15-second passive stretches on ankle dorsiflexion range of motion. *Journal of Orthopaedic and Sports Physical Therapy* 26(4), 214-221.

Zuberbier, O.A., Kozowski, A.J., Hunt, D.G., Berkowitz, J., Schultz, I.Z., Crook, J.M., and Milner, R.A. 2001. Analysis of the convergent and discriminant validity of published lumbar flexion, extension, and lateral flexion scores. *Spine* 26(20), E472-E478.

Zulak, G. 1991. Fascial stretching: The ignored exercise technique. *Flex* 9(1), 94, 107-108.

人名索引（英語）

A

Aarskog, D., 177
Aberdeen, D.L., 397
Abraham, W.M., 159, 160, 161,
Abrahams, M., 67
Abramson, D., 177
Adair, S.M., 129
Adams, M.A., 195, 196, 233, 298, 300
Adams, P, 353
Adler, S.S., 250, 251, 253, 257
Agre, J.C., 7
Ahmed, I.M., 328
Ahtikoski, A.M., 49, 74
Akagawa, M., 64
Akeson, W.H., 75
Akster, H.A., 36
Alabin, V.G., 306
Alexander, M.J.L., 175
Alexander, R.M., 58, 81, 87
Allander, E., 176, 184, 310
Allen, C.E.L., 295, 297
Allen, D.G., 162, 163, 164
Almeida-Silveira, M-I., 45
Almekinders, L.C., 131
Alnaqeeb, M.A., 48
Al-Rawi, Z.S., 128, 130
Alter, J., 291, 292, 293, 306, 323
Alter, M., 58, 86, 229, 244, 249, 285, 286, 287, 289, 291, 292, 293, 294, 301, 302, 323, 339, 354, 402
Alvarez, R., 177
American Academy of Orthopaedic Surgeons, 325
American Alliance for Health, Physical Educadon, and Recreation (AAHPER), 222
American Chiropractic Association (ACA), 265
American College of Obstetricians and Gynecologists (ACOG), 317, 318, 319
American College of Sports Medicine (ACSM), 5, 13, 179, 231, 313
American College of Sports Medicine Position [1998], 19, 21, 231
American Medical Association, 224, 343
American Orthopaedic Association, 368
Amis, A.A., 6, 177, 183, 375
Amnesty International, 211
Anderson, B., 231, 286, 287, 289, 290, 291, 293, 307
Anderson, M.B., 395
Anderson, O., 232, 326
Andersson, G.B.J., 297, 298
Andren, L., 177
Andrish, J.T., 329
Ansell, B.A., 126, 128
AOSSM [American Orthopaedic Society for Sports Medicine] Research Committee, 169
Apostolopoulos, N., 230, 234
Arampatzis, A., 78, 386
Argiolas, A., 279
Armstrong, C.G., 70

Armstrong, R.B., 18, 158, 160, 163, 165
Arner, O., 328
Arnheim, D.D., 168, 281, 334, 335
Arskey, M., 415
Arujo, D., 318
Ashmen, K.J., 12, 14
Ashmore, C.R., 402
Askensay, J.J.M., 279
Asmussen, E., 160, 161, 163, 382
Aspden, R.M., 297
Asterita, M.F., 204
Aten, D.W., 7, 8, 18
Athenstaedt, H., 60
Atwater, A.A., 395
Aura, O., 163
Avela, J., 37, 122
Axelson, H.W., 252

B

Baatsen, P.H., 39
Bachrach, R.M., 28, 175
Baddeley, S., 319
Badtke, G., 194
Baenninger, R., 279
Bak, K., 394
Baker, M.M., 178
Balaftsalis, H., 126, 280
Baldissera, F., 118
Ballantyne, B.T., 303
Baltaci, G., 395
Bandy, W.D., 229, 230, 238, 241, 243
Banker, I.A., 109
Baratta, R., 116
Barbizet, J., 279
Barbosa, A.R., 192
Barker, D., 111
Barlow, J.C., 190
Barnard, R.J., 187
Barnes, J., 74
Barnett, C.H., 126
Barnett, J.G., 402
Barone, J.N., 155
Barrack, R.L., 126, 129, 280
Barrett, C., 176, 313
Barrett, J., 195
Barry, W., 403, 404
Bartelink, D.L., 298
Basmajian, J.V., 140, 154
Bassey, E.J., 176
Bates, R.A., 202, 203, 230
Batson, G., 203, 205
Battié, M.C., 13, 15, 310
Bauman, P.A., 347, 412
Baxter, C., 193
Baxter, D.E., 325
Baxter, M.P., 28
Beach, M.L., 394
Beaulieu, J.E., 251, 253, 286, 287, 306
Bechbache, R.R., 141
Beekman, S., 335
Beel, J.A., 99
Behm, D.G., 383
Beighton, P., 126, 127, 128, 129, 130, 131, 132, 133, 134, 281, 331, 414
Bell, G.W., 151

Bell, R.D., 176, 310
Benjamin, B.E., 290
Benjamin, M., 56, 290
Bennell, K., 178, 335
Bennell, K.L., 283
Benson, H., 153
Bentivoglio, M., 110
Berland, T., 291, 306
Bernstein, D.A., 153
Berque, P., 154
Bertolasi, L., 15
Best, T.M., 157, 167, 169
Bestcourses.com, 406
Beynon, C., 194
Bick, E.M., 64
Biering-Sørensen, F., 12, 14
Biesterfeldt, H.J., 338
Bigland-Ritchie, B., 161, 163
Bigliani, L.U., 395
Bilkey, W.J., 74
Billig, H.E., 16
Bird, H., 126, 128, 177, 278, 280, 281
Biro, F., 128, 130, 415
Birrell, F.N., 128
Bischoff, C., 235
Bishop, D., 187
Bissell, M.J., 51
Bixler, B., 283
Björklund, K., 177
Black, J.D.J., 90, 164, 244, 277
Blau, H., 52
Blecher, A.M., 177
Bledsoe, J., 232
Block, R.A., 177
Bloom, W., 64
Bloomfield, J., 7, 391, 392, 398, 404
Blumenthal, J.A., 310, 313
Bobbert, M.F., 17
Bogduk, N., 298
Bohannon, R., 49, 335, 343
Boland, R.A., 344
Bompa, T., 193
Bonci, C.M., 185
Boocock, M.G., 194
Boone, D.C., 310
Borg, G., 85, 211
Borg, T.K., 52, 71
Borkovec, T.D., 153
Borms, J., 230
Boscardin, J.B., 398
Boscoe, C., 382
Bosien, W.R., 121
Botsford, D.J., 195
Bouchard, C., 183
Boulgarides, L.K., 314
Bovens, A.M.P.M., 224
Bowen, W.P., 403
Bowker, J.H., 125
Bowman, M.W., 325
Bozeman, M., 334
Brainum, J., 189, 273
Brand, R.A., 70
Brandfonbrener, A.G., 414, 415
Brandon, R., 326
Brant, J., 387, 388, 390
Breig, A., 343, 344
Brendstrup, P., 160

Bressel, E., 46, 241
Brewer, B., 372
Brewer, V., 177
Brill, P.A., 282
Brodelius, A., 326
Brodie, D.A., 126, 128
Brodowicz, G.R., 150
Brody, D.M., 325
Brody, L.T., 4, 229, 230, 231, 278, 386
Broer, M.R., 179
Brooks, G.A., 112
Brown, I.E., 18
Brown, L.P., 395
Brown, M., 312
Browne, A.O., 371
Browse, N.L., 96
Brukner, P., 335
Bruser, M., 413, 416
Bryant, S., 5, 18
Buckingham, R.B., 125
Bulbena, A., 130
Bunch, M., 413
Bunn, J.W., 391, 395
Burgener, M., 400
Burke, D., 260
Burke, D.G., 150
Burke, R.E., 118
Burkett, L.N., 273, 334
Burley, L.R., 174
Buroker, K.C., 242
Burrows, N.P., 133
Burton, A.K., 12, 14
Butler, D.S., 344
Buxton, D., 174
Byers, P.H., 133
Byrd, R.J., 122
Byrd, S.K., 159
Byrnes, W.C., 165

C

Cailliet, R., 13, 180, 251, 286, 287, 288, 289, 290, 291, 293, 300, 303, 304, 306, 323, 324, 337, 339, 352, 353, 355, 358, 369, 370, 371, 387
Calais-Germain, B., 345, 347
Caldwell, R., 413, 414
Caldwell, W.E., 176
Calguneri, M., 177, 319
Campbell, E.J.M., 142
Campbell, K.S., 81, 82
Campbell, R., 203
Cantu, R.I., 74
Cao, X., 152
Capaday, C., 119
Carborn, D.N.M., 232
Carlson, F.D., 91
Carp, J.S., 119
Carr, G., 387, 407
Carranza, J., 406
Carrico, M., 292, 293
Carson, J.A., 402
Carter, C., 125, 126, 127, 128, 132, 331, 375
Carter, R.L., 405
Cassidy, J.D., 266
Cassidy, S.S., 404

Cavagna, G.A., 382
Cerretelli, P., 279
Chaitow, L., 262, 263
Chan, S.P., 252
Chandler, T.J., 4, 7, 185, 280, 396, 397, 398
Chang, D.E., 7
Chapman, E.A., 312
Chapron, D.J., 315
Chatfield, S.J., 175, 410
Chatterjee, S., 183
Chen, C-Y., 206
Cheng, J.C.Y., 126, 128
Cherry, D.B., 245, 251
Chiarello, C.M., 12
Child, A.H., 126, 127, 128, 130, 131
Chinn, C.J., 184, 396
Chissell, J., 416
Cholewicki, J., 117, 294
Christian, G.F., 147
Chujoy, A., 346
Church, J.B., 384
Cipriani, D., 230
Ciullo, J.V., 171, 382, 395
Clanton, T.O., 331, 334, 336
Clark, J.M., 141
Clarke, H.H., 174
Clarkson, P.M., 18, 165
Cleak, M.J., 164
Clemente, C.D., 71
Cleveland, T.F., 141
Clippinger-Robertson, K., 6, 286, 287, 290
Cohen, D.B., 396
Colachis, S.C., 270
Comeau, M.J., 18
Comwell, D.B., 190
Concu, A., 279
Condon, S.A., 253, 260, 261, 262
Contortionist, A., 125
Cook, E.E., 395
Cooper Fitness Center, 21
Corbett, M., 147
Corbin, C.B., 5, 8, 11, 18, 21, 174, 238, 280, 281, 282
Cornbleet, S.L., 179
Cornelius, W.L., 150, 233, 248, 253, 254, 286, 289
Cottrell, N.B., 200
Couch, J., 292, 293
Coulter, H.D., 145
Counsilman, J.E., 201, 391, 392, 393
Coville, C.A., 139
Coyle, E.F., 261
Craib, M.W., 244, 385
Craig, E.J., 270, 271
Cramer, L.M., 325
Crawford, H.J., 11
Crisp, J., 68
Crosman, L.J., 146
Cross, K.M., 90, 283
Cummings, G.S., 58, 170, 385
Cummings, M.S., 155
Cureton, T.K., 391

D
Dalm, D.L., 396
Daleiden, S., 291
Danforth, D.W., 177
Daniell, H.W., 16
Danlos, P.M., 132
Davies, A., 383
Davies, C., 415
Davies, C.T.M., 121, 161
Davies, G.J., 333

Davis, E.C., 18
Davis, L., 277
Davison, S., 15
Davson, H., 92
Dawson, W.J., 415
Day, R.K., 402
Day, R.W., 121
Dean, E., 163
Debevoise, N.T., 372
Debreceni, L., 152
Decoster, L.C., 128
Delforge, G., 58
deJong, R.H., 85
de Koninck, J., 21
de Lateur, B.J., 46
Delitto, R.S., 298
DeLuca, C., 116
Denny-Brown, D., 99
DePino, G.M., 217, 218, 219, 243
DePriest, S.M., 273
De Smet, A.A., 67
De Troyer, A., 142
Devor, E.J., 185
de Vries, H.A., 3, 9, 10, 16, 158, 161, 166, 241, 242, 303, 304, 389, 390
Deyo, R.A, 13
Dick, F.W., 193, 242
Dick, R.W., 161
Dickenson, R.V., 179
Dillman, C.J., 395
DiMatteo, M.R., 206
Dintiman, G., 386, 387
DiRaimondo, G., 325
Dishman, R.K., 207
DiTullio, M., 6, 410
Dix, D.J., 50
Dobeln, K.J.W., 184
Dobrin, P.B., 96
Docherty, D., 174
Doherty, K., 216
Dolan, F., 13, 14
Dominguez, R.H., 248, 291, 393, 394
Donatelli, R., 75
Donisch, E.W., 297
Donison, C., 415
DonTigny, R.L., 177
Doran, D.M.L., 267
Dorland's Illustrated Medical Dictionary, 264
Doss, W.S., 163
Douglas, S., 393
Downer, A.H., 270, 271
Dowsing, G.S., 239, 245
Draper, D.O., 149, 188
Drezner, J.A., 169, 335
Dubrovskii, V.I., 146
Dummer, G.M., 176
Dvorkin, L.S., 400
Dyson, G.H.G., 386, 387

E
Ebbeling, C.B., 165
Ecker, T., 387
Edworthy, S.M., 196
Ehlers, E., 132
Ehrhart, B., 288
Einkauf, D.K., 310
Eklund, J.A.E., 194
Ekman, B., 184
Ekstrand, J., 18, 242
Eldred, E., 254
Eldren, H.R., 65
Ellenbecker, T.S., 396, 397
Elliott, D.H., 62
Elliott, J., 393

Ellis, C.G., 95
Ellis, J., 329
Elnaggar, I.M., 12, 13
el-Shahaly, H.A., 129
Emery, C.A., 338
Emmons, M., 153
Ende, L.S., 325, 326, 411
Engesvik, F., 392
Enoka, R.M., 81, 116, 121
Ensink, F-B., 193, 358
Eppel, W., 177
Ernest, E., 17
Esola, M.A., 12
Etnyre, B., 145, 253, 254, 261, 262
Evans, D.P., 266
Evans, G.A., 121
Evans, S.A., 399
Evans, W.J., 164
Evatt, M.L., 120, 242
Everly, G.S., 153
Evjenth, O., 8, 227, 228

F
Fairbank, J.C.T., 300
Falkel, J.E., 394
Falls, H.B., 291
Fardy, P.S., 254
Farfan, H.F., 13, 296, 355
Farley, C.T., 78, 387
Farrell, J., 267
Fatouros, I.G., 192
Faulkner, J.A., 163
Federation of Straight Chiropractic Organizations (FSCO), 265
Feinberg, J., 207
Feit, E.M., 328
Feland, J.B., 230, 313
Feldman, D., 29, 175
Fellabaum, J., 144
Feltner, M., 395
Ferlic, D., 310
Ferrari, W., 279
Fick, R., 295
Fick, S., 329
Finkelstein, H. (1916), 125, 126, 132
Finkelstein, H. (1990), 188
Finneson, B.E., 292
Finsterbush, A., 129
Fisher, A.C., 206
Fisk, J.W., 266, 290, 354, 355
Fitness and Sports Review International, 253
Fitt, S.S., 307
Fixx, J., 270, 280, 390
Fleckenstein, J.L., 67
Fleishman, E.A., 6
Fleisig, G.S., 6, 395
Flint, M.M., 300, 350
Flintney, F.W., 94
Flood, J., 329
Floyd, W.F., 295, 297
Follan, L.M., 331
Found, E., 329
Fowler, A.W., 16
Fowler, P.J., 289
Fowles, J.R., 383, 384, 402
Fradkin, A.J., 187
Francis, K.T., 162
Frankeny, J.R., 402
Franzblau, A.N., 65
Franzini-Armstrong, C., 39
Frederick, E.C., 277, 390
Frederickson, K.B., 415
Fredette, D.M., 18, 223
Freed, D.C., 141

Freeman, M.A.R., 121
Freivalds, A., 195
Frekany, G.A., 176, 310
Frey, C., 325
Friberg, T.R., 303
Fridén, J., 45, 49, 158, 159, 160, 163, 165
Fried, R., 153
Friedman, L.M., 207
Friedmann, L.W., 292
Fry, A.C., 37
Fujiwara, M., 331
Fukashiro, S., 69, 183
Fulton, A.B., 38
Funatsu, T., 92
Furst, D.O., 33

G
Gabbard, C., 174, 176, 182
Gajda, R., 242
Gajdosik, R., 4, 6, 12, 38, 48, 49, 71, 77, 80, 182, 224, 343
Gál, J., 265
Galin, M.A., 303
Galley, P.M., 4
Galloway, M.T., 313
Gallup Organization 2000, 412
Garamvölgyi, N., 91
Garde, R.E., 83, 84
Garfin, S.R., 72
Garhammer, J., 381, 400
Garrett, W.E., 18, 45, 67, 81, 90, 166, 169, 331, 334, 335, 336
Garu, J., 360
Gaskell, W.H., 96
Gatton, M.L., 188
Gaughran, J.A., 391
Gaymans, F., 143
Gedalia, A., 131
Geisler, P.R., 408, 409
Gelabert, 410
George, G.S., 381, 382
Germain, N.W., 174, 176, 310
Gibala, M.J., 161
Giel, D., 401
Gifford, L.S., 80, 192, 224
Gilad, G.M., 279
Gilhodges, J.C., 252
Gillberg, M., 195
Gillette, P.D., 45, 49
Gilliam, T.B., 333, 334
Girouard, C.K., 190
Glazer, R.M., 88
Gleim, G.W., 18, 385
Goats, G.C., 187
Godges, J.J., 244, 385
Goebel, H.H., 38
Göeken, L.N., 343, 344
Gold, R., 144
Goldberg, B., 62, 64
Goldspink, G., 48, 49, 52, 53, 72, 402
Goldstein, J.D., 300
Goldthwait, J.E., 4
Golub, L.J., 16
Goode, D.J., 120, 121
Goode, J.D., 194
Goodridge, J.P., 262, 263
Gordon, A,M., 41, 163
Gordon, G.M., 334
Gordon, S.J., 21, 22
Gosline, J.M., 64, 65
Gosselin, L.E., 45, 48
Gould, D., 200
Gould, G.M., 125
Goulding, D., 38

Gowitzke, B.A., 94
Grace, T.G., 334
Gracovetsky, S., 296, 298, 299
Grady, J.F., 230
Graham, C.E., 325
Graham, G., 16
Grahame, R., 126, 127, 129, 130, 331, 410
Grana, W.A., 126, 188, 280, 281
Granit, R., 240
Grant, M.E., 59
Granzier, H., 37
Grassino, A., 403
Gray, M.L., 61
Gray, S.D., 96
Green, J.D., 279
Greenberg, D., 211
Greene, W.B., 326, 327, 331, 357, 368, 371, 375, 377
Greey, G.W., 310
Gregory, J.E., 252, 253
Greipp, J.F., 392, 394
Grewal, R., 99, 101
Gribble, P.A., 273
Grieve, D.W., 382
Grieve, G.P., 292
Grodzinsky, A.J., 60, 61
Groth, G.N., 207
Guissard, N., 384
Gulick, D.T., 17
Gurewitsch, A.D., 29, 173
Gurry, M., 6, 185
Gustavsen, R., 126
Gutman, G.M., 312
Gutmann, E., 48, 402
Guyton, A.C., 298

H
Haftek, J., 99
Hagbarth, K.-E., 82, 252
Hagerman, P., 186
Halbertsma, J.P.K., 4, 19, 123, 252
Hald, R.D., 211, 411
Haley, T.L., 176, 417
Hall, A.C., 61
Hall, T., 343
Halvorson, G.A., 4, 148, 150, 151
Hamberg, J., 339
Hamill, J., 375
Hamilton, W.G., 6, 324, 326, 341, 342, 347
Hammer, W.I., 46, 262
Han, J-S., 152
Handel, M., 251, 255
Hansson, L., 207
Hanus, S.H., 302
Haravuori, H., 37
Hardakler, W.T., 410
Hardy, L., 186, 246, 247
Hardy, M., 89, 148, 150, 151, 223
Harmer, P., 186
Harris, F.A., 250
Harris, H., 126, 128
Harris, M.L., 5, 174, 179, 310
Harris, P.M., 263
Harryman, D.T., 396
Hartig, D.E., 284
Hartley-O'Brien, S.J., 220, 248, 251
Harvey, C., 151
Harvey, L., 217
Harvey, L.A., 46
Harvey, V.P., 179
Hasselman, C.T., 167
Hatfield, F.C., 251
Hay, J.G., 391, 392, 393

Haynes, R.B., 207
Haynes, S.C., 155, 207
Haywood, K.M., 184
Hebbelinck, M., 3, 189, 381
Hedricks, A., 215
Heil, J., 211
Heil, J.O., 211
Heino, J.G., 350
Heiser, T.M., 334
Helin, P., 16
Hellig, D., 144
Helliwell, P.S., 80, 224
Hemmings, B., 146, 187
Heng, M.K., 303
Hennessy, L., 18, 336
Henricson, A.S., 148, 188
Henry, J.H., 185
Henry, J.P., 303
Henry, K.D., 310
Herbert, R.D., 18
Herbison, G.J., 315
Herrington, L., 396
Hertling, D.M., 141, 152
Hesselink, M.K.C., 164
Heusner, A.P., 279
Hewett, T.E., 178
High, D.M., 17
Highet, W.B., 99
Hill, A.R., 141
Hill, A.V., 161, 382
Hill, C., 36
Hill, D.K., 82
Hilyer, J.C., 18, 206
Hinrichs, R.N., 388
Hinterbuchner, C., 270, 271
Hirche, H., 96
Hoeger, W.W.K., 180, 181
Hoehler, F.K., 267
Hoen, T.I., 99
Hoeve, C.A.J., 65
Holcomb, W.R., 190
Holland, G.W., 5
Holly, R.G., 402
Holmer, I., 141
Hölmich, P., 338
Holt, L.E., 248, 251, 254, 261
Hong, Y., 176, 312
Hooker, D.N., 270, 271
Hooper, A.C.B., 48
Hoover, H.V., 264
Hopkins, D.R., 176, 180, 181, 310
Horowits, R., 36, 38, 92
Hosea, T.M., 408, 409
Hossler, P., 293
Hough, T., 157
Houglum, P.A., 170, 255, 256, 342
Houk, J.C., 112, 260
Howard, B.K., 318
Howell, J.N., 160
Howes, R.G., 12, 14
Howse, A.J., 28, 326
Hsieh, C., 343
Hu, D.H., 36
Huang, Q-M., 357
Hubley-Kozey, C.L., 3, 18, 21, 217, 224, 389, 390
Huijing, P.A., 72
Hull, M., 391
Hulliger, M., 60
Hunt, D.G., 15, 343
Hunter, D.G., 18, 19, 244
Hunter, G., 86
Hunter, J.P., 384
Hunter, S.C., 222
Hupprich, F.L., 174

Hussain, S.N.A., 403
Hutson, M.A., 386
Hutton, R.S., 251
Huwyler, J., 410
Huxley, H.E., 91, 92
Hyman, J., 67

I
Iashvili, A.V., 242, 246, 249
Ice, R., 206
Ichiyama, R.M., 155, 156
Ikai, M., 121
Ingber, D.E., 51, 52, 53, 72
Inman, V.T., 370
Inoue, S., 57, 58
International Chiropractors Association, 265
International Dance-Exercise Association, 293
Irvin, R., 328
Itay, S., 121
Itoh, Y., 33
Iyengar, B.K.S., 8, 288, 304

J
Jackman, R.V., 88
Jackson, A.W., 12, 179
Jackson, C.P., 15
Jackson, D.W., 300
Jackson, M., 294
Jacobs, M., 245
Jacobs, S.J., 282
Jacobson, E., 152
Jahnke, M.T., 252
Jahss, S.A., 126
Jami, L., 110, 111, 112, 117
Jamieson, A.H., 21, 22
Japan information Network, 406
Järvinen, T.A.H., 57, 168, 169
Javurek, I., 281, 282
Jay, I., 304
Jayson, M., 267
Jenkins, R., 63
Jerome, J., 413
Jervey, A.A., 310
Jesse, E.F., 128
Jette, A.M., 207, 310
Jobbins, B., 127
Johansson, P.H., 17
Johns, R.J., 70, 72
Johnson, J.E., 392, 394
Johnson, J.N., 394
Johnson, R.J., 206
Jones, A., 190, 216
Jones, A.M., 385
Jones, B.H., 18, 278
Jones, C.J., 180
Jones, D., 408
Jones, D.A., 121, 160, 162, 165
Jones, H.H., 254
Jones, L.H., 262, 263
Jones, M.A., 176, 182
Jones, R.E., 331
Józsa, L.G., 67
Jungueira, L.C., 56

K
Kabat, H., 255
Kadi, F., 402
Kadler, K., 129
Kaigle, A.M., 296
Kalenak, A., 280, 281, 282
Kanamaru, A., 404
Kane, M.D., 194, 304
Kannus, P., 57, 67

Kapandji, I.A., 292, 323, 324, 325, 342, 344, 345, 351, 352, 353, 362, 367, 368, 370, 371, 374, 377
Karmenov, B., 249
Karpovich, P.V., 280
Karvonen, J., 186, 187
Kasteler, J., 206
Kastelic, J., 56
Kattenberg, B., 135, 136
Kauffman, T., 291, 305
Kawashima, K., 141
Kegerris, S., 73
Keirns, M., 74
Kellett, J., 169
Kellermayer, M.S.Z., 35
Kendall, F.P., 179, 350
Kendall, H.O., 28, 29, 174, 175, 179, 344, 358
Kent, M., 4
Kerner, JA., 282
Kerr, K., 139, 141
Keskinen, K.L., 141
Kettunen, J.A., 182
Key, J.A., 125, 126, 132
Khalil, T.M., 13
Khan, K.M., 410, 411
Kibler, W.B., 397, 398
Kihira, M., 414
Kim, P.S., 266
Kim, Y.-J., 61
Kindig, C.A., 97
King, J.W., 395
King, N.J., 153
Kippers, V., 296
Kirk, J.A., 125, 126, 127, 130
Kirkebø, A., 96
Kirkendall, D.T., 335
Kirstein, L., 272
Kirwan, T., 206, 208
Kisner, C., 4, 7, 223, 270, 271, 305, 314
Klatz, R.M., 303
Klee, A., 12, 38, 46
Klein, K.K., 280, 335
Klemp, P., 126, 128, 175, 410
Klinge, K., 131, 189
Kloeppel, R., 414, 416
Knapik, J.J., 18, 278, 281
Knapp, M.E., 146
Knight, E.L., 293
Knight, K.L., 149, 150
Knott, M., 250, 251, 253, 259
Knudson, D., 6, 18, 229, 233
Knuttgen, H.G., 161, 165
Kobet, K.A., 303
Koceja, D.M., 121, 122
Kokjohn, K., 147
Kokkonen, J., 383, 384
Komi, P.V., 45, 121, 165, 382
Kopell, H.P., 187
Kornberg, L., 53
Kornecki, S., 116
Korr, I.M., 264
Koslow, R.E., 174, 185
Kotoulas, M., 77
Kottke, F.J., 88
Koutedakis, Y., 412
Kovanen, V., 45
Kovar, R., 183
Krabak, B.J., 20, 285
Kraeger, D.R., 325
Kraemer, W.J., 395
Krahenbuhl, G.S., 174, 182
Kramer, A.M., 309, 310
Kranz, K.C., 264, 268

Kraus, H., 292
Kreighbaum, E., 399
Krejci, V., 306
Krieglstein, G.K., 303
Krivickas, L.S., 4, 19, 231
Kroll, P.G., 336, 383
Kronberg, M., 184, 372
Krugman, M., 417
Kubo, K., 62, 68, 69, 78, 84, 92, 182
Kuchera, W.A., 73
Kudina, L., 116
Kuipers, H.J., 159
Kulakov, V., 390
Kulkarni, J., 315, 316
Kulund, D.N., 186, 288, 400
Kunz, H., 387
Kuo, P-L., 67
Kurzban, G.P., 33
Kushner, S., 346, 410
Kuukkanen, T., 15

L

Laban, M.M., 60, 62, 86, 88, 239, 241
Labeit, S., 35
LaFreniere, J.G., 292, 293
Lakie, M., 81, 82
Lan, C., 176, 313
Langeland, R.H., 336
Lankhorst, G.J., 14
Larsson, L.-G., 128, 129, 414
Larsson, R., 10
Larsson, S.-E., 9, 10, 154
Lasater, J., 287, 288, 289
Laskowski, E.R., 320
Laubach, L.C., 182
Laughlin, K., 21, 277
Lavender, S.A., 117
Lawton, R.W., 96
Laxton, A.H., 263
Leard, J.S., 28, 175
Leardini, A., 325
Leboeuf, C., 303
Lebrun, C.M., 178
Lederman, E., 60, 68, 78, 84, 247
Lee, D., 295
Lee, G.C., 77, 103
Lee, J., 95
Lee, M.A., 194
Lee, R.Y.W., 343, 344
Lehmann, J.F., 86, 88, 89, 149, 188
Lehrer, P.M., 153
Leighton, J.R., 174, 190
Le Marr, J.D., 303
Lentell, G., 89, 148, 150
Leonard, T.J.K., 303
Lerda, R., 141
Levin, R.M., 154
Levine, M., 282
Levine, M.G., 116
Levtov, V.A., 97
Lew, P.C., 363
Lewin, G., 391, 392
Lewit, K., 141, 143, 144
Ley, P., 208, 209
Li, B., 65
Li,Y., 12, 350
Liberson, W.T., 121
Lichtor, J., 126, 278
Lieber, R.L., 49, 162, 165
Liemohn, W., 4, 179, 334
Light, K.E., 71, 239
Lin, D.C., 115
Lindner, E., 395
Lindsay, D., 408
Linke, W.A., 37, 38

Lineker, S., 196
Linz, J.C., 325
Litchfield, R., 393
Liu, J.X., 109
Liu, S.H., 178
Liu, W., 281
Liversage, A.D., 38
Locke, J.C., 13, 206
Logan, G.A., 238
Long, P.A., 219
Longworth, J.C., 146
Loughna, P.T., 402
Louttit, C.M., 403
Louis, M., 135, 137, 138
Low, F.N., 57
Lowe, D.A., 402, 403
Lubell, A., 287, 307
Lucas, G.L., 67, 70
Lucas, R.C., 255
Lund, H., 17
Lund, J.P., 162
Lundberg, U., 9
Lundberg, G., 12, 100
Lunde, B.K., 184
Lung, M.W., 224
Lustig, SA., 251, 261
Luthe, W., 153
Lysens, R.J., 278, 280, 281, 326

M

MacAuley, D., 169
MacDonald, J., 315
MacDonald, J.B., 315
Macera, C.A., 282, 283
Macintosh, J.E., 297
Maclennan, S.E., 141
Maddalozzo, G.F.J., 406, 409
Madding, S.W., 230
Magder, R., 197
Magee, D.J., 11, 30
Magid, A., 39
Magnusson, M., 194
Magnusson, S.P., 4, 5, 6, 19, 126, 129, 130, 131, 182, 218, 229, 243, 251, 394, 395, 397
Maher, C., 80
Mahler, D.A., 141
Mair, S.D., 334
Maitland, G.D., 80
Malina, R.M., 182
Mallac, C., 7
Mallik, A.K., 129
Malm, C., 159
Maltz, M., 202
Manheim, C.J., 72, 74
Mann, R.A., 346
Mantel, G., 414
Mao, J-R., 133, 134
Marino, M., 393
Markee, J.E., 331
Marras, W.S., 12, 14, 15, 117
Marshall, J.L., 126
Martin, D., 389, 390
Martin, P.E., 314
Martin, R.B., 227
Martin, R.M., 304
Martín-Santos, R., 134
Maruyama, K., 33
Marvey, D., 48
Marx, R.G., 397
Mason, T., 88, 187
Massey, B.A., 190
Massie, W.K., 125
Matchanov, A.T., 97

Mathews, D.K., 79, 179
Mathieu-Costello, O., 95
Matsumura, K., 37
Mattes, A.L., 231, 247, 248
Matveyev, L., 7, 247
Matvienko, L.A., 16
Maud, P.J., 224
May, B.J., 309
Mayer, T.G., 12, 13
Mayhew, T.P., 335, 343
McAtee, R.E., 251, 256
McBride, J.M., 37
McCarroll, J.R., 407, 408, 409
McCue, B.F., 182, 219
McCully, K.K., 162
McComas, A.J., 53
McCune, D.A., 58
McCutcheon, I.J., 159
McDonagh, M.J.N., 121
McDonough, A.L., 75
McEwen, B.S., 279
McFarlane, A.C., 204
McFarlane, B., 204, 388, 389
McGee, S.R., 15, 16
McGill, S.M., 14, 83, 240, 294, 295
McGlynn, G.H., 17, 154, 242
McGonigle, T., 170
McGorry, R.W., 296, 297
McHugh, M.P., 4, 19, 80, 92, 176, 244
McKenzie, R., 269
McKusick, V.A., 133
McLaughlin, P.A., 408
McMaster, W., 394
McMaster, W.C., 394
McNair, P.J., 89
McNeal, J.R., 384
McNitt-Gray, J.L., 177, 319
McPoil, T.G., 325
McTeigue, M., 406, 408
Mead, N., 75
Medoff, L.E., 415
Meichenbaum, D., 207, 208
Mellin, G., 12, 13, 174
Mens, J.M.A., 344
Merletti, R., 184
Merni, F., 5
Merskey, H., 85
Metheny, E., 4
Mewis, J., 81, 82
Meyer, J.J., 296
Meyers, E.J., 280
Michael, R.H., 329
Michaud, T., 396
Micheli, L.J., 28, 29, 175, 410
Michelson, L., 153
Mikawa, Y., 177
Mikula, P.J., 417
Milberg, S., 207
Miller, E.H., 411
Miller, G., 207
Miller, G., 165
Miller, J., 186
Miller, M.D., 289
Miller, W.A., 328
Milne, C., 174, 175
Milne, R.A., 175
Milner-Brown, H.S., 121
Minton, J., 150
Mironov, V.M., 141
Mishra, M.B., 126
Mitchell, F.L., 143
Mttelmark, R.A., 318, 319
Modis, L., 63
Mohan, S., 63

Mohr, K.J., 45, 140, 243
Moll, J.M.H., 174
Möller, M.H.L., 217
Möller-Nielsen, J., 178
Montgomery, L.C., 329
Moore, J.C., 111, 112, 117
Moore, M.A., 140, 248, 251, 253, 260, 262
Mora, J., 242
Moran, H.M., 174
Morelli, M., 146
Moreno, A., 212
Moretz, A.J., 280, 281
Morey, M.C., 176, 312
Morgan, D. [1994], 73
Morgan, D. [1997], 409
Morgan, D.L., 42, 94, 163, 164, 165
Morgan-Jones, R.L., 331, 333, 335, 336
Moritani, T., 121
Morris, J.M., 297
Morrissey, M., 338
Mortimer, J.A., 238
Moseley, A.M., 185
Moss, F.P., 51
Moulton, B., 10
Mow, V.C., 68
Muckle, D.S., 336
Mühlemann, D., 8, 222
Muir, H., 61
Muir, L.W., 61, 389
Müller, G.E., 252
Munns, K., 312
Munroe, R.A., 5
Murphy, D.R., 242
Murphy, P., 189
Murray, M.P., 184
Murray, P.M., 408, 409
Mutungi, G., 36, 45
Myers, M., 287
Myklebust, B.M., 123
Myllyharju, J., 133
Mysorekar, V.R., 184

N

Nadler, S.F., 12, 14
Nagler, W., 302
Naish, J.M., 29
Nakazawa, K., 115
Nako, M., 95
Nansel, D., 267
National Institute for Occupational Safety and Health, 297
Neff, C., 387
Neilson, P.D., 120
Nelson, A.G., 384
Nelson, J.K., 175
Nelson, S.H., 413
Neu, H.N., 404
Neumann, D.A., 25
Newham, D.J., 159, 160, 161, 162
Newton, R., 150
Ng, G., 295, 296
Nicholas, J.A., 278, 280, 281
Nicholas, S.J., 338
Nielsen, J., 120, 121
Nieman, D.C., 294
Nigg, B.M., 78
Nikolic, V., 325
Nimmo, M.A., 159
Nimmo, R.L., 152
Nimz, R., 391
Ninos, J., 286, 339, 408, 409
Nirschl, R.P., 396
Noonan, T.J., 88, 166, 233

Nordin, M., 66, 70
Nordschow, M., 146
Norris, F.H., 16
Norris, R., 416
Northrip, J.W., 395
Nosse, L.J., 194, 304
Noverre, J.G., 272
Nwuga, V.C., 266

O
Oakes, B.W., 168
Öberg, B., 383
Ochs, A., 291
O'Driscoll, S.L., 193
Ogata, K., 100
Ohshiro, T., 152
Okada, M., 295, 297, 298
Olcott, S., 239, 245
Oliver, J., 343
O'Malley, E.F., 288, 329
Oppliger, R., 7, 391
Ortmann, O., 416
Oseid, S., 300
Osolin, N.G., 193
Osternig, L.R., 248, 261
Overend, T.J., 48
Owen, E., 125
Özkaya, N., 58

P
Pachter, B.R., 402
Palmerud, G., 154
Panagiotacopulos, N.D., 355
Pappas, A.M., 395, 397
Pardini, A., 313
Paris, S.V., 305
Parker, M.G., 332, 334
Parks, K.A., 15
Partridge, S.M., 64
Pate, R.R., 313
Patel, D.J., 96
Patterson, P., 180
Paull, B., 413
Pauly, J.E., 295
Payne, R.A., 141
Pearcy, M., 14
Pearson, K., 110, 112
Pechinski, J.M., 141
Pechtl, V., 247
Peck, C., 207
Pedersen, M., 406
PennState Sports Medicine Newsletter, 248
Peres, S., 89, 149
Perez, H.R., 251
Perkins, K.A., 207
Pérusse, L., 183
Peters, J.M., 286, 294, 307
Peterson, D.H., 5
Peterson, L., 307
Pezzullo, D.J., 7, 80, 243, 246
Pheasant, S., 175
Phillips, C.G., 260
Physicians for Human Rights, 212
Pieper, H-G., 397
Pierce, R., 204
Piperek, M., 416
Piwowarczyk, L., 212
Ploucher, D.W., 303
Poggini, L.S., 28
Pokorny, M.J., 178
Politou, A.S.M., 35, 36
Pollack, G.H., 33, 34, 35, 38, 39, 42, 93
Pollock, M.L., 307

Poole, D.C., 95
Pope, F.M., 133
Pope, M.H., 194, 297
Pope, R.P., 18, 283, 329
Porter, R.W., 344
Portnoy, H., 295, 297
Poumeau-Deville, G.A., 132
Pountain, G., 128
Pratt, M., 28, 174
Prentice, W.E., 149, 151, 188, 189, 229, 241, 250, 251
Preyde, M., 146
Price, M.G., 52
Prichard, B., 387, 390
Priest, J.D., 397, 398
Proske, U., 82, 230, 252, 253
Protas, E.J., 224, 227
Purslow, P.P., 71
Pushel, J., 306, 352
Pyeritz, R.E., 132, 133

Q
Quebec Task Force on Spinal Disorders, 268
Quirk, R., 410

R
Raab, D.M., 312
Radin, E.L., 242
Ramacharaka, Y., 9
Rankin, J., 273
Rankin, J.M., 334
Rao, V., 116
Rasch, P.J., 13, 16, 232
Rasmussen, G.G., 266
Ray, W.A., 315
Read, M., 277, 280
Rechtien, J.J., 270, 271
Reedy, M.K., 39
Reich, T.E., 131
Reid, D.C., 287, 288, 412
Reilly, T., 192
Rennison, C.M., 211
Renstrom, P., 397
Requejo, S.M., 318
Rice, C.L., 48
Richardson, A.B., 394
Richie, D.H., 329
Rider, R., 176, 312
Riddle, K.S., 219
Rigby, B.J., 67, 88, 187
Rikken-Bultman, D.G., 128
Rikkers, R., 315, 317
Rikli, R., 176
Rippe, J.M., 302
Roaf, R., 142
Roberts, J., 230, 247
Robertson, D.F., 391
Robison, C., 387
Rochcongar, P., 120
Rockwood, C.A., 394
Rodenburg, J.B., 17
Rodeo, S., 391, 392
Roetert, E.P., 396, 397
Roland, P.E., 112
Rollins, J., 394
Rondinelli, R.D., 224
Ronsky, J.L., 312
Rose, B.S., 126, 127, 130, 131
Rose, D.L., 121
Rose, J., 291, 294, 300
Rose, S., 188
Rosenbaum, D., 383
Rosenberg, B.S., 150, 312
Rosenbloom, J., 65

Roskell, P., 416
Rotés, J., 127
Round, J.M., 166
Rowe, R.W.D., 71
Rowinski, M.J., 70
Russek, L.N., 127, 129, 130, 131, 281
Russell, B., 51, 52
Russell, G.S., 13
Russell, P., 193
Rydevik, B., 88, 99, 100
Rymer, W.Z., 260

S
Saal, J.S., 4, 19, 280
Sachse, J., 144, 388
Sackett, D.L., 206
Sacks, R.D., 45
Sadoshima, J., 51, 52
Sady, S.P., 238, 255
Safran, M.R., 18, 67, 251
Sage, G.H., 199
Sah, R.L., 61
Sahrmann, S., 7, 374
Sale, D.G., 121
Sallay, P.I., 333
Salminen, J.J., 174
Sams, E., 416
Samuel, C.S., 177
Sanders, G.E., 147
Sandoz, R., 265
Sandstead, H.L., 395, 396
Sandyk, R., 279
Sanes, J.N., 117
Sapega, A.A., 60, 88, 89, 150, 187, 189, 233, 241, 251
Sarti, M.A., 295
Sato-Suzuki, I., 279
Saunders, H.D., 268, 269, 271
Sawyer, P.C., 148
Scala, A., 325
Schache, A.G., 388
Schenk, R., 263
Schiaffino, S., 402
Schieber, M.H., 117
Schmitt, G.D., 190
Schneider, H.J., 326
Schneiderman, R., 61
Schoenfeld, M.R., 414
Schultz, A.B., 295, 360
Schultz, J.S., 409
Schultz, P., 241, 242
Schuppert, M., 415
Schur, P.E., 20
Schuster, D.F., 288
Schwane, J.A., 165
Schweitzer, G., 128
Scott, A.B., 49
Scott, D., 128
Sechrist, W.C., 148, 150
Segal, D.D., 360
Seimon, L.P., 291
Seliger, V., 161, 163
Seno, S., 14
Sereika, S.M., 207
Sermeev, B.V., 174
Shambaugh, J.P., 18
Shambaugh, P., 147
Shamos, M.H., 60
Sharratt, M.T., 399
Shellock, F.G., 186
Shephard, R.J., 309, 310, 313
Shirado, O., 295, 297
Shrier, I., 18, 20, 90, 187, 229, 239, 277, 285
Shustova, N.Y., 97

Shyne, K., 277, 291, 306, 390
Siff, M.C., 5, 6, 191, 226, 227, 228, 237, 238, 246, 249, 259, 292, 298, 307, 333, 383
Sihvonen, T., 295, 296, 297
Silman, A.J., 126
Simard, T.G., 154
Simon, R.W., 187
Simons, D.G., 10
Simpson, D.G., 51, 52
Sing, R.F., 288
Singh, M., 163
Sirbaugh, N., 413, 416
Slocum, D.B., 386, 388
Sluijs, E.M., 207
Smith, C.A., 18, 231
Smith, C.F., 288
Smith, J.L., 254
Smith, J.W., 109
Smith, R.E., 200
Solomonow, M., 116
Song, T.M.K., 7, 399
Sontag, S., 16
Sorimachi, H., 37
Soussi-Yanicostas, N., 37
Souza, T.A., 74, 393
Sovik R., 145
Speaight, G., 135
Spernoga, S.G., 217, 218
Spielholz, N.I., 59
Spindler, K.P., 289
Spoerl, J., 73
Stafford, M.C., 333
Stainsby, W.N., 96
Stamford, B., 238
Stanitski, C.L., 129
Starring, D.T., 65, 66, 219, 248, 273
Stauber, W.T., 159, 160
Steban, R.E., 387
Steele, V.A., 280
Steinacker, J.M., 141
Steindler, A., 342
Steinmann, B., 132
Stevens, A., 122
Steventon, C., 295
Stewart, R.B., 186, 316
Stiles, E.G., 263
Stockton, I.D., 193
Stoddart, A., 292
Stokes, I.A., 14
Stone, D.A., 411
Stone, W.J., 4, 381
Stopka, 243, 252
Stover, C.N., 409
Strickler, T., 188
Strocchi, R., 56
Stroebel, C.F., 153
Sturkie, P.D., 132
Sullivan, M.K., 228, 337
Sullivan, P.D., 204, 251, 257
Sugamato, K., 369
Sugaya, H., 408
Suminski, R.R., 182
Sun, J-S., 239
Sundberg, J., 413
Sunderland, S., 99, 100, 101, 102
Surburg, P.R., 251, 257, 278
Sutcliffe, M.C., 51, 61
Sutro, C.J., 28, 280
Sutton, G., 160, 334, 336, 343
Suzuki, S., 39, 190, 254
Sward, L., 300
Sweet, S., 186

T

Tabary, J.C., 48, 49, 50
Talag, T., 162
Talbot, J.A., 162, 164
Tamkun, J.W., 51
Tanigawa, M.C., 251
Tanii, K., 295
Tatsumi, R., 38
Taylor, D.C., 68, 69, 88, 90, 231, 232, 233, 239, 243
Taylor, J., 211
Teaching Music 2001, 413, 415, 416
Teeter Hang Ups, 304
Teitz, C.C., 411
Terracio, L., 51
Terrett, A.G.J., 147
Tesch, P.A., 121
Tesh, K.M., 296
Tessman, J.R., 291, 292
Thacker, S.B., 329
Thieme, W.T., 177
Thigpen, L.K., 16, 145, 241
Thomas, D.Q., 273
Thomeé, R., 338
Thomsen, P., 402
Thurston, A.J., 335
Tideiksaar, R., 291
Tiidus, P., 186
Tillman, L.J., 58, 59, 171
Tilney, F., 116
Tinker, D., 75, 76
Tippett, S.R., 6, 185, 398
Tobias, M., 319
Todd, T., 189
Toepfer, K., 135
Toft, E., 6, 217, 389
Tolsma, B., 388, 389, 390
Toppenberg, R., 12, 350
Torg, J.S., 292
Torgan, C.J., 162
Toufexis, A., 200
Tovin, B., 404
TRECO, 386
Trendelenburg, W., 416
Trinick, J., 33, 35
Troels, B., 187
Trombitas, K., 34, 39, 43
Troup, J.D.G., 126
Tsai, L., 300
Tsatsouline, P., 204, 248, 278
Tschernogubow, A., 132
Tskhovrebova, L., 35
Tucker, C., 286, 306
Tullos, H.S., 395
Tullson, P., 160
Tumanyan, G.S., 246, 247
Turek, S.L., 370, 374
Turk, D.C., 207
Turl, S.E., 335
Turner, A.A., 219, 248
Tuttle, W.W., 194
Twellaar, F.T., 18
Tweitmeyer, T.A., 219
Tyne, P.J., 286, 292, 293, 294, 306
Tyrance, H.J., 182
Tyrer, P.J., 194

U

Ulmer, R.A., 206
Upton, A.R.M., 121
Uram, P., 293
Urban, J., 61
Urban, L.M., 343
Urry, D.W., 65
U.S. Census Bureau, 311

Ushijima, I., 279

V

Vallbo, A.B., 260
Van Beveren, P.J., 383
Vandenburgh, H.H., 51, 52, 232, 402
Vander, A.J., 32
van der Heijden, G.J.M.G., 269
van der Ven, P.F.M., 37
Vandervoort, A.A., 48, 310
Van Deusen, J., 176
van Mechelen, W., 18, 188, 282
van Wijmen, P.M., 292
Vasu, S.C., 9
Verkhoshansky, Y., 187
Vernon, H., 304
Vernon, H.T., 147
Verrall, G.M., 336
Verzar, F., 62, 66
Viidik, A., 59, 68, 122
Volkov, V.M., 388
Voluntary power of dislocation, 125
Volz, R.G., 377
von Wasielewski, J.W., 416
Vorobiev, A.N., 400
Voss, D.E., 250, 255
Vujnovich, A.L., 123, 167, 239

W

Waddell, G., 12, 269
Waddington, P.J., 248
Wagner, Ch., 415, 416
Walker, J.M., 355
Walker, S.M., 240
Wall, E.J., 99, 101
Wallensten, R., 160
Wallin, D., 219, 238
Wallis, E.L., 228
Walro, J.M., 108, 110, 122
Walsh, M., 78, 277
Walshe, A.D., 92, 93, 383, 385
Walter, J., 188, 230, 233
Walter, S.D., 280, 282
Wang, H-K., 396
Wang, K., 33, 35, 36, 38, 43, 44, 52, 92
Wang, N., 51, 72
Warburton, D.E.R., 313
Ward, L., 280
Ward, R.C., 74
Warren, A., 404
Warren, C.G., 88, 89, 239, 241
Warren, G.I., 162
Warren, G.W., 324, 412
Waterman-Storer, C.,M., 159
Watkins, A., 346
Watson, A.W.S., 18
Watts, N., 404
Wear, C.R., 179
Weaver, D.,288
Webber, C.E., 184
Weber, F.P., 132
Webster, A.L., 169
Webster, D., 400
Weider, J., 231, 232, 402
Weiner, I.H., 15, 16
Weinreb, R.N., 303
Weinstein, H.M., 212
Weis-Fogh, T., 64
Weisler, R.R., 226, 410
Weldon, E.J., 394
Wells, K.B., 130
Welsh, D.G., 97
Werner, S.L., 395
Wessel, J., 17

Wessling, K.C., 149
Westgaard, R.H., 154
Westling, L., 129
Wharton, J., 231, 247, 248
Whelan, K.M., 186, 187
Whipple, R.H., 291
White, A.A., 357, 360
White, A.H., 293
Whiting, A., 33
Whiting, W.C., 67
Wickstrom, R.L., 190
Wiegner, A.W., 82
Wieman, H.M., 316
Wiemann, K., 12, 190
Wigley, F.M., 315
Wiktorssohn-Möller, M., 18, 146
Wilby, J., 194
Wiles, P., 125
Wilkinson, H.A., 292
Williams, J.C.P., 164
Williams, P.C., 291
Williams, P.E., 48, 49, 50, 51
Williams, P.L., 25, 30, 177, 377
Williford, H.N., 188
Willy, R.W., 217, 219
Wilmore, J.H., 45, 48, 108, 143, 158, 190
Wilson, G.J., 19, 78, 80, 92, 163, 335, 384
Wilson, L.R., 252, 253
Wilson, V.E., 155
Wing, P., 344
Winget, C.M., 192, 195
Winkenwerder, E.H., 270, 271
Wirhed, R., 340
Wisnes, A., 96
Witvrouw, E., 18
Wolf, L.B., 295
Wolf, M.D., 277, 390
Wolf, P., 414
Wolf, S.L., 120, 154
Wolfson, M.D., 263
Wolpaw, J.R., 110, 117, 118, 119, 120, 195, 242
Wolpe, J., 152
Woo, S.L.-Y., 68, 75
Wood, P.H.N., 128
Wood, P.L., 279
Woods, M.J., 329
Wordsworth, P., 128
Workman, D., 417
World Chiropractic Alliance, 265
Worrell, T.W., 335, 336
Wright, V., 79, 82, 83, 197, 224
Wristen, B.G., 416
Wyke, B., 113, 114
Wynne-Davies, R., 331

Y

Yaggie, J.A., 320
Yagi, N., 94
Yamada, K., 279
Yamamoto, T., 334
Yates, J., 146
Yazici, Y., 196
Yeomans, S.G., 266
Yessis, M., 303
Yeung, E.W., 284
Yingling, V.R., 83, 240
Yoshioka, T., 92
Young, T., 135, 136
Young, W., 383, 384
Young, W.B., 384

Z

Zacharkow, D., 291, 292
Zachazewski, J.E., 68, 240
Zahourek, R.P., 139
Zajonc, R.B., 200
Zarins, B., 396
Zebas, C.J., 8, 217, 219
Zehr, E.P., 239
Zemek, M.J., 394
Zernicke, R.F., 7
Zito, M., 218
Zuberbier, O.A., 14
Zulak, G., 401

語句索引

●欧文

ACOG　318
ADL　313
AIS　247, 248
C=Compression　168
COL1A1　129
COL5A1　129
COL5A2　129
CR　249
E=Elevated　168
FFR　296
FSER　240
HR　249
I=Ice　168
LROM　15
mRNA　50
NSAIDs　131
NSAIDs　169
PDMR　152
PNF　250
PVFP　240
R=Rest　168
RICE　168
ROM　227, 237, 244
SAID　228
SFR　240
SR　249
SSER　240
Stretchmagazine.com　135

●あ行

Ⅰ橋　33, 38, 39
アイシング　89
アイスホッケー　338
アイソフォーム　37
Ⅰ帯　32
アキレス腱　421
アキレス腱炎　328
アクチン　32
　——・ミオシンフィラメント　93
　——フィラメント　42, 50
アクティブ・アイソレート・ストレッチング（AIS）　247
あくび　279
アゴニスティック・リヴァーサル（AR）　259

アサナ　304
朝のこわばり　197
足関節（→そくかんせつ）
亜脱臼　131
圧縮　78
圧痛計　224
圧電効果（ピエゾ効果）　60
圧迫法　146
アデノシン3リン酸（ATP）　40
網状組織　159
アミノ酸　32
アメリカ健康・体育・レクリエーション連盟　222
$α_1$鎖（2）　57, 58
$α_2$鎖（1）　57, 58
アレクサンダー・テクニック　141
安静長　91
安全　221
安全性　307

EDSタイプⅠ, Ⅱ, Ⅷ　129
EDSタイプⅦA　129
医学的検査　222
意志の疎通　235
痛み　167
痛み－緊張－痛みのサイクル　10
Ⅰa求心性終末　118
Ⅰa群線維　108
Ⅰaシナプス　118
Ⅰ型コラーゲン　56
Ⅰ型コラーゲン遺伝子　129
一次感覚神経終末　110
一次終末　108
1日のリズム　193
Ⅰb群求心性神経線維　110
一側優位性　184
イデオキネティック・イメージ　203
遺伝因子　183
遺伝子突然変異　133
遺伝子発現　51, 52
遺伝的特徴　183
インストラクター　221
インテグリン　52
インパルス　109

ヴァルサルヴァ現象　253
ウータナサナ　290

ウエア　225
ウエイトトレーニング　190
ウエイトリフター　280
ウォーミングアップ　186, 227
ウォームアップ　155, 187, 242, 282
　——・エクササイズ　187
ヴォルフの法則　29
動きのタイプ
内返し　27
回外　27
回旋　27
外転　27
回内　27
屈曲　26
肩甲骨の外転　27
肩甲骨の内転　27
伸展　26
外返し　27
底屈　27
内転　27
背屈　27
分回し運動　27
羽状筋　45
内返し　27
腕と脚の長さ　179
運動単位　161, 163
運動ニューロン　109, 163
運動連鎖　20

A橋　38
H帯　42
H反射　118
ATPase　40
エーラス・ダンロス症候群（EDS）　126, 132
エキセントリック収縮　17
エキソン6　129
エキソン－スキップ突然変異　134
エクソン　33
SLR（straight-leg raising）テスト　49, 244, 335, 343
MSRテスト　180
M橋　33, 38, 39
M線　33
エラスチン　55, 64, 65, 96
炎症　157, 163
　——反応　167

エンドルフィン　146, 151
横隔膜　142
黄色靱帯　355, 356
横突間靱帯　355, 356
横紋筋　31
オーバーコンプライアンス　209
オーバーストレッチング　216, 286
　　——の原則　216
オーバーユース　394
オーバーロード　166
オピオイド　147
温水浴　148
温熱療法　147

●か行

回外　27
介在神経　115
外傷率　188
回旋　27
外転　27
回内　27
概日性　193
外腹斜筋　356, 357
改良されたシットアンドリーチ　180
カイロプラクティス　147
可逆性　235
架橋　57, 58, 170
核鎖線維　108
核小体　52
核袋線維　108
格闘家　136
核の支配領域　52
下肢　323
過重負荷　216
顆状または楕円関節　26
過伸展性　126
家族性関節過度可動性症候群　126
可塑性　110, 117
下腿　327
　　——後面の筋肉　328
　　——前面の筋肉　329
　　——外側の筋肉　329
下腿三頭筋　421
下腿部　420
下腿部後面　421
肩外転筋群　434
肩関節　367
　　——の外旋　372
　　——の外転　368
　　——の屈曲　370

　　——の伸展　371
　　——の水平外転　372
　　——の水平内転　372
　　——の内転　370
　　——の内旋　371
　　——複合体　373
肩支持　304
肩前面　433
肩外側　434
肩内旋筋群　434
　　——・外旋筋群　434, 435
下椎間関節突起　357
滑走説　40, 42, 43
滑膜関節　113
過(度)可動性　4, 125, 126
　　——症候群 (HMS)　125
下背部　429, 430
過負荷の原則　229
カリウム　160
カルシウム　159
　　——イオン　40
　　——イオン-トロポニン複合体　42
加齢　315
　　——性筋萎縮　48
感覚神経　115
観客　200
寛骨臼　341
寛骨臼窩　358
環軸関節　365
感受性　194
関節
　　——運動学　25
　　——炎　196
　　——学　25
　　——顆状または楕円——　26
　　——可動域：ROM　120
　　——機械受容器　113
　　球——　26
　　鞍——　26
　　——弛緩　126
　　——弛緩性　4, 280
　　車軸——　26
　　蝶番——　26
　　——突起　352
　　——軟骨　114
　　——の可動域　43
　　——の緩み　126
　　——不安定性　4
　　平面または滑走——　26
　　——包　393
　　——レセプター　145
環椎　362
γ運動ニューロン　110

γ遠心性（運動）ニューロン　110
関連線維コンプライアンス　122
記憶　208
機械受容器　107
器械体操　136, 302
機械的ストレス　51
利き腕　185
利き手　185
危険性　314
拮抗筋　116, 146
機能低下　167
機能的柔軟性　6
機能的ストレッチング　6
ギプス固定　48, 49
逆筋伸展反射　117
虐待　211
球関節　26
仰臥位性低血圧　318
胸郭の緊張　356
胸腔容量　143
胸鎖関節　368
胸鎖乳突筋　363
協調行動　201
胸椎　143, 349
共同収縮　116
胸部　433
棘間靱帯　355, 356
曲芸　135
極限つよさ　81
棘上靱帯　355, 356, 361
棘突起　351, 357
局部麻酔　156
距踵関節傷害　327
距腿関節　325
筋萎縮症　315
筋外膜　160
筋活動　139
禁忌　223
　　——事項　222
筋形状　50
筋腱　111
　　——移行部　18
　　——スティフネス　383
　　——接合部　67
　　——接合部傷害　18
筋原線維　32, 57
筋腱複合体　189
筋腱膜接合部　111
筋鞘　62
筋弛緩物質　156
筋ジストロフィー　37
筋周膜　160
筋小胞体　42

筋スティフネス　49
筋スパズム　148
筋性動脈　95
筋節（サルコメア）　32, 41
筋線維　31, 57
　　──タイプ　43
　　──の形状　43
筋束　31, 57
筋損傷　285
緊張 – 弛緩　263
緊張性　109, 115
筋電図　295
筋内膜　160
筋肉エネルギーテクニック（MET）
　　262
筋肉痛　16
筋肉の厚み　182
筋肉量　190
筋の粘弾性　50
筋肥大　121
筋腹　31
筋紡錘　37, 107, 384
筋膜　70, 74, 160
　　深部──　71
　　内臓──　71
　　表層──　71
　　──へのストレッチング　401
　　──リリーステクニック　74
筋力　189
　　──トレーニング　189

クーリングダウン／クールダウン
　　189, 227, 242
屈曲　26
グッドモーニングエクササイズ
　　296
クライオセラピー　149
鞍関節　26
クリープ　86
グリコサミノグリカン　59, 60,
　　70, 170
グループⅠ群型　108
車椅子　320
クレアチンキナーゼ　165
クローズパックドポジション　30
クロスブリッジ　40, 42, 54, 93
　　──数　37
クロマチン　52

頸筋群　363
経口避妊薬　178
軽擦法　146
痙縮　46, 158
頸椎　143, 349, 362
　　──前彎　350

　　──動作計測器　144
経皮性電気神経刺激（TENS）
　　131
頸部後方　432
頸部前面　433
頸部側面　432
頸部のストレッチング　363
経絡発痛点　151
痙攣　16, 21
ゲート・コントロール　156
ゲート理論　151
怪我の処置　235
外科用コルセット　131
月経困難症　16
結合組織　48, 55, 72, 163
　　──の遺伝的障害　133
　　──の遺伝による障害の国際分類
　　学　132
　　──マトリックス分子　133
血漿タンパク　59
蹴り足　185
腱　66, 160
牽引　152, 268
肩関節（→かたかんせつ）
腱 – 腱膜複合体　19
健康　310
肩甲胸郭関節　368, 372
肩甲骨
　　──回旋　369
　　──内転筋群　12
　　──の外転　27, 373
　　──の下制　373
　　──の下方回旋　373
　　──の挙上　372
　　──の上方回旋　373
　　──の内転　27, 373
健康指導者　221
肩甲上腕関節　367
肩甲上腕（SH）リズム　368, 370,
　　371
肩鎖関節　368
腱の弾性係数　68

後頸筋　363
高次中枢運動神経　110
後縦靱帯　355, 356
高周波（ジアテルミー）療法
　　149
拘縮　10, 46
剛性　43
酵素クレアチンキナーゼ　159
黄帝内経　151
叩打法　146
後頭骨 – 環椎部位　144
降伏点　81

興奮性シナプス後電位　119
高齢者　309, 310
後彎　350
コールドスプレー　151
股関節　312, 341, 358, 428
　　──外旋　347
　　──外転　344
　　（──）下降傾斜角　342
　　──屈曲　343
　　──上昇角度　342
　　（──）上昇傾斜角　342
　　──伸展　344
　　──内旋　346
　　──内転　346
　　──の安定性　341
　　──の可動域　343
股関節屈筋群　425, 426, 429
呼吸　226
　　──機能　145
　　──性共同運動　141
　　──テクニック　141
心がまえ　226
骨運動学　25
骨学　25
骨格形成異常　133
骨関節炎　314
骨形成不全（OI）　126, 132
骨修正　29
骨成長　29
骨成長率　28
骨粗鬆症　314
骨盤　287, 358
　　──帯　323, 340
　　──帯の傷害　340
　　──の形状　341
　　──の代償運動　337
固定トルク計測器　126
子供　173
ゴニオメーター　127
コネクチン　54
個別プログラム　223
コミュニケーション　209, 316
固有受容　129
　　──器　107, 384
　　──器神経筋促通〈PNF〉
　　121
　　──性神経筋促通法（PNF）
　　146, 250, 259
暦年令　28
コラーゲン（膠原）　45, 48, 55,
　　62, 70, 96, 129, 133, 148, 168
　　──合成　74
　　──線維　49, 55, 63, 64, 65, 75,
　　168, 355
　　──組織　187

490

――の超微細構造　56
――－プロセッシング・エンザイム　133
――分子　57
ゴルジ腱器官　66, 107, 145
ゴルジ腱組織（GTO）　245
ゴルジ腱紡錘　401
ゴルジ体　384
コルチコステロイド　131
コンセントリック　384
コントラクト・リラックス（CR）　249, 259
コントラクト・リラックス法　389
コンドロイチン　60
コンプライアンス　37, 80, 122, 199, 205, 382

●さ行

サーカディアンリズム　192
サーボ機構　203
サイキ　145
再形成期　169
サイコ・サイバネティクス　202
細静脈　95
細線維（fibrils）　56, 57
細動脈　95
サイバネティック・ストレッチ　202
細胞外基質構成要素　129
細胞外基質の分子　133
細胞外マトリックス　51
細胞骨格　51
細胞骨格要素　52
細胞内セカンドメッセンジャー　51
サブフィブリル　56, 57
サラムバ・サルバンガサナ　304
サルコメア　158, 159
産褥期　317
産婦人科　318

指圧　152
ジアルテルミー　149
子宮　318
軸椎　362
シグナル伝達物質　51
自原抑制　112, 117
自己修復　232
姿勢　225, 228
姿勢維持機能　145
姿勢変人　135
趾節間関節　324
持続力　217

膝窩　422
膝蓋腱反射　115
膝関節　330
――屈曲　330
――伸展　331
シットアンドリーチテスト　179
自動抵抗　140
シナプス　117
――前抑制　118
しなやかなコーディネーション　381
自発性抑制反射　145
社会的促進　200
斜角筋　363
車軸関節　26
収縮性　85
収縮要素　93
重心　317
自由神経終末　114
集団的な指導　223
柔軟性　3, 31, 120, 358
――エクササイズ　7, 187
――トレーニング　217, 278
――の低下　335
修復期　169
手関節（→てかんせつ）
主観的　234
樹状突起　119
腫脹　168
主動筋　116
受動張力　91
受動的柔軟性　244, 247
受動的伸長　68
受動的ストレッチング　218, 243, 245
受動能動的ストレッチング　245
準備運動　17
障害　319
――者　309
傷害との関連性　282
傷害の危険性　306
傷害予防　242
予防〈傷害の〉　18, 19, 20
衝撃緩衝装置　350, 352
小人症　132
常染色体　132
――異常　38
上背部　431
上腕三頭筋　435, 436
上腕二頭筋　435
除神経　48, 49
処方箋薬　315
自律（神経）訓練　152
シルク・ドゥ・ソレイユ　135
心筋　31

伸筋突伸反射　298
神経圧迫障害　129
神経幹　100
神経筋制御　161
神経周膜　98
神経上膜　98
神経伝達物質機能障害　134
神経内膜　99
人種差　182
シンスプリント　329
新生児　177
深層部　228
靱帯　70, 349
――の弛緩　126
身体運動学　25
新体操　136, 302
身体的アプローチ法　141
伸長　79
伸張性運動　160
伸張性収縮　192, 356, 383
伸張反射　94, 115, 145, 242, 243, 334
伸長レセプター　145
伸展　26
伸展認知変化　252
深部筋膜　71
信頼性　224
心理　205
心理学　199

錘外線維　107
髄核　352, 353, 356
水上スキー　333
髄鞘線維　113
水中治療エクササイズ　131
錘内線維　107
睡眠　21, 194
――姿勢　21
スウェーデン式マッサージ　146
スキタイ人　125
スクリーニング・テスト　127
スクワット　289
――トレーニング　280
スコアリング・システム　127
スティフネス　36, 48, 58, 78, 80, 157, 160, 382
ストライドアングル　390
ストレイト・レッグ・ライジング（膝伸展位股関節屈曲）　230
ストレイン　79
ストレス　9, 78, 204
――緩和　86
――－ストレイン　80
――－ストレイン曲線　67, 68

ストレッチ−ショートニングサイクル 385
ストレッチ／ストレッチング 85, 89, 358, 360, 361
　　――・ウィンドー 149
　　――・エクササイズ 130, 419
　　アキレス腱（の――） 421
　　下腿三頭筋（の――） 421
　　下腿部（の――） 420
　　下腿部後面（の――） 421
　　肩外転筋群（の――） 434
　　肩前面（の――） 433
　　肩外側（の――） 434
　　肩内旋筋群（の――） 434
　　肩内旋筋群・外旋筋群（の――） 434, 435
　　下背部（の――） 429, 430
　　胸部（の――） 433
　　頸部後方（の――） 432
　　頸部前面（の――） 433
　　頸部側面（の――） 432
　　股関節（の――） 428
　　股関節屈筋群（の――） 425, 426, 429
　　膝窩（の――） 422
　　上背部（の――） 431
　　上腕三頭筋（の――） 435, 436
　　上腕二頭筋（の――） 435
　　前鋸筋（の――） 432
　　前足部（の――） 419
　　前腕屈筋群（の――） 436
　　足底アーチ（の――） 419
　　足背部（の――） 420
　　足部前面と側部（の――） 420
　　体幹（の――） 427, 428
　　体側（の――） 430
　　大腿四頭筋（の――） 421, 424, 425
　　臀部（の――） 427, 428
　　臀部外側（の――） 426
　　内転筋群（の――） 423, 424
　　ハムストリングス（の――） 422
　　腹筋（の――） 429
　　腰部（の――） 426, 427, 428
　　予防 18, 19, 20
　　菱形筋（の――） 432
　　腕橈骨筋（の――） 436
　　――による筋の治療法 222
　　（――の）強度 233
　　（――の）持続時間 229
　　（――の）セット数 231
　　多方向（への――） 228
　　（――の）反復回数 231
　　（――の）頻度 232

　　（――の）保持時間 231
　　――マシーン 273
スピード 217
スプタ・ビラサナ 288
スポーツアクロ体操 136
スムーズ 381
スラスト 144
スロー・リヴァーサル（SR） 249, 257
　　――・ホールド（SRH） 257
　　――・ホールド・リラックス（SRHR） 259

静止長 38, 91
静止張力 35
精神身体的要素 204
成長期 175
成長痛 29
静的柔軟性 5, 241
静的ストレッチング 88, 145, 237, 241, 383
性的成熟度 28
性別差 176
整理運動 17
セカンドメッセンジャー 53
脊髄 350
　　――伸張反射 118
脊柱 349, 350
　　――起立筋 361
　　――靱帯 361
　　――伸展筋 296
　　――前彎 28, 298
　　――側彎 350
脊椎 349
背丈 194
Z線 32, 158
Z帯 93
Zディスク 158
背骨 349
セルフストレッチング 8
線維芽細胞 168
線維束 56, 57
線維タイプ 336
線維軟骨 353
線維輪 352, 353, 354, 356
線維輪前部 355
前鋸筋 432
前後開脚 339
仙骨 349
潜在的因子 220
前縦靱帯 355
漸進性深部筋リラクセーション・トレーニング 152
前足部 419
剪断 78

　　――応力 78
　　――変形 78
　　――力 354
仙椎 349
前頭直筋 363
全米大学スポーツ医学部会 231
前方回旋 142
前腕屈筋群 436
前腕の回外 376
前腕の回内 375
前腕部 374

相動性 109, 115
相反神経支配 116, 146
相反性神経支配 261
走養素性状態 154
ソーマ 145
足関節 325
　　――回外 327
　　――回内 326
　　――外反 326
　　――傷害 326
　　――底屈 327
　　――内反 327
　　――捻挫 326
　　――背屈 327
足趾 323
側性化 184
足底アーチ 419
足底筋膜 325
足底中足アーチ 325
測定評価 224
側頭下顎機能障害 129
足背部 420
足部 323
足部前面と側部 420
塑性 82
　　――変形 88
疎性結合組織 66
速筋線維 43, 45
外返し 27
損傷 319

●た行

ターナー段階（TS）評価 28
ターンアウト 346
体温 188, 195
体格 179
対角螺旋パターン 255
体幹 427, 428
　　――の回旋 302
　　――の屈曲 356
　　――の伸展 357
　　――の側屈 357

太極拳　141, 313
体脂肪　182
体重　182
代償運動　397
代償作用　228
代償相対的柔軟性　7
体性感覚　112
体側　430
大腿骨頸－軸角　342
大腿四頭筋　331, 338, 421, 424, 425
　　──傷害　339
大腿前面筋群　338
大腿内側筋群　337
大腿部　332
大腿後面の筋肉　332
タイチン　33, 34, 35, 36, 37, 49, 52, 54, 92
タイチン・アイソフォーム　35
タイチン・フィラメント　44
タイチン分子　36
態度　226
大動脈の突然破裂　138
タイトネス　80
大脳皮質　112
体表面積　182
タイプⅠ〈遅筋線維〉　43
タイプⅡ〈速筋線維〉　45
多羽状筋　45
正しい姿勢　11
タリン　52
単関節筋　47
短期的効果　218
ダンサー　324
短縮性活動　160
短縮性筋収縮　161
短縮性収縮　382
男女差　176
弾性　36, 77, 78
　　──エネルギー　84, 382
　　──限界　81
　　──線維　64, 65, 354, 355
　　──組織　62, 63
　　──的柔軟性　5
　　──動脈　95
　　（──）要素　78
　　──率　81
タンパク質多糖体　352
短波高周波療法　149
タンブリング曲芸　135

チアリーディング　136
チェアーシットアンドリーチテスト　180
知覚障害　315

知覚認識テクニック　152
チキソトロピー　81
遅筋線維　43, 45
恥骨大腿靭帯　345
遅発性筋（肉）痛〔DOMS〕　16, 159, 242
中間系フィラメント　44
肘関節（→ひじかんせつ）
中枢神経系（CNS）　94
忠誠心　208
中足趾節関節　324
宙づり姿勢　303
宙づり治療　303
超音波　131, 149, 188
長期的効果　218
腸骨大腿靭帯　345
腸骨部　340
長座体前屈　358
長時間のストレッチ　374
調整呼吸法　143
蝶番関節　26
重複結合　126
直列弾性要素　92
治療　312
治療的筋肉ストレッチング　8
鎮痛剤　131, 155
鎮痛作用　146

椎間関節包　355, 356
椎間板　193, 194, 349, 352, 355
椎弓　351
　　──根　351
　　──板　351
椎骨　351
椎体　351
強さ　217

底屈　27
鍉鍼　152
低分子タンパク　59
デオキシリボ核酸（DNA）　32
手関節　376
　　──の外転　377
　　──の屈曲　376
　　──の尺屈　377
　　──の伸展　377
　　──の撓屈　377
　　──の内転　377
適応　216
デスミン　38, 52
デッドリフト　294
テニスレッグ　328
デュシェンヌ型筋ジストロフィー（DMD）　37
デルマタン硫酸　60

転倒　316
臀部　340, 427, 428
臀部外側　426
　　──の傷害　341

動員　163
頭蓋頸部接合点　144
等尺性筋収縮　161
頭長筋　363
疼痛閾値　150
疼痛線維　150
動的機械受容器　113
動的柔軟性　6
動的ストレッチング　227, 237, 238
トーマステスト　388
徒手整復　131
突然変異筋コラーゲン　133
トレーニング　7
ドロップアウト　200
トロポニン　39, 40
トロポミオシン　40

●な行

内臓筋膜　71
内転　27
内転筋群　423, 424
内転筋群の傷害　338
内反股　342
内腹斜筋　356, 357
軟骨　349
軟組織　85
軟体男　135

二関節筋　47
肉離れ　313
二次感覚神経終末　110
二次終末　108
日内変動　192
乳酸　161
認識アプローチ　152
妊娠　317
　　──ホルモン　177
妊婦　309

塗り薬　155

ネビュリン　92
粘液物質（ムコイド質）　355
捻挫　313
粘性　83, 187
粘弾性　68, 83
　　──特性　384
年齢　173

能動的柔軟性　246, 247
能動的ストレッチング　246
ノンコンプライアンス　206

●は行

パートナー・ストレッチング
　　383, 388
ハードル・ストレッチング　285,
　　286, 287, 288, 289, 308, 358
ハーフタイム　283
ハーマン・カバト　250
バーンアウト　200
バイオフィードバック　154
バイオプシー　159
背屈　27
配置　233
パスカルの法則　352
パダグスタサナ　290
パダハスタサナ　290
発火　116
　　──頻度　163
発達　225, 234
パニック障害　134
パニック状態　154
パフォーマンス　382
　　──・アート　135
　　──を高める　242
ハプロ不全性　133
ハムストリングス　219, 286, 326,
　　331, 332, 337, 358, 422
　　──と大腿四頭筋の比　334
　　──の柔軟性　336
　　──の肉離れ　333, 334
　　──肉離れの原因　335
バランス　315
鍼　131, 151
バリスティック・ストレッチング
　　94, 298
バリスティックなストレッチング
　　88
ハルサナ　304
バルサルバ現象　141
パルス短波高周波治療法　149
腫れ　18, 167
バレエ　324
　　──ダンサー　346
半羽状筋　45
半月板　114
瘢痕　132
　　──組織　168
反射　115, 234
反対刺激剤（バーム）　150, 155
ハンディキャップ　320
反復収縮（RC）　257

ヒアルロン酸　59, 60
PNFストレッチング　253, 408
PNFテクニック　249
ヒーロー　288
尾骨　349
微細線維（マイクロフィブリル）
　　57
膝関節（→しつかんせつ）
非サルコメア性アクチン　52
肘関節　374
肘の屈曲　374
肘の伸展　375
非身体的（「心理的」）アプローチ法
　　141
ヒステリシス　84
非ステロイド抗炎症剤　169
尾椎　349
引っ張り　78
ヒドロキシプロリン　160
ヒドロキシリシルピリジノリン
　　58
評価　221
　　──する器具　224
表層筋膜　71
広場恐怖症　134
ビンキュリン　52
ファイブロネクチン　33, 54
不安障害　134
フィードバック制御　66
フィギュアスケート　136
フィットネス・モデル　136
フィラメント　108, 164
　　──（筋フィラメント）　57
フェルデンクライス　312
　　──・メソッド　141
福祉　310
腹斜筋群　13
ふくらはぎ　328
不随意収縮　15
腹筋　429
フックの法則　80
フットボール選手　283
太いフィラメント　32
プライオメトリクス　238
プラシーボ効果　156
プラズマ・ガンマ・エンドルフィン
　　147
ブラックホール　205
振り子マシン　126
ブリッジ　300
フルオリメタンスプレー　150
ブレース　131
フレクション・リラクセーション
　　295

ブロウ姿勢　304
不老長寿　309
プロコラーゲン・ペプチダーゼ欠失
　　134
プロスタグランジン　53
プロテオグリカン　60, 353
分回し運動　27
平滑筋　31
平衡覚器　107
平背　350
平面または滑走関節　26
並列弾性要素（PEC）　91
ペグ　362
変形関節症　129
変色　167
偏平足　130
紡錘運動〈fusimotor〉　122
　　──系　110
紡錘状筋　45
膨張圧　61
法令遵守　316
ホールド・リラックス（HR）
　　218, 249, 259
ホールド・リラックス・テクニック
　　146
補助器具　320
補助副木　131
細いフィラメント　32
発赤　167
ボディビルダー　191
ホメオスタシス（恒常性）　215
ポリペプチド　33
ホルモン　319

●ま行

マイクロ波　149
マイクロフィブリル　58
マインド・コントロール・テクニック　152
マオリ人　128
マッサージ　131, 146
末梢神経　98
マッスルバウンド　189
マッスル・ガーディング　152
マトリックス　44
マニピュレーション　131, 144,
　　147, 264, 267
マルファン症候群　126, 132
慢性関節リウマチ　196
ミオグロビン　43, 159
ミオシン　32, 40, 110

――フィラメント　42, 50
ミスセンス突然変異　134
密性（強靱）結合組織　66

瞑想　152
免疫グロブリン　33, 54
メンタルトレーニング　202

毛細血管　95
モーメント　14
目標設定　223
持ち上がり効果　142
持ち上げ動作　142
モビライゼーション　131, 143, 144, 264

● や行

癒着　170
緩い関節　126

腰椎　143, 297, 349, 358
　　――角　12
　　――骨盤リズム　359, 360
　　――の過伸展　300
　　――の可動域の減少　335
　　――（の）前彎　299, 350, 360
　　――の捻挫　293
腰痛　12
腰背筋膜　355
腰背部の筋力強化　297
腰背部の肉離れ　293
腰部　426, 427, 428
腰部筋膜　13
ヨガ　8, 136, 141, 302, 319
　　――の姿勢（ポーズ）　9
抑制性の神経メカニズム　384
予備伸長　395
予防〈傷害の〉　18, 19, 20

● ら行

ラーセン症候群　132
ラック・システム　274
ランジ　289
ランニング障害　282

リウマチ症状　130
リウマチ性関節炎　314
力学　234
リジン－水酸化酵素欠失　134
リズミック・イニシエーション（RI）　257
リズミック・スタビリゼーション（RS）　257

リソソーム　163
立位体前屈　290, 358
流動電位　61
両利き　184
菱形筋　432
良性関節過度可動性症候群（BJHS）　125
リラキシン　177
リラクセーション　139, 226, 295
　　――・テクニック　141
　　――・トレーニング　141, 153
　　――反応　153
リラックス　381
理論的モデル　220
臨界期　175

ルーズパックドポジション　30

冷却療法　150
レイノー現象　151
レーザー　152
レジスタンス・トレーニング　131, 190
レセプター・トーヌス・テクニック　152
劣性遺伝　38

老化　230
ロードレーサー　320

● わ行

悪い姿勢　11
彎曲　350
腕橈骨筋　436

著者紹介

マイケル・J・オルター

　元体操選手で，コーチおよび公認の体操審判員。フロリダ大学にて健康教育学修士を取得。現在は高校の歴史教師であり，『スポーツストレッチ』シリーズと同様に，これまでの2版の『柔軟性の科学』の著者でもある。北米のカイロプラクティックの集会を含め，小児運動医学総会などの講師を務めている。休日には，仕事の計画を練ったり，執筆をしたり，クラシック音楽を聴いたりして楽しんでいる。

著書：『イラストでわかるストレッチングマニュアル』（山口英裕訳／大修館書店刊）他。

訳者紹介

【監訳者】

山本利春（やまもと としはる）　序文，第16章，付章
[現職等] 国際武道大学 体育学部 スポーツトレーナー学科 教授，博士（医学），JASA-ATマスター　[専門分野] コンディショニング科学
[著書等] 『柔軟性トレーニング』（大修館書店 / 監訳），『スポーツコンディショニング』（ベースボールマガジン社），『測定と評価』（ブックハウスＨＤ），『疲れたときはからだを動かす』（岩波書店），『スポーツアイシング』（大修館書店 / 共著）

【訳者】（五十音順）

伊藤マモル（いとう まもる）　第12章，第15章
[現職等] 法政大学 法学部（スポーツ総合演習）教授，博士（医学）　[専門分野] コンディショニング科学
[著書等] 『若さを伸ばすストレッチ』（平凡社新書），『スポーツトレーニング理論』（日本文芸社 / 監修），『基本のストレッチ』（主婦の友社）

岩本紗由美（いわもと さゆみ）　第1章，第2章
[現職等] 東洋大学 ライフデザイン学部 健康スポーツ学科 准教授，JASA-AT　[専門分野] リコンディショニング，傷害予防
[著書等] 『解剖学に基づくテーピングの基礎の基礎』（慧文社）

笠原政志（かさはら まさし）　第14章，第18章
[現職等] 国際武道大学 体育学部 スポーツトレーナー学科 助教，JASA-AT　[専門分野] コンディショニング科学
[著書等] 『スポーツ傷害のリハビリテーション』（金原出版 / 分担），『スポーツトレーナーマニュアル』（南江堂 / 分担）

川上泰雄（かわかみ やすお）　第5章
[現職等] 早稲田大学 スポーツ科学学術院 教授，博士（教育学）　[専門分野] バイオメカニクス・運動生理学
[著書等] 『バイオメカニクス－身体運動の科学的基礎－』（杏林書院 / 共著），『筋の科学事典』（朝倉書店 / 共著）

小柳好生（こやなぎ よしお）　第13章
[現職等] 武庫川女子大学 文学部 健康・スポーツ科学科 講師，博士（医学），JASA-AT　[専門分野] スポーツ医学
[著書等] 『CKCエクササイズ』（ナップ / 分担），『スポーツ指導者のためのスポーツ医学』（南江堂 / 分担）

杉山ちなみ（すぎやま ちなみ）　第7章，第8章
[現職等] （株）リボンプロジェクト代表取締役，JASA-AT，NATA-ATC　[専門分野] アスレティックトレーニング
[著書等] 『ストレッチング』（ナップ / 監訳），『慢性疾患を有する人への運動指導テキスト』（ナップ / 監訳）

佃　文子（つくだ ふみこ）　第17章
[現職等] びわこ成蹊スポーツ大学 スポーツ学部 競技スポーツ学科 准教授，JASA-AT　[専門分野] トレーニング科学，スポーツ医学
[著書等] 『実践すぐに役立つアスレティックリハビリテーションマニュアル』（全日本出版 / 共著）

鶴池柾叡（つるいけ まさあき）　第6章，第9章
[現職等] 大阪体育大学 体育学部 健康・スポーツマネジメント学科 准教授，JASA-AT,NATA-ATC　[専門分野] 運動生理学
[著書等] 『スポーツ外傷・障害評価ハンドブック』（ナップ / 共訳），『アスレティックテーピングとリハビリテーションエクササイズ』（ナップ / 共訳）

長畑芳仁（ながはた よしひと）　第19章
[現職等] 武蔵丘短期大学 健康スポーツ学科 専任講師，JASA-AT　[専門分野] コンディショニング科学
[著書等] 『ストレッチバイブル』（ベースボールマガジン社），『勝つためのストレッチのコツ50』（メイツ出版）

藤井　均（ふじい ひとし）　第10章，第11章
[現職等] 九州共立大学 スポーツ学部 スポーツ学科 准教授，JASA-AT，NATA-ATC　[専門分野] 臨床アスレティックトレーニング教育
[著書等] 『スポーツ外傷・障害とリハビリテーション』（文光堂 / 共著），『テーピングマニュアル』（全日本病院出版会 / 共著）

町田修一（まちだ しゅういち）　第3章，第4章
[現職等] 東海大学 体育学部 生涯スポーツ学科 准教授，博士（医学）　[専門分野] 運動生理学，筋生理学
[著書等] 『新老年学第3版』（東京大学出版会 / 分担），『運動とタンパク質・遺伝子』（ナップ / 分担），『分子の目でみた骨格筋の疲労』（ナップ / 分担）

※ JASA-AT：日本体育協会公認アスレティックトレーナー，NATA-ATC：全米アスレティックトレーナーズ協会公認アスレティックトレーナー

柔軟性の科学

©YAMAMOTO Toshiharu 2010　　　　　　NDC780／xvi, 496p／27cm

初版第1刷——2010年2月10日

著　者———マイケル J. オルター
監訳者———山本利春
発行者———鈴木一行
発行所———株式会社　大修館書店
　　　　　〒101-8466　東京都千代田区神田錦町3-24
　　　　　電話03-3295-6231（販売部）03-3294-2358（編集部）
　　　　　振替00190-7-40504
　　　　　［出版情報］http://www.taishukan.co.jp

装丁者———井之上聖子
翻訳協力——藤沢將雄・藤田侊一郎・細野章次
編集協力——錦栄書房
印刷所———厚徳社
製本所———ブロケード

ISBN978-4-469-26694-8 Printed in Japan
Ⓡ本書の全部または一部を無断で複写複製（コピー）することは、
著作権法上での例外を除き禁じられています。

大修館書店の関連書籍

イラストでわかるストレッチングマニュアル

マイケル・J・オルター 著　山口英裕 訳

●基本から応用まで、311のストレッチングをイラストを使ってわかりやすく解説する。

B5判・226頁 定価1,890円

柔軟性トレーニング その理論と実践

C・M・ノリス 著　山本利春 監訳　吉永孝徳、日暮清 訳

●柔軟性に関わる筋・関節の機能と構造を明らかにし、柔軟性を改善させる具体的方法を示す。

B5変型判・122頁　定価2,100円

イラストでみるスポーツマッサージ スポーツ選手の実践的コンディショニング法

ジョアン・ジョンソン 著　清水富弘、前川利広 訳

●選手の体と心を癒し、ケガや故障を防いでパフォーマンスを高めるマッサージの手法を図解。

B5変型判・154頁 定価1,890円

スポーツのオーバートレーニング

R・B・クレイダーほか 著　川原貴 監訳　河野一郎、辻秀一 訳

●オーバートレーニング（症候群）に関する最新の研究知見を7つの視点から体系的に分類、整理。

B5判・402頁　定価4,410円

目でみる動きの解剖学 新装版 スポーツにおける運動と身体のメカニズム

ロルフ・ヴィルヘード 著　金子公宥、松本迪子 訳

●スポーツにおける身体の動きのメカニズムを美しい数百枚のイラストで示す。

A4変型判・104頁・2色刷　定価2,520円

目でみる筋力トレーニングの解剖学 ひと目でわかる強化部位と筋名

フレデリック・ドラヴィエ 著　白木仁 監訳　今井純子 訳

●どんなトレーニングで、どの部位が鍛えられどう動くのか、その筋名は何か、イラストで解説。

B5判・136頁・オールカラー 定価2,310円

身体を中心から変えるコアパフォーマンス・トレーニング CD-ROM付

M・バーステーゲン、P・ウィリアムズ 著　咲花正弥 監訳　栢野由紀子、澤田勝 訳

●バランスボールやロープ、ダンベルなど身近な道具を使った72のコア（中心）を鍛えるエクササイズ。

B5変型判・240頁　定価2,520円

筋力トレーニングの理論と実践

V・ザチオルスキー、W・クレーマー 著　高松薫 監訳　図子浩二 訳

●各人の目標達成に見合ったトレーニング計画の設計・立案へと導く方略を解説。

B5判・274頁　定価3,045円

定価＝本体価格＋税5％　（2010年2月現在）